蓉山智库

改革开放四十周年献礼

中原崛起

战略研究

STUDY ON THE RISING
STRATEGY OF CENTRAL PLAINS

刘战国/著

经济管理出版社
ECONOMY & MANAGEMENT PUBLISHING HOUSE

图书在版编目（CIP）数据

中原崛起战略研究／刘战国著．—北京：经济管理出版社，2019.4
ISBN 978-7-5096-6534-3

Ⅰ.①中…　Ⅱ.①刘…　Ⅲ.①区域经济发展—经济发展战略—研究—河南②社会发展—发展战略—研究—河南
Ⅳ.①F127.61

中国版本图书馆 CIP 数据核字（2019）第 071258 号

组稿编辑：杨　雪
责任编辑：杨　雪　张玉珠　丁凤珠　杜奕彤
责任印制：黄章平
责任校对：张晓燕　陈　颖

出版发行：经济管理出版社
　　　　　（北京市海淀区北蜂窝 8 号中雅大厦 A 座 11 层　100038）
网　　址：www.E-mp.com.cn
电　　话：(010) 51915602
印　　刷：三河市延风印装有限公司
经　　销：新华书店
开　　本：880mm×1230mm /16
印　　张：36.75
字　　数：1020 千字
版　　次：2019 年 8 月第 1 版　　2019 年 8 月第 1 次印刷
书　　号：ISBN 978-7-5096-6534-3
定　　价：159.00 元

序　言

实现中国梦需要中原更加出彩

　　2014 年习近平总书记视察河南时强调指出："河南是人口大省、产粮大省，又地处连接东西、贯通南北的战略枢纽，在中华文明发展中占有重要地位。实现'两个一百年'奋斗目标、实现中华民族伟大复兴的中国梦需要中原更加出彩。"新时代"中原更加出彩"是习近平总书记和党的重托、人民的新期待、历史的新使命。"中原更加出彩"就是加快实现中原崛起、中原复兴和中原现代化，这是长久以来 1 亿多河南人民的梦想，在以习近平同志为核心的党中央的英明领导下，河南人民从来没有像今天这样更加接近实现中原崛起的梦想。

一、实现中原更加出彩、加快中原崛起必须勇于担当新时代的历史使命

　　（1）加快中原崛起意义重大。以河南省为主体的中原地区，是中华民族和华夏文明的重要发祥地，从夏朝至宋朝，中原地区一直是中国的政治、经济、文化和交通中心。当前加快中原崛起对加快中国崛起具有重大战略意义。第一，中国崛起离不开中原崛起。河南省有人口近 1.1 亿，约占全国总人口的 7.8%，是全国第一人口大省。而且河南省地处中原，是联通八方的综合交通枢纽，在全国大格局中的战略地位举足轻重，自古有"逐鹿中原，得中原者得天下"之说。可以说，没有河南省的全面小康就没有全国的全面小康，没有河南省的现代化就没有全国的现代化。第二，中原崛起是中国崛起的战略支撑。中原崛起战略包括中原经济区、中原城市群、郑州国家中心城市建设，这里人口多、经济规模大、区位重要，是中部崛起国家战略的支柱。2011 年中原经济区进入国家战略，其战略定位为：全国工业化、城镇化、信息化和农业现代化协调发展示范区，全国重要的经济增长板块，全国区域协调发展的战略支点和重要的现代综合交通枢纽，华夏历史文明传承创新区。2016 年中原城市群进入国家战略，其五大战略定位为：中国经济发展新增长极、全国重要的先进制造业和现代服务业基地、中西部地区创新创业先行区、内陆地区双向开放新高地和绿色生态发展示范区。中原经济区和中原城市群的经济总量仅次于长三角、珠三角、京津冀，为全国经济第四增长极。2016 年郑州国家中心城市建设进入国家战略，其六大功能定位为：国际综合枢纽、国际物流中心、国家重要的经济增长中心、国家极具活力的创新创业中心、国家内陆地区对外开放门户、华夏历史文明传承创新中心。以郑州为中心，引领中原城市群发展，辐射带动中西部地区发展。第三，中原应该而且可以在中国崛起的历史进程中担当重任。在改革开放初期，河南省发展在全国相对滞后，但是在历届党中央的坚强领导下，河南省干部群众自强不息，百折不挠，锐意进取，开拓创新，先行先试，勇于担当，加快实施开放带动、创新驱动、科教兴豫、人才强省等战略，推动一系列国家战略落户河南，积极打造优越发展环境，快速成为全国重要的经济增长极，确立了中原崛起的大势、趋势、态势。1992～2018 年，连续 27 年河南省经济增速高于全国平均水平，年均约高出 1.5 个百分点。近年来中原崛起呈现加速之势，累积效

果开始显现，河南省的面貌焕然一新，经济总量稳居全国第5位，产粮大省、农业大省、经济大省、新兴工业大省、有影响的文化大省地位基本确立，在全国大战略、大格局中的地位愈加凸显。

（2）加快中原崛起面临千载难逢的历史机遇。我国现代化建设进入"强起来"的新时代，改革开放向纵深发展，国内国际大环境对河南省发展非常有利，河南省处于赶超发展的战略机遇期。一是落地河南省的国家战略密集出台。为了促进区域协调发展，国家从2005年开始实施"中部地区崛起战略"，国家战略重心逐步向中西部地区转移，为河南省从中原塌陷走向中原崛起提供了战略支撑，河南省从国家战略的边缘区走向国家战略舞台的中心，河南省在全国改革开放和创新发展大局中的战略支撑地位愈加凸显，近十多年就有十多项国家战略陆续落地河南省，例如粮食生产核心区、中原经济区、中原城市群、郑州国家中心城市、郑州航空港经济综合实验区、河南自由贸易试验区、郑洛新自主创新示范区、郑州跨境电商综合试验区、河南省大数据试验区、《中国制造2025》国家级示范区等。相信以后还会有更多的国家战略落户河南省，这些国家战略必将有力推动河南省的转型升级和跨越发展。二是国际国内产业加速向河南省转移。世界高端产业加速向中国转移，沿海产业加速向内陆地区转移，当前这两种大趋势愈加明显。随着"一带一路"倡议的深入推进，中国成为全球化的引领者和世界经济增长极，对全球经济增长贡献率超过1/3，产业结构不断升级并向中高端水平演进。过去是全球劳动力密集产业向中国转移，后来是资本密集型产业向中国转移，现在更多的是智力密集型的高端产业加速向中国转移。随着我国改革开放的战略重点向中西部地区转移，河南省在全国区域竞争中的综合比较优势愈加凸显，国际国内产业向河南省转移呈现加速之势。"五区"联动、"四路"协同的开放格局已经形成，河南省正在加速成为全国开放高地，国内外产业转移不断为加快中原崛起注入新动力。2018年河南省出口总值540亿美元，居全国第八位，是2010年的5.1倍，2010~2018年年均增长约23%；2018年实际利用外商直接投资179.02亿美元，约是2010年的2.9倍，2010~2018年年均增长约14%；实际利用省外资金9647.1亿元，是2010年的3.5倍，2010~2018年年均增长17%。在豫投资的世界500强企业达到129家、国内500强企业160家。三是河南省依然处于工业化和城镇化快速推进阶段。河南省进入工业化快速推进的中后期阶段，产业结构迈向中高端水平，经济进入中高速增长和高质量发展阶段，开放和创新"双轮驱动"新动能不断增强。2018年河南省常住人口城镇化率为51.71%，2010~2018年年均提高1.6个百分点，城镇化依然处于加速之势，城镇化大规模基础设施建设对经济增长产生强劲的拉动作用，郑州国家中心城市和中原城市群快速崛起，已经成为我国中西部地区重要的经济增长极。四是新一轮科技革命和产业革命为赶超发展提供了契机。新一代信息技术、生物技术、新能源技术、新材料技术、智能制造技术等领域不断取得突破，人工智能、互联网、大数据、云计算、量子计算等与传统技术和产业紧密结合，新一轮科技革命和产业变革加速孕育，《中国制造2025规划》深入推进，创新驱动战略全面实施，5G技术全球领先，中国已经成为新一轮科技革命和产业革命的策源地和引领者。《中国制造2025》河南示范区和自主创新示范区建设快速推进，高技术产业和战略性新兴产业持续高速成长，产业结构加速升级。2018年新能源汽车、服务机器人产量分别增长70.4%、37.8%。2018年河南省高新技术企业约3300家，增长44%。2018年申请专利154381件，比上年增长29.5%；授权专利82318件，增长48.6%；有效发明专利33524件，增长17.2%。

（3）加快中原崛起具有坚实的基础条件。当前我国区域经济发展呈现出群雄并起的态势，加快中原崛起具有很多有利条件，河南省参与全国区域竞争的综合比较优势愈加凸显。一是交通区位独特，河南省地处中原，承东启西，连南贯北，高速公路、铁路、航空枢纽网络在全国举足轻重，全国第一个"米"字形高铁网络即将在河南形成，现代化国际化立体综合交通枢纽网络体系正在加速形成。二是人力资源丰富，河南是全国第一人口大省，劳动力资源丰富且成本低，随着基础教育、高等教育、职业教育不断加强，人力资源优势正在加速向人才资源优势转变。三是产业集群优势显著，河南省是全国第五经济大省、新兴的工业大省、第二产粮大省，产业体系完备，装备制造、电子信息、汽车、有色金属、食品等产业集群优势明显，高新技术和战略新兴产业高速成长，物流和文化旅游等现代服务业具有一定的国际影响力，产业门类齐全，创新发展能力不断增强，转型升级不断加快，在全国全球产业链中的地位不断提升。四是市场优势显著，河南省庞大的人口规模和产业规模是一个巨大的市场，又可以很便利地辐射中西部地区乃至全国市场，如今已经成为国内外企业抢滩布局的热点区域。五是空间集聚优势显著，以郑州为中心的中原城市群涵盖省内外20多个省辖市，人口约1.9亿，是我国中西部地区规模最大的城市群，郑州中心城市和中原城市群双双进入国家战略重点。六是开放优势显著，随着国际航空和国际铁路的快速崛起，河南省从我国开放的大后方一跃成为开放的前沿阵地，郑州机场的枢纽地位持续上升，郑欧班列居全国前列，进出口和吸引外资在全国的位次持续攀升，成为我国经济由东向西梯次协调发展的战略支点和增长极，河南省已经成为内陆对外开放新高地。七是文化底蕴深厚。河南省是中华民族和华夏文明的重要发祥地，国家历史文化名城和国家级风景名胜区数量众多，地上地下文物和馆藏文物均居全国前列，河南省是华夏文明传承创新中心区，不断加快文化资源大省向文旅产业强省跨越。基于以上独特的比较优势，河南省适宜承接国内国际产业转移，对国内外企业具有很强的吸引力，近年来国内外企业、资本、技术、人才等生产要素向河南省加速集聚，工业化城镇化进程加快，中原加速崛起的势头明显。

总之，加快中原崛起对实现全面小康和实现"中国梦"意义重大，我们依然处在重大战略机遇期，拥有很多综合优势和有利条件。但是，我们必须清醒地认识到面临的诸多外部挑战：一是世界经济复苏曲折乏力，贸易保护主义抬头，国际贸易增长缓慢，外部不确定性因素增加；二是劳动密集型产业向其他发展中国家转移，西方发达国家纷纷推出制造业振兴战略规划，全球范围内实施降税等经济刺激计划，国际竞争加剧；三是我国进入工业化后期，动力转换、经济转型、增速下行的压力持续加大；四是区域之间竞争加剧，我国沿海沿边沿线全方位开放格局形成，区域经济群雄并起，河南省不进则退。

同时，我们还必须清醒地认识到自身存在的发展不充分、不协调、不可持续的突出矛盾和诸多短板：一是发展不充分，河南省人均GDP仅为全国平均水平的68%；二是结构性矛盾突出，增长方式粗放，产业结构低端，传统产业比重高，新兴战略产业和高新技术产业比重低，第三产业比重比全国平均水平低7个百分点，常住人口城镇化率比全国平均水平低8个百分点；三是创新动能不足、创新能力不强的状况尚未根本改变，创新平台、人才、成果较少，高新技术企业较少，新产业、新业态、新模式短缺，投入不足，研发投入强度仅仅约为全国平均水平的1/2。

为此，我们必须抓住机遇、迎接挑战、发挥优势、突破短板，明确目标、突出重点、激活动力，坚定信心，保持定力，坚持问题导向、目标导向、发展导向，着力强化独特比较优势，增强综合竞争力，顺势而为；着力打好"四张牌"，下功夫打基础、补短板，加快结构升级；着力增强开放和创新"双轮驱动"，先行先试，打造新优势，加快中原崛起步伐。

二、实现中原更加出彩、加快中原崛起必须坚持以习近平新时代中国特色社会主义思想为指导，明确努力方向

加快中原崛起必须明确战略目标：一是建设经济强省，尤其是着力建设"五个强省"，即先进制造业强省、现代服务业强省、现代农业强省、网络经济强省、文化产业强省；二是打造"两大高地"，即着力打造中西部地区科技创新高地、内陆开放高地；三是实现"三大提升"，即着力实现人民群众获得感幸福感显著提升、治理体系和治理能力现代化水平显著提升、管党治党水平显著提升。尤其是人均GDP达到或超过全国平均水平，河南与全国同步或超前实现全面小康和现代化。

（1）全面践行习近平新时代中国特色社会主义思想。高举习近平新时代中国特色社会主义思想伟大旗帜，以习近平新时代中国特色社会主义思想为行动指南，全面贯彻党的十八大和十九大精神，全

面落实习近平总书记视察指导河南时的重要讲话精神，统筹推进"五位一体"总体布局，协调推进"四个全面"战略布局，坚持新发展理念，坚持推动高质量发展，坚持以供给侧结构性改革为主线，坚持深化市场化改革、扩大高水平开放，加快建设现代化经济体系，加快建设经济强省。一是坚持转型升级高质量发展，深入实施"双轮驱动"战略（即开放带动主战略和创新驱动核心战略），扎实推进"四个着力"，打好"四张牌"，持续打好三大攻坚战，加快产业、城乡、区域结构升级，推动高质量发展。二是坚持先行先试，以高水平开放倒逼全面深化改革，营造优越发展环境，激发微观主体活力。三是坚持稳中求进工作总基调，统筹推进稳增长、促改革、调结构、惠民生、防风险、保稳定工作，保持经济中高速增长，增强人民群众获得感、幸福感、安全感，保持经济持续快速健康发展。四是坚持全面从严治党，全面加强党的领导，以党的建设高质量推动发展高质量。努力建设富强河南、文明河南、平安河南、美丽河南，加快提升河南在全国发展大局中的地位和作用。

（2）全面推进"四个着力"。习近平总书记"四个着力"的要求，是"五位一体"总体布局和"四个全面"战略布局在河南的具体化，也是新时代让中原更加出彩的根本遵循。一是着力推动经济持续健康发展，确保完成第一要务。牢牢抓住战略机遇期，保持战略定力，坚持创新、协调、绿色、开放、共享新发展理念，坚持以供给侧结构性改革为主线，坚持稳中求进工作总基调，坚持深化改革、扩大开放、先行先试。二是着力做好农业农村农民工作，夯实发展基础。河南省是一个农业大省，"三农"问题更加突出，"小康不小康，关键看老乡"，坚持把解决好"三农"问题作为全省工作重中之重，高质量完成确保国家粮食安全的政治任务，按照产业兴旺、生态宜居、乡风文明、治理有效、生活富裕的总要求，围绕农业强、农村美、农民富，扎实实施乡村振兴战略，建设美丽乡村。三是着力保障和改善民生，这是发展的根本目的。坚持以人民为中心的发展宗旨。民生是人民幸福之基、社会和谐之本。解决好教育、就业、社会保障、医疗卫生等人民群众的切身利益问题。四是着力建设德才兼备的高素质执政骨干队伍，这是发展的根本保证。努力打造一支政治上靠得住、工作上有本事、作风上过得硬、清正廉洁的强有力的执政骨干队伍，为新时代河南现代化建设提供坚强的组织保障。

（3）全面打好"四张牌"。习近平总书记要求河南紧紧围绕中部地区崛起，以发展优势产业为主导推进产业结构优化升级，以构建自主创新体系为主导推进创新驱动发展，以强化基础能力建设为主导推进培育发展新优势，以人为核心推进新型城镇化。打好这"四张牌"，为河南省决胜全面小康、建设出彩中原指明了前进方向和奋斗路径。打好这"四张牌"，是落实新发展理念、深化供给侧结构性改革的重要抓手，是加快转变发展方式、优化经济结构、转换增长动力的关键举措。一是加快产业转型升级。建设先进制造业强省、现代服务业强省、现代农业强省、网络经济强省、文化产业强省，推动传统产业智能化、网络化、绿色化、高端化改造升级，做大做强优势主导产业，促进战略新兴产业加速成长，构建现代产业体系。二是大力实施创新驱动发展战略。要把创新摆在发展全局的核心位置，提升载体平台，壮大创新主体，突出开放创新，完善创新机制，建设人才强省，激活高质量发展的第一动力。三是加快推进新型城镇化。要以人为核心推进新型城镇化，把中原城市群一体化作为支撑新型城镇化的主平台，以中心城市建设为引领加快中原城市群一体化，以推进城市高质量发展为目标全面开展百城建设提质，积极打造智慧城市、绿色园林城市，创建文明城市。促进农村三产融合发展，推动城乡一体化发展，拓展发展新空间。四是强化基础能力建设。提升基础设施现代化水平，完善提升科学发展载体，实施人才强省战略，打造发展新支撑。

三、实现中原更加出彩、加快中原崛起必须培育国家级乃至世界级经济增长极，实施"一极一群"两大空间布局战略

中心城市是区域经济的心脏、引擎和增长极，城市群是区域经济的支柱和空间主体，中心城市和城市群是区域竞争和国际竞争的空间制高点。应借鉴京津冀、长三角、珠三角等世界级城市群一体化

国际化发展经验，加快郑州进入国际中心城市之列，使之成为带动中原崛起的龙头，加快中原城市群进入世界级城市群之列，使之成为支撑中原崛起的主力军。

（1）实施中心城市带动战略，加快建设郑州国家中心城市乃至国际中心城市，GDP进入全国前列。郑州是中原城市群和中原经济区的增长极，其速度、规模、水平、层次决定中原崛起的进程。一是提升郑州国家中心城市乃至国际中心城市功能。对标北京、上海、广州、深圳四大国际城市，强化国际综合交通枢纽、中西部地区对外开放门户、国际经济中心、国际贸易中心、国际金融中心、国际科创中心、国际文化中心等综合功能。二是构建"多中心、卫星城、网络化"的大都市区空间格局。推进县（市）改区区划调整，开发郑东、郑西、郑南、滨黄新区、航空港五大新区。新的城市组团尽量布局在交通轴线与生态轴线的结合部，建设黄河生态文化产业带，沿黄河湾区布局科创产业带，建设嵩山国家公园，建设郑南新区——嵩山高新技术产业开发区。超前建设世界一流的地铁轻轨网络，构建覆盖周边卫星城的通勤圈，强化组团之间的分工发展、协同发展、一体化发展。三是强化枢纽比较优势，增强拉动作用。强化航空、铁路、公路、海运等多式联运国际综合交通枢纽优势。充分发挥郑州航空港经济综合实验区的龙头带动功能，加强国际航空大枢纽、航空大物流、航空大产业、航空大都市体系建设，推动航空货运进入全国前五位，客运进入全国前十位。郑欧班列保持全国领先。加快建成"米字型"高铁枢纽网络，加快建设中原城市群城际铁路和地铁轻轨网络。四是突破"双一流"高校和高端人才短板。营造优越的政策软环境，吸引国内外一流高校和研究机构集聚，吸引国内外各类高端人才集聚。

（2）实施城市群崛起战略，建设国家级乃至世界级的中原城市群，打造全国第四增长极、中西部地区最大增长极。城市群的活力和竞争力来自一体化或同城化，一体化或同城化是城市群发展到高级阶段的必然趋势。一是加快推进"1+5"郑州大都市圈同城化。着力做大做强中原城市群核心区，构建郑汴洛焦新许"1+5"同城化大都市圈，加快建设同城化的城际铁路网络系统，构建半小时同城化通勤圈。二是积极谋划建设国家新区。借鉴全国18个国家新区建设经验，积极谋划创建郑汴港国家新区，或者郑许国家新区、郑新国家新区。建设郑汴洛国家黄河湿地公园。沿黄北岸建设国家农业高新技术产业示范区。三是优先推进郑洛同城化。在郑汴一体化发展的基础上，推进郑洛同城化。郑州是枢纽城市，洛阳是工业科创城市，郑洛空间比邻，同城化有利于优势互补形成拳头，郑州和洛阳双中心同城化结构模式符合发展规律和趋势，加快推进郑洛同城化是构建世界级城市群产业科创中心的战略突破口，加快建设南线（航空港—新郑—新密—登封—偃师—洛阳）和北线沿黄河郑洛城际铁路，开发郑洛高新技术产业带，构建郑汴洛科创走廊。四是提升外围区域中心城市的功能定位。开放搞活中原城市群外围区域中心城市，在外围择优设立若干中原城市群副中心城市，使安阳、三门峡、南阳、商丘、信阳、濮阳、周口等外围省辖市成为中原城市群的新增长极和新支柱，形成中心集聚、外围开花、群雄并起的新格局。

四、实现中原更加出彩、加快中原崛起必须激活动力，实施开放带动主战略和创新驱动核心战略

目前，落户河南省的十多项国家战略均属于平台型、载体型的空间增长极，这些平台载体增长极依靠什么来驱动？在平台载体增长极战略框架基本确立之后，动力类战略就成为具有决定性和根本性的战略。为此，必须深入实施开放带动主战略，全面实施创新驱动核心战略。

（1）实施开放带动主战略，打造开放高地，建设以郑州为中心的开放门户枢纽网络。改革开放是加快发展的永动力，加快中原崛起必须先行先试，走在全国开放发展的前列。一是培育开放改革创新发展的增长极，以郑州航空港经济综合实验区为龙头，统筹推进航空港区、自贸区、自创区、跨境电商、大数据"五区"联动，培育改革开放发展和中原崛起的新增长极。二是打造"一带一路"试验

区，统筹推进空中、陆上、海上、网上"四路"协同，打造"一带一路"开放枢纽。坚持先行先试，发挥国际综合交通枢纽网络优势，积极创建国家郑州空中丝绸之路试验区，或"一带一路"试验区；创建郑州自由贸易港。三是积极承接国际国内产业转移，坚持"招大引强"，承接跨国公司高端产业转移，培育电子信息、高端装备、人工智能、生物医药等千亿级战略新兴产业集群，建设全球智能终端制造基地。

（2）实施创新驱动核心战略，打造创新高地，建设郑州综合性国家科学中心和中原城市群国际产业科创中心。创新是制约河南省跨越发展的最大短板，为此必须重点推进六大突破：一是主体突破——高新技术企业。科技创新必须坚持面向实体经济、以企业为主体、以市场需求为导向。2018年河南省高新技术企业2329家，仅占全国的2%左右，仅为广东省的1/14；郑州市高新技术企业824家，仅为深圳市的1/13，差距巨大。高新技术企业数量和规模是检验科创成效的核心标准，河南省必须下功夫补短板，力争高新技术企业三年翻一番，十年破万家。二是载体突破——高新技术产业开发区。河南省产业园区众多，但是高新园区偏少。制定配套鼓励政策，加快180多个产业集聚区转型升级为高新技术产业开发区，创建20个国家高新技术产业开发区，建设一大批大学科技园区、双创综合体、双创孵化器、双创空间。三是新型研发机构突破。建设一大批国家大科学装置、国家重点实验室、国家级研发中心，鼓励建设高新技术企业孵化型研发机构。建设郑州国家综合性科学中心，建设中科院河南分院、中科院研究生院河南分院、中科院大学河南校区。四是创新型人才和研发团队突破。完善引进、培养人才的综合配套鼓励政策，吸引全球全国人才会聚河南，建立鼓励人才脱颖而出、宽容创新失败的环境，创新成果收益分配向创新人才倾斜，激发创新动力。着力引进一批"双一流"大学，做大做强本土"双一流"大学。五是知识产权战略（专利战略）突破。截至2017年底，河南省每万人拥有发明专利量3.0件，全国每万人发明专利拥有量9.8件，河南省约为全国的1/3，差距明显。构建结果导向的创新激励机制，创新的直接结果是知识产权（特别是专利），应实施知识产权和专利战略，建立以专利和高新技术企业为导向的激励政策体系，对推动产业转型升级的专利给予重奖，加快赶超全国先进水平。六是研发投入突破。2017年河南省研发投入占GDP的比重约为1.2%，全国约为2.1%，广东省约为2.6%，深圳市约为4.1%，2017年河南省研发投入为582.1亿元，约为深圳市的60%，差距非常之大。建立政府引导、企业主体、市场主导的多元投入格局，优化产学研一体化的体制机制，加大政府投入力度，引导企业投入和外资集聚。

在改革开放40周年之际，由河南省人民政府发展研究中心刘战国研究员著的《中原崛起战略研究》正式出版，可喜可贺。该书收录了1992~2018年100篇研究报告，系统总结了河南省改革开放40年发展的探索历程，从理论与实践的结合上描述了中原崛起的大趋势、大战略、大格局。《中原崛起战略研究》凝结了刘战国研究员及其课题研究团队的思想和心血，他们有理想、有抱负，长期坚守，尽职尽责，孜孜以求，多出好成果，服务好决策，为建设中国特色社会主义一流智库，为加快中原崛起做出了自己的贡献。在此，对奋斗在政策咨询研究智库战线的同志们表示敬意，希望大家在习近平新时代中国特色社会主义思想的指引下，奋发有为，勇于创新，扎根河南，胸怀祖国，放眼全球，面向未来，拿出更多精品力作，为加快中原崛起和中国崛起提供智库支撑，为世界提供中国智慧、中国方案、中国模式，为全面建成小康社会和社会主义现代化强国而共同奋斗！

中央马克思主义理论研究与建设工程咨询委员会主任

原中共河南省委书记

徐光春

2019年4月25日

于郑州

目 录

第四篇　工业化阶段、经济周期与结构升级

第五篇　现代产业体系

第六篇 改革与市场化转型

第七篇 开放带动主战略与创新驱动核心战略

第八篇 金融改革与发展

第九篇　高等教育与和谐社会

第十篇　市县典型经验

第一篇

中原崛起战略

中部崛起的背景分析及战略取向
（2006 年）*

我国实施中部崛起战略具有充分的理论依据和扎实的现实基础，中部崛起既面临千载难逢的机遇同时又面临许多严峻的挑战。实施差异化的省域发展战略，推进中部地区各省互动崛起；实施重点带动战略，发挥中心城市、城市群、经济带的带动作用，走多中心发展之路；实施经济集群化发展战略，提升产业竞争优势；实施"开放带动"战略，推进东融西进，拓展中部地区的国际国内发展空间。

一、中部崛起的机遇和有利条件

（一）充分的理论依据和现实基础

2004 年中央提出的中部崛起战略有如下四个理论依据：一是区域经济发展的不平衡规律，我国采取的是不平衡的区域经济发展战略；二是宏观调控理论，国家区域发展战略属于宏观调控的最高层次，其功能是为了强化市场配置资源的基础功能并弥补市场的缺陷，国家区域发展战略与市场之间是相辅相成的关系；三是我国全面构建社会主义和谐社会、全面建设小康社会，要求区域之间和谐发展；四是科学发展观，要求区域统筹、协调发展。总之，中部崛起战略是中央根据邓小平"两个大局思想"所作出的重大决策，与上述四大理论依据是完全一致的。

（二）国际国内产业加速向中部地区转移

中国现已成为全球最大的产业资本流入地，利用外资总额仅次于美国，外汇储备仅次于日本，国际贸易总额居世界第 3 位，经济总量居世界第 6 位；中国正在加速成为重要的世界"加工厂"，已成为拉动全球经济增长的火车头和全球化重要的推动者。由于中部地区拥有劳动力、土地、能源原材料、产业基础、市场、区位等优势，国际国内产业正在加速向中部地区转移。

（三）我国进入发展的战略机遇期

美国经济学家罗斯托的经济起飞理论认为，正常情况下在一个国家人均 GDP 达到 1000 美元以后，经济发展将会进入一个起飞阶段，呈现出加速增长的态势。中国人均 GDP 在 2003 年就已达到 1090 美元，河南省 2004 年的人均 GDP 达到 1100 美元，由此经济进入快速增长期，社会进入转型期。中央把 21 世纪的前 20 年定位为我国实现第三步战略目标的"战略机遇期"，这为中部崛起提供了千载难逢的机遇。

（四）市场经济体制日趋完善

我国市场经济体制的确立从根本上破除了制约中部地区经济发展的体制性障碍。从 20 世纪 90 年代初期市场经济体制确立开始，中部地区经济就开始了恢复性的增长，特别是近年来市场经济体制的不断完善并加速与国际接轨，市场经济要求区域间的政策公平、机会公平、规则公平和环境公平，这为中部崛起提供了公平竞争的体制保障，中部地区的区位、资源、产业和人才优势不断得到充分发挥，其发展已经步入了快车道。

（五）内生的自主发展机制已经确立

中部地区经济内在的、内生的、自主的发展机制已经初步形成，这首先得益于市场经济体制的确立和完善；其次是民营经济已获得了充分发展，外资企业开始大规模挺进中部地区，这已成为推动经济增长和扩大就业的主力，经济的市场化程度不断提高；最后，工业化、城市化正在进入中期的加速阶段，国际产业和沿海地区产业开

---

* 本文发表于《地域研究与开发》2006 年 8 月 30 日第 4 期。

始向中部地区转移，中部地区经济集群化、集约化发展的内在环境和动力机制已经形成。

（六）得天独厚的居中优势

中部地区拥有"中""通""古""丰"及综合产业优势，一是得天独厚的区位优势，地处我国的地理中部，联南贯北，承东启西；二是交通优势，已经初步建立了四通八达的交通网络，是人流、物流、商流和信息流的中心；三是文化优势，拥有古老的中原文化、楚文化、晋文化、湘文化、赣文化、徽文化等，文化积淀丰厚，人文旅游资源丰富，科教优势也较明显；四是资源丰富，人力资源、自然资源（农业、矿产、旅游、生态等资源）、文化资源丰富；五是产业优势，拥有扎实的产业发展基础，拥有农业及其加工业、能源原材料产业及加工业等比较优势产业，除此之外，还拥有物流、商贸、旅游文化等优势服务业。

二、中部崛起面临的挑战

（一）思想观念滞后

中部地区受传统保守落后的思想观念影响较大，突出表现在，小农意识较浓，小富即安，农耕文化求稳不求变，自我束缚，保守必然导致落后；内陆思想和封闭意识，封闭必然导致落后；重官轻商的思想，自古都是崇尚"学而优则仕"，思想和行为准则都是向"官本位"看齐，重官场轻市场，轻商必然导致落后。

（二）投资软环境不优

突出表现在，政府职能转变迟缓，机构臃肿，服务意识淡薄，办事效率低，审批程序繁杂，政府的自我改革和自我创新意识不强；法制环境不完善，法规体系不健全，执法效率不高，执法者的素质和公正执法的能力有待提高，监督机制不健全；经济体制改革滞后，国有经济改革的力度小、战略重组的步伐慢、竞争力趋弱，非公有制经济的发展迟缓、地位较低、制约因素太多，经济的开放度较低；政策不公平，宏观上中部地区的"政策塌陷"最终导致了"经济塌陷"，投资软环境不优导致发展处于被动状态。

（三）结构性矛盾较突出

主要表现在：①城乡结构性矛盾，"三农"

问题比较突出，农业人口占总人口的比重较大，农业产值所占比重较高，农村富余劳动力总量较大，城乡居民人均收入差距不断拉大，农业基础比较薄弱，种粮的比较效益日趋低下，农民种粮积极性不高，城乡之间一体化协调发展的程度较低，产粮大县即收入穷县，粮食生产与农民增收之间的矛盾十分突出。②工业化、城市化进程相对滞后，经济、工业、企业、城市集群化发展的水平较低，特别是缺乏超级区域性的中心城市，中心城市的龙头带动作用不强，经济实力和竞争力的差距较大。③产业结构不优（低端化），产业层次较低，原材料产业、初级加工的低端产业所占比重较大，而高加工度产业和高新技术产业所占比重较低，产业的技术含量和附加值低，集群化、集约化发展的程度较低。④经济的开放度低，与沿海地区相比，参与国际竞争和国际经济技术合作的规模、深度、广度都有很大差距，中部六省进出口贸易总额占全国的比重由1995年的5.1%下降到2000年的3.7%和2003年的3.0%。⑤所有制结构不合理，完全市场化的非公有制经济所占的比重较低，经济发展的活力相对不足。例如，2003年河南省非公有制经济增加值占全部生产总值的比重为44.5%，分别比浙江、江苏、广东低15%、8.5%和13.5%。

（四）在国内区域竞争中处于劣势

突出表现在：①国内的其他区域均有国家的配套政策倾斜支持，唯有中部地区没有，国家大的政策环境首先就把中部地区置于竞争的被动地位。②沿海地区市场化程度高于内地，制度创新能力强，经济的自主增长机制也比内地完善，非公有制经济比中部地区发达，也就是说中部地区的制度竞争力较弱。③从产业分工来说，沿海地区大多属于高效益的高端产业，内地地区大多属于低效益的低端产业或初级产业。内地地区在产业分工中处于竞争劣势，即全国的产业分工对中部地区快速发展不利。④沿海地区产业的集群化程度高于内地地区，产业的规模、技术层次、管理水平高于内地地区，处于竞争的优势地位，而中部地区的产业竞争力较弱。

（五）经济基础薄弱，起点较低

从经济总量看，中部地区在全国经济中的份

额不断下降。1980～2003 年，东部地区在全国经济总量中的比重，从 50.2% 上升到 58.86%；2004 年，中部六省生产总值为 32077.1 亿元，相当于东部地区的 33.6%，比重比上年下降了 2.4 个百分点。

三、中部崛起的战略思路

（一）实施差异化战略，推进各省互动崛起

1. 因地制宜确立差异化发展战略

中部各省在区位、资源、环境和产业结构上存在巨大的差异，例如，最南端的江西和湖南处于湿润的亚热带地区，在经济上受东南沿海的吸引；而最北端的山西处于半干旱的温带地区，在经济上主要受环渤海的吸引，南北最长相距 1800 多公里，这就是中部各省采取差异性或多元化发展战略的客观依据。中部六省因地制宜、因时制宜，都正在走自己的"特色崛起之路"，各省之间的这种战略差异具有一定的战略分工和战略互补作用，有利于形成各自的战略优势，特色战略带动特色突破，特色突破带动战略崛起。河南应突出两个战略重点，一是树立中原城市群为"柱石"，二是夯实县域经济为"基石"，同时强化开放带动战略和东引西进战略。湖北确立了两个最突出的经济发展战略，即其一是打造武汉市经济圈，其二是发展县域经济。湖南在经济布局上重点打造"一点一线"，即实施不均衡的发展战略，"一点"即是长沙、株洲、湘潭经济一体化，"一线"是京广铁路和京珠高速公路沿线；发展方向上优先向珠三角融合，同时向长江经济带融合。安徽省在区域经济发展的战略方向上，定位为"长三角的纵深腹地"，实现安徽省与长三角地区的无缝对接，大力实施东向发展战略，加速融入长三角地区，主动承接沿海地区产业转移扩散，发挥安徽省对华东的资源支撑作用，实现双向互动。江西省提出了"以大开放为主战略"，确立了"对接长珠闽，融入全球化"的战略方针。山西省提出"要把山西建成国家的新型能源和工业基地"的战略，主方向是向东融入环渤海经济圈，同时加强沿黄经济带的区域合作与发展。

2. 整合战略资源，推进互动崛起

中部六省在突出各自战略特色的同时也出现了明显的战略分化趋势，特别是缺乏战略协作与战略联合，这不利于中部地区整体特色优势的综合发挥及中部相互联动、整体崛起。其实，中部六省在很多方面是相似或相通的，区位相近，地位相同，政策相同，发展状况相近，相互比邻。所以，中部六省应当手拉手团结起来，突出"居中"特色优势，形成最大化的外部性，携手共创中部崛起。一是在联合中互动崛起。中部崛起要在融入全球化中崛起，要在东、中、西联动发展中崛起，就应在加强合作中实现板块联动崛起。各个省既要发挥各自的比较优势，张扬个性，竞相发展，同时又要整合资源，分工协作，联动发展，走出一条有中部地区特色的崛起之路。二是淡化行政区，强化经济区。在区域经济布局的战略方向和重点上，应以中心城市、跨区域城市群和跨区域经济带为纽带，打造跨省域的经济区，强化区内的联合与合作。三是优化重组各类经济资源和生产要素。尽快实现省域之间高速公路网的互联互通，加快建设跨省域的高速铁路客运专线网络，实现电力网络的互联互通和信息高速公路网络的互联互通。四是应进一步拓展政策空间，创新组织架构，建立研讨、决策和合作平台。

（二）实施多中心带动战略，加快集聚发展

1. 重点区域优先发展

一般而言，区域经济在不同发展阶段采取不同的战略，即遵循非均衡发展战略和均衡发展战略两种。即一是快速成长期，一般采用非均衡发展战略，其模式为"极点开发"或"点轴开发"；二是成熟发展期，一般采用均衡发展战略，其模式为网络开发。目前，我国中部地区尚处于快速成长期，同时正在向成熟增长期过渡，所以，应优先采取以"点轴开发"为主导的非均衡发展战略模式。另外，以中心城市为核心的城市群或都市圈日益成为带动区域经济发展的增长极。实际上，经过 20 多年的开放开发，中部地区已基本形成了"中心群带"的发展战略格局和模式。①重点发展"六大经济中心"即郑州、武汉、长沙、合肥、南昌、太原六大中心城市。②重点发展"四大城市群"即中原城市群、武汉城市圈、长株潭城市群、沿江城市群。③重点发展"三大经

济带"即长江经济带、黄河经济带、京广经济带。湖南、湖北、安徽、江西处在长江经带;河南、山西处在黄河或陇海经济带上;河南、湖北、湖南同处在京广经济带上。三大经济带呈现"双十"结构串联在一起,由此形成"中心膨胀、点轴集聚、群带互动"的发展格局。

2. 走"多中心发展"之路

"中心膨胀、集群化发展"是新型工业化的一个显著特点和必然要求,十分适合中部地区的现实。中部地区区域经济组合有自己的特色,其内部的经济关联度与外部的经济关联度并没有特别明显的差异,有的省份与该地区外的经济关联度远超出与其内部的关联度。这是由于全国经济一体化以及中部六省在自然区位上的差异造成的,南部和北部虽然有京广经济带联结但却分属不同的经济区域,受不同的沿海经济中心的吸引。所以,中部地区应坚持走多中心发展之路,形成竞相发展、竞相崛起之势,特别是应鼓励优势城市群爆发式发展,形成该地区的超级中心城市或强大的经济核心,以带动并加速中部崛起。中部地区的六大中心城市(郑州、武汉、长沙、合肥、南昌、太原)要发展成各省域的经济中心;同时要把中原城市群(郑州1+8)、武汉城市圈(武汉1+8)、长株潭城市群等发展成中部地区的区域性经济中心增长极。其中,因为郑州和武汉分别处在京广与长江、陇海兰新经济带的交会中心,所以从战略上来讲,应把中原城市群、武汉城市圈等城市群培育成跨越中东西三大区域的超级经济中心增长极,发挥其对中部崛起的带动作用。

(三) 实施集群化战略,提升产业竞争优势

1. 集群化才有竞争力

中部地区应大力推进集群化发展战略,即经济、产业、企业和城市集群化。其中,城市集群化是整个经济集群化的载体,集群化战略是吸引和承接国内外产业转移的秘密武器。中部地区推进集群化战略的重点产业是三大优势产业和三大服务业,重点区域为六大中心城市、三大城市群和三大经济带。要通过优化投资环境和制定差别产业政策来引导生产要素向以上重点产业和重点区域集中,使中部地区加速成长为新兴的世界加

工厂。

2. 应突出三大领域的重点优势产业

一是发展高加工度产业或先进制造业,建设世界先进制造业基地,把轻型产业、装备产业和高新技术产业作为发展重点,同时要充分发挥中部地区的人力资源优势;二是进一步强化"原"字号产业,即能源原材料工业优势;三是大力发展有竞争力的强势农业,建设农业强省,把中部地区建成我国最大的粮仓,确保国家粮食安全并建成具有国际水平的农畜产品加工基地。以上三大产业既是中部的优势产业又是国家倾斜支持的重点,要积极争取国家的政策支持,内外配合形成合力,全面提升优势产业的集群化水平和国际竞争力。

3. 还应突出发展三大优势服务业

一是大力发展新兴的物流产业;二是大力发展商贸金融和新兴的中介服务业;三是大力发展旅游业和文化产业,把丰富的山水资源和人文资源转化为产业优势,积极开发文化、山水、生态、休闲、科学考察、探险等多种特色旅游。此外,还应大力发展传媒、网络信息、出版、教育、体育等文化产业。

(四) 实施"开放带动"战略,拓展国际国内发展空间

1. 以开放带动发展

在全球化的时代,开放是唯一正确的选择,特别是对于后进地区积极融入全球化可以形成自己的后发优势,带动经济的快速发展和腾飞,这已被我国20多年的成功实践证明是正确的选择。由此看来,中部地区应实施开放带动战略,建立开放的思想、开放的经济、开放的人才体系,必须要树立以开放促发展的思想,要有海纳百川的气势,整合本土文化与异域文明,整合传统文化与现代文明,广纳天下良才贤士,把中部地区建成高效竞争的市场、人才辈出的摇篮、资本集聚的中心,使中部地区成为国内国际产业转移的沃土。实施开放带动战略,归根结底就是要首先带动产业集群化,承接产业转移,发展专业化出口加工密集区。

2. 推进"东融西进"战略

"东融西进"战略是"开放带动"战略的有

机组成部分。东部大开放带来了大发展，率先基本实现了现代化，东部地区成长为我国乃至全球经济增长的火车头；西部大开发促进了西部大发展，为中部地区的发展开辟了广阔的市场空间，所以中部崛起应顺势而为。随着市场经济体制的不断完善，全国经济一体化程度不断提高，中部地区经济发展绝不能孤立进行，要充分发挥"承东启西、联南贯北"的区位优势，充分利用东部的产业转移和西部的资源优势，向东融合，向西进发，全方位开拓中部崛起的市场空间。突出"东融战略"，即积极融入沿海三大经济区，推进中部与东部的一体化进程；不失时机地实施"西进战略"，使中部地区成为西部资源的转换站或加工厂，充分开发利用西部资源并大力开发西部市场，形成东中西互动发展的战略格局，在东中西的互动中实现中部崛起。

中部崛起的基本思路和政策选择（2006年）*

引言

中央作出促进中部崛起的战略决策，对中部来说有压力更有动力，有挑战更有信心。如何才能抓住战略机遇期加速实现中部崛起呢？应重点做好如下几个方面：明确"一个总体战略目标和思路"，充分发挥"两个综合经济优势"（区位和资源），依靠"三种力量"（国力、外力、内力），扎扎实实做好"四篇文章"（中心城市、县域经济、新型工业化、现代服务业），落实"五大举措"（突破观念、创新优势、开放带动、科学发展、互动崛起）。

一、提升总体发展战略目标和思路

1. 中部崛起的总体战略思路

以邓小平理论和"三个代表"重要思想为指导，以全面建成小康社会和加速中部崛起为总目标，以科学发展观统揽全局，以体制创新为动力，以对外开放为先导，以市场化为基础，抓住"三大机遇"（即世界产业转移、经济周期扩张、国家战略调整），突破"三大瓶颈"（即观念、体制、软环境），依靠"三种力量"（即国力、外力、内力），着力解决"三低难题"（即人均GDP低、城市化率低、开放度低），全力加速"三化"（即新型工业化、新型城市化、农业现代化），促进中部地区科学文明崛起、高效快速崛起。

2. 中部崛起的总体战略目标

把中部地区打造成为中国"新的经济增长极"，一是经济社会发展水平要达到或超过全国平均水平，尤其是人均GDP达到或超过全国平均水平，经济社会发展水平明显高于西部、明显与东部的差距缩小，中心城市或核心城市群的发展水平赶上沿海发展水平；二是建立完善的经济内生的自主发展机制，发展速度快，经济结构优，增长质量高，经济效益好，经济活力足，发展动力大，增长后劲足，发展潜力大；三是建立符合"五个统筹"的科学发展机制，中东西三大地带实现互动协调发展。以上三条既是中部崛起

的目标又是检验中部崛起的标准，力争经过5~15年基本实现上述目标。

二、充分发挥独特综合优势

1. 发挥得天独厚的区位交通优势

中部地区是我国经济和政治的战略腹地，连南贯北，承东启西，居中的区位优势造就了独特的交通中心和通信中心优势，已经初步建成了四通八达的综合交通网络和信息高速公路网络；是我国重要的人流、物流、商流和信息流的中心；既是要素资源中心，又是加工中心，还是市场中心，交易成本较低，区位竞争力强，易于生产要素集聚和经济集群化发展，并且适宜发展成为加工制造业中心，并且适宜物流商贸等服务业的发展。

2. 发挥得天独厚的资源优势

资源优势突出表现在以下三个方面：

（1）人力资源丰富。中部地区约占全国省级行政区总数的1/5，国土面积占全国的10.7%，人口占全国的28.1%，劳动力资源丰富，是我国最大的农村富余劳动力跨省输出基地，劳动力成本较低、素质较高，九年制义务教育普及程度高，同时高等教育也比较发达，能够支撑各类产业的发展。

（2）自然资源丰富。农业资源、矿产资源、山水旅游资源等自然资源优势造就了三大资源型产业优势，即一是农业资源优势，耕地资源和水

---

* 本文发表于《中国经济时报》2005年6月23日；《决策探索》2005年8月5日。

资源丰富，有利于农业的发展，是全国重要的粮食主产区和商品粮输出基地，承担着国家粮食安全的重任，是我国重要农产品生产加工基地；二是矿产资源优势，中部地区是我国重要的能源原材料工业基地，如原煤产量约占全国的 31.3%；三是山水资源优势，我国大多数名川大山都处在中部地区，支撑了中部地区山水旅游业等关联产业的发展。

（3）文化资源丰富。中部地区是中华民族的发祥地，拥有灿烂的古代文明，是中国革命的摇篮，拥有古老的中原文化、荆楚文化、三晋文化、湖湘文化、赣文化和徽文化等，文化积淀丰厚，人文旅游资源和红色旅游资源丰富多彩，优势非常突出，与山水旅游资源优势交相辉映，非常适宜文化产业和旅游产业的发展。

三、加快形成中部崛起的合力

要实现中部崛起就必须解放思想，开动脑筋，调动一切积极因素。国力是条件，外力是捷径，内力是根本，就是要推动国力、巧借外力、启动内力、形成合力，这是实现中部快速崛起的有效途径，也是已被实践证明了的成功经验。

1. 中部崛起的推动要靠国力

中部崛起是国家战略，客观上需要依靠国家的力量来推动。中部崛起的政策既要充分借鉴东部开放、西部开发、东北振兴的政策模式，体现一般性政策公平，又要体现特色性政策倾斜。搞好政策创新，使组织更加严密、政策更加配套、措施更加有力、对策更加完善。

重点是做好如下"四个依靠"：

（1）依靠国家战略推动。应进一步明确中部崛起战略的地位，在组织决策层面上成立国家中部崛起领导小组，下设办公室；在战略层面上应抓紧制定中部崛起的战略规划，明确发展方向、战略定位、目标定位、产业定位，实施步骤、任务分解以及配套的政策措施；在实施层面上，应将中部崛起战略全面贯彻落实到国家"十一五"规划之中。

（2）依靠政策推动。过去"中部塌陷"的主要根源是"政策塌陷"，所以实现中部崛起的一个重要前提是突破政策的硬约束。中央对中部地区的政策取向首先要实现政策公平，即在其他地区实施的行之有效的倾斜支持政策都适应中部地区，其次要依据中部地区的区位、资源和产业优势进行政策倾斜，尤其是应制定税收、财政、金融、产业布局、项目安排、外经外贸、对外开放和体制改革等方面的配套政策。

（3）依靠财政转移支付来推动。根据邓小平"两个大局"的思想，我国已经到了沿海地区支持内陆地区发展的新阶段，财政转移支付是工业反哺农业、城市反哺农村、沿海支持内地、国家支持中部的基本手段和有效途径。应建立四大机制，即一是对"三农"的反补机制，中部是国家的粮仓，事关国家粮食安全，"三农"问题也比较突出，应当成为国家财政转移支付支持的重点，对农业的反补应当是全方位的，应全部免征农业税，加大种粮直补的力度，惠农政策应当向产前、产中和产后，以及农产品加工和农资产业等关联产业部门延伸，建立粮食主产县（或基地县）的财政转移支付的正常机制，特别是优先保证九年义务教育和农民技能培训的财政转移支付；二是对能源原材料工业及老工业基地的反补机制，能源原材料工业属于初级产业，附加值低，对环境的污染大，特别是资源枯竭后的遗留问题严重，应比照东北老工业基地改造的政策，建立中部能源原材料和老工业基地良性发展政策体系和机制；三是社会保障反补机制，重点是农民和农民工，应通过财政转移支付等手段来引导解决农民工和农民的社会保障问题；四是灾害反补机制，中部地区是自然灾害多发区、人口密集区、经济核心区和交通通信枢纽区，防灾、减灾、消灾显得至关重要。

（4）依靠产业政策来推动。中央已经明确提出重点支持在中部地区形成三大产业基地，即高效农业基地、能源原材料工业基地和先进制造业基地，这三大产业正好也是中部地区的比较优势产业，国家应当制定清晰的产业政策支持中部地区三大产业基地以及关联服务业的发展。

2. 中部崛起的捷径是靠外力

开放度低是制约中部地区发展的一个重要因素，在经济全球化的今天，大开放促大发展是唯一的出路，又是实现快速发展的捷径。所以中部崛起的捷径就是靠外力，为此应全面实施"开放带动战略"。如何把国内资本和国际资本吸引过来，把中部地区变成中国的和世界的新兴加工厂，开拓并占领国际市场，这就是我们所面临的紧迫任务，优化投资环境是达到此目的的根本所在。河南省于 20 世纪 90 年代初期就开始实施"开放带动战略"，后来又进一步提出"东引西进战略"，得到了较好的效果；江西省于 2001 年开始实施"大开放主战略"，快速融入了沿海发达地区。应充分发挥中部地区的区位优势、资源优势、综合经济优势以及产业特色优势，加大招商引资和承接国内国际产业转移的力度，通过与国际惯例接轨，鼓励跨国公司推行本土化经营发展战略，营造招商、安商、亲商、和商、富商和强商的优越环境，通过建立科技工业园区和加工出口区，积极引导外资企业的集群化发展。借外力，既要借外资又要借外智，加强技术和人才的引进，提升各类企业自主知识产权的创新能力。

3. 中部崛起的根本是靠内力

中部崛起的关键在依靠自力和民力，根本在自力更生，出路在改革开放和创新。要立足自身找优势、立足自身找特色、立足自身找差距、立足自身寻突破。要善于利用事物的转化规律，彻底破除"等、靠、要"的无所作为思想，要解放思想，大胆改革开放，勇于开拓创新，化被动为主动，化不利因素为有利因素，化消极因素为积极因素，化"输血"为"造血"。

做大做强本土民营企业。全面启动民营经济，在中部崛起中扮演主要角色，对经济增长的贡献率提升到 60%以上，这是市场化和全球化的大势使然。发展民营企业的关键是要解放思想，破除一切条条框框，加大体制、机制和制度的改革创新力度，创造公平、公正、高效率的市场经济环境、法制环境和人文社会环境。

做大做强本土国有企业。加大国有企业的改革力度，彻底扭转国有企业在市场竞争中的弱势地位。以产权制度改革为突破口，加大国有经济的战略重组力度，通过市场化的手段推进国有企业与民资、外资等社会资本的融合，大力发展股份制和混合所有制经济，尽快实现国有企业在资本经营和法人治理结构上与国际惯例接轨。要坚

持"三个有利于"的标准，大胆采用国际通行的发展经营改革模式，积极推进专业化生产、多元化市场、国际化经营和集团化发展的大公司战略，培育一大批现代化的国有控股巨人企业（集团），全面提升国有企业的核心竞争力。

四、推进中部崛起的战略重点

"中部崛起"就好比"大鹏展翅"，中心城市和县域经济是奔跑的两腿，现代工业和现代服务业是飞翔的两翼，"两腿两翼"就好比"四篇文章"描绘出了"大鹏展翅"或"中部崛起"。

1. 充分发挥中心城市带动作用，走多中心发展之路

经过 20 多年的开发和调整，中部地区的经济布局初步得到优化，基本形成了"中心群带"的发展战略格局和模式。① "六大经济中心"，即"六大中心城市"，即郑州、武汉、长沙、合肥、南昌、太原；② "四大城市群"，即中原城市群、武汉城市圈、长株潭城市群和沿江城市群；③ "三大经济带"，即长江经济带、黄河经济带和京广经济带（郑州—武汉—长沙经济带）。湖南、湖北、安徽、江西处在长江经济带上，河南、山西处在黄河或陇海经济带上，河南、湖北、湖南同处在京广经济带上，三大经济带呈现"双十"结构紧密关联在一起，由此形成"中心膨胀、沿线开发、群带互动"的发展格局。

积极实施中心城市带动战略，走"多中心发展"之路。六大中心城市（郑州、武汉、长沙、合肥、南昌、太原）应分别发展成各省域的经济中心。中原城市群、武汉城市圈应成为跨越中东西三大区域的超级经济中心增长极带动中部崛起。

2. 加快县域经济发展，夯实区域经济发展的"基石"

就中部地区的人口分布和经济分布而言，约 80%的人口在县域，约 60%的生产总值是由县域经济贡献的，所以，加快县域经济发展是贯彻落实科学发展观、统筹城乡发展、解决"三农"问题、全面实现小康的重要基础和客观要求，是中部崛起的战略重点之一。发展县域经济应突出抓好"三个优化"，即一是优化体制，扩大县级政

府的经济社会综合管理权，依据事权和责权来划分权利结构，全面提升县级政府调控区域经济社会发展的能力；二是优化投资环境，县域经济的主体是民营经济，必须创造适宜民营经济和外来经济发展的优越环境；三是优化县域经济结构，要因地制宜，扬长避短，创造条件，大力承接国际国内产业转移，大力推进农业产业化，大力发展名优特农产品加工业，依托资源优势或其他综合经济优势，大力发展特色县域经济和特色产业，引导工业向城镇园区集聚，实现集群化发展，全面提升县域经济的综合竞争力。

3. 走新型工业化道路，推进产业集群化发展

中部地区应大力推进集群化发展战略，即经济集群化、产业集群化、企业集群化和城市集群化。中部崛起的核心是工业化，工业化是中部崛起的产业支撑，工业化是贯穿中部崛起的一条主线。中部崛起既要依托"原"字号产业优势，又要跳出"原"字号产业的局限，要把资源优势迅速转化为综合经济优势，重中之重是抢先发展高加工度产业和先进制造业，以此来带动其他产业的发展，形成产业之间的良性互动发展。

具体来讲，应突出三大领域的重点优势产业，一是发展高加工度产业或先进制造业，把中部地区建成我国的先进制造业基地，把食品、纺织、服装、家电、制药等轻型产业，以及装备产业、高新技术产业作为发展重点，充分发挥中部地区的人力资源优势；二是强化"原"字号产业，即能源原材料工业优势，大力发展煤炭以及系列煤化工，石油天然气以及石油重化工，钢铁、铝、铜、铅、锌、黄金等有色金属和稀有金属，以及稀土材料等，拉长产业链条，发展系列化的精深加工，注重开发高附加值的新能源和新材料工业，建立火电水电输出基地；三是用发展工业的理念发展农业，走农业产业化发展之路。走出"农业就等于落后"的思维定式，优先发展有竞争力的强势农业，重点保证公益性粮食农业的发展，建设农业强省。充分利用国家的惠农政策，发展"一优双高"农业，积极发展绿色农业、观光农业和现代农业，把中部地区建成我国最大的粮仓，确保国家粮食安全，这是中部地区的责任和义务。以上三大产业既是中部的优势产业又是国家倾斜支持的重点，要积极争取国家的政策支持，内外配合形成合力，全面提升优势产业的集群化水平和国际竞争力。

4. 突出发展金融、物流、商贸、旅游文化等现代服务业

工业是第三产业发展的重要基础和支撑，同时第三产业又是工业发展的重要保障。依据中部地区的综合经济优势，中部地区还应突出发展四大现代服务业，一是大力发展金融业，完善金融机构，发展商业银行、保险、证券、信托等各类金融机构，吸引外资金融机构进驻，做大做强本土金融机构；二是大力发展新兴的物流产业，带动产业集聚发展；三是大力发展商贸和新兴的信息服务业；四是大力发展旅游业和文化产业，把丰富的山水资源和人文资源转化为产业优势，积极开发文化旅游、红色旅游、山水旅游、生态旅游、休闲旅游、科学考察旅游、探险旅游等多种特色旅游，此外还应大力发展传媒产业、网络信息产业、出版产业、教育产业、体育产业等文化产业。

五、加快中部崛起的对策

1. 思想先行，突破"小农封闭"观念瓶颈约束

要完成中部崛起这项开创性的事业，必须解放思想，更新观念，突破传统思维方式中的条条框框，彻底突破小农意识和封闭思想，实现"四个思维方式转变"，一是由传统的思维方式转向现代思维方式；二是由封闭型思维方式转向开放型思维方式；三是由狭隘的排斥型思维方式转向包容型的思维方式；四是由官本位的思维方式转向民本位、商本位或人本位的思维方式。为此，应树立"三种思想"，一是要树立科学发展观，明确发展是第一要务，坚持五个统筹，坚持科教优先，实现科学发展、和谐发展、文明发展；二是要树立自力更生的思想，把中部崛起的立足点放到自身上，放到依靠内力和民力上，放到营造发展的和谐环境上，放到营造内生的自主发展机制上；三是要树立改革开放的思想，形成中部崛起的强大精神动力、智力支撑和物质保障。

2. 培育创新政策环境优势，抢占发展先机

创新是发展的灵魂，其中包括：思想创新、

理论创新、政策创新、体制创新、管理创新、技术创新等，就是敢想、敢干、敢闯、敢冒、敢于标新立异、敢为天下先。创新的重点是优化投资环境，应突破体制、观念和软环境三大瓶颈约束，着重搞好"四个创新"，一是要创新政府职能，打造有限政府、法治政府、责任政府、诚信政府、服务政府，提升政府的领导能力、服务水平和服务效率；二是要创新体制，坚持市场化的改革取向，精兵简政，强化市场功能发挥，坚持产业政策引导，激发各类投资主体活力；三是创新政策，既要力争中央的政策倾斜支持，又要立足自身搞政策创新，坚持"多予少取放活"政策取向，引导经济的集群化发展；四是创新社会管理方式，构建和谐社会，这是优化投资环境的基础。

3. 实施"开放带动"战略，打造承接产业转移新高地

在全球化时代，开放是最佳的选择，特别是对于后进地区积极融入全球化可以形成自己的后发优势，带动经济的快速发展和腾飞。中部地区实施开放带动战略，应建立开放的思想体系、开放的经济体系和开放的人才体系。应树立"大开放促进大发展"的理念，广借天下之力，为我所用，要有海纳百川的气势，在融合、整合和优化上做文章，融合本土文化与异域文明，整合传统文化与现代文明，优化发展环境，广纳天下良才贤士，把中部建成高效竞争的市场、人才辈出的摇篮、资本集聚的中心，使中部成为国内国际产业转移的沃土。

要全面实施"开放带动"战略，就必须推进"东融西进"战略。中部地区应充分发挥"承东启西、联南贯北"的区位优势，充分利用东部的产业转移和西部的资源优势，向东融合，向西进发，全方位开拓中部地区的市场空间和发展空间。突出"东融战略"，即积极融入沿海三大经济区；不失时机地实施"西进战略"，形成东中西互动发展的战略格局，在互动中实现中部崛起。

4. 实施科教兴省、人才强省、可持续发展战略，实现科学发展和文明崛起

中部崛起战略应全面贯彻科学发展观，实施可持续发展战略，走新型工业化、城市化和信息化道路；大力发展科技型经济、集约型经济、节约型经济、循环经济、绿色经济和知识经济；以建设"生态中部"为重要目标，建立完善的区域性生态环境保护机制，建立资源的有序开采和高效利用机制，整合资源优势，减轻发展对环境容量的压力和对资源消耗和依赖的压力，提高资源环境对经济发展的承载能力。

实施科教兴省战略，加强科技创新体系建设，始终把教育放在优先发展的战略地位，充分发挥中部地区的教育和科技综合优势，打造中部科教高地，为促进中部崛起提供智力和技术支撑。

5. 实施差异化的省域发展战略，推进板块互动崛起

中部各省在区位、资源、环境上和在产业结构上等方面存在较大的差异，中部六省因地制宜，因时制宜，扬长避短，不断形成各具特色、分工协作、互动崛起的发展战略思路。

中部地区应整合战略资源，推进互动崛起。应当统一思想，突出"居中"特色优势，加强区域经济联合与协作，各省既要发挥各自的比较优势，张扬个性，竞相发展，同时又要整合资源，分工协作，优势互补，互利双赢，强化中部地区的综合优势和整体优势，把中部地区打造成中国新兴的经济增长极。

支撑河南省"十一五"经济跨越式发展的六大理论依据及战略思路（2005 年）*

摘要 "十一五"是河南省实现跨越式发展的关键时期，如何抓住"战略机遇期"和"发展黄金期"，实现中原崛起？本文运用系统论原理，依据有关的经济理论，分析经济演进的历程，剖析宏观经济现实重大问题，预测未来发展大势，论证了支撑河南省实现跨越式发展的六大理论，分别为："结构论""三化论""基础论""全球论""周期论""系统论"，最后初步提出了若干结论性政策建议。

2004 年河南省生产总值 GDP 为 8815.09 亿元，人均 GDP 为 9095 元，按现行汇率折合约为 1100 美元，经济发展跃上了一个新台阶，跃上这个新台阶的意义重大。世界上众多国家的发展经验反复证明了一个规律，即人均 GDP 达到 1000 美元时，是经济发展曲线上的一个拐点，是走出低收入国家行列，全面向中等收入国家迈进的关键点或新起点，由此进入充满机遇和挑战的新阶段，这个新阶段既是经济社会转型期又是矛盾的凸显期。如果调整得好，经济就会顺利进入高速增长阶段，消费结构升级、产业结构升级、工业化和城市化进程加快，社会财富迅速增加，实现经济腾飞，曾被"亚洲四小龙"所验证；如果调整得不好，就会出现两极分化，引发社会震荡，最后陷入困境或倒退，曾被"拉美现象"所验证。所以人均 GDP 达到 1000 美元，无论在理论上或是在实践上都是一个关键拐点。

美国经济学家罗斯托的经济起飞理论认为，正常情况下在一个国家人均 GDP 达到 1000 美元以后，经济发展将会进入一个起飞阶段，呈现出加速增长的态势。例如：日本和韩国人均 GDP 达到 1000 美元分别花了 21 年和 27 年的时间，达到 2000 美元都只花了 5 年的时间，达到 3000 美元却分别花了 2 年和 5 年的时间。中国是一个大国，河南又是全国第一人口大省，城乡差别、地区差别非常大，特殊的国情和省情决定了我们实现上述目标不会像日本和韩国那样快，但是加速发展的内外环境条件已完全具备。河南省全面实现中原崛起大约需要经历 10~15 年的艰苦过程，这个过程也正是中国在世界上和平崛起的过程，这是非常难得的历史机遇。

河南省该如何应对转型期的机遇和挑战呢？必须审时度势确立"中原崛起"战略，用改革开放来推动河南省实现跨越式发展。中央把 21 世纪的前 20 年定位为我国实现第三步战略目标的"战略机遇期"。河南省的定位是新的阶段不仅是全面实现小康目标的战略机遇期，还是全面实现"中原崛起"战略目标的"黄金期"，全面实现小康目标，并开始向发达水平迈进。

一、"结构论"——消费结构和产业结构升级理论

"结构论"是支撑河南省经济新阶段长周期高速增长，实现腾飞的最基础和最根本的理论，也可称为"动力论"，即结构的快速调整、演进、升级是实现经济跨越式发展的"动力源"，需求结构升级是产业结构升级的"动力源"。

"结构论"的基本内涵是需求结构决定产业结构，需求结构的升级必然带动产业结构的升级；产业结构升级又会引导需求结构升级；技术

＊ 本文发表于《决策探索》2005 年 5 月 5 日；河南省人民政府发展研究中心《调研报告》2005 年 3 月 22 日第 3 期（总第 624 期）。

结构升级是产业结构升级的动力。需求结构、产业结构和技术结构的升级推动经济增长。

经济学认为：需求是宏观经济活动的起点和本源，尤其是最终消费需求既是宏观经济活动的起点又是宏观经济活动的终点和归宿；需求结构和产业结构的演进遵循有序化升级的规律，影响产业结构演变的客观因素主要是"有效需求"和"科技进步"，"有效需求"包括消费需求、投资需求和出口需求，三大需求中消费需求属于最终需求，对结构演变起最终的决定作用。改革开放以来，消费需求、投资需求和出口需求成为拉动中国经济增长的"三驾马车"。首先，投资需求属于中间需求，其诱因和动因是消费需求和出口需求，投资是优化调整产业结构的手段，在特定的时期内投资的先导性增长可以成为拉动即期经济增长的重要力量，但其最终目的还是为了适应或支撑未来消费和出口的持久增长；其次，出口可拉动我国具有比较优势的产业，加速工业化和现代化进程。

（一）结构演进的过程和趋势

如下，我们通过实证分析改革开放以来我国居民生活水平、需求结构升级、产业结构升级和经济增长之间的正相关关系，从而导出河南省新一轮经济高速增长的内在机理、必然趋势和主要特点。

1. 第一次需求结构升级

由贫困型向温饱型过渡。1978~1984年恩格尔系数"高位徘徊"，全国城镇居民恩格尔系数为57.2%~59.2%，意味着城镇居民消费支出的一半以上用于食品支出，按照联合国粮农组织的标准，处于刚刚摆脱贫困、进入温饱的初级阶段。进入百元级需求结构，以"老三件"（自行车、手表、收音机等）为代表的轻工产品消费量迅速增长，实现大众化普及。工业结构呈现出轻工业优先发展的格局。河南省的标志性名牌产品为"飞鹰自行车"。河南省城镇居民恩格尔系数从1980年的57.5%下降到1990年的54.8%。

2. 第二次需求结构升级

由温饱型向初级小康型过渡。1985~1995年恩格尔系数"高位波动，缓慢下降"，全国城镇居民恩格尔系数从1985年的53.3%下降到1995

年的49.9%，10年间仅下降3.4个百分点。这一阶段虽然恩格尔系数变化不大，但需求结构的内涵却发生了深刻变化，进入千元级的需求结构，以"新三件"（电冰箱、洗衣机、电视机等）为代表的耐用消费品迅速进入城镇居民家庭。标志着居民生活全面实现温饱，开始步入初级小康。工业结构呈现出"家电工业"并快速成长。河南省的标志性名牌产品为"新飞电冰箱"。河南省城镇居民恩格尔系数从1990年的54.8%下降到1992年的53%，再下降到1995年的50%。

3. 第三次需求结构升级

由温饱型快速过渡到初级小康型。1996~1999年为恩格尔系数快速下降阶段。1996年以来，全国城镇居民家庭恩格尔系数下降速度明显加快，2001年与1996年相比，下降了10.7个百分点，年均下降2.14个百分点。河南省城镇居民恩格尔系数从1995年的50%下降到1999年的41%，年下降2.25个百分点。城镇居民人均可支配收入快速增长，食品消费比重迅速下降，其他消费比重快速提高。住房、汽车、休闲旅游、文化教育、医疗等消费稳步增长。开始进入万元级或十万元级需求结构，人民生活达到初级小康水平。这说明，我国和河南省城镇居民的需求结构新一轮升级，实质上起步于1996年。

4. 第四次需求结构升级

由初级小康向全面小康过渡。进入21世纪，人均GDP快速增长，需求结构开始快速发生实质性变动，河南省城镇居民恩格尔系数从1999年的41%下降到2000年的36%，再下降到2002年的34%。最令人瞩目的历史性标志为全国2003年人均GDP突破1000美元，河南省2004年人均GDP突破1000美元，社会需求结构开始加速向发展型和享受型升级。与发达国家人均GDP为1000美元左右时的情况相比，我国城镇居民家庭恩格尔系数与美国和日本相当，略低于法国和英国。最新一轮的需求结构升级并突出在住、行消费方面，以住房、汽车、通信、电脑、高档电器、休闲旅游、文化教育、医疗等为主导的消费高速成长，特别是汽车消费和住房消费有力地拉动了重化工业近年来的高速发展，工业结构呈现出重化工业优先发展、高速成长。河南省的标志

性名牌产品为"宇通客车"。

（二）当前阶段结构演进的特点

1. 轿车进入家庭，是经济进入"跨越式发展"新阶段的历史性标志

通过对国际轿车市场研究发现，当车价与人均 GDP 的比率（R 值）达到 3 左右时，就是轿车进入家庭的转折点，这是国际车市的基本规律。目前，河南省主要大中城市城区内的 R 值已接近这一水平，私人购车已开始进入爆发性的增长阶段，私人购车已成为车市发展的主导力量。汽车消费升级对产业结构升级起着巨大的推动作用，能带动 156 个相关产业发展，产业链长，辐射面广，尤其是有力带动钢铁、有色金属、机械、电子、橡胶、玻璃、化工、服务及其他相关产业发展。据推算，汽车工业产值与相关产业的直接关联度为 1∶2，间接关接度为 1∶5。特别是电子信息技术已占到轿车价值的 30%～70%，以电子信息技术为主导的高科技与汽车工业的融合是我国新型工业化的显著标志之一。

2. 住房消费的爆发式升温对新一轮产业结构升级调整起着重要推动作用

住房消费已成为城镇居民需求结构中的第一位，住房产业每增长 10 个百分点大约可以带动 GDP 增长 1 个百分点，住房与相关产业的关联度约为 1∶3，可以直接带动钢铁、有色金属、水泥、玻璃等建材产业，以及装饰装潢产业的发展，可间接带动家电产业、家具产业等，是扩大内需，调整结构的重要动因。

3. 信息产业迅速成长壮大是必然趋势

信息产业已成为主导产业和支柱产业，同时又是其他产业的装备部和服务部。

4. 全面进入重化工和高加工度阶段是客观要求

从 2002 年开始，我国走出通货紧缩，需求结构的升级带动产业结构升级，"双升级"推动新一轮经济高速增长，一批产业出现了爆发式和跳跃式发展而成为主导产业，如住房、汽车、电子信息、基础产业等，带动了一批投资性质的产业，如钢铁、有色金属、机械、化工等。以上两个方面又拉动了电力、煤炭、石油天然气、运输等基础性产业。重工业增长快于轻工业，重工业

在工业中比重上升到 60% 以上。重化工业具有附加值高、投资规模大、建设周期长、需求潜力大、产业链条长等特点。

评价与结论： 以上这一切标志着我国及河南省目前已全面进入了以"住行消费"为主导的发展型和享受型阶段，已全面进入工业化中期的加速阶段，即重化工阶段。关于中国是否应越过重化工发展阶段，经济理论界还存在很大争论，但是我们认为，由于需求结构的升级决定产业结构的升级，所以客观存在的以"住行消费"为主导的需求结构升级决定了重化工发展的必然性，产业结构演进的重化工阶段是不可逾越的。在新一轮经济增长中，河南省应抓住难得的历史机遇，积极创造条件，着力引导需求结构升级，全面加速产业结构升级，特别是要突出重化工和高加工度产业，从技术升级、产业集群和规模经济三个方面，全面提升河南省的比较优势产业的国际竞争力。

二、"三化论"——工业化、城市化、信息化的中期加速理论

"三化论"是关于我国现代化进程的基础理论，其核心主要是关于我国新型工业化道路的理论，其要义为"工业化、城市化、信息化"。传统意义上的现代化或工业化道路只有"二化"，即"工业化和城市化"。从 20 世纪 90 年代开始，由于 IT 技术的不断突破，人类进入信息社会和知识经济时代，其推动力量就是"信息化"，所以"二化"就变成了"三化"。

在科技革命和国家产业政策的双重推动下，世界的工业化或工业中心在国际上曾发生过三次重大转移。第一次是从英国转向德国等欧洲国家，第二次是从德国等欧洲国家转向美国，第三次是从美国转向日本。现在正在加速推进的是第四次转移，即从西方发达国家全面向中国转移。最新的第四次转移具有三大显著特点：其一是规模大，因为中国的市场规模巨大，国际商品贸易、技术贸易和资本流动的规模巨大；其二是影响范围广，几乎涉及各个产业和全世界的各个角落；其三是影响深刻，信息革命加速推动了新一轮的产业升级和社会变革。以上三大特点决定了

中国的"工业化、城市化、信息化"更具特色和优势，中国的新型工业化特别具有后发优势。

工业化带动城市化，城市化是工业化的结果。工业化是城市化的动力，城市化是工业化的载体。工业化决定城市化，城市化反过来加速、促进并带动工业化。工业化、城市化是信息化的基础，信息化可以带动、提升、加速工业化和城市化。"工业化、城市化、信息化"是一个有机整体，"工业化、城市化、信息化"实现集群化发展，共同构成河南省的新型工业化道路，是河南省实现跨越式发展、实现中原崛起、实现现代化的必由之路。

（一）河南省工业化进入中期加速推进阶段

西方传统工业化的特点突出表现在大量消耗一次性资源和能源，环境高污染，产业升级后又出现大量失业问题。中共十六大提出"中国要走新型工业化道路"。由于时代背景的深刻变化，中国的新型工业化显著区别于西方传统的工业化，突出表现在三个重要方面：一是传统产业科技化、高科技化和信息化，即科技在产业的形成、成长、生存、发展和壮大过程中起决定性作用，没有科技作支撑的传统产业就没有竞争力，就没有生存空间，更谈不上发展壮大。二是以信息产业为主导的高科技产业迅猛发展，快速成长，与传统产业快速融合，相互带动，相互促进，相互提升，共同发展壮大。三是资本密集、技术密集、劳动密集在产业发展中有机结合，优势互补。我国新型工业化的主要特点为经济效益好，资源利用率高，环境污染低和劳动力资源优势得到有效发挥，呈现出科技型经济、集约型经济、节约型经济、循环经济、绿色经济、知识经济等形态，呈现出可持续发展的良好态势。

依据 W. C. 霍夫曼的工业化理论，河南省的工业化进程可以划分为四个阶段：①起步阶段（1949~1978 年），在农业为主导的情况下建立了较完整的工业体系，由贫困向温饱过渡；②稳步发展阶段（1979~1999 年），确立了以工业为主导的经济体系，结构不断升级，实现了初级小康目标；③工业化加速飞跃阶段（2000~2020 年），2004 年河南省人均 GDP 突破 1000 美元，呈现出工业重型化和高加工度，增长模式逐步由以外延快速扩张为主转变为内涵高度发展为主，消费结构和产业结构加速升级，城市化进程加快，开始向中等发达水平迈进；④成熟创新阶段（2020 年以后），产业智能化和高科技化，服务业高度发达。工业高科技化，服务业逐步上升为主导和主体地位，进入内涵发展阶段。

（二）河南省城市化进入中期加速内涵发展阶段

河南省的城市化进程可划分为六个阶段：一是城市化起步阶段（1949~1957 年），城市化进程较快，起步较好，城市个数由 12 个增加到 16 个，城市化率由 2.3% 提高到 5.6%；二是城市化震荡反复期（1958~1978 年），徘徊不前，城市个数由 16 个减少到 14 个，城市化率由 5.6% 提高到 8.5%；三是城市化稳步发展期（1978~1991 年）；四是城市化快速发展期（1992~1999 年），房地产热是重要标志，城市体系基本形成，中原城市群初步形成，城市化战略正式实施，城市个数由 1995 年的 36 个增加到 2000 年的 38 个，城市化率由 17.2% 增长到 23.2%；五是城市化加速内涵发展期（2000~2020 年），城市化率由 2000 年的 23.2% 增长到 2004 年的 28.9%，轿车进入家庭是重要标志，城市体系日趋完善，中原城市群正在加速成长为我国重要的产业和人口聚集中心之一，一体化规划建设的步伐加快，发展重点逐步由以外延扩张（拉大城市框架）为主向内涵发展（完善城市功能）为主转变，以"知识化、科技化、信息化"为标志的城市内涵快速提高，河南省的城市化战略逐步走向成熟；六是现代化智能城市发展阶段（2020 年以后）。

近 10 年来，河南省平均每年约有 125 万人口进入城市。平均每年城市化水平提高 1.3 个百分点。2004 年河南省城市化水平达到 28.9%，比上年提高了 1.7 个百分点，城镇人口增加了 165 万人，人均 GDP 突破了 1000 美元的临界点，城市化速度明显加快，这与新一轮需求结构升级、产业结构升级和经济高速增长呈现出高度的正相关关系。中心城市和县域经济是河南省城市化的两大支点。

（三）河南省信息化已迅速融入工业化和城市化的大潮之中

近年来，河南省的信息产业快速发展壮大，

国民经济信息化步伐高速推进，快速融入和渗透到经济社会的各个角落，有力地加速了河南省的工业化和城市化进程。2004年全国电子信息产业实现增加值9500亿元，占GDP的7.5%，销售收入2.65万亿元，同比增长40%，产业规模高居各工业部门之首。我国的电信市场、网络规模和用户规模均居世界首位。

评价与结论：①河南省的城市化、信息化、市场化和全球化加速推进，需求结构和产业结构加速升级，所有这些都为河南省现代化或新型工业化的加速飞跃奠定了物资基础。②当前河南省已完成了工业化的初期阶段，已完全进入加速资本积累和加速工业化的中期阶段，新型工业化道路越来越宽广，内涵集约发展的趋势越来越明显，资本集聚和资本集中的规模快速扩大，频率快速提高，产业结构趋向于重型化和高加工度，这与河南省的产业比较优势是十分吻合的。③应将产业集群化发展确定为河南省产业结构调整和发展的主体战略。长期以来河南省的产业结构调整和发展的主体战略思路一直都不太明确，由此导致了各地产业分工不明、产业集群化发展缓慢和优势产业不突出，严重制约了经济增长的后劲。近年来随着工业化加速，产业集群化广受关注，产业集群化符合专业化分工、比较优势和规模经济原则，有利于建立区域内合作竞争、互利共荣的内生发展机制，有利于提高产业的国际竞争力，推动经济的持续高速增长。要实现产业的集群化，必须有完善的投资环境和产业政策。④城市的集群化发展是工业化和城市化进入中高级阶段的客观要求，同时也是产业集群化发展的必然要求，加速中原城市群的集群化发展势在必行。"十一五"中原城市群能否加速一体化规划和发展将决定其前途命运；将决定中原城市群能否带动河南省经济的高速发展；将决定中原城市群能否在我国实施中部崛起战略中担当"领头羊"的重任；将决定中原城市群能否进入国家级的城市群之列。⑤影响河南省"十一五"工业化、城市化、信息化进程的三大要素分别为资本、技术和人才。资本仍然是第一位的稀缺资源，集聚内资、吸引省外资金仍然是第一位的任务；技术进步是提高全要素生产效率的根本保证，是实现新型工

业化的必要条件；人力资源是河南省的比较优势，充分发挥人力资源优势是加速工业化、城市化和信息化进程的重要基础。

三、"基础论"——基础设施和基础产业的先行理论

"基础论"主要是阐述基础产业在河南省新一轮跨越式发展中所发挥的独特功能和作用。产业经济学认为，一是基础产业在整个产业体系中起基础、支撑和保障作用，这在客观上要求基础产业应适度超前发展；二是基础产业在经济高速发展的特定时期还可以起先导作用，基础产业的适度超前发展和先行发展可以拉动、带动和推动其他产业的发展；三是产业协同论最终要求基础产业与支柱产业、主导产业和战略产业协调发展。基础产业主要包括：①交通（公路、铁路、轨道、航空、水运、管道等）；②能源原材料（电力、煤炭、石油、天然气、新能源、钢铁、有色金属、特殊材料等）；③水利（大江大河、水库、南水北调、小流域治理、城市污水治理、城市供排水等）；④电信（固定通信、移动通信、宽带互联网、信息高速公路等）；⑤城乡基础设施；⑥农业及其加工业等。

河南省地处中原，是我国重要的战略腹地，承东启西，联南贯北，区位优势特别明显。河南省是全国重要的交通中心、能源原材料基地和农产品生产加工基地，是国家西气东输的必经之地，又是南水北调的源头。河南省基础产业的发展无论是对全国还是对自身都具有十分重要的战略意义。河南省已连续13年实现了"一高一低"的战略目标，基础产业的先行发展既起到了保障作用又起到了拉动作用。河南省十几年快速发展的成功实践验证了"基础论"的正确性。

1997年以前，基础产业一直是制约全国发展的主要瓶颈之一，所以国家自1998年开始实施积极的财政政策，发行国债大举投向基础产业，河南省受益很大，基础产业是河南省最大的比较优势产业，长期以来一直都是国家产业政策对河南省支持的重点。"基础产业适度超前发展、先行发展"一直都是指导河南省经济发展的重要方针，既有力地拉动了河南省即期经济增长，又为

新一轮经济扩张和跨越式发展奠定了坚实的基础。

评价与结论：基础产业既是国家产业政策倾斜扶持发展的重点，又是国家实施中部崛起战略中的支持重点，应进一步强化河南省基础产业在全国总体生产力的布局和分工中的比较优势与战略地位，制定综合配套政策，引导河南省基础产业加快集群化发展，为新一轮经济跨越式发展奠定坚实基础。其措施：一是要把河南省建成全国最大的农产品生产基地和加工基地，把河南省建成全国的粮仓，确保国家粮食安全，发展"一优双高"农业，推进农业产业化和集约化经营，培植一批实力强大的农业产业化龙头企业，不失时机地推进国际化经营战略，领导国际市场；二是进一步强化河南省的能源原材料产业的传统优势，抓住国际产业和投资转移的机遇，引入国内外的战略投资者推动河南省重化工业的大发展；三是不断强化河南省的交通和通信等基础优势，把河南省建成全国的人流、物流和信息流中心，以此带动物流业、旅游业等新型服务业的大发展。

四、"全球论"——融入全球化、占据发展制高点的理论

"全球论"主要是分析在全球化背景下的河南怎么样，以及河南如何融入全球化和参与全球化竞争。

全球化是当今世界经济发展的客观必然趋势，顺之则昌，逆之则衰。全球化是工业化和市场化在全球范围内高度发展的产物，信息化加速了全球化进程。工业化为全球化奠定了坚实的基础，市场化为全球化提供了制度保障，信息化为全球化加速推进提供了新动力。近年来全球化呈现出明显加速的态势。

全球化的时代背景是"四化"（工业化、城市化、信息化、市场化）。西方发达国家已处在后工业化时代，多数国家经济缺乏热点而处于不景气状态。只有通过创新驱动和生产要素重新优化组合来寻找新的发展出路，资本流动、产业调整或转移、企业经营已突破了国与国之间的限制，在全球范围内进行结构优化，同时，这也是

资本追求利润最大化使然。国际资本的80%是在工业化国家之间流动的。全球500家最大的跨国公司占全球GDP的1/3和贸易总量的3/4，控制90%的国际投资，在全球化中起主导作用。发达国家的传统产业正在加速向发展中国家转移，国际资本总是流向那些"市场化程度高、效率高、制度完善、软硬环境优、政局稳"的发展中国家。中国利用的外资总额仅次于美国，外汇储备仅次于日本。中国是世界上最大的发展中国家，美国是世界上最大的发达国家，被国际上并称为拉动全球经济增长的两个火车头。中国正在迅速成为全球化的重要参与者、组织者和推动者。近年来中国正在加速融入全球化之中。

全球化是我国及河南省发展的宏观背景和空间背景。必须把河南省放到全球化的大背景下来审视。"全球化"为我国及河南省的发展提供了非常难得的机遇，同时也提出了参与国际竞争的严峻挑战。实践证明，河南省改革开放的政策和实践与全球化的大趋势是完全一致的。只有积极参与全球化，抓住机遇，趋利避害，才能加快发展。近年来全国及河南省经济高速增长，对外经贸（进出口贸易和利用外资）也同时高速增长，两者呈现出高度的正相关关系。这也在一定程度上证明，全球化已成为我国及河南省经济高速增长的推动力量。应进一步在全球的范围内来调整优化河南省的产业结构，充分利用两种资源的两个市场，在全球范围内组织优势生产要素，为河南省主导产业，比较优势产业开拓广阔的市场空间，不断增强和提升河南省产业的竞争力和发展潜力。

河南省正在加速融入全球化的浪潮之中：①河南省的投资环境正在加速与国际接轨；②国际国内传统产业正在加速向河南省转移；③河南省参与国际产业分工的优势正在加速显现出来，河南省拥有一批具有比较优势的基础产业、重型产业和轻型产业，国际资本的到来进一步强化并提升了河南省的比较优势产业。

到底是什么吸引了众多的跨国公司来河南投资？河南省有八点优势值得总结：①经济高速增长；②巨大的发展潜力和商机；③广阔的市场空间；④良好的产业基础；⑤丰富的劳动力等要素

资源优势；⑥高度市场化的制度安排；⑦优越的投资环境；⑧和谐稳定的社会环境。其中，优越的投资环境与和谐稳定的社会环境是前提条件。

河南省下一步的重点任务就是进一步强化并发展以上八点优势，吸引更多更大规模的跨国公司投资。全球约有6万多家跨国公司，在境外有50多万个分支机构和7500万名员工，大约50%的子公司在发展中国家。20余年来，跨国公司为推进其全球化战略，先是从销售本地化过渡到制造本地化，进而又转向技术、人才本地化，其重要标志是跨国公司纷纷在境外建立研究开发机构，加大投资、吸引人才，推进研究开发本地化是跨国公司实行其全球化战略的重要组成部分。跨国公司向我国产业转移的步伐正在加快，规模扩大，产业层次提高，河南省未来吸引跨国公司投资的潜力是非常巨大的。

评价与结论：近年来，有些沿海省份由于出口导向型发展战略的实施，导致其经济的对外依存度已达到了相当高的水平，于是便出现了争论，即是否应适当控制外资流入以避免将来重演"拉美现象"；而河南省的情况正好相反，不存在控制开放的问题，而是如何进一步扩大开放的问题，因为尽管河南省的外经外贸已经取得很大成就，但是横向对比的差距仍然是非常惊人的。2004年河南省进出口总额仅占全国的0.41%，实际利用外资仅占全国的1.44%；全国经济的外贸依存度平均约为69%，河南省仅为6%左右。以上两组数据足以说明河南省在对外开放方面与全国平均水平的巨大差距，这与河南的大省地位极不相称；从另一方面还可以说明河南省未来对外开放的潜力是非常巨大的；从对经济增长的拉动作用来看，河南省尚处在以国内需求为主体和主导的经济增长形态，只有在大力开拓国内市场的同时，加速河南省经济的全球化进程，才能形成对河南省经济增长的内外双向拉动，优化投资环境是解决问题的关键。

五、"周期论"——抓住经济扩张期的发展机遇

"周期论"是指经济运行表现出周期性波动规律，世界上各个国家概莫如是，只是波动的形

式和特点会有所区别，这是宏观经济运行普遍的一般规律，特别是市场经济国家或地区经济波动的周期性规律更加突出，这是由经济的内在运行机制所决定的客观规律。无论是改革开放以前还是改革开放以后，我国及河南省经济运行均呈现出周期性波动，特别是改革开放之后周期性波动表现得更加突出。①分析河南省经济周期波动规律，必须放到全国和世界的大环境之中，因为河南、全国和世界三者已被全球化有机地联系成一体，所以要注意分析三者之间的内在关联关系，做到趋利避害；②掌握经济运行的周期性波动规律，是为了更好地发展经济，提高对经济运行的预见性，提高政策制定的超前性，更好地把握发展速度、改革力度和社会可承受的程度，建设和谐社会；③利用"周期论"，服务于宏观调控，综合运用经济手段、法律手段和行政手段适时搞好宏观调控，拉长上升的景气阶段，缩短收缩的不景气阶段，提高周期性波动的基轴，缩小上下波动的幅度，熨平经济周期，实现经济的快速、平稳、持续、健康发展；④充分利用"周期论"积极主动地推动河南省产业结构的调整优化升级，积极引导需求结构升级，不断强化消费、投资和出口对产业结构升级和经济增长的拉动作用。要充分利用经济收缩期加大基础产业升级的发展力度，为经济扩张积蓄能量，还要充分利用经济扩张期来加大具有比较优势的主导产业的升级发展力度。

新中国成立以来，河南省和全国一样，大概经历了8个经济周期，每个周期约6~7年。随着我国市场经济体制的确立和完善，宏观经济调控不断加强，调控手段和方式日趋成熟，波动有被熨平的趋势，周期有拉长的趋势。所以未来我国的经济周期可能会拉长到8~10年，其中景气年份约4~5年，相对不景气年份约4~5年。随着我国经济融入全球化的速度加快，我国经济的对外依存度已达69%左右，我国经济的周期性波动受世界经济周期性波动的影响越来越大。河南省、中国和世界三者经济周期性波动的步调越来越表现出一致性，周期性波动的正相关程度越来越高。主要区别表现在：①周期的波动范围，河南在8%~14%，全国在7%~12%，世界在3%~5%，西方发达国家

在 1%~4%。②我国经济周期性波动的起点高，波幅大，我国经济波动的波谷比世界的波峰还要高。河南省的经济运行周期与全国基本保持一致，向上波动的幅度比全国大，向下波动的幅度比全国小，河南省 GDP 增长速度自 1992 年以来始终高于全国平均水平，年平均高出 2 个百分点，已连续 13 年实现了"一高一低"的战略目标。

经济周期波动背后的深刻内涵是每一轮经济周期的启动都伴随着新一轮需求结构和产业结构的升级。①1978~1987 年，需求结构以"老三件"为标志，实现温饱，轻工业优先快速发展。②1987~1996 年，需求结构以"新三件"为标志，走向小康，家电产业高速发展。③1997 年以来逐步实现初级小康，家电升级，住房消费升级。④2003 年我国新一轮经济周期全面启动，人均 GDP 突破 1000 美元，河南省 2004 年人均 GDP 突破 1000 美元，消费热点明显而且消费数量多，全面进入发展型、休闲型和享受型消费阶段，以住房、轿车为主导，旅游、教育和电信信息等全面升级，表现在产业上，重工业先行发展，高科技产业、轻型产业和服务业同步升级。

河南省新一轮经济扩张的有利条件有：①动力足，以需求结构升级为主导，消费热点持久稳定，可持续性强。②产业基础扎实，主导产业的比较优势明显，产业结构升级的可持续性强。③国内国际环境好，中国和世界经济都处于上升扩张期，2004 年美国经济增长 4%，预计 2005 年增长 3%以上，处在其经济周期的谷峰。④全球化加速了传统产业向我国及河南省的转移。

这里我们分析一下国家的宏观调控政策的走向，1993~1994 年我国出现经济过热，导致了严重的通货膨胀，1994 年开始实施紧缩的宏观调控政策，1997 年我国经济实现软着陆，同年末突发东南亚经济危机，开始出现严重的通货紧缩，全球经济进入低速徘徊增长阶段，国内经济周期的谷底与世界经济周期的谷底出现了少有的叠加现象，这更加重了我国的经济困难。为此，中央果断决策，从 1998 年开始实施积极的财政政策和灵活稳健的货币政策，大规模的国债投入到基础设施建设和提升优势产业之中，同时降低银行利率，扩大内需反通货紧缩，收到了明显的成效，保持了经济的稳定增长。一直到 2002 年经济走出谷底开始启动，2003 年和 2004 年经济快速扩张并高速增长。于是，中央经济工作会议正式作出决定，2005 年实施"双稳健"的宏观调控政策，即稳健的财政政策和稳健的货币政策。正式宣告实施了近七年的积极财政政策正式退出，新一轮经济周期的内在市场扩张机制已经形成。预计 2004~2008 年为新一轮经济周期的扩张阶段，也就是说本轮高速增长预计在 2008 年达到顶峰，所以，河南省"十一五"期间年经济增长速度可能会达到 10%左右或 10%以上。

评价与结论："十一五"河南省将处于经济周期的谷峰区域，是河南省推进工业化、城市化和集群化发展的关键时期，是实现经济社会协调发展、跨越式发展的关键时期；"十一五"期间，我国 GDP 增长速度约为 8%，河南省 GDP 增长速度约为 10%；河南省宏观调控的首要任务就是确保上述经济增长目标的实现。为此应抓住国家财政收入大幅度增长的机遇，用足用活"双稳健"的宏观调控政策，利用河南省的"三农"优势争取更多的财政转移支付资金，支持河南省的"三农"问题的解决，以及各项社会事业发展。在产业的发展上，利用河南省的产业优势争取国家产业政策的倾斜支持，加快产业集群化发展和城市集群化发展，进一步突出重化工业的主导地位并优先倾斜发展，进一步强化河南省在传统产业上的比较优势，进一步加大基础产业的发展力度以增强经济增长的后劲。

六、"系统论"——环境孵化、创新驱动、结构升级的系统理论

"系统论"就是把河南省的经济作为一个系统整体来考察，分析影响发展的主要因素，总结发展经验，找出其内在的发展规律，以指导未来的政策制定。

"系统论"的基本内涵：①系统结构决定系统功能，即经济结构决定经济的发展速度、质量和效益；②系统制度决定系统效率，即改革（制度创新、体制创新、技术创新）是调整优化结构和提高效率的根本途径；③系统环境影响、制约

甚至决定系统的演化进程和发展速度，即未来的国际国内环境对河南省加速跨越式发展是十分有利的。

我们现在提出一个问题，即为什么改革开放以来，1992年以前河南省的经济发展速度比全国慢，而1992年以后比全国快？如果用"系统论"来回答这个问题就太简单了。20世纪80年代我国实施沿海地区优先发展战略，资金、技术、人才等优势生产要素流向沿海，宏观的外部环境首先将河南省置于不利地位，由于计划经济体制下的价格扭曲使河南省在能源原材料等产业上的结构优势变成了结构劣势，导致了体制僵化，政策不优，改革力度小。而1992年邓小平"南方谈话"以后，我国确立并完善了社会主义市场经济体制，公正公平开放的市场经济制度安排使河南省的外部和内部环境得到了优化，河南省改革开放的力度加大，结构优势逐步得到发挥。综合起来说，1992年以前河南省发展的"环境不优、制度（体制政策）不优、结构不优"，"三劣"导致滞后发展；而1992年以后河南省发展的"环境优化、制度（体制政策）优化、结构优化"，"三优"导致跨越式发展。"三优"能否得到进一步强化将直接决定河南省未来发展的速度、质量和效益。

（一）经济结构决定经济的发展速度、质量和效益

结构调整优化的目的是追求系统功能的最大化。系统要素的有序组合并不断进行结构调整优化，是系统发展的内因和动力，决定系统发展的活力、潜力、发展力和发展水平。经济结构调整优化一直是贯穿我国及河南省经济发展的一条主线，结构调整优化要速度、质量和效益。进入20世纪90年代以来，河南省历来都非常重视经济结构的调整优化，始终把结构调整优化作为发展的内在推动力，不断加大调整力度，收到了明显成效。

宏观层次的结构调整主要有：①加速产业结构调整优化，主导产业高速成长，优势传统支柱产业不断加强；②消费、投资和出口结构不断优化升级，"三驾马车"的马力越来越大、动力越来越强，有力地加速河南省的工业化进程；③城乡结构加速调整，"工业化、城市化、

信息化"进入加速推进的阶段，并加大了反哺农业的力度，农业的基础地位得到加强，农产品及其加工业的竞争优势不断强化；④区域结构不断优化，区域产业特色优势充分发挥，分工更加明确，区域之间的联系更加方便、快捷和多样化；⑤所有制结构不断优化，国有经济主导作用不断加强，民营经济加速成长壮大，外资经济快速抢滩中原，国有、民营和外资加速融合，共同繁荣。

微观层次的结构调整主要有：①企业组织结构加速调整，兼并重组、资本集聚、资本集中频繁进行，企业竞争实力大增；②产品结构加快升级，更新换代加快，品种多样化，科技含量、质量水平、市场占有率稳步提高；③技术结构、人才结构不断升级，科教兴豫和人才强省战略深入贯彻，人才的培养、引进、选用的机制不断完善，技术进步的贡献率越来越高，以"科技创新和自主知识产权"为中心的核心竞争力不断提高。

（二）制度创新、体制创新、技术创新是调整优化结构和提高效率的根本途径

改革开放以来，特别是进入20世纪90年代以来，党中央制定的一系列路线、方针和政策，这些都属于制度创新的宏观范畴，河南省也适时出台了一系列"加快改革、扩大开放、促进发展、保持稳定"的政策措施。主要有：①确立了"三步走"战略，科教兴国、人才强国、可持续发展战略，河南省陆续推出了"科教兴豫、人才强省、可持续发展、'一高一低'、中原崛起战略"；②确立并完善了社会主义市场经济体制；③确立了"以人为本，全面、协调、可持续发展的科学发展观"；④确立了新型"工业化、城市化、信息化"道路；⑤河南省的改革开放力度不断加大，加速了市场化和全球化，不断优化了投资环境，构建和谐社会的能力不断加强。以上几点有力地保障了河南省加速新一轮经济扩张，加速实现中原崛起。

（三）未来的国际国内环境对河南省加速跨越式发展是十分有利的

河南省拥有良好的和平发展国际环境，和平和发展是当今时代的主题，中国正在世界上

和平崛起，全球化为河南提供了大市场、大舞台、大空间，国际产业及优势生产要素加速向河南省转移。河南省还拥有优良的国内环境，物质文明、精神文明和政治文明协调发展，依法治国深入贯彻；中央已经明确了要实施促进中部崛起的战略部署，有效发挥中部地区的综合优势，要利用中部地区的能源、人才、交通优势，在政策、资金、重大项目部局等方面积极支持中部地区；河南省在全国生产力布局中的"区位优势、产业优势、战略优势"稳步提升；市场经济体制日趋完善，宏观经济调控总体上对河南省是有利的，目前我国宏观经济运行处在周期性的上升扩张阶段，新型"工业化、城市化、信息化"进入加速阶段。河南省对外部的国际国内环境虽然无法调控，但可以趋利避害，因势利导，加以利用。总之，在今后相当长的时期内，国际国内环境对河南省加快跨越式发展。加速中原崛起是十分有利的。

评价与结论：优化结构，加快制度创新、体制创新和技术创新，优化投资环境是实现河南省跨越式发展的三个关键。

七、若干政策建议

（一）全面认识河南省在全国的战略地位

河南省应承担的历史重任是率先实现中原崛起，在我国中部崛起战略中担当"领头羊"的重任，形成"主导中部、带动西部、联动东部"的发展态势，进而推动全国经济的全面、快速、持续、稳定和健康发展。"十一五"期间，河南省实现跨越式发展的内因和外因条件都比较有利，奋力实现中原崛起是我们的唯一选择。

（二）牢牢抓住河南省高速发展的战略机遇期

"十一五"是河南省经济社会发展的重要转型期，即经济高速发展期和社会矛盾凸显期，又是实现中原崛起的关键期。应以"全面小康、中原崛起、和谐中原、科学发展观"统揽全局，"全面小康、中原崛起、和谐中原"是河南省经济社会发展的总目标，坚持科学发展观是实现上述目标的根本途径。所以，要牢固树立"发展是党执政兴国的第一要务"的思想，把科学

发展观全面彻底地、扎扎实实地贯彻到河南省经济社会发展的各个方面，加速河南省新型工业化、城市化和信息化进程，大力发展科技型经济、集约型经济、节约型经济、循环经济、绿色经济和知识经济，绝不能再走"先污染再治理、高污染而难以治理"的老路，走出粗放型发展的怪圈，真正实现高速度、高质量、高效率、高效益的增长。和谐中原既是河南省的一个重要发展目标，同时又是河南省实现新的跨越式发展，实现中原崛起的重要条件。构建和谐中原的三大任务：一是要实现经济社会的协调发展；二是要营造和谐稳定的社会环境；三是要建立充分发挥各社会阶层成员创造活力的机制，形成创造型社会。

（三）着力打造具有竞争力优势的发展环境

投资环境越来越成为集聚内外投资、实现跨越式发展的决定性因素。所以，地方政府抓经济工作的第一要务就是创造优良的投资软硬环境。创造性地优化投资环境，优化投资环境的三大重点为：一是和谐稳定的社会环境；二是"精简、廉洁、高效"的政府机构，建立法治型政府和服务型政府；三是建立公正、廉洁、高效的司法制度，确保企业的合法权益不受侵犯。为了提高地方政府驾驭市场经济的能力，建议实施"百千万人才工程"。

（四）加强宏观调控，确保经济高速增长

宏观调控的总目标就是要确保河南省新一轮经济的高速增长。具体到经济领域要采取非均衡发展战略，即倾斜发展河南省具有比较优势的主导城市、主导产业、主导企业，同时注重培植新的特色优势，增强河南省的国际竞争实力；具体到社会领域要采取均衡发展战略，特别是要注重缩小城乡差距和贫富差距，以维护社会的公平正义与和谐稳定。宏观调控要坚持"有所为有所不为"的方针，发挥优势，强化优势，集中力量做大做强优势产业、优势企业、优势品牌；坚持统筹兼顾，松紧适度，扬长避短，因势利导，趋利避害；要区别对待，有保有压，不可"一刀切"和硬着陆；既要积极争取中央对河南省的倾斜支持，又要充分发挥市场的主导作用，立足点是市场化，着力点是投资环境优化。

（五）把中原城市群打造成带动中西部地区发展的新增长极

要把中原城市群打造成国家级的产业和人口聚集地。建议省政府成立"推进中原城市群集群化发展办公室"，灵活运用行政手段和市场经济手段强力推动中原城市群的集群化发展，关键是要推进一体化"规划、建设、管理、发展"的进程，实现城市基础设施以及公共资源共享，搞好功能分工，实现优势互补，核心是要实现产业集群化发展。加强中原城市群的横向联合，建立中原城市群市长联席会议制度。

（六）做大做强主导产业集群，培育经济新优势

河南省的比较优势产业与我国新一轮的产业升级、产业政策、国际产业转移是相吻合的。河南省新一轮产业升级的核心是要实现优势产业的集群化发展，例如可以利用河南省的农业优势建立几个国家级的农产品开发、加工基地。将产业的集群化发展和城市的集群化发展紧密地结合起来，相互促进。一是要进一步强化河南省在重化工业上的比较优势，重点发展钢铁、有色（煤铝电）、能源、煤化工、石油重化工，机械动力（汽车）等；二是要进一步强化河南省在高加工度工业上的比较优势，重点发展食品、家电、服装、鞋类、轻纺、制药等；三是要全面提升河南省服务业，重点发展旅游、物流、商贸、金融、房地产、中介服务业等。建立以企业为主导的科技创新机制，建立"引进、吸收、开发、创新"体系，注重开发自主知识产权，这是提升河南省产业核心竞争力的关键所在。

（七）做大做强国有企业，发挥主导作用

全面提升河南省国有企业的竞争力和发展力，真正发挥其在河南省新一轮经济跨越式发展中的主导作用。"体制创新、管理创新、技术创新"三项改革能否真正到位关系到未来国有企业的前途命运。国有企业股份化要在全球范围内加速推进，积极推动三个融合：一是与跨国公司融合；二是与民营企业融合；三是与社会融合。要通过改革建立现代企业制度，实现国有资本运营的社会化和股份化，提高国有资本的运营效率，建立国有资本扩张性发展的体制机制。

（八）做大做强民营经济，发挥新增长极功能

河南省未来能否打造出强大的民营企业团队，在很大程度上决定了河南省能否实现跨越式发展。浙江省的人均GDP约是河南省的3倍，这主要是由于民营经济发展上的巨大差距所造成的，浙江省的民营企业大多已经走过了资本积累阶段，进入资本集聚、资本集中和资本扩张阶段，而河南省的情况正好相反。民营经济在河南省未来十几年的高速增长中将扮演着主要角色，对经济增长的贡献率将会迅速提升到80%以上，这是市场化和全球化的大势使然。所以对民营经济的发展要有科学预见性，要有远见，要有战略眼光。发展民营企业的关键是要创造宽松公平的政治、经济、社会环境，重点支持，倾斜培育，逐步将其推向参与全球化竞争的前沿阵地。

（九）充分发挥"三驾马车"对经济高速增长的拉动作用

在拉动经济增长的"三驾马车"中，消费需求、投资需求和出口需求的拉动作用都应当充分发挥出来。这里的消费需求、投资需求是指全国性的或国际性的，不能局限在河南省内，这就要求大举开发国内外市场。其中，要特别重视发挥消费需求的基础作用和最终决定作用，完善鼓励消费的政策体系，优化消费环境，创新消费理念；我们还处于高投资率和高经济增长阶段，投资仍然是拉动即期经济增长的主导力量，优化投资环境以吸引国内外投资仍然是抓经济工作的第一要务；还应大力发展出口导向型产业，充分发挥内需和外需对经济的共同拉动作用。

（十）加速对外开放，带动经济高速增长

树立河南省产业的"全球化"发展理念，以大开放带动大发展。一是要创造条件加快承接国际国内产业向河南省转移，跨国公司是引资的重点，引资要与河南省的优势产业集群化发展结合起来；二是加快出口导向型经济的发展，打响"河南牌""中国牌"和"全球牌"；三是大力发展"两头在外、大进大出"高加工度出口产业；四是要积极培育和发展河南省本土的跨国公司，推进国际化经营和资本运作。

河南省以城镇化引领"三化"协调发展的理论探讨（2012年）*

摘要 在工业化进程中，工业化、城镇化和农业现代化之间具有独特的互动关系，只有发挥工业化的主导作用、城镇化的引领作用和农业现代化的基础作用，特别是要注重发挥城镇化的引领作用，才能解决市场失灵问题并促进协调发展。在工业化中后期阶段，产业结构开始由"二、三、一"向"三、二、一"演变，工业化主导作用逐步被三产化主导作用所代替，城镇化的引领作用正是由三产化的主导作用所决定的，要解决城镇化滞后问题就必须大力发展第三产业，推动服务业与城镇化的融合式发展，引领工业化和农业现代化协调发展。通过城镇化引领来破解土地等瓶颈约束，构建紧凑型城镇体系，提高城镇承载能力，加快经济发展方式转变，推进工业化、城镇化和农业现代化协调发展。

工业化、城镇化、农业现代化（以下简称"三化"）协调发展是一个全球性和全国性难题，为了破解"三化"协调发展难题，为全国"三化"协调发展探路，近年来河南省进行了卓有成效的探索，2011年10月26日召开的河南省九次党代会强调指出：紧紧围绕富民强省目标，全面实施建设中原经济区、加快中原崛起河南振兴总体战略，持续探索不以牺牲农业和粮食、生态和环境为代价的新型城镇化、新型工业化、新型农业现代化"三化"协调科学发展的路子。同时强调"走好这条路子，必须充分发挥新型城镇化的引领作用、新型工业化的主导作用、新型农业现代化的基础作用。"关于工业化的主导作用和农业现代化的基础作用已经被广泛认可，但是关于城镇化的引领作用在理论上尚有不同看法，本文主要针对这一问题进行初步探讨。

一、城镇化引领"三化"协调发展是一般规律

（一）"三化"概念内涵的界定

工业化是指在一个国家和地区国民经济中，工业生产活动取得主导地位的发展过程，是生产力发展的必然历史阶段。集聚发展是工业化的内在规律，产业向城镇集聚必然带动人口向城镇集聚，农村人口转化为城镇人口的过程就是城镇化，城镇化是工业化的必然结果。

广义的工业化是指从农业社会向工业社会转变的过程，主要指非农产业；狭义的工业化是指工业，以下分析用狭义的工业化概念。狭义的城镇化是指人口从农村向城镇集聚，其实人口集聚只是一种表面现象，实际上城镇化的本质内涵更加丰富，城镇中除了工业之外的都属于城镇化范畴，包括城镇规模、结构、速度、体系、布局、规划、建设、管理、硬环境和软环境，理应包含关联紧密的服务业。农业现代化主要是指用现代工业技术装备的、新型城镇化带动的、以工补农、以城带乡、城乡一体的、规模化、标准化、产业化，高产、优质、高效、绿色的现代化农业。界定好"三化"的定义内涵有利于解剖"三化"之间的关系。这里需要指出的是，工业化、城镇化和农业现代化是现代化的主要组成部分，而三次产业是现代化的生产力基础，所以"三化"的内涵必须包括三次产业，不然的话"三化"就失去了生产力基础。这里的关键问题是第三产业即服务业的归类问题，归类的理论依据应

* 本文发表于河南省人民政府发展研究中心《研究报告》2012年10月2日。

该是关联度的大小，很显然城镇与服务业的关联度最大，第三产业理应归入城镇化的内涵之中。

（二）"三化"不协调是市场失灵的常态表现

系统论告诉我们"系统结构决定系统功能"。工业化、城镇化、农业现代化是一个复杂系统整体，"三化"之间的结构关系决定"三化"系统的整体功能，即决定"三化"的速度、质量和效益，"三化"是整个经济社会的重大比例关系，从大处说就是决定整个现代化进程的快慢。"三化"是一个国家现代化的重要根基，"三化"水平是衡量一个国家现代化水平的重要标志，"三化"协调是一个国家全面协调可持续发展的基础，加快现代化建设必须推进"三化"协调的科学发展。

在完全竞争的市场经济条件下，在工业化进程之中，首先，农业比较效益低导致发展缓慢，由于耕地产出效益低，总是被工业和城镇建设大量廉价占用，导致耕地面积大规模急剧减少，进而导致农业产出萎缩，难以满足工业化和城镇化的市场需求，这就会牵制工业化和城镇化进程，甚至成为工业化和城镇化进程中的绊脚石；其次，城镇化是有成本的，特别是城镇基础设施建设和社会事业需要大规模投入，这些投入并不能直接带来经济效益，工业化为了追求经济效益最大化而不愿意为城镇化付出成本，这就必然导致城镇化滞后于工业化，另一种情况是市场驱使下的"羊吃人运动"，农业为了提高比较效益而将农民赶进城镇，由此造成过度城镇化现象的出现。经常出现的城镇化滞后现象和偶尔出现的过度城镇化现象都会造成城镇人口总收入和购买力不足，对农产品和工业品市场的需求不足，由此会减缓工业化和农业现代化的进程。

由以上分析可知，"三化"不协调是市场失灵的常态表现，我们必须在理论层面上全面深刻揭示"三化"关系规律，为政府调控提供理论依据。政府应自觉灵活地运用"三化"关系规律，加强对"三化"的宏观调控，弥补市场失灵的缺陷，促进"三化"协调的科学发展。

（三）城镇化引领理论来自"三化"之间的互动关系

1. "三化"之间具有互动关系

当今世界现代化发展过程就是工业化、城镇化和农业现代化的过程，"三化"是一个涵盖经济、政治、文化、社会、生态的系统，是一个社会系统与自然系统复合的系统。"三化"之间相互联系、相互影响、相互依赖、相互支撑、相互促进、相辅相成，缺一不可，构成一个有机统一整体。①农业现代化是"三化"协调发展的基础，农业是一个自然生产过程，为人类提供食物，是人类赖以生存的基础，为工业提供原料，是工业的第一车间，是许多工业门类的原料基地，为工业化和城镇化提供人力资源和土地等基础生产要素，为工业化和城镇化提供市场，可以说农业是孕育工业化和城镇化的母亲产业，离开了农业现代化，工业化和城镇化就成了无源之水和无本之木。②工业化是"三化"协调发展的主导力量，工业化是农业社会向工业社会演变的动力源泉，为农业提供先进的技术装备，是实现农业现代化的物资基础，是农产品的重要市场，农产品加工业可以拉长农业产业链条，并带动农业的发展，工业化为城镇化提供产业支撑和物资基础，是城镇化的动力之源，没有工业化就不可能有城镇化和农业现代化。③城镇化是"三化"协调发展的支撑向导，为工业化提供空间载体和环境条件，为工业化和农业现代化提供配套现代服务业，为工业化和农业现代化提供市场，通过以城带乡实现城乡一体化，通过产城融合推动服务业与工业的相互提升。总之，"三化"就像三足鼎立，互为前提，互为支撑，相互带动。

2. "三化"之间的互动作用是城镇化引领理论的逻辑基础

"三化"之间的互动包括：①城镇化引领工业化，工业化对城镇化具有主导作用，工业化是城镇化的物资基础，同时城镇化对工业化具有反作用，这种反作用具有支撑性质和能动性质。城镇化是工业化的空间载体，城镇基础设施建设是工业化的基础后盾，城镇化市场需求是工业化的发展导向，城镇化中的劳动力素质越来越高、自主创新能力越来越强、管理水平越来越高，越来越成为工业化的驱动力量，这种空间载体、基础后盾、市场导向、创新驱动等支撑功能就是城镇化对工业化的引领作用。②城镇化引领农业现代化，农业现代化是城镇化的基础，为城镇化人口提供生存和发展的食物基础，同时城镇化是农业现代化的带动力量，城镇化是农业规模化的前提条件，规模化是农业现代化的基础，城镇化市场需求是农业现代化的发展导向，城镇化中的现代服务业是农业现代化的创新驱动力量，这种带动力量、前提条件、市场导向、创新驱动等功能就是城镇化对农业现代化的引领作用。③城镇化对工业化和农业现代化的引领作用具有能动性，即积极的、主动的、适宜的城镇化引领政策可以有力地带动、推动和促进工业化和农业现代化，可以较好地解决城镇化滞后和农业现代化滞后的市场失灵问题。

（四）坚持城镇化引领是政府宏观调控的重要手段

城镇化与工业化、农业现代化之间具有三种关系模式。其一，"滞后城镇化"，是指城镇化水平滞后于工业化进程，不适应工业化的发展需要，滞后城镇化会拖工业化的后腿，减缓工业化，一般是由于实施被动城镇化政策导致的。滞后的城镇化必然导致滞后的农业现代化，因为如果城镇化滞后，必然造成农业人口不能适时减少，农业规模化进程就慢，农业现代化就缺乏劳动生产率支撑；同时城镇人口少就会造成对农产品的需求不足，农业现代化就无法顺利进行。其二，"超前城镇化"，也称"过度城镇化"，是指城镇化速度大大超过了工业化速度，造成城镇化水平与经济发展水平的脱节，过度城镇化带不来总收入、总购买力和总市场需求的同步扩大，所以并不能加快工业化进程，一般是由于实施激进的城镇化政策导致的。超前的城镇化也带不来同步的农业现代化，因为超前城镇化会造成大量城镇贫民阶层，城镇整体收入和购买力有限，对农产品的市场需求规模增长迟缓，农业现代化缺乏需求拉动。滞后城镇化和超前城镇化都会造成"三化"失调，扩大社会收入分配差距和贫富差距，不利于经济社会的协调稳定和谐发展。其三，"适度城镇化"，即城镇化与工业化、农业现

代化协调推进，相互支撑、相互促进、相互适应、同步发展，适度城镇化一般是由于实施积极的、主动的、互动的、适宜的城镇化政策的结果。

滞后城镇化和过度城镇化都会造成"三化"失调，"三化"失调是市场失灵的一种常态表现。纠正市场失灵是政府"看得见的手"的重要职能，只有坚持"城镇化引领"的宏观调控政策，实施适度的城镇化政策，才能避免出现城镇化和农业现代化的滞后现象，才能在推进工业化的同时同步推进城镇化和农业现代化，推进"三化"协调发展。

二、城镇化引领作用具有阶段性特征

不同的工业化阶段的产业结构也不同，"三化"的地位和作用也不同，这里运用产业结构演变阶段理论实证城镇化引领作用的阶段性特征。目前国内外判断工业化阶段主要采用人均GDP、三次产业结构、工业内部结构、就业结构和城乡结构五种方法进行测算，其中人均GDP是衡量生产力水平和工业化水平最综合有效的指标，三次产业结构是衡量生产力水平和工业化水平最根本的指标，这两种方法具有很强的解释力和代表性，本文主要采用这两种方法对河南省工业化阶段及其特征进行分析。

（一）以人均GDP为判断标准：河南省处于工业化中期

美国经济学家H.钱纳里研究提出，人均GDP水平与工业化程度成正比，人均GDP水平越高，工业化程度就越高。根据人均GDP增长情况，钱纳里将一个国家或地区从不发达经济到成熟工业经济的整个变化过程分为3个阶段、6个时期，其中第2阶段是工业化阶段，工业化阶段又分为初期、中期和后期3个时期，如表1所示。钱纳里模型已成为评价工业化阶段的标准理论。①

---

① 钱纳里等. 工业化和经济增长的比较研究 [M]. 上海：上海三联书店，1989.

表1　钱纳里归纳的工业化阶段划分标准（以人均 GDP 为标准）①②

单位：美元

工业化阶段	前工业化阶段	工业化阶段			后工业化阶段	
时期	初级产品阶段（1）	工业化初期（2）	工业化中期（3）	工业化后期（4）	发达经济初级阶段（5）	发达经济高级阶段（6）
1964 年	100~200	200~400	400~800	800~1500	1500~2400	2400~3600
1970 年	140~280	280~560	560~1120	1120~2100	2100~3360	3360~5040
1982 年	364~728	728~1456	1456~2912	2912~5460	5460~8736	8736~13104
1995 年	610~1220	1220~2430	2430~4870	4870~9120	9120~14600	14600~21900
2004 年	720~1440	1440~2880	2880~5760	5760~10810	10810~17290	17290~25940
2009 年	763~1526	1526~3025	3025~6104	6104~11445	11445~18312	18312~27468
2011 年	804~1608	1608~3187	3187~6432	6432~12060	12060~19296	19296~28944

表2　河南省人均 GDP 与工业化中期阶段划分标准

单位：美元

年份	河南省人均 GDP	全国人均 GDP	工业化中期起点线（人均 GDP）	工业化后期起点线（人均 GDP）
1978	154	254		
1979	177	281		
1980	210	309	—	—
1981	199	290		
1982	185	279	1456	2912
1983	217	295		
1984	206	299		
1985	196	292		
1986	182	279		
1987	201	299	—	—
1988	242	367		
1989	266	403		
1990	226	344		
1991	224	356		
1992	262	419		
1993	322	520	—	—
1994	285	469		
1995	395	607	2430	4870

①　郭克莎. 中国工业化的进程、问题与出路 [J]. 中国社会科学, 2004 (1).
②　陈佳贵等. 中国工业化进程报告 [M]. 北京：社会科学文献出版社, 2007.

年份	河南省人均GDP	全国人均GDP	工业化中期起点线（人均GDP）	工业化后期起点线（人均GDP）
1996	478	704		
1997	528	775		
1998	559	821		
1999	581	865	—	—
2000	643	949		
2001	700	1042		
2002	759	1135		
2003	858	1274		
2004	1064	1490	2880	5760
2005	1343	1758		
2006	1612	2113	—	—
2007	2059	2730		
2008	2616	3414		
2009	2861	3749	3025	6104
2010	3383	4393	—	—
2011	4068	5481	3187	6432

资料来源：陈佳贵等．中国工业化进程报告［M］．社会科学文献出版社，2007．

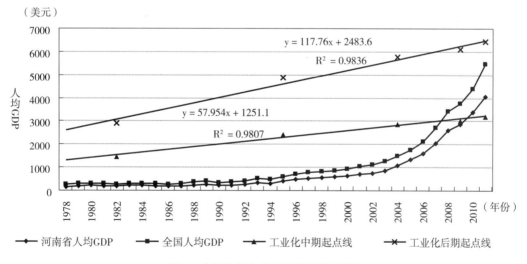

图1　全国和河南省工业化阶段的划分

根据表1中工业化中期起点和终点数据绘制出散点图（如图1所示），对起点散点图进行拟合得出起点线，回归方程为：y = 57.954x+1251.1，R^2=0.9807，拟合度非常高；对终点散点图进行拟合得出终点线，回归方程为：y = 117.76x + 2483.6，R^2=0.9836，拟合度非常高。根据表2绘制出1978~2010年全国和河南省人均GDP折线图

（如图1所示），根据该图可以清晰地判断出当前全国和河南省都处在工业化中期阶段。

2011年全国GDP总量为471564亿元，人口134735万人，人均GDP为34999元，折合为5481美元，由钱纳里归纳的工业化阶段划分标准可知，2011年工业化中期中点的标准为人均GDP为4810美元。根据图1对比分析可知，全

国 2008 年进入工业化中期，目前处于工业化中期的后半段。

2011 年河南省 GDP 总量为 27232 亿元，人口 10489 万人，人均 GDP 为 25974 元，折合 4068 美元。根据图 1 对比分析可知，河南省从 2010 年开始进入工业化中期阶段，比全国晚两年，目前处于工业化中期的前半段。

（二）以三次产业结构为判断标准：河南已处于工业化中期向后期过渡的阶段

美国经济学家库兹涅茨等专家研究提出在工业化初期，第一产业所占比重较高，第二产业比重较低，计划经济的国家表现出"一、二、三"的特征，而市场经济国家会表现出"一、三、二"的特征。随着工业化的推进，第一产业的比重逐渐下降，第二产业的比重迅速增加，而第三产业的比重只是缓慢提高，第一产业在产业结构中的优势地位被第二产业所取代。当第一产业比重降到 20% 以下，第二产业比重上升到高于第三产业时，工业化进入中期阶段；当第一产业比重再降到 10% 左右时，第二产业比重上升到最高水平，工业化进入后期阶段（见表 3），此后第二产业比重转为相对稳定或有所下降。因此，工业在国民经济中的比重将经历一个由上升到下降的倒"U"型变化。如果经济体表现出"三、二、一"的格局，则可基本上认为进入了发达经济阶段。

表 3　工业化各阶段的产业结构变化

工业化阶段	产业产值结构的变动
工业化前期	第一产业产值占比>第二产业产值占比
工业化初期	第一产业产值占比<第二产业产值占比，且第一产业比重>20%
工业化中期	第一产业产值占比<20%，第二产业比重>第三产业比重
工业化后期	第一产业产值占比<10%，第二产业比重>第三产业比重
后工业化阶段	第一产业产值占比<10%，第三产业比重>第二产业比重

资料来源：郭克莎. 中国工业化的进程、问题与出路［J］. 中国社会科学，2004（1）.

根据库兹涅茨等工业化阶段判断标准理论，我国 1993 年第一产业比重为 19.7%，首次下降到 20% 以内，第二产业比重为 46.6%，高于第三产业，所以 1993 年我国开始进入工业化中期阶段。我国 2006 年第二产业比重为 48%，比重达到历史最高，此后开始下降（见图 2），第一产业比重 11.1%，接近 10% 左右的临界点，由此可以认为，我国从 2006 年开始进入工业化后期阶段，产业结构开始由"二、三、一"向"三、二、一"演变。由于全国 2006 年第二产业比重达到最高，所以用 2006 年以来的三次产业比重数据绘制散点图（见图 3），分别进行直线拟合得出：①第一产业回归方程：$y=-0.2143x+440.91$，$R^2=0.9472$；②第二产业回归方程：$y=0.4629x-887.28$，$R^2=0.7757$；③第三产业回归方程：$y=-0.2486x+546.37$，$R^2=0.5914$。对以上三条直线进行趋势外推，计算出第二产业直线与第三产业直线的交叉点，$0.4629x-887.28=-0.2486x+546.37$，$x\approx2015$，即从 2006 年开始全国第二产业比重持续下降，第三产业比重持续上升，到 2015 年左右第三产业比重与第二产业比重相等，此后第三产业比重开始高于第二产业比重。照此推断 2015 年全国进入后工业化阶段。

表 4　全国和河南省部分年度三次产业结构　　　　单位：%

年份	全国			河南		
	第一产业	第二产业	第三产业	第一产业	第二产业	第三产业
1990	27.1	41.3	31.6	34.9	35.5	29.6
1991	24.5	41.8	33.7	32.0	37.1	30.9

续表

年份	全国			河南		
	第一产业	第二产业	第三产业	第一产业	第二产业	第三产业
1992	21.8	43.4	34.8	27.7	42.6	29.7
1993	19.7	46.6	33.7	24.7	46.0	29.3
1994	19.8	46.6	33.6	24.6	47.8	27.6
1995	19.9	47.2	32.9	25.5	46.7	27.8
1996	19.7	47.5	32.8	25.8	46.2	28.0
1997	18.3	47.5	34.2	24.9	46.1	29.0
1998	17.6	46.2	36.2	24.9	45.0	30.1
1999	16.5	45.8	37.7	24.9	43.8	31.3
2000	15.1	45.9	39.0	23.0	45.4	31.6
2001	14.4	45.1	40.5	22.3	45.4	32.3
2002	13.7	44.8	41.5	21.3	45.9	32.8
2003	12.8	46.0	41.2	17.5	48.2	34.3
2004	13.4	46.2	40.4	19.3	48.9	31.8
2005	12.1	47.4	40.5	17.9	52.1	30.0
2006	11.1	48.0	40.9	15.5	54.4	30.1
2007	10.8	47.3	41.9	14.8	55.2	30.0
2008	10.7	47.5	41.8	14.8	56.9	28.3
2009	10.3	46.3	43.4	14.2	56.5	29.3
2010	10.1	46.8	43.1	14.1	57.3	28.6
2011	10.1	46.8	43.1	12.9	58.3	28.8

资料来源:《中国统计年鉴》和《河南统计年鉴》。

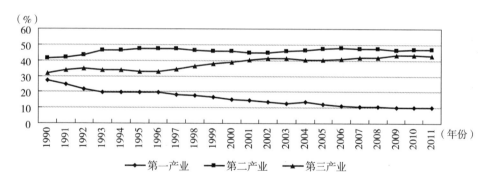

图 2 全国三次产业结构演变

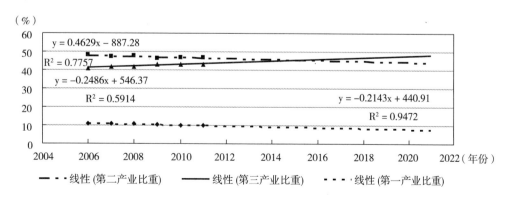

图 3 全国三次产业未来十年变化趋势

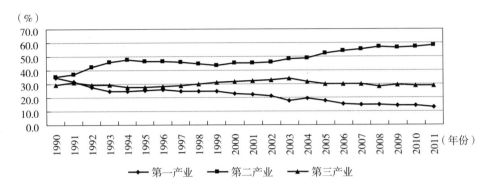

图4　河南省三次产业结构演变

据表4和图4所示，河南省2003年第一产业比重为17.5%，首次下降到20%以内，相当于全国1998年水平17.6%，第二产业比重为48.2%，高于第三产业，所以2003年河南省开始进入工业化中期阶段，中期起点比全国滞后10年，比全国相同水平滞后5年。河南省2011年第一产业达到12.9%，相当于全国2003年的水平，第一产业比重比全国滞后8年，同时第二产业达到58.3%，是截至目前的历史最高水平，但由于产业转移的因素影响仍有创新高的可能。按照河南省工业化比全国滞后5~10年计算，则河南省将于2011~2016年进入工业化后期阶段。由此可以断定河南省正处在工业化中期的末端，正在加速向工业化后期过渡，预计河南省第二产业比重将逐步趋于稳定，第三产业比重将趋于上升，产业结构将开始由"二、三、一"向"三、二、一"转变。

未来几年将是河南省产业结构演变的关键时期，即将由"二、三、一"结构向"三、二、一"演变，为此必须加快第三产业发展，使第三产业增长速度超过第二产业，成为经济增长和城镇化的主要动力。城镇化既是人口的集聚也是产业的集聚，加快城镇化步伐可以引领三次产业结构演进。

（三）工业化中后期的城镇化与第三产业化正相关、与工业化相背离

1. 城镇化过程是一条拉平的S型曲线

"诺瑟姆曲线"是世界城市化进程公理性曲线，它是1979年由美国地理学家诺瑟姆（Northam）通过对英、美等国家100~200年城市人口占总人口比重变化规律的总结提出的，该公理认为世界各国城市发展过程的轨迹是一条拉平的S型曲线，城市化进程大致分为三个阶段，第一个阶段是初期，城市化率在30%以下，城市化速度比较缓慢；第二个阶段是中期，城市化率在30%~70%，城市化加速发展；最后一个阶段是后期，城市化水平超过70%，城市规模在达到90%以后趋于饱和。[1] 我国相关专家通过对我国50多年来的城市率的线性回归提出了我国城市化进程符合诺瑟姆"S"型曲线的假设。[2]

2. 城镇化曲线与第三产业化曲线近似平行（正相关）

在工业化前期，农业处于主导地位，二、三产业产值占GDP的比重都处于缓慢增长的状态；在工业化初期，第二产业比重快速上升，第三产业比重逐步增长；在工业化中期，工业处于主导地位，第二产业比重逐步达到顶点并开始回落，第三产业比重随后开始上升；进入后工业化时代，第三产业处于主导地位，第二产业比重继续回落并逐步趋缓，第三产业比重继续快速上升到一定高度之后逐步趋缓。由此可见，第三产业的演变也经历"缓升→快升→缓升"的过程，也是一条拉平的S曲线，与城镇化曲线非常吻合，两条曲线近似平行（如图5所示）。而第二产业演变过程为缓升→快升→顶点→快落→缓落，从而形成不对称抛物线状，第二产业曲线在工业化中

---

① 谢文蕙，邓卫. 城市经济学 [M]. 北京：清华大学出版社，1996：44.
② 刘亚臣，周健. 基于"诺瑟姆曲线"的我国城市化进程分析 [J]. 沈阳建筑大学学报（社会科学版），2009（1）：37-40.

前期与城镇化曲线基本吻合，但在工业化中后期开始与城镇化运行曲线完全背离（如图6所示）。说明工业化和第三产业化是城镇化的两大动力，在不同阶段城镇化与工业化、第三产业化之间的关系是不同的，即在工业化初中期工业化是带动城镇化的主要动力，第三产业化是城市化的基本动力；在工业化中后期第三产业逐步成为带动城镇化的主要动力，工业化成为城镇化的基本动力。城镇化曲线（诺瑟姆曲线）和第三产业化曲线都是一条拉平的S曲线，在工业化中后期两条曲线近似平行，城镇化与第三产业化显著正相关。[①]

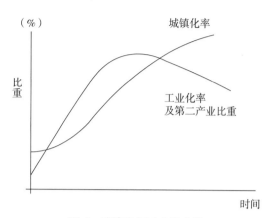

图6　城镇化与工业化曲线

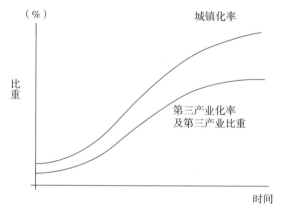

图5　城镇化与第三产化曲线

3. 我国城镇化与第三产业显著正相关

我国1978～2011年的城市化进程符合"诺瑟姆曲线"阶段性的变化规律（如图7所示）。根据表5中全国1978～2011年城镇化率与第三产业比重的数据绘制出散点图，对散点图进行直线拟合（如图8所示），可获得二者之间的回归方程：$y=1.1366x-5.2285$，$R^2=0.8111$。由此可见，城镇化与第三产业化之间存在显著的正相关关系，城镇化与第三产业化互相促进共同发展。

根据表5中全国1978～2011年城镇化率与第二产业比重的数据绘制出散点图，对散点图进行直线拟合（如图9所示），可获得二者之间的回归方程：$y=1.458x-33.381$，$R^2=0.0926$。由此可见，1978～2011年以来，全国城镇化与工业化之间没有正相关关系，城镇化与工业化呈现出相互背离的趋势，这说明我国产业结构"二、三、一"加速向"三、二、一"演进，正处在工业化中期向工业化后期过渡阶段，第三产业正在代替工业而成为经济发展和城镇化的主要动力。

表5　产业结构与城镇化

年份	第二产业占GDP比重		第三产业占GDP比重		城镇化率	
	河南	全国	河南	全国	河南	全国
1978	42.6	47.9	17.6	23.9	13.6	17.9
1979	42.3	47.1	17.0	21.6	13.8	22.0
1980	41.2	48.2	18.1	21.6	14.0	19.4
1981	38.3	46.1	19.2	22.0	14.2	22.4
1982	39.0	44.8	19.9	21.8	14.4	24.8

①　贺有利，王生林，赵晗彬. 城市化的动力——工业化和三产化 [J]. 甘肃理论学刊，2009，192 (2)：106-111.

年份	第二产业占 GDP 比重		第三产业占 GDP 比重		城镇化率	
	河南	全国	河南	全国	河南	全国
1983	35.5	44.4	20.8	22.4	14.6	28.7
1984	36.8	43.1	21.2	24.8	14.7	23.0
1985	37.6	42.9	24.0	28.7	14.8	23.7
1986	40.2	43.7	24.2	29.1	15.0	29.6
1987	37.8	43.6	26.1	29.6	15.1	30.5
1988	40.0	43.8	27.9	30.5	15.3	32.1
1989	37.3	42.8	28.6	32.1	15.4	31.6
1990	35.5	41.3	29.6	31.6	15.5	26.4
1991	37.1	41.8	30.9	33.7	15.9	26.9
1992	42.6	43.4	29.7	34.8	16.2	27.5
1993	46.0	46.6	29.3	33.7	16.5	28.0
1994	47.8	46.6	27.6	33.6	16.8	28.5
1995	46.7	47.2	27.8	32.9	17.2	29.0
1996	46.2	47.5	28.0	32.8	18.4	30.5
1997	46.1	47.5	29.0	34.2	19.6	31.9
1998	45.0	46.2	30.1	36.2	20.8	33.4
1999	43.8	45.8	31.3	37.7	22.0	34.8
2000	45.4	45.9	31.6	39.0	23.2	36.2
2001	45.4	45.1	32.3	40.5	24.4	37.7
2002	45.9	44.8	32.8	41.5	25.8	39.1
2003	48.2	46.0	34.3	41.2	27.2	40.5
2004	48.9	46.2	31.8	40.4	28.9	41.5
2005	52.1	47.4	30.0	40.5	30.7	41.2
2006	54.4	48.0	30.1	40.9	32.5	44.3
2007	55.2	47.3	30.0	41.9	34.3	45.9
2008	56.9	47.5	28.3	41.8	36.0	47.0
2009	56.5	46.3	29.3	43.4	37.7	48.3
2010	57.3	46.8	28.6	43.1	38.8	50.0
2011	58.3	46.8	28.8	43.1	40.6	51.3

资料来源：《中国统计年鉴》和《河南统计年鉴》。

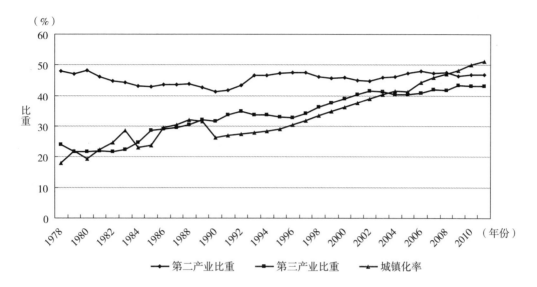

图7 全国城镇化与第二产业、第三产业之间的关系

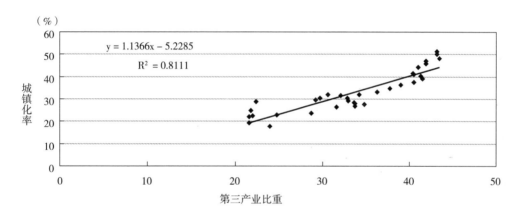

图8 全国城镇化与第三产业之间的相关关系

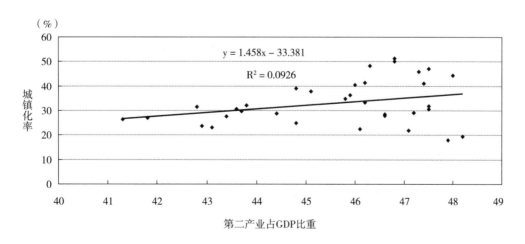

图9 全国城镇化与第二产业之间的关系

4. 河南省城镇化与第三产业之间处于异常状态

根据表5中河南省1978~2011年城镇化率与第三产业比重的数据绘制出散点图，对散点图进行直线拟合（如图10所示），可获得二者之间的回归方程：$y = 0.9517x - 4.3292$，$R^2 = 0.2813$。由此可见，1978~2011年以来，河南省城镇化与第三产业化存在微弱的正相关关系，城镇化与第三产业化之间呈现出相互背离的趋势，这是很不正常的，城镇化与第三产业化之间尚未形成相互带动和互相促进的良性循环关系。

根据表5中河南省1978~2011年城镇化率与第二产业比重的数据绘制出散点图，对散点图进行直线拟合（如图11所示），可获得二者之间的回归方程：$y = 1.1444x - 29.909$，$R^2 = 0.8404$。由此可见，河南省1978~2011年以来，城镇化与工业化之间存在显著的正相关关系，这说明目前河南省城镇化还处于工业化带动的阶段，具有工业化初中期的特征，工业化依然是带动城镇化的动力，经济增长方式和城镇化模式尚没有向第三产业带动过渡。这说明，未来河南省必须继续坚持工业化主导的政策，同时坚持以城镇化为引领，大力发展第三产业，推动产业升级和"三化"协调发展。

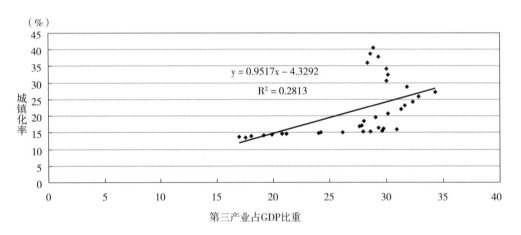

图10　河南省城镇化与第三产业之间的相关关系

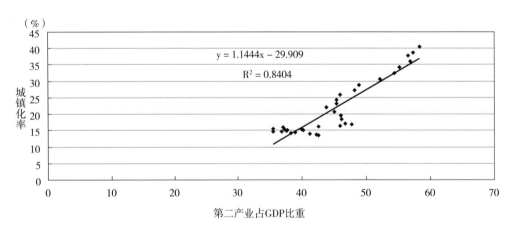

图11　河南省城镇化与第二产业之间的相关关系

2003年以来，河南省第三产业比重不升反降，而第二产业一直在上升（见图12），两者与全国的趋势正好相反，如何解释上述问题？其一，因为河南省整个工业化进程比全国滞后5年以上，还处在工业化中期前半段，第二产业比重还处在上升通道，说明还处在以工业化为主导的加速阶段，但是第三产业比重持续8年下降确实是异常表现；其二，2003年以来，我

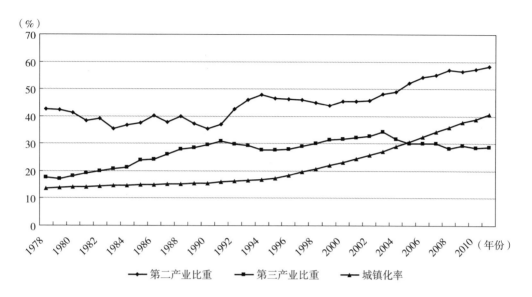

图 12　河南省城镇化与第二产业、第三产业之间的关系

国沿海地区产业开始大规模向内陆地区转移，这种产业转移以第二产业为主，第三产业的转移没有跟上，由此导致工业处于上升通道，服务业处在下降通道。上述第一个原因说明，河南省未来依然要坚持工业化主导的方针政策，以工业化带动城镇化，同时要遵循产业结构演进规律，把第三产业放到战略位置上并加快发展，推动三次产业结构由"二、三、一"向"三、二、一"演变，逐步向第三产业带动三次产业升级，以城镇化服务业引领"三化"协调发展。上述第二个原因说明，新的一轮大规模产业转移加快了河南省工业化进程，加快了产业升级，但是第三产业的转移明显滞后，未来需要加大宏观调控力度，发挥城镇化引领作用，加快城镇化进程带动第二、第三产业发展，同时大力发展第三产业带动城镇化和工业化。

（四）城镇化与第三产业化高度融合是工业化中后期城镇化引领理论的重要特征

在工业化初中期阶段，产业结构由"一、二、三"向"二、三、一"演变，第二产业或工业在三次产业中的比重快速上升，逐步确立工业的主体地位，工业起主导和支配作用。在这一时期，工业化是带动城镇化的主要动力。城镇是工业的载体，工业布局在哪里，城镇就建到哪里，工业规模多大，城镇规模就有多大，工业化是城镇化的动力和主导力量，工业化始终支配着城镇

化的发展规模和方向，这一阶段的城镇化是被动型的城镇化，城镇化处于从属地位。一般会出现"城镇化滞后"的现象，河南省就是一个典型例证；当然，拉美国家"过度城镇化"现象是个特例，不具有普遍意义。

在工业化中后期和工业化后期阶段，在三次产业结构中，工业逐步达到历史顶点并开始回落，第三产业开始异军突起、引领发展，产业结构开始由"二、三、一"向"三、二、一"转变，第三产业逐步取代工业成为引领三次产业发展的主导力量。这一时期，城镇化率与第三产业比重显著正相关关系，与工业比重不相关，城镇化与第三产业化之间的发展趋势相互吻合，而与工业化相互背离，城镇化与第三产业化存在显著正相关关系，第三产业化逐渐取代工业化成为推动城镇化的主要动力。随着工业化进程的推进，工业化进入中后期阶段，技术进步加快，工业的资本有机构成不断提高，人力逐步被机器取代的步伐也开始加快，所以工业吸纳劳动就业的能力处于逐步萎缩的趋势，进而工业化对城镇化的带动能力也逐步衰减。然而，随着技术进步加快和生产力水平提高，社会分工不断细化，生产型服务业从工业中分离出来，并突飞猛进，异军突起，构成现代服务业的主体，从而服务业不单成为推动工业化升级的动力，而且一举代替工业化成为推动城

市化的主要动力。

城镇化的本质内涵是产业集聚和人口集中，工业发展的特点是生产区与城镇其他功能区域，如与居住区、政务商务区等服务区在空间上分开布局，即产城分开，生产区域和生活区分开布局，城镇化与工业化在概念内涵上有明显区分。然而，服务业的特点是与城镇在空间上的高度融合，内涵上的高度关联，城镇是服务业发展的主要载体和条件，服务业是城镇化必然的经济内涵。由于在工业化中后期阶段，第三产业逐步代替工业化成为三次产业演进的主导力量，城镇化当然成为三次产业演进的主导力量，这就是城镇化引领"三化"发展的经济基础。

由此可见，城镇化的两大动力是工业化和第三产化，在工业化初中期，工业化是城镇化的主要动力，第三产化是城镇化的次要动力；在工业化中后期，第三产化逐渐取代工业化成为城镇化的主要动力，工业化成为城镇化的基本动力。农业现代化、工业化和城镇化在整个工业化进程中的地位和作用是不断变化的，由初期的农业主导，到中期的工业化主导，再到后期的城镇化主导。城镇化引领"三化"是工业化全过程的一般规律，城镇化主导"三化"是工业化中后期阶段的必然趋势（见表6）。目前，河南省正处在工业化的中前期阶段，正在加速向工业化中后期过渡，确立城镇化在"三化"中的引领乃至主导地位是历史发展的必然选择。

三、城镇化滞后于工业化是"三化"协调的最大瓶颈

（一）河南省城镇化明显滞后于工业化水平

如何判断城镇化水平与工业化水平之间的关系呢？是滞后、超前还是适度？由于人均GDP是代表工业化水平的综合性指标，最具解释力和代表性，因此人均GDP与城镇化率之间的数量函数关系，可以说明工业化与城镇化之间的关系。钱纳里运用"多国模型"对一些国家城市化水平进行测算，总结出工业化水平与城镇化水平之间的国际一般标准关系（如表7所示）。那么将全国、河南省的数据与钱纳里国际标准进行对比就可以判断城镇化与工业化之间的关系。

根据表6中钱纳里多国人均GDP和城镇化率数据绘制出散点图（如图13所示），对散点图进行拟合得出钱纳里国际城镇化标准对数曲线：$y = 17.903Ln(x) - 59.144$，$R^2 = 0.9956$，这是总结了世界众多工业化国家经验得出的一般规律。

根据表8中全国和河南省人均GDP和城镇化率数据绘制出散点图（如图13所示），对散点图进行拟合，得出全国城镇化对数曲线：$y = 12.008Ln(x) - 25.833$，$R^2 = 0.9733$；还得出河南省城镇化对数曲线：$y = 11.44Ln(x) - 30.068$，$R^2 = 0.9924$。以上三条曲线的拟合度都非常高，通过图13可以直观地看到，全国城镇化进程落后于钱纳里国际一般标准，而河南省落后于全国平均水平。

表6 工业化不同阶段的城镇化率   单位：%

名称	前工业化阶段（1）	工业化实现阶段			后工业化阶段（5）
		工业化初期（2）	工业化中期（3）	工业化后期（4）	
城镇化率	30%以下	30%~50%	50%~60%	60%~75%	75%以上

资料来源：陈佳贵等. 中国工业化进程报告 [M]. 北京：社会科学文献出版社，2007.

表7 钱纳里人均生产总值与城镇化率的对应关系   单位：%

人均地区生产总值（换算成1964年美元）	<100	100	200	300	400	500	800	1000	>1000
城镇化率	12.8	22	36.2	43.9	49	52.7	60.1	63.4	65

资料来源：霍利斯·钱纳里等. 发展的型式（1950~1970）[M]. 李新华等译. 北京：经济科学出版社，1988.

表 8 河南省和全国人均 GDP 与城镇化率

年份	河南省		全国	
	人均 GDP (换算成 1964 年美元)	城镇化率（%）	人均 GDP (换算成 1964 年美元)	城镇化率（%）
1982	51	14.4	76.2	24.8
1995	65	17.19	99.45	29
2004	148	28.9	206.94	41.5
2009	378	37.7	491.3	48.3
2011	511	40.6	681.8	51.3

资料来源：据《中国统计年鉴》和《河南统计年鉴》相关数据换算。

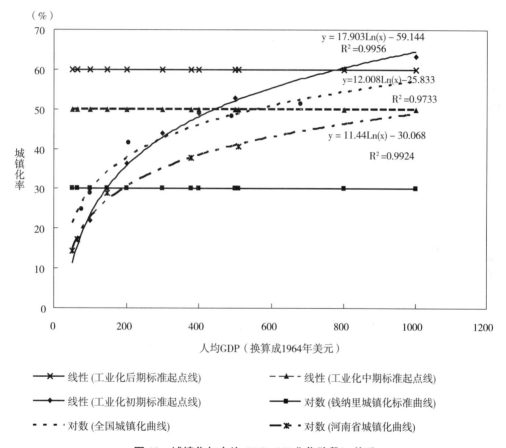

图 13 城镇化与人均 GDP（工业化阶段）关系

进一步深入分析图 13 可知，进入工业化中期的起点为人均 GDP 为 400 美元，全国城镇化率开始低于钱纳里国际标准，河南省比国际标准低约 10 个百分点。此后，在人均 GDP 相同的情况下，即在同样的工业化水平之下，全国城镇化水平低于钱纳里国际标准，河南省城镇化水平远低于钱纳里国际标准和全国水平。2011 年河南省人均 GDP 为 25974 元，折合为 4068 美元，人均

GDP 折合成 1964 年的 511 美元，河南省城镇化率实际为 40.6%，比相同 GDP 水平的钱纳里国际标准低约 13 个百分点，比全国低约 9 个百分点。2011 年全国人均 GDP 折合成 1964 年的 681.8 美元，全国城镇化率为 51.3%，比钱纳里国际标准低约 6 个百分点。因此，全国城镇化水平落后于钱纳里国际标准，河南省远远落后于国际标准和全国水平，可以断定全国城镇化水平滞

后于工业化水平，而河南省城镇化水平大大滞后于工业化水平。

（二）城镇化滞后导致农业规模化滞后

2010年河南省总人口占全国人口的7.46%，农业劳动力占全国农业劳动力的9.34%，农业劳动力所占比重比总人口占比高出1.88个百分点，河南省农业劳动力所占比重明显偏高；2010年河南省农业劳动力人均增加值12074元，相当于全国平均水平的48.65%，由此可见河南省农业的规模化水平与全国相比存在巨大差距。由于城镇化率与农业规模化水平呈正相关关系，所以河南省农业现代化水平较低的根源在于城镇化水平低下，河南省2010年城镇化率比全国低11.2个百分点。

表9 河南省城镇化与农业规模化之间的关系

年份	城镇化率（%）	农业增加值（亿元）	农业劳动力（万人）	农业劳动力人均增加值（元）
2000	23.2	1160.22	3559	3260
2001	24.4	1234.34	3472	3555
2002	25.8	1246.44	3393	3674
2003	27.2	1239.70	3321	3733
2004	28.9	1692.79	3235	5233
2005	30.7	1892.01	3128	6049
2006	32.5	1916.73	3039	6307
2007	34.3	2217.65	2910	7621
2008	36.0	2658.77	2837	9371
2009	37.7	2769.05	2754	10055
2010	38.8	3258.11	2698	12074

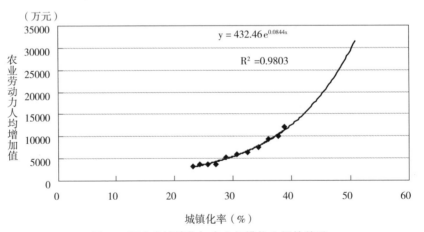

图14 河南省城镇化与农业规模化之间的关系

根据河南省城镇化率和农业劳动力人均增加值数据绘制出散点图（如图14所示），对散点图进行拟合获得城镇化与农业规模化之间的回归方程：$y = 432.46e^{0.0844x}$，$R^2 = 0.9803$，该函数曲线的拟合度非常高。根据回归模型计算，如果河南省城镇化率提高到全国平均水平50%，那么农业规模效益将会呈指数上升，农业劳动力人均增加值将达到30000元左右，比2010年河南省实际水平高出150%，将比全国2010年水平高出21%。所以，河南省农业规模化水平较低的根源在于城镇化滞后,只有坚持城镇化引领,加快城镇化步伐,才能加快推进农业现代化。

(三)城镇化滞后导致经济增长滞后

城镇化的原始动力是城乡收入的巨大差距。近五年来我国城乡收入之比约为3.3:1,河南省约为3:1,巨大的收入差距是农民向城镇集聚的根本动因。经济学原理告诉我们,在一般市场均衡情况下,生产自动创造需求,即生产总值与国民收入、社会总需求是相等的关系:GDP = 国民收入 = 社会总需求 = 消费+投资+净出口。首先,城镇第二、第三产业的发展可以创造就业,就业可以带动更多高于农村的收入,较高收入可以吸引更多农民向城镇集聚;其次,更多城镇人口和更高收入意味着社会需求的增长,社会需求的增长必然带动新一轮"一、二、三"产业的增长。因为GDP等于"一、二、三"产业增加值之和,所以,城镇化可以带动"一、二、三"产业的增长,即带动经济增长。同理,城镇化滞后必然造成经济增长滞后。

假如总人口为R,当年城镇化率为r,上年城镇化率为r_0,那么城镇人口将增加$(r-r_0)R$;若城镇人均收入a元/年,农村人均收入b元/年,那么城镇人口收入增加$(r-r_0)Ra$,农村人口收入减少$(r-r_0)Rb$,当年全社会总收入增加额为$(a-b)(r-r_0)R$,当年全社会总收入为$Rra+R(1-r)b$。由表10可知,近10年来河南省城乡收入比约为3:1,即a=3b;近10年来城镇化率平均每年提高1.6个百分点,即$r-r_0=1.6$。则每年城镇化引起的社会总收入的增长率为$[(a-b)(r-r_0)]/[ra+(1-r)b]=1.8\%$。

由以上计算可知,近10年来,河南省每年城镇化带动社会总收入增长1.8%,即可以带动经济增长1.8%,也就是说河南省每年经济增长率中有1.8个百分点是城镇化直接带来的。河南省城镇化率每提高1个百分点可以直接带动经济增长率提高1.125个百分点。2010年河南省城镇化率比全国滞后11.2个百分点,由此导致GDP少增长12.6个百分点。

表10 河南省城乡收入水平比较

年份	城镇人均可支配收入（元）	农村人均纯收入（元）	城乡收入比	城镇化率（%）
2000	4766	1986	2.4	23.2
2001	5267	2098	2.5	24.4
2002	6245	2216	2.8	25.8
2003	6926	2236	3.1	27.2
2004	7705	2553	3.0	28.9
2005	8668	2871	3.0	30.7
2006	9810	3261	3.0	32.5
2007	11477	3852	3.0	34.3
2008	13231	4454	3.0	36.0
2009	14372	4807	3.0	37.7
2010	15930	5524	2.9	38.8

资料来源:《河南统计年鉴》。

河南省城镇化水平明显滞后于工业化水平的原因在于,长期以来我们实行了比较保守的城镇化政策。今后,必须坚持城镇化引领,实施积极的、主动的、先进的城镇化政策,加快城镇化步伐,既可以引领工业化,为工业化开辟更加广阔的发展空间,极大地提升工业化水平,又可以引领农业现代化,推进农业规模化,为农业现代化开辟更加广阔的发展空间,极大地提升农业现代

化水平。

四、研究结论与政策建议

（一）坚持城镇化引领是解决"三化"失调市场失灵的必然要求

坚持城镇化引领是整个工业化过程中的一般规律，在完全竞争的市场经济条件下，总是会发生城镇化和农业现代化滞后于工业化。"三化"不协调是市场失灵的常态表现，要解决市场失灵问题必须依靠"看得见的手"，即政府必须加强宏观调控，实施积极的、主动的、适宜的城镇化引领政策，这种政策所体现的是"三化"之间的互动作用，特别是城镇化对"三化"的引领作用。所以在推进工业化进程中，我们必须发挥工业化的主导作用和农业现代化的基础作用，同时特别注重发挥城镇化的引领作用。只有发挥好城镇化的引领作用，才能推进"三化"的协调发展。

（二）坚持城镇化引领必须通过发展服务业来改变城镇化滞后问题

城镇化引领作用在工业化中后期具有显著的阶段性特征，在工业化初中期，呈现"二、三、一"结构，工业化是城镇化的主要动力；到工业化中后期，"二、三、一"产业结构开始向"三、二、一"演变，第三产化逐步代替工业化成为推动城镇化的主要动力。河南省的三次产业已经越过工业化中期的中点，根据产业结构演变的一般规律，未来几年将会出现拐点，即三次产业将会由"二、三、一"结构向"三、二、一"结构演变。确立新型城镇化的"引领地位"，这不是权宜之计，而是长远战略。"城镇化引领"的意思是指城镇化在"三化"之中起引导、领导和向导的作用，城镇化代表了"三化"的发展方向。确立城镇化引领理论的根本依据是生产力标准，在"三化"之中起根本作用或决定作用的是其经济内涵，"三化"背后是产业结构的演变，产业结构由"二、三、一"向"三、二、一"演进，第二产业的主导作用逐步被第三产业所代替，即服务业逐步代替工业成为带动三次产业结构演进的主导力量。服务业具有资本投入小、就业容量大、经济社会效益高的特点，还具有高度的渗透性和引领作用，例如教育、科技、文化等创意型

服务业在经济社会发展中的主导作用越来越大，服务业在经济社会发展中的引领主导作用越来越突出，又由于城镇化不但承载第三产业而且包含第三产业，所以城镇化与服务业高度融合和正相关，城镇化通过服务业的融合渗透发挥对工业化和农业现代化的推动带动作用。坚持"城镇化引领理论"的关键在于要理解其背后的经济内涵。

河南省城镇化明显落后和滞后的经济根源在于服务业的发展落后和滞后，2011年河南省城镇化率比同等收入下的全国城镇化率滞后约9个百分点，河南省第三产业比重比全国第三产业比重低约14个百分点，导致河南省整体工业化和城镇化进程大概比全国落后5~6年。坚持城镇化引领是改变城镇化滞后现象和推进"三化"协调发展的关键，为此必须加快城镇化进程，把服务业放在优先发展的战略位置，推动服务业与城镇化的融合式发展，大力发展生产型服务业推动工业化和农业现代化的优化升级，大力发展生活型服务业不断形成新的经济增长点，积极发展现代服务业推动"三化"协调发展。

（三）坚持城镇化引领作用与坚持工业化的主导作用相结合

从人均GDP来衡量河南省还处于工业化中期前半段，这个阶段的特征是工业的主体地位和主导作用继续加强，在三次产业中的比重继续上升，对经济增长的贡献率继续放大，实证分析也证明了河南省工业在三次产业中的地位还会继续上升。所以必须坚定不移地坚持工业化在"三化"中的主导地位，继续用工业化带动城镇化和农业现代化。同时，必须看到现阶段第三产业的明显滞后导致三次产业不协调，城镇化滞后导致"三化"不协调，要加快河南省工业化和现代化进程，必须坚持城镇化引领，实施积极、主动、同步的城镇化政策，全面加快城镇化步伐和第三产业发展。在国际国内产业向内陆地区转移的大格局中，要加快城镇基础设施建设，优化城镇化投资环境，在注重吸引工业项目的同时要特别注重引进城镇建设和现代服务业项目，推动城镇化和现代服务业跨越式发展，促进三次产业加快升级，带动"三化"协调发展。

（四）坚持城镇化引领必须首先破解土地等制约"三化"协调的突出矛盾

在工业化中后期阶段，在"三化"的所有矛盾之中，城镇化逐步上升为主要矛盾，工业化和农业现代化为次要矛盾。也就是说只要城镇化矛盾解决了，工业化和农业现代化的矛盾就会迎刃而解；城镇化矛盾如果不首先破解，工业化和农业现代化的矛盾就很难解决甚至成为死结。河南省推进"三化"协调发展必须首先解决城镇工业大量占地与农业保耕地保粮食安全之间的矛盾，发展工业和城镇建设每年需要大量占用土地，每年国家批给河南省的土地占用指标大约是30万亩，而实际需要占用土地大约80万亩，解决这一难题的唯一出路是通过新型城镇化实现土地的腾笼换鸟，通过新型农村社区建设可以节省出50%左右的建设用地，把节省出来的农村建设用地复耕，置换出来的建设用地用于城镇建设和工业发展，在保持耕地总面积不减少的情况下满足工业和城镇建设用地需求。新型城镇化的引领作用体现在土地的集约利用上，提高单位土地面积的产业投资强度和产出率，如果产出率提高50%就可以节约土地50%；积极发展紧凑型的城镇化，优先发展以中心城市为核心的城市群，积极发展大中小城市、小城镇和新农村社区型小城镇，构建紧凑型城镇体系，提高城镇承载能力，推进"三化"协调发展。

（五）坚持城镇化引领必须着力加快经济发展方式转变

坚持城镇化引领"三化"协调发展，要体现在加快经济发展方式转变上。第一，推动经济增长由粗放型向集约型转变，推动产业结构调整、优化、升级，坚持把科技进步和创新作为加快转变经济发展方式的重要支撑，推动发展向主要依靠科技进步、劳动者素质提高和管理创新转变。以城镇为载体加快发展教育、科技、研发、创意等新兴服务业，提高自主创新能力，促进人口集中、产业集聚和土地集约。第二，推动经济增长由第二产业拉动向三次产业协调拉动转变，我国和河南省正处在工业化中期向工业化后期加速演变之中，产业结构将由"二、三、一"向"三、二、一"加速演变，以城镇化为载体加快第三产业的发展，可以有效推进产业结构加快升级，带动"三化"协调发展。第三，推动经济增长由投资和出口拉动向消费、投资、出口协调拉动转变，随着城镇化加速，城镇人口加速增长，而城镇居民的消费能力是农村居民的三倍左右，消费的主力在城镇，消费的增长主力也在城镇，所以依靠消费拉动经济增长就是要依靠城镇化的引领作用。

河南省促进"十三五"经济平稳发展的战略与政策思路（2015年）*

摘要

河南省为了应对世界经济低迷、外需萎缩和国内经济持续下滑的复杂严峻形势，与全国同步实现全面建成小康社会战略目标，保持"十三五"期间和2016年经济平稳健康发展，必须牢固树立"创新、协调、开放、绿色、共享"五大发展理念，实施创新驱动、开放带动、中心城市带动、网络强省、绿色发展五大战略，尤其是实施创新驱动和开放带动两大主战略，通过开放培育后发优势和通过创新培育先发优势，加快结构升级，增强经济发展活力和后劲；围绕新型城镇化、新型工业化、农业现代化、信息化"四化同步"，现代服务业、开放型经济和民生保障"三个提升"，在重点领域展开一批重点项目建设，夯实基础，加快升级，激活投资需求，开拓出口需求，稳定消费需求，实现"三驾马车"协调拉动经济增长；优化发展环境，建立项目带动的体制机制，创新金融政策，鼓励"双创"，激发新动力。

近几年，我国经济增速持续下滑，从高速增长阶段进入中高速增长阶段，目前下行压力依然很大，造成这种困难局面是由于长期的结构性因素和短期的周期性因素相互叠加共同作用的结果，既有工业化和城镇化阶段转换的原因，也有世界金融危机造成的经济周期性波动的原因，其表面上看是需求不足，根本原因是结构失衡。从供求关系矛盾来分析主要有两个方面的原因，一是从供给的角度来说出现了刘易斯拐点，农村剩余劳动力无限供给的特征消失，劳动力供给总量达到峰值之后开始下降，劳动力成本快速提高，投资收益递减，要素驱动型增长模式走到了尽头；二是从需求的角度来说出现了城镇建设和房地产拐点，城镇化的峰值已过，城市基础设施建设投资和房地产需求达到峰值之后开始下降，有效需求不足。经济增长是有效需求和有效供给的均衡增长，实现经济平稳发展应从增加有效供给激活和有效需求两个方面入手。

中央关于"十三五"规划建议提出了指导未来的"创新、协调、开放、绿色、共享"五大发展理念，这也是指导河南"十三五"发展的重大战略思想。习近平主席在近日召开的中央财经领导小组第十一次会议上强调指出"在适度扩大总需求的同时，着力加强供给侧结构性改革"，再一次指明了做好"十三五"和明年经济工作的两大重点。为了与全国同步实现全面建成小康社会的战略目标，应对世界经济低迷、外需萎缩和国内经济持续下滑的复杂严峻形势，河南省必须牢固树立和贯彻落实五大发展理念，统筹推进稳增长、调结构、促改革、惠民生、控风险，着力稳增长，激活消费，稳定投资，扩大出口；着力创新驱动，培育新动力，强化先发优势；着力开放带动，承接产业转移，强化后发优势；着力调结构，推动产业结构、供给结构和需求结构升级；着力建设创新河南、开放河南、网络河南、绿色河南、智慧河南、枢纽河南、轨道河南、健康河南、和谐河南和共享河南，实现"十三五"和2016年经济平稳健康发展。

一、落实五大战略举措，推动经济平稳发展

法国古典经济学家提出的萨伊定律认为"供

---

* 本文发表于《决策探索》2015年12月28日；《河南经济日报》2016年1月9日。

给会自动创造需求"。① 萨伊定律从某一方面揭示了供给是供求矛盾的主要方面和主导因素，它给我们的现实启示是优化升级供给结构即产业结构是实现经济平稳发展的根基。着力加强供给侧结构性改革，加快产业结构调整升级，增加有效供给，优化升级供给结构即产业结构，从供给侧来推动经济平稳发展。实施创新驱动、开放带动、中心城市带动、网络强省、绿色发展五大战略，尤其是实施创新驱动和开放带动两大主战略，通过开放激发后发优势和通过创新培育先发优势，增强经济发展活力和后劲。

（一）实施创新驱动主战略，推动产业结构加快升级

经济学家熊彼特的新经济增长理论首次将创新纳入内生因素，认为"技术进步是长期经济增长的决定因素"。② 这一理论给予我们的现实启示是创新是推动经济增长的主动力，对短期和长期的经济波动都应立足于创新，通过技术进步发展新产业并改造旧产业，推动产业结构不断升级和高级化，从而实现经济持续平稳增长。近年来，要素驱动型外延式增长动力在不断衰竭，未来必须把发展的基点放在创新上，形成引领经济发展的新动力，以创新引领发展，不断培育和形成先发优势。推动大众创业、万众创新，释放新需求，创造新供给，推动新技术、新产业、新业态的蓬勃发展，加快实现发展动力转换。以创新推动结构调整升级。调整优化三大需求结构，由投资和出口导向逐步向消费导向转变，稳定投资需求，发挥其关键作用，稳定出口需求，发挥其外向带动作用，激发消费需求，发挥其主导作用，未来应积极发展消费导向型产业、外向型产业和高端装备产业；调整优化三次产业结构，积极推进经济服务化，巩固农业基础地位，提升工业的支柱作用，发挥服务业的主导作用；调整优化升级制造业结构，实施河南制造 2025 行动计划，积极发展机器人、新能源汽车、新能源、新材料战略新兴产业，优先发展信息经济、智能装备、生物医药三大新兴主

导产业，巩固提升汽车、食品、新型建材等原有主导产业，加快钢铁、有色金属、化工、轻工、建材等传统优势支柱产业的高科技化和服务化，淘汰落后产能，转移低端产能，将产业链向科技研发、网络营销、品牌塑造和资本运营等微笑曲线的两端延伸，推进智能制造和产业结构升级。建立创新企业梯队。支持一批有国际竞争力的创新型领军企业率先发展，支持科技型中小企业快速发展，培育发展 100 家跨国公司、1000 家位居全国同行前列的创新型骨干企业、10000 家小巨人科技创新型企业。力争每年 50 家企业在国内外主板上市、100 家在新三板上市、1000 家在国内区域股权市场上市。建设一流的和勇于创新的企业家队伍。建设一批国家技术创新中心。将郑州、洛阳等省辖市建设成为具有强大带动力的创新型城市和区域创新中心。发挥科技创新在全面创新中的引领作用，加强集成创新，推进有特色、高水平大学和科研院所建设。激发人才创新活力。借鉴湖北省和四川省等地激励创新的经验，深化科技体制改革，扩大高校和科研院所自主权，采取谁发明谁所有、股权激励、比例分成等多种灵活分配形式，实行以增加知识价值为导向的分配政策，向研发人员倾斜，构建产业技术的创新联盟。

（二）实施开放带动主战略，推进河南经济快速全球化

我国已经进入双向开放和双向投资时代，河南省应适应新阶段经济全球化大趋势，实施"引进来"与"走出去"的双向开放战略，推进双向产业转移，加快国际国内高端产业向河南省转移，加快河南省传统中低端产业尤其是产能严重过剩产业向外转移。实施"引进来"战略，打造承接国际国内高端产业链转移高地。积极引进高端产业链，引进高新技术产业即战略新兴产业，引进微笑曲线的两端产业，着力打造开放型产业集聚平台，加快升级产业集聚区，优化环境，提升综合服务功能，建设特色

① 张世贤. 西方经济思想史 [M]. 北京：经济管理出版社，2009：84.
② 刘志铭，郭惠武. 创造性破坏、经济增长与经济结构：新古典熊彼特主义增长理论的发展 [J]. 经济评论，2007（2）：55.

产业园区,打造特色产业集群;推进产业园区国际化,与发达国家有关机构合作建设国别产业园区,例如可规划建设新加坡、日本、韩国等产业园区。实施"走出去"战略,打造河南本土跨国公司。鼓励河南省优势企业走出去,培育发展一批国际一流跨国公司,在"一带一路"沿线国家建立产业园区、生产基地和营销网络,鼓励开展跨国并购,建立全球运营网络,开展国际产能合作,尽快把传统产业中的过剩产能转移出去。对接"一带一路"倡议,打造互联互通网络。河南省是"一带一路"的内陆枢纽、内陆核心区、重要节点和战略腹地,应积极对接,全面融入,积极构建国际大通道和网络,打造郑欧班列的国内中心,打造郑州—卢森堡航空运输"双枢纽",逐步形成以郑州为中心的链接欧亚美等"1+n 枢纽"网络,完善铁空公海多式联运网络;加强与沿线国家和地区的经济往来,推动出口贸易,加强国际产能合作,将河南省的过剩产业转移出去,建设郑州 E 贸易和物流国际中心。建设河南自贸区,打造对外开放的实验田和窗口。自贸区是我国改革开放的试验田和窗口,又是新经济增长点,所以,河南省应实施"自贸区带动"战略,建立"举省体制",完善提升总体方案,积极争取中央支持,夯实基础、培育产业,建设"枢纽型和创新型"自贸区,走出一条具有河南特色的内陆自贸区申建之路,以制度创新为切入点,以投资贸易便利化为重点,积极推行负面清单管理制度,探索全面深化改革开放的新路径、新模式和新经验,突出区域特色,带动区域经济转型升级。

(三) 实施中心城市带动战略,构建国家级中心城市和国家级城市群

法国经济学家佩鲁的增长极理论认为,生产要素通过极化效应首先在区位条件优越的地区集聚,形成区域经济增长中心,然后通过扩散效应辐射带动周边区域发展。[①] 该理论给予我们的启示是,应优先发展中心城市,同时带动网络化城市群协调发展。城市群是城镇化高级阶段的主体形态,是区域经济发展的战略支撑,中心城市是

城市群的核心和主引擎,是引领区域经济发展的增长极。瞄准国家级乃至世界级更高目标优化中原城市群结构。中原城市群在中央"十三五"规划建议中再一次被列为重点发展的城市群之一,近期目标应建成为国家级城市群,远期目标应建成为世界级的城市群。遵循"核心区域同城化、外围区域网络化、全域一体化"的城市群发展一般规律,重新构建"一核一区一圈"和"双中心六副中心"的中原城市群框架体系。打造"一核"即郑州航空港经济综合实验区,建设"一区"即郑汴大都市区,建设"一圈"即以郑州为中心,郑汴洛焦新许同城化的大都市圈;打造"双中心"即郑州国家级中心城市和洛阳中原经济区中心城市;根据康维斯的断裂点理论[②],河南省应重构"六副中心"即将外围的安阳、南阳、信阳、三门峡、商丘和周口打造为中原城市群副中心,使之成为中原城市群对接外部经济中心的桥梁和纽带。瞄准国家级乃至世界级更高目标优化郑州中心城市。按照国家中心城市和世界城市的标准,重构"2 核+3 次+5 卫+2 副"网络状多中心大郑州都市区框架体系。强化"双核"带动,构建中心城区和郑州航空港经济综合实验区两个核心增长极;拓展近郊"三大次中心",分别在三个方向上规划建设郑东新区、郑西新区、郑南新区;构建远郊"五个卫星城",将中牟县、新郑市、新密市、登封市和荥阳市的行政区划调整为"市辖区",主城区的交通、基础设施、产业、环境进行同城规划建设;打造东西"两大副中心",将巩义市区划调整为市辖区,并规划为郑州市西部副中心;推进郑汴同城化,将开封市定位为大郑州都市区的东部副中心,打造"郑汴港金三角"都市区;构建多中心之间的绿波带。

(四) 实施网络强省战略,培育发展壮大信息经济

信息技术深刻地改变了人类社会的生产方式和生活方式,信息经济将是未来相当长时期内最大的经济增长点,同时大力发展信息经济,是实现"腾笼换鸟"、产业结构调整升级和加快构建

① 杨卫东,郭虹等. 中心城市经济理论与实践 [M]. 北京:经济科学出版社,2011:9.
② 断裂点理论 [EB/OL]. 百度百科,http://baike.baidu.com.

现代产业体系的关键。进一步确立信息产业的主导产业地位，优先发展，扩大规模，增强综合竞争力，力争占 GDP 的比重尽早突破 10%；实施网络强省、信息经济强省和国家大数据战略，强化信息经济发展的技术和产业支撑，围绕智能终端着力引进一批重大项目，构建完整的信息产业链，扩大信息消费，形成新的增长点；实施"互联网+"行动计划，推进产业组织、商业模式、供应链、物流链创新，支持基于互联网的各类创新，建设两化深度融合国家示范区，助力传统产业转型升级；实施电商战略，普及新型商业模式；加强信息基础设施建设，加快宽带网络升级改造建设，推进"三网融合"，建设云计算中心，推进智慧城市建设。

（五）实施绿色发展战略，大力发展生态经济，保障可持续发展

只有发展绿色 GDP 才是健康的和可持续的，为此必须推广绿色发展方式和生活方式，实施绿色发展战略，推进绿色中原和美丽河南建设。大力发展新能源和节能产业。推进能源革命，加快能源技术创新，加快发展风能、太阳能、生物质能、水能、地热能，安全高效发展核电。加强储能和智能电网建设，发展分布式能源，推行节能低碳电力调度。实施新能源汽车推广计划，提高电动车产业化水平。提高建筑节能标准，推广绿色建筑和建材。发展环保产业。发展节能环保装备产业。主动控制碳排放，加强高能耗行业能耗管控，有效控制电力、钢铁、建材、化工等重点行业的碳排放。大力发展循环经济。实施循环发展引领计划，推行企业循环式生产、产业循环式组合和园区循环式改造，减少单位产出物质消耗。

二、抓好七大领域的重点项目建设，拉动经济平稳发展

英国经济学家凯恩斯的有效需求不足理论认为，边际消费倾向递减规律导致消费需求不足，资本边际效率递减规律导致投资需求不足，总需求不足导致经济萧条并进入经济周期谷底，要想走出谷底实现复苏，就要运用政府"有形的手"

进行宏观调控，实行宽松的货币政策和积极的财政政策，激活消费需求和投资需求，特别是投资需求。[①] 在国际国内需求不足、需求结构快速升级、经济增速持续下滑的大背景下，我国采取了稳健的货币政策和积极的财政政策，适度扩大总需求，稳定投资、出口和消费需求，实现"三驾马车"协调拉动经济增长。河南省在消费和出口需求稳定增长而投资需求持续下滑的情况下，稳投资将成为稳增长的关键，项目是投资的重要载体和重要抓手，下一步河南省应建立健全"项目带动"工作机制，围绕"四化同步、三个提升"，在七个重点领域谋划一批、储备一批、上马一批重点项目，夯实基础，加快升级，增强后劲，为经济平稳可持续增长奠定基础。

（一）积极推进新型城镇化，构建现代化基础设施网络体系

基础设施是经济腾飞的重要支撑，又是扩大投资需求的重点。建设新型城市。河南省应围绕绿色城市、智慧城市、森林城市、地下城市、立体城市、海绵城市等重点推进基础设施建设，统筹城市地上与地下规划建设，加强城市地下空间的统筹开发利用，推进地下综合管廊、海绵城市建设，提高城市智能化水平；推动城市立体化、智慧化发展，建设城市风道，减轻雾霾和热岛效应，加快城市道路、污水处理、供排水、集中供热、供气、地下管网、海绵城市等配套基础设施建设，增强基础支撑服务功能。建设中原城市群"五网一体化"轨道交通体系。轨道交通运力大、全天候，特别适合人口密集的城市群，河南省应借鉴"轨道上的京津冀"发展规划，积极构建"轨道上的河南"，推进普铁、高铁、城铁、轻轨、地铁"五网一体化"的轨道交通体系建设，实现互联互通、无缝对接、零换乘，加快规划建设"米"字形高铁网络，加快规划建设区域中心城市的地铁轻轨系统，加快规划建设"放射状+网络型"中原城市群城际铁路系统，将来力争城际铁路或轻轨连通 80% 以上的县城。建设中原城市群互联互通城际基础设施。统筹推进城际交通、能源、水利、信息等基础设施建设，构建布局合理、

---

① 马克·布劳格. 经济理论的回顾 [M]. 姚开建，译. 北京：中国人民大学出版社，2009：514.

设施配套、功能完善、安全高效的现代基础设施体系，提升基础设施互联互通和现代化服务水平。

（二）扎实推进新型工业化，打造集聚发展和创新发展平台

加快产业集群集中发展和创新发展。提升产业集聚区发展平台功能。建设特色园区，围绕一个主导产业、两个特色产业，大力发展特色产业集群；完善基础设施功能；强化综合服务功能，健全研发、物流、会展、专业市场、产品检验和信息咨询等配套服务功能，建立行业协会。打造自主创新平台。依托骨干企业建立100家国家级、1000家省级、10000家市级研发中心、专业实验室、工程技术中心、质量检测中心以及中试基地；构建一大批由企业、高校、科研院所、金融机构等组成的自主创新联盟；推广建设一大批新型孵化模式，鼓励发展众创、众包、众扶、众筹空间。发展天使、创业、产业投资，支持科技型中小企业上市。

（三）稳步推进农业现代化，建设美丽乡村

要同步实现小康，就必须加快推进农业现代化和新农村建设。加强粮食核心区建设。大规模推进农田水利、土地整治、中低产田改造和高标准农田建设，继续实施百千万工程，推进规模经营，完善农田基础设施，建设农业技术创新平台，健全农产品质量安全全过程监管体系、现代农业科技创新推广体系、农业社会化服务体系。发展特色高效园区和特色集群。鼓励建设高新技术农业园区、都市农业园区、观光农业园区，打造一大批特色农业产业集群，依托集群建立特色农产品批发市场。推进美丽乡村建设。维护乡村自然风貌，实施美丽村庄"五化"环境整治建设计划，一是"硬化"，完善村庄路网，实现道路硬化；二是"绿化"，对村道两旁、房前屋后、河渠两岸等处进行绿化，鼓励栽种果树等经济苗木花卉；三是"净化"，建设垃圾清运设施，完善供排水系统，达到户户通达标自来水，建设污水排放管网，消除面源污染，完善沟河渠排水灌溉系统；四是"亮化"，主街道安装路灯；五是"网络化"，鼓励天然气、光纤、电商快递进村，建设水、电、气、光纤等网络，建设农村电商

网络。

（四）大力推进信息化，大力发展信息经济，建设智慧城市

积极推进信息化与城镇化、工业化融合，与城镇化融合就是要建设智慧城市，与工业化融合就是要发展智能制造和智能企业。运用最新信息技术建设更新改造升级信息网络系统，为信息化奠定基础。建设智慧城市可以有效解决城市病等发展难题，提高城市运转效率。重点建设智慧公共服务系统、智慧城市综合体、智慧政务城市综合管理运营平台、智慧楼宇小区社区、智慧教育文化旅游服务系统、智慧物流贸易金融等服务系统、智慧医疗健康保障系统、智慧交通"数字交通"等重点工程。

（五）大力提升经济服务化水平，打造现代服务业集聚发展平台

开展加快发展现代服务业行动，推动生产性服务业向专业化和价值链高端延伸、生活性服务业向精细和高品质转变，推动制造业由生产型向生产服务型转变。提升商务中心区和商业中心区的辐射带动功能。完善基础设施，优化环境，增强综合服务功能。加快郑东新区国际金融集聚区和金融中心建设。大力发展生产性服务业。建设一批研发基地、创意设计园区、物流园区、职教园区、特色专业市场等。大力发展生活性服务业。重点发展贴近服务人民群众生活、需求潜力大、带动作用强的生活性服务领域，推动生活消费方式由生存型、传统型、物质型向发展型、现代型、服务型转变。重点发展居民和家庭服务、健康、养老、旅游、体育、文化、法律、批发零售、住宿餐饮、教育培训服务等。建设一批养老基地、体育公园和主题公园。大力发展电商产业。支持鲜易网等电商平台做大做强，重点支持10家电商平台在全国乃至世界建立网络，达到全国领先和世界一流水平。构建电商物流快递网络。实施电商发展战略，推进企业电商化、商业市场电商化行动计划。大力发展文化旅游业。建设100个知名旅游景区、100个旅游小镇和100个主题公园。

（六）积极提升经济开放水平，打造新开放平台

加强对外开放的基础设施支撑体系建设。强

化郑州航空港经济综合实验区国际国内枢纽地位。加快郑州新郑国际机场扩建工程，力争第二航站楼和第二跑道早日投用；加快郑州高铁南站建设，同时加快郑许城际（机场段）、地铁2号线；完善路网等基础设施功能；加快配套的会展中心和物流园区建设。打造河南自贸区开放平台。完善跨境航空物流体系，配套建设仓储、物流、分装和加工区；构建国际航空运输双枢纽和"1+n"枢纽体系，提升郑欧班列站场基础设施，增加班次，提高作业效率；扩大保税区面积，提升配套功能，引入更多的企业入驻。

（七）稳步提升民生保障和消费水平，打造民生工程

惠民生是发展的出发点和落脚点，建设民生工程又是拉动经济增长的重要手段。继续推进十大民生工程，即"双创"支撑服务体系建设；"五化"美丽乡村建设；智慧城市（森林城市、美丽城市）建设；雾霾治理（环境污染治理、环境保护）；保障房建设（棚户区改造、农村危房改造、旧城改造）；交通枢纽及网络建设；高中和中职免费教育建设；社保升级（养老统筹、全民医保大病统筹、医养结合等）；美丽河南生态建设；就业服务体系建设（农民工市民化）；精准扶贫开发。完善社会公共服务体系。加强社区标准化建设，在管理人员、经费、用房、设施等方面给予保障，建立网格化管理体系；完善社会治安防控网络体系；完善机关办事大厅和便民服务设施；加强公园、动物园、植物园、科技馆、博物馆、文化馆、学校等公共设施建设。稳定房地产市场需求。房地产既是第一大投资产业又是第一大消费产业，对稳增长起着举足轻重的作用。河南省应借鉴山西等省放开限购的经验做法，尽快出台促进房地产市场健康发展的配套政策。建立货币化补偿安置保障机制，政府可购买商品住房作为棚改安置房和各类保障房；减免各种税费，鼓励住房消费；放宽住房贷款条件，下调首付款比例，实行优惠利率，鼓励改善型住房消费；扩大住房公积金贷款规模，放宽条件，简化程序。发挥新消费引领作用。我国已进入消费需求持续增长、需求结构加快升级、消费拉动经济作用明显增强的重要阶段。鼓励教育、健康、养老、文化、旅游等服务消费以及信息消费、绿色消费、时尚消费、品质消费、农村消费等重点领域快速发展，引领相关产业、基础设施和公共服务投资迅速成长，拓展未来发展新空间。

三、完善五大保障政策措施，促进经济平稳发展

适应未来经济新常态，河南省应加大开放力度激发后发优势，加大创新力度培育先发优势，加大优化环境力度激发经济发展活力。

（一）建立项目带动的体制机制，把稳增长和调结构项目建设落到实处

项目是带动稳增长和调结构的重要抓手，应建立项目带动的工作长效体制机制：健全省市县三级项目库，改造一批、升级一批、上马一批、储备一批、谋划一批、引进一批、转出一批，调动企业积极性，充实项目库；建立领导分包项目责任制，建立层层负责制，齐抓共管，分工负责；建立项目推进机制，建立工作台账，严把时间节点；优化项目建设环境，执法部门要严打影响项目进展的违法违规行为；建立项目推进激励机制，将项目工作列为各级政府干部政绩考核的重点内容，将项目绩效与奖惩挂钩，与干部升迁去留挂钩。

（二）全面深化改革，营造市场化、国际化、高效化的营商环境

建立适应快速发展的体制机制、构建高效的发展环境是改革的重点。稳步推进国企改革。坚定不移地把国有企业做强做优做大，发展混合所有制，建立国有资本控股运营公司。鼓励民营企业依法进入更多领域，引入非国有资本参与国有企业改革，更好地激发非公有制经济活力和创造力。深化行政管理体制改革。进一步转变政府职能，持续推进简政放权、放管结合、优化服务，提高政府效能，激发市场活力和社会创造力。优化企业发展环境。限制政府对企业经营决策的干预，减少行政审批事项。清理和规范涉企行政事业性收费，减轻企业负担，完善公平竞争、促进企业健康发展的政策和制度。保障要素供给，破解人才、资金、土地等要素瓶颈约束。

（三）实施积极的财政政策，发挥公共投资拉动作用

加大财政投入力度，保障民生项目，对经济进行逆周期调节。加大政府财政对公共设施和基础设施的投资力度，建立项目库，改革改造提升政府投融资平台企业，充实资本实力，增强资本运营能力和竞争力；鼓励引导社会资本投资公益性和经营性的公共基础设施，对项目进行整体包装设计，打破准入限制，鼓励民间资本进入，灵活运用 PPP 等方式扩大社会资本投入，建立财政补贴和奖励制度，提高社会资本投资的积极性。提高地方债规模，力争中央国债项目向河南省倾斜，加强社会事业和民生项目投入，增强地方政府对经济的调控能力；加大对自主创新的财政投入力度，对结构调整等各类发展基金打包，与政策性信贷形成合力，建立奖补机制，重点支持自主创新重点项目，支持创新型企业；加大减税清费力度，加快推进营改增，加大对小微企业、科技型中小企业、创新型企业的税费减免力度，加大对"双创"的财税金融扶持力度，清理整顿行政事业收费，消除不合理收费。

（四）创新金融政策，增强金融服务支撑功能

加快金融业创新发展，改变金融业发展滞后的局面，支撑经济发展。完善金融机构体系，健全商业性金融、开发性金融、政策性金融和合作性金融分工合理、相互补充的金融机构体系，鼓励做大做强本土金融机构，引进战略投资者，鼓励郑州银行、洛阳银行、中原银行上市；推动金融对外开放，大力引进外资银行金融机构，支持外资企业发展；发展创新金融，鼓励发展互联网金融、供应链金融、信贷资产证券化等；发展普惠金融，着力加强对中小微企业、农村特别是贫困地区的金融服务，鼓励发展小额贷款，鼓励大学生创业和农民工返乡创业；积极培育区域资本市场，推进股票和债券发行交易制度改革，提高直接融资比重，支持中原区域股权市场加快发展壮大；优化金融生态环境，健全信用体系，控制区域金融风险，鼓励金融机构放贷，缩小存贷差；促进金融集聚发展，加快推进郑东新区金融集聚区和国际金融中心建设。

（五）实施鼓励"双创"配套政策，激活发展新动力

支持各类众创、众包、众扶、众筹"四众"和大众创业、万众创新支撑平台建设。创新财政科技专项资金支持方式，运用新兴产业创业投资引导基金、中小企业发展基金、高新技术产业和结构调整转型资金等政策性基金作用，引导社会资源支持"四众"加快发展，大力推进小微企业公共服务平台和创业基地建设，对小微企业减免税收。创新金融服务模式，引导天使投资、创业投资基金等支持"四众"平台企业发展，支持符合条件的企业在创业板、新三板等上市挂牌，积极发展知识产权质押融资。

河南省工业化阶段性特征及战略取向（2016年）*

摘要 当前河南省已经进入工业化后期阶段，存在人口多但人均水平低、结构低端、创新驱动不足、经济开放度偏低、发展不平衡不协调不可持续问题突出等基本矛盾，发展滞后依然是主要矛盾，加快发展依然是根本任务。未来几年是河南省跨越中等收入陷阱的关键阶段，面对新一轮科技革命和经济全球化深刻变革，面对世界经济复苏乏力持续低迷和复杂多变的外部环境，面对我国三期叠加、经济持续下行的严峻形势，河南省面临的机遇和挑战前所未有，河南省的比较优势和发展短板突出显现，但是机遇大于挑战，有利因素大于不利因素，河南省依然处在历史上难得的大有可为的战略机遇期。今后几年要顺利跨越中等收入陷阱，应抓住机遇，顺势而为，发挥比较优势，突破发展短板，培育发展新动能，不断创造发展新优势，着力实施专利导向、新经济主导、城市内涵提升、民生优先、招商带动、项目带动等战略，着力激活民营经济、金融创新、要素供给和制度创新，实现经济中高速增长，推进创新发展和跨越发展，开创发展新阶段和新境界。

一个国家或地区所处的发展阶段不同，其阶段性和趋势性特征、内在基本矛盾和主要矛盾、目标任务、战略和政策等均有显著差异，厘清河南省当前所处发展阶段则对战略定位、路径选择和政策制定至关重要。

一、研究的背景和理论工具

（一）工业化阶段理论

中国在世界上属于后发国家，河南省在中国又属于后发地区，这就是最基本的国情省情，根本任务是如何实现赶超发展。后发国家或地区实现赶超的根本路径是工业化，即由贫穷落后到发达富裕的发展全过程，而后发经济体成功完成工业化的"初、中、后"三期一般需要50年左右，工业化具有显著的阶段性特征，各个阶段的特征、趋势、矛盾、结构、动力、速度、目标任务、政策选择等均存在显著差异，所以工业化阶段理论框架可以作为分析河南省未来几年阶段性发展规律的理论工具。

世界银行每年都要按经济发展水平（人均GDP）将世界各国划分为低收入、中低收入、中高收入和高收入四个档次，这四个档次与工业化初期、中期、后期及后工业化阶段存在一定的耦合关系，所以可以将"经济发展水平划分理论"看作是工业化阶段理论的延伸或补充。

（二）科技革命和工业革命周期、经济周期理论

新一轮科技革命和工业革命（约50年一个周期）、新一轮经济全球化（约20年一个周期）、新一轮世界和中国经济周期（约10年一个周期）、新一轮大国崛起（约100年一个周期）是河南省面临的重大外部环境，将对河南省工业化进程产生重大影响。

（三）"三步走"战略、"两个一百年"目标

河南省发展阶段的定位还要以社会主义初级阶段理论三步走战略、四个全面理论和两个一百年战略作为指针。具体到现阶段要以经济新常态理论和五大发展理念为指引。

河南省未来几年发展中期规划应从中国特色社会主义理论中的发展阶段理论中寻找大方向，灵活运用工业化阶段理论并紧密结合省情现实去定位，同时充分评估新一轮科技革命、全球化、经济周期等国内外发展大趋势所带来的机遇和挑战，经过系统综合分析，做出政策选择。

---

* 本文发表于《平顶山学院学报》2018年2月25日；河南省人民政府发展研究中心《调研报告》2016年6月29日第9期（总第904期）。

二、当前河南省所处的发展阶段——工业化后期或中等收入阶段

工业化是指一个后发国家或地区从贫穷落后到发达富裕的发展全过程，不同工业化阶段的产业结构、增长动力、增长速度等重要指标呈现出不同的趋势性特征，不同工业化阶段需要采取不同的有针对性的政策，才能推进工业化不断向前演进，政策不力则可能导致工业化的演进迟缓，尤其是在工业化中后期很容易跌入中等收入陷阱，发展陷入长期停滞状态。

工业化阶段理论是描述一个国家或地区发展阶段的最佳理论工具，最典型的是钱纳里的工业化阶段理论，将工业化阶段划分为工业化前期、初期、中期、后期与后工业化阶段。工业化前期是萌芽状态，农业为主导，经济低速增长；工业化初期，工业化和城镇化缓慢推进，工业主导地位逐步确立，经济中速增长；工业化中期，工业化和城镇化快速推进，工业的主导地位不断强化，主要是要素驱动经济高速增长；工业化后期，工业化持续深化和升级，城镇化不断深化平稳推进，服务业逐步确立主导地位，实现要素与创新双驱动经济增长，经济中速增长；后工业化阶段，工业化和城镇化完成并更加成熟，创新驱动经济增长，经济低速增长。

（一）河南省当前已经进入工业化后期

1. 工业化阶段划分标准

所谓工业化是指一个经济体随着工业发展，人均收入和经济结构发生连续变化的过程，而不仅是工业部门本身的发展，目前一般把人均收入的增长和经济结构的转换作为工业化进程的主要标志。人均GDP是衡量工业化水平和经济发展水平的综合指标，是划分工业化阶段的重要依据。

表1 工业化阶段划分标准

基本指标	前工业化阶段	工业化阶段			后工业化阶段
		工业化初期	工业化中期	工业化后期	
经济发展水平（人均GDP：2011年美元）	804~1608	1608~3187	3187~6432	6432~12060	12060~19296

资料来源：根据陈佳贵等《中国工业化进程报告》等整理而来。

由表1可知，根据人均GDP将工业化过程划分为五个阶段，每个阶段人均GDP标准大概翻一番。我国是后发国家，处在工业化进程之中，人均GDP阶段划分标准是我国制定阶段性发展战略目标的重要依据，这也与我国改革开放之后确定的每10年左右GDP翻一番的战略目标基本吻合，两步走小康目标（工业化前期即20世纪80年代翻一番、工业化初期即90年代翻一番），两步走全面小康目标（工业化中期即21世纪前10年翻一番、工业化后期即第2个10年翻一番）。

全国经济是一个有机整体，从这个意义上来说河南省与全国的工业化阶段具有一定程度的一致性；同时全国不同区域经济发展不平衡，区域差异较大，河南经济发展具有其特殊性，所以河南省与全国工业化阶段又有一定的差异性。全国工业化阶段是河南工业化阶段的大背景，研究河南的问题必须放到全国大格局下去分析判断。

2. 关于我国所处工业化阶段的基本判断

根据国务院发展研究中心课题组的研究结论，根据人均GDP水平，并参考陈佳贵提出的其他指标综合考虑，改革开放以后的中国工业化进程可以划为以下几个阶段：前工业化阶段（1978~1989年），工业化初期阶段（1990~1999年），工业化中期阶段（2000~2011年），2012年是中国进入工业化后期的重要转折点。从人均GDP水平看，2012年中国人均GDP达到6276美元（现价），基本达到工业化后期的起点标准。从产业结构看，2012年中国第二产业比重下降到45.0%，首次低于服务业比重（45.5%），出现了历史转折性变化。从主导产业变化看，2012年以来重化工业出现了产能过剩现象，经济增长的主导产业开始转向高技术制造业和服务业。

自 2011 年以来，中国经济增速从改革开放后年均 10%左右下降到目前 7%左右，经济社会发展进入"新常态"。2012 年左右也正好是中国从工业化中期进入后期的转折点，工业化阶段的转变规律是中央提出经济"新常态"理论的重要支撑，背后的经济发展规律本质上是一致的。

3. 关于河南省所处工业化阶段的基本判断

全国总人口和常住人口是基本一致的，而河南省常住人口与总人口相差约 10%，常住人口代表了省域内人口现实和未来变化趋势，所以运用常住人口来计算我省的人均 GDP。

按照常住人口和平均汇率计算，2015 年河南省人均 GDP 为 6268 美元，基本达到工业化后期的起点标准，正式进入工业化后期。人均 GDP 相当于全国 2012 年的平均水平，比全国落后三年左右。

2011 年河南省三次产业比例为 12.9∶58.3∶28.8，第二产业占比达到顶峰，此后第三产业占比开始上升，到 2015 年三次产业比例为 11.4∶49.1∶39.5，四年间第二产业占比下降 9.2 个百分点，第三产业占比上升 10.7 个百分点，这种趋势还将持续下去，这也是河南省迈向工业化后期的重要标志之一。

因为经济增速换挡的缘故，估计我国工业化后期将持续 15 年左右，由于河南省经济增速较高，河南省工业化后期将持续 12 年左右，预计 2027 年河南省与全国同步完成工业化后期。

（二）工业化后期的趋势性特征

进入工业化后期，呈现出结构升级、动力转换、速度换挡的新常态，其演变特征如下：

产业结构演变的特征趋势。一般来说，主导产业随经济增长不断升级。前工业化阶段是农业主导，工业化初期是轻工业主导，工业化中期是资本密集型重化工业主导，工业化后期是高加工度产业、先进制造业以及服务业主导，后工业化阶段是高新技术产业和服务业主导。

经济增长动力演变的特征趋势。不同工业化阶段的产业结构、技术结构、经济增长模式和动力不同。在工业化初中期，轻工业和重化工业主导，外延式扩大再生产，增长动力依靠劳动力、资本、土地、资源等大量投入的要素驱动；进入

工业化后期，要素增长达到了极限，要素驱动型增长模式趋于终结，必须内涵扩大再生产，知识密集的高新技术产业主导，依靠创新驱动，提升要素质量和素质，提高全要素生产率。

经济增速演变的特征趋势。在工业化初中期，资本积累率不断提高，经济增速逐级上升，并在工业化中期达到峰值；进入工业化后期，要素驱动动能衰减，创新驱动新动能发育不足，经济增速逐级下移。从供给侧来看，进入工业化后期，我国劳动力供给总量开始减少，人口红利消失，劳动力、土地、资源、环境等要素成本不断上升，投资收益持续递减，投资增长动力下降，要素驱动弱化，而创新驱动不足，经济增速必然逐级下移。从需求侧来看，进入工业化后期，城镇化开始放缓，房地产和城镇基础设施建设投资增速随之放缓，传统重化工业出现产能过剩，工业投资也会放缓，由于传统的后发优势和比较优势逐渐弱化，导致外贸出口增速趋缓，而消费需求不足以填补投资和出口留下的空白，内外需求增速趋缓必然导致经济增速的逐级下移。

（三）经济增速换挡的合理区间

环顾世界，当一个国家或地区经历一段时间的高速增长后，都会出现增速"换挡"现象。1950～1972 年，日本 GDP 年均增速为 9.7%，1973～1990 年期间回落至 4.26%，1991～2012 年期间更是降至 0.86%；1961～1996 年期间，韩国 GDP 年均增速为 8.02%，1997～2012 年期间仅为 4.07%；1952～1994 年期间，我国台湾地区 GDP 年均增长 8.62%，1995～2013 年期间下调至 4.15%。不少国家或地区的经济增速都是从 8%以上"高速挡"直接切换到 4%左右的中速挡，增速中轴线下移幅度达到 50%。

改革开放之后的 30 多年间我国实现了 10%左右的经济高速增长，进入工业化后期经济增速重心下移已成事实，但是否会下移 50%呢？我们评估不会出现这种情况的原因为：第一，由于我国是一个发展不平衡的大国，中西部地区和相对落后地区还有很大的发展空间余地，可以承接东部地区和发达国家的产业转移，实现跨越发展；第二，虽然河南省城镇化速度有所趋缓，但是依然处在快速城镇化进程之中，城

镇化的深度广度和内需潜力依然巨大；第三，我国在保持总需求适度增加的同时更加注重供给侧结构性改革，强化创新驱动，经济转型结构升级稳步推进，经济增长的新动能快速崛起。

我国经济进入新阶段的新常态，未来几年的内需潜力释放将带来强劲拉动力，供给侧改革和创新驱动将产生强劲驱动力，经济增速中轴线不会断崖式下跌50%，经济增速大概率缓降1/3，有望保持6%～7%的中高速增长。由于河南省在全国具有一定后发比较优势，经济增速有望保持在8%以上。

（四）河南省处于跨越中等收入陷阱的关键阶段

世界银行每年都要按人均GDP对世界各国经济发展水平进行分组，2015年分组情况如下：低收入（1045美元或更低）占17%；中低收入（1046～4125美元）占25%；中高收入（4126～12745美元）占26%；高收入（12746美元或更高）占32%。

2006年，世界银行《东亚经济发展报告》首先提出"中等收入陷阱"概念，它是指一个经济体人均收入达到世界中等水平（人均GDP在4000～12700美元的阶段）后，由于不能顺利实现发展战略和发展方式转变，导致新的增长动力特别是内生动力不足，同时，快速发展中积聚的问题集中爆发，造成贫富分化加剧、产业升级艰难、城市化进程受阻、社会矛盾凸显等。一个国家或地区在进入中等收入发展阶段后，受各种复杂因素影响，经济可能长期停滞不前，可能长期停留在中等收入区间。

世界上有100多个国家和地区先后达到中等收入发展水平，但真正跨越中等收入阶段进入高收入行列的并不多。在东亚，成功跨越"中等收入陷阱"的先有日本，后有"四小龙"即韩国、新加坡以及我国的香港地区和台湾地区。日本之所以能够较为成功地跨越"中等收入陷阱"，既由于成功地实现了经济发展模式和产业的转型升级，特别是实现了从"模仿"到自主创新的转换，也得益于较好地平衡了利益分配，控制了收入差距，为跨越"中等收入陷阱"提供了较为稳定的社会环境。一般认为，跨越"中等收入陷阱"需要围绕提高生产要素效率、发展社会事业、促进社会公平等方面采取协同措施。日本和韩国跨越中等收入阶段分别用了13年和9年。

中等收入阶段区间人均GDP为4000～12700美元与工业化后期人均6432～12060美元基本吻合。按照常住人口和平均汇率计算，2015年河南省人均GDP为6268美元，而全国是7904美元，均位于中等收入区间，所以河南省跨越中等收入陷阱实质上就是跨越工业化后期的问题。

中国社会科学院美国研究所所长郑秉文的研究报告指出，我国正处在上中等收入阶段（2010～2023年），我国的中等收入阶段将持续到2023年，预计从2024年左右开始跨越"中等收入陷阱"，进入高收入经济体行列。河南省大约比全国滞后1年，于2025年进入高收入经济体行列。

综合分析来看，我国和河南省均处于发展的战略机遇期，只要我们能认识、适应、把握、引领新常态，持续推进供给侧改革，供需两侧同时发力，加快结构升级，强化创新驱动，化解社会矛盾，推动经济中高速增长，就一定能顺利跨越中等收入陷阱，进入高收入阶段。

三、现阶段河南省发展的五大基本矛盾

基本矛盾是指贯穿于事物发展过程的始终并规定事物及其发展全过程的本质，并规定和影响这个过程其他矛盾的存在和发展的矛盾。河南省现阶段的基本矛盾反映了发展现状和基本省情，反映了发展中的短板，反映了制约发展的瓶颈，只有着力解决这些基本矛盾才能推动全面发展。河南省虽然已经进入工业化后期，但是与全国平均水平相比明显落后，与沿海发达地区相比差距更大，尤其是结构性矛盾非常突出。

（一）经济发展水平低，人口总量大但人均水平低，在全国处于落后地位

河南省2015年人口为10722万，是全国第一人口大省。河南省从1993年开始连续23年经济增速高于全国平均水平，1993～2015年河南省年均经济增速为11.5%，比全国高出1.7个百分点，河南省经济总量从全国第7位上升到第5位。2015年河南省人均GDP为34358元（全国为49229元），仅为全国的70%，按常住人口计

算也仅为全国的 79%，差距依然很大，其主要原因是河南省总人口占全国的比重由 7.5% 提高到 7.8%，而 GDP 总量占全国的比重由 5.8% 下降到 5.5%。

虽然河南省经济增速较快、经济总量较大，但是由于人口总量太多、原有基础差且起点低，所以人口多、底子薄、人均水平低的基本省情并没有发生根本改变，与全国平均水平相比尚有 3 年以上的差距，与先进省市相比差距更大。河南省在全国仍属于落后地区和后发地区，发展水平低始终是河南省的主要矛盾，加快发展是解决河南省其他一切矛盾的前提和物质基础，加快发展并实现全面小康和跨越中等收入陷阱是未来河南省的第一要务和根本任务。预计河南省要赶上全国平均水平尚需要 10 年左右，赶上全国先进省市需要 20 年左右，只有持续加快发展才能逐步缩小差距和实现赶超发展。详细情况如图 1、图 2 和图 3 所示。

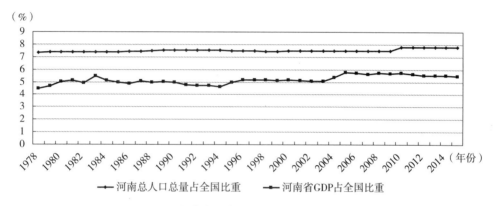

图1　河南省总人口和 GDP 占全国比重

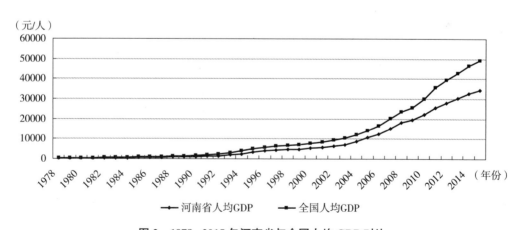

图2　1978~2015 年河南省与全国人均 GDP 对比

（二）深层次结构性矛盾突出，结构低端，升级迟缓，产出效率效益质量低

长期以来，河南省经济发展水平低、人均水平更低、工业化滞后，其根源在于深层次的结构性矛盾依然突出，主要表现为：

产业结构失调，层次低端，升级迟缓。第一，三次产业结构失调，服务业在三次产业中占比明显偏低，农业和工业占比偏高，经济服务化程度低，2015 年第三产业占比 39.5%，比全国低 11 个百分点，服务业明显滞后于全国平均水平，传统服务业层次较低，升级缓慢，现代服务业、新兴服务业、高成长服务业和时尚消费产业成长迟缓发展滞后。第二，工业产业结构低端化，先进制造业的主导作用和支撑作用不够，资源型的

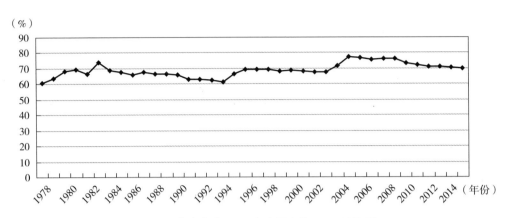

图 3 河南省人均 GDP 占全国人均 GDP 的比重

原材料产业和初粗加工产业占比高,高新技术产业和高加工度产业占比低;技术密集产业占比低,资源密集型和劳动密集型产业占比高;低端产业占比高,高端产业占比低,制造业水平较低,产业链条短,技术含量低,附加值低;产业集聚程度低,产业集群发育不足,产业集中度较低,产业融合不够,缺乏创新能力强、辐射带动能力强、技术领先、市场占有率高的龙头企业和跨国公司。第三,农业内部结构失调,规模化和集群化程度低,种植业占比过高,农业劳动生产率较低,农业集群化、规模化和基地化水平较低,土地过度开垦掠夺,化肥农药过度使用,污染严重,农产品科技含量较低,农业科技创新能力较弱,务农人员素质退化。

城乡结构失调,城镇化滞后。2015 年河南省城镇化率为 46.85%,比全国低 9.25 个百分点,在中部六省为倒数第一。河南省城镇化率不但远低于全国平均水平,而且滞后于工业化阶段,拖了工业化进程的后腿,不利于跨越"中等收入陷阱";城镇化滞后导致河南省经济分散布局有余而集中布局不足,集聚化和集群化程度低;城镇化滞后导致工业和服务业发展滞后,不利于产业结构升级和城乡一体化,不利于居民收入增长和拉动内需。

空间结构失调,经济集聚度偏低。空间结构有待优化,城镇结构体系和空间布局集聚度低,增长极发育不足,中心城市综合实力和辐射带动能力不强,2015 年郑州市首位度为 19.8%,比武汉的 36.9% 低 17.1 个百分点;中原城市群虽然规模较大但是一体化进程缓慢,缺乏分工协作和联动互动,耦合性和带动性欠缺。

(三) 发展不平衡、不协调、不可持续问题突出

过去 30 多年,尽管河南省经济社会发展取得了巨大成就,但是我们在看到成绩的同时还必须看到背后的矛盾和冲突,主要是发展方式粗放,结构性矛盾突出,导致不平衡不协调不可持续问题长期存在,在新阶段有新表现。不平衡突出表现在社会分化、贫富差距在拉大。河南省是后发的人口大省,贫困地区和贫困人口大量存在,两极分化程度有所加剧,脱贫攻坚任务艰巨;城乡之间的两极分化问题日趋严重,收入差距在拉大;河南省与全国发达省市的差距持续扩大,河南省人均收入水平在全国一直处于落后低位。不协调问题突出表现为经济与社会、城乡区域、国内发展与对外开放、经济与生态资源环境之间的发展不协调。不协调的直接结果是矛盾冲突激化,最终导致经济社会系统效率和功能下降,发展难以持续甚至发展停滞,促进协调发展是实现经济社会长期健康发展的内在要求,也是现阶段的重要任务。不可持续问题突出表现在环境饱和、生态恶化、资源枯竭。河南省环境污染容量接近饱和极限,大气、水、废物"三废"污染严重,河南省雾霾等多项环境污染指标严重程度居全国前列;生态破坏和生态退化;河南省资源大省的地位正在发生动摇,大部分资源已经枯竭,许多大宗矿产资源依赖进口或从省外输入,资源开采粗放,加工链条短,浪费严重,资源循环利用综合利用率低,资源成本价格趋升,原来粗放型增长模式已经走到了尽头,依靠要素投入的外延式增长不可持续。要改变发展不可持续难题就必须培育创新驱动，依靠创新驱动破解资源环境的生态瓶颈约束。

（四）创新驱动不足，创新型人才短缺，经济增长方式路径依赖

经济传统增长动力逐渐衰弱。从供给看，传统生产要素粗放投入的经济增长方式难以为继。长期以来河南省经济增长主要依靠劳动力、资本、自然资源、土地等要素规模扩张带动经济增长。但此方式不能持续，人口结构老龄化和劳动年龄人口绝对量的减少导致工资的持续上涨，土地成本日趋高涨，企业特别是房地产企业去产能、去库存压力大。

从需求看，投资主导的经济增长模式逐渐开始遇到瓶颈。固定资产投资特别是非公有制经济投资总额和增速都有所下降，投资动力存在减弱趋势，"十二五"期间资本形成总额年均增长12.9%，比"十一五"时期增速回落8.5个百分点。

从产业看，主要依靠传统行业带动经济增长的模式难以持续。河南省经济增长主要依靠工业尤其是能源原材料工业带动且其比重明显高于全国平均水平，多数产品处于产业链前端和价值链低端，技术含量低，在经济下滑压力较大时，这些行业增速下滑更为明显，对经济的拉动力明显减弱，"十二五"时期能源原材料行业对GDP的拉动点由7.7个降到4.2个。

河南省产业结构层次低端，升级迟缓，质量效益较低，可持续性不强，其根源在于长期对粗放型经济增长方式的路径依赖，过分依赖劳动力、资源、土地、资本等要素投入的外延式扩大再生产，忽视内涵发展，对创新发展激励不够，创新驱动的内生动力不足，创新驱动的主导地位远远没有确立，新技术、新产品、新产业、新经济增长点、新经济增长极等经济发展新动能发育迟缓，明显滞后，突出表现在创新投入不足、创新型人才缺乏、创新要素聚集不够、创新成果少、创新对经济增长的贡献率偏低和创新对经济增长的支撑作用发挥不够。与全国平均水平相比河南省技术创新水平滞后5年以上，2015年河南省研发投入占GDP的比重为1.19%，比全国低0.91个百分点，仅为全国的57%；每万人口发明

专利拥有量为1.88项，仅为全国6.3项的30%；物化资本与人力资本的结构失调，人力资源开发层次较低，高层次创新型人才匮乏，创新创业环境亟待改进，人力资源优势没有转化为创新优势和经济优势。改变粗放型增长方式的路径依赖，实现创新驱动，更多依靠技术进步、劳动力素质提高和管理水平提高，增长方式的转换有赖于制度变迁，为此必须首先进行制度创新，建立鼓励创新驱动的政策体系。

（五）经济开放度偏低，投资环境不够完善，改革滞后导致制度供给不足

近年来，河南省强力实施开放带动主战略，对外贸易和吸引外资高速增长，步入了历史上少见的开放发展高峰期。但是，河南省2015年外贸依存度为12.4%，比全国的36.3%低23.9个百分点，仅为全国的34%，对外开放程度与全国平均水平特别是沿海发达省市相比差距较大。河南省地处内陆，不靠海不沿边，对外开放的先天条件不足，对外开放一直处于被动状态，同时，观念滞后，管得过死，放得不开，政务、法治、人文环境有待提升，改革有待深化，开放有待加快，发展环境有待进一步优化。但是随着我国全方位对外开放和"一带一路"倡议的深入推进，郑州航空港经济综合实验区和郑欧班列异军突起，长期制约河南省对外开放的交通瓶颈有望被打破，河南省将迎来大开放大发展的新阶段。

总之，河南省经济发展水平偏低，人均水平偏低，这是河南省经济社会发展中长期存在的主要矛盾；产业结构层次偏低，结构升级迟缓；城镇化滞后，中心城市辐射带动力不强，经济发展的集中度和集聚程度偏低，城乡结构和区域结构有待优化；经济增长主要依靠要素投入，创新动能明显不足，外延粗放增长为主，内涵发展和集约发展不够，经济发展的质量效益有待提高；环境污染、生态退化、资源利用效率低，发展不平衡、不协调、不可持续问题依然突出；经济开放度偏低，投资环境有待优化。以上基本矛盾既是基本省情，又是长期制约河南省发展的重要因素。

四、河南省未来几年的发展环境和战略方位

当前，河南省处于中等收入水平，步入了工

业化后期，步入了经济发展新常态阶段，面对困难重重的内部矛盾，面对世界经济复苏乏力和复杂多变的国际环境，经济全球化加速推进，新一轮科技革命势不可当，河南省未来几年的机遇前所未有，挑战前所未有，但是机遇大于挑战，河南省已进入一个崭新发展的阶段。

（一）河南省面临难得的趋势性、战略性、政策性机遇

将河南省未来发展面临的机遇划分为三类。一是客观存在的大趋势性的，只能利用和适应但不能背离。今后几年河南省处于工业化后期跨越中等收入陷阱的关键时期，利用好科技革命、全球化、产业转移的三大外部趋势性机遇，实现弯道超车；利用好城镇化、经济服务化两大内在趋势性机遇，拉动经济持续快速增长。二是国家新一轮战略调整给河南省带来的新机遇，河南的发展应主动服从和服务于国家战略。国家战略是一定发展阶段的行动指南，"一带一路""京津冀""长江经济带"等国家布局战略是空间载体，创新驱动是不竭动力，自贸区是开放带动的突破口，新经济是产业升级的龙头，六大国家战略都是事关全局的重大部署；中原经济区、郑州航空港经济综合实验区、粮食生产核心区、郑洛新国家自主创新示范区、中原城市群、郑州跨境电商试验区六项国家区域战略，将有力提升河南在全国的地位，这些都将为河南省跨越发展提供重大机遇。三是国家主要政策调整带来的机遇，特别是坚持问题导向发力于当前惠及长远的重大政策，这将会为河南省发展带来新机遇。为了应对经济下行压力，顺利建成全面小康社会，中央提出了稳增长调结构补短板、供给侧结构性改革、全面深化改革、全方位对外开放的机遇、扶贫攻坚的机遇等一系列发力于当前惠及长远新的重大政策举措，这都将对河南省稳定发展提供政策保障。

（二）河南省面临严峻的外部和内部挑战

在新阶段经济进入新常态，河南省面临四大外部挑战，国际竞争压力不断加大，国内区域竞争日趋激烈，世界经济低迷和外需拉动作用下降的挑战，市场开放对我国农业生产和相关产业造成了巨大冲击；河南省还面临六大内部挑战，经

济持续下行的挑战，投资持续大幅下滑，民间投资下滑过快，投资拉动弱化和在经济下行条件下去杠杆、去产能、去库存的挑战，房地产投资增速放缓及泡沫膨胀的挑战，局部金融风险显现的挑战，人口老龄化挑战，环境污染挑战。尤其是稳增长、调结构、控风险矛盾突出，如何迎接挑战，化危为机，综合施策，是河南省面临的紧迫问题。

（三）河南省拥有综合性比较优势

河南作为全国第一人口大省、新兴经济大省和文化大省，具有显著的居中区位优势、综合交通枢纽和网络优势、要素资源成本较低的优势、市场容量大的优势、产业基础好的优势、两区载体优势、城镇化潜力和大速度快的优势、中原城市群一体化优势、航空港综合经济试验区增长极优势、内陆对外开放高地优势十大综合比较优势，对河南省开放发展、转型发展和跨越发展形成强有力的支撑。

（四）河南省尚有十大劣势与短板

在看到河南省诸多比较优势的同时必须充分认识到制约河南省发展的劣势和短板，着力补足短板、把劣势转化为优势，是河南省实现跨越发展的必修课。第一，产业升级滞后，新经济发展滞后。资源型产业占比较高，产业结构低端，战略新兴产业发展滞后。技术密集产业占比低，产业链条短，技术含量低，附加值低，产业集聚程度低，产业集群发育不足，产业集中度较低，产业融合不够，缺乏带动创新的跨国公司。第二，服务业发展滞后，经济服务化水平较低。服务业在三次产业中占比明显偏低，经济服务化程度低，2015年第三产业占比 39.5%，比全国低 11个百分点，服务业明显滞后于全国平均水平。尤其是生产性服务业滞后，现代服务业、新兴服务业、高成长服务业、金融业、时尚消费产业发展滞后。第三，创新驱动滞后，新动能发育不足。河南省自主创新能力弱，高层次人才不足，创新资源不足，创新投入较小，促进创新的体制架构尚未形成。目前，河南省规模以上制造业研发经费内部支出占主营业务收入比重仅为全国平均水平的一半。第四，高等教育滞后、创新型人才短缺。河南省高等教育发展速度较快但层次相对较

低，仅有一所"211工程"的郑州大学，大专以上教育程度人口比例只有全国平均水平的一半，严重缺乏创新型人才。第五，城镇化滞后，城镇化水平较低。2015年河南省城镇化率为46.85%，比全国低9.25个百分点，在中部六省倒数第一，居全国第27位，城镇化水平低仍是制约经济社会发展的主要症结，城镇结构体系和空间布局集聚度低，增长极发育不足，2015年郑州市首位度为19.8%，郑州比武汉低17.1个百分点，中心城市综合实力和辐射带动能力不强，中原城市群虽然规模较大但实力较弱，一体化进程缓慢。第六，环境污染治理滞后，雾霾污染在全国居前。环境容量受限已经成为项目落地的重要瓶颈约束，资源环境约束加剧，雾霾天气、水污染、土壤污染、农村环境污染等问题严重，推动绿色低碳发展任务艰巨。第七，基础设施建设滞后，薄弱环节有待加强。城乡基础设施上比较薄弱。第八，民生与公共服务滞后，社会保障有待加强。河南省民生和公共服务供给短板相对突出，贫困人口基数大，还有53个贫困县、8103个贫困村、576万农村贫困人口，贫困县占全省县级行政区划的一半左右，脱贫攻坚任务艰巨。第九，对外开放滞后，开放水平较低。2015年河南省外贸依存度为12.4%，全国为36.3%，河南省比全国低23.9个百分点，河南省开放度仅为全国的34%，河南省对外开放程度与全国平均水平相比存在较大差距，与沿海发达省市相比差距更大。第十，改革滞后，制度供给不足。激励缺乏，约束太多。市场机制不完善，市场活力和内生动力仍需进一步激发，推动经济体制改革任务艰巨。

综合分析来看，河南省面临的发展机遇前所未有，比较优势突出，有利因素不断积累，具有保持经济中高速增长的内生动力。但是必须清醒认识到，世界经济持续低迷和外需不振的外部环境一时难以改变，我国经济三期叠加的严峻形势还将持续，在结构转换、动力转换、速度换挡的经济新常态下，河南省经济社会发展面临前所未有的诸多矛盾困难和风险挑战，长期积累的结构性矛盾依然存在，发展方式粗放，不平衡、不协调、不可持续问题仍然突出，经济增速换挡压力、结构调整阵痛、动能转换困难相互交织，创

新驱动能力不强，传统比较优势减弱而新动能尚在形成之中，保持长期经济中高速增长难度加大，短期经济下行压力不断加大，有效需求乏力和有效供给不足并存，稳增长、调结构、防风险、惠民生等面临多重矛盾，存在诸多短板，只有牢牢把握发展第一要务，着力化解各类矛盾和风险挑战，凝聚发展新动能，才能赢得未来。

从国际环境来看，世界经济进入深度调整期。和平与发展的时代主题没有变，世界多极化、经济全球化、文化多样化、社会信息化深入发展，新一轮科技革命和产业变革蓄势待发，世界经济在深度调整中曲折复苏，尤其是国际金融危机冲击和深层次影响在相当长的时期内依然存在，世界经济增长乏力，金融市场动荡不稳，大宗商品价格大幅波动，贸易保护主义强化，全球贸易持续低迷，国际竞争日趋激烈，外部环境不稳定不确定因素明显增多，风险挑战加大。

从国内环境来看，我国经济发展进入新常态。我国物质基础雄厚、人力资本丰富、市场空间广阔、发展潜力巨大，经济发展方式加快转变，新的增长动力正在孕育形成，新的增长点、增长极、增长带不断成长壮大，全面深化改革正释放新的动力、激发新的活力，经济长期向好基本面没有改变，仍处于重要战略机遇期，但战略机遇期内涵发生深刻变化，诸多矛盾叠加、风险隐患增多，正处于转折变革、分化重组的非常期。

未来几年是河南省全面建成小康社会的决战决胜阶段，处在跨越"中等收入陷阱"的关键阶段，处在承前启后向高收入阶段过渡打基础的奠基阶段，同时也处在改革进入深水区的攻坚阶段，全方位对外开放的跨越阶段，是落实五大发展理念、建设四个河南的开创阶段，处于跨越发展、弯道超车、可以大有作为的重要战略机遇期，同时处在动力转换、结构转换、速度换挡过渡性的转型期，处在三期叠加的阵痛期，面临诸多矛盾和风险隐患共振期，外部和内部挑战复杂严峻，但总体来看，经济发展的有利因素影响大于不利因素，整体上有利于河南省发展，发展依然是河南省的根本任务，未来几年河南省经济年均增速应不低于8%。只要河南省准确把握战略

机遇期内涵和条件的深刻变化，准确把握新阶段经济发展新常态带来的趋势性变化，强化底线思维，积极认识适应把握引领新常态，坚持发展是第一要务，坚定信心，迎难而上，集中力量办好自己的事情，着力在优化结构、增强动力、化解矛盾、补齐短板上取得突破，切实转变发展方式，提高发展质量和效益，推动经济总量、人均水平、发展质量再上一个大台阶，努力跨越"中等收入陷阱"，不断开拓发展新境界。

五、现阶段促进发展的十点对策建议

如何抓住机遇迎接挑战，如何发挥比较优势突破劣势短板，如何实现创新发展、跨越发展、转型发展，如何顺利跨越"中等收入陷阱"向高收入阶段迈进，特别提出如下六个战略和四个激活的对策建议。

(一)突出六大战略

1. 实施"专利导向"战略，抓住创新驱动主战略的"牛鼻子"

重点围绕知识产权和专利技术展开，实施专利导向战略，实行知识产权结果激励，这样目标更加明确且针对性更强，实行利益导向激励，利益分配向研发人员倾斜，对发明专利申报实行全额财政补贴，对专利技术转让和产品孵化给予财政补贴，对专利新产品上市给予税收减免和奖励，抓住实施创新驱动战略的"牛鼻子"和关键环节，形成激发创新活力的政策体系，营造创新驱动的优越环境。加大创新投入力度，尽快使研发投入占GDP比重由目前的1.19%提高到2.5%，支持国家科创中心建设。

2. 实施新经济主导战略，抓住产业升级的"牛鼻子"

只有抢占新经济发展高地，才能从根本上推动产业升级。推进服务业升级，建设现代服务业强省，加快经济服务化；推进制造业升级，建设先进制造业强省；推进农业升级，建设现代农业强省，加强国家粮食核心区建设和国家蔬菜生产核心区建设；确立信息经济等新经济的主导地位，抢占发展先机，培育新经济增长点；推进"两区"(产业集聚区、商务中心区)转型升级；

推进房地产产业的转型升级，实施适度低价战略，实现稳定发展。

3. 实施内涵提升战略，抓住新型城镇化的"牛鼻子"

在新阶段城镇化必须转型升级，在量的扩张基础上必须走质的提高和内涵发展的道路。构建国家级中原城市群，把中原城市群建设成为世界级的城市群，建设郑州国家级及世界级中心城市，在八轴带上建设安阳、濮阳、商丘、周口、信阳、南阳、三门峡、焦(作)济(源)八个副中心，构建"三区"(航空港区、郑东新区、自由贸易区)经济增长极。建设人格化、个性化新型城市。建设畅通城市、地下立体城市，生态园林城市、森林城市、海绵城市、智慧城市、资源节约型和环境友好型城市、和谐城市、人文城市，构建现代化城镇基础设施网络体系。构建现代化综合交通网络体系，构建五网一体化轨道交通网络体系，加快构建郑州都市区地铁和城市圈轻轨网络。

4. 实施民生优先战略，抓住促进经济社会协调发展的"牛鼻子"

民生是内需拉动和共享发展的结合点，实施民生优先战略是新阶段经济社会协调发展的内在要求。民生是经济社会发展的短板，是扩大政府投资、引导社会资金合力投入的重点，应持续实施十项重点民生工程，实施脱贫攻坚工程，实施新农村建设提升工程，实施社会事业基础保障提升工程，进一步提升社会事业、社会保障和公共基础设施的发展水平，促进协调发展。

5. 实施"招商带动"战略，抓住开放带动主战略的"牛鼻子"

据统计测算，开放型经济对河南省经济增长的直接贡献率约三分之一，开放招商具有"一举应多变、一招求多效"的综合带动效应，以项目为抓手、以开放招商为突破口是近10年来河南省快速发展的一条重要经验。应积极推进河南经济全球化，实施"引进来"与"走出去"双向开放带动战略，完善举省开放体制，重点实施"招商带动"战略，"筑巢引凤"，优化环境，积极承接高端产业的链式转移、集群转移和园区转移。打造自贸区示范窗口，以国际化、法制化、市场化营商环境吸引外资集聚。

6. 实施"项目带动"战略，抓住稳增长调结构惠民生控风险的"牛鼻子"

项目是稳定扩大投资的重要抓手，实施项目带动战略，建立长效体制机制。着力谋划省长和市长工程。"谋划大战略、狠抓重大专项"是河南省的一条重要经验，应谋划一批龙头型、基地型、集群型、创新型的重大项目。建立健全省市县三级项目库，编制年度投资计划，建立项目落实责任制和推进协调联动机制。

（二）突出四个激活

1. 激活民营经济和民间投资，发挥新经济增长点作用

激活民营经济和民间投资的关键在于营造环境、放开搞活，应着力"筑巢引凤"，变"候鸟型经济"为"创业创新创造型经济"。优化投资环境，激发民间投资积极性。采取有力措施推动中央相关激励民间投资政策落到实处，进一步放宽准入，构建和谐政商关系和公平营商环境，加强政策扶持引导，降低企业成本，弘扬企业家精神，激发民间投资潜力和创新活力，促进民间投资回稳向好。强化 PPP 模式推广，打造民间投资蓄水池。

2. 激活金融创新，解决金融业滞后和融资难融资贵顽疾

加快金融业发展，改变金融业发展滞后局面，健全金融机构体系，鼓励本土金融机构上市并做大做强，引进外资金融机构，发展新兴金融业态。积极培育区域资本市场，提高股票和债券等直接融资比重，支持中原区域股权市场加快发展，力争每年四板上市企业 500 家以上。

3. 激活资金、建设用地、环境容量、人才等要素供给，降低要素成本

当前，融资难、建设用地短缺、高层次人才短缺、环境容量受限已经成为项目落地的重要瓶颈约束。保障资金需求，积极争取各类中央建设资金，建立信贷和资本市场奖补基金，建立银企战略联盟。保障用地需求，积极稳妥地开展土改试点，占补平衡，建立地票市场，挖掘存量潜力。保障环境容量，优先保障重点领域重点工程项目。保障人力需求，创造优越人才环境，实施人才强省战略，制定高层次人才培养和引进计划。

4. 激活制度创新，实施改革驱动和环境导向，增强发展动力、活力、吸引力

营造"低成本、高效率、生产要素供给充足"的优越投资环境是政府推动经济发展的重要手段。建设创新型、廉洁高效和法治型政府，构建低成本、高效率、法治化的营商环境，推进行政审批制度改革，建立负面清单制度，放松行政管制，净化企业发展环境，释放市场活力。建立服务型政府，加强效能督察。打造特色人文环境与和谐社会环境，包容个性，弘扬创新创业，构建和谐文化，弘扬企业家创业精神。积极开展投资环境第三方评估，及时发现问题，推动发展。

中原崛起的趋势与战略取向（2017年）[*]

引言　中原崛起是世世代代河南人民的梦想和不懈追求，河南历经唐宋的兴盛，近代的衰落，解放前的破败，解放后的跃进，改革开放前期的塌陷，改革开放中后期的逐步崛起，近十多年来中原崛起的趋势愈加明显，河南省正在阔步走向国家战略舞台的中央。本文主要描述了中原崛起的探索历程、大趋势、根源、战略布局。

一、中原崛起的大趋势

进入21世纪，特别是最近10年是河南省发展最好的时期，可谓顺风顺水，中原崛起呈现加速之势。1992~2017年，连续26年河南省GDP增速高于全国平均水平约1.5个百分点（见图1）。

最近几年这种累积效果开始显现，经济总量稳居全国31省区市的第5位，全国第一人口大省和产粮大省，农业大省、经济大省、新兴工业大省地位基本确立，在全国的"枢纽"地位愈加凸显，国家出台的任何一项重大战略几乎都有河南，河南省在全国大局中处于支撑和支柱地位。

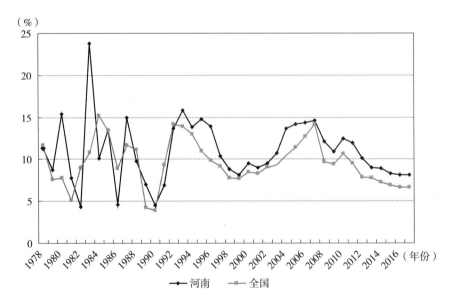

图1　1978~2017年河南省与全国GDP增速趋势对比

二、中原崛起的多重原因分析

1. 客观规律使然："不平衡—平衡"的经济发展客观规律

区域经济发展的初期均呈现不平衡的发展态势，成熟期逐步走向平衡发展。"点轴网"理论认为区域经济初期，在交通枢纽、原料产地或产品销地中心城市集聚发展；在中期，沿交通要道轴向发展；成熟期时，网络化发展。

沿海地区率先开放，发挥低成本优势加工

---

* 本文选取2017年中原工学院学术报告的部分内容。

出口，吸引外资，承接发达国家低端产业转移，实现率先崛起。但是，沿海地区率先崛起之后，生产要素（劳动力、土地、能源、原材料）价格和成本上升，劳动密集或资源密集的低端产业难以生存，必然向外转移，内陆地区成为承接劳动密集产业转移的最优地区。由此，我国经济呈现东、中、西的梯度转移趋势。

2. 国家战略布局大局："不平衡（沿海先发）—平衡（带动内陆）"的国家区域协调发展战略

改革开放是激发中国崛起的动力，我国改革开放经历了一个从沿海逐步向内陆地区扩展的过程，经历了从不平衡到平衡的过程。

邓小平在 1988 年提出了"两个大局"的思想。沿海地区要对外开放，使这个拥有两亿人口的广大地带较快地先发展起来，从而带动内地更好地发展，这是一个事关大局的问题，内地要顾全这个大局。反过来，发展到一定的时候，又要求沿海拿出更多力量来帮助内地发展，这也是个大局。

改革开放初期国家实施沿海地区发展战略，20 世纪 90 年代末起，国家陆续出台了西部大开发、促进中部崛起和东北等老工业基地振兴等区域发展战略。

1999 年提出，2000 年正式开始实施"西部大开发战略"；2004 年中央启动"振兴东北"战略；2004 年提出、2005 年实施"中部地区崛起战略"；2017 年 10 月 18 日，十九大报告指出"实施区域协调发展战略"。强化举措推进西部大开发形成新格局，深化改革加快东北等老工业基地振兴，发挥优势推动中部地区崛起，创新引领率先实现东部地区优化发展，建立更加有效的区域协调发展新机制。十八大以来，陆续提出"一带一路"倡议以及京津冀协同发展、长江经济带和粤港澳等国家区域战略。

3. 政策环境取向："沿海倾斜政策—全国政策平等"

改革开放初期，计划经济向市场经济过渡，沿海地区享受税收、财政、价格优惠倾斜政策，沿海先发是政策倾斜的必然。说你不中，"中"也不中；说你中，不"中"也中，这就是政策的威力。

4. 体制和制度基础：市场经济体制完善—全国市场统一

1992 年党的十四大提出建立社会主义市场经济体制，1993 年十四届三中全会提出建立社会主义市场经济体制的框架体系；2002 年十六大市场经济体制框架基本确立，2003 年十六届三中全会提出继续完善市场经济体制；2012 年党的十八大提出市场经济体制完善的顶层设计，2013 年十八届三中全会提出全面深化改革的顶层设计，继续深化市场化改革，"啃硬骨头"，紧紧围绕使市场在资源配置中起决定性作用来深化经济体制改革。社会主义市场经济体制的核心问题是处理好政府和市场的关系，使市场在资源配置中起决定性作用和更好发挥政府作用。市场决定资源配置是市场经济的一般规律。建设统一开放、竞争有序的市场体系，是使市场在资源配置中起决定性作用的基础。市场经济体制要求"统一市场和公平竞争"，内陆地区与沿海地区市场和政策要统一。

5. 物质基础：发挥独特比较优势

河南省具有区位交通、人口劳动力、能源原材料矿产资源、基础农业工业产业、市场容量五大比较优势，这为中原崛起奠定了物质基础。

6. 主观内因：逆水行舟，主动作为

河南位于黄河中下游，因大部分地区在黄河以南，故名河南。2000 多年前，为中国九州中心之豫州，故简称为"豫"，且有"中州""中原"之称。河南省为中华民族主要发祥地之一，先后有 20 个朝代建都或迁都于河南，中国八大古都河南就占有 4 个（洛阳、开封、安阳、郑州），一部河南史就是半部中国史。

中原崛起是中原儿女的梦想。奋力实现中原崛起，省委省政府持续推进中原崛起战略。

三、1978～2017 年中原崛起战略探索的四个阶段

改革开放创新发展是中国崛起的逻辑主线，"战略"就是构筑改革开放创新发展的新经济增长极，带动全面振兴。

1. 20 世纪 80 年代中原塌陷

1949 年新中国成立以后，西方对我国实施封锁，为了应对世界冷战，内陆成为我国生产力布

局的重点，河南省是全国经济布局的战略重点，几十个重大项目陆续落户洛阳、郑州、平顶山、焦作、安阳、许昌等地，河南省进入工业化快车道。

1978年改革开放之后，我国实施沿海发展战略，沿海地区率先对外开放，建立特区、开放城市、出口加工区，实现了率先发展。80年代先后设立深圳、珠海、汕头、海南省4大经济特区，设立14个沿海开放城市，1992年浦东新区开发开放，形成沿海多点开放的珍珠链，形成"沿海经济特区和开放城市增长极"，参与国际经济大循环，沿海地区率先崛起。

与此同时，内陆地区沦落为沿海地区的能源原材料和劳动力的供应地，生产要素源源不断流向沿海，"孔雀东南飞"，河南不临江、不靠海、不沿边，原有交通优势变成了劣势，在第一轮改革开放发展中被边缘化，成为"被遗忘的角落"，中部塌陷、中原塌陷逐步形成。用一句自嘲的语言表达："不东不西，不是东西，中也不中"。

2. 20世纪90年代逆境中探索：提出"振兴河南"和"中原崛起"战略

提出振兴河南，大力发展中小城市和县域经济，十八罗汉闹中原；提出中原崛起，发展郑州区域中心城市，建设郑州现代化商贸城——东方芝加哥，由于郑州实力较弱，继而提出中原城市群构想。

3. 新世纪第一个10年：重点突破

实施中心城市带动战略，做大郑州中心城市，拉大城市框架，2002年新世纪提出建设郑东新区；2005年国家实施中部崛起战略实施，河南省从"战略被动"全面走向"战略主动"；实施中原城市群一体化战略，2006年推进郑汴一体化，2009年打造郑汴新区；推进产业集聚发展，2008年打造180个产业集聚区。

4. 新世纪第二个10年：全面崛起

2011年实施建设中原经济区国家战略。2012年实施郑州航空港经济综合实验区国家战略。2016年实施河南自贸区、河南自创区、郑州国家中心城市和国家中原城市群国家战略，集中出台叠加河南。2017年确立"三区一群"（航空港区、自主创新示范区、自由贸易区、中原城市

群）国家战略体系。实施航空经济、枢纽经济、创意经济、网络经济和新经济等战略。

四、近10年战略演进

1. 重大战略谋划

原省委书记卢展工重点谋划大战略：谋划中原经济区国家战略（"四化同步"：城镇化引领，工业化主导，农业现代化同步，信息化先导）。

原省委书记郭庚茂寻找战略突破口：①突出抓好一个载体平台（产业集聚区）、四个体系（现代产业、自主创新、城镇、市场体系）。②强化一个基础支撑（五网：交通、水利、电力、互联网、生态）。③狠抓两大驱动动力（开放招商、改革）。④谋划建设四大增长极：一是产业集聚区180个，服务业两区（商务中心区、中心商业街区）；二是郑州航空港经济综合实验区（"三大一中"战略：大枢纽—大物流—大产业—大都市，中心城市）；三是郑州国家中心城市（"三大一中"：大枢纽、大物流、大产业、中心城市）；四是中原城市群一体化。

原省委书记谢伏瞻寻求稳中求进全面崛起：①落实习近平总书记"打好四张牌"战略部署（产业升级、创新驱动、新型城镇化、基础设施支撑），提出经济强省（四个产业强省）、三大高地、三大提升战略目标体系。②巩固原有国家战略：粮食生产核心区、中原经济区、航空港等。③谋划新的国家战略：国家级中原城市群、郑州国家中心城市、跨境电商、大数据、2025试验区、双创基地等。④整合"三区一群"战略体系：郑州航空港区、自贸、自创区、中原城市群。

2. 落户河南省的10项国家战略

中原崛起的重要标志是国家战略陆续落户河南省，主要有：①2009年，粮食生产核心区；②2011年，中原经济区；③2012年，郑州航空港经济综合实验区；④2016年，河南省自由贸易试验区；⑤2016年，郑洛新自主创新示范区（双创基地）；⑥2016年，中原城市群；⑦2016年，郑州国家中心城市；⑧2016年，郑州跨境电商综合试验区；⑨2017年，河南省大数据试验区；⑩2017年，《中国制造2025》国家级示范区。

河南省 10 项国家战略布局（2017 年）*

引言　　　2005 年实施"中部地区崛起战略"之后，河南省由国家战略边缘逐步走向国家战略舞台的中心，诸多国家战略陆续出台，相互叠加，后发优势开始显现，为中原崛起提供了源源不断的新动能。

一、粮食生产核心区（农业抓粮食是首要政治任务）

2009 年 8 月国家发改委《关于印发河南省粮食生产核心区建设规划的通知》，河南省成为全国重要的粮食生产核心区。作为全国第一产粮大省，保障国家粮食安全是中央赋予河南的第一要务。民以食为天，粮食丰天下安，保粮成为河南省的头等大事，这是国家大局。（保粮是政治任务，是大局）

建设目标：规划到 2020 年，以 95 个粮食主产县为核心区，粮食生产用地稳定在 7500 万亩，粮食生产能力由规划时的 1000 亿斤提高到 1300 亿斤，成为全国重要的粮食生产稳定增长的核心区、体制机制创新的试验区和农村经济社会全面发展的示范区。建立中央倾斜投入和省市县配套投入的机制。

重点项目：①农业综合开发；②高标准农田（新增千亿斤粮食生产能力田间工程、土地整治、小型农田水利等项目）；③重大水利工程（大江大河、水库、引水工程）；④农业科研及公共服务体系建设。截至 2016 年底，全省累计建成高标准粮田 5313 万亩；粮食总产量由 2007 年的 1049 亿斤增至 2015 年的 1213.4 亿斤，提前 5 年完成了《全国新增千亿斤粮食规划》要求河南到 2020 年增产 155 亿斤粮食的任务。

二、中原经济区（中原崛起的整体框架）

进入 21 世纪，我国区域经济群雄并起，沿海长三角、珠三角和环渤海三大世界级经济区率先崛起，内陆地区的经济区也快速崛起。顺应区域经济发展的新趋势，如何在稳定粮食生产的前提下，加快实现新型工业化、新型城镇化和农业现代化的三化协调，以确保河南省能如期跟全国一同实现全面小康，河南省全面谋划"中原经济区战略"。2011 年建设中原经济区上升为国家战略。2012 年 11 月，国务院正式批复《中原经济区规划》（2012~2020 年）。中原经济区是以郑州大都市区为核心、中原城市群为支撑、涵盖河南全省延及周边地区的经济区域，地处中国中心地带，在全国改革发展大局中具有重要战略地位。

战略定位：全国工业化、城镇化、信息化和农业现代化协调发展示范区；全国重要的经济增长板块；全国区域协调发展的战略支点和重要的现代综合交通枢纽；华夏历史文明传承创新区。

重点任务：①新型工业化。发展壮大优势主导产业。做强高成长性的汽车、电子信息、装备制造、食品、轻工、新型建材等产业，改造提升具有传统优势的化工、有色金属、钢铁、纺织产业，加快淘汰落后产能，形成带动力强的主导产业群。积极培育战略性新兴产业。重点推动生物、新材料、新能源、新能源汽车、高端装备等先导产业发展，大力发展节能环保产业。加快发展服务业。突出发展物流、文化、旅游和金融等现代服务业。加快推进郑东新区金融集聚核心功能区建设。建设区域信息产业高地。②新型城镇化。加快中原城市群发展。③农业现代化。加强粮食生产核心区建设。④综合交通枢纽。巩固提升郑州综合交通枢纽地位。建设全国现代物流中心。

---

* 本文选取 2017 年学术讲座"中原崛起的战略取向"的部分内容。

三、郑州航空港经济综合实验区 (中原崛起的新增长极)

为了打造改革开放新优势，突破内陆封闭保守的短板束缚，加快中原经济区崛起，河南省谋划了全国第一个"航空港经济综合实验区"。2013年3月，国务院批准了《郑州航空港经济综合实验区发展规划》，给河南腾飞插上了一双翅膀。战略定位是国际航空物流中心、以航空经济为引领的现代产业基地、内陆地区对外开放重要门户、现代航空都市、中原经济区核心增长极。

(1) 为什么要建设国家级城市新区？第一，改革开放前沿阵地的新形态。打造改革试验田、开放新门户，开辟发展新空间。第二，做大做强做优中心城市。把经济特区与城市发展建设紧密结合起来，拉大中心城市框架，推进以中心城市为核心的城镇化和城镇体系建设。第三，打造带动区域经济发展新增长极和发动机。增强中心城市的产业集聚、集群、集中功能，强化辐射带动区域经济跨越发展的功能。第四，国家级新区其实就是经济特区的新形式，为国家战略。1992年10月上海浦东新区成立。1994年3月天津滨海新区成立。此后，设立工作停止了16年。2010年再次启动，截至2016年6月，全国共有19个国家级新区，国家级新区一览如表1所示。

表1 中国国家级新区一览

新区名称	批获时间	主体城市	面积（平方公里）
浦东新区	1992年10月11日	上海	1210.41
滨海新区	2006年5月26日	天津	2270
两江新区	2010年5月5日	重庆	1200
舟山群岛新区	2011年6月30日	舟山	陆地1440，海域20800
兰州新区	2012年8月20日	兰州	1700
南沙新区	2012年9月6日	广州	803
西咸新区	2014年1月6日	西安、咸阳	882
贵安新区	2014年1月6日	贵阳、安顺	1795
西海岸新区	2014年6月3日	青岛	陆地2096，海域5000
金普新区	2014年6月23日	大连	2299
天府新区	2014年10月2日	成都、眉山	1578
湘江新区	2015年4月8日	长沙	490
江北新区	2015年6月27日	南京	2451
福州新区	2015年8月30日	福州	1892
滇中新区	2015年9月7日	昆明	482
哈尔滨新区	2015年12月16日	哈尔滨	493
长春新区	2016年2月3日	长春	499
赣江新区	2016年6月14日	南昌、九江	465
郑州航空港经济综合实验区	2013年3月8日	郑州	415

(2) 为什么要建设郑州航空港经济综合实验区？第一，培育增长极的迫切需要。中原崛起要求中原经济区做大，城市群是经济区的主体框架，经济区做大要求城市群做大，中心城市是城市群的龙头，城市群做大要求中心城市做大，城市新区是中心城市的增长极。2003年省委省政府

决定建设郑东新区，2005 年推进郑汴一体化，建设郑汴新区，再造一个郑州市，市区人口翻一番，由 150 万人口达到 300 万人口；2012 年省委省政府决定建设郑州航空港经济综合实验区，再造一个国家级城市新区，郑州市区人口由 300 万人口达到 600 万人口。预计未来郑州市区人口再次翻番，市区人口达到 1200 万人，全市人口达到 1500 万人。第二，交通枢纽升级的需要。铁路枢纽升级为以航空枢纽为龙头的综合交通枢纽。交通是经济发展的基础，也是先导，也是动力，要想富先修路。郑州曾经是亚洲最大的铁路编组站，河南高速公路通车里程全国第一，郑州机场为全国八大枢纽机场之一，全国第一个"米"字形高铁。郑州市将成为国际化综合交通枢纽。第三，变开放后方为开放前沿的战略需要。河南不靠海、不沿江、不沿边，对外开放贸易先天条件处于劣势。如何打破旧格局的瓶颈约束？必须依靠交通技术革命，普通铁路革命—高速公路革命—高速铁路革命—航空运输革命，建设郑州航空港经济综合实验区，就是要打造骨干铁路、城际铁路、地铁、高速公路、高速铁路和航空无缝对接的综合交通枢纽，依靠枢纽打造开放新优势，建设快速通关一体化体系，建设自由贸易区，形成对外开放的门户，带动枢纽经济发展，支撑中原崛起。第四，打造后发优势，必须建设改革试验田，打造政策特区。郑州航空港经济综合实验区就是新型的自由贸易区、自由港，推进自由贸易区和自主创新示范区"双自联动"，推进投资贸易便利化和自由化，打造国际一流的营商环境。

（3）郑州航空港经济综合实验区的逻辑框架。①建设郑州航空港区的初衷——建设国家级新区（改革开放特区）增长极。进入 21 世纪之后，我国加入 WTO，改革开放政策全面覆盖全国，经济改革开放特区（试验区实验区）的新形式——城市新区，至今设立了 18 个城市新区。②河南省城市新区谋划过程。河南省抓住机遇，大力推进城市新区的谋划，2009 年谋划"郑汴（一体化）新区（郑汴产业带）"，谋划"郑州航空港经济综合实验区"。③"三大一中"增长极的逻辑思路。打造航空"大枢纽"——形成航空"大物流"——带动航空经济"大产业"——建设航空"大都市"——带动郑州国家"中心城市"和中原城市群中原经济区崛起。带动郑州市发展形态转型升级。郑州是火车拉来的城市—铁路交通枢纽—工业城—商贸城—铁公机综合交通枢纽—航空大都市。④战略定位。国际化、创新型、自由港的国家级新区。国际多式联运综合交通枢纽；国际多式联运综合物流中心；国际航空港经济中心（信息技术智能终端、高端装备制造、生物制药、战略新兴产业、国际金融、高端服务）；国际科创和文艺中心；国际航空大都市。

（4）主要任务是打造"六大高地"。①打造开放高地，建设全域自由贸易区。自由贸易区与航空港实验区的定位完全吻合。开放、改革、创新发展的窗口、试验田、前沿阵地、枢纽。"一带一路"国家全方位开放战略的桥头堡。发挥先行先试的先发优势。②打造全球或全国领先的软环境高地。形成低成本、高效率、高效益"一低两高"的营商环境。大力推进"放管服"综合改革，打造效率新优势，即商事高效化，最多跑一次腿，一个窗口办理，免费办理；网上办理，不用跑腿，限时办结；投资自由化，一个负面清单管理+国民待遇；限时审批；贸易便利化，电子化通关，限时通关。③打造全球领先的综合交通枢纽。打造"一带一路"国际化综合交通枢纽和物流中心优势，构建高效率低成本的交通物流体系。打造 4 张国际名片，即航空枢纽网络、"米"字形高铁网络、郑欧班列枢纽网络、"三级五网一体化"轨道交通网络，推动中原城市群（1+8）一体化、同城化，构建半小时通勤圈，构建多式联运零换乘无缝对接网络体系。④打造航空经济枢纽经济高地。突出"大枢纽+大产业+大都市"特点。⑤打造创新高地。实施"双自联动"战略，两大国家战略联动，激发协同效应。建设自主创新示范区。建设双创苗圃、孵化器、加速器。⑥打造教育和文化高地（人才高地）。补短板。引进国内外一流大学 3~5 所。打造文化高地，补短板，发展大众艺术，发展文化产业，创意文化、主题公园等文旅综合体。

（5）建设成效。郑州新郑国际机场为全国八大枢纽机场之一，2015 年 12 月，郑州机场二期

扩建工程正式投运，郑州机场在中部最先拥有双跑道和双航站楼。紧紧围绕"空中丝绸之路"和郑州国际航空货运枢纽建设目标，完善了航空枢纽网络结构，实施"郑州—卢森堡"双枢纽战略。2017年，郑州新郑国际机场收获两大喜讯，2017年旅客吞吐量突破2430万人次，同比增长17%以上，全国第13位，首次位居中部机场第一位；货运突破50万吨，同比增长10%以上，成为全球机场货运50强，在中国内地220多个民用机场中，行业位次稳居第7位。由此，郑州机场的年客货运规模首次实现中部机场"双第一"。

四、河南省自由贸易试验区（改革开放的前沿阵地）

（1）为什么要建设自由贸易试验区？第一，对接"一带一路"国家倡议的开放桥头堡。国内全方位全领域开放的窗口、门户。开放是中国经济发展的动力，中国已经深度融入经济全球化。"一带一路"是我国对外开放的桥梁和纽带，自贸区是"一带一路"倡议、对外开放的桥头堡。第二，我国新一轮改革和开放进入攻坚期。"啃硬骨头"阶段，风险期，体制机制的最后定型阶段。"摸着石头过河"，先试点后推广，试点先行，以点带面，是我国改革开放的路径。必须以改革推动开放，以开放带动发展。改革开放试验田，一是有些改革开放举措与现行法律有抵触，需要全国人大授权国务院推进改革试点；二是有些改革举措有风险，需要先试点后再推广；三是有些改革举措将触动既得利益者的蛋糕，需要先试点达成共识，为了发展利益和社会利益最大化，必须壮士断腕，牺牲局部利益。第三，打造国际化、法制化、市场化和可预期的优越营商环境。最大限度压缩行政审批负面清单，实行外资国民待遇，大力推进"放管服"改革，打造低成本、高效率的营商环境。第四，推进贸易便利化、投资自由化。吸引外资投资和对外贸易是我国推动经济快速增长的两个轮子，必须通过改革推进对外开放。第五，金融市场开放。推动资本市场渐进开放，推动人民币国际化和可自由兑换。证券市场开放，实行市场化浮动利率制度。推动外汇储备由购买美欧日债变为股权投资，推

动中国资本输出。第六，服务贸易开放。高等教育、文化、科技创新、"互联网+"等服务业开放，发展服务贸易。

（2）全国自由贸易试验区发展情况。美国关税委员会给自由贸易区下的定义是：自由贸易区对用于再出口的商品在豁免关税方面有别于一般关税地区，是一个只要进口商品不流入国内市场可免除关税的独立封锁地区。自由贸易区的另一种官方解释，是指两个或两个以上的国家（包括独立关税地区）根据WTO（世界贸易组织）的相关规则，为实现相互之间的贸易自由化所进行的地区性贸易安排（Free Trade Agreement：FTA自由贸易协定）的缔约方所形成的区域。这种区域性安排不仅包括货物贸易自由化，而且涉及服务贸易、投资、政府采购、知识产权保护、标准化等更多领域的相互承诺，是一个国家实施多双边合作战略的手段。自由贸易试验区（Free Trade Zone，FTZ）是指在贸易和投资等方面比世贸组织有关规定更加优惠的贸易安排，在主权国家或地区的关境以外，划出特定的区域，准许外国商品豁免关税自由进出。实质上是采取自由港政策的关税隔离区。狭义仅指提供区内加工出口所需原料等货物的进口豁免关税的地区，类似出口加工区。广义还包括自由港和转口贸易区。截至2013年6月19日，全球已有1200多个自由贸易区，其中15个发达国家设立了425个，占35.4%；67个发展中国家共设立775个，占64.6%。2013年9月27日，国务院批复成立中国（上海）自由贸易试验区。2015年4月20日，扩展中国（上海）自由贸易试验区实施范围。2015年4月20日，广东、天津、福建自贸区获批。2017年3月31日，辽宁、浙江、河南、湖北、重庆、四川、陕西自贸区获批。至此，中国形成"1+3+7"共计11个自贸区的格局。2017年10月18日，十九大报告指出，赋予自由贸易试验区更大的改革自主权，探索建设自由贸易港。

（3）河南自贸区的定位。①战略定位。建设贯彻南北、连接东西的现代立体交通体系和现代物流体系；服务于"一带一路"建设的现代综合交通枢纽；全面改革开放试验田；内陆开放型经济示范区。②区位布局。郑州片区重点发展智能

终端、高端装备及汽车制造、生物医药等先进制造业以及现代物流、国际商贸、跨境电商、现代金融服务、服务外包、创意设计、商务会展、动漫游戏等现代服务业，在促进交通物流融合发展和投资贸易便利化方面推进体制机制创新，打造多式联运国际性物流中心，发挥服务"一带一路"建设的现代综合交通枢纽作用；开封片区重点发展服务外包、医疗旅游、创意设计、文化传媒、文化金融、艺术品交易、现代物流等服务业，提升装备制造、农副产品加工国际合作及贸易能力，构建国际文化贸易和人文旅游合作平台，打造服务贸易创新发展区和文创产业对外开放先行区，促进国际文化旅游融合发展；洛阳片区重点发展装备制造、机器人、新材料等高端制造业以及研发设计、电子商务、服务外包、国际文化旅游、文化创意、文化贸易、文化展示等现代服务业，提升装备制造业转型升级能力和国际产能合作能力，打造国际智能制造合作示范区，推进华夏历史文明重要传承区的建设。

（4）主要试点任务和措施。在主要任务措施上，重点提出了政府职能转变、投资、贸易、金融、增强服务"一带一路"建设的交通物流枢纽功能5个方面的试点内容。加快政府职能转变。营造法治化、国际化、便利化营商环境。扩大投资领域开放。推动贸易转型升级。深化金融领域开放创新。增强服务"一带一路"建设的交通物流枢纽功能。

（5）河南省自由贸易试验区的特色。河南自由贸易试验区获批是河南省的重大事项，将河南从改革开放的大后方推向了前沿阵地。对接"一带一路"国家倡议，打造"中部枢纽型"自贸区。实施开放倒逼改革突围战略，打造"内陆自由港型"自贸区。实施"招大带小"招商战略，打造"产业外向型"自贸区。实施"双自联动"战略，打造"科技创新型"自贸区。实施重大专项带动战略，打造"增长极带动型"自贸区。

五、郑洛新国家自主创新示范区（创新驱动的新动力）

国家自主创新示范区是指经中华人民共和国国务院批准，在推进自主创新和高技术产业发展方面先行先试、探索经验、做出示范的区域。建设国家自主创新示范区对于进一步完善科技创新的体制机制，加快发展战略性新兴产业，推进创新驱动发展，加快转变经济发展方式等方面将发挥重要的引领、辐射和带动作用。

2009年3月，建立北京中关村国家自主创新示范区。2009年12月，建立武汉东湖国家自主创新示范区。2011年3月，建立上海张江国家自主创新示范区。2014年6月，建立深圳国家自主创新示范区，是十八大后第一个以城市为基本单位的国家自主创新示范区。2014年10月，建立苏南自主创新示范区，是中国首个以城市群为基本单元的国家自主创新示范区，由9个国家高新区组成，横跨了南京、无锡、常州、苏州、镇江5个国家创新型试点城市。2014年12月，建立天津自主创新示范区。2015年1月，建立长株潭自主创新示范区。2015年6月，建立成都自主创新示范区，是西部首个国家自主创新示范区。2015年9月，建立西安自主创新示范区。2015年9月，建立杭州国家自主创新示范区。2015年11月，建立珠三角国家自主创新示范区，广州、珠海、佛山、惠州仲恺、东莞松山湖、中山火炬、江门、肇庆8个国家高新区获批建设国家自主创新示范区（统称珠三角国家示范区），是全国第二个以城市群为单位的国家自主创新示范区。2016年4月，建立郑洛新国家高新区、山东半岛国家高新区和沈大国家高新区。2016年6月，建立福厦泉和合芜蚌国家高新区分别建设国家自主创新示范区。2016年7月，建立重庆自主创新示范区。

为了强化创新驱动，打造创新高地，引领产业转型升级，河南省审时度势谋划了郑洛新国家自主创新示范区。2016年3月30日，国务院总理李克强主持召开国务院常务会议，会议确定要在现有11个国家自主创新示范区基础上，再新设河南郑洛新、山东半岛、辽宁沈大3个国家自主创新示范区。

六、郑州国家中心城市（中原崛起的龙头）

国家中心城市，是处于城镇体系最高层级，在全国具备引领、辐射和集散功能的城市。国家

中心城市是现代化的发展范畴，是居于国家战略要地、体现国家意志、肩负国家使命、引领区域发展、跻身国际竞争领域、代表国家形象的特大型都市。

（1）国际城市与国家中心城市。4个国际城市（世界城市或全球城市）有：北京、上海、深圳、广州。11个国家中心城市有：天津、重庆、沈阳、南京、武汉、成都、西安、杭州、青岛、郑州、厦门。

（2）为什么要设立多个国家中心城市？第一，参与国际竞争的需要，必然要设立一批国际城市和国家中心城市，国际经济中心、贸易中心、交通中心、金融中心和创新中心。第二，顺应区域经济发展的规律新趋势。我国区域经济群雄并起，必然要求明确增长极。第三，国家实施区域协调发展战略。区域经济协调发展必然要求均衡布局国家中心城市。第四，治理大城市病的需要。北京、上海等一线城市集聚发展达到极限，2000多万人，每年流入人口50万~80万，城市不堪重负，交通拥堵、环境恶化，大城市病凸显。为了破解大城市病，必然要合理分散布局国家中心城市，实施规划引导。分散北京非首都经济功能，北上广深产业转移为郑州跨越发展提供了新机遇。

（3）为什么国家要建设郑州国家中心城市？2016年12月26日，经国务院批复同意，国家发改委正式发布《促进中部地区崛起"十三五"规划》（以下简称《规划》），支持郑州建设国家中心城市。第一，顺应了客观规律和大趋势。郑州建国初期约10万人，改革开放初期不足百万，现在总人口约960万，市区人口约500万，改革开放40年平均每年流入人口约10万人，最近10年平均每年流入人口约20万人。预计今后10年人口还会加速流入，预计到2035年总人口达到1200万~1500万以上，跻身全国前5~8位。无论是计划经济还是市场经济，生产力布局都必须遵循客观经济规律。城市一般布局在交通枢纽、原料产地、产品销地，最大的国家中心城市必须布局在最大的增长极上，最大的人口、生产要素和经济增长极。第二，区域协调发展的大局。河南是拥有一亿多人口的全国第一人口大省，人口约占全国1/13，建设郑州国家中心城市是推动区

域协调发展的需要，中部崛起战略需要增长极辐射带动和杠杆支点。郑州周边500公里内没有其他中心城市。第三，郑州区位交通战略地位举足轻重。地处中原，得中原者得天下，国家综合交通枢纽，"米"字形高铁，郑欧班列，国家八大枢纽机场，航空客货运量居中部地区首位。第四，中原经济区和中原城市群的核心。中原经济区和中原城市群仅次于沿海地区长三角、珠三角、京津冀，为中西部地区规模最大的经济区和城市群。

（4）航空港、郑州市、中原城市群之间的逻辑关系。航空港增长极—郑州国家中心城市—中原城市群（中原经济区），三者之间相互带动，相辅相成。郑州国家中心城市是中原城市群（中原经济区）的龙头，中原城市群（中原经济区）是郑州国家中心城市的腹地。建设国家级或世界级的中原城市群（或中原经济区），必须率先打造国家级世界级的郑州中心城市和航空港增长极。

（5）存在问题——郑州与武汉对比。当前，中部地区中心城市武汉约占湖北省经济总量的1/3，中部地区重要的中心城市郑州市约占河南省经济总量的1/5，首位度不高，辐射带动能力不强，但是潜力巨大，活力无限；武汉市是国家高等教育中心，居科技创新实力全国前列，后劲十足，郑州需要弯道超车。

（6）发展趋势。①郑州市人口吸引力居全国第10位，居省会城市第4位（2017年）。根据智研咨询网发布的《2017~2022年中国人口老龄化市场研究及发展趋势研究报告》显示，2017年中国城市人口吸引力排行榜前10名为深圳市、北京市、广州市、上海市、东莞市、重庆市、苏州市、成都市、杭州市、郑州市。2017年中国省会城市人口吸引力排行榜前10名为广州市、成都市、杭州市、郑州市、武汉市、西安市、长沙市、南京市、南宁市、昆明市。②近5年郑州市人口增幅居全国第2位。根据第一财经记者通过对24个重点城市人口流入增幅数据，形成中国24个城市吸引力排行榜。根据排行榜，新一线城市中郑州增幅居第2位，高于武汉和重庆。

（7）郑州国家中心城市功能定位。①上海定位为世界城市（或国际城市），"五大中心"为

国际航运中心（海航、航空）、国际贸易中心、国际经济中心、国际金融中心、国际科创中心。②郑州定位于国家中心城市，"六大中心"为国际综合交通枢纽和物流中心（海航、航空）、国际贸易中心、国际经济中心、国际金融中心、国际科创中心、国际文创中心。郑州的功能定位可比照上海，因为郑州的未来也有望成长为世界城市（或国际城市）。

（8）构建"郑汴港金三角大都市区"。郑汴港金三角大都市区的面积大概有2000平方公里，大概可以容纳1500万人，基本上可以再造一个郑州和开封，未来郑州市和开封市新增产业和人口的一半以上可布局在这里。

七、中原城市群（中原崛起的空间组织形态）

戈特曼认为，成熟的世界级城市群是相互之间分工明确的有机整体；拥有一个或几个国际性城市；拥有一个或几个国际贸易中转大港；总体规模2500万人口以上；国家经济的核心区域。例如，日本太平洋沿岸城市群以不到1/7的国土集聚了全国1/2的人口和58%的产出。世界级城市群是指以单个超级城市为核心，由至少三个特大城市构成，形成的高度同城化、高度一体的城市群体。全球五大世界级城市群概况如表2所示。

表2　全球五大世界级城市群概况

所在国家	城市群名称	城市群概述	拥有全球城市、全球金融中心、全球交通枢纽和贸易港
美国	以纽约为中心美国东北部大西洋沿岸城市群	包含波士顿、纽约、费城、巴尔的摩、华盛顿等城市	纽约为世界三大国际金融中心；面积为13.8万平方公里，占美国面积的1.5%；该区人口为6500万，占美国总人口的20%；城市化水平达到90%以上
美国、加拿大	以芝加哥为中心北美五大湖城市群	包含芝加哥、底特律、克利夫兰、多伦多、渥太华、蒙特利尔、魁北克等城市	芝加哥是全球著名的金融中心之一
日本	以东京为中心日本太平洋沿岸城市群	包含了以东京、大阪、名古屋为核心的三个城市圈。包含东京、横滨、静冈、名古屋、京都、大阪、神户等城市	东京是世界三大国际金融中心之一；分布着全日本80%以上的金融、教育、出版、信息和研究开发机构
英国	以伦敦为中心英伦城市群	包含伦敦、利物浦、曼彻斯特、利兹、伯明翰、谢菲尔德等城市	伦敦现已成为欧洲最大的金融中心；是世界三大国际金融中心之一
法国、比利时、荷兰、德国	以巴黎为中心欧洲西北部城市群	由法国巴黎城市群、比利时—荷兰城市群、德国莱茵—鲁尔城市群构成。包含巴黎、布鲁塞尔、阿姆斯特丹、鹿特丹、法兰克福等城市	巴黎是法国的经济中心和最大的工商业城市，也是西欧重要的金融和交通中心之一；鹿特丹素有"欧洲门户"之称；法兰克福是欧洲重要的工商业、金融和交通中心

中国"3+4+5"大城市群：3个世界级城市群：长江三角洲城市群、珠江三角洲城市群、京津冀城市群；4个国家级城市群：中原城市群、长江中游城市群、成渝城市群、哈长城市群；5个准国家级城市群：辽中南城市群、山东半岛城市群、海峡西岸城市群、北部湾城市群、关中城市群。

中原城市群"一极三圈八轴带"空间格局。①一极（中心）为郑州国家中心城市，大郑州都市区，郑汴一体化，郑州航空港核心增长极。②三圈（见图1），即：半小时核心圈"1+8"；1小时紧密主体圈"1+17"；1个半小时合作辐射圈"1+17+n"。③八轴带即沿"米"字形高铁，如图2所示。

图1　中原城市群的"三圈"

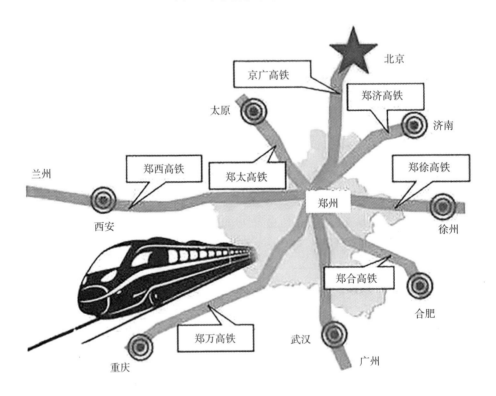

图2　中原城市群的"八轴带"

八、郑州跨境电商综试区（世界贸易平台WTP：“买全球、卖全球”）

2013年7月，郑州E贸易试点率先开展业务测试；2013年12月，郑州E贸易试点信息化平台率先上线。“内陆起步，一路领跑”成了郑州E贸易最显著的特点。2016年1月6日，国务院常务会议决定，在天津、上海、重庆、合肥、郑州、广州、成都、大连、宁波、青岛、深圳、苏州这12个城市新设一批跨境电子商务综合试验区，用新模式为外贸发展提供新支撑。2016年1月，中国（郑州）跨境电子商务综合试验区正式获批，从此，郑州跨境电商从“E贸易试点”向“跨境电商综试区”成功转身，跨境电商的发展成功上升为国家战略平台。郑州跨境电商综试区获批，为河南省扩大对外开放合作、融入“一带一路”、参与国际分工体系搭建了新平台，提供了新机遇，有利于河南加快从内陆地区走向开放前沿。

（1）战略目标为“买全球、卖全球”。力争到2018年，培育50家省级跨境电子商务培训孵化基地、100家省级跨境电子商务示范园区，设立100个省级公共海外仓，重点扶持1000家跨境电子商务企业发展，全省电子商务年交易额超15000亿元，其中跨境电子商务年交易额超3000亿元，实现一区多园、一园多点、多主体运行、多模式发展的跨境电子商务新格局，总体发展水平居中西部前列，探索出在中西部地区可复制推广的经验。

（2）构建三个平台、七个体系。“三个平台”：一是“单一窗口”综合服务平台；二是“综合园区”发展平台；三是人才培养和企业孵化平台。“七个体系”，分别是指跨境电子商务信息共享体系、跨境电子商务金融服务体系、跨境电子商务智能物流体系、跨境电子商务信用管理体系、跨境电子商务质量安全体系、跨境电子商务统计监测体系和跨境电子商务风险防控体系。

（3）“买全球、卖全球”的交易量占全国1/3。河南省在综试区获批后就明确“一顶帽子大家戴”，跨境电商交易额稳步增长。作为一种新型业态，郑州跨境电商“线上线下”融合发展，正朝着“买全球、卖全球”目标不断迈进，成为全省、全市对外开放发展、外贸转型升级的一张亮

丽新名片。郑州海关的数据显示，河南保税物流中心自2012年承建国家跨境贸易电子商务服务试点以来，业务量、进出口货值、纳税额、参与企业数量等各项指标始终走在全国前列，已成为全国跨境电商发展的风向标。①“买全球”高歌猛进一路领先。聚美优品、网易考拉、小红书、蜜芽、唯品会等多家重量级电商云集郑州，形成了较为完善的跨境电商产业链和生态链。目前已有50多家电商企业入驻。聚美优品2015年和2016年进口单量、金额位居全国跨境电商第一名。②“卖全球”可圈可点、厚积薄发。以出口为主的跨境电商，能够给经济发展带来巨大的增量，大力推动跨境电商出口成为发展跨境电商的主攻方向。河南保税物流中心2016年出口完成2938万单，同比增长488%。引导传统企业“上线触网”。支持跨境电商综合服务企业做大做强，乐橙信息、西维科技等跨境电商服务企业综合服务能力不断提升。未来，在河南保税物流中心可实现每天3万~5万个包裹出区。

（4）线上综合服务平台。以跨境交易为特征的外贸企业在国际货款结算、进出口通关、国际运输、保险等环节和领域进行了持续性探索创新，促进了内外贸的一体化发展，跨境电商线上综合服务平台建设取得了阶段性成效。由河南保税物流中心自主研发的“买卖全球网”“贸易单一窗口”上线，郑州跨境电商“秒通关”再次刷新纪录，最高一秒500单。“贸易单一窗口”计划3~5年内建成处于全国领先行列并具有国际影响力的贸易大数据中心，建成具有全球影响力、交易额不低于万亿元的交易平台。郑州机场国际物流多式联运数据交易服务平台整合了海陆空资源，实现“一单到底，物流全球”的目标。郑州国际陆港公司中欧多式联运综合服务信息平台逐步实现了互联互通和信息共享，实现了公路、铁路、海港等运输方式与国际航空、境外陆运等运输环节的有效衔接。依托“单一窗口”和线上综合信息服务平台，全面实行关检“三个一”（一次申报、一次查验、一次放行），加快推进工商信息查询、出口退税申报和审核系统数据链接、货物贸易外汇收支名录信息共享。秒通关、多式联运、信息共享等，郑州在为跨境电商持续发展

提供有力支撑的路上并不断探索求新。

（5）线下综合园区平台建设见规模。相比于线上跨境电商综合平台建设，我市线下跨境电商综合园区建设也呈现出蓬勃发展的态势。依托综合保税区等海关监管区，高标准规划建设了世航之窗、中大门、国际陆港等一批跨境电商园区，推动跨境产业集聚郑州。打造了中国中部电子商务港、郑州邮政圃田跨境电商产业园等跨境电商特色产业集群。目前，中国中部电子商务港（总部基地）、云时代广场电子商务产业园、郑州华南城跨境电子商务产业园、郑州邮政圃田跨境电商产业园、郑州航空港区跨境电子商务示范园、河南易通跨境供应链电子商务产业园、航投物流双向跨境 E 贸易保税展示交易中心共 7 家被认定为省级跨境电子商务示范园区，占全省省级跨境电商示范园区的 33%。

九、国家大数据河南综合试验区

国家发改委、工业和信息化部、中央网信办于 2016 年 10 月 8 日发函批复，同意河南省建设国家大数据综合试验区。此次批复的国家大数据综合试验区包括 2 个跨区域类综合试验区（京津冀、珠江三角洲），4 个区域示范类综合试验区（上海、河南、重庆、沈阳），1 个大数据基础设施统筹发展类综合试验区（内蒙古）。其中，区域示范类综合试验区的定位是，积极引领东部、中部、西部、东北"四大板块"发展，更加注重数据资源统筹，加强大数据产业集聚，发挥辐射带动作用，促进区域协同发展，实现经济提质增效。《河南省国民经济和社会发展第十三个五年规划纲要》明确提出建设网络经济大省，实施大数据发展战略。

实施"4111"战略。打造 4 大主导大数据产业集群，建设 10 大特色大数据产业园，建设 10 大双创孵化器或双创综合体，引进培育 100 家行业龙头企业，构筑世界一流的大数据产业体系、创新体系、企业梯队和产业基地。①打造 4 大主导大数据产业集群。大数据加工及服务业。重点推进农业、工业、交通、物流、电子商务等行业数据加工服务，打造一批创新创业企业。"大数据+"产业。推进大数据与交通物流、农业粮食、电子商务、益民服务、经济运行、制造业等各行业深度融合。大数据软件产业。建立完善的大数据工具型、平台型和系统型产品体系，推动大数据产品和解决方案产业化。大数据智能终端产业。建设全国规模最大的移动智能终端产业基地。②建设 10 大特色大数据产业园。构建"10+n"园区平台网络，建设"大数据+"产业园区。经过推荐、专家评审，洛阳洛龙区的洛阳大数据产业园等 18 个园区列入全省大数据产业园区。③建设 10 大大数据双创孵化器或双创综合体。建设"10+n"双创孵化器或双创综合体等双创平台网络体系。④引进培育 100 家大数据行业龙头企业。

十、"中国制造 2025"国家级示范区

（1）主要目的。国务院总理李克强 2017 年 7 月 19 日主持召开国务院常务会议，部署创建"中国制造 2025"国家级示范区，加快制造业转型升级。"中国制造 2025"国家级示范区主要是探索实体经济尤其是制造业转型升级新突破，对于推进供给侧结构性改革，建设制造强国，保持经济中高速增长、迈向中高端水平，加快制造业转型升级具有重要意义。

（2）试点城市。"中国制造 2025"城市（城市群）试点示范工作，目前已批复宁波、泉州、沈阳、长春、武汉、吴忠、青岛、成都、赣州、广州、合肥、湖州 12 个城市和苏南五市、珠江西岸六市一区、长株潭衡、郑洛新 4 个城市群。

（3）主要任务。在东中西部选择部分城市或城市群建设国家级示范区，要聚焦创新体制机制、深化开放合作、破解制造业发展瓶颈，与"互联网+""双创"结合，打造先进制造工业云平台，在创新体系建设、智能和绿色制造等方面先行先试。同时，将目前已在国家自主创新示范区等实施的简政放权、财税金融、土地供应、人才培养等有关政策扩展到示范区，并对内外资企业一视同仁。

（4）优惠政策。一是简政放权；二是财税金融支持；三是土地供应保障，包括对示范区年度新增工业用地指标给予适度倾斜等政策；四是人才培养引进，支持示范区拓展人才双向流动机制、开展创业补贴试点、支持海外人才回国创业等。

中国崛起 100 年周期——新常态、新时代、新模式（2017 年）*

引言

百年轮回成为大国崛起的周期，中国崛起的大趋势不可阻挡，大国崛起的周期就是完美的工业化周期，1949~2050 年就是中国的工业化周期和完美的大国崛起周期。中国崛起的进程已经进入高质量发展的新时代，中国模式独具特色和竞争力，大国崛起的战略框架趋于成熟。本文主要描述了中国 100 年大国崛起的工业化过程，新常态下的经济增速下楼梯、结构升级上楼梯、创新驱动新动能，目前已经进入新时代高质量发展阶段，中国具备迈过中等收入陷阱的基本条件，大国崛起的理论、模式、战略趋于成熟。

一、大国崛起：100 年一个轮回①

（一）中国与西方大国 1500～2017 年 GDP 增长速度对比

1500~1949 年，400 多年来，西方工业化高速推进，经济高速发展，而中国依然处在农耕时代，经济停滞不前；1949 年中华人民共和国成立，开始推进工业化；1978 年中国改革开放以后快速推进工业化，经济高速成长，再次走在全世界的前列，在英美日之后，中国实现大国崛起（见图 1）。

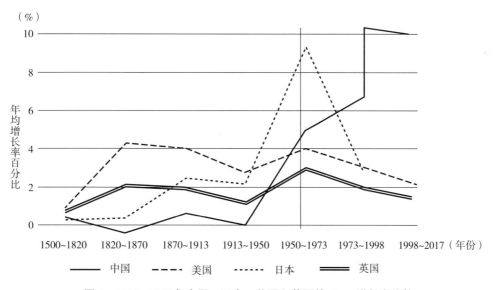

图 1　1500~2017 年中国、日本、美国和英国的 GDP 增长率趋势

（二）中国与西方大国 1000～2017 年人均 GDP 对比

据《经济学人》杂志统计，过去 1000 年不同国家人均 GDP 对比图（1990 年美元价格），如图 2 所示。

可以看出：①欧洲从 13 世纪到 19 世纪，人

---

*　本文为 2018 年学术讲座 "中原崛起的战略取向" 的部分内容。
①　安格斯·麦迪森. 世界经济千年史 [M]. 伍晓鹰等，译. 北京：北京大学出版社，2003.

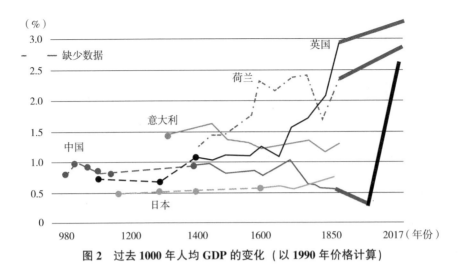

图2 过去1000年人均GDP的变化（以1990年价格计算）

均 GDP 方面，意大利、荷兰、英国依次登顶。其中意大利在公元 1300 年左右曾经是欧洲最富有的国家，人均收入大概 1500 美元（按 1990 年价格计算），已经超过了中国（中国当时约 1000 美元）。②中国宋朝、元朝、明朝和清朝早期，将近 600 年的时间里，人均 GDP 基本停滞，波动幅度也很小，一直在 1000 美元下方徘徊。③欧洲在 15 世纪已全面超越中国，并将差距越拉越大，19 世纪八国联军面对的是完全不在一个层级的羸弱对手。④中国过去 1000 年中最糟糕的不是明朝，而是清朝，人均 GDP 越来越低，到 19 世纪后期已经远远低于 1000 年以前，跌到 600 美元的低位。⑤日本在 1840 年左右首次超越中国，早于明治维新。这个超越最主要的原因并不是日本的进步，而

是清朝自己的衰败。到明治维新之后，日本全面引入西方的制度，一路向上，中国则一路向下，双方差距日益扩大。到 19 世纪末，战争的结局早已注定。⑥20 世纪 70 年代末改革开放刚开始的时候，中国人均 GDP 约 200 多美元，经过近 40 年的"经济奇迹"，2016 年人均 GDP 约 8123 美元。

（三）中美 1953～2017 年 GDP 增长率趋势对比

1953～1977 年，美国 GDP 增长率为 3.6%，中国为 6.5%，中国是美国的 1.8 倍。1978～2017 年，美国 GDP 增长率为 2.7%，中国为 9.6%，中国是美国的 3.6 倍。1953～2017 年，美国 GDP 增长率为 3.1%，中国为 8.4%，中国是美国的 2.7 倍（见图 3）。

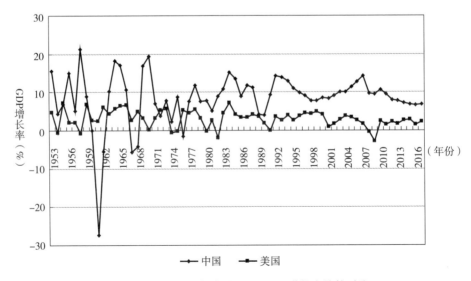

图3 1953～2017 年中美两国 GDP 增长率趋势对比

二、中国崛起 100 年工业化周期与新常态

（一）工业化阶段与 GDP 增速之间的对应关系

新常态即 2012 年是中国从工业化中期进入后期的转折点，如图 4 所示。

（二）大国崛起：中国 100 年工业化周期

中国 100 年工业化周期分为以下几个阶段：前工业化时期（1949~1989 年）；工业化初期阶段（1990~1999 年）；工业化中期阶段（2000~2011 年）；工业化后期（2012~2025 年）；后工业化阶段（2025~2035 年）；现代化阶段（2035~2050 年），如图 5 所示。

（三）新常态：我国工业化"楼梯型"速度特征

我国工业化"楼梯型"过渡呈现四大台阶：1981~2010 年，30 年增速为 10%，最高平台；2011~2020 年，10 年增速为 7%，台阶下降约 1/3；2021~2035 年，15 年增速为 5%，台阶下降约 1/2；2035~2050 年，15 年平均增速为 2.5%，台阶下降约 1/4，如图 6 所示。

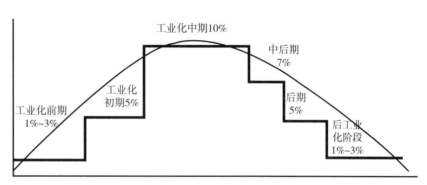

图 4　GDP 增速"倒 U 型"曲线

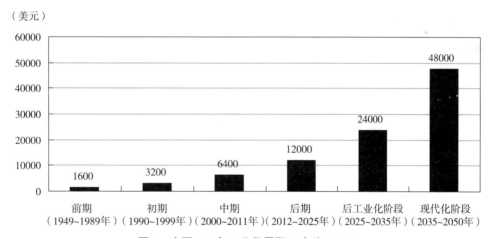

图 5　中国 100 年工业化周期（人均 GDP）

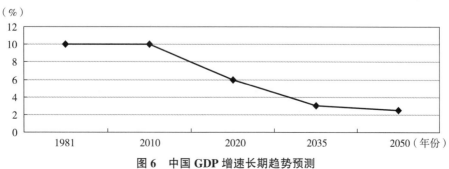

图 6　中国 GDP 增速长期趋势预测

（四）迈过"中等收入陷阱"实现中国崛起的基本条件

包括：①政治开明，社会稳定，国家治理效率高。治理效率高，行政成本低，收入差距适度，社会公平，经济社会协调发展。②体制转轨成功，市场经济体系完善。宏观经济稳定，微观有活力，生产要素配置高效。③出口导向的"开放型"经济体系，深度参与经济全球化，充分运用两种资源两种市场，积极引入技术、人才等高端生产要素，出口高加工度产品，巧借外力推动产业持续升级，在国际分工体系中的地位不断提升。④创新驱动发展。实现从"模仿"到自主创新的转换，实现经济发展模式和产业转型升级，依靠科技创新、制度创新、管理创新和人的素质提升不断提高全要素生产率。

三、目前中国在全世界的地位

（一）2015 年全球各国 GDP 排行榜

据世界银行报告，2015 年全球 GDP 总量达 74 万亿美元。第一，美国，GDP 占比 24.3%；第二，中国，GDP 占比 14.8%；第三、第四的国家分别是日本、德国，占比分别为 5.9% 和 4.5%（见表 1）。中国自 2008 年开始 GDP 总量超过日本从而打破自 1972 年开始的"美国第一，日本第二"的 GDP 排位格局，此前日本在 1972 年超过德国再度成为世界第二大经济体，直至 2007 年。2015 年中国 GDP 总量是日本的 2.5 倍，是美国的 61%，大概 2024 年超过美国。实质上，按照购买力平价，中国已经超过美国。根据中国国家统计局新近公布的数据，2016 年中国国内生产总值为 74.41 万亿元。

表 1 2015 年全球各国名义 GDP 排行

排名	国家	名义 GDP（万亿美元）	占世界的比重（%）
1	美国	18.0	24.3

续表

排名	国家	名义 GDP（万亿美元）	占世界的比重（%）
2	中国	11.0	14.8
3	日本	4.4	5.9
4	德国	3.4	4.5
5	英国	2.9	3.9
6	法国	2.4	3.2
7	印度	2.1	2.8
8	意大利	1.8	2.4
9	巴西	1.8	2.4
10	加拿大	1.6	2.1
11	韩国	1.4	1.8
12	澳大利亚	1.3	1.7
13	俄罗斯	1.3	1.7
14	西班牙	1.2	1.6
15	墨西哥	1.1	1.4
16	印尼	0.9	1.2
17	荷兰	0.8	1.0
18	土耳其	0.7	0.9
19	瑞士	0.7	0.9
20	沙特	0.6	0.8

资料来源：世界银行报告。

（二）2016 年世界各国人均收入排名

中国 GDP 总量是印度的 5.2 倍，人均 GDP 是印度的 4.9 倍。2016 年中国的人均收入为 8280 美元。2016 年中国人均收入世界排名为 72 位。中国从 2011 年到 2016 年人均收入增长了近 80%；中国的 GDP 为世界第二大经济体。但从人均收入上来看，中国依然还是发展中国家，处在中游偏上水平。不过在部分一线发达城市中，如广州、北京、上海、深圳、天津等 7 个省市人均收入进入了万元俱乐部。

（三）中国主要指标居世界的位次

中国主要指标居世界的位次如表 2 所示。

表 2 中国主要指标居世界的位次

指标＼年份	1978	1980	1990	2000	2010	2014	2015
国土面积	4	4	4	4	4	4	4

续表

指标＼年份	1978	1980	1990	2000	2010	2014	2015
人口	1	1	1	1	1	1	1
国内生产总值	11	12	11	6	2	2	2
人均国民总收入	175（188）	177（188）	178（200）	141（207）	120（215）	100（214）	96（217）
货物进出口贸易总额	29	26	16	8	2	1	1
出口额	31	30	15	7	1	1	1
进口额	29	22	18	8	2	2	2
外商直接投资	128	55	13	9	2	1	3
外汇储备	38	36	9	2	1	1	1

资料来源：世界银行报告。

（四）中国主要指标占世界的比重

中国主要指标占世界的比重如表 3 所示。

表 3　中国主要指标占世界的比重　　　　　　　　　　　单位：%

指标＼年份	1978	1980	1990	2000	2010	2014	2015
国土面积	7.1	7.1	7.1	7.1	7.1	7.1	7.1
人口	22.3	22.1	21.5	20.7	19.4	18.9	18.7
国内生产总值	1.7	1.7	1.6	3.6	9.2	13.3	14.8
货物进出口贸易总额	0.8	0.9	1.6	3.6	9.7	11.3	11.9
出口额	0.8	0.9	1.8	3.9	10.3	12.4	13.8
进口额	0.8	1.0	1.5	3.3	9.0	10.3	10.0
外商直接投资		0.1	1.7	3.0	8.6	10.5	7.7
外汇储备				8.6	30.7	33.2	30.6

资料来源：世界银行报告。

（五）中国工业品产量情况

世界 500 种主要工业品中，221 种工业品产量居世界第一位。

2014 年中国工业产值占世界的比重超过 22%；工业产值已是世界第一，是美国的 1.23 倍，制造业产值是美国的 1.4 倍。从 2010 年的数据可以看出，发电量、能源消费双双超越了美国。美国在这两个宝座上已经坐了 100 多年。

四、中国崛起的新时代、新模式、新战略

（一）新时代的特征

①新时代"三个特征"。一是阶段性特征。从"站起来"（人均 GDP 为 200 美元）到"富起来"（人均 GDP 为 8000 美元），再到"强起来"（人均 GDP 为 2 万美元、3 万美元、4 万美元、5 万美元），中国模式走向成熟。二是中国特色社会主义道路、理论、制度、文化，为解决人类问题贡献了中国智慧和中国方案。中国模式具有生命力和竞争力。三是走近世界舞台中央。跟随——向导——领导世界。②新时代的主要矛盾。中国特色社会主义进入新时代，我国社会主要矛盾已经转化为人民日益增长的美好生活需要和不平衡不充分的发展之间的矛盾。③新时代目标是 2050 年，建成现代化强国，物质文明、政治文明、精神文明、社会文明、生态文明，均居

世界领先水平。④新时代发展模式为高速增长阶段向高质量发展阶段。

（二）中国崛起模式的框架

中国崛起模式的"12345"框架内涵。①一个崭新大国崛起（100年一个周期轮回），开辟新世界。"中国模式"定型为完善的中国特色社会主义制度；国家治理能力和治理体系现代化。②"两个百年中国梦"目标。③"三个导向"即目标导向、问题导向、发展导向。④四个全面战略布局、四个意识、四个自信。"四个全面"战略布局是全面建成小康社会、全面深化改革、全面依法治国、全面从严治党。"四个自信"是中国特色社会主义道路、理论、制度、文化。"四个意识"即指政治意识、大局意识、核心意识、看齐意识。⑤五位一体总体布局、五大新发展理念、五种思维。"五大新发展理念"即创新、协调、绿色、开放、共享的发展理念。这是场革命。"五位一体"整体布局即政治、经济、文化、社会、生态。"五种思维"为战略、底线、创新、法治、开放思维。⑥十四个基本方略。

（三）新的国家战略

七大国家战略。党的十九大报告提出要坚定实施科教兴国战略、人才强国战略、创新驱动发展战略、乡村振兴战略、区域协调发展战略、可持续发展战略、军民融合发展战略七大战略，一系列重大战略的深入实施将释放新的发展潜能，每一个战略的实施都意味着数以万亿计的巨大潜能的释放，也意味着巨大发展空间的拓展。①科教兴国战略。科技是第一生产力，教育是大国崛起的基石。扫盲，普九，高等教育大众化，职教强国，幼教，终身教育。②人才强国战略。在劳动、资本、土地、资源、人才、技术、管理等诸生产要素中，人才是第一生产要素。③创新驱动发展战略。创新是发展第一动力。（发展动力转换：要素驱动转向创新驱动，科技创新是第一动力）。④乡村振兴战略。实施乡村振兴战略，按照产业兴旺、生态宜居、乡风文明、治理有效、生活富裕的总要求，建立健全城乡融合发展体制机制和政策体系，加快推进农业农村现代化。第二轮土地承包到期后再延长30年。构建现代农业产业体系、生产体系、经营体系。⑤区域协调发展战略（东、中、西、东北；京津冀、长江经济带、粤港澳大湾区、雄安新区；"一带一路"）。⑥可持续发展战略。建设资源节约型、环境友好型社会。发展循环经济。走新型工业化道路。⑦军民融合发展战略。军民融合就是把国防和军队现代化建设深深融入经济社会发展体系之中，全面推进经济、科技、教育、人才等各个领域的军民融合。推动中国国防建设和经济建设的良性互动。产业模式是"军转民""民参军"。"民参军"，即民营企业、民营资本，或者以民品为主的国资进入军工行业。据统计，截至2016年3月，中国已有1000多家民营企业获得武器装备科研生产许可证，比"十一五"末期增加127%，在2010年中国参军的民用企业仅为700多家。

战略部署。①"七大强国"。建设制造强国；建设科技强国、质量强国、航天强国、网络强国、交通强国、数字中国、智慧社会；建设教育强国。②"三个中国"（美丽中国、健康中国、数字中国）。建设美丽中国。必须树立和践行绿水青山就是金山银山的理念，坚持节约资源和保护环境的基本国策，像对待生命一样对待生态环境，统筹山水林田湖草系统治理，实行最严格的生态环境保护制度，形成绿色发展方式和生活方式，坚定走生产发展、生活富裕、生态良好的文明发展道路，建设美丽中国，为人民创造良好的生产生活环境，为全球生态安全做出贡献。建设健康中国。实施健康中国战略。建设数字中国和网络强国。③"两个和谐"。和谐世界。构建人类命运共同体。始终不渝走和平发展道路、奉行互利共赢的开放战略，坚持正确义利观，树立共同、综合、合作、可持续的新安全观，谋求开放创新、包容互惠的发展前景，促进和而不同、兼收并蓄的文明交流。和谐中国。和谐是美好生活的理想状态。④"三大攻坚"。要坚决打好防范化解重大风险、精准脱贫、污染防治的攻坚战，使全面建成小康社会得到人民认可、经得起历史检验。防化重大风险，事关前途命运。精准脱贫，事关全面小康。污染防治，事关美好生活。

未来河南省发展战略体系探讨*

引言　发展战略事关全局和长远，厘清战略思路意义重大。河南省现在已经出台的战略很多，相互之间的关系不清晰。因此，厘清各个战略之间的关系，分清主次逻辑关系，构建河南省的战略体系至关重要。

一、国家战略及其分类

国家发展战略是制定区域发展战略的基础和前提。区域发展战略需要服从国家发展战略，同时支撑国家发展战略，甚至承担国家发展战略。

（一）七大国家战略

党的十九大报告提出要坚定实施科教兴国战略、人才强国战略、创新驱动发展战略、乡村振兴战略、区域协调发展战略、可持续发展战略、军民融合发展战略七大战略。

（1）动力类战略包括：①科教兴国战略。科技是第一生产力，教育是大国崛起的基石，科技是大国崛起的利器。②人才强国战略。人才是第一生产要素，永远都是最稀缺的要素。③创新驱动发展战略。创新是发展第一动力。④可持续发展战略。走绿色发展之路。⑤军民融合发展战略。强军与强国相辅相成。

（2）统筹城乡协调发展战略包括：乡村振兴战略。

（3）统筹区域协调发展战略包括：区域协调发展战略。"四大板块"：东部开放，中部崛起，西部大开发，东北振兴。"四大增长极"：京津冀（雄安新区）、长江经济带、粤港澳大湾区、长三角一体化。

（4）统筹国内国际发展战略包括："一带一路"倡议。中国大国崛起，我国是世界经济增长的最大"火车头"，对世界经济增长贡献了1/3以上的份额。

（二）"7323"战略部署

（1）"七大强国"：建设制造强国、科技强国、质量强国、航天强国、网络强国、交通强国、教育强国。

（2）"三个中国"：建设美丽中国、健康中国、数字中国。

（3）"两个和谐"：建设和谐世界、和谐中国，构建人类命运共同体。

（4）"三大攻坚"：要坚决打好防范化解重大风险、精准脱贫、污染防治的攻坚战。

二、近十年落户河南省的10项国家战略

中原崛起的重要标志是国家战略陆续落户河南省，主要有：①2009年，粮食生产核心区；②2011年，中原经济区；③2012年，郑州航空港经济综合实验区；④2016年，河南省自由贸易试验区；⑤2016年，郑洛新自主创新示范区（"双创"基地）；⑥2016年，中原城市群；⑦2016年，郑州国家中心城市；⑧2016年，郑州跨境电商综合试验区；⑨2017年，河南省大数据试验区；⑩2017年，"中国制造2025"国家级示范区。

（一）聚焦"三区一群"国家战略

2017年4月30日河南省委办省府办发布《关于统筹推进国家战略规划实施和战略平台建设的工作方案》，河南省国家战略分为三类，聚焦"三区一群"。

（1）三大引领性战略：包括郑州航空港经济

---

* 本文选取第五届中原创新发展论坛（2019年3月30日）上的部分内容。

综合实验区、中国（河南）自由贸易试验区、郑洛新国家自主创新示范区。

（2）三大整体性战略：中原城市群、中原经济区、郑州国家中心城市。

（3）专题性战略：中国（郑州）跨境电子商务综合试验区、国家大数据综合试验区、粮食生产核心区建设。

（4）聚焦"三区一群"战略体系：郑州航空港区、自贸区、自创区、中原城市群。

（二）统筹"五区"联动、"四路"协同

2019年政府工作报告：以郑州航空港经济综合实验区为龙头，统筹"五区"联动、"四路"协同。

（1）"五区"联动（增长极）：郑州航空港经济综合实验区；河南省自由贸易试验区；郑洛新自主创新示范区；郑州跨境电商综合试验区；河南省大数据试验区。

（2）"四路"协同（"一带一路"开放枢纽通道）：建设陆上丝绸之路、海上丝绸之路、空中丝绸之路、网上丝绸之路"四条丝路"。打造"铁公机"国际枢纽，多式联运。

三、河南省特色发展战略体系

（一）"一心一群"两大空间增长极战略

（1）实施中心城市带动战略，加快建设郑州国家中心城市，终极目标是建设郑州国际中心城市，GDP进入全国前10位。

（2）实施城市群崛起战略，建设国家级乃至世界级的中原城市群，打造全国第四增长极、中西部地区最大增长极。

（二）"创新驱动、开放带动"的"双驱动"战略

（1）实施创新驱动核心战略，打造创新高地，建设郑州和中原城市群国际产业科创中心。目前落户河南省的十多项国家战略均属于平台型的空间增长极，这些平台增长极依靠什么来驱动？在平台增长极战略框架基本确立之后，"动力类"战略就成为具有决定性和根本性的战略。必须适时将"创新驱动"上升为河南省建设经济强省的"核心战略"。广东省从2014年开始确立并实施"创新驱动核心战略"，每年广东省委省政府1号文件和第一个工作会议的主题都是"创新驱动"，全省层层持续加压推动，2017年广东省区域创新能力跃居全国第一。广东省的经验值得借鉴。

（2）实施开放带动主战略，打造开放高地，建设郑州开放门户枢纽。

四、实施中心城市带动战略

加快建设郑州国家中心城市，终极目标为建设郑州国际中心城市。

2018年，郑州GDP突破1万亿、人口突破1000万，具有里程碑意义。对标先进找差距：目前郑州与第一梯队的国际城市"北、上、广、深"的差距约10年左右；与第二梯队武汉、成都、杭州等国家中心城市的差距约5年左右。

（1）对标先进，建设国际中心城市。郑州应对标北京、上海、广州、深圳等国际城市。对标深圳，因为深圳正在成为全球创新中心，应建设郑州国家科创中心。对标粤港澳大湾区国际科技产业创新中心，应构建郑州黄河大湾区（郑汴洛焦新许"1+5"同城化大都市圈）国家科技产业创新中心。

（2）明确终极目标：国际中心城市的功能定位。总体功能定位："一个枢纽""一大门户""五大中心"。"一个枢纽"：国际综合交通枢纽（"铁公机"国际航空枢纽、欧亚大陆桥铁路枢纽、陆海空多式联运枢纽）；"一大门户"：中西部地区对外开放门户；"五大中心"：国际经济中心（国际高端产业基地）、国际贸易中心（国际商贸物流基地）、国际金融中心、国际科创中心、国际文化中心。

（3）未来发展规模预测。2018年，郑州市GDP约为1万亿元，居全国第16位（见图1）。预计到2035年，人口总量约1500万人，年均增加30万人，人口总量位居全国前10位。GDP年均增速高于河南省约1个百分点，高于全国约2个百分点，GDP总量进入全国前10位。

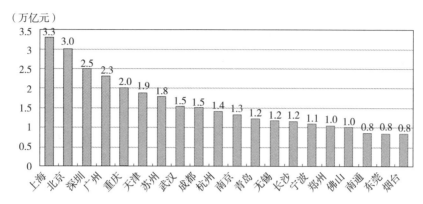

图1　2018 年中国部分城市 GDP 排名

（4）突破"四大短板"。①突破"摊大饼"布局，拉大城市框架，优化空间布局。按照世界一流标准，优化"多中心、卫星城、网络化"的空间布局。突破雾霾污染和交通拥堵两大城市病，城市布局应统筹兼顾交通轴线与生态轴线，建设依山傍水的城市。特别是雾霾等环境污染是头号城市病，河流是城市的天然风道、天然空调、天然净化器。建议郑州市确立"滨河绕山"的空间发展方向，一是把黄河作为郑州市的内河，布局国家科学中心、科创中心，建设郑汴洛国家黄河湿地公园；二是向嵩山挺进，建设郑南新区——嵩山高新技术产业开发区。②突破行政区划体制障碍短板，推进"县（市）改区"区划调整。坚持不懈地推进巩义、中牟、新郑、荥阳、新密、登封六县（市）区划调整，全部转变为市辖区。区划调整有利于"多中心、卫星城"的一体化规划建设和招商引资，有利于塑造整体形象，提高整体竞争力。创建"郑汴港"国家新区，规划建设"郑汴港"轨道交通环线网络。③强化综合交通枢纽支撑，突破城际铁路和地铁轻轨网络短板。一是提升枢纽优势，强化枢纽优势。建设"铁公机"多式联运国际综合交通枢纽。五年内完全建成"米"字型高铁枢纽网络。力争航空货运进入全国前五位，客运进入全国前十位，最终货运量挤进全球前 10 位。郑欧班列保持全国前三。轨道交通的优点是快捷、大运力、不受天气影响，是现代中心城市构建"通勤圈"的重要基础设施支撑。二是突破城际铁路短板。要实现郑汴洛焦新许"1+5"同城化"大郑州城市圈"，就必须建设城际铁路网络。加快建成以郑州为中心的中原城市群"放射线+圆形"城际轨道交通网络。五年内达到 500 公里，十年内达到 1000 公里。三是突破地铁轻轨网络短板。超级中心城市均呈现"多中心、卫星城、卫星镇"空间布局，各中心组团之间必须用地铁或轻轨相互连接成网，不然相互之间就会成为孤岛。一般来说至少需要 10 条线，目前国内的北、上、广、深国际城市基本实现了以上目标。郑州必须建设世界一流的地铁轻轨网络，五年内达到 10 条地铁线路通车，十年内达到 20 条以上，通车里程达到 500 公里。④强化创新型人才支撑，突破"双一流"高校短板。一是突破高端人才短板，吸引人才、留住人才。主动参与全国人才争夺战。制定配套优惠政策，吸引国内外各类人才集聚郑州，用事业、待遇、环境、子女就学等倾斜政策吸引人才、留住人才。二是突破"双一流"高校短板，吸引世界一流高校和研究机构。一方面建设一批本土"双一流"的高等院校，另一方面吸引 10 家国内外全球 200 强高校在河南郑州建立分校。目前全国各大中心城市都在争夺一流高校资源。三是建设世界一流的企业家队伍。

五、实施中原城市群一体化战略

目标：建立国家级乃至世界级中原城市群、成为世界级产业科创中心。

（1）郑州洛阳双中心结构模式。中原城市群采取郑州和洛阳双中心结构模式，其中郑州为国家中心城市，洛阳为中原经济区中心城市。推进郑洛同城化意义重大。

（2）外围副中心模式。将安阳、三门峡、南阳、商丘、信阳、濮阳、周口等外围省辖市设为中原城市群副中心城市。

（3）核心区同城化。构建"郑汴洛焦新许1+5同城化"大都市圈。建立同城化的城际铁路网络系统，建立同城化通勤圈。

六、实施创新驱动核心战略，打造创新高地，建设郑州和中原城市群国际产业科创中心

构建结果导向的创新激励机制，创新的直接结果是知识产权（特别是专利），最终结果是转化为高新技术企业的产值。为了提高创新投入的效率，应建立以专利和高新技术企业为导向的激励政策体系，对推动产业转型升级的专利给予重奖，截至2017年底，河南省每万人拥有发明专利量3.0件，全国每万人发明专利拥有量9.8件，河南省约为全国的1/3，河南省高新技术企业仅占全国的2%左右。当前河南省研发投入占GDP的比重约为1.2%，全国约为2.1%，广东省约为2.6%，深圳市约为4.1%，2017年河南省研发投入为582.1亿元，约为深圳市的60%，差距非常之大。

突破"五大一批"，重点推进"双高"突破。一是主体突破——高新技术企业。力争高新技术企业三年翻一番，十年破万家。二是载体突破——高新技术产业开发区。力争产业集聚区升级为高新技术产业开发区，建设国家郑南嵩山高新技术开发区。建设大学科技园区，"双创"综合

体、"双创"空间。三是新型研发机构突破。建设国家大科学装置、国家重点实验室、国家级研发中心。建设高新技术企业孵化型研发机构，建设郑州国家综合性科学中心，建设中国科学院郑州分院。学习深圳经验。目前深圳拥有41家集科学发现、技术发明、产业发展"三发"于一体的省级新型研发机构，而河南省才拥有10家省级新型研发机构，仅为深圳市的1/4，河南省应借鉴深圳"一家新型研发机构孵化百家高新技术企业"的经验。四是创新型人才和研发团队突破。五是知识产权战略（专利战略）突破。

七、实施开放带动主战略，打造开放高地，建设郑州开放门户枢纽

以郑州航空港经济综合实验区为龙头，统筹"五区"联动、"四路"协同。一是谋划新开放发展新平台，打造开放高地。例如，建设国家郑州空中丝绸之路试验区，或"一带一路"试验区；建设郑州自由贸易港；建设郑汴港国家城市新区或郑许国家新区；建设"郑汴洛焦新许1+5同城化"大都市圈，即"大郑州都市圈"。二是强化"招大引强"，承接跨国公司高端产业转移。引进一家跨国公司，带动一个千亿级产业集群。复制富士康经验，力争再引进5~10家跨国公司生产基地。坚持"一企一策"，实施"一揽子"配套倾斜优惠政策，下大功夫引进华为公司等，建设全球智能终端制造基地。三是建设国别产业园区。形成高端产业集群。

第二篇

郑州国家中心城市增长极

加快郑州航空港区发展的政策建议（2000年）*

引言　近年来，随着我国工业化和城镇化的快速推进以及国民经济的持续快速发展，国内各大枢纽机场建设不断加快，沿海各大中心城市依托航空枢纽加快发展航空经济、临空产业、建设开发区、培育新的经济增长极，在此背景下发挥居中优势加快郑州航空港区的开放、开发、建设和发展势在必行。

一、具有优越的区位交通枢纽优势

郑州国际机场是目前中原地区最大的航空港，是全国十大机场之一，是我国中西部地区对外交往的重要窗口，对发展中原地区和郑州市经济起着重要的辐射带动作用。郑州航空港区位于郑州市南 10 多公里处，处于京广铁路、京珠高速公路、107 国道和新亚欧大陆桥、陇海高速公路、310 国道、南水北调中线工程相交会的中心地带，具有集航空、铁路、公路"三港合一"的独特区位枢纽优势，交通十分便利。郑州航空港区地处中原腹地，北靠郑州和新乡，东邻六朝古都开封，西与九朝古都洛阳相接，南同魏都许昌相连，居中原城市群"金三角"中心地带。优越的区位、便利的交通为郑州国际机场通航带来巨大的人流、物流、资金流和信息流，这些必将成为带动河南省经济发展的核心增长极。

二、具有良好投资环境，开发建设初见成效

郑州国际机场自 1997 年通航以来，港区的投资软硬环境发生了巨大的变化。一是郑州航空港区环境优美，秩序优良。规划区处于新郑大枣基地环抱之中，区域内绿化面积达 50% 以上，四季鲜花盛开，无任何污染项目，空气清新，景色秀丽，一派田园风光，是进行科学研究、旅游度假、休闲娱乐、兴业发展的黄金宝地。二是区域内基础设施齐全，服务功能完备。目前港区区域内新修园林式道路 8 条近 15 公里，规划程控电话 10000

门，已开通 5000 门，水电畅通，基本实现了"五通一平"（即道路、排水、供水、电、通信）；现有 110 千伏变电站和日供水 3 万吨水厂各一座；垃圾中转站、公厕、学校、医院等高标准服务园区、商住小区等公益事业正在建设，2000 年全部投入使用；宾馆、酒店及商贸市场建设已初具规模，可提供娱乐、购物、休闲等多种服务；能源、交通、科技、文化服务等设施完备，功能齐全。三是港区实行封闭式管理，投资软环境良好，有稳定的社会经济环境，制定了招商引资的优惠政策，管理机构健全，廉洁高效，协调能力强，办事效率高，服务意识强，积极创造条件营造了良好的社会治安环境。四是招商引资和港区开发建设初见成效。郑州航空港区起步和发展的这两三年正好遇到了东南亚金融危机、国内经济处于周期性谷底，外部大环境偏紧，困难较多。在这种情况下，郑州航空港区适时调整战略部署，采取了"项目带动、市场带动、招商带动"，取得了良好成效。共盘活土地近 1000 亩，投资客商 31 家，其中 9 个项目已建成投产，6 个项目主体工程已完工。招商引资到位资金 2.5 亿元，累计实现税收 1100 万元。五是通过近两年的开发建设和宣传造势，郑州航空港区在省内外已具有较高知名度。

三、存在问题及制约因素

河南省委、省政府历来都非常重视郑州国际机场的开发建设，机场建设投资大、规模大、级别标准高。但是作为河南改革开放的前沿和河南形象的窗口，人们对航空港和港区经济的地位、

---

*　本文发表于河南省人民政府发展研究中心《调研报告》2000 年 8 月 7 日第 17 期（总第 466 期）。

作用、功能等认识仍然模糊不清，对港区经济发展重视不够，港区经济发展滞后，与航空枢纽地位不相适应。一是管理体制上，港区管理机构行政级别低，缺乏权威性，协调能力有限；二是政府对港区开发基本上没有资金投入，与港区未来的功能地位不相称；三是缺乏配套政策支持，发展的方式、方法、途径和手段尚有待进一步完善；四是港区的功能定位、中长期发展战略目标尚缺乏深入的科学论证，尚没有得到省政府的认可，所以进一步发展也很难得到国家和省政府的倾斜支持；五是航空港优势发挥不够，招商引资规模小，项目层次不高，产业框架尚没有形成，集聚发展效应还比较低，辐射带动作用微弱。

四、几点对策建议

1. 力争成为我国中西部地区重要的国际航空港枢纽

郑州国际机场是我国重要的干线机场，飞行区技术等级为4E级，能满足波音747-400型及其以下机型飞机全载机降要求。抓住我国西部大开发、加入WTO等机遇，加快航空港开放开发，列入国家枢纽机场，按照国际一流标准完善提高机场建设；应积极申报郑州机场对外籍飞机开放，加强机场管理，改善机场服务，力争把郑州国际机场建成我国中西部地区重要的现代化国际航空港枢纽，把郑州航空港区建成现代化的航空城。

2. 积极申建郑州航空港国家经济技术开发区

郑州航空港区的发展应提高到省委、省政府决策的层面上。有以下几点主要原因：第一，它是河南改革开放的前沿，河南形象的窗口；第二，它是我国中西部地区最主要的国际空港之一；第三，它是河南省通向国际国内的人流、物流最迅捷最现代化的通道，港区的发展对全省辐射带动作用强；第四，郑州市正在由省会城市向中西部区域中心城市迈进，城市发展建设主要向东南方向扩张，郑州航空港区是城市扩张"南部组团"的核心；第五，国内各大城市如北京、上海、深圳、南京等纷纷在机场附近兴建数十万人口的开发区或"航空城"，并实行特殊政策。由此可见，郑州航空港区实现超常规发展的理论和现实依据比较充分，外部环境条件已经具备。

建议省委、省政府尽快批准将郑州航空港区辟为河南省特区——郑州航空港经济特区，积极申建郑州航空港国家经济技术开发区，使之成为带动河南省改革开放发展的窗口、试验区和增长极。

把郑州航空港定位成全国的航空枢纽，将郑州航空港区纳入西部大开发战略之中，纳入河南省国民经济发展计划之中，集中全省乃至全国的资源重点支持倾斜发展，优先发展，加快发展。高标准申建郑州航空港经济技术开发区，内设省级高新技术产业园区、出口加工园区、自由贸易园区、商务中心园区和旅游开发园区等。争取把国家和省里拥有的优惠政策多争取过来。

3. 尽快形成航空经济产业园区增长极

提高郑州航空港区的中长期战略目标及功能定位，郑州航空港区是河南的窗口，是河南省改革开放和经济发展的示范区、实验区、试验区、特区，是郑州市"南部组团"的经济核心增长极，是一个独具特色的航空枢纽经济功能区。

加快建设郑州航空港经济技术开发区（"航空城"），尽快形成航空经济产业园区增长极。探索"一港多园"发展模式，以临空产业为特色突破口，以智力密集型高端产业为主导，以旅游业、科技产业、商务服务业为支撑，积极实施"枢纽带动、创新带动、窗口带动、开放带动、重点带动"战略，形成大开放、大开发、大发展新格局，真正发挥航空港对全省经济发展的辐射带动作用。

加强机场和航空公司协作，大力发展"临空产业"或航空服务产业。港区一方面要为机场和航空公司提供各种便利服务，同时另一方面又要积极争取机场和航空公司在港区兴办各种"临空型"产业和航空产业，包括航空食品、航空器材生产、地面运输服务、航空培训、飞机零部件检测维修等，繁荣港区经济。积极与北京航空航天大学及有关科研院所进行联合开发临空产业，联合建设分校（分院）。

依托空港大力开发航空货运产业。面对目前形势，我们认为，应从以下几个方面大力发展航空货运市场：①大力整顿并发展货运代理业。目前空运代理绝大多数规模小、人员少。建议政府对货运代理按照市场经济的规律加强管理，规范合法经营，公平竞争，整顿秩序，从而促进货运市场的健康发展。②要积极筹办空港保税区。在国际机场附近兴办保税区，大力发展来料加工、仓储等外向型出口企业，对于发展当地经济和航空货运事业非常重要。③要加强驻港各单位的协调配合，提高通关效率，加快货物处理的周转速度。检查检验部门在严格把关、有效监管的同时，要简化通关秩序，提高通关效率，最大限度地方便客户。

4. 提高郑州航空港区"南部组团"核心增长极地位，加强与郑州市中心区的交通联系

郑州市"南部组团"应以郑州航空港区为核心展开，包括郑州以南新郑以北的整个大区域，应加强整个"南部组团"的统一规划，一定要避免各自为政、各行其是、盲目发展，应做到统一规划、有序开发、协调发展。应突出郑州航空港区的核心地位，与郑州市城市整体发展规划建设搞好协调与衔接。特别是尽快建设市区与港区之间快速连接的综合交通网线，按市内交通统一规划、建设、运营和管理。

密切港区与郑州市区的交通联系，采用点—轴结合的经济布局模式。本来交通便利是港区的一大优势，但目前这种优势尚没有发挥出来。高速公路虽然方便快捷，但使用成本较高，来往都要交费，效率高与成本高相抵消，这就在客观上又限制了车辆通行，限制了市区内的人流、物流向本区流动，已明显制约了港区发展。本来市内交通联络应当是方便快捷高效和低使用成本。要使港区快速发展，必须要突破交通制约。一是建议省交通厅降低或取消郑州市区至港区的高速公路通行费，尽快开通市区至港区的公共汽车；二是港区至107国道之间10公里道路应按二级或一级公路建设，尽快完成其拓宽改造，提高等级标准；三是建议建设一条从港区至郑州东区的快速通道；四是加快市区至港区的轨道交通规划建设。多路并举密切港区与市区联系，使"南部组团"与"东部组团"一体规划发展，采取点—轴（线）结合的最佳模式，构建综合交通体系。

实行"以港带乡（镇）"的新管理体制。在郑州国际机场通航前夕，郑州为了解决征地、农民的就业及生活问题，保证机场安全，活跃小区域经济设立了一个科级港区管理机构，而现在郑州航空港区面临着功能升级的大转折，要建成

郑州市"南部组团"的核心航空城、特殊功能区、枢纽型开发区和开放窗口，必须要向周围进行空间拓展，所以应将孟庄镇、龙湖镇、郭店镇等纳入港区管理范围，实行"以港带乡（镇）"的新体制，同时将港区的行政级别提升为"正县级"，行使县级甚至市级综合经济管理权限。要建立与国际惯例接轨的新型特区管理体制机制，突出"小政府、大服务"，高效运作，全能服务。

5. 营造特区优越环境，吸引国际国内高端要素集聚

（1）创造无比宽松的政策环境。对郑州航空港区实行封闭式管理，国内经济特区、开发区、试验区的政策在这里均可以用，并且要按照"三个有利于"进行政策创新，以更加开放的姿态、完善的环境、高效的服务来汇集八方客商来此共创发展奇迹，逐步形成独具特色的"港区发展模式"。要进一步提升港区文化、精神、形象，加大宣传力度，让人们都了解港区、支持港区发展。政府成立的港区管理机构一定要精简、高效、廉洁、公正，推行服务全能化。要树立"企业至上"的观念，坚决刹住"三乱"现象，维护社会安定，净化企业发展环境。

（2）加大招商引资力度。根据本区优势条件，有针对性地加强对外宣传、联络，把握、适应国内外招商引资新形势，在努力改善投资环境、包括制定配套优惠政策的基础上，利用各种有效的形式招商引资，努力使招商引资工作上水平、上规模，特别应注意加强与世界500强跨国公司的联合协作，力争在吸引国外大公司、大财团投资方面有所突破。同时加强管理，使之符合本区智力密集型产业发展方向。

（3）加大港区的宣传力度。郑州航空港区经过近几年艰苦创业，在国家没有投资的情况下，取得了惊人的发展，形成了完善的投资硬环境和软环境，办事效率高，形成了封闭管理的模式。应把港区的新形象宣传出去，把港区的优势宣传出去，把港区的美好前景宣传出去，让郑州人、河南人了解港区，支持港区发展，让各级领导认识到发展港区的重要性，增强支持港区发展的自觉性。通过宣传在国内外树立郑州航空港区的新形象，以形象促招商，以招商促发展。

建设郑州金融中心的战略研究（2006年）*

引言　区域经济的崛起依赖于中心城市发挥增长极龙头带动功能，经济中心是中心城市的基础功能，金融是经济的中枢，金融中心是中心城市的核心功能。着眼当前，建设郑州区域中心城市必须超前着力打造郑州区域金融中心；放眼未来，建设郑州中部地区中心城市、国家中心城市乃至国际中心城市，必须着力夯实基础，努力构建国家级乃至国际金融中心。本文主要描述了建设郑州金融中心的理论、条件、环境、目标、重点及对策。

一、建设郑州区域性金融中心的必要性和紧迫性

国际经验表明，经济实力强大的国家一般都拥有至少一个国际经济中心城市和多个区域经济中心城市，而这些城市一般都成为相应的国际金融中心和协调发展的区域金融中心。从一些发达国家现代化建设的历史进程来看，一个区域金融中心的崛起，不仅能够提高一个国家或地区在世界舞台上的地位和影响力，而且能为本国或区域经济的发展带来巨大利益。郑州和河南在改革开放后，其经济综合实力和影响力都大大增强，成为中西部综合竞争力强劲的开放型城市和经济区。但郑州和河南的主流金融业对其实体经济发展的贡献极不相配，比如，2005年河南金融业增加值占GDP的比重仅为1.69%，远低于全国和发达地区的水平。因此，郑州和中原的崛起需要金融业提供更加有力的支撑，而打造郑州区域性金融中心也就成为经济发展的必然选择。建设郑州区域性金融中心是河南优化产业结构，提高经济效益的重要举措；是郑州形成经济中心城市的重要内涵；是郑州城市"大气开放"新理念的新要求；是增强投融资能力，促进河南从经济大省向经济强省跨越的必然要求；是实现中部地区崛起，推进中部地区经济一体化进程的迫切需要。所以，加快建设郑州区域性金融中心应是郑州及

河南"十一五"及未来经济社会发展战略的核心内容。

金融是经济的血液，金融中心好比是经济的心脏，金融中心是中心城市发挥辐射带动功能的支柱。在我国，深圳、上海等城市经济的崛起，金融在其中所起的作用有目共睹，继香港、上海、深圳、北京之后，已有西安、武汉、重庆、大连等十几个城市提出了建设区域性金融中心的目标，且先期工作已展开，竞争十分激烈。2004年3月党中央和国务院就已经提出了中部地区崛起的战略构想，全面推动中部地区经济振兴，客观上要求有一个具有区位优势明显、基本设施良好、辐射能力强大的区域性金融中心，因此在中部地区构建一个区域性金融中心就将成为历史的必然。目前，在中部六省省会城市中就经济发展实力和潜力来看，以郑州为中心的中原城市群和湖北的武汉城市群是中部崛起战略中的两大城市群，两者分别是黄河经济带和长江经济带发展的战略支点，在中部崛起战略中必将起到龙头和示范作用，武汉和郑州也将成为今后一段时期争建中部区域中心的两大热门城市。郑州区位优势独特，银行业及期货市场发展位居全国前列，极具潜质，有条件充分利用当前国内外全球化、城市化、发展模式转型和国家中部崛起战略所带来的新机遇，突破传统的产业层次，发挥后发优势，建设成为中西部区域性金融中心。经济发展具有

---

　*　本文发表于河南省人民政府发展研究中心《调研报告》2006年12月31日第30期（总684期）；《金融理论与实践》2009年1月10日。

"马太效应"和集聚效应。建设郑州区域性金融中心可成为一个投资热点地区，吸引国外和东部发达地区更多投资，从而带动河南乃至整个中西部地区经济的协调快速发展。一旦其他城市形成区域金融中心，金融的边缘化必然导致经济的边缘化，形势逼人，不进则退，河南及郑州要想在区域经济竞相发展的博弈中争取主动，就必须不失时机地建设郑州区域性金融中心，这是河南及郑州审时度势，抢占先机，乘势而上的战略抉择。

二、金融中心发展理论及其基本格局和趋势

1. 金融中心的定义和内涵

金融中心是一个经济概念，是指一个城市或地区的金融在全国乃至国际社会生活中处于中心地位。它一般具有门类齐全的金融组织机构、发达完善的金融市场体系和快捷高效的金融服务等标志。在功能上它是长短期资金的集散地，金融活动、交易和金融信息中心，金融资源合理高效配置的中心区。根据其辐射的广度和深度，一般可分为区域性金融中心、国家级金融中心和国际金融中心。总体上讲，发达的经济是金融中心形成的物质基础和前提条件，经济和金融之间的相互作用是金融中心形成和发展的内在动力。发达的基础设施和具有一定的区位优势是金融中心形成必备的外在环境条件。

一个地区经济的迅速发展是促进这个地区金融中心形成的"原动力"。金融中心是随着经济的发展和经济中心的形成而形成的。金融中心也是经济中心发展的必然结果。经济中心是一定区域内经济活动比较集中的城市，当商品生产和商品流通的发展形成以某一地区为中心以后，一方面从生产领域游离出大量的货币资金需要寻求投资的场所；另一方面，生产和流通又需要大量的货币资金，这就产生了对金融的需求，从而促使金融中心的形成。一个地区或国家的金融体系的产生有两种途径，一是需求反应，二是供给引导。与其相对应，金融中心的形成与发展也有两种不同的模式即内生成长模式（又称自然渐进模式）和外生成长模式（又称政府推进模式），两者的本质区别在于启动和发展力量的来源上，前者的动力来自经济自发的要求，是自然形成的"原动力"；而后者则来自政府介入，是人为产业政策产生的"推动力"。

2. 区域性金融中心对区域经济发展的意义

金融之所以能够推动经济增长，关键在于构建发达的投资体系，形成有效的融资和投资转化机制，而这正是区域金融中心的本质所在。区域性金融中心是指在国内一定区域发挥辐射作用的金融中心。这个区域有可能是跨省、区、市的，也有可能是省内跨地区的。它是在市场经济进一步发展的基础上建立起来的，金融机构集中、金融市场发达、金融信息灵敏、金融设施先进、金融服务高效、金融影响面较大的融资枢纽，它通常以某一个经济较为发达的中心城市为依托。既然是枢纽，就意味着金融中心所吸引的资金在很大程度上并非主要为本区域使用，而是通过该中心，流向具有最佳使用效益的地方。因此，该地区通过的资金量越大，它的中心地位越强，其辐射能力越大。当然，在资金的流动中，大的流量会产生巨大的存量，从而使该地区获得大量资金供当地使用。它是资金集散地和金融交易清算地，其金融影响遍及更大的地区范围乃至一个国家或全球。区域性金融中心能够集中大量金融资本和其他生产要素，从而有力推动该城市及周边地区的经济发展。

3. 国际上金融中心的类型、发展条件和生成机理

目前世界上金融中心大体可分为三大类型：一是实力型；二是区位与政策性；三是一般服务型的金融中心。尽管按照不同的标准金融中心有不同的分类，但它们却有一些共性的东西。这些共性，构成了金融中心存在与发展的基础条件。一是便利的交通、优越的地理和时区位置；二是发达的基础设施；三是发达的经济基础；四是完善的金融体系和健全的金融中介服务体系；五是有广泛的服务对象；六是宽松而严格的法规体系；七是金融交易所，其是金融机构和金融中介集中交易的场所，是"中介的中介"，是合理、高效配置金融资源的场所。

正是由于区域金融中心能够有效地引导风险

交易、配置资本、动员储蓄，提供对产品、服务和金融合同的交易等，才能产生对经济快速增长的推动作用。区域金融中心的功能作用主要有以下几个方面：一是区域金融中心可以为本区域企业提供投融资便利。二是区域金融中心可以优化、配置生产企业风险。三是区域金融中心可以促进本地区金融及相关产业发展。四是区域金融中心可以促进本地区经济结构和产业结构的调整。五是区域金融中心可以促进本地区市场与国际市场接轨。六是区域金融中心可以提升地区经济的辐射和带动作用。七是区域金融中心可以完善、提升和强化中心城市的功能。

4. 国际金融中心成长的理论依据

国际金融中心成长的理论依据主要是规模经济学、区位经济学、需求反应（Demand - Following）和供给引导（Supply - Leading）的有关理论。

5. 国际金融中心发展的基本格局

国际金融中心格局变迁的历史轨迹。第一次世界大战前，伦敦独霸天下；两次世界大战期间，伦敦、纽约两雄对峙；第二次世界大战后初期，纽约、伦敦、苏黎世三分天下；20 世纪 50 年代后期到 70 年代初期，纽约、伦敦、东京三足鼎立，多元化趋势确立；20 世纪 60 年代以后，离岸金融中心星罗棋布，多元化、多层次的金融中心格局形成。

6. 国际金融中心发展的趋势

国际金融中心未来的发展趋势。金融机构通过兼并和重组，规模不断扩大；欧元的诞生加剧了全球多元化货币体系的集团化趋势；网络电信技术的发展为金融业带来深刻的影响；避税型离岸金融中心亟待转型。

7. 几点启示

国际金融中心发展的理论与实践对郑州的启示：一是应强化政府政策的引导作用；二是要及时抓住国际国内金融市场发展的新机遇；三是要维护金融市场的自由和高效率；四是要鼓励各种形式的金融创新；五是要加快金融市场的开放步伐。

三、我国金融中心综合实力评价模型及郑州市的地位

目前国内提出建设金融中心城市的共同特点大都是省域以上的中心城市；经济实力在国内或本经济区域领先；金融业的实力在国内或本区域处于领先地位；区位优势明显。这些城市的辐射带动能力大多数是跨省域的，提出建设金融中心的目的是为了与其中心城市的地位相适应，巩固和加强其中心城市地位。

本文通过建立和运用我国金融中心综合实力评价模型和我国金融中心布局的灰色系统聚类分析模型，对全国 36 个区域性金融中心城市特别是中部地区和郑州周边城市进行了全方位、多视角的定量与定性对比分析。得出的基本结论是：就金融中心综合实力而言，郑州在全国 36 个城市的排位处于一个中等偏上的水平（见表 1），为了能更直观地看出全国城市的区域金融中心综合实力的排名，我们这里给出区域金融中心综合实力雷达图（见图 1）。郑州在整个中西部地区和周边城市中具有较大的比较优势（见表 2 和表 3）。就金融中心的层级而言，郑州属二级金融中心（定义为国内跨省域的区域性金融中心）（见表 4）。所以，郑州的目标定位应是建设成为中西部地区重要的金融中心。

表 1　全国 36 城市金融中心综合实力排名

城市	区域金融中心综合实力评价值	名次	城市	区域金融中心综合实力评价值	名次
上海	0.8774587	1	西安	0.2338142	19
北京	0.7403912	2	石家庄	0.2246360	20

城市	区域金融中心综合实力评价值	名次	城市	区域金融中心综合实力评价值	名次
广州	0.4876018	3	长沙	0.2216359	21
深圳	0.4236293	4	长春	0.2125263	22
重庆	0.3814009	5	福州	0.2122371	23
天津	0.3781059	6	太原	0.2111466	24
苏州	0.3552979	7	呼和浩特	0.2034313	25
杭州	0.3473492	8	昆明	0.1914023	26
南京	0.3261967	9	合肥	0.1870832	27
青岛	0.3016983	10	南昌	0.1851228	28
成都	0.2941100	11	厦门	0.1808192	29
宁波	0.2902291	12	贵阳	0.1767853	30
大连	0.2874526	13	乌鲁木齐	0.1692713	31
沈阳	0.2814463	14	南宁	0.1685714	32
武汉	0.2767543	15	银川	0.1578988	33
郑州	**0.2536451**	**16**	海口	0.1553218	34
济南	0.2528846	17	兰州	0.1552028	35
哈尔滨	0.2340134	18	西宁	0.1420461	36

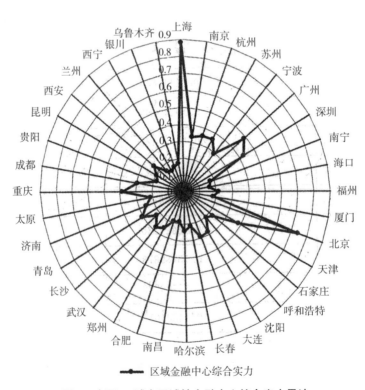

图1　全国36城市区域性金融中心综合实力雷达

表 2　中西部金融中心综合实力排名

城市	区域金融中心综合实力评价值	名次
重庆	0.3814009	1
成都	0.2941100	2
武汉	0.2767543	3
郑州	0.2536451	4
西安	0.2338142	5
长沙	0.2216359	6
太原	0.21114658	7
昆明	0.19140233	8
合肥	0.18708323	9
南昌	0.1851228	10
贵阳	0.17678532	11
乌鲁木齐	0.16927126	12
银川	0.15789878	13

续表

城市	区域金融中心综合实力评价值	名次
兰州	0.15520279	14
西宁	0.14204613	15

表 3　郑州周边城市区域金融中心综合实力排名

城市	区域金融中心综合实力评价值	名次
武汉	0.2767543	1
郑州	0.2536451	2
济南	0.2528846	3
西安	0.2338142	4
石家庄	0.2246360	5
合肥	0.1870832	6

表 4　基于灰色系统聚类分析模型的全国东、中、西三大地带金融中心的分级和分布格局

地区	一级金融中心（国际化）（3个）	二级金融中心（跨省域）（16个）	三级金融中心（省域内）（19个）
东部沿海及东北地区	北京、上海、香港（3个）	天津、大连、沈阳、哈尔滨、济南、青岛、南京、杭州、深圳、广州、厦门（11个）	苏州、宁波、福州、长春、哈尔滨、石家庄、南宁（7个）
中部地区	0	郑州、武汉（2个）	长沙、合肥、南昌、太原（4个）
西部地区	0	成都、重庆、西安（3个）	兰州、西宁、银川、乌鲁木齐、呼和浩特、贵阳、昆明、拉萨（8个）

四、建设郑州区域性金融中心的可行性（SWOT）分析

建设郑州区域性金融中心，既取决于国际国内的现实环境，更取决于国际国内的发展态势。全面客观地来分析，郑州建设区域金融中心有优势，也有劣势，有机遇，也有挑战。只有立足现实，把握未来，抓住机遇，迎接挑战，发挥优势，扬长避短，才能在同周边金融中心城市的博弈中确立优势地位。

1. 建设郑州区域金融中心的优势与劣势、机遇与挑战分析

（1）建设郑州区域金融中心的优势。一是独特的区位优势。郑州地处中原腹地，素有"九州之中，十省通衢"之称，位于我国南北东西交通大十字通道的交会中心，是我国亚欧大陆桥"陆港"中枢，交通区位优势明显；在我国高速公路网络、铁路网络、通信信息网络中处于枢纽和中心地位，表现出较高的经济关联性或互动性，为各种生产要素的流动和集聚提供了便利条件。郑州已经成为全国人流、物流和信息流的中心，在我国中西部地区，郑州的区位优势是明显的、独特的、区位优势为建设郑州区域性金融中心提供了较好的基础条件。

二是经济大省的支撑优势。河南省 GDP 增长速度自 1992 年以来始终高于全国平均水平，

年平均约高出 2 个百分点，已连续 14 年实现了"一高一低"的战略目标。进入 21 世纪河南省经济开始呈现出强劲的发展势头，经济已进入跨越式发展的新阶段，2005 年河南省的经济总量及增长速度均在中部地区高居榜首，是全国第五个 GDP 超万亿元的经济大省，增长速度在全国居第四位。河南全省经济进入加速工业化发展的中期阶段，进入了全面提升产业层次、加快经济转型、促进统筹协调发展的新阶段。"十一五"期间，河南省将处于经济周期的谷峰区域，是河南省推进工业化、城市化、集群化发展的关键时期，是实现经济社会协调发展、跨越式发展的关键时期；"十一五"期间，河南省 GDP 增长速度在 10% 以上，比全国高出约 2 个百分点。河南省是中西部地区第一经济大省，优势明显，经济大省雄厚的经济实力和巨大的发展潜力为郑州建设区域性金融中心奠定了坚实的物质基础。

三是中原城市群综合实力居中西部地区首位。2005 年中原城市群实现生产总值 5914.82 亿元，分别是武汉城市圈、长株潭城市群、皖江城市带的 1.38 倍、2.45 倍和 1.90 倍，以郑州为中心的中原城市群竞争力位居中西部地区首位。目前中原城市群良好的基础和发展态势得到了国家和省内外方方面面的认同与重视，已被列为国家"十一五"期间重点开发的区域，是河南省乃至中部地区承接发达国家及我国东部地区产业转移、西部资源输出的枢纽和核心区域之一，是全省对外开放、东引西进的主要平台，将成为参与国内外竞争，带动中原崛起，促进中部崛起，辐射带动中西部地区发展的重要增长极。

四是郑州期货市场的独特优势。郑州商品交易所（以下简称郑商所）成立于 1990 年 10 月 12 日，是经国务院批准成立的国内首家期货市场试点单位。1998 年 8 月，郑商所被国务院确定为全国三家期货交易所之一。郑商所曾先后推出小麦、玉米、大豆、绿豆、芝麻、棉纱、花生仁、建材和国债等期货交易品种。截至 2005 年底，郑商所共成交期货合约 44081 万手，成交金额 138261 亿元。1997~1999 年，郑商所期货交易量连续 3 年位居全国第一，市场份额约占 50% 左右。目前，"郑州价格"已成为全球小麦和棉花

价格的重要指标。截至 2005 年底，郑商所共有会员 222 家，遍及全国 26 个省（市）和自治区。郑商所积极开展国际交流与合作，1995 年加入国际期权市场协会，并先后与日本关西商品交易所、加拿大温尼伯商品交易所、美国芝加哥期权交易所、纽约期货交易所、巴西期货交易所和芝加哥商业交易所签订合作谅解备忘录，建立友好合作关系。郑商所将充分利用地处粮食主产区，连接南北，横贯东西的区位优势，逐步发展成以粮、棉、油、糖为主要品种的农产品期货市场，在此基础上，认真做好商品期权和能源期货的准备工作，积极开展金融衍生品研究，最终发展成为现代化的期货市场。郑州期货经过十多年的发展，带动了郑州银行业、证券、电信、餐饮、仓储业、交通运输业、旅游等第三产业的发展，促进了郑州区域中心城市和金融业的发展。

五是河南省金融业综合实力居中西部地区首位。金融与经济的良性互动发展为建设郑州区域性金融中心提供了强大的载体。河南省金融业在服务地方经济发展的同时，自身也得到了健康发展。随着金融体制的改革与发展，河南省已形成了银行、证券、保险、信托等各业并举，本外地金融机构共同发展的金融体系。目前，全省拥有国有商业银行省级分行 4 家、政策性银行 2 家、股份制商业银行 8 家、城市商业银行 6 家、城市信用社 11 家、信托投资公司 2 家、省级保险分支机构 21 家、企业财务公司 2 家、资产管理公司 4 家、证券经营机构 99 家、期货经营机构 39 家。金融规模不断扩大，2005 年全省各项存款余额达到 10004 亿元，居全国第 9 位；贷款余额达到 7235 亿元，居全国第 8 位；实现保费收入 213.6 亿元，居全国第 8 位；银行存贷款余额及保险公司保费收入均居中西部地区首位。

六是金融界的"郑州现象"及后发优势。以郑州为区域总部的河南省金融机构，银行类（含信托公司、财务公司、信用社）金融机构 13595 家，从业人员 15 万多人；法人证券公司 1 家，证券咨询机构 4 家，证券营业部 74 家，证券服务部 29 家；保险公司 16 家，其中，产险公司 8 家、寿险公司 7 家、政策性公司 1 家，拥有保险分支机构 2306 家；信托公司 2 家；期货经营机

构40家（其中法人机构5家）。截至2005年12月末，郑州市各项存款余额占全省存款余额的31.1%，新增额占30.6%；贷款余额占全省贷款余额的33.4%，新增额占36.4%。郑州金融集聚发展的格局基本形成。金融界"郑州现象"显示郑州金融业持续的发展潜力。近几年来，外来的股份制商业银行在郑州是来一家，火一家，几乎每一家的主要业务指标都在其本系统内位列三甲。特别是以上海浦东发展银行郑州分行、交通银行郑州分行、中国光大银行郑州分行为代表的新兴股份制商业银行，提高创新能力赢得了辉煌的业绩，产生了"机制新、服务好、效益高、管理严、发展快"的良好品牌效应，被金融界称为"郑州现象"，格外引人关注。2001年来到河南的浦东发展银行，其郑州分行存贷款增量连续4年居全系统第一；2002年开业的招商银行郑州分行，多项业务指标均居招商银行新建分行之首；开业已近10年的广东发展银行郑州分行，作为广发行系统内第一家存款突破200亿元的分行，在当地市场所占比重已连续多年居广发行系统第一位。

七是中原"中"文化优势。在所有的文化形态中，至今对郑州社会经济发展影响最深的当数东西南北融合交汇的中原"中"文化。中原是中华民族文化的发祥地。中原文化充满着"中庸之道"的底蕴。"以中为重"的世界观、价值观、整体观（系统观），"以中取胜"的谋略观，"以中为优"的经济观等，"中"是中原文化的"根"与"魂"，也是中原人的行为准则。"中不中"意为行不行。"中"文化历来与"和""合"一脉相承。如"以和为贵"、人和、平和、中和、融合等，均属动态平衡的适中状态。而正与当代中国社会和平崛起、和谐发展、中西文化融合、理论的契合、与实践的结合、机制与体制的转型或创新整合等国家大政方针相吻合。"中"本作方位、交通、流通、融通，与"通"具有不解之缘。政通人和，通情达理，灵活变通，又可引申为中枢、要领、包容、四通八达。以中至和、至融、至变、至通等，中原人完全以"中"文化为骄傲，并以"中"聚人气、聚财气、聚志气；以"中"求和谐、求发展、求崛起。至柔者至坚，无有者无间。说起郑州经济、金融独有的核心竞

争力或软环境（软力量），其内核少不了中原文化，更少不了一个"中"字。

（2）建设郑州区域性金融中心的劣势。尽管郑州作为全国人口大省、河南省省会，在中部有着诸多比较优势，但是与国际、国内大都市相比，郑州距完全意义上的区域性金融中心尚有较大差距。一是金融业发展相对滞后，政策牵引不够。二是金融机构体系不够健全，金融集聚程度偏低。三是金融市场体系不够完善，资本市场发育迟缓。四是金融生态环境较差，金融风险偏高。五是中心城市的综合实力偏弱，经济依托不够强。

（3）建设郑州区域性金融中心的机遇。我们迎来建设郑州区域性金融中心的很多机遇。一是中部崛起战略的实施带来了千载难逢的历史机遇。二是沿海地区产业和资金开始大规模加速向河南省转移。三是区域中心城市客观上需要区域金融中心的发展。四是我国金融业对外资开放。五是金融改革步伐加快。六是郑州期货市场迎来了历史性发展机遇。七是金融业信息化建设提供跨越式发展条件。

（4）建设郑州区域性金融中心的挑战。郑州建设区域金融中心面临的挑战或竞争压力主要来自三个方面：一是省内压力。建设郑州区域金融中心的重要依托是中原城市群的建设与发展，然而目前中原城市群中各个城市独立循环和相互分割的状况相当明显，城市群在很大程度上还是概念上的，一体化发展需要拆除各城市之间妨碍人流、物流、信息流、资金流等经济要素全方位流动的政策和制度壁垒，金融的一体化发展的任务很重，来自金融系统内外部各方面的阻力还很大。二是国内压力。目前国内已经有15个以上的城市提出要建设不同层次的金融中心，纷纷提出"金融立市"战略。上海、北京、深圳等城市提出要建设国际金融中心；大连、广州、天津、成都、重庆等地则直接把目标定位于建立中国北部、南部以及中西部的区域金融中心；而郑州市的周边就有济南、武汉、西安提出要建设跨省域的金融中心。作为中部六省的省会城市，武汉、郑州、太原、长沙、合肥以及南昌正在角逐中部金融中心的霸主地位，武汉在新的一轮竞争中决策早、行动快，占尽先机，优势比较明显，国内竞争十

分激烈，压力很大。三是国际压力。中国加入世界贸易组织之后，郑州面临金融国际化水平、经营理念和经营模式与国际金融市场存在巨大差距的压力；金融全球化带来的风险传递的压力。而这要求郑州金融体系要适应未来金融全球化、综合化、现代化发展的大趋势，全面创新、转型升级，尽快实现产业化、市场化、国际化和现代化发展目标，有较强的创新应变能力，有较强的自组织、自控制、自修复、自完善和抗风险能力。

　　2. 建设郑州区域性金融中心的 SWOT 战略组合分析

　　郑州建设区域金融中心前提是有一个正确的发展战略，并始终不渝地坚持贯彻一个明确的战略目标，并通过自身建设及创新整合逐步促进多重良性转化，将劣势化为潜力，将阻力和压力变为动力和合力。

　　综合郑州市发展金融产业的优势与劣势和机遇与威胁，现应用 SWOT 矩阵模型提出 4 种主要的战略方案（见表5）。SWOT 矩阵由 9 个格子组成，其中有 4 个因素格，4 个战略选择格。4 个因素格分别列出郑州市金融产业的优势与劣势和

机遇与风险；4 个战略选择格分别对应在不同的因素组合，即郑州建设区域金融中心备选战略方案有 优势—机遇（SO）战略、劣势—机遇（WO）战略、优势—威胁（ST）战略及劣势—威胁（WT）战略。

　　（1）优势—机遇（SO）战略。这是一种发挥郑州比较优势，并利用机遇的战略。其主要战略方案有：①整体规划，做大做强；②与"巨人"同行，实行国际合作，打造世界性大金融产业；③扩大国内、国际两大市场的占有率。

　　（2）劣势—机遇（WO）战略。这是通过利用环境机遇来弥补郑州金融产业及相关产业发展劣势。其主要方案有：①政府实行优惠政策，"藏富于企"，增强金融企业发展能力；②实行国际合作，引入金融新机制和新技术；③与国际金融集团协同开拓市场。

　　（3）优势—威胁（ST）战略。这是利用郑州比较优势回避或减轻环境威胁的影响。其主要方案有：①改善金融企业创业环境，保护和增强金融产业发展优势；②研发金融核心技术，获取垄断地位；③发挥独特优势或后发优势，后来者居上。

表5　郑州建设区域金融中心战略的 SWOT 矩阵分析

战略方向 / 机遇与威胁	优势（S）1. 区位优势 2. 经济环境优势 3. 郑州期货的特有优势 4. 郑州银行现状与发展优势 5. 中原"中"文化优势	劣势（W）1. 金融开放度不高，辐射能力不够 2. 金融体系不够完善，市场培育不够 3. 政策牵引不够 4. 经济依托不够 5. 金融的整体功能不强
机遇（O）1. 金融全面开放势在必行 2. 金融改革步伐加快 3. 经济全球化和金融创新整合的大趋势 4. 全面建设小康社会的需要 5. 信息化提供跨越式发展条件 6. 建设现代大郑州带来的机遇	SO 战略 1. 整体规划，做大做强 2. 与"巨人"同行，实行国际合作，打造世界性大金融产业 3. 扩大国内、国际两大市场的占有率	WO 战略 1. 政府实行优惠政策，"藏富于企"，增强金融企业发展能力 2. 实行国际合作，引入新机制和新技术 3. 与国际金融集团协同开拓市场
威胁（T）1. 省内压力 2. 国内压力 3. 国际压力	ST 战略 1. 改善金融企业创业环境，保护和增强金融产业发展优势 2. 研发金融核心技术，获取垄断地位 3. 发挥独特优势或后发优势，后来者居上	WT 战略 1. 提高金融整体功能，降低资金成本，加速资金周转 2. 提高郑州金融整体核心竞争力 3. 提高郑州金融体系整体创新能力，实行区域差异化战略

（4）劣势—威胁（WT）战略。这是旨在减少郑州金融产业发展劣势，同时回避环境威胁的防御性战略，其主要方案有：①提高金融整体功能或运行效率，降低资金成本，加速资金周转；②提高金融从业人员、特别是管理人员和技术人员素质，建立郑州金融现代企业制度和企业文化，提高郑州金融的整体核心竞争力；③提高郑州金融体系整体创新能力，特别是金融研发能力和规划能力，实行区域差异化战略。

3. 郑州建设区域性金融中心的战略选择

战略选择不仅是一个现实的择优决策判断，更是一个基于未来的近、中、长期目标和行动方案的规划与最佳匹配选择。战略路径选择的基本原则是整体最优原则；发挥区域经济优势的原则；开放带动原则；协调发展原则。建设郑州区域金融中心的战略路径如下：

（1）近期战略重点：增强忧患意识，练好内功，迎接挑战。近期主要是指近五年，特别是近两年。现在的竞争压力可以用"危机"来形容并不为过。目的是增强郑州的忧患意识，努力练好内功，不断培育和增强自身的核心竞争力，积蓄力量，主动迎接来自国内外的挑战，防止进入被动式边缘化的发展洼地。其可行的战略方案选择为表5中四种战略方案的一种，即WT战略方案。

（2）中期战略：做强做特，实现区域性金融中心城市目标。一般需10～15年甚至更长的时间。其环境条件是经过若干个五年计划周期，在优势与劣势并存、机遇与风险同在的正常情况下，经过多方努力，扬长避短，趋利避害，有利的因素不断大于不利的因素，地域特色日趋突出，成为区域经济增长极，从而实现渐进式发展目标。这种情况是正常的、可期的，因而可能性也是最大的，也符合中原"中"文化内涵要求。其可行的战略方案选择为表5中四种战略方案中除了SO战略方案的全部，但不排除有大的机会出现。

（3）长远战略：做大做强，实现国际性金融中心城市目标。一般要经过30～50年，甚至几代人的努力。其环境条件是在长期的发展过程中，不仅是优势与机遇条件的持续叠加，而且还有诸多原有的劣势和压力条件向良性转化，形成多因

素的良性协同效应或多重良性循环，最终产生质变或跃迁——这并不排除由于环境突变，天时地利人和因素齐备后的加速过程或"马太效应"发生，成为国家级乃至国际化大都市，从而实现跨越式发展。如郑州被列为国家级中心城市，郑州期货被列为开放试点等，郑州的地理位置、期货起步与位于美国中部芝加哥的情形有相似之处。其可行的战略方案选择最广，为表5的四种战略方案的全部。

从整体看，做大做强郑州金融业和加快建设郑州区域性金融中心的关键是能否在正确的发展理念和发展战略的指导下，迅速突破现有传统体制的束缚，抓住机遇，构筑现代金融新体系，促使区域金融由相对封闭、相对滞后、相对分割（低效）的传统发展模式向现代开放式、跨越式、高效协调和可持续发展的有利方向转变。所以，建设郑州区域性金融中心势在必行，任重道远。

五、郑州区域性金融中心发展战略框架

1. 基本思路和战略着力点

区域性金融中心的建设是一个渐进的演进过程，包括初期阶段、极化阶段、极化后期和扩散阶段。由于起始机制的不同，区域性金融中心的成长分为内生成长模式（或路径）和外生成长模式（或路径）。内生成长的金融中心是以强大的经济、贸易中心作为前提和基础，通过长期的发展过程自然渐进形成的。外生成长的金融中心是在遵循市场规律的前提下，政府结合自身特点和优势，通过政策推动而形成的。显然，郑州区域性金融中心的建设应该主要采用外生成长模式（或路径），要在中央政府的支持下，地方政府要积极发挥主导推动作用，在尊重客观规律的基础上，充分利用市场驱动力量，引导和推动郑州区域性金融中心的成长。

根据对中国金融改革和发展问题的系统研究，同时结合河南省在全国金融业发展中的实际地位，我们认为，要把郑州建设成为我国中西部地区重要的区域性金融中心，其基本思路和战略着力点是以中原城市群和整个河南的经济实力为平台和依托，充分发挥郑州独特的交通区位优

势，加快调整产业结构，大力发展现代服务业，形成经济增长极和现代产业高地，以产业集群化带动资金聚集，以大物流带动资金流，这是基础和内在层面的推动力量。与此同时，在具体和技术层面上，要理性审视，搞好金融制度建设，选准金融业发展的有效切入点，有所为有所不为，发挥优势，突出重点，循序渐进地推动郑州区域性金融中心建设。

2. 指导思想

郑州区域性金融中心建设要紧紧围绕加快中原崛起暨中部崛起，实现跨越发展，提高郑州区域中心城市的首位度和龙头带动能力，确立"金融立市"总战略，以增强集聚和辐射能力推进金融结构转型升级为主线，以体制改革、对外开放和金融创新为动力，以优化整合为抓手，以强化监管为保障、以优化金融生态环境为基础，通过"完善体系，构建平台，营造环境，和谐发展"，使郑州成为国内外金融机构的聚集区，金融市场交易的密集区，金融产品的创新区，金融服务的高效区，业务运行的安全区，市场行为的规范区，信用良好的放心区，可持续发展的和谐区。

3. 战略目标

（1）总体目标。充分发挥银行、期货、股权交易市场、保险等金融业比较优势，建设金融机构健全、金融市场完善、资金交易活跃、金融工具齐全、金融信息灵敏、金融设施先进、金融服务高效、融资功能和辐射力较强的金融密集区，经过今后10~15年的努力，把郑州建成我国中部地区投融资中心、现代金融服务中心、商品期货定价与交易中心，成为我国中西部地区重要的区域性金融中心。

（2）具体目标。郑州金融业增加值占生产总值的比重到2010年达到5%~6%，到2020年达到10%左右；增加郑州商品交易所的交易品种和交易量，尽快推出白糖、油菜籽、花生等期货交易，适时推出化纤、煤炭、天然气、电力等商品期货品种，逐步推出金融期货和期权等金融衍生品种，把郑州商品交易所建成集农畜产品、能源、原材料和金融产品为一体的现代化综合性期货市场；吸引国内外各类大型金融机构入驻郑州，使郑州成为国内外金融机构的汇集地；加快

引进外资、证券融资和企业上市步伐，使区域直接融资比重达到30%以上。

4. 重点任务

发展郑州金融业，建设区域性金融中心是一个复杂的系统工程。需要政府、管理部门、金融机构和社会各个方面形成合力，要思路清晰，目标明确，重点突出，狠抓落实。"十一五"期间重点任务是"三个优化、三个基本建立"：即优化整合金融资源，基本建立完善的金融市场体系；优化整合金融机构，基本建立完善的金融机构体系；优化金融生态环境，基本建立和谐共赢的金融安全区。达到"四个基本确立"的阶段性目标，即基本确立金融业在郑州市经济发展和城市化建设中的核心引擎作用；基本确立郑州金融中心在中原及中部区域国内外金融机构主要集聚地的功能与地位，特别地应突出金融整体功能的发挥；基本确立功能特色突出的区域金融市场体系和门类齐全的社会中介体系，从而进一步确立和完善郑州市作为中原及中部龙头的金融中心地位；基本确立郑州在国家中西部辐射面最宽、辐射力最强的金融市场、特别是票据市场和期货市场的优势及其独特的不可替代地位和作用，从而为进一步建设国内中部区域金融中心打下坚实的基础，并主动迎接郑州金融对外开放带来的机遇和挑战。基本完成金融市场框架构建，基本确立大郑州、大金融的区域中心地位。

六、加快郑州区域性金融中心建设与发展的政策建议

1. 以产业集群化带动金融聚集

（1）加快产业集群化发展，以产业集聚带动资金聚集。

一是进一步突出河南省重化工业的主导地位，重点发展钢铁、有色（煤铝电）、能源、煤化工、石油重化工、机械动力（汽车）等产业集群；二是进一步强化河南省在高加工度传统工业上的比较优势，重点发展食品、家电、服装、鞋类、轻纺、制药等产业集群；三是加强具有自主创新能力的现代装备制造业产业集群建设。依托河南省输变电设备、重型矿山设备、农业机械、起重设备制造等产业领域的大型骨干企业，壮大

洛阳、郑州、许昌、新乡等现代装备制造业产业集群区，全面提升装备制造业产业竞争力；四是加快高新技术产业集群建设。实施一批重大高新技术产业带，以"汴—郑—洛""安—郑—漯"为轴线的"十"字形，建设特色高新技术产业带；五是努力把河南省建成全国重要的食品工业基地、铝工业基地、高新技术产业及现代装备制造基地。加快国家级省级高新技术开发区、经济技术开发区、信息产业园和大学科技园区建设等。通过以上产业集群（园、区、带）建设，吸引和带动资金在河南省和郑州的强力聚集。

（2）大力发展现代服务业，以大物流带动资金流。

一是以物流强省建设为龙头，做大做强物流产业，建成中西部地区最大的物流中心。围绕把郑州建成全国的现代物流中心，尽快形成以郑州为中心，洛阳、商丘、安阳、南阳、信阳5个区域物流枢纽为支撑，以9大综合物流园区和一批专业物流市场为载体，相互协调、布局合理的现代物流网络体系，培育出几个具有一定规模和较强竞争力的大型第三方物流企业和物流集团。

二是以会展中心为龙头做大做强会展经济。郑州具有发展会展经济的综合优势，城市配套设施完善，服务功能完备，应提高对会展经济重要性的认识，制定长远规划，本着突出特色、明确主题、展示文化的原则，走国际化、专业化、市场化、品牌化之路；通过政府引导，政策扶持、市场化运作等手段，将会展经济作为主导产业重点扶持，大力培植会展市场；创造公平的市场环境，尽快使郑州成为拥有先进、完善的会展设施，较高的管理和服务水平，在全国具有知名度和影响力的国家级会展城市。建设和培育能够开展全国性、区域性和专业性商品展销会、博览会、交易会的会展经济场馆和中介服务组织，全面增强商贸聚集和辐射功能。

三是以旅游强省建设为龙头，全面提升旅游产业发展水平。营造"政府主导、市场运作、企业经营、大众参与"的旅游发展新格局，促进旅游业协调发展。采取集约化增长模式，转变旅游产业传统思想，树立大旅游、大产业、大发展观念，以旅游产业结构优化为重点，强化"吃、

住、行、游、购、娱"核心产业，拓展相关产业，改善社会支持系统，拉长产业链条，将旅游业发展成为社会化大产业。要充分发挥旅游业的关联带动作用，扩大内需，增加就业，把旅游业作为有效的增长极。积极开发会展旅游、都市旅游、产业旅游、科技旅游等新的旅游产品。河南旅游应从人文转向山水与人文相结合，突出山水旅游，倾力打造"伏牛山生态旅游"品牌，进一步开发"三点一线"文化旅游，以及南太行生态旅游区，提高层次和品位，培育河南旅游产业发展新的增长极，促进文化旅游和生态旅游共同发展，培育河南旅游品牌。

四是以文化强省建设为龙头，将文化产业培育成为新的经济增长点，将河南建成文化强省。培育和扶持一批重点文化企业集团，鼓励和支持民营企业进军文化产业，特别是高新文化领域；创新投融资体制，形成多元化的文化产业投入机制，给予文化产业更多的税收优惠政策；大力发展文化娱乐、体育休闲、艺术培训和艺术品等社会文化产业，满足日益增长的社会需求。以市场运作方式，经营好河南的文化资源，尽快使资源优势转化为产业优势。创建河南文化产业园，主要经营开发影视拍摄、动漫制作、版权交易、产品批发等项目，政府为企业搭建公共服务技术平台；以建筑设计、装潢设计、广告设计等为产业主导创建河南创意产业园等。通过大商贸物流产业建设，带动大量的资金流入河南和郑州，进而推动和带动郑州区域性金融中心建设。

（3）强力推进以郑州为核心的中原城市群一体化发展，形成资金聚集的洼地。

一是建设郑州超级城市。郑州的城市功能目标定位为"一超四中心"。"一超"，即我国中西部地区最大的"超大型城市"或"超级城市"，郑州都市圈的人口最终应达到1500万左右，成为带动中部崛起的龙头城市；"四大中心"，即我国中西部地区的新兴制造业中心、金融中心、交通物流中心和商贸中心。郑州要发展成为超级城市需要卫星城。应力争在10年内使郑州都市圈城市人口达到1000万~1500万人，郑州都市圈综合实力进入全国前10位。二是加快发展郑州（1+8）都市圈。"1"就是指"郑州市中心区"；

"8"就是指周边八大卫星城，即开封、巩义、新密、新郑、荥阳、中牟、登封、上街。未来的郑州超级龙头城市就应当是"郑州都市圈"。未来，新密、新郑、荥阳、中牟、登封将变为郑州的"区"。巩义为全国百强县，宜保留市级行政建制。随着郑汴一体化的推进，开封和巩义将成为郑州都市圈中的东西翼副中心，开封成为中原城市群和郑州都市圈的东大门。三是强力推进中原城市群的一体化发展。中原城市群的区位优势和功能作用愈加明显，具备比其他城市群更优越的位置，其人口、产业、城市集聚的程度都比其他城市群要高得多。中原城市群的整体规模实力居我国中西部地区各大城市群之首。为了保证河南省在中部崛起中走在前列，省委省政府明确提出要把中原城市群作为实现这一目标的重要支撑。应大力推进中原城市群一体化和产业集群化发展，建成全省对外开放、"东引西进"的主要平台，成为参与国内外竞争、促进中部崛起、辐射带动中西部地区发展的重要增长极，形成吸引资金聚集的洼地，促进郑州区域性金融中心的建设，带动中原和中部崛起。

2. 大力推进金融体制改革和金融创新

（1）加快金融机构体制改革。一是在地方政府的领导下，积极推动农村信用社改革，使农村信用社真正成为自主经营、自我约束、自我发展和自担风险的市场主体。积极创造条件，组建"河南省农村商业银行"，吸引外资或民间资金介入，免除营业税和所得税，提高可持续发展能力，使之真正成为服务农民、农业和农村经济的社区性地方金融机构，成为支持农村经济发展的主力军。二是加快推动城商行、城信社改革发展的步伐，以不良资产处置为突破口，把增资扩股作为切入点，加快不良资产处置速度，切实实现不良贷款"双降"。在资产质量提高，资本充足率达标的基础上，推动区域城商行、城信社实现业务联合与资本联合，拓宽资金来源渠道，扩大资金增量、激活资金存量，充分吸引、调动、整合和利用各方金融资。

（2）创新资本市场工具。一是率先发展各类产业基金，在完善市场运作手段和控制风险条件下，进行企业债券和短期融资券发行制度的创新

和改革试验，争取在河南省开展资产证券化业务改革试点。二是要立足于增强服务功能和竞争能力，在形成住房信贷体系、组建金融租赁公司和金融服务公司方面进行创新。不仅要鼓励金融机构根据自身资金实力，通过对市场的认识和判断去开拓新的信贷领域和市场，而且鼓励金融机构适应异地发展业务的需要，在异地设置分支机构，利用其熟悉本异地情况的优势，更好地为生产要素的区域间流动提供金融和信息服务，在积极推动区域经济金融协调发展的过程中实现银企共赢。三是加快企业上市步伐，鼓励企业通过资本市场进行资本运营和融资；利用多层次资本市场为河南省科技型企业提供金融支持；加快发展中小企业创业与风险投资，通过积极拓展中小企业板块、发展创业与风险投资基金等多种手段，解决中小民营企业，尤其是高科技民营企业的融资难题。四是要积极探索和拓展网上金融交易等新型金融业务等。

3. 强力推进金融业的对外开放

（1）积极吸引"外地、外资金融机构"落户郑州。郑州要把招商引资和发展金融机构统一考虑，吸引跨国公司来郑州投资和设立总部，同时吸引外资银行的跟进。当前尤其要吸引花旗、摩根大通、汇丰、渣打等国际前100名银行、投资公司、基金公司、保险公司等各类金融机构来郑设立分支机构或办事处。积极争取全国性的金融机构在郑州设立跨省域的区域机构，争取华夏、民生、深发展等所有股份制商业银行全部入驻郑州。

（2）制定配套的优惠政策，增强吸引力和凝聚力。应积极创造条件，营造良好的发展环境，大力推进政策创新，在政策、资金、制度等方面进行优惠政策倾斜，吸引省外及国外金融机构尽快入驻和金融专业人才特别是高级金融管理人才来郑州发展。郑州区域金融中心的建设应比照北京、上海、深圳、广州等各金融中心城市的特殊优惠政策，出台具有比较优势的优惠政策，在较短的时间内，加快各类金融机构聚集，改善郑州金融机构结构不合理的封闭状况。郑州金融业应该在重视人力资源开发，普遍提高从业人员素质的基础上，努力建立良好的激励、福利以及教育

培训机制，培育一批专门以经营金融资产为职业，能根据金融市场竞争状况，娴熟地运用自己的智慧与创造力，合理、科学地进行金融创新，并承担相应风险的金融经营管理者群体，形成适应现代化金融管理与发展需要的、熟谙国际惯例的现代化职业金融家队伍。

（3）加强郑州金融中心与其他金融中心的合作。一是加强与周边地区和国内其他金融中心的合作，实现优势互补。加强与北京等地的合作，积极寻求机会，使更多的金融机构落户郑州。与上海金融中心合作，寻求机会，联合开发新品种、新市场，并在资源上实现优势互补。二是加强与中国香港、日本、新加坡和欧美等国的金融中心合作，实现资本的国际流通和全方位对外开放，借助外力加快郑州区域性金融中心的建设。

4. 做大做强郑州商品交易所，放大品牌效应

（1）提高认识，提升地位。我们的研究表明，郑州商品交易所对河南省经济发展而言是一种非常宝贵的资源或者说是财富。这是因为，河南省作为一个农业大省、工业大省，郑州商品交易所的快速发展不仅能够促进河南省金融服务业的发展，而且有利于河南省争取到农产品的主场定价资格，使郑州商品交易所逐步成为全国乃至世界上具有重要影响力的农产品市场中心，在此基础上，培育和发展一批技术含量高、产业链条长、带动能力强的农产品加工项目，支持河南省建设优质农产品加工基地，促进传统农业的优化升级，走新型农业产业化和工业化道路，开拓大市场，发展大流通，更有效地发展循环经济。这是科学发展观在实现中原崛起战略目标中的一个具体体现。要建设郑州区域性金融中心，我们首先必须对郑州商品交易所在河南省经济发展中的重要作用有深刻的认识，并对其发展中所存在的突出问题给予足够的重视，使郑州商品交易所成为郑州区域性金融中心建设的重要依托。应坚决倾斜支持郑州期货市场进一步发展壮大，积极推动郑州商品交易所实现新的跨越式发展，充分发挥期货市场的功能，使郑州商品交易所成为郑州区域性金融中心建设的增长极。

（2）倾斜扶持，打响品牌。近几年来，由于上海、大连属于沿海开放城市，国务院和当地政府出台了一系列优惠政策，例如在政策上的先行先试，开发新的期货品种，在所得税率、税前提取人工成本及其他费用、人才引进、税收优惠及地方补贴等，但在内陆郑州这里是享受不到的，导致郑州商品交易所在市场规模和影响力方面逐步落后于大连和上海。建议省市政府给处于弱势的郑州商品交易所创造同上海、大连一样甚至更优惠一些的优惠政策环境，比如，在加快郑州区域金融中心规划建设中，把支持郑州商品交易所发展作为重中之重，在郑州商品交易所搬迁郑东新区方面给予更多支持等。

（3）先行先试，确立行业龙头地位。郑州商品交易所发展壮大的历史非常明确地告诉我们，只有在创新上领先才能在发展上领先。以积极向中央申请"先行先试"的权限，加大倾斜扶持力度，加大改革开放力度，以创新领先发展，进一步确立行业领先的龙头地位。

（4）产品多元，创新领先。以农产品期货交易为特色，进一步向能源原材料领域扩张，与中央提出"建设能源原材料基地"的中部崛起战略相适应，逐步发展成为特色鲜明、重点突出、功能完善的综合性商品期货交易所。

（5）开放促发展，实现国际化。加快与国际接轨的步伐，在制度、体制、规则、品种、市场等方面，全方位与国际接轨，实现国际化。

5. 建立中西部地区重要的区域产权交易中心

（1）积极支持河南省申报区域股权交易市场试点工作。成立由省政府主要领导牵头、有关部门领导和产权交易机构主要业务人员参加的"中西部地区区域股权交易市场试点"申报工作小组。跟踪有关政策动态，对试点申报工作进行统一组织、领导和协调。积极主动向国家有关部门汇报河南探索建立股权交易市场的情况，争取国家将河南股权交易市场纳入多层次资本市场体系建设试点。

（2）加快研究出台《河南省股权登记托管转让管理暂行办法》。通过地方法规的形式，将河南省股权交易市场多年来积累的成熟经验肯定下来，将股权交易市场建设纳入法制化的轨道，保证股权交易市场规范、健康发展，为申报区域股权交易市场试点奠定重要基础。

（3）积极支持河南股权市场及区域股权市场联盟的建设。给予河南股权交易市场建设必要的财政资金支持，加快市场建设步伐，进一步提升河南市场对周边省市的辐射力、带动力，成为中部地区最具影响力、最重要的资本市场。

6. 组建"中原发展银行"

商业银行股份制改革在理论界已基本达成共识。从世界范围看，以股权多元化为基础的股份公司已成为现代商业银行的主要组织形式，全球1000家大银行基本上都是股份制银行，说明商业银行股份制具有很大的科学性和旺盛的生命力。为适应经济和现代金融发展格局重大而深刻的变革，国内各地纷纷将城市商业银行重组为地方性商业银行或将部分城市商业银行并入全国性股份制商业银行。随着改革开放的深入，河南省各城市商业银行在发展的过程中将会遇到外资银行、中外合资银行、国有四大银行及全国性股份制银行的挑战，也不得不与其同城竞争，导致其运营费用和信贷交易成本增加。无论从政府支持角度来看，还是从银行本身运营能力来看，河南省城市商业银行都不免处于竞争的弱势地位。为了做大做强河南省金融业和构建郑州金融中心的强大金融组织支撑，迫切需要抓住国家实施中部地区崛起战略的历史机遇，组建总部设在郑州的全国性股份制商业银行——中原发展银行。组建中原发展银行，应以郑州市商业银行为主体，整合省内其他地方金融机构，通过资本重组、增资扩股等方式，按照"政府推动、市场运作、依法合规"的原则，吸引各种优势资源，以资金为纽带，以资本运作和业务发展潜力为核心，按照效率原则和贴近市场原则，形成布局合理的经营网络，扩大业务规模，并逐步使之成为具有河南品牌，业务范围遍及全国的全国性股份制商业银行。为此，建议中央政府及有关部门给予倾斜支持。

7. 加快建立"郑州中央金融商务区"

从国际国内的发展经验看，金融业发展到一定程度，必然会出现聚集共生的现象。建设金融商务聚集区，吸引、整合和聚集相关的金融机构，将产生巨大的聚集效应和促进其向更高层次发展。由政府主导（规划指导、政策引导），市场驱动，以"中央金融商务区"为载体，推动金融中心建设，这是目前国内和国际普遍采取的方式。例如：上海在浦东建立国际金融商务区，北京、沈阳、天津等城市均开辟黄金区域设立中央金融商务区，有力地推动了金融中心建设。郑东新区经过多年的开发已经初具规模，日趋完善，软硬件环境无比优越，完全可以与上海浦东媲美，正在成为郑州市、河南省乃至中西部地区的中央商务区，在此规划建设"郑州中央金融商务区"将是最佳的选择。这也是推动郑州区域性金融中心建设重要的操作平台。要结合郑州市规划和郑东新区的发展，拿出最好的黄金地段，高起点规划和建设金融商务聚集区。同时要制定出台专门的优惠扶持政策，采取资产置换、买断、用地优惠、政府补贴等政策措施，鼓励和引导全省和全国的金融机构向中央金融商务区集中；加强对外招商宣传力度，加大政府财政的补贴和奖励力度，大力引进海外金融军团，建成全省和中西部地区金融机构的聚集区、金融创新的示范区、金融服务的优质区和金融运行的安全区，打造特色鲜明的金融中心标志性工程。

8. 积极争取国家中部崛起的金融政策向郑州倾斜

（1）支持郑州金融中心走在中部崛起的前列。中央要求河南省应在中部崛起战略中走在前列，金融业的发展更应走在前列，建设郑州金融中心是实现上述目标的重要保证。由于金融业是一个高度集权和高度市场化的特殊产业，郑州金融中心建设离不开中央政府的倾斜支持。

（2）在金融产业的布局上倾斜支持郑州。建议国家及其有关部门出台支持中部地区崛起的具体金融政策，推动金融产业化发展。在这个过程中，除了要注重支持中部地区培育多元化金融产业主体、建立健全完善的金融市场体系、创造良好的金融产业生态环境、完善金融支持服务体系之外，还要着力构建和优化中部地区合理的金融产业布局。在中部金融产业区域布局中，应充分发挥郑州的综合优势和倾斜支持，把郑州发展成服务和辐射中西部的区域性金融中心，有力承接、传递东部发达省市经济龙头的扩散效应并成为中部崛起发展的金融平台。

（3）把郑州列为中部崛起战略的金融综合改革试验区。一是作为农村金融改革的试点，制定落实支持"三农"的金融政策措施和加快进行政策性农业保险、农村竞争性金融市场建设等改革试点。二是作为地方金融机构改革的试点，批准和支持成立总部设在郑州的全国性股份制商业银行——中原发展银行。三是作为建立多层次资本市场的试点，支持把郑州建成中西部重要的产权交易中心。四是作为金融业对外开放的试点，支持加快扩大郑州金融业的对外开放。五是作为民间资本信贷改革的试点，以鼓励民间资本投资金融业，发展民营资本占主体的民营银行和各种民间借贷合作组织，鼓励民间资本合股组建支持地方产业发展的财团。六是率先在郑州进行其他有关金融方面的综合改革试点。

9. 建立和完善郑州金融中心建设的推进机制

（1）确立新的行政领导体制。建议省政府成立"郑州金融中心建设领导小组或联席办公会制度"，郑州市也应成立相应的机构。主要任务是制定战略规划和配套政策措施，组织、动员和协调各方力量，合力推动郑州区域性金融中心建设。

（2）确立新的"金融立市"战略。把建设郑州金融中心升级为河南省和郑州市经济社会发展的重大战略。郑州市应确立"金融立市"战略，应尽快制定出台"'十一五'和到2020年郑州金融中心发展战略规划纲要"。郑州市"全国重要区域中心城市"战略定位的内容应调整为"全国重要的区域制造业中心、金融中心、商贸中心、物流中心"。

（3）确立新的协调机制。充分发挥中央驻豫金融监督和管理机构的能动作用。争取在郑州建立金融行业协会，请中央在豫金融监督和管理部门等就金融中心建设的重大事项及时进行协商、推进和指导，加强区域和国际金融合作。建立地方政府、监管部门与金融机构之间的经常性沟通协调机制，及时解决金融业发展过程中出现的新情况、新问题，搭建银企合作平台，推进银企互动，促进经济与金融共同发展。

郑东新区"三化两型"建设的对策思路（2007年）*

引言

郑州建设现代化、国际化、信息化和生态型、创新型（简称"三化两型"）的国家区域性中心城市，符合世界先进城市一般特征和未来城市发展方向，意义重大，影响深远。

郑东新区作为拉大郑州城市框架和推进中原城市群建设的新城区，在加快全省城市化步伐、提升城市现代化水平中具有无可替代的龙头地位。郑东新区必须顺应国内外城市演进的大趋势，进一步加快发展步伐，提升建设层次，完善城市功能，增强辐射带动作用，真正成为建设郑州市"三化两型"国家区域性中心城市的示范园、跨越发展的先行者和中原城市群的增长极，担当起历史赋予的责任和使命。

一、培育八大产业

产业发展是郑东新区开发建设的经济基础，率先建成"三化两型"新城区，最根本的要靠产业支撑。发达的现代服务业是中心城市的一个显著特点，依据区位优势和功能定位，郑东新区以金融、总部经济、会展、商贸、旅游、文化、研发和房地产八大支柱产业为重点，以金融业主导大力发展现代服务业。

1. 促进金融业集聚发展，建设国家区域金融中心

金融是现代经济体系的神经中枢，是中心城市的核心产业。加快金融业集聚发展，做大做强金融产业，建成国家级区域金融中心，是郑东新区尤其是 CBD 建设的首要目标，也是率先建成"三化两型"新城区的核心内容。应确立"金融立区"战略，强化 CBD 金融商务区功能，建设机构密集、设施先进、信息灵敏、服务高效、融资功能和辐射力较强的金融商务区。坚持市场化推进与政府引导相结合，积极引进国内外金融机构，大力发展银行、证券、保险、产权（股权）交易、期货、信托等金融产业，逐步实现与国际金融市场的对接，使金融业成为功能强大、服务高效、开放程度高、有较强竞争力的支柱产业。

（1）发展壮大银行业，促进银行总部集聚发展。第一，实现全国性银行的区域总部在郑东新区的集聚发展。促使河南境内国有商业银行（工、农、中、建行）的区域总部全部落户郑东新区，尽快使全国性股份制商业银行（交通银行、广发银行、浦发银行、兴业银行、中信银行、民生银行、招商银行等）的区域总部落户郑东新区，积极争取国家开发银行、国家农业发展银行、进出口银行等政策性银行在郑东新区设立区域总部或分支机构；抓住国家组建邮政储蓄银行的机遇，力争在郑东新区设立区域总部；积极论证力争促成中国人民银行郑州中心支行搬迁至郑东新区。第二，实现省属银行总部在郑东新区集聚发展。河南省农村信用联社总部、郑州市商业银行总部和将要成立的"郑州农村商业银行"应尽快迁建郑东新区；将来可能组建的"中原发展银行"总部也应设在郑东新区。第三，实现外资银行总部在郑东新区集聚发展。大力吸引境外大型商业银行和各类金融机构在郑东新区设置区域性总部、办事机构或其他功能性中心。未来 4 年，争取引进境外银行 10 家以上，国内外保险机构 10 家以上。

（2）强化期货交易龙头地位，打造郑州商品期货交易与定价中心。郑州商品交易所是全国第一家商品期货交易所，为全国三大期货交易所之

---

* 本文发表于河南省人民政府发展研究中心《研究报告》2007 年 10 月 22 日。

一。应促成郑州商品交易所尽早搬迁至郑东新区，积极吸引期货经纪公司在郑东新区集聚，加快与国际接轨步伐，强化在全国的龙头地位，推动期货市场实现新的跨越式发展，使之成为郑东新区的重要产业支撑。在 CBD 规划建设"国家期货市场大厦"，使之成为 CBD 的一个标志性建筑。省、市政府应为培育壮大期货市场创造更加优惠的政策环境，积极向中央申请"先行先试"的权限，增加交易品种，尽快实现由农产品期货市场向综合性期货市场的转变，到 2012 年，交易品种达到 10 个以上。

（3）培育发展资本市场，构建中部地区产权（股权）交易中心。完善的资本市场是支撑经济实现跨越式发展的重要基础。应充分发挥"省产权交易中心"的平台作用，积极向国家申请"非上市公司股权交易市场"试点，出台配套扶持政策，抢占发展先机，加快构建区域产权（股权）市场，把产权（股权）交易市场培育成郑东新区的新亮点和新支柱。应在郑东新区 CBD 金融集聚区规划建设"国家中部地区产权（股权）市场大厦"，使之成为 CBD 的一个标志性建筑。

（4）发展壮大保险业，完善保险机构体系。吸引中外各类保险法人机构在郑东新区设立区域管理总部、区域性功能中心和分支机构，制定配套政策促进中外保险机构在郑东新区 CBD 的集聚发展。支持保险机构拓展业务空间、扩大业务规模、推进产品创新、提升服务水平，积极发展群众有需要、经营有效益、风险有管控的新产品、新业务，把郑东新区建成中部地区重要的保险服务基地。

2. 促进企业总部集群发展，建设中部地区总部经济中心

企业总部向中心城市集聚是企业组织结构区域化分工不断细化和优化的必然结果，未来中心城市竞争在一定程度上是争夺企业总部的竞争。做大做强总部经济，不断提高引进企业总部的层次规模，实现总部经济集聚发展，建成中部地区总部经济中心，是郑东新区率先建成"三化两型"新城区的核心内容。应确定目标，创造条件，配套政策，提供具有国际先进水平的总部经济发展平台，加大招商引资力度，争取让更多的企业落户郑州，促进各类企业和机构总部在郑东新区形成集群化发展态势。

（1）吸引全国 500 强和中央企业区域总部入驻郑东新区。建立全国 500 强和全国各省百强企业档案，重点引进全国 500 强和各省百强企业区域总部入驻郑东新区。积极创造条件，吸引中央企业的区域总部入驻郑东新区，如国家金融、邮电通信、交通、能源、水利、建设、石化和农产品等类型企业的总部；吸引中央驻豫机构、国内外驻豫机构入驻郑东新区。

（2）吸引河南省 100 强大型企业入驻郑东新区。建立河南省 1000 家大中型企业档案，综合运用行政、经济等手段，引导省属、市属重点企业入驻，重点引进百强企业总部入驻郑东新区。

（3）积极引进大型跨国公司的区域总部入驻郑东新区。应抓住跨国公司生产基地和功能总部向我国转移的机遇，积极创造条件，引进跨国公司的区域总部（运营总部、决策总部、采购总部、销售总部、研发总部、信息中心等）入驻郑东新区。

3. 做大做强会展业，建设国家中部会展之都

发达的会展业是现代化中心城市的重要标志。做大做强会展业，建设国家中部地区会展中心，是郑东新区发挥龙头辐射带动作用的重要战略支撑。依托郑州国际会展中心，完善硬件基础设施，优化软环境，推动会展业市场化运作、多元化投入、产业化经营、社会化服务、国际化发展，拓展会展业的经济功能和社会效益，会展业对相关行业的带动系数应达到 1∶10 的水平，建设国家级区域性会展中心和会展名城。力争用 4 年时间，国内国际展览会数量达到年 40 个左右（规模在 10 万平方米以上的有 1~2 个），形成 1~2 个国际展会。

（1）加强配套设施建设，形成会展优势平台。科学规划，完善功能，集中力量搞好会展中心区及配套设施建设，充分发挥会展中心集聚作用，使其真正成为规模合理、设施齐全、功能完备、能承接国际国内大型展览、会议的会展功能区和会展核心区；加快大型商业中心、客户服务中心、会展信息中心和商务楼、宾馆、公寓楼等会展服务设施建设，形成集展会、会议、办公、

103

酒店、公寓、商业、信息、交通于一体的全方位会展服务体系。

（2）打造国内外知名会展品牌，加快会展产业升级。按照国际通行的专业标准，高标准、高品位办好现有各类大型展会，使之不断地提高层次和水平，发挥示范、辐射和带动作用。培育具有自主知识产权的国家级展览品牌，积极吸引国际知名会展品牌项目和会展企业落户，鼓励联合打造中外合作的展览品牌。积极申办各类展会，打造具有自身特色的实物会展和网络会展品牌，培育有特色、有竞争优势的知名国际会展品牌。对处于成长期的展会，要不断扩大招展、招商力度，扩大规模，增强办展实效，尽快培育成为品牌展会。对尚处于萌芽状态的展会要加强指导和扶持，力争使其发展壮大。到2012年，力争形成一批专业特色明显、规模大、对产业带动作用强，国内行业领先、具有国际影响力的著名展会。

（3）积极培育会展主体，推动会展业国际化。扩大会展企业规模，提高招展、组展、办展能力，培育一批规模较大、竞争力较强的会展企业。加快培育实力型会展场馆经营企业、会展策划组织企业、会展设计和器材租赁企业、展品运输企业及其他服务配套企业。大力发展会展中介服务公司，为会议和展览提供广告宣传、组织联络等各类服务。到2012年，力争培育并形成一批具有较强实力的会展企业和为会展提供支持的服务企业。

（4）全面拓展会展领域，扩大会展溢出效应。促进会展业与河南省农业、工业、商业、文化和旅游业等产业的优势结合。发展网上会展，构建永不落幕的会展平台。加强"会、展、节、赛、演"的有机结合，充分拓展会展功能，在办好现有国际、国内重要论坛的基础上，加强与国际、国内经济组织、学术机构、大专院校和新闻单位的合作，积极引进和兴办档次高、影响大，且对郑东新区经济社会发展有推动作用的论坛和会议。有序发展企业自办型、市场运作型节庆活动，带动节庆产业、发展节庆经济。加强与国际会展组织或世界知名展览公司的交流与合作，吸引世界性组织、国际行业协会、友好城市和著名跨国公司把年会、董事会、论坛、订货会、展览

展示、交易博览、品牌发布、贸易洽谈等商务活动放在郑东新区举办。

4. 强力开发商贸服务业，建设现代化商贸中心

商贸服务业是郑州市的传统优势产业，郑东新区具备发展大商贸的独特优势条件，做大做强商贸服务业是郑东新区率先建成"三化两型"新城区的重要产业支撑。应高标准规划建设"个性化的CBD、大众化的高铁新客站"两大重点商业中心和生产资料专业批发市场集群，形成集购物、餐饮、休闲、娱乐、文化、旅游于一体的现代化商贸中心区。加快发展以便民、利民为宗旨的社区商业服务网络，形成布局合理、规模适度、结构优化、业态先进、功能完善、统一开放、竞争有序的商贸流通新体系，把郑东新区发展成为具有国际国内影响力的商贸中心。

（1）打造休闲型、个性化的"CBD商业中心"。优先开发CBD商业中心，发展个性化、多样化、综合化的"品牌商业"，为高品位的中央商务区商务活动相配套。CBD商业中心要具有休闲型的特色功能，突出"休闲、个性和品牌"三大元素。CBD环形商业步行街建设统一规划、统一招商，搞好购物、餐饮、民俗文化、娱乐休闲等功能分区，制定鼓励政策，加大资金投入，4年内把郑东新区CBD商业步行街打造成全国知名的商业街。

（2）科学合理设置精品商业中心和大型购物中心。郑东新区高铁新客站是全国规模最大、功能最全、辐射面最广的综合交通枢纽，国家高速铁路、中原城市群城际铁路、郑州市内地铁在此交会，铁路、公路、航空客流在此可以实现零换乘。高铁新客站的东南部拥有全国影响力的铁路、公路、航空物流港，货运物流在此可以实现无缝对接，在高铁新客站周边建设全国影响力的"精品商业中心"和大型购物中心，具有得天独厚的条件，可以最大限度地体现大客流和大物流的集中优势。

（3）打造批发型、专业化的生产资料批发市场。在靠近交通枢纽和物流中心的区域布局生产服务性专业批发市场，能使交易成本和运输成本最低，符合经济优化布局的一般规律。郑东新区

东南部，靠近郑州集装箱铁路港、公路物流枢纽和航空物流枢纽，最适宜布局生产资料专业批发市场，应加快建设"大郑东新区生产资料专业批发市场"（简称"大东专业批发市场"），重点发展建材装饰、汽车整车及配件、农资、钢材、粮棉油及鲜活农产品等专业批发业务，强化郑东新区辐射带动作用。"大东专业批发市场"的规划、建设、管理和发展应与 CBD 期货市场、九龙国际物流园区相互协调，实现互补共赢发展。加快现有商品交易市场的转轨和升级改造，加大新兴专业批发市场发展力度。力争 4 年内建成中部地区规模最大和最具影响力的现代化生产资料专业批发市场集群，形成生活资料批发市场与生产资料批发市场相对集中、空间对接、相辅相成的大市场大商贸格局。

（4）建设物流信息平台，满足商贸中心发展需要。根据大郑东新区规划，物流中心已东移至京港澳高速公路以东，腾出的空间应发展为现代物流业配套的高端服务业。重点打造物流"信息港"，发展物流信息服务业，吸引物流企业总部入驻。

5. 加快旅游业发展步伐，建设中原旅游集散中心

郑东新区发展旅游业具有得天独厚的优势条件，做大做强旅游产业，实现旅游业的集聚发展，建成中原地区旅游集散中心是率先建成"三化两型"新城区的重要内容。应发挥优势，重点开发都市观光游、金融商务游、水上旅游、休闲度假娱乐游、购物游、大学科普游、历史文化游等主题旅游产品，打造特色综合性旅游目的地，打响郑东新区独特的旅游品牌。要编制郑东新区旅游业发展规划，加强旅游基础设施建设，规划建设全省旅游集散中心和旅游服务中心，把郑东新区发展成为国内领先和中部地区最大的都市观光旅游示范基地。力争到 2016 年，郑东新区旅游业游客人次、直接收入、综合收入达到郑州市区的 50%。

（1）形成"三带、五区、六品"的旅游产业体系。郑东新区旅游业的总体布局为："三带、五区、六品"。"三带"，即 CBD 至龙湖的运河带、CBD 到龙子湖的运河带、金水东路至高铁新客站观光带。"五区"，即五大主题旅游区：CBD

如意湖景区、龙湖景区、龙子湖景区、高铁新客站景区和森林公园景区。"六品"，即六大系列旅游产品：都市观光产品系列、水上旅游产品系列、休闲度假旅游产品系列、商务游产品系列、游憩购物产品系列、文化科普产品系列。

（2）重点建设五大主题旅游区。五大主题旅游区重点开发市政观光、商务会展、文化休闲、游憩购物、游船等水岸休闲旅游产品，建成我国中部地区最具代表性的现代都市旅游中心。第一，CBD 商务休闲旅游区，郑东新区旅游核心区域（一级旅游区域）。重点开发商务会展会议、观光考察、游艇、游船等水岸休闲旅游产品，建成最具特色的商务休闲区。第二，龙湖休闲度假娱乐旅游区，郑东新区旅游核心区域（一级旅游区域）。引进和建设大型旅游休闲度假项目和品牌，依托独特的龙湖水系建成娱乐休闲、运动休闲、森林生态休闲和综合性度假中心。第三，高铁新客站综合购物旅游区，郑东新区旅游核心区域（一级旅游区域），重点发展购物和娱乐旅游产品，建设全省旅游中转集散中心和旅游服务中心。第四，龙子湖高校科普文化旅游园区，郑东新区旅游次重点区域（二级旅游区域），重点发展科普教育文化旅游产品。第五，森林公园景区，郑东新区旅游核心区域（一级旅游区域），重点发展生态体验、动植物观赏、休闲娱乐旅游产品。

（3）重点打造六大系列产品。第一，都市观光产品系列。作为郑东新区旅游业基础性旅游精品开发，重点推进 CBD 等地区的精深化开发，包括对主要市政基础设施、标志性景观点和城区风貌旅游功能的二次开发和主要景观点周边区域的配套开发。注重文化元素的融合，提高景观点的文化附加值，营造独特的文化氛围。第二，水上旅游产品系列。应作为未来几年旅游业亮点和新的增长点进行系统开发，积极推进"龙湖和运河开挖"，重点开发"游船、游艇"产品。第三，游憩购物产品系列。充分发挥零售商业、旅游与文化之间的互动关系，以旅促商、以商带旅，形成适应消费时尚的特色旅游产品。重点打造两大游憩购物区（RBD），即 CBD 个性商业中心、新客站批发商业中心。第四，商务游产品系列。开发各大银行总部、企业总部、行政机关、要素市

场等商务游。第五，度假休闲、娱乐休闲、运动休闲旅游产品系列。重点打造龙湖、龙子湖、如意湖及运河带。第六，大学科普文化产品系列。CBD会展中心、艺术中心；各类博物馆、艺术馆、科技馆、中医药博物馆、地质科普馆等人文游；各类大学及科研机构等景观游。

（4）加强酒店业的配套建设。配套设施完备的酒店服务业是旅游业发展的重要保障条件。目前郑东新区宾馆酒店的数量、规模和档次都不能满足旅游业快速发展的需要，加强酒店业的规划、建设和管理势在必行。应借鉴浦东新区等地先进经验，尽快编制《郑东新区宾馆酒店业专项规划》，加快酒店业建设步伐，支撑旅游业的快速发展。

6. 培育发展文化娱乐产业，建设文化创意产业基地

对中原文化的继承、创新和发展是郑东新区概念规划的核心要义之一，郑东新区具有发展文化产业的天然优势条件，弘扬古典文化、彰显中原文化、汇聚世界文化、发展现代文化是建设文化郑东新区的必然要求。培育、发展、做大做强文化娱乐产业是郑东新区率先建成"三化两型"新城区的重要内容。应规划建设若干特色文化产业园区，重点发展传媒产业、出版产业、演艺娱乐产业、动漫创意产业和职业技能培训产业五大文化产业，尽快建立文化创作、制作、展示、交易、流转基地，繁荣文化要素市场。积极发展动漫、网络游戏、高科技影视后期制作、产品工业造型设计等创意经济。将郑东新区辟为"河南省文化产业改革发展实验区"，制定超常规的配套扶持政策措施，力争2012年文化创意产业增加值占生产总值比重达到5%以上。

（1）传媒产业。借鉴中央电视台搬迁的经验做法，在郑东新区（建议在金水东路与新107辅道交会处）规划建设新的河南电视台建筑群，依托《梨园春》《武林风》等精品栏目，将河南电视台打造成全国一流电视台。依托河南电视台组建"河南影视传媒集团"。加快河南报业集团传媒大厦、郑州市广播电视中心等重点项目建设。抓紧推动郑东新区影视城（影视要素市场）的规划建设，吸引国内外影视机构在此集聚，逐步形成传媒产业集聚区（生产制作基地）。

（2）出版产业。做大做强河南省出版集团，提高创新能力，加快跨地区、跨行业、跨媒体经营步伐，建设成为多媒体经营、编印发一条龙、产供销一体化的大型现代化出版集团。依托省出版集团的优势，将省内主要出版社全部引入郑东新区，同时引入省外出版社在郑东新区建立基地，逐步在郑东新区建立出版产业基地。大力开辟网络、游戏、动漫等电子出版新领域，实现出版业向多媒体、网络化的转型。

（3）演艺娱乐产业。高起点创意和发展具有新区特色的文化和娱乐业，要充分利用现有河南艺术中心、如意湖和水系等设施条件，借鉴国内外先进经验，打造诸如新区交响乐之夜、新区夜景观光游、河南重大文化题材作品展演（如少林禅宗大典、大河秀典、京都梦华等）、新区国际服装节、国际模特大奖赛、国际鉴赏艺术节等可以长期坚持的原创性文化品牌节目，逐步培育出具有郑东新区特色的演艺节目和演艺品牌。面向全球实行国际招标，规划建设创意一流、设施一流和服务一流的主题娱乐公园。推动武术文化的娱乐化，依托少林寺和塔沟武校等机构在郑东新区规划建设"少林武术大厦"。把新区建设成河南乃至中部地区真正意义上的演艺娱乐中心。

（4）动漫创意产业。设立"动漫创意产业园区"，规划建设"动漫主题公园"。制定配套优惠政策，吸引国内外知名动漫企业和品牌落户郑东新区。设立专项扶持资金，扶持国内外优秀动漫人才在郑东新区创业，发展具有自主知识产权的动漫游戏和文化创意产业，形成后发优势。

（5）职业技能培训产业。积极引进国内外知名商学院等专业培训机构，形成与现代服务业、大郑东新区开发相适应，学校、企业和社会化职业培训机构相结合的职业教育和培训产业，在高校园区和科技园区形成大学和培训机构集中发展的区域。

7. 加速发展研发与创意设计产业，建设生产性服务业基地

科技是第一生产力，创新是发展的不竭动力。发展壮大研发产业是郑东新区强化龙头辐射带动功能、率先建成"三化两型"新城区的重要支撑。

（1）引进各类研发机构集聚郑东新区。一是要引进国家级科技研发机构入驻郑东新区，制定特殊政策，吸引中科院、中国农科院、中国林科院等国家级科研院所和知名大学的科技开发机构入驻郑东新区。二是要引进省市所属科技研发机构入驻郑东新区，建议省科学院通过土地置换搬迁至郑东新区，兴建新的科技馆大厦和河南省科技交易市场。鼓励省直机关所属的科技研发机构、省内大学的科技开发机构入驻郑东新区。三是要大力引进国内外大型企业和民营科技研发机构入驻郑东新区。

（2）优化空间布局，强化科技支撑功能。鉴于科技研发产业的重要地位和现有科技园区空间狭小的实际，应采取有力措施优化空间布局，将原来规划的"高校园区"和"科技物流园区"合并为"河南省科技研发创业园区"，并升格为省级科技研发创业园区，拓展科技研发产业的空间范围，促进高校、科研机构和研发产业一体化发展。

8. 提升发展房地产业，建设中部地区宜居之地

房地产业是城市建设和繁荣的基础性产业，也是率先建成"三化两型"新城区的重要基础。应继续加强对土地供应的宏观调控力度，完善土地储备和"招、拍、挂"制度，加强房地产市场管理。优先发展具有标志性的商务办公楼宇，重点发展有市场、高品位、高档次的住宅商品房，稳步发展并提升专业市场商业用房，超前规划建设公用基础设施楼宇，适度开发符合外来务工人员居住需求的小户型住宅。按照"优化布局、结构升级、提高档次、有序开发"的总体思路，节约土地资源，提高开发强度，进一步提升房地产业的质量、规模、结构和品位，使之继续成为郑东新区重要的支柱产业。

（1）开发建设标志性商务办公楼群。抓住大郑东新区规划建设启动的机遇，加快 CBD、CBD扩展区、龙湖地区、高铁新客站商业区、金水东路、中州大道的高档办公商务楼宇建设，为总部经济和行政中心提供强有力的支撑。促进有关重要机构搬迁至金水东路，形成新的行政中心区。商务办公楼宇一般不低于 30 层，在重要节点规划建设若干 50 层乃至 100 层的标志性建筑。

（2）开发建设高品位商品住宅小区。商品住宅小区的布局和开发要服从、服务于郑东新区各主体功能区核心功能的发挥。坚持"优化布局、生态宜居、节能环保、有序开发"的原则，在龙湖周边规划建设适宜企业高管、高级技术专业人才和社会精英等居住的高品质商品住宅，开发建设生态型国际化商住小区。形成错落有致、间布大片绿地的高层住宅楼群。严格控制多层住宅，以"两高"（高层、高品位）为标准进行规划建设，适度提高开发强度。不宜在高铁商业中心周边布局商住小区，不宜在郑东新区布局经济适用房和廉租房住宅小区。

二、建设现代化基础设施

1. 以构建综合立体交通枢纽为重点，加快现代化基础设施建设

交通是城市最重要的基础设施，现代化交通是郑东新区发挥龙头带动辐射功能的基础和前提，超前实现交通现代化是郑东新区率先建成"三化两型"新城区的重要保证。要以高铁综合交通枢纽、快速公交系统、快速轻轨系统、水运旅游专线网络等为建设重点，加快高铁综合交通枢纽建设，推进郑东新区内部的快速轨道交通体系和大容量快速公共汽车运营系统（BRT）建设，构建以轨道交通和快速公交为主体的现代化交通体系。力争 2016 年轨道交通和快速公交出行比例达到 50%，基本建成现代化立体交通体系。

（1）优化路网结构。重点建设和完善道路网、地铁网络、高架轻轨网络、城际铁路网络、水运网络等交通网络，形成各运输网络通达便捷、衔接紧密、相辅相成的立体路网体系。郑东新区与老城区、大郑东新区、中原城市群之间实现交通连接一体化和现代化。

（2）加强公共交通与客运体系建设。建立以大运量公共交通为骨架，系统化、高效率和便捷集散、联系紧密、换乘方便的新区对内、对外一体化的综合交通设施网络和运输体系。坚持公共交通的优先发展政策，建立起以地面公共交通和快速轨道交通为骨干、融个体交通（步行、自行车、小汽车等）为一体的、多元化协调发展的综合客运体系，形成多平面、多方式间良好的换乘系统。

（3）加快高速铁路新客站综合交通枢纽建设。高铁新客站是郑东新区综合交通枢纽建设的核心工程，应坚持"科学论证、超前规划、一次设计、分步建设"的原则，统筹协调省、部、市各方面力量，形成合力，加快工程进度，努力建成国际一流水平的现代化综合交通枢纽，以此带动郑汴新区、中原城市群的跨越式发展。

（4）推进环线快速轻轨的规划建设。电气化轻轨是现代化大都市的主要客运方式。快速轨道旅游环线应全程高架。CBD 内环路—运河—龙湖环路—运河—龙子湖—"高铁商业中心"—"大东专业批发市场"，转向经济技术开发区和九龙国际物流园，沿中州大道环形连接 CBD。

（5）连接高铁新客站与航空港磁悬浮高铁专线的规划建设。借鉴上海浦东新区磁悬浮高铁专线建设的经验，高起点高水平规划建设"连接高铁新客站与航空港的磁悬浮高铁旅游专线"，使航空港和高铁综合交通枢纽形成无缝对接，达到国际先进水平。

（6）建设水运旅游专线网络。郑东新区范围内不仅有"三河一渠"金水河、七里河、熊儿河和东风渠，还有新开挖的"东西运河"昆丽河、"南北运河"如意河，共同形成环抱城区的生态水系走廊。"三河一渠"、两条运河、三座湖泊首尾相连，构成的生态景观水系在全国城市中独一无二，应深度进行功能开发，超前规划，建设水运旅游专线网络。

（7）推进交通管理现代化。加快建设郑东新区区域交通控制系统和公交优先、停车管理等智能交通系统，多方面提高交通管理的现代化水平，最大限度地发挥道路交通设施的运行效率。解决停车难问题，停车设施的配套建设必须适度超前，一步到位。

2. 以数字郑东新区建设为核心，推进信息化跨越式发展

信息化是加速现代化的"催化剂"，是率先建设"三化两型"新城区的重要基础。"数字化新城区"基础设施建设的具体标准是实现有线宽带城域网、无线宽带城域网、移动数字电视网和移动多媒体网的"四网融合"，同时全面实现对整个郑东新区的无缝隙网络覆盖。应以促进发展

模式转型为总要求，以建设"数字郑东新区"为总体目标，按照"统筹规划、突出重点、分步实施、务实创新"的基本思路，坚持国际一流，国内领先、高水平、高品位的基本原则，以城域网和数据库建设为基础，以电子政务、电子商务、公共服务信息平台、城市管理和应急指挥系统为重点，以数字社区、数字路网建设为突破口，全面建成高度网络化的、内外网统一的"数字化新区"，把郑东新区建设成为区域性信息中心和全国一流的信息化强区。

（1）电子政务——实现行政管理服务信息化。以政府的核心业务流程为主线，以政府业务流程改造和优化为重点，以提高政府工作效率和强化公共服务为目标，加强公共服务、社会管理、综合监管和宏观调控信息化建设，提高决策能力、管理能力、应急处理能力和公共服务能力。建设新区统一的电子政务传输网络，建设政府综合门户网站、机关业务管理系统、领导决策分析信息系统、城市运行指挥平台、城市管理与公共服务信息平台、公众综合信息服务系统、政府应急指挥系统、信用系统、审批服务系统和电子监察系统。建设新区基础性重点信息资源数据库。

（2）电子商务——实现现代服务业信息化。重点发展专业性电子商务平台。一是建设电子商务系统的支撑体系，加强信用体系、标准体系、安全认证、在线支付和现代商业物流体系等方面的建设；二是鼓励企业开展电子商务应用；三是搞好电子商务技术和服务工作，重点发展电子商务相关技术装备和软件，推动电子商务服务体系建设。充分发挥好商贸中心的区位优势和"中华粮网"等电子商务网站的纽带作用，协同九龙国际物流园，搭建和完善粮食、特色农副产品、农资、建材、电器等商品领域的专业性电子商务交易平台和物流电子交易平台，服务中原、辐射周边和网络全国。

（3）社会公共服务信息化。紧紧围绕构建和谐郑东新区，优先推进城市服务、交通、治安、教育、卫生、文化、社会保障等社会事业领域的信息化步伐，加强"数字社区"建设，完善东区路街电子标识系统，建立标准统一、功能完善、安全可靠的公共信息平台。

（4）大力发展信息服务业。重点扶持发展信息咨询服务企业、信息决策分析企业、信息技术应用推广企业、信息存储加工代理托管企业、信息技术产品租赁企业、客户服务企业、系统集成顾问企业和应用软件开发企业等。

（5）加强信息化基础设施建设。形成有线宽带城域网、无线宽带城域网、移动数字电视网和移动多媒体网的"四网融合"，全面实现对整个郑东新区的无缝隙网络覆盖，完成政务网建设、公众网建设、信息中心（指挥大厅、数据中心、数字集群等）建设及网络安全建设。

3. 坚持加强生态文明建设，打造环境友好型和资源节约型新城区

加强生态新区建设是率先建成"三化两型"新城区的核心内容。郑东新区在规划之初就引入的生态城市、新陈代谢城市和"生态宜居、生态和谐"等理念，今后应继续遵循这些先进理念，以绿地系统、生态水系、城市景观、公共设施及居住小区为重点，积极推广节能、节材、节水、节地及环保新技术，到2016年建成国家级生态型新区。

（1）加强郑东新区绿地系统规划建设。为了突出和谐共生的生态建设理念，郑东新区绿地系统规划以绿环围绕、绿线穿插、绿点均布为布局特色，形成"六环相生、绿廊相连、六心镶嵌、多点均布"的绿地结构，实现"碧水与长天一色、自然与城市共生"的景观形象。做足做好森林公园的文章，打造郑东新区生态建设的亮点，把森林公园建成国内一流的市区森林公园，成为郑州的"绿肺"。

（2）加强郑东新区生态水系规划建设。以龙湖区和与之相连的河流构成覆盖郑东新区，连通整个郑州市和周边地区的河网水系，并以此为依托，构架城市的绿化系统和生态系统。加快龙湖水系的开挖，强化"三河一渠"的治理，形成亮丽景观。尽快开挖"东西运河"昆丽河、"南北运河"如意河，共同形成环抱城区的生态走廊，形成新的生态旅游景观带。

（3）优化郑东新区城市景观建设。强化景观建设中的文化意识、生态意识、个性时尚意识、整体意识和科技意识，以建设"生态型园林、生态型社区"为重点，进一步完善植物配植，增加

常绿植物比重，开展利用河水、湖水和中水进行绿化灌溉的可行性研究，加快新材料和新设备的推广使用。

三、优化空间布局

1. 优化"双核、双带、双园"空间布局

郑东新区规划建设以来，外部环境发生了重大变化，表现在以下三个方面：第一，从国家层面上来讲，先后实施了"中部崛起战略和中原经济区战略"，中部地区和河南省在全国的地位凸显；第二，从河南省层面上来讲，中原经济区加速发展，实施中心城市带动战略，郑州作为中原经济区的中心城市，在全国和全省的地位快速提升，被定位成"中部地区重要的中心城市"，城市人口正在从百万级向千万级快速发展；第三，从郑州市层面上来讲，实施都市区发展战略，提出了7城10组团的超级城市框架结构，郑州新区和郑汴新区规划实施，郑汴一体化以及中原城市群一体化加速推进。也就是说，郑东新区的外部环境、空间布局与结构发生了重大而深刻的变化，郑东新区必须进行空间布局的调整和结构优化，以适应新的变化，并在新的变化调整中居于主动主导地位。

空间布局与结构优化并不是对最初概念规划的颠覆，而是需要根据新的发展大趋势，对原有规划进行调整、优化、完善、丰富、充实、加强和提升。

根据中原经济区国家战略总体要求，按照郑州都市区、郑州新区以及郑东新区总体规划布局框架，综合考虑自然禀赋、地理条件和发展大势，坚持以"双核"为龙头、"两带"为纽带、"双园"为基础，逐步优化完善"双核、双带、双园"的总体布局。

（1）强化"双核"的龙头带动功能。"双核"是指郑东新区两个核心区，一个是CBD中央商务区，另一个是郑州东站综合交通枢纽，也是带动郑东新区发展的两个发动机。下一步，要按照国际标准完善提升CBD功能，要按照国际标准稳步推进郑州东站综合交通枢纽建设。①CBD重点发展集金融、总部经济、会展、文化创意、娱乐休闲、都市旅游等多功能于一体的高端服务业，成为郑州金融中心建设的核心区域。

②郑州东站综合交通枢纽区域逐步形成"中原国际旅游集散中心"和"高端商贸中心"。

（2）提升"两带"的纽带辐射功能。"两带"是指"行政文化带"和"高端物流总部经济带"。①沿金水东路布局"行政中心"和"文化创意中心"。②沿商都路建设"高端物流总部经济带"，在功能上与京珠高速以东的九龙物流园实现差异化发展和配套发展，主要布局物流企业总部（包括行政中心、决策中心、控制中心、资本运作中心、技术研发中心和信息中心等功能），还要与比邻的国家经济技术开发区、出口加工区、保税区、航空港区以及郑汴新区配套发展，服务好中原经济区，发挥好支撑功能。

（3）放大"双园"的基础支撑功能。"双园"是指"龙湖园区"和"龙子湖高校园区"。①龙湖园区包括 CBD 副中心、龙湖周边、南北运河，是 CBD 支撑区，是一个综合功能区，重点发展国际金融、数字经济、都市旅游、高端商务、健康产业、文化创意产业等，建设成为"四大基地"，即都市旅游基地、健康产业基地、文化创意基地、高端商务总部基地。②龙子湖高校园区是一个特殊功能区，建设成为"两大基地"，即高层次人才培养基地和文化创意基地。

2. 完善产业布局

强化重点开发区域优势整合，承载"中心"功能，促进现代服务业和战略性新兴产业发展，推进重大战略和项目实施，在区域联动发展中拓展核心枢纽功能和综合服务功能，提升产业核心竞争力。

金融产业布局：紧紧围绕"中部地区金融中心"建设这个大目标，提升产业发展层级，突破重点领域，在中西部地区乃至全国取得一定的比较优势，带动全局发展。主要布局在 CBD 中央商务区、南北运河两岸以及 CBD 副中心龙湖地区。

总部经济布局：紧紧围绕"中部地区总部经济中心"或总部基地建设这个大目标，加大招商引资力度，提升总部发展层级，突出重点领域，加快形成规模优势。主要布局在 CBD 中央商务

区、CBD 副中心及龙湖地区，沿商鼎路布局高端物流商务总部。

旅游产业布局：在郑州东站综合交通枢纽地区建设"中原国际旅游集散中心"，在 CBD 发展都市旅游，在 CBD 副中心重点发展休闲旅游。

会展业布局：紧紧围绕"中部地区国际会展中心"建设这个大目标，整合资源，突破重点，改革创新，开放搞活，配套发展。主要布局在 CBD 和商鼎路高端商贸物流发展带。

商贸物流产业布局：紧紧围绕"中部地区现代化商贸中心"建设这个大目标，深度开发商贸服务业。在郑州东站周边及商都路发展批发商贸物流；在 CBD 发展高端体验购物商业，在 CBD 副中心发展休闲商业。建设"国家级、省级、市级、园区级、社区级别"五级商贸物流网络，完善商贸物流配套服务功能。

文化创意产业布局：紧紧围绕"中原文化创意产业基地"建设这个大目标，培育发展创意文化产业。主要布局在金水东路东段和龙湖园区，创建"金水东路文化创意产业园"和"龙湖文化创意产业园"。积极推动文化及创意产业大发展，重点发展数字出版、网络视频、网络游戏、动漫等以信息网络技术、设计研发等为依托的新兴文化产业，加快发展广播影视、文化演艺、休闲健身娱乐等与市民需求密切相关的文化消费服务业，大力发展以广告会展、市场咨询、文化经纪等为主的文化商务服务业，积极培育以文化要素市场、文化服务市场、文化商品交易市场为主的综合性文化市场。

健康产业布局：紧紧围绕"中部地区健康产业基地"建设这个大目标，加快医疗关联产业集聚发展。主要布局在龙湖地区，在龙湖南区创建"龙湖健康产业园区"。

房地产业布局：平稳发展房地产业，带动相关产业发展。加快重点区域商务楼宇开发建设，协调推进商品房和保障性住房建设。加强房地产市场监测，优化土地供给，规范市场交易，促进房地产业持续健康发展。

构建郑州超级城市的框架体系（2007 年）*

引言

国际国内的发展经验表明，超级城市在工业化、城市化、现代化进程中，在区域经济的跨越式发展中，居于核心、中心、龙头和领导地位，具有中心点、增长极、辐射源、集散地的功能，超级城市具有规模巨大和功能强大两个最基本的特点。

河南省是全国第一人口大省，是全国第五经济大省，目前全国人口超过 500 万的超级城市有十几座，而河南省却没有一座，这与其经济大省地位不相称，这对河南省向经济强省跨越、加速中原崛起、促进中部崛起等都将产生不利影响。从全国区域经济发展战略的大局出发，客观上需要郑州成为国家级乃至世界级的超级城市。

那么，有两个问题需要回答：一是郑州能否成为国家级乃至世界级的超级城市？二是把郑州发展成为国家级乃至世界级的超级城市的路径怎么走？需要在哪些方面率先突破？本文试图对以上两个问题作出初步的回答。

一、超级城市的内涵及研究进展

（一）超级城市的有关研究结论

美国学者麦金利·康维（McKinley Conway）在《未来学家》（*The Futurist*）杂志 1999 年 6~7 月上发表的《未来的巨大城市》一文，提出了"超级城市"（Supercity）的概念。超级城市是指具有下列三项条件特征的城市地区：一是人口超过 100 万；二是能够可持续地满足居民的物质和社会需求；三是拥有健康和充满活力的经济环境，能够创造、吸引和培育可产生足够就业机会和财政收入的经济投资。未来超级城市必不可少的 10 个因素为：水源；国际机场；与腹地的交通联络；圆顶体育场；技术中心；通信中心；公共交通；垃圾处理；绿色基础设施；新的政治机制。

（二）"世界城市"的有关研究结论

在国际化城市研究中，也经常遇到"国际大都市""世界城市""国际城市"和"全球城市"四个术语，它们基本上统属于一类性质。

（1）定义。"世界城市"（World City）或"全球城市"（Global City）概念的起源可以追溯到 1915 年，它最初是苏格兰城市规划师格迪斯（Pat-rick Geddes）在《进化中的城市》中提出的一种理论构想。1966 年，英国地理学家和规划师彼得·霍尔（Petter Hall）在《世界城市》（The World Cities）一书中对这概念做了经典的解释。"全球城市"，一般与巨型城市（MegaCity）相对应。"全球城市"（Global City），又称"世界城市"，指在社会、经济、文化及政治层面直接影响全球事务的国际第一流大都市，如伦敦、巴黎、纽约、东京等。

（2）特征。对于世界城市（或全球性城市），可以从城市规模（如人口数量）和城市功能两个方面进行认识。早期的传统研究是以巨型城市（Mega-City）为论述的对象，巨型城市首先有着非常庞大的人口集聚体，早在 1992 年，根据联合国分类的 13 个巨型城市就都超过了 1000 万人。"巨型城市是全球经济的焦点，它集中了全世界的指挥、生产与管理的上层功能，媒体的控制，真实的政治权力，以及创造和传播的象征能力"。全球城市一般都是巨型城市经济全球化的产物，具有以下特点，即国际性、为人熟

---

* 本文发表于河南省人民政府发展研究中心《调研报告》2007 年 7 月 20 日第 2 期（总第 687 期）。

知；积极参与国际事务且具有影响力；相当大的人口（都会区中心至少要有100万人口，典型的要几百万）；重要的国际机场；先进的交通系统；城市要设有国际文化和社区；国际金融机构、律师事务所、公司总部（尤其是企业集团）和股票交易所，并对世界经济起关键作用；先进的通信设备；蜚声国际的文化机构，如博物馆和大学；浓厚的文化气息；强大而有影响力的媒体，放眼世界；强大的体育社群。

（3）评价标准。美国学者弗雷德曼（Friedman）在1986年提出了7项指标来衡量世界城市：主要的金融中心；跨国公司总部所在地；国际性机构集中度；第三产业的高度增长；主要制造业；世界的重要交通枢纽；城市人口。

20世纪90年代以来，我国国内对"国际化城市"的研究在都市研究领域也成为了热点。我国不少城市纷纷打出了建设"国际化城市"的旗帜。根据统计，到2004年，全国663个城市中，有183个提出了建设"国际化大都市"的战略目标。其中，除上海、北京外，几乎包括了所有的省会城市和直辖市。

（三）启示

以上关于超级城市和世界城市的研究结论对我们研究郑州超级城市具有重要的借鉴意义，是我们研究的重要基础。超级城市的研究重点在于城市规模，世界城市的研究重点在于城市功能，世界城市毫无例外的都是超级城市，这说明必要的人口规模和经济规模是城市发挥作用的基础条件，世界城市是在经济全球化大背景之下的超级城市国际化的功能延伸。

根据以上研究结论，结合我国的具体情况，本文将超级城市的定义和分类如下：①"一般的区域性超级城市"为市区人口超过100万人的城市，目前我国市区人口超过100万的城市有113座；②城市市区人口达到500万以上的城市为"国家级超级城市"，目前我国市区人口超过500万的城市有十几座；③城市市区人口达到1000万以上的为"世界级超级城市"，目前我国市区人口超过1000万的城市有上海、北京、重庆等。

本文的具体研究目的是探讨郑州市如何才能成为500万人口以上的"国家级超级城市"，最终成为1000万以上的"世界级"超级城市。本文研究郑州超级城市的思路是以人口规模为切入点和主线，首先对郑州建设超级城市的可行性进行论证，然后进一步深入研究郑州市的城市布局和结构体系，最后提出构建郑州超级城市的突破口——推进行政区划调整、实施强镇扩权。

二、郑州发展成为超级城市的可行性分析

（一）必要性

1. 经济强省需要郑州成为超级城市

河南地处中原，是近1亿人口的中国第一人口大省，目前河南省的城市化率仅为30.7%，远低于全国的43%，加快河南省的城市化和工业化进程需要特大城市的支撑，特别需要超级城市的带动。河南省是继广东、山东、江苏、浙江之后的第五经济大省，但是由于河南省人均GDP仅排全国第18位，尚称不上经济强省。为此，河南省委提出要实现向经济强省跨越的战略目标。我国的前四位经济强省的共同特点是人均GDP高、城市化率高并拥有超级龙头城市，河南省要真正实现向经济强省的跨越，也需要一个超级龙头城市来带动。

2. 中原崛起需要郑州成为超级城市

尽管近几年河南省经济发展较快，但是在全国区域经济大格局中的地位仍然不够突出，其中一个重要原因就是中原城市群的核心城市郑州市，综合实力较弱，作为增长极的辐射力、带动力和影响力较弱，河南省在全国竞争力不高的原因是郑州还不够大、不够强。根据区域经济发展的一般规律，区位优势明显、资源条件优越、发展潜力巨大的郑州应当优先做大做强，成为带动中原崛起的火车头。换言之，郑州兴则河南兴，中原崛起重在郑州崛起；要实现中原崛起，郑州须率先实现崛起。"郑州崛起"的规模、层次和速度将决定中原崛起的规模、层次和速度，进而影响中部崛起的进程。应尽快实现郑州突破性的大发展、大跨越和大飞跃。"郑州崛起"的目标就是要成为"超级中心（龙头）城市"。"郑州崛起"是一个历史性的战略任务，是中原崛起的核心和中心，是一项事关河南省发展战略全局的

政治任务。

2005年时任河南省委书记徐光春同志在视察郑州时，从战略全局的高度对郑州市的发展方向作出重要判断："中原崛起看郑州，看郑州，要看郑州的'六个力'，即发展力、辐射力、带动力、创造力、影响力、凝聚力。"目前，郑州市市区经济规模和人口规模较小，在全省的首位度低，要发挥好郑州市的"六个力"就必须把郑州建设成为超级城市，为此应尽快扩张经济和人口规模，形成超级城市的框架体系。

3. 中部崛起战略需要郑州成为超级城市

经济带的兴起是区域经济发达的重要表现，每个经济带一般都有超级龙头城市带动和支撑。我国主要有四条经济带，分别为沿海经济带、长江经济带、京广经济带和陇海经济带，其中沿海经济带有人口超过500万的超级城市6个，沿江经济带有4个，京广经济带有3个，而陇海经济带上只有西安市1个。郑州市居于京广经济带和陇海经济带的交汇处，把郑州市建设成为"国家级"的超级城市可以带动中部和西部两大经济带的发展。从空间距离上来讲，沿京广线近2000公里，目前只有北京、武汉、广州三个超级城市，郑州的加入可使超级城市之间的间距达到600公里左右，这样的间距是适宜的。在陇海线的2000多公里上目前只有一个超级城市，把郑州发展成为新的超级城市是陇海经济带发展的客观需要。

中部崛起是我国区域经济发展的重大战略调整，但是中部地区在全国的竞争力较弱，其重要原因是缺乏超级中心（龙头）城市，这正在制约着中部崛起的进程。从区域经济发展的一般规律来看，任何一个大区域经济的振兴都离不开超级龙头城市的辐射带动，离开超级龙头城市来谈中部崛起几乎是不现实的。中部地区目前虽然已经初步成长起来了中原城市群、武汉城市圈、长株潭城市群等经济发展高地，但缺乏类似于上海、香港、北京那样的超级城市增长极。可以预见，超级龙头城市崛起之时就是中部崛起之日。郑州和武汉坐落在东西、南北双向经济带的交汇处，武汉已经成为超级龙头城市，郑州也都具备成为超级龙头城市的潜力，相比而言，郑州的影

响区域范围要更大一些，战略地位更加重要。郑州是欧亚大陆桥的桥头堡，与大西北的陕西、山西、甘肃、宁夏、青海、新疆、西藏、内蒙古八省区紧密连接，所以，从国家大的战略布局优化来看，把郑州打造成中国重要超级龙头城市和经济增长极，不但可以带动中部崛起，还可以带动我国西部大开发、西北振兴和丝绸之路的繁荣。

（二）可能性

1. 现实依据：强劲的发展势头

郑州是全国第一人口大省的省会。2005年实现生产总值1661亿元，约占全省的16%，综合经济实力在中部地区六省中仅次于武汉市而居第2位；地方财政收入与武汉市基本持平；人均储蓄存款居中部地区六省中心城市第1位。近年来，郑州市经济发展的活力和潜力比较明显地居于中部地区前列。以郑州为中心的九大城市构成中原城市群，其人口总量、经济规模和实力在中部地区三大城市群中均居首位，同时中原城市群的一体化建设和发展步伐正在加快，正在成为我国重要的经济增长极，郑州作为中原城市群的核心已经具备了成长为超级中心（龙头）城市的基础条件和潜力。从发展趋势来看，郑州市经济总量已由改革开放初期不足武汉市的1/3，发展到目前武汉市的3/4。可以预见，郑州未来赶超武汉的可能性很大。

2. 规划依据：超级城市的目标已经确立

（1）《郑州市全面建设小康社会规划纲要》。2012年中心城区人口达到400万人，到2020年达到500万人。

（2）最新的《郑州市城市总体规划（2006～2020年）》。到2010年，郑州市域内总人口将达810万人，城镇化率为65%。其中，中心城区总人口将达400万人。2020年，郑州市域内总人口将达1000万人，其中，中心城区总人口将达550万人以上。

3. 理论依据：超级城市发展的理论是成熟的

超级城市发展的理论基础是非均衡的城市空间布局与结构理论，例如增长极理论、大都市带理论、点—轴开发理论等。把郑州定位于超级中心（龙头）城市具有充分的理论依据。

（1）增长极理论。20世纪50年代法国著名

经济学家佩鲁提出了"增长极"理论，认为经济的增长首先出现在一些增长点或增长极上，一般是某些交通发达、资源密集和经济占有优势地位的中心城市，然后通过一系列的"子极"把"增长极"的经济要素向外扩散。增长极的作用机理主要体现在增长的三种效应上，一是支配效应，二是乘数效应，三是极化效应与扩散效应（或称溢出效应）。根据佩鲁的理论，在市场经济体制下，任何区域经济的发展都会自然地产生增长极即中心城市，例如我国沿海地区有"珠三角""长三角""环渤海"三大经济区，其最大的增长极和龙头分别为香港、上海和北京。在中部崛起战略中，应遵循区域经济发展的一般规律，积极主动地运用"增长极"理论，缩短我国中部地区增长极形成的时间并扩大增长极的正效应，郑州市最有实力、潜力和活力，并且将成为中部崛起中的强势增长极。

（2）戈特曼的"大都市带"理论以及"都市圈和城市群"理论。法国地理学家戈特曼（Gottman）于1957年提出了城镇群体空间发展理论"Megalopolis"（大都市带）。与戈特曼的"大都市带"理论紧密相联系的是"都市圈"理念，1951年日本学者木内信藏提出了"三地带"学说，其思想进而被发展为"都市圈"的理论，成为日本及许多西方国家城市发展的主要空间组织形式。"Megalopolis"有"都市圈""大都市带""都市带/都市连绵带""城市群"四种译法。"都市圈"和"城市群"暗含了"首位城市"的概念，"大都市带"是靠大都市带动的，整个区域由核心城市扩散、连接而成。大都市带是城市群或都市圈发展到高级阶段的空间组织形式，标志着城市化已进入高级的成熟阶段。我国已经出现了大都市带的雏形。广义的郑州都市圈就是指中原城市群，狭义的郑州都市圈主要是指由中心城区、综合卫星城和特色工业卫星镇构成的圈层结构体系。

（3）点—轴开发理论。1984年，中国科学院地理研究所陆大道研究员提出了"点—轴开发"理论。该理论以增长极理论和生长轴理论为基础，将两者有机地结合起来。点—轴系统的"点"即中心城镇，也是带动各级区域发展的中心城镇。点—轴系统的"轴"是点和点之间通过交通线路、动力供应线、通信线、水源供应线等相互连接起来而形成的，联结若干不同级别中心城镇而形成的相对密集的产业带或人口带。利用"点—轴开发理论"发展区域经济的思路是：①一国或一定区域范围内，要选择若干资源条件好、发展潜力大的重要交通干线经过的地带，作为发展轴予以重点开发。②在各个发展轴上，根据资源和区位优劣等状况，确定若干重点发展的点（增长极或增长中心城镇）。③根据各发展轴和增长极的经济发展资源要素状况，研究确定增长极和发展轴的等级体系，集中力量优先开发若干等级较高的发展轴和中心城镇，逐步扩散推广发展其他等级较低的发展轴和中心城镇。通过发展轴和中心城镇的建设和发展带动整个区域经济的发展。郑州市位于我国京广和陇海两大交通干线所形成的发展轴的交会处，在这里布局超级城市作为增长极符合点—轴开发理论，其辐射和带动作用最强。

4. 政策依据：国家的大政方针有利于超级城市发展

有关人士曾对全国城市用地按每平方公里创造的工业产值分析得到中等城市是小城市的6倍，大城市是中等城市的1.6倍，而特大城市又是大城市的5.5倍。城市规模与城市效益呈正相关的态势。也就是说，在一定的参数区间内，城市规模越大，则城市效益越高。50多年来，我国在城市发展的指导思想和方针政策上，历经曲折，从"非城市化政策"，到"严格控制大城市政策"，再到"鼓励发挥大城市的增长中心和龙头带动作用"。

第一阶段为改革开放前的计划经济时期（1949~1978年）。我国走的是"非城市化的工业化"道路，国家推进工业化，城市在国家控制下缓慢发展。

第二阶段为改革开放以后的体制转轨时期（1978~2000年）。这个阶段的最大特点是严格控制大城市的发展。城市发展方针从1978年提出的"控制大城市规模，多搞小城镇"，到1980年提出的"控制大城市规模，合理发展中等城市，积极发展小城市"，直到1990年把"严格控制大城市规模，合理发展中等城市和小城市"写入了《中华人民共和国城市规划法》。这二十多年，国家对大城市的发展规模一直是要求严格控制。1985年9月《中共中央关于制定国民经济和社会发展第七个五年计划的建议》中指出："坚决防止大城市过度膨胀，重点发展中小城市和城镇。"1991年4月批准的《中华人民共和国国民经济和社会发展十年规划和第八个五年计划纲要》中指出："城市发展要坚持实行严格控制大城市规模，合理发展中等城市和小城市的方针。"

第三阶段为市场经济体制完全确立的时期（2001）。随着市场经济体制的完全确立和完善，我国开始遵循城市化的一般规律，实施城镇化战略。2001年3月批准的《中华人民共和国国民经济和社会发展第十个五年计划纲要》指出："实施城镇化战略。走符合我国国情、大中小城市和小城镇协调发展的多样化城镇化道路。有重点地发展小城镇，积极发展中小城市，完善区域性中心城市功能，发挥大城市的辐射带动作用，引导城镇密集区有序发展。"2006年3月批准的《国民经济和社会发展第十一个五年规划纲要》中指出："坚持大中小城市和小城镇协调发展。要把城市群作为推进城镇化的主体形态，逐步形成以沿海及京广京哈线为纵轴，长江及陇海线为横轴，若干城市群为主体，其他城市和小城镇点状分布，永久耕地和生态功能区相间隔，高效协调可持续的城镇化空间格局。具备城市群发展条件的区域，要加强统筹规划，以特大城市和大城市为龙头，发挥中心城市作用，形成若干用地少、就业多、要素集聚能力强、人口分布合理的新城市群。"

郑州地处我国京广和陇海两大发展轴，把郑州建设成为超级中心（龙头）城市，以带动中原城市群的跨越式发展，加速中原崛起和中部崛起，这完全符合国家的城市化方针政策，并已经纳入国家的中长期发展规划之中。

（三）紧迫性（存在差距）

近年来郑州市的发展取得了巨大的成就，但是横向对比可以发现郑州市还存在明显的落后，例如，战略规划滞后，在中部地区并没有脱颖而出，在全国仍处于弱势地位，与周边城市相比差距依然巨大。

如何突破观念的瓶颈约束，按照超级城市的目标要求加大改革开放力度，推进跨越式发展。

1. 规划赶不上变化，不适应发展的新需要

郑州市城市规划太保守，上次规划的2010年目标在2005年就超过了。最新的规划没有考虑行政区划的调整，忽视了中心城区与卫星城镇的一体化融合发展，不适应郑州市跨越式的发展需要，不适应超级龙头城市发展的需要。2020年市区人口的规划目标为400万人（不含暂住人口），既不符合发展实际，也达不到国家级超级城市的目标。而郑州市周边的武汉市和西安市城区人口现在就已经达到了500万以上，按照现有的规划，郑州至少要落后近20年，在国内区域经济竞争中将始终处于被动地位。

2. 城市规模偏小，首位度偏低，带动力不足

从现实看，无论是经济总量、质量、结构、环境，还是地理位置、人才资源、城市功能，郑州都已具有核心增长极的一定条件和基础，但还没有成为具有强大主导作用的经济中心，郑州经济实力偏小，质量偏低、集聚和辐射能力不强的问题不容回避。一般来说，中心城市GDP占省级行政区的20%~35%，2005年郑州市GDP仅占河南省的15.6%。

3. 与中部地区其他中心城市相比发展优势不明显

郑州市生产总值在"十五"时期年均增速13.6%，在中部六省中心城市中居第5位；2005年郑州市生产总值仅为武汉市的74%，与长沙市相比并没有绝对优势。

4. 与周边城市相比仍处于相对弱势地位

在郑州市周边东西南北四个方向，郑州市的市辖区人口低于武汉、西安、济南，仅高于石家庄，其中武汉和西安已经是人口超过500万的超级城市。全市生产总值仅高于西安，市区生产总值仅高于石家庄。

5. 在全国仍处在弱势地位

2005年郑州市市区人口在全国排第24位，全市生产总值在全国排第25位，市辖区生产总值在全国排第29位，在全国中心城市的博弈中明显处于弱势地位。

三、郑州超级城市定位、发展模式、框架体系

（一）郑州超级城市的功能定位

1. 郑州城市功能定位的演变

共分四个阶段：第一阶段为"省会城市"阶段。在新中国成立之后近30年的计划经济体制下，郑州市主要起到政治文化中心的功能，尚起不到经济中心的作用。第二阶段为"商贸城"阶段。我国实行改革开放之后，市场经济规律逐步被认识、掌握和运用，为了发挥郑州的比较优势以带动整个经济发展，就把郑州市的发展方向定位为"商贸中心城市"。第三阶段为"工业强市"阶段。市场经济体制基本确立之后，驱动我国区域经济发展的动力是工业化和城市化，支撑城市发展的基础是工业，商贸城繁荣的基础也是工业。郑州商贸城定位在实践中遇到的最大困惑是，商贸的优先发展并没有带来工业和经济的快速成长。在这种情况下，郑州市果断提出"拉长工业短腿"的发展战略思路，从而使郑州市的发展摆脱了被动局面。第四阶段为"区域中心城市"阶段。进入新世纪，人们对郑州市的城市功能有了进一步的认识，提出发挥郑州市的区位和综合经济优势，把郑州市发展成为"全国区域性中心城市"。总之，郑州市在全国的地位处在不断上升的过程中，人们对郑州市的定位也在不断升级，这体现了对区域经济发展规律的认识和把握水平在不断提高。

2. 对"商贸城定位"的反思

随着改革开放的不断深入，区域经济逐步兴起，中心城市成为区域经济发展的龙头，中心城市的功能定位成为发挥龙头带动作用的关键。郑州市的比较优势主要是"交通和商贸"，所以，在改革开放初期较长的一段时间内，郑州市选择了"商贸中心城市"的发展定位。但是由于忽视了工业的发展，离开工业抓商贸，最后结果不但没有带来郑州市商贸的繁荣，反而使郑州市的商贸和工业在全国的地位都有下降的趋势。为了校正城市的发展方向，郑州市提出了"拉长工业短腿"的发展思路，进入新世纪的几年内，郑州市工业确实取得了较大的发展成就。实践证明，商贸城的定位不适应郑州市的现实发展阶段。理由

如下：第一，郑州市在大区域经济发展中的主要矛盾是首位度太低，郑州市生产总值约占河南省的16%，而武汉市约占湖北省的35%，首位度上的差距是巨大的，仅靠发展商贸难以提高郑州市在河南省的首位度。第二，商贸城定位的目的是想通过发展商贸带动工业的发展，但是由于郑州市商贸城的定位过于狭窄，商贸并没有带动工业的大发展，商贸与工业之间的良性互动并没有形成，商贸城定位让郑州市错过了工业发展的大好时机，这有悖于商贸城定位的初衷。对郑州市的城市功能进行准确定位是实现郑州市跨越式发展的重要前提条件。

3. 现有定位模糊不清，可操作性不强

国务院对郑州的定位是"区域性中心城市，现代商贸城"。河南省委、省政府在2006年公布的《中原城市群总体发展规划纲要》中对郑州市的定位是"河南省省会，中国历史文化名城，国际文化旅游城市，全国区域性中心城市，全国重要的现代化物流中心，区域性金融中心，先进制造业基地和科技创新基地"。《郑州市国民经济和社会发展第十一个五年规划纲要》对郑州市的定位是"把郑州建设成为全国区域性中心城市、全国重要的现代物流商贸城市、全国重要的交通通信枢纽城市和全国著名的历史文化名城"。

以上定位存在两个不足：一是"全国区域性中心城市"中的"区域"一词太模糊，是指中部地区或是中西部地区，或是指河南省省域之内，并不清楚。武汉市在实施中部崛起战略之后，及时把城市定位调整为"我国中部地区的中心城市"，非常清晰明确，这使武汉市确实得到了国家中部崛起政策的倾斜。根据郑州市的区位特点和综合优势，应该更明确地把郑州市定位为全国中西部地区中心城市，争取能同时享受到国家中部崛起战略和西部大开发战略的政策倾斜。二是对中心城市的内涵和重点把握得不全面，用一句话来解释就是，在经济上应把郑州市定位为"全国中西部地区的经济中心"。

4. 匡正郑州市的功能定位

城市的功能定位应遵循区域经济发展的一般规律，应借鉴国内外最新发展的先进经验，应体现改革和发展的创新思维，既要符合国家区域经

济的整体优化布局，又要有利于发挥比较优势。据此，郑州市的功能定位应调整为我国中西部地区的中心城市，即"经济中心"。具体包括"五大中心"，即交通物流中心、先进制造业中心、现代商贸中心、金融中心和总部经济中心。

以上"五大中心"功能之间是存在内在的逻辑关系的。一是"两大基础"，即"交通物流中心和新兴制造业中心"是"经济中心"的两大基础，也就是说"交通物流中心和先进制造业中心"是"经济中心"的必要条件，离开了这两个必要条件，"经济中心"就成了无本之木、无源之水。二是"三大引擎"，即"现代商贸中心、金融中心和总部经济中心"是"经济中心"的动力源，也就是说，这三个方面是发挥郑州市增长极和辐射带动作用的关键，把这三个方面搞活了，整体经济才能活起来，可以有效地带动先进制造业中心的发展并形成良性互动。

以上郑州市的功能定位具有三个特点。一是总目标明确，辐射和带动的范围为"我国中西部地区"，可以充分享受国家中部崛起和西部大开发战略的政策。二是重点突出了"经济中心"这个重点和核心。三是目标体系和支撑体系明确。"五大中心"既是总目标的分目标，又是实现总目标的支撑体系。

以上定位为郑州超级城市的发展指明了方向。目前我国中西部地区的四大经济中心城市武汉、重庆、成都、西安都是市区人口超过500万的超级城市，人口规模是构成中心城市最基本的要件，郑州市要成为我国中西部地区的中心城市，也必须发展成为人口超过500万的超级城市。

（二）超级城市发展模式和路径选择

1. 两种发展模式（见表1）

第一，"摊大饼"式的城区扩张。优点是循序渐进，逐步发展；缺点是空间布局优化困难。在工业方面，各类工厂随机布局，无序发展，难以形成集聚和集群效应，况且随着市中心建设用地的紧张，工厂需要不断向外搬迁，易造成资源浪费；在城市建设管理方面，易出现交通堵塞和环境污染等大城市病，城市运转效率降低。

第二，星系发展模式。顾名思义，就像太阳系一样，在中心城区周边布局若干卫星城镇，相互之间分工明确、特色鲜明、功能互补、交流通达。首先，中心城区重点发展服务业，特别是新兴的现代服务业，强化和完善服务业的辐射带动功能。同时，在中心城区周围沿重要交通干线布局星罗棋布的工业卫星镇和特别功能的卫星城。

目前我国的超级城市扩张基本上是以上两种模式的总和。第一种模式是历史的遗留问题，是一种落后的布局方式，不符合超级城市的发展方向；第二种模式体现了城市内部专业化分工和优化布局的基本原则，有利于产业集群化发展，有利于城市运转效率的提高，有利于城市辐射带动功能的增强。超级城市空间布局调整的实质是产业空间布局的优化。我国500万人以上的超级城市的发展基本上全都是采用的"星系模式"，例如4个直辖市（北京、上海、天津、重庆）所属的县（市）绝大部分都将区划调整为"特别功能区"（卫星城），这些超级城市从20世纪90年代初就开始实施工业大搬迁，即把中心城区的工业搬迁到外围的卫星城镇，中心城区主要发展新型的现代服务业和高新技术产业。

2. 两种模式的对比（见表1）

超级城市的空间发展和布局模式直接影响到其运转效率和宜居程度，星系发展模式具有许多优越性，已经被世界各国的超级城市广泛采用。

建议郑州超级城市也采用星系发展模式。

表1 两大发展模式对比情况

	"摊大饼"模式	星系发展模式
交通	工商业和居住区混杂在一起布局，交通流量大，交通压力大，易造成交通拥堵	网络化的交通四通八达。网络化的空间布局，产业工人在就近的卫星城镇居住可以减轻交通压力
环境	工业污染较重，空气污染较重，环境污染的治理成本较高	同类企业集中布局有利于集中治污，治污成本较低；空气污染小

续表

	"摊大饼"模式	星系发展模式
产业竞争力	企业随机布局,难以形成优势产业集群	同类产业集中布局,有利于形成具有特色优势的产业集群和先进制造业基地
建设用地	地域空间狭小,土地价格高,取得新土地难,企业进一步扩张发展受到较大的局限	地域开阔,土地价格较低,企业发展没有空间限制,可以自由扩张
生活成本	主城区居住成本等较高,不利于一般性产业工人的生活	卫星城镇住房成本低,适合农村转移到城市的新产业工人生活

3. 发展模式的选择

目前我国超级城市几乎全部采取星系发展模式,其最大的特点是将周边县(市)区划调整为"区",使之成为与主城区一体化融合的卫星城。例如武汉市周边的4个县(市)于10年前就全部区划调整为"区"(卫星城)。《武汉城市总体规划(2006~2020年)》把武汉市定位为国家历史文化名城,我国中部地区的中心城市,全国重要的工业基地、科教基地和交通通信枢纽。至2020年,武汉将构建由1个主城、11个新城(卫星城)、44个卫星镇组成的城镇体系结构,依托主城和新城还将联动发展13个新城组团。武汉市的经验做法值得郑州借鉴。

(三)郑州超级城市的框架体系

郑州超级城市应是一个层次分明的都市圈,都市圈为星系结构体系。具有三个层次:"核心层(1个中心城区)、7大综合卫星城、30个特色工业卫星镇"。通过空间布局优化,形成以中心城区为核心、以综合卫星城和特色工业卫星镇为支点、众星拱月、整体协调的一体化星系框架体系,奠定现代化郑州超级城市的基础。

1. 核心层

"核心层"即中心城区,目前已形成四区多组团格局。金水区、管城区、二七区和中原区,包括国家高新技术开发、国家经济技术开发区、国家加工出口区、郑东新区、航空港区等组团。中心城区主要承担"交通物流中心、现代商贸中心、金融中心和总部经济中心"等功能。综合起来说,既要形成功能完善的现代服务业中心,又要形成高新技术产业及研发中心集聚区,高等教育集聚区。中心城区将出现会展经济、总部经济、物流经济、楼宇经济、休闲经济等新型服务业模式。

2. 综合卫星城(特色综合功能区)

综合卫星城主要包括七个市、县、区。巩义市、荥阳市、密县市、登封市、新郑市、中牟县、上街区。应积极推进"工业向园区集中,人口向城镇集中,土地向规模经营集中",发挥资源、区位、产业和文化优势,推动6县(市)1区的特色发展和跨越发展。应大力推进县(市)的区划改革调整,逐步形成与中心城区功能产业互补,生态和居住环境良好的卫星城,形成卫星城与中心城区的一体化发展的大格局。

衡量卫星城功能有一个基本的标准是每天往来卫星城与中心城区之间的人员占卫星城人口的20%以上。按照这个标准,目前郑州市所辖的周边7个县(市、区)尚没有起到卫星城的作用。为此,应加快行政区划调整,把郑州市所辖县(市)改为"区",尽快建设连接中心城与卫星城的快速通道和现代化轨道交通,促进中心城区与卫星城的一体化规划建设和融合。

3. 特色工业卫星镇(特色工业园区)

特色工业卫星镇的布局应遵循沿轴发展的一般规律,还应依据比较优势和特色发展的基本原则。建议优化选择30个左右基础较好的镇作为特色工业卫星镇。每个特色工业卫星镇远期按10万人规划,30个卫星镇总人口可达300万左右。应紧密结合郑州市城市空间发展布局的方向,逐步形成优化的城镇网络。卫星镇的发展方向及功能定位于郑州的特色产业园区,尤其是特色工业园区。应按照"政府引导、市场运作、依托产业、形成特色"的指导思想,加大对重点卫星镇建设的规划引导和资金、政策扶持力度。

郑州市特色工业卫星城镇的布局为"东西一条线、南部一大片"，正好形成一个网络化的扇形结构。"东西一条线"即是郑汴洛工业走廊沿线，是对中原城市群规划中的工业走廊的进一步强化。"南部一大片"有三条主轴：一是沿京广线，与中原城市群规划中的郑许经济带相重叠，是对郑许经济带的进一步强化；二是郑州—新密—登封经济带，沿郑州—少林寺高速公路布局；三是规划中的郑州—禹州高速公路沿线。

四、郑州超级城市发展的突破口：推进区划调整和强镇扩权

（一）推进区划调整，做大做强卫星城

1. 武汉市区划调整的经验值得郑州市借鉴

为了适应大武汉都市圈发展的需要，武汉市于 1992 年撤销汉阳县设立蔡甸区（46 万人）；1995 年撤销武昌县设立江夏区（66 万人）；1998 年撤销新洲县设立新洲区（110 万人），撤销黄陂县设立黄陂区（96 万人）。截至 2005 年 12 月 31 日，武汉市辖江岸、江汉、硚口、汉阳、武昌、青山、洪山、东西湖、汉南、蔡甸、江夏、新洲、黄陂 13 个市辖区，市区总人口 801 万。武汉市在 20 世纪 90 年代就全部完成了行政区划调整，三次区划调整使武汉市市区人口增加了318 万人，区划调整有力地促进了武汉市实现跨越式发展，奠定了武汉市超级城市的框架体系。相比之下，郑州市辖 6 个市辖区、1 个县和 5 个县级市，没有进行过一次大的区划调整，目前郑州市的行政区划格局已经不适应"我国中西部地区中心城市"和"超级城市"的功能定位。

2. 权力下放，管理重心下移

区划调整的目的是拉大郑州市的城市框架，奠定超级城市的空间基础，推进郑州实现跨越式发展。为此应加大改革开放的力度。一是区划调整时应当对各区的管辖范围进行重新优化，适当扩大市内各区的管辖范围，例如郑东新区应当扩展到高速公路以东。高新技术开发区、经济技术开发区和加工出口区等重要组团的土地面积应扩大，为进一步发展预留足够的土地空间。二是区划调整之后，行政管理权力不能上收，而应对新区进一步下放权力，提升新区调控经济的能力，可以采取新区新办法、老区老办法，国家和省里对县域经济的扶持政策对新区仍然适用，为新区实现跨越式发展奠定体制基础。

（二）实施强镇扩权，做大做强卫星镇

1. 强镇扩权是做大做强卫星镇的战略突破口

郑州超级城市发展中的一个突出薄弱环节——缺乏工业卫星镇的支撑。郑州要成为超级城市，就必须与周边的卫星城巩义市、荥阳市、密县市、登封市、新郑市、中牟县和上街区实现一体化，但是由于郑州市区与这些卫星城的空间距离较远，郑州市区与卫星城之间缺乏必要的产业经济过渡，也就是缺乏星罗棋布的工业卫星镇的支撑，这就造成了卫星城的孤立发展，难以与郑州市区形成融合之势。工业卫星镇发展迟缓是目前郑州超级城市建设中很突出的一个薄弱环节。超级城市需要工业卫星镇作支撑，所以培育、提升、做大、做强卫星镇已经成为未来发展郑州超级城市的战略选择。

卫星镇发展面临体制约束。近年来，经济强镇在发展中遇到了体制性制约，已经严重影响到小城镇的可持续发展。有些经济强镇的实力足以比肩不少县市，但与经济快速发展相比，这些强镇的经济社会管理水平，却仍停留在农村小集镇层面，受经济社会管理权限的制约，一些经济强镇在发展上频频遭遇瓶颈，比如怎样使环境保护、社会保障、集镇规划、审批处罚等与经济同步发展，乡镇无法统筹解决。此外，由于乡镇没有独立财权，其税收基本被上级（县、市）大部抽走，致使乡镇这层的公共财政无法发挥应有的调控作用，基础设施建设滞后。

推进强镇扩权，突破发展制约。无论从实践层面还是从理论层面，强镇扩权都是做大做强卫星镇的战略突破口。应紧紧围绕郑州超级城市发展的需要，以强镇扩权（赋予县级行政管理权）为突破口，以特色工业为支撑，走新型工业化和新型城市化道路，按照因地制宜、科学规划、突出重点和特色发展的原则，通过政府推动、政策扶持、体制创新、市场运作，努力把工业卫星镇培育建设成特色产业的集聚区、人口的集中区及

体制机制的创新区。

2. 战略目标和重点任务

建议有重点地选择 30 个左右卫星镇。分期分批进行全方位的培育，形成一批布局合理、特色明显、经济发达、功能齐全、环境优美、生活富裕、体制机制活、辐射能力强、带动效应好、集聚集约水平高的特色卫星镇。经过 10 年的发展使每个卫星镇人口达到 10 万人。

重点任务：第一，加强规划编制和管理。把加强规划编制和管理作为"工业卫星镇"的首要抓手，确立发展特色和方向，明确发展思路，制定保障措施。第二，加快特色工业培育和集聚。把促进特色产业培育和集聚作为中心任务。要依托工业卫星镇发展特色工业园区。要抓住机遇，优化投资环境，实施项目带动战略，承接国际国内产业转移。应打破行政区划的限制，加快郑州市区一般性工业向工业镇转移，制定引导性优惠政策，鼓励郑州市区的工业企业向卫星镇搬迁。应进一步优化郑州市的工业布局，工业项目应优先布局在特色工业镇。第三，加快基础设施建设。把加快基础设施建设作为基本保障，建设与工业卫星镇经济社会发展相适应的基础设施，逐步把卫星镇的基础设施提高到市区的水平。加强基础设施与郑州市区的联结。其中最紧迫的是实现与郑州市区的快速交通无缝对接。

3. 配套改革扶持政策

按照"依法下放、能放就放"的原则，赋予卫星镇部分县级经济社会管理权限。一是建立和完善卫星镇财政体制。卫星镇享有独立财权，工业卫星城镇的地方税收全额留用。二是实施规费优惠政策。能减免的行政事业收费一律减免。对进驻企业三年内免所得税，五年内减半征收。区域范围内的土地出让净收益全部返还镇并由其支配。三是加大对卫星镇的投入。上级财政应加大对工业卫星镇的倾斜支持力度，尽快完善基础设施。四是加大用地支持力度。加快集体非农建设用地使用制度改革。建设用地应统一规划、统一征用和统一出让。建设用地指标应向卫星城镇倾斜。五是深化投资体制改革。工业卫星镇拥有县级审批权，公用基础设施全部向民资开放。六是加快推进户籍制度改革。放开工业卫星城镇的户口，可以自由迁移。七是加快建立统筹城乡的就业和社会保障制度。卫星镇的社会保障体系应与郑州市区统一接轨。八是推进行政体制改革。凡是确定为工业卫星镇的可以享受副县级的行政级别，凡是发展快、规模大的可以升格为省级开发区，享受县级行政待遇。要理顺中心镇条块关系，垂直部门派驻卫星镇机构及主要领导干部的考核纳入卫星镇考核体系，主要领导干部任免须事先征求当地党委意见。

郑州高新区打造"郑西新区"开放创新发展高地的构想（2011 年）*

摘要

郑州高新区坚持实施"一区多园"发展战略，大力发展高端产业，拉长和完善产业链条，走对外开放和自主创新发展之路，经济总量持续快速增长，实现了原定的 2008~2010 年"三年从经济总量上再造一个高新区"的目标。1）发展地位：在全国高新区处于中上游地位；在中原经济区新兴产业发展中处于主力军地位；在郑州都市区先进制造业基地建设中处于先导地位。2）发展优势分析：新兴主导产业集聚优势；公共技术服务平台完善优势；科研开发能力较强优势；区域人才高地优势。3）发展机遇：国务院支持中原经济区政策出台历史机遇；我国东部地区及发达国家产业转移历史机遇；河南对外开放强度提高机遇；郑州都市区建设机遇。4）面临挑战："前有标兵、后有追兵"的压力；土地制约日益强化；国内国际经济下行压力增加。5）存在突出问题：经济总量较小、主导产业支撑力弱；自主创新能力有待加强；城市生态环境仍需改善；外部政策环境有待改善。郑州高新区未来实现新跨越必须加快转型升级，加快打造"开放创新发展高地"。

一、未来 5~10 年发展战略框架

（一）总体思路

以邓小平理论和"三个代表"重要思想为指导，深入贯彻落实科学发展观，按照"四个重在"的实践要领，进一步解放思想，以建设产城融合、宜居宜业"高新城"为总体目标，以提高自主创新能力为核心，以深化体制机制改革和扩大开放为动力，以人才为第一资源，以营造创新良好环境为主线，坚定不移地走自主创新之路、坚定不移地发展高端产业、坚定不移地实施"产城融合"战略，坚持开放合作与内生发展相结合，坚持新型工业化与现代服务业相结合，坚持产业优化与空间布局相结合，坚持园区提升与城市功能相结合，努力把郑州高新区建设成为中原经济区乃至中部地区高新技术产业和战略性新兴产业发展的主阵地和引领区，使之成为郑州都市区的核心增长区。

（二）发展目标

"十二五"战略目标：①经济总量。"十二五"期间，经济总量力争翻两番。②产业结构优化。电子信息产业规模达到 1000 亿元，1 个产值过 500 亿元园区，3 个产值过 200 亿元园区，6 个产值过 100 亿元园区，40 家以上产值过 10 亿元的科技型企业。③创新发展目标。全区研发（R&D）总投入占营业总收入的比例达到 5% 以上，5 年新增经认定的高新技术企业 300 家。④对外开放目标。5 年新引进投资亿元以上工业项目 50 个，引进世界 500 强企业 5~10 家。打造 1 个以电子信息为核心的千亿级新兴主导产业；推进以城中村改造、合村并城、建成区升级改造（腾笼换鸟）为核心的新型城市化建设，城区面积扩大一倍；经济总量力争翻两番；专利申报 10000 件、市级以上研发机构增至 500 家，打造郑州都市区的科技创新极。

"十三五"战略目标：到 2020 年，郑州高新区创新环境更加完善，创新活力显著增强，创新效率和效益明显提高，地区生产总值超过 1000 亿元，以电子信息、新材料、生物医药、高端装备制造等产业为重点，成为在中部地区乃至全国

---

* 本文发表于河南省人民政府发展研究中心《研究报告》2011 年 2 月 8 日。

具有较大影响力的科技创新中心和高技术产业基地。

（三）功能定位

包括：①在全国具有重要影响力的战略性新兴产业创新中心；②中原经济区开放型经济发展高地；③郑洛工业走廊的桥头堡和龙头；④郑州都市区的核心增长区；⑤郑西新区的引领区和核心功能区。

（四）基本原则

①坚持先行先试原则；②坚持开放带动原则；③坚持重点带动原则；④坚持创新创业原则；⑤坚持集约利用土地原则；⑥坚持以人为本原则。

二、战略新兴产业与现代高技术服务业

未来 5~10 年，郑州高新区全力打造以电子信息为主导产业，以新材料产业、新能源产业、节能环保产业和生物医药产业为四大先导产业，以现代高技术服务业为支撑产业的"141"产业架构。至 2015 年，郑州高新区进入全国高新技术产业园区发展第一梯队，成为代表我省参与全国全球高新技术产业竞争、提升我省在全国全球科技和经济分工地位的核心载体之一，成为率先发展、带动中原、辐射中部、联动全国及面向世界的科技经济引擎。

着力打造新兴产业，做强做大电子信息主导产业，扶持培育计算机及网络产业集群、移动通信和移动互联网产业集群、智能仪器仪表及高端装备制造产业集群、电子电器产业集群、物联网信息技术产业集群、软件产业集群、动漫游戏文化创意产业集群七大产业集群；培育发展四大先导产业，重点发展新材料产业集群、新能源产业集群、节能环保产业集群、生物医药产业集群四大产业集群。加快建设 10 大园区，强力实施 100 个投资亿元以上的产业项目，5 年完成产业项目固定资产投资 500 亿元，2015 年主导产业销售收入突破 1000 亿元，先导产业销售收入突破 1000 亿元。

（一）主导产业：电子信息产业

做强做大电子信息产业，进一步明确电子信息产业为主导产业，重点扶持培育计算机及网络产业集群、移动通信和移动互联网产业集群、智能仪器仪表及高端装备制造产业集群、电子电器产业集群、物联网信息技术产业集群、软件产业集群、动漫游戏文化创意产业集群七大产业集群，通过 5 年的努力，将电子信息产业打造成千亿级的产业。

（二）先导产业：新材料、新能源、节能环保、生物医药产业

"十二五"期间，郑州高新区应进一步强化新材料、新能源、节能环保、生物医药特色优势，重点培育发展新材料产业集群、新能源产业集群、节能环保产业集群、生物医药产业集群四大特色产业集群。到 2015 年，力争四大特色产业销售收入突破 1000 亿元。

（三）支撑产业：现代高技术服务业

围绕郑州高新区现代产业体系建设要求，加快推进高技术服务业发展，创新服务模式和内容，积极承接国内外先进地区的高技术服务业转移，促进高技术服务业规模不断壮大，形成一批产业集聚度高、规模优势明显的高技术服务业基地。把发展现代服务业作为完善城市功能、促进产业升级、提升园区效益、转变发展方式的重要手段和内容，以科技信息服务业（包括软件与信息服务业、研发设计服务业、服务外包业）、现代物流与商贸流通为引擎，积极发展金融服务业、文化创意产业，努力实现从"制造经济"向"服务经济""创意经济""创造经济"转变。以完善城区的综合服务功能为目标，重点围绕新兴产业发展金融、现代物流等高端服务业，围绕名校发展教育服务业，围绕城中村改造发展大型商业及配套服务业，大力引进企业总部，发展"总部经济"，科学合理地布局各种服务业网点，加快高新区向高新城的转变。5 年引进各类第三产业重大项目 20 个，把郑州高新区建设成为省、市高端服务业聚集区，2015 年第三产业营业收入达到 700 亿元，第三产业增加值占 GDP 的比重达到 45% 以上。①大力发展研发产业，创建中原经济区科技研发基地和中部地区研发中心；②大力发展科技金融产业，建设科技金融示范区；③推进科技型企业总部经济集群发展，建设中原经济区科技型企业总部经济中心；④加快发展信息服务

业，建设科技信息服务中心；⑤发展高科技商贸物流产业集群，建设中原经济区高科技商贸物流中心；⑥提升房地产业国际化发展水平，建设中原经济区最佳宜居高新新城。

三、空间布局

（一）空间拓展与结构优化

1. 拓展发展空间

延续原有城市发展脉络，以西向拓展为主体，适度向南、北发展。向西集束式拓展，西部地区凭借良好的地质条件及土地资源，依托西部建成区的产业基础，发展包括创新科技园、商贸物流、生活居住区等配套功能完善的城市综合体。向北跨越式延伸，北部组团依托良好的生态资源，发展休闲旅游业、高科技研发及居住为主的综合组团。

2. 优化空间结构

郑州高新区构建"一轴、一带、四片、十园"的空间结构。"一轴"是指"科学大道"，为贯穿郑州高新区空间布局和发展的主轴，连接东部西流湖板块、中部建成区板块、西部高新新城板块、北部生态板块。向东延伸连接郑州市中心城区，向西延伸连接荥阳和上街组团以及郑洛工业走廊。"一带"是西四环产业发展带。连接中部建成区板块、西部高新新城板块、北部生态板块。"四片"即"四大板块"，是在空间布局上，将高新区分为四个板块，即西部高新新城板块、东部西流湖板块、中部建成区板块和北部生态板块。"十园"是实施园区发展战略，建设十大产业园区。

（二）四大板块的开发

着力推进成片开发，按照产城融合、宜业宜居的目标，推进成片开发。在空间布局上，将高新区分为四个板块，即西部高新新城板块、东部西流湖板块、中部建成区板块及北部生态板块。强力推动四大板块的改造开发。5年内四大板块开发完成固定资产投资500亿元，2015年建成区面积达到65平方公里，全区人口达到60万，城市化率达到80%以上。

1. 西部板块，再造一个高新区

重点推进西部板块的开发建设。在西四环、

科学大道、西南绕城高速、连霍高速合围区约33平方公里内，以"五纵五横"路网为框架，进行成片开发。采取政府主导、市场化运作的模式，按照"一区一带一中心"，即生态宜居区、环状新兴产业带和高端商务中心的布局加快建设，实现"一年拉框架，三年出形象，五年成规模"，"十二五"基本建成33平方公里的产城融合、宜业宜居的高新新城，在城区规模上再造一个高新区。

2. 建成区的改造提升

积极推进建成区的改造提升。对建成区内传统产业项目，出台政策引导其进行土地调整，实行"腾笼换鸟"，提高土地利用效率；同时下大力气对腾出的空间实行集约整合发展，按照"高起点规划、高强度投资、高效益产出"的原则，建设标志性产业和地标性建筑；加大彩虹花园重振力度，打造独具特色的精品街区。

3. 西流湖板块的改造提升

积极配合西流湖板块的改造建设。积极配合、加快推进西流湖公园、动漫主题公园建设，以及周边区域的改造开发，提升城区品位和价值。

4. 北部板块改造提升

加快北部板块改造提升，加快建设观光休闲等项目，形成重要的都市生态区。

（三）建设十大专业园区

实施"一区多园"战略，加快产业聚集。充分发挥专业园区在土地、资金、创新资源等方面的聚集优势，突出专业园区产业聚集作用，加快专业园区建设。重点发展十大园区，即电子电器产业园；河南省国家大学科技园（东区、西区）；光伏产业园；手机产业园；物联网产业园；动漫创意产业园；固态照明（LED）产业园；郑州IT产业园（含863软件产业园）；新材料产业园；生物医药产业园。

四、郑西新区的概念与高新区空间拓展

（一）建设郑洛工业走廊、加速推进郑洛一体化发展是国家战略需要

1. 建设郑洛工业走廊具有重大战略意义

郑州与洛阳两市GDP合计占全省GDP总量

的28%，超过了1/4；在中原城市群约占半壁江山。建设郑洛工业走廊、推进郑洛一体化、打造郑洛都市带必将是一项带动中原经济区跨越发展的重大战略选择。

2. 郑洛工业走廊实力强，比较优势显著

郑洛两市具有显著的互补性，郑州和洛阳曾经是新中国成立以后国家重点项目布局的重点，洛阳以重化工业为主，郑州以高加工度工业为特色，两市的发展定位和分工非常明确，互补性强。郑洛之间形成了河南省最发达的经济带、产业带及城镇都市带。巩义市、荥阳市、偃师市是"全国百强县"，上街区为河南省重要的铝工业基地。依托郑洛交通干线，郑洛之间已经形成了众多特色产业园区。

3. 建设郑洛工业走廊符合中央政策战略要求

十七大报告指出："遵循市场经济规律，突破行政区划界限，形成若干带动力强、联系紧密的经济圈和经济带。""以增强综合承载能力为重点，以特大城市为依托，形成辐射作用大的城市群，培育新的经济增长极。"由此可见，"经济圈""经济带""城市群""增长极"等理念已经上升到国家战略和政策的层面，已成为我国区域经济发展的重点和核心。《国务院关于支持河南省加快建设中原经济区的指导意见（国发〔2011〕32号）》中指出："建设郑（州）洛（阳）工业走廊，增强引领区域发展的核心带动能力。"

4. 建设郑洛工业走廊符合城市带经济发展规律

根据城市集群化理论，空间距离相近的众多城镇通过集群化和一体化发展可以取得竞争优势，进而获得先发优势，都市带是城镇集群化发展的一种典型形式。"大都市带"的形成是靠大都市带动的，整个区域由核心城市扩散、连接而成。大都市带是城市群发展到高级阶段的空间组织形式，标志着城市化已进入高级的成熟阶段。郑洛经济走廊是中原城市群中实力最强、活力最大、发育最好的经济带或都市带。根据"双核理论"，在双极或多极区域，即拥有两个或多个中心城市的区域，一般在中心城市之间易形成都市带（如郑州中心城市与洛阳副中心城市之间的郑洛都市带）。

郑州为中原城市群的中心城市，洛阳为副中心城市，两大城市的一体化融合发展，有利于形成带动中原城市群跨越发展的带状增长极，有利于形成带动中原崛起和中部崛起的龙头。

（二）郑州西区在郑州市发展战略格局中有重要作用

郑州市的环城道路"三环"是划分老城区与新城区的重要标志线，例如：东三环即中州大道以东就是郑州新区（含郑东新区、经济技术开发区、白沙组团、中牟官渡组团等），郑东新区是郑州新区的龙头。与郑州东部地区即郑州新区相比，郑州西区也是现实存在的。"郑州西区"指郑州市的西部地区，主要指郑州市西三环以西的地区，主要包括郑州高新区、荥阳市、上街区、巩义市等，是郑州市的工业重地和经济重地。郑州西区GDP合计占全郑州市的比重为24%，郑州新区GDP合计占全郑州市的比重为13%，郑州西区比郑州新区高出11个百分点。郑州新区GDP仅相当于郑州西区GDP的55%，超出一半。郑州西区是客观现实存在，而且郑州西区的经济总量几乎相当于郑州新区的2倍，从经济地位上来说比郑州新区更加重要。所以在经济战略布局上，郑州市应当实施"东西两翼起飞发展战略"，在重视郑州新区的同时不可忽视郑州西区的发展，应该同样给予重视。

（三）郑西新区的概念客观存在且地位重要

郑西新区应主要包括郑州高新区、荥阳市区、上街区以及中原区西三环以西的部分，但是龙头和核心是郑州高新区。

（1）郑西新区就是郑州都市区远景规划中的"西部新城"。在最新一轮郑州都市区远景规划中，未来，郑州市将建8个城市功能区。这8个城市功能区包括主城区、西部新城、东部新城、南部新城、新郑卫星城、新密卫星城、登封卫星城、巩义卫星城。

（2）郑西新区与郑州新区东西互动发展符合"东西两翼起飞"发展战略。本轮郑州都市区远景规划在郑州东部地区规划了"东部新城"，也就是郑州东部地区的郑州新区，体现了郑汴产业带的发展未来。本轮规划更加重视了郑洛工业走廊，在郑州西部地区规划了两个城区，即"西部新城"和"巩义卫星城"，占 8 个城市功能区的 1/4。"东部新城"与"西部新城"将形成东西互动发展的新局面，符合经济沿交通要道或交通干线布局的基本原则。特别是"西部新城"的规划吻合了郑西新区的发展现实，尊重了发展现实，体现了发展大趋势。

（四）郑州高新区是郑西新区的引领区和核心功能区

郑西新区的框架雏形基本形成。高新区、荥阳城区、上街区三大组团空间相连，规模化集聚发展的格局已经形成；主导产业优势比较突出，三大组团各自的主导产业错位发展，优势明显；三大组团一体化融合发展是大势所趋。特别是郑州高新区在三大组团中的核心引领作用突出。①郑州高新区在全国处于先进行列；②郑州高新区经济增长强劲且潜力巨大；③郑州高新区在中原经济区新兴产业发展中处于主力军地位；④郑州高新区在郑州都市区先进制造业基地建设中处于先导地位。

（五）郑州高新区空间规划的远景设想

1. 建设"郑西高新城"

郑州高新区的远景发展战略目标应该是建设成为郑州市的"郑西高新城"，即郑西新区的核心和龙头。同时加快郑西新区一体化建设。可以借鉴郑开大道的成功经验，建议将科学大道向西延伸，把荥阳市区和上街区连接起来，成为市内快速通道。待条件成熟时将科学大道一直延伸至巩义市区。

2. 加强与中心城区的互动发展、一体化发展

郑州高新区紧邻郑州中心城区，郑州中心城区主要是规划发展服务业，郑州高新区主要规划发展高新技术新兴产业，两者可以形成产业分工发展、功能互补发展。未来郑州高新区应当依托郑州中心城区发展"郑西高新城"。所以未来，应加强与中心城区之间的联系，特别是要建立现代化立体快速交通联络的体系。

3. 加强与郑东新区的互动发展、一体化发展

郑州东部有郑东新区，主要发展高端现代服务业，西部有"郑西高新城"，主要发展高新技术新兴产业，两者也可以形成东西错位发展和互动发展的双向发展态势。"郑东新区"的高端现

代服务业的集聚发展水平非常高，是中部地区的服务业中心，在国内也处于领先地位。未来郑州高新区应当充分利用郑东新区的高端服务业优势发展"郑西高新城"。所以，应当加强与郑东新区之间的联系，特别是要建立现代化立体快速交通联络的体系。

4. 加快郑州高新区空间拓展，超前扩大空间规划面积

空间是经济发展的载体，空间规划应当先行，中长期规划应当留有余地，超前谋划。第一，国内其他先进高新区空间规划经验值得借鉴。例如，武汉东湖新技术开发区的经验值得借鉴，其功能定位为：世界一流高技术园区；国家战略性新兴产业集聚区、科技创新资源辐射区和自主创新机制示范区；中部崛起增长极，武汉城市圈"两型社会"建设先行试验区；武汉市集产、学、研、居、服务功能为一体的创新型城市功能核心区。第二，郑州高新区现有的空间不适应未来发展的需要，应当超前进行空间拓展。《郑州高新区十二五规划》中指出，"十二五"期间经济总量力争翻两番，2015 年 GDP 达到 400 亿元，年均增长 31%。郑州高新区 2010 年建成区面积 33 平方公里，2015 年建成区面积扩大一倍，达到 65 平方公里，预计 2020 年建成区面积再扩大一倍，达到 130 平方公里，郑州高新区现有行政代管面积 110 平方公里，已经满足不了未来十年的发展需要，应当超前把空间向外拓展。为了满足未来十年的发展需要，建议规划面积从现在的 110 平方公里增加到 260 平方公里。建议把中原区西三环以外的区域、荥阳市相邻的部分区域及邙山区相邻区域划归郑州高新区管辖。

五、保障措施

郑州高新区打造内陆开放创新发展高地，必须实行先行先试政策，成为政策创新的特区，成为各路英才荟萃和创业发展的特区。

（一）推进体制、机制、政策创新，提升郑州高新区在中原经济区中的战略地位

1. 扩大郑州高新区管理权限，提升统筹开放发展能力

把郑州高新区建为"国家自主创新示范区"，

应比照沿海经济特区、浦东新区和滨海新区实行经济特区扶持政策，把郑州高新技术产业开发区建成中原经济区战略性新兴产业创新中心和开放发展高地。借鉴北京中关村和西安高新区等地的经验，扩大郑州高新区经济社会管理权限。赋予郑州高新区省辖市的经济管理权限和部分社会管理权限。

2. 加大财税金融政策扶持力度，促进战略新兴产业集聚集群发展

加快培育和发展战略性新兴产业，必须健全财税金融政策支持体系，加大扶持力度，引导和鼓励社会资金投入。①加大财政支持力度；②完善税收激励政策；③鼓励金融机构加大信贷支持；④积极发挥多层次资本市场的融资功能；⑤大力发展创业投资和股权投资基金。

3. 改革配套政策体系，实行税收、项目、资金、用地等政策倾斜

郑州高新区应享有"国家自主创新示范区"的各项优惠政策。加大对郑州高新区建设的资金支持。加大贷款担保和贴息政策支持。加大对外经贸项目专项资金支持。加大建设用地供应保障支持。

4. 采取非常创新措施，打造一大批"巨人"企业

实施"1111"大集团发展战略，打造1家销售收入超千亿集团、10家超百亿集团、100家超十亿集团和1000家超亿集团。推动集团公司战略性重组，鼓励优势企业打造知名品牌，大力实施"走出去"战略。加大对中小企业扶持力度，培育引进龙头民营企业和民营经济领军人才，带动并形成民营企业集群。

（二）建设开放发展高地，提升对中原经济区的辐射带动能力

扩大开放自主权，筑巢引凤，优化投资环境。招商引资要牢牢抓住"两个转移"的历史机遇，快速形成外资集聚效应。加强开放服务平台建设，提升综合服务功能。对接郑洛工业走廊、郑汴产业带、郑州中心都市区，形成开放合力。

（三）实施科教强区战略，建设中原经济区战略性新兴产业创新中心

完善多层次科技投融资体系，建立科技投入稳定增长机制，创建国家自主创新示范区。建设一批开放型技术创新平台，培育一批产业研发转化集群。培育科技型、创新型企业团队，提升核心竞争力。实施知识产权战略，实施重大产业创新发展工程，推进重大科技成果产业化和产业集聚发展。建设智慧新区，引领中原经济区新城区建设。

（四）实施人才强区战略，创建人才特区，建设中原经济区人才高地

创新人才体制机制，形成一流的人才队伍。优化人才发展环境，建设"国际人才创新试验区"。营造宽松环境，促进人才聚集，鼓励人才脱颖而出。

郑东新区金融城发展战略思考
（2013 年）*

引言

郑东新区金融集聚核心功能区历经近十年建设，已经初具规模，未来金融中心建设和升级发展亟待提升综合辐射带动功能，需要加快从单一功能的"金融新区"向综合功能的"金融新城"转变，着力提升基础设施的承载功能、现代服务业集聚的带动功能、战略规划的引导功能、政策环境的孵化功能。本文主要描述了建设郑东新区金融城的必要性、基础条件、外地经验借鉴、指导思想和重点任务。

一、战略意义

1. 加快金融城建设是建设国家区域性中心城市的必然选择

国内外的发展实践证明，任何一个经济区都必须有一个具备金融中心功能的核心城市。建设金融中心使之成为区域经济增长的动力源泉，是深化改革、建设"四个河南"的重要组成部分，是增强区域竞争优势、打造中原经济区核心增长区的重要举措，是打造国家区域性中心城市的重要支撑，对实现既定发展目标，带动河南在中部地区实现率先崛起具有重大的现实意义和长远的历史意义。当前，我国区域竞争日益激烈，全国主要城市都在大力推进金融中心建设，长三角地区的上海已经发展成为国际性金融中心，中西部地区的武汉、成都和重庆已初具区域性金融中心雏形，同为中西部城市的长沙、合肥及西安也都提出建设区域性金融中心的目标，面对前有标兵、后有追兵的严峻形势，要把郑州市建设成为中部地区中心城市或者建成国家区域性中心城市，就必然优先发展金融产业，持续推进金融城建设。

表 1　中国部分城市规划"金融中心"概览

区域	城市	目标定位
东北	长春	区域性金融中心
	哈尔滨	面向东北亚的区域金融中心
	沈阳	东北区域金融中心
	大连	到 2015 年初步建成区域性金融中心
华北	北京	具有一定国际影响力的金融中心
	天津	区域性金融中心
	石家庄	区域性金融中心
	太原	承东启西的区域性金融中心
华东	上海	2020 年基本建成国际金融中心
	宁波	区域性金融中心
	福州	海峡西岸区域金融中心
	济南	在全国占有重要地位的区域金融中心
	杭州	区域性金融中心
	南京	华东地区重要区域金融中心
	南昌	提出打造"三个中心"，其中之一便是金融中心
	合肥	区域金融中心
华中	武汉	中部金融中心
	郑州	全国有重要影响力的区域性金融中心
	长沙	区域性金融中心
华南	深圳	区域性金融中心
	广州	到 2015 年建成区域金融中心
	南宁	区域性国际金融中心

---

*　本文发表于河南省人民政府发展研究中心《研究报告》2013 年 12 月 27 日。

续表

区域	城市	目标定位
西南	昆明	用20年时间建成泛亚金融中心
	重庆	2020年建设成为长江上游金融中心
	成都	区域金融中心，全国性的金融后台服务中心
西北	乌鲁木齐	中亚区域金融中心
	呼和浩特	西北部金融中心，西北地区区域金融资源集散中心
	西安	西部重要金融中心
	兰州	西北区域性金融中心

资料来源：根据相关省市"十二五"规划及资料整理。

我国（除香港、澳门、台湾地区以外）至少有30多个城市提出规划建设金融中心。其中，上海、北京要建设"国际金融中心"；昆明、南宁和乌鲁木齐分别要建"泛亚金融中心""区域性国际金融中心"及"中亚区域金融中心"；其余20多个城市，也雄心勃勃地提出建设所在区域的"金融中心"。金融中心大概可以分为国际性、全国性和区域性三类。金融中心是成熟经济的一个标志，对发展经济、调整产业和推动就业都有好处。就国家级金融中心而言，中国（除香港、澳门、台湾地区以外）目前已经获得或接近于获得此地位的城市只有北京和上海，深圳也具有这样的潜力。世界上的国际金融中心城市一般10%以上的人口从事金融服务业，而这个比例在上海也只有1%。金融中心的发展，要培育产业链、完善产业链和丰富产业链，实现金融虚拟经济与制造业、贸易等实体经济的同步发展。中原经济区建设和郑州中心城市建设都迫切需要金融产业的集聚发展，建设郑东金融城势在必行。

2. 加快金融城建设是建设郑东新区加快升级发展的现实需要

郑东新区在开发之初就提出了"三年出形象、五年成规模"，随后又提出"八年建新城、十年建新区"的奋斗目标。继而提出了"建设三化两型新区"（国际化、信息化、现代化，资源节约型、环境友好型）的战略任务和"两心两区"的战略定位。面对全球结构深度调整的新形势，2013年，郑州市市委十届五次全会（扩大）会议作出"建

设以郑东新区为主体的金融城"的工作部署和战略决策。当前，全国、河南省和郑州市都进入了经济转型升级发展的新阶段，郑东新区也进入了产业集聚、产城融合、互动发展的新阶段，加快金融城建设是坚持"四集一转"原则推动产业集聚发展的具体实践，是河南省委、省政府立足河南实际推动产业升级与新型城镇化的科学决策，是转变发展方式的重要途径。依托郑东新区现实基础和优势条件，高起点规划和建设金融城，推动以龙湖金融中心为主体的中央商务区集聚发展，必将进一步促进金融机构（项目）和金融资源集中布局，加快公共服务平台等各种功能集合构建，持续壮大金融集群发展优势，增强金融业发展的辐射力和带动力，为实现全省产业结构转型发展、推动金融产业深层次服务实体经济发挥示范、带动和引领作用，意味着郑东新区金融业发展由单纯的机构集中转向发挥金融业带动作用。

3. 加快金融城建设是构建现代服务业体系的重要内容

金融是社会发展的神经中枢，是促进经济持续健康发展的强大推动力。在中原经济区和郑州航空港经济综合实验区建设上升为国家战略的大背景下，以金融集聚核心功能区为主体的郑东新区金融城建设是实施"三大一中""双核驱动、六城支撑"战略布局的重要抓手，是持续贯彻产城融合、双轮驱动发展理念的重要举措，是提升郑州产业层次、完善全市产业发展链条，推动产业转型发展的重要支撑，是郑州市"六城支撑"和"一枢纽十中心"的重要组成部分，是深化改革、增强创新能力的关键环节。

4. 加快金融城建设是打造新型城镇化样本的战略需要

国务院总理李克强同志对郑东新区的发展寄予厚望，曾多次对郑东新区作出重要指示："要以推动郑州市建设全国区域性中心城市为目标，以强力开发郑州的新区建设为重点，拓展城市框架，加快人口集聚""加快城镇化进程，城市建设与产业发展必须协调一致，实现双轮驱动。"2013年1月，李克强总理又对郑东新区的建设发展作出重要批示："河南在协调推进'三化'过程中，扎实建设郑东新区，一张蓝图正步步变为现实，使百

姓受益，中心城市带动作用增强，令人欣慰。请继续打造好郑东新区这个上亿人口大省推进城镇化的样本，为探索走出符合国情的新型城镇化道路创造经验。"当前，我省进入城镇化高峰期，如何推进绿色、低碳、智能、健康的新型城镇化是摆在我们面前的历史任务。十年来，郑东新区平地起新城，已经成为展示郑州市乃至中原地区的窗口和名片。在下一轮发展中，郑东新区必须以打造金融城为主线，推动主导产业集聚发展，加快构建现代服务业体系，围绕打造城镇化建设样本的目标，坚持产城互动、协调发展的理念，定位于中原经济区现代服务业中心和金融集聚核心功能区，实现从"建城"向"兴城"的嬗变，进一步发挥在我省乃至全国的城镇化进程先行区、试验区和样板区的作用，不负时代的重托。

二、基础条件

郑东新区开发建设以来，在上级党委政府的正确领导下，坚持建设、繁荣、管理和服务并重，高起点规划、高规格建设，不断加快产业培育，持续提升管理水平，经济社会各项事业取得长足发展。郑东新区已经具备了建设金融城的初步条件。

1. 区位交通便利

从国际国内比较经验看，良好的区位优势和便利的交通是建设金融城的基本条件。郑东新区位于全国最长的高速公路（连霍高速、京港澳高速）、高速铁路（京广高铁、徐兰高铁）双十字交会处，与国家一类航空口岸新郑国际机场相距仅 40 公里，是高速公路、高铁、城际铁路和地铁等各种交通方式的汇集点，交通条件极为便利。郑东新区依托的母城郑州市是我国城镇化总体安排"两纵三横"战略格局中的重要增长极，在北至北京、南至武汉、西至西安、东至沪宁，在方圆 1000 多公里的空间半径内，郑州市特殊的聚集和辐射作用无可替代。从郑东新区出发，高速公路 3 小时覆盖河南全境；高速铁路 3.5 小时覆盖半径 1000 公里经济圈 7.9 亿人口，经济总量占全国总量 51%；航空 2 小时经济圈覆盖除新疆、西藏、海南外的全国所有城市。

2. 政策优势明显

伴随着中原经济区建设、郑州都市区建设和

航空港经济综合实验区建设的快速推进，国家和省、市对郑东新区发展的支持力度不断加大。《国务院关于支持河南省加快建设中原经济区的指导意见》明确提出加快推进郑东新区金融集聚核心功能区建设；《中原经济区规划》明确提出支持郑州加快金融改革和金融创新；省政府《郑州区域性金融中心建设规划纲要》提出要把郑州建设成为我国中西部地区重要的区域性金融中心的目标；郑东新区被商务部命名为首批国家电子商务示范基地；省长办公会议明确了郑东新区金融集聚核心功能区的空间规划布局，以上这些为郑东新区金融城建设形成了政策叠加优势。

3. 产业基础良好

目前，郑东新区已初步形成金融、商贸、会展、旅游、科技、电子商务等多元产业体系，特别是金融业集聚优势不断凸显，已入驻各类金融机构 187 家，银行、证券、保险、期货、基金、财务公司等业态门类齐全，成为河南省金融机构最集中、金融业态最丰富的区域。郑州商品交易所是全国四大期货交易所之一，上市期货品种 11 个，郑州粮食批发市场"郑州价格"已经成为国内外关注我国商品市场供需形势的重要窗口。2013 年上半年，郑东新区第三产业增加值完成 83.87 亿元，增速居全市第 1 位；公共财政预算收入完成 28.54 亿元，规模跃居全市第 1 位，其中金融业增加值 47.86 亿元，不变价增速 23.4%，占第三产业增加值的比重为 57.08%，金融业要素聚集的速度明显快于其他产业。截至 2013 年 10 月底，全口径税收突破 100 亿元，建成区面积近 100 平方公里，入住人口 103 万，各类企业 2 万余家。前三季度第三产业增加值占 GDP 的比重为 98%，金融业增加值达到 73.11 亿元，占第三产业增加值的比重为 54.7%；固定资产投资完成 365.3 亿元，十年累计完成投资 2000 亿元，实现了产业集聚与城市建设同步发展。

4. 城市功能日趋完善

经过十多年的建设，郑东新区累计完成固定资产投资 1900 亿元，建成和在建房屋面积 3800 万平方米，绿化面积 1800 万平方米，建成区面积近 100 平方公里，入住人口 103 万人，交通、商业、医疗、教育、通信等基础设施和配套设施

日益完善，社会服务体系不断健全，初步形成了交通顺畅、生活便捷及宜居宜业的城市氛围，为金融业的发展提供了有力支撑。

5. 中央商务区优势突出

中央商务区（CBD）是郑东新区的核心区，规划面积约3.45平方公里，是由60栋高层建筑组成的环形城市，布置有国际会展中心、河南省艺术中心和高达280米的会展宾馆等标志性建筑，高层建筑林立的环形城市将使CBD成为世界上独具匠心的新型城市中心区。经过多年努力，郑东新区CBD的金融、会展、商务和文化中心作用日益明显，已成为环境优美、设施齐全、功能完善、繁荣兴旺、和谐宜居的现代化新城区，是河南省城市建设的亮点，是郑州市经济发展的形象，被称为"中国最具投资价值CBD"之一，是金融业聚集发展的良好空间。

6. 生态环境优良

生态、共生、亲水、环形是郑东新区规划建设的亮点。目前，已建成城市公园、小游园40多个、城市雕塑20余组（件），累计绿化面积近1800万平方米。其中，中央商务区绿化率突破60%，整体规划绿化率达到50%，辖区河渠总长度近30公里，水域面积500万平方米，绿地、水系、湿地和园林等生态元素构成多样化、多层次的生态回廊，为金融业聚集发展奠定了良好的生态基础。

三、郑东新区与上海和北京国家级金融中心对比分析

（一）上海浦东陆家嘴国际金融中心特点

（1）"一大"：大水面（临水、环水、活水）。①临水：近有黄浦江，远通东海。三种水体：江河、湖泊、海洋。②环水：几乎是三面环水。外观：不规则三角形。③活水：自然生态，黄浦江构成自然生态系统。

（2）"三高"：建筑高密度、高容积率、高层。①建筑高密度：除了路网，主要就是建筑；绿化带主要沿路、沿江布局，所占面积有限。②高容积率：由于建筑密度高、高度高，所以容积率一定很高。③高层：高度达到极致，向上发展，向空间发展，拥有世界级高度，如金茂大厦和世贸中心等。

（3）三合（建筑复合、交通复合、产业复合）。①建筑复合：是指建筑森林生态群。地上建筑有高有低，错落有致，形成建筑生态美感（多样化、多元化、层次化、复合化）。地下建筑复合：地下空间开发，相互连通，与地铁连通。地上地下一体开发，互连互通，融为一体。②交通复合（综合交通）：内部环形道路，外部发散通达。轨道交通网络内外通达。③产业复合：一业主导，（带动）多业并茂；多业（复合）发展，支撑主导。金融（资本运营、产业投资、创业投资、期货、保险等）、总部、贸易、商务、会展、研发、创意、旅游、教育培训、信息、中介服务业（会计、法律、咨询等）、医疗健康、体育、物流和客流等。④水陆复合：巨大的水面与陆家嘴浑然天成，整体来算其建筑密度、容积率并不一定很高。黄浦江天然水道也是最佳的城市风道，有利于雾霾扩散，有利于消除"热岛效应"。

（二）北京金融中心

（1）两个区域。西部金融街，以金融总部为主。东部CBD，以商务总部经济为主，复合创意产业。两个区域通过道路连接。

（2）优点。国际金融中心；总部经济中心；多业复合，几近完美；交通发达。

（3）缺点。缺乏生态水面和生态绿地。

（三）郑东新区金融城

浦东新区是国际金融中心的必然选择和最佳选择，几近完美。许多方面可供郑州复制或借鉴。

（1）郑东新区金融城规划特点（优点）。①环形城市：便于形成区域，便于交通集散。②生态城市（新陈代谢城市）：大水面、湖泊、运河，构成生态水系。③文化城市（文化传承与创新）：龙文化、中国如意。④融合城市：与外部有效连接、通达，有机结合，融为一体。⑤功能分区：CBD；龙湖CBD副中心；龙子湖高校园区；高铁站交通中心；科技园区；商住物流园区等。

（2）成就。水域靓城。金融中心、总部经济初具规模。

（3）缺点。①建筑高度太整齐划一，过于古板、呆板，缺乏活力。中心区建筑高度80米和

120 米。一是禁锢了思维的多元和多样；二是形不成建筑生态美感；三是最根本的在于浪费了最宝贵的空间资源，严重限制了立体开发，宝贵空间资源没有得到有效利用。②"三低"（低密度、低容积率、低高度），尤其是 15 米高的住宅别墅区造成极大的浪费。空间资源利用效率极低。现有的所有别墅区加在一起的人口容量也超不过一个大型的高层住宅区。运河、湖泊、绿地等生态资源的利用效率极低。况且郑东新区的生态系统完全是人工的，其维持成本很高，如果承载人口小的话从经济上来说就难以维持，系统不具有可持续性。

长期以来东区缺乏人气，原因是什么？主要原因：一是建筑强度太低；二是商业建筑与住宅建筑不协调；三是建筑单一导致功能单一和产业单一，难以形成产业生态，多业并茂格局难以形成。除了写字楼、商业楼就是低矮的住宅楼，其结果是没有人气的。商业没有层次性，几乎没有社区商业，宝龙的大量商铺关门、闲置就是规划失败的最佳案例。缺乏大众酒店及宾馆，难以形成多业复合并茂。

目前沿运河两岸这种低密度住宅建筑模式，仍然在复制，这不具有可持续性。由此造成：一是主体功能与居住功能的脱节，不配套。例如：大部分在金融城上班的员工不能在此居住，在此居住的绝大部分不在金融城上班。二是造成跨区域通勤潮汐运动，交通拥堵。三是宝贵土地空间资源被浪费。四是外围高标准的生态水面和绿地有效利用率较低，造成整个"如意形"区域的开发强度过低，建筑体量过小，难以容纳更多更大的复合型产业。为什么不能用城市综合体来取代？用占地面积极小的土地来建设大型城市综合体，这些完全可以取代低矮的住宅区，同时又可以形成住宅、商业、商务、宾馆、餐饮等多种业态的复合发展。可以腾出大量土地，扩大绿地面积。

四、未来发展几点建议

（一）坚持"金融主导、多业并茂"的产业发展指导思想

多元化的产业生态。金融主导，多业并茂。形成产业生态，有利于自我进化、新陈代谢、转型升级和可持续发展。

（二）坚持"大水面、大绿地、大空间"的规划建设指导原则

如何实现产业与生态的最佳组合？实现生态的最大经济效益和社会效益。①"大水面、大绿地"。一是"大水面、大绿地"可以支撑高强度的建筑开发，与建筑区域相配套，形成高水平的城市生态。提高局部住宅和商务楼宇的高度，向空间发展，腾出更多的土地资源留给绿地和水面。二是"大水面、大绿地"不但支撑金融产业，还可以为都市旅游、创意产业、健康产业、文化产业等新兴产业发展提供支撑。三是"大水面、大绿地"作为稀缺的公共生态资源，可以为郑州全体市民共享。②"大空间"。为产业发展提供足够的建筑空间容量。产业的发展潜力决定于建筑总容量。产业的发展必须依托于建筑物的空间载体。金融中心的核心金融业务并不需要多大的建筑体量，但是金融中后台服务，多元支撑产业的发展需要大规模的建筑空间载体。建筑体量的大小决定多元复合产业的规模和潜力。开辟向上发展空间。在建设用地面积基本已定的情况下，出路只有一个，向上空间成长，打造河南之最、中部之最，乃至全国或世界之最。消灭别墅区，特别是沿河两岸和环湖附近，应尽可能地向高空发展。建筑森林生态，高低错落有致。

（三）坚持"一次规划，百年建设"的指导思想

分步建设，分百年建设。不应在短期内把空间占满，后续发展就会缺乏空间，可持续发展缺乏后续空间支撑。如果三年五年建满了，以后更先进的、更富有创意的建筑怎么办？CBD 与龙湖 CBD 之间开辟地下隧道，用快速通道和快速轨道交通连接。

（四）坚持集群发展，大力发展总部经济

推进园区化、街区化及集群化发展。而楼宇经济的提法要慎重，不适合郑东新区。郑东新区是新区，新区是整体开发、功能复合，而不是孤立开发。整体开发更注重产业集群、功能复合。总部经济目标为 100 家世界 500 强；100 家中国 500 强；100 家河南 500 强。如何达到这一目标？可以采取迂回战略战术。建立城市综合体，进行

园区化开发，发展以中小企业为主导的产业集群，即中小企业总部基地，集聚1万家、10万家、100万家的时候，大型金融机构、大型跨国公司总部自然就会来了。这叫"以小带大""蚂蚁搬家"。走出"筑巢引凤"的思路，采取"筑巢引蚂蚁"战略。

五、处理四个重大关系

建设郑东金融城不是一个孤立事件，不能用孤立的、静止的观点去看待，必须用普遍联系的、运动的观点去分析判断。要把握好建设郑东金融城的历史使命、发展方向、功能定位、重点任务，就必须放在世界、国家、河南省以及郑州市的大格局大战略中去重新审视，尤其是要放到打造中国经济升级版、中原经济区战略、郑州都市区"三大一中"战略定位、"双核驱动、六城支撑"战略布局之中去全面认识，只有这样才能更加坚定并主动作为，才能更加有信心和勇气，才能抓住机遇迎接挑战，加快推进郑东金融城建设。因此，正确处理好郑东金融城与外部的关系就显得非常重要。

（一）与"打造中国经济升级版"的关系，充分发挥郑东金融城的样本功能

"打造中国经济升级版"的概念是在2013年3月17日的中外记者见面会上李克强总理首次提出的，这既是中国新一届政府提出的战略目标，又是中国经济重大战略转变，是中国经济高速增长30多年后实现2020年两个翻番的必然选择，也是实现"中国梦"的重要路径。打造中国经济的升级版重点在推动经济转型，把改革的红利、内需的潜力、创新的活力叠加起来，形成新动力，并且使质量和效益、就业和收入、环境保护和资源节约等方面有新的大幅度提升。改革开放是"打造中国经济升级版"的动力和路径，十八届三中全会指明了全面深化改革开放的战略目标、路线图和时间表。建设金融城就是郑东新区发展的升级版。

1. 打造金融产业升级版，培育郑东新区金融城经济增长极

金融是优化资源配置的神经中枢，打造中国经济升级版必然要求依托中心城市建设金融中心和金融城，加快金融产业升级。《中共中央关于全面深化改革若干重大问题的决定》对金融产业升级，尤其是对"完善金融市场体系、扩大金融业对内对外开放"进行了部署，为郑东新区金融产业发展提供了新的战略机遇。应借鉴温州等地经验，在郑东新区设立金融改革发展试验区，加快郑东新区金融主导产业的改革开放、创新升级、跨越发展。

第一，加快吸引大中小型和民间金融机构集聚。继续吸引国内有一定实力的大中型金融机构入驻；支持省内民间资本发起设立中小型银行等金融机构，支持民营银行等金融机构在郑东新区设立总部；积极吸引中小金融机构集聚，支持全国各地城市商业银行、农村信用合作社、农村商业银行、村镇银行等中小金融机构在郑东新区设立总部或区域总部。

第二，加快吸引外资金融机构集聚。扩大金融业对内对外开放，积极创造条件，吸引境外银行等金融机构在郑东新区设立区域总部，积极开展国际结算业务，开展国际投资银行业务。

第三，加快发展新兴的金融市场。尤其是开发新三板市场、产权交易市场、债券市场、期货交易市场等金融延伸工具，在郑东新区建立区域性OTC市场，积极争取全国试点；整合全省产权交易机构，在郑东新区成立中原产权交易中心；随着地方性政府债券和企业债券规模扩大，应及时在郑东新区建立区域性的债券交易市场，并纳入郑商所之中；做大做强郑商所，加强交易新品种研发设计，使之成为全国交易品种最多、规模最大、辐射带动力最强的商品交易所。

第四，加快发展基建、担保、贷款保险、土地、住宅等专业金融。吸引各级各类政府投融资平台在郑东新区设立总部，吸引投资担保公司在郑东新区集聚，鼓励贷款保险公司在郑东新区发起成立，鼓励土地银行、住宅银行在郑东新区发起成立，在郑东新区建立河南省土地交易市场和房地产交易市场。

2. 打造新型城镇化样本，把郑东金融城建设成为人文之城、创业之城、绿色之城、智慧之城、宜居之城、活力之城、魅力之城

《中共中央关于全面深化改革若干重大问题

的决定》对"坚持走中国特色新型城镇化道路，推进以人为核心的城镇化"进行了改革部署，中央城镇化工作会议对新型城镇化作了全面部署，为郑东金融城样本建设提供了新的战略机遇。应坚持改革开放、开拓创新思路，把郑东金融城纳入全省新型城镇化样本和改革试点，加快郑东金融城建设步伐，在以下几个方面寻求突破：

第一，坚持以人才为本，打造人文金融城。在金融城的规划建设中要时时处处融入文化烙印，加强对中国中原文化的传承、创新和发展，融合世界优秀文化，构建具有特色活力魅力的金融城人文体系。人才是金融城改革创新和发展壮大的奠基工程，金融城的发展必须以人才为本，应实行人才强区战略，着力引进国内外一流金融人才，本科以上的专业技术人员可以自由入户，为博士以上人才提供廉租房或购房补贴。建议设立"金融创造创新创业孵化园区"，实行企业注册登记制，一定期限内房租全免、地方税费全免，提供数额不等的创业基金，同时引入风险投资机构，促进创新型金融企业的培育、发展和做大做强。

第二，坚持"四化"同步，打造智能金融城。中央要求城镇化与工业化、信息化、农业现代化同步推进，一流金融中心对信息化要求更高也更为迫切。应超前推进郑东金融城的信息化建设，积极引进国内外知名信息产业品牌总部入驻，信息基础设施建设应与其他地上地下基础设施建设同步，建设智能交通、智能政务、智能商务、智能总部、智能市场、智能大厦、智能社区、智能街道及智能新城。实现车站等重要公共场所 Wi-Fi 免费自动接入。

第三，坚持生态文明，打造绿色金融城。郑东新区的规划融入了生态城市、共生城市、环形城市、新陈代谢城市、地域文化城市等先进思想和理念，历经十年建设，现代化的生态城市、水域靓城已经成为现实。应坚持一张蓝图绘到底，建设世界一流生态型现代化城市，同时还应当积极创建资源节约型和环境友好型城市样本，在新能源开发利用、节能环保技术的推广应用等方面走在全国前列，成为节能减排的样本。推广新能源技术，申报国家太阳能综合利用试

点，与国内外知名的太阳能企业合作规划建设"太阳城"。申报国家节能环保试点或项目，推广新型节能环保建筑材料，建设节能型新城区。

第四，坚持集约发展，打造集约型金融城。按照生产空间集约高效、生活空间宜居适度、生态空间山清水秀的总体要求，形成生产、生活、生态空间的合理结构。尤其是要提高土地利用效率，提高土地容积率，提高人口密度。CBD北部住宅区由于容积率较小、人口密度较低，导致人气不旺，土地和生态资源利用效率偏低，龙湖区 CBD 副中心的开发应适当提高容积率，提高人口和产业集聚度，最大限度地发挥龙湖的生态效益。

第五，坚持科学规划、建设、管理，打造世界一流金融城。坚持一流规划、一流建设、一流管理，向世界先进水平看齐。超前推进现代化基础设施建设，以完善的基础设施吸引产业和人口集聚；地下空间开发要与地上空间开发同步规划和建设，要实现重点区域地下空间的互联互通，与交通枢纽和地铁要实现相互连通。鼓励社会资本通过特许经营等方式参与基础设施投资和运营，按照世界一流标准加快基础设施现代化建设。

（二）与中原经济区国家战略的关系，充分发挥引擎带动功能

2011 年 9 月 28 日国务院颁布《国务院关于支持河南省加快建设中原经济区的指导意见》（国发〔2011〕32 号）（以下简称《指导意见》），确立了中原经济区五大战略定位，即国家重要的粮食生产和现代农业基地、全国工业化城镇化和农业现代化协调发展示范区、全国重要的经济增长板块、全国区域协调发展的战略支点和重要的现代综合交通枢纽、华夏历史文明传承创新区。从五大功能定位可以看出中原经济区在全国居于重要的战略地位，可谓"逐鹿中原，得中原者得天下"。

1. 明晰金融城在中原经济区战略中的核心地位

国务院《指导意见》明确提出"加快推进郑东新区金融集聚核心功能区建设，支持郑州开展服务业综合改革试点"。这充分说明建设中原经济

区进入国家战略的同时，也将郑东新区金融集聚核心功能区建设纳入了国家战略的重要组成部分，郑东新区是中原经济区重要的增长极，郑东金融城"两心两区"定位是发挥增长极功能的具体化。

2. 加快金融产业集聚，增强辐射带动作用

加快金融城建设，必须自觉服从服务于建设中原经济区战略，积极对接中原经济区五大功能定位，首要的是加快金融产业的大规模集聚发展，建设中部地区金融中心，引领、带动和支撑中原经济区转型升级和跨越发展；培育发展总部、会展、商贸、电商、物流、教育、研发、创意和健康等关联产业，建设中部地区或中原经济区重要的总部经济中心、国际会展中心、商贸中心、电商中心、综合交通枢纽、高教基地、研发基地、创意基地、旅游集散地、健康产业基地等，使郑东金融城成为中原经济区现代服务业中心，成为中原经济区发展的重要引擎。

（三）与郑州都市区"三大一中"战略定位的关系，充分发挥核心增长极功能

郭庚茂书记莅郑调研时首次提出郑州市"三大一中"发展战略定位，即"建设大枢纽，培育大产业，塑造大都市"和"建设区域性中心城市"。2013 年 7 月 31 日郑州市委十届五次全会正式确立了"三大一中"发展战略定位，这是对郑州市发展新阶段的新定位、新目标、新战略、新格局、新部署。大枢纽是郑州市的独特区位交通优势所在，这一优势需要进一步提升、发展、创新、强化，建设国家级的高铁、普铁、航空、高速公路、城际铁路、地铁、轻轨等综合交通枢纽；大枢纽必然带来大物流和大产业，建设国家级物流基地，做大做强优势产业和新兴产业；大产业必然带来大都市，同时建设大都市又为大产业发展提供了空间载体；最后要按照国家区域中心城市、中部地区中心城市的标准建设郑州都市区。金融是经济体系或经济区的核心，任何一个经济区都有相应能级的金融中心对应，郑东金融城集中了河南省大部分的金融总部，集中了郑州市大部分金融要素，已经成为中部地区重要的金融中心和中原经济区现代服务业中心，郑东金融城既是中原经济区的经济核心，当然也是郑州中心城市的经济核心。所以，郑东金融城在"三大

一中"战略中应居于核心地位。未来，郑东金融城建设，必须全面对接"三大一中"战略，充分发挥核心增长极作用。

1. 建设"郑州东站"大枢纽，提升郑州东站综合交通枢纽的集散功能

交通是产业和城市发展的重要基础和前提。郑州东站位于郑东新区，是国家级的综合交通枢纽，未来将成为全国唯一的"米"字形高铁网络的枢纽站，又将是中原城市群"米"字形城际铁路网络的枢纽站，同时又将是郑州都市圈地铁和轻轨网络的枢纽站，将形成高铁、城铁、地铁、轻轨无缝对接的综合交通枢纽。应坚持规划引导、强化运作，以郑州东站为核心，加快"三级五网一体化"轨道交通网络体系建设，"三级"是指"国家骨干网、城市群网、市域网"三级网络，"五网"是指普铁、高铁、城铁、轻轨、地铁，"一体化"是指互联互通、无缝对接、零换乘，加快干线网络建设，加强配套设施建设，提升郑州东站的综合交通枢纽的集散功能。建设大枢纽的目的是为了发展大产业和大都市，应充分利用郑州东站独特的交通区位优势，加快承接金融、总部、商贸、信息、电商、研发、文化、旅游、创意、会展等高端商务的集聚发展，增强金融城的辐射带动作用。

2. 培育"金融"大产业，提升金融主导产业的辐射带动功能

产业的集聚发展是城市建设的物质基础。金融、现代物流、信息、文化、旅游是河南省重点发展的五大现代服务业，其中，金融居于核心和主导地位；金融是郑州中心城市的重要主导产业，对其他产业的关联带动作用很强。郑东金融城是郑州中心城市金融集聚核心功能区，应进一步提升郑东金融城"两心两区"功能定位，率先做大做强金融产业，积极引导金融机构总部和金融市场向郑东金融城集聚，倾力推动金融产业大集聚、大集中、大集群和大发展，发挥金融产业的主导作用，辐射带动郑州都市区"三大一中"跨越发展。

3. 塑造"金融城"大都市，提升金融城组团的核心支撑功能

城市组团式发展既可以增强城市特殊功能又

可以避免"城市病"。郑东金融城由于其独特的交通枢纽地位、金融和商务的集聚优势，是郑州大都市区的核心组团，对郑州大都市区建设起支撑作用。应进一步强化交通枢纽优势，加快升级以金融为主导的产业体系，着力加快提升金融城组团的城市综合功能，按照国际一流标准和先进理念来规划建设基础设施，按照以人为核心、绿色、低碳、智能、健康新型城镇化要求，把郑东金融城建设成为河南省和全国新型城镇化样本，强化对郑州大都市区的带动和支撑作用，支撑郑州国家区域中心城市跨越发展。

（四）与郑州都市区"双核驱动、六城支撑"战略布局的关系，充分发挥基础支撑功能

2013年7月31日郑州市委十届五次全会确立了"双核驱动、六城支撑"都市区发展战略，坚持新型城镇化引领，推进中心城区现代化、县域城镇化，塑造具有中原特色的郑州大都市。"双核驱动、六城支撑"，"双核"即主城区和航空港经济综合实验区；"六城"即以航空港经济综合实验区为主体的航空城、以高新区为主体的科技城、以经开区为主体的汽车城、以郑东新区为主体的金融城、以中牟县绿博组团为主体的文化城和以二七商圈、华南城为标志的中心城区商贸城。郑东新区金融城是郑州都市区的特殊功能区，即是中原经济区和郑州市的金融中心，金融是经济的核心，郑东新区金融城在"双核驱动、六城支撑"都市区发展战略中居于核心地位，是其他城市组团的重要支撑。应充分认识到优先发展金融城，可以带动其他城市组团发展，并为其他城市组团发展提供金融服务支撑；同时金融城离不开其他城市组团而孤立发展，金融业属于虚拟经济，只有在支持其他行业实体经济发展中才能实现自身的发展壮大，金融城的发展必须主动对接其他城市组团，主动为其他组团提供金融服务，以实现融合发展、互动发展、协调发展和共赢发展。

1. 主动对接以航空港经济综合实验区为主体的航空城

国务院正式批复了《郑州航空港经济综合实验区发展规划（2013～2025年）》，这是全国首个上升为国家战略的航空港经济发展先行区。按照规划确定的发展目标，到2025年郑州航空港

经济综合实验区将成为"大枢纽"，航空货邮吞吐量达到300万吨左右，跻身全国前列，国际航空货运集散中心地位显著提升；拥有"大产业"，形成创新驱动、高端引领、国际合作的产业发展格局，与航空关联的高端制造业主营业务收入超过10000亿元；建成"大都市"，营商环境与国际全面接轨，建成进出口额达到2000亿美元的现代化航空都市，成为引领中原经济区发展、服务全国、连通世界的开放高地。2013年7月31日郑州市委十届五次全会确立了以航空港经济综合实验区为统揽，突出新型城镇化引领、现代产业体系构建和以网络为载体，坚持依靠群众推进工作落实长效机制建设"三大主体工作"格局，初步构建了集全市之力建设航空港综合经济试验区的体制机制。航空港经济试验区将成为郑州市乃至河南省最大的经济增长极和带动中原经济区发展的动力，建设航空港综合经济试验区是河南省和郑州市发展的战略大局。由于航空城与郑东金融城所处的区位不同、产业不同、功能不同，它们之间不是竞争关系，而是相互协同、相互支撑、相互带动的关系，航空城倾向于实体经济，金融城倾向于虚拟经济，航空城的大发展将会给郑东金融城发展带来新的机遇。因此，郑东金融城应当主动对接航空城，服务服从航空港综合经济试验区国家战略这个大局，在服务中实现互动发展、跨越发展和共赢发展。

第一，积极推进金融城与航空城的交通一体化建设。把郑州东站综合交通枢纽纳入航空城"一网两链三港一体"（"一网"是以郑州机场为核心构建轮辐式航空运输网；"两链"是航空生产供应链和销售供应链；"三港一体"就是综合发挥"铁公机"复合优势，将航空港、铁路港、公路港口岸优势连为一体）的国际化综合交通枢纽体系之中，形成网络衔接、无缝对接、系统一体。

第二，积极推进金融城与航空城的产业一体化发展。应充分发挥金融城金融中心功能，加快国内外高端金融要素集聚，带动国内外高端制造业、物流、电商、专业市场等高端服务业向航空城整体转移，与航空港实现差异化发展和一体化发展。同时，积极为航空城基础设施建设和产业

发展提供融资保障，加快航空城枢纽建设、产业集聚和功能完善。

2. 主动对接以高新区为主体的科技城

电子信息等高科技新兴产业是高新区科技城的主导产业。郑州市最近提出电子信息支撑产业发展计划，以智能终端、软件和信息服务业为主攻方向，力争 2013 年产值突破 2000 亿元，未来高新区科技城将成为中原经济区的高科技产业集聚基地。金融城与科技城之间具有高度差异化，应进一步加强协作、密切配合、互动发展、共同跨越，加强郑东新区金融城与高新区科技城之间的立体交通联系，郑东金融城金融中心应为科技城的跨越发展提供金融保障，郑东金融城的现代服务业中心应为电子信息等新兴产业的发展提供全方位服务，实现互动发展。

3. 主动对接以经开区为主体的汽车城

郑州市最近提出汽车支撑产业发展计划，形成以新能源汽车为引领，以大中型客车、乘用车整车生产为主体，零部件制造配套完备的综合性汽车产业体系，力争 2013 年整车产量达到 50 万辆以上，未来经开区汽车城将成为我国重要的汽车生产基地。金融城与汽车城之间在功能上具有高度差异性，应紧密协作、密切配合和互动发展、共同跨越，郑东金融城的金融中心应主动融入汽车产业链，为汽车城的跨越发展提供融资保障，郑东新区金融城的现代服务业中心应为汽车城的汽车产业发展提供全方位服务，实现融合发展。

4. 主动对接以中牟县绿博组团为主体的文化城

中牟绿博文化产业园区紧邻郑州航空港经济综合实验区和规划建设中的未来省级行政服务中心，规划面积 27 平方公里，规划人口 36.5 万，是中原经济区、航空港综合实验区和郑东新区"三区叠加"的核心。园区立足于中原经济区和郑州航空港经济综合实验区"两个国家战略"，全力打造以文化创意、时尚旅游、高端商务服务

业为主导产业，功能复合、生态宜居、高效集约的新型城市组团。凭借便利的交通和绝佳的环境优势，吸引了中国绿博文化博览园、方特欢乐世界、名门紫园等多个重大项目入驻园区。建设以中牟绿博组团为主题的文化城，加快推进中心城区现代化，中牟绿博园区将成为郑州市产业转型的一个主打产业。文化城与金融城两者之间在空间上比邻，在功能上高度差异化，应推进相互协作、密切配合和互动发展，郑东金融城应为文化城发展提供全方位的支撑服务，实现一体化跨越发展。

5. 主动对接以二七商圈、华南城为标志的中心城区商贸城

最近，郑州市出台了打造三个千亿商贸中心计划，今后 5 年内郑州市将实施打造千亿级商圈、千亿级商品交易市场和千亿级赢商网电子商务产业链的专项计划，形成 1 个国家级知名商圈、3 个都市级商圈。打造千亿级二七商圈，2014 年，二七商圈销售规模将超千亿元，力争 5 年内建成国家知名商业中心；打造千亿级商品交易集聚区，依托赢商网华南城、郑州 CSD 国际时尚商贸中心，把批发交易产业链做大做强，以汽车及售后市场、农贸物流市场为重点，通过 5 年左右时间，让华南城商业中心形成年销售额达千亿元的商品交易市场集聚区；打造千亿级电子商务产业链，依托跨境电子商务试点和国家电子商务示范城市建设，赢商网谋划 32 个电子商务试点项目，培育 5~10 个电子商务产业园和产业基地，5 年内将电子商务打造成千亿级产业链。为此，郑东金融城应积极对接中心城区商贸城建设，融入商贸产业链，提供金融保障，引进国内外知名商贸企业总部入驻，促进商贸总部和电商总部集聚，建立全球运营网络，以印度、日本和韩国等国家为重点，谋划和引进一批熟悉国际服务外包业务、有丰富经验的世界 500 强企业和跨国公司，以此来带动服务外包业发展。

郑东新区总部经济发展战略思路（2013年）*

引言

经济中心和金融中心是中心城市的基础功能和核心功能，其突出表现为金融机构和大型企业总部的集中布局、集群化发展。要提升郑东新区金融集聚核心功能区，就必须大力吸引金融机构总部和各类企业总部在这里集聚发展，打造优越发展环境，力争把郑东新区建设成为立足郑州、服务中原经济区、辐射中西部地区、面向全国的总部经济中心。本文主要描述了郑东新区总部经济发展的必要性、基础条件、指导思想、战略目标、空间布局、重点任务和保障措施。

一、总部经济发展意义重大

总部经济是指某区域由于特有的优势资源吸引企业总部集群布局，形成总部集聚效应，并通过"总部—制造基地"功能链条辐射带动生产制造基地所在区域发展，由此实现不同区域分工协作、资源优化配置的一种经济形态。发展总部经济可以为区域发展带来跨越发展的综合效应，如税收效应、产业乘数效应、消费效应、就业效应和社会资本效应。大批国内外企业总部入驻，可以提高区域知名度及信誉度，促进区域政府提高服务质量，优化商务环境，完善城市基础设施和人居环境，推进多元文化融合与互动，加快城市国际化发展。总部经济可以带动中原经济区加速经济集聚和转型升级，有利于主动承接国际制造业和服务业高端环节的转移，参与国际产业链分工与合作，提高参与国际竞争的能力和国际化水平；有利于推进产业结构调整和优化升级，提高经济发展质量和效益，推动经济转型，增强城市经济实力；有利于汇集人流、物流、信息流和资金流，增强中心城市的聚集力、辐射力和影响力，提升城市的综合服务功能。总部经济可以强化郑州国家中心城市和郑东新区核心区的辐射带动功能。总部经济给地区经济发展带来诸多外溢效应，郑东新区发展总部经济对承接沿海地区和国际产业转移、带动产业链发展、做大经济总量、增强竞争优势、强化中心城市的高端服务功能和辐射带动职能具有非常重要的作用和意义。

二、总部经济发展基础扎实

（一）总部经济已经成为郑东新区支柱和主体

近年来，郑东新区着力营造一流的软硬环境，对机构总部产生了强大的吸引力，已成为在全国具有影响力的城市新区，CBD初具规模优势，已经成为总部经济布局发展的最佳场所。总部经济呈现出快速集聚发展的态势。截至目前，郑东新区已入驻的《财富》世界500强企业达47家，国内500强企业57家。其中中石化、中石油、中国移动、中国电信、中储粮及五大电力集团纷纷在郑东新区设立了区域总部或分支机构，河南省优势产业骨干企业总部——河南能源化工集团、中国平煤神马集团、河南有色金属、河南省煤炭建设集团、中铝矿业、中电电力建设、河南中烟工业公司等大企业集团或其分公司进驻郑东新区。金融总部已形成集中集聚集群效应。近年来，郑东新区确立以金融为主导产业，金融业聚集效应显著，已累计入驻各类金融机构202家，金融机构省级总部43家，银行、证券、保险、期货、基金管理、财务公司等业态门类齐全。楼宇经济成就斐然，已成为总部经济的载体。目前，郑东新区已建成商务写字楼69个，总建筑面积达470万平方米，在建项目40个，总建筑面积401万平方米。共入驻企业6500多家，基本涵盖了116类产业体

---

* 本文发表于河南省人民政府发展研究中心《研究报告》2013年12月27日。

系中所有业态,中央商务区、金水东路沿线楼宇经济集聚带初步形成。2013 年,郑东新区楼宇企业实现增加值 178 亿元,同比增长 13.5%,排名全市第 1 位,实现税收(2013 年全口径)118 亿元,其中税收超 1 亿元的单栋楼宇达到 17 幢。

(二)集聚规模、层次、水平有待提高

总体来看,郑州在发展总部经济方面不仅与北京、上海、天津等一线城市相比有较大差距,而且落后于重庆、成都、武汉等中西部城市。数据显示,国内 500 强企业总部所在城市排名中,北京以 100 家名列第一;其次依次是上海 26 家,名列第二;杭州 23 家,名列第三;郑州为 6 家,名列第十位。一是集聚效应还不明显,数量还不多,规模还不大,层次还有待提高;二是辐射带动功能发挥不够,主要是决策、管理、信息、研发、贸易等功能尚不完善;三是总部经济发展的公共信息平台没有建立起来,服务体系不健全。

因此,郑东新区需要进一步完善和加大发展总部经济的政策措施和力度,把发展总部经济作为承接沿海地区和国际产业转移,带动产业链发展及做大经济总量最有价值、最有成效的切入点。

(三)具备跨越发展的良好机遇与基础条件

随着中原经济区的快速崛起,省内大企业的总部加快向中心城市集聚,随着产业转移不断升级,国内外大型企业纷纷进军中原布局发展,"郑东新区金融集聚核心功能区"建设纳入中原经济区国家战略,必然会吸引带动一大批企业总部落户郑东新区,进而形成一个辐射带动能力强大的总部经济中心。郑东新区拥有优越的软硬环境条件,具备发展总部经济和布局总部经济中心的充分必要条件,必将成为中原经济区、中部地区乃至国家级总部经济中心和基地。

三、发展战略思路、定位、目标、布局

(一)发展战略思路

坚持总部经济优先发展战略,持续强化郑东新区区位和环境优势,加快集聚各类企业总部,着力引进全球、全国以及河南省知名品牌企业总部,吸引国际国内 500 强、行业 100 强等大型企业总部、区域总部及其销售中心、采购中心、结算中心、研发中心等核心机构入驻,全面提升总部经济综合实力和水平,努力把郑东新区建设成为立足郑州、服务中原经济区、辐射中西部地区和面向全国的总部经济中心。

(二)中长期战略目标定位

中长期战略目标定位为"国家区域性总部经济中心"。

其近期目标应为中原经济区总部经济中心,中期目标应为中部地区总部经济中心,长期目标应为全国性总部经济中心。

(三)三年发展目标

争取 2014~2016 年每年引进 1~2 家综合性企业总部、3~5 家职能型企业总部,并争取尽快培育一批现有企业总部进入全国 500 强及行业 500 强;争取到 2014 年底入驻世界 500 强企业或分支机构达到 52 家,国内 500 强或其区域总部达到 62 家;税收亿元楼宇达到 22 栋。到 2016 年,争取世界 500 强企业或分支机构达到 60 家,国内 500 强或其区域总部达到 70 家;税收亿元楼宇达到 27 栋。总部经济的持续发展能力明显增强,总部经济集聚形态初具规模,建设中部地区重要总部经济中心集聚效果明显。

(四)空间布局

总体空间布局为"一带、一形"和"一主三副"。

"一带"为以金水大道为主轴的东西总部经济发展带;"一形"为"如意形"金融中心集聚区;"一主"为中央商务区 CBD;"三副"为龙湖 CBD 副中心、高铁站 CBD 副中心和白沙 CBD 副中心。

四、以"大招商和项目"为总抓手,加快总部经济集聚

紧紧围绕中原经济区和河南省"构建竞争力强的现代产业支撑体系,建成具有较强竞争力的先进制造业大省、高成长服务业大省和现代农业大省"这个战略任务,紧紧围绕建设郑州国家中心城市这个战略任务,来谋划郑东新区总部经济发展的重点。

(一)积极引进大企业、大集团、大财团总部集聚

郑东新区总部经济重点发展具有决策管理、

行政管理、资产管理、资金结算管理、研发管理、采购管理等综合职能，竞争力强、影响力大的综合型总部企业；着力发展行业带动能力较强、影响力较大、发展相对成熟、企业规模较大的职能型总部企业；以及加快发展基础较好、竞争力较强、发展潜力大，具有部分总部职能的成长型总部企业。继续加大符合郑东新区产业准入标准的世界 500 强、国内 500 强等传统总部企业的引进；加大科技服务业总部企业引进力度，重点推进国家技术转移郑州中心、宏泽生物制药研发中心等研发机构落地建设；设立新兴产业研究院或技术转移服务机构；鼓励国内外机构、企业、高校和科研院所在郑东新区建设技术成果转化平台；加大国际知名专业服务业企业区域总部引进力度，以 DTZ 戴德梁行郑州公司开业和雷格斯楷林 IFC 项目签约为契机，加快国际房地产咨询"五大行"其他四家尽快在郑东新区设立分支机构，同时积极加大国际知名四大会计师事务所（普华永道、毕马威、德勤、安永）引进工作；积极引导省建投、省水投等省内国有投融资平台总部到郑东新区集聚发展，形成蜂巢规模效应；以河南农业大学"国家小麦工程技术研究中心"为依托，探索引进联合国粮食与农业组织（FAO）在郑东新区设立办事处，以此增强国际影响力。

（二）积极引进金融机构集聚

加大外资银行引进力度，重点联系花旗银行、星展银行、恒生银行、三井住友银行等外资银行，鼓励境外银行机构在郑东新区设立区域性管理、业务运营总部、后台服务中心或参股地方法人商业银行。加快引进国有商业银行、政策性银行、股份制商业银行等，重点与中国进出口银行、恒丰银行、渤海银行、浙商银行等加强联系。加快引进证券期货行业前 20 强企业，重点与中信证券、海通证券、中国国际期货、永安期货、中粮期货等加强联系，争取引进台资、港资等证券类机构。加大外资保险机构、保险机构区域性总部、保险中介机构引进力度，重点与中航安盟保险、法巴寿险、安邦保险、阳光保险等加强联系，支持符合条件的外资保险机构在郑东新区设立区域性管理总部、业务运营总部、后台服务中心或参股地方法人保险公司。积极引进信托、基金、金融资产管理公司、集团财务公司、大型企业投融资机构等机构总部或区域性总部入驻。

（三）以楼宇经济为载体，大力培育特色中小微企业总部集群

推动跨越发展。按照"全国找坐标、中部求超越、河南挑大梁"的总体要求，依托郑东新区综合优势，充分发挥楼宇资源利用效益，积极打造楼宇经济品牌，提升楼宇经济发展水平，不断增强经济实力和综合竞争力，把郑东新区建设成为中原经济区总部经济示范区。在楼宇发展水平、楼宇管理水平和政府服务水平方面取得新突破，把郑东新区打造成为中原经济区楼宇经济集聚区。在楼宇发展水平方面，楼宇建设实现新突破，企业引进实现新跨越，经济贡献实现新提升。到 2018 年，税收千万楼达到 60 幢。其中，税收 10 亿元楼达到 1 幢，税收 5 亿元楼达到 4 幢，税收亿元楼达到 20 幢，税收 5000 万元楼宇达到 15 幢，税收 1000 万元楼宇达到 20 幢。加快以国际化总部经济为特征的楼宇经济建设。编制楼宇经济三年行动计划，推行商务写字楼等级评定，形成全面、客观的楼宇经济发展评价体系。建立楼宇经济信息服务平台，完善扶持政策，推动楼宇服务中心全覆盖，打造一批国际化标准的智能化商务楼宇。

五、优化环境，形成总部经济发展合力

（一）完善工作机制

一是加强组织领导。进一步完善郑东新区金融集聚核心功能区省建设协调小组、市建设领导小组运行机制，坚持例会制度，研究协调和决策重大事项，形成省、市、郑东新区三个层面的协调联动、分工合作的工作机制。成立由郑州市、郑东新区主要领导牵头，有关部门为成员单位的郑东新区总部经济发展工作领导小组，协调推进总部经济发展工作。二是建立"两中心"决策咨询机制。筹划成立金融城建设和总部经济专家咨询委员会，邀请国内外知名金融专家、总部经济专家和相关业务主管部门领导担任咨询委员，建

立日常咨询和重大决策集中研判机制。三是坚持规划引导。编制郑东新区金融业、总部经济产业发展规划，厘清思路，认真谋划，明确推进路径。四是建立金融产业发展和总部经济发展问题会商机制。建立与中国人民银行、银监局、证监局、保监局等金融监管部门的联席会议制度，共同研究解决金融改革创新过程中的体制机制和政策问题。加强与国家、省、市发展与改革委、商务、工信、科技等部门对接，研究出台相关吸引国内外企业总部入驻郑东新区政策办法，做好项目入驻后的后续服务工作。

（二）加大招商工作力度

依据郑东新区产业发展规划，严格执行郑东新区产业准入标准，并根据实际发展需要，适时调整完善产业准入办法，既保证入驻企业质量，又增强对重点企业的吸引力和竞争力。坚持"大招商、招大商、招外商"理念，瞄准国内外知名企业，扎实开展研商工作。组建专业招商小分队开展产业集群招商，以长三角、珠三角、环渤海为重点开展驻地招商。土地招商与楼宇招商相结合，建立完善招商日志和项目档案，通过"五职"招商、以商招商、产业链招商、专业服务业代理、委托招商等活动开展，确保金融机构总部机构引进成效。

（三）多措并举

采取多层面保障措施，积极推动上级部门、行业主管部门从以下方面参与到郑东新区国家区域性金融中心和总部经济中心建设。第一，产业集聚方面，优先在郑东新区布局金融机构和企业总部，支持开展金融业务、产品创新和企业生产管理创新；第二，资金支持方面，设立"两中心"专项资金，保障重点项目扶持、机构人才奖补、环境配套优化以及专项活动费用需求；第三，土地支持方面，"两中心"项目用地，土地部门要优先列入年度土地供应计划；第四，人才支持方面，支持中央驻郑金融监管机构、高等院校、研究机构在郑东新区设立金融和企业管理方面的研究、教育和培训机构，培养、引进各类金融专业人才、监管人才和复合型人才及企业高级管理人才；第五，基础设施方面，推动有关部门优先保证"两中心"建设的用电、用水和光缆通信等配套需求。

构建郑州国家级中心城市有关问题探讨（2014年）*

摘要

郑州市在中原经济区、中原城市群中居中心地位，随着我国经济重心西移，郑州市在中西部地区乃至全国的战略地位凸显，构建郑州"国家级"中心城市是大势所趋，"规模小、实力弱、层次低"是制约郑州中心城市转型升级的主要矛盾，其根源在于城市空间框架小、组织结构不合理，应坚持提升中心、强化核心、放活外围，拓展发展空间，优化空间结构，提升目标定位，加快打造"多中心"大郑州都市区和"多核心"大郑州都市圈，重构一体化中原城市群。

2013 年 12 月 25 日中共河南省委出台《关于科学推进新型城镇化的指导意见》，要求"提升郑州国家区域性中心城市的地位"。按照建设大枢纽、发展大物流、培育大产业、塑造大都市和打造国家区域性中心城市的发展方向，增强辐射带动全省和服务中西部发展的能力。前几年国务院给郑州市的功能定位是"中部地区重要的中心城市"，在当前快速推进新型城镇化、中部崛起、中原崛起的大背景下，如何进一步提升郑州市的功能定位、构建郑州国家中心城市是摆在我们面前的历史命题和现实责任。长久以来，复兴大中原一直是我们特有的"河南梦"，或叫"中原之梦"，其主要内涵是实现"中原崛起、河南振兴、富民强省"的奋斗目标。中原经济区成为国家级经济区、中原城市群成为国家级城市群、郑州市成为国家中心城市，是"河南梦"的三大支柱，构建郑州国家中心城市是梦想之基。

一、背景分析

（一）概念与内涵

中心城市是指在一定区域内和全国社会经济活动中处于重要地位、具有综合功能或多种主导功能、起着枢纽作用的大城市和特大城市。中心城市以经济区和城市群为依托，是经济区生产布局和城市群功能分工的空间表现形式，是具备较强"聚集扩散、服务和创新功能"的区域经济中心。无论是国家中心城市，还是区域中心城市，抑或是地区中心城市，都脱离不了中心城市的这些本质特征。

国家中心城市必然在现代化和国际化方面走在全国前列。从世界城市来看，它们都产生于世界经济增长的重心区域。未来国家发展重心加速转移和空间布局向内陆战略推进，新的经济重心很可能催生新的国家中心城市。国家中心城市进一步发展的方向必然是世界或全球城市。[①]

（二）中心城市发展理论

中心城市发展理论还可以进一步追溯到古典区位理论，农业区位论（杜能 1826 年提出）、工业区位论（韦伯 1909 年提出）。进入 20 世纪，随着西方国家的快速城市化，中心城市发展的各种理论不断涌现。伴随着我国快速城镇化，新经济地理学异军突起，中心城市发展理论不断萌发。这些理论为我们研究中国特色的中心城市提供了思维框架和分析工具。

（1）中心地理论。1933 年由德国地理学家克里斯泰勒（W. Christaller）在他所著的《德国南部的中心地》一书中系统地阐述了中心地理论（Central Place Theory）。这一理论研究的是在一定区域内城市等级、规模、数量、职能间的关系及其空间结构的规律性等问题。城市等级受市场、交通、行政三原则所支配，呈现六边形网络分布。

---

* 本文发表于《河南科学》2014 年 6 月 18 日。

① 杨卫东，郭虹. 中心城市经济理论与实践 [M]. 北京：经济科学出版社，2011：1-6.

（2）增长极理论。法国经济学家弗佩鲁（Francois Perroux）于 1955 年在《经济学季刊》的《经济空间：理论与应用》一文中提出"增长极"这一术语。经济增长在一定区域内是不均衡的，经济增长以不同的强度首先出现于一些增长点或增长极上，然后通过不同的渠道向外扩散，最终对整个经济区域产生不同的影响。在发展的初级阶段，极化效应是主要的，当增长极发展到一定程度后，极化效应削弱，扩散效应加强。

（3）城市空间相互作用理论。美国地理学家乌尔曼（E. L. Ullman, 1957）提出城市的空间相互作用理论，对城市群内外空间相互作用机制研究影响深远。当相互间的引力大于斥力时，中心城市规模越来越大，城市密度越来越高，城市空间体系不断膨胀；当引力小于斥力时，郊区化、逆城市化占据主流，卫星城纷纷出现。

（4）点—轴开发理论与网络开发理论。点—轴开发理论最早由波兰经济家萨伦巴和马利士提出。点—轴开发模式是增长极理论的延伸，由于生产要素交换需要交通线路以及动力供应线、水源供应线等，相互连接起来这就是轴线。发达的经济中心（点）沿轴线（交通线路、动力供应线、河流等经济纽带）不断地向不发达区域纵深地发展推移。1986 年我国经济地理学家陆大道在《地理科学》上发表论文《2000 年我国工业布局总图的科学基础》，提出区域发展战略的"点—轴开发理论"。只有经济联系到了一定程度，该区域就自然内生地按照"点—轴系统"模型，由点到轴，再到聚集区发展成经济区。之后，魏后凯（1995）提出网络开发模式（Network Development Model），进一步发展了"点—轴系统"理论，区域经济在发展中呈现出增长极点开发、点—轴开发和网络开发三个不同阶段，落后地区应采取增长极点开发，发展中地区应采取点—轴开发，而发达地区应采取网络开发。

（5）还有其他许多著名的中心城市发展理论。例如邓肯（O. Duncan）1950 年在《大都市与区域》提出"城市体系"理论；J. R. 弗里德曼于 1966 年提出关于城市空间相互作用和扩散

的"核心—边缘理论"，又称为核心—外围理论，已成为发展中国家研究空间经济的主要分析工具；法国经济地理学家戈特曼 1957 年根据对美国东北海岸地区的考察，在《大都市带：东北海岸的城市化》提出特大城市区域集合体 Megalopolis。城市化趋向郊区化和网络化，城市群的出现标志着美国空间经济发展进入成熟阶段，大都市带是城市化进入高级阶段的产物。[①]

（三）国家中心城市的评价指标体系

目前针对国家中心城市的综合评价较少，但评价世界、全球城市、国际城市等方面的文献却比较丰富。综合功能研究一般采用综合性指标体系，专项功能研究一般采用某些专项指标。《全国城镇体系规划》（草案）所运用的国家中心城市的评价指标体系为综合经济能力、科技创新能力、国际竞争能力、辐射带动能力、交通通达能力、信息交流能力、可持续发展能力 7 大类 43 项指标。周阳，武汉市社会科学院助理研究员在《国家中心城市：概念、特征、功能及其评价》一文中，以国家中心城市的核心功能和属性为基本框架，遵循科学性、实用性、可比性、协调性原则，并根据数据的可获得性，选取 4 大类 10 小类 40 个指标，建立全面综合的国家中心城市评价指标体系。陈来卿，广州市社会科学院区域经济研究所副研究员在《建设国家中心城市以功能论输赢》一文中，遵循国际性、实效性、延续性和创新性原则，又依据科学性、动态性、开放性、可操作性原则，采用主题综合型方法确定为 3 个层次、4 大类、22 个指标的国家中心城市评价指标体系。

以上各个综合评价指标体系大同小异，其中人口和经济指标是最基础、最根本和最具代表性的指标，通过综合评价可以发现问题，寻找发展路径。

（四）构建郑州国家中心城市面临重大机遇

区域经济学、城市经济学、中心城市论都认为中心城市是城市群的龙头，是经济区的增长极；城市群是经济区的主体，是中心城市的战略支撑；经济区是中心城市的战略腹地，是城市群

---

① 李小建. 经济地理学 [M]. 北京：高等教育出版社，2013：58-114.

的承载基础。[①] 中心城市在区域经济中处于主导地位，中心城市的地位决定城市群和经济区的地位，要想使中原城市群和经济区进入国家级，其郑州中心城市必须首先进入国家级。

从战略趋势上来讲，我国沿海地区的三大国家级城市群或经济区正在向世界级转型，北京、上海、天津和广州四大国家中心城市正在向世界城市升级；随着国际国内产业向中西部地区转移，我国的经济重心正在由沿海地区向内陆地区转移，未来我国中西部地区必然会出现多个国家级的经济区、城市群、中心城市，未来最有希望成为国家级城市群的是成渝、武汉及中原，最有希望成为国家中心城市的是成都、武汉和郑州。

从政策上来讲，国家新型城镇化规划（2014~2020年）要求"加快培育成渝、中原、长江中游、哈长等城市群，使之成为推动国土空间均衡开发、引领区域经济发展的重要增长极"。中原城市群已经被列入国家发展重点，进一步发展的目标毫无疑问应定位于成为国家级城市群。那么，要想让中原城市群升级为国家级，郑州市作为龙头必须首先进入国家中心城市行列，所以当前构建郑州国家中心城市面临难得的政策机遇。

二、构建郑州国家中心城市的主要矛盾和根源

（一）主要矛盾是"规模小、实力弱、层次低"

虽然中原城市群的经济总量和人口规模仅次于长三角、珠三角、京津冀沿海三大城市群，在中西部地区成渝、中原、武汉三大城市群中是最大的，具有明显的总量规模优势，但是，中原城市群的缺陷也是非常明显的，最突出的矛盾就是中心城市总量规模较小、综合实力较弱，这是构建国家级中心城市和经济区的主要矛盾。

（1）横向对比郑州市处于弱势地位。郑州中心城市规模小、实力弱、层次低，与重庆、成都、武汉相比明显处于劣势。从经济总量来讲，2013年重庆列全国第7位，成都列全国第8位，武汉列全国第9位，而郑州市仅列全国第19位；从功能定位来讲，重庆已经是国家中心城市，湖

北省已将武汉市目标定位提升到"国家中心城市"，而郑州市的定位还停留在"中部地区重要的中心城市"。

（2）近几年郑州市与武汉市的差距不断拉大。2005年郑州市GDP占武汉市的比例为73.4%，2010年下降为72.6%、2013年下降为68.5%。2005年、2010年和2013年武汉市在全国位次分别为17位、12位和9位，郑州市的位次分别为第23位、第22位和第19位，近8年武汉市在全国上升了8个位次，郑州市上升了4个位次。郑州市与武汉市的差距连年拉大，目前相差10个位次。"郑州中心城市规模小、实力弱、层次低"就是制约郑州市、中原城市群和中原经济区转型升级的主要矛盾，这个主要矛盾解决了，其他次要矛盾就会迎刃而解。

（二）根源在于城市空间框架小、组织结构不合理

但是，无论是按照国家级中心城市标准来判断，还是横向对比来分析，郑州市与国家级中心城市的基本条件要求尚有较大距离。国家级中心城市必须首先满足城市规模这个基本条件。一般来说，国家中心城市都是规模上的超级城市，人口规模和经济规模应达到全国前10位，人口规模1500万左右或更高。2013年郑州市城市规模全国第19位，虽然一直在进步，但是横向对比来看近几年进步趋缓，原因在哪里？根源在于郑州市尚没有建立起超级城市的空间框架结构，发展载体太小，组织结构不合理。

（三）关键是郑州大都市区"多中心"的空间结构没有建立起来

国家级中心城市或者前10位的中心城市都采取了"大框架、多中心"的发展模式，几乎无一例外地把所辖县（市）行政区划调整为市辖区，都市区的发展取向由"单中心"转向"多中心"，形成网络状的多中心大都市区格局。郑州市要想成为国家级中心城市，理所当然也必须遵循"多中心"发展规律。郑州市曾经提出的"双核驱动、六城支撑、十组团集聚"的创举，郑州航空港经济综合试验区进入国家战略，在全国也

---

① 谢文蕙，邓卫. 城市经济学 [M]. 北京：清华大学出版社，2013：79-98.

是首创，最近又提出"一中一城三区四组团"发展格局，郑州都市区"多中心"的探索取得了巨大成就。但是，多年以来，郑州中心城区依然停留在延续"摊大饼"发展阶段，超级城市大都市区的框架结构始终没有形成。近几年为何郑州市与武汉市的差距有所拉大，其中的重要原因是武汉市都市区早已由"摊大饼"转向"多中心"。为了拓展城市空间，武汉市先后把所辖县（市）全部区划调整为市辖区，建立以地铁和轻轨网络为主导的通勤圈，形成郊区化多中心的大都市区格局。武汉都市区现由13个市辖区组成，分别是江岸、江汉、硚口、汉阳、武昌、青山、洪山7个中心城区以及蔡甸、江夏、黄陂、新洲、东西湖、汉南6个近郊城区。其中，1979年由汉阳县分设东西湖区，1984年撤销汉南农场设立汉南区，1992年撤销汉阳县设立蔡甸区，1995年撤销武昌县设立江夏区，1998年撤销新洲县设立新洲区、撤销黄陂县设立黄陂区。而郑州市没有突破行政区划的限制，没有建立近郊多中心、远郊卫星城的空间发展格局，缺乏发展空间。从体制来说，郑州市所辖六县（市）行政区划调整没有任何进展，"市区与郊县"双轨制的二元结构，割据分离，各自为政，一盘散沙，没有形成合力和集群优势；从产业来说，并没有形成产业链紧密关联，中心城区的低端产业并没有向郊县（市）大规模转移扩散；从交通体系来说，中心城区与郊区县（市）之间的地铁或轻轨系统还是空白，同城化的通勤圈没有建立起来，中心城区与所辖郊县（市）没有形成实质意义上的一体化和同城化，郊区县（市）难以共享中心城区的公共服务。①

（四）尤其是郑州大都市圈没有建立起来

中心城市的发展必须依托所在的经济区和城市群，一般都具有外围的经济腹地和中小城镇的支撑，形成大都市圈。而郑州目前还没有形成大都市圈，制约了发展速度，为什么近几年郑州市与武汉市差距拉大，其中一个重要原因就是武汉城市圈早已形成大都市圈一体化发展格局。湖北省瞄准打造中国第四极战略目标，构建了"1+8"

武汉城市圈，以武汉为中心，与黄石、鄂州、黄冈、孝感、咸宁、仙桃、天门、潜江周边8个城市组成城市圈，其中包括1个副省级城市、5个地级市和3个省直辖县级市。城市圈大尺度空间结构框架的建立为武汉市大发展奠定了基础，近年来武汉市厚积薄发、跨越发展、后来居上，在全国的地位持续提高，武汉市"国家中心城市"的新定位更是着眼长远、极目远眺、雄心勃勃。

总之，构建国家级中心城市和国家级经济区，实现"河南梦"，机遇挑战并存，优势劣势同在，总体上是有利的，方向上是大势所趋。我们所应该做的就是遵循规律、顺势而为，关键是应提升郑州市的目标定位，拉大空间框架，优化空间结构布局，构建大郑州都市区和大郑州都市圈，重构中原城市群。

三、构建郑州国家中心城市的路径

所谓大都市区是指中心城区与紧密联系的具有一体化倾向的邻接地域的组合，是中心城市发展到较高阶段时的空间组织形态，是都市圈和城市群的中心区。

所谓都市圈，是指以一两个中心城市为核心，与周边联系紧密的众多城市地区，共同构成一个相对完整的城市"集合体"或城市经济区域，它是城市群发展到成熟阶段的最高空间组织形式。都市圈一般是指内部联系紧密的城市群或城市群的核心区。②

"大都市区多中心""大城市圈多核心"的演变机理在快速城镇化的中期阶段，"集聚规模效益递增"，城市越大集聚效益越大，人口和生产要素优先向中心城市集聚，中心城市的集聚速度明显快于中小城市，一部分中心城市演变为超级城市或巨型城市；然而进入工业化中后期阶段，当中心城市规模集聚到一定程度时，出现交通拥堵、环境污染、生态恶化等城市病，生活生产成本上升，使"集聚规模效益递减"，于是人口和生产要素又开始逃离城市中心区，向近郊小城镇和远郊卫星城集聚，中心城市布局从"摊大

---

① 张占仓，蔡建霞. 中心城市体系建设及河南省的战略选择［J］. 河南科学，2010，28（9）：1189-1193.
② 曾群华，邓江楼，张勇. 都市圈、城市群与同城化的概念浅析［J］. 城市化期刊，2012（3）：27-29.

饼、单中心"模式走向"郊区化、多中心"模式。由于中心城市的辐射带动，周边卫星城市纷纷崛起，"城市圈卫星城多核心一体化"格局逐步形成。西方发达国家中心城市在经历"摊大饼"城市病之后，几乎无一例外地选择了"郊区化多中心、卫星城多核心"的发展模式。我国城镇化的规模、速度、强度在世界上都是史无前例的，可惜的是我国许多中心城市再次重演西方国家早期"摊大饼"的城市病，原因在于发展和规划理念滞后、割据体制障碍。其实，"大都市区多中心、大都市圈卫星城多核心"发展理论和经验都是成熟的，关键是我们应紧密联系河南省实际来创新郑州国家中心城市的特色发展模式。

（一）构建"多中心"的大郑州都市区

应瞄准构建郑州国家中心城市目标定位，创新理念、规划、体制，跳出郑州来谋划郑州，大胆借鉴国内外成熟经验，破除条条框框约束，勇于创新，探索国家中心城市特色发展的"郑州模式"，积极构建"2核+3次+5卫+2副"的大郑州都市区框架体系。[1][2]

（1）强化双核带动。构建中心城市和郑州航空港经济综合实验区两个核心增长极。

（2）拓展近郊三大次中心。分别在三个方向上规划建设郑东新区、郑西新区、郑南新区，形成都市区次中心。

（3）构建远郊五个卫星城。将中牟县、新郑市、新密市、登封市、荥阳市的行政区划调整为"市辖区"，将六城与中心城区的交通、基础设施、产业、环境进行同城规划建设，使六城成为都市区真正意义的外围中心，形成"2核+6心"的网络状多中心格局。

（4）打造东西两大副中心。将巩义市区划调整为市辖区，并规划为郑州市西部副中心；推进郑汴同城化，将开封市纳入大郑州都市区，将开封市定位为大郑州都市区的东部副中心，构建"2核+3次+5卫+2副"的大郑州都市区。

（二）构建"多核心"的大郑州都市圈

河南省 2009 年规划了"一极两圈三层"的

中原城市群总体框架体系，这是我国城市群规划中的一个创举，但是这个规划落实得不够好，这几年的决策文件中很少再强调了，原因是政策缺乏连续性，概念缺乏进一步深化，突破口缺乏有力抓手。选择中原城市群发展的突破口应体现三个原则：一是优先发展郑州中心城市和大郑州都市圈；二是放开搞活外围区域中心城市；三是积极推进一体化和同城化。"1+8 武汉都市圈"与"1+8 中原城市群紧密层"同为圈层结构，即一个中心城市带动周边 8 个卫星城市，武汉城市圈发展经验值得借鉴。建议借鉴京津冀都市圈、武汉城市圈的概念，用"大郑州都市区"概念描述中原城市群郑汴核心区；用"大郑州都市圈"概念描述中原城市群紧密层，将"中原城市群 1+8 紧密层"转型升级为"1+8 大郑州都市圈"。[3]

积极构建"1+8 大郑州都市圈"。将大郑州都市区定位为国家中心城市，当然也是中原经济区的中心城市；将洛阳市定位为中原经济区的中心城市，形成郑州、洛阳双中心格局；将新乡、许昌、焦作、济源、平顶山、漯河等定位为中原经济区的核心城市。打破行政区划的障碍，加快一体化乃至同城化发展，提升集聚集群功能，分工协作，协同发展，走错位发展，差异化发展、特色发展的道路，将郑州都市圈打造成为中原城市群和中原经济区的核心区，带动中原经济区周边区域的快速发展。

（三）构建"一体化"中原城市群

为了支撑郑州国家中心城市建设，必须加快中原城市群一体化发展，强化中原城市群专业化分工协作，推动结构重组、功能优化和一体化发展，形成中心城市带动外围城市、外围城市支撑中心城市的良性互动发展格局。

（1）提升中心区，建设大郑州都市区。将郑州市由中部地区重要中心城市升级为国家级中心城市，规划郑汴同城化大都市区，将开封设为大郑州都市区的副中心。

（2）强化核心区，建设大郑州都市圈。郑州

① 张占仓，蔡建霞，陈环宇，陈峡忠. 河南省新型城镇化战略实施中需要破解的难题及对策 [J]. 河南科学，2012（6）：771-783.
② 高友才. 中原经济区建设中多中心多层次城镇网络构建研究 [J]. 中州学刊，2012（1）：50-54.
③ 王发曾. 中原经济区的新型城镇化道路 [J]. 经济地理，2010（12）：1972-1977.

定位为国家中心城市，洛阳定位为中原经济区中心城市，开封、新乡、许昌、焦作、济源、平顶山、漯河为中原经济区核心城市，形成"1+8"或"2中心+7核心"的大郑州都市圈。

（3）放活外围区，建设六大副中心城市。将安阳、三门峡、商丘、信阳、濮阳、周口六个外围省辖市设为中原经济区副中心城市，驻马店、鹤壁为中原经济区的支柱城市。根据中心地理论"六边形模型"，这六个省辖市均为"米"字形高铁网络的重要节点，也是未来普铁、城际、高速公路、航空等综合交通网络的重要节点，设置六个副中心城市符合市场、交通和行政三个最优原则①；根据两个中心城市之间相互吸引的断裂点理论，这六个省辖市距离郑州较远，均在200公里以上，受郑州中心城市的辐射较小，反而受省外中心城市的辐射较大，均处在郑州中心城市与外省中心城市相互吸引的断裂带上，设置六个副中心城市有利于集聚外省要素资源。② 同时，湖北省设立了襄阳副中心城市，河北省将石家庄设立为北京的副中心城市，周边省份的战略布局已经对河南省的战略空间形成挤压之势，设置六个副中心城市既符合理论又符合实际，既是转型升级的需要也是积极应对区域竞争的需要。

四、推进郑汴同城化，打造"郑汴港金三角"都市区

郑州主城区为老中心，航空港区为新中心，开封市为副中心，呈三足鼎立之势，应充分发挥郑州航空港经济综合试验区的核心、龙头和增长极带动功能，加快规划建设"汴—港"新经济产业带，建设"郑汴港金三角"国家新区，规划建设郑汴港轨道交通环线网络，打造郑汴同城化升级版。

---

① 王光荣. 论大城市多中心发展模式 [J]. 天津师范大学学报（社会科学版），2006（4）：24.
② 裴丽岚. 国内外城市群研究的理论与实践 [J]. 城市观察，2011（5）：164-172.

构建大郑州都市圈，打造"郑汴港金三角"新区（2015年）*

摘要　郑州中心城市规模小、实力弱、层次低是制约中原城市群和中原经济区转型升级的主要矛盾，中原经济区、中原城市群、郑州中心城市升格为"国家级"是大势所趋，坚持提升中心、强化核心、放活外围，率先将郑州市目标定位提升为国家中心城市，加快打造"多中心"大郑州都市区和"多核心"大郑州都市圈，推动多中心和多核心同城化，积极构建"郑汴港金三角"新区。

中原经济区成为国家级经济区、中原城市群成为国家级城市群、郑州市成为国家中心城市，是"河南梦"的三大支柱。

一、"郑州中心城市规模小、实力弱、层次低"是主要矛盾

区域经济学、城市经济学、中心城市论都认为，中心城市是城市群的龙头，是经济区的增长极；城市群是经济区的主体，是中心城市的战略支撑；经济区是中心城市的战略腹地，是城市群的承载基础。由此可见，中心城市在区域经济中处于主导地位，中心城市的地位决定城市群和经济区的地位，要想使中原城市群和经济区进入国家级，其郑州中心城市必须首先进入国家级。

二、超大中心城市的多中心布局的推理

大都市区多中心、大城市圈多核心的演变机理是，在快速城镇化的中期阶段，由于"集聚规模效益递增"的经济规律，人口和生产要素率先向中心城市集聚，中心城市的集聚速度快于中小城市，一部分中心城市演变为超级城市或巨型城市；然而进入工业化中后期阶段，当中心城市规模集聚到一定程度时，交通拥堵、环境污染、生态恶化等城市病又使"集聚规模效益递减"，于

是人口和生产要素又开始逃离城市中心区，"郊区化、多中心"的布局模式成为中心城市进化过程中自然而然的选择，同时由于中心城市的辐射带动，周边卫星城市纷纷崛起，"城市圈卫星城多核心一体化"的格局逐步形成。西方发达国家中心城市在经历"摊大饼"城市病之后，几乎无一例外地选择了"郊区化多中心、卫星城多核心"的发展模式。我国城镇化的规模、速度、强度在世界上都是史无前例的，可惜的是我国许多中心城市再次重演西方国家早期"摊大饼"的城市病，原因在于发展和规划理念滞后、割据体制障碍。其实，"大都市区多中心、大都市圈卫星城多核心"发展理论和经验都是成熟的，我们应紧密联系河南实际创新郑州中心城市特色发展模式。武汉都市区和城市圈的发展经验值得借鉴。

三、构建"多中心"的大郑州都市区

在全国位居前列的中心城市几乎无一例外地把所辖县（市）行政区划调整为市辖区，都市区的发展取向由"单中心"摊大饼转向"郊区化多中心"，形成网络状的多中心大都市区格局。郑州市要想成为国家级中心城市，也必须遵循"多中心"的发展规律。

应瞄准建设郑州国家中心城市目标定位，创

---

*　本文发表于《郑州航空工业管理学院学报》2017年10月15日。

新理念、规划、体制，跳出郑州来谋划郑州，大胆借鉴国内外成熟经验，破除条条框框约束，勇于创新，探索河南特色的"郑州模式"，积极构建"2核+5卫+2副"大郑州都市区框架体系。强化双核带动，构建中心城市和郑州航空港经济综合实验区两个核心增长极；增强五个卫星城多中心功能，将中牟县、新郑市、新密市、登封市和荥阳市的行政区划调整为"市辖区"；构建开封和巩义两大副中心，推进郑汴同城化，将开封市纳入大郑州都市区，将开封市定位为大郑州都市区的副中心，将巩义市的行政区划调整为"市辖区"。将"2核+5卫+2副"的交通、基础设施、产业及环境进行同城规划建设，形成"多中心、卫星城"的网络格局。

四、构建"多核心"的大郑州都市圈

选择中原城市群发展的突破口应体现三个原则：一是优先发展郑州中心城市和大郑州都市圈；二是放开搞活外围区域中心城市；三是积极推进一体化和同城化。"1+8武汉都市圈"与"1+8中原城市群紧密层"同为圈层结构，即一个中心城市带动周边8个卫星城市，武汉城市圈发展经验值得借鉴。建议借鉴京津冀都市圈、武汉城市圈的概念，用"大郑州都市区"概念描述中原城市群郑汴核心区；用"大郑州都市圈"概念描述中原城市群紧密层，将"中原城市群1+8紧密层"转型升级为"1+8大郑州都市圈"。

五、推进郑汴同城化，打造"郑汴港金三角"新区

郑汴一体化已经走过了十个年头，年底郑汴轻轨正式通车运营标志着郑汴同城化时代的到来，建议用"郑汴同城化"概念取代"郑汴一体化"概念，将"郑汴一体化"提升为"郑汴同城化"。由于黄河的分割阻断，大郑州都市区呈"扇形结构"，如今，郑州主城区为老中心，航空港区为新中心，开封市为副中心，呈三足鼎立之势，郑汴大都市区已现雏形。根据生产力布局和城市布局的"点—轴—网"理论，发展初期为点状布局，发展中期为点轴布局，发展后期为网状

布局。郑州主城区、航空港区、开封市三大中心之间空间距离约30~50公里，构建三足鼎立的大都市区符合"点—轴—网"理论，是必然趋势。应充分发挥郑州航空港经济综合试验区的核心、龙头和增长极带动功能，加快构建"郑汴港金三角"国家级城市新区，打造郑汴同城化升级版。

（一）着力提升"郑—港"枢纽经济轴带

重点建设郑州航空港经济综合实验区核心区，重点发展临空经济、电子信息、汽车、装备制造等主导产业，以及航空物流、枢纽型物流、商贸物流、加工物流、电商物流等现代物流产业。建设四港联动大道、物流快速通道、城际铁路、地铁2号线延长线等，建设郑州南站"铁公机"零换乘综合交通枢纽，建设会展、物流和专业市场集成中心区。

（二）着力提升"郑—汴"创新创业轴带

重点建设郑东新区、白沙、绿博园、运粮河、汴西等组团；重点发展现代商务、总部经济、科技研发、会展商贸、电商网络、文化旅游、文化创意、健康产业、养老产业、信息服务等现代服务业；重点布局商务中心区、大学园区、职教园区、创意文化园区、文化旅游园区、主题公园、健康诊疗中心园区等。在建设运营好郑汴轻轨1号线（中线：商务专线）的基础上，应规划2号线（北线：新郑大—新河大，生态文化旅游专线）及3号线（南线：经开区—中牟—开封新区，高端制造业与高端物流专线）。

建议规划建设世界级的沿黄生态文化走廊。黄河不但是中原文化的源泉，而且也是中原文化传承创新的源泉，应开发、利用、保护好黄河，整体规划建设黄河湿地公园和黄河生态文化旅游产业带。

（三）着力打造"汴—港"新经济轴带

重点建设开封新区、朱仙镇、港尉新区三大组团，重点布局高新技术产业、电子信息、装备制造、生物医药等高端制造业，以及高端商务、现代物流、批发市场、电商基地等现代服务业。

建议将朱仙镇、港尉新区组团划归开封新区，将开封新区辟为全省全面深化改革和扩大开放综合试验区（或经济特区），赋予开封新区省辖市级经济社会管理权限。

建议将第二机场（备降机场）规划在开封市境内，同时在新郑国际机场与备降机场之间规划地铁或轻轨相互连接。

（四）着力打造"郑汴港金三角"综合交通枢纽体系

规划建设"郑汴港金三角"高速公路、快速通道、地铁、轻轨、城际、高铁、普铁等环线，规划建设郑州东站、郑州南站、开封新站三座综合交通枢纽，以航空港为核心形成立体、综合、无缝对接的现代化交通体系。

建议河南省应尽快出台《郑汴同城化（或郑汴港金三角）发展规划》。广佛同城化经验值得借鉴，2008 年广东省出台《广州与佛山同城化发展规划》，在两市之间规划建设了大型综合交通枢纽，规划建设了连接两市的多条地铁轻轨、交通环线和交通网络，如今两市已实现同城化完全融合，两市的经济总量之和是全国第一。

关于郑州航空港区增长极功能定位的思考（2017年）*

引言　本文围绕四个方面展开：一是设立郑州航空港区初衷与功能定位；二是如何建设郑州航空港区；三是外部支撑关系；四是根据研究提出几点建议。

一、发现航空港区增长极

（一）经济发展的过程就是不断寻找和培育经济增长极的过程

经济增长和充分就业是世界各国政府追求的普遍目标，我国河南省也不例外。由于两者呈现正相关关系，所以一般追求经济增长目标，不断寻找推动经济增长的路径和杠杆支点。

（1）推动经济增长的三大动力：改革、开放、创新。

（2）政府推动经济增长的两大路径。①倾斜培育新产业增长点。制定产业政策，促进产业结构螺旋加速升级。产业战线和产业结构不断升级，不断培育新兴产业增长点。技术革命推动产业革命，产业具有生命周期，大约50~60年为一个周期，现在大约20~30年为一个周期，技术革命导致周期在不断缩短，夕阳产业不断衰落，新兴产业不断崛起，呈现雁阵运动，一群又一群，匆匆而过，不断更新。遵循工业化阶段规律（中等收入陷阱、经济新常态），工业化中期是以工业主导；工业化后期是服务业化。②倾斜培育区域经济增长极。制定区域发展战略。

（二）区域经济发展一般规律

产业在空间上布局表现形态，呈现非均衡布局特征。由于区位和要素资源禀赋不同，不同区域的功能定位也不同。

（1）区域经济一般呈现出"均衡—非均衡—均衡—非均衡"的发展规律特征。由于集聚效应（交易成本低、效率高、资源共享、效益高），经济首先在某些增长极点上进行集聚，集聚到一定程度后开始向外扩散（由于交通拥堵导致效率下降，环境污染生活质量），最终达到均衡，新技术新产业的出现会进一步打破均衡，这样循环往复，螺旋上升。

（2）"点—轴—网"区域经济三阶段发展规律。经济率先在极点上集聚发展，进而扩展到两个增长极之间的轴带发展，最后扩展到全部区域，呈现网络状发展格局。顺应这一规律，国家制定区域发展战略，交替采取非均衡发展战略和均衡发展战略。

（三）我国区域经济增长极的演变趋势

（1）20世纪80年代"沿海经济特区和开放城市增长极"。设立沿海4大经济特区，即深圳、珠海、汕头、海南省；14个沿海开放城市。

（2）20世纪90年代"国家新区"（新型特区）。任务是探路改革开放发展。最先设立上海浦东新区；天津滨海新区；从沿海逐步向内陆扩展。目前已设立18个综合性的国家新区，河南周边3个，中部六省4个。例如西咸新区、天府新区和两江新区。

（3）国家开发区平台增长极。国家经济技术开发区——开放发展平台；国家高新区—战略新兴产业和创新发展的新平台。从沿海逐步向内陆扩展。

（4）新世纪专业化国家试验区。城乡一体化示范区；资源节约型和环境友好型新区；航空经

---

* 本文由郑州大学《郑州航空港实验区建设高层论坛》2017年8月15日学术报告整理。

济试验区；大数据试验区；跨境电商试验区。例如，成渝城乡一体化示范区、武汉城市圈、长株潭资源节约型和环境友好型示范区。郑州航空港经济综合试验区。

（5）新一轮改革开放创新发展平台。自由贸易试验区；全方位开放带动战略；河南郑汴洛自由贸易试验区；自主创新示范区；创新驱动战略；河南郑洛新自主创新示范区。

（6）我国区域发展战略的演变路径。20 世纪 80 年代"沿海开放战略"；90 年代末"西部大开发战略"；21 世纪初"东北振兴战略"；2005 年中部崛起战略；"十二五"提出京津冀协同发展战略、长江经济带、"一带一路"倡议。

（四）河南省区域增长极及战略路径选择

（1）20 世纪 80 年代中原塌陷。国家实施沿海发展战略，沿海地区建立特区、开放城市、出口加工区，实现了率先发展。

（2）90 年代初期提出建设郑州现代化商贸城——东方芝加哥。提出振兴河南，十八罗汉闹中原；提出中原崛起，发展郑州区域中心城市，构建中原城市群。

（3）新世纪中原崛起。2002 年提出建设郑东新区；2005 年提出推进郑汴一体化；2008 年提出打造 180 个产业集聚区；2009 年提出打造郑汴新区；2011 年提出建设中原经济区战略；2012 年谋划郑州航空港区；2016 年河南自贸区、河南自创区、郑州国家中心城市、国家中原城市群及国家战略集中出台叠加河南。

（4）中原更加出彩。2017 年确立"三区一群"国家战略（航空港区、自主创新示范区、自由贸易区、中原城市群）。提出航空经济、枢纽经济和新经济战略。

（五）建设郑州航空港区的初衷——建设国家级新区增长极

（1）探寻河南省新经济增长极。郑汴一体化新区（郑汴产业带）—郑汴城乡一体化示范区—郑州航空港经济综合实验区。

（2）新增长极。大枢纽—大物流—大产业—大科创大文艺—大都市。

（3）战略定位。国际化，创新型，设国家级新区；国际多式联运综合交通枢纽；国际多式联

运综合物流中心；国际航空港经济中心（信息技术智能终端、高端装备制造、生物制药、战略新兴产业、国际金融）；国际科创和文艺中心；国际航空大都市。

二、培育航空港区增长极

坚持"两手抓"，加快双转型，建设双一流。加快自身转型升级，打造世界（全球）或国家一流标准水平的郑州航空港区；加快外围转型升级，打造世界（全球）或国家一流标准水平的中原城市群。

（一）打造全球或全国领先的、一流的、"一低两高"软环境

逻辑关系是"一低两高"。低成本、高效率、高效益。

（1）打造效率高地。这是目前郑州航空港区的最大竞争优势之一。打造"放管服"综合改革试验区。商事高效化，一个窗口办理，免费办理，网上办理，限时办结；投资自由化，一个负面清单管理+国民待遇，限时审批；贸易便利化，电子化通关，限时通关。

（2）打造（生产生活）成本洼地。打造税费负担洼地；清理各类不合理收费；小微企业免税；创新型企业、高科技企业免税。

（二）打造全球或全国领先的一流的综合交通枢纽硬环境

打造"一带一路"国际化综合交通枢纽和物流中心优势。

（1）构建高效率低成本的交通物流体系。高效率国际化综合交通枢纽网络体系；国际网络、国内网络、中原城市群网络、郑州大都市区一体化网络。

（2）四张国际名片。航空枢纽网络；郑欧班列枢纽网络；"三级五网一体化"轨道交通网络；推动中原城市群一体化；"1+8"同城化；通勤圈；多式联运零换乘无缝对接网络体系。

（三）建设"四大高地"（激活四大动力）

实施"双自联动"战略。两大国家战略联动，将产生协同效应。

（1）打造开放高地，建设全域自由贸易区，重大战略取向。自由贸易区与航空港实验区的定

位完全吻合，是开放、改革、创新发展的窗口、试验田、前沿阵地及枢纽，是"一带一路"国家全方位开放倡议的桥头堡，具有先行先试的先发优势。具有"大枢纽+大产业+大都市"的特点。

（2）打造创新高地，建设自主创新示范区，重大战略取向。建设双创苗圃、孵化器及加速器。

（3）教育高地（人才高地）。补短板，打造大学和普教名片。攀龙附凤，借船出海，向世界一流水平靠拢，优势互补，合作共赢。引进国内外一流大学1~3所，如与中国科学院大学联合兴办"加州大学郑州分校"，北京大学郑州分校、清华大学郑州分校。建设一所国际化金融学院、一所国际化工商管理学院。小学、初中、高中与省内外一流名校结对联办。

（4）文艺高地。补短板，发展大众艺术，音乐高地和街舞高地。发展文化产业，创意文化、主题公园和文旅综合体。

三、规划"郑汴港金三角大都市区"，打造国家级"郑汴港新区"

2014年初提出"郑汴港金三角大都市区"；2015年进入《河南省十三五规划纲要》；2016年开封市完成"开港经济带"国际招标概念规划；2017年大规模开工建设"开港经济带"。

（一）"郑汴港新区"可申报国家级新区

国家级新区的设置和开发建设为国家战略。国家级新区其实就是经济特区的新形式。国家级新区拥有副省级管理自主权。浦东新区和滨海新区系行政区，其余新区都是行政管理区，只设立管理委员会。1992年10月上海浦东新区成立。1994年3月天津滨海新区成立。此后，设立工作停止了16年。2010年再次启动，截至2016年6月，全国共有19个国家级新区。

当前，申建国家级新区，关键是能否承担国家改革开放发展的重大战略任务，能否发挥新经济增长极的作用，带动转型升级。定位是国家"五大新发展理念新经济实验区"。对接五大新发展理念；对接国家"一带一路"国家倡议；对接国家中部崛起战略。承担五大新发展理念试验，承担"一带一路"倡议和中部崛起等国家重大战略。以新经济为引领，与自贸区、自主创新示范区、双创基地等国家战略叠加互动。

（二）"郑汴港金三角大都市区"是带动郑州国家中心城市、中原城市群和中原经济区实现新跨越的核心增长极

郑汴港金三角大都市区的面积大概有2000平方公里，大概可以容纳1500万人，基本上可以再造一个郑州市和开封市，未来郑州市和开封市新增产业和人口的一半以上可布局在这里。以郑东新区、航空港区、汴西新区三大新区为支点构建"郑汴港金三角大都市区"新核心增长极。郑汴港三大中心之间及三大产业带之间差异化、分工协作、互补互动、相辅相成、协同一体。汴港产业带的特色定位为国家和世界特色制造业基地。

（三）打造郑州超级城市（全球城市或世界城市）

航空港核心增长极—郑州国家中心城市增长极—中原城市群（中原经济区），三者之间相互决定，相互带动，相互支撑，相辅相成。航空港核心增长极及郑州国家中心城市增长极的大小和强弱决定中原城市群（中原经济区）的大小和强弱。中原城市群（中原经济区）的大小和强弱决定航空港核心增长极及郑州国家中心城市增长极的大小和强弱。

（四）提升郑州国家中心城市功能定位

上海定位为世界城市（或国际城市），"五大中心"，即国际航运中心（海航、航空）、国际贸易中心、国际经济中心、国际金融中心和国际科创中心。郑州定位于国家中心城市，"六大中心"，即国际综合交通枢纽和物流中心（海航、航空）、国际贸易中心、国际经济中心、国际金融中心、国际科创中心和国际文创中心。郑州的功能定位可比照上海，因为郑州的未来也将成长为世界城市或国际城市。

四、政策建议

（一）扩区、扩权、赋能和战略叠加

面积要扩大，向中牟、新郑、开封市、尉氏县等区域延伸。国家级城市新区，享受国家级新区副省级管理权限。比照浦东新区模式，逐步向

行政区过渡。双自联动，即自由贸易区、自主创新示范区联动。战略叠加，即航空港区、自由贸易区、自主创新示范区、双创试验区、跨境电商、大数据试验区和2025中国制造示范区。

（二）建设国别开发区或产业新城

建设产业类别开发区。专业化集聚集中集群。智能终端产业园；航空产业园；电商物流产业园和枣林基金新城。

建设国别开发区。按照国家设立开发区。例如：建设以色列产业新城；美国硅谷信息产业新城；英国创意产业新城；德国机器人智能装备产业

新城；新加坡产业新城；俄罗斯航空航天产业新城等。

（三）引进国内国际行业龙头，与国字号新区相适应

倾斜发展智能终端，即华为手机、笔记本电脑、平板、智能穿戴和航空航天产业等。

（四）股权融资招商引资

推广河南省中原资产管理公司经验，通过有政府背景的公司资本参与行业龙头企业的融资扩股，将龙头企业的最新生产基地落地河南。

（五）设立自由飞地产业园区

建设"郑州空中丝绸之路试验区"的战略思路（2018年）*

摘要 "一带一路"是我国对外开放和构建现代开放型经济体系的主体战略，全国各地都在探索"一带一路"试验区建设，河南省应发挥战略叠加、经济大省、国际枢纽、总书记指示等独特优势，差异化构建"郑州空中丝绸之路试验区"，以"郑州航空港区"为核心打造自由贸易港，以"郑汴港金三角新区"为主体打造国家级城市新区和自由贸易试验区，以"郑州1+5同城化"为支撑打造"黄河大湾区"国际产业科创中心，以"五龙、五通、五城"为重点，建设世界一流的空中丝绸之路试验区、世界一流枢纽型中心城市和世界一流内河大湾区。

当前河南省正处在转型发展攻坚的关键时期，扩大开放依然是转型发展和赶超发展的必由之路，"一带一路"国家倡议是我国河南省新一轮对外开放和构建现代开放型经济体系的主平台，规划建设"郑州空中丝绸之路试验区"既是创造性贯彻落实习近平总书记关于"支持建设郑州—卢森堡空中丝绸之路"重要指示的关键性举措，又是创造性深入对接"一带一路"国家倡议的重要平台，又是打造带动河南省新一轮开放、改革、创新、转型发展增长极的战略选择，是一项政治任务，意义重大。"综合试验区"是"一带一路"建设的升级版。"一带一路"是新时期我国对外开放的主通道、主战略、总平台，随着我国新一轮对外开放浪潮的深入推进，各地都在围绕"一带一路"谋划新的"枢纽型"开放平台载体，构筑更高层次、更高水平的全方位对外开放新格局。去年以来，"一带一路"建设的升级版——"综合试验区"正式登场，2017年9月浙江省政府发布《宁波"一带一路"建设综合试验区总体方案》；2018年9月，辽宁省委省政府发布《辽宁"一带一路"综合试验区建设总体方案》。

如何打造河南省"一带一路"对外开放升级版，是当前我们面临的重要任务。规划建设"郑州空中丝绸之路试验区"是河南省发挥优势、抢抓机遇、深入对接"一带一路"和带动转型发展的战略选择。

一、建设"郑州空中丝绸之路试验区"的优势条件

当前正值全国各地争创"一带一路"试验区的关键时期，河南省打造"郑州空中丝绸之路试验区"具有独特的政治优势、市场优势、战略优势和枢纽优势等有利条件。

（一）政治优势

2017年6月14日习近平总书记在会见卢森堡首相贝泰尔时强调指出：要深化双方在"一带一路"建设框架内金融和产能等合作，中方支持建设郑州—卢森堡"空中丝绸之路"。建设"一带一路"和"空中丝绸之路"是习近平总书记的重要倡议，也是对外开放的国家战略框架，郑州空中丝绸之路试验区是"一带一路"建设的升级版、新模式、新路径、新品牌、新平台，又是坚持"四个意识"、创造性贯彻落实习近平总书记重要指示的重大战略举措。习近平总书记的指示为建设"郑州空中丝绸之路试验区"提供了根本的政治遵循和指导方针。

（二）市场优势

河南省地处中原，承东启西、连南贯北，是

---

* 本文发表于河南省人民政府发展研究中心《调研报告》2018年12月3日第37期（总第984期）。

国家重要的综合交通枢纽，郑州处于我国经济腹地，处于经济版图或市场版图的中心位置，最适合生产力布局，特别适合布局空中交通枢纽和物流中心，非常便利地辐射带动中西部地区乃至全国市场；河南省是全国第一人口大省、第五经济大省和新兴的工业大省，河南省及其周边拥有巨大的市场空间，是"一带一路"重要的腹地支撑。河南省从1992年以来连续27年实现了GDP增速高于全国平均水平，中原崛起的趋势态势大势基本确立，中原城市群及郑州市已经成为全国重要的增长极。

（三）战略优势

河南省及郑州市在全国战略地位举足轻重，近年来，河南省陆续实施了"三区一群"国家战略，即建设郑州航空港经济综合实验区、中国（河南）自由贸易试验区、郑洛新自主创新示范区、中原城市群和郑州国家中心城市五大国家战略，基本确立了中原加速崛起的战略格局，河南省正在从改革开放发展舞台的边缘走向中心，正在从被动地跟踪模仿走向主动地开放创新引领，河南省具有诸多重大国家战略叠加优势，中原崛起的大趋势基本确立，这为河南省创建国家级"郑州空中丝绸之路试验区"奠定了坚实的基础，同时，"郑州空中丝绸之路试验区"将成为带动河南省乃至中西部地区加速开放发展的新平台、新战略、新增长极。

（四）枢纽优势

近十年来，河南省立足"不沿海不沿边，开放发展靠蓝天"的现实，对标国际货运吞吐量雄居世界第二的美国中南部的"孟菲斯"，提出打造"中国的孟菲斯"，倾全力打造郑州"世界航空枢纽、世界航空物流中心、世界航空都市"。河南省持续加大航空枢纽基础设施建设力度，郑州新郑国际机场已成为全国八大枢纽机场之一，"货运为先、以货带客"战略取得明显成效，是全国增长最快、最具潜力的航空枢纽。2017年旅客吞吐量突破2430万人次，居全国第13位；货运突破50万吨，成为全球机场货运50强，在国内220多个民用机场中居第7位，年客货运规模居中部机场"双第一"，初步形成横跨欧、美、亚三大经济区、覆盖全球主要经济体的枢纽航线

网络体系。郑州—卢森堡双枢纽"空中丝绸之路"建设取得巨大成效，成功进入国家战略。郑州新郑综合保税区进出口额跃居全国第一位。

二、郑州空中丝绸之路试验区建设的总体框架

（一）总体思路

坚持"四个意识"，深入贯彻落实习近平总书记关于"一带一路"建设系列重要讲话和"支持建设郑州—卢森堡空中丝绸之路"重要指示，敢为人先，先行先试，创建"郑州空中丝绸之路试验区"开放发展新平台，力争进入国家战略。

坚持"五大新发展理念"，实施开放带动主战略和创新驱动核心战略，即"一主一核"双轮驱动战略，以"一带一路"建设和全面开放为统领，充分发挥"郑州空中丝绸之路试验区"开放发展增长极功能，带动全省改革创新和转型发展，构建现代开放型经济体系，加快经济强省建设。

坚持"项目带动"，以郑州航空港区为核心区，以"郑汴港金三角新区"为主体区，以"郑州1+5黄河大湾区"为支撑区，以"五龙、五通、五城"为重点，以国际空中丝绸之路枢纽网络体系建设为先导，推进"四枢同构、四港联动、四路并举"，推进基础设施互联互通、投资便利化和贸易自由化，打造世界一流的软硬环境，促进国际贸易集聚、国际产能集聚、国际科创集聚、国际金融资本集聚、国际人文人才集聚"五大高端要素集群"，打造"一大门户、一大枢纽、五大功能区"，争当"一带一路"建设排头兵，把郑州建成"一带一路"倡议国际枢纽城市，特别是空中丝绸之路战略国际枢纽城市。

（二）总体功能定位

总体功能定位为"一大门户、一大枢纽、五大功能区"。"一大门户"，指空中丝绸之路国际开放门户；"一大枢纽"，指国际空中丝绸之路枢纽和国际综合交通枢纽；"五大功能区"，指国际自由贸易和投资先行区、国际产能合作引领区、国际科创合作示范区、国际金融集聚区、国际人文交流窗口区。

（三）试验目标

到2020年，试验区建设全面展开，国际空

中丝绸之路枢纽网络体系加速构建,"五龙、五通、五城"项目建设取得突破,"四枢同构、四港联动、四路并举"加快推进,"一大门户、一大枢纽、五大功能区"建设成效显著,力争成功申建国家级"郑州空中丝绸之路试验区"。力争2030年建成世界领先的空中丝绸之路试验区。

"四大具体目标":①把"郑州航空港经济综合实验区"建成空中丝绸之路的桥头堡,争创自由贸易港;②把"郑汴港金三角新区"建成空中丝绸之路的枢纽型新经济区,争创国家级城市新区和全域自由贸易试验区;③把郑州建成"一带一路"倡议国际枢纽城市,特别是空中丝绸之路国际枢纽城市或世界级枢纽型中心城市;④把"郑州1+5同城化黄河大湾区"建成空中丝绸之路的支撑联动区,建成世界级的国际化大湾区。

三、郑州空中丝绸之路试验区建设的空间布局

试验区空间布局,"郑州航空港"为核心区,"郑汴港金三角"为主体区,"郑州1+5同城化黄河大湾区"为支撑区。

(一)核心区:郑州航空港经济综合实验区(打造空中丝绸之路自由贸易港)

(1)核心区总体框架功能定位。①空中丝绸之路试验区的核心区和增长极。②争创国家自由贸易港。③"四枢同构""四路并举"和"四港联动"的龙头。

"双核带动、三区支撑"空间布局。①"双核"分别为中部的空中丝绸之路枢纽空港、北部的空中丝绸之路国际CBD。②"三区"分别为北部的空中丝绸之路国际大学科创园区、东部的空中丝绸之路国际会展商贸物流园区和南部的空中丝绸之路国际产业园区(见图1)。

(2)存在主要问题。①缺乏特色CBD,辐射带动力不足。目前,空港核心区、产业园区、商贸物流园区快速发展,初具规模,但是,CBD核心区和大学科创区基本上是空白,高端服务功能不适应发展需要,空中丝绸之路特色专业性CBD建设滞后是制约航空港跨越发展的一个重要短板。②产业集群的规模层次和科创水平偏低。高

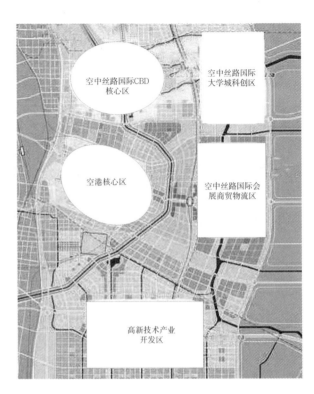

图1 郑州航空港区(空中丝绸之路自由贸易港空间布局)

端产业集群的规模较小,层次偏低,自主创新能力不足。③国际化水平偏低。缺乏国别产业园区的支撑,缺乏国际化龙头企业的带动。④临空产业及航天产业发育不足。比如飞机维修、改装、循环再制造等航空产业链条尚没有形成,航天产业基本空白。⑤缺少文化支撑。缺乏航空航天主题文化,没有专项博物馆、文化馆、技术馆、科技馆,缺乏航空航天特色的基础教育和高等教育,没有一所航空航天大学,也没有中外合作大学,文化和教育的开放发展明显滞后。

(3)着力规划建设世界一流的空中丝绸之路中央商务区("CBD太极新城")。规划建设"空中丝绸之路中央商务区CBD"具有充分的理论依据和现实依据。①理论依据。建设专业性的具有特色功能的CBD是超级世界国际城市"多中心"布局发展的客观需要,特别是城市新区(新中心增长极)的建设需要特色专业性CBD来配套。"多中心布局和差异化分工"理论为超级城市"一综一特双CBD"的布局和建设提供了有

力的理论依据，即一个综合性 CBD，一个特色专业性 CBD，两者相辅相成，共同支撑超级世界国际城市的辐射带动功能的发挥。②典型案例。世界城市一般拥有两个甚至多个分工明确的 CBD，一个是综合性的，其他是特色专业性的。例如上海陆家嘴 CBD 是综合性的，主要服务全球；虹桥 CBD 是专业性的，主要服务全国，两大 CBD 空间距离约 25 公里。③现实依据。郑州作为未来的世界国际城市，郑东新区 CBD 是综合性的，主要服务全省乃至中西部地区；航空港是带动郑州市乃至中原城市群发展的核心增长极，是空中丝绸之路的桥头堡，迫切需要规划建设与增长极功能配套的特色专业 CBD，主要服务全国乃至全球空中丝绸之路建设，其特色是国际化，两大 CBD 相距约 30 公里，相互带动，共同支撑郑州超级国际城市建设。所以，应从战略高度和国际视野规划建设"空中丝绸之路中央商务区 CBD"。

"CBD 太极新城"的"一基地、四中心"功能定位。①空中丝绸之路国际总部基地；②空中丝绸之路国际金融中心；③空中丝绸之路国际交往中心；④空中丝绸之路国际文化中心；⑤空中丝绸之路国际科创中心。

"CBD 太极新城"的三大特色。①建设"太极城"，借鉴郑东新区圆形城市、如意龙文化城市、生态水域城市等新理念，打造空中丝绸之路太极新城。太极文化发源于河南，空间布局上引入"太极图"设计理念，呈放射状的对外交通连接，非常符合交通快速集聚和快速疏散的功能要求，同时彰显中原优秀传统文化的独特魅力。②建设"生态水城"，水面占总面积的 1/3，绿地和道路占 1/3，建筑物占 1/3，利用湖泊和运河勾画出太极八卦图的外观轮廓，同时与外部水系自然连通，兼具防洪排涝和调蓄功能。③建设"国际城"，即"一基地、四中心"完全是国际化的，主要是为空中丝绸之路乃至"空铁陆网"四路并举提供配套服务的，为国际化的枢纽型高端产业提供配套服务的，为中原城市群、中西部地区乃至全国提供配套服务的。

"CBD 太极新城"的"一园六区"空间布局，"一园"，即中间布局"空中丝绸之路国际航空航天科技文化主题公园"；"六区"即周边八卦布局国际金融总部区、领事馆签证中心区、国际会议中心区（艺术中心）、国际奥林匹克体育中心区、国际科创中心区（大学科技园和双创孵化综合体等）和国际蓝天航空小镇社区。

（4）着力规划建设国家高新技术产业开发区。建议将郑州航空港高端产业园区转型升级为"国家级高新技术产业开发区"。将电子信息作为第一主导产业，大力发展智能终端、大数据、云计算、人工智能、智能芯片、智能传感器、机器人、软件、系统集成等新一代电子信息产业。大力发展航空航天、高端装备、生物医药、新能源、节能环保、创意设计等战略新兴产业。打造园区平台载体，制定特殊配套政策，吸引龙头跨国公司入驻，带动产业集群的快速崛起。

（5）着力发展壮大临空产业。积极拓展飞机维修、改装、循环再制造等航空产业链条，壮大郑州航空港航空产业发展，支持在新郑国际机场控制区内建设"航空维修及飞机部件循环再制造项目"。建设临空产业综合保税区，建设航空器适航维修中心、飞机改装中心、飞机部件循环再制造基地、公务机固定运营基地等内容，提供航空器适航维修服务和飞机再生循环利用解决方案，促进飞机航材循环利用，逐步发展成为全球重要的飞机循环再制造产业基地。同时建立全球航空器材保税仓，最大限度享受保税、免税等优惠政策，成为国际化航空器材再生循环利用中心。适时引进空客、波音等国际知名飞机制造商在此建设生产基地。

（6）着力打造航空航天产业科创中心。支持建设中国航空航天科技成果转化中心。建设集科学研究、科技孵化、教育培训、产业配套、试产提升等于一体的航空航天科技转化平台和产业园区。包括航空航天科技成果展示馆、科技研发中心、科技成果转化孵化器、科技产业园区等内容，将最新的航空航天科技成果在这里展示、交流、推广、合作、试产、定型、量产，更好地发挥航空航天科技优势，带动产业升级。逐步建设航空航天科创中心和产业基地。

（二）主体区："郑汴港"金三角新区（打造郑汴港自由贸易试验区）

1. 规划建设"郑汴港金三角枢纽型新经济国家级新区"势在必行

目前全国大概有 18 个国家级城市新区，中西部地区有 6 个，分别为重庆两江新区、甘肃兰州新区、陕西西咸新区（西安、咸阳）、贵州贵安新区（贵阳、安顺）、四川天府新区（成都、眉山）、江西赣江新区（南昌、九江），其中 4 个横跨两个行政区。而河南省尚没有一个国家级城市新区，明显存在短板。当前，郑州航空港区、郑东新区、汴西新区已经成为带动发展的增长极，呈三足鼎立之势，根据"点—轴—网"区域经济发展的一般规律，构建"郑汴港金三角大都市区"的条件和时机已经成熟，面积大概有 1500 平方公里，大概可以容纳 1000 万人，基本上可以再造一个郑州市和开封市。打造"郑汴港金三角大都市区"既是做大做强"枢纽型"郑州国家中心城市、带动中原城市群崛起的需要，又是打造经济升级版，促进经济可持续发展的需要。

2. 打造"枢纽型+新经济""郑汴港国家级新区"

以郑东新区、航空港、汴西新区三大增长极为支点构建"郑汴港金三角大都市区"新经济核心增长极，坚持对接"一带一路"国家倡议，打造枢纽经济、航空经济、信息经济、创意经济、高科技经济等新经济形态；坚持对接国家战略，建设高端制造业中心、现代服务业中心、国际物流中心、金融中心、科创中心和文创中心六大新经济中心。

3. 郑汴港金三角"三极三轴"高端产业布局

郑汴港三大中心之间及三大产业带之间，是分工协作、互补互动、相辅相成、协同一体的关系，应遵循差异化原则打造三大产业带。郑汴产业带定位于"双创产业带"，建设金融中心、科创中心和文创中心等，发展文化创意、自主创新、"双创"服务、高等教育、职业教育、黄河生态文化旅游等；郑港产业带定位于"枢纽型智能制造产业带"，建设高端制造业中心、国际CBD、现代服务业中心、国际物流中心等；汴港产业带定位为"外向型高端制造产业带"，建设

高端制造业中心，布局高新技术产业开发区、经济技术开发区、加工出口区、自由贸易园区和国际会展物流园区等（见图2）。

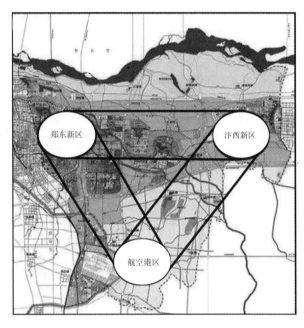

图 2　郑汴港金三角新区（自由贸易试验区）

（三）支撑区："郑州1+5同城化黄河大湾区"（打造黄河大湾区国际产业科创中心）

1. 中原城市群核心区"一极五城八轴同城化"是大势所趋

城市群的竞争优势和发展活力来自一体化或同城化，全国各大城市群都在大力推进一体化和同城化。郑州市作为国家中心城市，是中原城市群的核心增长极，应借鉴京津冀同城化发展的经验做法或模式，以郑州为龙头加快推进郑州与周边开封、洛阳、新乡、许昌、焦作五城同城化。

2. 国内外海湾型城市群同城化崛起的原因

世界级的大城市群大多是依托优良枢纽型海港形成，如纽约湾城市群、旧金山湾城市群、东京湾城市群等，而芝加哥城市群则是依托五大湖区形成的，对河南省构建黄河大湾区有借鉴意义。近年来，我国沿海城市群依托海湾枢纽港快速崛起，如粤港澳大湾区、杭州湾大湾区、渤海湾大湾区、胶州湾大湾区等城市群快速崛起，并快速一体化和同城化。大湾区城市群快速崛起有三个原因：一是海港枢纽，海运网络发达；二是

建设海底隧道或海湾大桥，适应交通大运力和方便快捷需求；三是可以有效克服雾霾环境污染等大城市病，海湾是一个天然的空调和净化器，随着"陆海空隧"等现代综合立体交通体系的建立，海湾的功能越来越趋向于满足生态城市发展需要。

3. 规划建设河湾型"郑州1+5同城化黄河大湾区"具有重大战略意义

由于黄河等水系完全具有海湾的生态功能，同时以郑州为中心的中原城市群核心区的现代综合立体交通体系正在加速构建，所以构建"黄河大湾区"城市群完全可行。以黄河、伊洛河、南水北调中线干渠、运河、湖泊等生态走廊为轴心，以互联互通的现代化综合性交通体系为支撑，以"1+5"郑州与开封、洛阳、新乡、许昌、焦作五城一体化或同城化为主体，构建"1+5黄河大湾区"，打造世界一流的内陆河湾型大湾区，打造郑汴洛科创集群走廊，建设"郑州综合性国家科学中心"，在黄河南岸建设"黄河科学新城"，在黄河北岸建设"黄河农业科学新城"，建设全国规模最大的农业高新技术产业示范区，尤其是建设全国全球最大的"国家生物育种基地或中心"。

4. 加快实施郑洛"双中心同城化战略"

由于郑洛空间距离较近、产业互补性强，加快推进郑洛一体化同城化既符合规律趋势又现实可行。借鉴"京津冀一体化、广州佛山一体化、西安咸阳一体化、郑汴一体化"等经验，加快实施郑州主中心和洛阳副中心"双中心同城化战略"，支持洛阳沿伊洛河向东发展，将偃师变为市辖区；加快推进郑洛城际南线建设，同时加快郑洛城际北线规划建设，形成南北双线城际铁路格局，将郑洛两大机场利用轨道交通连接起来，将洛阳机场并入郑州机场，形成"双枢纽"互动格局；依托立体交通网络构筑"郑洛科创走廊""高新技术产业走廊""黄河伊洛河生态文化旅游走廊"，带动中原城市群一体化腾飞。

5. 加快构建同城化、现代化轨道交通网络体系

推进"一极五城八轴"一体化或同城化的关键是构建现代化轨道交通体系，加快构建"米"字形高铁网络，同时以航空港为核心加快构建中原城市群"米+圆"城际铁路网络体系。加快构建高铁、普铁、城际、轻轨、地铁等无缝对接现代轨道交通网络体系。

四、试验重点任务

按照总体功能定位、战略目标、空间布局的基本要求，着力提升"五龙"，强化"五通"，打造"五城"。

（一）以航空港为龙头，强化设施联通，打造国际枢纽型城市

强化国际枢纽网络体系建设。加快建设郑州国际航空客货运枢纽、国际综合交通枢纽，适时启动建设三、四、五跑道，推进T3航站楼与高铁南站的"双枢纽"一体化建设，实现"空铁"无缝对接。提升郑州—卢森堡空中丝绸之路"双枢纽"的集疏功能，打造郑州—东北亚、东南亚、美洲、非洲、中东等"1+N"枢纽网络。引入国内外客货运基地航空公司入驻，织密国际航线网络。推进"四枢、四港、四路"并举联动、多式联运无缝对接，构建铁路集装箱货运集疏网络，打造中欧班列第一枢纽品牌。加快构建"米"字形网络状高铁、普铁、城际、轻轨、地铁等一体化现代轨道交通体系。

充分利用第五航权建设国际领先的一流航空枢纽。2018年11月23日，国务院印发《关于支持自由贸易试验区深化改革创新若干措施的通知》指出，"在对外航权谈判中，支持郑州机场利用第五航权，在平等互利的基础上允许外国航空公司承载经郑州至第三国的客货业务，积极向国外航空公司推荐并引导申请进入中国市场的国外航空公司执飞郑州机场"。充分利用第五航权，加快引进国外航空公司在郑州建立基地，织密国际航线网络，着力建设国际领先的一流航空枢纽，力争进入全球前列。

发布"空中丝绸之路郑州价格指数"。建设空中丝绸之路大数据中心，建立空中丝绸之路贸易指数体系，定期向全球发布，鼓励郑州商品交易所等机构开发空运金融衍生品，提高"空丝指数"的国际影响力。

（二）以自贸区和自贸港建设为龙头，强化投资贸易畅通，打造中西部地区国际开放门户城市

创建"郑汴港金三角自由贸易区"。复制上海等地成功经验，力争将自由贸易试验区扩大至"郑汴港金三角新区"，放宽市场准入，创建服务贸易试验区，探索贸易自由化和投资便利化新机制。规划建设国际经贸合作产业园，打造中卢航空经济合作示范区，创建欧洲现代服务业集聚区，建设中欧联动发展、双向开放示范区。

创建郑州航空港自由贸易港。建设"1+N"保税区，即一个综合全保税区，多个专业保税区，形成全产业链全功能保税区体系。完善口岸功能，加快申建各类特种商品进口口岸，建设国际邮件经转中心，形成"1+N"功能口岸体系。提升通关能力，创新口岸监管方式，依托电子口岸公共平台，建设国际先进水平的国际贸易"单一窗口"，提高通关效率。试点开放航空服务，充分利用第五航权，加快形成覆盖全球的国际客货运航空网络，促进临空服务业快速集聚，做大做强临空产业集群。

创建"网上自由贸易试验区"。瞄准建设全球规模最大的"买全球、卖全球"跨境电商基地战略目标，以改革创新为先导，争取国家系列配套优惠政策支持，强化先发优势，营造优越环境，建设全球最大的跨境电商试验区。吸引国际电商平台企业、物流集成商和知名品牌集聚，创新"跨境电商+空港+陆港+邮政"运营模式，双向设立国际商品展示交易中心和海外仓，建设双向跨境贸易平台和电商综合运营中心。建设跨境电商综合保税区和产业集聚区。推动建立电子世界贸易组织（EWTO），主导制定跨境电商网上世界贸易规则体系，创新高效率的交易、监管、通关、服务体系，构建跨境电子商务产业链生态圈体系，建设国际供应链示范区，规划建设丝绸之路电子商务综合产业园。

（三）以国际产业园区和科创园区建设为龙头，强化产业互通，打造国际产业科创中心城市

建设国别高端特色产业园。建设国别产业园是承接发达国家高端产业转移的有效途径，促进新兴产业集群快速崛起，河南省在这方面是滞后的。借鉴沿海发达地区成功经验，围绕信息技术、智能终端、大数据、云计算、人工智能、机器人、汽车、高端装备、航空航天、生物医药、新材料、新能源、航空经济、枢纽经济、创意经济、生态经济、智慧经济等战略新兴产业，规划建设中外（如美国、日本、韩国、德国、英国、法国、意大利、以色列以及中东欧、北欧等国家或地区）特色产业园、工业园、科技园、软件园、服务外包园、物流园、生态园、智慧园等各类特色产业园区。着力复制富士康"招大带小"集群发展的成功经验，通过引进龙头跨国公司带动关联产业快速集聚。支持河南省骨干企业和龙头机构赴海外建立特色产业园区，促进过剩产能向外转移。

建设中外合作科技园。瞄准信息技术、新材料、新能源、高端装备、生物医药、智慧、生态等战略领域，建设中美、中日、中韩、中欧、中以等科技园（科技城、科创园、双创园），引进国内外知名大学和研究机构共建联合实验室（研发中心）、国际技术转移中心或产业孵化基地。支持河南省骨干企业赴海外建立研发中心和高新产业孵化基地。

（四）以空中丝绸之路国际金融中心和总部基地为龙头，强化资本融通，打造国际金融中心城市

建设金融总部集聚区。大力实施引金入豫和做大做强金融豫军战略。引进国内外知名银行、保险、证券、投资、基金等各类金融机构入驻，鼓励成立中外合资合作金融机构，引进世界银行、亚洲开发银行、亚洲基础设施投资银行、丝路基金有限责任公司等，促进国内外金融机构的快速集聚，支撑航空经济的快速崛起。鼓励河南省骨干金融机构国际化发展，以支撑河南省骨干企业的国际化投资与贸易。支持郑州商品交易所"引进来""走出去"、创新发展和国际化发展。

建设空中丝绸之路国际资本融资中心。紧紧围绕航空枢纽建设、航空公司、物流公司、电商平台、产业园区、创新创业、配套服务等航空经济产业链体系，做大做强多层次资本市场，吸引国际国内证券交易所在航空港建立分支机构，构建开放型的国际融资体系和国际融资基地。鼓励跨境投资和融资，试点放开资本项目自由流动，试点人民币跨境借贷、融资、结算、支付等金融服务。引进国内外证券交易所、商品期货交易所、大宗商品现货交易所及关联金融等服务机构。鼓励河南省高新技术企业赴海外上市融资。引进或建立航空融资租赁公司和保险公司，建设郑州国际航空器融资租赁中心和保险中心。全力支持河南民航发展投资有限公司做大做强，使之成为航空枢纽建设和航空经济发展的支柱。

（五）以国际化交流为龙头，强化民心相通，打造空中丝绸之路文化中心城市

构建国际交往新平台。创新PPP模式和体制机制，加快领事馆区、国际签证中心、国际会议中心、国际艺术中心、国际航空航天博物馆、国际奥林匹克体育中心、蓝天国际航空小镇社区等建设，吸引国际组织、外国商会协会入驻，与重点国家或地区建立地方政府、国际组织、投资促进机构、使领馆、商会协会、骨干企业的"六位一体"商贸服务与人文交流促进机制，建立空中丝绸之路研究院智库，举办空中丝绸之路国际论坛，加快构建国际机构集聚区和空中丝绸之路中央商务区CBD。

做大做强高端服务贸易。大力开展文化、旅游、教育、科技、健康等领域的合作交流。实施做大做强中原文化品牌与"走出去"行动计划，建立文化传媒集团或联盟，组团出海。鼓励在"郑汴港新区"建设国别文化中心，打造一批知名国际会展和论坛品牌。实施做大做强中原旅游品牌与"走出去"行动计划，叫响郑汴洛许安古都文化品牌以及南太行、伏牛山、大别山等山水旅游品牌，倾力打造"郑汴洛黄河文明旅游走廊品牌"。大力开展国际教育合作，全力引进国外知名大学和职教机构，举办中德职教学院，鼓励中外合作办学，积极创办中外合作的"中原航空航天科技大学"，鼓励河南省骨干教育机构走出去，抢占国外教育市场，同时推广中原文化。大力开展国际科技和健康合作，引进国内外权威科技研发机构和健康医疗机构，鼓励举办中外合作的健康产业园区，

促进特色健康产业集中集聚和集群发展。

五、若干政策建议

（一）抓住战略机遇，打造枢纽型开放平台

2018年是改革开放40周年，扩大开放依然是新一轮转型发展的重要动力源，全国各省区市都在以"一带一路"国家倡议统揽新一轮全方位对外开放的全局，都在谋划城市新区、产业园区、保税区、开放口岸、国际枢纽、自贸区、自贸港、"一带一路"试验区等新的开放平台，河南省应抓住难得机遇，发挥独特优势，主动作为，先行先试，抢占先机，加快规划建设"郑州空中丝绸之路试验区"，谋划空中丝绸之路国际枢纽、自贸港、CBD、国别产业园、郑汴港国家级新区等重大开放平台，使之成为带动河南省新一轮开放、改革、创新、转型发展的增长极。

（二）加强组织领导和顶层设计，打造发展特区

在原有"一带一路"建设工作领导小组的基础上成立"空中丝绸之路建设领导小组"，由省政府主要领导担任组长，领导小组下设办公室，办公室设在省发展改革委。研究制定《建设郑州空中丝绸之路试验区总体方案》，制定配套政策措施，建立国际合作重点项目库，建立协调推进和对口联系机制，明确任务分工，细化落实方案，集中力量抓好组织实施。建立省部共建机制，争取国家有关部委的支持和指导，协同落实重大事项和相关政策。

（三）实施项目带动，打造高端产业集群

谋划一批重点平台、重大工程、关键项目和重大改革试点等，建立重点项目库，力争纳入国家"一带一路"项目库和发展规划，争取亚洲基础设施投资银行、丝路基金有限责任公司和国家政策性金融机构的倾斜支持，优先支持重点项目落地和骨干企业国际化发展。制定项目实施计划，明确时间表、路线图、责任人，确保项目带动落到实处。

（四）加大政策支持，打造一流环境

敢于先行先试，争创"郑汴港自贸区"，比照国际国内自贸区和自贸港政策环境，围绕重大

平台、重大工程、关键项目和重大改革试点的落地，制定并实施土地、财税、金融、信息、技术、创新、创业、人才等方面"一揽子"倾斜扶持政策措施。

（五）强化人才支撑，打造双创高地

建立健全人才培养和引进激励机制，研究出台超常规的办法和政策，引进和培育一批创新型复合型、领军型国际化人才，建设高素质、国际化企业家人才队伍。鼓励国家"一带一路"研究机构、高等院校、服务中心等智库平台优先落户郑州，谋划设立郑州空中丝绸之路研究院。

建设郑州国际中心城市的战略思路（2018 年）*

| 引言 | 2018年郑州市GDP过万亿、人口过千万，其标志性意义是什么？原因背景是什么？未来目标有多高？如何在国家中心城市基础上建设国际中心城市，实现新的辉煌？ |

一、郑州市异军突起，在全国位次逐年攀升

中心城市对周边区域具有辐射带动作用功能，这种功能来自巨大的经济规模和人口规模。中心城市之所以成为"中心"，首先应该为"经济中心"，即产业集聚中心；同时又是人口集聚的中心。因此，GDP 经济规模和人口规模是衡量中心城市的重要指标和标志。

2018 年郑州市 GDP 破万亿，进入全国"GDP 万亿俱乐部"；人口破千万，进入"人口千万俱乐部"，是一次巨大的跨越，具有里程碑意义。其实，这不是偶然现象，是长期积累的结果，是量变到质变的结果。近年来，郑州市在全国二、三线城市中，在全国省会城市中，GDP 和人口规模大约每年上升一个位次，表现抢眼，一枝独秀。2018 年，郑州市经济总量在全国主要城市中攀升至第 16 位（见表 1、表 2），在全国 27 个省会城市中已攀升至第 7 位。

表 1 2018 年中国部分城市 GDP 排名

排名	城市	GDP（万亿元）
1	上海	3.3
2	北京	3.0
3	深圳	2.5
4	广州	2.3
5	重庆	2.0
6	天津	1.9

续表

排名	城市	GDP（万亿元）
7	苏州	1.8
8	武汉	1.5
9	成都	1.5
10	杭州	1.4
11	南京	1.3
12	青岛	1.2
13	无锡	1.2
14	长沙	1.2
15	宁波	1.1
16	**郑州**	**1.1**
17	佛山	1.0
18	南通	0.8
19	东莞	0.8
20	烟台	0.8

资料来源：据有关统计资料整理。

表 2 郑州市 2000~2018 年 GDP 和人口规模在全国的位次上升趋势

年份	GDP（亿元）	GDP 全国位次	人口（万人）	人口全国位次
2000	738	29	666	23
2005	1647	25	716	22
2010	4000	22	866	19
2015	7450	18	957	15
2018	10400	16	1010	12

资料来源：据有关统计资料整理。

---

* 本文根据河南电视台《对话中原》2019 年 2 月 16 日相关资料整理。

163

二、郑州异军突起模式的动因

为什么郑州市能够在全国异军突起呢？"郑州突起现象"或"郑州突起模式"的动因是什么？概括来讲，有四个方面的原因或大背景：一是工业化城镇化，郑州具有独特优势；二是我国对外开放和市场化改革——带来中国崛起和中原崛起；三是国家战略转移，激发中原崛起；四是中原儿女自强不息，开拓创新。

（一）工业化城镇化，郑州具有独特优势

郑州崛起的第一个大背景原因是我国工业化和城镇化进入加速推进阶段。郑州市具有独特的区位、交通、资源、劳动力等综合优势，适宜生产力布局，适宜布局中心城市。郑州处于加速工业化城镇化的中期阶段。工业化和城镇化呈现如下四个特点：

1. 工业化中期快速集聚发展——战略机遇期

人口、劳动力、资源等生产要素向城镇快速集聚。工业化城镇化周期，就是从贫穷走向富裕的大国崛起周期。新技术革命带来了工业革命，人类社会从农业文明进入工业文明时代，进入物质财富极大丰富的现代化。所以，贫穷落后国家或地区要想成为先进的发达国家或地区，就必须经过工业化和城镇化。西方国家的工业化大概经历了200年以上，后发国家或地区的工业化逐步缩短，因为后发优势和产业转移，例如日本大约100年，"亚洲四小龙"韩国、新加坡、中国台湾、中国香港大约50年。预计我国基本完成大约在2030年，时长70年；完全完成大约2050年，时长为100年。我国河南省进入工业化和城镇化高速推进的中期阶段，即战略机遇期。1990～2010年，这20年是我国工业化和城镇化高速推进的中期阶段，GDP大概增长了5倍，城镇化率提高了20个百分点。

2. 金字塔五级城镇体系，中心城市增长极的极化效应、"马太效应"

我国金字塔五级城镇体系，①4个国际中心城市或世界中心城市，北上广深，具有全球影响力；②10个国家中心城市，东部的厦门、杭州、南京、青岛、沈阳、中西部的郑州、武汉、重庆、成都、西安，具有全国影响力；③国家区域中心城市，一般具有省域内的影响力；④中小城市，河南拥有100多个县城或县级市，大多属于中小城市；⑤小城镇，特别是特色小镇，河南省拥有上千个小城镇。我国的城镇化和城镇体系中，大城市就是增长极，集聚极化效应特别明显，呈现出强者恒强的"马太效应"。特大型城市对周边人口和资源具有很强的"虹吸效应"，北上广深人口迅速达到2000万以上，伴随而来的是大城市病。为了破解大城市病，国家有意在中西部地区布局若干个国家中心城市，郑州就是国家在中部地区布局的国家中心城市，是中西部地区的增长极，由此得到国家政策倾斜，不断实现跨越发展。

3. 城市群与中心城市伴生共生，相互支撑，相互带动，相辅相成

任何一个中心城市背后都有一个城市群作为支撑。城市群与中心城市在规模上成正比。4大国家中心城市背后是京津冀、长三角、珠三角三大城市圈；郑州、武汉、成都、重庆、西安背后是中原城市群、武汉都市圈、成渝城市群、西安城市群。中原城市群近1.5亿人口、20多个省辖市，在中西部地区规模最大，目前郑州市的首位度约21%，与30%的一般首位度相比有较大差距，同时也说明郑州市未来的发展潜力巨大。

4. 河南省及郑州市具有后发独特优势，加速崛起

2012年，我国进入工业化后期，河南省特别是郑州市依然处于高速增长的工业化中期阶段。河南省以及郑州市加速推进工业化和城镇化具有以下独特优势：①交通区位优势，郑州市地处中原，承东启西，连南贯北，是全国最重要的综合交通枢纽；②资源优势，河南省矿产资源丰富，是我国重要的能源原材料基地；③劳动力优势，河南省是全国第一人口大省，劳动力资源丰富，素质高，价格低；④经济基础优势（产业集群优势），河南省是全国第五经济大省和新兴的工业大省，产业门类齐全，具备加速工业化的产业配套优势；⑤市场优势，河南省是一个巨大的市场，又可以辐射中西部地区市场，可以吸引国内外企业布局河南郑州；⑥空间集聚优势，以郑州为中心的中原城市群涵盖省内外20多个省辖

市，人口约 1.5 亿，是我国中西部地区规模最大的城市群，进入了国家战略重点。以上独特优势，对国内外企业具有很独特的吸引力，吸引国内外企业、资本、技术、人才、人口向郑州加速集聚，从而加速河南省郑州市工业化城镇化进程，加速崛起。

河南省城镇化每年推进一个百分点，河南省内就是 100 万人口从农村转移到城市，大约有 20%，即 20 万人口从农村转移到郑州市。同时，大约还有来自全国的大学毕业生及其他就业人员 10 万人集聚郑州市。也就是说，郑州市每年吸引外来人口约 30 万人。到 2035 年，郑州市将达到 1500 万人。

（二）改革开放带动中原崛起和郑州崛起

郑州崛起的第二个大背景原因是对外开放和市场化改革——带来中国崛起和中原崛起。郑州加速对外开放，实施双驱动战略，打造开放门户高地。

1. 对外开放，产业向中国转移

1978 年对外开放，打破了"闭关锁国"，打开了国门，境外的资本、技术、项目、产业等生产要素纷纷涌进中国。境外产业加速向我国沿海地区转移，加快了我国的工业化进程。

2. 市场化改革既解放了生产力，又实现了与国际接轨，融入全球化进程

生产关系必须适应生产力的发展，并能推动生产力的发展。我国在对外开放的同时推动了市场化改革，由计划经济向市场经济转轨，即建立"中国特色的社会主义市场经济体制"。市场化改革解放了生产力，一方面激发了个人和企业的发展活力，另一方面也实现了与国际市场的接轨。2003 年，中国经过十几年的艰苦谈判终于加入世界贸易组织，打破了关税、配额等贸易壁垒，完全融入世界市场。中国成为全球自由贸易和经济全球化的中坚力量。中国对全球 GDP 增长和国际贸易增长的贡献约占 1/3。

3. 中国模式的低成本优势、创新优势和制度优势逐步显现

由于中国对外开放，市场经济体制逐步健全，劳动力素质高、成本低，资源环境成本低，政治经济社会稳定和谐，大量国际资本、技术、人才等高端生产要素加速向中国转移。

全球范围内的产业转移发生过四次，伴随着四次大国崛起。英国工业革命称霸全球，第一次由英国向法国、德国、意大利、荷兰、西班牙、葡萄牙等，西欧国家内部转移；第二次由西欧向美国转移，美国称霸全球；第三次由美国向日本和"亚洲四小龙"转移，在日本 GDP 即将超越美国之时，遭受全面打压而一蹶不振；第四次全球产业向中国转移，产业转移的规模、层次、结构、水平和速度，前所未有。中国一举成为世界加工厂。2010 年超过日本，仅次于美国，2012 年工业产值超过美国，2014 年成为第一货物贸易大国，2017 年成为第二大资本输出国。

（三）国家战略转移助推中原崛起和郑州崛起

郑州崛起的第三个大背景原因是国家战略转移与中原崛起。

1. 从中原塌陷到中原崛起的曲折历程

由于我国实施沿海优先开放发展战略，导致中西部地区的资源、劳动力、资本向沿海地区流动，形象地比喻为"孔雀东南飞"，导致 20 世纪 80 年代至 90 年代的"中原塌陷"。从 20 世纪 90 年代中后期，河南改革、开放、发展进程明显加快，特别是进入 21 世纪，加速腾飞，十八大后加速转型升级和创新发展，发展势头依然强劲。从 1992~2018 年，河南省每年 GDP 增速都高于全国平均水平，年均比全国高出约 1.5 个百分点。从沿海到中原，这是一个空间上的大趋势。中原"孔雀东南飞"—全球"孔雀中原飞"。郑州市 GDP 年均增速约比河南省高出 1.5 个百分点，约比全国高出 3 个百分点（如图 1 所示）。

2. 国家战略重心向中西部地区转移

我国改革开放发展的确存在"东中西梯度转移"的规律。由沿海开放向中西部地区全方位开放，由沿海发展战略到中部崛起、西部开发、东北振兴发展战略，以及后来的京津冀一体化、长江经济带、粤港澳大湾区的国家战略及"一带一路"倡议。2005 年国家开始实施中部崛起战略，中部崛起和中原崛起战略在全国战略格局中举足轻重。中原在全国崛起与中国在世界崛起的原因几乎一样。成本洼地决定国内外产业转移。

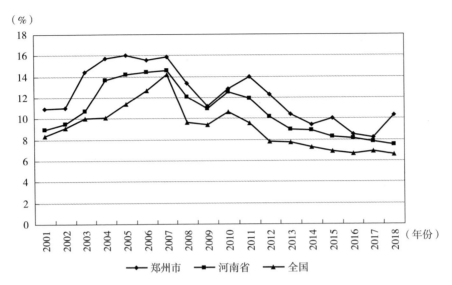

图1 2001~2018年郑州、河南、全国GDP增速趋势对比

我国沿海地区发展起来之后，劳动力、土地、资源等要素价格成本上升，环境污染容量达到极限，倒逼产业转型升级，劳动力密集型、资源密集型和资本密集型产业大规模向我国中西部地区转移。

3. 河南走向国家战略舞台的中心

过去，河南曾经是被国家战略遗忘的角落，如今几乎任何一项国家战略都离不开河南。最近10年，先后有近10项国家战略陆续落地河南。2009年国家粮食生产核心区；2011年中原经济区；2012年郑州航空港经济综合试验区；2014年郑州跨境电商试验区；2016年郑洛新自主创新示范区，河南郑汴洛自贸区和大数据试验区；"2025中国制造"示范区；2017年中原城市群和郑州国家中心城市。

（四）中原儿女自强不息、百折不挠的奋斗精神是郑州崛起的内因

郑州崛起的第四个大背景原因是中原儿女自强不息，勇于开放，大胆创新，百折不挠，勇于担当。

（1）坚持不懈实施开放带动战略。大规模推进招商引资，承接国内外产业转移。

（2）坚持不懈实施创新驱动、科教兴豫、人才强省战略。加快推进产业升级。

（3）坚持不懈打造特区发展环境。

（4）坚持不懈建设经济强省。打造开放、创新、文化"三大高地"，着力打好产业升级、创新发展、新型城镇化、基础设施建设"四张牌"。

（5）坚持不懈地实施中心城市带动战略。建设郑州国家中心城市乃至世界城市，打造中西部地区增长极，提高郑州首位度。①打造以郑州为中心的国家级中原城市群，推进郑汴一体化，推进郑汴洛焦新许"1+5"一体化同城化，加快建设城际铁路网络；②拉大郑州市城市框架，建设郑东新区、郑西新区和航空港区；③建设国家金融中心、物流中心、商贸中心，提升城市辐射带动功能；④打造郑州国家国际综合交通枢纽，构建"米"字形高铁，建设空中丝绸之路，郑州国际机场客货运进入全国前列，郑欧班列居全国前列；⑤建设"三大一中"，建设国家国际航空大枢纽，带动航空大物流、航空经济大产业，塑造航空大都市，成效显著。

"孔雀中原飞"的动因是什么？近十几年，郑州市常住人口年均增加20万人，全国各地的人才云集郑州，特别是沿海地区人才开始向郑州集聚，20年前"孔雀东南飞"和"中原塌陷"，变成如今的"孔雀中原飞"和"中原崛起"，这就是大趋势的改变。"孔雀中原飞"的动因是什么？第一，人口集聚是因为经济集聚、产业集聚和企业集聚。省内外的人才、劳动力、资本、技术、资源等生产要素源源不断地向郑州集聚。第二，人口转移是因为产业转移。沿海地区产业和国内外产业向中原和郑州转移，使郑州市产业体系不断升级。产业转移必然伴随着劳动力和人口转移。第三，人口生产要素集聚是因为郑州市投资环境和发展环境优越。产业向郑州转移，说明郑州市成本洼地、开放高地和发展高地，产业转移是经济现象，也是国际现象，产业转移是因为资本转移，背后的经济原因是"成本收益比"。第四，城市的承载力不断提高。这是郑州城市发展的结果。郑州空间布局拉大，城市框架拉大。郑东新区，郑西新区，多中心卫星城框架基本形成，超级中心城市一般的空间布局基本完成。下一步基础设施，特别是轨道交通还要加强。第五，城市人口素质不断提高。这是河南多年来发展的累积。多年来，随着河南整体发展水平提升，教育不断进步，河南省整个人口技术、人口素质、生活环境都有了很大改观，郑州市作为河南省会城市，收获颇丰。第六，营商环境不断优化。人口的集聚，深层次是经济原因，但是社会环境也不容忽视。营商环境、自然环境和社会管理都有很大的改善。

三、内环发展环境分析

（一）正视差距，实施赶超战略

我们在看到郑州国家中心城市建设取得巨大成就的同时，还必须看到差距，下大功夫补短板，不断实现赶超发展。目前郑州与第一梯队的国际城市北上广深的差距约 10 年左右；与第二梯队的武汉、成都、杭州等国家中心城市的差距约 5 年（见表 3）。

表 3　2018 年中国各城市 GDP 排名

全国排名	城市	GDP（万亿元）
1	上海	3.3
2	北京	3.0
3	深圳	2.5
4	广州	2.3
8	武汉	1.5
9	成都	1.5
10	杭州	1.4
16	郑州	1.0

资料来源：据有关统计资料整理。

（二）正视挑战，迎难而上

一是我国经济下行压力加大，转型升级的压力加大，稳增长、调结构、控风险的任务艰巨。二是区域经济竞争加剧的挑战，东部地区中心城市和城市群一马当先，规模巨大，已经成功转型，进入创新型高质量发展阶段。三是发达国家再工业化，抢占智能制造制高点；发展中国家大规模吸引外资，迅猛发展。四是中美贸易战，使经济全球化遭遇挫折，外部发展环境不佳。五是美国进入加息周期，经济增速见顶，全球经济可能进入下行周期。总之，内部外部双重挤压、中美贸易战、全球经济增速下行，郑州市赶超发展的外部环境越来越紧，压力巨大，挑战巨大。

（三）抓住机遇，顺势而为

一是抓住发达国家和沿海地区产业转移的机遇，特别是沿海大城市劳动密集型、资源密集型、环保密集型产业向外转移的机遇。二是抓住工业化城镇化战略机遇期；三是抓住新技术革命带来的新产业革命的机遇，发展战略新兴产业，实现赶超。

（四）发挥优势，扬长避短，走差异化发展道路

一是发挥枢纽优势，发展枢纽经济。二是发挥劳动力和人才红利优势，发展劳动密集型和智力密集型产业。三是发挥资源优势，延伸产业链集群，发展高加工度产业。四是发挥生态优势，发展生态经济。五是发挥文化优势，发展文化创意产业。

（五）向更高目标迈进

郑州 GDP 突破 1 万亿和人口突破 1000 万，有三个特点。一是 GDP 增长速度快，GDP 增速比全国平均高出近 3 个百分点，居全国前列。二是发展质量高，人均 GDP 过 10 万，产业结构加速升级，从中低端到中高端的发展。三是未来发展潜力巨大，GDP 和人口在全国主要城市的位次，每年提高一位，5 年内有望进入全国前 10 位。意味着国家中心城市建设取得了突破性进展，进入一个新的发展阶段。意味着"新阶段、新高度、新起点"。意味着开始迈向更大规模的"一线国际中心城市"。郑州市从三线城市正式进入"二线城市"行列，并开始向 GDP

为 2 万亿、人口为 1500 万以上的"一线城市"进发，由国家中心城市向国际中心城市进发。

郑州经济总量和人口体量达到一个新的高度，意味着开始承担"国际化"辐射带动功能。城市功能具有全国全球影响力，需要加快打造国际枢纽、国际科创中心、国际高端产业基地、国际金融中心和国际文化中心。意味着郑州要担负起更大的龙头带动责任。承担辐射带动区域振兴的责任，带动中原崛起、中部崛起和西部大开发。带动中原城市群一体化发展。

四、建设郑州国际中心城市的对策措施

近年来，郑州市 GDP 总量在全国位次持续攀升，2000 ~ 2010 年从 29 位上升到 22 位，到 2018 年再上升到 16 位，几乎每年上升一位。2018 年郑州市 GDP 破万亿，进入全国"GDP 万亿俱乐部"，居全国第 16 位；人口破千万，进入"人口千万俱乐部"，居全国第 12 位，这是一次巨大的跨越，具有重大里程碑意义。郑州市在全国主要城市中异军突起，其实，这不是偶然现象，是长期积累的结果，是量变到质变的结果，2000 ~ 2018 年郑州市 GDP 年均增速比全省高出约 1.5 个百分点，比全国高出约 3 个百分点。在全国的枢纽地位以及巨大的经济增长潜力是郑州市跻身 10 个国家中心城市之列的根基。

我们在看到郑州国家中心城市建设取得巨大成就的同时，还必须看到差距，下大功夫补短板，不断实现赶超发展。目前，上海、北京、深圳、广州四大国际城市的 GDP 约为郑州市的 2.5 ~ 3 倍，差距约 10 年；武汉、成都、杭州等国家中心城市的 GDP 约为郑州市的 1.5 倍，差距约 5 年。

当前郑州已经从"三线城市"跻身"二线城市"行列，中心城市建设站在新起点，迈进新阶段，将攀上新高度，开始向 GDP 为 2 万亿、人口为 1500 万以上的"一线城市"进发，由国家中心城市向国际中心城市进发。力争到 2035 年，GDP 达到 3 万亿，进入全国前 10 位，人口达到 1500 万人，进入全国前 8 位。

郑州市具有得天独厚的枢纽优势、丰富的

要素资源优势和广阔的经济腹地优势，未来发展潜力依然巨大。同时，郑州市肩负着带动中原城市群一体化发展、带动中原崛起、带动中部崛起、带动西部大开发的历史重任。必须全面提升郑州市的辐射带动功能和全国全球影响力。

郑州市未来实现新跨越必须明确"一个终极目标"，实施"双轮驱动"，强化"三大支撑"，突破"三大短板"，建设"四大新型城市"。

（一）明确终极目标，建设全球一流的国际中心城市

1. 对标一流的国际中心城市

对标上海建设全球经济中心、贸易中心、金融中心、航运中心和科创中心；对标深圳建设国际科技创新中心；对标杭州建设全球信息经济中心；对标京津冀、长三角、粤港澳大湾区，构建郑州黄河大湾区（郑汴洛焦新许 1+5 同城化）城市圈，打造国际科技创新中心和全球新经济中心。

2. 提升国际中心城市辐射带动功能

强化国际综合枢纽功能（国际航空枢纽、欧亚大陆桥铁路枢纽、陆海空多式联运枢纽、信息网络枢纽）；强化开放门户功能（中西部地区对外开放门户）；强化世界产业基地功能（战略新兴产业、先进制造业、现代服务业）；强化国际贸易中心、国际金融中心、国际科创中心、国际文化中心等功能。

（二）实施开放带动和创新驱动"双轮驱动"战略

1. 提升国际开放门户功能，建设外向型、开放型经济体系

坚持空中、陆上、海上、网上"四路并举"，打造一流开放门户。一是谋划新开放发展新平台，打造开放高地。例如，建设"国家郑州空中丝绸之路试验区"；建设"郑州自由贸易港"；建设"郑汴港国家城市新区"；建设郑汴洛焦新许 1+5 同城化大都市区，即"大郑州都市圈"。二是强化"招大引强"，承接跨国公司高端产业转移。引进一家跨国公司，带动一个"千亿级"产业集群。复制富士康经验，力争再引进 5 ~ 10 家跨国公司生产基地。坚持一企一策，实施"一揽子"配套倾斜优惠政策，下大功夫引进华为公司等，

建设全球智能终端制造基地。三是建设国别产业园区，形成高端产业集群。

2. 提升国际科创中心功能，重点突破，发展高端产业

推进高新技术企业和高新技术产业开发区"双高"突破。一是主体突破，力争高新技术企业三年翻一番，十年破万家。二是载体突破，力争产业集聚区升级为高新技术产业开发区，建设国家郑南嵩山高新技术产业开发区，建设一批大学科技园区、双创综合体和双创空间。三是新型研发机构突破，建设一批国家大科学装置、国家重点实验室、国家级研发中心，大力发展高新技术企业孵化型研发机构。学习北京、上海、合肥的经验，建设郑州国家综合性科学中心，建设中科院郑州分院。四是创新型人才和研发团队突破。五是知识产权战略（专利战略）突破。

（三）强化"三大支撑"，突破"三大短板"

1. 强化规划支撑，突破空间布局短板

一是突破"摊大饼"布局短板，拉大城市框架，优化空间布局。按照世界一流标准，优化"多中心、卫星城、网络化"的空间布局。二是突破体制障碍短板，推进"县（市）改区"区划调整。坚持不懈地推进巩义、中牟、新郑、荥阳、新密、登封六县（市）区划调整，全部转变为市辖区。区划调整有利于"多中心、卫星城"的一体化规划建设和招商引资，有利于塑造整体形象，提高整体竞争力。三是突破"雾霾"城市病短板，鼓励沿黄河、嵩山、运河等生态轴线布局城市新区，把嵩山变成市区中心公园（国家森林公园），把黄河变成市区的内河（黄河湿地国家公园），北部建设黄河科学新城，南部建设郑南新区（嵩山新城高新技术产业开发区）。四是构建郑汴洛焦新许"1+5同城化大郑州城市圈"，以郑洛城际为契机打造"航空港—新郑—新密—

登封—偃师—洛阳"产业带和都市带。

2. 强化创新型人才支撑，突破双一流高校短板

一是突破高端人才短板，吸引人才、留住人才。主动参与全国人才争夺战。制定配套优惠政策，吸引国内外各类人才集聚郑州，用事业、待遇、环境、子女就学等倾斜政策吸引人才、留住人才。二是突破双一流高校短板，吸引世界一流高校和研究机构。一方面建设一批本土双一流的高等院校，另一方面吸引 10 家国内外全球 200 强高校在河南郑州建立分校。目前全国各大中心城市都在争夺一流高校资源，深圳已经落户近 10 家一流高校和研究院，郑州尚没有落户一家一流高校。三是建设世界一流的企业家队伍。

3. 强化综合交通枢纽支撑，突破城际铁路和地铁轻轨网络短板

一是提升枢纽优势，强化枢纽优势。建设"铁公机"多式联运国际综合交通枢纽。5 年内完全建成"米"字形高铁枢纽网络。力争航空货运进入全国前 5 位，客运进入全国前 10 位，最终货运量挤进全球前 10 位。郑欧班列保持全国前 3。二是突破城际铁路短板。要实现郑汴洛焦新许"1+5"同城化"大郑州城市圈"，就必须建设城际铁路网络。加快建成以郑州为中心的中原城市群"放射线+圆形"城际轨道交通网络。5 年内达到 500 公里，10 年内达到 1000 公里。三是突破地铁轻轨网络短板。超级中心城市均呈现"多中心、卫星城、卫星镇"空间布局，各中心组团之间必须用地铁或轻轨相互连接成网。不然相互之间就会成为孤岛。一般来说至少需要 10 条线，目前国内的北上广深国际城市基本实现了以上目标。郑州必须建设世界一流的地铁轻轨网络，5 年内达到 10 条地铁线路通车，10 年内达到 20 条以上，通车里程达到 500 公里（见表 4）。

表 4　全国城市轨道通车里程排名（截至 2018 年 3 月）

排名	城市	里程（千米）	首线开通时间	最新线开通时间	线路（条）	备注
1	上海	666.00	1995.04.10	2017.12.30	15	含磁浮线
2	北京	608.00	1971.01.15	2017.12.30	22	含机场轨道、西郊香山线、磁浮 S1 线
3	广州	390.50	1997.06.28	2017.12.28	13	含广佛线及 APM 线

排名	城市	里程（千米）	首线开通时间	最新线开通时间	线路（条）	备注
4	南京	347.00	2005.05.15	2017.12.30	9	
5	深圳	285.00	2004.10.28	2016.10.28	8	
6	重庆	264.30	2004.11.06	2017.12.28	6	含单轨
7	香港	264.00	1979.10.01	2016.12.28	11	
8	武汉	237.00	2004.07.28	2017.12.26	7	
9	成都	179.00	2010.09.27	2017.12.06	6	
10	大连	170.00	1909.09.25	2015.10.30	6	含有轨电车、轻轨电车、快轨
11	天津	166.00	1984.12.28	2016.12.31	5	
12	台北	136.60	1996.03.28	2017.03.02	5	捷运系统
13	苏州	121.00	2012.04.28	2017.04.15	3	
14	杭州	117.60	2012.11.24	2018.01.09	3	
15	郑州	95.41	2013.12.28	2017.01.12	3	
16	西安	91.35	2011.09.16	2016.10.08	3	
17	昆明	88.76	2012.06.28	2017.08.29	4	
18	长春	78.42	2002.10.30	2017.06.30	5	含有轨电车
19	宁波	74.50	2014.05.30	2016.03.19	2	
20	长沙	68.48	2014.04.29	2016.12.26	3	含磁浮线
21	无锡	56.11	2014.07.01	2014.12.28	2	
22	沈阳	54.96	2010.09.27	2011.12.30	2	
23	南宁	53.10	2016.06.28	2017.12.28	2	
24	合肥	52.38	2016.12.26	2017.12.26	1	
25	高雄	51.40	2008	2008	3	捷运系统
26	南昌	48.47	2015.12.26	2017.08.18	2	
27	青岛	46.00	2015.12.16	2017.12.10	2	
28	东莞	37.80	2016.05.27	2016.05.27	1	
29	石家庄	30.30	2017.06.26	2017.06.26	2	
30	厦门	30.30	2017.12.31	2017.12.31	1	
31	福州	24.89	2017.01.06	2017.01.06	1	
32	哈尔滨	23.07	2013.09.26	2017.01.26	2	
33	佛山	21.47	2010.10.31	2016.12.31	1	

资料来源：据有关资料整理。

（四）建设"四大新型城市"，建设宜居宜业宜游城市

面向未来，按照世界一流标准建设现代化国际中心城市，建设宜居宜业宜游城市，建设绿色城市、未来城市、智慧城市和人文城市。

（1）建设绿色城市（生态宜居城市、森林城市、园林城市），发展生态经济。一是建设"心肺功能"完备的城市。产业及产业园区好比是城市的心脏，要有强劲的高端产业作支撑；同时，河湖水系、湿地、草地、林地，则是城市的肺，实现自主呼吸、自助净化。二是建设依山傍水的城市。河流是城市的天然风道、天然空调、天然净化器。为了突破城市病，必须优化城市空间布局，统筹兼顾交通轴线布局与生态轴线布局。建议郑州市确立"下河上山"的空间发展方向，把黄河作为郑州市的内河，在黄河南岸建设"黄河科学新城"，布局国家科学中心、科创中心，建设郑汴洛黄河湿地国家公园；在黄河北岸建设"黄河农业科学新城"，布局国家农业高新技术产业示范区，布局生命科学产业，建设未来城市；向嵩山挺进，建设郑南新区——嵩山高新技术产业开发区。建设宜业城市。

（2）建设智慧城市，发展智慧经济（知识密集型、创新密集型、智能经济、信息经济）。发展智慧交通，解决交通拥堵问题；发展智慧公安，实现自动破案；发展智慧社区、智慧政府，推行网上办事，提高社会运行效率和治理水平。

（3）建设人文城市，发展创意文化产业。一是塑造开放型、创新型中原特色文化。传承创新传统文化，吸收人类社会一切积极向上的优秀文化。二是打造中原特色文化品牌。倡导人文精神，发展文旅创意产业；倡导创新精神，发展创新服务业；倡导理想幻想，发展科幻产业。

（4）建设未来城市，发展未来产业。建设充满人文、科幻、科创等的未来城市。大力发展人工智能、新一代信息技术产业、生命产业、高端装备、新能源新材料汽车、航空航天等战略新兴产业。

第三篇

国家级中原城市群一体化

实施好"小城镇、大战略"的对策思路（2000年）*

> **引言**
>
> 　　党的十五届三中全会提出，"发展小城镇，是带动农村经济和社会发展的一个大战略"。从社会发展的深层意义来看，小城镇是中国农村人口城市化的核心内容，是社会结构转化和升级的重要力量，是建设社会主义市场经济体制的理想"根据地"，是改造自然经济、缩小城乡差别、改变中国二元经济社会结构的重要途径。从现实和发展趋势而言，发展小城镇有利于加快农村城镇化，提高农民素质，改善生活质量，加快实现农业现代化和产业化步伐。
>
> 　　作为全国最大农业人口大省的河南，抓好小城镇建设，对于促进农村经济和社会发展更有着非常重要的战略意义。

一、厘清思路，突出"中心镇"重点

目前，河南省小城镇的发展仍滞后于国民经济、区域经济、农村经济、乡镇企业和农业产业化的发展。那么，要实现快速发展，就应该厘清思路，实现六大转变。一是由分散式自由发展转变为集中式重点发展；二是由注重外延粗放式发展转变为注重品质、质量、内涵的集约型发展；三是由单纯注重建设规模和人口数量转变为注重发挥小城镇的经济集聚和辐射功能，努力促进经济发展；四是由单纯注重自身完善的封闭发展转变为注重区域经济、城镇间的相互联动和开放式发展；五是由主要通过政府的行政手段推动城镇化转变为主要依靠市场经济的自组织自运行机制，用市场经济办法和手段促进城镇化；六是从简单化、随意化的发展向综合化、系统化、科学化和法制化的方向转变，要遵循经济规律，既要量力而行又要积极创新。在此基础上要优先倾斜发展重点小城镇。

对于河南省来说，由于城镇化水平较低，突出重点就显得特别重要。集中力量发展一批规模大、实力强的小城镇，就更加需要符合市场经济的要求，更加适应市场竞争加剧后小城镇非均衡发展的新趋势。由此，应把中心镇建设作为全面推进城镇化的突破口来抓。选择重点中心镇的标准要高，要注重特色、规模、区位、产业实力等。选出的重点乡镇，要集中力量、重点支持、重点发展，使之成为布局合理、规划科学、设施配套、功能齐全、环境优美、具有地方特色的社会主义现代化的新型小城镇。

二、大力发展特色小城镇

在市场经济条件下，特色就是优势，特色就是形象，特色就是知名度，特色就代表竞争力。有了特色就有了发展的活力、潜力和实力，就能扬长避短，趋利避害，就能在激烈的市场竞争中找准自己的位置，找到自己的发展空间，实现可持续发展。在当前市场需求不足的情况之下，温州市为何能保持一派繁荣景象，这源于其特色小城镇的发展。它们拥有"中国农民第一城"龙港镇、"东方第一纽扣市场"桥头镇和"国家级星火技术密集区"鳌江镇等一大批知名城镇。

河南省在发展特色小城镇方面经过近20年的努力，已形成了一大批工业主导镇、流通商贸镇、交通枢纽镇、区域中心镇等。但是，河南省

---

*　本文发表于河南省人民政府发展研究中心《调研报告》2000年6月6日第3期（总第452期）。

174

大多数建制镇的发展才刚刚起步,尚谈不上特色;有些建制镇有一定的特色,但规模实力还较弱。发展特色小城镇是一项复杂的系统工程,需要从规划到经济和产业有特色,建筑景观有特色,管理也要有特色。

特色小城镇的核心是特色产业和特色经济。在塑造小城镇的特色上要紧紧抓住这一核心,找准特色优势产业或产品,上规模、上批量、上水平、上档次,把小产品做成大产业,用小产品开拓大市场,以小产品赢得大效益。如何选择和发展特色产业,一要坚持市场导向原则,必须要有广阔的市场前景;二要坚持开放思维,树立开放的思维方式,既要立足于现有优势,又要善于发现新优势,没有条件可以创造条件,没有资源可以引进资源,只要有市场就行;三要坚持持续培育,有持之以恒的探索精神,眼光要远大一点,胆子可以大一点,发展方式可以灵活,经过科学论证,看准了就要坚持不懈地干下去;四要坚持优化环境,创造政策环境,坚持"三个有利于标准"来制定各项政策,促进特色产业快速成长。

三、强化小城镇的经济功能

小城镇建设绝不是简单的修路盖房,而是具有深刻的内涵。在市场经济条件下,要发挥小城镇的经济功能,必须实现四大聚集。一是工业集聚,以城镇工业中心吸引乡镇企业向小城镇适度集中;二是市场聚集,成为区域交易中心;三是资金聚集,吸引各类资金,特别是农民的资金向小城镇流动;四是人才聚集,吸引优秀人才向小城镇流动。因此,小城镇建设应尽快转入以功能开发为中心的发展轨道。

1. 大力推进乡镇企业转型升级

要加速乡镇企业的"二次创业",加快机制、技术、管理创新,以产权制度改革为突破口,再创新优势。因为,乡镇企业是小城镇的经济基础,是小城镇经济和小城镇建设的主体或骨干。同时,小城镇的发展过程基本上就是乡镇企业集聚和集中以及市场发育的过程。小城镇的建设又为乡镇企业的"二次创业"提供了高效、便利的环境条件,如完善的基础设施和服务业。所以,一定要把乡镇企业和小城镇发展两大战略结合起来,同时推进,相得益彰。

2. 大力发展民营经济

在发展私有经济方面,各地各显神通,发展迅速,成效显著。但也存在不少问题,如口头上说得多,文件上写得多,实际上落实得少,环境不宽松等。要加速发展个体私营经济,需要我们的胆子再大一点,政策再宽一些,办法再多一点,步子再大一点;需要加大对外开放和招商引资的力度,利用我们的环境优势、市场优势和要素资源优势,吸引沿海发达地区的企业来河南省投资办厂。也可以每年选择一批镇长到沿海地区对口挂职锻炼,既学习人家的先进经验,又可以招商引资。

3. 大力发展服务业

随着小城镇的发展,越来越需要第三产业的支撑。为此,要通过重点发展各类专业市场和综合市场来带动农村服务经济的全面发展;要通过规范发展金融、保险、邮电、交通运输、房地产开发及各项公用事业,来促进第三产业的发展。

4. 大力推进农业产业化发展

小城镇作为农产品的加工中心和流通交易中心,可以更好地为农业产业化提供产前、产中和产后服务。当前,我们要依托小城镇发展各具特色的农业产业化龙头企业。同时,要以特色的农业产业化塑造特色小城镇,发展一批农业产业化主导型的小城镇。在这方面河南省具有许多优势,有巨大的潜力等待开发。

四、坚持改革创新,优化小城镇的发展环境

1. 加强领导,明确责任,分工协作

各级政府应成立由政府主管领导,各有关部门负责人组成的小城镇发展领导机构,及时协调解决遇到的各种具体问题,主动提供服务,形成合力,制定发展思路、目标、规划、政策措施等。

2. 从财政上确立小城镇的地位

长期以来县与镇之间财政分配关系边界不清、随意性大,影响了小城镇的发展和功能发挥。应在分税制的基础上根据事权重新划分和规范县与镇之间的财政分配关系,能留到镇里的资金应尽量留到镇里,在重点小城镇建立一级财政

金库。

3. 适当提高重点中心小城镇的行政级别

对发展特别突出、地位特别重要的重点中心小城镇可赋予副县级行政权力，以加强其协调管理发展能力。可以依托小城镇建立特色产业开发区，乡镇和开发区的行政管理可以实行"一个机构、两块牌子"。

4. 建立"政府引导、市场主导"的小城镇建设投资新机制

首先是各级政府应专门设立小城镇建设基金，加大对重点小城镇的投资力度，重点用于引导社会资金（如企业、机构、外资、个人、金融资金）投资或参与投资建设小城镇的公用设施。其次就是应坚持"谁投资、谁经营、谁收益"的原则，使投资方式灵活多样、不拘一格。还可以利用国际上通行的 BOT 项目融资方式、实现土地级差地租和拍卖服务业经营权等方式来集聚社会资金，即把建设项目作为一种"资源"来进行开发和经营。

5. 改革小城镇土地使用和管理制度

小城镇建设用地应坚持保护耕地的基本国策，妥善解决各种矛盾。一是适当放宽增加建设用地数量；二是县域或镇域范围内调剂使用建设用地指标，优先保证重点中心镇建设用地；三是盘活存量土地，在法律许可范围内建立土地转让、交换、交易制度；四是异地开垦耕地保持动态平衡。

6. 改革户籍制度

应加快户籍制度改革的步伐，尽快打破城乡分割的二元化户籍管理体制，建立新的鼓励人们向小城镇集中的户籍制度。逐步按照城市户籍管理有关规定管理镇区人口，建立以居住地划分城镇户口和农村户口的户籍登记制度，实行城乡户口一体化管理，真正为进镇农民解除后顾之忧。

加快河南省城市化发展的战略研究（2000 年）*

摘要　城市化是伴随着工业化和现代化必然出现的社会发展趋势，它表明城市在人类社会发展中的作用不断提高。城市化一般指的是伴随着工业革命而发生的乡村人口向城市转移，城市数量和规模迅速发展，城市人口急剧增加，城市在国家生活中逐渐占主导地位的过程。实现城市化，是河南省由人口大省转变成经济强省，实现现代化必不可少的战略任务。在河南省向工业化中期和中等收入迈进的21世纪初期，城市化将按其自身的发展规律，进入加速阶段。实施积极的城市化战略，这是带动21世纪河南经济全面振兴的必然选择。

一、实施积极的城市化战略的现实意义和深远意义

实施城市化战略，加速推进城市化，既是河南省实现现代化必须跨越的历史阶段，也是解决目前以及今后经济社会发展诸多现实问题的关键。具体分析可以看到，"县改市""乡改镇"等行政区划变动，是 20 年来河南省城市化得以较快推进的重要方式，而农民变市民，这种本来意义上的城市化进程并不快，这就造成河南省城市化水平严重滞后。城市化发展的普遍规律是，在工业化（以工业增加值占 GDP 的比重衡量）加速阶段，即从工业化初期向工业化中期迈进的时期，随着工业化的加速，城市化的速度也相当快，甚至超过工业化的速度。城市化滞后带来或加剧了一系列经济社会发展中的突出问题，造成了农民收入难提高、内需难扩大、就业难增加以及可持续发展能力减弱等难题。

实施积极的城市化战略，是解决农民收入过低和增长乏力的根本出路，是创造更多就业岗位，缓解就业压力的有效途径，是扩大内需和促进国民经济快速增长的持久动力，是实现可持续发展的重要保证。

总之，目前河南省经济发展中存在的农民收入上不去，内需不足，增长缺乏动力，就业压力大，生态环境破坏严重等问题，既有短期性的原因，但更重要的是长期性的原因，是城乡结构的严重失衡，是我们长期以来推行的工业化与城市化不同步战略负效果的累积显露。

二、河南省城市化进程和城市经济发展状况

（一）河南省城市化进程的阶段性特征

新中国成立以来，特别是改革开放以来，河南省工业化和现代化有了较快发展，伴随着工业化、市场化、现代化发展，城市化也得到了长足发展，河南省城市结构、城市规模都发生了很大的变化。截至 1998 年底，全省城市已有 38 个，比 1949 年的 13 个增加 25 个；城市人口达 2974 万人，比 1949 年增长 26 倍，其中非农业人口达 1051 万人，比 1949 年增长 12.4 倍；城市人口占全省总人口的比重由 1949 年的 2.6% 上升到 31.9%，城市非农业人口占全省总人口的比重由 2.0% 上升到 11.3%（见表 1）。从 1949 年到 1998 年，历史跨度半个世纪，其间，城市化进程可分为四个不同阶段。

---

*　本文发表于河南省人民政府发展研究中心《调研报告》2000 年 8 月 30 日第 21 期（总 470 期）。

表1　河南城市化水平变动态势

年份	城市数量（个）	城市人口（万人）		城市化水平（%）	
		城市总人口	非农业人口	城市占全省总人口	非农占全省总人口
1949	13	110	85	2.6	2.0
1957	16	270	177	5.6	3.7
1978	14	599	349	8.5	5.0
1991	27	1572	674	17.9	7.7
1998	38	2974	1051	31.9	11.3

资料来源：本文有关数据均根据《中国统计年鉴》（1999年）、《中国城市统计年鉴》（1999年）和《河南统计年鉴》（1999年）等整理而来。

1. 城市化起步期（1949~1957年）

这个时期是河南省城市化的起步阶段。解放初期，河南省仅有城市13个，其中10万人以上的城市只有开封1个；5万~10万人的城市有6个，城市人口仅占全省总人口的2.6%。河南省的工业十分落后，工业化程度非常低下。1949~1952年，全省工业总产值由2.29亿元增加到8.83亿元；城市人口由110万人发展到150万人，城市人口占全省总人口的比重由2.6%提高到3.4%；城市非农人口占总人口的比重由2.0%提高到2.5%。

三年恢复时期以后，全国很快进入了"一五"大规模的工业建设和城市建设时期。河南省地处中国腹地，国家从全国经济发展战略的需要出发，把河南省确定为建设重点地区之一。到1957年底，全省城市由1949年的13个增加到16个；城市人口增加到270万人，占全省总人口的比重达到5.6%，分别比1949年增长了1.5倍和3个百分点；城市非农业人口占全省总人口的比重由1949年的2.0%提高到3.7%。

2. 城市化震荡反复期（1958~1978年）

经历了"大跃进"工业建设的遍地开花，三年困难时期和十年"文革"。城市化建设也一波三折，先是"大跃进"时期的过度城市化，接着是三年困难时期的反向城市化，然后是"文革"时期的第二次反向城市化。

1958~1960年的"大跃进"期间，三年中，工业生产大幅度飙升，1960年工业总产值达到58.3亿元，是1957年17.8亿元的3.3倍。随着工业生产的超常发展，乡村人口向城市急剧转移，到1960年，城市人口由"一五"期末1957年的177.4万人发展到283.7万人，增长了59.9%；城市人口占全省总人口的比重由5.6%上升到8.4%；城市非农业人口占全省总人口的比重由3.7%提高到5.9%。城市化的超常发展，给河南省的社会经济带来了严重的恶果：粮食产量出现连续三年大幅度下降，人民生活极度困难。

严峻的现实迫使政府全面调整经济政策，1961年开始进入国民经济调整时期。城市人口从1960年的284万人减少到1962年的222万人，城市人口占全省总人口的比重由8.4%下降到7.5%；城市非农业人口从199万人减少到133万人，占全省总人口的比重由5.9%下降到4.5%，河南省第一次出现了反向城市化现象。

1965年开始的"三线建设"，没有起到推动河南省城市化进程的作用。接踵而至的十年"文革"，使正常城市化进程被打乱，处于动荡反复状态。1966~1978年，全省国内生产总值年均增长速度一直在7.6%左右。在经过知识青年"上山下乡""右派"下乡改造，第二次反向城市化现象出现，继而有大量的知识青年返城后，城市人口占全省总人口的比重回升到8.5%；城市非农人口占全省总人口的比重回升到5.0%。

3. 城市化稳步发展期（1978~1991年）

这个时期河南省的经济和城市化建设才真正步入持续稳定的发展阶段。1991年，全省国内生产总值达到1046亿元（当年价，下同），比1978年增长6.4倍，平均每年增长9.8%，大大高于改革开放前年均增长5.8%的速度。经济的稳步发展，促进了城市化水平的提高，全省城市数量由1978年的14个增加到1991年的27个，城市人口由599万人增加到1572万人，占全省总人口的比重由8.5%上升到17.9%，比1978年提高了9.4个百分点；城市非农业人口占全省总人口的比重由5.0%提高到7.7%。

4. 城市化快速发展期（1992年以来）

1992年党的十四大以来，我国进入了建立社会主义市场经济体制的新时期，全省经济连续五年高速增长，实现了"一高一低"的战略目标。城市随着"市带县"体制的逐步完善，综合实力进一步增强，全省城市化进程步入了快速发展阶段。到1998年底，河南省城市数量由1991年的27个增加到38个，短短7年时间就新增加了11个城市；城市人口达到2974万人，比1991年增长89.20%，占全省总人口的比重由17.9%快速上升到31.9%；城市非农业人口由1991年的674万人增加到1051万人，占全省总人口的比重由7.7%提高到11.3%。

（二）河南省城市结构性特征

新中国成立以来，近50年的城市发展历程，河南省的城市结构和城市规模发生了较大的变化，城市体系不断完善，形成了特大、大、中、小城市合理布局的城市网络，为河南省的经济发展起到了较大的推动作用。

1. 城市规模不断扩大，城市结构渐趋合理

到1998年底，河南省城市已发展到38个，其中地级城市15个。城市数量在全国各省、区排序中为第四位，城市数量占全国城市总数的5.7%。河南省的大、中、小城市人口比例差距扩大，大城市人口较多，集聚效应明显，小城市发展潜力

较大，人口结构呈倒"金字塔形"结构。

2. 城市空间分布趋于合理

由于受地理环境、历史基础和社会经济发展水平的制约，河南省城市分布的地域差异性相当显著，共有28个城市分布在中央铁路沿线，占城市总数的73.6%，集中了全省城市人口的近80%。总体上看，河南省城市多数分布于中北部地带，豫北地带城市密度高，豫西、东、南城市密度低，且城市多分布在铁路沿线，和其他内陆省份基本相似，符合城市布局的基本规律。

3. 城市类型较为齐全

从河南省的城市类型来看，可以分为四大类。第一类是综合型的大城市，主要是郑州；第二类是工业型城市，包括洛阳、新乡、安阳、开封等城市；第三类是资源开发型城市，如平顶山、焦作、鹤壁、濮阳等城市；第四类是综合型的农业城市，包括信阳、商丘、驻马店、周口在内的中、小城市。

（三）河南省大中小城市经济发展特征

当前，河南城市化发展，已经摆脱了城市化起步阶段靠较低水平的工业发展促进城市化的局面，进入以现代化工业及第二、第三产业的整体发展促进城市化发展的阶段。

城市在国民经济中的主导作用越来越明显，经济结构、产业结构发生明显的变化，城市的聚集效益显著增强，城市化带动了区域经济的发展。改革开放以来，河南省的城市聚集效益明显增强。从数据分析还可以看出，地级城市的聚集效益优于县级城市。普遍的趋势是，特大城市优于大城市，大城市优于中等城市，中等城市优于小城市（见表2）。

表2　河南城市聚集效益（1998年）　　　　　　　　　　　　　　　单位：元

	全部城市	大城市	中等城市	小城市
人均国内生产总值	7642	10987	6739	6655
人均工业总产值	10716	13469	8110	10609
人均实际收入	4238	4668	4307	4154
人均消费品零售额	3110	5872	3168	1823
人均储蓄存款	5840	11073	5233	3720

资料来源：据有关统计资料整理。

三、河南省城市化发展中存在的主要问题

（一）城市数量增加较慢（与全国相比）

1949年河南省拥有城市13个，占全国城市总数的9.8%；1978年城市数量14个，占全国城市总数的7.3%；1998年达到38个，虽然在总数上居全国第四位，但是占全国的比重下降为5.7%。可以看出河南省城市数量占全国城市的比重是下降的。与先进省份相比，广东省1991年城市数量为20个，比河南省还少7个，到1997年猛增至54个。

（二）城市化水平低、城市化进程慢（与全国比较）

1949年，河南省城市化水平为2.6%，比全国的7.8%低5.2个百分点，1978年提高到8.5%，比全国平均水平的12.1%低3.6个百分点。1998年，全国城市非农业人口占全国总人口的比重为18.0%，东部地区都在30%以上，中部和西部地区大部分省份都在20%以上。而河南省仅有11.3%，比全国平均水平低6.7个百分点。城市化水平低制约着全省经济的发展。

（三）城市布局及发展不平衡

河南省城市多集中在豫中北和豫西南这两个经济区，共有城市32个，包括郑州市在内的7个大城市都在这两个经济区。豫东、豫南全部都是综合型的农业小城市，综合经济实力弱，形不成区域聚集和辐射作用，无明显的特色和优势，经济发展缓慢，城市功能弱。

（四）河南省城市化水平低的一个重要原因和表现是缺乏超大型城市

全国现有200万人口以上的超大城市有15个左右，河南省没有一个，这与我们的大省地位不相适应。河南省是近1亿人的全国第一人口大省，经济总量居全国第五位，河南省地处中原，起承东启西、联南贯北的作用，在全国经济和生产力布局中处于关键的重要地位。在河南省的四周有四个超大城市，即北有北京、南有武汉、东有济南、西有西安，河南省处于四面夹击之中，四个超大城市距郑州市又比较远，而郑州市对全省的辐射带动作用又非常有限，郑州市由于发展缓慢，实力有限，其中心城市的作用功能难以发挥出来，导致河南省城市的整体聚集效应和经济效益偏低。长期以来，郑州市城市发展速度远远低于全省平均水平。从1990年到1999年，郑州市城市化年均增长速度仅3.3%，比全省平均水平低2.2个百分点，在全省所有城市中居倒数第二。近十年来，虽然河南省比较重视中原城市群的发展，但是忽视了郑州市的优先发展，这既影响了中原城市群的升级，也影响了全省城市化进程。

（五）城市综合经济实力弱，城市聚集效应和辐射带动功能不强

河南省第三产业发展对经济增长的推动较弱，导致城市的聚集效应不强。另外，河南省城市化发展的内在潜质较差，主要表现在科技、教育、人才、信息、金融等方面的差距，严重影响了河南省城市化质量。

四、河南省城市化的基本思路与发展目标

（一）加快河南省城市化的基本思路与方针

今后10~15年，河南省进入城市化快速推进时期，其基本发展思路是重点突破，整体推进，同步发展，全面升级。具体来讲，一是全力发展区域性中心城市，尽快把郑州市发展成为超级城市，提高其在全省的首位度，强化其在河南省乃至中西部地区的吸纳聚集和扩散辐射功能；二是加快发展河南省的特大城市和大城市，形成现代型的最佳城市规模；三是积极发展中小城市，创造条件促其快速成长，形成区域产业中心和经济中心；四是大力发展小城镇。

（二）河南省城市化趋势与战略目标

1. 趋势分析

目前，许多中外城市经济学者，把城市化发展过程分为三个阶段，即城市人口占区域总人口的比重在30%以下时，属于初级阶段；城市化水平为30%~70%，属于中级阶段；70%以上属于高级阶段，并认为城市化的极终目标是"城乡一体化"，即国家和地区的全部人口、土地、资源和管理的有序化和规范化。根据专家预测，21世纪的头50年，将是城市化水平较低的发展中国家迅速

发展达到城市化中级阶段的时期。这一时期，城市数量将继续增长，城市规模不断扩大，城市人口急剧增加，城市化水平迅速提高，可望达到发达国家的城市化水平。综合运用经济相关法（相关分析法）、趋势分析法、人口增长法三种方法分析预测，可以得出如下结论，即 2000 年，河南省城市化水平将由 1998 年的 31.9% 提高到 35% 左右，2010 年城市化水平将在 45% 左右。

2. 战略目标

改变城市化滞后于经济发展和工业化的状况，打破城乡分割的体制障碍，建立城乡合理的人口转移机制和制度，缩小城乡差距并逐步向"城乡一体化"迈进；到 2010 年在全省初步形成以区域性超大特大中心城市为龙头，大中城市为主体，小城市小城镇为基础，中原城市群一体化发展的城市功能完善、布局合理、结构协调、规模适度的城镇体系；力争到 2010 年设市的城市数量达到 55 个左右，建制镇总量适度扩大，重点建设好 400 个重点中心镇；2010 年城市化水平达到 45% 左右。

至 2010 年使郑州市发展成为全国中西部地区的中心城市，在全国具有较大影响力并成为超级城市。以郑州市为中心的中原城市群功能完善、布局合理、实力强大。

五、加快河南城市化进程的战略重点和任务

（一）加快郑州中心城市建设，充分发挥其对全省的辐射带动作用

河南省是拥有 9300 多万人口的全国第一大省，急需培育和发展特大型的区域中心城市，以支撑和带动河南省乃至中西部地区的发展。郑州市以其独特的战略地位和"中、通、丰、古、商、经"的基础与条件，最有资格和可能担当此重任。把郑州市建设成为大中原地区的中心城市，是河南省实施城市化战略的首要任务。为此，应着力做好以下几点：

1. 厘清郑州中心城市的发展战略规划思路

郑州的城市规划一定要瞄准超大中心城市目标，做到"高起点、高标准、前瞻性、现代化"，坚决摒弃过去那种规划赶不上实际变化的落后状况。比如，郑州新东区如何高起点启动，郑州的

大学城如何建设。

2. 调整产业结构，加快产业结构升级或高级化

使郑州市在汽车、电器、计算机、信息和新材料、新能源、生物工程及食品深加工、服装等领域有所作为，不断提高郑州市的经济首位度。

3. 大力发展第三产业

大力发展旅游、房地产、金融保险、信息与咨询服务、网络服务和文化教育等新的第三产业。重点要抓好商贸城、科技城、大学城和文化城建设。

4. 加快提高郑州的对外开放度

对外开放包括贸易开放、产业开放和市场开放。对外开放度低，是郑州市经济社会发展的瓶颈之一。当今世界一个开放度低，以内需为主要增长动力的城市很难成为首位中心城市。郑州市必须加大对外开放力度，充分利用国际国内两个市场、两种资源，以超常规的速度大力发展外向型经济，尽快接近和率先赶上全国先进水平，成为河南省对外开放的"领头羊"。

5. 适时调整郑州市行政区划

按照中心城市的要求，扩大郑州市城市规模必须拉大城市框架，应借鉴国内外中心城市的发展经验，加快所属县（市）行政区划调整为市辖区。高起点、高标准地加强郑州市基础设施建设；重新构造城市运营管理的新机制、新细胞，以人为本搞好城市规划建设管理。加快改革创新，放宽政策和优化环境。

（二）加快以郑州市为龙头的中原城市群建设，打造环郑州都市圈

以大城市为中心的城市圈域经济发展模式，是兼顾效率与公平的比较好的发展模式。大中城市是区域经济的"增长极"，可以带动整个城市圈域经济的发展。

中原城市群城市相对集中，包括郑州、洛阳河南仅有的两个特大城市，开封、焦作、新乡三个大城市和条件较好的中等城市许昌市。空间距离较近，全区半径不到 100 公里。资源丰富，科技水平较高，经济实力较强。中原城市群地处承东启西、连接南北的中心地位，是全国经济网络布局的一个重要枢纽，被誉为"现代丝绸之路"

的欧亚大陆桥的贯通，进一步突出了这一城市群的区位优势。加快以郑州市为龙头的中原城市群建设，形成环郑州经济圈，迅速扩张其经济实力，形成中原地区的经济高地，是河南省实施城市化战略的重点任务和工作。所以，要把河南省经济社会的制高点即以郑州为龙头的中原城市群突出出来，从投资、政策、开放等多方面给予倾斜和集中发展，以此作为带动河南省乃至整个大中原地区经济社会快速协调发展的"航空母舰"。

加快中原城市群暨环郑州经济圈的构建，使之成为中西部地区最有前途的发展极。中原城市群的建设要打破地区行政界线，走出自然经济区域相互"经济分割"的状态，形成发展的"共同体"。使之迅速成长为能够带动全省经济起飞的真正"核心"和在中西部地区有较大影响力的战略要地。经过几年努力，把中原城市群建成国家一级城市群。

（三）积极发展中小城市，大力发展中心镇，形成区域产业中心和经济中心

一方面，河南省地大物博，人口众多，河南省的中小城市也比较多，但是城市规模较小，有着相当大的发展潜力；另一方面，这些中小城市多属于地级市和撤县改市的县级市，它们都是当地一定区域内的政治经济中心。所以，积极发展这些中小城市对于全省的发展和推进城市化进程具有重要意义。一是要注意城市规划上的指导；二是要注意经济结构的合理；三是要注意发挥本地优势，形成特色；四是注意城市的现代化方向，彻底改变目前众多的农业型城市面貌；五是注重形成产业和经济中心，充分发挥本区域内的聚集及辐射功能，以此带动区域经济的发展；六是促进条件好的中等城市尽快发展成大城市，以弥补河南省大城市较少的缺陷。

发展小城市的另一个重点是集中力量发展县城，应分批分级地把河南省80多个县城都发展成为小城市。到2005年若一半的县城发展成5万人以上的小城市，总人口就是200万～300万；到2010年若绝大部分县城发展成10万人左右的小城市，总人口就是近1000万，可见，发展这批小城市的潜力和意义也是相当大的。

"小城镇，大战略"，在河南省的城市化进程中，要大力发展小城镇，重点发展500个特色小城镇。

六、实施城市化战略的对策与建议

（一）全面加快实施城市化战略

要解放思想，提高认识，加强领导，全面实施城市化战略，加快城市化进程，是解决河南省目前及今后经济社会发展诸多难题的关键，是经济结构战略性调整的重要内容，是促进国民经济持续快速健康发展和实现河南省第三步战略目标的重要举措。

（二）加强基础设施建设，大力改善投资环境

城市发展的重要基础是搞好基础设施建设。从总体上讲，河南省城市的基础设施还比较差，欠账很多，还不适应现代化城市建设的要求和人民群众日益增长的物质文化生活水平的需要。所以，要加大力度，搞好城市基础设施建设。

（三）加速产业升级，做大做强主导产业

要加快城市经济结构调整，加速产业升级，壮大主导产业规模，培育龙头企业和名牌产品。工业化是城市化的基础和前提，工业化与城市化应当是同步的，城市化对于经济发展的所有贡献都必须通过相应的产业发展才能落到实处。未来10～15年是河南省城市化加快和经济结构与产业结构高级化演进加速推进的重要时期。加大城市经济体制改革的力度，鼓励民营经济、股份经济、外资经济和混合所有制经济的大发展；发展城市产业特色经济，每个城市都应当选准自己的战略产业和主导产业；全力支持龙头企业和名牌产品的发展；大力发展新兴第三产业。

（四）大力发展第三产业，完善城市功能

工业化是城市化的基础，在城市化初期，工业起支配主导地位，第三产业起配合服务作用，第三产业从规模到作用都是有限的；在城市化中后期，工业化已接近完成或已完成，第三产业在整个城市经济发展中起支配主导作用，工业的发展越来越依靠第三产业的发展。

应建立新型城市规划建设管理运行机制，实现城建投资多渠道和多元化；打开城门，制定优惠政策，吸引各类人才；加快转变经济增长方式，实现河南省城市的可持续发展。

加快河南省城市化进程的框架思路（2000 年）[*]

引言　经过二十多年的改革开放，新世纪河南省工业化和城市化由稳步推进阶段迈入加速推进阶段，河南省应遵循城市化一般规律，实施城镇化引领战略，以中心城市为龙头、中小城市为支柱、小城镇为基础，促进大中小城市"三头并进"协调发展，支撑工业化和中原崛起。

加快中心城市、中小城市和小城镇建设，推进全省城市化进程，提高城市化水平，是优化经济结构、带动全省经济快速发展的迫切要求，也是河南省实现现代化的必由之路。城市是工业化的依托，是第三产业发展的载体。应把加快全省中心城市、中小城市和小城镇的发展，作为推动全省经济和社会发展的重大战略举措，要抓紧抓好。

一、加快"三头并进"城市化进程

一是加快区域性中心城市建设。河南省是全国第一人口大省，当务之急是扩大城市规模，增强产业发展，吸引社会投资（包括外商投资），增强辐射带动能力。重点加快郑州中心城市建设，提高其首位度，发挥对全省的辐射带动作用；搞好以郑州市为龙头的中原城市群建设，营造环郑州经济圈。二是加快中小城市发展。积极发展中小城市，众多的中小城市，如县城、省辖市等应成为一定区域内有较强辐射带动力的中心城市，以带动区域经济发展。三是加快小城镇建设。大力发展小城镇，形成各具特色和优势的区域性产业中心和经济中心。着力发展特色小城镇和重点中心镇。

二、加快提升城市功能

进一步解放思想，更新观念，加强领导，用改革和开放的政策和办法来解决各种问题。一是提升城市规划建设管理水平。搞好城市科学规划，加快城市基础设施建设，大力改善投资环境，尽快形成与城市功能相适应的城市形态。二是加快产业集聚发展。加快城市经济结构调整，加速产业升级，壮大主导产业规模，培育龙头企业和名牌产品，增强城市实力；大力发展贸易、科技、教育、金融、旅游、信息等第三产业，完善和增强城市功能。三是创新城市建设管理模式。充分运用市场机制，建立新型的城市建设和管理运行模式，实现"投资多元化、运营市场化、管理科学化、发展产业化"。控制好国有土地一级市场，国有土地使用权要公开拍卖，搞好土地深层次开发，以此筹集城镇建设资金，要加快基础设施建设和公用设施市场化步伐。加快转变城市经济增长方式，努力提高城市的生态、社会和经济效益，实现全省城市的可持续发展。

---

*　本文发表于《河南省中心城市和中小城市发展座谈会》2000 年 8 月 28 日；《决策探索》2000 年 9 月 20 日。

以郑汴一体化为契机，"做大郑州、复兴开封"的若干建议（2006年）*

2006年3月27日中共中央政治局召开会议，专题研究促进中部地区崛起工作，会议指出"稳步推进城市群的发展，增强对全国发展的支撑能力"。"十一五"规划也曾指出：有条件的区域，以特大城市和大城市为龙头，通过统筹规划，形成若干用地少、就业多、要素聚集能力强、人口分布合理的新城市群。

中原城市群是我国中部地区规模最大的城市群，其快速发展可以有力地带动中部崛起和西部大开发。在国际上，大城市群（都市圈）的发展日趋完善，其理论也日趋成熟。在国内，大城市群（都市圈）正在快速成为区域经济竞争发展的核心力量。我们认为，郑汴一体化符合古典经济学专业化分工理论、大城市群增长极理论和都市圈通勤半径理论，是河南省区域经济发展到较高级阶段的必然产物，是河南省工业化和城市化的重要实现形式，是中原城市群一体化率先崛起的突破口，是做大做强郑州市和全面复兴开封市的重大战略举措。

一、提升发展目标，强化战略功能定位

1. 郑州的发展战略目标定位为"一超三中心"

"一超"，即我国中西部地区最大的"超大型城市"或"超级城市"，郑州都市圈的人口最终应达到1500万左右，成为带动中部崛起的龙头城市。

"三中心"，即我国中西部地区的新兴制造业中心、交通物流中心和商贸金融中心。

郑州市已进入超常规、跨越式发展的新阶段，"中原崛起看郑州，看郑州，要看郑州的'六个力'，即：发展力、辐射力、带动力、创造力、影响力、凝聚力。""十一五"期间郑州市GDP年均增长速度力争达到15%，GDP总量5年翻一番，2010年力争进入全国前20位之列，2020年力争进入全国前15位。

2. 开封的发展战略目标定位为"一城两基地"

"一城"，即中西部地区最著名的宜居休闲城市，"宋城之都、休闲之都"和"国际旅游名城"。

"两基地"，即中原城市群重要的特色新型工业基地和全国重要的特色农副产品生产加工流通基地。

开封市已进入发展的快车道，"十一五"期间开封市GDP年均增长速度达到13%以上，力争5年内把开封市的经济总量由全省第13位提升到前10位，10年内进入全省前8名。

二、突出三个重点，强化产业支撑

1. 加快基础设施同城化

包括交通网络、电信网络、金融网络、电网、水网、气网等一体化。近期应优先考虑郑汴公交系统接轨，开通公交线路；金融系统应实现同城并网；电信系统应实现同城并网，尽快合并郑州市和开封市的长途电话区号。

2. 加快构建郑汴新兴产业走廊

郑汴新兴产业走廊的开发建设是郑汴一体化的核心内容和重点任务，其开发模式应定位于"园区化、集群化、规模化、基地化、科技型、外向型"。

3. 加快现代服务业一体化发展

实现文化、教育、科技、卫生等一体化优化

---

* 本文发表于河南省人民政府发展研究中心《领导参阅》2006年4月18日第1期（总第27期）。

布局。两市的文化应加大开放和融合的力度，创新中原文化，培育文化品牌，发展壮大文化产业。两市的旅游业应一体化规划和发展。两市的高等院校和职业学校可以跨区域兼并联合和优化重组，鼓励郑州市的高等院校进驻"汴西新区"的"大学城"。河南大学应与郑州市有关高校进行强强联合，重组新的河南大学，力争"十一五"进入国家 211 工程，与郑州大学形成良性竞争发展的态势。

三、打开"一个通道"，强化"四大板块"

1. 打开"一个通道"

现代化的交通体系是一体化的物资基础和前提条件，应超前规划建设现代化的郑汴城际快速交通体系。郑汴双向十车道的城际快速通道年内即将建成，应超前规划两侧 10~20 公里范围内的新兴产业走廊。应及时升级改造老 310 国道，撤掉所有收费站，形成新的快速通道；尽快建成开封市至新郑国际机场的高速公路，形成连接两市的高速公路网；应超前规划建设郑汴轻轨和郑州至西安高速铁路客运专线。

2. 强化"四大板块"

郑汴产业走廊的"四大板块"分别为"郑东新区、中牟板块、汴西新区（杏花营组团）、汴东老工业区"。"四大板块"应突出优势，错位发展，采取"组团式、板块型、集群化"的发展模式，开发特色工业园区，重点发展先进制造业，建成新兴工业基地。商务中心、科创中心和信息中心主要布局在郑东新区，物流中心主要布局在中牟，度假休闲中心主要布局在开封。

四、强化行政推动，依靠市场化运作

1. 强化组织领导

建议省政府成立"中原城市群及郑汴一体化协调领导小组"，由省主要领导担任领导小组组长。领导小组下设办公室，各市政府也应分别设立相应的一体化协调组织机构。应充分发挥政府在一体化中的导向作用，制定出一体化的时间表，将一体化纳入有关政府部门的目标责任管

理。对"一个通道"和"四大板块"，应"统一规划建设、统一包装策划、统一对外招商"，采取国际招标方式在全球范围内选择最专业、最权威和最优秀的机构来承担规划任务。

2. 采取市场化手段推进滚动建设

基础设施建设需要大规模的资金投入，应借鉴上海浦东开发的成熟经验，成立若干城市建设投资公司，拓宽市场化、社会化和国际化的融资渠道，"一个通道"和"四大板块"的基础设施应一次规划、分步建设、滚动发展。

五、强化体制创新，激发发展活力

1. 建议把开封辟为经济文化特区

为了加速开封复兴步伐，实现跨越式发展，同时为了避免郑汴一体化之后出现开封产业"空心化"，就必须从根本上优化开封的投资软环境。为此，应赋予开封市"一揽子"特殊的倾斜政策，可以比照执行沿海经济特区、高新技术开发区、经济技术开发区和出口加工区等特殊优惠政策，三年内省市共享税全额留用。力争"一年一小变、三年一大变"与"三年树形象、五年成规模、十年再复兴"。

2. 推进区划调整，打造郑州"1+8"都市圈

"1"就是指"郑州市中心区"；"8"就是指周边八大卫星城，即"开封、巩义、新密、新郑、荥阳、中牟、登封、上街"。应把郑州市所属各市（县）打造成各具特色的新型产业密集区，同时把开封市所属各县发展成郑州都市圈的二级卫星城，打造成国家级的特色农业产业化基地。应积极推进行政区划调整，构建超级郑州都市圈的基本框架，巩义、新郑、中牟、荥阳、新密、登封均应调整为市辖"区"。

六、强化龙头带动，拓展发展空间

1. 强力开发汴西新区和杏花营组团

以不拘一格用人才为先导，大胆起用一批具有开拓创新精神的年轻干部，实行新的用人制度，在全国乃至世界范围内公开选拔行政干部和技术干部。

以推行特区政策为先导，推进新型行政体制，大力营造优越的发展环境，推行效能革命，

追求效率第一。

以招商引资为先导，以大项目为支撑，吸引国内外知名品牌和跨国公司在此建立生产基地，大规模、高起点地发展特色工业园区。

2. 进一步提升郑东新区在全省的战略地位

河南省应借鉴上海浦东新区和天津滨海新区的经验，以郑东新区开放和开发为龙头，带动郑汴一体化、郑州都市圈和中原城市群的一体化发展。全面整合经济技术开发区、出口加工区、中牟新区等，提升产业综合功能。提升好中央商务区（CBD），大力发展总部经济，完善金融、会展、商务和信息中心功能。建设好国际一流的龙子湖高校园区，完善科教基地、科技创新基地和研发基地功能。

3. 有计划地推进中原城市群一体化进程

河南省要在中部崛起中走在前列，其关键是中原城市群一体化率先崛起，"一超带多强"是比较成熟的一体化发展模式，即把郑州市发展成为超级中心城市，把开封、洛阳、新乡、焦作、许昌、漯河等发展成为实力和功能强大的特色城市。中原城市群一体化应坚持"规划先行、重点突破、先易后难、分步实施、循序渐进"的原则。"十一五"在确保完成"郑汴一体化"的基础上，还应当启动郑汴洛都市带产业走廊和郑新许都市带产业走廊的一体化，并取得突破性进展。力争 2020 年基本完成中原城市群核心区一体化。

4. 积极构建"大中原金三角经济区"

为了与国内其他大城市群竞争，应推进中原城市群的跨省域联合，最佳的联合方向是向西与西安联合，向南与武汉联合，构建跨越中部和西部地区的"大中原金三角经济区"。西安和武汉都是我国重要的高等教育基地和科研基地，其高新技术和人才优势非常明显，三方强强联合符合优势互补的基本原则。由省级政府牵头，尽快建立三方合作的组织和机制架构。

七、强化机遇意识，提升河南省在全国的战略地位

在中部地区，中原城市群区位、交通、资源、产业、人才、规模等综合比较优势明显，中原城市群的发展不但对中部崛起具有带动作用，而且对我国西北八省区也具有一定的带动作用。因此，应积极建议中央把中原城市群列入我国一级城市群行列，在促进中部地区崛起的战略规划中突出中原城市群的龙头地位，在生产力布局、资金、项目及政策等方面给予重点倾斜。

河南省应以科学发展观统领全局，紧紧抓住中央促进中部地区崛起重大决策所带来的发展机遇，全面贯彻中央的战略部署，倾力发展中原城市群，加速推进郑汴一体化，充分发挥比较优势，努力建设全国重要的粮食生产基地、畜牧业生产基地、能源原材料基地、现代装备制造及高技术产业基地和综合交通运输枢纽。把发展作为第一要务，科学谋划，精心组织，通力协作，调动各有关方面的积极性，结合实际制定配套政策，"两眼向内"，不等不靠，真抓实干，靠改革开放激发发展的活力和动力，努力构建快速发展与和谐发展的内生机制，促进中原城市群及郑汴一体化的快速崛起。

郑汴一体化发展战略问题研究（2006 年）*

摘要

郑汴一体化是经济全球化和区域经济一体化大背景下的必然选择，是中原城市群和郑州都市圈一体化的突破口。郑汴一体化的重点是"四一体八对接"，在交通先行的基础上打造郑汴之间组团式、集群化的产业走廊。应以郑汴一体化为契机，确立超大型郑州都市圈的框架体系，强化超级郑州的龙头地位；把开封辟为"河南省经济文化特区"，实现"十年复兴"；分三个阶段基本实现中原城市群一体化。推进郑汴一体化应做到"规划先行、组织先行、交通先行、开放先行、改革先行、战略先行"。

一、郑汴一体化的背景与趋势

（一）区域经济一体化是生产力发展到一定阶段的产物

区域经济、城市群、都市圈"一体化"已经成为区域经济合作、竞争、发展的重要途径、手段和方式。

（1）全球经济一体化和跨国区域经济一体化依然在快速发展。全球经济一体化主要目的是为了促进共同发展，其途径是消除关税和非关税贸易壁垒，维护自由贸易，促进国际间产业分工。

（2）大城市群一体化是工业化和城市化成熟的重要标志。①美国三大都市带：最开始美国东北沿海地区波士顿、纽约首尾相连形成了大都市带，后来又形成了五大湖流域芝加哥、底特律大都市带，最后西海岸的洛杉矶、旧金山等形成San-San 大都市带。②21 世纪日本崛起之后逐步形成了以东京、名古屋、大阪为中心的三大都市圈，1998 年三大都市圈人口占全国人口的46.8%。③德国"莱茵—鲁尔区"城市群、在欧洲还有荷兰"兰斯塔德"城市群、英国的伦敦—伯明翰—利物浦—曼彻斯特城市群、法国的巴黎—里昂—勒阿弗尔城市群、意大利北部的波河平原城市群等。

（3）我国沿海地区三大城市群迅速崛起，区域经济一体化加速推进。城市群一体化是区域经济一体化的核心和支撑，目前，沿海三大经济区或城市群的一体化规划建设正在加速推进。

（二）城市群（都市圈）一体化已成为中西部地区竞争的"制高点"

在我国东部开放、西部开发、东北振兴、中部崛起的四大战略中，核心城市群一体化已成为区域经济之间竞争的"撒手锏"，超大型都市圈一体化已经成为带动区域经济发展的龙头。经过近二十年的发展，沿海三大城市群或经济圈正在走向成熟，中西部地区近几年高度重视城市群和都市圈的发展，中原城市群一体化、长株潭城市圈一体化、武汉"1+8"城市圈一体化、西安咸阳一体化、成都都市圈、重庆城市圈等快速膨胀、迅速崛起。

几点重要启示：①大都市圈已成为带动区域经济发展的龙头；②大都市圈已成为工业化和城市化的重要载体；③大都市圈已成为提升区域经济国际竞争力的重要方式、手段和途径；④大都市圈的优先发展已成为国内国际普遍遵循的一般规律；⑤大都市圈在内部专业化分工的基础上实现高度一体化，是提升中心城市发展力、带动力、辐射力、影响力、创造力和竞争力的必然要求；⑥大都市圈应纳入区域经济发展的主体发展战略，并采取有力措施强力推进。

---

* 本文发表于河南省人民政府发展研究中心《调研报告》2006 年 7 月 28 日第 11 期（总第 665 期）。

（三）郑汴一体化是实现河南率先崛起的必然选择

1. 新阶段，河南省已进入工业化城市化快速推进的战略机遇期

2004 年河南省人均生产总值突破 1000 美元，国际经验表明，河南省进入了工业化和城市化快速推进阶段，迎来经济高速增长期。郑州市在河南省工业化和城市化中居于核心地位，郑汴一体化是河南省进入新发展阶段的客观要求，河南省的综合省力大幅度提高又为郑汴一体化提供了坚实的物资基础。

2. 新机遇，河南省面临中部崛起和产业转移两大历史机遇

河南省是中部地区第一人口大省和第一经济大省，郑州市应当在中部崛起中担任龙头带动的重任，郑汴一体化是强化郑州市龙头地位和承接产业转移的重大战略举措。

3. 新战略，加速中原崛起，在促进中部崛起战略中走在前列

河南省从 1992 年开始已经连续 14 年实现"一高一低"的发展战略目标，经济增速呈现逐年加快的趋势，1992～2005 年河南省 GDP 年均增长速度约比全国高出 2 个百分点。2005 年 8 月胡锦涛总书记在视察河南时指出，"实现跨越式发展，在促进中部崛起中发挥更大作用、走在中部地区前列"。中原城市群一体化发展是实施中原崛起战略的重要支撑，郑州是中原城市群的龙头，开封市是中原城市群的重要支柱，郑汴一体化是加速中原崛起的重大战略举措。

二、郑汴一体化的依据

（一）"郑汴一体化"的基本内涵

1. 一体化的概念

生产要素可以在不同的区域之间无障碍自由流动，构成一个有机联系的整体，就是一体化。"一体化"是实现资源的优化配置、促进经济社会共同发展的重要途径、方式和手段，一体化已成为区域经济发展的必然趋势。

2. 一体化的作用

一是生产要素可以突破行政区划的各种壁垒约束而自由流动，促进区域之间或区域内部产业的专业化分工和劳动分工，以提高生产效率和劳动效率；二是资源可以在更大的区域内共享并优化配置，以实现资源的节约和成本降低，带动共赢发展。

3. 一体化的分类

按照空间范围可以划分为四类。一是"全球经济一体化"；二是"国际间区域经济一体化"；三是"国内跨省域的区域经济一体化"；四是"城市群（圈）一体化"等。

4. 郑汴一体化的内涵

郑汴一体化属于都市圈一体化的范畴，是"狭义的一体化"，即郑汴"同城化"。未来的郑汴之间将形成方便快捷的、完善的、综合性的现代化立体交通网络系统，生产和生活的便利化程度就像在一个城市一样，共同构成一个城市圈。

（二）郑汴一体化的理论依据

郑汴一体化是河南省实现中原崛起的重大战略举措，寻求郑汴一体化的理论依据同时用这些理论来指导郑汴一体化的实践，可以增强我们工作的目的性、主动性和创造性，促进郑汴一体化沿着正确的道路健康快速地推进。

1. 古典经济学"专业化分工"理论

西方经济学的鼻祖亚当·斯密在《国民财富的性质和原因的研究》（1776 年）中指出，"专业化和劳动分工导致劳动生产率显著提高"。该理论的指导意义：①郑汴一体化的核心是市场一体化和投资环境一体化，生产要素在一体化的市场内实现优化配置，实现各种稀缺资源利用效率的最大化；②郑汴一体化的重点是实现产业上的专业化分工和优势互补；③郑汴一体化的重要目标是要实现城市功能的错位发展、特色发展、专业化发展、融合发展和共赢发展。

2. 增长极理论

经济的增长首先出现在一些增长点或增长极上，然后通过一系列的"子极"把"增长极"的经济要素向外扩散，经过一定时期，中心城市和区域经济的发展必然呈现一体化趋势。该理论的指导意义：①郑州市是带动中部崛起和中原崛起的重要增长极，应大力培育超级郑州市这个龙头；②郑汴之间既相互吸引又相互带动，郑汴一体化可以增强郑汴两市对国内外生产要素的集聚作用，强化极化效应，使郑州市快速发展成为超级城市，同时通过一体化可以增强郑州市对开封市的辐射带动作用，促进开封市的复兴。

3. 都市圈通勤半径理论

用时间概念来表示时，通勤半径是指"人们使用交通工具上下班往返工作地点可忍受的最长时间，一般为45分钟或一个小时"，所以都市圈又可以称为1小时通勤圈。用空间概念来表达时，通勤半径指"人们使用交通工具在可忍受的最长时间1小时内上下班往返工作地点的最长距离"，通常指"都市中心区与都市边缘区之间的最大空间距离，一般在50~70公里之间"。通勤半径的空间距离与交通网络的效率密切相关，例如东京都市圈的通勤半径为65公里，伦敦都市圈的通勤半径为70公里。由于东京和伦敦的交通网络已经非常现代化，所以它们的通勤半径就比较大，而由于郑州都市圈交通网络体系尚不完善，所以其通勤半径就比较小，目前大约为50公里。未来随着轨道交通体系的现代化，郑州市通勤圈半径将扩大到70公里。该理论的指导意义：①郑州和开封两市相距40公里，很明显开封在郑州的通勤圈或都市圈之内，所以郑汴一体化或同城化发展符合客观经济规律；②郑汴一体化完全实现的物资基础和前提条件是"郑汴之间交通网络体系的现代化"。

（三）郑汴一体化的现实依据

1. 郑州和开封空间对接、交通便捷

近年来，郑州大力开发"郑东新区"，开封大力开发"汴西新区"，两市的空间发展方向是相向的，使两市的空间距离不断拉近，紧密相连一体化发展是必然趋势。郑汴一体化是"郑州都市圈"一体化的核心，两市空间相距仅40公里左右，在国际公认的50公里或1小时都市圈通勤半径之内。便捷的交通是都市圈实现一体化的前提和基础，郑州市和开封市目前已有一条大铁路、一条高速公路、一条二级公路，即将建成通车的有郑汴双向十车道快速路和开封到新郑机场高速公路，未来还要建郑汴轻轨和高速铁路客运专线，未来完善的交通体系将会为郑汴一体化提供强有力的支撑。

2. 两市产业互补，城市功能互补

据测算，在中原城市群九个城市中，开封与

郑州之间产业结构的相似性最小、差异性最大，也就是说两市产业具有较高的互补性。开封市是古都，文化旅游业的发展潜力巨大，服务业功能完善，工业和农业都具有一定的特色和基础；郑州市是先进制造业中心、现代服务业中心、物流和信息中心。从产业和功能互补的角度来说，开封市完全可以作为一个特殊功能区纳入郑州都市圈之中。

3. 两市在历史上具有天然的渊源和联系

开封市是七朝古都，宋朝是当时全世界最繁华的国际化大都市，拥有150万人，郑州市是夏朝和商朝的政治经济文化中心，两市都属于我国的八大古都，从唐代到新中国成立之初开封市一直都是河南省的政治经济文化中心，两市都拥有深厚的文化积淀，新中国成立以后河南省省会从开封市迁往郑州市，省直机关随迁，大量开封人变为郑州人。总之，郑州市与开封市"地相连、人相亲""血脉相连、荣辱与共"，将两市进行一体化优化整合，其结果是互利双赢，做大做强郑州市需要开封市鼎力加盟，开封市的再振兴需要郑州市辐射带动。

4. 郑汴一体化具有示范效应

郑汴一体化是中原城市群一体化的核心组成部分，由于郑州市与开封市之间空间距离较近、交通便捷、产业互补，率先实现郑汴一体化将对整个中原城市群的一体化起着示范带动作用。

三、郑汴一体化的总体框架体系

（一）郑汴一体化的指导思想和总体发展目标

以资源共享、优势互补、共赢发展为宗旨，以改革开放和体制创新为动力，以交通一体化为突破口，以"四一体八对接"为重点，以郑东新区和汴西新区为两极打造郑汴新兴产业走廊。以郑汴一体化为契机，加快郑州超大型城市建设，强化核心，组团布局，完善功能，把郑州市发展成为带动中原崛起和中部崛起的龙头城市；以郑汴一体化为契机，确立郑州都市圈的基本框架，带动开封市的跨越式发展，加快开封的复兴步伐；以郑汴一体化为先导，积极稳妥地推进中原城市群一体化发展，使中原城市群进入我国一级

城市群方阵，确保中原城市群在中西部地区中的龙头地位。

（二）郑汴一体化的重点任务

郑汴一体化属于郑州都市圈一体化的范畴，郑汴一体化在某种程度上可以说是"郑汴同城化"，郑汴一体化的主要内容可以概括为"四一体八对接"，其中"交通先行"是郑汴一体化的突破口。

（1）"四一体"分别是"基础设施一体化、投资环境一体化、市场一体化、产业一体化"。基础设施建设一体化和投资环境一体化是基础和前提条件，产业一体化和市场一体化是重点目的。

（2）"八对接"分别为"规划对接、交通对接、通信对接、市场对接、产业对接、科教对接、旅游对接、生态对接"。

（3）"交通先行"是郑汴一体化的突破口。日本的经验非常值得我们借鉴。日本的三大都市圈的公共交通极其发达，构成合理，运营顺畅。"东京都市圈"半径65公里左右，含横滨、川崎等150多个市镇，总面积约12000平方公里，居住人口为3200万人，通勤通学人员为2100万人。东京圈的公共交通：①城市电气铁道，总计33条线路，全长963.1公里；②地下铁道，长度共计329.5公里；③单轨、导向轨，单轨共6条线路，全长59.7公里，导向轨共5条线路，全长42.7公里；④路面电车3条线路，全长27.2公里；⑤公共汽车线路全长11218.3公里；⑥出租汽车年实际运行里程为50.6亿公里。东京圈整个公交系统年运送乘客约为158.5亿人次，其中，电气轨道交通系统的运送量占全体运送量的83%（电气铁道、单轨、导向轨占65.8%，地下铁道及路面电车占17.2%），公共汽车及出租汽车仅占17%。日本三大都市圈公共交通的特点是线路布局合理，干支结合，疏密适度，畅通无阻，城市电气铁道、地下铁道、单轨、导向轨、路面电车、公共汽车及出租汽车构成了庞大的公共交通系统；网络线路立体发展，线路的建造分上中下三层，即高架、地面和地下。单轨与导向轨交通的线路全部采用高架结构，电气铁道在市中心区、街区和密集居住区全部为高架，路面电

车、公共汽车、电气铁道的非街区部、分散居住部及郊区部分为地面结构，地下铁道及部分电气铁道的市中心部为地下结构。日本经验的启示是"郑汴一体化"必须要有现代化的交通体系作支撑，现代化的城市公共交通体系包括轨道交通和公路交通，在重视公路交通建设的同时应加大轨道交通建设的力度。

四、推进郑汴一体化的三大战略重点

（一）以郑汴一体化为契机促进郑州都市圈率先崛起

（1）郑州的城市功能目标定位为"一超三中心"。①"一超"，即我国中西部地区最大的"超级城市"，郑州都市圈的人口最终应达到1500万左右，成为带动中部崛起的龙头城市；②"三大中心"，即我国中西部地区新兴制造业中心、交通物流中心和商贸金融中心。

（2）"郑州都市圈"同城化。城市圈则是指在城市群中出现的以大城市为核心，周边城市共同参与及分工合作的一体化的圈域经济结构。定义"郑州都市圈"主要有三个标准，其一是空间距离近，应在50公里的通勤半径之内；其二是交通体系完善、便捷通畅，在45分钟至1个小时之内能够相互到达；其三是经济联系紧密、分工明确、互补性强。开封市符合上述条件，所以应当把开封市纳入郑州都市圈。

加快构建郑州"1+8"都市圈。"1"就是指"郑州市中心区"；"8"就是指周边八大卫星城，即开封、巩义、新密、新郑、荥阳、中牟、登封、上街。未来的郑州超级龙头城市就应当是"郑州都市圈"。随着郑汴一体化的推进，开封市将成为郑州都市圈中的重要一翼，成为中原城市群和郑州都市圈的东大门，郑州都市圈的发展需要一个强大的开封。

（3）郑州都市圈的行政区划调整。全国各大都市圈为了适应扩张发展的需要，都不失时机地进行了行政区划调整，而郑州市的行政区划调整明显滞后，制约了郑州都市圈的一体化发展，已影响到郑州超级中心城市框架体系的建立。为了适应郑州超级中心城市的发展，应尽快推进郑州

市的行政区划调整，巩义、新郑、中牟、荥阳、新密、登封均应调整为市辖"区"。

（4）郑州都市圈的五个发展主轴。郑州市的城市化不可沿用"摊大饼"式的空间扩张路径，为了避免大城市病，提高城市的运转效率，郑州都市圈的扩张应遵循"组团""点—轴""网络"三种方式相互结合的规律。"郑州都市圈"主要沿着五个主轴向外进行空间扩展：①向东沿"郑汴一体化"轴发展，沿线有郑东新区、中牟、汴西新区三大组团；②向西沿"郑洛工业走廊"发展，沿线有郑州高新技术产开发区、荥阳、上街和巩义四大组团；③向南沿"郑州许昌一体化"轴发展，沿线有郑州经济技术开发区、郑州南大学城、国际航空港区、新郑市四大组团；④向西南沿"郑州市—新密市—登封市"轴发展；⑤向北跨越黄河发展。过去，由于受黄河屏障切割的影响，阻断了郑州都市圈向北扩展，未来5～10年之内，随着中原城市群的一体化，郑州都市圈越过黄河向北延伸将成为必然趋势。新乡市应积极对接郑州市，大力开发"黄河桥北新区"。

（5）郑州市的产业定位。全面提升产业形态，把郑州市打造成先进的制造业、现代服务业和现代化农业产业化基地。

（二）以郑汴一体化为契机促进开封实现复兴

（1）"十一五"期间，开封市面临千载难逢的发展机遇。一是国际国内产业转移是大势所趋，并呈现出加速趋势；二是中部崛起、中原崛起和中原城市群率先崛起提供了大的战略环境；三是省委省政府对开封市的发展高度重视提供了政策环境，开封市的发展已列入河南省"十一五"规划的重点；四是正在形成加快发展的内生机制，正在步入发展的快车道。

（2）开封市的加快发展有很多有利条件。①开封历史悠久，知名度高，文化积淀深厚，有利于扩大开放和发展文化旅游等相关产业；②开封市作为河南省的老工业基地，具有较好的工业基础和一支素质较高的产业工人队伍，为实施"工业强市"战略奠定了坚实基础；③开封市农产品、劳动力和水资源丰富，为打造农副产品加工基地创造了良好条件；④小浪底水库的建成彻底

解除了制约开封市发展的千年忧患，过去开封市三年两头发生水患，现在不存在这个问题了，开封市符合布局国家重大项目和产业的条件；⑤开封市正在成为中原地区重要的交通枢纽；⑥郑汴一体化将成为"十一五"开封市快速发展的强大动力。

（3）开封的城市功能目标定位为"一城两基地"。①"一城"，即中西部地区最著名的宜居休闲城市和"国际旅游名城"，中原城市群中重要的支柱城市，郑州都市圈的重要功能区，郑州的"后花园"，突出"宋城之都、休闲之都"的发展理念，旅游在开封市的发展中处于战略地位、先导地位；②"两基地"，即中原城市群中重要的特色工业基地和全国重要的特色农副产品生产加工流通基地。

（4）实施"旅游带动"战略，把开封建成国际化的旅游名城。古城开封，始于春秋，曾为七朝之都，历经千年梦华。尤其是北宋时期，皇城三座，人口百万，其规模之宏大，市井之繁华，成为中国乃至世界政治、经济和文化的中心。悠久的历史、古老的文明，造就了开封市深厚的文化底蕴和丰富的旅游资源。1982年，国务院首批公布24座历史文化名城，开封市榜上有名；2001年，开封市又被评为全国优秀旅游城市。开封市是中国八大古都之一，厚重的人文历史、旅游资源在全国的比较优势非常明显。应当坚持"旅游搭台，经贸唱戏"的思路，以旅游业为突破口，带动开封市第三产业的振兴，进而带动工业发展。开封市的旅游业发展应借鉴西安"大唐盛世"旅游业发展规划和杭州市开发南宋文化旅游的经验。

（5）实施"工业强市"战略，把开封建成特色工业基地。在20世纪50年代开封市的经济总量名列全省第二位，20世纪80年代列全省第七位，到2002年下滑至第13位，工业总产值第12位、财政收入第16位。开封市曾经是河南省重要的工业基地，要实现新的复兴从根本上来说必须靠工业。因为工业化是历史潮流，不可违背，北京、南京、苏州、西安、洛阳等古城无一不是工业强市。大力发展高新技术产业，大力发展专业化和集群化的工业园区，倾斜培育和发展

无污染、高附加值、高科技含量和规模型的产业集群。

（6）实施农业产业化兴县战略，把开封建成全国和河南省重要的特色农业产业化基地。发挥背靠黄淮海平原的区位优势和资源优势，确立农业产业化强县、兴县、富县战略，把开封市所属的杞县、通许、尉氏、兰考、开封五县全部建成全国的农业产业化强县。

（三）以郑汴一体化为先导带动中原城市群一体化

从国际竞争的角度看，一个国家能真正参与到国际竞争的，实际上是城市群。城市群成为国家参与全球竞争与国际分工的基本地域单元，它的发展深刻影响着国家的国际竞争力，影响一个国家城市化发展的水平和质量，对国家经济持续稳定发展具有重大意义。中央"十一五"建议中指出："有条件的区域，以特大城市和大城市为龙头，通过统筹规划，形成若干用地少、就业多、要素聚集能力强、人口分布合理的新城市群。"今年3月27日中共中央政治局召开会议，研究促进中部地区崛起工作，会议指出"稳步推进城市群的发展，增强对全国发展的支撑能力"。

1. 中原城市群已列为国家"十一五"期间重点开发区域

中国社会科学院发布的2006年《城市竞争力蓝皮书：中国城市竞争力报告 No. 4》，在中国城市群竞争力排名中，前六位分别是长三角、珠三角、京津冀、胶东半岛、辽中南和海峡西岸，全部在沿海地区；中部地区中原城市群、武汉城市群、长株潭城市群和合肥城市群进入前15位，分列第7位、第9位、第11位和第15位。中原城市群位居全国第7位，超过武汉、长株潭、合肥城市群，成为中部城市群的"龙头"，位居中西部地区之首，中原城市群是我国中西部地区规模最大的城市群。目前中原城市群良好的基础和发展态势得到了国家和省内外方方面面的认同与重视，已被列为国家"十一五"期间重点开发的区域。中原城市群的快速发展可以带动中部崛起和西部大开发。在我国促进中部崛起战略中，河南省已明确提出了河

南要在中部率先崛起的总要求，其关键是要实现中原城市群的率先崛起，突破口是中原城市群一体化，而中原城市群一体化的突破口就是"郑汴一体化"。

2. 中原城市群应尽快形成"一超带多强"的格局

应以郑汴一体化为契机，确立郑州市在中原城市群中的中心龙头地位和开封市的支柱地位。根据国内外大城市群发展的经验，"一超带多强"是最成熟的发展模式，即每一个大城市群都有一个超级龙头城市作为增长极，周围分布若干经济实力强、竞争力高、活力大、特色鲜明的大城市。"珠三角"的龙头为"香港+深圳+广州"，诸强为澳门、东莞和佛山等；"长三角"的龙头为上海，诸强为苏州、杭州、南京、无锡、宁波、常州和绍兴等；"环渤海"的龙头为"北京+天津"，诸强为大连、青岛、济南、烟台、唐山和秦皇岛等。中原城市群以省会郑州为中心，包括洛阳、开封、新乡、焦作、许昌、平顶山、漯河、济源在内共9个省辖（管）市，"一超带多强"的格局尚未完全形成，首先"一超"尚达不到，郑州尚没有达到1000万人口以上的超级城市规模，郑州在全省的首位度仅为16%，龙头带动作用不足；其次"多强"尚不够强，特别是与郑州距离最近的开封市，其经济实力需要尽快大幅度提升。所以中原城市群要达到"一超多强"的目标，就必须尽快把郑州市发展成为超级城市，同时应加快开封市复兴的步伐，尽快把开封市发展成为郑州都市圈和中原城市群中的重要支柱城市，郑汴一体化是形成"一超多强"格局的关键。

3. 稳步推进中原城市群一体化进程

郑汴一体化对中原城市群一体化将会起到示范作用和推动作用。中原城市群的一体化应坚持"规划先行、重点突破、先易后难、分步实施、循序渐进"的原则。"十一五"在确保完成郑汴一体化的基础上，还应当启动郑洛、郑新许工业走廊都市带的一体化，并取得阶段性和突破性进展。力争在2020年基本完成整个中原城市群的一体化（见表1）。

表1　中原城市群一体化进程

阶段划分	一体化城市	时间进度	城市圈
第一阶段	郑汴一体化：郑州、开封	2005年启动，2008年形成框架，2010年基本完成	建成半小时郑州都市圈（通勤半径为40~50公里）
第二阶段	"十字架"一体化：郑州、开封、洛阳、许昌、新乡	2008年启动，2011年形成框架，2013年基本完成	建成1小时城市圈（通勤半径为80~100公里）
第三阶段	中原城市群一体化：郑州、开封、洛阳、许昌、新乡、漯河、焦作、平顶山、济源	2011年启动，2013年形成框架，2015年基本完成	建成1.5小时城市圈（通勤半径为120公里以内）

4. 应积极构建"大中原金三角经济区"

目前，中原城市群尚没有突破省域行政区划，还局限在本省之内，整体经济规模和实力与沿海地区城市群相比尚显不足。未来中原城市群要与沿海三大城市群竞争，首要的任务是大力推进郑汴一体化和中原城市群一体化，先把中原城市群做大做强，同时应创造条件推进中原城市群的跨省域联合，最佳的联合方向是向西与西安联合、向南与武汉联合，构建跨越中部和西部地区的"大中原金三角经济区"。这主要是因为西安、武汉与郑州的空间距离较近，都是我国重要的高等教育基地和科研基地，其高新技术和人才优势非常明显，郑州与西安、武汉强强联合符合优势互补的基本原则。应加快西安—郑州、郑州—武汉的高速铁路客运专线的建设，加大力度推进区域经济合作。

五、若干决策建议

（一）规划先行：引入先进的现代化的发展理念

目前，中原城市群一体化和郑汴一体化正处于快速推进阶段，如果没有一个超前的科学规划，发展就会出现盲目性和无序性，可能会造成不可挽回的损失。规划先行势在必行。

郑汴一体化和中原城市群一体化的总体规划和交通系统规划应进行国际招标，在世界范围内选择最专业、最权威和最优秀的规划设计机构来承担。郑东新区为什么能够在国内外叫得响，就是因为其引入了最先进的规划理念，这一经验值得借鉴和推广。

（二）组织先行：形成强有力的体制保障

由于郑汴一体化和中原城市群一体化跨越市级行政区域，所以成立高层次组织协调机构是重要的保障条件。建议省政府成立"中原城市群及郑汴一体化协调领导小组"，由省主要领导担任领导小组组长。领导小组下设办公室，各市政府也应分别设立相应的一体化协调组织机构。应充分发挥政府在一体化中的导向作用，制定好一体化的规则、政策和规划，牢牢抓住投资环境这个基础性和根本性问题，打造发展高地。

（三）交通先行：构建综合性的、立体型的、现代化的高效交通体系

生产要素的流动效率决定都市圈的功能发挥，在人流、物流、信息流、资金流中，信息流和资金流的同城化较易做到，但是人流和物流的同城化需要现代化的交通体系作支撑，现代化的交通体系是一体化的物资基础和前提条件。但是，交通体系建设具有周期长、投资大、涉及面广等特点，所以交通先行在一体化中具有特别重要的意义。

中原城市群和郑州都市圈一体化的交通体系建设可以借鉴国际上发展成熟的大都市圈的经验，以避免走弯路。一是应加快兴建城际快速通道。近几年来，河南省公路交通的基础设施建设力度大、进展快，有力地加速了中原城市群和郑州都市圈的一体化。二是积极兴建轨道交通客运体系。从国内横向对比来看，各大都市圈都在加大轨道交通发展的力度；从国际对比来看，在成

熟的大都市圈的公共交通体系中，轨道交通的客运量占主体地位。所以，在继续加强公路交通的同时，加快郑州都市圈和中原城市群的轨道交通建设势在必行。

（四）开放先行：把开封辟为"河南省经济文化特区"

在20世纪50年代开封的经济总量名列全省第二位，20世纪80年代名列全省第七位，到2002年在全省18个省辖市中下滑至第13位。如果开封市的投资环境没有根本性的改善，那么郑汴一体化之后，很可能会发生开封市大量的人才和资金流向郑州，出现郑州"黑洞化"效应和开封"空心化"效应，使开封更加"边缘化"，开封的进一步弱化非常不利于郑州都市圈和中原城市群的发展。要改变开封的弱势地位，就应当果断采取特殊的政策。在20世纪90年代初期，省委决定将漯河市辟为"内陆经济特区"，有力促进了漯河经济上升到新台阶，迅速提升了漯河在全省的地位，漯河的发展经验非常值得开封借鉴。由于开封特殊的历史文化地位，在国际上具有较大的影响力和知名度，开封是河南的缩影和名片，把开封发展好，就会鼓舞和带动全省的发展。建议省委把开封辟为"河南省经济文化特区"。赋予开封市"一揽子"特殊的倾斜政策，可以比照执行沿海经济特区、高新技术开发区、经济技术开发区和出口加工区等特殊优惠政策，三年内省市共享税全额留用。应强力开发"汴西新区"，以招商引资为先导，以大项目为支撑，吸引国内外知名品牌和跨国公司在此建立生产基地，大规模、高起点地发展特色工业园区，把"汴西新区"打造成带动开封市复兴的龙头。

（五）改革先行：以制度创新为先导扎实推进郑汴一体化

（1）突破体制约束。加快郑州市的行政区划改革和调整，进一步拉大城市框架，形成超级郑州都市圈的基本框架结构。

（2）突破资金约束。采取市场化手段推进滚动建设和发展。基础设施建设需要大规模的资金投入，应借鉴上海浦东开发的成熟经验，拓宽市场化、社会化和国际化的融资渠道，基础设施应一次规划、分步建成、滚动发展。

（3）应突破土地瓶颈约束。现在有许多外资项目因土地问题而无法落地，全省的土地指标应向郑州都市圈倾斜，可以在全省范围内实行用地指标的有偿调剂，也可以在全省范围内实行占补平衡，或实行异地开发本地使用。

（4）突破地域约束。实现文化、教育、科技，卫生等一体化优化布局。两市的文化应加大开放和融合的力度，创新中原文化。两市的旅游业应一体化规划和发展。两市的高等院校和职业学校可以跨区域兼并联合和优化重组。

（5）应突破粗放型发展模式。推进组团式、集群化的产业发展模式，要改变过去"全民招商、遍地建厂"的状况，可以采取"谁引进，谁受益"的原则，积极引导分散的招商引资项目向特色产业园区集中。

（6）应突破改革创新的障碍。以立法的形式鼓励改革创新，借鉴深圳的经验，制定《河南省改革创新条例》，通过立法来保护改革者，对改革失误者可以免予追究责任，对在体制改革创新中做出突出贡献的给予重奖，并作为职务和级别晋升的重要依据。

（六）战略先行：构建河南省"三个层次的空间战略体系"

第一个层次是确立"中原城市群一体化发展战略"。使河南省在促进中部崛起中走在前列，促进中原城市群率先崛起。以郑州市为中心，联合中原城市群各城市商业银行，引进战略投资者，组建股份制的"中原开发银行"。

第二个层次是确立"郑州都市圈一体化发展战略"。要发挥郑州市的"六个力"（发展力、辐射力、带动力、创造力、影响力、凝聚力），就必须大力推进郑州都市圈的一体化，倾全省之力优先发展郑州市，提升郑州市在全省的首位度。

第三个层次是确立"郑东新区的龙头带动战略"。就是以郑东新区的开放开发来带动郑汴一体化、郑州都市圈一体化和中原城市群一体化。河南省应借鉴上海浦东新区和天津滨海新区的经验，加大力度推进郑东新区的开放和开发，进一步明确以郑东新区为龙头带动郑汴一体化、郑州都市圈和中原城市群的一体化发展。

推进郑洛一体化、打造郑洛都市带的实证分析（2007 年）*

摘要

城市群或都市带一体化已经成为我国区域经济竞争发展的重要手段，一体化将决定中原城市群的前途和命运，郑汴一体化开创了中原城市群一体化跨越发展的新时代，洛阳的一体化指数仅次于开封，位居第二位，郑洛两市 GDP 占中原城市群的 47%，推进郑洛一体化具有事关全局的重大战略意义，加速推进郑洛一体化的时机已经成熟，条件已经具备。应实施"郑汴洛一体化战略"，促进郑汴洛经济带、产业带和都市带的发育、发展和发达，把沿线城镇、产业园区与交通干线紧密地结合起来进行科学规划布局，打造郑洛高科技产业带，提升郑洛城际公路交通体系，加快兴建郑洛城际轨道交通系统。

一体化是区域经济发展的客观规律和必然趋势，中原城市群一体化的程度将决定其在全国的地位。根据现实与可能，中原城市群一体化应遵循"先易后难、先干线后支线、重点突破、龙头带动，有序展开"的原则。京广和陇海"黄金十字架"是中原城市群的主骨架，所以应优先推进"黄金十字架"的一体化。其中由于开封在郑州都市圈的范围之内，首先选择郑汴一体化为突破口是完全正确的。郑开大道通车一年来，郑汴一体化已经大见成效，郑汴产业带成为新的投资热点。郑汴一体化之后，其他城市都提出了与郑州一体化的迫切愿望，中原城市群一体化下一步的方向如何选择？现在主要有三个备选方向：郑洛一体化、郑许一体化和郑新一体化。本文运用综合评价分析方法得出结论，即下一步应率先推进郑洛一体化，打造郑洛都市带。

一、中原城市群一体化排序的综合评价分析

（一）评价方法和影响因素

中原城市群一体化主要是指郑州中心城市与其他八大城市之间的一体化。影响一体化的因素有很多，从微观的内在机理上分析，一体化需求水平与两个城市的产业关联度、产业差异性和产业互补性有关，与两市之间的物资流量、人员流量、资金流量、信息流量有关，与两市之间的经济带、产业带和都市带发育状况有关，与两市之间的交通连接状况有关，从宏观层面上分析，一体化需求水平与两市之间的经济吸引力有关，经济吸引力与综合经济实力和空间距离有关。如下，我们以宏观定量评价分析方法为主，以微观定性评价分析方法为辅，对一体化进行综合评价分析。

---

* 本文发表于《河南科学》2010 年 9 月 15 日；河南省人民政府发展研究中心《领导参阅》2007 年 12 月 6 日第 21 期（总第 67 期）。

（二）指标体系和评价模型

在这里，我们采用"一体化指数"（即经济引力）来描述两个城市之间的一体化需求水平。两个城市之间的"一体化指数"（即经济引力）与两个城市的综合经济实力成正比，与两个城市之间的空间距离成反比。根据以上"一体化"影响因素分析，设计出"一体化"的定量评价指标体系，对每个指标分别赋予权重，最后计算出每个城市的"一体化指数"。根据一体化指数的大小顺序，确定下一步推进"一体化"的优先顺序（见表1和表2）。

表1 "一体化"评价指标体系

指标性质	评价指标	权重
正向指标	经济支撑力：GDP	0.1
	经济地位：GDP 占中原城市群的比重	0.1
	经济带动力和发展潜力指标：GDP 增速	0.1
	经济发达程度：人均 GDP	0.1
	人口聚集程度：市辖区人口	0.1
逆向指标	"一体化"的成本：两市的空间距离	0.5

表2 中原城市群一体化评价指标对比

	2006 年				"十五"期间	与郑州的空间距离（公里）
	GDP（亿元）	GDP 所占比重（%）	人均 GDP（元）	市辖区（万人）	年均 GDP 增速（%）	
郑州	2013.48	28.29	27961	255.55	13.60	—
洛阳	1333.65	18.74	20979	149.71	13.50	110
许昌	718.54	10.10	16840	39.16	12.40	70
焦作	699.10	9.82	20583	81.12	15.20	100
平顶山	675.41	9.49	13964	95.29	11.70	125
新乡	639.99	8.99	11512	87.78	12.20	70
开封	475.29	6.68	10106	82.89	9.46	40
漯河	380.28	5.34	15250	130.52	12.30	125
济源	181.03	2.54	27205	28.00	15.40	140

评价模型。设 $X = (x_{ij})_{n \times m}$ 代表原始数据阵，n 为评价对象个数，m 为指标个数。$i = 1, 2, \cdots, n$；$j = 1, 2, \cdots, m$。主要步骤如下：①规范化处理：为了消除量纲的影响，首先要进行标准化处理，第 i 个评价对象的第 j 个指标处理方法，即 $a_{ij} = \dfrac{x_{ij}}{x_{ij}^{\max}}$，$x_{ij}^{\max} = \max\limits_{i}\{x_{ij}\}$，得规范化矩阵 $A = (a_{ij})_{n \times m}$，$i = 1, 2, \cdots, n$；$j = 1, 2, \cdots, m$。②构造加权标准矩阵，即权重 $W = (w_1, w_2, \cdots, w_m)$，加权阵 $B = (b_{ij})_{n \times m} = (w_j a_{ij})_{n \times m}$，$i = 1, 2, \cdots, n$；$j = 1, 2, \cdots, m$。③排序，计算 $D_i = \sum\limits_{j=1}^{m} b_{ij}$，$i = 1, 2, \cdots, n$，根据 D_i 的值由大到小进行排序。

（三）定量评价结果

经过模型运算得出中原城市群"一体化"指数排序，如表3和图1所示。

表3 中原城市群"一体化"指数排序

城市	开封	洛阳	许昌	新乡	焦作	平顶山	漯河	济源
一体化指数	0.7252	0.6466	0.5621	0.5618	0.5334	0.4522	0.4401	0.3887
排序	1	2	3	4	5	6	7	8

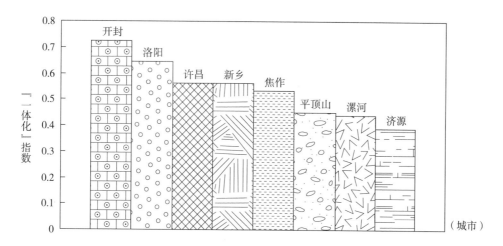

图1 中原城市群"一体化"指数对比

(四) 一体化指数排序的解读

由以上模型运算结果可知（见表3和图1）：

（1）处于京广和陇海"黄金十字架"上的开封、洛阳、许昌、新乡四个城市的一体化指数排在第一方阵。这说明"黄金十字架"应优先一体化，这与定性分析的结论完全一致，同时这与中原城市群总体战略规划也是一致的。

（2）开封的一体化指数最高。郑汴一体化处于第一位，这从定量分析的角度证明了省委省政府率先推进郑汴一体化决策的正确性。

（3）洛阳的一体化指数仅次于开封居第二位。也就是说在基本实现郑汴一体化之后应及时推进郑洛一体化。

（4）在郑汴一体化与郑洛一体化之后应同时推进郑许和郑新一体化。其他城市的一体化应依次展开。

建议重新审视郑州和洛阳在中原城市群一体化中的地位。

二、加速推进郑洛一体化具有重大战略意义

(一) 推进郑洛一体化的必要性

郑州与洛阳两市GDP合计占中原城市群的47.03%，几乎占据半壁江山，占全省GDP总量的26.78%，超过了四分之一；两市GDP增长速度约比全省平均水平高出1.5个百分点，两市对全省GDP增长的贡献率为30%，几乎占三分之一。洛阳市的GDP总量是开封市的2.8倍、许昌市的1.9倍、新乡市的2.1倍、漯河市的3.5倍、平顶山市的2.0倍、焦作市的1.9倍、济源市的7.4倍。推进郑洛一体化和打造郑洛都市带必将是一项带动河南省全局跨越发展的重大战略选择。一是有利于郑州和洛阳两市形成相互促进、相辅相成、相互竞争、共赢发展之势；二是有利于强化郑州市在中原城市群中的中心地位，进一步提升郑州市的首位度，同时有利于进一步强化洛阳市在中原城市群中的副中心地位，可以极大地增强郑洛两市的辐射带动作用；三是有利于形成中原城市群中实力最强、增长最快、潜力最大、最具活力的经济增长带、产业带和都市带，形成带动河南跨越发展的龙头；四是可以极大地提升中原城市群的综合经济实力和综合竞争力，有利于中原城市群进入国家级城市群第一梯队行列，使中原城市群和郑州市成为带动中部崛起和西部大开发的龙头；五是可以拓展未来中原城市群的发展空间，有利于利用西部地区丰富的资源，有利于借用西安市的科技和人才优势，为我所用，实现中西部地区的互动发展（见表4和图2）。

表4 郑州市和洛阳市经济发展情况

	GDP（亿元）	占中原城市群GDP总量的比重（%）	占全省GDP总量的比重（%）	对全省GDP增长的贡献率（%）
郑州	2013.48	28.29	16.11	18
洛阳	1333.65	18.74	10.67	12
合计	3347.13	47.03	26.78	30

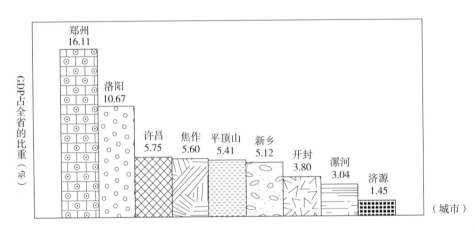

图2 中原城市群各市GDP占全省的比重

（二）推进郑洛一体化的紧迫性

推进郑洛一体化是适应宏观发展大势，加速河南省两大跨越的必然选择。一是抓住新世纪发展战略机遇期的需要，要实现跨越式发展就必须采取最优化的发展战略，一体化是经济社会发展到一定阶段的必然选择，是加速工业化和城市化的重要手段；二是抓住中部地区崛起机遇的需要，中部崛起离不开龙头和增长极的带动，郑州市和武汉市是带动中部崛起的两大龙头，推进郑洛一体化可以进一步强化郑州市龙头的带动力；三是参与全国区域经济竞争的需要，为了在区域经济竞争中取得比较优势，全国各省市都在加速推进一体化，中原城市群一体化特别是郑汴洛一体化是加速中原崛起的必由之路。城市群和经济带一体化已经成为全国各省市实现跨越式发展的重要模式，已经成为提升区域经济综合实力和综合竞争力的重大战略选择。

目前全国各大城市群和经济带都在以交通现代化为突破口加速推进一体化。上海与杭州之间计划以沪杭城际磁悬浮高速铁路为突破口加速一体化；浙江宁波与上海之间计划以跨海大桥为突破口加速一体化；广州与深圳之间以高速铁路和高速公路为突破口强化了广深一体化；广州与佛山之间以地铁轻轨相连接为突破口实现了完全同城化；沈阳与大连之间以高速铁路和高速公路为突破口促进了辽东半岛一体化；最近青岛市以投资100多亿元的"青岛海湾大桥"为突破口促进胶州湾一体化；西安与咸阳之间通过建设快速通道和地铁轻轨实现了一体化。

北京与天津以交通为突破口加速一体化的经验值得借鉴。自从2005年中央作出开发天津滨海新区的战略决策之后，京津一体化发展快速推进。特别引人关注的是2005年动工的北京至天津城际轨道交通系统，2007年底建成，全线总长115公里，设计速度350公里/小时，京津两地半小时可相互通达，发车间隔为5分钟，"京津城际"将实现铁路公交化营运。全线共设北京南、亦庄、永乐、杨村和天津（天津站）5个站。项目建设总投资123亿元，由铁道部、天津市和北京市共同出资建设。目前北京与天津之间共有两条高速公路、京沪高速铁路客运专线和城际高速轨道交通系统等，未来还要再增加一条连接两市机场的轻轨铁路和一条高速公路，最终京津之间将形成三条高速铁路客运专线和三条高速公路，京津同城化正在加速成为现实。

（三）推进郑洛一体化的经济可行性

郑洛两市具有显著的互补性。郑州是省会城市，是全省政治、经济、文化中心，是中原城市群的核心，是全国区域性中心城市、全国重要的现代化物流中心、区域性金融中心、先进制造业基地和科技创新基地，是我国中西部地区最大的公路和铁路交通枢纽。洛阳是中原城市群的副中心城市，是全国重要的新型工业城市、先进制造业基地、科研开发中心和教育培训基地及中西部区域物流枢纽。洛阳是我国重要的装备工业基地和科研基地。郑州、洛阳曾经是新中国成立以后国家重点项目布局的重点，洛阳以重化工业为主，郑州以轻工业为特色，两市的发展定位和分工非常明确，互补性强。郑汴洛"三点一线"是河南省最具竞争优势的精品旅游线路。

郑洛之间形成了河南省最发达的经济带、产业带和城镇都市带。巩义市、偃师市、荥阳市及上街区在2006年GDP分别达到243亿元、225亿元、190亿元和66亿元。巩义市和偃师市为河南省仅有的两个"全国百强县"，荥阳市居全省第五位，上街区为河南省重要的铝工业基地。依托郑洛交通干线，郑洛之间已经形成了近30个特色产业园区和特色小城镇。例如，铝工业是河南省最具竞争优势的产业，产业规模最大，产业链最完整，增长速度最快，发展潜力最大，河南省的铝工业主要集中在郑洛经济带上，已经形成了铝土矿、氧化铝、电解铝、铝板、铝带、铝箔等完整的产业链条。

（四）推进郑洛一体化的政策可行性

打造郑洛新干线符合"十七大"的最新要求。"十七大"报告指出："遵循市场经济规律，突破行政区划界线，形成若干带动力强、联系紧密的经济圈和经济带。""以增强综合承载能力为重点，以特大城市为依托，形成辐射作用大的城市群，培育新的经济增长极。"由此可见，"经济圈""经济带""城市群""增长极"等理念已经上升到国家战略和政策的层面，已成为我国区域经济发展的重点和核心。

中原城市群由实力强、距离短、联系紧密的九大城市组成，集群优势非常显著；中原城市群的区位优势在全国是独一无二的，地处京广经济带和陇海经济带的核心地带，具有无比的优越性。中原城市群已经跻身我国重要城市群行列，其综合实力仅次于沿海地区的六大城市群，在全国居第七位，在中西部地区居第一位。郑州为中原城市群的中心城市，洛阳为副中心城市，两大城市的一体化融合发展，有利于形成带动中原城市群跨越发展的带状增长极，有利于形成带动中原崛起和中部崛起的龙头。

（五）推进郑洛一体化的理论可行性

打造郑洛新干线符合大都市带理论。戈特曼的"大都市带"理论。早在1957年，法国地理学家戈特曼（Jean. Gottmann）就提出了城镇群体空间发展理论"Megalopolis"（大都市带）。当戈特曼的城市群理论被介绍到国内来时，"Megalopolis"一词却找不到一个贴切的中文表达，共有"都市圈""大都市带""都市带/都市连绵带""城市群"四种译法。都市圈、城市群、大都市带的物理空间布局形态并无本质区别。城市群的形状可以划分为圈状结构和带状结构，呈圈状结构的叫大都市圈，呈带状结构的叫大都市带。"大都市带理论"涵盖了"增长极理论""都市圈理论""双核理论"和"城市集群化理论"。经济的增长首先出现在一些增长点或增长极上（中心城市），然后通过一系列的"子极"（小城镇）把"增长极"的经济要素向外扩散。在单极区域，即只有一个中心城市的区域，一般易形成都市圈（如武汉都市圈）；根据双核理论，在双极或多极区域，即拥有两个或多个中心城市的区域，一般在中心城市之间易形成都市带（如郑州中心城市与洛阳副中心城市之间的郑洛都市带）。根据城镇集群化发展理论，空间距离相近的众多城镇通过集群化和一体化发展可以取得竞争优势，进而获得先发优势，都市带是城镇集群化发展的一种典型形式。"大都市带"的形成是靠大都市带动的，整个区域由核心城市扩散，连接而成。大都市带是城市群发展到高级阶段的空间组织形式，标志着城市化已进入高级的成熟阶段。近年来，我国大城市群和大都市带迅猛发展，成为我国推进新型工业化和新型城镇化的重要载体。郑洛经济走廊是中原城市群中实力最强、活力最大、发育最好的经济带或都市带。

三、推进郑洛一体化的政策建议

（一）重新审视

中原城市群的未来和前途取决于"一体化"，郑汴洛一体化是中原城市群一体化发展的战略突破口。郑洛都市带浓缩了河南省经济科技文化的精华，郑洛两大中心城市的融合将形成强大的经济增长带，并有实力、有潜力、有能力带动中原崛起。建议站在全局的高度重新审视郑州与洛阳的地位，重新认识郑洛一体化的重大战略意义，加强对郑洛一体化的政策研究。

（二）提升战略

在我国沿海地区的长三角、珠三角、环渤海三大经济区（或城市群）中，环渤海经济区一直未形成统一的、强大的经济增长极，北京市和天津市的 GDP 在全国城市中分别居第 2 位和第 6 位，2005 年中央做出了开发滨海新区的战略决策，京津一体化开始上升为国家战略，以京津一体化为突破口带动整个环渤海经济区跨越发展的政策框架体系已经形成。郑州 GDP 在全国城市中仅居第 23 位，首位度偏低，带动力有限，郑州中心城市只有与洛阳副中心城市一体化才能形成真正意义上的增长极和龙头。借鉴京津一体化的经验，建议提升郑洛一体化的战略地位，将"郑汴一体化战略"拓展为"郑汴洛一体化战略"，加速推进郑汴洛一体化，打造郑汴洛都市带，促进郑汴产业带与郑洛产业带连为一体，把郑汴洛经济带、产业带和都市带打造成为带动中西部地区发展的增长极和龙头。

（三）创新体制

近年来，郑州、洛阳以惊人的速度发展，在全国的地位快速上升，郑州与洛阳的一体化优化整合将会极大地提升郑州在全国的中心城市地位，将使郑州在与周边城市群（城市圈）的博弈中获得新的竞争优势。河南省要汲取"长株潭城市群"规划早、进展慢的教训，要使郑洛一体化取得成功，就必须强化体制创新，强化组织领导，强力推进。一是建议省政府成立"郑汴洛一

体化领导小组"，下设办公室，全面负责郑汴洛一体化的发展规划、体制改革、政策设计以及具体的组织协调；二是打造荥阳、上街、巩义、偃师等卫星城，将沿线的重要特色产业集聚区升格为省级高新技术产业开发区（正县级）；三是应积极争取国家的倾斜政策支持，以"郑汴洛一体化"的名义申报国家改革开放试验区，在金融创新、科技创新、招商引资、产业升级、产业集聚、循环经济、基础设施、城乡一体化等方面的改革取得先行先试的权力。

（四）升级产业

郑洛一体化的根本支撑在产业，其功能应定位为"郑洛高科技产业带"。大力发展高科技产业，同时传统产业要高科技化，实现产业的成功转型。应引进国内国际一流专家组成战略规划班子，瞄准国内国际一流水平，在中原城市群总体规划的基础上，对郑洛经济带、产业带和都市带进行科学规划。应把城镇布局、工业园区布局与交通干线布局紧密地结合起来，重点发展壮大一批特色小城镇和特色产业园区，积极推进城乡一体化。

重点发展 10 大特色产业集群。煤电铝产业集群、石油重化工煤化工产业集群、新材料产业集群、装备产业集群、动力产业集群、电子信息产业集群、新能源产业集群、生化制药产业集群、新型建材产业集群、家居产业集群。

重点发展 10 大省级特色产业园区。荥阳、上街、巩义、回郭镇、北山口镇、米河镇、竹林镇、岳滩镇、庞村镇等十大高科技产业园区。

重点扶持 10 家龙头企业和 100 家骨干企业。培育若干巨型跨国公司，发挥龙头带动作用，引进一批国内国际跨国公司，培育一批国内外知名品牌，形成国际水平的产业群。

（五）交通先行

国际国内一体化成熟经验给予我们的最大启示是一体化必须要有现代化的公共交通体系作支撑，现代化的城市公共交通体系包括轨道交通和公路交通。当前河南省的高速公路通车里程全国第一，通车里程"十一五"期间就可以接近日本的水平，河南省高速公路网络已经基本形成，河南省与发达国家和发达地区的差距主要表现在连

接都市带的电气化铁路上（包括城际高速铁路客运专线、城际轻轨、市内轻轨和地铁等）。因此，推进中原城市群及郑洛一体化，应首先提升完善公路交通体系，应特别加大对轨道交通系统的建设投资力度。

建议把连接郑洛的 310 国道升级改造为"双向八车道一级公路"，经过城区的部分区段拓宽为双向十车道，对局部弯道进行改道取直，撤销郑洛之间 310 国道上的所有收费站。310 国道的改造升级应积极争取国家交通部的资金支持。同时，建议组织专家论证郑洛都市带快速通道和第二条郑洛高速公路建设的可行性，对远景规划应预留土地。

建议尽快兴建连接郑洛及沿线城镇（工业园区）的"郑洛城际电气化快速轨道系统"（郑洛轻轨新干线）。郑（州）西（安）高速铁路客运专线 2010 年建成通车，郑洛之间 30 分钟可以相互通达，这极大地推进郑洛一体化。"郑洛轻轨新干线"与郑（州）西（安）高速铁路客运专线的功能区别在于，郑洛新干线主要连接沿线的十几个城镇和产业开发区，主要承担郑洛都市带内部的客运任务；而郑西专线主要承担跨市域和跨省域的长途客运任务。"郑洛轻轨新干线"设计速度为 300 公里/时，45 分钟以内可以相互通达，发车间隔 10 分钟。预计总投资 100 亿元左右，可由省政府、郑州市、洛阳市共同筹资兴建。"郑洛轻轨新干线"应在郑州新客站与"郑汴轻轨"实现交会，未来的"郑许轻轨"和"郑新轻轨"均应在郑州新客站交会。中原城市群的快速轨道交通系统应统一规划、分步建设，郑州新客站建设应充分考虑与中原城市群快速轨道交通系统的规划衔接。

构建中原城市群"三级五网一体化"轨道交通体系问题研究（2013 年）*

摘要

轨道交通具有"大容量、低运费、无污染、全天候、无拥堵、快捷、准时、高效"等特点，"三级五网一体化"轨道交通体系是我国现代化建设的重大战略基础支撑。河南省是我国重要的轨道交通枢纽，应抓住国家加强城市基础设施建设的机遇，坚持"三级"协同、"五网"同构、"一体化"对接，加快构建普铁和高铁两大"国网"，提升河南省轨道交通枢纽地位；构建城际铁路"省网"，推进中原城市群一体化；构建郑州都市圈轻轨和主城区地铁两大"市网"，打造1小时通勤圈。应提高目标、加快进度、适度超前、统筹谋划、协调推进；创新体制机制模式，突破建设资金瓶颈约束；拉长轨道交通产业链条，打造轨道交通特色产业基地。

2013 年 7 月 31 日，国务院总理李克强主持召开国务院常务会议，部署了加强六大重点城市基础设施建设，其中强调提出"加强地铁、轻轨等大容量公共交通系统建设，增强城市路网的衔接连通和可达性、便捷度"。加快轨道交通体系建设，是我国进入工业化转型阶段、城镇化提质阶段、经济周期下行阶段，统筹兼顾"调结构、稳增长、促改革、保就业、惠民生"的重大战略。应抓住机遇，顺势而为，积极作为，加快构建"三级五网一体化"轨道交通体系。

一、我国"轨道交通互联网时代"的到来具有必然性

（一）交通互联网与信息互联网共同构成新"四化"的重要基础支撑

党的十八大报告指出，坚持走中国特色新型工业化、信息化、城镇化、农业现代化"四化"同步发展道路，2020 年基本实现工业化。新"四化"是中国现代化的主体，其重要支撑是"两大网络基础设施"，其一是用最新信息技术革命武装的信息互联网；其二是用最新交通技术革命武装的交通互联网。前者是无形的虚拟时空或虚拟社会，承载的是信息流，后者是有形的现实时空或现实社会，承载的是人流和物流，两者交相辉映，带动人流、物流、信息流三大基本生产要素优化配置。近年来，我国信息互联网和交通互联网飞速发展，日新月异，在追赶中不断超越，深刻地改变着社会生产方式和生活方式，加快了中国特色现代化进程。目前，我国信息互联网用户规模全球第一，毫无疑问，我国与发达国家几乎是同步进入了信息互联网时代（社会），我国交通互联网与发达国家相比尚有差距，与新"四化"进程相比尚且滞后，基本建成交通互联网并进入交通互联网时代（社会）尚待时日。

（二）交通互联网是交通发展的客观规律和必然趋势

根据系统理论可知，一个国家或区域的交通具有"网络系统"特性，还具有"多方式、多层次"等特性，要实现交通系统整体效率、效益、效果和功能最大化，必然要求各子系统内部及其之间互联互通、无缝对接、分工协作、优化配置，形成"交通互联网络"。当前，我国"公路、轨道、航空"三种快速交通互联网络正在加速构建。我国已建成世界上规模最大的高速公路网

---

* 本文发表于《决策探索》2013 年 12 月 28 日。

络，汽车产销量已跃居世界第一；我国的国产大飞机即将横空出世，航空网络正在加速构建，航空大国初见端倪；我国的普铁线网规模世界第二、高铁世界第一，技术世界领先，城铁、轻轨、地铁的线网规模在未来几年都将成为世界第一。

（三）轨道交通互联网尤其契合中国国情

我国地域辽阔，区域之间资源禀赋差异较大，产业分工明显，同时人口规模大、密度大、流动频繁，快速工业化和城镇化使得客货运输规模巨大且快速增长。"铁公机"三种交通方式之间是相互竞争、分工协作、相辅相成的关系，很显然，航空运输速度最快最舒适，但是运费最高，在高端长途运输市场具备一定的竞争优势；公路运输具有高度机动灵活的优点，但费用较轨道交通高，经济运距一般在800~1000公里以内，在自由度大的短途和中途运输市场具备一定竞争优势；轨道交通虽然在灵活性上比公路逊色、在速度上比航空逊色，但是具有"容量大、快捷、准时、全天候、无污染、运费低、效率高"等综合优势，在短、中、长途运输市场中均具备明显竞争优势。在"铁公机"三种主要交通方式中，轨道交通特别适合中国国情和新"四化"的要求，未来最具有全局性、战略性、普遍性、大众性和深远影响的将是"轨道交通互联网系统"。

（四）轨道交通在我国未来交通体系中居主导地位

未来在三种主要交通方式中，航空将主导超远程高端客货运输市场，公路交通将主导中短途客货运输市场，轨道交通将同时主导大众化的短、中、长途客运，以及中、长途货运。以货物周转量计算，美国2000~2007年铁路货运市场份额由35.7%攀升至39.5%，远远高于其他运输方式；同期，我国铁路市场份额虽然由31.1%下降至23.5%，但是依然高于公路和航空。未来我国高速公路网络建设已接近尾声，轨道交通网络建设将进一步加快，铁路货运市场份额将逐步回升，并最终占据主导地位。以客运周转量计算，2000~2009年美国铁路客运市场份额仅约0.1%，公路客运约87%，航空约10%，铁路客运曾经在美国占据主导地位，但由于地广人稀，公路运输

和航空运输崛起，铁路客运达不到经济规模而逐步萎缩，退居从属补充地位；而我国人口规模大、密度大、流动频繁，特别适合铁路运输，2010年铁路客运市场份额为31.4%，未来我国铁路客运市场份额也将逐步回升，并最终占据主导地位。美国、日本等国家特大城市轨道交通的市场份额一般在50%左右，占据绝对优势；我国正在加快构建特大城市轨道交通体系，预计未来城市轨道交通的市场份额也将达到50%左右。

总之，未来轨道交通将在我国交通体系中居主导地位，其综合市场占有率最高，将成为人流和物流的主要载体，从而带来"高效率、快节奏"的全新社会生产和生活方式，开辟全新社会的全新时代。当前，我国轨道交通网络正在加快扩展、延伸、加密和升级，"三级五网一体化"轨道交通体系正在加速构建，具有中国特色的"轨道交通互联网时代"或"轨道交通互联网社会"必将到来也正在到来。

二、我国"三级五网一体化"轨道交通体系的框架设想

我国轨道交通网络具有地域性、多层次性和多样性，不同层次的地域范围不同，分别归属不同层级政府管辖，按照地域范围大致划分为全国、区域、市域三个层级，分别为国家骨干网、城市群网、市域网三级网络，一般来说分属中央、省、市三级政府管辖。

第一级是"国家级"，为全国范围的国家骨干网络，简称"国网"，即国家客货运普铁网络和客运高铁网络"两大网络"，全国各大经济区域、各大城市之间通过"国网"实现互联互通；

第二级是"区域级"或"省级"，为城市群内部城际铁路网络，简称"群网"，以中心城市为核心、大中小城市之间实现互联互通；

第三级是"市级"，为市域范围内的网络，简称"市网"，即城市内部的都市圈轻轨网络和主城区地铁网络"两大网络"，主城区与卫星城镇之间通过轻轨实现互联互通，主城区内部各组团之间通过地铁实现互联互通。

最终形成"三级五网一体化"轨道交通体系。"三级"是指"中央、省、市"三级政府，

分别管辖或负责构建"国家骨干网、城市群网、市域网"三级网络。"五网"是指的五种不同层次、不同功能、不同区域的轨道交通网络，即普通客货铁路网络、国家高速铁路客运专线网络、城市群城际铁路网络、特大城市都市圈轻轨网络和特大城市主城区地铁网络，简称"五网"（普铁、高铁、城铁、轻轨、地铁）。"一体化"是指"五网"相对独立、各司其职、相互协同、互联互通、无缝对接、零换乘、相辅相成，构成一个高效运转的系统整体。

三、河南省"三级五网一体化"轨道交通体系的战略目标

河南省地处中原，在全国轨道交通网络中处于中枢地位，"三级五网一体化"应先行一步，发挥"中原突破、典型示范、带动全国"的作用，率先进入"轨道互联网时代或轨道互联网社会"。

（一）2020年目标设想

近5年我国铁路（普铁、高铁、城际）通车里程平均每年增长约5.3%。未来若干年将是我国铁路建设的高峰时期，预计将继续保持过去5年的平均增长速度，那么2020年我国铁路通车里程将达到约15万公里，线网规模将由相当于美国的43%提高到65%。

河南省经济在全国的地位处于上升阶段，中原崛起趋势明显，近十年河南省GDP年均增速比全国高出约2个百分点，2012年河南省GDP占全国的5.7%，此占比近十年提高约0.7个百分点。2012年河南省人口占全国的7.8%。未来，河南省轨道交通建设应做到两个适应，一是与中原崛起的趋势相适应；二是与河南人口规模相适应。

据此，河南省轨道交通在全国的地位应加快提高，保持全国领先水平，预计河南省占全国的比重由2012年的约5%提高到2020年的约6%，普铁、高铁、城际通车总里程达到9000公里，路网规模居全国首位，路网密度达到全国先进水平，普铁枢纽地位得到进一步加强，高铁枢纽基本确立，城际铁路骨干网基本形成。河南省中心城市轻轨和地铁通车里程达到2500公里，骨干网基本形成，达到全国先进水平。预计全省"五

网"通车里程达到11500公里，新增7000公里，新增总投资约1万亿元。

河南省2020年具体目标如下，国家普铁约6000公里，比2012年增加2000公里，投资约2000亿元；国家客运专线约2000公里，约占全国的12.5%，比2012年增加1135公里，投资约1800亿元；中原城市群城际铁路约1000公里，投资约1500亿元；中心城市都市圈轻轨约1000公里，投资约1200亿元；中心城市主城区地铁（轻轨）约1500公里，投资约3500亿元。

（二）2030年远景目标设想

2020~2030年我国新"四化"进入稳定发展的高级阶段，经济增长将进入中速阶段，铁路线网规模增速也将有所下降，预计保持4%增速，那么2030年我国铁路（普铁、高铁、城际）通车里程将达到约23万公里，线网规模与美国目前的水平基本相当。

为了与中原崛起的大趋势相适应，预计河南省线网规模占全国的比重将由2020年的6%提高到2030年的6.5%。一是普铁、高铁、城际通车里程约为1.5万公里，实现中原经济区全覆盖，其中，普铁8000公里、高铁3000公里、城际4000公里。二是中心城市轻轨、地铁通车里程达到5000公里，其中都市圈轻轨2500公里、主城区地铁或轻轨2500公里，实现中心城市轻轨或地铁网络全覆盖。

这里需要特别说明的是，以上"目标设想"为新形势下的积极的乐观的预测，进一步规划时还需深入论证、全面征询、综合评估。

四、河南省"三级五网一体化"轨道交通体系的战略重点

构建河南省的轨道交通互联网系统，应"三级"协同，"五网"同构，"一体化"融合。

（一）加快构建普铁和高铁两大"国网"，提升河南省铁路枢纽地位

未来，要强化中原经济区"全国重要的现代综合交通枢纽和物流中心"的战略定位，关键是打造全国普铁、高铁两大网络枢纽。

河南省应抓住国家加快中西部地区铁路建设的机遇，打造全国普铁网络枢纽。一是强化

线网枢纽，以郑州为核心，强化全省 18 个区域中心城市铁路枢纽建设；二是扩大线网规模，加大密度，谋划一批新线，加密中部，主攻周边；三是提升线网水平，加快既有线路的复线、电气化、智能化升级改造。力争 2020 年普铁通车里程达到 6000 公里，2030 年达到 8000 公里。

河南省应抓住国家加快高铁网络建设的机遇，打造全国高铁网络枢纽。一是加快形成"十"字架，在郑—西高铁、京广高铁已经全线贯通的基础上，应加快郑徐高铁建设进度，力争早日形成黄金"十"字架枢纽网络。二是加快推进"米"字形，加快郑州—重庆、济南、太原、合肥四条国家级干线的规划建设，早日建成全国最大的"米字形"高铁枢纽网络。力争 2020 年高铁通车里程达到 2000 公里，2030 年达到 3000 公里。

（二）加快构建城际铁路"省网"，推进中原城市群一体化

城市群是我国城镇化的主体形态，城市群一体化是带动区域经济崛起的重要途径，其前提和基础是交通一体化，城际铁路网络是交通一体化的支柱。2005 年国务院同意长三角、珠三角、京津冀城市群城际铁路网络规划，2008 年之后国家发改委先后批复山东半岛城市群、中原城市群、武汉都市圈、长株潭城市群、成渝城市群等城际铁路网络规划，当前我国各大城市群城际铁路建设进入高潮期，带动区域经济进入"群雄并起"的新阶段。中原城市群已列入全国"十二五"规划十大重点发展城市群，要想成为全国第四经济增长极，必须在城际铁路网络建设方面走在全国前列。《国务院关于支持河南省加快建设中原经济区的指导意见》中明确指出"推进城市群内多层次城际快速交通网络建设，促进城际功能对接、联动发展。"然而，当前河南省只有三条城际线路共 150 公里的在建规模，不适应新的竞争发展形势，应当提速。

力争 2020 年，全面建成中原城市群（1+8）骨干网络，线路总长约 1000 公里，总投资约 1500 亿元，年投资额约 200 亿元。形成以郑州市为中心、洛阳市为副中心，以京广、陇海为主轴、连接城市群地区的"十字+环线"网络构架。争取 5 年内完成"十"字架、8 年内完成放射线、10 年内完成环线。

力争 2030 年，全面建成大中原城市群（1+8+9+14）城际铁路网络，规划建设中原城市群（1+8）城市与其他 9 个省辖市相互之间的城际铁路网络，线路总长约 2000 公里，总投资约 3000 亿元。同时，规划建设中原城市群（1+8+9）城市与比邻省份 14 个区域中心城市之间的城际铁路网络，线路总长约 1000 公里，总投资约 1500 亿元，主要连接比邻的山东省、安徽省、河北省、山西省 14 个区域中心城市，最终形成覆盖全部中原经济区的城际铁路网络。

（三）加快构建郑州都市圈轻轨和主城区地铁两大"市网"，打造 1 小时通勤圈

中心城市是带动区域经济或城市群发展的核心、龙头和增长极，但是"交通拥堵和汽车尾气污染"等世界难题，成为困扰中心城市做大做强和可持续发展的顽症。总结国际国内经验教训可知，中心城市应坚持"两个必须"的发展模式，一是必须建立"主城区+卫星城镇"空间发展模式，抛弃"摊大饼"发展模式；二是必须建立以轨道交通为主导的交通模式，形成"地铁+轻轨"大容量便捷公共交通体系。

近年来，我国各级中心城市都处于"爆发式"规模膨胀发展阶段，都市圈轻轨网络建设全面展开，如武汉市为了推进"1+6"城市空间发展格局，主城区与周边 6 个"卫星城"之间的轻轨"十二五"期间要全部开工、全面完成。《郑州都市区总体规划（2012~2030）》确立了"1+10+6"框架体系，即"1 个主城区、10 个组团、6 个卫星城镇"的空间格局，未来人口约 1500 万。从人口规模来讲，郑州市将成为位居全国前列的超级中心城市，然而，目前没有规划一条轻轨，都市区 1 小时通勤圈难以形成，城市组团之间相互孤立、各自为政、难以形成发展合力和竞争优势。郑州市要想成为中部地区的乃至国家级的中心城市，就必须在构建都市圈轻轨或地铁网络方面走在全国前列。应尽快规划建设郑州中心城市都市圈轻轨网络系统。加快郑州—中牟、新郑、新密、登封、荥阳、上街、巩义等卫星城市的轻轨建设，郑州中心城区与远郊城市组团之间适度进行网络加密，可考虑建设外围轻轨环线，

形成"放射线加圈层"的网络结构。其他区域中心城市（省辖市）也应积极创造条件，超前谋划，整体规划，分步建设。

近年来，我国特大中心城市地铁网络建设同样处于"爆发式"发展阶段，而河南省郑州市、洛阳市等区域中心城市地铁（轻轨）起步晚、进展慢、缺乏前瞻性、明显滞后。截至2012年底，我国内地共有17个轨道交通运营城市，运营总里程近2008公里，北京442公里，总里程跃升世界第一，武汉57公里，而郑州还是空白。目前北京有13条、武汉有9条地铁线同时在建，而郑州市只有2条在建，武汉每年都将建成开通一条地铁线，而郑州每两年才能建成开通一条地铁线；国家"十二五"交通规划确定城市轨道交通运营里程3000公里，有望突破4000公里，郑州市规划44.5公里，仅占全国的1%，仅占北京市666公里的1/15，仅占武汉130公里的1/3。预计到2020年全国将有40个城市形成7000公里线网规模，北京市19条线路共1050公里、武汉将形成十几条线路共333公里，而郑州仅规划了5条线路共167公里线网规模，仅为全国的2.4%、北京的1/6、武汉的1/2。面对全国新一轮地铁、轻轨建设热潮，河南省郑州市和洛阳市等中心城市应奋起直追。郑州作为未来的超级中心城市，其地铁（轻轨）发展目标应比照国际大都市来规划。据报道，北京、上海远景规划均超过1000公里，武汉远景规划由12条中心城区线路和13条新城区线路共860公里。郑州市应确立追赶北京、上海，赶超武汉的战略目标，建议郑州市远景规划设定为主城区地铁500公里和都市圈轻轨500公里。洛阳市也已经具备建设地铁或轻轨的基本条件，建议远景规划主城区地铁200公里，都市圈轻轨200公里。河南省其他区域中心城市（省辖市）应根据现实与可能，按照国家设定的地铁（轻轨）建设标准，超前规划，条件成熟一个、审批一个、建设一个，积极稳妥，既不冒进，也不留遗憾。

五、政策建议

（一）适度超前，统筹谋划，协调推进

国务院"加强城市基础设施建设"的决策出台之后，各省、区、市都积极响应，迅速行动，全面部署，加大力度，提高目标，加快进度。河南省应顺应潮流，积极应对，主动作为。提高认识，"三级五网一体化"是重大基础设施，事关新"四化"大局，事关中原经济区建设和中原崛起全局，应增强差距意识、危机意识、机遇意识、大局意识，统筹谋划，协调推进，适度超前，走在全国前列，争创全国示范区，打造河南新亮点。拉高目标，以国家普铁和高铁网络为龙头，以城际铁路网络为骨干，以中心城市地铁和轻轨网络为基础，2020年基本建成中原经济区全覆盖的"三级五网一体化"系统。确立科学的工作思路，"三级五网一体化"是一个巨大的系统工程，应坚持顶层设计、科学规划、充分论证、科学决策；坚持统筹安排、分步实施、重点突破；坚持政府引导、市场运作、分级负责、协调推进；坚持质量第一、为民惠民等重要原则。强化组织，明确责任，在省市两级成立专门领导小组，明确目标任务、时间节点、责任分工。省级政府重点抓好中原城市群城际铁路网络的规划、建设和管理，市级政府重点抓好都市圈和主城区轻轨地铁网络的规划、建设、管理。

（二）创新体制机制模式，突破建设资金瓶颈约束

轨道交通属于经营性准公共产品，大规模轨道交通建设需要巨量的资金投入，很显然目前轨道交通的投资来源渠道狭窄、融资模式单一、体制机制不活，不适应快速发展的需要。唯一的出路是改革。打破垄断，放开市场；广开渠道，激活社会资本；多元体制，特许经营。国务院已经明确"通过改革，全面开放铁路建设市场"，多方式多渠道筹集建设资金，向地方和社会资本开放城际铁路、市域（郊）铁路、资源开发性铁路等的所有权和经营权，加大力度盘活铁路用地资源，搞好综合开发利用，以开发收益支持铁路发展，利用特许经营、投资补助、政府购买服务等方式吸引民间资本参与经营性项目建设与运营。

河南省应加大改革力度，借鉴国内外"特许经营"等成熟发展模式，探索多元筹资建设运营模式，创新"国有、公私合营、民营"等多种模式。坚持"搞活干线，放开支线；搞活主城区地

铁，放开远郊轻轨"的原则，分类采取不同模式。对中原城市群城际铁路"十字架"和中心城市主城区地铁（轻轨），建议以国有模式为主，鼓励民营化特许经营试点；对城际铁路放射支线、环线和都市圈轻轨，建议公私合营或民营，鼓励民营特许经营试点。

（三）拉长轨道交通产业链条，打造轨道交通特色产业基地

未来8年河南省"三级五网一体化"投资规模近万亿元，全国近10万亿元，如此巨大的投资规模和投资强度将拉动经济增长，将为中原崛起带来重大机遇。第一，推动关联产业转型升级。加大建材、钢铁、有色金属、装备工业的产业兼并重组和改造升级，带动建筑和房地产业、运输和物流业、商业商务服务业等配套产业的升级发展，规划一批轨道交通及关联产业集聚区或特色产业基地。第二，促进城镇、产业和交通布局的优化。"三级五网一体化"应突出郑州中心、洛阳副中心城市的核心地位；应突出中原城市群

的主体地位，加快一体化，形成中心城市优先发展、带动中小城市协调发展的良性互动；应强化产业集聚区、特色商业商务中心区、城市新区、城市组团之间的网络联系，促进相互之间的特色集聚、分工协作、一体化发展；应以建设"全国重要的现代综合交通枢纽"为目标，推动轨道、公路、航空一体化对接，规划建设一批"铁公机"综合交通枢纽和物流基地，形成多港联动、无缝对接郑州航空大枢纽。第三，规划建设"轨道交通装备产业集聚区"。目前，武汉等地正在大刀阔斧地打造轨道交通产业园区。目前郑州航空经济实验区已经建成了全国最大的盾构机产业基地，比较适合布局轨道交通装备产业。应加快引进国内知名的南车、北车及系列配套企业入驻，建立制造基地、维修基地、总部基地、研发基地、营销中心、服务中心；同时引进国际知名的跨国公司入驻，打造具有世界影响力的轨道交通产业装备基地。

中原城市群升级的主要矛盾及战略路径研究（2014 年）*

城市群是指以中心城市为核心与周围城市联系所构成的城市集合，中心城市辐射带动实力强大、城市之间分工协作互动发展、一体化发展是城市群升级发展的三大要点，制约中原城市群转型升级的主要矛盾是"郑州中心城市规模小、实力弱、层次低"，根源在于"多中心"大都市区和"多核心"大都市圈没有构建起来，中心城市缺乏空间和经济支撑。应坚持做大中心、强化核心、放活外围的战略取向，优化中原城市群内部结构，加快中原城市群转型升级，突破郑州中心城市弱小的主要矛盾，率先将郑州市目标定位提升为国家中心城市，构建"多中心"大郑州都市区、"多核心"大郑州都市圈、中原城市群外围副中心城市圈，加快中原城市群一体化，积极构建"郑汴港金三角"都市区。

长久以来，复兴大中原一直是我们特有的"河南梦"，或叫"中原之梦"，其主要内涵是实现"中原崛起河南振兴富民强省"的奋斗目标。中原经济区成为国家级经济区、中原城市群成为国家级城市群、郑州市成为国家中心城市，是"河南梦"的三大支柱。中原经济区是实现河南梦的空间载体，中原城市群是中原经济区的主体，郑州中心城市是中原城市群的龙头。中原城市群具备成长为国家级城市群的基础优势和历史机遇，但是也有诸多劣势，也面临外部环境变化带来的挑战，尤其是通过横向对比可以看出存在明显缺陷，有些缺陷不是一般的缺点，而是牵一发而动全身的主要矛盾，主要矛盾不尽快化解的话，成为国家级经济区和城市群的梦想就可能化为泡影。

一、城市群、都市圈、都市区演变趋势

（一）基本概念

"城市群"是城市发展到成熟阶段的最高空间组织形式，是在地域上集中分布的若干城市和特大城市集聚而成的庞大的、多核心的、多层次的城市集团，是大都市区的联合体。

"都市圈"是指以一两个中心城市为核心，与周边联系紧密的众多城市地区，共同构成一个相对完整的城市"集合体"或城市经济区域，它是城市群发展到成熟阶段的最高空间组织形式。都市圈一般是指内部联系紧密的城市群或城市群的核心区。

"大都市区"是指中心城区与紧密联系的具有一体化倾向的邻接地域的组合，是中心城市发展到较高阶段时的空间组织形态，是都市圈和城市群的中心区。

城市群的特性与发展趋势，第一，城市群以一个或两个（有少数的城市群是多核心）特大城市（小型的城市群为大城市）为中心，中心城市规模越大实力越强、城市群的规模越大则实力越强，中心城市是城市群的龙头，而城市群则是中心城市的依托；第二，相当数量的不同性质、类型和等级规模的城市，依托一定的自然环境和交通条件，城市之间的内在联系不断加强，构成大中小城市内在联系紧密的城市体系，一般呈圈层结构；第三，随着交通等基础设施现代化，城市空间不断向外拓展，城市之间距离越来越近，城

---

* 本文发表于《区域经济评论》2014 年 7 月 15 日。

市之间的分工协作与内在联系越来越紧密，城市群趋于一体化。

（二）"大都市区多中心"和"大城市圈多核心"的演变机理

在快速城镇化的中期阶段，"集聚规模效益递增"发挥作用，城市越大集聚效益越大，人口和生产要素优先向中心城市集聚，中心城市的集聚速度明显快于中小城市，一部分中心城市演变为超级城市或巨型城市；然而进入工业化中后期阶段，当中心城市规模集聚到一定程度时，出现交通拥堵、环境污染、生态恶化等城市病，生活生产成本上升，使"集聚规模效益递减"，于是人口和生产要素又开始逃离城市中心区，向近郊小城镇和远郊卫星城集聚，中心城市布局从"摊大饼、单中心"模式走向"郊区化、多中心"模式。

在快速工业化的中后期阶段，中心城市辐射带动的扩散效应显现，周边城市纷纷崛起，"城市圈多核心一体化"格局逐步形成。西方发达国家中心城市在经历"摊大饼"城市病之后，几乎无一例外地选择了"郊区化多中心、城市圈多核心"的发展模式，并在城市化进入成熟的高级阶段后，呈现大城市群、城市带和城市圈格局。

我国城镇化的规模、速度、强度在世界上都是史无前例的，可惜的是我国许多中心城市再次重演西方国家早期"摊大饼"和城市病，原因在于发展和规划理念滞后、割据体制障碍。其实，"大都市区多中心、大都市圈卫星城多核心"发展理论和经验都是成熟的，关键是我们应紧密联系河南省的实际来创新郑州国家中心城市特色发展模式。

（三）城市群一体化

城市群实现经济一体化并且主动融入世界城市经济体系，广泛参与全球竞争和国际分工合作，迈向国际化和现代化，是我国城市群发展的必然趋势。通过整合加强内部的横向联系，打破群内分割，有效配置经济要素，共享基础设施，是城市群发展的内在要求。如何整合城市群获得高效持续发展，顺应城市群发展趋势是重大战略问题。

城市群（又称城市带、城市圈、都市群或都市圈等）指以中心城市为核心，向周围辐射构成城市的集合，一体化是城市群发展的高级阶段和成熟阶段。

二、中心城市实力弱是制约中原城市群转型升级的主要矛盾

从全国来看，京津冀、长三角、珠三角为何能够成为国家级乃至世界级经济区或城市群？首先是因为它们同时具备两个条件，一是经济总量大，位居全国前列；二是中心城市大，为国家中心城市乃至世界城市，人口和经济总量位居全国前列。

横向对比来看，中原城市群的人口规模和经济总量仅次于长三角、珠三角、京津冀沿海三大城市群，在中西部地区成渝、中原、武汉三大市群中是最大的，具有明显的总量规模优势。那么为何中原城市群不能成为国家级城市群呢？其主要缺陷或主要矛盾是什么？很明显，其人口规模和经济总量称得上国家级，但是郑州中心城市的人口规模和经济总量相去甚远，龙头带动作用不强，并由此造成整个城市群内部经济联系不紧密，缺乏国家级乃至世界级的产业集群。

所以，当前和今后一段时期，河南省要想使中原城市群和经济区进入国家级乃至世界级，其郑州中心城市必须首先进入国家级乃至世界级，应紧紧围绕郑州中心城市重构中原城市群。

（一）郑州中心城市处于弱势地位

当前中原城市群弱小的根本原因是郑州中心城市总量规模综合实力较弱。横向对比郑州市处于明显劣势。郑州中心城市规模小、实力弱、层次低，与重庆、成都、武汉相比明显处于劣势。从经济总量来讲，2013年重庆市列全国第7位，成都市列全国第8位，武汉市列全国第9位，而郑州市仅列全国第19位；从功能定位来讲，重庆市已经是国家中心城市，湖北省已将武汉市目标定位提升到"国家中心城市"，而郑州市的定位还停留在"中部地区重要的中心城市"。近几年郑州市与武汉市的差距不断拉大。2005年郑州市GDP占武汉市的比例为73.4%，2010年下降为72.6%、2013年下降为68.5%。2005年、2010年、2013年武汉市在全国位次分别为第17位、第12位和第9位，郑州市的位次分别为第

23 位、第 22 位和第 19 位，近 8 年武汉市在全国上升了 8 个位次，郑州市上升了 4 个位次。郑州市与武汉市的差距连年拉大，目前相差 10 个位次。"郑州中心城市规模小、实力弱、层次低"就是制约中原城市群和中原经济区转型升级跨越发展的主要矛盾，这个主要矛盾解决了，其他次要矛盾就会迎刃而解。

（二）郑州中心城市近年来发展迟缓的根源

郑州市与武汉市同处于我国中部地区，武汉市处于京广经济带与长江经济带的交汇处，郑州市处于京广经济带与新丝绸之路经济带的交汇处，两市的区位优势和外部环境基本相当，郑州市发展相对迟缓的根源在于其多中心的大都市区的框架结构没有建立起来，大都市区发展缺乏空间支撑，以郑州市为核心的"1+8"大郑州都市圈没有建立起来，中心城市缺乏联系紧密的大都市圈经济支撑。

从战略趋势上来讲，我国沿海地区的三大国家级城市群或经济区正在向世界级转型，北京、上海、深圳、广州四大国家中心城市正在向世界城市升级；随着国际国内产业向中西部地区转移，我国的经济重心正在由沿海地区向内陆地区转移，未来我国中西部地区必然会出现多个国家级的经济区、城市群和中心城市，未来最有希望成为国家级城市群的是成渝城市群、武汉城市群和中原城市群，最有希望成为国家中心城市的是成都市、武汉市和郑州市。

三、武汉都市区和城市圈的经验值得借鉴

（一）武汉都市区由"摊大饼"转向"郊区多中心"

为了拓展城市空间，武汉市先后把所辖县（市）全部区划调整为市辖区，建立以地铁和轻轨网络为主导的通勤圈，形成郊区化多中心的大都市区格局。武汉都市区现由 13 个市辖区组成，分别是江岸、江汉、硚口、汉阳、武昌、青山、洪山 7 个中心城区以及蔡甸、江夏、黄陂、新洲、东西湖、汉南 6 个近郊城区。其中，1979 年由汉阳县分设东西湖区，1984 年撤销汉南农场设立汉南区，1992 年撤销汉阳县设立蔡甸区，1995

年撤销武昌县设立江夏区，1998 年撤销新洲县设立新洲区、撤销黄陂县设立黄陂区。

（二）武汉市由孤立发展转向"城市圈一体化"

湖北省瞄准打造中国第四极战略目标，构建了"1+8"武汉城市圈，以武汉为中心，与黄石、鄂州、黄冈、孝感、咸宁、仙桃、天门、潜江周边 8 个城市组成城市圈，其中包括 1 个副省级城市、5 个地级市、3 个省直辖县级市。城市圈大尺度空间结构框架的建立为武汉市大发展奠定了基础，近年来武汉市厚积薄发、跨越发展、后来居上，在全国的地位持续提高，武汉市"国家中心城市"的新定位更是着眼长远、极目远眺、雄心勃勃。

四、重构中原城市群的战略路径

根据大都市区多中心、大都市圈卫星城多核心的发展理论和经验，创新郑州国家中心城市和中原城市群特色发展模式，就应该坚持做大中心、强化核心、放活外围的战略取向，通过大郑州都市区、大郑州都市圈和外围副中心城市圈建设及推进郑汴同城化，打造"郑汴港金三角"都市区，优化中原城市群内部结构，加快中原城市群转型升级为国家级城市群。

（一）打造"多中心"的大郑州都市区

在全国位居前列的中心城市几乎无一例外地把所辖县（市）行政区划调整为市辖区，都市区的发展取向由"单中心"摊大饼转向"郊区化多中心"，形成网络状的多中心大都市区空间格局。郑州市要想成为国家级中心城市，也必须遵循"多中心"发展规律。郑州市提出的"双核驱动、六城支撑、十组团集聚"是立足郑州市实际的创举，郑州航空港经济综合试验区进入国家战略，在全国也是首创，郑州都市区"多中心"的探索取得了巨大成就。但是，无论是横向对比来看，还是按照国家级中心城市标准来看，当前郑州中心城区依然停留在延续"摊大饼"发展阶段，大都市区的框架结构始终没有形成，制约郑州都市区发展的矛盾显而易见。一是从体制来说，所辖六县（市）行政区划调整没有任何进展，"市区与郊县"双轨制的二元结构，割据分离，各自为政，一盘散沙，没有形成合力和集群优势；二是

从产业来说,并没有形成产业链紧密关联,中心城区的低端产业并没有向郊县(市)大规模转移扩散;三是从交通体系来说,中心城区与郊区县(市)之间的地铁或轻轨系统还是空白,同城化的通勤圈没有建立起来,中心城区与所辖郊县(市)没有形成实质意义上的一体化和同城化,郊区县(市)难以共享中心城区的公共服务。

应瞄准构建郑州国家中心城市目标定位,创新理念、规划、体制,跳出郑州来谋划郑州,大胆借鉴国内外成熟经验,破除条条框框约束,勇于创新,探索国家中心城市特色发展的"郑州模式",积极构建"2核+6城+1副"大郑州都市区框架体系。强化双核带动,构建中心城市和郑州航空港经济综合实验区两个核心增长极。推动六城多中心一体化,将中牟县、新郑市、新密市、登封市、荥阳市、巩义市的行政区划调整为"市辖区",将六城与中心城区的交通、基础设施、产业、环境进行同城规划建设,使六城成为都市区真正意义上的外围中心,形成"2核+6心"网络状多中心格局。推进郑汴同城化。将开封市纳入大郑州都市区,将开封市定位为大郑州都市区的副中心,构建"2核+6心+1副"大郑州都市区。

(二)打造"多核心"的大郑州都市圈

河南省2009年规划了"一极两圈三层"的中原城市群总体框架体系,这是我国城市群规划中的一个创举,但是这个规划落实得不够好,这几年的决策文件中很少再强调了,原因是政策缺乏连续性,概念缺乏进一步深化,突破口缺乏有力抓手。选择中原城市群发展的突破口应体现三个原则:一是优先发展郑州中心城市和大郑州都市圈;二是放开搞活外围区域中心城市;三是积极推进一体化和同城化。"1+8武汉都市圈"与"1+8中原城市群紧密层"同为圈层结构,即一个中心城市带动周边8个卫星城市,武汉城市圈发展经验值得借鉴。建议借鉴京津冀都市圈和武汉城市圈的概念,用"大郑州都市区"概念描述中原城市群郑汴核心区;用"大郑州都市圈"的概念来描述中原城市群紧密层,将"中原城市群1+8紧密层"转型升级为"1+8大郑州都市圈"。积极构建"1+8大郑州都市圈"。将大郑州都市区定位为国家中心城市,当然也是中原经济

区的中心城市;将洛阳市定位为中原经济区的中心城市,形成郑州、洛阳双中心格局;将新乡、许昌、焦作、济源、平顶山、漯河等定位为中原经济区的核心城市。打破行政区划的障碍,加快一体化乃至同城化发展,提升集聚集群功能,分工协作,协同发展,走错位发展、差异化发展、特色发展的道路,将郑州都市圈打造成为中原城市群和中原经济区的核心区,带动中原经济区周边区域的快速发展。

(三)打造中原城市群外围多副中心城市圈

为了加快中原经济区转型升级,就必须遵循规律,适应趋势,在构建大郑州都市区和大郑州都市圈的基础上,推动中原城市群结构重组、功能优化和一体化。做大中心,建设大郑州都市区。将郑州市由中部地区重要中心城市升级为国家级中心城市,规划郑汴同城化大都市区,将开封市设为大郑州都市区的副中心。强化核心,建设大郑州都市圈。郑州市为国家中心城市和中原经济区中心城市,洛阳市为中原经济区中心城市,开封、新乡、许昌、焦作、济源、平顶山、漯河为中原经济区核心城市,形成"1+8"或"2中心+7核心"大郑州都市圈。放活外围,建设六大副中心城市。将安阳、三门峡、商丘、信阳、濮阳、周口六个外围省辖市设为中原经济区副中心城市,驻马店、鹤壁为中原经济区的支柱城市。根据中心地理论,这六个省辖市均为"米"字形高铁网络的重要节点,也是未来普铁、城际、高速公路、航空等综合交通网络的重要节点,设置六个副中心城市符合"六边形模型"。根据城市之间相互吸引的断裂点理论,这六个省辖市距离郑州较远,均在200公里以上,受郑州中心城市的辐射较小,反而受省外中心城市的辐射较大,均处在郑州中心城市与外省中心城市相互吸引的断裂带上,设置六个副中心城市有利于集聚外省要素资源。同时,湖北省设立了襄阳副中心城市,河北省将石家庄设立为北京的副中心城市,周边省份的战略布局已经对河南省的战略空间形成挤压之势,设置六个副中心城市既符合理论又符合实际,既是转型升级的需要也是积极应对区域竞争的需要。

构建国家级乃至世界级中原城市群问题研究（2014 年）*

摘要 随着我国经济重心战略西移，中原城市群将成长为国家级城市群乃至世界级城市群；制约中原城市群发展的主要矛盾是郑州中心城市经济实力太弱，其根源在于"多中心大都市区""多核心大都市圈"和"一体化通勤圈"尚未形成；未来应紧紧围绕构建国家级乃至世界级城市群战略目标加快中原城市群转型升级，着力构建"多中心"大郑州都市区、"多核心"大郑州都市圈、"郑州洛阳双中心结构模式""外围副中心城市圈层"及以轨道交通为主导的交通圈或通勤圈。

近年来国际国内发展环境发生了巨大变化，城市群已经成为我国区域经济的主体形态，工业化进入中后期阶段，城镇化进入提质阶段，城市群进入转型升级阶段，原来关于中原城市群的发展思路、功能定位、空间布局、政策体系等，亟待调整、优化、转型和升级。

一、研究背景与问题的提出

现在我们提出中原城市群转型升级和重构问题，构建国家级乃至世界级城市群的设想，主要基于以下思考：

（一）加快中原城市群转型升级是科学推进城镇化的迫切需要

根据美国城市学者诺瑟姆"S 形城市化过程曲线"，城市化率在 30%～70%是城市化加速发展的中期阶段，人口快速集聚，城市规模快速扩大，城市群快速形成[1]。2013 年河南省常住人口城镇化率为 44%，正处于城镇化的顶峰时期，中原城市群城镇结构加速调整，城镇体系加快形成。同时，交通拥堵、雾霾天气、环境污染等城市病日趋恶化。采取什么样的城镇化模式事关全局和前途，新型城镇化应真正体现高效率、高效益、高质量，构建新型中原城市群是推进新型城镇化的核心任务和主体支撑。

（二）加快中原城市群转型升级是支撑经济跨越发展的需要

根据钱纳里工业化阶段划分理论，全国已进入工业化中后期阶段，河南省正处于工业化中期阶段[2]，其重要特征是加速和快速集聚发展，省域内生产要素加速向城镇集聚，同时由于要素成本比较优势导致国际国内产业加速向河南省转移集聚，河南省正处于跨越式发展阶段，经济高速增长，经济结构加速调整升级，空间布局加快优化重组。

（三）加快中原城市群转型升级是实施建设中原经济区国家战略的需要

经济区是城市群的腹地和载体，城市群是经济区的主体[3]。2011 年 9 月 28 日国务院发布《关于支持河南省加快建设中原经济区的指导意见》，要求"加快中原城市群发展，充分发挥中原城市群辐射带动作用，形成大中小城市和小城镇协调发展的城镇化格局，支撑和推动'三化'协调发展"。中原城市群是推进中原经济区"三化"协调发展的支撑。

---

* 本文发表于《决策探索》2014 年 7 月 28 日。

[1] 刘亚臣，周健. 基于"诺瑟姆曲线"的我国城市化进程分析 [J]. 沈阳建筑大学学报（社会科学版），2009（1）：37-40.

[2] 陈佳贵等. 中国工业化进程报告 [M]. 北京：社会科学文献出版社，2007：35-46.

[3] 谢文蕙，邓卫. 城市经济学 [M]. 北京：清华大学出版社，2013：79-98.

（四）加快中原城市群转型升级是国家战略西移重要支撑

根据《国家新型城镇化规划（2014～2020年）》，"加快培育成渝、中原、长江中游、哈长等城市群，使之成为推动国土空间均衡开发、引领区域经济发展的重要增长极。"由此可见，中原城市群是国家在中西部地区重点发展的三大城市群之一，这三大城市群均有望成为国家级的城市群，其中，中原城市群是中西部地区规模最大、区位优势最明显的城市群，近年来中原城市群在全国的战略地位逐步上升，有望成为沿海三大城市群之外的第四大城市群和经济增长极。

（五）加快中原城市群转型升级是建设新丝绸之路经济带的需要

自中央提出打造"丝绸之路经济带"的构想以来，我国不断形成对外开放发展的新格局，中原城市群地处京广经济带与新丝绸之路经济带的交会处，是新丝绸之路经济带上规模最大的城市群，郑州市是最大的中心城市，构建新型中原城市群有利于打造新丝绸之路经济带的龙头和增长极。

二、中原城市群升级的战略目标

当前和今后几年，沿海地区三大城市群正在向世界级城市群转型升级，预计到2020年发展成为真正的世界级城市群。综合分析来看，中原城市群具备成长为国家级城市群的条件和潜力，未来成为国家级城市群这一点上是毫无疑问的，问题是什么时候能够实现这一目标。应加速中原城市群向国家级城市群转型升级，可以设定2020年基本发展成为国家级城市群。

"国家级"城市群应具有位居国家前列的经济实力、跨省域的辐射带动能力和国家级中心城市，世界五大城市群和沿海地区三大城市群的发展经验值得借鉴，中西部地区的武汉城市圈和成渝城市群的发展经验也值得借鉴。

力争2020年使中原城市群成为国家级城市群，综合经济实力进入全国前五位、中西部地区第一位，郑州跻身于全国前十位国家中心城市行列，洛阳成为中原经济区中心城市。

力争2030年中原城市群成为世界级城市群，郑州跻身于世界城市行列，洛阳成为国家中心城市。中原城市群成为结构合理、功能完善、核心强大、分工明确、紧密互动、一体化、现代化、国际化的世界一流城市群。

三、世界五大著名城市群的发展经验

按照戈特曼的标准，世界上有五大城市群达到城市带的规模，称为世界五大城市群，分别为以纽约为中心的美国东北部大西洋沿岸城市群（纽约大都市圈）、以芝加哥为中心的北美五大湖区城市群（北美五大湖大都市圈）、以伦敦为中心的英国城市群（伦敦大都市圈）、以巴黎为中心的欧洲西北部城市群（巴黎大都市圈）和以东京为中心的日本太平洋沿岸城市群（东京大都市圈）。[①]

（一）经济高度集中、高度集聚、高度服务业化

经济高度集中。巴黎都市区占法国国土面积的2%，人口却占到全国的19%，2005年占整个法国GDP的28.6%。中心城市的首位度高。纽约市以占都市圈不到2%的国土面积，承载了都市圈38%的就业人口和34%的经济总量，其中曼哈顿地区占到纽约市就业人口的61%和经济总量的71%。三次产业结构高度服务业化。处于后工业化社会，产业结构呈现高度服务化。纽约都市圈2004年三次产业就业结构为0.2∶13.2∶86.6。

（二）首位城市为世界中心城市（或全球城市）

纽约、伦敦、东京、巴黎和芝加哥均为位居世界前列的世界城市，都具有全球影响力的经济中心、金融中心、贸易中心、交通枢纽、物流中心、总部经济中心、创新中心、政治文化中心、商务中心及服务业中心。

（三）空间结构特点为"圈层结构"

世界各大城市群（大都市圈）均呈现圈层结构，如纽约大都市圈分为四层。第一层为核心CBD，纽约曼哈顿中央商务区是美国经济的"心脏"；第二层为主城区，纽约市辖的五个自治区，

---

① 裴丽岚.国内外城市群研究的理论与实践［J］.城市观察，2011（5）：164-172.

总面积约 830 平方公里；第三层为大都市区（通勤区），纽约大都市区由联系紧密的近郊多中心和远郊卫星城组成，是主要的通勤区域，构成纽约大都市圈的内圈，总面积为 10202 平方公里；第四层为纽约大都市圈，"跨越 10 个州、包括五大中心城市"的空间范围，构成纽约大都市圈的外圈，总面积为 13.8 万平方公里。大都市圈内城镇体系呈现金字塔结构，大都市圈内各中心城市之间功能互补、错位发展，大都市圈内产业的空间分布呈现明显的梯度转移特征。

（四）大都市区呈现"多中心"布局

世界各大城市群都经历过快速城镇化阶段，为了适应规模、功能和空间扩张的需要，实现经济与人文、生态环境的和谐发展，避免城市病，纷纷采取"大都市区近郊多中心、远郊卫星城、周边一体化"的空间布局战略。如东京适时构筑不同层次和各具特色的服务功能区（副都心），推进大都市服务功能分区集聚发展。早在 1958 年，东京便在《首都圈整备法》指导下，先后规划形成池袋（文化性的综合性商业中心）、新宿（商务办公和文化娱乐为主的中心）、涩谷（信息服务和时装设计中心）、大崎（尖端科技和情报交流为主的中心）、上野和浅草（具有浓厚传统文化特色的中心）、龟户（文化产业中心）、临海副都心（国际化展示中心）七个副功能新区。进入 20 世纪 80 年代，东京功能区规划进一步向郊区扩展，先后规划建设了筑波科学城、八王子大学城等 18 个功能性卫星城。总体上看，经过半个世纪的努力，为疏解中心城区压力及促进产业集群化发展，东京在其中心城区及外围区域合理布局和建设了一批以新城体系建设为支撑的现代服务功能区，这些功能区包括 CBD（如银座、新宿等）、特色功能型新城（如筑波科学城、八王子大学城等）、地区综合服务中心（即城市副中心新城）以及公共交通导向型居住新城（即 TOD 新城）等多种类型，逐步形成支撑东京作为国际化大都市的战略性空间框架。

（五）建立以轨道交通为主导的现代交通网络（或通勤圈）

以轨道交通为主导的现代交通网是城市群的基础工程，都市圈区域一体化功能及各中心城市

的高效协作，离不开发达的城际交通网。例如，东京都市圈是一种以轨道交通为中心的交通发展模式，绝大部分的客运依赖轨道交通，东京都市圈每天上班上学的人中，轨道交通的乘客占到 86%，在高峰时段这一比例更是高达 91%，居全球首位。城市电气列车、新干线、轻轨、高架电车等各种轨道交通路线，构成了东京与各个据点城市、业务城市的重要纽带，全世界最密集的轨道交通网有效支撑了整个东京都市圈。目前，在东京都市圈内，超过 30 家公司经营着总长约 2000 公里的轨道交通线路。

（六）注重以战略规划引领发展

东京大都市圈是最具有前瞻性的大都市圈规划。与西方主要大都市相比，东京是以政府为主导积极推动都市圈规划建设并取得成功的典型。以东京为核心的首都都市圈规划大约每十年修订一次，现已进行了五次大规模的规划。首都圈规划每次均根据国际背景变化、国内战略要求和东京承担的历史使命的变迁，作出适应性调整和完善。如第一次规划，为有效控制工业用地向外无序扩散，加速城市中心区的功能转变，城市规划重点是在建成区周围设置环形绿化带，并在其外围布局卫星城；第四次规划是 80 年代东京转向以服务业为主的产业结构，提出发展城市"副都心"，强化中心区的国际金融功能和高层次中枢管理职能；第五次规划是顺应 90 年代后期日益凸显的全球化，将"一极一轴型"都市圈结构转变为"多核多轴型"的网络化结构。

四、中原城市群升级的主要矛盾及其根源

要实现 2020 年国家级城市群和 2030 年世界级城市群的战略目标，就必须按照国家级乃至世界级城市群的综合评价指标体系对中原城市群的发展现状进行评价分析，从中找出主要矛盾和问题。城市群及中心城市的人口经济总量规模应居全国前列，这是成为国家级乃至世界级的物质基础和支撑条件。

（一）作为中心城市的郑州市经济实力弱、首位度低、发展滞后

根据增长极理论，中心城市作为最大的增长

极，其规模、层次和地位决定所在经济区或城市群的规模、层次和地位。① 由于中心城市是城市群的龙头和核心增长极，位居国家前列的城市群一定具有位居国家前列的中心城市。很明显，郑州作为中原城市群的中心城市，与北京、天津、上海、广州、深圳、重庆、成都、武汉等中心城市相比，其人口规模和经济总量差距巨大，辐射带动能力弱，造成整个中原城市群内部经济联系不紧密、缺乏国家级乃至世界级的产业集群、竞争力弱、跨省域影响力小。

当前制约中原城市群的主要矛盾是郑州中心城市总量规模和综合实力较弱，其根源在于郑州"多中心大都市区""多核心大都市圈"和"一体化通勤圈"没有形成，难以支撑快速集聚发展的需要。

（二）"多中心"郑州大都市区空间结构框架体系没有形成

西方发达国家中心城市在经历"摊大饼"和城市病之后，几乎无一例外地选择了"郊区化多中心、卫星城多核心"的发展模式②。为了适应城市集聚扩张发展需要，我国主要中心城市几乎无一例外地把所辖县（市）行政区划调整为市辖区，将都市区发展取向由"单中心"摊大饼模式转向"多中心、卫星城"模式。

郑州市始终没有突破现行行政区划的限制建立"近郊多中心、远郊卫星城"的大都市区空间布局，从体制来说，郑州市所辖六县（市）行政区划调整没有任何进展，"市区与郊县"双轨制的二元结构，割据分离，各自为政，一盘散沙，并没有形成合力和集群优势；从产业来说，没有形成产业链紧密关联，中心城区的低端产业并没有向郊县（市）大规模转移扩散；从交通体系来说，中心城区与郊区县（市）之间的地铁或轻轨系统还是空白，通勤圈没有建立起来。

（三）"多核心"郑州大都市圈没有形成

以中心城市为增长极，与周边核心城市互动发展，构成"一体化或同城化"大都市圈，形成大城市群的集聚增长核心区，辐射带动外围城市圈层的协调发展，这是世界城市群发展的一般规律。

而郑州大都市圈始终没有真正形成，中原城市群核心区（1+8）城市圈中，各核心城市分工不明确，一体化或同城化程度较低，联系松散，以轨道交通为主导的通勤圈没有形成。

（四）大都市区或大都市圈的通勤圈没有形成

根据国内外经验，多中心大都市区或多核心大都市圈形成的必要条件是建立便捷的交通圈和通勤圈，都市区或都市圈的空间范围大小均与通勤半径成正比。一般用时间来定义通勤圈，通常认为通勤时间为半小时、45分钟或一个小时，根据我国现实这里采用一个小时的概念。

通勤圈的大小与通勤方式有关，现代大都市区或大都市圈一般都建立了以轨道交通为主导的通勤圈，所以国际上一般以轨道交通方式来确定通勤圈的空间范围，如伦敦通勤半径约为70公里，东京通勤半径约为100公里。随着轨道交通的现代化，运行速度进一步提高，我们可以将以轨道交通为主导的大都市区通勤圈的半径定义为100公里，大都市圈的通勤半径定义为150公里。

河南省高速公路四通八达，高速铁路框架基本形成，郑州市与周边的八个省辖市之间的半小时至一小时交通圈基本形成，但是这种交通圈并没有变成通勤圈，原因在于高铁和高速公路的通行费用较高、通行门槛较高，尚不能被一般大众通勤所接受，而普通铁路太慢且不方便，一般公路和市内道路交通拥堵严重，难以承担通勤功能，以地铁、轻轨、城际为主导的大众化和市民化的轨道交通通勤系统尚未建立起来，郑州大都市区或大都市圈的空间扩展受限。

五、中原城市群升级的着力点

推动中原城市群转型升级和重构应突出以下几个重点：一是着力构建郑州中心城市大都市区和大郑州都市圈；二是着力构建郑州市和洛阳市双中心结构模式；三是着力构建外围副中心城市圈层；四是着力构建以轨道交通为主导的通勤圈，推进一体化和同城化。

---

① 杨卫东，郭虹. 中心城市经济理论与实践 [M]. 北京：经济科学出版社，2011：1-6.
② 王光荣. 论大城市多中心发展模式 [J]. 天津师范大学学报（社会科学版），2006（4）：24.

六、构建"多中心"的大郑州都市区

应瞄准构建郑州国家中心城市目标定位，创新理念、规划、体制，跳出郑州来谋划郑州，大胆借鉴国内外成熟经验，破除条条框框约束，勇于创新，探索国家中心城市特色发展的"郑州模式"，积极构建"2核+3次+5卫+2副"大郑州都市区框架体系。构建绿波带和城市风道。主城区、次中心、卫星城、副中心相互之间由符合一定标准宽度的生态绿波带进行有效隔离。

七、构建"多核心"的大郑州都市圈

积极构建"1+8"大郑州都市圈，将大郑州都市区定位为国家中心城市，当然也是中原经济区的中心城市；将洛阳市定位为中原经济区的中心城市，形成郑州、洛阳双中心格局；将新乡、许昌、焦作、济源、平顶山、漯河等定位为中原经济区的核心城市。打破行政区划的障碍，加快一体化乃至同城化发展，提升集聚集群功能，分工协作，协同发展，走错位发展、差异化发展、特色发展的道路，将郑州都市圈打造成为中原城市群和中原经济区的核心区，带动中原经济区周边区域快速发展。尽快建立同城化的城际铁路网络系统，建立同城化通勤圈。

八、构建中原城市群"郑州和洛阳双中心结构模式"

根据中心城市空间布局形态，我国城市群划分为单中心、双中心、多中心、主副中心四种模式。

双中心结构模式（或双核结构模式、双子座的空间模式）是指在城市群内有两个核心首位城市，它们无论是经济实力、城市规模和吸引能力，还是在城市群中发挥的作用，都起着"双核心的作用"。双中心结构模式最典型的也最常见的是"港城模式"，是指在某一区域城市群中，以区域中心城市和港口城市为主，组成一种城市

空间结构模式①。在世界范围内也有很多比较典型的双核结构模式案例，欧洲的鹿特丹—伊斯堡、美国的华盛顿—巴尔的摩、德国的莱茵—鲁尔、英国的伦敦—伯明翰、日本的东京—横滨、韩国的首尔—仁川等。我国沿海地区的许多城市群都具有这种双核心港城模式特征，例如，珠三角的广州（2013 年 GDP 排序全国第 3 位）和深圳（全国第 3 位）；辽东半岛城市群的沈阳（全国第 15 位）和大连（全国第 14 位）；山东半岛城市群的济南（全国第 23 位）和青岛（全国第 13 位）；杭州城市群的杭州（全国第 10 位）和宁波（全国第 17 位）等；西部地区成渝城市群的重庆（全国第 7 位）和成都（全国第 8 位）也具有双核心港城模式特征。除了港城模式之外，还有其他双中心模式，例如东北的哈长城市群的哈尔滨（全国第 25 位）和长春（全国第 27 位）。总之，双核结构模式是对点—轴系统理论的继承与发展，更能体现互补性及相互带动的区域经济发展新要求。

比较典型的是京津冀城市群"双中心"结构模式。京津冀城市群拥有北京和天津两个国家级中心城市，其中，天津 2012 年 GDP 为北京的 73.4%，两个城市空间相邻，北京是政治中心和现代服务业中心，天津是港口城市和制造业中心，两者都具有全国影响力。

2012 年郑州市 GDP 居全国第 19 位；洛阳市居全国第 50 位，洛阳市占郑州市的比重为 54%。洛阳与郑州空间相邻，GDP 有一定差距但是差距没有超过 50%，洛阳与郑州的城市功能各具特色、错位发展、互补发展，郑州是省会城市、交通枢纽、商贸城市、先进制造业基地，洛阳是国家重要的装备制造业和重化工业基地，郑州洛阳与北京天津之间有许多相似性。

中原城市群当前是"一主两副"模式，即一个郑州主中心城市，洛阳和开封两个副中心城市，双中心也许是更好的选择。

中原城市群完全可以采取"郑州和洛阳双中心结构模式"，其中郑州市定位于国家中心城市，洛阳定位于中原经济区中心城市。实行郑洛双中

---

① 陆玉麒. 区域双核结构模式的形成机理 [J]. 地理学报，2002（1）：85-95.

心模式有利于弥补郑州中心城市经济实力不足的弱点,有利于形成郑洛工业走廊和都市连绵带。由于开封与郑州实现了同城化,就是一个城市,开封作为大郑州都市区的副中心可能更加确切,更符合客观现实。采取"双中心结构模式"还有一个优点,可以将"副中心城市"的名号留给中原城市群的外围(外圈),激发外围城市发展活力和动力,这也符合副中心城市设置的一般规律,副中心城市一般设置在中心城市辐射带动作用衰竭的地带,即城市群的外围或外圈,或者设置在两大中心城市相互吸引的断裂带上。

九、构建中原城市群的"副中心城市外围圈层"

根据中心地理论,圈层结构符合交通、市场和行政最优化三原则,是效率最大化的空间布局形态。应积极构建"圈层结构"的中原城市群,强化专业化分工协作,推动结构重组、功能优化和一体化发展,形成中心城市带动外围城市、外围城市支撑中心城市的良性互动发展格局。第一层为中心区,建设大郑州都市区;第二层为核心区,建设大郑州都市圈(内圈);第三层为外围区,拥有"若干副中心城市"的外圈。

将安阳、三门峡、南阳、商丘、信阳、濮阳、周口等外围省辖市设为中原经济区副中心城市,驻马店、鹤壁为中原经济区的区域中心城市或支柱城市。根据中心地理论"六边形模型"①,这几个省辖市均为"米"字形高铁网络的重要节点,也是未来普铁、城际、高速公路、航空等综合交通网络的重要节点,设置若干个副中心城市符合市场、交通、行政三个最优原则。根据两个中心城市之间相互吸引的断裂点理论,这几个省辖市距离郑州较远,均在 200 公里以上,受郑州中心城市的辐射较小,反而受省外中心城市的辐射较大,均处在郑州中心城市与外省中心城市相互吸引的断裂带上,设置若干个副中心城市有利于集聚外省要素资源。

湖北省设立了襄阳副中心城市,河北省将石家庄设立为北京的副中心城市,周边省份的战略布局已经对河南省的战略空间形成挤压之势,设置若干个副中心城市既符合理论又符合实际,既是转型升级的需要也是积极应对区域竞争的需要。

应以开放的思维看待副中心,将安阳作为北京和石家庄的南部副中心,将三门峡作为西安的东部副中心,将信阳和南阳作为武汉的北部副中心。

十、构建中原城市群轨道交通体系和通勤圈

积极构建"三级五网一体化"轨道交通体系。"三级"是指"中央、省、市"三级政府,分别管辖或负责构建"国家骨干网、城市群网、市域网"三级网络。"五网"是指普通客货铁路网络、国家高速铁路客运专线网络、城市群城际铁路网络、特大城市都市圈轻轨网络、特大城市主城区地铁网络,简称"五网"(普铁、高铁、城铁、轻轨、地铁)。"一体化"是指"五网"互联互通、无缝对接、零换乘,构成一个高效运转的系统整体。

应突出三个政策关键点:一是加快规划建设"米"字形高铁网络;二是加快规划建设中心城市的地铁轻轨系统;三是加快规划建设中原城市群城际铁路系统,建立半小时都市区、一小时都市圈、一个半小时城市群的大众化、市民化、现代化的轨道交通通勤系统。力争 2020 年建成"放射+半圆"的城际铁路系统,达到 1000~2000公里;2030 年城际铁路或轻轨达到 3000~4000公里,连通 80%以上的县城。

---

① 李小建. 经济地理学 [M]. 北京:高等教育出版社,2013:58-114.

试论开封向中原经济区副中心城市迈进的战略取向（2014 年）*

摘要　主副中心结构是工业化中后期区域经济迈向成熟发展阶段的重要模式，开封向新兴副中心城市迈进标志着中原经济区"一主两副"（郑州为主中心、洛阳和开封为副中心）框架结构基本形成；建设开封新兴副中心城市是带动豫东黄淮落后地区乃至整个中原经济区发展的战略需要；开封市具有区位交通、人文、劳动力等要素资源、郑汴同城化等比较优势基础条件，具有建设新兴副中心城市的巨大潜力；应着力探索"高速化的跨越发展模式""差异化的特色发展模式""现代化的高端发展模式"三条"新兴"发展路径；积极推进郑汴同城化，着力打造"郑—港""郑—汴""汴—港"三条轴带，构建"郑汴港金三角"都市区。

2013 年 12 月 25 日通过的《中共河南省委关于科学推进新型城镇化的指导意见》明确提出"郑汴一体化取得新进展，开封向新兴副中心城市迈进"，这是河南省在新阶段、新时期、新形势下所做出的重大战略决策，为开封市振兴与发展创造了重大历史机遇。应抓住机遇、把握规律、科学论证、明确定位、创新思路、积极作为，实现开封市的全面复兴。

一、主副中心结构是工业化中后期区域经济迈向成熟发展阶段的重要模式

（一）中心城市已经成为区域竞争发展的制高点

中心城市是指在一定地域范围内具有辐射带动功能、居于主导地位、起着枢纽作用的大城市和特大城市。根据中心城市的规模和影响力可分为世界城市（或全球城市）、国家中心城市、区域中心城市、省域中心城市、地区中心城市等。经济区和城市群是区域发展的高级形态，是中心城市的依托和腹地；中心城市是所在经济区和城市群的龙头或核心，具有"聚集扩散、辐射带动、创新引领"等"增长极"的本质特征。在城市化与全球化时代，一个国家或区域的地位正是由中心城市的地位所决定的。[1][2] 据统计，2000 年全球 GDP 的 90% 由城镇生产，而这 90% 中又有 50% 以上由国家级中心城市生产。"十一五"期间，国家确立了北京、上海、天津、广州四大国家中心城市，"十二五"期间又增加重庆为国家中心城市。随着全国区域发展战略的不断深化，我国必将孕育和催生一批新的中心城市，影响和带动相关区域的发展。武汉已经明确提出建设国家中心城市，南京也把打造国家中心城市作为自身未来发展的目标。

（二）主副中心城市结构已成为区域经济发展的普遍形态

当前，我国正处在工业化中后期快速集聚发展阶段，超大经济区、城市群及其中心城市纷纷崛起，经济重心从沿海迅速向内陆转移，并呈现出多极化、多中心、点轴扩展、网络一体的阶段性新特征。对超大经济区或超大城市群体系而言，有单中心、多中心、主副中心等特色布局模式，"一主多副"模式兼具"多中心"模式的优点，又可以弥补"单中心"模式的大城市病或实

---

*　本文发表于《河南科学》2014 年 6 月 18 日。
①　杨卫东，郭虹. 中心城市经济理论与实践［M］. 北京：经济科学出版社，2011：1-6.
②　谢文蕙，邓卫. 城市经济学［M］. 北京：清华大学出版社，2013：79-98.

力不足等缺陷，主副中心之间优势互补、分工协作、协同带动区域经济协调发展。所谓区域经济主副中心城市结构形态，是有别于单极中心城市带动的另一种基本形态，通常是指在一定区域范围内，城镇体系是以一个中心城市与若干个副中心城市协同发展为核心，影响带动整个区域发展。①② 所谓"省域副中心城市"，通常是指在一省范围内，综合实力较周边城市强大，经济辐射力超出了自身管辖的行政区范围，拥有独特的优势资源，且与主中心城市之间具有较强的互补作用，可以被赋予带动周边区域发展重任的特大城市或大城市。副中心城市在全省城镇体系中居于仅次于主中心城市的地位，综合实力较为强大，辐射带动能力超出行政区范围，能够带动域外更大范围的发展。③④ 在当今全国区域竞争中，各地都在强化中心城市地位，优化主中心、副中心以及城镇体系战略布局。湖北省在建设武汉国家中心城市的同时，提出了"一主两副"的战略布局，即建设武汉国家中心城市，发展襄阳、宜昌两个省域副中心城市。湖南省确立了"一主三副"战略布局，即以长株潭一体化为主中心，岳阳、常德、邵阳为省域副中心城市的发展格局。江西省提出"一主两副"的战略布局，即南昌主中心城市，建设九江、赣州副中心城市。最近河北省委省政府将石家庄和唐山确定为北京的副中心城市。随着城镇体系不断分化、重组、集聚、极化，区域发展正呈现出多极化和多中心布局的趋势，城市群成为经济区的主体形态，主副中心城市结构布局模式已经成为一种普遍的现象。

（三）中原经济区"一主两副"框架结构基本形成

中原经济区正处于快速城镇化的中期阶段，快速集聚是其主要特点，从城镇体系构建的模式来看，由于中原经济区面积辽阔，单中心城市的模式短期内难以形成对全省的有效辐射和带动，

多中心布局又过于分散，主副中心城市结构符合中原经济区的现状和趋势。郑州市是中原经济区的中心城市，也是国家赋予的中部地区重要的中心城市，洛阳市是中原经济区的副中心城市，《中共河南省委关于科学推进新型城镇化的指导意见》明确提出"郑汴一体化取得新进展，开封向新兴副中心城市迈进"，至此，开封市副中心城市地位确立，标志着中原经济区"一主两副"的框架结构形成。⑤

二、建设开封新兴副中心城市意义重大

（一）推进郑汴同城化、构建郑州国家中心城市的战略需要

多年来，困扰中原经济区崛起的一个难点问题是郑州中心城市规模较小，实力较弱，辐射带动能力不足，短期内难以成长为国家中心城市，难以担当带动中原经济区和中原城市群进入国家级行列的重任。当前 GDP 总量在全国排第 20 位，仅相当于武汉市的 69%，经济规模明显偏小；在全省的首位度为 19%，首位度明显偏低。由于开封市与郑州市距离很近，城市功能与产业上具有很强的互补性，一体化发展具有天然优势，通过郑汴同城化发展可以弥补郑州市规模实力不足的缺陷，所以，要建设开封副中心城市，推进郑汴一体化和同城化，有利于构建大郑汴都市区国家级中心城市和增长极，协同带动全省跨越发展。"开封向新兴副中心城市迈进"的重大决策，符合河南省情，顺应了国际国内发展大势，体现了中原经济区、中原城市群、郑州航空港经济综合实验区、新丝绸之路经济带等国家战略的新要求，并响应了开封人民的新期待，必将为推动开封市跨越发展注入新动力。⑥

① 石忆邵. 从单中心城市到多中心城市 [J]. 城市规划汇刊, 1999 (3)：36-39.
② 杨卫东, 郭虹等. 中心城市经济理论与实践 [M]. 北京：经济科学出版社, 2011：66-69.
③ 秦尊文. 关于省域副中心城市的理论思考 [N]. 湖北日报, 2011-10-16.
④ 韩民春, 曹玉平, 白小平. 湖北省域副中心城市发展研究 [J]. 湖北大学学报（哲学社会科学版）, 2011 (1)：84-91.
⑤ 张占仓, 蔡建霞. 中心城市体系建设及河南省的战略选择 [J]. 河南科学, 2010, 28 (9)：1189-1193.
⑥ 张占仓, 蔡建霞, 陈环宇, 陈峡忠. 河南省新型城镇化战略实施中需要破解的难题及对策 [J]. 河南科学, 2012 (6)：771-783.

（二）构建新丝绸之路经济带龙头的需要

郑汴洛三市均处在陇海新丝绸之路经济带上，三市产业各具特色，互补性强，开封市的服务业发达，洛阳市的工业发达，郑州市是综合型城市，洛阳市是重工业城市，开封市是轻工业城市，开封市与郑、洛两市产业相似度最低、互补性最强。建设开封副中心城市，形成"一主两副"的互补互动发展战略布局，培育郑汴洛大都市带、沿黄工业走廊、沿黄生态文化旅游产业带，使郑州市成为丝绸之路经济带上最大的中心城市，郑汴洛产业走廊成为最大的经济增长板块，形成新丝绸之路经济带上最大的龙头或核心增长极。郑、汴、洛三市均为国家八大古都，文化底蕴丰厚，同时均位于黄河之滨，生态资源丰富多彩，古都文化和黄河文化独一无二，发展"沿黄生态旅游文化产业带"得天独厚。

（三）带动豫东黄淮落后地区及周边区域发展的需要

构建"一主两副"格局有利于分工协作，协同带动全省发展。开封市与洛阳市相比，两者区位不同、辐射范围不同、功能分工不同，洛阳市协助郑州市带动豫西地区的发展，开封市协助郑州市带动豫东黄淮平原及周边区域发展，开封市位于郑州市东部比邻濮阳、商丘、周口等黄淮平原，GDP 总量、人均 GDP、增速等主要指标对比，开封市均处于先进地位，开封市具备辐射带动豫东黄淮平原及周边区域发展的基本能力。

三、开封具备"向新兴副中心城市迈进"的基础条件

（一）开封市具备建设新兴副中心城市的比较优势基础条件

开封市具备建设新兴副中心城市的良好条件。一是区位交通优势，开封市是郑州国家交通枢纽的重要组成部分，开封市可以共享郑州市枢纽便利，适合中心城市布局；二是人文优势，开封市文化积淀丰厚，适合发展文化创意和旅游业，尤其是宋都曾经为世界第一国际化大都市，灿烂辉煌，具有世界影响力，开封市为国家文化旅游名城，开封市的文化软实力具有国际影响

力；三是要素资源优势，开封地处豫东黄淮平原，劳动力等要素资源非常丰富，有利于经济发展；四是郑汴一体化的同城化优势，郑汴交通、通信、金融、产业、基础设施、公共服务等同城化，开封市可以共享郑州市的基础设施和公共服务，郑州市是国家级的"铁公机"综合交通枢纽，这同样也是开封市的优势，必将大大提升开封市的投资环境，促进集聚资本和承接产业转移。以上诸多独特的比较优势证明开封市具备建设副中心城市的坚实基础。

（二）开封市具备建设新兴副中心城市的巨大潜力

近年来，开封市自我加压，开拓创新，锐意进取，破除封闭僵化观念，不断加快改革开放步伐，坚持拉高目标、做大总量、跨越发展，强力实施"工业强市、文化兴市"的"双轮"驱动战略，突出重点打好"工业强市、开封新区五年成规模、建设国际文化旅游名城、推进新型城镇化、农业现代化提升"五大攻坚战，大力推进郑汴一体化，适时提出建设实力开封、文化开封、美丽开封、幸福开封的总体战略目标，内生发展动力不断增强，厚积薄发，进入了黄金发展期和发展快车道，彰显了深厚的文化底蕴，初步显现魅力开封、活力开封、人文开封新形象，发展亮点精彩纷呈。2008~2013 年开封市年均经济增速12%，比全省平均高出 1 个百分点；尤其是 2013 年经济增速 10.8%，比全省高出 1.8 个百分点，比郑州市高出 0.8 个百分点，高于商丘、周口等周边城市，全市主要经济指标增速位居全省前列，呈现出赶超跨越发展态势，在全省经济中的核心增长极功能地位初步显现。总之，开封市跨越发展的内生动力机制基本形成，具备建设副中心城市的特质和潜力。

（三）开封市符合副中心城市的设置标准

开封具备辐射带动周边区域发展的能力。经济总量是重要的基础性指标，但不是决定中心城市或副中心城市的唯一绝对条件，不能简单化地按照序数标准来选择副中心城市，关键要看对周边区域的辐射带动功能。决定副中心城市的首要标准是"必须具备较强的辐射带动功能"，即要求"经济辐射带动能力超出自身管辖的行政区范

围"。由于"辐射带动功能与经济总量、经济增速成正比",根据副中心城市的定义,只要经济总量或经济增速其中一个具有优势,都可以起到更强的辐射带动作用,达到"经济辐射带动能力超出自身管辖的行政区范围"的副中心城市标准条件。河南省在京广线以东,有开封、商丘、濮阳、周口四个省辖市,开封市 GDP 总量排第三位、GDP 增速居于前列、人均 GDP 居于前列,虽然开封市的经济总量暂时不具优势,但是开封市的经济增速和发展水平占优势,完全可以满足"经济辐射带动能力超出自身管辖的行政区范围"的副中心城市标准条件。另外,在从郑汴同城化的角度来说,郑汴同城化之后,开封市是郑汴大都市区的核心增长极和特殊功能区,将发挥辐射带动全省和中原经济区的功能作用,辐射带动周边东部地区更是近水楼台和应有之义,将开封市定位为副中心城市理所当然。

设置开封副中心可以弥补郑州中心城市实力不足的弱点。湖北省呈东西狭长地带,居于东部的武汉市对西部区域辐射带动不足,于是设置宜昌、襄阳两个副中心城市,形成"两主两副"格局;京津冀经济区南北狭长、北京居中,河北省为了承接北京疏解出来的部分功能和产业,在南部和北部分设石家庄和唐山两个副中心城市,形成"两主两副"框架结构。中原经济区是典型的圈层结构,其最突出的矛盾是郑州中心城市实力较弱,难以带动整个经济区发展。为了弥补郑州中心城市经济实力不足的问题,在郑州中心城市周边设置洛阳和开封两个副中心城市,"一主两副"之间互补发展、合力带动整个经济区。开封与郑州之间的距离较近,郑汴同城化使开封市可以共享郑州交通枢纽、基础设施、配套服务等得天独厚的优势资源,开封市的经济发展速度会更快,对外辐射带动作用会更强。由于开封与郑州的产业互补性在全省 18 个省辖市中是最高的,郑汴同城化和差异化互补发展,有利于强化核心增长及功能。[①]

(四)确立开封新兴副中心城市符合河南实际

中原经济区和中原城市群是一个非常典型

"一核两圈三层"构造的圈层结构,由于区域面积较大,而郑州市实力欠缺,单靠郑州市难以形成对整个中原经济区强有力的辐射带动,就需要选取若干个副中心城市。而中原城市群外围周边就有 8 个区域中心城市,洛阳市由于实力雄厚早已被确定为副中心城市。开封市与中原城市群核心区其他城市相比,在区位、交通、资源、文化、郑汴同城化等方面更具比较优势,在发展要素、发展环境和发展速度上都具有独特优势,确立开封副中心城市是最佳选择。[②]

总之,河南省做出了"开封向新兴副中心城市迈进"的战略决策,提出了开封市新的目标定位,这一战略决策遵循了"中心地理论""增长极理论""城镇体系理论"和"城市空间相互作用理论"等客观规律,顺应了国际国内发展大势。同时,这一重大决策也体现了中原经济区、中原城市群、郑州航空港经济综合实验区、新丝绸之路经济带等国家规划的新要求,符合河南特殊省情,符合开封市的实际。

四、构建开封新兴副中心城市的战略路径

建设新兴副中心城市是时代赋予开封市的重大使命,在新的历史条件下打造开封市新兴副中心城市,"新兴"和"副中心城市"两个关键词赋予了开封市新的内涵、新的定位、新的职能、新的任务。为了不辱使命,开封市应着力探索以下三条"新兴"发展路径:

(一)"高速化的跨越发展模式"

开封市区位优越、文化积淀丰厚,具有后发优势,厚积薄发,后起之秀,快速成长,河南省"一主两副"的战略布局需要开封市快速发展及跨越发展,近几年的实践证明,开封市也有条件有能力实现快速发展及跨越发展,辐射带动周边及全省发展。然而,必须清醒地看到,经济规模较小、实力较弱是开封市的根本缺陷,2013 年开封市 GDP 为 1363.54 亿元,仅相当于郑州主中心城市的 22%、洛阳副中心城市的 43%,相当于湖

① 周阳.国家中心城市:概念、特征、功能及其评价 [J].城市观察,2012 (1):133-141.
② 高友才.中原经济区建设中多中心多层次城镇网络构建研究 [J].中州学刊,2012 (1):50-54.

北省宜昌副中心城市、襄阳副中心城市的48%和49%，横向对比差距巨大。因此，加快发展、高速成长是开封市成为真正副中心城市的基础和前提条件，也是"新兴"的本质内涵。要实现高成长就必须采取超常规的体制机制和政策措施，例如设立开封经济特区、改革开放试验区、自由贸易区，比照洛阳等城市惯例提升开封市行政等级，将郑州主中心城市的部分城市功能向开封市疏解。

（二）"差异化的特色发展模式"

具有不同于以往其他副中心城市的特点，具有自己独特功能，开封副中心城市与洛阳副中心城市在要素资源禀赋、经济腹地、辐射带动范围、产业结构、功能定位等方面都不一样，各有特色优势，围绕郑州主中心城市，郑汴洛需要差异化发展、错位发展、特色发展、互动发展、协同发展。充分发挥挖掘开封市文化积淀丰厚的优势，转变文化发展方式，着力培育具有开封市特色的现代服务业，将郑州中心城市部分功能向开封市疏解，形成郑汴在文化和服务方面的功能互补，错位发展。抓住郑州航空港经济综合实验区建设的机遇，发挥紧邻国际空港物流枢纽的优势，扬长避短，重点突破，培育新的战略性新兴产业，形成新的经济增长板块，推动跨越发展，使开封市尽快成为名副其实的新兴副中心城市。

（三）"现代化的高端发展模式"

新兴副中心城市功能要求新型工业化、新型城镇化、新型农业现代化"三化"协调发展，并与信息化同步发展，"四化"同步发展。开封市作为河南省副中心城市和大郑汴都市区的副中心，必须用国家级中心城市的一流标准来要求，其产业结构必须向高端化演进升级，必须尽快摆脱低端化、低层次、低水平、低效益的以传统产业为主导的产业结构旧格局，积极对接航空港经济综合实验区、郑州主城区、郑汴新区外向型产业基地，聚焦"高新技术产业和高端服务业"发展，打造具有国际水准、全国知名、河南一流、开封特色的产业基地、产业集群、跨国公司、知名品牌，规划建设具有一流水平的郑汴一体化、同城化、现代化的基础设施，提供一流的公共服务。产业的发展是支撑现代化的基础，也是高端化的重点，选择主导产业至关重要，必须要有全球视野、世界眼光，瞄准未来产业和朝阳产业，抢占国际国内产业竞争制高点；同时还要发挥开封市的优势，扬长避短，有限目标，重点突破；要以市场导向，敢于创新优势，自我突破，创新发展，培育新的主导产业；要发挥紧邻国际空港物流枢纽的优势，发展电子信息、高端制造、航空经济、电商物流、文化旅游、创意产业等外向型、高技术、高附加值产业，延伸拉长产业链条，带动传统产业改造升级。

五、推进郑汴同城化，打造"郑汴港金三角"都市区

郑州主城区为老中心，航空港区为新中心，开封市为副中心，呈三足鼎立之势，应充分发挥郑州航空港经济综合试验区的核心、龙头和增长极带动功能，加快构建"郑汴港金三角"都市区，规划建设"汴—港"新经济产业带，建设"郑汴港金三角"新区，打造郑汴同城化升级版。

中原城市群结构优化与开封市的
定位问题研究（2016 年）*

引言 　　长期以来开封市的战略定位并不是太清晰，有必要在郑汴同城化背景下对开封市重新定位，郑汴大都市区是中原城市群的核心增长极，郑汴港大三角新区是郑州大都市区的核心引擎，开封市是郑州大都市区的东部增长极或东部中心区。本文主要描述了开封市在中原城市群和郑州大都市区中的战略定位。

2016 年底，国务院审批郑州国家中心城市，国家发展和改革委也将发布国家级中原城市群总体规划。在这种大背景下，有必要进一步审视中原城市群城镇体系的结构优化问题。

一、中原城市群主副中心结构值得商榷

城市群等级结构：一般分为国际中心城市或世界中心城市，国家中心城市，经济区中心城市，副中心城市，地区中心城市，小城市，小城镇等。

河南省"十三五"规划提出：构建"一极三圈八轴带"空间格局。最高层次的中心城市，即郑州国家中心城市。副中心城市是选择洛阳还是开封均值得商榷。

一般来说，紧紧围绕中心城市的是城市群的核心层，城市群核心层之内由于距离很近，城市之间主要趋势是一体化和同城化，不宜再划分主副结构。核心层的洛阳市和开封市与郑州市的关系未来趋势应是一体化和同城化关系，没有必要再划分主副结构。

中原城市群结构也可以采取双中心结构：郑州为国家中心城市；洛阳为中原经济区的中心城市。

中原城市群地处中原腹地，呈现完整的圈层结构，也适宜采取主副中心结构，开封市和洛阳市均不适宜作为副中心城市，那么副中心城市是

否有优化选择？

二、中原城市群副中心最优化的选择在哪里？

国内主要城市群均没有采用主副中心来描述结构关系。例如，长三角为多中心结构，上海为国际中心城市，杭州、南京为国家中心城市；珠三角为典型的双中心结构，广州、深圳均为国际中心城市，广州与佛山同城化；京津冀为双中心结构，北京为国际中心城市，天津为国家中心城市；山东半岛为双中心结构，青岛为国家中心城市，济南为半岛中心城市；沈大城市群为双中心结构，沈阳为国家中心城市，大连为中心城市；成渝城市群为双中心结构，均为国家中心城市。以上经济区城市群，只有广深、成渝为等级相同的双中心结构，其他的为等级不同的双中心或多种新结构，都避开使用主副中心来描述结构关系。

应该说，国内对主副中心城市的分级定位是很慎重的，因为各地都很少用，比较明确的是湖北省和河南省，其他还比较鲜见。为什么出现这种情况？因为对副中心城市定义的争论较多，难以形成统一看法，容易产生歧义。湖北省"一主一圈两副"，武汉为国家中心城市，襄阳和宜昌为副中心城市。两个副中心城市均位于省域边界，或武汉城市圈的外围边界。河南省"一主两

---

* 本文由河南大学全国自贸区研讨会（2016 年 12 月 25 日）的学术报告整理。

副"和"一极三圈八轴带",郑州为国家中心城市,洛阳和开封为副中心城市。与武汉城市圈正好相反,它们的副中心位于外围边界,而中原城市群的副中心却位于中心的附近核心层以内。核心层的未来趋势是同城化或一体化,没有必要再划分为主副结构。

那么副中心到底应该位于城市群边界,还是位于核心,还是完全按照规模来划分呢?肯定不能孤立地完全按照规模来划分主副等级。那么划分主副中心城市的标准到底是什么?断裂点理论是划分城市等级的重要依据,根据城市之间相互吸引的断裂点理论,次级城市位于两大一级城市相互吸引的断裂点上。中原城市群的副中心城市应位于郑州中心城市与外部能量相当或接近的中心城市之间的断裂点上,安阳、三门峡、商丘、信阳、濮阳、周口六个外围省辖市均处在郑州与外围中心城市之间的断裂点上,应为中原经济区中原城市群的副中心城市。

三、郑汴之间的"多中心、同城化"关系

2014年初,笔者和李政新研究员、耿明斋教授、李燕燕教授等同人,在研究"开封副中心城市"这篇命题作文时,做了两件事。第一,提出了一个质疑,即郑汴之间是主副关系吗?有没有更好的优化选择?第二,提出了一个命题,即"打造郑汴港金三角大都市区"增长极,郑汴之间"同城化、多中心"关系更加现实可行。

开封市本来是让我们论证郑汴之间是主副关系的,结果我们在论证这种关系可行的同时,还对这种主副关系提出了质疑。客观地讲,郑汴之间是一种多重复杂关系的复合,那么它们之间最本质的关系是什么?需要我们从全局和长远发展战略的视角来进行提炼抽象。

郑州市是中原经济区中原城市群的中心城市,开封市是副中心城市,副中心城市与中心城市之间是补充、协同、互动、强化的关系。副中心城市处于补充、协同、被动、从属地位。郑汴之间主副关系定义当然是没有问题的,但是,我们从研究的角度思考问题,有没有更好定义、更优化的选择?答案是当然有。

我们认为,把郑汴之间的关系定义成"同城化、多中心"的关系,可能更客观、更科学,更具有前瞻性和可操作性,更能体现出"1+1>2"的溢出效应、增长极效应和杠杆支点的倍数放大效应。一是郑汴同城化具有天然的条件,是现实可行的,郑汴同城化不是人为的,实在是因为距离太近(边界相邻30公里左右),产业互补,天然的内在联系,郑汴同城化可谓天时地利人和;二是郑汴同城化可以迅速形成郑汴大都市区增长极,做大郑州国家中心城市,带动中原经济区和中原城市群,形成三大国家级经济发展载体(国家级中心城市增长极、国家级城市群、国家级经济区)。

郑汴一体化、同城化十年中并没有取得实质性进展,有思想观念和认识不到位的问题,有行政割据的问题,有政策缺乏连贯性和不配套的问题,但是根本问题还在于理论认识问题,可谓思路决定出路。

有比较才能有鉴别,广州市是国际中心城市和国家中心城市,佛山市位居全国前列的经济重镇。相比之下,郑州已定位成国家中心城市,开封是河南省经济文化重镇。基本情况类似,但是同城化进程却天壤之别。广州佛山完全实现一体化和同城化的经验值得我们学习。一是做规划,一体化立体综合交通体系,交通一体,空间一体,产业协同一体,基础设施一体;二是成立省市两级推进组织,强力推进,持续推进;三是制定配套法规和政策。

2015年广佛、郑汴GDP总额对比中,佛山/广州=45%;开封/郑州=20%,如图1所示。

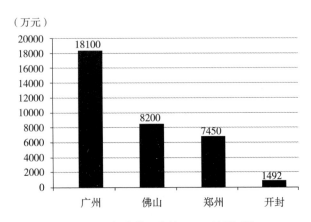

图1 2015年广佛、郑汴GDP总额对比

四、打造"郑汴港金三角大都市区"

(一)为何提出"郑汴港金三角大都市区"增长极的命题

虽然这几年河南省忽视了郑汴新区,但是航空港经济综合实验区经济迅速发展壮大,成为带动郑州市、中原城市群、中原经济区发展的增长极,这为构建郑汴港金三角大都市区提供了客观的物质条件。同时航空港经济综合实验区在全国影响巨大,为郑州进入国家中心城市之列奠定了基础。"米"字形高铁枢纽和航空枢纽成为郑州国家综合交通枢纽的两大支柱,成为"一带一路"中部枢纽。为什么郑州能成为 11 个国家中心城市之一?如果论经济和人口体量尚有一定差距,但是论在国家大战略中的地位,郑州市举足轻重,论未来发展潜力,郑州市处在快速膨胀期,人口规模有翻番的可能。极点发展、点轴发展、网络化发展是区域经济发展的三个阶段和一般规律。这就是构建郑汴港金三角大都市区增长极的理论依据。

(二)"郑汴港金三角大都市区"三大产业带定位

郑州市中心区、航空港区、开封市区构成郑开大都市区的三大中心区,三大中心之间够成产业都市带,最终形成网络状的郑汴港金三角大都市区。三大中心之间及三大产业都市带之间,应该是分工协作、互补互动、相辅相成、协同一体的关系,相互之间是不可取代的关系。①郑港枢纽经济产业带,金融中心、行政中心、制造中心、物流基地;②郑汴创新创业产业带,文化创意,自主创新,创新创业"双创"基地,高等教育、职业教育基地,黄河生态文化旅游产业带;③汴港新经济产业带,高新技术产业开发区,经济技术开发区,加工出口区和自由贸易园区。

(三)政策措施

(1)打造政策特区,实行超常规产业政策。有人说不要产业政策,因为产业政策属于人治、随意性大,容易出现判断失误,造成很多产能过剩,政府分配资源低效率,还容易出现权力寻租。产能过剩不能完全归因于产业政策,因为西方发达国家同样存在周期性的产能过剩,其他负面效应均可以通过规范化和公开透明操作来避免。岂不知市场也有失灵的时候,市场失灵时不靠产业政策宏观调控靠什么?在全球化背景下,无论是发达经济体还是发展经济体,市场经济早已不是纯粹的自由竞争,通过产业政策来实现新产业新区域超常规发展,取得后发优势或先发优势,形成在国际国内市场上的竞争优势,形成新产业新区域增长点增长极,带动经济腾飞。

(2)建设世界级产业基地。过去我们把自己限定在中原、中部或中西部的市场空间之上,今后必须建立国家级中心城市、国家级城市群、国家级经济区,产业发展起点应落在国家级和全球上。国家级中心城市必须配置国家级和世界级产业基地,只有国家级和世界级的产业基地才能支撑国家级中心城市辐射带动功能。目标是必须建设国家级乃至世界级特色的新兴产业集群和基地。

(3)实行双轮驱动。①开放带动。以开放倒逼改革。建设自由贸易区,推广全域自由贸易区政策。②创新驱动。建设国家双创基地。

推进郑许同城化、申建郑许国家级新区的建议（2017 年）*

引言

　　城市群（带）发展是工业化和城镇化走向中后期成熟的标志，符合生产力"点—轴"布局理论。城市群核心区同城化是发挥集聚效应的必然要求，全国各大城市群核心区都在大力推进同城化，中原城市群郑汴同城化之后，加快推进郑许同城化具有充分的理论依据、现实依据和政策依据。

一、郑许同城化具有客观必然性

　　（1）全省第一增长极。许昌市 2010 年以来 GDP 增速连续位居全省 18 个省辖市第一名，郑许经济隆起带已经显现。

　　（2）郑许空间一体格局加速形成。郑许两市中心城区相距 80 公里，但是，中间已经被城市带和产业带填充。郑州市中心区—郑州航空港经济综合实验区—新郑市—长葛市—许昌市，郑许产业带和都市带雏形已经形成。

　　（3）同城化的交通体系正在形成。立体快速现代综合交通体系基本形成，加速形成高速公路、高速铁路、城际轻轨等现代立体交通网络，半小时通勤圈已经形成。

二、推进郑许同城化

　　借鉴京津冀同城化的经验做法，积极推进郑许"四个同城"。交通同城（纳入"一带一路"国家综合交通枢纽体系）；基础设施同城；产业同城（建设世界级高新技术产业带）；公共服务同城（电信、金融、政策、体制、服务同城）。

三、积极申建郑许国家级新区

　　建设跨市域的国家级城市新区是推进同城化的重要载体，应大胆学习借鉴西咸新区（西安和咸阳）、贵安新区（贵阳和安顺）、天府新区（成都和眉山）、赣江新区（南昌和九江）等国家级新区的建设经验。创造条件，加快申建国家级"郑许新区"。当前，申建国家级新区，关键是能否承担国家改革开放发展的重大战略任务，能否发挥新经济增长极的作用，带动转型升级。

　　"郑许新区"战略定位是国家"新经济、创新型、开放型的国家新区"。对接五大新发展理念，承担五大新发展理念试验，建设新经济产业带；对接"一带一路"国家倡议，建设对外开放窗口，建设郑许自贸区；以新经济为引领，与自贸区、自主创新示范区、双创基地等国家战略叠加互动，建设智慧经济和高新技术产业带。

　　打造"一轴多园（城）"空间格局，沿轴布局航空港区、港城新区、新郑市区、长葛新区、长葛市区、许昌新区、许昌市区七大产业新城（产业集聚区）。

---

　　*　本文由"许昌经济发展论坛"（2017 年 9 月 15 日）学术报告整理。

第四篇

工业化阶段、经济周期与结构升级

河南省投资结构与经济增长问题研究
（2013 年）*

摘要

改革开放以来，河南省投资高速增长带动经济高速增长，但是近年来，投资收益递减趋势明显，其根本原因在于经济结构升级相对迟缓。河南省要与全国同步实现全面建成小康社会目标，既面临难得机遇又面临严峻挑战，必须着力扩大投资规模，优化投资结构，强化创新驱动，推动经济结构升级。

一、基本情况：投资高速增长带动经济高速增长

近年来，河南省坚持扩需求、调结构、创优势、破瓶颈、惠民生，大力改善投资环境，不断拓宽投资渠道，推进产业集聚发展，加快经济转型，实现了投资与经济双跨越。

（一）投资、消费、出口"三驾马车"结构：投资对经济增长的拉动作用不断增强

1. 投资增速不断走高，带动 GDP 增速不断走高

1981~1990 年、1991~2000 年、2001~2010 年河南省固定资产投资平均增速分别为 17.0%、22.3%、27.8%，分别比全国高出 -1.2 个、-0.8 个、3.9 个百分点；河南省 GDP 增速分别为 10.0%、11.6%、12.2%，分别比全国高出 0.7 个、1.1 个、1.7 个百分点。河南省固定资产投资增速和 GDP 增速如图 1 所示。

2. 投资对 GDP 增长贡献率不断提高

固定资产投资对 GDP 增长的贡献率由 2000 年的 28.32% 提高到 2005 年的 62.91%，又提高到 2011 年的 66%。

（二）投资结构加快调整：结构升级和经济转型有所加快

1. 三次产业结构加速调整，工业主导作用不断增强

第二产业占 GDP 的比重由 45% 提高到 2011 年的 51.4%。

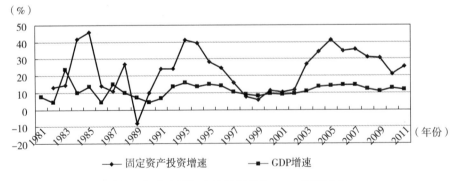

图1　河南省投资高速增长带动 GDP 高速增长

---

　　* 本文选自 2012 年河南省政府决策咨询研究招标课题（2012B328），2013 年 5 月 12 日；《郑州航空工业管理学院学报》2013 年 2 月 15 日。

2. 工业化、城镇化、农业现代化不断协调推进，城镇化引领作用不断增强

城镇化步入快车道，2005~2010 年城镇投资比重提高了 3.44 个百分点，城镇化率年均提高 1.62 个百分点。

3. 产业集聚发展取得历史性突破，经济转型和产业升级加快

180 个产业集聚区的综合带动和支撑作用显著增强，2012 年固定资产投资增长 35.7%；规模以上工业增加值比上年增长 22.6%，占全省规模以上工业的 43.7%，对全省规模以上工业增长的贡献率达到 63.9%。

4. 六大高成长性行业及高新技术产业投资增长较快

2011 年，全省六大高成长性行业投资 5595.92 亿元，同比增长 35.6%，分别高于投资增速、工业投资增速 8.7 个和 1.6 个百分点，占工业投资的比重为 61.4%。其中，汽车制造业投资 359.31 亿元，增长 78.1%；电子信息业投资 241.27 亿元，增长 147.3%。全省高技术产业投资 689.13 亿元，同比增长 105.4%，其中电子及通信设备制造业投资 231.80 亿元，增长 149.0%。

5. 基础设施建设突飞猛进，支撑作用不断增强

（三）投资来源结构特点：多元投资活力明显增强

1. 民间投资高速增长，民营经济快速成长

2004~2010 年年均增长 43.5%，高于同期全省固定资产投资增速 11.1 个百分点；民间投资所占比重从 2004 年的 49.25% 提高到 2010 年的 78.51%。

2. 外来投资异军突起，开放型经济快速发展

2012 年全省实际利用外资 121 亿美元，实际到位省外资金 5027 亿元，分别是 2007 年的 3.9 倍和 3.3 倍，境外省外资金对河南省经济增长的贡献率提高到 28%。

二、基本经验

（一）以项目为抓手，实施项目带动

抓项目带动既是具有河南特色的工作方法，又是具有河南特色的推进经济发展的模式。

（二）以产业集聚区为投资平台，加快经济转型升级

产业集聚区的综合载体功能和全局带动效应日益显现。

（三）以开放招商为突破口，引导外资规模集聚

强力实施开放带动主战略，建立举省开放体制，全面建设内陆开放高地，大规模承接产业转移，加快了经济增长和转型升级。

（四）以政府投融资平台为主导，不断加强基础设施建设

河南省为了推动基础设施现代化，先后成立了综合性和专业性的政府主导的投资公司，超前规划，持续加大投入力度，既拉动了经济增长又支撑了长远发展。

（五）以扩大民生投入为切入点，统筹经济增长与社会发展

大力实施民生工程，有效提升了基础设施、保障房建设、社会保障、社会事业等薄弱环节，同时也扩大了内需，拉动了经济增长。

（六）以改革创新为动力，推动全省经济增长的内生动力机制逐步完善

积极破解发展中的资金、土地、人才等要素短缺难题。

（七）以优化投资环境为基础，激发经济发展活力

河南省持续推进"两转两提"，提高行政效能，不断清理和减少行政审批事项，下放审批权限，规范审批行为，全面推行首问负责制、联审联批制、服务承诺制、无偿代理制、责任追究制，完善"一站式""一条龙"服务。

三、主要问题：投资与经济增速趋势性下滑

河南省投资领域在总量、结构、来源、投向、项目、土地、管理等方面存在许多问题，但是最宏观、最根本的首要问题是事关"投资与经济增长"的中长期趋势，当前的趋势性问题是：投资收益过早、过快、过深递减导致投资和经济增速递减，其根源在于经济结构低效化，这就是主要矛盾。

（一）投资收益递减趋势明显

近年来河南省投资效果系数快速下降，2007

年开始下降到全国平均水平之下。2005 年河南省投资效果系数为 46.4%，比全国高出 18.2 个百分点；2011 年下降到 21.6%，比全国低 1 个百分

点（见图 2）。投资收益快速下滑趋势预示河南省投资拉动型经济增长模式难以持续。

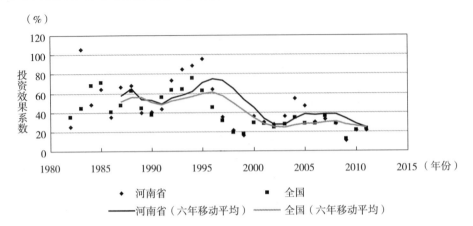

图 2　河南省与全国投资效果 * 走势对比（六年移动平均）

注：* 表示 GDP 增加额/固定资产投资额。

（二）潜在经济增长率下滑趋势已经出现

一般来说，由于区域投资收益递减将引起投资积极性下降，内生投资动力下降，还会导致资金向外流向其他投资效益高的地区，同时资金流入的积极性也会逐步下降，最终导致投资和经济增速双双下滑。2007 年河南省经济增速达到 14.6%，为经济周期的峰值，2009 年达到 10.9%，为经济周期的谷底，这次谷底与全国及世界是同步的，然而 2012 年河南省经济增速又进一步下滑至 10.1%。很显然，经济增速二次探底并不完全是周期性因素引起的，而是一种长期趋势，即投资效益递减长期积累导致中长期潜在经济增长率下滑（见图 3）。

以上判断的几个基础：

1. 从资源环境上来说，正常的增长曲线遇到了瓶颈制约

一是环境容量接近极限，原有的生产方式、模式等需要改变，这种转型需要付出代价。二是资源枯竭，能源、资源供给不是越来越富足，而是越来越紧张。

2. 从投入生产要素来说，正常的增长曲线遇到了瓶颈制约

一是全国从 2013 年开始劳动力总量下降，劳动力增长对经济增长的贡献率开始由正转负。二是由于投资收益递减导致投资积极性减退，资本增长放缓，经济增长放缓。三是土地投入递减，土地成本越来越高。

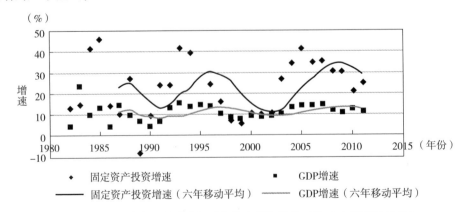

图 3　河南省潜在经济增速与固定资产投资增速对比（六年移动平均）

（三）河南省投资和经济增速在中部六省中的位次逐步下降

2006~2011年，在中部六省之中，河南省投资增速由第二位下滑至第五位，经济增速由第一位下滑至第六位，河南省在新一轮区域经济竞争中处于劣势。出现这种尴尬局面的原因是河南省投资收益递减过快，投资增长受到抑制。

四、主要矛盾：根源在于经济结构低效化，即"层次低、集聚低、升级慢"

近年来，河南省投资收益快速下降到全国平均水平之下，这与河南省所处的工业化中期赶超发展阶段不一致，是一种反常现象。其根本原因在于河南省经济结构层次低、空间集聚度低、结构效益低、结构升级缓慢。具体来说，在区域结构上表现为经济布局分散，集中度低，经济空间集聚效益低；在城乡结构上表现为城镇化严重滞后，城镇体系的集中集聚集群程度低，城镇集聚效益低；在产业结构上表现为第三产业发展严重滞后，投入产出效益高的服务业发展迟缓，同时低效的低端产业粗放膨胀，产能严重过剩，而高效的高成长性产业发展滞后，产业结构升级迟缓。低效经济结构长期积累形成"低效发展模式"路径依赖，结构问题已经成为影响河南省投资与经济增长的主要矛盾。

（一）区域结构：区域经济布局分散，经济集聚效应较低

区域经济在空间上集聚发展是工业化和城镇化的一般规律，但是长期以来，河南省在区域政策导向上过分强调均衡发展，投资和经济布局分散化，经济集聚程度偏低。突出表现在两个方面：

1. 增长极发育迟缓

郑州市首位度为18.5%，武汉市为34.5%，郑州市比武汉市低16个百分点。

2. 中原城市群规模虽然较大但竞争力较弱

分工不明显，联系不紧密，一体化进程缓慢。

（二）"三化"结构：城镇化严重滞后，城镇集聚效应较低

城镇经济集聚效益远远高于农村，这就是城镇化的动力之源，但是河南省城镇化水平远远落后于全国平均水平，也远远滞后于自身的工业化水平。突出表现在两个方面：

1. 城镇化严重滞后

2012年城镇化率为42.4%，比全国低10.2个百分点，比湖北省低11.1个百分点。

2. 城镇体系的集中度较低

在政策资源配置上重视均衡而忽视集聚发展，中心城市发展慢于小城市小城镇，大都市区、都市带、都市群发育不足。

（三）三次产业结构：第三产业严重滞后，服务业集聚效应较低

在三次产业中，服务业具有劳动密集、投资小、效益好、投资收益高等特点，但是河南省第三产业占比严重落后于全国平均水平，明显滞后于工业化阶段。突出表现在两个方面：

1. 第三产业发展严重滞后

2011年第三产业投资占比44.58%，比全国低10.1个百分点，增加值占比29.7%，比全国低13.7个百分点，服务业发展明显滞后。

2. 现代服务业发展迟缓

金融、教育、科技投入占比持续下滑，自主创新能力不足，技术进步对经济增长的贡献率较低，2011年科学研究技术服务业投资下降4.8%，生产性服务业发展滞后，金融、信息、科技服务、商务与租赁服务等现代服务业占比19.8%，低于全国平均水平6个百分点，产业结构层次较低。

（四）工业内部结构：产业结构升级缓慢，产业集聚效应较低

1. 产业结构层次低、链条短、升级慢

2010年，河南省资源性工业增加值占全省工业的63.6%，其中能源原材料工业占比为51.5%，而装备制造、汽车及电子信息等新兴产业占比不足18%，以能源原材料为主、以初级产品为主的工业结构没有发生根本改变，低端产业产能严重过剩，战略新兴产业发育迟缓。

2. 产业布局分散，经济集聚度较低

2010年，河南省第二产业从业人员中城镇仅占23%，而乡村高达73%，其中制造业城镇只占21%，乡村占79%，这种乡村工业化的分散发展

模式难以形成集聚效应。

3. 产业集群发育迟缓, 产业集中度较低

河南省规模以上工业主营业务收入超 100 亿元的企业仅 30 家, 而广东、江苏、浙江、山东均超过了 100 家。在全国百佳产业集群中, 浙江 36 家、广东 21 家、江苏 17 家, 而河南省只有 1 家。

4. 投资外延性扩张明显, 高耗能行业产能过剩严重

2011 年, 全省新建项目完成投资同比增长 35.2%, 投资总量占项目投资的比重为 64.3%, 同比提高 3.9 个百分点; 而扩建、改建和技术改造项目投资分别增长 4.7% 和 15.8%, 均呈现低速增长态势, 全省投资的外延扩张特点表现依然较为突出。2011 年, 全省六大高耗能行业累计完成投资同比增长 28.2%, 增速高于全国平均增速 9.9 个百分点, 六大高耗能行业投资占工业投资的比重高达 30.6%, 且增速保持快速增长。河南省现实的产业结构中, 多数产品居 "价值链的低端, 产业链的始端", 由于产业结构低端化, 发展路径依赖导致高耗能行业持续扩张, 已经出现了严重的产能过剩。

五、优化投资结构的形势、目标及思路

(一) 来自外部的挑战严峻

当前, 河南省经济增长面临国际国内双重挤压, 面临严峻外部挑战。

1. 世界经济复苏缓慢曲折, 导致扩大出口和吸引外资难度加大

受国际金融危机扩散蔓延影响, 世界经济低位震荡呈现长期化趋势, 贸易保护主义抬头, 外需对我国经济的拉动作用明显衰减。同时, 以美国为代表的发达经济体为了摆脱危机, 实施 "再制造业化" 战略, 吸引国内外资本投资高端制造业, 导致我国吸引外资更加困难, 甚至出现外资回流现象。

2. 国内供需矛盾突出, 产能过剩导致投资进退两难

由于生产要素供应紧张并价格上升, 生态环境约束趋紧, 投资收益下滑, 投资拉动衰减, 消费拉动不足, 产能过剩, 进一步扩大投资的空间受到限制。

3. 国内区域之间经济发展竞争更加激烈, 河南省的优势不明显

政府主导区域经济发展是中国模式的重要特色, 全国各地纷纷出台优惠政策、构建发展平台、创新发展优势, 呈现出竞相发展的态势。东部地区加快产业升级, 挤压了河南省转型空间; 中西部地区加快承接产业转移, 与河南省直接形成同质化竞争。在复杂多变的国际国内形势背景下, 不确定因素增加, 要实现河南省投资与经济快速增长目标, 任务非常艰巨。

(二) 后发优势的有利条件明显

1. 投资与经济增长的阶段性趋势特征

国际经验表明, 在人均 GDP 达到 5000 ~ 13000 美元时, 受投资收益递减因素的影响, 经济增速下降 1 ~ 3 个百分点。2011 年我国人均 GDP 为 5550 美元, 中长期潜在经济增长率趋于下降, 预计由 8% ~ 12% 高速增长阶段过渡到 8% ~ 10% 中速增长阶段; 河南省人均 GDP 为 4065 美元, 经济增速受全国大环境的影响将同步下调, 预计由 12% ~ 14% 高速增长阶段过渡到 10% ~ 12% 次高速增长阶段。

2. 河南省经济后发优势正在逐步显现

河南省每年城镇化率的提高速度比全国高出约 1 个百分点, 带动经济增速比全国高出约 1 个百分点; 产业转移带动经济增速比全国高出约 1 个百分点, 以上两项带动河南省经济增速比全国高出 2 个百分点。此外, 中原经济区上升为国家战略将带来新一轮投资热潮, 全国扩大内需和加快经济转型升级战略将为河南省经济增长开辟新空间, 总之河南省尚处于最佳的发展战略机遇期。

(三) 实现全面小康社会目标, 投资任务艰巨

建成全面小康社会, 须保持 10% 以上的经济增速和 23% 以上的投资增速。

党的十八大提出全面建成小康社会 "两个翻番" 的战略目标, 2011 ~ 2020 年国内生产总值和城乡居民人均收入年均增长 7.2% 即可实现翻番目标。而实际上, 预计 2011 ~ 2020 年我国年均经

济增速将达到 8.5% 左右，将翻 1.26 番。省委及时提出"力争到 2020 年赶上及高于全国平均水平，让全省人民同全国人民一道迈入全面小康社会"。到 2011~2020 年河南省人均 GDP 和城乡居民人均收入达到全国平均水平，须翻 1.64 番，为此经济增速须达到 10% 以上，投资增速须达到 23% 以上（由于河南省投资弹性为系数为 2.3）。

（四）必须坚持"优结构"与"扩投资""创新驱动"并举的方针

要实现经济快速增长就必须依靠投资快速增长，要实现投资快速增长必须依靠优化经济结构和创新驱动，进而实现有效益的绿色经济增长。未来河南省将面临"加快经济增长"和"加快经济转型"双重任务，两者之间是相辅相成的关系，为此必须坚持"扩投资、优结构、创新驱动"并举的投资发展思路。

1. "优结构"是推动经济转型升级的关键

系统论告诉我们，系统结构决定系统功能，系统结构升级是系统功能升级的决定性因素。优化投资结构将成为带动经济全局发展的关键。未来必须坚持"优结构"的指导思想，调整区域、城乡、产业的投资结构，以投资增量调整带动存量经济结构优化，形成经济结构优化升级推动经济增长的内生动力机制。

2. "扩投资"是推动经济快速增长的基础

河南省"投资拉动型"经济增长模式尚未根本改变，河南省要与全国同步建成全面小康社会，必须保持较高的经济和投资增速。未来必须坚持"扩投资"的指导思想，任何时候都不能放松投资，激活民资，凝聚外资，扩张国资，广开资金来源渠道。

3. "创新驱动"是推动经济快速转型发展的动力保障

在新的经济增长阶段，经济增长的动力正在由资本、劳动、土地等生产要素数量投入驱动向创新驱动转变，未来必须坚持"创新驱动"的指导思想，破解资金、土地、技术、人才、资源环境等瓶颈约束，形成创新驱动经济增长的内生动力机制。

六、未来河南省优化投资结构的三大着力点

优化投资结构是优化经济结构、加快经济转型升级、确保经济持续快速增长的必由之路。

（一）调整投资区域结构，向"增长极"和"核心区"倾斜

区域经济发展一般经历"点状集聚、点轴集聚、网络化均衡"三个发展阶段。一般来说，在工业化初期和中期，采取非均衡发展战略，推动增长极和点轴大规模集群发展；在工业化后期，采取均衡发展战略，利用增长极和点轴辐射带动作用，最终实现网络化均衡发展。河南省正处于工业化中期阶段，是增长极和点轴集群发展的关键时期，应实施非均衡发展战略，把集聚发展放在第一位，而不应超越阶段过分追求网络化均衡发展。

1. 把郑州打造成为"世界级超级中心城市"

遵循"增长极"发展规律，实施中心城市带动战略，借鉴东京都市圈经验，按照 2000 万~3000 万人口规划大郑州都市区，首位度提高到 30%，提升为"世界级超级中心城市"。

2. 把"郑汴洛焦新许核心经济区"打造成为我国第四增长极

实施"都市区、城市群"集聚发展战略，瞄准国际水平打造中原城市群"郑汴洛焦新许核心区"，打造郑汴、郑洛、郑许、郑新产业带和都市带，聚集人口 6000 万左右，加快郑州国际枢纽机场和郑州航空港经济综合试验区建设，加快"米"字形高铁网络和城际轻轨网络建设，促进集中优势资源向心集聚，力争打造成我国第四增长极。

（二）调整投资城乡结构，加快新型城镇化进程

美国地理学家诺瑟姆 1979 年提出"世界城市化进程公理"：城市化率在 30%~70% 是城市化加速发展阶段。河南省正处于城镇化加速的中期阶段。城镇化的经济本质是生产要素由农村向城镇集中，调整城乡结构的关键在于加快集约、绿色、低碳和智能的城镇化。

1. 走"集中式"城镇化道路

早期的西欧国家走的是"分散式"城镇化道

路,美国采取的是"集中与分散相结合"的城镇化模式,后发的日本和韩国由于人多地少采取了"集中式"城镇化模式。"集中式"城镇化模式有利于节约资源和提高效率,比较适合我国河南省人多地少的现实,是河南省城镇化的最佳选择。

2. 构建"集中、集群、集约"城镇体系

实施"集群化"战略,优先发展郑州增长极和"郑汴洛焦新许"核心区,加快中原城市群一体化,把周边省辖市建成区域中心城市,把县城建成具有特色产业集群的卫星城市。小城镇不能盲目发展,应因地制宜分类发展,新型农村社区应尽量布局在城镇周边。

3. 加快基础设施现代化

城市病抵消了城市的集聚效应,要破解城市病就必须加快基础设施现代化,投资向城市倾斜的重点是基础设施,建设宜居城市和无线城市,加快地铁、轻轨等现代化公共交通网络体系建设。

(三) 调整投资产业结构,加快产业结构升级

1. 加快经济服务业化

美国经济学家库兹涅茨 1955 年提出:在工业化中期,第二产业占比上升至 50%左右时,达到"倒 U 形"曲线的顶点,之后开始下降;同时第三产业占比开始上升,呈现服务业化趋势。遵循"倒 U 形"规律,加快河南省经济服务业化,促进物流、文化创意、科技研发、旅游、金融、信息、商务等现代服务业集聚发展。

2. 加快产业集聚

遵循产业集聚发展规律,投资向产业集聚区、产业集群、产业基地倾斜,培育发展一批世界级特色产业集群,把郑州建成为"世界级电子信息产业基地",把中原城市群核心区打造成电子信息、装备制造、生物医药等战略新兴产业基地。

3. 加快农业集群化发展

按照工业化、城镇化、农业现代化"三化协调"发展的要求,推动农业规模化,发展农业产业集群,提高市场竞争力;积极争取中央投资,加快高标准农田建设,确保粮食生产能力不断提高。

七、优化投资结构的基础:拓宽投资渠道,扩大投资规模

河南省尚处于工业化中期"投资拉动型"经济增长阶段,"扩投资"仍然是保持经济快速增长的必要条件。必须以投资增量优化经济结构和产业结构,在扩大投资规模的基础上优化投资结构。

(一) 聚集外来投资,推进开放型经济大跨越

继续实施开放带动主战略,完善举省开放体制,实施"大招商三年倍增计划",推广富士康"龙头引进、集群扩张、园区发展"的经验,推动产业的链式转移、集群转移、园区转移。

(二) 激活民间投资,推进民营经济新跨越

完善鼓励民间投资的各项配套政策,破除市场准入壁垒。加大财政支持力度,发挥结构性减税对民营投资的激励作用,扶持科技型中小企业发展。完善投资担保体系,解决小微企业融资难题;建设创业孵化基地,扩大小额贴息贷款规模,减免税费,支持各类创业。实施"1000 家小巨人科技型企业培育计划",支持民营企业做优做强。

(三) 扩大政府投资,提高基础设施和民生保障水平

在公益性、基础性和竞争性三类投资项目中,政府投资的职责就是要保障基础设施建设和基本民生。抓住国家实施积极财政政策机遇,完善投融资体制机制,做大做强政府投融资平台,争取中央投入,吸引社会资金,论证一批、储备一批、上马一批重大项目,加快基础设施现代化。加强教育、医疗、就业、创业、保障房、城乡社区建设等各项社会事业。

(四) 扩大社会融资规模,满足投资需求

建立政府、银行、企业之间的战略合作机制,形成命运共同体;完善信用体系,提高区域信用等级;完善信用担保体系,破解小微企业贷款难题;做大做强地方金融,支撑中原经济区建设;大力发展资本市场,支持更多企业在国内外上市融资,扩大债券融资规模,支持基础设施建设。

八、优化投资结构的保障措施

未来,河南省要破解资金、土地、技术、人才、资源环境等突出难题,必须全面实施"创新

驱动"发展战略，加快制度创新、技术创新、人力资源开发，力争走在全国前列。

（一）加大改革力度，完善体制机制

加大改革创新力度，先行先试，为加快转型发展提供原动力保障，建立有利的体制机制。

1. 破解建设用地瓶颈约束

继续加大土地整理力度，推动建设用地集约利用，实行农村宅基地和整理土地证券化，建立城乡区域统一的地票市场，在全省范围内实行占补平衡，利用市场机制推动土地指标向中心城市集中，试行宅基地退出与城市落户、保障房购买挂钩政策。

2. 破解"扩投资"的瓶颈约束

加快投融资体制改革，引导社会多元投资，保障基础设施投资；完善投资环境，激活民间投资，集聚外来投资；加快金融改革，优化信用环境，扩大社会融资规模，满足融资需求。

3. 破解"优结构"的瓶颈约束

建立加快区域、城乡、产业结构调整升级的政策体系，加快服务业发展，加快新型城镇化进程，加快产业集聚升级，扶持高成长产业、战略新兴产业加快发展，鼓励投资向产业集聚区、产业集群、产业基地集中。

4. 破解"创新驱动"的瓶颈约束

投入不足是制约创新驱动的最大瓶颈，应扩大政府投入占财政收入的比重，引导企业和社会加大对自主创新和人力资源开发的投入力度，尽快达到 GDP 的 2.5%。

（二）加快建设"创新强省"

把自主创新全面纳入政府责任目标考核体系，建立促进自主创新跨越发展的体制机制。

1. 构建以企业为主体、产学研相结合的技术创新体系

对创新型企业和高新技术企业实行特殊扶持政策，鼓励企业走创新发展之路。

2. 打造一大批具有国际水平的技术创新平台

加大对重点实验室、工程实验室、工程技术研究中心、博士后科研流动站和企业技术中心建设的投入，加大对技术创新基地、科研成果转化基地和产业孵化基地投入，创建一批国家创新科技园区。

3. 实施知识产权战略

特别是实施"全民专利行动计划"，力争专利申请量三年翻一番，五年进入全国专利前五名。

4. 建立一支强大的具有国际水平的创新人才队伍

建立创新型人才梯队，实施配套人才政策，吸引国内外创新型人才向河南省集聚。

5. 建立鼓励自主创新的财税政策体系

对技术创新攻关项目、建设项目、更新改造项目、高新技术产品实行税收减免、贷款贴息，对发明专利的申报给予专项财政补贴。

（三）加快建设"人才强省"

人力资本投资的经济社会效益是其他任何投资都无法比拟的，应加大人才投资力度，建设功能强大的多层次人才队伍。

1. 建设高层次人才培养基地

集中资源把郑大、河大建设成为国际一流大学。

2. 建设高级技工培养基地

实施农民工技能培训全覆盖，加快农民工向高级技工转变，扶持若干职业技术教育集团做大做强，鼓励国际化、市场化、品牌化、网络化发展。

3. 鼓励创新型人才的引进

鼓励在全球范围选人用人，引进国内外顶尖人才，推动人才队伍国际化。

4. 推动创新型人才向创新平台集聚

鼓励创新型企业建立博士后科研流动站。建立创新激励机制，鼓励创新型人才脱颖而出。

河南省经济结构性矛盾及投资结构调整的
政策思路（2013 年）[*]

摘要

近年来，河南省经济从 12% 左右的高速增长阶段持续下滑至 9% 左右的中高速增长阶段，究其根源不是短期经济周期因素影响的结果，而在于河南省长期积累的结构性矛盾在新形势下的集中爆发，突出表现在：工业化水平低、城镇化和第三产业发展滞后、产业结构层次低、产业集聚化程度低、产业升级迟缓、人力资本投入不足、创新驱动经济增长的动能不足。为了遏制经济增速持续滑出潜在经济增长率 9%~11% 合理区间，必须加快经济转型和结构升级，打造河南经济升级版。为此，应加快投资结构调整来推动经济结构升级，着力调整城乡投资结构，提高城镇化质量、效益和水平；着力调整区域投资结构，提高区域经济和城镇体系的集聚发展水平；着力调整产业投资结构，加快创新型现代服务业集群、现代工业集群、现代农业集群升级；着力调整资本结构，实施"创新驱动"主导战略，加快经济增长方式由投资等要素扩张驱动向"创新驱动"转变。应加快破除体制机制障碍，着力激活外来投资，实施"引进来"与"走出去"并举的双向开放带动主战略，提升在国际国内产业分工中的地位；着力激活民间投资，积极筑巢引凤，变"候鸟型经济"为"创业型经济"；着力激活政府投资，适度超前推进中原经济区基础设施现代化；着力激活社会融资，满足多元化融资需求，激发各类投资主体主动作为，加快投资结构动态调整，促进经济结构动态优化，推动经济持续快速健康增长。

2008 年以来，河南省积极推进中原经济区、郑州航空港经济综合实验区、粮食生产核心区等国家战略区，倾力发展产业集聚区，积极构建三个体系一个平台，大力实施开放带动主战略，积极承接产业转移，逐步扭转了经济分散发展的旧格局。这一系列举措加快了经济集聚发展和转型升级，激发了经济增长的活力和动力，取得了巨大的发展成就，但是我们必须清醒地认识到河南省经济增速持续下滑的严峻形势。

2007~2012 年，河南省投资效果系数持续下滑至全国平均水平之下，投资增速由 2003~2012 年的年均 30% 左右下降至 2013 年前三季度的 23.5%，经济增速由 2003~2012 年的年均 12.5% 下降至 2013 年前三季度的 8.7%，经济增速已经滑出了 9%~11% 潜在经济增速合理区间。横向对比，河南省也出现明显反差，2006~2012 年，河南省投资增速从全国第 3 位下降到全国第 21 位，

从中西部地区第 2 位下降到倒数第 2 位，从中部六省第 2 位下降到倒数第 1 位；河南省经济增速从全国第 8 位下降到第 22 位，从中西部地区第 2 位下降到倒数第 1 位，从中部六省第 1 位下降到倒数第 1 位。

出现以上问题固然有国内与国际外部大环境的影响，还有经济周期性波动的影响，这些影响因素都是短期性质的，但这次经济增速下滑是呈趋势性的，其根源还在于内因，即河南省内部长期积累的结构性矛盾在新阶段新形势下集中爆发，尤其是工业化水平低、城镇化和第三产业发展滞后、产业结构层次低、产业集聚化程度低、产业升级迟缓、人力资本投入不足、创新驱动经济增长的动能不足。

为了遏制经济增速持续下滑趋势，防止持续滑出"潜在经济增长率 9%~11% 合理区间"，河南省必须坚持"稳增长、调结构、促

---

[*] 本文发表于河南省人民政府发展研究中心《调研报告》2013 年 12 月 23 日第 11 期（总第 835 期）。

改革"并举的方针，以调整投资结构为着力点，推动经济结构升级，破除体制机制障碍，激活投资主体，实施"创新驱动"主导战略，促进经济增长方式由投资等要素驱动向创新驱动转变。

一、经济结构和投资结构存在的突出矛盾

1. 城乡结构失调，城镇化明显滞后

城乡结构失调突出表现在：城乡二元结构矛盾突出，城乡收入差距不断拉大，财产性收入差距拉得更大。

城乡二元结构长期存在的根源在于城镇化严重滞后。一是城镇化率明显偏低。2012年河南省城镇化率为42.4%，比全国低10.2个百分点，列全国倒数第五位，在中部六省倒数第一。二是城镇化明显滞后于工业化。根据钱纳里"工业化阶段理论"模型测算，在人均GDP相同条件下，河南省城镇化率比国际标准值低约13个百分点，这说明河南省城镇化水平明显滞后于工业化阶段。三是"半城镇化"现象严重。全国户籍人口城镇化率与常住人口城镇化率相差约17个百分点；河南省约有2500万流动人口，户籍人口城镇化率与常住人口城镇化率两者相差更大。

造成城镇化滞后的根源在于城乡割据的二元体制。户籍、公共服务、建设用地等与人口流动相互脱节，阻碍了城镇化进程。

2. 区域结构失调，城镇结构体系和空间布局集聚度低

长期以来，河南省在区域政策导向上过分强调均衡发展，忽视集聚发展，投资和经济布局分散化，区域经济集聚、集中、集群、集约化程度偏低，城镇空间布局和结构体系比较松散，集聚效益明显偏低。一是增长极发育迟缓。中心城市、都市区、都市圈发育不足，中心城市综合实力和辐射带动能力不强，郑州市首位度为18.5%，武汉市为34.5%，郑州市比武汉市低16个百分点。中国社会科学院发布的全国城市竞争力排名显示，郑州明显落后于武汉、合肥、西安等周边城市，在最近全国城市分级中郑州市已经降到三线城市之列。二是城市群发展滞后。中原城市群人口规模在中西部地区排第一，但由于竞争力较弱、缺乏分工协作、缺乏联动互动、关联不紧密，因此一体化进程缓慢。

3. 三次产业结构失调，第三产业明显滞后

长期以来，由于河南省城镇化水平低、产业布局分散、经济集聚化程度低，这导致第三产业发展迟缓、在三大产业中占比偏低，明显滞后于工业，明显落后于全国平均水平，明显背离全国经济出现的服务业化大趋势。2000~2010年河南省第三产业产值占比由31.6%下降到28.6%，处于滑落趋势；而全国同期的占比由39.0%提高到43.2%，处于上升趋势，河南省与全国相比反差明显。

4. 服务业内部结构失调，现代服务业发展迟缓

河南省传统服务业层次较低，升级缓慢，缺乏大型企业集团和知名品牌支撑，竞争力较弱；河南省现代服务业发育迟缓，电子商务、文化创意、科技研发、金融、房地产等发展滞后，尤其是现代服务业投资占比不升反降，占全国的比重微乎其微，导致整个服务业发展迟缓。2011年河南省交通运输、仓储和邮政业投资占比为4.6%，比全国低4.5个百分点，投资总额约占全国同行业的1.5%；河南省信息传输、计算机服务和软件业投资占比为0.2%，比全国低0.5个百分点，投资总额约占全国同行业的1.5%；河南省金融业投资占比为0.09%，比全国低0.12个百分点，投资总额约占全国同行业的2.6%。

5. 工业内部结构失调，集群化水平低，升级缓慢

工业内部结构失调突出表现在升级缓慢：一是产业结构层次低、链条短、升级慢。2010年，河南省资源性工业增加值占全省工业的63.6%，其中能源原材料工业占比为51.5%，而装备制造、汽车及电子信息等新兴产业占比不足18%，工业结构以能源原材料和初级产品为主。二是产业布局分散，经济集聚度较低。2012年，河南省第二产业从业人员中城镇仅占27.2%，而乡村高达72.8%，其中制造业城镇只占25.4%，乡村占74.6%，这种乡村工业化的分散发展模式难以形成集聚效应。三是产业集群发育迟缓，产业集中

度较低。据统计，河南省规模以上工业主营业务收入超 100 亿元的企业仅 30 家，而广东省、江苏省、浙江省、山东省均超过了 100 家。在全国百佳产业集群中，浙江省 36 个、广东省 21 个、江苏省 17 个，而河南省只有 1 个。四是投资外延性扩张明显，高耗能行业产能过剩严重。2011 年六大高耗能行业投资占工业投资的比重高达 30.6%，外延扩张依然较为突出。

在河南省工业产业结构中，多数产品居产业链的初端、价值链的低端，产业结构低端化，原材料产业持续低水平扩张，高加工度产业发展迟缓，科技含量低，尤其是高耗能、高污染、高消耗、资源型行业持续扩张、产能严重过剩，发展陷入低水平重复建设的怪圈。资源导向的发展思路不适应市场变化需要，难以摆脱对粗放型发展路径的惯性依赖，这既限制了经济增长的空间的拓展，也制约了经济增长质量的提高。发展方式转变必须首先转变发展思路。

6. 农业内部结构失调，规模化和集群化程度低

2008~2012 年河南省农业产值年均增速为 4.5%，比全国低 0.3 个百分点，说明河南省农业增长后劲不足。河南省农业结构失衡，种植业占比 61.4%，比全国高出 8.9 个百分点，种植业占比偏高，而种植业的比较效益较低。河南省农村人口人均农业产值为 6210 元，全国为 13929 元，河南省仅为全国的 44.6%，所以河南省农业劳动生产率和规模化经营水平与全国尚有较大差距。

另外，河南省区域之间农业结构趋同，差异化发展不足，地域特色优势不明显，低水平重复竞争发展格局；农业集群化和基地化水平较低，农业规模化企业较少，产业化龙头企业规模较小，带动作用不强，新特名优产品和知名品牌较少，农产品科技含量较低、品质较低，高端专用农产品较少；农业科技创新投入不足，创新能力较弱，技术推广和技术培训比较薄弱；城镇化虽然加快了农村劳动力转移，为农业规模化创造了条件，但同时，有知识技能的青壮年大部分进城务工了，留下来务农的多数是老人和妇女，农业从业人员的数量和素质出现"双降"，农业发展的后劲和潜力明显不足，务农人员素质退化的问题应引起关注。

7. 物化资本与人力资本、创新资本的结构失调，创新动力不足

多年来，河南省经济增长主要依靠投资和劳动力等要素投入规模外延扩张来驱动，内涵发展不足，改造提升不足，技术进步缓慢，人员素质提高缓慢，高层次创新型人才短缺，发展粗放，经济增长模式尚未转移到依靠技术进步和劳动者素质提高的"创新驱动"轨道上来。一是对人力资本和自主创新投入不足。创新驱动尚未上升到全省经济社会发展的战略层面，还未成为政府和企业的自觉行动。河南省规模以上工业企业研究与试验发展（R&D）人员 9.4 万人、经费 213.7 亿元，分别占全国的 4.8%、3.6%，与总人口和经济总量占比不相适应。二是技术创新成果少。2011 年，河南省专利申请量为 3.4 万项，仅占全国的 2.3%，相当于江苏省的 1/10、广东省的 1/6。三是创新型人才少。河南省缺乏一流大学，全国 112 所 211 工程大学中河南省仅有 1 所，39 所 985 大学中河南省为空白。四是创业环境不优。地方政府对扶持创业重视不够，缺乏配套扶持政策，缺乏创业孵化，财政引导投资不足，难以吸引高新技术人才和留学归国人员。

二、调整投资结构促进经济结构优化的战略重点

优化投资结构是优化经济结构、加快经济转型升级、确保经济持续快速增长的必由之路。

1. 调整城乡投资结构，提高城镇化规模、质量、效益和水平

城镇化既是扩大内需拉动经济增长的战略重点，又是消除城乡二元结构和两极分化的根本途径。根据钱纳里"工业化阶段理论"和诺瑟姆"世界城市化进程公理"，城市化率在 30%~70% 是城市化加速发展阶段。未来几年，河南省仍处于城镇化加速的中期阶段，应汲取世界城镇化发展的经验教训，避免陷入城市病怪圈，避免陷入中等收入陷阱，走绿色、低碳、智能、健康的新型城镇化道路。力争 2020 年河南省城镇化率接近 55%，与全国的差距缩小到 5 个百分点左右，常住人口城镇化率与户籍人口城镇化率之间的差

距缩小到 5 个百分点左右。

加快城镇化的同时，应提高城镇化的质量效益。一是引导人口和投资向城镇集聚。加快构建城乡统一的要素市场，促进自由流动，优化资源配置，加快城镇化进程。二是治理城市病。加大城市基础设施建设投资力度，对交通拥堵、雾霾天气、污染排放、垃圾围城、城市内涝等城市病进行综合治理，提高城镇承载能力，建设宜居宜业城镇。三是促进城乡公共服务均等化。加快农民工市民化，促进城乡之间、城市内部公共服务均等化，消除城乡之间以及城市内部的二元结构。

2. 调整区域投资结构，提高区域经济和城镇布局的集聚发展水平

一般来说，区域经济要经历"非均衡集聚化发展"和"平衡网络化发展"两个阶段，"非均衡集聚化发展"是整个工业化阶段（初期、中期、后期）的典型特征，"均衡网络化发展"是工业化基本完成之后的后工业化阶段的典型特征。"非均衡集聚化发展"有点状集聚、点轴集聚、群状集聚三种不同形态。河南省处于工业化中期靠后的阶段，应当遵循非平衡集聚发展规律，实施非均衡集聚的区域经济发展战略，推进快速集聚发展。只有工业化城镇化完成之后，才能进入高水平的网络化均衡发展阶段，如欧洲和美、日等发达国家工业化城镇化均已完成，进入网络化均衡发展状态。

早期的西欧国家城镇化经历了 200 多年的漫长时间，其城镇体系相对松散；后来的美国城镇化经历了 100 多年，时间大大缩短，由于地广人稀，形成了"适度集中又适度分散"的城镇体系；后发的日本、韩国、新加坡等国家城镇化经历了 50 多年，时间更短更集中，由于国土面积狭小，普遍形成了"集中式"城镇体系。"集中式"城镇化模式符合非均衡集聚发展的一般规律，有利于节约资源、提高效率、形成集聚效益，比较适合河南省人多地少的基本省情。

河南省应实施非均衡集聚的区域经济发展战略，走"集中式"城镇化道路，构建集聚、集中、集群、集约型的城镇体系，推动中心城市增长极、都市圈、都市带、城市群集聚发展。把以郑州为中心的中原城市群打造成为河南省城镇体系的主体形态。

中原经济区和中原城市群的强弱取决于郑州中心城市的强弱，与东京都市圈、北上广深等一线城市相比，郑州依然太小太弱。十八届三中全会提出了限制特大型城市发展的指导方针，主要是针对北上广深等 2000 万左右人口的一线城市、"摊大饼"式发展模式所带来的城市病来说，郑州市从人口规模上尚有 1 倍以上的差距，具有巨大的发展回旋空间。同时，中央城镇化工作会议提出了重点发展中西部地区的中心城市和城市群，这为郑州中心城市和中原城市群跨越发展指明了方向。

一是把郑州打造成为"世界级超级中心城市"。应遵循"增长极"理论，实施中心城市带动战略，借鉴东京都市圈发展经验，按照 2000 万人口规划大郑州都市区，将首位度提高到 30% 以上，发展战略定位应提升为"中部地区中心城市"和"世界级超级中心城市"。①以行政区划调整为突破口构建郑州都市圈的框架，避免城市病。城市病主要是由于"摊大饼式"的城市扩张引起的，"主城区+卫星组团+卫星城镇"是避免城市病的有效模式。应借鉴国际上东京都市圈、新加坡都市圈发展经验，借鉴国内武汉、成都、重庆等城市发展经验，着力发展卫星城镇或城市组团，加快行政区划调整，中牟、新郑、荥阳、新密、登封、巩义撤县（市）设区。加快郑汴洛一体化进程，推动郑汴洛产业带和都市带一体化。②以郑州航空港经济综合实验区为依托打造"郑州自由贸易区"。自贸区成为"中国经济升级版"的新引擎，据了解，除上海外，目前包括天津、深圳、重庆、浙江、福建等在内的诸多省市均在积极争取自贸区试点。郑州具有建立自贸区的优势和基础条件，拥有大枢纽、大物流、大产业、大都市的优势，拥有郑州航空港经济实验区优势，拥有内陆地区第一个保税区。因此应积极申报郑州自贸区，打造改革开放平台。③加快构建郑州大都市圈智能化轨道交通网络。借鉴国内外大都市区智能化轨道交通发展经验，规划建设 500 公里以上的地铁和轻轨网络。目前郑州市轨道交通发展状况比武汉市落后 3~5 年，比北京、

上海落后 30 年以上，加快发展势在必行。

二是把中原城市群打造成为我国第四增长极。城市群已经被确立为我国城镇化的主体形态。据悉，最新的国家城镇化规划将城市群分为三级，沿海长三角、珠三角、京津冀为一级城市群，中原城市群等十个左右为二级城市群，其他还有十几个三级城市群。中原城市群在二级城市群中规模最大，但缺点是大而不强。中原城市群未来目标定位应为二级城市群的"领头羊"，远期应进入国家一级城市群之列，力争成为我国第四经济增长极。为此，应实施郑州中心城市带动战略，同时实施中原城市群一体化战略。由于交通一体化是城市群一体化的重要基础，应率先加快中原城市群立体综合交通一体化，以互联互通、无缝对接的"铁公机"综合交通体系建设为突破口，加快推进中原城市群一体化建设，规划建设中原城市群全国最大的城际铁路网络。瞄准国际水平打造中原城市群"郑汴洛焦新许核心区"，打造郑汴、郑洛、郑许、郑新产业带和都市带，聚集人口 5000 万左右，促进优势资源向心集聚。

三是构建区域中心城市（省辖市）都市圈。以其他省辖市为中心、以周边县城为卫星城市，构建区域中心城市都市圈。积极谋划都市圈地铁轻轨网络建设。

四是分类发展小城镇。小城镇的发展不可盲目扩张，针对不同区域、不同功能的小城镇应科学定位、区别对待、分类指导、适度发展，城市周边的小城镇可发展为卫星城镇，工业型小城镇可发展为小城市，大量的农业型小城镇发展的重点在于完善服务三农的功能。避免新农村社区建设"一刀切"，应尊重农民意愿，城市周边系农村社区应纳入城市总体规划，边远农区新农村社区应体现田园风光的天然形态。

3. 调整三次产业投资结构，加快创新型现代服务业集群化升级

美国经济学家库兹涅茨 1955 年提出"倒 U 形"理论：在工业化中期，第二产业占比上升至 50% 左右时，达到"倒 U 形"曲线的顶点，之后开始下降；同时第三产业占比开始上升，呈现服务业化趋势。河南省应遵循"倒 U 形"

一般规律，加快三次产业结构服务业化，以服务业升级带动经济升级。一是重点发展现代物流、信息、电商、创意、文化旅游、房地产、金融、健康、商务服务九大现代服务业主导产业。做大做强物流产业，依托交通枢纽建立一批具有专业市场和电子商务功能的物流园区；做大做强电子商务产业，建立一批电子商务园区，引进国内国际电子商务龙头企业，建立国际电商总部基地；做大做强金融产业，引进战略投资者，发展一批民营银行，整合重组全省城市商业银行，组建股份制"中原发展银行"；做大做强创意（服务外包）产业、健康产业、特色文化旅游产业，建立产业园区，形成产业链条。二是打造服务业集聚发展平台。围绕现代服务业建立一批特色产业园区，支持中心城市中央商务区、中小城市和县城商业中心区建设，将产业集聚区发展的政策全面引入服务业园区。三是培育服务业龙头企业。引进一批战略投资者和国内外知名企业品牌，培育形成 100 户大型龙头企业，重点抓好 100 个重大项目建设。

根据迈克尔·波特国家竞争优势理论，创新型产业集群是区域经济取得竞争优势的重要源泉。产业结构调整的目的就是为了形成新的竞争优势，所以河南省应实施创新型产业集群发展战略，加快推进产业集中、集聚、集群、集约创新发展。

构造一批跨越三次产业的链式产业集群。遵循产业"融合发展、关联发展、互动发展、集群发展、创新发展、升级发展"的规律趋势，以河南省现有的特色优势产业集群为基础，链式整合，沿产业链纵向或横向扩展，构建具有河南特色、具有国际影响力和竞争力的现代产业体系。重点构造以下八大创新型产业链式集群：①信息产业链式集群。信息产业具有无限可能和无限发展空间，重点发展计算机及系统集成、移动智能终端、智能通信、大数据、云计算、物联网、互联网、软件设计、动漫产业、信息服务外包、智能安防、卫星导航、电子商务等产业集群。②汽车产业链式集群。重点发展轿车、客车、专用车、新能源汽车、汽车零部件制造、车用电子信息产品、车用新材料、4S 服务等产业集群。③食

品产业链式集群。重点发展种植业、养殖业、加工业、物流业、商业网络服务业、餐饮业、研发服务等产业集群。④房地产业链式集群。房地产业是城镇化的支撑产业，是财政收入支柱，能带动几十个行业发展，能带动消费扩大和升级，重点发展新型建材、建筑、房地产、研发服务等产业集群。⑤金融产业链式集群。随着我国银行金融机构的放开，产业与金融将实现快速融合，各类实力强大的企业将进军金融业，金融业将进军一、二、三产业，鼓励骨干企业牵头成立民营银行、保险公司、基金公司、风险投资公司、证券投资公司等金融机构，促进融合式互动发展。⑥健康产业链式集群。健康产业是拉动内需和保障民生的复合型产业，重点发展生物医药、保健用品及营养食品、医疗器械及用品、医院医疗、整形美容、体育健身、养老服务、健康管理等产业集群。⑦电商物流产业链式集群。电子商务将成为未来的主体商业模式，其基础是互联网络和物流产业，重点发展电商基地、电商物流、电商制造业，形成电商链式产业集群。⑧创意产业链式集群。重点发展创意文化产业、创意旅游业、软件及动漫产业、工业设计、技术研发等产业集群。

4. 调整工业投资结构，加快创新型工业集群化升级

调整工业投资结构目的是为了升级产业结构，其依据是现代产业体系。根据产业经济学，由于技术进步和需求结构升级演变的原因，产业结构不断更新和升级，新的产业不断出现，进入成熟期的产业稳定发展，进入衰退期的产业不断萎缩、退出或转移，产业结构体系可以划分为战略产业、主导产业、支柱产业、夕阳产业。产业体系是不断更新演进的，河南省已经进入新的转型阶段，必须重新审视原有产业体系，积极构建新的现代产业体系，明确战略产业、主导产业、支柱产业、夕阳产业。

构建"4664"现代工业产业体系。一是着力培育四大战略产业（战略新兴产业）。战略产业大都处于快速起步阶段，亦称"新兴产业、战略新兴产业或朝阳产业"。战略新兴产业就是有可能成为未来主导产业的产业，具有技术进步快、

起步快、发展快、前景广阔等特点，据此，河南省应选择新能源、新材料、节能环保、生命科学四大战略产业。二是倾斜发展六大主导产业（高成长产业）。高成长性是主导产业的重要特点，主导产业亦称"高成长性产业"。主导产业最显著的特点是带动作用强，在经济发展中起主导作用，具有高成长、技术进步快、市场需求大、比较优势明显等特点，"比较优势"是确定主导产业的根本原则。电子信息产业是河南省近年来增长最快且潜力最大的产业，未来具有无限发展可能，建议将电子信息产业作为河南省的战略型主导产业。同时，汽车、装备制造、新型建材、食品产业、生物医药等产业符合主导产业选择的特点和原则，应确定为河南省的"支柱型主导产业"。三是改造升级六大支柱产业（传统优势产业）。支柱产业是具有一定比较优势的产业，亦称"传统优势产业"。支柱产业最显著的特点是规模占比较大，在经济发展中起支撑作用，已经从高速成长阶段过渡到稳定发展阶段，技术和市场进入成熟期。据此，河南省应重点改造提升有色金属、钢铁、纺织服装、轻工、化工、能源六大支柱产业。四是限制淘汰或转移四类夕阳产业。主要包括资源枯竭的能源原材料采掘业，高耗能的低端加工业、高污染的低端加工业、产能严重过剩的落后产业四类产业。

以创新型产业集群发展壮大为核心，打造创新型产业集聚区和产业基地。一是打造一批创新型产业集群。着力构造八大跨越三次产业的链式产业集群，重点发展50个省级特色的创新型产业集群，每个省辖市重点发展2个产业集群，每个县（市）重点发展1个产业集群。各地区应紧紧围绕产业集群的培育发展壮大构建技术创新体系，创新型产业集群的发展状况应作为各级政府区域经济考评排序的核心指标。二是打造一批创新型产业集聚区。"集群创新"是未来产业集聚区发展的唯一正确道路，依托特色产业集群创建创新体系，构建公共技术研发平台、工业设计、产品检测、技术培训、信息服务、专业市场等公共服务体系，支持企业建立研发中心、开发高科技产品、申报技术专利，实行鼓励企业创新发展的扶持政策，形成集群创新优势。特色产业集群

及其创新能力应作为产业集聚区考核排序的核心指标。三是打造一批创新型产业基地。充分利用国际国内产业结构调整、重组、转移的历史机遇，培育一批世界级或国家级的产业基地。把电子信息和食品产业打造成为世界级的产业基地；把汽车、装备制造、新型建材、生物医药、新能源、新材料、服装轻工等打造成为国家级的产业基地。把郑州航空港经济综合实验区打造成为世界级高新技术产业集聚区。

消化过剩产能，加快产业升级。当前产能严重过剩是由于经济周期谷底与盲目的低水平重复投资相互叠加而形成的，消化过剩产能应坚持分类指导、综合施治：一是高污染且治理无望的，关停一批。长期污染不达标，又无法治理的企业退出本地市场，例如小水泥、小炼焦、小钢铁、小化工等高污染高耗能企业应关停。二是引进战略投资者，重组一批。对规模效益较低、技术产品更新慢、竞争力弱的企业应加快重组步伐，例如安钢早已不符合规模经济要求，应积极引入战略投资者，力争早重组早主动。三是拉长产品链条，升级一批。对技术落后、产品不适销对路、缺乏竞争力的，应加快技术更新，拉长产业链条，推动产品升级。如煤电铝、煤电化等应拉长产业链条，向精深加工升级。如多晶硅太阳能电池产业属于朝阳产业，应加快产品升级换代。四是腾笼换鸟，转移一批。比较优势丧失的低端的初级加工产业应加快向省外转移，如煤炭、石油、火电等产业应加快向新疆等地转移，河南省主要发展产业链的高端部分，如河南煤化集团等应积极向外扩张，把原料基地、初级加工转移出去，重点发展精深加工以及技术研发、资本品牌运营等。

5.调整农业投资结构，加快创新型农业集群化升级

农业规模化是快速城镇化的必然结果，农业集群化是农业规模化、企业化、标准化发展的必然要求，是农业现代化的最优组织形态。应加大土地流转力度，促进土地向种植大户集中，加快农业基地建设和集群化发展。一是提升粮食生产核心区建设水平。以提高土地综合产出能力为核心，以中低产田改造和高产示范田创建为重点，继续实施千百万工程，加强水电路等基础设施标准化建设，结合土地整理项目，力争每年建设标准化高产示范田200万亩，到2020年完成50%以上的中低产田改造任务，每年增产粮食20亿斤。对粮食基地县政绩考核要单列，积极争取中央投入，加大对粮食生产核心区基地县的财政转移支付，缩小粮食基地县公共服务水平与工业县的差距，对粮食生产的综合补贴水平应逐年提高，提高农民种粮收入和种粮投入积极性。二是做大做强一批特色农业集群。建设现代农业基地也是国家战略，包括种植业和养殖业两大基地建设，其重点任务是培育特色农业集群，应把工业产业集群发展的成功经验和政策引入到农业之中，着力打造100个名优特肉蛋奶畜产品产业集群，尤其是肉牛、肉羊、奶业、特种养殖业集群，打造100个名优特蔬菜、油料、林果、苗木花卉、中药材等种植产业集群。争取中央财政每年投入10亿元支持河南省创新型农业集群发展，重点支持标准化建设、公共技术研发平台、信息服务、技术推广、技术培训等。三是做大做强一批农业规模化龙头企业。培育一批种养规模化龙头企业，培育一批农产品加工业龙头企业，培育一批种养加科工贸一体化的龙头企业，打造一批链式产业集群。争取中央财政每年投入5亿元支持河南省创新型农业规模化龙头企业发展，重点支持500家龙头企业标准化建设和研发推广中心建设等。推广双汇经验，培育一大批国家级、省级知名品牌和农业上市公司。

6.调整物化资本与人力创新资本结构，全面实施"创新驱动"主导战略

当前，随着劳动力无限供给特征逐步消失、资源枯竭、环境容量极限等制约，依靠劳动力和资本低成本规模扩张的"外延型、粗放型"经济增长模式已经走到尽头，必须加快向"创新驱动型"的内涵集约经济增长模式转变。一是重构河南省经济升级版的战略体系。打造河南经济升级版必须提升"创新驱动"的战略层次，应以"可持续发展"为目标导向战略，"科教兴豫、人才强省"为基础战略，"开放带动"为主导战略，"创新驱动"也属于主导战略，共同构成河南省的战略体系。"开放带动"

主导作用主要通过汇聚外来投资带动经济增长，依靠外来投资驱动增长；"创新驱动"主导作用主要通过人力资源提升和技术创新来驱动经济增长。二是构建河南省"创新驱动"战略体系。以市场为导向，以加快升级现有产业和构建现代产业体系为目标，以创新型产业集群培育发展壮大为核心，以打造创新型企业为主体，以创新型产业集聚区、特色产业园区、创意园区为载体，以各类创新平台建设为重点，以创新型人才队伍建设为基础，以引进消化吸收再创新、密切产学研结合、构建产业创新联盟为路径，以知识产权专利发明及其经济社会效益为评价标准，形成内生的自主发展的体制机制。将"创新驱动"绩效纳入政府考核体系。三是打造创新型产业集聚区。中心任务是打造创新型产业集群，每个产业集聚区重点发展一个创新型产业集群，鼓励创新型企业、高新技术企业集聚发展，每个省辖市至少建立一个高新技术产业集聚区。把创新型产业集群作为全省产业集聚区考评排序的核心指标。四是加快各类创新平台建设。支持大型骨干企业建立国家级研发中心，支持中小型企业创建省市级研发中心；支持产业集聚区建立公共技术研发中心、检测中心、信息中心、技术交易中心等服务平台；支持技术创业孵化器建设，省辖市、县（区、市）、产业集聚区应建立"大学生创业园区"；支持技术研发专业园区建设，鼓励省辖市建立"归国人员创业园区"，创建"技术研发专业园区""创意设计园区"等。五是实施专利战略，建立专利激励政策。激励方式划分为源头激励、过程激励、结果激励等，结果激励是一种最有效的激励方式，对专利发明给予奖励就是激励创新的最有效途径，建议省市政府对发明专利给予申报成本全额奖励，对产生重大经济效益或社会效益的发明专利给予重奖。把专利发明作为产业集聚区、产业集群、创新平台考评的核心指标。六是建立创新型人才队伍。倾斜支持郑大、河大冲击世界一流大学，建设5所国内一流大学，加大民办高校投入力度，鼓励发展职教集团，改革办学体制机制和教育模式，吸引社会资金投入教育，培养出大批创新型、技能型人才。加大人才培育、引进、利用的投入力度，在人才引进和使用上应引入竞争机制，不拘一格，唯才是用。

三、激活投资主体，实现经济总量增长与结构优化双重目标

投资主体也是结构调整的主体，应发挥好外资、民营、国有、混合等各类企业的决定性作用，同时发挥好政府投资的补位作用。河南省尚处于工业化中期"投资拉动型"经济增长阶段，由于投资总量增长与投资结构优化互为基础条件，因此必须坚持"扩投资"与"优结构"并举的政策导向。优化投资环境，加强政策引导，激活投资主体，实现投资总量快速增长和结构优化双重目标。

1. 激活外来投资，提升在国际国内产业分工中的地位

当前国际国内产业都处于深度调整时期，河南省应抓住这一难得历史机遇，实施开放带动主战略，完善举省开放体制，实施"引进来"与"走出去"并举的"双向开放"战略，在世界范围内优化重组生产要素，开拓市场，加快发展。一是强力实施"引进来"战略，大规模承接高端产业链整体转移。据测算，开放型经济对河南省经济增长的直接贡献率约三分之一，对结构升级的作用更加显著。河南省应坚持把开放招商作为一举应多变、一招求多效的综合性战略举措，继续强力实施"引进来"战略，继续开展"大招商"活动，实施"吸引外资和出口贸易倍增计划"，大规模、高水平、集群化地承接国际国内产业链转移，特别是承接出口型产业转移。以产业集聚区为主平台，以产业集群的发展为主攻方向，注重承接产业的链式转移、集群转移、园区转移，引进培育一批产业集群。推广富士康"龙头带动、集群发展、园区承载"的经验，注重引进龙头企业，特别是要大力引进世界500强企业和国内500强企业在河南省建立区域总部、生产基地、研发基地、运营基地等。二是加快实施"走出去"战略，转出过剩产能，培育本土跨国公司。"走出去"是新阶段河南省对外开放的重大战略转变，必须打破封闭僵化保守的旧观念，树立只有"走出去"才能大发展的新理念，为过

剩产能寻求出路，开辟出口市场，建立稳定的原料来源基地。实施"东引西进"战略，发挥西部地区资源优势，推动河南省能源原材料产业向西部地区转移。推广双汇集团的经验，支持河南省有实力的企业跨国兼并重组，重点培育100家河南本土跨国公司，实现品牌国际化快速扩张。鼓励低端过剩产业链转移出去，省内大城市重点发展高精加工、总部经济、资本运营、品牌扩张、技术研发、网络营销等产业链的高端部分。

2. 激活民间投资，变"候鸟型经济"为"创业创新创造型经济"

河南省民营经济占经济总量的比重已经超过60%，占固定资产投资的比重超过80%，占吸纳城镇就业的比重超过90%，已成为经济增长的重要引擎、吸纳就业的重要渠道、科技创新的重要载体、县域经济的重要支撑。当今世界，随着区域和世界经济一体化，企业越来越"候鸟化"，经济越来越集群化，"筑巢引凤"是我们激活民间投资的正确选择。一是扫除体制障碍。建立负面清单，做到法律非禁即准，一视同仁；取消80%以上的政府审批事项，真正让企业自主决策；全面推行企业登记制度，降低创业成本，激发创业活力。二是推进创业孵化基地建设。各地都应依托产业集聚区、专业市场，构建良好的孵化器创业平台，建设创业孵化基地，扩大小额贴息贷款规模，减免税费，补贴房租，支持各类创业。三是建立企业梯队。省市政府设立支持专项资金，重点扶持100家创新型龙头企业进入全国各行业第一方阵，鼓励国有企业并购重组，培养造就领军企业家队伍；重点支持1000家科技型"小巨人"企业快速成长升级，对科技型企业实行奖励、贴息、减免税费。

3. 激活政府投资，适度超前推进中原经济区基础设施现代化

基础设施建设是政府的职责和投资重点，河南省正处于工业化、城镇化快速推进阶段，处于经济转型升级的关键阶段，应当强化基础设施的先行引领和支撑作用。尤其是当前处于经济周期低谷，应实施积极财政政策，加大政府基础设施投资力度，取得惠民生、稳增长和调结构的多重效果。一是加快"三级五网一体化"轨道交通网络建设。轨道交通具有"大容量、大运力、低成本、快捷、准时、高效"等特点，轨道交通应列入河南省下一步基础设施投资重点，力争2020年基本建成"三级五网一体化"轨道交通网络体系。"三级"是指"国家骨干网、城市群网、市域网"三级网络。"五网"是指普铁、高铁、城铁、轻轨、地铁，"一体化"是指互联互通、无缝对接、零换乘。加密升级普铁网络，加快推进"米"字形高速铁路网络建设，打造全国最大的普铁、高铁枢纽型网络；力争2020年前建成（1+8）中原城市群1000公里骨干网络，规划建设（1+8+9+14）大中原城市群3000公里城际铁路网络，最终形成覆盖全部中原经济区的城际铁路网络；加快郑州地铁、轻轨网络建设，远景规划设定为主城区地铁500公里、都市圈轻轨500公里。二是加快郑州航空枢纽、智能化物流基地和自由贸易区基础设施建设。按照国际一流标准加快郑州机场第二跑道和第二航站楼建设，高标准规划建设"铁公机"交通枢纽，与"五网"轨道交通实现无缝对接；高标准规划建设物流基地，引进战略投资者，强化与阿里巴巴"菜鸟"合作，推动物流产业的智能化水平；积极推进郑州航空港自由贸易区建设，整合机场、物流基地、电商基地、专业市场、产业集聚区、商务中心区，合理申报自由贸易区。三是加快城市基础设施升级改造，综合治理城市病。加强城市供水、污水、雨水、燃气、供热、通信等各类地下管网建设和改造，加强城市排水防涝防洪设施建设，解决城市积水内涝问题，加强城市污水和生活垃圾处理设施建设，加强城市道路交通基础设施建设，增强城市路网的衔接连通和可达性、便捷度，加强城市电网建设，加强生态园林建设。四是全面引入民资，解决基础设施建设资金短缺问题。对经营性质的基础设施建设，可采取"特许经营"和"综合开发"模式，全面引入民资；对纯公益的基础设施建设，可以采取多种灵活方式，政府首先应加大投入力度，其次通过"综合开发"模式全面引入民资。

4. 激活社会融资，满足各类投资需求

建立完善的社会融资体系，推动资本要素优化配置，提高投资效率效益，满足各类投资主体的需求。①完善金融机构体系，提高金融国际化市场化水平；②加快郑东新区金融中心建设，积极申报郑东新区"国家金融改革试验区"，大力引进外资银行和风险投资机构，支持国内外知名金融机构建立区域总部和后台服务基地；③做大做强地方金融机构，加快城商行和农信社的改革，建立现代金融制度，依托省内骨干企业组建一批民营银行；④大力发展资本市场，支持更多企业在国内外上市融资，扩大债券融资规模，支持基础设施建设；⑤依法规范投资担保行业和民间借贷，加强监管，控制风险，促进健康有序发展；⑥完善政府投融资平台建设，扩充资本实力，控制债务风险，拓宽市场化融资渠道，实现稳健发展。

河南省投资结构优化与经济结构升级问题研究（2014年）[*]

摘要

近年来，河南省投资结构与经济结构的调整取得了巨大成就，但是，现实结构性矛盾依然十分突出，区域经济布局分散，城镇化和服务业严重滞后，工业结构升级缓慢，产业集聚效应低，投资和经济增速在中部六省中的位次逐步下滑。未来应注重调整区域投资结构，向"增长极"和"核心区"倾斜；调整城乡投资结构，推进城镇集群化发展；调整三次产业投资结构，推动经济服务业化；调整工业投资结构，加快产业集群化发展；调整农业投资结构，加快农业集群化发展。注重发挥各类市场主体在结构优化升级中的主力军作用，树立制度创新新思维、技术创新、人才创新的新思维，以"创新驱动"保障结构优化升级。

2008年以来，河南省积极推进中原经济区、郑州航空港经济综合实验区、粮食生产核心区等国家战略，倾力发展产业集聚区，积极构建三个体系一个平台，大力实施开放带动主战略，积极承接产业转移，逐步扭转了经济分散发展的旧格局，加快了经济集聚发展和转型升级，激发了经济增长的活力和动力，通过一系列重要举措的落实取得了巨大发展成就，但是我们必须清醒地认识到河南省经济增速持续下滑的趋势性严峻形势。

2007~2012年，河南省投资效果系数持续下滑至全国平均水平之下，投资增速由2003~2012年的年均30%左右下降至2013年前三季度的23.5%，经济增速由2003~2012年的年均12.5%下降至2013年前三季度的8.7%，经济增速已经滑出了9%~11%潜在经济增速合理区间。横向对比，河南省也出现明显反差，2006~2012年，河南省投资增速从全国第3位下降到全国第21位，从中西部地区第2位下降到倒数第2位，从中部六省第2位下降到倒数第1位；河南省经济增速从全国第8位下降到第22位，从中西部地区第2位下降到倒数第1位，从中部六省第1位下降到倒数第1位。

出现以上问题固然有国内与国际外部大环境的影响，还有经济周期性波动的影响，这些影响因素都是短期性质的，但是这次经济增速下滑呈趋势性的，其根源还在于内因，即河南省内部长期积累的结构性矛盾在新阶段新形势下集中爆发，尤其是工业化水平低、城镇化和第三产业发展滞后、产业结构层次低、产业集聚化程度低、产业升级迟缓、人力资本投入不足、创新驱动经济增长的动能不足。

为了遏制经济增速持续下滑趋势，防止持续滑出"潜在经济增长率9%~11%合理区间"，河南省必须坚持"稳增长、调结构、促改革"并举的方针，以调整投资结构为着力点，推动经济结构升级，破除体制机制障碍，激活投资主体，实施"创新驱动"主导战略，促进经济增长方式由投资等要素驱动向创新驱动转变。

一、河南省投资与经济成就巨大

近年来，河南省坚持扩需求、调结构、创优势、破瓶颈、惠民生，大力改善投资环境，不断拓宽投资渠道，推进产业集聚发展，加快经济转型，以投资结构优化带动经济结构优化，实现了投资与经济双跨越。

---

[*] 本文为河南省政府决策咨询研究招标课题（2012B328）相关成果，并发表于《决策探索》2014年1月28日。

1. 投资规模增长加快，推动经济持续快速发展

全省上下按照中原经济区建设的战略部署，坚定不移地抓投资、抓项目，全社会固定资产投资呈高速增长态势，成为推动全省经济社会发展的主要支撑力量。①固定资产投资扩张带动经济增速不断走高。1981～1992 年、1993～2003 年、2004～2012 年河南省固定资产投资增速分别为 18.6%、20.3%、30.9%，分别比全国高出 -2.2 个、0.3 个、5.9 个百分点；GDP 增速分别为 10.1%、11.3%、12.7%，分别比全国高出 0.4 个、1.4 个、2.2 个百分点。河南省投资增速不断走高，带动经济增速也不断走高，与全国平均水平相比越来越高，这说明河南省正处于加速增长阶段，加快赶超全国平均水平的发展阶段。②固定资产投资对经济增长的贡献率不断提高。河南省投资对经济增长的贡献率中长期呈现出上升趋势，由 2000 年的 28.32% 提高到 2005 年的 62.91%，又提高到 2010 年的 79.77%，投资对经济增长的拉动作用不断增强，呈现出"投资拉动型"经济增长特征。

2. 投资结构调整加快，推动经济结构不断升级

按照国家产业政策和主体功能区规划，结合河南省"三化"协调发展的要求，合理引导投资方向，投资结构进一步优化。①工业化呈现加速态势，产业结构加快升级。三次产业投资结构：2005 年为 3.8∶45∶51.2；2010 年调整为 4.97∶49.7∶45.33；2011 年为 4.1∶51.4∶44.6。投资结构调整带动产业结构调整：2005 年为 17.9∶52.1∶30.0；2010 年调整为 14.1∶57.3∶28.6；2011 年调整为 13.0∶57.3∶29.7。结构演变最显著的特征是第二产业所占的比重持续上升，而第一、第三产业比重趋于下降，河南省处于工业化中期，工业的主导地位持续加强，河南省由传统的农业大省一跃成为新兴的工业大省。②城镇化呈现加速态势，城乡结构有所改善。从大趋势来看，河南省城镇投资所占比重持续上升，农村投资所占比重持续下降，这是因为河南省处于城镇化加速的中期阶段。2010 年城镇投资比重为 84.02%，比 2005 年提高了 3.44 个百分点，比全

国多提高 1.22 个百分点。2005～2010 年河南省房地产投资年均增速 42.2%，比全国高出 18 个百分点。城镇投资的快速增长带动了河南省城镇化进程加快，城镇化率由 2005 年的 30.7% 提高到 2010 年的 38.8%，年均提高 1.62 个百分点，河南省城镇化进入快车道。③产业集聚区的集聚效应凸显，综合带动作用增强。河南省从 2008 年开始按照"三规合一""四集一转"、产城融合的理念规划建设了 180 个产业聚集区，有力地推动了产业由分散布局转向集中布局，由分散发展转向集聚发展，加快了产业转型升级。2012 年 1～6 月，产业集聚区完成固定资产投资同比增长 38.5%，占全省投资的 46.7%，对全省投资增长的贡献率达到 67.8%；产业集聚区工业增加值同比增长 22.7%，对全省工业增长的贡献率达 53.5%，拉动全省工业增长 8.2 个百分点。在国际国内需求不振的情况下，产业集聚区综合带动作用进一步凸显，有力支撑了全省经济的平稳较快发展。④六大高成长性行业及高新技术产业投资增长较快，带动产业升级。2011 年，全省六大高成长性行业投资 5595.92 亿元，同比增长 35.6%，分别高于全省投资增速、工业投资增速 8.7 个和 1.6 个百分点，占工业投资比重的 61.4%。其中，汽车制造业投资 359.31 亿元，增长 78.1%；电子信息业投资 241.27 亿元，增长 147.3%。全省高技术产业投资 689.13 亿元，同比增长 105.4%，其中电子及通信设备制造业投资 231.80 亿元，增长 149.0%。

3. 多元投资活力明显增强，投资环境不断改善

河南省不断加大改革开放力度，多元投资格局加速形成，开放型经济高速成长。①民间投资高速增长。进入新世纪以来河南省民间投资进入发展快车道，2004～2010 年年均增长 43.5%，高于同期全省固定资产投资增速 11.1 个百分点。民间投资所占比重处于上升趋势，从 2004 年的 49.25% 提高到 2010 年的 78.51%，提高了 29 个百分点，河南省投资规模扩大得益于民间投资的快速增长。②外来投资异军突起。从 2009 年 7 月开始，河南省紧紧抓住产业转移的机遇，把招商引资作为保增长、保民生、调结构、促转型的

重大举措之一，不失时机地开展了大型招商活动，汇聚一切力量，调动一切积极因素，利用省外境外资金实现历史性突破。2008～2012年，全省实际利用境内外资金累计超过1.8万亿元，占城镇固定资产投资的比重由2007年的20%提高到2012年的30%左右。2012年全省实际利用外资121亿美元，实际到位省外资金5027亿元，分别是2007年的3.9倍和3.3倍，有效扩大了投资需求。2004～2011年，河南省实际利用外商直接投资年均增长43%，2008～2011年利用省外资金年均增速30%以上。2012年引进国外省外资金对河南省经济增长的贡献率约为28%。在河南投资的世界500强企业达到75家、国内500强企业146家、央企达到117家。随着一大批招商项目，特别是出口型项目的竣工投产，以成功引进富士康为标志，对外贸易在全国增速趋缓的情况下逆势上扬、高速增长。

二、现实经济结构性矛盾依然十分突出

近年来河南省投资效果系数快速下滑，2007～2011年下降到全国平均水平之下，投资和经济增速从中部六省的首位下滑至末位，这与河南省所处的工业化中期赶超发展阶段不相一致，是一种反常现象。其根本原因在于河南省经济结构层次低、空间集聚度低、结构效益低、结构升级缓慢。低效经济结构长期积累形成路径依赖，结构问题已经成为制约河南省投资与经济增长的主要矛盾。①

1. 区域结构：区域经济布局分散，经济集聚效应较低

区域经济在空间上集聚发展是工业化和城镇化的一般规律，但是长期以来，河南省在区域政策导向上过分强调均衡发展，投资和经济布局分散化，经济集聚程度偏低。①增长极发育迟缓。郑州市首位度为18.5%，武汉市为34.5%，郑州市比武汉市低16个百分点。②中原城市群规模虽然较大但竞争力较弱。分工不明显，联系不紧密，一体化进程缓慢。

2. "三化"结构：城镇化严重滞后，城镇集聚效应较低

城镇经济集聚效益远远高于农村，这就是城镇化的动力之源，但是河南省城镇化水平远远落后于全国平均水平，也远远滞后于自身的工业化水平。①城镇化严重滞后。2010年，河南省城镇投资占比84.02%，比全国低2.79个百分点；房地产投资占比12.8%，比全国低4.55个百分点。2012年城镇化率为42.4%，比全国低10.2个百分点，比湖北省低11.1个百分点。②城镇体系的集中度较低。在政策资源配置上重视均衡而忽视集聚发展，中心城市发展慢于小城市，大都市区、都市带、都市圈发育不足。

3. 三次产业结构：第三产业严重滞后，服务业集聚效应较低

在三次产业中，服务业具有劳动密集、投资小、效益好、投资收益高等特点，但是河南省第三产业占比严重落后于全国平均水平，明显滞后于工业化阶段。①第三产业投资占比下降，发展滞后。河南省第三产业投资占比持续下降，由2000年的57.97%下降到2005年的51.20%，又下降到2010年的45.33%；第三产业产值占比持续下降，由2000年的31.6%下降到2005年的30.0%，又下降到2010年的28.6%。2011年第三产业投资占比44.58%，比全国低10.1个百分点，增加值占比29.7%，比全国低13.7个百分点，服务业发展明显滞后。②现代服务业投资占比下滑，导致产业结构层次偏低。现代服务业投资占比持续下滑，自主创新能力不足，技术进步对经济增长的贡献率较低。金融、信息、科技、教育投资占比分别由2001年的0.39%、4.63%、0.66%、3.00%，下降到2005年的0.10%、1.54%、0.57%、2.48%，又下降到2010年的0.09%、0.36%、0.32%、1.60%。2011年河南省金融、信息、科技服务、商务与租赁服务等现代服务业占比19.8%，低于全国平均水平6个百分点，现代服务业发展明显滞后。

4. 工业结构：升级缓慢，产业集聚效应较低

工业布局较散，结构层次较低，增长方式较

① 刘战国. 河南省投资与经济增长问题研究 [J]. 郑州航空工业管理学院学报，2013（1）：12-16.

粗，路径依赖较重。①产业链条短、附加值低、升级缓慢。2010 年，河南省资源性工业增加值占全省工业的 63.6%，其中能源原材料工业占比为 51.5%，而装备制造、汽车及电子信息等新兴产业占比不足 18%，以能源原材料为主、以初级产品为主的工业结构没有发生根本改变，低端产业产能严重过剩，战略新兴产业发育迟缓。②产业布局分散，经济集聚度较低。2010 年，河南省第二产业从业人员中城镇仅占 23%，而乡村高达 73%，其中制造业城镇只占 21%，乡村占 79%，这种乡村工业化的分散发展模式难以形成集聚效应。③产业集群发育迟缓，产业集中度较低。河南省规模以上工业主营业务收入超 100 亿元的企业仅 30 家，而广东、江苏、浙江、山东均超过了 100 家。在全国百佳产业集群中，浙江 36 家、广东 21 家、江苏 17 家，而河南省只有 1 家。④投资外延性扩张明显，高耗能行业产能过剩严重。2011 年，全省六大高耗能行业累计完成投资同比增长 28.2%，增速高于全国平均增速 9.9 个百分点，六大高耗能行业投资占工业投资的比重高达 30.6%，且增速保持快速增长。河南省现存的产业结构中，多数产品居于"价值链的低端，产业链的始端"，产业结构低端化。

5. 投资来源结构：国家预算、贷款、外资占总投资的比重偏低

2010 年河南省国家预算投资、国内贷款投资、利用外资投资所占比重分别为 2.19%、9.49%、0.28%，分别比全国低 2.51 个、5.71 个、1.32 个百分点，而自筹和其他投资所占比重比全国高出 9.54 个百分点。很明显，与全国相比，河南省国家预算投资、国内贷款投资、利用外资投资所占比重过低。

三、突出抓好投资与经济结构优化升级的五大战略重点

优化投资结构是优化经济结构、加快经济转型升级、确保经济持续快速增长的必由之路。调整投资结构要与中原经济区建设的战略定位和战略布局紧密结合起来，协调推进工业化、信息化、城镇化、农业现代化，优化产业布局，推动产业升级，提高投资效益，实现跨越发展。

1. 调整区域投资结构，向"增长极"和"核心区"倾斜

实施非均衡发展战略，把集聚发展放在第一位，而不应超越阶段过分追求网络化均衡发展。①把郑州打造成为"世界级超级中心城市"。②把"郑汴洛焦新许核心经济区"打造成为我国第四增长极。

2. 调整城乡投资结构，推进城镇集群化发展

美国地理学家诺瑟姆 1979 年提出"世界城市化进程公理"：城市化率在 30%～70% 是城市化加速发展阶段。① 河南省正处于城镇化加速的中期阶段。城镇化的经济本质是生产要素由农村向城镇集中，调整城乡结构的关键在于加快集约、绿色、低碳和智能的城镇化。①走"集中式"城镇化道路，构建"集中、集群、集约"城镇体系。早期的西欧国家走的是"分散式"城镇化道路，美国采取的是"集中与分散相结合"的城镇化模式，后发的日本和韩国由于人多地少采取了"集中式"城镇化模式。"集中式"城镇化模式有利于节约资源和提高效率，比较适合我国河南省人多地少的现实。推进城镇集群化发展是优化经济空间结构的必由之路，以超大城市为核心的城市群，代表了世界城镇化的发展趋势，是世界城镇化的一般规律，是城镇化演进到高级阶段的一般形态。河南省应实施更加科学的城镇化战略，采取集中式城镇化发展模式，实施"集群化"战略，把中原城市群作为河南省城镇体系的主体形态，加快中原城市群一体化，优先发展郑州增长极，把省辖市建成区域中心城市，把县城建成具有特色卫星城市。小城镇不能盲目发展，应因地制宜分类适度发展，新型农村社区建设应尊重农民意愿，不能超现实，不能违背客观规律，不能搞"一刀切"，不能搞行政命令。②大力发展郑州都市圈。拉大郑州都市圈的框架，推动所辖县（市）改区的行政区划调整，发展卫星城镇或城市组团。加快郑汴一体化进程，推动郑汴产业带和都市带加快发展，洛阳与郑州的互补

---

① 谢文蕙，邓卫. 城市经济学 [M]. 北京：清华大学出版社，1996：44.

性较强，做大做强洛阳市，并加快郑洛一体化，加快推动郑洛产业带和都市带发展。③推进中原城市群的一体化发展。中原城市群规模在我国中西部地区处于第一位，但是布局较为分散、联系不紧密、分工协作不够，应把中原城市群城际铁路建设作为一体化的突破口，尽快建成全国最大的城际铁路网络。④积极发展区域中心城市（省辖市）及其卫星城市（县、市）。把各个省辖市建成为本区域的中心城市，省辖市的人口规模一般应在100万以上，把周边的县城建成卫星城市，形成区域性的都市圈，一般县城可发展为20万以上的城市，重点县城可发展为50万以上的大城市。⑤分类适度发展小城镇。小城镇的发展应当遵循规律，科学规划，不可盲目扩张，针对不同区域、不同功能的小城镇应分类指导、区别对待，城市周边的小城镇可发展为卫星城镇，工业型小城镇可发展为小城市，大量的农业型小城镇发展的重点在于完善服务三农的功能。

3. 调整三次产业投资结构，推动经济服务业化

美国经济学家库兹涅茨1955年提出"倒U形"理论：在工业化中期，第二产业占比上升至50%左右时，达到"倒U形"曲线的顶点，之后开始下降；同时第三产业占比开始上升，呈现服务业化趋势。① 遵循"倒U形"规律，加快河南省经济服务业化，促进物流、文化创意、科技研发、旅游、金融、信息、商务等现代服务业集聚发展，尽快改变河南省服务业发展滞后的现状，把服务业作为调结构、转方式的重要突破口。①实行政策倾斜加快服务业改革开放。研究制定加快发展服务业的配套政策，从财税、土地、人才、标准化、试点建设等方面提出了一系列支持性政策措施。开展省级服务业综合改革试点，积极争取国家服务业引导资金，省市政府应建立服务业发展专项引导资金。②以项目为抓手构建特色服务业集聚区发展平台。把重大项目建设作为第一抓手，培育建设一批主导产业突出、特色鲜明、层次较高的服务业集聚区，培育形成100户大型服务企业，重点抓好100个重大项目建设。

鼓励中心城市中央商务区、中小城市和县城商业中心区建设。③倾斜扶持生产性服务业发展。加快"河南制造"向"河南创造"转变，加快交通运输业、现代物流业、金融业、技术研发、高技术服务业、设计咨询、商务服务业、人力资源服务业、法律服务业等生产性服务业发展。④加快新兴消费性服务业发展。鼓励商贸服务业、文化产业、旅游业、健康产业、家庭与养老服务产业等消费性服务业发展。

4. 调整工业投资结构，加快产业集群化发展

遵循产业集聚发展规律，投资向产业集聚区、产业集群、产业基地倾斜，培育发展一批世界级特色产业基地。①做大做强一批特色产业集群。为了适应区域经济竞争加剧的新形势，必须加快推进产业集中、集聚、集群、集约发展，全省重点发展20~30个产业集群，每个省辖市重点发展5~10个产业集群，每个县（市）重点发展1~2个产业集群，制定配套的扶持产业集群发展的政策措施，建立科学的评价激励机制，引导社会资源向产业集群集中。②做大做强一批特色产业集聚区。特色发展和集群发展是未来产业集聚区发展的关键，要坚持特色发展战略的政策导向，提升完善公共技术创新、信息服务、工业设计、产品检测、技术培训、专业市场等公共服务（平台）体系。把郑州航空港经济实验区打造成为世界级产业集聚区。③打造一批世界级的产业基地。瞄准世界产业结构调整、重组、转移的发展趋势，抢占新兴产业发展制高点。创新比较优势，激发潜在比较优势，把电子信息、食品打造成为世界级的产业基地；把家用电器、服装轻工、新型建材、装备制造、汽车、生物医药、新能源、新材料等打造成为国家级的产业基地。

5. 调整农业投资结构，加快农业集群化发展

推动农业集群化发展，加快建立现代农业产业体系。要坚持"两条腿"走路：①发展效益型的竞争性农业，形成可持续的自主发展机制。坚持国内外市场需求为导向，做大做强一批特色农业产业集群，推动土地流转，支持农业规模化经营，扶持农业产业化龙头企业，以集群化、规模

---

① 库兹涅茨曲线［EB/OL］. 百度百科 http：//baike. baidu. com.

化、企业化、品牌化为带动，提高农业的效益和市场竞争力。②发展公益型农业，确保国家粮食安全。基于"国家重要的粮食生产和现代农业基地"的战略定位，要确保国家粮食安全仅仅依靠自身力量是不够的，应积极争取中央投资，加大农田水利等基础设施建设力度，建设高标准粮田，加大对粮食核心区基地县财政转移支付力度，提高涉农补贴标准，完善农技推广体系，培训一大批职业化高素质农民，确保粮食生产能力不断提高。

河南省次高速经济增长阶段的投资政策取向（2014 年）*

摘要　改革开放以来，河南省投资高速增长带动经济高速增长，形成了"投资拉动型"经济增长模式；但是投资率过高，结构矛盾凸显，投资收益递减趋势明显，投资与经济增速出现趋势性放缓，经济增长由高速阶段进入次高速阶段。在次高速经济增长阶段，河南省面临"稳增长"和"促转型"双重任务，应加快经济增长动力由单一投资拉动向"投资、结构、创新"多元互动转变，为此须坚持"投资拉动""结构推动""创新驱动"三位一体的投资发展战略取向。

河南省作为全国的后发省份，其投资拉动型经济增长特征与全国具有许多相似之处，但是全国已经进入工业化中后期的经济转型期，进入中速经济增长阶段；而河南省正处于工业化中期，其工业化和城镇化不断加快，进入次高速经济增长阶段，不同的阶段性特征要求采取不同的投资发展战略，经济增长动力必须由单一的投资拉动向"投资、结构、创新"多元互动转变。

一、改革开放以来的"投资拉动型"经济增长模式

河南省是全国第一人口大省，拥有大规模的农村剩余劳动力，资本是最稀缺的生产要素，投资成为经济增长的决定性因素，改革开放以来的投资高速增长带动了经济高速增长，形成了典型的投资拉动型经济增长模式。

（一）投资与 GDP 之间高度正相关

从 1981~2011 年河南省固定资产投资总额与 GDP 总额的数据（见图 1、图 2）分析可知，投资与 GDP 之间的相关系数为 1.45，呈现高度正相关关系，资本积累是经济持续增长的决定性因素。英国经济学家凯恩斯于 1931 年提出"投资乘数理论"①，新增一定量的投资经过一定时间后，可导致数倍于投资量的 GDP。剔除 2009 年异常数据，2005~2010 年河南省平均投资乘数为 K = △GDP/△I = 1.3。

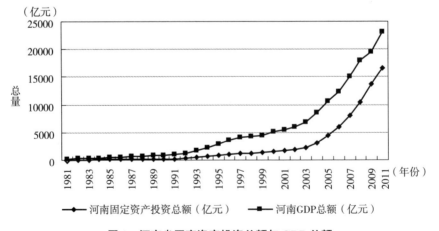

图 1　河南省固定资产投资总额与 GDP 总额

＊　本文选自河南省政府决策研究招标课题（编号 2012B328）。

①　马秀岩．投资经济学［M］．大连：东北财经大学出版社，2007：23-34.

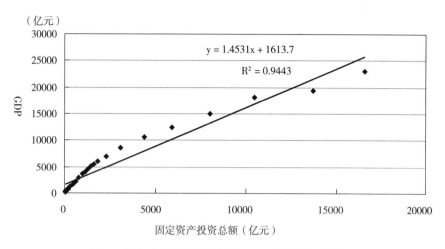

图 2　河南省固定资产投资与 GDP 之间的相关关系

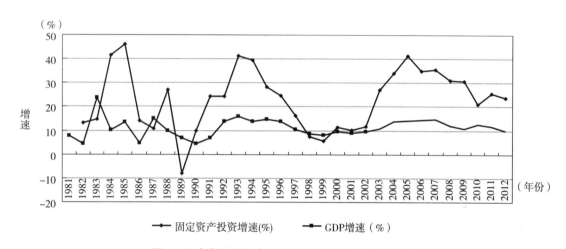

图 3　河南省固定资产投资增速与 GDP 增速周期对比

（二）投资周期性波动带动经济周期性波动

改革开放 30 多年来，1981～2012 年，河南省和全国一样经历了三个完整的经济周期（见图 3），完成了三轮周期运动，平均一个周期 10 年左右[①]。投资增速与 GDP 增速同向波动，大部分年份 GDP 增速在 10% 以上，固定资产投资增长在 20% 以上，投资增速波动比较剧烈，波幅较大，而 GDP 波动比较平缓，高投资增长带来高经济增长，投资拉动型经济形态非常明显。

（三）投资拉动系数不断走高

投资拉动系数是反映经济增量中投资增加所起的拉动作用程度，投资拉动系数＝投资需求增加量/GDP 增加量。从以下图表可知：河南省投资拉动系数中长期呈现出上升趋势，投资对经济增长

的贡献率不断上升，从 2006 年开始高于全国平均水平，2010 年投资拉动系数为 79.77%（见图 4），呈现出典型的"投资拉动型"经济增长特征。

（四）投资弹性系数在高位收敛

投资弹性系数＝投资增长率/GDP 增长率，是反映投资增长速度对 GDP 增长速度影响程度的指标。一般认为，固定资产投资增速与 GDP 增速之间的比例关系大约保持在 2∶1 的水平相对较为合理；比例超过 2.5∶1 时表明投资增长偏快；比例低于 1.5∶1 时表明投资增长偏慢。1981～2011 年 30 年间，河南省投资弹性系数年均约为 2（见图 5），即投资增长 1 个百分点可拉动 GDP 增长 0.5 个百分点；2002～2011 年，近

---

① 张连城. 我国经济走势与宏观调控［N］. 人民日报，2011-11-28.

10 年的投资弹性系数为 2.3，即投资增长 1 个百　分点可拉动 GDP 增长 0.44 个百分点。

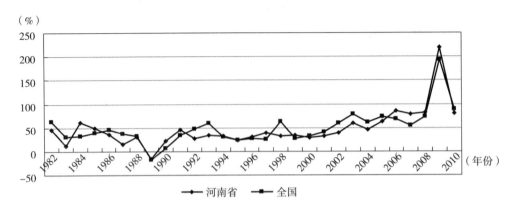

图 4　河南省与全国投资拉动系数

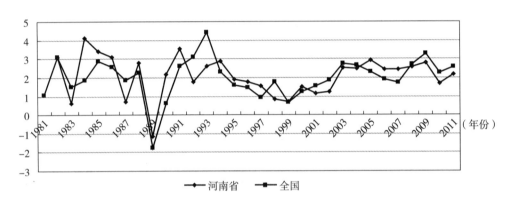

图 5　河南省与全国投资弹性轨迹

二、单一"投资拉动型"经济增长模式已经走到尽头

河南省过去长期依靠单一的投资拉动经济增长，发展惯性导致发展路径依赖，出现经济结构劣化趋势，投资收益递减，经济增长的质量效益下降，长此下去，极易导致投资与经济增速深度下滑，造成经济大幅波动，加快经济转型升级势在必行。

（一）投资率过高，经济高速增长不可持续

固定资产投资率是指固定资产投资总额与国内生产总值（GDP）之比。1981～2011 年以来，河南省投资率处于上升趋势，从 2004 年开始河南省投资增长速度开始快于全国水平，投资率从 2004 年的 36.23% 上升到 2010 年的 71.82%，2007 年河南省投资率开始高于全国平均水平（见图 6）。在快速工业化阶段高投资率可以带来高增长率，但是，高投资率从长期来说具有不可持续

性，当前河南省投资率远高于 35% 的适度水平，远高于世界 20% 左右的平均水平，也明显高于日本经济起飞阶段的 35% 和韩国的 37%。长期的高投资率带来了高经济增长，也带来了高环境污染、过度资源消耗、效益低下，同时引起生产过剩，最终导致经济低迷甚至经济危机。

（二）投资收益递减的趋势明显，导致投资与经济增速双下滑

投资效果系数＝GDP 增加额/当年固定资产投资额。投资效果系数是反映固定资产投资效益最全面、综合性最强的指标。1997 年以来河南省投资效果系数趋于下降，特别是 2007～2011 年年均投资效果系数均低于全国水平（见图 7）。从客观上来说，人口、资源环境、改革开放等所带来的发展红利递减趋势不可避免；而从主观上来说，由于对结构升级推动不够，结构升级所带来的发展红利不能充分显现，造成投资收益过快递减。

254

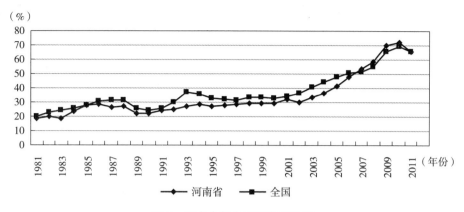

图6　河南省与全国投资率比较

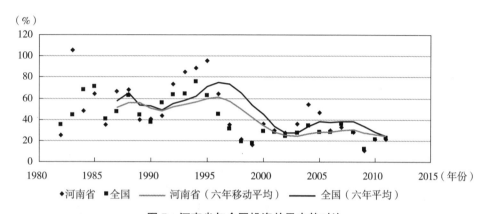

图7　河南省与全国投资效果走势对比

注：投资效果系数=GDP增加额/固定资产投资额。

（三）结构性问题上升为主要矛盾，是导致投资收益递减的根源

长期以来，河南省由于偏重投资对经济增长的拉动作用，而忽视结构升级对经济增长的推动作用，结构性矛盾不断积累，导致投资收益呈现加速递减趋势。一是区域结构升级缓慢。在发展思路上过分强调均衡发展，由此导致经济布局分散化，有违工业化和城镇化集聚发展的基本规律，郑州中心城市首位度偏低，中原城市群规模大但是竞争力较弱，核心区尚未形成，一体化进程缓慢。二是城乡结构升级缓慢。城镇投资占比84.01%，比全国低2.8个百分点，城镇化率为40.6%，比全国低10.67个百分点，尤其是中心城市和城市群发育不足，城镇化明显滞后。三是三次产业结构升级缓慢。2011年第三产业投资占比44.58%，比全国低10.1个百分点，增加值占比29.7%，比全国低13.7个百分点，服务业明显滞后，这与经济服务业化趋势背道而驰。金融、教育、科技投入占比持续下滑，2011

年科学研究技术服务业投资下降4.8%，生产性服务业发展迟缓。四是产业内部结构升级缓慢。多数产业居于"价值链的低端，产业链的始端"，产业结构层次低、链条短，发展路径依赖导致低端产业持续扩张，出现严重的产能过剩；产业升级缓慢，高技术、高附加值的高端产业发展迟缓，电子信息等战略新兴产业发育不足；产业布局分散，经济集聚度较低。五是技术结构升级缓慢。使用传统技术的多，使用高新技术的少，技术创新能力弱；利用高新技术改造传统产业不够；信息化与工业化结合程度较低。六是人力资源结构升级缓慢。一般性人才多，高科技创新型人才少；一般普通工人多，高级技术工人少，不适应结构升级和创新发展需要。

三、河南省进入次高速经济增长阶段

随着工业化阶段的递进，经济增长也呈现出阶段性规律，工业化阶段转换必然伴随经济转

型，经济转型必然伴随经济增长阶段转换。

（一）经济增长阶段与工业化阶段的对应关系

一般来说：工业化前期，资本缓慢积累，经济缓慢增长；工业化初期，资本加速积累，经济加速增长；工业化中期，是快速工业化和城镇化时期，资本高速积累，投资拉动经济高速增长；工业化后期，资本减速积累，投资与消费协调拉动经济中速增长；后工业化阶段，资本缓慢积累，消费拉动经济低速增长。国际经验表明：在人均 GDP 达到 5000 美元与 13000 美元之间时，经济增速下降 1~3 个百分点。2011 年我国人均 GDP 为 5550 美元，已经进入工业化中后期，在工业化中后期，投资收益率达到顶点之后开始递减，导致投资与经济增速递减，这种长期化的趋势是不以人的意志为转移的一般规律。河南省尚处于工业化中期，2011 年人均 GDP 为 4065 美元，受全国大环境的影响，经济增速同步趋于下调，特别是经济结构升级缓慢导致投资收益递减，由高速经济增长阶段进入次高速经济增长阶段。我国改革开放以来潜在经济增长率中线为 10%，趋势增长率大体处于 8%~12% 的区间内，中长期潜在经济增长率趋于下降，预计"十二五"适度经济增长区间为 8%~10%，潜在经济增长率的中线为 9%。① 预计未来几年，河南省适度经济增长区间由 10%~14% 转换为 10%~12%，潜在经济增长率将由 12% 调整为 11%。

（二）新的经济增长阶段划分

2013~2016 年，我国处于工业化中后期②，全国由 10% 以上的高速增长阶段进入 8%~10% 中速经济增长阶段；河南省仍处于工业化中期，由 12% 以上的高速增长阶段进入 10%~12% 次高速经济增长阶段，城镇化和产业转移带动河南省经济增速比全国高出约 2 个百分点。

2017~2020 年，我国进入工业化后期，进入 7%~9% 次中速经济增长阶段；河南省进入工业化中后期，进入 8%~10% 中速经济增长阶段，城镇化和产业转移带动河南省经济增速比全国高出约 1 个百分点。

2020 年之后，全国进入后工业化阶段，河南省与全国工业化阶段趋于同步，经济增速趋于同步，进入 5%~7% 中低速增长阶段。

总之，2013~2020 年，河南省潜在经济增速仍将高于全国平均水平，但是差距在缩小，工业化阶段在接近，经济增速渐趋同步。

（三）2013~2020 年投资发展的目标

党的十八大提出全面建成小康社会"两个翻番"的战略目标，全国 2011~2020 年国内生产总值和城乡居民人均收入年均增长 7.2% 即可实现翻番目标。而实际上，预计 2011~2020 年全国年均经济增速将达到 8.5% 左右，将翻 1.26 番。

到 2020 年河南省人均 GDP 和城乡居民人均收入必须翻 1.64 番才能达到全国平均水平，为此经济增速须达到 10%。这个目标与河南省 10%~12% 次高速经济增长阶段基本吻合，所以是可行的。

所以，河南省要与全国同步建成小康社会，2011~2020 年经济增速须保持 10% 以上，投资增速须保持 23% 以上（由于投资弹性为 2.3）。

四、未来投资发展战略取向

未来几年，河南省正处于次高速经济增长阶段，然而要实现 10% 以上的次高速经济增长必须加快经济转型，经济增长动力必须由单一投资拉动向多元互动转变，将面临"稳增长"和"促转型"双重任务，出路在于坚持"投资拉动""结构推动""创新驱动"三位一体的投资发展战略取向。

（一）继续坚持"投资拉动"夯实推动经济增长的基础

未来，为了改变投资率过高的倾向，应坚持投资、消费、出口协调拉动经济增长的指导思想，在此基础上突出投资拉动作用，体现工业化中期"投资拉动型"经济增长阶段特征，"扩投资"仍然是保持经济快速增长、与全国同步建成小康社会，必须坚持继续扩大投资需求，稳定投资增长速度，任何时候都不能放松投资，激活民资，凝聚外资，扩张国资，广开资金来源渠道，

---

① 刘树成．张连城，张平．中国经济增长与经济周期（2010）［M］．北京：中国经济出版社，2011：25-37.
② 陈佳贵等．中国工业化进程报告［M］．北京：社会科学文献出版社，2007：35-46.

促进投资适度快速增长。一是聚集外来投资，推进开放型经济大跨越。继续实施开放带动主战略，完善举省开放体制，实施"大招商计划"，推动产业的链式转移、集群转移、园区转移。二是激活民间投资，推进民营经济新跨越。完善鼓励民间投资的各项配套政策，破除市场准入壁垒，加大财政支持力度，实行税费减免和贷款贴息，完善投资担保体系，建设创业孵化基地，实施"1000家小巨人科技型企业培育计划"，支持民营企业做优做强。三是扩大政府投资，提高基础设施和民生保障水平。抓住国家实施积极财政政策的机遇，加快基础设施现代化，加强教育、医疗、就业、创业、保障房、城乡社区建设等各项社会事业。四是扩大社会融资规模，满足投资需求。建立政府、银行、企业战略和谐关系，建立战略合作的体制机制，优化信用环境，完善信用担保体系，做大做强地方金融，大力发展资本市场，扩大债券融资规模，支持基础设施建设。

（二）坚持"结构推动"，牢牢抓住推动经济转型的关键

系统论告诉我们，系统结构决定系统功能，系统结构升级是系统功能升级的决定性因素。优化投资结构将成为带动经济全局发展的关键，必须坚持"优结构"的指导思想，调整区域、城乡、产业的投资结构，以投资增量调整带动存量经济结构优化。优化投资结构是优化经济结构、加快经济转型升级的重要途径。一是优化投资区域结构，向"增长极"和"核心区"倾斜。区域经济发展一般经历"点状集聚—点轴集聚—网络化均衡"三个阶段①。河南省正处于工业化中期增长极和点轴集群发展的关键时期，应实施非均衡发展战略，把郑州打造成为"世界级超级中心城市"，把"郑汴洛焦新许核心经济区"打造成为我国第四增长极。二是优化投资城乡结构，加快新型城镇化进程。美国地理学家诺瑟姆 1979 年提出"世界城市化进程公理"：城市化率在 30% ~ 70%是城市化加速发展的中期阶段②。河南省正处于

城镇化加速的中期阶段，城镇化的经济本质是生产要素由农村向城镇集中，调整城乡结构的关键在于加快"集中式"新型城镇化，构建"集中、集群、集约"城镇体系，加快基础设施现代化，破解城市病。三是优化投资产业结构，加快产业结构升级。美国经济学家库兹涅茨 1955 年提出"倒 U 形"理论：在工业化中期，第二产业占比上升至 50% 左右时，达到"倒 U 形"曲线的顶点，之后开始下降；同时第三产业占比开始上升，呈现服务业化趋势③。遵循"倒 U 形"规律，加快经济服务业化；遵循集聚发展规律，投资向产业集聚区、产业集群、产业基地倾斜，培育发展一批世界级特色产业集群，打造成电子信息、装备制造、生物医药等战略新兴产业基地。

（三）坚持"创新驱动"，增强经济快速增长和快速转型的动力保障

在新的经济增长阶段，经济增长的动力正在由资本、劳动、土地等生产要素数量投入驱动向创新驱动转变，因此必须坚持创新驱动的指导思想，破解资金、土地、人才、资源环境等瓶颈约束，实施创新驱动战略，激发经济增长的内生动力与活力。一是加快制度创新。破解建设用地瓶颈制约，加大土地整理力度，建立城乡区域统一的地票市场，在全省范围内实行占补平衡，利用市场机制推动土地指标向中心城市集中。破解资金瓶颈制约，加快投融资体制改革，引导多元投资，扩大社会融资，鼓励民间投资和外来投资。二是加快技术创新。打造技术创新平台，加大对重点实验室、工程实验室、工程技术研究中心、博士后科研流动站和企业技术中心建设的投入，加大对技术创新基地、科研成果转化基地和产业孵化基地投入，创建一批国家创新科技园区。三是加快人力资源开发。制定郑大、河大国际一流大学建设计划；制定职教强省发展规划，扶持职业技术教育集团化、品牌化、网络化发展，建立高级技工队伍培养基地；制定创新型人才引进计划，建立高层次创新人才队伍。

---

① 张明龙. 中国区域经济前沿研究［M］. 北京：中国经济出版社，2006：256.

② 牛凤瑞，潘家华，刘治彦. 中国城市发展 30 年［M］. 北京：社会科学文献出版社，2009：185.

③ 钱敏泽. 库兹涅茨倒 U 字形曲线假说的形成与拓展［J］. 世界经济，2007（9）：35.

当前经济增长的周期性、阶段性特征及政策思路（2014年）*

摘要

根据经济周期谷底的特性可知，2009年为我国经济周期的谷底，同时根据中美两国经济紧密关联和经济周期越来越契合的规律，也可以印证2009年就是新一轮经济周期的谷底，由此可以断定当前处于复苏阶段。然而近三年来我国经济增速持续下滑至谷底以下，这一反常现象是由于经济短周期冲高回落与经济增长阶段转换相互叠加造成的。河南省与全国经济周期高度一致，时滞半年左右。在高速经济增长阶段，河南省潜在经济增长率比全国高出2个百分点，中高速阶段高出1.5个百分点。河南省近几年经济增速深度下滑，其关键原因是投资增速下滑，其根本原因是结构升级缓慢。未来河南省经济要摆脱持续下行趋势，保持经济中高速增长，应坚持调结构、扩投资、促改革的政策思路，"调结构"是根本，"扩投资"是基础，"促改革"是保障。

一、当前我国经济正处于长周期的复苏阶段、短周期的冲高回落阶段

要分析当前的经济形势和未来走势，就必须明确当前所处的经济周期的位置，为此需要首先弄清楚最新一轮经济周期的谷底在哪。因为搞清楚了谷底的位置，当前所处的相对位置自然也就清楚了。目前学术界对这个问题是有争议的，有人认为2009年是我国经济周期的谷底，有人认为我国经济周期处在寻底的过程之中。判断我国本轮经济周期谷底和当前所处的阶段必须经过全面、综合、系统分析才能得出正确结论。第一，判断中国经济周期的谷底不能简单地依据经济增长率的高低来判断，而是依据谷底的本质特征来判断。这是因为谷底是一个时点，这个时点上的经济指标与谷峰、衰退、复苏阶段具有明显的差异性。谷底就是经济最萧条的时期或发生经济危机的时期，2009年就具有这样的特性。而我国当前的经济增长率虽然低于2009年，但是几乎各项经济指标都处于正常状态，更谈不上危机状态，由此可以确定我国当前处于经济危机以来的经济复苏阶段。第二，判断中国经济周期的谷底还可以参照美国的情况，将中国与美国、世界的

经济周期关联起来分析。因为中国与美国的经济联系越来越紧密，经济周期也应该越来越步调一致，可以根据美国的经济周期走势来反证我国的经济周期走势。第三，判断中国经济周期的谷底还应当考虑"经济增长阶段转换"对经济周期曲线形态的影响。应将经济周期波动的一般规律与当前经济增长阶段性转换的特征关联起来分析，经济由高速阶段向中高速阶段转换会使"向上走的复苏曲线"变成"向下走的复苏曲线"。而人们往往会将"向下走的复苏曲线"误认为"向下走的衰退曲线"。2009年以来，我国经济持续下行，其实这是由于经济增长阶段的转换导致的"向下走的复苏曲线"。其实，经济周期波动与经济增长阶段转换没有必然联系，只是现阶段我国"经济周期的复苏上行"与"增长阶段转换的下行"相互叠加在一起了，由此产生了"向下走的复苏曲线"这一奇特现象。

1. 中国与美国经济关联不断加深，经济长周期越来越契合

改革开放以来，我国经济加速融入全球化浪潮，经济的开放度不断提高，中国与美国经济内在关联的深度、广度、强度不断提高，两者经济周期波动理应越来越契合。

* 本文为河南省政府决策研究招标课题（2012B328）研究成果，并发于《郑州航空工业管理学院学报》2014年6月15日。

根据中美经济周期对比图（见图 1）可知：1978 年改革开放以来，中美两国均经历了四个经济周期，长周期的波向、波长、波峰、波谷基本一致，平均十年左右经历一个长周期。两者的差异突出表现在两个方面：一是中国的波幅比美国大，中国处于高速增长阶段，经济波动的幅度更大；二是短周期波动各异，中美两国的国情不一样、所处的发展阶段不一样、调控政策不一样，当然经济的短期波动不可能完全一样。

1978 年以来，中美两国经济周期的高度同步出现在 2000 年之后，中美两国双边贸易的扩张与中国经济对外开放的持续，是导致两国经济周期同步的主要原因。①

在最近一次经济周期波动中，由于中美两国经济周期基本契合的规律没有改变，相互依赖的关联关系愈加强化，关联度进一步提高，经济长周期更加同步。2008 年美国次贷危机迅速传到我国和世界，美国和中国经济几乎同时于 2009 年全面陷入谷底。

图 1　中美经济周期对比

2. 经济危机使 2009 年成为经济长周期的"谷底"，当前处于长周期的复苏阶段

经济周期谷底的一般表现是经济收缩到最低点，处于不景气状态，其极端表现是金融危机或经济危机。2008 年美国次贷危机迅速扩散蔓延，演变为全球性质的金融危机和经济危机，主要发达经济体出现大规模破产、倒闭、失业等现象，经济衰退萧条并陷入负增长的历史低点。我国沿海地区加工出口企业大规模破产倒闭，数千万农民工失业返乡。所有这些经济危机的表现都标志着 2009 年中国、美国和世界经济进入了谷底。

目前美国、世界和我国经济均处于危机以来的复苏阶段。虽然这次复苏是漫长的、虚弱的，

其中还有反复、有波动、有阻力，但是这些都改变不了经济复苏的长期趋势。根据年初世界银行、国际货币基金组织、瑞银集团等权威机构发布的研究报告，2014 年发达经济体、新兴经济体均处于稳定的、持续的复苏回升状态。

从我国现实经济形势来看，就业充分，通胀温和可控，供求基本平衡，经济稳定快速增长，经济增速依然是全球最大的国家之一，与 2008 年、2009 年的危机状态相比本质属性完全不同，可谓天壤之别，由此可以断言：我国经济周期的长期趋势与美国、世界是一致的，当前我国处于经济危机之后经济长周期的复苏阶段。

① 李星. 美国经济周期对中国经济周期的影响［M］. 厦门：厦门大学出版社，2011：28-48.

3. 我国当前正处于经济短周期的冲高回落阶段

周期性波动是经济运行的基本规律，所谓经济短周期，即经济长周期中的短期波动，一般来说一个经济长周期包含若干个经济短周期，即长期趋势中包含短期波动。判断经济形势不能把短期波动与长期趋势性波动相互混淆。

2008 年美国爆发经济危机后，迅速波及我国和全球，2009 年陷入谷底。我国强刺激政策使经济迅速摆脱危机状态，强劲回升复苏，并于 2010 年达到 10.4% 的短周期高点，随后，2011 年、2012 年、2013 年、2014 年一季度持续回落，经济增长率 2012 年 7.8%、2013 年 7.7%、2014 年一季度 7.4%，回落到 2009 年谷底之下。既然中国与美国经济周期高度吻合，那么在全球经济复苏的大背景下，为何近几年来我国经济冲高回落、持续下行，短周期与美国呈现出明显的背离现象？既然 2009 年为经济长周期谷底，那么为何 2010 年以来经济增速再次下滑至 2009 年谷底以下？这些反常现象怎么解释？

这是因为近几年我国正好处在经济增长阶段快速转换期、结构调整阵痛期、刺激政策副作用的消化期，再与经济周期结合，形成"四期叠加"的奇观，尤其是 2010 年以来，我国经济初步完成了由 10% 高速增长阶段过渡到 8% 中高速增长阶段，潜在经济增长率向下平移了约 2 个百分点，也就是说各年度的实际经济增速都下调了 2 个百分点，这理所当然地会造成当前经济增速低于 2009 年谷底时 8.3% 增速。

总之，当前我国处于经济危机之后经济长周期的复苏阶段，复苏过程并不是直线向上的，而是波动向上的；由于前期经济刺激政策效应衰减，使得现实经济处于"短周期"冲高回落的下行阶段。经济增长阶段的转换导致了我国现阶段经济增速低于 2009 年谷底增速的奇特现象。当前我国经济已经接近合理增长区间的 7% 下限，进一步下滑的空间有限，未来我国经济将呈现"长周期趋势向上、短周期底部整固"的特征。

4. 河南省经济周期特点：与全国高度契合，波幅较大，约有半年时滞

根据图 2 可知：首先，河南省经济周期的波向、波长、波峰、波谷与全国高度一致。其次，由于河南省经济中原材料产业所占比重较大，大多位于产业链条的初端、价值链条的低端，消费品和投资品等终端市场波动传到始端市场有一定的时滞，河南省经济周期波动比全国滞后半年左右；同时由于市场波动沿产业链传导具有过激放大效应，河南省经济周期波动的幅度比全国大。

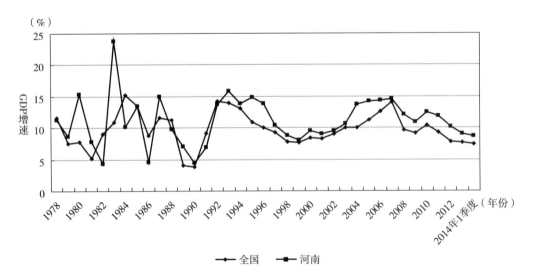

图 2　河南省与全国经济周期对比

二、我国中高速增长阶段的潜在经济增长率及其优化区间

1. 专家研究结论：潜在经济增长率为8%，区间为7%~9%

计算潜在经济增长率的方法主要有两种：第一种是历史经验和趋势推断，首先计算出过去的潜在经济增长率（长期均值），在考虑各种影响因素的变化趋势来预测未来；第二种是采用计量经济学模型，最典型的使用生产函数模型为GDP＝F（资本，劳动，全要素生产率）。

2010年，著名经济学家、中国社会科学院荣誉学部委员汪海波在《试论潜在经济增长率》一文中指出：一是今后一个时期我国投资率是趋于下降的，投资对经济增长贡献率与过去30年相比较，将是下降的趋势；二是"刘易斯转折点"已经到来，劳动力无限供给特征消失，劳动力价格逐步上升，同时劳动力文化素质提高，人力资本在经济增长中的作用就会逐步上升；三是科技进步等因素造成的效率提高，仍然是提高经济增长率的积极因素；四是资源和环境因素会降低今后经济增长率1~2个百分点。综合以上对四个经济变量的分析，我们可以得到这样的结论：今后一个时期内我国年均经济增速，即潜在经济增长率将会下降到8%。[①]

2010年，中国社会科学院学部委员、经济学部副主任刘树成在《未来五年我国潜在经济增长率分析》中指出：中国社会科学院经济所课题组曾根据我国1978年至2009年GDP增长指数，利用HP趋势滤波法，计算得出滤波后的趋势增长率大体处于8%~12%的区间内，即上限为12%，下限为8%。未来五年潜在经济增长率下移至8%~9%。[②]

2011年，中金公司经济学家彭文生分析称，劳动年龄人口总量增长下降，考虑到劳动人口、资本和全要素生产率的未来可能走势，中国潜在经济增长率"十二五"期间下降到8%~9%，"十三五"期间下降到6%~7%，2020年下降至5.5%~7.5%。[③]

综合专家分析，改革开放以来，1978~2011年，我国处于高速经济增长阶段，潜在经济增长率中心轴线约为10%，区间约为9%~11%；2012年以后，我国进入中高速经济增长阶段，潜在经济增长率中心轴线约为8%，区间约为7%~9%。

2. 政策预期：经济增长率7.5%，下限7%，上限通胀率不突破3.5%

政策上确定当前和今后经济增长率和波动区间主要有两个参考依据：一是规划依据，即"十二五"规划7%的预期目标和十八大收入增长翻番目标；二是李克强经济学，即体制和结构双转型理论，不刺激、去杠杆、调结构是三大政策支柱，稳增长、调结构、促改革是三大政策着力点，对经济增长预期目标实行区间管理，即通货膨胀不突破上限，就业不滑出底线，着力点是调结构，动力源是改革开放。

我国"十二五"规划纲要，将"十二五"期间经济增长目标确定为7%，低于"十一五"规划纲要确定的7.5%。温家宝总理在2012年3月14日上午答记者问时表示，调低速度主要是为了结构调整，实现经济高质量增长。

2013年10月21日李克强总理在《在中国工会第十六次全国代表大会上的经济形势报告》中指出："我请人力资源和社会保障部和有关方面反复测算，都认为要保证新增就业1000万人、城镇登记失业率在4%左右，需要7.2%的经济增长。""我们引导市场预期，确定这个合理区间，就是增长的下限7.5%左右；上限CPI，就是物价上涨不能超过3.5%左右。"

2014年4月10日李克强总理在博鳌亚洲论坛演讲《共同开创亚洲发展新未来》指出："今年（2014年）中国经济增长预期目标是7.5%左右，既然是左右，就表明有一个上下幅度，无论经济增速比7.5%高一点，或低一点，只要能够保证比较充分的就业，不出现较大波动，都属于在合理区间。"

2013年5月24日李克强总理在瑞士苏黎世出席经济金融界人士午餐会演讲时指出："党的

① 汪海波. 试论潜在经济增长率 [J]. 国家行政学院学报，2010（5）35.
② 刘树成. 张连城，张平. 中国经济增长与经济周期（2010）[M]. 北京：中国经济出版社，2011：25-37.
③ 彭文生. 中国潜在增速不会大幅下降 [EB/OL]. http://economy.caixin.com/2011-07-02/100275230.html.

十八大报告中提出到 2020 年中国居民收入相比 2010 年要实现翻番，中国经济增长只要实现 6.9% 就可以实现这个目标。"

国务院参事室特约研究员姚景源判断政府容忍 GDP 增速的"底线"应为 7%。

根据以上表述，目前中央政府预期的经济增长率为 7.5%，可容忍的下限约为 7%。对上限并没有给出明确数据。

3. 综合分析：中高速阶段潜在经济增长率 8%，区间为 7%~9%

我国潜在经济增长率下降约 2 个百分点基本达成共识，7% 经济增长率是现阶段的政策底线，也可以视为潜在经济增长率的下限，按照 2 个百分点的波动区间计算，上限为 9%，潜在经济增长率的中轴线为 8%，这样的设定与经济学家的测算和中央政策基本吻合。

综合分析来看，当前我国已经完成由高速经济增长阶段过渡到中高速经济增长阶段，未来几年我国中高速经济增长阶段的潜在经济增长率中轴线约为 8%，区间约 7%~9%，与过去 30 多年 10% 高速增长阶段相比向下平移 2 个百分点。

三、河南省中高速增长阶段的潜在经济增长率及其优化区间

确定河南省的潜在经济增长率主要采用历史经验和趋势推断分析法，同时与全国进行对比分析。

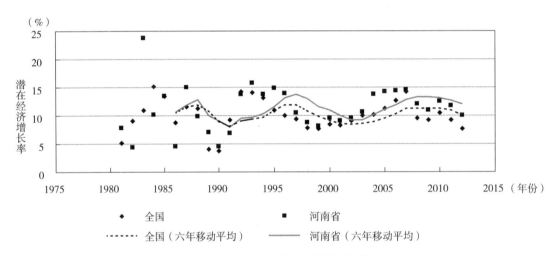

图 3　河南省与全国潜在经济增长率轨迹

1. 河南省高速阶段的潜在经济增长率约为 12%，区间为 11%~13%，比全国高出约 2 个百分点

根据图 3 可知：改革开放以来，我国处于高速经济增长阶段，1978~2011 年我国经济周期波动的中轴线比较稳定，这个中轴线即潜在经济增长率近似为 10%，区间约为 9%~11%。

改革开放以来，河南省处于高速经济增长阶段，其特点是河南省潜在经济增长率与全国相比不断抬高。根据河南省与全国经济增长率的差异大小情况，1978~2011 年分三个阶段进行对比分析：

第一个阶段（1978~1992 年），1993 年以前，国家实施沿海发展战略，计划体制河南省能源原材料流向沿海地区，河南省处于体制和政策的边缘化状态，属于非正常状态，平均经济增长率为

10.4%，比全国略高 0.8 个百分点。

第二个阶段（1993~2003 年），1993 年之后，计划经济体制向市场经济体制转轨，国家开始实施西部大开发战略，全国政策环境趋于公平，河南省后发优势开始显现，河南省每年经济增速均高于全国，平均经济增长率为 10.3%，比全国高 1.3 个百分点。与全国相比，河南省经济增长率比全国高的动力主要来自市场体制改革。

第三个阶段（2004~2011 年），2004 年以后，市场经济体制基本确立，国际国内产业转移兴起，国家开始实施中部崛起战略，河南省后发优势凸显，河南省每年经济增速均明显高于全国，平均经济增长率为 13%，比全国略高 2.1 个百分点。与全国相比，河南省经济增长率比全国高的动力

主要来自产业转移。

由于第三阶段与现在和未来关联最强，判断河南省高速经济增长阶段的潜在经济增长率应主要参考第三阶段。河南省高速增长阶段的潜在经济增长率为约12%，区间约为11%~13%，整体上比全国高出约2个百分点。

2. 河南省中高速阶段潜在经济增长率约为9.5%，区间为8.5%~10.5%，比全国高出约1.5个百分点

根据图4可知：从2012年开始，全国和河南省潜在经济增长率均偏离长期趋势，由高速经济增长阶段进入中高速经济增长阶段，全国潜在经济增长率约为8%，区间约为7%~9%，整体向下平移2个百分点；预计2020年之后潜在经济增长率为6%，波动区间为5%~7%，整体再向下平移约2个百分点。2012年、2013年、2014年第一季度，河南省经济增速分别高出全国2.3个、1.3个、1.3个百分点，这一定程度上说明河南省承接产业转移的增长动力依然存在，但是有减弱的趋势。

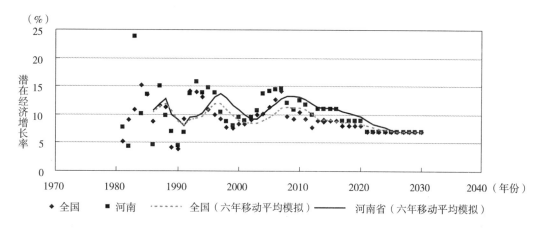

图4　河南省与全国潜在经济增长的长期趋势对比

考虑到河南省地处中原，区位、资源要素优势明显，有利于保持经济持续快速增长；但是，经过十几年的国际国内产业快速转移，高峰期已过，未来几年将趋缓。发达国家制造业的重启再造，限制了产业外移；沿海发达省份开始注重内部区域之间的产业转移，如广东省向粤北转移、山东省向鲁西转移；同时河南省部分产业出现了向外转移趋势，如煤电铝等原材料基地向新疆转移。未来，河南省承接国内外产业转移的力度、强度、速度将会逐渐减弱，对河南省经济增长的拉动支撑作用逐渐减弱。

未来几年，河南省产业转移动力将略有减弱，但是城镇化在加速，经济增长的动力强劲，潜在经济增速高于全国约1.5个百分点，"十三五"末期高于全国约1个百分点，2020年以后，随着河南省人均GDP赶上全国平均水平，产业转入与产业转出基本持平，经济增速将逐步与全国持平。

综合分析来看，未来几年河南省进入中高速经济增长阶段，河南省潜在经济增长率的中轴线约为9.5%，区间为8.5%~10.5%，比全国高出约1.5个百分点。

四、河南省经济近几年持续下滑的深层次原因

河南省与全国一样于2010年达到经济危机后政策刺激的高点，此后三年多一路持续下滑。河南省2010年的高点为12.5%，到今年一季度下滑至8.7%，共下降3.8个百分点，下降幅度比全国多出1个百分点，下滑深度超预期。2014年一季度河南省经济增速为8.7%，虽然运行在潜在经济增长率的合理区间（8.5%~10.5%）之内，但是已经接近合理区间的下限。近三年来河南省经济持续深度，说明国际金融危机对河南省的冲击"来得晚，走得迟，影响深"。深层次原因如下：

1. 投资收益分析：投资收益递减的趋势明显，导致投资与经济增速双下滑

投资效果系数是反映固定资产投资效益最全面、综合性最强的指标。1997 年以来河南省投资效果系数趋于下降，特别是 2007~2011 年年均投资效果系数均低于全国水平。

从影响经济增长的各种因素来看，人口、资源、环境、改革开放等所带来的发展红利递减趋势不可避免，而结构升级缓慢，结构升级所带来的发展红利不能充分显现，造成投资收益过快递减，进而导致投资和经济增长持续下滑。

2. 生产函数分析：投资增速趋缓、全要素生产率中的结构升级趋缓

在经济分析中，常用生产函数来描述经济增长的长期趋势。生产函数可以写成：$Q = A(t) f(L, K)$。其中劳动（L）和资本（K）为生产要素，$A(t)$ 为全要素生产率。全要素生产率就是劳动力和资本的开发利用效率，来源于技术进步、生产效率和规模经济三个方面，这三个来源都表现为"结构升级"，所以可以用"结构升级"来概括全要素生产率。

在河南省生产函数的三个变量中：第一，劳动力无限供给特征消失，供给总量长期趋于下滑；第二，资本或投资增速大幅下滑；第三，在全要素生产率的构成因素中，技术进步和劳动生产率长期基本稳定提升，但是资本的生产效率、规模效益、资本收益率在下滑。在生产函数中三个变量增速均处于下滑通道，导致经济增速持续下滑。其实，投资增速与全要素生产率中的结构因素是相互关联的，结构升级缓慢导致投资收益下滑，投资收益下滑导致投资增速下滑。

由此可见：结构不优，结构固化，升级缓慢是河南省经济持续下滑的根本原因。结构问题主要表现在产业结构、区域结构、城乡结构、技术结构等方面。所以，未来要稳增长，必须稳聚焦结构升级，在结构优化的基础上扩投资，而要扩投资和调结构必须依靠改革开放来推动，增强经济发展内生动力和活力。

五、政策思路：聚焦调结构、扩投资、促改革

河南省要摆脱经济持续下行趋势，保持经济中高速增长，"调结构"是根本，"扩投资"是基础，"促改革"是保障。

1. 着力调结构，抓住中高速阶段的关键

系统论告诉我们，系统结构决定系统功能，系统结构升级是系统功能升级的决定性因素。积极调整区域、城乡、产业结构，以增量调整带动存量经济结构优化。一是优化区域结构，向"增长极"和"核心区"倾斜。区域经济发展一般经历"点状集聚——点轴集聚——网络化均衡"三个阶段[1]。河南省正处于工业化中期增长极和点轴集群发展的关键时期，应实施非均衡发展战略，把郑州打造成为"世界级超级中心城市"，把"郑汴洛焦新许核心经济区"打造成为我国第四增长极。二是优化城乡结构，加快新型城镇化进程。美国地理学家诺瑟姆 1979 年提出"世界城市化进程公理"：城市化率在 30%~70% 是城市化加速发展的中期阶段[2]。河南省正处于城镇化加速的中期阶段，城镇化的经济本质是生产要素由农村向城镇集中，调整城乡结构的关键在于加快"集中式"新型城镇化，构建"集中、集群、集约"城镇体系，加快基础设施现代化，破解城市病。三是优化产业结构，加快产业结构升级。美国经济学家库兹涅茨 1955 年提出"倒 U 形"理论：在工业化中期，第二产业占比上升至 50% 左右时，达到"倒 U 形"曲线的顶点，之后开始下降；同时第三产业占比开始上升，呈现服务业化趋势[3]。遵循"倒 U 形"规律，加快经济服务业化；遵循集聚发展规律，投资向产业集聚区、产业集群、产业基地倾斜，培育发展一批世界级特色产业集群，打造成电子信息、装备制造、生物医药等战略新兴产业基地。四是优化物化资本与人力创新资本结构，实施"创新驱动"主导战略。当前，随着劳动力无限供给正在逐步消失、资源枯竭、环境容量极限等制约，依靠劳动力和

① 张明龙. 中国区域经济前沿研究 [M]. 北京：中国经济出版社，2006：256.
② 牛凤瑞，潘家华，刘治彦. 中国城市发展 30 年 [M]. 北京：社会科学文献出版社，2009：185.
③ 钱敏泽. 库兹涅茨倒 U 字形曲线假说的形成与拓展 [J]. 世界经济，2007（9）：35.

资本低成本规模扩张的"外延型、粗放型"经济增长模式已经走到尽头，必须加快向"创新驱动型"的内涵集约经济增长模式转变，构建河南省"创新驱动"战略体系，形成内生的自主的发展体制机制。

2. 着力稳投资，夯实中高速阶段的基础

未来，为了改变投资率过高的倾向，应坚持投资、消费、出口协调拉动经济增长的指导思想，在此基础上突出投资拉动作用，体现工业化中期"投资拉动型"经济增长阶段特征，"扩投资"仍然是保持经济快速增长、与全国同步建成小康社会的必要条件，必须坚持继续扩大投资需求，稳定投资增长速度，任何时候都不能放松投资，激活民资，凝聚外资，扩张国资，广开资金来源渠道，促进投资适度快速增长。一是聚集外来投资，推进开放型经济大跨越。继续实施开放带动主战略，完善举省开放体制，实施"大招商计划"，推动产业的链式转移、集群转移、园区转移。二是激活民间投资，推进民营经济新跨越。完善鼓励民间投资的各项配套政策，破除市场准入壁垒，加大财政支持力度，实行税费减免和贷款贴息，完善投资担保体系，建设创业孵化基地，实施"1000家小巨人科技型企业培育计划"，支持民营企业做优做强。三是扩大政府投资，提高基础设施和民生保障水平。抓住国家实施积极财政政策机遇，加快基础设施现代化，加强教育、医疗、就业、创业、保障房、城乡社区建设等各项社会事业。四是扩大社会融资规模，满足投资需求。建立政府、银行、企业战略和谐关系，建立战略合作的体制机制，优化信用环境，完善信用担保体系，做大做强地方金融，大力发展资本市场，扩大债券融资规模，支持基础设施建设。

3. 着力促改革，建立中高速阶段的动力机制

要保障调结构、扩投资、实现经济中高速增长，就必须全面深化改革，增强经济发展的动力活力。一是加强市场监管，激发市场活力。依法依规监管市场，激发市场主体活力，保障市场健康运行。二是破解资金瓶颈制约，打造发展高地。加快投融资体制改革，引导多元投资，扩大社会融资，激活民间投资和外来投资。三是破解人才约束，建设人才强省、技工强省。支持一流大学建设，制定高层次创新型人才培养和引进计划，建立高层次创新人才队伍；借鉴德国经验，提升职教强省发展规划，扶持职业技术教育集团化、品牌化、网络化发展，建立高级技工队伍培养基地。四是确保要素资源向调结构倾斜，加快产业结构、区域结构、城乡结构优化升级。土地、资金、人才等要素资源向新型城镇化新型工业化倾斜，扶持战略新兴产业、主导产业发展壮大，支持创新型企业、创新型产业集群、创新型产业集聚区做大做强。

当前经济周期性、阶段性和结构性特征与转型发展对策建议（2016年）*

引言　我国经济周期大约十年一个周期，当前运行在下行阶段；我国工业化已经进入后期阶段，经济增长由高速阶段向中高速阶段过渡，经济周期与工业化阶段相互叠加，导致经济增速持续下行，经济结构加速分化，河南省只有加快改革开放，打造优越环境，强化创新驱动，加快经济转型升级，才能保持经济持续、快速、稳定、健康发展。

一、我国经济周期出现新变化

2008年美国金融危机之后全球经济陆续跌入谷底，我国经济于2009年底至到2011年底率先复苏上行，此后逆转掉头向下，一直持续下行到现在。我国经济发展周期形态出现了前所未有的新变化：第一，经济周期波动的中轴线由10%左右的高速增长，下一个台阶至7%左右的中高速增长；第二，经济下行已经持续近5年，预计再持续1~2年，我国经济周期大约是10年左右一个完整周期，本轮经济下行持续时间可能会达到7年之久，下行幅度可能会达到1/3，时间之长、幅度之大前所未有，一切尽在情理之中，又在意料之外。

经济周期这种新变化是工业化阶段转换造成的。后发国家实现工业化和现代化的经验规律表明，在工业化前期、初期、中期，工业化阶段上升与经济增速上升两者方向上呈现一致性，而进入工业化后期、后工业化阶段、现代化、后现代化等高级阶段，发展阶段不断高级化演进和发展水平不断上台阶，常常伴随经济增速不断下台阶。

阶段性下行与周期性下行相互叠加，导致经济周期形态扭曲变形。最近几年人们根据以往经济周期经验做出的预测大多出现"方向性"偏差，股市大起大落就是群体性预测失真造成的。

二、当前正处在经济周期下行阶段的末期

当前仍处在下行阶段，稳增长形势依然严峻。但是下行接近尾声，尾巴拖的时间会较长。一是经济下行力度在减弱、下行趋势在减缓。二是逆周期调控政策力度持续加大，效果逐步显现。中央实行积极的财政政策和稳健的货币政策，力度不断加大，政府主导的调结构、补短板、稳增长投资力度前所未有，货币政策空间依然很大，经济有走稳的迹象。三是新旧经济可能会在2~3年之内达到一个新的平衡，新经济的成长足以弥补旧经济衰退带来的经济下行压力。四是我国河南省具备保持中高速经济增长的基础条件。日本和"亚洲四小龙"的经验表明，后发国家进入工业化后期之后，经济增速逐级下台阶，第一级台阶10%左右高速，第二级台阶下降1/2达到5%左右中速，第三级台阶在下降1/2达到2.5%低速。由于我国仍处在快速城镇化工业化的进程之中，经济增长的潜力、韧性、空间和回旋余地很足，有可能从10%下降1/3达到6.7%左右，并在这一台阶稳定5~10年时间，河南省可能保持略高于全国1个百分点的增速达到7.7%。

同时我们应看到，旧经济退出或升级是一个艰难的阵痛过程，新经济新动能的培育和发展需

---

* 本文发表于河南省人民政府发展研究中心《发展研究动态》2016年7月28日第14期（总第14期）。

要一定孕育时间；危机形态的周期底部往往伴随剧烈波动，非危机形态的周期筑底和复苏一般比较舒缓。这些都可能是导致经济周期底部区域持续时间较长的诱因。

综合判断，目前我国河南省经济运行已接近"L"形底部区域，进入波动筑底阶段。

三、当前经济结构加速分化

（一）三次产业加速分化，"经济服务化"趋势明显

从三次产业来看，第三产业增速最快，占比快速上升，"经济服务化"趋势显著。第三产业占比呈"U"形，而第二产业占比呈"倒U形"。2011年河南省三次产业比例为12.9∶58.3∶28.8，第二产业占比达到顶峰，到2015年三次产业比例为11.4∶49.1∶39.5，第二产业占比下降9.2个百分点，第三产业占比上升10.7个百分点。

（二）产业内部结构加速分化，不断向高级化演进

传统产业或退出或升级，战略新兴产业高速成长，产业结构呈现高新技术化、信息化、智能化。2015年，河南省冶金、建材、化学、轻纺、能源等传统支柱产业增长5.9%，对全省规模以上工业增长的贡献率为32.7%；电子信息、装备制造、汽车及零部件、食品、现代家居、服装服饰等高成长性制造业比上年增长11.4%，对全省规模以上工业增长的贡献率为59.9%；煤炭、钢铁、有色金属等六大高载能行业增长6.5%；高技术产业增长20.0%。

（三）行业企业加速分化，创新型企业加速成长

传统资源型能源原材料重化工类企业供过于求，产能严重过剩，债务杠杆压力大，面临退出、转移、重组、调整、升级等压力；而战略新兴产业企业高速成长，尤其是信息经济、智能装备等高速成长。企业组织形式加速分化，小微科技型、创新型、高端型、智能型企业加快发展，引领潮流。

（四）经济区域加速分化，转型提质成为核心因素

经济发展水平较高的东部地区转型起步早、效果好，近几年经济增速稳定提升，2015年经济增速大致保持在8%以上；能源原材料和重化工等偏重的地区发展陷入困境，如山西省3%，辽宁省3.1%；一些转型升级快的内陆地区也呈现快速发展趋势，如重庆11%，贵州10.7%。与此同时，同一经济区内结构加速分化，城市群、城市带、城市圈加速集聚发展；资源型城市以及传统产业比重大的城市趋于衰落，创新优势明显、服务业发达的省会城市或区域中心城市进入新一轮高速发展期；以高新技术、金融、旅游等为主导的特色小镇发展突起。河南省内部产业、城乡、区域结构加速聚合分化，产业加速升级，产业集群集聚集中化程度不断提高。

（五）需求结构加速分化，需求拉动开始发力

消费对经济增长的拉动作用上升，内需型消费型经济形态逐步占据主导地位。消费的服务化趋势更加明显，对服务商品的需求越来越旺盛。健康、安全、文化旅游、时尚休闲、教育等时尚新兴消费快速崛起。总部、品牌、营销、物流、研发、设计、创意、科技金融、创投等新经济快速发展。

四、对策建议

河南省经济下行既有短期的周期性原因，又有长期的结构性问题，结构性问题是根源。在政策选择上应以调结构为突破口，这是顺利跨过中等收入陷阱的关键。河南省应重点围绕调结构稳增长实施"六大带动"战略。

（一）实施投资项目带动

以项目为抓手扩投资，发挥项目投资在扩内需、调结构、补短板、稳增长、控风险、惠民生中的综合效应。

（二）实施开放招商带动

抓住新一轮全方位开放的历史机遇，以招商引资和承接产业转移为抓手，推动产业结构调整升级，构建世界级的特色产业基地。

（三）实施新经济增长点带动

抓住新一轮科技革命和产业革命的历史机遇，以信息经济、智能装备制造、战略新兴产业、高成长服务业、时尚消费、"互联网+"等为

重点，培育发展壮大新经济增长点。

（四）实施新经济增长极带动

构建世界级和国家级郑州（郑汴）多中心大都市区；构建"1+8"大郑州都市圈同城化；建设八大特色型、创新型、综合型的跨经济区的区域经济中心；建设特色县城中小城市和特色小镇；促进产业集聚区、商务商业中心区升级，发挥航空港经济试验区、自由贸易区、创新区实验、郑东新区等增长极的辐射带动作用。

（五）实施创新驱动

抓住实施创新驱动战略的"牛鼻子"和关键环节，确立创新结果激励的政策导向，针对发明专利及其产业化制定配套倾斜扶持政策，利用五年左右的时间建设专利大省和专利强省。

（六）实施改革带动

以改革促转型升级。以政府改革为突破口，营造良好发展环境，激活民营经济；以混合所有制改革为突破口，激发国有经济发展活力；以体制机制改革为突破口，激活资金、建设用地、环境容量、人才等要素供给，降低要素成本。

当前河南省稳定扩大有效投资的
重点、途径与对策（2016年）*

摘要　　投资是从供需两侧驱动经济增长的重要动力，河南省投资和经济增速逐级持续下滑，理论上的原因是投资报酬递减造成投资动力衰减，短期看是经济周期波动造成的，长期看根本原因在于供给侧结构性矛盾突出，转型升级迟缓，创新动能不足，当前河南省稳定扩大有效投资应坚持对接国家战略，推进供给侧结构性改革，培育投资增长新动能，着力推进基础设施、产业升级、创新驱动、民生改善四大重点领域调结构"补短板"促升级，着力激发民企、外企、国企、政府四大投资主体，拓宽信贷和资本市场两大融资来源渠道，着力强化项目带动、创新驱动、招商带动、改革推动，积极推广PPP模式，强化要素保障，形成投资合力，培育投资增长新动能。

投资是从供需两侧驱动经济增长的重要动力，投资与经济周期波动方向高度一致，中长期趋势也高度一致，是经济的"晴雨表"，是衡量经济运行状况与趋势的先行指标，是政府进行宏观调控和促进经济增长的重要手段。

一、稳定扩大有效投资是稳增长促转型的重要支撑

当前，世界经济持续低迷，复苏艰难曲折，河南省处于经济周期下行阶段和经济转型速度换挡阶段，短期与长期、周期性因素与结构性因素、国际因素与国内因素相互叠加，形成共振，河南省投资增速大幅度持续下行，引发经济增速持续下行。如果投资增速再持续过快下滑，将导致经济增速滑出合理区间甚至断崖式下挫，势必引发经济硬着陆、经济衰退、经济转型受挫、全面小康推迟、陷入中等收入陷阱。因此，当前稳定扩大有效投资事关战略全局，形势紧迫，任务艰巨。

中央决定"十三五"时期经济年均增长目标为6.5%以上，6.5%是实现全面小康目标的底线；2016年经济增长预期目标为6.5%~7%，主要考虑了全面建成小康社会目标、结构性改革、稳增长、保就业、惠民生的需要。河南省"十三五"生产总值年均增长7.5%以上，主要是为了追赶全国平均水平，与全国同步实现全面小康；2016年目标是8%左右。2015年全国经济增速为6.9%，投资增速为9.8%，2016年一季度经济增速6.7%，投资增速10.7%；河南省2015年经济增速为8.3%，投资增速为15.8%，2016年一季度经济增速8.2%，投资增速13.5%。可见，当前经济增速已经接近"十三五"和2016年目标的底线，稳增长已经上升为当前宏观调控的主要矛盾。

从短期的需求侧来分析，在消费需求平稳且缺乏弹性、出口需求萎缩的大背景下，只有刺激投资需求才能稳定经济增长，稳投资是当前稳增长的"定海神针"。河南省固定资产投资增速约为GDP增速的2倍，投资增速每降低2个百分点将导致经济增速下降1个百分点，河南省与全国经济均呈现出显著的"投资拉动型"特征，投资的资本形成对经济增长的贡献率在50%以上（见图1），短期来看，扩大投资是稳增长的决定性因素。

---

*　本文为河南省政府决策研究招标课题（2016A004），发表于《郑州航空工业管理学院学报》2017年10月15日；河南省人民政府发展研究中心《调研报告》2016年6月29日第8期（总第903期）。

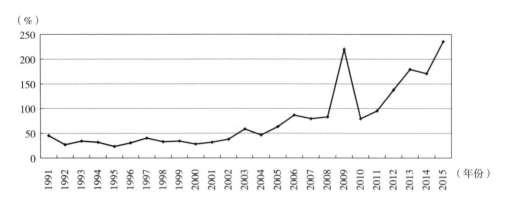

图1　1991~2015年河南省固定资产投资对GDP增长贡献率

从长期的供给侧分析，当前河南省已经进入工业化后期，进入结构转换、动力转换、速度换挡的新常态。人口老龄化使劳动人口总量开始下降，农村剩余劳动力消化完毕，人口红利消失，劳动力成本快速上升，资源枯竭导致资源成本上升，环境污染容量已经饱和，环境污染治理成本快速上升，建设用地价格飞涨，要素供给短缺、成本上升，投资收益率下降，投资增速下滑，全要素生产率提升缓慢，经济增速自然也要下滑。投资是培育创新动能、改造老产业、发展新产业的物质基础，投资增速下滑是工业化阶段转换的必然趋势，但是下滑过快，经济转型就会停滞，经济就会失速。

二、河南省投资增速持续下滑的趋势及其原因分析

（一）河南省投资增速持续下滑的形势严峻

1. 河南省投资和经济增速逐级下滑已经持续十多年

2005~2015来，河南省固定资产投资增速和

GDP增速总体上是逐级下滑的趋势（见图2、图3），2010~2015年下滑更明显。河南省固定资产投资增速从2005年最高的41.3%，下滑到2010年的21.0%，继续下滑到2015年的15.8%，年均下降约2.5个百分点；GDP增速从2007年最高的14.6%，下滑到2010年的12.5%，继续下滑到2015年8.3%，年均下降约0.8个百分点。

2. 如果投资增速继续下滑将导致GDP增速滑出合理区间

1996~2015年河南省固定资产投资年均增速为22%，从这个20年历史均值可以看作中长期潜在投资增速，最近一个经济周期的峰值是2005年的41.3%，谷底值是2010年的21%。2016年前10个月河南省投资增速为13.3%，比潜在投资增速下降了39%，比周期峰值下降68%，比周期谷底值下降37%，可见投资增速已经脱离了原有经济周期的波动区间，也远离了原有潜在增速水平，下了一个很大的台阶，目前已经接近新台阶合理区间的下限，再继续下滑就必然滑出合理区间。

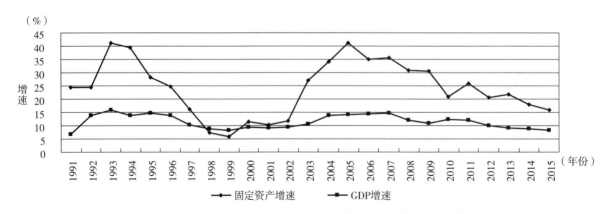

图2　1991~2015年河南省固定资产增速与GDP增速的周期性

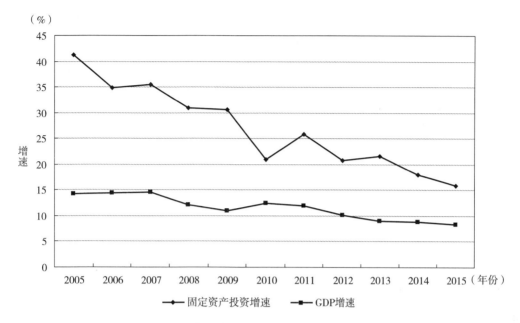

图3　2005~2015年河南省固定资产投资增速与GDP增速对比

（二）河南省投资增速持续过快下滑的主要表现

1. 工业和房地产投资下滑过快

从固定资产投资的三大组成部分来说，2015年工业、房地产、基础设施三大投资占比77%，其中工业投资占48%，房地产占14%，基础设施投资占15%，这三大部分在全部固定资产投资中的地位举足轻重。2005~2015年来，工业投资和房地产投资增速与全部固定资产投资增速基本保持同步下滑趋势（见图4），2016年，有加速下滑趋势，2015年工业投资增速10.7%，比上年下降6.4百分点，房地产投资增速为10.1%，比上年下降3.7个百分点，工业和房地产投资增速下滑幅度较大。而基础设施投资近两年却大幅回升，2015年增速为35.1%，远高于全部投资增速，这是政府逆周期宏观调控的结果，可持续性不强。

2. 第二、第三产业投资下滑过快

2005~2015年来，第二、第三产业投资与全社会固定资产投资一样持续下滑，最近几年第二产业投资增速下滑幅度最大（见图5），2015年第二产业投资增长10.7%，比上年回落6.4个百分点，2016年1~4月第二产业投资增长8.8%，比上年回落1.9个百分点。

3. 民间投资下滑过快

从投资来源看，2015年民间投资占比83%，在全部固定资产投资中的地位举足轻重。2005~2015年民间投资与全社会固定资产投资增速基本保持同步下滑趋势，但是2015年以来呈现加速下滑趋势（见图6）。2015年增速为13.2%，比上年下降8.4百分点；2016年1~9月增速为4.7%，比上年回落8.5个百分点，占全部投资的比重比上年下降约4个百分点，下滑幅度过大，民间投资增速持续回落直接导致全部投资持续下滑，对此应高度重视。

（三）投资增速持续下滑的原因分析

投资增速持续下滑是由多重影响因素相互叠加造成的结果，尤其是周期下行、体制低效、结构性矛盾凸显等国内外长短期多种因素相互叠加，造成投资报酬率递减和投资增速持续下滑，其根源在于长期性的结构性矛盾、转型升级迟缓、新动能不足。

1. 投资增速持续下滑的理论根源

1995~2015来，河南省固定资产投资报酬率总体上是逐级下滑的趋势（见图7），尤其是2005~2015年持续下滑，这是投资增速逐级下滑的理论根源。投资报酬率从最高的1995年96%，下滑至2004年的54%，下滑至2010年的22%，再

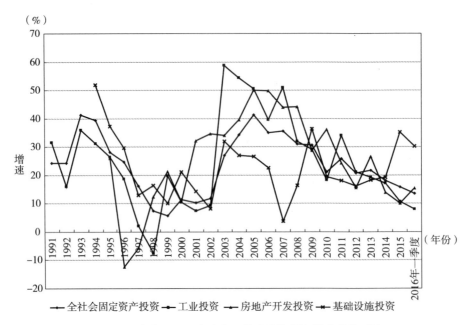

图4 河南省工业、房地产、基础设施投资增速趋势对比

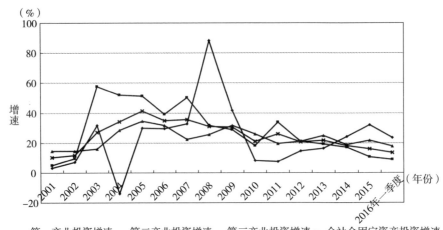

图5 河南省三次产业固定资产投资增速趋势对比

图6 河南省全社会固定资产投资与民间投资增速对比

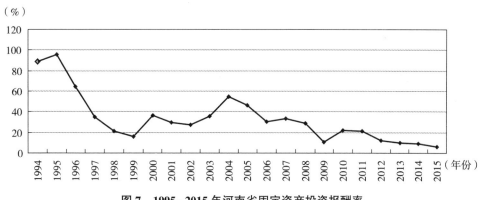

图7 1995~2015年河南省固定资产投资报酬率

下滑至 2015 年的 6%，这十年间河南省投资报酬率下降近 90%，这是一个值得警醒的信号。逐利是资本的本性，当投资无利可图时，自然也就会停止增长。投资报酬率递减是投资动能衰减的内因。在政策和策略上只有遏制住投资报酬下滑的趋势才能稳定住投资增速。

2. 经济周期下行是短期扰动因素

近几年处于经济周期的下行阶段，短期的需求不足与其他因素相互叠加加剧了投资收益递减，形成一种负反馈，致使投资增速持续下滑、河南省与全国的投资增速、GDP 增速对比如图 8 所示。

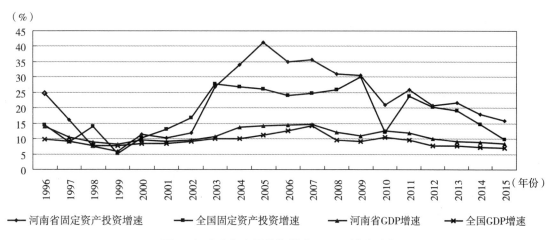

—◆— 河南省固定资产投资增速　—■— 全国固定资产投资增速　—▲— 河南省GDP增速　—✕— 全国GDP增速

图8 河南省与全国投资增速、GDP 增速对比

3. 结构性矛盾导致资源配置低效和投资收益递减是长期性根源

河南省投资报酬率逐级递减已经持续了 20 多年，跨越了几个经济周期，这种跨越经济周期的长期下滑趋势一定是由长期性的供给侧结构性矛盾造成的。河南省供给侧的结构性矛盾非常突出，结构低端，升级迟缓，生产要素供给短缺且成本上升，创新驱动不足，全要素生产率提高缓慢，投资收益递减，投资增长的动力衰减，是造成投资增速持续下滑的重要根源，主要表现在：①空间结构不优，经济集聚度偏低。城乡结构不

优，城镇化明显滞后，河南省镇化率 46.85%，比全国低 9.25 个百分点，在中部六省倒数第 1。区域结构不优，城镇结构体系和空间布局集聚度低，增长极发育不足，郑州市首位度为 19.8%，而武汉市的首位度为 36.9%，中心城市综合实力和辐射带动能力不强；中原城市群虽然规模较大但是一体化进程缓慢，缺乏分工协作和联动互动，关联不紧密。②产业结构不优，产业升级迟缓。三次产业结构失调，第三产业占比 39.5%，比全国低 11 个百分点，第三产业明显滞后；工业内部结构失调，产业结构层次低、链条短、集

群化水平低，升级缓慢，经济集聚度较低，产业集中度较低；农业内部结构失调，种植业占比过高，农业劳动生产率较低，农业集群化、规模化和基地化水平较低，农产品科技含量较低，农业科技创新能力较弱，务农人员素质退化。③动力结构不优，创新动能不足。物化资本与人力资本、创新资本的结构失调，创新动力不足，对人力资本和自主创新投入不足，技术创新成果较少，高层次创新型人才较少，创业环境不优。2015年河南省研发投入占GDP的比重为1.19%，比全国低0.91个百分点，仅为全国的57%；每万人口发明专利拥有量为1.88项，仅为全国6.3项的30%。④开放结构不优，投资环境有待优化。河南省外贸依存度为12.4%，全国为36.3%，河南省开放度仅为全国的34%，与全国平均水平相比存在较大差距，与沿海发达省市相比差距更大。

三、当前稳定扩大有效投资的框架思路

当前内外需持续低迷，投资刺激政策已经实施多年，但是下行趋势尚没有根本扭转，在通胀率和债务率日高的情况下，宏观调控政策预留空间越来越小，稳投资稳增长面临严峻挑战。同时也面临许多难得的政策机遇：中央确立了区间调控的基本方针，对经济增长实施逆周期区间调控，确保"十三五"经济增速不滑出6.5%的下限；中央确立了着力推动供给侧结构性改革的长期方针，及时启动新一轮"稳增长、调结构、补短板"系列投资促进计划，2014年以来陆续实施11个重大工程包（包括信息电网油气等重大网络工程、清洁能源、油气及矿产资源保障工程、粮食水利、交通、生态环保、健康养老服务、城市轨道交通、现代物流、新兴产业、增强制造业核心竞争力），初步遏制了投资快速下滑势头；中央确立了创新驱动的发展战略，培育发展新动能，提升投资倍增效应，培育新经济增长点和增长极，增强经济内生增长动力。中央的一系列配套政策的实施必将对河南省稳投资稳增长提供有力保障。从阶段性理论来说，当前河南省已经进入经济中高速增长的阶段，从周期性理论来讲，

经济增速已经接近历史底部区域，即使未来经济继续惯性下行，下行深度幅度也是有限的。

河南省拥有居中区位、综合交通枢纽和网络、要素资源成本较低、市场容量大、产业基础好、两区载体支撑、城镇化潜力大、中原城市群一体化、航空港综合经济试验区增长极、内陆对外开放高地十大综合比较优势，它们对河南省开放发展、转型发展、跨越发展形成强有力的支撑。河南省潜在经济增长速度比全国高出1.5个百分点。

总之，当前河南省稳定扩大投资的机遇大于挑战，有利条件大于不利因素，只要我们抓住机遇，迎接挑战，主动作为，保持战略定力，化解矛盾，加快转型升级，就能实现预定的发展战略目标。稳定扩大投资的政策框架思路如下：

（一）主动对接国家战略

投资要紧紧围绕发展这个中心，服务全面小康目标这个大局，主动服务对接"一带一路""京津冀""长江经济带"三大国家战略，对接创新驱动和自贸区建设等国家战略，对接"中国制造2025""互联网+"、双创等行动计划等，在服务全国大局中加快河南省发展；对接国家逆周期调控的投资促进计划，瞄准国家11大工程包筛选一批重大项目，争取更多项目进入国家计划笼子，同时制定并实施河南省的投资促进计划；对接河南省国家区域战略决策，落实中原经济区、郑州航空港经济综合实验区、粮食生产核心区、郑洛新创新示范区等国家区域战略，推进"一个载体、四个体系、六大基础"建设，推进三化协调、四化同步、两化融合、三个大省建设，落实"河南制造2025"计划，打造"四个河南"；对接"十三五"规划和全面小康目标，"十三五"期间河南省GDP增速须达到8%左右，约比全国高出1~1.5个百分点，固定资产投资增速须保持12%~16%合理增长区间。

（二）着力推进供给侧结构性改革

坚持创新、协调、开放、绿色、共享五大发展理念，着力解决不平衡、不协调、不可持续问题；坚持双侧发力，适度扩大需求的同时更加注重供给侧结构性改革，着力去产能、去杠杆、去库存、补短板、降低成本，加快技术进步和结构

升级，扭转投资效益递减的趋势；坚持稳增长与调结构、补短板、增动力、控风险、惠民生等有机结合，统筹兼顾，尤其是要注重调结构和补短板，发力当前，惠及长远，优先选择兼具多效的重点领域重点项目，着力推进基础设施、产业、创新、民生四大重点领域升级。

（三）培育投资增长新动能

着力激发各类投资主体，拓宽融资渠道，依靠改革来激活民间投资，促进民间投资增速回升。突出抓好重点项目，带动发展全局；突出抓好创新驱动，强化利益导向，培育新经济增长极和增长点；突出抓好招商带动，开辟经济发展新空间；突出抓好改革推动，优化发展环境，增加制度供给，提高经济发展活力。

四、积极推进四大重点领域的转型升级

当前经济下行压力大、转型任务重的情况下，河南省应继续加大逆周期调节力度，夯实发展基础，增强发展后劲，突出基础设施、产业升级、创新驱动、民生改善四大重点，补足基础设施和民生改善两个短板，加快一个产业升级，增强一个创新驱动动能力，持续加大投资力度，精准发力，提高投资的有效性。

（一）着力补足基础设施短板，强化逆周期调控，夯实发展基础

在国家推出的 11 个重大工程包之中，基础设施占了 5 项，几乎占了一半，可见其分量举足轻重。河南省应结合国家重点工程，积极推进重大基础设施建设工程。

1. 构建中原经济区基础设施"五大网络"体系

构建现代化综合交通网络体系、智能电网及新能源体系、现代水利枢纽网络体系、智能信息网络、生态环保网络体系。

2. 构建"普铁、高铁、城铁、轻轨、地铁五网一体化"轨道交通网络体系

加快构建"国家骨干网、城市群网、市域网"三级五网"一体化"互联互通网络，加快构建"米"字形高铁网络；加快构建以郑州为中心"1+8"中原城市群 1000 公里放射加环状城际铁路骨干网络，谋划"1+8+9+14"大中原城市群 3000 公里城际铁路网络；加快构建郑州都市区 500 公里地铁和城市圈 500 公里轻轨网络，推进 100 万以上省辖市地铁轻轨的规划建设。

3. 构建新型城镇化基础设施网络体系

当前城市病日益严重，城镇基础设施是"补短板"的投资重点。建设畅通城市、地下立体城市、生态园林城市、森林城市、海绵城市、智慧城市、资源节约型环境友好型城市、人文城市、和谐城市，构建现代化城镇基础设施网络体系。

4. 构建中原城市群现代城镇体系

把中原城市群建设成为世界级的城市群，建设郑州国家级世界级中心城市，加快县（市）改区，构建多中心布局的大郑州都市区，构建"1+8 同城化"大郑州城市圈；在八轴带上确定八个副中心：安阳、濮阳、商丘、周口、信阳、南阳、三门峡、焦（作）济（源），它们不但是中原城市群的副中心，同时也是外围一级城市群的副中心。构建"三区"（航空港区、郑东新区、自由贸易区）经济增长极。

（二）着力调结构，推进产业升级，奠定转型发展的经济基础

1. 推进服务业升级，加快经济服务化

服务化是工业化后期三次产业演进的大趋势，是最大经济和投资增长点，大力发展互联网+服务业，创新商业模式，培育新业态，推动服务业升级发展，打造中西部服务业发展高地。倾斜发展物流、金融、电商、旅游、房地产五大主导支柱服务业，大力培育发展研发设计、文化创意、数字创意、教育培训、投资理财、专业生产服务、信息服务、技术服务、检验检测认证、服务外包等新兴生产性服务业，大力发展教育培训、健康服务、养老服务、家政服务、文化旅游等新兴的生活性服务业。

2. 推进制造业升级

制造业是经济和产业发展的基石。倾斜发展电子信息、高端装备、食品工业、汽车（新能源汽车）、生物医药五大主导产业，将生物医药列入主导产业是战略选择；加快推进煤炭、化工、钢铁、有色金属等困难的四大传统优势产业转型升级；大力推进新材料、新能源、节能环保等战

略新兴产业发展；推进纺织、服装、鞋帽、家电、家具、厨卫、首饰、生活快消品、时尚用品及家装建材等消费品产业升级。建设一批国家级制造业创新平台，培育发展一批形成具有核心竞争力的"百千万"亿级优势产业集群和产业集聚区。

3. 推进农业升级

加强国家粮食核心区和国家蔬菜生产核心区建设，打造一批特色现代农业产业化集群，推进一、二、三产业融合发展，构建农业产业链和价值链，建设鲜活农产品市场网络、物流基地和电商平台，大力发展"互联网+农业"。

4. 推进信息经济升级，培育新经济增长点

信息产业是河南省成长最快最大的主导产业，大力发展以信息产业为主导的新经济，应借鉴浙江省经验，加快建设全国领先的电子信息、电子商务、物联网、云计算、大数据、互联网金融创新、智慧物流、数字内容产业中心，建设网络经济大省，推动电子商务大发展，实施大数据发展战略，建设全国重要的区域性数据中心和云计算中心。

5. 推进"两区"（产业集聚区、商务中心区）转型升级

打造特色产业集聚区，深入实施"百千万"亿级特色优势产业集群培育工程，打造"总部型""创新型""电商型"商务中心区，规划建设100个高端制造、现代物流、金融服务、文化创意、文化旅游、教育培训等集群型专业园区或特色小镇。

（三）着力增强创新动能，抢占制高点，驱动产业升级

创新是新常态下驱动经济发展的核心动力，创新体系建设是投资发展的重点，应实施创新大省建设工程。

1. 建设国家科创中心

借鉴上海经验，在郑州航空港综合经济实验区、郑东新区或高新区建设国家科学创新中心，引进国际国内高端科创要素，建设科创新城。

2. 建设郑州、洛阳、新乡等国家自主创新示范区试点

先行先试，构建充满活力的自主创新政策体系，汇聚创新资源和人才，打造创新高地，力争每个省辖市都建立一个国家高新技术产业开发区，将国家自主创新示范区扩大到全省所有高新区。

3. 打造一大批科技创新平台

依托骨干企业建立100家国家级、1000家省级、10000家市级研发中心、专业实验室、工程技术中心、质量检测中心以及中试基地；构建一大批由企业、高校、科研院所、金融机构等组成的自主创新联盟。

4. 构建创新创业"双创"基地和体系

推进科技企业孵化器、众创空间和大学科技园建设，打造一批创新创业国家示范或示范基地。积极推广黄河科技学院的典型经验，依托高校建设20家国家大学双创科技园、100家省级大学双创科技园；推广郑州市双创经验，实施创新驱动和开放带动主战略，依托高校、骨干企业、产业集聚区建设一批双创综合体或双创科技园，180个产业集聚区、180个商务商业中心园区全部配套建设双创科技园。

5. 培育一大批创新型企业

实施系列配套优惠政策，引导企业加大科技创新投入，培育一大批创新型企业和高新技术企业，扶持发展天使、创业、产业投资，支持科技型中小企业上市融资。

（四）着力补足民生短板，提高政府投资的有效性和普惠水平

民生是经济社会发展的短板，是扩大政府投资、引导社会资金合力投入的重点，是内需拉动和共享发展的结合点，继续提升社会事业、社会保障和公共基础设施的发展水平，促进协调发展。实施十项重点民生工程、脱贫攻坚工程、新农村建设提升工程、社会事业基础保障提升工程，提高基础教育办学水平，建设创新创业型一流大学，推进健康中原建设。

五、激发四大投资主体、拓宽两大融资渠道

稳定扩大投资应着力深化投资供给侧结构性改革，激发民企、外企、国企、政府四大投资主体，拓宽信贷和资本市场两大融资渠道，形成投

资的合力。

（一）激活民间投资，发挥主力军作用

河南省民营经济占经济总量的比重超过60%，占固定资产投资的比重超过80%，占吸纳城镇就业的比重超过90%，民间投资是稳增长、调结构、促就业的重要支撑力量。激活民营经济和民间投资的关键在于营造环境、放开搞活，应着力"筑巢引凤"，变"候鸟型经济"为"创业创新创造型经济"。支持民营企业做大做强，建设一批创业孵化基地，帮助小微企业解决融资难问题。优化投资环境，激发民间投资积极性。采取有力措施推动中央相关激励民间投资政策落到实处，进一步放宽准入，构建和谐政商关系和公平营商环境，加强政策扶持引导，降低企业成本，弘扬企业家精神，激发民间投资潜力和创新活力，促进民间投资回稳向好。

（二）吸引外来投资，发挥生力军作用

据统计测算，开放型经济对河南省经济增长的直接贡献率约三分之一，应积极推进河南经济全球化，实施"引进来"与"走出去"双向开放带动战略，继续开展"大招商"活动，实施"吸引外资倍增计划"，加快国际国内高端产业向河南省转移。完善产业集聚平台载体，筑巢引凤，优化环境，提升综合服务功能，发展特色优势产业集群。鼓励中外合作建设特色产业园，鼓励与发达国家或地区合作建设产业园区，可规划建设新加坡、日本、韩国等高新技术产业园区。招大引强，带动外资链式集群集聚，深化与跨国公司、央企、行业龙头企业的战略合作，重点引进一批龙头型、基地型、中心性重大项目，鼓励区域总部、研发基地、运营基地等微笑曲线两端产业链进驻，带动关联配套的专业化的中小企业集群进驻。积极承接高端产业的链式转移、集群转移、园区转移。打造自贸区示范窗口，以国际化法制化市场化营商环境吸引外资集聚。

（三）力争国企投资，发挥支柱作用

稳定投资必须充分发挥国有企业资本的支柱作用，关键是稳步推进国企改革，发展混合所有制，建立国有资本控股运营公司，鼓励民间资本参与国有企业改革，实现优势互补。

积极与央企建立战略联盟，积极对接央企，签订战略合作协议，为央企在河南省布局提供全方位优惠政策和配套服务，力争央企在河南省建立生产基地、区域总部、研发基地、供销网络、资本运营、后台服务等产业链，鼓励央企参与河南省基础设施和产业升级项目。

（四）扩大政府投资，发挥导向作用

强化区间调控责任，加大政府财政投资力度，加强对经济进行逆周期调节，实施积极财政政策，发挥政府公共投资的引导拉动作用，强化省部合作，积极争取各类中央建设资金、国家专项建设基金。提高地方债规模，提高政府投资能力，力争中央国债项目向河南省倾斜，争取提高省市政府发债规模。提高政府投融资平台公司的融资能力，推动各级政府投融资公司加快转型发展，充实资本实力，增强融资能力、资本运营能力和竞争力，鼓励各级投融资公司设立创业投资和产业投资引导基金，支持社会资本发起设立投资基金。制定产业投资引导政策，加大对小微企业、科技型中小企业、创新型企业的扶持力度，支持"双创"平台建设和新技术新产品研发，加大对财税金融的扶持力度。

综合施策以提高政府投资的有效性：一是要建立项目库，强化项目可行性论证，完善项目决策的科学化民主化制度和程序，分清轻重缓急，避免盲目上马造成新的浪费；二是鼓励推广PPP、特许经营等多种高效模式；三是与创新发展的产业政策挂钩，倾斜支持新经济发展。

（五）拓宽信贷融资主渠道，强化间接融资支撑

加快金融业发展，改变金融业发展滞后局面，健全金融机构体系，鼓励本土金融机构上市做大做强，引进外资金融机构，发展新兴金融业态。推动政银企战略合作，加大信贷投放力度，完善融资对接信息系统平台，组织开展重大项目银企、证企、保企对接活动，加强政策衔接和项目对接，与各大商业银行建立战略合作关系，保持信贷投入稳定增长，缩小存贷差。发展普惠金融，加强对中小微企业、农村特别是贫困地区金融服务，鼓励发展小额贷款，支持大学生创业和农民工返乡创业。大力推进金融创新，支持重大项目开展资产证券化、股权和债权融资，创新预

期收益质押贷款、特许经营权质押贷款。优化金融生态环境，健全信用体系，控制区域金融风险，促进金融集聚发展。

（六）拓宽资本市场融资新渠道，强化直接融资支撑

积极培育区域资本市场，提高股票和债券等直接融资比重，支持中原区域股权市场加快发展，力争每年四板上市企业 500 家以上，对股票债券发行实行奖补政策，鼓励众筹，开展小微企业增信集合债券试点，开展永续债券、项目收益债券、债贷组合、中小企业私募债试点，鼓励项目公司运用投贷组合、债贷组合等融资创新方式，鼓励发展各类投资基金，大力推广 PPP 模式，激活社会资本。

六、对策措施

稳定扩大有效投资必须强化"四个带动、一个模式、一个保障"对策措施，狠抓项目、招商、创新、改革"四轮驱动"，强化 PPP 模式推广，强化要素配套保障。

（一）强化项目龙头带动，突出投资总抓手

项目是稳定扩大投资的总抓手，应继续实施项目带动战略，建立长效体制机制。"谋划大战略、狠抓重大专项"是河南省的一条重要经验，应谋划一批龙头型、基地型、集群型、创新型的重大项目，尤其是谋划省长、市长、县（区）长工程。建立健全省市县三级项目库，编制年度投资计划，建立项目落实责任制和推进协调联动机制。强化跟踪问效，建立项目推进激励机制。

（二）强化创新驱动，使投资发挥倍增效应

人才是创新驱动的第一要素资源，创新驱动就是人才驱动，而知识产权尤其是专利是创新的直接成果，创新驱动说到底最终是依靠创新成果驱动的，尤其是技术创新的专利成果。华为从无名之辈登顶通信行业的世界之巅，依靠的就是聚集世界人才，创造世界最多的专利成果，其内在逻辑就是将专利成果与销售收入挂钩，利益分配向创新人才倾斜，其实，河南省的许继电气、森源电气、中信重工等行业领先企业无不如此。河南省创新驱动落后主要表现在"四少"：创新人才少、创新企业少、创新投入少、创新专利成果

少。要改变这种"四少"落后局面，必须多措并举，重点突破，就是要以专利技术为主导，以利益导向的体制机制改革为突破口。

一是实施专利带动战略，实行知识产权结果利益导向激励，对发明专利申报实行全额财政补贴，对专利技术转让和产品孵化给予财政补贴，对高新技术专利新产品上市给予税收减免和奖励，抓住实施创新驱动战略的"牛鼻子"和关键环节，形成激发创新活力的政策体系，营造创新驱动优越环境。

二是加大创新投入力度，尽快使研发投入占 GDP 比重由目前的 1.19% 提高到 2.5%，构建自主创新体系以及激励政策体系，支持国家科创中心、创新平台、创新基地、创新型企业建设，加快建设一流创新创业型大学。

（三）强化"开放招商"综合带动，引进外资源头活水

开放招商具有"一举应多变、一招求多效"的综合带动效应，以项目为抓手、以开放招商为突破口是近十年来河南省快速发展的一条重要经验。当前开放招商是稳定扩大投资的重要途径，强力实施"引进来"开放带动主战略，完善举省开放体制，创新招商方式，促进域外境外资金向中原集聚，实施"文化搭台、经贸唱戏"、对口精准招商、全民招商、以商招商、服务外包中介招商、龙头带集群招商、环境招商等策略。发展环境是最好的招商广告，要在优化环境上下功夫。加快河南自贸区建设，使之成为开放招商的窗口平台；加强产业集聚区和商务中心区等招商平台建设，完善综合配套服务功能；加快服务业对外开放，着力引进新兴服务业；加快信息经济、航空经济、智慧经济等新经济的培育引进创新发展。

（四）强化改革推动，优化投资环境，增加对外资和民资的吸引力

"效率低、成本高"是造成投资收益递减和投资增速阶梯式下降的重要体制性根源，走出体制性怪圈必须依靠供给侧结构性改革推动：一是加快推进政府"放管服"改革，释放市场活力；二是深化国企改革，推进混合所有制和国有资本经营体制改革，增强活力，提高竞争力；三是创造非公

有制经济发展的公平市场环境，调查发现 PPP 大多数项目最后选择国有背景的投资公司为合作对象，与撬动民间投资的初衷相背离。民间投资增速大幅度下滑的根本原因是市场不景气，信心不足，缺乏利益冲动，同时体制上的市场准入环境不公平，普遍存在"玻璃门""弹簧门"问题，激活民间投资必须彻底破除体制上的瓶颈约束。

建设创新型、廉洁高效、法治型、服务型政府，构建低成本高效率法治化的营商环境，打造特色人文环境与和谐社会环境，增强优秀的地方特色传统文化吸引力、认同感、包容性，弘扬创新创业文化，弘扬企业家创业精神，形成崇尚创业、支持创业、宽容失败的社会氛围。

积极开展投资环境第三方评估，对投资环境开展第三方评估，及时发现问题并解决问题，推动发展。

（五）强化 PPP 模式推广，打造民间投资蓄水池

为了解决基础设施建设资金短缺问题，必须鼓励引导社会资本投资公共基础设施。对各类基础设施项目进行分类、组合策划、包装设计，编制可研报告，分类发布，打破准入限制，灵活运用 PPP 模式，全面引入社会资本。对经营性项目可采取"特许经营"模式；对公益性项目可采取"打包式综合开发"模式。建立财政奖补基金制度，鼓励引导社会资本进入。

（六）强化要素保障，降低要素供给成本

当前，融资难、建设用地短缺、高层次人才短缺、环境容量受限已经成为项目落地的重要约束。保障资金需求、加大金融创新力度、广开资金来源是有效的解决措施。保障用地需求，积极稳妥开展土改试点，占补平衡，建立地票市场，挖掘存量潜力。保障环境容量，坚持实行重点污染物排放总量预算制度，把减排腾出的环境总量，优先保障重点领域重点工程项目。保障人力需求，创造优越人才环境，制定培养和吸引高层次人才的配套政策，建立奖补基金，实施人才行动计划，引进培养一大批创新型骨干人才队伍。

第五篇

现代产业体系

河南省高新技术产业发展对策（1995 年）*

引言

经过数十年的发展，高新技术及其产业在经济、科技发展中所起的巨大推动作用已经得到普遍认识，发展高新技术也已日益成为当今世界的潮流和趋势。河南省的经济再上新台阶同样也离不开高新技术，如何进一步推动高新技术及其产业化的发展是摆在我们面前的一个重要课题。

一、河南省高新技术产业的发展历程和现状

河南省高新技术产业开始于 20 世纪 50 年代中期，最先是从微电子起步的。60 年代后期，已经展开了对微电子技术、硬件材料、太阳能利用、发酵工程和核技术应用五个领域的研究开发，形成了河南省高新技术产业的雏形。70 年代末，微电子技术研究已达到相当水平，并形成了一定的生产规模。80 年代，随着以经济建设为中心和改革开放的基本国策的实行，河南省的高新技术产业得到迅速发展。到 90 年代，随着社会主义市场经济体制的逐步建立，河南省的高新技术产业有了更进一步的发展。

1993 年河南省高新技术产业创产值 109.74 亿元，占当年全省工业总产值的 4.51%，出口创汇 2.1 亿美元，比 1989 年翻了两番。截至 1994 年，全省已认定高新技术企业 190 家；认定高新技术产品 580 多项，其中独立研制 343 项、引进技术 77 项、合作开发 160 项，技术水平达到国内先进的占 92%，郑州、洛阳两个国家级高新技术产业开发区发展态势良好，已批准进区企业 1320 家，总投资 46.48 亿元，利用外资 2.13 亿美元。

河南省在新材料、新能源、电子信息技术、生物工程技术和机电一体化技术五大高新技术领域都取得了可喜的成绩。

从河南省的省情看，河南省发展高新技术产业具有以下优势：①"科教兴豫"正在成为全省

上下的共识。②河南省高新技术已经形成一定的基础，在有些领域已经形成自己独特的优势，如新材料领域。③良好的传统工业及其管理经验为河南省高新技术产业的发展提供了坚实的基础和有力的支持。④拥有一支有实力的科技人才队伍，有一定的技术储备和较强的技术开发能力。

与优势并存的是河南省在发展高新技术产业的过程中还存在着一些需要尽快予以解决的问题和制约因素：①政策法规不完善，扶持政策力度不够；②资金投入不足，融资渠道不畅；③支撑体系不健全。

二、河南省高新技术产业发展的指导思想和总体目标

根据国家有关政策和河南省省情，在今后一个时期里，河南省应本着"自主开发与引进技术相结合，培育新兴产业与改造传统产业相结合，积极开拓国内市场与国际市场相结合，立足于技术优势和资源优势，迅速形成具有产业优势和产品优势的新兴支柱产业群"的指导思想，抓住高新技术这个龙头，花大力气聚集一批人才，兴办一批企业，开发一批产品，以高新技术产业及其向传统产业的扩散渗透来带动全省经济的发展。

"九五"期间，努力争取使高新技术产品产值及出口额年递增率保持在 30% 以上。到 2000 年，使高新技术产业产值达到 1000 亿元左右，占全省工业总产值的比重由 1993 年的 4.5% 提高到 16%。通过"火炬计划"的实施，到 2000 年，

* 本文发表于《决策探索》1996 年 2 月 20 日。

全省高新技术企业发展到 800 家，产品 1500～2000 种。大力发展企业集团，到 21 世纪末，创建 10 个年产值 10 亿元以上的企业集团，20 个年产值 5 亿元以上的企业集团。

三、河南省高新技术产业发展的重点

河南省高新技术产业的发展应追踪国际先进水平，充分发挥本省优势，形成具有自身特色的高新技术产业群。重点发展新材料技术领域、电子信息技术领域、生物工程技术领域、机电一体化技术领域、新能源与节能环保技术领域、利用高新技术改造传统产业等。

四、河南省高新技术产业化的推进机制和政策措施

高新技术产业的发展涉及方方面面，是一个复杂的联动系统。河南省应通过社会各界的共同参与，充分发挥政府、科研单位及企业各方面的积极性，从强力推进高新技术研究开发及其产业化的各个环节入手，逐步实现高新技术的商品化、产业化、国际化，建立一批科工贸并举、产品具有强大竞争力的高新技术企业，形成具有河南独特优势的高新技术产业群，促进河南省产业结构的调整和整体经济效益的提高，带动全省经济迅速走向高级化。

1. 强化市场意识、树立新观念

抓住机遇，积极开拓国际、国内市场并牢固占领技术、经济发展的制高点。

2. 建立高效的政府运行机制

高新技术所具有的高投资、高风险的特征，以及高新技术在社会、经济发展中所处的重要地位，都要求政府对其进行强力支持。①制订高新技术及其产业化发展规划；②制定完善的政策法规，改善宏观环境；③加强宏观协调和微观指导。

3. 建立科技成果推广转化机制

①积极培育科研开发动力机制；②建立完善的创业服务中心；③大力扶持民办科技实业。

4. 建立全方位的高新技术投资体系

拓宽融资渠道，建立政府、企业、社会、国内、国外全方位的投资体系。①加大政府投资力度；②建立高新技术风险投资公司；③通过发行股票和债券等方式，积极向社会筹资；④改善投资环境，通过官方及民间渠道引进外资。

5. 建立完善的高新技术人才体系

①建立人才培训机制；②制定优惠政策，吸引国内外的优秀人才来参与高新技术的研究、开发与生产活动；③科学管理人才。

6. 建立高新技术的引进、消化、吸收、创新机制

组织精干的引进、消化、吸收、创新队伍，及时对引进的先进技术进行再开发，逐步形成具有独特优势的高新技术产业。

培育和发展河南省主导产业研究（1996 年）*

引言

根据发展经济学基本原理，由贫穷经济体到发达经济体的条件是必须必然推进城市化、工业化和产业结构的不断升级，尤其是主导产业的不断升级。河南省城市化和工业化进入加速阶段，必须优先发展石油重化工产业、资源优势产业和高加工度产业，倾斜培育特色主导产业，加快产业结构升级，促进跨越发展，支撑中原崛起。

一、对河南省主导产业的评析

80 年代末期，我国工业化加快，改革开放深入，从全国范围讲，产业结构迫切需要调整和升级转换。为此，国家全面开展了产业政策的研究和制定工作，并开始注重东中西三大地区的协调发展。在支持优惠政策上，逐步从地区倾斜向产业倾斜转变。其产业政策的核心是培育和发展主导产业，全国各省都紧紧围绕这个问题出台了明确的产业政策。例如，浙江省突出轻型工业高级化；湖北省突出以汽车为重点的机械工业和以钢铁为重点的冶金工业；云南省突出卷烟工业。河南省选择了六大主导产业：化工、有色金属、机械电子、食品、轻纺、建筑建材。选出的主导产业都是大行业，太笼统，涵盖面太宽，重点不突出。产业结构演进的阶段性不明确，过分注重区域经济内部产业结构自成体系和自我协调性，战线过长，影响了产业结构高级化进程。河南省所选择的主导产业基本上包括了一般的工业部门，结果起不到应有的带动作用。

二、重新审定河南省的主导产业

主导产业是指在经济发展某一阶段产业结构中居于主导带动地位、起着前波后及、带动一大批产业运动发展作用的产业。具有市场成熟性、技术成熟性、大规模性和大关联性等四大特征。与支柱产业、战略产业、基础产业不同。选择时还应当注重如下几个特殊原则：一是追求产业结构高级化原则，不要过分强调省内产业结构的协调；二是市场导向原则；三是比较优势原则；四是资金积累原则。同时还应尽量发挥河南省的自然资源和劳动力优势。在重新审定河南省主导产业时，应当注意两个问题：一是我们选择的主导产业不一定是现在的支柱产业，但经过一定期限的培育能发展成支柱产业；二是我们在选定主导产业的同时，还应当选定主导企业和主导产品。依据以上特性和原则，并进行综合分析，我们认为河南应选择和培育如下六个主导产业：①以动力机械和工程机械为主导的机械工业。它是高度工业化（以高度组装加工为特性）的体现。②家用电器和电子工业。它是新兴产业的代表。③石油重化工业。它是工业化起飞阶段的带头产业。④以方便营养保健食品、名酒饮料、烟草加工为重点的食品工业。我们的农业大省变成农业强省需要发达食品工业的支持和拉动。⑤服装工业。河南省纺织工业的振兴必须以服装工业为龙头。⑥建筑建材工业。住宅将是新的消费热点，建筑建材将成为新的经济增长点。

三、培育和发展河南省主导产业的对策建议

一是充分认识主导产业在经济发展中的主导、支柱、战略地位。

---

* 本文发表于河南省人民政府发展研究中心《调研报告》1996 年 12 月 26 日第 61 期（总第 311 期）。

二是实施倾斜政策，做大做强主导产业。主导产业的发展要纳入全省经济社会发展战略和规划，应进一步完善河南省产业政策，综合运用计划、信贷、财政、税收、价格等政策手段来促进主导产业的快速成长。

三是新体制机制，加快结构调整。下一步促进河南省经济发展的动力是体制创新和结构调整。调整结构就是要倾斜发展主导产业、主导企业、主导产品，同时要把体制创新作为手段来促进主导产业的成长。

四是加速培植"主导企业"。这是加快河南省主导产业发展的组织保障，也是产业组织政策的重要内容，与河南省经济发展的"重点带动"、大公司、大集团战略相一致。兼并联合是实现优势企业低成本快速扩张的捷径，可以通过强强联合方式增强主导企业的实力，应通过资本市场加快培育主导企业。

五是要抓住国家支持中西部地区发展的机遇，加快河南省主导产业的发展。主导产业应成为实施"开放带动"战略的重点，吸引更多的国际金融组织和外国政府贷款，同时争取外资银行和跨国公司在河南省设立机构，参与投资主导产业。

提升省辖市经济竞争力的四大方略（1996年）[*]

引言　河南的18个省辖市是重要的区域性中心城市，在全省推进工业化和城市化进程中处于核心地位，是河南高端产业和先进制造业的主要聚集地，是河南新兴工业大省的柱石，其发展的状况将决定中原崛起的进程。中原城市群9座城市以一体化为先导拉开了新一轮发展的序幕，沿边九大区域性中心城市正在以大开放促进大发展。总结过去发展的经验，展望未来的发展趋势，笔者认为以下四类经济将影响全省区域经济可持续发展的能力、活力和竞争力。

一、首脑经济

首脑经济，就是充分发挥首脑的领导、引导、示范带动等作用，推动经济社会快速发展。首脑主要指行政首脑和企业首脑，首脑经济在当今中国表现得非常突出，我们都知道，企业是国民经济的细胞，在经济全球化的洪流之中，跨国公司就好像是集团军，中小企业就相当于游击队，各具优势，各展所长，集团军的军长和游击队队长就是首脑，他们在很大程度上决定企业的战略战术，决定企业的生死存亡和兴衰成败。

"六策并举"发展首脑经济：一是要善于发现强人首脑。强人来自于实践，来自于基层，来自于科研和生产一线，要在实践中发现强人，形成人才梯队。要在竞争中选择强人，变伯乐相马为赛场选马，形成优胜劣汰、公开选拔、竞争上岗的选人用人机制。要培养强人，营造人才辈出的大环境。二是要大胆重用强人首脑。只要被实践证明是强人的就要委以重任，在最基层或副职上锻炼培养强人，在正职或"一把手"位置上重用强人。三是要容忍强人首脑的缺点。强人有优点也有缺点，关键是要把其潜能充分发挥出来，尽量做到扬长避短，同时宽容、包容其缺点。强人一般都会大刀阔斧地推进改革，难免会出现一些小的问题或失误，应予以保护和引导。四是要提高经济强人首脑的社会地位。对有突出贡献、重大贡献的企业家，可以委任地方政协委员、常

委或副主任（主席），行使参政议政。可以把经济强人组织起来，组建"专家咨询团"，为领导科学决策服务，为地方经济发展出谋划策。五是应大力引进强人首脑。要引进一批经济强人，形成强人聚集的高地。要把引进强人与引进外资有机结合起来，引进外资的重点是战略投资者，即知名品牌、知名企业、大财团和跨国公司。要以引进经济强人为先导开创引进外资的新局面。在引进外资上小打小闹很难有大的作为，很难实现跨越式发展，所以要在引进强人的同时引进大项目。大力发展总部经济，把国内外的一些知名企业的生产基地、研发基地、运营基地以及地区总部引进来。六是应大力宣传强人首脑。强人一般都具有过人的胆识、刚强的毅力、实干的精神，这些正是我们要倡导的时代精神。通过大力宣传强人，树立新时代的英雄形象，振奋民众精神，弘扬"创新、创业、创造"的时代精神。

二、环境经济

环境是经济发展的孵化器。企业的生产要素是经济发展的内因，投资环境是经济发展的外因，内因决定企业的发展方向，环境决定企业发展的快慢。投资环境影响、制约甚至决定企业的演化进程和发展速度，有什么环境就会有什么企业，好的环境可以使企业如鱼得水，快速成长壮大。我国各地改革开放和发展的经验反复证明：哪里的投资环境优越，哪里就会快速发展。在区

---

[*] 本文发表于《决策探索》2006年5月10日。

域经济之间的竞争中，投资环境的作用是基础性的甚至是决定性的。所以，经济在某种程度上表现为环境经济，环境经济是一种良性发展的经济，拥有完善的经济自主发展的内生机制。

"六策并举"发展环境经济：一是构建经济快速发展的内生机制，积极推进行政体制改革，构造"小政府大社会"体制，精简政府机构，政府不该管的事要彻底放给市场，推行"效能革命"，推进政务公开，明确服务职责，提高政府的服务效率，加强投资环境监督，成立直接隶属行政首脑的督察办公室，加强社会监督、新闻监督和企业监督的力度，定期让企业来考评行政机关，考评后进者要限期整改，谁影响投资环境、影响企业的发展就追究谁的责任。什么都可以商量，都可以灵活，唯有投资环境不能商量，也不能灵活。二是简政放权，强化县（区）政府的经济社会管理权限，增强县（区）的宏观调控能力，同时加大县（区）政府发展经济的责任，重心下移，激发活力。三是大力推进干部公开选拔，淡化"官本位"，推进阳光政治和民主政治，县（区局）、乡两级干部逐步推行公开选拔、竞争上岗的制度，可以推出部分岗位在全国范围内公开选拔。四是提拔、培养、引进一批博士、硕士县（区、局、乡镇）长，改善干部队伍结构。五是支持、保护、宽容改革者，对改革失误者只要是出于公心，应免予追究责任，对改革贡献大者要重奖重用。六是创新中原文化，营造文化创新环境，变"学而优则仕"为"学而优则创"，凝练"创新、创业、创造"的新中原文化，培育各具特色富有活力的大都市文化、乡村文化和企业文化，不断超越自我。

三、集群经济

产业是区域经济发展的支撑，集群化是产业竞争发展的必然趋势。特色产业集群化是提升各省辖市产业竞争力的法宝，产业集群在我们新兴工业大省的发展中已经开始担当重任，并展现出旺盛的活力。例如，漯河市坚持特色产业集群化发展思路，突出比较优势，培育比较优势，创新比较优势，提升比较优势，强化比较优势，把食品工业作为战略产业、主导产业、支柱产业来倾斜发展，在培育本土品牌上已经取得巨大成就，使漯河市成为国内国际知名食品品牌的生产基地，漯河市下一步的目标是建成全国乃至世界规模最大的食品工业基地。

"六策并举"发展集群经济：一是实施产业集群化发展战略，这是提升产业区域竞争力的必然选择，这应成为全省各辖市建设特色先进制造业基地的主体战略。二是应制定《先进制造业基地产业集群建设规划》，完善配套扶持政策，打造国际水平的特色产业集群，并从主导产业、主导品牌、龙头企业、创新能力和国际化水平五个方面全面提升特色产业集群。三是大力发展园区经济或板块经济，积极规划和发展特色产业园区，由分散发展向集约发展转变，引导项目向园区集中，形成相互配套、相互补充、相互合作、相互竞争、互利共赢的发展格局。四是实施项目带动战略，大力推进招商引资，以项目为龙头、园区为载体、环境为支撑，引大企业，引知名品牌，引战略投资者，积极承接国内国际产业大转移。五是实施品牌战略，没有品牌的产业集群就不具备国际竞争力，通过资本运作、资源重组、产业整合、跨国经营等途径，迅速扩张品牌实力，提升品牌价值。六是提高自主创新能力，增强竞争力，鼓励、支持、扶持企业建立研发中心，走引进、吸收、再创新的道路，走集成创新的道路，走产学研相结合的道路。

四、大学经济

发展大学经济需要战略眼光。科学技术是第一生产力。现在人类社会已经进入知识经济时代，竞争最终起决定作用的是人才。文化在经济社会发展中的作用是巨大的，今天的文化就是明天的经济，大学文化在一个区域或城市文化中处于先导地位。考察国内和国际上的城市发展，地位高、作用大、发展快、带动能力强的大城市，一般都是大学云集的地方，这样的城市拥有无穷的魅力和无限的活力。

大学经济应当成为地方经济发展的发动机。大学具有三项功能：一是"生产人才"，培养高级创新型人才；二是"生产技术科研成果"，是新技术新产品的重要发源地；三是"生产新思维"，是新思想、新文化、新理论的发源地。大学就像一个发动机，源源不断地为经济社会的发展提供新人才、新科技、新思想。同时大学还能聚集人气，拉动消费，带动地方经济发展。要发挥好高等学校的功能，走产学研一体化发展道路，积极对接地方经济，形成良性互动。

"六策并举"发展大学经济：一是确立大学经济的战略地位，明确发展重点和方向，制定配套扶持政策，走开放型、竞争型的特色发展道路，逐步形成集聚发展的格局。提升本土大学。二是各省辖市（区域中心城市）应建立各具特色的高等教育基地，创办特色大学，提升中心城市的品位，尤其是文化品位、科技品位、人才品位，支撑区域产业的快速发展，改善投资环境，大幅度地提升区域中心城市的国内国际地位、知名度和形象。河南省应当建设郑州、开封、洛阳、新乡四大高等教育中心，在其他14个省辖市建设特色高等教育基地。三是应做大做强特色职业技术学院，扩大办学规模，突出办学特色，推行"订单培养""工学结合"的培养模式，力争进入"全国100所示范性职业学院"行列，力争中央和河南省的倾斜投入和政策支持。四是大力发展特色本科大学，紧紧围绕创办名牌高校的目标，要特别重视学科建设、师资队伍建设和实培基地建设，积蓄实力。要特别注重特色的培育，没有特色就没有市场和出路，就难以生存和发展，应争取5~10年内建成一批各具特色的名牌大学和具有一定规模的大学城。五是实施引进战略，鼓励引进新大学，制定优惠政策吸引国内外知名大学在河南省建立大学或分校，例如可以采取升达大学和西亚斯学院的成功发展模式，力争在5~10年内使各个省辖市成为大学集聚的沃土，成为名副其实的大学城。六是确立高等教育发展的新理念，大力推进改革开放，解放思想，突破观念约束和体制约束。各个省辖市在财力不足的情况下发展大学经济应坚持"多元化突破、市场化运作、企业化管理"的发展模式，以适应跨越式发展的需要，以适应即将到来的大学竞争时代。大力推进国有民办、公办民助、民办公助，鼓励企业集团办学和行业办学，一切有利于发展的体制和形式都可以采用。高等学校应当找准发展坐标，树立面向当地经济、面向市场、面向企业的办学理念，积极主动地投身到河南省社会经济的发展中去，在服务中不断发展壮大自己，与地方相互支持，形成良性互动。

河南省经济结构调整的总体思路（1998年）[*]

引言　1997年亚洲金融危机使我国经济进入周期谷底，摆脱当前经济困境的短期办法是实施积极的财政政策和宽松的货币政策，但是根本出路在于加快经济结构调整升级，河南省应变压力为动力，加快推进改革开放，强化思想、政策、体制、科技创新，营造优越发展环境，推动结构升级和跨越发展。

一、经济结构调整具有首要性、长期性、艰巨性、复杂性，经济结构调整是当前和今后经济工作的主题或主旋律

1. 东南亚金融危机给我们的警示

东南亚金融危机的特征及内因条件包括：经济过热，出现了较严重的通货膨胀和泡沫经济；企业"大而全""小而全"和低水平重复建设现象普遍存在，企业负债率太高，大量企业资不抵债而又不能破产清算，低效运营、缺乏活力；金融机构的不良贷款所占比例太高。为了化解并消除此类金融危机，唯一的出路是加速推进经济结构的调整优化。

2. 经济周期理论的启示

西方国家已将中国列入市场经济国家，我国经济已明显地呈现出周期性发展规律。一般而言，处于经济周期谷底时，经济会在结构大调整中缓慢增长。一方面表现为被动的调整，为了适应变化了的经济环境而生存下来，不得不进行痛苦的调整，如企业破产、失业、下岗转岗等；另一方面表现为主动的调整，为了迎接下一轮经济复苏和高涨的到来而进行资本要素重组、制度创新、管理创新、技术创新等。通过经济结构调整可以促使企业优胜劣汰，生产要素优化重组，进而提高整体经济素质。1998年我国经济处于经济周期的谷底是大多数人的共识，大刀阔斧地进行结构调整势在必行。

3. 走出当前经济困境的根本出路在结构调整

近来，国民经济景气指标持续下滑，尚未显示出转势回升迹象，经济低效运行，微观经济面临困境。原因有二：一是需求相对不足，投资、消费、出口增长放慢，这是浅层的、表面的、暂时的、直接的原因，通过宏观调控的适度放松可以缓解这一矛盾；二是经济结构调整转换缓慢，这是深层的、内部的、根本的原因。宏观经济的市场化与微观经济结构的刚性化是诸矛盾的焦点，供求结构错位，远没有走出"速度效益型"和粗放型的经济增长模式。

4. 河南省面临的经济困难和结构调整任务都比全国大

今年第一季度河南省经济增速深幅下滑，宏观经济的不利因素在河南省显示出放大效果。这在某种程度上说明了河南省经济基础的脆弱性、经济素质的一般性、经济结构的劣化性。显示了河南省与沿海地区在发展阶段、水平、素质、结构上的差距。

二、河南省经济结构调整的方向和目标的总体设想

以前，我们搞结构调整，从研究到政策制定存在两个缺点：一是缺乏系统性，顾此失彼；二是缺乏针对性，过于空泛，实施效果欠佳。本文认为，河南省经济结构调整应当抓住要害、突出重点、全面展开、系统推进。具体来说应瞄准

---

[*]　本文发表于河南省人民政府发展研究中心《调研报告》1998年5月26日第13期（总第358期）。

"五个主战场，四个突破，十个攻击点"。

（1）"五个主战场"：①"抓大"，是整个经济结构调整的核心，培育主导企业，建造"航空母舰"，组建联合舰队，把主导企业集团塑造成产业龙头、骨干和"经济巨人"；②"放小"，是整个经济结构调整的关键，放活国有和集体小企业，实现"以退为进"的调整发展目标；③乡镇企业，面临"三个前所未有"，中央对乡镇企业战略地位的重视程度前所未有，乡镇企业面临的困难和挑战前所未有，乡镇企业面对的发展机遇前所未有；④私有经济，是多年来人们思想观念撞击的一个焦点，又是当前无可辩驳的新的经济增长点；⑤外资经济，是河南省实施开放带动战略的核心内容。以上"五个主战场"主要是依据寻求并培育新的经济增长点来选择划分的，即通过结构调整都有望成为新的经济增长点。这五个方面，既具有独立性，各自都具有不可替代的独特功能和作用，又具有融合性，相互渗透，通过联合合作创造出新的更大优势。

（2）"四个突破口"：①思想创新，必须首先打开思想观念这个总开关；②政策创新，政策的制定和不折不扣地落实对地方经济的发展起着一定程度的决定作用；③体制创新或制度创新，没有先进的体制、制度和管理方式就不会有最高的效率，就很难赢得国际化的市场竞争；④技术创新，科技是第一生产力，人类即将进入"知识经济"时代，谁拥有了最高级化的技术，谁就拥有高级化的产业，谁就能取得经济发展新优势。结构调整只有在以上四个方面取得突破，才能稳步推进。

（3）"十个攻击点"：资本结构、所有制结构、产业结构、企业组织结构、产品结构、技术结构、人才结构、存量（资产）结构、增量（投资）结构、市场结构等。

河南省经济结构调整应在以上"五个主战场"上全面展开，瞄准"十个攻击点"，打开"四个突破口"。打一场结构调整的持久战和攻坚战，尽快实现"两个根本转变"。

河南省经济结构调整的五个主题战略（1998 年）*

摘要

本文紧紧围绕五大经济增长点，提出河南省经济结构调整的五个主题战略。

一、实施"龙头带动"的"抓大"战略

应把主导企业集团发展成"经济巨人"和产业高级化的龙头。党的"十五大"指出要提高国有经济的素质和控制力，唯一的途径就是通过"抓大"来实现。地区经济的发展应采取"大公司、大集团"的龙头带动战略。如果没有龙头企业，就会形成散乱无序和软弱无力的产业经济发展格局。我国经济国际化趋势加快，如果没有巨型龙头企业，就不能与在国际经济生活中处于主导地位的跨国公司进行公平竞争和对等合作。"龙头带动"的"抓大"战略在整个经济结构调整中处于核心地位。①坚持政府主导与企业主导相结合的"抓大"思路。选择龙头企业的数量应尽可能少，集中力量、重点突破。通过政策导向促进社会资本、人才、技术等生产要素向龙头企业集聚，政策性金融和商业性金融要向龙头企业倾斜。建立河南省"抓大"的三个梯队；第一梯队 5~10 家跨国公司；第二梯队 50 家进入国家队；第三梯队 200 家为省级队。②建立现代企业制度，不断进行制度创新，推进企业产权的多元化、股份化、市场化，完善公司法人治理结构，推广内部职工持股，催生企业家市场，实行经营者年薪制，建立充分激励与充分约束相适应的"双充分"新机制。③利用资本运营这个法宝来实现跳跃式发展。运用企业并购、包装上市等手段来获得低成本扩张发展。重视品牌和模式的"克隆技术"在企业并购中的运用。④推行国际化经营策略。市场国际化了，当然我们的企业经营就必然要国际化。河南省漯河市和平顶山市在"抓大"方面就搞得很有成效。一是选准了方向，数量少而精，重点突出；二是改革力度大，政府采取了灵活高效的"抓大"方式，激励政策到位；三是企业制度、体制、管理模式先进。郑州市在"抓大"上的教训具有相当的普遍性。有些城市一说抓大，一下子冒出几十个甚至上百个大集团，没有重点地抓了一大堆，结果谁都长不大。

二、实施"以退为进"的"放小"战略

放活国有和集体小企业，使其成为新的经济增长点是整个经济结构调整的关键。为了实现十五大提出的提高国有经济的素质、控制力和发展力，就必须从战略上调整国有经济的布局，改变原来包罗万象的配置格局，就必须"抓大放小"。只有"放小"才能集中力量抓大。"放小"的突破口是产权制度改革，其基本思路是"退出、放生、流动、重组、改制、激活、发展"。让国有产权在市场交易中实现货币价值和优化重组。"放小"应遵循"以退为进"的原则，"退"就是国有经济应逐步从一般竞争行业小企业中退出，全面收缩战线；"进"就是小企业要全面推行社会化、民营化、股份化，将国有经济的重点集中到关键产业和主导产业中的大企业上。当前"放小"的重点是企业改制。企业改制应从实际出发，因地制宜，不搞"一刀切"，多制并举，积极稳妥地推进。可以采取股份制、股份合作制、出售、破产收购、承债收购、兼并、联合、承包、租赁、

* 本文发表于河南省人民政府发展研究中心《调研报告》1998 年 5 月 26 日第 15 期（总第 360 期）。

托管等多种有效形式。改制企业应面向市场主动出击，积极向本地和外地的大集团靠拢，寻求联合发展机遇。有三点值得注意：一应最大限度减少国有资产流失；二应实现思想观念和发展方式的根本转变；三应加快集体企业的"放小"步伐。

三、实施乡镇企业"十大转折"的二次创业战略

1998 年左右，乡镇企业对河南省经济增长的贡献率约为 50%。1998 年要完成河南省经济 9% 的增速，乡镇企业需达到 20% 左右的增速，实现这一目标面临巨大挑战。乡企目前面临非常困难的局面：一是原有的政策和机制优势已弱化；二是原有的灵活经营管理体制、方式、制度不适应新形势；三是素质低、实力弱、粗放发展的状况没有根本的改变；四是投入不足成为发展的硬约束，金融紧缩对乡企冲击最大，融资非常困难；五是乡企追求的目标层次不高，小农意识浓，大发展的冲动和欲望不强。应加快乡企的二次创业和结构调整，加快实现乡企的"十大转折"：①加快思想观念、政策、体制、机制、管理、技术二次创新，创造新优势；②由孤立发展走向两大融合，与农业产业化大融合，与城市大工业大融合；③由封闭式发展走向开放式发展，全面开拓国内外商品市场和要素市场；④增长方式由粗放走向集约；⑤实现由资本原始积累走向资本集聚；⑥政策创新，政策要宽松、倾斜、优惠，落实要彻底，扶持力度要大，环境要优化；⑦建立先进的企业制度，鼓励乡企兼并国有企业，或与国有企业联合，组建大集团，鼓励乡企走出本土开辟第二战场；⑧空间布局由分散走向适度集中；⑨推进主导产业、主导企业、主导产品高级化，实施"名人、名企、名品"带动战略，实现管理方式和生产方式的基地化、集团化、专业化、规模化、现代化；⑩全面提高素质，由致富型向事业型转变，全方位、多方式引进人才技术，开展横向联合。

四、实施私有经济发展的"齐头并进战略"

私有经济的发展经历了"三段论"。第一阶段为"限制论"，十八届三中全会以前，追求"一大二公三纯"的所有制结构，严格限制非公有经济发展；第二阶段为"补充论"，十八届三中全会后，提出非公有制经济是社会主义经济的补充或有益补充；第三阶段为"共同论"，党的十五大提出"多种所有制经济共同发展"理论。对于经济较落后的河南省来说，应坚决实施私有经济与公有经济共同发展的"共同战略"。河南省与沿海地区差距拉大的一个重要方面表现在非公有经济发展上的差距。如观念落后、政策不宽、环境不优、越步晚、发展慢、规模小、实力弱。如温州的非国有经济成分已占 94%。进入 20 世纪 90 年代，河南省改革开放加快，私有经济高速发展，私有经济增长速度约为国有经济的 4 倍、集体经济的 2 倍。城乡个体私有工业占全省工业产值的比重从 1985 年的 3.5% 发展到 1996 年的 25.5%，对河南省工业增长的贡献率约为 35%。由此可见私有经济既是河南省经济的重要组成部分，又是河南省经济无可争辩的新的增长点。因此我们要：①重树新观念，制定鼓励政策，优化发展环境。政府部门、公用事业机构应推进办公公开化，服务承诺制。建议实行企业注册登记制，特别项目可以"先上车，再买票"，先运营，再补办手续。②公平发展环境。对私营企业实行"三放开，四不限"的发展政策，实行与公有企业同等对待的公平竞争政策，如在信贷、投融资方面应一视同仁。③鼓励私营企业与其他所有制企业的大融合，优势互补。积极参与国有企业改革，鼓励相互参资入股，鼓励私营企业兼并、购买、承包、租赁国有小企业。国有企业的人员分流为私营企业提供了大批熟练工人，同时私营企业安置大量的下岗职工又为政府排忧解难。国有企业的下岗职工约有一半被私营企业吸收。

五、实施外资经济与内资经济大融合的国际化战略

资本短缺是制约河南省经济的重要因素。近几年河南省引进外资工作取得了长足进展，实际利用外资共达 40 亿美元左右，外商投资企业已占河南省进出口总额的 22.8%，外资经济对河南

省经济增长的贡献率约为10%。较大地促进了河南省基础产业的发展，如高速公路、电厂、通信、水利；融入了河南省的龙头企业，如河南省的新飞、莲花、双汇、安玻等企业利用外资大发展，分别成为同行业的佼佼者。一是应进一步提高认识，大力改善投资软硬环境；二是实现大融合，促进外资经济与骨干企业融合，与小企业、乡镇企业、私营企业融合，共同发展；三是结合河南省重点工程项目、重点产业、重点企业、重点产品加大引资力度，重点引进国际大财团、跨国公司的巨资；四是与河南省的出口贸易相结合，促进出口导向型经济的发展。

重新审定河南省的主导产业及发展重点（1997 年）*

引言

20 世纪 80 年代，由于当时的经济体制的制约，河南省经济在全国定位于资源大省，确立了资源开发与加工的发展战略。这个战略是计划经济的产物，缺乏灵活性和主动性，发展思路上过分注重"计划配置自然资源——产品"的转换，难以逾越计划的屏障。现在我们必须根据发展社会主义市场经济的需要，按照"市场配置资源——商品"转换的发展思路，重新审定河南省的主导产业。

主导产业是指在经济发展某一阶段产业结构中居于主导性的领袖地位，起着前波后及，带动一大批产业发展的产业。具有四大特征：市场成熟性、技术成熟性、大规模性、大关联性。在实际工作中，很容易将主导产业与支柱产业、战略产业、基础产业等提法相混淆。战略产业是指未来有望成为主导产业或重要产业的产业，一般指新兴产业；支柱产业是指在现在静态产业结构中占有较大比重、地位举足轻重的产业。支柱产业不一定都是主导产业，如农业是支柱产业，却不是河南省的主导产业。河南省所选择的主导产业不一定是现在的支柱产业，但必须是在经过尽可能短的时期内就能培育发展成为支柱产业。基础产业指那些奠定整个产业结构正常运行基础的产业，一般指农业、交通、邮电、能源、原材料等初级产品产业。河南省所确定的主导产业应当具有上面的四个特征，选择时应当遵守如下几个特殊原则：一是追求产业结构协调，与全国整体产业结构和国际专业化分工相吻合；二是市场导向原则，具有巨大的国内或国际市场潜力；三是比较优势原则，应当依托现有的优势企业和优势产品，并能迅速扩张新优势；四是资金积累原则，资金短缺是制约河南省加速工业化的关键因素，增强省内产业资金积累机能是当务之急。同时还应尽量发挥河南省的自然资源和劳动力优势。大量劳动力以较低成本转移到第二产业既是一个优势，同时也是一个我们必须解决的社会问题，所以应当适当考虑劳动就业问题。

综合分析，我们认为河南省应当选择如下六个主导产业，并在"九五"时期予以重点倾斜发展。

1. 机械工业

以动力机械和工程机械为主导。以汽车、摩托车、拖拉机、柴油机为重点的动力机械。汽车和摩托车是今后中高收入者的消费热点，具有广阔的市场。河南省已有洛拖的重型汽车、郑州轻汽的轻型车、郑州宇通的大客车等骨干企业和名牌产品。下一步的重点是瞄准市场上规模。应当以"北方易初"为基地大力发展河南省的大阳摩托车，进一步发挥起点高、规模大的优势，努力跻身于全国五强行列。随着中央对农业基础地位的重视，对拖拉机的需求量仍会稳定增长。应当以洛拖、郑州金牛、新乡柴油机厂等为核心大力扩充河南省拖拉机和柴油机的实力和优势。同时，还应以洛拖、洛矿、郑工、焦矿等企业为基础发展河南省的矿山机械和工程机械。

2. 家用电器和电子工业

这是国际性的新兴产业。河南省已有一定的基础和条件，应当作为主导产业进行发展。河南省在这方面应吸取经验教训。教训是不能创造技术优势，不能及时形成大规模。经验是始终保持技术创新优势，及时形成经济规模。河南省电子工业的优势在电子元器件和通信设备，应当进一步向最终消费产品发展。

---

* 本文发表于河南省科学技术情报研究所《决策参考》1997 年 2 月 18 日第 7 期（总第 592 期）。

3. 石油重化工业

工业化国家在加速工业化阶段无不将石油重化工业列入重点，党的十四大已把石油化工列为国民经济四大支柱产业，河南省已具有相当的基础和资源优势。重点抓好洛阳、濮阳、南阳三个石化基地建设，石化工业是河南省实施"重点带动"战略的重点，同时可以围绕石化工业发展盐化工、煤化工和农用化工、子午线轮胎工程。

4. 食品工业

以方便营养食品、名酒饮料、烟草加工为重点。河南省是农业大省，要变成农业强省，没有发达的食品工业拉动是不可能的。应以"双汇"等为主导发展河南省的方便营养食品工业，力争在"九五"期间把河南省建成全国最大的方便食品生产基地。酒尤其是白酒是河南省的一项传统优势，应推进高投入高产出试点，以带动全省名优白酒的大发展。

烟草工业也是河南省的传统优势，河南号称"烟叶王国"，1978年河南省卷烟产量为161.7万箱，约占全国总量的14%，进入80年代，由于卷烟工业积累快、对财政贡献大，所以许多省份对此进行倾斜发展，河南省的优势逐步后退，引起了省委省政府的高度重视，近几年才逐步稳定了河南省卷烟在全国的地位。1990年河南省卷烟产量占全国的8.8%，1995年占全国的8.6%。应以新郑、郑州、许昌卷烟厂为骨干扩充河南省卷烟工业的优势。

5. 服装工业

尽管河南省"八五"中把纺织工业列为主导产业，但除纱以外，布、丝、毛线、呢绒等产量都呈递减趋势。我们认为造成这种现象的根本原因是河南省没有抓服装工业这个龙头。河南省服装工业应采用"名、大"发展战略，一手抓名牌产品，一手抓大众产品；一手培育骨干企业，一手发展遍布全省的小企业。河南省服装工业现存的一个重要问题是信息不灵通，设计水平低，对市场变化反应慢，加工手段落后。"九五"期间应当把服装和制鞋工业作为河南省的主导产业倾斜发展，尤其是地方政府应当积极引导，大力扶持，搞好服务。

6. 建筑建材

随着我国城乡人民生活水平的提高，继家电之后，居民住宅将成为新的消费热点，居民住宅开发将成为新一轮经济增长点。河南省的建筑业和建材工业有一定的基础。在全国有一定优势。在"九五"中应当作为河南省的主导产业给予倾斜发展。以洛玻等企业为骨干建立河南省玻璃生产基地，建设一批大水泥工程，建立铝型材加工基地，发展新型墙体材料，大力发展高附加值的建筑装饰材料。同时应当加快建筑业管理体制改革，规范河南省的建筑市场，培育商品房市场，完善有关法规，取消或降低各种行政性收费，扶持骨干建筑企业。

加快河南省劳务经济发展的若干政策建议（2005 年）*

引言　　河南是全国第一人口大省、第一农业大省、第一农村富余劳动力大省，输出农村富余劳动力以发展劳务经济具有得天独厚的条件，当前如何抓住我国工业化城市化加速推进的历史机遇，加快劳务经济的发展，并以此带动地方经济的发展，是摆在我们面前的一项重要任务。

一、提高对发展劳务经济重要性的认识

发展劳务经济是广大农民脱贫致富的迫切需要，是从根本上解决"三农"问题、统筹城乡发展、构建和谐社会、全面建设小康社会的迫切需要，是加速工业化、城市化和现代化的迫切需要。当前，河南省各级党委和政府都应高度重视劳务经济的发展，思想观念和政策措施都应与时俱进，以适应经济社会发展的大趋势，因势利导，切实抓住劳务经济大发展的历史机遇，把劳务经济与地方经济发展紧密结合起来，并以劳务经济的发展带动地方经济的发展，形成相互促进的良性循环。

二、加强组织领导

建议在劳务输出比较集中的地方，基层党委政府应成立发展劳务经济领导小组，负责本地区劳务经济发展的中长期战略规划、政策设计和宏观协调等，在不增加行政编制的前提下成立"劳务输出管理局"，同时应明确劳动、教育、公安、工青妇等党政部门的职责分工，形成"党委领导、政府主管、社会参与、分工协作、高效运转"的劳务经济发展管理格局。

三、加强综合信息服务

应充分重视就业市场信息在劳务经济发展中的导向作用。一是建立劳动力市场信息网络，实现与全国重要的劳动力市场计算机联网，信息资源共享；二是建立健全各级劳动力市场，拓展和完善服务功能；三是在劳务输入比较集中的地区建立办事机构，采集就业市场的第一手信息，推动进一步的批量劳务输出，同时在农民工中建立党组织和工会组织，开展对农民工的维权服务等，加强劳务输出地与劳务输入地的经济互动联系。

四、加强职业技能培训

把劳务经济的发展转移到依靠科技进步的正确轨道上来，根本出路在于提高农民工的受教育水平和职业技能。为此在进一步巩固、加强、提高九年制义务教育的基础上，必须把职业教育和职业技能培训工作放到优先发展的地位，培训的目标就是要达到"人人都敢闯、个个有绝招"，应以劳动和教育部门为主狠抓落实。一是要加大财政的投入支持力度，积极争取中央财政和有关部门的支持，支持重点培训机构的发展，减免贫困农民的培训费；二是建立政府引导、社会主导的培训网络，鼓励、引导和支持社会力量开办各类职业技能培训机构，提高职业技能培训的市场化、社会化水平，倾斜支持规模化、基地化、正规化的名牌培训机构的发展，不断提高培训机构的层次和水平；三是把技能培训与就业中介服务紧密结合起来，提倡"订单式"培养模式，鼓励

＊　本文发表于河南省人民政府发展研究中心《调研报告》2005 年 3 月 18 日第 2 期（总第 623 期）；《农村农业农民》2005 年 4 月 30 日。

一体化发展和一站式服务。

五、制定鼓励、支持、引导劳务经济发展的配套政策

一是不准在承包期内随意收回或调整外出务工人员承包的土地，允许他们在自愿有序的基础上转移土地使用权，促进规模经营；二是放开户籍制度，方便户口迁移，城乡居民一律统称为城市居民；三是外出务工仍可参加本地社会保险，只要按时缴纳养老保险金，返乡后就可以继续享受养老保险待遇；四是建立外出务工人员档案，为农民工提供跟踪服务。要通过各种配套政策的实施，从根本上解除农民工的后顾之忧，也为农民工"走出去、回得来"提供政策支持和保证，为农民工热爱家乡、回报家乡、返乡创业并带动地方经济发展奠定基础。

六、把发展劳务经济同发展本地产业有机地结合起来

应突出抓好四个结合点：一是抓好劳务输出的品牌优势与本地的产业优势紧密结合起来，发展劳务经济要突出特色，积极实施"一县一牌、一乡一牌、一村一牌"的品牌战略，推动劳务经济向集约型转变，着重培植劳务输出的规模优势、科技优势、品牌优势、产业优势，并以此拉动本地经济增长，如建筑业既是林州市的优势产业又是劳务输出的优势品牌，防腐技术既是长垣县的优势产业又是劳务输出的优势品牌，两个优势形成良性互动；二是劳务经济与招商引资紧密结合起来，切实抓住国际产业向我国转移、东部地区产业向内地转移的机遇，实施"东引西进"战略，即农村富余劳动力向东部转移，同时吸引东部资金技术产业向河南省转移，劳务输出的驻外机构应兼有招商引资的功能，积极为务工人员提供周到的跟踪服务，同时每一位务工人员都是义务宣传员和信息员，应鼓励他们为家乡的招商引资服务，形成全员参与的招商引资新格局；三是发展劳务经济与精简机构和锻炼干部紧密结合起来，可分批选派县乡干部到沿海地区或劳务输入集中地挂职锻炼并直接组织劳务输出，鼓励他们脱离公职成为高级劳务输出人员，力争通过发展劳务经济精简一批行政富余人员、锻炼一批富于开拓创新的干部；四是将发展劳务经济与吸引返乡创业紧密结合起来，制定优惠政策吸引具有专业技能的、先富起来的劳务输出人员返乡创业，营造优良的投资环境和适宜的居住环境，吸引有志者返乡定居、置业、投资、消费。

七、提高农民工的社会地位

农民进城务工之后，就变成了工人阶级，成为城市产业工人，为社会创造了财富，创造了城市文明，他们有权利共享城市发展的文明成果。城市政府有责任和义务给予他们平等的市民待遇，为其提供应有的服务和社会保障。应将对农民工的管理和服务纳入城市政府部门的职责范围之内，加快体制创新、管理创新、服务创新。一是依法维护农民工的合法权益，加强劳动监察力度，提高城市最低工资标准，建立农民工工资稳步提高的良性循环机制，用工单位须与农民工签订公平合理的劳动合同，严惩违规违法的霸王合同，严打劳动合同欺诈行为，严禁拖欠农民工工资，尽快制定《农民工劳动工资条例》，尽快制定《劳动合同法》，切实改善其劳动环境和生活环境；二是放宽农民工入户条件，切实解决农民工子女就近入学问题，维护教育公平；三是由于农民工尚属城市中的弱势群体，地方财政应列出用于农民工技能培训的专项资金，更多地为农民工提供免费的职业技能培训，以提高农民工的就业能力、生存能力、发展能力，向农民工提供廉租房，经济适用房分配应当向农民工倾斜，应专门建立针对农民工的救助或援助制度和机制，如特殊困难救助、司法援助等；四是应在农民工聚集的单位建立工会组织，还应建立党组织，鼓励农民工入党，农民工还可以参评各级劳动模范，关心农民工的政治进步，保障其政治权利，提高其政治地位，采取有力措施丰富农民工的业余精神文化生活；五是大力宣传各地涌现出来的农民工优秀分子和先进典型，歌颂农民工的创业精神，塑造农民工的时代形象，提高农民工的社会地位。

八、提高农民工的社会保障

将数以千万计的农民工纳入社保范围，就是

维护农民工的核心利益，而且事关未来的社会和谐稳定，这是我们各级政府的重要责任。应采取有效的综合配套措施，积极推动养老统筹保险、失业保险、工伤保险、医疗保险向农民工覆盖。一是加快社会保险制度和体系的改革，建立个人养老金实体账户，实现全国统筹、联网互通，地区之间可自由迁移，促进劳动力在全国范围内的优化配置；二是为农民工建成积累机制和保值增值的良性循环机制，中央和省级财政应对农民工参保实行定额补贴的倾斜鼓励政策。

加快河南省开发区发展的若干建议（2006 年）*

引言 开发区是对外开放、吸引外资、产业转移和产业集聚的重要平台，是发展先进制造业和现代服务业的重要基地。开发区一直都是我国经济发展中的一个热点问题，历来都是各个地区竞相发展的重点，也是国家宏观调控的重点。河南省的国家级开发区在全国处于稳步上升的地位，但是省级开发区在全国处于落后境地，差距巨大，长此下去将会对河南省经济的可持续发展造成不利影响。以上应引起我们的高度重视，我们要采取有力举措，加快发展，迎头赶上。

一、现状与问题

全国共有国家级开发区 200 家左右，大部分集中在沿海发达地区，中西部地区数量很少。河南省拥有国家级开发区有 4 家：郑州高新技术产业开发区、郑州经济技术开发区、郑州出口加工区、洛阳高新技术产业开发区。在新一轮国家级开发区的竞争发展中，河南省的地位正在不断提升。

近年来，国家加大了对开发区的宏观调控力度，出台了清理整顿的政策，制定了严格的审核标准。截至 2005 年底，全国开发区的数量从 6000 多个减少到 2000 多个。河南省现有省级开发区 23 家，只有 4 个县拥有省级开发区，无论是与全国相比，还是与发展需要相比都存在巨大的差距。主要存在以下六个方面的问题：

1. 省级开发区数量少

从 2005 年到 2006 年上半年，按照国务院批准的《清理整顿开发区的审核原则和标准》，国家发改委公告了七批达到审核要求的 1200 家省级开发区，河南省仅仅上榜 23 家，占全国总量的 1.9%，这与河南省县域经济发展的现实状况极不相称。

2. 开发区起步较晚

沿海地区的开发区大多数起步于 20 世纪 90 年代初期，邓小平南方讲话之后掀起了开发区热潮，河南省失去了第一轮大规模发展开发区的机遇。河南省的省辖市所办的开发区大多数起步于 20 世纪末，县级政府开办的开发区大多数起步于 21 世纪初。

3. 开发区的特色不明显

河南省大多数开发区由于经济基础薄弱，大多数企业是从外地引进的，引进项目有很大的盲目性，存在饥不择食的现象，在发展过程中忽视了特色产业的培育、集聚和发展，难以形成特色产业集群，产业雷同的现象比较突出。有些开发区变成了房地产开发区，缺乏骨干工业项目支撑。

4. 开发区的发展比较粗放

大多数开发区缺乏比较权威的发展战略规划，发展方向不明，功能定位不准，发展和建设的随意性较大。大多数开发区的功能不完善，与主业匹配的综合服务能力差，基础设施建设资金紧张，电力等基础设施的配套建设跟不上发展的进度，有些地方电力供应紧张，项目孵化、融资、教育培训等高层次的服务业发展迟缓，对开发区的支持能力弱。大部分开发区产业层次较低，资源型项目较多，市场型项目较少，对资源的依赖性较大，高加工度和深加工项目较少，产业链条较短，技术含量较低，拥有自主知识产权和科技创新能力的企业较少，缺乏龙头企业带动，知名企业和名牌产品少。

5. 体制不顺

大多数县办开发区的管委会是临时机构，管

---

* 本文发表于河南省人民政府发展研究中心《调研报告》2006 年 7 月 21 日第 8 期（总第 662 期）。

理人员是从各个相关单位临时抽调的，没有独立的机构、编制和财政。这种体制在初创阶段是可以适应的，但在快速发展期或成熟发展期，临时机构就应该规范化，不然会造成管理队伍不稳定，影响积极性的发挥；有关开发区管理运作的法律法规和管理办法不完善，开发区的管理和运作无章可循；有些开发区的职能不健全，开发区与所在乡镇和村之间的体制管理关系没有理顺，遇事相互推诿扯皮；个别开发区内部管理混乱，从业人员素质低、能力低、服务意识差，与开发区的地位和使命不相称。

6. 政策不落实

中央和省关于开发区发展的优惠政策落实不够，没有用足用活；开发区自身制定的优惠政策不兑现，超出自身能力对外承诺优惠政策，结果难以兑现，单纯攀比优惠政策，忽视经济环境和社会环境的整体营造；极个别地方存在短期行为和短视行为，"打开门迎客，关住门打狗"，损害外商的合法权益；个别地方损害失地农民的利益，失地农民缺乏长期的社会保障，造成上访不断；有些处于初创时期的开发区根本就没有用地指标，有些发展较快的开发区的用地指标早已用完，用地指标的分配向重点开发区倾斜不够，土地问题已成为制约发展的重要瓶颈；园区内企业融资困难，金融服务跟不上。

二、几点政策建议

1. 大力发展园区经济，促进县域经济发展模式的转型

县域经济是河南省经济社会发展的重要基石，开发区是县域经济发展的重要支撑点，是新型工业化与城市化的最佳结合点。产业集群化、经济集聚化是工业化进入较高阶段的必然要求，大力发展工业园区，依托工业园区发展特色产业集群，实现产业向园区集聚，可以促进县域经济的跨越式发展。园区化发展应当作为县域经济发展的重大战略，以开发区为依托，强力推进招商引资，积极承接产业转移，积极引导本地企业向开发区集聚，用"一流的政策、一流的环境、一流的服务、一流的效率"，吸引八方来客在开发区建功立业。

2. 创造条件、完善功能、提高层次，积极申报省级开发区

开发区已经成为经济发展的重要平台，事关河南省县域经济的竞争力和在全国的地位，事关县域经济的产业升级和可持续发展，在新一轮全国县域经济的竞争中，开发区将发挥决定性作用。国家明文规定只有中央和省两级政府才有权批准设立开发区，未经批准的开发区实际上是不合法的，是很难得到中央关于开发区的各项优惠政策支持。把河南省的一部分县办开发区升级为省级开发区既是规范化发展的需要，又有充分的现实依据。近几年来河南省县办开发区发展迅猛，规模迅速扩大，实力迅速提升，产业集聚效应明显，已经成为带动县域经济发展的龙头。当务之急是增加河南省省级开发区的数量，力争河南省每个县（市）拥有省级开发区。

3. 完善开发区的法规和政策体系，规范开发区的管理和发展

1994年河南省出台的《开发区管理条例》已经不适应发展的新形势，应尽快修订完善。河南省应尽快完善加快开发区发展的配套政策措施。省里出台的现有政策太宏观，大都是一些原则性规定，应当在此基础上进一步细化，制定实施细则或管理办法，增强可操作性。法规和政策的制定应以发展为依据，理顺管理体制，要打破部门利益，变多头管理为分工协作、统一管理，形成发展合力。各有关部门对开发区的支持要形成合力，各项扶持政策要协调配套，比如：全省的用地指标应向省级开发区倾斜。

4. 提升省级开发区的行政地位，扩大经济社会管理权限

赋予国家级开发区省辖市经济管理权限，采取开发区带乡镇或行政村的模式，条件成熟的可以将开发区所在的乡镇、村、街道成建制划归开发区管理。省级开发区的行政级别可以设定为副县（处）级，对发展快、特色明、实力强的省级开发区应设定为正县（处）级，实行党政合一的管理模式。

5. 加强对开发区的管理和领导

开发区是政策特区、发展示范区、对外开放的窗口，同时已成为区域经济竞争发展的重要平

台，进一步加强对开发区的管理和领导非常必要。建议省政府成立开发区领导小组，有关部门参加，办公室设在省发改委，同时可以借鉴湖北省的做法，在省发改委设立开发区管理处。负责制定全省开发区发展战略规划，制定宏观指导性政策、实施细则和管理办法，负责省级开发区的审批，并向国家发改委报审，加强与国家有关部门的联系与协作，提升河南省开发区在全国的地位。

河南省县域经济发展的六种模式（2006年）*

引言　河南省把县域经济与中心城市作为两大发展战略重点，坚持特色发展思路，突出比较优势，因地制宜，错位发展，探索出了各具特色的发展模式。

2005年，河南省县域经济总产值达到7247.1亿元，占全省生产总值的68.8%，对全省经济增长的贡献率为78.1%，河南省经济总量和工业化发展快步进入全国第一方阵，在中部崛起战略中走在了前列，其中一个重要的支撑就是县域经济。比较典型的县域经济发展模式有以下六种：

一、农业产业化推进型

这个模式特别适合于传统农业大县，其依据是农业产业化理论。农业发展的出路在于产业化，农业产业化是传统农业与市场经济对接的最佳发展模式。河南省是农业大省，是全国重要的粮棉油及肉蛋奶生产基地，农业是河南具比较优势的产业。传统的农业大县多数在平原农区，平原农区如何走出经济和财政的困境一直是一个难题。许多平原农区县积极调整农业结构，一方面强化优质粮食基地建设，另一方面改变单一的粮食生产，用发展工业的理念发展农业，扬长避短，发挥优势，发展规模化和基地化特色农业，走农业产业化强县的道路。

二、劳务经济主导型

这个模式特别适合边远的贫困县，其依据是城市化及劳动力转移理论。河南省与全国一样处于城市化的高峰时期，农村富余劳动力特别是贫困地区富余劳动力快速有序地向城市转移，农民在异地打工挣钱，在本乡本土消费，有力地拉动本土经济的发展；同时城市支持农村、工业反哺农业，积累了一定资金和技术的经济能人又返乡创业，带动县域经济的发展。有一部分贫困县在资源、资本、产业等方面都处于劣势，最大的比较优势就是富余劳动力，所以，大力发展劳务经济，把本地区的富余劳动力有组织地转移到城市或输出到发达地区，通过"走出农村"来发展农村，走迁回发展和曲线致富的道路。一些贫困县为了克服资本和资源两大约束，就扬长避短，充分发挥劳动力资源丰富的优势，大力发展劳务经济，把劳务经济作为县域经济发展的战略突破口，一方面，积极组织引导农村富余劳动力向发达地区转移，强化技术培训，逐步形成特色劳务品牌；另一方面，制定配套优惠政策，吸引有资本、有技术、有市场、善管理的经济能人返乡创业。2005年全省外出务工人员达1557万人，劳务总收入730亿元，劳务收入占农民人均纯收入的比重由26%提高到37.6%。

三、工业主导型

这个模式比较适合特色不明显的传统农业县以及工业弱县，其依据是工业化理论。河南省正处在工业化加速推进的战略机遇期，对县域经济而言，因地制宜，培育比较优势，营造优越的投资环境，积极承接发达国家和沿海发达地区产业转移，实施"工业强县战略"，是实现跨越式发展的重要途径。河南有许多"产粮大县、收入穷县""农业大县、工业小县"，特别是有一定工业基础的县，应突破原有的思维定式，以工业为突破口，开辟县域经济发展的新路。

---

* 本文发表于《中国经济时报》2006年5月11日。

四、资源开发主导型

这个模式适合矿产资源和山水人文旅游资源比较丰富的县，其依据是古典经济学中的资源禀赋比较优势以及专业化分工理论。许多县依托独特的资源优势，进行深层次、高强度、综合性的科学开发，拉长资源开发链条，促进产业升级，把资源优势转化成产业优势及品牌优势。许多山区县通过开发旅游资源，形成产业优势和品牌优势，同时放大旅游业的产业功能，旅游搭台，工业唱戏，以知名旅游品牌为先导大力招商引资，带动资源开发型工业的大发展，形成旅游业和工业两翼发展格局。

五、产业集群主导型

这个模式特别适合工业强县，其依据是产业集群化理论。河南省传统的工业强县（市），如巩义市、偃师市、新郑市、长葛市、许昌县等，坚持"突出特色、强化优势、膨胀总量、集中布局、产业升级"的发展思路，继续在全省县域经济发展中领跑。

六、都市圈一体化融入型

这个模式特别适合城郊县，其依据是增长极和都市圈一体化理论。区域经济增长在其空间结构演化上始终存在着极化效应和扩散效应这两种矛盾的过程，极化效应使区域经济从孤立、分散走向局部集聚，扩散效应则使集聚逐步向全区域推进，中心城市与区域经济的发展必然由集聚到扩散，最后走向一体化。随着工业化与城市化的快速推进，中心城市的发展空间正在向周边县（市）区域快速扩展，中心城市对周边县（市）的辐射带动作用不断增强，中心城市与周边县（市）正在形成良性互动与一体化发展的大趋势。中心城市与周边的卫星城镇共同构成都市圈，都市圈必然要求"一体化规划、布局和发展"，一体化的重点是实现产业上的专业化分工和优势互补，目标是要实现中心城市与卫星城在功能上的错位发展、特色发展、专业化发展、协调发展、融合发展和共赢发展。河南省不少县（市）充分利用紧邻区域中心城市的区位优势，积极融入中心城市都市圈，主动推进一体化发展。例如荥阳市融入郑州市，偃师市加紧融入洛阳市，许昌县加紧融入许昌市，安阳县加紧融入安阳市。总之，这些城郊型县（市）通过融入都市圈，推进一体化，找准了发展方向，抓住了发展机遇，拓展了发展空间。

河南省建设电子信息产业基地可行性研究（2012 年）*

摘要

依据"产业革命"理论、"第三次浪潮"理论、"主导产业"理论，建设电子信息产业基地符合产业发展演变的方向，具有理论可行性；电子信息产业的发展壮大的实践验证了以上理论；河南省电子信息产业近年来快速发展，在全国地位上升，具有加快产业集聚的比较优势；同时河南省已经形成了电子信息产业高速发展的政策模式，具备建设国家和世界电子信息产业基地的充分必要条件。通过理论分析、现实分析、政策分析，得出"建设电子信息产业基地完全可行"的结论，进而提出"加强战略谋划、加强载体和平台建设、大规模承接国内国际产业转移、实施特别产业政策"等政策建议。

任何设想，只要顺应事物发展的客观规律，都有可能实现。把河南省打造成国家和世界电子信息产业基地就是一个大胆的设想，能否实现取决于"三个要素"：第一个是首要条件，即是否符合产业发展方向；第二个是必要条件，即是否具备一定的比较优势；第三个是充分条件，即是否探索出了高速发展的政策模式。本文主要针对"三个要素"进行可行性分析论证，并提出政策建议。

一、理论依据及实践验证

（一）"产业革命"理论

一般的教科书普遍认为，从 18 世纪 60 年代开始到现在，人类社会先后发生了三次产业革命：①第一次产业革命，又称工业革命，18 世纪中叶首先发生在英国，人类社会由农业经济时代向工业经济时代转变，主导产业为轻工业，其基本特征是蒸汽化和机械化，是手工业向机器大工业的演变。②第二次产业革命，19 世纪 40 年代至 20 世纪 50 年代，首先发生在以美国为首的西方国家，重工业取代轻工业成为主导产业，其基本特征是电气化、石油化和钢铁化，是由以劳动密集型产业为主向以资本密集型产业为主的演变。③第三次产业革命，20 世纪 50 年代开始并且仍在继续，首先发生在以美国为首的发达国家，人类社会由工业经济时代向信息经济时代或

知识经济时代演进，以信息产业为核心的高新技术产业取代重工业为主导产业，其基本特征是信息化、网络化、电子化、自动化。由"产业革命"理论可知，第三次产业革命把人类带入信息时代，其产业支撑是信息产业。

（二）"第三次浪潮"理论

美国社会学家托夫勒 1980 年出版了轰动世界的《第三次浪潮》一书，将人类社会划分为三个阶段：①第一阶段即"第一次浪潮"，指始于 1 万年前的农业社会，生产工具是以锄头为代表的低价值、低价格工具，主要能源为人的体力；②第二阶段即"第二次浪潮"，指始于 17 世纪的工业社会，生产工具是以机器为代表的高价格、高价值工具，主要能源为石化燃料；③第三阶段即"第三次浪潮"，指始于 20 世纪 50 年代的信息化社会，生产工具是以计算机、互联网为代表的低价格、高价值工具，依赖人的脑力。由"第三次浪潮"理论可知，人类已进入信息化社会，其物质基础是信息技术和信息产业。

（三）"主导产业"理论

主导产业理论研究的先驱罗斯托认为，在任何时期，一个经济系统之所以能够具有，或保持"前进的冲击力"，是由于若干"主要成长部门"迅速扩张的结果。这些"主要成长部门"就是主导产业。主导产业具有如下特征：①技术优势，

---

* 本文发表于《河南科学》2012 年 9 月 26 日；河南省人民政府发展研究中心《调研报告》2012 年 5 月 15 日第 2 期（总第 818 期）。

技术创新快；②成长优势，大大高于 GDP 增长率；③市场优势，具有巨大的市场潜力；④关联带动优势，对其他产业发展具有极大的带动作用。从第一次产业革命以来，世界经济大致共经历了五次主导产业群的更替：第一个主导产业部门为棉纺等；第二个主导产业部门为钢铁、铁路交通等；第三个主导产业部门为电力、钢铁、汽车等；第四个主导产业部门为汽车、石化、电气等；第五个主导产业部门为信息产业。①由"主导产业"理论可知，信息产业是当今世界最新的主导产业，代表人类社会现在和未来主导产业发展演进的方向。

（四）我国发展实践验证

根据以上理论，结合我国实际，当前我国已进入中等收入国家行列，正处在工业化中期向工业化后期加速转变的时期，信息产业成为主导产业、经济社会加速信息化是后工业化阶段的重要特征。我国把信息产业作为主导产业不断发展壮大，是加速迈进信息经济时代的关键抉择。我国电子信息产业经历了 10 年的高速成长，现已发展成为全国最大的主导产业，产业规模居全球第一（见图 1）。2010 年，我国电子信息产业实现主营业务收入 7.8 万亿元，比 2001 年增长 5.4 倍；电子信息产业工业增加值 1.9 万亿元，比 2001 年增长 6.2 倍，占全国 GDP 比重由 2001 年的 2.5% 提高到 2010 年的 4.9%，电子信息产品制造业规模占全球总量 30% 以上，居世界第一。②2011 年，我国电子信息产品制造业行业收入占全国工业比重为 8.9%，在全部工业中的领先、主导和支柱作用日益凸显，彩电、手机、计算机等主要电子产品产量分别达到 1.2 亿台、11.3 亿部、3.2 亿台，占全球出货量的比重分别达到 48.8%、70.6% 和 90.6%，均名列世界第一。③当前，世界电子信息产业方兴未艾，我国已经成为全球最大的电子信息产品制造基地，在国

际国内产业转移的大背景之下，河南省作为全国第一人口大省和新兴的工业大省，理应在全国和世界电子信息产业发展的大格局中担当重任。

二、河南省电子信息产业发展的比较优势

近年来，河南省电子信息产业呈现出井喷式发展，正在快速成长为河南省新的主导产业，进一步发展必将成为国家乃至世界电子信息产业基地。

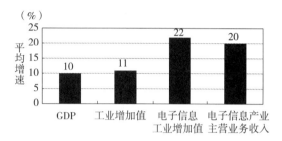

图 1　2001~2010 年中国电子信息产业成长性

（一）在全国地位快速提升

2008~2011 年河南省与全国对比分析：2008~2011 年，河南省规模以上电子信息制造业主营业务收入由 254 亿元增长到 1131 亿元，四年增长了 3.4 倍，年均增长 45%，比全国高出 32 个百分点，总规模占全国的比重由 0.56% 提高到 1.5%（见图 2）。2011 年河南省与全国对比分析：2011 年河南省规模以上电子信息制造业主营业务收入 1131.72 亿元，同比增长 122.6%，比全国高出 105.5 个百分点，增速仅次于重庆，居全国第二位。在中部地区六省中，河南省主营业务收入规模居第三位，增速居第一位，预计 2012 年总规模跃居中部首位（见图 3）。500 万元以上项目固定资产投资完成 533.1 亿元，同比增加 95.1%，工业增加值同比增长 126.3%，居所有工业门类之首。全省电子信息产业对外贸易发展迅猛，增速超过 1054.8%，增速居全国第一。④

---

①　刘家顺、杨洁、孙玉娟. 产业经济学 [M]. 北京：中国社会科学出版社，2006：28-207.

②　张辛欣. 入世十年中国电子信息产业发展迅速，主营业务收入增长逾 5 倍 [EB/OR]. (2011-11-15) [2012-5-10]. http://news. xinhuanet. com/fortune/2011-11/15/c_111169403. htm.

③　2011 年电子信息产业统计公报 [EB/OR]. (2012-2-24) [2012-5-12]. http://yxj. miit. gov. cn/n11293472/n11295057/n11298508/14474135. html.

④　李永健. 2011~2012 年河南省电子信息产业分析与展望 [EB/OR]. (2012-03-12) [2012-5-18]. http://www. ha. stats. gov. cn/hntj/ztlm/jjlps/fenxiyuce/webinfo/2012/03/1331269910702740. htm.

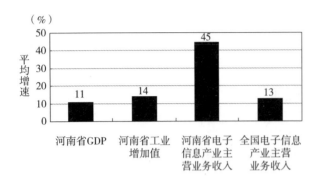

图2　2008～2011年河南省电子信息产业成长性

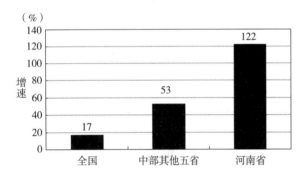

图3　2011年电子信息产业主营业务收入增速对比

（二）手机（电子信息产品）生产基地

手机是一个典型的电子信息产品。我国沿海地区是全球最大的生产基地，2011年我国手机产量达到11.3亿部，占全球出货量的70.6%，名列世界第一。广东、北京、天津是我国手机生产前三强。去年以来，我国传统手机生产基地产量增速出现大幅下滑，内陆地区手机生产基地异军突起，手机生产基地向中部地区转移态势明显。

郑州手机生产基地加速形成。由于引进了富士康苹果手机整机生产项目，使河南省手机产业实现了突飞猛进的发展。2011年，河南省手机生产量为2449.84万部，位于全国第7位，增速为111256%，居全国第一位（见图4）。2012年第一季度，河南省手机生产量为1572万部，在全国的位次上升到第4位，增速居全国第一位，增速远远高于其他省市（见图5）。全年手机出货量将达到1亿部，将成为全国第三个手机产量过亿的省份，进入全国前三强行列。3～5年总产量可能达到全国第一或第二。

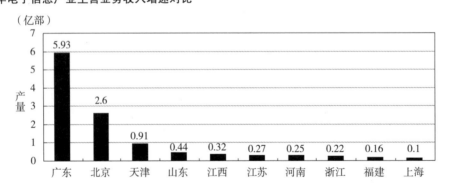

图4　2011年全国手机产量前十位

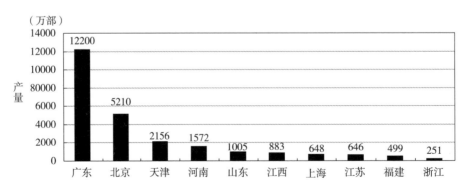

图5　2012年第一季度全国手机产量前十位

（三）比较优势引发产业集聚

河南省电子信息产业持续井喷式发展主要得益于大规模的国际与国内产业转移，其根源还在于河南省具有较大的比较优势：一是成本优势，与发达国家和沿海地区相比，河南省能源、资金、土地、劳动力等要素资源供应充足，价格较低，竞争优势明显，适宜产业大规模布局；河南省生活成本较低，生存压力较小，适宜劳动力和人才聚集。二是交通区位优势，河南省地处中原，得天独厚，是全国重要的综合交通枢纽，高速公路、高速铁路、民用航空等在全国均有较大竞争优势，是连接国内外市场的便捷通道，物流成本较低。三是劳动力和人才优势，河南省是全国第一人口大省，也是第一人力资源大省，基础教育和职业教育普及率高，技能型人才充足，大量的农村剩余劳动力可以提供充足的产业大军，预计全国人口红利还有5年左右，而河南省的人口红利还可以再持续10年以上。四是市场优势，随着我国扩大内需的战略转向，中西部巨大市场对国内外投资者具有强大的吸引力，河南省具有近1亿人口的巨大市场潜力，同时具备辐射中西部市场的优势。五是产业基础扎实，河南省电子信息产业发展历史长，门类齐全，部分产品优势明显，目前在全国居中游水平，进一步发展潜力巨大，前景广阔。六是政策环境优势，河南省办事效率高、政策优惠幅度大、公共服务全面周到细致、社会人文环境优越、社会治安环境好，富士康产业基地成功落户充分显示了河南速度、河南效率、河南模式的活力。①

（四）建设国家和世界基地是必然趋势

根据河南省工信厅预测，2012年河南省规模以上电子信息制造业主营业务收入同比增长80%以上，突破2000亿元，总规模上升为中部地区第一位。根据趋势预测，2012~2015年河南省规模以上电子信息制造业主营业务收入年均增速45%（2008~2011年这四年的平均水平），2015年达到5000亿元，仅次于广东、江苏、上海、山东，居全国第5位；2020年达到32000亿元，位居全国前列。河南省电子信息产业总规模占全国的比重，由2011年的1.5%上升到2015年的4%~5%，2020年上升到10%左右。2015年河南省电子信息产业规模占世界的2%左右，2020年占4%~5%，在规模上完全可以称得上世界电子信息产业基地。由以上分析可知，河南省完全可能在未来3~5年建成国家电子信息产业基地，10年建成世界电子信息产业基地。

（五）政策模式日趋成熟

2012年前后，一系列支持河南省信息产业发展的政策决策陆续出台：①《国务院关于支持河南省加快建设中原经济区的指导意见》（国发〔2011〕32号）：把电子信息产业作为优势主导产业培育发展的重点，定位为六大高成长性产业之一，地位仅次于汽车。②《河南省国民经济和社会发展第十二个五年规划》：把电子信息产业发展目标定位为"全省新的支柱产业""中西部重要的电子信息产业承接地"。③《2011年政府工作报告》：加快发展电子信息等六大高成长性产业，培育一批千亿元产业集群。④时任省长郭庚茂在《2012年政府工作报告》中指出：紧紧抓住产业转移机遇，持续发展六大高成长性产业，壮大特色主导产业。⑤2009年9月河南省人民政府颁布《河南省电子信息产业调整振兴规划》：把电子信息产业作为支撑产业升级转型、构建现代产业体系的战略先导产业，把河南省建设成为全国重要的电子信息产业大省。⑥2012年2月河南省人民政府颁布《河南省工业转型升级"十二五"规划》（豫政办〔2012〕22号）：把大力发展高成长性产业作为推动经济增长的主要动力，5年内使电子信息产业产值达到5000亿元，六大高成长性产业占工业比重达到65%左右。从以上密集出台的重大政策决策可以看出，河南省电子信息产业高速发展的政策模式基本形成，加快建设国家和世界电子信息产业基地就成为必然的发展趋势。

三、几点研究结论

（一）河南打造世界基地完全符合充分必要条件

综合分析可知：第一，人类已经进入信息社

---

① 张占仓，蔡建霞. 经济欠发达地区产业集群作用机理研究——以河南省为例 [J]. 河南科学，2007，25（6）：1068-1072.

会，电子信息产业是世界性的主导产业，也是全国性的主导产业，河南省发展电子信息产业符合世界和我国产业发展的大潮流；第二，在国际国内两个产业转移的大背景之下，近年来河南省电子信息产业呈现出"井喷式"发展的态势，充分说明了河南省具备发展电子信息产业的比较优势；第三，在《国务院指导意见》和河南省"十二五"规划等重要文件中，电子信息产业定位为河南省的高成长性产业即新兴的主导产业，河南省推动电子信息产业高速发展的政策体系和政策模式日趋成熟。由此可以断言：河南省具备建设国家和世界电子信息产业基地的充分必要条件。按照全国领先、世界一流的标准打造河南基地的时机已经成熟。

（二）打造基地任重道远

在认清河南省电子信息产业发展美好前景的同时，必须头脑清醒，河南省电子信息产业在规模、结构和核心竞争力等方面都还存在相当差距，依然存在许多突出矛盾问题：一是横向对比差距尚大，产业地位还比较低，2011年产业规模居全国第十三位，尚处中下游水平，仅相当于广东的5%、江苏的6%、上海的18%、山东的21%；工业增加值占全省工业的4.3%，比全国平均水平低2.2个百分点，离主导产业（一般在规模上占工业的比重5%以上）的基本要求尚有差距。二是产业结构层次偏低，多数产品尚处在产业链低端，基础元器件类产品占全省电子信息制造业70.5%，整机类产品少，缺乏终端产品知名品牌，缺乏龙头企业带动。三是创新能力较弱，产业技术水平低，企业研发投入普遍不足，缺乏核心技术，产品更新换代慢，贴牌产品多，自主产品少，缺乏产业技术领军人才、复合型人才、管理人才和技能型工人，难以应对电子产品快速升级带来的冲击。四是认识不到位，政策扶持力度不够，由于河南省是农业大省和资源型工业大省，所以省内部分地区对电子信息产业的关注度、认知度和支持度还不高，对电子信息产业的发展战略定位不高，缺乏有效的配套扶持政策措施，国家电子信息产业发展基金项目未得到地

方有效配套支持。①

（三）打造基地需要战略思维

电子信息产业具有知识密集、技术密集、资本密集、劳动密集等特征，是当今世界经济社会发展的重要驱动力，是国民经济战略性、基础性、先导性支柱产业，对河南省解决就业问题、拉动经济增长、调整产业结构、转变发展方式具有重要作用。电子信息产业是中原经济区"三化"协调发展的重要产业支撑，是经济增长的"倍增器"、发展方式的"转换器"、产业升级的"助推器"。目前河南省工业结构性矛盾突出，资源型工业为主的产业层次较低，对能源和原材料的依赖太大，环境污染的代价太高，特别是国际金融危机以来，河南省煤电铝、钢铁等传统优势产业陷入前所未有的困境，河南省要实现长期稳定、快速可持续的发展就必须突破资源环境的瓶颈约束，出路只有一个，那就是加快推进工业转型升级，培育发展新的主导产业，大力发展电子信息产业。② 发展电子信息产业事关建设中原经济区三化协调科学发展的大局，要站在参与全球和全国竞争的高度来审视电子信息产业的战略地位，切实增强大局意识、忧患意识、机遇意识、危机意识和竞争意识，创新竞争优势。

四、若干政策建议

（一）提升战略定位

进一步提升电子信息产业的主导产业地位，实施电子信息产业优先发展战略，力争经过5~10年的努力，把河南省建设成为国家和世界电子信息产业基地，竞争力和影响力达到国际先进水平。实施国际化发展战略，在世界范围内配置生产要素资源，引进发展一批国际领先的跨国公司，规划建设一批国际水平的电子城、产业集聚区、产业集群，加速赶超世界先进水平。实施"整机+配套"链式集群化发展战略，优先引进行业龙头整机企业，带动零配件企业的集聚发展；优先发展劳动密集型、高加工度的消费类电子信息产品，一般消费类电子产品容易形成巨大生产规模，可以充分发挥河南省劳动力充裕的优势，

① 王灏，刘珺，余晓鹏. 产业集群建设与中原城市群工业发展 [J]. 河南科学，2006，24（6）：948-951.
② 宋东林，金英俊. 从美国、台湾高科技产业看中国的高新技术产业发展 [J]. 河南科学，2001，19（3）：327-330.

形成规模竞争优势。实施"有限目标、重点突破"的发展战略，重点发展智能手机、电脑、网络家电、装备电子、软件等五大终端产品系列，力争经过 5～10 年努力，使河南省手机和电脑产量分别达到 2 亿部、5000 万台，约占全国的 20%，占世界的 10% 以上，形成智能手机和电脑两个万亿级产业集群，形成网络家电、装备电子、软件三个千亿级产业集群。

（二）加强载体和平台建设

规划一批国家级乃至世界级的电子城：实施"核心带动、相对集中、特色发展"的空间布局战略。以郑州、洛阳为核心，主要布局终端产品和龙头企业生产基地，建设成为万亿级产业基地；以新乡、鹤壁、安阳和许昌、漯河、南阳、信阳等为两翼，突出特色，重点突破，发展成为千亿级特色产业基地。建立招商引资和产业布局协调机制，坚决避免低水平竞争和重复建设，形成错位发展、特色发展、配套发展的格局。规划一批电子信息产业集聚区：规划建设 10 个千亿级电子信息产业集聚区，郑州航空城产业集聚区、郑州高新区、郑汴产业带、洛阳高新区、许昌电气谷等要进入全国第一方阵。扶持一批跨国公司：加快与行业地位领先、规模优势明显、产品结构合理、经济效益突出的跨国公司建立战略合作关系，引进培育 10 家千亿级龙头企业，引进培育 100 家百亿级骨干企业。

（三）实行倾斜的产业政策

河南省这一轮电子信息产业的井喷式发展的动力主要来自国际国内产业转移，未来要实现飞跃发展还要依靠产业转移。要认真总结、推广、提升、放大、复制"富士康模式"，把富士康手机和电脑等终端产品生产基地全部引进河南，带动配套企业集聚发展，力争形成万亿生产规模，带动就业 100 万人。要与世界和国内电子信息产业 500 强企业建立战略合作关系，再引进一批手机和电脑跨国公司，加速实现"链式转移、集群转移、园区转移"。加快与中国台湾、韩国、日本、新加坡、美国、欧洲等战略合作，力争在河南省设立电子信息产业园区，带动产业整体转移。

（四）实施倾斜配套政策

制定一揽子鼓励电子信息产业集聚发展的配套政策，制定投资指南，引导相关企业集聚、集群、集中、集约发展。在土地、资金、能源、人才等要素资源保障方面全力支持，保持低成本优势。争取国家的倾斜支持，建立产业发展基金。实行税费优惠，形成低税费优势；完善软硬投资环境，瞄准国际一流水平高标准建设基础设施，保持高效率的优势，支持龙头企业发展壮大。①

① 刘仁庆，徐雪明，康艳. 中原崛起若干问题及对策探讨 [J]. 河南科学，2007，25（6）：1081-1084.

加快布局郑州手机城、抢占全球高端产业链制高点的对策建议（2012年）*

引言　以手机为代表的电子信息产业具有知识密集、技术密集、资本密集、劳动密集等特征，是经济的"倍增器"、发展方式的"转换器"、产业升级的"助推器"，布局郑州手机城是培育中原经济区新经济增长点的战略选择。

一、尽早决策，强力推动

著名的"三次产业革命""第三次浪潮""主导产业演变"等理论都认为，人类已进入信息化社会，其基本特征是信息化、网络化、电子化、自动化，电子信息产业已成为现在和未来世界的主导产业，代表产业发展演进的方向。所以，布局郑州手机城不但具有现实可操作性，而且在理论上也是完全可行的，目前各方面条件已具备，时机已成熟，建议省政府尽早决策，郑州市政府狠抓落实，成立专门工作班子进行总体谋划，各有关部门明确责任、分工负责、通力协作。采取"有限目标，重点突破"的非平衡发展战略，实现超常规发展。

二、做好整体规划，打造发展平台

按照"高起点、高标准、高效率、国际化"的指导思想，做好整体规划：一是拉高目标、分步实施，近期目标（1~2年）是挤进全国前三强，打响郑州亿部级智能手机生产基地品牌，建成国内知名、中西部地区最大的智能手机城；中期目标（3~5年）是力争总产量全国第一，打造成全国和世界手机城；长远目标（6~10年）是全面打造"郑州手机城、电脑城、软件城、电子城、信息城"。二是打造产业集聚发展平台，重点建设郑州航空经济综合实验区、郑州高新区、郑汴产业带等手机产业集聚区。三是打造全球最先进的全产业链，即完善生产、研发、仓储、物流、交易、人才培养、技术培训、生活等要素市场体系，建立原材料、零部件、整机、软件等集群化生产体系。

三、承接国际国内一流品牌的产业转移

加速推进手机产业"链式转移、集群转移、园区转移"：一是要把富士康项目做大做强，吸引富士康集团在郑州建立全球研发、生产、营销基地，争取富士康把手机、电脑等终端电子信息产品生产基地都转移到河南。二是要抓住跨国公司加快产业布局调整的机遇，吸引国际知名品牌及零配件企业把生产基地向郑州转移，带动国际物流大型专业公司进入郑州。三是支持国产品牌在郑州建立新的生产基地，着力培育出几个国产手机的世界名牌。

四、实施特殊的产业政策

积极争取国家有关部委的政策支持。结合河南省实际，制定一揽子鼓励手机等电子信息产业集聚发展的配套政策，发布投资指南，引导相关企业集聚、集群、集中、集约发展。在土地、资金、能源、劳动力、人才等要素资源保障方面全力支持，建立产业发展基金，实行税费优惠，高标准建设基础设施，营造低成本和高效率的环境优势。

＊　本文发表于河南省人民政府发展研究中心《领导参阅》2012年7月18日第5期（总第5期）。

河南省构建现代市场体系问题研究（2014年）*

摘要

构建现代市场体系是发挥市场在资源配置中决定性作用的基础，是新一轮全面深化改革、完善社会主义市场经济体制的重点，是河南省未来发展总方略的基础工程。河南省商品市场体系已基本形成，但是集聚化程度较低，辐射带动功能有待提高；要素市场发展较快，但还是不完善，滞后于发展需要；电子商务新兴市场快速崛起，但是整体市场的电商化水平较低。在经济新常态大背景下，河南省构建市场体系具有交通区位、人口、市场潜力、产业等综合优势条件，还有加快改革开放、承接产业和市场转移等难得机遇，同时也面临经济增速放缓、传统行业产能过剩、转型升级和区域竞争压力较大等诸多挑战。应紧紧围绕"三大国家战略""三个大省""一个平台、四个体系"总方略，加快完善市场体系，着力加快商品市场调整发展，促进结构布局优化和转型升级；着力加快要素市场培育发展，破解资本、技术、人才、土地等发展瓶颈约束；着力加快电商市场跨越发展，带动传统市场转型升级；着力加快集聚发展和网络化发展，加大市场集聚区建设力度，不断完善市场网络。应坚持政府引导、市场主导，强化组织领导，搞好顶层设计和规划引导，统筹谋划，分类指导，分级负责，重点突破，协调发展；坚持创新发展，激活市场主体，突破体制机制障碍，健全法规制度，维护市场秩序，优化发展环境。加快构建统一开放、竞争有序的现代市场体系，提升河南省在全国市场体系大格局中的地位，把河南省建成辐射中西部地区、具有国内国际影响力的市场中心、国家市场网络体系的重要枢纽。

为了落实习近平总书记视察河南时关于构建现代市场体系的指示，按照2014年10月21日省政府办公厅《关于近期省政府重点研究专题及责任单位的通知》（豫政办明电〔2014〕154号）的要求，我们成立《河南省现代市场体系建设研究》课题组，迅速开展研究工作，召开了由省政府金融办、财政厅、商务厅、人社厅、科技厅、农业厅、粮食局等省直有关单位专家座谈会，并到郑州市实地考察了各类市场发展情况，经过近一个月的深入调查研讨，完成了本研究报告，现汇报如下。

一、构建河南省现代市场体系的战略意义

（一）现代市场体系是市场经济系统高效运行的基础

市场体系是指各种市场相互联系、相互依赖、相互制约、相辅相成而构成的有机整体。

市场体系按交易对象可以划分为商品（包括服务）市场和生产要素市场，商品市场可以进一步划分为工业品、农产品、服务品市场，还可以划分为消费品和生产资料市场，生产要素市场还可以进一步划分为资本、劳动力、技术、土地等市场；按照交易对象品种的多寡可以划分为综合市场和专业市场；按竞争程度可以划分为竞争性市场和垄断性市场；按市场交易时序可以划分为现货市场和期货市场；按区域大小可以划分为地方市场、全国市场和国际市场。

统一、开放、竞争、有序是现代市场体系的基本特征，这四个基本特征是构建现代市场体系最基本的原则要求。

现代市场经济体制由市场主体、市场体系、市场规则、宏观调控体系、社会保障体系五大要素组成。市场体系是市场经济体制的最基本、最

---

* 本文发表于河南省人民政府发展研究中心《研究报告》2014年12月10日。

基础、最核心、起主导作用的客观构成要素，是市场在资源配置中起决定作用的载体，是市场经济运行的物质基础。现代市场经济系统必须基于完整的市场体系，才能有效地配置资源。

由此可见，构建统一开放、竞争有序的现代市场体系，是完善中国特色社会主义市场经济体制、发挥市场在配置资源中的决定作用、保障社会主义市场经济系统高效运行的基础。

（二）完善市场体系是贯彻中央全面深化改革部署的重要任务

2013 年十八届三中全会《中共中央关于全面深化改革若干重大问题的决定》指出："加快完善现代市场体系，建设统一开放、竞争有序的市场体系，是使市场在资源配置中起决定性作用的基础。"十八届三中全会首次对全面深化改革作出决定，强调了经济体制改革是全面深化改革的重点，而经济体制改革的重点是完善市场经济体系，发挥市场对资源配置的决定作用。

1992 年党的十四大首次提出"建立社会主义市场经济体制，加快市场体系的培育"，1993 年十四届三中全会出台《中共中央关于建立社会主义市场经济体制若干问题的决定》，2003 年十六届三中全会出台《中共中央关于完善社会主义市场经济体制若干问题的决定》，到 2013 年十八届三中全会出台《中共中央关于全面深化改革若干重大问题的决定》，1993～2013 年这二十年间，三次三中全会均强调"培育和完善市场体系"，可见这个问题的重要性和复杂性。

为什么时隔二十年中央再次强调完善市场体系呢？其一是目标导向，因为现代市场体系是市场在资源配置中起决定性作用的载体和平台、基础和前提，要达到 2020 年社会主义市场经济体制基本定型的目标，就必须构建完善的市场体系；其二是问题导向，因为现实的市场体系不完善，商品市场升级慢，要素市场不健全，政府与市场的边界不清，管制过多，价格扭曲，市场不公，诚信缺失等，制约了经济运行质量、效益和效率的提高，阻碍了经济转型升级和健康发展。

构建市场体系是完善社会主义市场经济体制、加快经济转型升级、实现经济新常态的基础性工程。近年来河南省不断完善投资环境，激发市场活力，承接产业转移，实现了经济新跨越，这主要得益于市场体系的不断完善。未来要实现河南省经济快速发展就必须深入贯彻落实十八届三中全会决定，全面深化改革，扩大开放，突破瓶颈约束，积极构建现代市场体系。

（三）构建现代市场体系是河南省未来发展总方略的重要组成部分

2008 年时任省长郭庚茂提出构建"一个载体三个体系"（以产业集聚区为主的科学发展载体和现代产业体系、现代城镇体系、自主创新体系）总体工作布局，有力地加快了河南省的经济转型与升级发展。为了深入学习贯彻十八届三中全会精神和习近平总书记系列重要讲话，破解制约河南科学发展的瓶颈约束，打造河南经济升级版，2014 年 6 月 25 日省委书记郭庚茂进一步提出了指导河南未来发展的总方略，即构建"一个载体""四个体系"。"一个载体"就是科学发展载体，包括产业集聚区、商务中心区和特色商业区（街）；"四个体系"就是现代产业体系、现代城乡体系、自主创新体系、现代市场体系。由此可见，这次把市场体系列入了河南省未来发展总方略之中，将中央精神与河南实际紧密结合，是河南省对市场经济发展规律和中原经济区建设规律认识的进一步提高和深化。

市场导向是区域经济和产业发展的一般规律和原则遵循，市场体系是"市场导向"的基础。现代市场体系在河南省未来发展总方略中居重要的基础地位，是产业集聚区、现代产业体系、现代城乡体系、自主创新体系建设的重要动力、内容和条件，是河南省加快经济转型升级和加快中原经济区建设的重要基础支撑。

二、河南省市场体系的现状及主要矛盾

随着改革开放的不断深入和社会主义市场经济体制的不断完善，河南省商品市场快速成长，要素市场建设逐渐加强，电子商务、连锁经营、物流快递快速崛起，现代市场体系的框架基本形成，但是商品市场亟待转型、要素市场亟待完善、电商市场的先导作用亟待加强，现代市场体系需要加快升级。

（一）商品市场稳步发展，但集中、集聚、集群化发展水平较低

近年来，省委省政府高度重视市场体系和商贸物流产业的发展，提出了大交通、大流通、大产业、大都市的发展战略思路，出台了一系列商贸、物流、电商等高成长性服务业发展的政策措施，编制了市县商业网点、商务中心区和特色商业区等规划，不断创新投资融资体制机制，引导社会资金不断加大投入力度，不断做大做强市场主体，逐步形成了种类齐全的、开放型多元化的商品市场体系网络，已成为带动地方经济发展的先导性产业。商品市场数量和规模持续扩大，全省商品流通总量呈现强劲的增长态势，对国民经济的贡献率逐年提高。商务中心区、商业中心区、特色商业街、连锁经营和物流配送快速发展，集购物、休闲、娱乐、餐饮为一体的商贸服务中心、现代购物中心、城市综合体大量涌现，国内外大中型零售企业加快连锁经营网点布局。专业市场加快转型，郑州市结合城市外围多中心布局，加大商品市场外迁、整合、升级力度，通过规划引导、重点带动，出现了华南城、百荣、万邦等集专业市场、物流、总部、商务、住宅、学校等配套服务功能齐全的批发市场产业聚集区，增强了中心城市的辐射带动功能。但是，与发达省份相比，河南省商品市场存在的突出问题是集中、集聚、集群化发展程度低，突出表现在：一是商品市场规模小而散，2013 年全国亿元以上商品交易市场共 5089 家，河南省仅 170 家，约占全国的 3.3%，约为浙江的 1/5、山东的 1/3、江苏的 1/3；河南省市场交易额为 2726 亿元，约为江苏的 1/6、浙江的 1/5。二是市场主体小、散、弱。行业集中度低，具有国际竞争力的大型流通企业还比较少，2013 年全国连锁百强企业中，河南省仅丹尼斯 1 家企业排名第 44 位，销售额仅为苏宁云商的 1/10、联华超市的 1/5。三是缺乏统一规划，基础设施落后，信息化程度低，电商化率低，结构布局不合理，农村商品市场和农产品市场发展相对滞后。

（二）要素市场快速发展，但滞后于经济发展需要

1. 资本市场快速发展，然而不健全

近年来，河南省为了破解贷款、融资、资本供给短缺的难题，不断加大改革创新力度，密切政府、金融机构、企业之间的合作，形成发展合力，积极构建多层次资本市场，取得了明显成效，企业上市融资规模不断扩大，债券融资增长迅速，期货市场稳步发展，信托业持续发展，资本市场加快并购重组促进了要素资源优化配置。但是，总体上来说，河南省资本市场的发展滞后于经济发展，落后于发达地区，不适应经济大省建设的需要，突出表现在：一是区域性股权交易市场（即场外市场）尚未建立起来，2010 年以来天津、上海、山东、广东、湖北等省市陆续设立了区域股权交易中心，而河南省因为思想不解放、部门利益难突破、责任不落实导致停滞不前。二是股票市场融资规模太小，境内上市公司数量在全国排名第 13 位，中部六省排名第 4 位。三是债券市场规模太小，债券融资规模在全国排名第 17 位、中部六省第 5 位。四是市场经营主体实力较弱，行业发展缓慢，河南省本土证券公司只有 1 家，在全国排名第 20 位。

2. 人力资源市场体系基本形成，然而层次水平亟待提高

近年来，为了发挥河南省人力资源丰富的优势、加快农村劳动力转移、扩大就业、促进创业，积极实施人才强省战略，不断加强人力资源市场和服务体系建设，加大投入扶持力度，建立了职业教育培训网络，完善机构和基础设施，激发市场活力，形成了多级联动、多元联动的人力资源市场和服务体系，加快了人力资源服务业发展。河南省现有人力资源市场 745 个，从业人员 1.03 万人，其中人才市场 178 个，从业人员 3675 人，基本建立了省市两级人力资源市场；全省各类人力资源服务机构 1551 家，从业人员 2.86 万人，其中公共服务机构 562 家，民营服务机构 989 家，呈现出公办机构逐步健全、民办机构不断增多、两类机构并行发展的良好态势。目前存在的突出问题有：一是缺乏全省联网的统一的人力资源市场公共服务平台，城乡分割、区域分割、行业分割，各类市场没有形成互联互通，市场小而散，难以形成合力，服务效率低；二是注重有形市场的发展，忽视无形市场的发展，人力资源供求信息网建设滞后；三是缺乏人力资源中

介服务集团，亟待拓宽服务领域、层次和水平。

3. 技术市场不断发展，然而依然薄弱

近年来，河南省实施创新驱动发展战略，积极构建自主创新体系，积极技术市场服务体系，大力开展技术开发、技术转让、技术咨询、技术培训、技术服务，不断激发创新活力，有力地支持了经济转型升级。全省技术市场技术交易规模继续扩大，2013年全省技术交易额41.39亿元；技术转移服务机构体系基本形成，全省各类技术转移机构74家（其中国家级技术转移机构5家，全省级技术转移机构4家），技术合同登记站44个（为全国各省之首），从事有关技术转移的人员4246人，年转移转化科技成果1140项，取得经济和社会效益230多亿元，全省拥有各类技术贸易机构2863家。存在的突出问题表现在：一是缺乏全省统一的技术市场交易平台，各地各种技术市场相互分割，信息不通，难以形成内部互联互通、与国内外对接的大市场。二是技术市场中介机构发展缓慢，与发达省份相比差距大，缺乏区域性骨干技术中介机构，人才匮乏，不能提供配套的、有效的深入服务。三是扶持政策不完善，对技术市场基础设施建设的投入不足，缺乏中试技术孵化，缺乏对技术交易的配套激励扶持政策。

4. 城镇建设用地市场快速发展，然而不完善

多年来，城镇建设用地市场严重短缺，许多项目难以落地，成为制约发展的重要因素，河南省为了化解土地市场供求矛盾、规范土地市场，逐步建立起了以土地一级市场为主、二级市场为辅的地产市场体系，目前全省建有127个土地市场，涵盖了所有省辖市、省直管县、县市（区），有28个市、县市（区）建立了公共资源交易市场。值得注意的是建设用地一级市场明显供过于求，截至2014年9月底，全省供应建设用地24.69万亩，同比下降40.8%，郑州市土地供应指标利用不足30%，出现这种新情况主要是因为经济增速下滑的大环境造成的。我们认为土地供过于求是短期的，长期紧缺的基本局面并没有改变，解决土地问题的根本在于建立完善的市场体系。目前矛盾问题突出表现在：一是城乡和区域统一的建设用地市场没有建立起来，土地供给不

及时，供求脱节，区域之间市场割据，城镇化人口与建设用地供给相互脱节；二是土地二级市场碎片化，部门分割，不统一，随意性大，不公开，不透明，缺乏规则约束。

（三）电子商务新兴市场异军突起，但整个市场体系的电商化水平较低

河南省近年来以电子商务为主体的新兴交易市场开始起步、发展迅速，催生了一些新业态、新模式。一是市场交易规模持续井喷式增长，2013年全省电子商务交易额4600亿元，增长30%，其中网络零售交易额突破580亿元，增长50%。2014年上半年，电子商务交易额达2816亿元，增长34.1%，其中网络零售额428.1亿元，增长47.6%，电子商务应用企业达18.5万家，增长8.8%。二是电子商务产业园建设不断加快，建设了6个省级电商园区、1个国家级电子商务示范基地、12个省级示范基地，河南网商园、郑东新区电子商务基地、中国中部国际贸易电子商务服务基地等省级电商园区已建成并投入使用，郑州航空港、国际物流园区、国际陆港建设确立了河南省中部区域物流配送中心地位。三是电商平台企业加快发展，中华粮网、世界工厂网、中国制造交易网等一批知名本土电商平台有效扩大了河南电商的影响力，阿里巴巴、淘宝、腾讯、中国钢材网等外埠知名电商的陆续入驻显著增强了河南电商产业的吸引力和知名度。目前存在的突出问题有：一是电商发展滞后，工商企业上线率较低，省外商品流入河南省得多，河南省商品流出得少，商品净流入；二是电商园区化、集聚化、规模化、集群化发展程度低，大多专业市场和商家还停留在传统市场发展阶段，电商化程度低；三是电商品牌企业数量少，实力弱，市场占有率低，品牌知名度低，竞争力弱。

三、构建河南省现代市场体系的总体思路

（一）背景与趋势

随着我国工业化阶段由中期向后期的转换，经济结构加速调整和转型升级，经济呈现出中高速增长的新常态，在这种新常态大背景下，河南省市场体系的发展将呈现以下趋势性特点：

一是经济增长方式呈现加快转变的趋势，市场体系的发展方式也将随之而变。河南省经济增长方式由要素投入投资扩张驱动型向创新驱动转变，这需要调整优化要素投入结构，构建创新型的生产要素市场。①商品市场面临转型升级，资本、人力资源、技术、土地等生产要素市场面临完善、创新、升级的局面，电商市场将冲击传统市场，这既是传统市场升级的动力又是传统市场升级的内容；②要素市场是市场体系的一块短板，是完善现代市场体系的重点；③伴随经济的转型升级和发展阶段水平的提高，市场体系将向集聚化和网络化方向发展。

二是三次产业结构呈现经济服务业化趋势，市场体系的结构将随之而变。经济增长将由工业主导型向服务业主导型转变，服务业将成为新的经济增长点，市场体系的结构也需要调整优化。①以市场为带动发展服务业，服务品市场是市场体系的一块短板，是完善市场体系的又一个重点；②服务业尤其是生产性服务业发展越来越专业化，服务品市场越来越专业化；③服务业加速与工业和农业的融合发展、互动发展、升级发展，这要求市场体系在专业化发展基础上必须强化综合功能，增强辐射带动能力。

三是创新驱动成为经济转型发展的重要方式，完善要素市场将激发创新发展。要素市场事关经济增长和就业，是各国普遍关注的焦点，也是完善市场体系的关键和重点。资本市场是配置生产要素资源的重要方式，其他生产要素作用的发挥都有赖于资本的优化配置，建立完善的资本市场是加快创新发展的基础。技术创新日新月异，成为生产力提高的主导力量，技术市场可以加快技术转移、交易、配置、运用，转化成现实的生产力，实施创新驱动战略、完善技术市场体系是引领未来发展的关键。人力资源是创新发展的主体，是最宝贵的生产要素，人力资源市场出现了技术化趋势，技工和创新型人才成为稀缺资源，实施技工战略和创新型人才战略，构建技工市场和创新型人才市场体系，是决定未来发展的重要支点。

四是过剩经济成为新常态，完善市场体系将促进产业结构调整升级。①传统过剩产业应积极发展高端产业链、转移低端产业链，其市场需要加快向电子商务、研发、创投、重组、总部、商务等综合服务功能延伸，加快转移、调整、重组、转型、升级；②高成长性产业市场空间巨大，是发展的重点，也是构建市场体系的重点；③高新技术产业市场需求旺盛，是培育发展的重点。

五是我国经济全球化成为新常态，开放型市场体系将成为趋势。①市场体系应加快与国际对接和联网，加快将省内市场向全国乃至全球延伸，加强国际合作，实现互动互利发展；②市场体系建设应与加工出口及服务外包等外向型产业发展结合起来，与交通枢纽建设、航空物流、郑欧班列、国际物流港、E贸易协同发展，形成综合竞争优势；③市场体系建设应与自由贸易区建设紧密结合起来，形成外向型的市场产业集聚区。

六是互联网信息化成为社会新常态，市场体系的电商化将成为趋势。互联网信息化等新技术革命不断颠覆传统生产方式和生活方式，电子商务成为颠覆市场交易方式的新生力量。①电商脱离了传统市场发展轨道，形成新的市场形态，由电商市场线上交易平台、买家卖家、物流快递网络等构成了完整的电商生态系统；②电商进一步扩张必须借助传统商业，传统商业的网络优势也是电商发展的重要基础，传统商业转型升级必须电商化，传统市场将正在加快智能化、移动化、互联网化，线上线下融合发展才是大势所趋。

（二）战略思路

高举中国特色社会主义伟大旗帜，以中国特色社会主义理论为指导，贯彻落实党的十八大和十八届三中、四中全会精神，深入贯彻落实习近平总书记系列重要讲话精神，按照中央和省委关于全面深化改革的总体部署，发挥市场在资源配置中的决定性作用，同时发挥好政府宏观调控作用，牢牢把握构建市场体系的大方向。

紧紧围绕加快实现中原崛起河南振兴富民强省总目标，紧紧围绕粮食生产核心区、中原经济区、郑州航空港经济综合实验区建设三大国家战略，紧紧围绕"一个平台、四个体系"总方略，紧紧围绕先进制造业大省、高成长服务业大省、

现代农业大省建设，明确构建市场体系的目的。

　　坚持市场化和法治化改革取向，坚持创新驱动，以优化升级发展商品市场为基础，以加快培育发展要素市场为重点，以电子商务等新型市场为新动力，建立公平开放透明的市场规则，消除各种形式的市场壁垒，完善主要由市场决定的价格形成机制，扩大对内对外开放，加快与国内和国际市场接轨，推动市场体系不断升级完善，加快建成统一开放、竞争有序、自由高效的现代市场体系，发挥市场体系在经济发展中的基础性、先导性和服务性作用，推动经济转型升级和持续健康发展。

（三）指导原则

　　构建现代市场体系应遵循"统一、开放、竞争、有序"基本总体原则要求，除此之外还应体现中央关于改革开放的新要求和河南发展的现实要求。

　　一是坚持政府引导、市场主导。把市场的决定作用与政府的引导作用结合起来，充分发挥好市场在市场体系建设中的决定性作用，同时发挥好政府完善公平竞争的规则和环境、维护公平竞争的市场秩序以及规划、政策等宏观调控引导作用，以财政投入为引导，以社会投入为主体，形成构建市场体系的合力。

　　二是坚持"一个平台四个体系"互动融合、同构同建。把市场体系建设与另外"一个平台三个体系"构建结合起来，市场是交易的中介平台和重要的基础设施，完善的市场体系可以提高交易效率、降低交易成本，市场集聚可以带动产业集聚和城镇集聚，市场升级可以带动产业升级，激活市场可以带动自主创新，发挥市场体系在"一个平台四个体系"中的基础和先导作用，统筹规划，适度超前，协调推进，衔接融合，互动发展。

　　三是坚持统筹兼顾、重点突破。把全面推进与重点突破结合起来，各类市场是一个相互依存的有机整体，构建市场体系既要统筹兼顾、全面推进，又要突出重点，夯实商品市场这个基础，突破要素市场这个关键，激发电商市场跨越发展，带动市场体系转型升级的这个动力源。

　　四是坚持系统谋划、改革创新。把顶层设计与先行先试结合起来，坚持顶层设计，统筹谋划，规划先行，分级负责，分类指导，协调推进，注重发展系统性和协同性；同时，在引领发展的重点领域，在制约发展的关键环节，必须先行先试，突破瓶颈约束，创新驱动，跨越发展。

　　五是坚持以虚拟市场发展带动实体市场发展。把实体市场与虚拟市场结合起来，虚拟市场主要是指资本市场，是配置生产要素资源的核心市场，由于发展历史短，尚不成熟不健全不完善，其制约了经济转型，滞后于实体经济发展，是市场体系的短板，因此应推动实体经济市场与虚拟经济市场统筹发展、协调发展、同步发展。

　　六是坚持以电子商务突破口带动传统市场转型升级。把传统市场的转型升级与电子商务新兴市场发展结合起来，倾斜发展电子商务新兴市场，同时推动电子商务与商品市场和要素市场的融合发展，带动整个市场体系的转型升级。

（四）目标任务

　　一是着力提升发展目标。河南省地处中原，是全国重要的交通枢纽和中心，物流成本较低，最适合布局辐射中西部地区乃至全国的市场；河南省是全国第一人口大省、中西部第一经济大省，中原经济区是中西部地区经济规模最大的经济区，河南省具备区位交通资源产业等综合优势，所以应提升河南省市场体系在全国大格局中的战略定位。将河南省市场体系的战略目标定位于辐射中西部地区的市场中心、国家市场体系网络中的枢纽型节点。

　　二是着力完善体系。建设布局合理、结构优化、功能完备、制度健全、特色鲜明、体现现代化水平的商品市场体系；建设完善的多层次资本市场、技术市场及服务体系、城乡区域统一的建设用地市场、国际化现代化的人力资源市场；建设具有国际先进水平的电商新兴市场、商业连锁经营和物流配送系统。

　　三是着力推进电商市场大跨越。实施信息化和电商化战略，培育电商平台企业，提高工商企业上线率，鼓励商业模式创新，打造电商产业园，大力推进传统市场电商化，组建线上专业市场和营销联盟，形成线上线下专业市场的融合互动发展，带动传统产业的转型升级。

四是着力推进集中集聚集群化发展。建设一批功能完善的市场产业集聚区，完善基础设施，强化综合服务功能，提升发展水平，培育一批万亿、千亿、百亿、十亿级的专业市场集群；构建城乡和区域一体化互联互通的市场网络；做大做强一批商贸流通企业，培育具有国际影响力的大型连锁商业企业集团。重点建设十大工业品市场、十大农产品市场、十大服务产品市场和十大资本市场。

五是着力完善环境。健全法规制度，实行负面清单，规范市场秩序，建立公开透明、公平高效的具有竞争优势的市场环境。到 2020 年，基本形成企业自主经营、公平竞争，消费者自由选择、自主消费，商品和要素自由流动、平等交换，统一开放、竞争有序的现代市场体系。

（五）区域布局

应充分发挥河南省居中的区位优势和国家级"铁公机"网络枢纽新优势，将市场体系与中原城市群城镇体系构建紧密结合起来，将市场定位与城市发展战略定位紧密结合起来，与区位、交通和产业优势紧密结合起来，形成市场与城镇、产业协调发展、互动发展的格局。

省域周边省辖市的市场应与区域中心城市的功能定位相适应，将安阳、三门峡、南阳、信阳、洛阳、商丘、周口等省辖市定位为跨省域的区域市场中心。

中原城市群核心区内九大城市应发挥各自的特色优势，其市场定位应与城市的特色功能定位相适应，例如在漯河规划建设国家食品市场中心，在商丘建设国家蔬菜及农产品批发市场。

郑州市的市场定位应与国家中心城市和国际商都的功能定位相适应，将郑州定位于国家级市场中心，某些方面定位于世界级的市场中心。将郑州建成全国重要的商品批发交易市场集散中心、国际贸易中心、电商市场中心，国家重要的要素市场中心、金融中心、人力资源市场中心、技术市场中心。

四、升级商品市场体系

商品市场体系建设的最终目的是服务人民生活和服务区域经济发展，这两个目的是相辅相成

的，其关键是服务区域经济发展，带动先进制造业大省、高成长服务业大省、现代农业大省建设。坚持工业品、服务产品、农产品"三头并进"，构建国家重要的区域商品市场体系，立足中原，辐射中西部地区，影响全国。

（一）提升工业品市场体系，带动先进制造业大省建设

紧紧围绕河南省电子信息、汽车、装备制造、食品、建材家居等高成长性产业跨越发展，纺织服装、轻工、冶金、化工、煤炭等传统优势产业转型升级，新能源、新材料、生物医药、节能环保、航空航天等战略新兴产业加快崛起，重点在郑州等地规划建设十大国家级工业品专业批发交易市场或专业市场产业集聚区，在此基础上推进省市级专业市场的优化布局和规划建设，形成商品市场网络体系。

一是规划建设国家电子信息交易市场。围绕建设国家电子信息产业基地和做大做强电子信息主导产业的战略目标，规划建设一批国家级的电子信息市场。加快文化路河南科技市场的转型升级，向综合市场、企业总部、科技研发、创业投资等一体化综合发展；建设郑州高新区软件、动漫、游戏、创意设计、外包、物联网、云计算、大数据等专业信息市场；建设郑州航空港移动智能终端和通信等专业市场；建设杨金信息产业集聚区软件、创意设计、外包等专业市场，形成中西部地区最大、全国前列的电子信息产品批发交易市场体系。

二是规划建设国家汽车机动车交易市场。围绕建设国家重要的汽车产业基地和做大做强汽车主导产业，支持宇通、东风、海马、奇瑞等本土品牌集聚扩张升级发展，依托国家物流基地和中原国际物流港，规划建设国家重要的汽车及零部件、特种车辆、机车、电动车等各类车辆批发交易市场集散中心，规划建设国家新能源汽车展示示范推广交易市场。

三是规划建设国家装备产品交易市场。围绕建设国家装备制造基地和做大做强装备制造主导产业，依托航空港经济试验区建设，规划建设国家级的特色装备制造交易市场、集散中心、展示推广中心，带动飞机组装、航材制造维修等航空

装备、智能成套、轨道交通、精密数控、工业机器人等智能高端装备、工程装备、成套装备、农业装备等传统装备、特高压输变电、智能配用电和电气控制等智能电气装备行业集群化发展。

四是规划建设国家食品批发交易市场。围绕建设国家食品制造基地和做大做强食品主导产业，在郑州建设国家食品综合批发交易市场，在漯河建设国家特色食品市场，带动冷链食品、饮料、休闲食品、保健食品、糖烟酒、土特食品等优势产业转型升级和集聚发展，带动食品大省向食品强省转变，带动现代农业基地化链式发展。依托生产基地建设若干特色食品批发交易市场。

五是规划建设国家服装批发交易市场。围绕建设纺织服装大省强省名省、建设国际化纺织服装基地和做大做强纺织服装产业，在郑州规划建设国家纺织服装市场集散中心，带动中高档休闲、时尚、运动类服装、鞋帽、箱包等服饰产品、床品、布艺、地毯等家纺产品、医疗卫生、汽车、节能环保等产业专用纺织品集群化发展。依托产业集聚区或交通枢纽规划建设一批特色服装批发市场。

六是规划建设国家建材家居批发交易市场。围绕做大做强建材家居优势主导产业，在郑州规划建设国家建材家居市场集散中心，带动相关产业集群化发展。

七是规划建设国家健康产品批发交易市场。围绕做大做强生物医药等新兴健康产业，在郑州规划建设国家健康产品批发交易市场，带动中医药、医疗器械、医疗用品、体育器材、保健品等健康产业的集群化发展。

八是规划建设国家生产资料批发交易市场。围绕河南省有色、钢铁、化工、机械、轻工等传统优势产业集聚发展和转型升级，在郑州规划建设国家有色、钢铁、化工产品、一般机械、五金电器等生产资料专业批发交易市场，带动相关产业集群化发展。

九是规划建设国家级的煤炭交易市场。抓住全国煤炭市场重组的机遇，在郑州规划建设全国煤炭现货和期货交易市场和集散中心，带动河南省煤炭及关联产业的集群化发展。

十是建设国家小商品批发交易市场。利用郑州的交通区位优势，依托交通枢纽规划建设国家小商品市场和集散中心，带动小商品产业的集群化发展。

（二）提升农产品市场体系，带动现代农业大省建设

紧紧围绕现代农业大省、国家粮食生产核心区、米袋子和菜篮子工程、优质高效高质绿色安全现代农业产业化基地建设，带动粮食、食用油、蔬菜、果品、中药材、花卉、茶叶、棉花、畜禽蛋水产品、农资的基地化集群化产业化发展，重点在郑州等地规划建设十大国家级农产品农资专业市场、集散中心或专业市场产业集聚区，在此基础上依托生产基地、消费地或集散地规划建设一批省市级区域性市场，形成农产品市场网络体系。

一是粮食市场。依托郑州国家粮食交易中心、郑州商品交易所、河南省粮食批发交易市场以及中储粮河南公司等市场主体，建设全国乃至世界的粮食现货和期货市场定价中心、交易中心。在郑州中牟建设仓储、物流、交易、分拨中心。

二是油料食用油市场。在郑州中牟规划建设国家花生、大豆、菜籽、芝麻等油料和食用油批发交易市场，支持驻马店芝麻批发市场建设。

三是蔬菜市场。在郑州中牟和商丘规划建设两个国家蔬菜批发交易市场。依托蔬菜生产基地县规划建设若干省级特色蔬菜批发市场，建设蔬菜批发市场和流通网络。

四是果品市场。在郑州中牟规划建设国家果品批发交易市场，形成全国东西南北果品集散地和交易中心。依托果品生产基地县规划建设若干省级特色果品批发市场。

五是中药材市场。在郑州中牟规划建设国家中药材批发交易市场，依托中药材生产基地县或中药加工龙头企业建设若干省级中药材批发交易市场。

六是花卉苗木市场。规划建设国家花卉苗木批发交易市场。在郑州和许昌鄢陵建设国家花卉苗木批发交易市场，依托花卉苗木生产基地县建设若干省级花卉苗木批发交易市场。

七是茶叶市场。在郑州和信阳规划建设国家

茶叶批发交易市场，依托茶叶生产基地县建设若干省级茶叶批发交易市场。

八是棉花市场。配合郑商所棉花期货，在郑州规划建设国家棉花批发交易市场。

九是畜禽蛋水产品市场。在郑州和漯河规划建设两个国家畜禽蛋水产品批发交易市场，依托生产基地市县或加工龙头企业建设若干省级畜禽蛋水产品批发交易市场。

十是农资市场。在郑州中牟规划建设国家农资批发交易市场，主要包括化肥、农药、兽药、农膜、农机具、食料以及种子等。建设市县乡三级农资市场网络，健全农业服务体系。

（三）提升服务产品市场体系，带动高成长服务业大省建设

服务市场是指交易对象为无形服务的市场，服务市场不但服务人民生活，还带动服务业、制造业和农业的发展。

紧紧围绕高成长服务业大省和全国重要的现代服务业基地建设，促进现代物流、信息服务、金融、旅游、文化、科教、商务服务、健康服务、养老及家庭服务等高成长服务业跨越发展，成为带动区域经济发展新的经济增长点，重点在郑州等地规划建设十大国家级服务产品市场、专业园区或产业集聚区，在此基础上规划建设一批省市级服务产品专业市场，形成服务产品市场网络体系。

1. 物流市场

围绕郑州航空港经济综合实验区建设，推动郑州航空港、中原国际陆港、郑州国际物流园区建设，大力发展航空物流、保税物流和多式联运，打造郑州国际航空货运枢纽和丝绸之路经济带物流集散中心，建设郑州 E 贸易基地，全面增强郑州国际物流中心集聚辐射功能。构建与电子商务快速发展相适应的现代物流配送体系，建设中国智能骨干网郑州核心节点，建成京东运营中心、河南快递集散交换中心等重大项目，打造全国快递转运集散中心和国际网购物品集散分拨中心。培育发展一批第三方物流服务商，在全省建设一批城市公共配送中心，打造全国快递转运集散中心和国际网购物品集散分拨中心，依托专业物流园区和商贸批发市场，建设一批具有区域影响力的物流集群。规划建设和改造提升 20 个货运枢纽、商贸服务、生产服务、口岸服务、综合服务型物流园区，争取 1~2 家重点物流园区成为国家级物流园区。

2. 文化旅游市场。

河南省历史积淀丰厚，文物古迹众多，自然景观多样而独特，地处中原，是全国综合交通枢纽，非常适合旅游业和旅游市场的发展，应定位于中西部地区最大的旅游目的地、集散地和市场。目前总体来说旅游市场还比较分散，公共服务跟不上，不利于品牌推广，不利于形成产业优势。应依托综合交通枢纽同步规划建设游客集散中心和服务中心，引导旅行社入驻，形成相对集中的旅游市场。郑州市可在郑州火车站、郑州东站、新郑机场设立三个游客集散中心和服务中心。其他省辖市、旅游热点县（市）、热点景区等可以设立不同层次的多功能的游客集散中心和服务中心。

根据文化产业街区化、园区化发展趋势，根据文化产品集中交易的客观要求，设立一批文化园区或街区集聚市场。例如，在郑东新区集中规划建设省市级的公共文化、文化传媒、娱乐业、主题公园、艺术品、古玩、博物馆、展览馆、体育馆、文化馆等基础设施或市场。规划建设一批国家级或省级文化创意设计园区；规划建设中原、中华和世界的特色民族文化微缩景区；引进迪士尼等国际一流主题公园进驻河南，形成外来文化与本土文化交相辉映的繁荣市场景象。规划建设若干创意设计园区和市场；规划建设若干教育培训园区和市场。

3. 服务外包市场

大力发展业务流程外包和信息技术外包等服务业，积极承接国际（离岸）服务外包业务，逐步将服务外包业务扩展到软件开发、应用服务、系统工程承包等拥有自主知识产权的产品和服务出口。积极应用国际电子商务及第三方平台，开拓涉外工程及技术承包、劳务输出、出入境旅游、文化传播、医疗保健健康服务等海外市场，增加规划设计信息咨询服务、环保服务等贸易，开展跨境专业服务贸易。支持郑州、洛阳等市申建国家服务外包示范城市，建设一批省级服务外包示范园区，建设若干国家级的专业化特色服务外包产业集聚园区和服务外包市场。

4. 健康服务市场

规划建设一批医疗、美容、保健、体育、养老等健康产业集聚区，建设健康产业市场体系。重点在郑东新区建好省诊疗中心，在航空港区建设好郑大一附院诊疗基地。在郑东新区规划形成体育训练及体育产品交易基地。沿黄河规划建设一批养老园区基地。

5. 中介信息服务市场

重点发展咨询、信用、融资担保、会计税务、法律和仲裁、物流配送、广告会展、知识产权交易、人力资源配置等领域的中介服务业。着力打造高端中介服务业发展集聚区、示范区和商务中心区。支持中介机构跨行业、跨地区、跨所有制兼并重组和连锁经营，实施行业协会商会去行政化，吸引国内外知名中介服务机构入驻河南省，加快形成门类齐全、功能完备、布局合理、运作规范的中介服务市场体系。

6. 房地产市场

围绕做大做强房地产业，完善房地产交易市场，推进省市县联网，建立公开透明统一的房地产市场，保障房地产用地供给，抑制房价过快上涨，带动产业转移集聚。

除了以上六大服务产品市场之外，资本（金融）市场、土地市场、人力资源市场、技术市场等四大服务产品市场，将在"生产要素市场"部分论述。

五、完善现代要素市场体系

实现科学发展的前提条件是激活要素市场，在商品市场大多处于过剩状态而要素市场大多处于短缺状态的情况下，尤其是河南省面临转型升级和跨越发展的双重任务，应将要素市场摆在整个市场体系构建的重要位置，坚持资本市场、劳动力市场、土地市场、技术市场"四轮驱动"，构建国家重要的区域要素市场体系，突破要素瓶颈约束，促进要素自由流动和优化配置，实现快速增长，加快中原崛起。

（一）创新发展多层次资本市场，破解融资难融资贵的发展难题

河南省发展资本市场的目的是为经济大省建设提供资本融资支撑，目标是建立中原经济区多层次资本市场体系、国家重要的区域资本市场中心，主要任务有：一是重点建设十大资本市场，提升功能，完善体系；二是加快郑州市郑东新区国际化的区域金融中心建设，打造资本市场集聚发展的平台和载体，培育、引进、做大做强金融机构主体，形成集聚集群效应，放大辐射带动功能；三是做大做强市场主体，营造优越发展环境，培育、引进、做大做强金融机构，拉伸金融产业链，形成完善的发达的金融产业体系；四是创建金融改革和金融创新示范，积极申请国家金融改革试点，借鉴广东、浙江、山东等省的经验创建国家金融改革试验区，建立郑东新区和航空港经济综合试验区，建立农村金融创新试验区，以改革创新为动力来突破发展瓶颈、完善资本（金融）市场体系、做大做强金融产业。

实现以上目标任务的关键和重点是在郑州等地规划建设九大国家级专业资本市场，在此基础上规划建设一批省市级的资本市场，形成多层次资本市场网络体系。

1. 加快发展多层次股权市场

①重点建设区域性股权市场，组建中原股权交易中心（所）。股权市场是优化配置生产要素资源的重要载体，抓住国家将区域性股权市场纳入多层次资本市场体系的战略机遇，借鉴美国OTC市场近百年发展经验，借鉴北京、天津、江苏等地经验，在河南省产权交易中心的基础上，引入上海证券交易所、深圳证券交易所、河南证券公司及其他证券行业的战略投资者，组建新的"中原股权交易中心（所）"，与全国股权转让系统全面对接，使之成为我国中西部地区场外交易市场中心。建议在郑东新区龙湖湖心岛规划建设"中原股权交易所（中心）"大厦，力争河南省每年登录上网企业100家以上，2020年达到1000家以上。②加快企业上市步伐，做大做强做响"中原经济区河南板块"。上市是企业快速扩张发展进而带动区域经济转型升级的捷径，河南省应积极推进企业上市战略，省市县（区）三级政府制定配套支持政策，支持具备条件的大型企业在主板上市，支持高成长性、高科技含量的科技型中小企业在中小板、创业板上市，支持创新

型、创业型中小微企业在全国性股份转让市场上市，支持各类企业创造条件到境外市场上市，持续提高企业证券化率，降低债务率，增强企业可持续发展活力。力争每年上市企业10家以上，2020年达到200家以上。③加快省属竞争性国有企业改制改组和整体上市，做大做强国企河南板块。借鉴新加坡国有企业"淡马锡集团"的成功发展经验，组建若干大型国有资产管理公司或投资银行，政府不再直接管理数量众多、种类庞杂、生产型的国有企业，通过几个资产管理或投资公司的多层次控股来实现国资保值增值和可持续发展，推动"河南能化"等大型国企整体上市。逐步将传统的竞争性行业股份向民企转移，大举挺进以电子信息为代表的战略新兴主导产业领域，引领区域经济发展，增强国有经济的发展力、控制力和影响力。

2. 积极发展债券市场

建立健全地方政府债券制度，有序发展企业债、公司债、中期票据、短期融资券、中小企业私募债等，形成多层次、多渠道、多方式债券融资体系。丰富适合中小微企业的债券品种，发展小微企业私募债、中小企业集合债和小微企业增信集合债等融资工具。鼓励符合条件的创业投资企业发行企业债券。创新债券融资品种，推广债贷组合、项目收益债等直接融资新模式，降低融资成本。探索通过发行市政债券等多种形式，拓宽新型城镇化和城乡一体化发展投融资渠道。

3. 积极发展私募市场

私募市场是相对于公募证券市场来说的，是指因私募融资而形成的资本市场。依托"中原股权交易中心（所）"发展私募市场，建议在郑东新区龙湖湖心岛规划建设若干"私募（创业）投资大厦"，形成国家重要的区域私募投资市场中心，辐射中西部地区。完善扶持创业投资的政策体系，积极培育天使基金、创业投资基金、私募股权投资基金、并购基金和各类资产管理运营主体，鼓励引进境外知名金融控股集团、主权财富基金、私募股权投资机构设立投资基金和分支机构。充分运用私募发行和私募融资机制支持高科技、高成长性中小微企业发展壮大。

4. 创新发展产权市场

支持河南省产权交易所完善治理结构，拓展

业务领域，强化服务功能，积极开展国有企业实物资产、知识产权、农村产权等各类权益类交易，使之成为国家重要的区域场外交易、产权交易和企业融资市场中心。构建省市县三级产权市场网络体系，鼓励跨地区、跨行业产权市场互动融合，促进各种资源的资产化和各类资产的资本化、证券化；支持开展节能量、碳排放权、主要污染物排污权和水权等资源、环境产品交易；加强县级产权交易市场建设试点，促进农村产权流转和产权融资。

5. 创新发展期货市场

依托郑州商品交易所在郑东新区规划建设"国家期货市场集聚园区"。借鉴国内外经验制定配套的扶持政策，支持郑州商品交易所做大做强，使之成为国际化的世界一流的商品期货交易所，成为全国乃至世界重要的商品定价中心、避险中心、期货交易中心。力争每年至少上市2~3个新产品，加快构建农产品、建材产品、能源产品、化工产品为主，其他商品、指数期权期货为辅的种类齐全的品种体系。建立期货后台中心，提供外包服务、数据及客户呼叫等综合服务。借鉴芝加哥商品期货交易所经验，积极探索金融期货发展；支持大型期货公司和机构投资者的培育和引进；将期货日报和期货网站打造成为世界一流的期货资讯中心；举办期货论坛，规划建设期货博物馆。

6. 创新发展保险市场

目前河南省保险机构省级分公司62家，总保费规模在全国排名第四，遥遥领先于中西部其他省份，入驻郑东新区保险机构省级分公司27家，已经在郑东新区形成集聚优势。应加快构建河南省保险市场体系，将郑东新区辟为"国家保险创新试验区"，申请设立"国家级保险交易所"；规划建设"全国性保险业后台中心，保险资产投资管理中心"。在郑东新区规划建设若干保险大厦，形成保险集聚园区，引导国内外保险公司总部集聚发展，加快组建中原保险、中原农保，做大做强本土保险机构。

7. 规范发展投资担保市场

净化现有投资担保市场，整顿不合规不合格企业，取缔违法企业，强化监管，规范市场秩

序；严格市场准入，鼓励合规合格企业进入；积极引导投资担保公司集聚发展，规划建设金融投资园区，对进入园区的金融和投资担保公司给予补贴或政策优惠；鼓励有实力信誉好的投资担保公司升级为小额贷款公司。

8. 创新发展信托和融资租赁市场

制定信托和融资租赁行业和市场发展规划，积极开发多元化多样化产品业务，扶持骨干企业，促进快速发展。

9. 创新发展信贷市场

积极构建河南省信贷市场体系，扩大信贷供给，突破贷款难的瓶颈约束。加快引进外资银行等涉外金融机构，支撑开放型经济跨越发展。加快本土金融机构发展壮大，加快组建中原银行，重组郑州银行、洛阳银行，组建中原保险，重组中原证券，加快国际化发展步伐，成为综合金融服务提供商，加快上市步伐；引进国际国内战略投资者，加快农信社改制农商行，加快村镇银行、贷款公司等农村金融机构发展，鼓励跨区域集团化发展。把郑东新区建设成为我国中西部地区最大的金融中心，加快龙湖区域的开发建设，引导金融总部的集中集聚集群化发展和国际化发展。

（二）创新发展人力资源市场，破解就业创业和人才短缺的难题

人力资源总量丰富是河南省的一大优势，高级技工和创新型人才短缺又是河南省的一大劣势，优势的发挥和劣势的弥补都有赖于完善的市场平台和高效的市场机制，当务之急是要构建完善的公共服务体系和市场平台体系。

一是完善就业和人才公共服务体系网络。构建省市县乡四级联动、分级负责、城乡一体化的服务网络，省市负责综合协调和统筹指导，县乡负责基层就业和社保公共服务，重点解决好农村劳动力转移、大学生就业、4050人员再就业，以及技能培训、引进高层次人才、保障重点工程以及社会创业孵化等延伸服务。构建中原人才网、中原人力资源市场网、高校毕业生就业信息网等网络联盟。

二是建立综合性和专业性人力资源市场体系。在郑州构建综合性的国家人力资源市场，在

省辖市建立区域性人力资源市场，县级建立特色人力资源市场；鼓励建设电子信息、食品、矿业、旅游等重点特色行业人力资源市场。政府应负责重点市场的基础设施建设，一般市场的建设发挥社会投资的积极性，市场经营主体与政府脱钩，全部采取市场化运营方式。整合优化人力资源市场，鼓励公共服务机构与民营、外资品牌服务机构开展合作。制定财税等配套优惠政策，鼓励企业、高校、社会组织等开办就业和人才服务市场，鼓励开办行业性、专业性、国际化的人力资源市场，形成多层次、多元化、网络化的人力资源市场体系。

三是积极培育人力资源中介服务业。人力资源市场的主体是中介企业，只有培育人力资源中介企业集群、健全人力资源服务产业链，才能形成成熟的人力资源市场。引进培育骨干企业，鼓励省内、外国内外连锁经营，开展人事代理、人才引进、人员培训、劳务派遣、猎头服务、招聘外包人才职业规划咨询、人才测评等专业化服务，力争发展3000～5000家人力资源中介企业，形成专业化的中介服务集群和梯队。

四是完善职教体系，做大做强职教服务业。重点培育一批专业化、规模化、基地化、集团化、连锁经营的技能培训企业集团；加快公办中等职业技术学校转企改制，增强其市场化发展能力，利用政府购买公共服务予以支持；支持企业结合自身实际开展职业技术培训，支持订单培训。

五是打造人力资源服务集聚区。抓住人社部在东部上海和江苏、西南重庆、中部河南等地布局国家人力资源市场和综合服务中心的机遇，借鉴外地经验，在郑州航空港区靠近交通枢纽的位置，高起点规划建设"中国中原人力资源服务产业园区"。促进公共服务集聚、市场集聚、中介服务机构集聚，使之成为立足中原、辐射中西部乃至全国、面向世界的人力资源市场中心、服务中心、孵化中心。

（三）创新发展技术市场，破解技术创新动力不足的难题

一是构建技术市场服务体系。建立面向社会、覆盖全省、联通国内外的技术交易服务平

台，建设以技术信息发布、技术交易、技术转让、知识产权服务、风险投资、股权投资服务为主要内容的综合性技术市场，发展研发设计、创业孵化、知识产权交易、科技投融资等服务业态。建立专利权、商标权、版权等知识产权市场，探索知识产权货币化、凭证化等融资新机制。

二是建立国家区域技术市场中心。在郑东新区龙子湖湖心岛区域建设"国家技术转移郑州中心"，使之成为覆盖河南、辐射全国、面向世界的国际化的技术转移公共服务平台，形成国际国内技术转移、全省产业集聚区技术转移、创新成果展示和发布、科技资源共享、科技综合服务、技术交易、科技金融、新兴产业研发等八大公共服务体系。

三是创新技术市场体制机制。构建有利于技术市场发展的地方法规和政策体系，全面落实国家鼓励技术转让、技术开发、技术咨询、技术服务的税收优惠政策。鼓励政府、产业集聚区和企业围绕重点产业，与一流高校院所共建具有技术转移、技术开发、成果转化、技术服务和人才培养等多种功能的产学研联合创新联盟载体。培育各类科技中介服务机构，创新技术产权交易模式，完善科技投融资体系。构建大型科学仪器设备、科学文献、科学信息等科技基础条件公共平台。

（四）创新发展土地市场，破解建设用地短缺和利用效率低的难题

土地是必不可少的、最基本的、高度敏感的生产要素，事关经济发展、城镇化、人民生活的方方面面，又是宏观调控的重要手段。从长远来看，还是要建立发挥市场决定作用的内在机制，同时更好地发挥政府宏观调控的作用，保障经济社会持续协调健康发展。今后应重点解决增量土地指标短缺和存量土地利用效率低下的问题，出路在于增加增量土地指标、挖掘存量土地潜力。完善土地市场体系的目标就是：完善土地一级市场，保障增量土地及时有序供给；完善土地二级市场，保障存量土地高效利用。

一是争取河南省成为国家深化土地管理制度改革试点省份。国家《深化土地管理制度改革总

体思路框架（征求意见稿）》中明确提出："试点先行。要根据改革需要，先选择若干地方进行试点，在实践中有序进行探索，总结出可复制、能推广、利修法的改革经验。"为此，建议省委、省政府成立专门的工作小组，统筹协调全省力量，争取河南省成为国家深化土地管理制度改革试点省份。

二是积极争取"土地双挂钩"改革试点。其一，完善城乡土地占补平衡市场机制，农村通过土地整理增加耕地面积，增加城镇建设用地指标，既确保耕地面积不减少，又保障城镇建设用地需求，在全省范围内建立占补平衡市场机制，土地指标可以在本地区也可以跨地区有偿流动；其二，完善城镇化人口与建设用地占用挂钩的市场机制，确保中心城市建设用地需求。

三是建立城乡统一的建设用地市场。建立全省统一的农村建设用地调剂市场和农村宅基地地票市场。实现建设用地指标在城乡之间和区域之间有偿的自由流动。建立农村宅基地退出机制，退宅还耕，把宅基地转换成可交易的地票，地票可以在城乡之间、区域之间有偿自由流动，建立宅基地退出与城镇保障房分配之间的衔接机制。

四是建立省市县三级联网的土地资源市场交易平台。目前市县两级都已经建立了土地资源市场，省政府牵头建立省级层面的国土资源交易平台，构建全省联网的土地交易市场体系。这项改革有利于建立全省统一的市场，全面推行网上招拍挂制度，健全诚信体系建设，加强三级政府联合监管，真正实现国土资源交易的"公开、公平、公正"；同时还有利于土地指标在不同区域之间的有序流动，促进土地资源在全省范围内优化配置。

五是完善城镇建设用地二级市场。目前城镇二级土地市场实际上处于碎片化状态，政策不统一、法规不健全、体系不完整、运作不规范，导致跑冒滴漏大量存在、土地大量闲置、土地利用效率较低。应加快都市村庄改造、旧城改造、合村并镇改造、退二进三改造、市场外迁改造，开发低效闲置土地，建立土地二级市场，加快土地流转，充分挖掘存量建设用地潜力。应加快土地二级市场交易平台建设，建立制度规范，及时对

一、二级市场进行统一整合，形成一、二级市场相互衔接、协调联动的统一市场。

六、加快构建电子商务市场体系

电子商务是综合性、战略性、基础性的新兴产业。加快发展电子商务对扩内需、稳增长、调结构、促转型、增就业、惠民生的意义重大，是现代市场体系最大的创新点、增长点、支撑点，是推动现代市场体系转型升级的重要手段和途径。近年来，浙江、江苏、广东、湖北等许多省市政府都出台了加快电子商务发展的指导意见，河南省也应尽快制定电子商务发展规划，出台《加快电子商务发展的指导意见》，构建我国中西部地区的电商市场中心。

（一）实施电商战略，推进企业电商化

普及中小企业电子商务应用，支持国内国际知名的第三方电子商务平台开设"河南专区"，对河南企业集中进行展示、宣传和推广，打造一批特色鲜明、影响力较大的"河南中小企业网上集聚区"。支持骨干企业发展供应链电子商务，鼓励生产企业直接开展网络零售，支持发展境外网络销售。

支持传统商贸企业发展网络零售业务。支持传统百货、连锁超市等企业，依托原有实体网点、货源、配送等商业资源开展网络零售业务，进一步发展集电子商务、电话订购和城市配送为一体的同城购物。结合农村流通实体网点建设，探索"网上看样、实体网点提货"的经营模式，推进农村市场网络零售业发展。鼓励日用消费品交易市场经营户依托第三方零售平台开展网上销售，推进传统零售业与网络零售有机接轨。

（二）培育电商交易市场平台，催生电商产业集群

一是扶持电子商务平台企业发展。依托电子信息产业基础，大力发展以内外交易和服务经济为目的的互联网平台。支持有条件的企业向平台化转型，加快电子商务支付类、应用及平台建设类、营销服务类、物流服务类等平台型、功能型企业发展，着力培育一批信誉好、实力强的平台龙头企业。支持有条件的地区面向重点行业领域，发展专业特色平台。支持电子商务平台不断

丰富商品和服务种类，推动产业链延伸，逐步形成不同类型平台企业配套发展、协同联动、服务共赢的"平台集聚经济"，使平台经济成为全省实施转型升级战略的重要推动力。

二是鼓励全国综合性电子商务平台网络枢纽建设。引进一批国内国际一流电商平台企业，如阿里巴巴、京东、亚马逊等知名品牌在河南省建设辐射中西部地区的交易、分拨、物流中心和园区基地。

三是鼓励建设专业性大宗商品电子商务交易平台。支持依托电子信息高科技企业、大宗商品经营企业和专业批发市场，建成一批以商品交易为核心、现代物流为支撑、金融及信息等配套服务为保障的大宗商品现货交易电子商务平台。推进综合性农产品电子商务平台建设，引导河南省开展农产品电子商务交易。

四是培育发展一批行业性特色电子商务平台。依托重点产业集群、产业集聚区和专业市场，培育一批集交易、物流、支付等服务于一体的行业电子商务平台。支持本土电子商务平台企业做大做强，培育一批电商企业进入全国第一方阵。

五是建设"郑州E贸易"平台和基地。优化跨境贸易电子商务的综合解决方案，建设保税仓储、保税物流、通关通检、结汇支付等E贸易综合服务平台（即第三方服务平台），形成"买全球卖全球"电商网络，鼓励企业应用跨境贸易电子商务开拓国际市场，使之成为我国中西部地区跨境贸易电子商务中心，把河南打造成为丝绸之路经济带上的"国际电子商务中心"。

（三）建设电子商务产业园，打造集聚发展的空间载体

加快河南省电子商务产业园、网商园、中国河南国际电子商务港等重点项目建设。支持各地按照产业链的要求建设电子商务产业园，吸引国内外电子商务企业和相关配套企业入驻，形成集商品贸易、平台建设、物流配送、融资支持等多功能、多业态的电子商务园区。支持有条件的批发市场强化仓储、配送、采购等功能，推动实体交易和网上交易相结合，发展一批以商品市场为依托的网商集聚区。开展省级重点电子商务园区

认定，带动全省电子商务产业集聚发展。统筹考虑电子商务应用普及、电子商务企业集聚、大型平台建设和产业园区发展等要素，建设一批国家级和省级电子商务示范市（县、区）和电子商务示范园区。

（四）积极推进各类市场的电商化升级改造

现有专业批发市场转型升级的出路在于电商化，各省辖市应制定专业批发市场电商化规划，制定优惠政策，加快推进步伐。鼓励依托市场建立本土专业化电商平台，激发市场商家上线积极性。引进电商平台企业依托市场建立推广基地，加大电商知识技能培训力度，促进市场商家上线。建立电商行业协会，组建电商联盟，加强行业自律管理，激发民间发展电商活力。推广华南城的经验，建立电商孵化园，普及电商知识技能，探索、示范、推广电商新模式，还可以带动大学生就业创业。

七、打造具有综合服务功能的市场集聚区

集聚发展是产业发展到较高阶段的必然趋势，市场在业态上属于商业服务业，中心集聚和网络布局是商业服务业发展的基本方式。所以构建市场体系，既要着力打造集聚中心，又要着力构建网络。打造具有龙头带动功能的集聚中心是构建市场体系的关键，构建覆盖城乡区域的网络是构建市场体系的基础。所以应着力重点打造市场集聚中心。

市场建设既是产业培育，又是城市建设，三者是不可分割的一个整体，所以应将三者紧密结合起来，统筹兼顾规划建设，尤其是中心城市应紧密结合城市新区、外围新中心组团、卫星城镇、特殊功能区的布局，紧密结合特色主导优势产业的发展，规划建设特色市场集聚区。

（一）规划建设一批国家级或省级市场集聚区

重点依托十大国家级工业品市场、十大国家级农产品市场、十大国家级服务产品市场及九大资本市场，规划建设一批国家级或省级市场集聚区，使之成为具有综合服务功能的产业集聚区和城市新区，及时将市场集聚区升格为省级产业集聚区，享受相应的优惠政策。

推广郑东新区发展经验，将市场集聚区建成中央商务区。郑东新区定位于国家区域金融中心，着力打造金融核心集聚区，集金融、总部、研发、高教、会展、文化、旅游、商服、住宅、学校、医院等综合服务功能为一体的中央商务区。

推广河南省电子科技市场发展经验，将市场集聚区建成产业集聚区和城市新区。国家级的河南省电子科技市场（文化路），就是以市场批发交易为核心形成了集总部、研发、运营、物流、商服为一体的电子信息市场集聚区。随着郑州市的市场外迁，又规划建设了新的河南电子科技市场（杨金），将形成功能更加完善的新的市场集聚区。

推广华南城、百荣、万邦等发展经验，将市场集聚区建成城市新区。在郑南新区规划建设的"华南城"，就是为了承接中心城区的产业外迁，规划有建材、服装、汽配、食品等大型专业批发市场，集专业市场、物流、电商、商务、商服、住宅、学校、医院等综合服务功能为一体的市场集聚区、商贸物流园区、城市新区。

（二）以专业市场为核心带动省级产业集聚区转型升级

市场的功效是连通生产者与生产者、生产者与消费者，进而带动产业发展。所以应重视产业集聚区专业市场的配套发展。依托省级产业集聚区，建设集市场交易、物流、总部、研发、运营、供销、电商、产品检验、信息服务、商服等综合配套服务功能为一体的商贸园区，形成市场集聚与产业集聚相互带动的格局。

（三）以市场为核心提升省级商务中心区、商业中心区、特色商业街

商务中心区、商业中心区、特色商业街都是以市场交易为核心的综合服务园区，既有综合市场，又有特色市场或专业市场。所以，规划建设好综合市场、特色市场或专业市场，完善各类综合配套服务，是提升省级商务中心区、商业中心区、特色商业街的关键。

八、保障措施及政策建议

（一）强化组织领导

市场体系建设涉及各行各业的各个方面，还

涉及硬件软件建设，涉及深化改革，是一项系统性工程。鉴于市场体系建设的重要性和复杂性，建议成立现代市场体系建设领导小组，办公室设在发改委，统筹规划、建设、改革等工作。坚持省市县（区）三级政府分级负责，统筹规划，分类建设，重点突破，全面发展。

（二）搞好顶层设计

制定发展规划和指导政策。建议省委省政府尽快出台《完善河南省市场体系的指导意见》，制定《河南省市场体系建设中长期规划》，分门别类制定专项规划，在此基础上制定市场体系建设三年行动计划。

一是提升目标定位。就是要构建与经济大省、中原经济区、交通区位资源等综合优势相适应的覆盖全省、辐射中西部、影响全国的，中西部地区最大的现代市场体系。

二是注重融合发展。不能将市场体系建设孤立化，而是要融合到产业集聚区、现代产业体系、城镇体系、自主创新体系建设之中，实现互动发展。

三是优化市场结构和网络布局。编制省市县三级交易市场布局规划，并将其纳入城乡总体规划、城市总体规划、土地利用总体规划和产业集聚区规划中，引导各类市场科学布局、配套完善、协调发展。围绕城市主体功能规划建设区域市场体系，规划建设一批特色优势明显、功能完善的综合与专业、批发与零售、产地与销地、现代服务业与先进制造业、现代农业融合联动的商品交易市场，服务好、配套好、带动好当地主导产业、优势产业的发展，服务好居民生活，科学布局并加快建设运输、仓储、配送等物流服务载体和平台，推进商流、物流、资金流和信息流顺畅对接。完善城市零售商业网点的优化布局和配置。

四是强化市场综合服务功能。推动现有市场兼并重组，连锁发展，拓展延伸市场服务功能，支持围绕完善市场体系建设物流中心、会展中心、检验检测中心、融资服务中心、信息汇集和发布中心等公共服务平台，打造市场集聚区。

（三）实施重点项目带动

未来几年，围绕建设国家区域市场中心、全国市场网络枢纽型节点的战略目标，加快商品市场转型升级，重点建设十大工业品市场、十大农产品市场、十大服务产品市场；加快要素市场创新发展，重点建设十大资本市场和技术、人才、土地市场；加快电子商务市场跨越发展，使之成为市场体系发展的新生力量、新的增长点。

2015年重点项目和任务：实施四大战略，重点带动，抓好重点市场建设。一是实施主导带动战略，围绕优势主导产业重点抓好电子信息、汽车及零部件、装备制造、食品、服装、建材家具等六大市场；围绕高成长服务业重点抓好现代物流、金融、文化创意、旅游、健康五大市场；围绕现代农业服务体系建设重点抓好粮食、蔬菜（果品）、农资等三大涉农市场。二是实施创新驱动战略，重点抓好资本、技术、人力资源、土地四大要素市场。三是实施电商战略，培育电商平台、骨干商家、快递物流三大体系，建立电商市场网络体系，加快建设郑州E贸易基地，做大做强电商产业，改造提升市场体系，加快市场体系转型升级。四是实施集群化发展战略，建设一批国家级和省级市场集聚区。

（四）优化市场环境

一是健全法规制度。加快建立保障市场公平竞争，有利于市场高效运转，与河南市场经济发展阶段相适应的市场法制体系。

二是完善市场化取向的价格形成机制。坚持市场定价原则，深化重点领域价格改革，凡是能由市场形成价格的都交给市场，将政府定价范围主要限定在重要公用事业、公益性服务、网络型自然垄断环节。规范市场价格秩序，探索形成反价格欺诈、反价格垄断和反暴利"三反"并举的监管治理格局。

三是建立公平开放透明的市场规则。实行统一的市场准入制度，以"非禁即入"为原则，对列入禁止和限制投资经营清单以外的行业、领域、业务等，允许各类市场主体依法平等进入。实行统一的市场监管。严禁和惩处各类非法违规的地方保护、行业垄断和不正当竞争行为，形成政府负责、部门协同、行业规范、公众参与的市场监管格局。

四是加快构建社会信用体系。以打造"诚信

河南"为目标，以制定和完善信用法规制度为保障，以建立信用监督和信用服务两个体系为重点，建立健全信用监管体制、守信激励和失信惩戒机制，加快建成覆盖全社会企业和个人的信用服务体系。

（五）制定配套扶持政策

强化改革创新，多渠道加大对市场基础设施建设的支持力度。

一是实施积极的财税扶持政策。将市场体系纳入基础设施建设之中，加大财政投资力度，同时对社会资金全面开发，积极引导社会资金有序进入。对大型市场建设实行税收减免政策。

二是创新投融资体制机制。拓宽投融资渠道，扩大政府投资，放开市场准入，鼓励民间投资和外资进入，形成发展合力，重点支持大型商品或要素交易市场建设，鼓励金融机构创新发展融资租赁、商圈融资、供应链融资、商业保理等业务。

三是优先保障建设土地需要。对纳入规划的大型市场项目用地需求予以重点保障供地，鼓励利用现有旧厂房、闲置仓库等存量房地产建设商品交易市场，允许以租赁方式供应商品交易市场用地，支持使用农村集体建设用地建设交易市场。

四是建立市场发展的人才队伍。加强现代市场体系规划、建设、管理、运营专业人才队伍建设，引进与培育相结合，将优秀专业人才吸引到市场体系建设中来，招录专业人才进入公务员队伍，向国内外公开招聘专家型人才进入部门领导岗位。

五是支持集聚化产业化发展。规划建设一批集仓储、物流、交易、电商、信息、办公、企业总部、研发、运营、住宅、生活配套服务等于一体的市场型产业集聚区或城市新区。

河南省商业模式创新问题研究（2014年）*

引言　随着以互联网为主的新信息技术的快速发展和经济社会发展环境的深刻变化，将技术创新有效运用于商业领域的商业模式创新，正在不断颠覆传统产业的商业准则，成为改变产业竞争格局的重要力量。目前，先进国家的企业创新中有60%是依靠商业模式创新推动的。因此，现代管理学之父彼得·德鲁克说：企业之间的竞争，不是产品与服务之间的竞争，而是商业模式之间的竞争。作为国际产业竞争的新趋势，商业模式创新受到了前所未有的重视，成了区域发展核心竞争力的重要组成部分。

一、商业模式创新的理论综述及评价

商业模式概念的出现已经有半个多世纪了，但是近二十年来随着互联网信息产业爆发式发展，新商业模式才如雨后春笋层出不穷。商业模式理论属于新兴学科，仅经历了近二十几年的爆发式发展历史，其理论体系尚不完善，突出表现在基本概念不统一；构成要素不统一；分析框架不统一。尽管如此，以美国为代表的发达国家对商业模式进行了系统、全面、深入的研究，从 Timmers 1998 年提出商业模式的完整概念，到 Osterwalder 2005 年提出商业模式九要素模型，又提出 17 种经典商业模式，标志着商业模式创新的理论框架体系基本形成。总体来看，我国对商业模式的研究滞后于发达国家，同时也滞后于现实经济发展，相应的产业政策和创新政策就更加滞后。

（一）商业模式创新的起源及发展阶段

1. 商业模式创新的起源

"商业模式"一词，最早出现于 20 世纪 50 年代，随着新技术革命不断加快，生产方式、生活方式不断变革，市场竞争越来越激烈。企业为了适应环境变化，为了寻求竞争优势，为了提高效率和可持续性，为了提高可持续发展和盈利能力，就运用新的技术和方法不断创新企业运营方式，即不断创新商业模式。

实际上，商业模式直到 20 世纪 90 年代，随着信息技术革命带来的互联网经济的蓬勃发展，才被人们广泛认知、使用、传播、普及。互联网信息化使得时空压缩，社会结构扁平化，代表企业运行方式的商业模式随之而变；以互联网信息化为代表的新经济、全球化时代的到来，市场已从卖方市场转变为买方市场，传统的商业模式已不适应，不断创新商业模式成为必然。

商业模式创新作为一种新的创新形态，其重要性已经不亚于技术创新。

2. 商业模式创新的发展阶段划分

进入 20 世纪 90 年代以后，互联网信息技术革命对实体经济的影响表现在经济信息化，最大影响就是电子商务广泛渗透，从而不断颠覆传统企业商业模式，所以，商业模式创新的发展阶段与互联网信息技术、电子商务基本一致。

电子商务的发展大致有三个阶段。第一阶段为电子邮件阶段。电子邮件在 20 世纪 70 年代被发明，80 年代开始传播，到 90 年代中期由于互联网浏览器诞生，电子邮件被广为使用。第二阶段为信息发布到电子商业，再到全程电子商务。从 1995 年起，以 Internet Web 技术为代表的信息发布系统爆炸式地成长起来，Internet 成为商业信息社会的神经系统，企业开始从"粗放型"营销开启"精准型"营销时代；IBM 公司于 1996 年

---

* 发表于河南省人民政府发展研究中心《调研报告》2014 年 11 月 17 日第 14 期（总第 858 期）。

提出了 Electronic Commerce（E-Commerce）的概念，1997 年又提出了 Electronic Business（E-Business）的概念。1996 年我国因特网正式开通；1997 年中国商品订货系统（CGOS）开始运行，1998 年 3 月中国第一笔互联网网上交易成功，1999 年 3 月 8848 等 B2C 网站正式开通。此后电子商务链条不断延长，形成了"全程电子商务"的概念模式。第三阶段为智慧阶段。2011 年互联网信息碎片化以及云计算技术为代表变得越发成熟，主动互联网营销模式出现，以主动、互动、用户关怀等多角度与用户进行深层次沟通。

商业模式创新阶段划分为三个阶段：1995 年以前为萌芽起步阶段；1995 年开始进入电子商业和电子商务的快速成长、普及、提升阶段；2011 年开始电子商务的智慧发展阶段和跨界融合发展阶段。

美国是信息技术及产业、互联网、电子商务的发源地，也是商业模式创新的策源地，作为工业时代代表的通用汽车、福特汽车、通用电气和波音公司，以及 Intel、Cisco、Dell 公司都纷纷开展了自己的互联网战略，电商成为采购和销售主渠道。亚马逊利用互联网销售图书，仅用短短几年就发展为世界上最大的图书零售商，给传统书店带来严峻挑战，新型商业模式显示出强大的生命力与竞争力。

（二）商业模式创新的定义

何谓商业模式？由于研究视角的不同，国内外的专家学者和学派对于"商业模式"有着各种不同的解释，可谓是众说纷纭。

1. 国内外学者的定义

（1）国外学者的定义。Timmers（1998）定义商业模式是指一个完整的产品、服务和信息流体系，包括每一个参与者及其在其中起到的作用，以及每一个参与者的潜在利益和相应的收益来源和方式。

Petrovic（2001）的定义，认为商业模式应该是企业价值创造的逻辑。

GeoffreyColvin（2001）认为，商业模式就是企业赚钱的方式。

Rappa（2002）将商业模式描述为"清楚说明一个公司如何通过价值链定位赚钱"。Rappa（2004）从价值链的角度认为商业模式是一种企业的盈利模式。

Weil & Vital（2002）把商业模式描述为在一个公司的消费者、联盟、供应商之间识别产品流、信息流、货币流和参与者主要利益的角色和关系。

Dubosson（2002）认为商业模式是涉及企业结构和合作伙伴的关系网络，目的是实现企业的价值创造和价值实现及其产生收益的客户关系资本。

Osterwalder，Pigneur & Tucci（2005）认为，商业模式是一种包含了一系列要素及其关系的概念性工具，用以阐明某个特定实体的商业逻辑，他描述了公司所能为客户提供的价值以及公司的内部结构、合作伙伴网络和关系资本等用以实现（创造、推销和交付）这一价值并产生可持续盈利收入的要素，商业模式可用来说明企业通过创造顾客价值来建立企业内部结构，以及与伙伴形成网络关系、开拓市场、传递价值、创造关系资本、获得利润并维持现金流。

（2）我国学者定义。荆林波（2001）认为，商业模式是指一个企业为了满足顾客需要而进行盈利活动的战略组合。

王波和彭亚利（2002）认为，企业的运营机制也就是经营性商业模式，运营机制的扩张与利用，是企业如何在动态的环境中改变自身以达到持续盈利的目的。

西南财经大学罗珉教授（2003）认为，商业模式是企业建立及运作的那些基础假设条件和经营行为手段措施。沿用了彼得·德鲁克（Drucker，1994）的公司经营理论的路线。

厦门大学管理学院翁君奕教授（2004），商业模式是由价值主张、价值支撑、价值保持构成的价值分析体系。

北京大学魏炜、朱武祥教授认为，商业模式本质上就是利益相关者的交易结构。

2. 各种定义的视角不同，其实质基本一致

以上众多定义主要是从价值创造、构成要素、内部结构、外部联系、关系网络、盈利模式或经营管理的视角来定义商业模式。

从字面上来看，以上定义因视角不同而千差

万别，其实质上是从不同视角来描述商业模式的本质特性，即描述"企业价值创造的逻辑模式"。也就是说以上各种定义的实质基本一致。

我们认为：商业模式的本质是"以客户价值为核心"的企业价值创造、价值实现和价值分配的方式，就是"以客户价值为核心"的利益相关者的交易结构。"商业模式"创新有如下几个特点：①逻辑起点是"为顾客创造价值"，为顾客创造超额价值，为社会、顾客、员工创造价值是为股东创造价值的前提和基础，追求利益相关方的互利共赢；②逻辑基础是企业具备的"关键资源与能力""业务组织体系"；③逻辑框架是企业内部和外部的"关系网络"、价值网络；④逻辑支点是盈利模式。

还应该从创新的视角来理解商业模式创新。奥地利裔美国著名经济学家约瑟夫·熊彼特（Joseph Alois Schumpeter）早在1939年指出，"创造性破坏"就是"创新"，可以打破市场均衡，使企业获得持续和长期的竞争优势。创新一般划分为技术创新和管理创新，随着时代的进步，商业模式创新是从管理创新中分化独立出来的一种新的创新形式，日益显示出其独特价值。商业模式创新是在新的时代背景下企业适应环境快速变化、寻求更高效率的价值创造、获取竞争优势的一种手段。

总之，商业模式创新起源于新技术革命，兴盛于信息技术革命，所以理解商业模式创新必须放在信息化、互联网、新经济、全球化的大背景下，商业模式创新是在新的时代背景下，企业进行价值创造的一种逻辑模式。

3. 商业模式与管理模式、盈利模式的区别和联系

商业模式不同于流通模式、业务模式、商务模式。狭义的商业是指流通业，包括批发业与零售业，广义的商业是指所有以营利为目的的事业，一般来说，商业是一种为顾客提供所需的物品或服务的一种经营性组织。商业模式中的"商业"是广义上的商业，主要是指企业及其运营。商业的本质是创造价值，即为社会、顾客、员工创造价值的基础上为股东创造价值，商业模式就是企业创造价值的模式，企业为顾客提供所需的

物品或服务的模式。商业模式创新是指"企业价值创造基本逻辑的变化"，即把新的商业模式引入社会的生产体系，并为客户和自身创造价值。

商业模式不同于管理模式。管理模式创新的逻辑起点是企业发展的战略目标，与商业模式创新的逻辑不同、理念不同、构成要素和组织结构不同，企业商业模式与管理模式既具有差异又具有密不可分的联系，共同构成企业的发展模式。但是一般在学科分类上还是将商业模式创新归入管理科学大类。

商业模式也不能简单地等同于盈利模式，因为盈利模式仅仅是商业模式中的一个构成要素，是商业模式的重要支撑点。

（三）商业模式的构成要素

商业模式的构成要素是研究商业模式分类、推进商业模式创新，进而推广先进商业模式的重要基础。

1. 视角不同构成要素有差异，但其实质内容大同小异

Chesbrough（2000）认为商业模式构成要素为价值主张、目标市场、内部价值链结构、成本结构、利润模式、价值网络、竞争战略。（七要素）

Osterwalder 等（2005）则认为商业模式由价值主张、目标顾客、分销渠道、顾客关系、价值结构、核心能力、伙伴网络、成本结构、收入模式等要素构成。（九要素）

Johnson 等（2008）则提出客户价值主张、盈利方案、关键资源、关键流程等商业模式构成要素。（四要素）

哈佛大学教授约翰逊（Mark Johnson）、克里斯坦森（Clayton Christensen）和 SAP 公司 CEO 孔翰宁（Henning Kagermann）共同撰写的《商业模式创新白皮书》，把任何一个商业模式都概括为"客户价值、企业资源和能力、盈利方式"构成的三维立体模式。（三要素）

北京大学汇丰商学院副院长、管理学副教授魏炜、朱武祥共同撰写的《发现商业模式》《重构商业模式》认为，完整的商业模式体系包括"定位、业务系统、关键资源能力、盈利模式、自由现金流结构和企业价值"六个要素。这六个

要素相互影响，构成有机的商业模式体系。（六要素）

以上各种对商业模式构成要素的划分方法，只是视角不同而已，它们的内涵是基本一致的。

2. Osterwalder "九要素模型"和魏炜、朱武祥"六要素模型"

目前国内构成要素研究引用较多的是 Oster-walder "九要素模型"和魏炜、朱武祥"六要素模型"。Osterwalder "九要素模型"的特点是全面、立体、系统和精准到位。魏炜、朱武祥"六要素模型"的特点是更具综合性，其前四项基本上就是 Osterwalder 九要素的综合，更加突出盈利模式和企业投资价值。

（四）商业模式创新分类

分类的目的是找出共性，便于制定产业政策，以进行分类指导、分类施策。

1. 国内外对商业模式创新的分类多种多样

由于商业模式构成要素复杂，涉及的企业类型、行业类型众多，所依据的分类标准不同或视角不同，其分类结果也不同。目前还没有统一的分类，商业模式分类呈现多样化。

由于商业模式兴起于互联网，所以基于互联网对商业模式进行分类是一条重要的分类线索。Rappa 将基于 Web 的商业模式分成经纪人、广告商、信息中介、销售商、制造商、附属模型、社区、订阅、效用服务等 9 种模式。

电子商务是引发商业模式颠覆性革命的重要领域，所以将电子商务商业模式进行分类，是商业模式创新分类的重点。Weill 和 Vitale 将电子商务的商业模式分成内容提供商、直销、全面服务提供商、中介网站、共享基础设施、增值网络集成商、虚拟社区、企业、政府整体等 8 种模式。

对所有类型、所有行业的商业模式进行综合分类是很难的，比较全面的是 Weill 等提出的"MIT（麻省理工学院）商业模式原型"，将所有企业按照其从事的活动性质分成制造者、销售者、出租者和经纪人四类，并把提供的产品或服务分为财务产品（货币、资本等）、实物产品、无形产品（知识产权、品牌等）、人力资源产品四类，每类活动和每类产品的结合就是一种商业模式，从而把市场上所有的商业活动从理论上分

成 16 种类型。

Osterwalder 等根据历史经验将商业模式分为：订阅模式、饵钩模式、层压式推销模式、多层式推销模式、网络效应模式、垄断模式、直销模式、拍卖模式、在线拍卖模式、特许经营模式、水泥加鼠标模式、忠诚模式、集合模式、服务工业化模式、产品服务化模式、低成本运送模式、在线内容模式等 17 种经典类型。

国内学者对商业模式的分类研究主要依据构成要素及其组合变化对商业模式进行分类，将 Osterwalder 九要素或魏炜、朱武祥六要素构成矩阵，形成商业模式创新的不同类型。

2. 课题组总结出四种分类方法

由于商业模式构成要素的具体形态表现、相互间关系及作用机制的组合几乎是无限的，因此，商业模式创新的种类也有无数种。由于种类太多，所以必须进行分门别类。

我们认为，商业模式创新分类既要照顾一般性和全面性，又要有针对性地突出重点，可以从以下四个视角对商业模式进行分类：①一般的分类是按照构成要素及其组合创新进行划分。任何商业模式的创新都是其构成要素或构成要素组合的创新，据此进行分类是最基础和最基本的分类方法，其他任何商业模式的分类方法都是这种分类方法的细分、深化或演变。例如，根据销售模式可以划分为店铺模式、直销模式、批发模式、代理商模式、特许加盟模式、直营模式等，还可以划分为线上、线下、线上线下结合等模式。盈利模式可以划分为：产品或服务的直接买卖；饵钩模式，如买手机送话费，充话费送手机；互联网免费模式，对大众提供免费的基本服务，对目标客户的增值服务收费；流程再造创新的海尔模式。②进一步可以按照行业进行分类。可以根据传统产业、支柱产业、新兴产业等进行分类，这种分类方法的优点是突出了不同行业的特点，便于有针对性制定产业政策对商业模式创新进行支持。例如，新兴产业中的互联网行业商业模式，其核心是盈利模式，共性是基本服务免费、增值服务收费。互联网行业企业可以分为五种基础类型：门户型互联网（比如新闻门户）、工具型互联网（比如安全、搜索、下载）、交易型互联网

（电子商务）、通信型互联网（例如即时通信）、关系型互联网（社交网站）。以上五种类型相互融合，又构成了多种综合模式。③还有一些是按照跨界融合的发展方式进行分类。新技术跨行业应用使传统行业高新技术化，信息技术引发各行各业信息化，引发融合性的新兴行业出现。例如传统商业商务的互联网信息化引发"电子商务"新行业，电子商务或信息化引发各行各业商业模式革命，是跨界融合发展的典型，其商业模式可分为：B2B、B2C、C2C、O2O 等多种电商模式。金融行业的互联网信息化带来"互联网金融"新行业，其商业模式可分为：第三方支付、P2P 网络借贷、众筹模式、大数据金融、信息化金融机构、互联网金融门户。④还有一些从发展的角度按照企业复制或扩张的方式进行分类。例如：连锁经营；特许经营；金字塔控股等；沿产业链横向扩张、纵向扩张；跨界融合，跨行业多元化整合发展等。

（五）商业模式创新的方式与途径

1. 商业模式创新的特征或要件

相对于这些传统的创新类型，商业模式创新一般应具有三个特点或要件：①产品或服务创新，商业模式创新的出发点是如何从根本上为客户创造增加的价值。提供全新的产品或服务、开创新的产业领域，或以前所未有的方式提供已有的产品或服务。②构成要素创新，是一种企业系统运行方式的集成创新。其商业模式至少有多个要素明显不同于其他企业，而非少量的差异。③竞争优势和发展优势明显，具有更大的竞争优势和更持久的赢利能力。有良好的业绩表现，体现在成本、赢利能力、独特竞争优势等方面。

在以上三个特征性要件中，产品或服务创新是目标导向，构成要素创新是基本手段，竞争优势和发展优势是创新的表现结果。以上三个要件是商业模式创新的基本要求或遵循，由此出发自然可以找到商业模式创新的路径。

2. 商业模式创新的路径

（1）构成要素创新。Osterwalder（2004，2007）指出，在商业模式这一价值体系中，企业可以通过改变"九要素模型"（价值主张、目标客户、分销渠道、顾客关系、核心能力、价值结

构、伙伴承诺、收入流和成本结构等因素）来激发商业模式创新。通过改变商业模式构成要素及其之间的关系，就可以实现企业商业模式创新。可以说，构成要素及其组合创新是商业模式创新的基本形态和基本路径，商业模式创新的其他形态或路径的都是由此演变而来的。

（2）企业价值链创新。这一创新主要包括维持性价值链创新和破坏性价值链创新。维持性价值链创新路径主要是企业价值链的延展与分拆，实现商业模式创新。价值链的延展方式包括前向一体化与后向一体化，使企业价值链延长。价值链分拆方式是将基础性价值活动进行分拆、剥离、外包，使企业价值链缩短，企业只保留核心价值活动和相对优势价值活动。破坏性价值链创新路径主要是产业价值链的创新，即寻找新价值链上的合作伙伴或产业价值链再设计。

（3）企业系统创新。Voelpel 等（2004）认为商业模式创新要从客户、技术、组织基础设施和盈利四个方面进行系统考虑。

（4）不同类型企业创新。不同类型的企业，其实施的商业模式创新途径也各不相同。Linder 和 Cantrell（2000）把企业商业模式创新分为四种类型：一是挖掘型；二是调整型；三是扩展型；四是全新型。Osterwalder（2004，2007）把商业模式创新分为存量型创新、增量型创新和全新型创新三类。Mahadevan 把企业分为当前领导者、趋势创造者、新进入者、模仿者和跟随者等五类，每类企业商业模式创新应采取不同的策略。

二、互联网产业及国有企业的商业模式创新案例分析

由于商业模式创新的渊源主要来自互联网信息化产业的爆发，其他传统产业商业模式的变革都源于此。因此，在此重点论述互联网产业商业模式，同时因为国有企业商业模式创新具有特殊性和紧迫性，在此也进行论述。

互联网产业包括以网络为基础经营的企业，一般包括 IT 行业、软件开发、信息服务、电子商务等。互联网企业盈利模式一般是"基本服务免费、增值服务收费"。

（一）互联网企业商业模式分类

互联网企业有六种基础类型：门户型互联网（比如新闻门户）、工具型互联网（比如安全、搜索、下载）、通信型互联网（例如即时通信）、关系型互联网（社交网站）、交易型互联网（电子商务）、互联网金融等。

搜索引擎。百度是中国流量第一网站，全球最大的中文搜索引擎。至今共包括约60种服务，深受国内用户喜爱。其盈利模式为：①竞价排名服务收费；②搜索页面广告收费；③增值服务收费。

综合门户。新浪是中国最大的门户网站，主要服务项目有新闻、邮箱、博客、微博等，优势是新闻、博客和微博。其盈利模式为：①广告；②增值服务。

即时通信。腾讯是全球第一大即时通信服务提供商，腾讯产品线覆盖即时通信（微信、QQ、Rtx、TM）、门户、搜索（soso）、社区服务、增值服务、娱乐平台、电子商务和广告业务等。其盈利模式为：①网络广告；②增值服务。

社交服务。2013年初全球社交网站的活跃用户排名：Facebook、Google+、Youtube、Twitter、Qzone（QQ空间）。国内社交网的代表：百度空间、开心网、人人网、朋友网、新浪微博等。其盈利模式为：①广告；②增值服务（会员收费、网游等）。

安全软件。国内最主要的是奇虎360，提供免费的互联网安全服务。其盈利模式为：①免费杀毒软件服务；②有偿增值服务（在线广告及互联网增值业务创收）。

（二）电子商务企业商业模式分类

电子商务主要是利用Internet从事商务或活动，使传统商务（含商业）活动各环节的电子化、网络化、移动互联网化。

电子商务主要的有四种模式：①B2B——企业与企业之间的电子商务（Business to Business）。阿里巴巴（alibaba）是世界最大的B2B网站。②B2C——企业与消费者之间的电子商务（Business to Consumer）属于企业与消费者间电子商务电子零售业。如亚马逊、京东商城、淘宝商城（天猫）、当当网、Tes co.com等。③C2C——消费者与消费者之间的电子商务（Consumer to Consumer）。网上集市，如易趣网（eBay）、淘宝（taobao）。④O2O——线下商务与互联网之间的电子商务（Online To Offline）。这样线下服务就可以用线上来揽客，消费者可以用线上来筛选服务。其主要盈利模式有：网上目录、数字内容、广告、交易费用、服务费、线上销售、佣金制等。

1. 阿里巴巴集团（电商平台）商业模式创新

阿里巴巴的使命就是不断创新商业模式，最终打造这样一个以消费者为开端和核心，由消费者、渠道商、制造商、电子商务服务提供商（CBBS）构成的生态系统。主要有四种模式：①1999年推出B2B阿里巴巴网上批发市场；②2003年推出C2C淘宝网上集市；③2008年推出B2C淘宝商城"天猫"；④阿里巴巴C2B聚定制（聚划算）。

2. "郑州E贸易"商业模式创新（跨境电子商务）

"E贸易"实质上是跨境贸易电子商务的综合解决方案。建设E贸易综合服务平台（即第三方服务平台）包括：保税仓储、保税物流、通关通检、结汇支付等关键环节。E贸易主要商业模式为跨境B2C模式等。郑州E贸易的战略目标是"买全球卖全球"。

（三）互联网金融商业模式分类

互联网金融是指依托互联网发展起来的金融。

互联网金融有六种类型：①第三方支付。如支付宝，其主要模式有"支付+金融"；"支付+营销"；"支付+财务管理"。②P2P网络借贷。主要模式：线上模式，如人人贷等；线上线下模式，如翼龙贷等。③众筹模式。即互联网上的创业投资。④大数据金融。如阿里小贷，以"封闭流程+大数据"的方式开展金融服务。京东、苏宁的供应链金融模式。⑤金融机构信息化。传统金融机构的互联网信息化，金融电商模式。⑥互联网金融门户。即互联网上的金融超市。

（四）新加坡国有企业商业模式创新

1. 淡马锡集团商业模式创新

淡马锡是新加坡最大的国有企业集团，基本上把持了新加坡国民经济的最主要命脉，以控股

方式直接掌控 23 家国联企业（可视为其子公司，其中 14 家为独资公司、7 家上市公司和 2 家有限责任公司）；间接控制下属各类大小企业约 2000 多家，职工总人数达 14 万人，他所持有的企业股票市值占新加坡股市总市值的 47%，营业收入占国民生产总值的 13%。截至 2014 年 3 月 31 日，淡马锡的投资组合净值为 2230 亿新元，位居世界 500 强前列，几乎涵盖了通信、金融、航空、科技、地产等主要行业，成为国际化跨国公司。其治理结构特点为多层次宝塔型的产权结构，逐步形成了一个从政府到母公司、子公司、分公司的产权经营，多达六个组织层次的大型国有企业集团。淡马锡多层次宝塔型的产权结构决定其治理模式的一个主要特征是不同层次公司之间的逐层控制。

2. "新加坡工业园区" 商业模式创新

新加坡拥有两大国有企业集团，一个是新加坡贸易工业部下的"裕廊集团"——擅长园区规划建设，另一个就是财政部下的"淡马锡控股公司"——擅长优质企业的投资控股。受限于本国有限的土地和自然资源，新加坡开始向海外复制"工业园商业模式"，两个国家控股公司联合在全球建立新加坡工业园。新加坡工业园区商业模式能够在全球不断复制的关键在于，国有裕廊集团与淡马锡都拥有"关键资源和能力"：园区和项目的规划、投资、管理、运营。

新加坡的国土面积 707 平方公里，相当于 1/9 个上海、1/24 个北京，其在各国投资参与开发工业园区，总面积近 12 万平方公里，相当于再造 171 个新加坡。在中国参与建设的园区面积为 2517 平方公里，已成为开发区典范的有"中新苏州工业园""无锡新加坡工业园区""中新天津生态城"和"广州智慧城"。

"新加坡工业园" 商业模式中盈利模式的收入来源有三个：租赁收入、中介服务费和股权投资回报。

新加坡国有企业发展、重组、改革、国际化经验值得我们借鉴，其工业园区建设经验值得借鉴，同时可以引进淡马锡和裕廊集团在河南建设国际一流的工业园区。

三、河南省商业模式创新的形势与基础

（一）商业模式创新对加快河南省经济转型意义重大

当前，河南正处于经济转型发展的关键时期，支撑河南省经济发展的要素条件正在发生变化，劳动力、资源、环境成本都在提高，企业原先熟悉的投资驱动、规模扩张、出口导向的发展模式已经不能适应形势需要，旧有的发展模式空间越来越小。特别是我国经济进入转型发展的"新常态"后，河南省面临着压缩大量传统产业和过剩产能的局面，经济结构转型升级任务艰巨。商业模式创新能够把技术创新、产品创新和服务创新有机地集成，是技术创新价值的"放大器"与"倍增器"，对经济转型升级产生着重大作用。

1. 商业模式创新促进新兴产业快速发展

以互联网信息技术为主要支撑的新兴产业的快速发展，与商业模式创新的推动密不可分。新兴产业发展初期往往面临着技术和产品的市场推广难题，而商业模式通过"技术创新+商业创新"可以加快新技术的应用进程。商业模式创新一方面可以促进高新技术进入生产服务领域形成新的产业，如伴随移动互联网、云计算等新兴技术更迭交替，电子商务、各类免费搜索、移动即时通信、云服务外包等新业态层出不穷，带动了信息产业快速发展。另一方面，还可以直接推动新的服务业态产生。如围绕着电子商务开展的网络营销、物流配送、电子支付、电子认证、IT 服务、数据挖掘、客服外包、即时通信现代服务业等，都是随着电子商务的发展而不断壮大的。可以说，技术突破是新兴产业发展的前提，而商业模式创新就是新技术在经济社会领域的推广应用，是新兴产业发展壮大的助推器和倍增器，也是河南省产业结构调整升级的重要推动力量。

2. 商业模式创新促进传统产业转型发展

河南省能源原材料等传统产业比重大，发展方式粗放，受原材料价格上涨、人口红利消失、世界经济不景气等影响，以"劳动密集型、低附加值"为主要特点的制造业发展空间缩小，亟待

转型升级。商业模式创新是颠覆和改造传统商业模式的过程，也是促进传统产业发展方式变革的过程。第一，商业模式创新加快了企业的信息化，促进工业化、信息化融合纵深发展。商业模式"线上与线下结合"的创新要求，加快了企业内部信息系统接入电商平台，企业可以借助电商平台所提供的大数据分析工具，及时地发现和开发市场需求进行研发、制造，使生产制造与市场的联系更加紧密和深入，从根本上扭转当前的传统产业产能过剩的困境。第二，商业模式创新促进产业链的优化组合。互联网电子商务等手段将产业链上的各环节利益捆绑在一起，密切了上下游企业之间的供求关系，使企业能围绕最终产品的生产制造在整个产业链上优化组合，促进产业分工，加快产业集聚，优化资源配置效率。第三，商业模式创新促进企业管理现代化。新的商业模式通过先进的信息技术实现成本控制和现代管理，促进企业对所拥有的资源进行整合和运用能力创新，使得企业的管理更加精细，劳动生产率大为提高。商业模式创新促进传统产业转型最典型的当数物流快递业，由于电子商务模式的带动，传统的物流快递业建立了信息技术业务系统，不仅应用了二维码、条形码进行物品编码，还建立了实时查询、物流跟踪系统，以及电子支付等服务，成为目前发展速度最快、发展潜力极大的现代服务业态之一。

3. 商业模式创新促进发展要素结构调整

河南省是一个发展中的人口大省，矿产资源、人口资源等低级要素相对丰富，技术、资金等高级要素相对匮乏，多数产业和产品处于产业链的前端和价值链的低端，劳动生产率和效益水平较低，产业转型升级的要素制约突出。商业模式创新带来了产业以及企业间分工合作方式的变革，企业可以通过外包、采购、战略合作等方式，与供应链不同环节的合作者建立起广泛和密切的联系，由此改变传统发展要素组合配置方式。一方面，可以使区域或企业发展中的短缺要素通过商业模式创新，来吸引并组合发展需要的人力、技术、生产与资本等社会资源，实现生产能力和快速发展。这对河南省这样一个资源、人力要素较多，而高级要素不足的发展中省份来

说，具有巨大的意义。另一方面，现代商业模式所带来的信息流、资金流、物流等变化，形成了对社会资源配置的基础性影响作用，有利于引导河南省传统产业改变生产结构、服务结构等，加快产业转型升级的步伐。

（二）河南省商业模式创新的基础条件

当前，随着新经济业态大量出现，商业模式创新正逐渐被社会认识和关注，商业模式创新的社会氛围逐步形成；国家将商业模式创新与科技创新、制度创新一并纳入我国创新体系予以支持，为商业模式创新创造了良好的政策环境。同时，河南省经济社会全面发展，为推进商业模式创新奠定了较好的基础条件。

1. 市场需求潜力巨大

利用和开发市场需求是商业模式创新的原动力。河南是人口大省，目前正处于城市化快速发展阶段，消费市场庞大，发展潜力巨大。据阿里巴巴《2013中国城市电子商务发展指数报告》显示，2013年，我国电子商务交易额突破10万亿元，同比增长26.8%；河南省电子商务交易额为4200亿元，增长31.1%，虽然目前仅占全国电商交易额4%，但增速高于全国4.3个百分点，市场成长迅速。河南省广阔的市场空间，不仅吸引着国内电商龙头企业阿里巴巴、百度、腾讯等进入，也为本土企业的商业模式创新提供了深厚的市场发展土壤。

2. 产业发展基础良好

商业模式创新的一个典型特征是实体经济与虚拟经济结合，以新信息技术为基础的虚拟经济形态需要实体经济的有力支撑。河南省是农业大省和新兴工业大省，产业基础雄厚，产业门类齐全，经济总量、制造业规模、商贸业规模均居全国第5位，四大传统产业优势突出，六大高成长产业和四大先导产业发展迅速，庞大的经济存量和发展潜能是支撑商业模式创新难得的经济资源。

3. 交通物流优势明显

现代商业模式的一个重要形式是线上与线下结合，物流配送是必不可少的环节。河南地处中原，承东启西、连南贯北，是全国"两横三纵"城市化战略格局中陆桥通道和京广通道的交会区

域，交通区位优越。近年来，河南省加快建设全国现代物流中心和国际航空物流中心，电子商务物流、快递物流、保税物流、冷链物流、医药物流等特色物流发展迅速。国内外知名物流快递企业纷纷进入河南市场建立运营中心、物流配送中心，物流快递能力大为提高，为创新商业模式提供了良好的基础支撑。

4. 电信网络基础设施支撑能力较强

近年来，河南省加快"宽带中原""数字河南"和郑州国家级互联网骨干直联点建设，加快菜鸟科技等知名互联网企业和河南省电子商务产业园发展，支持腾讯、百度、奇虎360等互联网知名企业在河南省布局建设数据基地，宽带网络基础设施普及水平大幅提高，初步建成宽带、融合、泛在、安全的下一代信息通信基础设施，信息通信网络全面覆盖城乡，社会各领域信息化水平大幅提升。

5. 电子商务经济形成了一定基础

电子商务是商业模式创新有效的载体与平台，也是商业模式创新最活跃的领域。河南省电子商务虽然起步较晚，但近年来发展势头迅猛。建设了6个省级电商园区，1个国家级电子商务示范基地，12个省级示范基地。引进了甲骨文、谷歌、阿里巴巴、百度、腾讯微博、新浪微博等20多家国内外知名企业，其中阿里巴巴——郑州产业带，规划打造18个特色平台和30个优势产业带。出现了河南锐之旗、杰夫、郑州悉知、云超市、企汇网等一批规模较大的本土电商企业，中华粮网已成为全国粮食行业最大的网上交易平台，世界工厂网发展成为机械行业访问量第一的国内第四大B2B电子商务平台。目前河南省开展电子商务的中小企业已经超过了40%，电商企业数量全国第八、中部第一，电子商务交易额超过沿海的福建、河北、辽宁等省，进入了全国前十位。

6. 具有先行先试的区域政策优势

商业模式创新涉及产业链上的各个环节和不同的产业，这必将打破原有的发展结构和管理规则，对制度创新提出新的要求。近年来，随着粮食生产核心区、中原经济区、郑州航空港经济综合试验区三大国家战略的实施，国家赋予了河南

省更多先行先试政策，特别是郑州航空港区建设以及E贸易服务试点的政策优势，促进了河南省开放性经济全面发展，增强了开放创新的活力和动力，为河南省商业模式创新以及更多的制度创新营造了宽松的"特区"政策环境。

(三) 河南省商业模式创新的制约因素

1. 发展观念和创新意识落后

第十四届中国经济年度人物评选颁奖会上，出现了小米董事长雷军与格力集团董事长董明珠之间的有名争执，很有代表性地反映了很多企业家甚至是知名企业家对现代商业模式没有真正了解和认识。这在河南省表现得也很突出，今年由河南经济导报组织的企业微峰会上，不少成功的传统经营企业认为技术和质量比商业模式创新更重要，对商业模式创新颇有不屑。还有不少企业虽然开始利用电商平台，但仅作为销售渠道来利用，没有认识到商业模式创新是对新技术的有效商业应用。对商业模式创新实质的不了解或误解，使得很多企业难以主动去进行商业模式创新。

2. 研发和创意人才资源匮乏

商业模式创新是基于大数据信息基础上的智能创造，不仅需要技术，更需要产品研发和"创意"，需要有技术、信息、营销以及管理等方面的人才。相对而言，河南省人才储备不足。一是科技人才相对短缺。河南省科技人员总量只占全国的2.52%，仅相当于广东省的7.8%、江苏省的17.6%，尤其是高水平的科技领军人才和创新团队缺乏问题突出。二是互联网信息人才短缺。进行信息管理的首席信息官（CIO）严重匮乏，电子商务和互动媒体、数据库开发和软件工程人才紧缺，信息数据分析人才短缺，信息技术服务人才跟不上发展需要，商业模式创新的"软实力"严重不足。

3. 社会化网络建设落后

商业模式创新是以互联网为标志的新信息技术革命为基础的，互联网络就像一张庞大的渔网，是由一个个节点交互组成的，节点越多，"渔网"越大，信息量越丰富，越有开发价值。而它的节点就是连接各个社会主体的社会化网络，包括公共服务网络、政务网络、企业网络、

媒体网络、自媒体网络等。从目前看，河南省信息通信基础设施虽然基本覆盖了城乡，但连接这个基础网络的社会化网络发育不足，信息交互连接规模依然较小，企业网的互联互通程度不高，城市无线网络覆盖和"智慧城市"建设水平还较低，社会化自媒体发展较慢等，直接影响着商业模式创新的广度和深度。

4. 管理制度和社会环境有待改善

商业模式创新活动深刻影响了产业发展方式和行业管理模式，首先是新业态大量涌现，产业跨界、融合发展趋势带来了产业界限的模糊，一些新的业态放在哪个行业部门管理和如何管理，对传统行业管理方式提出了新挑战。其次是实体与虚拟经济的深度融合，对社会管理方式和相应的监管制度提出了新要求。如伴随着电子商务出现的互联网金融业态，是商业模式创新的必然趋势和发展方向。但由于缺乏相应的监管制度和有效手段，出于金融安全和社会稳定的考虑，目前国家既不能限制其发展，但也不敢放任其发展。最后信息开发和安全管理问题等，这些都亟待解决。

四、河南省商业模式创新的基本思路和工作重点

今后一个时期，河南省推进商业模式创新的基本思路是：遵循发展规律，把握新信息技术发展的趋势，立足河南实际，以市场为导向，坚持企业主体、政府引导，抓住电子商务这个关键环节，促进信息技术、要素市场、实体产业创新发展。着力发展电子商务，搭建商业模式创新的载体和平台；着力推动信息技术创新，为商业模式创新提供技术手段支持；着力加快信息化工业化全面融合，促进传统产业商业模式创新；着力推进打造物联网和智慧城市建设，营造智慧生活环境；着力创新监管模式，建设适应现代商业模式发展的制度环境，引领河南省经济结构加快转型升级，提升市场竞争核心能力，构建区域发展新优势。

1. 以电子商务为抓手，推动现代商业模式创新

在商业模式创新链条中，电子商务作为新信息技术运用到商业领域产生的新兴行业，既是连接信息技术创新主体和行业，将新的信息技术进行推广应用的市场主体，也是新商业模式创新的引领者和最活跃的市场主体，可以说，电商是现代商业模式创新链条的纽带和核心，其发展具有对其他产业商业模式创新发展的"撬动效应"。因此，创新商业模式要抓住电子商务这一关键，深入贯彻落实《河南省人民政府关于加快电子商务发展的若干意见》，大力实施电子商务发展工程，重点盯住综合性大电商平台，打造载体、拓展平台、壮大主体、提升功能，把电子商务打造成为全省商业模式创新和产业转型升级的突出亮点。一是加强载体建设。加快推进中国河南电子商务港建设，着力打造中国·中部国际电子商务港，推进商务公共服务平台建设。以郑州、洛阳国家电子商务示范城市和国家级、省级电子商务示范基地建设为重点，加快电子商务园区建设步伐，吸引电商平台集聚发展。引导电商群体合作共建柔性化的供应链协同平台，促进垂直型行业平台与综合电商平台融合发展，加快行业平台由较单一的信息流服务向商流、物流和资金流综合服务发展。推动电子商务与其他平台结合，加快产业集聚区、特色商务区等电子商务"园中园"建设，支持专业批发市场和大型经营企业开展大宗商品网上现货交易。鼓励电子商务平台不断丰富商品和服务种类，推动产业链延伸，促进不同类型平台配套联动、集聚集群发展。二是突出龙头带动。继续扩大电子商务领域的开放合作，进一步加大引进电子商务零售巨头在豫建立区域总部和相关产业带的力度，争取更多国内外知名电商进驻河南。充分发挥阿里巴巴、百度等入驻企业的作用，抓住他们完善平台功能、布局新产业的机遇，深化和提升河南省电子商务平台功能。积极支持河南省知名电商平台中华粮网、世界工厂网、众品商城、锐之旗、企汇网等拓展功能，做大做强，成为支持企业商业模式创新的主力军。三是加快主体培育。以国家级、省级电子商务示范企业创建为主要抓手，重点支持一批本土电子商务企业做大做强。支持有条件的电子商务园区建设电子商务孵化中心，开展小微电商孵化。鼓励优势行业中大型骨干企业加快电子商务

应用，推动工业企业与电商企业联动融合。引导传统商贸企业网上开店，鼓励小微企业和自然人网上开店创业，壮大网商队伍，活跃市场主体。

2. 以互联网产业为突破，为商业模式创新提供技术手段支持

抢抓新一代信息技术产业加速发展的机遇，布局发展大数据、云计算、感应设备等互联网产业，着力培育移动互联网、物联网、云计算、大数据、北斗导航等新兴业态，加快信息技术创新应用，支撑和推动商业模式创新。一是加快布局发展互联网产业。以郑州和洛阳高新技术开发区等信息技术集聚区为重点，大力引进企业和人才，加快互联网产业聚集发展。二是重视发展基础软件和应用软件，提升软件业支撑服务水平。面向企业信息化需求，围绕"两化"融合、智慧城市、物联网、云计算、大数据和移动互联网等热点领域，建设特色软件园区，形成具有较强国际竞争力的软件服务支撑体系。三是促进优势产业高端发展。抓住国家出台《关于促进信息消费扩大内需的若干意见》鼓励智能终端产品创新发展的机遇，发挥智能终端制造优势，加快建设体现技术升级换代的智能终端、新型显示等生产基地。重点发展平板电脑、智能电视和可穿戴智能终端产品，支持富士康集团做大高端产品规模。积极引进移动软件及应用龙头企业，培育智能终端、软件及应用研发、内容与服务一体的产业链。四是深化信息技术应用。加快实施移动互联网应用提升专项、物联网示范应用专项、云计算推广应用专项、大数据培育发展专项、北斗导航示范应用专项，引导企业积极应用云计算、大数据、移动互联网等新一代信息技术，加快普及无线网络，促进现代信息技术与电子商务、实体经济融合发展。加强与三大通信运营商的战略合作，鼓励移动互联网企业创新业务模式，运用互联网的即时通信工具、社交工具和移动应用程序，提供个性化、实时化、社交化、精准化的商品销售和服务推送，不断拓展移动互联技术在生活服务和公共服务领域的应用。

3. 以社会化信息平台建设为重点，完善信息基础设施网络

以国家建设新一代宽带无线移动通信网、下一代互联网和下一代广播电视网为契机，以完善基础网络、深化宽带网络应用为重点，提升电信基础设施网络，健全政务网、企业网、农村网和社会化网络体系。一是推动运营商智能管道建设。加速推进电信网、广播电视网和互联网"三网"融合发展，不断完善空间信息基础设施。加快开发适应新一代基础网络的新业务，推动下一代互联网规模商用。充分发挥中国联通中原数据基地、中国移动（郑州）数据中心等国家级数据枢纽的辐射带动作用，整合基础电信运营、软件供应和系统集成等基础业务，培育一批专业化电子商务服务企业，提供平台开发、信息处理、数据托管、应用系统和软件运营等外包服务，推动企业创新商业模式。依托河南省信息安全优势企业和高等院校及科研机构，积极推进面向云计算、移动互联网、大数据、工业控制系统等关键领域信息安全技术产品的研发和产业化，促进信息安全技术和产业发展，为推动商业模式创新提供基础支撑。二是全面提升企业信息化和智能化水平。以产业集聚区和龙头企业为依托，以重点领域和关键环节为突破点，促进信息化和工业化深度融合。加快国家和省级"工业云"创新服务试点建设，推动研发设计、数据管理、工程服务等制造资源开放共享，实现产品设计、制造、销售、采购、管理等生产经营各环节的企业间协同。充分发挥信息化服务商的优势，构建信息化服务网络和平台，加强信息服务、融资服务和培训服务，降低小微企业信息化应用门槛和服务成本。三是优化社会自媒体网络发展环境。顺应网络社会化趋势，推进多媒体业务网技术、高性能多业务承载网技术以及端到端网络保障技术等领域的研发和产业化，支持商家将产品服务与社会化媒体相结合，通过微博、微信、视频进行营销。

4. 以产业集聚区和物流中心建设为重点，加快传统产业的商业模式创新

一是提升产业集聚区信息化水平。率先在产业集聚区构筑"先进适用、多网融合"的高速信息网，建设与全球信息高速公路接轨的信息基础设施体系，推动"智能制造"。加快建设产业集聚区统一的电子商务基础平台，大力发展面向企

业的第三方电子商务，加强企业商业模式创新的基础技术支撑。二是按照《河南省现代物流业发展规划》和《河南省物流业发展三年行动计划》的建设要求，进一步强化全国重要的现代物流中心和国际航空物流中心功能，建设以国际国内互转为主导、国内中转和国际中转协同发展的郑州国际航空物流中心。建设中国智能骨干网郑州核心节点和覆盖中原地区的物流网络体系，增强区域物流节点综合服务功能。加快冷链、快递、电子信息产品、汽车及零部件、医药等特色物流发展，形成优势突出、辐射带动能力强的特色物流集群。大力发展智能物流，推动现代物流与电子商务互动融合，鼓励物流企业参与制造业、商贸业供应链管理，拓展供应链集成设计、业务流程再造、物流管理咨询等新兴服务领域，以交易方式变化促进消费方式、生产方式变革。三是重视物流快递业与城市社区便利店、农村超市的合作发展。物流快递网络建设既要考虑到解决"最后一公里"的可达性和实效性，又要考虑消费者接受时间和地点的便利性，还要解决电商特别是中小电商建设物流配送网络成本约束，因此，近来物流配送服务外包，以及与社区便利店的合作成为一种新趋势。应充分利用河南省城市社区便利店和农超网点，制定经营规范，营造良好环境，大力支持现代物流与商业网点合作共赢发展，促进传统产业经营方式转变。

5. 以智慧城市建设为带动，营造现代商业模式发展的社会环境

智慧城市是运用物联网、云计算、大数据、空间地理信息集成等新一代信息技术，促进城市规划、建设、管理和服务智慧化的新理念和新模式。建设智慧城市，促进生产方式、生活方式现代化转变，扩大新产品、新技术、新服务的需求，是强化现代商业模式创新内在动力的主要措施。一是加强河南省智慧城市建设的顶层设计和统筹规划。根据国务院《关于促进智慧城市健康发展的指导意见》的要求，结合河南省发展实际，以国家智慧城市试点为重点，借助 IBM 等国际有名的智慧城市创意设计外脑，开展有效合作，进行全面规划，科学有序推进。二是提升城市信息化水平。以需求为导向，大力推进智慧城

市综合应用终端服务平台建设，建设覆盖城市高速无线网络，加快推进电子政务、电子商务、公共服务建设，加强网络之间互联互通，不断提升服务群众、服务企业、服务社会的水平。三是突出重点领域建设。以感知基础设施、网络基础设施、云计算中心等基础信息设施为基础平台，以提升现代城市管理与公共服务水平为主要内容，面向公众实际需要，促进交通、电力、燃气、水务、物流等关键基础设施的智能化，重点在交通运输联程联运、城市共同配送、灾害防范与应急处置、家居智能管理、居家看护与健康管理、集中养老与远程医疗、智能建筑与智慧社区、旅游娱乐消费等领域，加强移动互联网、遥感遥测、北斗导航、地理信息等技术的集成应用，创新服务模式，为企业和居民提供方便、实用的新型服务。四是大力推进物联网建设。河南省电子传感技术和传感设备应用具有一定基础，要结合智慧城市建设，把物联网重大行业应用作为主要抓手，打造具有行业应用特色的专业化物联网产业园区，有效引导优势企业和创新资源快速集聚，培育物联网龙头企业，开展重大行业急需的关键技术研发及产业化，加快物联网在城市管理、交通运输、节能减排、食品药品安全、社会保障、医疗卫生、民生服务、公共安全、产品质量等领域的推广应用，提高城市管理精细化水平，逐步形成全面感知、广泛互联的城市智能管理和服务体系。

6. 以申报郑州自由贸易区为契机，创新与现代商业模式相适应的管理制度

积极探索应用新兴信息技术手段和适应现代商业模式发展的行业监管和社会管理制度，为商业模式创新营造健康宽松的发展环境。一是学习借鉴上海自贸区管理经验，建立负面清单管理模式。把握经济社会发展趋势，立足省情和发展定位，树立公开透明、法治规范、有限管理、有效监督的理念，推进行政审批制度改革。以郑州航空港 E 贸易试点和申报争取国家自贸区为契机，率先在郑州航空港区探索引进负面清单管理模式，按照"非禁即入"原则，对国民经济行业进行分类梳理，对法律法规没有明文禁止的领域对社会资本进行开放，探索建立放宽非公有制经济

投资准入，推动各类市场主体依法平等进入清单之外领域经营竞争，营造宽松发展环境。二是结合大部委改革，探索适应产业跨界融合发展的行业管理体制。加强综合管理部门服务、协调、指导、监督职能，对不断涌现的新兴产业和边界模糊的行业，设立协调管理机构，统一协调解决职责交叉和综合管理事务。三是探索平台协调管理新机制。目前，越来越多的产品和服务交易日益集中到为数不多的几个大型电子商务平台，由于面对着同样的电商平台，要接受电商平台的规制，这使电商平台实际上发挥着一种公共监管者的职能。我们要充分利用和发挥综合电商平台公共监管者的职能，进一步健全完善自主规范、技术标准和工作机制，逐步形成政府监管、社会监督、行业管理和平台管理的新管理模式，提高新兴信息技术产业特别是互联网、电子商务的监管水平，创造健康规范的市场竞争和创新环境。

五、促进河南商业模式创新的几点建议

（一）大力宣传，让社会和企业认识熟悉现代商业模式

商业模式创新是随着互联网时代的到来而出现的新生事物，由于实践时间尚短，新生模式繁多，社会对商业模式创新普遍缺乏认识，不仅众多的企业，连大多数决策者、大专院校学者和理论工作者，都还未了解和认识商业模式创新，更遑论去实践创新了。因此，一是加强舆论宣传。通过举办各种形式的研讨会、论坛、峰会、经验交流会、观摩会，借助电视、报纸、刊物、网络等媒体和新信息技术手段，大力宣传商业模式创新的基本理论和典型案例，提高社会对商业模式创新的认识，了解创新商业模式的必要性，增强创新发展的紧迫感。选取一批有影响力和借鉴意义的范例进行研究解析，组织有关宣传和研究部门研究编写典型案例，进行经验推广。支持科研院校开展商业模式创新研究，为企业运用创新商业模式提供智力支持。二是实施示范带动。借鉴泉州经验，实施最佳商业模式示范计划。每年认定一批商业模式创新典型，纳入河南最佳商业模式示范企业案例库。纳入案例库的企业，可享受

技术创新企业同等政策待遇，并在项目扶持、信贷投资、职称待遇等方面研究出台政策予以激励。三是加强对商业模式创新的组织和领导。成立省商业模式创新工作领导小组进行组织协调，统筹全省商业模式创新工作，制定全省商业模式创新工作方案，研究部署重点工作，审议决定重大事项，协调解决重要问题。

（二）商业模式创新应纳入自主创新政策范畴，加大政策支持力度

将商业模式创新纳入创新驱动战略，以此构建更加积极主动的自主创新体系。自主创新包括技术创新、管理创新、商业模式创新。商业模式创新与技术创新处于同等重要地位，这两种创新并行不悖，相互协同，可以推动企业发展和产业发展，所以商业模式创新需要政府政策支持，"创新驱动发展战略"理应包括商业模式创新。可以将自主创新的一系列研究成果和政策体系借用过来，制动商业模式创新的总体设计、总体思路、战略重点、方法途径、配套政策法规、对策措施。各级各部门要将商业模式创新置于与科技创新、管理创新、品牌创新同等重要的地位，着力推进商业模式创新支撑体系建设。要突出企业在商业模式创新中的主体地位，加快国有企业改革，各类企业的创业和转型升级，做大做强企业。

实施商业模式创新的鼓励政策。技术创新的主体是企业，同理商业模式创新的主体也是企业。不同产业或同一个产业的商业模式创新都具有许多共性，因此，政府可以通过制定产业政策或创新政策来支持企业商业模式创新。例如：可以申请专利；可以申报高新技术企业；支持创建创新平台；组建创新联盟等。各级各部门要将商业模式创新放在与科技创新、制度创新同等重要的地位，加快研究出台促进企业商业模式创新的政策和配套措施，强化政策支持。借鉴杭州经验，尊重和充分激发企业的首创精神，对商业模式创新企业可评为高科技企业或软件企业，享受相应优惠政策。各级政府要加大投入，统筹信息化投资，优先支持基础性、公共性重大示范项目建设。省财政和各省辖市每年安排专项资金，用于扶持商业模式创新及电子商务、工业设计等领

域，其中安排一定比例作为商业模式创新专项资金。调整优化省产业结构调整资金、信息化发展专项资金、电子商务发展专项资金、现代服务业专项资金等支出结构，加大对商业模式创新的扶持力度。扩大信息化发展专项资金规模，支持围绕商业模式创新开展的信息化关键技术研发、试点示范等。落实自主创新财税政策和高新技术企业税收优惠政策，落实营业税改征增值税和小微企业减免税政策，落实鼓励软件和集成电路产业发展的若干政策。推动省重点电子商务企业等商业模式创新企业直接融资，鼓励企业以各种方式引入风险投资、战略投资，发行中小微企业债券，加快企业发展。切实落实省政府关于新兴战略产业发展、电子商务发展、现代物流业和现代服务业发展等支持政策，落实对相关园区发展的支持政策，为商业模式创新营造良好政策环境。

（三）商业模式创新应纳入政府产业政策，加大政策支持力度

将商业模式创新纳入产业政策，以此加快河南省经济转型升级。商业模式创新应与河南省一个平台、四个体系建设相结合；应与传统产业改造、主导产业做大做强、战略新兴产业培育以及服务业发展结合起来；应与国有经济战略重组、国有企业改革、混合所有制发展结合起来。加快产业转型升级，以制造业转型升级和现代服务业发展为重点，拓展新经济平台，打造商业模式创新先行区。发展电子商务，发展互联网企业等信息产业，推动传统产业升级；发展互联网金融，促进金融产业发展，鼓励民营金融和外资发展。

加大国有企业商业模式创新力度，促进国有经济战略调整与转型升级，其出路是商业模式创新。①加快转型：从直接从事生产经营向资本经营转变。把大型国有企业改造为或重组为国有资本运营公司，国有投资控股公司。建立"母—子—孙"等金字塔形控股结构。这种结构使得国有资本可以主导更多的社会资本。②推进资本证券化，形成投资基金。大力发展新兴产业投资、战略产业投资和风险投资，调整优化国有资本投资结构，提高国有资本运营效率。逐步退出传统行业，大举进军新兴产业、高新技术产业，引领产业发展新潮流。国有经济的主导作用一定体现

在先进生产力上，体现在先进产业上。③发展混合所有制，引入民营资本，实现生产性国有企业股权多元化。通过股权多元化，在一般性生产企业实现政企分开，提高国有资本运营效率。④打破行业垄断，对自然垄断行业实行特许经营。

（四）将互联网和电子商务纳入信息产业重点，制定互联网产业专项发展规划，重点招商引资，实现跨越发展

针对河南省支撑商业模式创新的技术平台力量薄弱的实际，加大新兴信息技术产业和电子商务企业招商引资力度，着力引进国内外知名电商企业和新兴信息技术、现代服务行业的龙头企业，在河南省布局建设大数据、云计算、物联网、智能设备终端、电子商务、现代物流、服务外包等项目和产业基地。特别是，围绕大数据的产生与集聚、组织与管理、分析与发现、应用与服务，已形成了云计算、大数据的新业态和新兴技术产业链，正成为我国经济发展的新增长点。上海市2013年已率先发布了《推进大数据研究与发展三年行动计划》，贵州省也出台了《大数据产业发展应用规划纲要（2014～2020年）》，促进大数据中心和相关产业发展。从全国来看，大数据、云计算、物联网产业的发展还基本处于齐步走的阶段，各大巨头企业正在谋划布局，各省区发展的差距尚未明显拉开。我们一定要抓住这一机遇，抢占发展先机，尽快研究出台相应的专项发展规划，进一步明确目标，聚焦重点，以郑州航空港实验区、高新技术开发区、产业集聚区、电子商务园区、现代物流园区为载体，加大招商引资力度，加快河南省新兴信息技术产业的发展。

（五）出台特殊政策，吸引创新商业模式的紧缺人才

针对河南省信息技术人才、信息管理人才、商业创意人才等现代商业模式创新缺乏的实际，加大"招才引智"力度。重点引进云计算、物联网、大数据等高级技术专业人才，支持电子商务企业等引进国内外高端人才，采取特殊政策吸引紧缺人才向郑州航空港区、高新技术开发区、各类产业集聚区集聚。一是对紧缺人才购买商品住房的，给予一定的配套优惠政策。二是建设高质

量的中小学校、医疗机构、养老保健机构，公共健身休闲场所等公共服务设施，解决高端人才子女入学、老人养老等问题，创造良好生活环境，使人才进得来、留得住，发展得好。三是鼓励技术入股、专利入股，支持知识、技术、管理、技能等要素参与分配，支持创业投资。四是对符合条件的商业模式创新人才和团队，纳入各类人才计划项目，享受国家和省市规定的优惠政策。五是加强人才培育基地建设。依托电子商务园区，建设电子商务孵化基地。充分发挥解放军信息工程大学学科、人才优势，建设军民结合高层次信息技术人才培训基地。依托高校、科研院所、骨干企业，培养造就一批能够突破关键技术、拥有自主知识产权、推动河南省产业价值链上移的高层次、创新型科技领军人才。整合各类教育培训资源，通过校企合作、订单培养、专项培训等形式，吸引国内外知名企业在河南省建立实训基地，开展形式多样的人才培训活动。鼓励高校管理专业加强商业模式、创新相关学科建设，建立企校联合培养人才的新机制，培育适应新技术、新业态发展的各类人才，满足创新发展需要。

河南省新经济发展战略思路（2016年）[*]

摘要 国际经验表明：以信息技术革命为主导的新经济可以突破增长的极限。发展新经济是我们河南省建设经济强省、实现经济赶超式跨越式发展的唯一选择，或必然选择。这是由河南省的基本省情和所处发展阶段所决定的。我们认为：河南省的基本省情是长期存在"一大主要矛盾、两大瓶颈约束"；同时面临"两大挑战"：经济新常态、中等收入陷阱严峻挑战。

一、发展新经济对我们这个后发的人口大省来说意义特别重大

（一）长期存在的"一大主要矛盾"：发展水平低

按照户籍人口计算，河南省人均 GDP 约为全国平均水平的 70%；按照常住人口计算，河南省人均 GDP 约为全国平均水平的 80%。河南省人口多、底子薄、基础弱、人均水平低、发展不平衡的基本省情没有发生根本改变；河南省发展水平比全国滞后 5~10 年，主要矛盾仍是发展不足。弯道超车、赶超发展、跨越发展、决胜全面小康，是河南省未来的根本任务。

（二）长期以来制约河南省经济发展的"两大瓶颈约束"

结构性问题，经济结构低端，转型升级迟缓。经济服务化程度低，2015 年第三产业占比 39.5%，比全国低 11 个百分点，尤其是新经济服务业、创新服务业发展滞后；工业产业结构低端化，资源型的原材料产业和初粗加工产业占比高，高新技术产业和高加工度产业占比低，即新经济发展滞后。

体制性问题导致的创新动力不足问题。科技创新能力不强，高层次创新人才不足，体制机制和制度创新滞后。2015 年河南省研发投入占 GDP 的比重为 1.19%，河南省仅占全国的 57%，比全国低 0.91 个百分点；2015 年每万人口发明专利拥有量为 1.88 项，全国为 6.3 项，河南省仅占全国的 30%；与全国平均水平相比河南省技术创新水平大概滞后 5~10 年。破解"一大主要矛盾、两大瓶颈约束"的唯一出路在于发展新经济，增强新动能。

（三）跨越中等收入陷阱阶段

人均 GDP 在 4000~12700 美元为中等收入阶段区间。2015 年河南省人均 GDP 为 6268 美元，全国人均 GDP 为 7904 美元，均位于中等收入区间之中。河南省能否破解经济滞胀的中等收入陷阱，能否跨越中等收入陷阱？河南省进入新常态，经济增速持续下滑，能否实现经济增长中高速、经济结构中高端、经济动力新动能？解决以上问题的关键是发展新经济，打造新动能，加快结构转型升级。

二、发展新经济的"两大支柱"

从产业经济学来讲，经济发展的过程就是产业由低端向高端不断升级的过程，而产业升级有两条路线。

（一）第一条路线：高新技术产业

第一条路线是产业纵向升级，即从纵向产业链来说，可以划分为夕阳产业、传统产业、朝阳产业，其中朝阳产业，就是高新技术产业或战略新兴产业或高端制造业，这就是新经济的一大支柱。

实施重大新产业专项带动战略，打造经济增长极。总体上来讲，河南省高新产业与国内先进地区差距很大，甚至差距还在不断拉大，

[*] 本文由"加快发展新经济培育发展新动能研讨会"（2016 年 12 月 5 日）学术报告整理。

关键在于缺乏带动性强的重大专项。近年来上海、武汉、西安等先进地区都在围绕高端装备、航空航天、电子信息、生命科学等重点产业领域谋划重大专项，比较而言河南省在产业重大专项的谋划上明显滞后。例如，富士康作为一个成功的重大专项确实带动了河南省航空港实验区和电子信息智能终端产业的跨越发展，但是明显缺乏后续的重大专项。要想突破被动格局，就应主动作为，着眼未来和全局，实施"重大专项带动"战略，实施"招大带小"招商战略。比如应抓住移动智能终端等高端产业转瞬即逝的洗牌机遇，引大扶强，大干快上，在全球范围内形成特色集群优势。

（二）第二条路线："四创"产业

第二条路线是产业横向升级，即从横向产业链来说，可以划分为制造环节、运营环节、研发环节等，产业横向升级总是从制造环节向微笑曲线的两端升级，尤其是技术创新，发展研发服务业，"四创"（"创新创意创造创业"）服务业，代表经济发展新动能、新模式、新业态。"四创"服务业就是新经济发展的第二个支柱。大力培育和发展双创服务业，如研发产业、创意产业、双创金融产业、技术和知识产权交易产业、双创教育培训产业、双创配套中介服务业等双创产业集群。加快建设各具特色的双创基地，如"大学科技园""产业孵化园""双创综合体""创意产业园"。建设郑洛新国家自主创新示范区，打造双创基地，将郑州、洛阳、新乡、许昌等城市建成国家级"双创"示范基地和国家级区域创新中心。建设国家中部地区科创中心。实施创新和开放双驱动战略，构建开放型双创体系，在全球优化配置创新资源。

三、河南省发展新经济的"两大战略"

省十次党代会提出建设"经济强省"的战略目标，打造创新高地的战略举措。

实际上，在2016年6月的研究报告《关于河南发展阶段若干问题研究》中，我们就提出了建设经济强省、发展新经济、实现跨越发展的"两大战略"：

（一）实施新经济主导战略，抓住产业升级的"牛鼻子"

一是推进服务业升级，建设现代服务业强省，加快经济服务化；二是推进制造业升级，建设先进制造业强省；推进农业升级，建设现代农业强省；三是推进结构升级，确立信息经济等新经济的主导地位，建设信息经济强省。只有抢占新经济发展高地，抢占发展先机，培育新经济增长点，才能从根本上推动产业升级。信息产业是河南省成长最快最大的主导产业，理所当然应大力发展以信息产业为主导的新经济。因此要做大做强信息经济；建设网络经济强省，推动电子商务大发展；实施大数据发展战略，建设全国重要的区域性数据中心和云计算中心。

（二）实施"专利导向"战略，抓住创新驱动主战略的"牛鼻子"

抓创新驱动必须狠抓重点关键，以点带面。目前河南省有创新驱动战略、建设知识产权强省战略。目前我们的工作重点是抓主体、抓载体、抓平台。这次我们进一步提出了实施"专利导向"战略，抓住创新驱动主战略的"牛鼻子"。重点是抓专利，抓创新结果激励。应重点围绕知识产权和专利技术展开，实施专利导向战略，实行知识产权结果激励，这样目标更加明确，针对性更强：实行利益导向激励，利益分配向研发人员倾斜；对发明专利申报实行全额财政补贴；对专利技术转让和专利技术孵化给予财政补贴；对专利新产品上市给予税收减免和奖励；抓住实施创新驱动战略的牛鼻子和关键环节，形成激发创新活力的政策体系，营造创新驱动优越环境。

河南省食用菌产业发展战略研究（2017年）*

引言

基于全国来看食用菌产业属于朝阳产业，尚处在产业生命周期的初期阶段，未来成长空间巨大，其已经成长为仅次于粮食、蔬菜、油料、棉花之后的第五大种植业；基于河南省食用菌产量产值均位列全国各省市区之首，是全国第一食用菌大省的现实，研究河南省食用菌产业发展就具有典型意义，可以为全国各地发展提供借鉴。

在我国，人们认为食用菌产业属于小产量的特色产业，没有认识到食用菌产业具有如下三个鲜明特点：一是属于技术密集型产业，对技术创新要求高；二是市场需求非常广阔，由于营养价值、保健价值、药用价值无与伦比，且目前提倡"一荤一素一菌"的健康膳食结构，而我国的食用菌人均消费量还很低，国内外市场空间巨大；三是具有高成长性，我国食用菌产业虽然经过了多年的高速成长，年均增速居各大农产品之首，但食用菌属于朝阳产业，尚处在产业生命周期的初期阶段，未来成长空间巨大，其已经成长为仅次于粮食、蔬菜、油料、棉花之后的第五大种植业，产值超过了棉花、茶叶、糖类等，在农业中居重要地位。全国层面的研究极少，从省级层面的研究更少，因此，很有必要对食用菌产业从省级层面进行透视，基于河南省食用菌产量目前是全国第一，研究河南省食用菌产业发展，揭示其产业成长规律就很有必要，可以为全国提供借鉴。

食用菌目前已经是河南省农业中继粮食、蔬菜、果树、油料之后的第五大产业，产量产值增长速度在农业各大产业之中位列第一，成为河南农业中的重要支柱产业之一；从全国看，河南食用菌产量产值均位列全国各省市区之首，是全国第一食用菌大省，在全国食用菌行业地位举足轻重。在全国和河南省食用菌产业经过近30年的高速发展，近年来已经进入稳定缓慢发展阶段，即中低速增长的新常态，河南省食用菌产业增速下滑的压力更大，面临的挑战前所有，未来如何进一步加快河南省食用菌产业发展，使其从食用菌产业大省向食用菌产业强省迈进，进而推进现代农业强省建设，这都需要知往鉴今，对其最新发展情况予以深入观察思考，从而为后发省份提供借鉴经验。

一、河南省食用菌产业发展的状况及独特优势

（一）产业规模连续30年持续快速增长，在农业中的地位大大提升

1. 30年来河南省食用菌总产量快速提升

总体来看，从1986年以来，河南省食用菌产业经过近30年的快速发展，1986~2015年均增速28%，比河南省农业增速高出近20个百分点，从图1可以看出其快速发展的态势。

2. 食用菌在河南省农业中的地位不断提升

过去30年来河南省食用菌产量已远高于农业增长的速度发展，尤其是2010~2015年食用菌产量年均增速为15.9%，比农业总产值增速高出11.5个百分点，所以，河南省食用菌在农业总产值中的比重快速上升，2015年食用菌占农业总产值的比重为8%，比2010年提高了2.2个百分点，比1995年提高了6.3个百分点，比1985年提高了7.6个百分点（详见图2）。

---

* 本文发表于河南省人民政府发展研究中心《调研报告》2017年8月15日第6期（总第926期）。

（二）河南省食用菌产量连续 13 年稳居全国首位

1. 河南省食用菌产量占全国比重

河南省是食用菌产量产值第一大省，自 2001 年连续 13 年总产量、总产值居全国首位。据中国食用菌协会和河南省食用菌协会统计：2015 年河南省食用菌总产量 488.65 万吨，占全国的 14.1%；产值 368.17 亿元，占全国的 14.6%，产量和产值约占全国的 1/7（见图 3），由图 3 可以看出，河南省占全国产量比重较为平稳，在 2008 年到 2012 年间占比有所下降，2011 年、2012 年降到 10%以下，但以后 3 年占比又快速回到了 14%以上。

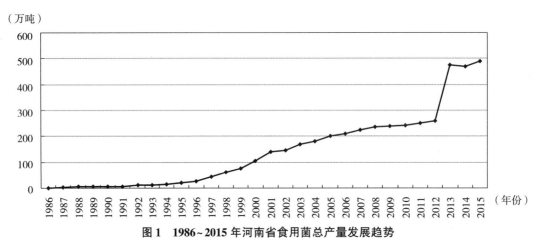

图 1　1986～2015 年河南省食用菌总产量发展趋势

图 2　1985～2015 年河南省食用菌占农业总产值比重

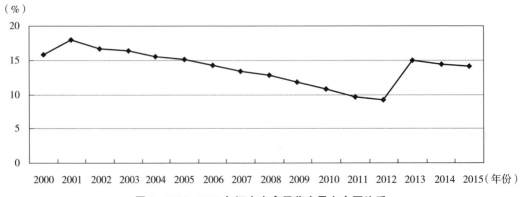

图 3　2000～2015 年河南省食用菌产量占全国比重

2. 2015 年全国食用菌产量前十省份对比

从表 1 可以看出，河南省食用菌产量达到 488.7 万吨，占比为 14.1%，比第二名山东省高出 1.3 个百分点，高出第三名黑龙江省 4.8 个百分点，优势较为明显。

表 1　2015 年全国食用菌产量前十位省份对比

省份	产量（万吨）	占全国比重（%）
河南	488.7	14.1
山东	446.3	12.8
黑龙江	323.9	9.3
河北	270.8	7.8
福建	247.0	7.1
江苏	224.2	6.4
吉林	196.3	5.6
四川	194.8	5.6
广西	128.0	3.7
湖北	120.3	3.5
全国	3476.2	

（三）河南省食用菌出口额全国第一，优势地位持续提高

据中国食用菌协会和河南省食用菌协会统计：近年来河南省食用菌出口创汇高速增长，2011 年河南省食用菌出口创汇 2.2 亿美元，2016 年为 10.1 亿美元，2016 年为 2010 年的 5 倍，2011~2016 年均增速为 32.3%，增速比全国高出 18.5 个百分点，出口额占全国的比重由 2011 年的 13.3% 提高到 2016 年的 31.5%，出口额约占全省农产品出口总值的 1/3（见表 2 和图 4）。

（四）河南省食用菌基地县（市）特色鲜明，集群化优势显现

1. 品种特色优势明显

已经形成了香菇、平菇、双孢蘑菇、金针菇、白灵菇、毛木耳、黑木耳等为主要产品的重要生产基地。其中，河南省香菇种植面积增长态势明显，2015 年总产量 247.7 万吨，占全国香菇年产量的 32.3%，占全省食用菌年产量的 50.7%，成为河南省第一大菇类。平菇是河南省第二大菇类，年产量占全国平菇总量的 25%。

2. 区域特色集群优势已经形成

2015 年全省食用菌产量超 1 万吨的基地县（市）有 49 个，超过 10 万吨的有 11 个，超过 20 万吨的有 5 个，分别是西峡县、泌阳县、鲁山县、辉县、卢氏县。2015 年全省食用菌产值超亿元的基地县（市）有 29 个，超 2 亿元的有 18 个，超 5 亿元的有 7 个（见图 5）。

现已形成西峡香菇、泌阳花菇、辉县平菇、夏邑双孢菇、卢氏黑木耳等一批全国知名的食用菌产业基地。2009 年西峡县被授予"中国香菇之乡"称号，泌阳县被授予"全国食用菌行业十大主产基地县"，卢氏、灵宝是全国最大的高温香菇生产基地，辉县是全国最大的平菇生产基地，夏邑县是全国双孢蘑菇主要产地。食用菌已成为基地县精准脱贫和富民强县的重要经济支撑。

全省食用菌产品加工企业达 81 个，食用菌菌包工厂化企业和智能化工厂化企业达 36 家，从事栽培食用菌的农户已达 200 万户，从业人员达 500 多万人，从事食用菌产品营销人员近万人。

表 2　2010~2016 年河南省和全国食用菌出口情况对比

年份	全国出口（亿美元）	增速（%）	河南出口（亿美元）	增速（%）	河南出口额占全国的比重（%）
2010	17.52		2.2		12.6
2011	24	37.0	3.2	45.5	13.3
2012	17.4	-27.5	3.7	15.6	21.4
2013	26.91	54.7	7.1	91.9	26.4
2014	28.33	5.3	9.5	33.8	33.4
2015	30.5	7.7	8.9	-6.3	30
2016	32.2	5.6	10.1	13.5	31.5
年均增速		13.8		32.3	

（据有关统计资料整理）

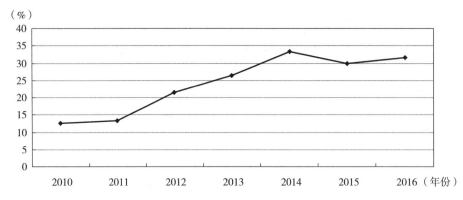

图4 2010~2016 年河南省食用菌出口额占全国比重

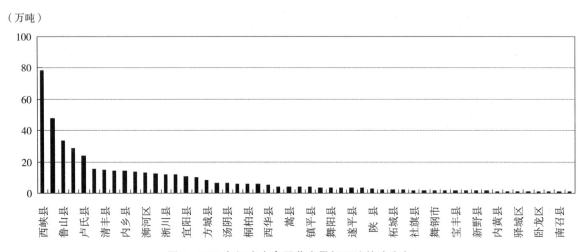

图5 2015 年河南省食用菌产量超万吨基地分布

（五）河南省食用菌工厂化快速发展，一批龙头企业和知名品牌崭露头角

1. 食用菌龙头企业加快发展

食用菌工厂化可以实现规模化、自动化、智能化、标准化和无害化生产，生产效率比传统模式提高约 40 倍，产品质量和安全更有保障。当前工厂化企业产品以金针菇、杏鲍菇、双孢蘑菇为主，三者产量占总产量 90% 以上，其他还有少量的蟹味菇、白灵菇、平菇。

截至 2016 年底，河南省拥有日产 3 吨以上的食用菌生产企业 27 家；食用菌加工企业近 200家，仅西峡县就有食用菌加工企业 100 多家，夏邑县 50 家；菌需物资生产经营企业 8 家，机械设备制造企业 10 家。

河南省拥有食用菌生产加工龙头企业 9 家，其中 5 家为生产企业，4 家为加工企业。其中许昌世纪香食用菌有限公司、仲景大厨房股份有限公司、夏邑中州食用菌开发有限公司是集食用菌生产、加工、销售为一体的综合企业，是河南省农业产业化集群企业。

2. 食用菌龙头企业在脱贫攻坚中发挥支柱作用

作为省级龙头企业，利用食用菌产业积极参与扶贫任务，2017 年，河南世纪香食用菌科技开发有限公司帮扶许昌市县 4 个贫困村脱贫。河南仲景大厨房股份有限公司兴建 50 个、共 700 亩的标准化香菇生产基地，带动村户脱贫。

3. 食用菌龙头企业利用"一带一路"的国家战略发展加速全球布局

河南世纪香食用菌科技开发有限作为龙头企业，配合"一带一路"的国家倡议发展，2015年在俄罗斯投资建立了现代化食用菌工厂，为河南省食用菌产业迈向世界带了个头。

（六）河南省食用菌产业技术体系不断健全，服务支撑功能有所加强

经过近十年的艰苦奋斗，河南省初步构建了适应食用菌产业发展需要的产业技术体系，产业技术体系日益健全。这表现在：一是人才培养体系日趋完善。在河南农业大学、河南科技学院等大专院校设立了本硕食用菌专业，培养了一批专业人才。二是食用菌科研体系基本形成。目前，省农科院及周口、新乡、三门峡、信阳、商丘、安阳、濮阳、郑州等农科系统均建成了食用菌研究团队，基地县大多设立了食用菌研究所。三是食用菌科研基础条件不断提升。省农科院构建了食用菌菌种保藏、品种认定体系、检测体系、信息共享体系，初步建立全省食用菌产业基本信息库和食用菌信息网。省农科院自筹资金投资800万元建成了食用菌生产试验示范工厂，采取PPP模式投资200万元建成了食用菌智能化控制实验室，投资100多万元购置了液氮罐、超低温冰箱、生化培养箱等设备，建立了菌种永久保藏中心。

（七）食用菌品种选育、栽培种植技术、集成示范推广不断突破，产业技术水平有所提升

省农科院不等不靠，主动作为，与全省食用菌科研系统、骨干企业协同攻关，品种选育、栽培种植技术和集成示范推广等方面取得一系列突破性成果。一是品种选育取得突破。通过野生种质资源收集、分离及驯化，获得了一大批野生平菇、灰树花、灵芝、木耳、蘑菇、白鬼笔、白牛齿菌等种质资源，驯化出一批生产性状好的种植品种；通过杂交选育等技术，筛选出20多个优良菌株并在生产上大面积应用。二是农林废弃物资源化的栽培技术取得突破。综合利用小麦、玉米、水稻、大豆、棉花、辣椒等作物的秸秆、壳、芯、皮等废弃物，以及苹果、梨树、杏树、洋槐、桑树等树木的锯末、枝条等废弃物，开发出10多个高效食用菌高产栽培基质配方。三是标准化栽培模式取得突破。以节本增效、高产优质安全和标准化栽培为目标，系统集成品种、基质配方、病虫害防控、菌丝培养、出菇管理等技术研究，形成成套技术体系，制定8个地方标准。推广应用塑料大棚栽培、标准菇房栽培、林下栽培、反季节栽培、菇—粮（菜）结合、工厂化栽培等多样化栽培模式，食用菌栽培模式不断丰富和优化。四是规模化、自动化、智能化、标准化和无害化种植技术取得突破。河南省建成了日产3吨以上的36家金针菇、杏鲍菇、白灵菇、双孢菇等食用菌工厂，提高劳动生产率和土地生产率。在食用菌生产工厂集成应用了信息技术、智能化控制技术、自动化生产技术，降低了劳动强度，提高了工作效率，提升了标准化生产程度。五是食用菌种植技术集成化示范推广取得突破。在西平县、夏邑县推广3个双孢蘑菇新品种，在辉县、延津推广平菇新品种20个，在西峡、泌阳、灵宝推广4个香菇新品种，产量提高10%以上。通过食用菌栽培种植技术的集成示范推广，强化了基地县的特色优势，促进了食用菌产业的区域化特色发展。六是病害防控取得突破。通过对河南省草菇、猴头菇、鸡腿菇、双孢蘑菇、平菇、毛木耳进行生理性病害调查，总结提出了猴头菇生理病害、鸡腿菇鸡爪菌、平菇黄枯病、双孢蘑菇疣孢霉病、毛木耳疣疤病的有效防控措施。

二、河南省食用菌产业发展中存在的突出问题

（一）河南省食用菌发展后劲明显不足，转型升级形势紧迫

一是近几年增长进入徘徊期。河南省食用菌产量2014年增速为-0.1%，比全国低3.3个百分点；2015年增速为3.9%，比全国低2.4个百分点。2015年产量占全国的比重为14.1%，比2013年下降0.8个百分点。二是产量优势下降，综合差距在拉大。与后发地区相比，河南省在产量方面的优势在下降，在工厂化、技术、质量、品种、品牌等方面的差距在拉大。

（二）工厂化发展滞后，缺乏龙头企业和知名品牌

1. 工厂化龙头企业偏少

2015年我国食用菌工厂化企业626家，河南省食用菌工厂化企业27家，分别约为福建省的1/4、江苏省的1/3、山东省的1/3，仅占全国的5%，与食用菌总产量第一大省地位不相称。河南省龙头企业少，规模小，品牌知名度低，导致食用菌初级产品流向外省名企名牌，品牌附加值

白白流失。

2. 主要菌种及核心技术受制于人

工厂化核心技术仍掌握在发达国家,主要菌种长期依赖进口,主要设备生产线、生产工艺参数、关键环节技术控制、厂房设计等受制于人,生物学效率有待进一步提高。

3. 上市企业少,扩张能力不足

当前,我国食用菌企业在主办及新三板上市的企业中食用菌生产企业24家,机械企业2家,药用菌企业8家。上海雪榕、甘肃众兴、福建天广中茂等三家在沪深主板上市,福建绿宝在香港上市,其余近30家在新三板上市,还有几十家菌业公司排队上市。河南省只有1家生产双孢蘑菇的洛阳奥吉特公司于2016年在新三板挂牌,上市公司数量不足全国的3%,与食用菌大省地位不相称。

(三) 食用菌产业技术水平低,生产粗放

河南省食用菌产量和产值在全国虽然处于前列,但是研发投入严重不足,技术创新乏力,科技对产业发展的引领不足,与欧洲国家及美国、日本、韩国等相比差距巨大。

1. 菌种开发严重滞后,主要依赖进口

菌种是食用菌产业可持续发展的起点和基础。长期以来,我国菌种混乱、品种混杂、质量标准不统一,高产优质菌种目前几乎被国外垄断,欧韩的木腐菌、欧美的草腐菌,自有知识产权的品种几乎没有,我国大面积种植的香菇大都是从日本引进的香菇品种繁衍下来的。河南省食用菌育种刚刚起步,生物技术还没得到广泛应用,主要菌种依赖进口。

2. 生产技术装备手段落后,尚未摆脱手工作坊式生产方式

高新技术开发应用滞后,生产过程中以手工为主,智能化、自动化、机械化水平低,装备技术水平支撑产业发展的能力有限,劳动密集型的生产方式没有得到根本转变,一家一户的分散生产特征明显,缺乏轻简化机械设备。

3. 食用菌病虫害防控技术落后,高温食用菌食品安全问题突出

因为生产设施和栽培工艺的落后,导致河南省食用菌生产过程病虫害发生概率较高,对产业可持续发展形成制约因素,发展水平急需提高。

局部地区农药使用量超标,食品安全问题突出。

4. 加工技术水平落后,精深加工能力不足,加工链条短

我国食用菌加工率只有6%,深加工产品极少,产品附加值和经济效益低下,而发达国家加工率达到了75%,我国充当了发达国家的原料产地的角色。

5. 菌糠污染问题亟待解决,循环利用技术亟待开发

食用菌下脚料需要进一步拓宽利用渠道,河南省每年产生500多万吨菌糠,菌糠随意丢弃,严重污染环境,因此急需开发出菌糠循环利用技术,开发出菌糠饲料、肥料、基质及再利用种植其他菇类,增加原料利用次数,提高原料使用效率,提高整体经济效益。

6. 生物质原材料资源浪费严重,秸秆焚烧造成环境污染严重

利用农业废弃物生产食用菌是最佳的选择,但是30亿吨的农业副产品的利用率才达到约5%,大部分秸秆被焚烧掉或废弃掉,造成严重环境污染。

7. 缺乏质量认证标准,全过程质量安全体系不健全

异物同名现象比较严重,缺乏品种质量认证标准,没有建立从地头到餐桌的安全体系,标准化建设也是不规范的。应把食用菌纳入公共安全体系,实行最严格的、全过程可追溯的质量监管制度。

(四) 政府对食用菌产业重视不够,缺乏政策支撑

1. 认识不到位

河南省对食用菌产业发展的认识不足,重视不够,没有从战略高度来认识,缺乏行业管理、产业规划和产业政策支持,不利于食用菌产业的可持续健康发展。

2. 至今没有全省食用菌产业发展规划

产业规划是指导本行业发展的统领性文件,河南省食用菌产业发展缺乏规划,缺少指导,长期以来基本上是自由发展,自发组织,产区布局不合理,产业链条不衔接,产业规模大小无序,区域产业发展忽上忽下、忽冷忽热,产品结构无序调整,直接影响了产业发展秩序,不利于食用菌产业的健康、持续发展。

3. 省级行业管理组织机构不健全

政府缺乏专门机构进行管理，省食用菌协会只有2个人，挂在省农业厅经作处，行政级别只是科级，难以发挥对产业发展的领导作用。食用菌产业是富民强县产业，在产业发展中，省级没有地市重视，地市没有县级重视，很多县（市）级政府对食用菌产业发展非常重视，设立了专门机构，有专人管理和组织，对河南省食用菌产业发展起了巨大的推动作用。

4. 产业政策支撑不力，发展环境不优

国家对食用菌产业发展的补贴政策在河南省没有得到很好的落实，食用菌是蔬菜的一种，应该享受蔬菜生产的相关政策，包括生产设施、用电、贮藏、流通、税收等优惠政策和补贴政策，应该享受循环经济、节能减排、清洁生产、现代农业等方面的优惠政策，省政府要出台支持食用菌产业发展的相关政策。

局部地区生产用电没有按照农用电执行，导致生产成本上升，制约工厂化发展。冬季燃煤加温与达标排放之间矛盾突出。

5. 食用菌产业组织管理体系不健全

食用菌菌种管理混乱，引种无序，一种多名，异种同名现象比较严重；菌种保藏手段落后，菌种退化引起的菌种质量事件频发多发，没有专业的菌种制作机构，制种质量难以控制，造成产量下降，质量低劣，效益不好；菌种审定没有开展，审定制度不健全，区域试验和生产试验体系没有建立，影响食用菌产业发展。

6. 研发投入过低导致技术短板

河南省是全国食用菌生产大省，并不是生产强省，食用菌科研队伍人数少，全省高校、科研院专业研究人员不足100人，省内与食用菌相关的科研经费投入少，河南省每年申请到的与食用菌相关科研经费不足500万元，与山东省每年投入2400万元相比差距较大，河南省至今没有自主审定相关品种。在食用菌种质资源保护、保藏与利用、食用菌育种等基础性研究方面几乎没有经费支持。

三、若干政策建议

（一）提升食用菌产业战略定位

食用菌产业具有如下三个鲜明特点：一是属于技术密集型产业，对技术创新要求高；二是市场需求非常广阔，由于营养价值、保健价值、药用价值无与伦比，目前我国的食用菌人均消费量还很低，国内外市场空间巨大；三是具有高成长性，我国食用菌产业虽然经过了三十多年的高速成长，年均增速居各大农产品之首。但食用菌属于朝阳产业，尚处在产业生命周期的初期阶段，未来成长空间巨大。

将食用菌列入战略性新兴产业、循环经济绿色农业、生命科学产业、大健康产业。在大农业中列入粮食和蔬菜产业的范畴。食用菌产业应享受粮食和蔬菜的国家扶持政策。制定食用菌产业中长期发展规划，制定配套倾斜扶持的产业政策。

（二）将食用菌列入脱贫攻坚的战略产业

将食用菌产业发展与脱贫攻坚紧密结合起来。实施食用菌产业脱贫战略，实现特色产业做大、龙头企业做强、农民脱贫的"一石三鸟"功效。食用菌产业的研究和开发具有投资小、见效快的特点，用简单的设施投入就可以取得较高收益，迅速脱掉贫困帽，所以食用菌是各地产业精准扶贫的首选。西峡县大力发展食用菌产业，利用信贷、补贴、贴息等扶贫优惠政策，依托食用菌产业开展产业脱贫攻坚，发挥龙头企业的资金优势建设食用菌产业园区和食用菌生产基地，将分散的贫困户集中起来进园区，建立龙头企业稳固的生产基地。应积极推广西峡县产业脱贫的经验做法。

（三）完善食用菌产业政策体系

借鉴先进发达省份的经验，建议河南省在电价、财税、保险、农机补贴等方面实施倾斜扶持政策。

电价政策方面。食用菌属于农业种植业，在生产过程中与小麦、玉米、水稻、蔬菜、果树等应享受农用电电价。对产业集聚区内规模化、标准化的示范基地园区、工厂化生产企业、龙头企业等实行电价优惠，按照农业用电标准下浮30%的政策予以支持。

财政政策方面。①设立食用菌重点研发专项资金。省财政每年安排2000万元资金用于支持食用菌科研研究，设立食用菌研发专项，申报主体为科研所、企事业单位，主要用于食用菌良种工程建设，包括新品种选育、改良中心平台建设、良种繁育基地建设、食用菌种质资源保藏库建设。②在食用菌生产优势产区内合理配置食用菌，建设食用菌主导产业示范区和精品园（类同农业部食用菌标准园）。将食用菌产业纳入农业化产业化集群管理。每年安排 2000 万~5000 万元资金，以项目申报支持的形式，用于食用菌标准化生产示范园、食用菌工厂化生产示范园和食用菌精深加工示范园区建设。

农机补贴政策方面。食用菌是现代农业的典范，实施食用菌农机补贴政策，将食用菌机械纳入到省级农业机械支持推广目录。引导机械生产企业利用好国家政策，研发先进适用的机具，并通过推广鉴定，进入部级或省级农业机械支持推广目录；通过适当补贴激励菇农购机，提高食用菌生产机械化水平。

保险补贴政策方面。将食用菌列为省级试点险种目录，省险种按"以奖代补"方式，给予 20%~30% 的保费补贴。对种植大户、家庭农场、农民合作社、农业企业在市县财政补贴不低于 20% 的基础上，省财政补贴 20%。要求食用菌栽培规模在 5 万袋以上，符合条件的所有菌棒、设施必须投保。

税收政策方面。食用菌属于农产品，各省按照国家关于涉农税收优惠政策的有关规定执行。贵州省针对企业制定了食用菌种植企业所得免征企业所得税，农民合作社免征增值税，产业从事生产者免征增值税，食用菌产品适用增值税低税率（13%），食用菌相关农产品增值税进项税额抵扣 13%。河南省可以借鉴贵州省的相关做法，制定利于企业的税收政策。

（四）强化组织领导，创新体制机制

一是健全产业管理机构。理顺食用菌管理体制，建立健全食用菌产业组织管理体系、科技服务体系、信息引导体系和市场流通体系，以确保食用菌产业健康、快速、持续发展。成立专职机构，明确管理单位，赋予管理职能，提高宏观调控能力、切实发挥工作职能，努力提高行业管理与服务水平。省政府依托河南省农业厅，成立河南省食用菌技术推广总站，完善河南省食用菌协会功能，增加编制，由 2 人增加至 10 人，享受县处级行政级别待遇，负责管理河南省食用菌产业发展，开展河南省食用菌产业调研，编制"河南省食用菌产业发展规划"、向政府提出政策、资金等建议。在食用菌主产市、县（市、区）成立食用菌工作站或食用菌管理办公室的，与农业局同一级别，行政级别归属市县政府直接管理，业务归属省食用菌技术推广总站管理。

二是加强食用菌科研机构设置。科研创新是产业可持续发展的基础，建设食用菌强省，完善科研结构建设是必要的基础条件。①依托河南省农业科学院设置河南省食用菌研发中心，将现有食用菌研究室纳入中心管理，按照"以财引才、以才用财、以财养才、以才生财"的用人理念引进人才，扩大编制至 40 人，建立院士工作站、引进一批博士、硕士，建立长效人才管理机制，制定长效研究方向，开展分子标记辅助育种、蛋白质组学技术、生理生化研究、食用菌精深加工技术研究。②依托省财政厅、农业厅，加强河南省现代产业技术体系管理，扩大食用菌创新团队力量，将现有团队从 7 人扩充至 14 人，增加研究岗位至 8 人，试验站 6 人，设立资源分类、遗传育种、高效栽培、精深加工、产业经济分析、食用菌工厂化岗位专家，按照"长一个千里眼、抢一个制高点、夺一个优先权"科研理念，经过 5~10 年的研究，选育出一批食用菌新品种，登记或认定平菇、香菇等新品种 6~8 个，集成 3~5 套标准化、工厂化生产技术体系生产应用率 60% 以上，基础研究达到国内领先、世界同步水平，河南省真正由生产大省转变为食用菌强省。

三是建立品种认定、资源维护组织体系。出台《河南省食用菌菌种管理办法》，将食用菌纳入省级非主要农作物品种登记体系，依托河南省农业厅种子站，联合河南省农业科学院、河南农业大学等科研单位建立食用菌品种登记管理体系，完善技术支撑体系：确定品种特异性检测鉴定管理单位、区试检验认定单位、新品种样本资源的长期管理保存单位等。河南省食用菌野生在豫南大别山、桐柏山系信阳地区、豫西秦岭山系、大别山系三门峡地区、伏牛山山系南阳地区建立食用菌珍稀野生菌物资源保育区，纳入全国"一区一馆五库"建设体系。

河南省构建世界一流大数据试验区的战略与对策思路（2017年）*

引言

大数据产业是引领产业转型升级的重要引擎，是推动创新发展的动力源泉，建设国家大数据综合试验区将为河南省打造全国大数据产业中心、建设网络经济强省、实施创新驱动发展战略、加快发展新经济、培育发展新动能、打造发展新引擎、加快产业转型升级、加快向经济强省跨越，起到积极的支撑和促进作用。

一、河南省构建大数据试验区面临重大机遇

（一）国内外竞相发展大数据的大格局已经形成

新一代信息技术革命不断加快产业革命，网络化、数字化、智能化成为传统产业转型升级的强大动力。一是大数据成为国家和区域之间竞相发展的制高点。美国、欧洲、日本等发达经济体纷纷推出了"数据驱动的经济"战略，推动大数据应用，拉动产业升级发展。未来全球大数据市场规模将达万亿美元规模。二是我国加快实施大数据战略。我国加快实施信息化战略、网络强国战略、大数据战略、互联网+行动计划，中央密集出台大数据发展指导意见、行动纲要、发展规划和配套政策，"十三五"计划在全国建设10～15个大数据综合试验区，大数据产业年均增长30%以上。阿里巴巴、腾讯、百度、华为等龙头企业全球领先，未来我国大数据产业将走在世界前列。三是全国各地竞相发展大数据的格局基本形成。2016年2月，批准建设首个国家大数据（贵州）综合试验区，10月批准建设京津冀、珠江三角洲、上海市、河南省、重庆市、沈阳市、内蒙古自治区等七个国家大数据综合试验区。截至2016年底，全国已有21个省、市出台了大数据规划，8个省成立了大数据管理局，14个省、市搭建政府数据开放平台和交易平台。贵州省大数据产业在全国居领先地位，为经济落后地区实现经济赶超提供了可能。

（二）河南省具备五大优势条件

当前河南省构建大数据试验区、发展大数据产业具备如下五大特色优势条件：一是数据资源优势和市场优势。河南省是全国第一人口大省、农业大省、新兴工业大省、重要的经济大省，处于一带一路核心腹地，为国际综合交通枢纽和国际物流中心，数据资源丰富多样，传统产业升级需要大数据发挥先导带动作用。二是信息技术网络基础支撑优势。河南省是全国七大互联网信源集聚地、全国数据中心建设布局二类地区，郑州是全国十大互联网骨干枢纽之一，河南省已成为全国重要的信息网络中心。三是大数据平台集聚优势。郑州国家跨境电商综合试验区产业集聚规模居全国前列。中国联通、中国移动、中国电信、奇虎360先后在河南省布局建设大型数据中心，中原云、工业云、豫教云、健康云、旅游云等一批行业云及大数据平台加快建设；鲜易网、世界工厂网、中华粮网等一批本土互联网企业快速崛起；全国首个北斗（河南）信息综合服务平台正式启动。四是大数据关联产业集聚优势。河南省移动智能终端产业集聚规模位居全国前列，2016年手机产量2.6亿部，智能手机产量1.7亿部，约占全国12%；互联网领军企业加速集聚，

* 本文发表于《河南日报》2017年6月1日；《决策探索》2017年5月28日。

阿里巴巴、腾讯、百度、京东、IBM、惠普等国内外互联网领军企业加快在河南省布局。五是国家区域战略叠加优势。中原经济区、郑州航空港综合试验区、粮食生产核心区、中原城市群、郑州国家中心城市、自贸区、自创区、跨境电商试验区等国家区域战略陆续实施，与大数据战略形成叠加效应。

（三）河南省存在四个短板

当前河南省大数据产业存在如下四个短板：规划引导滞后；数据资源开放、共享、应用程度低；产业集聚程度低；高端人才匮乏。

尽管当前河南省大数据产业发展面临区域竞争加剧的挑战，但是机遇更加难得，机遇大于挑战。

二、瞄准世界一流水平，提升战略目标定位，优化战略路径

（一）确立"两中心、三区、三型"战略功能定位

河南省应着力打造世界一流的国家大数据产业中心、大数据双创中心、"大数据+"应用先导区、大数据制度创新先行区、大数据开放发展示范区，成为引领中部、辐射全球、特色鲜明的集群型、创新型、开放型的国家大数据综合试验区。

力争2020年大数据产业总产值达到10000亿元，增加值3000亿元，产业规模进入全国前五，移动智能终端产业进入全国前三。

（二）优化"六条"战略路径

一是坚持创新驱动。形成双创载体、双创主体、双创金融、双创人才、双创政策、双创服务等配套完善的国内一流双创生态体系。二是坚持开放带动。优化环境，筑巢引凤，突出项目抓手，强化项目招商，承接产业转移，打造平台，引进行业龙头，构筑开放型的大数据产业发展体制和体系。三是坚持战略协同、融合发展。打造国家大数据综合试验区应与各项国家区域战略紧密结合，形成叠加联动、协同放大效应。四是坚持政府引导、市场主导、企业主体、合作共赢。围绕网络强省和大数据强省建设大目标，强化组织领导，优化协同推进机制，强化规划和政策引

导，激活市场主体，推广PPP模式，形成发展合力，构建推动大数据产业快速发展的新体制。五是坚持突出特色、重点突破、打造优势、差异化发展。要坚持有限目标，重点突破，以点带面，力争在产业、企业、品牌及创新上形成特色竞争优势。六是坚持园区集聚、集群发展。打造园区发展载体，促进集中集聚集群化发展。

三、实施"4111"战略，推进重点突破

实施"4111"战略，即打造4大主导大数据产业集群，建设10大特色大数据产业园，建设10大双创孵化器或双创综合体，引进培育100家行业龙头企业，构筑世界一流的大数据产业体系、创新体系、企业梯队、产业基地。

（一）着力打造4大主导大数据产业集群

一是大数据加工及服务业。重点推进农业、工业、交通、物流、电子商务等行业数据加工服务，打造一批创新创业企业。二是"大数据+"产业。推进大数据与交通物流、农业粮食、电子商务、益民服务、经济运行、制造业等各行业深度融合。三是大数据软件产业。建立完善的大数据工具型、平台型和系统型产品体系，推动大数据产品和解决方案产业化。四是大数据智能终端产业。建设全国规模最大的移动智能终端产业基地。

（二）着力建设10大特色大数据产业园

构建"10+n"园区平台网络，重点建设龙子湖数据加工贸易园、高新区软件园、金水科教园区软件园、港区智能终端产业园、港区数据加工贸易、大数据跨境电商园、大数据交通物流园、大数据农业科技园以及洛阳大数据产业园，开封大数据产业园等10个大数据产业园。同时依托产业集聚区、服务业"两区"或行业龙头建设一批专业化"大数据+"应用产业园。打造以郑州和洛阳大数据产业中心，支持和开封、许昌、新乡、焦作建设"大数据+"产业园区。

（三）着力建设10大大数据双创孵化器或双创综合体

建设"10+n"双创孵化器或双创综合体等双创平台网络体系，依托大数据产业园区重点建设

10 大孵化器，鼓励龙头企业建设开放式的大数据双创平台，建设 10 大云计算大数据企业技术中心、工程（技术）研发中心、重点实验室和应用中心。

（四）着力引进培育 100 家大数据行业龙头企业

构建"100+n"大企业引领、中小企业配套的大数据企业梯队。引进培育 100 家国内外领先的大数据龙头企业和科研机构，孵化 1000 家创新型、小微创新型大数据企业。

四、构建世界一流大数据试验区的保障措施

（一）强化组织领导，创新体制机制

加强行政推动，成立省大数据试验区建设领导小组，设立大数据发展局，与信息化办公室合署办公，一个机构两块牌子，加强大数据收集、管理、应用、开放等综合开发，推进公共数据资源开放，构建共享交换平台体系。完善考评激励机制，打造中部数据中心信息通信枢纽，构建网上丝绸之路信息通信网络体系。

（二）强化投入倾斜，创新产业政策

强化产业政策创新和引导，综合财政、税收、金融等多措并举，激发市场活力，形成加大投入的合力。争取各级政策资金扶持，整合政府投资引导基金，引导社会创投基金加大投入力度，激活双创金融，支持企业孵化和做大做强。

（三）强化项目招商带动，创新"大招商、招大商"

加大项目谋划和招商力度，完善配套激励政策，鼓励招商服务外包。争取国家农业、工业、交通、物流、电子商务等行业大数据信息中心在河南省设立；大力引进国内外大数据领域领先的龙头企业和科研机构。

（四）强化 PPP 模式创新，建设大数据平台载体

推广"产业新城+PPP"双模式，建设大数据产业园区、产业新城、高端园区、特色小镇，以及大数据双创孵化平台。

（五）强化创新型人才队伍建设，打造人才高地

整合高校、企业、社会资源，建立各类大数据人才培养体系。完善人才配套激励政策，打造大数据创新型人才集聚高地，吸引海外高层次人才，建立柔性引才机制，构建创新联盟和院士工作站。

河南省加快集成电路产业发展的政策建议（2018年）*

摘要

集成电路（芯片）是电子信息产业的"心脏"，是"现代工业粮食"，近年来发达国家和地区已经形成技术垄断优势，产业链的中低端环节在向外转移。我国集成电路产业核心技术受制于人、价值链高端产品依赖进口，但是近年来国家陆续出台了一系列加快集成电路产业发展的扶持政策。当前，河南省集成电路产业迎来了承接产业转移的重大机遇，应强化组织领导和战略谋划，着力实施"五个一批"工程，即引进一批集成电路产业巨头、建设一批集成电路特色产业园、培育一批集成电路高新技术企业、设立一批"集成电路产业发展基金"、引进和培养一批集成电路创新创业型人才，推动河南省集成电路"芯片"产业跨越发展。

集成电路（芯片）是电子信息产业的"心脏"，是现代社会信息化和智能化的物质技术基础，是我国建设网络强国、推进"中国制造2025"的关键核心技术支撑，是国家战略性、基础性和先导性产业，事关国家安全和国民经济命脉。目前，我国每年芯片进口高达2600亿美元，关键技术和产品对外依赖度高达80%以上。最近的中美贸易战中，美国对中国采取技术封锁政策，以期获得技术竞争优势和高额技术垄断利润，"中兴事件"反映了核心技术受制于人的后果严重。习近平多次强调：核心技术是国之重器，核心技术受制于人是最大的隐患，核心技术靠化缘是要不来的，只有自力更生，掌握核心技术，实施网络信息领域核心技术设备攻坚战略，推动高性能计算、移动通信、量子通信、核心芯片、操作系统等研发和应用取得重大突破。中美贸易战为我国发展集成电路产业带来了战略契机。

一、全球集成电路产业的特点及趋势

集成电路是技术和资本密集型产业，其全球布局集中度越来越高，国际巨头公司长期垄断。当前全球集成电路产业格局进入重大调整期，主要国家地区都把加快发展集成电路产业作为抢占新兴产业的战略制高点，投入了大量的创新要素和资源。

集成电路行业作为高技术壁垒行业，长期的市场垄断格局使整个集成电路行业呈现高集中度的特征。2017年世界半导体产业销售总收入为4197亿美元，同比增长22.2%。前十大企业营收总额为2453.02亿美元，同比增长32.0%，占2017年全球半导体总值的58.4%，前三大企业（三星、英特尔、海力士）占前十大企业的59.20%（近六成），占全球半导体产业总值的34.7%的份额，行业高度集中（见表1）。

表1 2017年世界半导体产业前十大企业经营情况

排名	公司	国家	营业收入（亿美元）	营收同比增长（%）	全球市场占有率（%）
1	三星	韩国	612.15	52.6	14.6
2	英特尔	美国	577.12	6.7	13.8

* 本文发表于河南省人民政府发展研究中心《调研报告》2018年12月3日第36期（总第983期）；《郑州工作》2018年6月；《决策参考》2018年5月8日。

续表

排名	公司	国家	营业收入（亿美元）	营收同比增长（%）	全球市场占有率（%）
3	海力士	韩国	263.09	79.0	6.3
4	美光	美国	230.62	78.1	5.5
5	高通	美国	170.63	10.7	4.1
6	博通	新加坡	154.90	17.1	3.7
7	德仪	美国	138.06	16.0	3.3
8	东芝	日本	128.13	29.2	3.1
9	西数	美国	91.81	120.2	2.2
10	恩智浦	荷兰	86.51	−7.0	2.1
总计			2453.02	32.0	58.4

资料来源：Gartner。

前十大企业区域分布如下：美国 5 家，占 50%；韩国 2 家，占 20%；新加坡、日本、荷兰各 1 家，各占 10%。世界半导体产业正在朝着"恒者越大""大者恒强"的垄断地位发展。韩国三星和海力士两家企业总值达 875.24 亿美元，占前十大企业的 35.7%，占全球半导体总值的 21.0%。美国 5 家企业家（英特尔、美光、高通、德仪、西数）总值达 1208.24 亿美元，占前十大企业的 49.3%，占全球半导体总值的 28.8%（见表 1）。

二、我国集成电路产业发展基本情况

近年来，我国集成电路设计、制造、封测、材料、装备等产业链各部分高速成长。但是，集成电路产业仍然存在整体技术水平不高、核心产品创新能力不强、产品总体处于中低端等突出问题，难以对构建国家产业核心竞争力、保障信息安全等形成有力支撑。

（一）发展势头强劲

我国集成电路的销售额在全球集成电路销售额中所占比例持续上升，已成为全球最大的集成电路销售市场，在市场需求拉动以及产业政策、资本市场等多种因素的支持下，国内半导体产业保持强劲发展势头。

一是我国集成电路市场规模约占全球 1/3。近年来，我国半导体市场需求持续攀升，年增速平均在 20% 以上，目前占全球市场 30% 以上，但我国自给率仅 12.7%，主要依赖进口，2015 年进口集成电路达 2300 亿美元，居国内进口商品首位。到 2018 年，我国半导体产业销售额将超过 8000 亿元。

二是我国集成电路产业规模约占全球 1/5。2016 年中国集成电路产业规模 667 亿美元，占全球 19.7%。2017 年全球和中国集成电路产业市场销售额均增长 20% 以上，其中，中国集成电路产业的销售额为 5355.2 亿元，同比增长 23.5%。预计到 2020 年中国集成电路产业的销售额达到 1320 亿美元，占全球 33%

三是行业投资持续升温。在国务院发布《国家集成电路产业发展推进纲要》之后，"互联网+""中国制造 2025"陆续出台，各地陆续出台了集成电路产业的发展政策，各地发展集成电路热情高涨，各省市均有规模不等的集成电路投资基金。截至 2016 年底，国家集成电路产业投资基金共投资 43 个项目，累计项目投资额达到 818 亿元。

2014 年 9 月，国家集成电路产业投资基金成立，主要用于集成电路产业的投资，支持行业的发展壮大。截至目前，国家集成电路产业投资基金规模约 2000 亿元。大基金的成立还带动了部分地方政府对集成电路产业的资金支持。目前除北京、上海、深圳一线城市，各省市均有规模不等的集成电路投资基金，总计规模超过了 3400 亿元，如果加上民间资金很可能已经超过了 4000 亿元规模。

四是产业结构逐步优化。设计占比不断上升，2016 年我国集成电路设计销售额为 1644.3 亿元，占比为 37.93%，首次超过封测业的 1564.3 亿元销售额，占据第一位。

五是区域集聚特色凸显。中国集成电路产业作为一个独立的产业形态始于 20 世纪 90 年代，截至目前，该产业在全国已经形成了 4 个各具特色的发展区域：以上海为中心的长三角，以北京为中心的渤海湾，以深圳为中心的泛珠三角和以合肥、武汉、长沙、西安、成都为代表的中西部区域。各地依托区域优势资源，通过规划引领、开放带动、创新驱动、政策孵化，群雄并起，形成了"北设计、南制造、中部崛起、西部跨越"的特色集聚发展格局。

（二）群雄并起的格局——先进地区集群化发展的经验

1. 上海：主动担当集成电路国家战略

上海将集成电路作为战略新兴产业，全力打造国内最完备、技术最先进、最具竞争力的集成电路产业体系。2017 年集成电路产业整体销售规模接近 1200 亿元，其中，集成电路设计业实现销售约 440 亿元，集成电路制造业实现销售近 300 亿元，装备材料业实现销售超过 150 亿元，形成了设计、制造、装备材料"三驾马车"。张江高科技园区是国内集成电路产业最集中、综合技术水平最高、产业链最为完整的产业园区，园区集聚了集成电路设计、集成电路制造、封装测试、设备材料等企业共 170 余家，其中设计企业超过 100 家，是国内规模最大的集成电路产业园区之一，2016 年上海张江园区集成电路产业实现营收为 618.87 亿元。上海集成电路产业正在向 2000 亿元规模迈进。

2. 深圳：依托市场优势创新驱动跨越发展

深圳在全国对新一代信息技术等战略性新兴产业进行超前的系统规划和布局，建立了"国家集成电路设计深圳产业化基地"国家级科技企业孵化器，依托华为、中兴、腾讯等国内龙头电子信息企业成熟的技术创新体系，打造 IC 设计与应用优势产业链。2017 年深圳集成电路产业销售额达到 668.4 亿元，同比增长 18.63%，其中，集成电路设计业销售额达到 590.02 亿元，全国

占比为 28.46%，连续 5 年居全国各大城市之首。其中，设计业销售收入为 493.53 亿元，占全国设计企业销售收入的 30%。深圳集成电路设计业仍呈现"一超多强"格局，有 4 家集成电路设计企业入围全国十大设计企业，其中华为海思 2016 年销售收入 303 亿元，是全国集成电路设计企业的龙头。深圳集成电路核心技术正在加速由"跟跑""并跑"向"并跑""领跑"转变。

3. 北京：依托人才优势推动全产业链发展

电子信息制造业是北京工业的支柱产业之一。北京将集成电路产业作为符合首都城市战略定位、构建"高精尖"经济结构的支柱型产业，全力发展，充分发挥人才资源优势，强化资金、土地、人才、环境等支撑，实施核心企业战略，不断推动产业整体跃升，形成中关村集成电路设计园和"泛集成电路产业园"两个产业集聚平台。经过十多年的时间，北京基本形成了设计、制造、封装、测试、装备、材料全产业链格局。2016 年北京集成电路产业实现销售收入 570 亿元，约占全国的 13%，位列全国第三。

4. 南京：政策倾斜，园区崛起

南京定位于"全国重要的集成电路产业基地"，成立了集成电路产业发展领导小组和集成电路咨询委员会；并从 2016 年开始陆续出台了《市政府关于加快推进集成电路产业发展的意见》等多个配套政策，财税、金融、土地、人才等综合扶持力度之大、速度之快全国鲜见。将江北新区辟为"集成电路产业发展基地"，仅用三年时间就集聚 140 多家集成电路相关企业，"芯片之城"初具雏形，已成为南京加快集成电路产业发展的主要载体。

5. 湖南长沙株洲：依托国防科技优势，打造特色产业集聚

湖南省充分发挥国防科技大学独特优势，大力推进军民融合，加快科研成果转化和孵化，大力推动产业链整合，支持骨干企业做大做强，探索"产业飞地""异地共建"的集成电路产业园发展模式，逐步培育出了一批以信息安全、北斗、轨道交通、工业控制、物联网和消费电子等领域核心集成电路设计、制造为主业的集成电路企业以及相关联的整机企业，初步形成长沙经开区、

长沙高新区以及株洲中车三大产业集聚区。2017年湖南省集成电路企业销售收入为 179.34 亿元，2016 年长沙集成电路设计业年增速达到 431.40%，位居全国第二，年复合增长率达到 50% 以上。预计 2020 年湖南集成电路产业规模将达到 400 亿元。

6. 成都：发源于军工研发优势，崛起于国际化集群化

成都是西南地区最重要的集成电路产业力量，是国内最早的重要电子信息产业基地，其发展源于新中国成立初期国家重大军工基础的专项建设，是全国 8 个国家级集成电路设计产业化基地之一，近年来加速引进国际国内行业巨头，实现了国际化大跨越。成都集成电路产业呈现"一核双园多点"承载体系，成都以高新区为集成电路产业发展核心区，以双流区和天府新区为集成电路产业发展重点园区，结合全市各区特色及优势，全面覆盖集成电路设计、制造、封测、设备及材料等全产业链环节。成都高新区聚集了集成电路产业企业 100 余家，汇聚英特尔、德州仪器、格罗方德、展讯等国际知名企业。2016 年，集成电路产业实现产值 449 亿元，同比增长 32.3%，占成都市的 95%，居中西部第一。位于天府新区的成都芯谷产业园区（以下简称"成都芯谷"）占地 20 平方公里，致力于打造 2000 亿元的集成电路产业生态圈。

（三）存在问题：短板太短

一是核心技术受制于人。我国"少芯""缺芯"，关键核心技术被国外企业所垄断。全球主要高端集成电路设计、生产和供应企业集中在美国。直径 300 毫米/200 毫米的大尺寸 IC 级单晶硅晶体生长与硅片制造，由于技术工艺较为复杂，多为日本等企业高度垄断。

二是本土供需缺口大。中国集成电路进出口情况：IC 产业对外依存度依然强烈、进出口逆差巨大，约 80% 的高端集成电路依靠进口，本土集成电路供需存在很大的缺口，中国集成电路国产化需求非常迫切。据统计，2017 年中国集成电路进口金额达到 2601.4 亿美元，出口金额 668.8 亿美元，进出口逆差 1932.6 亿美金。

三是产业整体竞争力不强。与旺盛的市场需求形成鲜明对比，我国集成电路产业整体竞争力不强，技术水平更是落后很多，国内领先的集成电路企业没有一家进入全球十强。在各类集成电路产品中，中国仅移动通信领域的海思、展讯能够比肩高通、联发科的国际水准。

四是创新研发与设计能力落后。从整体上看，我国集成电路产业链普遍采用跟随战略，缺乏关键共性和核心技术，创新能力不足，且研发投入不够。例如英特尔 2016 年研发支出达到 127 亿美元，在全球半导体公司研发投入上继续霸占榜首位置。而中国最大的半导体公司海思半导体年研发投入与 10 亿美元还有一定距离。

五是产业人才缺口大。集成电路是典型的人才密集型产业，人才是集成电路产业发展的第一资源，也是制约我国集成电路产业发展的关键瓶颈，按照 2020 年我国集成电路产业达到一万亿元产值来算，至少需要 70 万名相关人才，但现在不到 30 万人，缺口超过 40 万人。

可以预见，未来中国集成电路产业，在中国产业升级大时代背景下，符合国家战略发展方向，有完善的政策资金支持，产业发展会一直保持着稳定增长的势头，这为河南省实现"弯道超车"提供了难得的发展机遇。但同时也应看到全国各地都在积极加速布局集成电路产业领域，湖北、安徽等地将集成电路产业发展作为引领本地产业转型升级、促进经济发展的重要抓手大力推进，浙江、江苏更是依托原有优势加速发力，区域竞争加剧。抢抓新一轮发展机遇，让集成电路成为河南省高质量发展的顶梁柱显得尤为迫切。

三、河南省集成电路产业发展现状及存在问题

（一）产业规模小

河南省集成电路产业发展相对比较迟缓，产业规模小，基础薄弱。2017 年全省共有集成电路企业 17 家，产值不足 20 亿元，约占全国集成电路产业的 0.4%，约占全省电子信息产业的 0.4%，无论在全国同行业中，还是在全省信息产业中的地位几乎可以忽略不计。

（二）与周边省份相比差距大

河南省集成电路产业规模小且层次低，中高端集成电路基本为空白，不仅与上海、北京、深

圳等沿海中心城市差距很大，与安徽、湖北、陕西、四川等中西部省份也存在巨大差距。如西安引进了三星公司，投资近 100 亿美元生产 10 纳米级 NAND 闪存集成电路，陕西省集成电路产业年产值达到 500 亿元；合肥通过引进京东方、联想、晶合、通富微电等行业龙头企业，初步形成了设计、制造、封装测试、材料、设备等较为完整的产业链，集成电路产业年产值超过 130 亿元。合肥、武汉、西安、成都等中西部中心城市成为全国集成电路产业发展最快的新增长极，进入全国集成电路产业布局的重点地区。

（三）缺乏规划引导和配套政策支持

我国集成电路产业发展的先进地区，无论是上海、北京、广东、江苏、浙江等沿海省市，还是安徽、湖北、湖南、陕西、四川等中西部省份，都有一个共同特点：将集成电路产业列入发展战略重点，注重规划引导，实施三年行动计划，设立 300 亿~500 亿元专项引导基金，出台招引发展配套扶持政策。相比之下，河南省忽视了集成电路产业的发展。

四、河南省加快集成电路产业发展的政策建议

电子信息产业是河南省最重要的主导产业，移动智能终端产业"龙头引进、链式扩展、集群发展"，无中生有，异军突起，带动了全省产业结构升级，这一宝贵经验值得进一步发扬光大。集成电路产业是信息产业的核心，是战略性、基础性和先导性产业，当前我国集成电路产业发展处在重要的战略机遇期和攻坚期。河南省能否在智力、技术、资本密集的集成电路领域寻求新的突破，再造辉煌，进而形成移动终端、大数据、集成电路等"三足鼎立"信息产业链集群，首先在于认识，关键在于谋划，重点在于孵化，功成在于行动。

（一）加强组织领导和顶层设计

在战略上，将集成电路产业纳入做大做强河南省电子信息主导产业、建设网络强省的战略布局之中。建议借鉴北京、上海、江苏、浙江、广东、湖北、湖南、陕西、四川等先进省市的经验做法，成立"省集成电路产业发展领导小组"，

办公室设在省发改委或工信委，与移动智能终端和大数据产业的组织领导机构合署办公，制定"集成电路产业发展规划和三年行动计划"，出台《关于加快河南省集成电路产业发展的意见》，形成一揽子配套扶持政策。建立"推进集成电路产业发展联席会议"制度，及时协调解决重大问题。组建集成电路产业发展专家咨询委员会，对产业发展的重大问题和决策提供咨询建议和科学论证。

实施"五个一批"工程，即引进一批集成电路产业巨头、建设一批集成电路特色产业园、培育一批集成电路高新技术企业、设立一批"集成电路产业发展基金"、引进和培养一批集成电路创新创业型人才，推动河南省集成电路跨越发展。力争到 2020 年跻身全国集成电路产业基地行列，2025 年位居全国前列。

（二）抢抓集成电路产业发展机遇

发展集成电路产业是河南省做大做强电子信息产业、加快产业结构升级、建设先进制造业强省、实现经济"弯道超车"的核心动能。《国家集成电路产业发展推进纲要》发布 4 年来，近 2000 亿元的国家集成电路产业投资基金陆续投入，我国集成电路产业发展迈入快车道，设计、制造、分装、系统集成等产业规模迅速扩大，产业基地、产业园区、龙头企业群雄并起。机遇窗口已经开启，要抢抓集成电路产业发展机遇，借鉴贵州省发展大数据产业经验，依托现有电子信息产业良好的产业基础、空间载体、发展平台和配套政策等，走"引芯入豫"的路子，积极承接集成电路产业转移。

（三）引进一批集成电路产业巨头

发挥后发优势，营造优越发展环境，着力招大引强，承接国际国内集成电路产业转移。借鉴河南省富士康"1+n"引进发展模式，即引进一家"富士康"龙头企业，带动一大批关联配套企业集聚，形成特色产业集群。实施龙头带动、链式引进、集群引进、园区引进，全力引进全球集成电路产业巨头，瞄准集成电路制造、设计、封装测试、设备和材料等产业龙头企业，重点引进国内外龙头企业，着力引进"台积电"等巨无霸代工企业。建立重点企业信息库和重点项目库，

加强跟踪，力争尽快引进一批行业龙头企业，谋划建设一批带动性强、市场规模大、成长性高、经济效益好的项目。对接国家重大战略部署和产业布局，积极谋划战略性、基础性重大项目，争取国家政策支持，推动国家重大科技专项成果在豫产业化。

（四）建设一批集成电路特色产业园

依托现有电子信息产业园区，推动集成电路产业集中集聚集群发展，规划建设一批特色集成电路产业园。依托郑州航空港经济综合实验区、高新技术产业开发区、科教产业园区、创新走廊、产业集聚区，建设一批集成电路设计、制造、分装等特色产业园区。创建国家集成电路设计产业化基地，完善集成电路产业检测平台和服务平台，发展一批集成电路设计专业科技企业孵化器，孵化培育集成电路设计企业和企业家。提升集成电路设计、晶圆加工和封装测试业一站式服务能力，加大集成电路企业产品应用开发的力度，鼓励整机系统厂商、集成电路企业共建产业联盟，以整机应用和信息消费需求为牵引，推动整机与集成电路联动、硬件与软件结合、产品与服务融合发展的自主创新产业生态建设，构建整机系统与集成电路产品共生的产业生态环境。建立集成电路产业发展联盟，发挥其行业组织、公共平台、中介机构的作用。

（五）培育一批集成电路高新技术企业

充分利用高新技术企业配套优惠政策，培育一批省级集成电路重点企业，汇聚资源，支持企业做大做强做优。全面贯彻国家支持集成电路企业发展相关政策，落实集成电路企业增值税、企业所得税以及进出口环节相关税收优惠政策。鼓励集成电路企业利用资本市场上市融资，快速做大做强。积极推介优质项目，引导相关产业投资基金、金融机构、社会资本跟投跟贷，保障重点项目和企业资金需求。

（六）设立一批"集成电路产业发展基金"

加大政府引导扶持资金注入力度，建议省政府设立 100 亿元"集成电路产业发展基金"，郑州、洛阳等主要城市设立 30 亿~50 亿元专项基金。积极争取国家集成电路产业发展基金和专项资金，支持河南省重大项目的引进、并购、新（扩）建。积极发挥集成电路产业发展基金的"杠杆"导向作用，鼓励和引导社会资本参与投资。

（七）引进和培养一批集成电路创新创业型人才

加快建设一流的集成电路人才队伍。一是加大人才引进力度，营造一流的人才政策环境，吸引国内外优秀集成电路人才来豫创业，实施激发人才创造才能的奖励政策和科技人员股权、期权激励和奖励等收益分配机制。二是加大人才培养培训力度，加强郑州大学等高校集成电路相关专业院系建设，建立集成电路人才培训体系，重点培养国际化、高层次、复合型集成电路人才。三是引进国内外一流大学，从根本上解决高端人才短缺问题。

推广华夏幸福"产业新城+PPP"模式、促进产业园区转型升级的建议（2017年）*

引言

华夏幸福基业股份有限公司探索形成的"华夏幸福产业新城"和PPP双模式，有效破解了开发区建设中地方政府债务膨胀、产业不集聚、创新动能不足、城市病加剧、社会矛盾凸显等难题，为开发区转型升级问题提供了新的思路。

华夏幸福基业股份有限公司（以下简称"华夏幸福"）创立于1998年，隶属于产业新城投资开发运营集团。多年来，坚持践行产城融合、合作共赢、产业为本、融入国家战略等理念，探索形成了"华夏幸福产业新城"发展目标模式及其PPP运营目标模式，有效破解了开发区建设中的多种难题，实现了各方合作共赢，为开发区转型升级探索了新路。为了贯彻落实省十次党代会提出的打好产业升级、创新驱动、基础建设、新型城镇化"四张牌"战略部署，探索扩大民间投资、稳定经济增长的有效途径，本文笔者深入华夏幸福，对华夏幸福产业新城和PPP双模式进行了调查。

一、华夏幸福产业新城发展的基本情况

河北省固安县位于北京南50多公里，20世纪80~90年代是平原农业大县、省级贫困县。该县于1992年建立了工业开发区，但由于财政所限，无力进行基础设施建设，园区配套功能差、缺乏招商渠道，客商难留，十来年全县招商成效近乎零分，园区建设举步维艰。当时，全县财政收入不足1亿元，主要经济指标位列廊坊市10个县（市、区）中的后2位，在全省处于落后水平。2002年，为了破解财力不足、建设资金匮乏和招商引资难等瓶颈约束，加快工业兴县步伐，固安县借鉴国外园区开发的经验，尝试实行"政府主导、企业运作"模式，引入市场机制，由战略合作者统一投资、开发、建设、运营工业园区，探索园区建设和县域经济发展新路。2002年6月，通过公开竞标，固安县政府与华夏幸福签订合作协议，确立了"政企合作+市场运作"PPP合作框架，委托华夏幸福整体开发固安工业园区。此后，该县工业园区建设驶上快车道，2006年固安工业园区被河北省人民政府批准为省级开发区；2008年"固安模式"向全省推广；2015年固安工业园区新型城镇化项目入选国家发改委PPP项目库，并作为唯一的新型城镇化整体开发示范项目在全国推广。2016年全县财政收入完成80.9亿元，同比增长44.6%，由2002年河北省倒数后10位上升到全省第2位，进入全国县域经济发展潜力百强县第10位，跻身全国县域竞争力百强县。如今，固安工业园区已经成长为"产业高度聚集、城市功能完善、生态环境优美"的产业新城。

华夏幸福是我国第一家运用PPP模式开发大型工业园区的运营商，已成长为国内国际一流的产业新城和区域经济整体解决方案运营商。

---

* 本文发表于中共河南省委《河南工作》2017年5月；《河南日报》2017年6月1日；河南省人民政府发展研究中心《调研报告》2017年4月24日第2期（总第922期）。

二、华夏幸福"产业新城+PPP"模式的经验做法

（一）坚持"政府引导、企业主体、市场运作、合作共赢"的发展理念，构建产业新城运营的PPP模式

2002年华夏幸福与固安县政府签订了政企合作建设固安工业园区的PPP框架协议，确保了后续合作顺利展开。合作框架协议对双方的责权利进行了全面约定：固安县政府设立了固安工业园区管委会，主要履行政府职能，如做出重大决策、优化外部发展环境、履行公共服务等；华夏幸福出资成立SPV园区运营平台公司（Special Purpose Vehicle）——三浦威特园区建设发展有限公司，SPV平台公司作为投资及开发主体，全权负责固安工业园区的开发运营，包括融资投资、基础设施建设、配套公共服务、城市运营管理、产业招商、专业咨询服务及打造区域品牌等一体化市场运作。华夏幸福"产业新城+PPP"模式全面践行了合作共赢新理念：一是坚持政企双方分工协作、各展所长、各司其职、各显其能、各得其所，形成合力，共建共享共赢；二是坚持社会效益整体最大化的价值取向；三是制定长周期PPP框架，谋求长期价值最大化；政企双方坚守契约精神，坚持一张蓝图绘到底。

（二）坚持"以产兴城、以城带产、产城融合、城乡一体"的发展理念，构建开发区综合功能的产业新城目标模式

产业新城是一个结构复杂、功能高端的大系统。华夏幸福按照新发展理念和国际一流标准统筹推进投资、规划、建设、招商、运营和管理，创立了开发区功能升级的产业新城目标模式。一是坚持高端规划引领发展。固安产业新城的规划共用3年多时间花费3000万元，聘请美国DPZ、英国阿特金斯、德国罗兰贝格等全球知名规划设计机构，引入9个国家40多位著名规划大师的先进理念，结合当地实际，对园区及产业进行精准定位和前瞻性规划，确立了产城融合整体开发模式，按照建设现代城市新区要求，制定出完善的总体规划、控制性规划、详细规划。二是坚持产城融合发展。产业是城镇发展的物质基础，城镇是产业发展的空间载体，产业与城镇之间是相辅相成、相互依赖、相互带动、相互融合的关系，产城融合是新型工业化和新型城镇化协调发展的重要途径，华夏幸福产业新城创立了"产业+城市+生态"产城融合、功能高效的发展模式。三是坚持链式发展。选择潜力大的高成长区域设立产业新城，投入巨资打造国际一流环境，吸引国内外一流产业集聚，带动关联服务业集聚，不断拉长工业地产链条，推进一二三产业相互融合、相互带动的良性循环发展，形成区域经济增长极。四是坚持协调发展。华夏幸福按照经济、社会、生态、城乡协调发展的理念，推进高起点高水平的规划、建设、运营、管理、服务。注重维护动迁居民利益，着力以产业集聚带动就业及各项社会事业发展，着力建设一流宜居城市环境，吸引产业集聚人才集聚。以固安产业新城为例，到2016年底基础设施配套累计投资330亿元，建设面积35平方公里，基本建成产业发达、服务完善、生态优良的中等城市。

（三）坚持走"产业为本、地产为基"的差异化发展道路，构建房地产公司向产业地产转型发展的新模式

当前，华夏幸福构建了遍布全国全球的50多个产业新城、20多个双创孵化器、1700多人专业招商团队三大网络体系，成为世界一流、全国最大的产业新城运营商。一是构建产业园区和产业集群网络。把产业园区建设和产业集群培育放在首位，着力建设特色园区，引进和发展高端产业集群，在多地创建了肽谷生物医药产业园、卫星导航产业园、电子商务产业园、影视创意孵化产业园、机器人产业园、人才创业产业园等几十个产业园，培育了近百个区域级高端产业集群。二是构建双创孵化网络，支撑产业招商和产业转型升级。为了引入优质产业项目进入园区，华夏幸福将着力点前移到实验室阶段，强化全球高科技孵化器网络建设，先后在美国硅谷、德国柏林、韩国首尔及北京、上海、深圳等创新高地布局了20多家孵化器，打通了从种子—苗圃—孵化—加速—规模化制造的创新链条。2016年孵化企业289家，为产业新城导入大量的优质创新

项目。三是构建功能强大的全球化、信息化、专业化的招商网络。为了快速承接国际国内产业转移，实现高端产业集聚集群发展，华夏幸福组建了上千人的招商团队，数据库储存有几十个行业近2万个拟投资项目。招商工作流程清晰，项目进度随时可查询，形成了前期园区战略定位与产业规划、中期招商引资、后期推动企业入园服务、延伸促进产业配套等体系完整的招商工作链。

三、加快河南省产业园区转型升级的几点建议

抢抓国内房地产和开发区双转型的机遇，围绕打好"四张牌"和产业集聚区转型升级，创新复制推广华夏幸福"产业新城+PPP"模式，积极引进华夏幸福、淡马锡、万达等产业地产巨头，在郑汴港金三角新区、郑州大都市圈、郑汴洛焦新许等中原城市群核心区，新建一批新经济产业新城、双创孵化园、特色产业园区和特色产业小镇。

（一）积极复制推广产业新城及其PPP双模式，加快推动河南省产业集聚区转型升级

一是将产业新城作为河南省产业集聚区转型升级的目标模式。当前，河南省各产业集聚区普遍存在着产业集聚不足、创新动能不足、城市功能缺失等瓶颈约束。而产业新城属于产业支撑强劲、创新驱动有力、城市服务功能完善、产城融合的现代化城市新区，是我国开发区转型升级的新模式，也应作为河南省产业集聚区转型升级的目标模式。二是将PPP模式作为河南省产业集聚区运营体制革的目标模式。当前，河南省产业集聚区普遍采取"管委会+国有城投公司"运营模式，随着时间的推移，这种大一统模式的弊端逐渐暴露无遗。"产业新城+PPP"模式采取"管委会+市场化社会化专业化运营主体"或"市场化社会化专业化运营主体"运营体制，克服了传统"管委会+国有城投公司"运营模式的弊端，应作为河南省产业集聚区运营体制改革的目标。三是引入市场化社会化多元化专业化运营主体，推广"产业新城+PPP"双模式。加快河南省各产业集聚区、服务业"两区"和特色产业园向新兴产业

新城、特色小镇转型升级。改革产业集聚区管理运营体制机制，鼓励引入战略运营主体，逐步向"产业新城+PPP"模式转换；对产业集聚区中新建的特色产业园区，采取"产业园区+PPP"模式，引入专业化运营主体进驻；对新建开发区、产业新城、特色小镇，采取"产业园区+PPP"模式，引入国内外一流运营商。

（二）加强组织领导，统筹推进产业新城和特色小镇建设。完善组织领导体制机制，明确目标任务

一是建议成立河南省"产业集聚区、产业新城和特色小镇建设领导小组"，完善联席会议制度，重点推进四项工作：制定全省现有产业集聚区向产业新城转型升级的规划、建设规划等；完善建设领导协调机制，明确工作目标、时间表、路线图；建立激励约束机制，完善产业新城、特色小镇考核评价体系；推进开发运营体制机制改革创新，推出一批PPP示范项目，充实PPP项目库。二是引进产业地产巨头，建设一批国际国内一流的产业新城。积极引进新加坡淡马锡、华夏幸福、绿地、万达等运营主体，创新体制机制模式，建立多元化常态化合作机制，打造世界级的新经济园区、产业集群、孵化基地。支持鼓励建业等本土房地产公司转型升级，鼓励支持建设各具特色的产业新城、特色小镇、田园综合体，推进新型工业化和新型城镇化迈进高级阶段。三是产业新城的布局应主动对接河南省国家区域战略规划。坚持与河南国家区域战略发展规划有效对接，布局一批开放型国际化的新经济产业新城、高端产业园区和特色产业小镇。同时，围绕河南省四大攻坚任务，创建一批双创孵化器、田园综合体、绿色智慧园区、循环经济园区、混改试验区、特色产业村镇等新兴发展载体。

（三）围绕郑汴港金三角新区、郑州大都市圈、中原城市群核心区，谋划一批高端产业新城项目

建议在河南省工业化城镇化快速推进的核心区域规划布局一批新兴产业新城、双创孵化园区、特色产业小镇。围绕郑汴产业带（产学研示范带）布局科学城、双创孵化科技园和文化创意

产业园。围绕航空港区或汴港产业带布局若干战略新兴产业新城，建设新一代信息技术、生物医药技术、智能装备、新材料新能源节能环保、航空航天技术、卫星导航技术等战略新兴产业园区。围绕郑汴洛焦新许中原城市群核心区布局若干新兴产业新城、高端产业园和特色产业小镇，构建孵化器—加速器—高端专业园区—产业新城的产业链条体系。

第六篇

改革与市场化转型

我国公有制企业改革与发展问题探讨（1992年）*

引言 　企业是国民经济的细胞，企业改革已成为整个经济体制改革的焦点。我们的国营企业远未建立起自我发展、自我调节、自我约束的现代企业制度和运营机制，企业缺乏提高经济效益的激励机制，产业结构、产品结构和技术结构调整缓慢。为了促进企业的发展，必须加大改革的力度。

一、公有制企业改革的策略与原则

公有制企业改革经历了艰难曲折的历程，企业活力大大增强。总结十多年来的经验教训，我们认为公有制企业改革应遵循以下原则：一是公有制企业改革绝不能削弱公有制的主导地位；二是公有制企业改革应和发展结合起来，要有利于企业长期稳定发展，尽量避免短期行为；三是公有制企业改革要有计划、有步骤、分阶段地进行，改革措施要积极、稳妥、可靠，企业改革是一个长期艰苦的过程，不可一蹴而就，不能急于求成，坚持先试点后推广，坚持从实践中来到实践中去的工作方法。

公有制企业改革目前应解决如下几个策略问题：一是改变理论滞后问题，应组织各方面的专家对企业改革的政策措施、方法步骤展开全面的超前系统研究，建立目标体系（如中近期目标和长远目标）及目标模式；二是企业改革不能孤立进行，如果宏观经济体制不进行配套改革，那么企业改革必然受挫；三是改革不能照搬国外的企业制度，但要善于借鉴国外先进的经营管理方式，建立起比资本主义企业更加充满生机与活力的企业制度。

二、公有制企业改革的目标与内容

我国公有制企业改革的总目标是建立现代企业制度，逐步使企业成为自主经营、自负盈亏、自我发展、自我约束的社会主义商品生产者和经营者，成为具有权利和义务的独立法人。先进的企业制度是实现目标的保证条件。企业制度包括企业所有制度和企业经营管理制度。

我国实行的是以公有制为主体、多种经济成分并存的制度。由于我国处在社会主义初级阶段，允许多种经济成分存在是为了更好地发展生产力。现在的主要矛盾是如何完善公有制，优化公有制的内部结构，搞好公有制与其他所有制的有机结合与融合，鼓励探索混合所有制。

只有先进的所有制与先进的经营管理制度相结合时，才能构成最先进的企业制度。如果没有先进的经营管理制度，再纯粹的公有制也只能是低效能的和最终会失败的。由此可见，建立与公有制相适应的高效能经营管理制度是我国公有制企业改革的重要内容。

三、我国企业制度走向多元化、规范化、现代化和股份化

所有制实现形式趋于多元化，即有国营企业、集体企业、私有企业、中外合资企业，外商投资企业等。特点是以公有制为主导，各种所有制相互合作与融合。企业组织制度和经营制度也将不断规范化和高效化。

承包制目前还仅仅是一种不规范的企业经营制度，在现行体制下，它初步规定了所有者与企业之间的责权利，有利于"两权分离"，调动了企

---

*　本文发表于《工业技术经济》1992年3月1日。

业的积极性。可借鉴股份制中的股权及收益理论，逐步建立适合我国特色的高效率的企业产权制度。

租赁制较适合于小企业，特别是经营不善的小企业。与承包制相比，"两权"更加分离，增强了负亏机制，但是短期行为更加严重。应提高经营者素质，切实消除短期行为，使租赁制更加完善。租赁制只能是过渡形式，最终形式需要进一步探索。

股份制是现代企业制度的最重要实现形式，是未来改革发展的必然趋势。虽然目前我国还缺乏全面推行股份制的条件，因为没有发达的要素市场，不具备完善的商业信用和金融市场，股票不能正常交易，生产要素缺乏流动性。但是在今后相当长一段时期内，随着配套改革的不断深化，股份制将有广阔的发展前景。

四、积极稳妥地推进配套改革，为全面推进股份制改革创造条件

公有制企业改革是一个系统工程，必须明确目标，统筹推进，重点突破。

一要强化所有者责任，提高国有资产的运营效率。近几年来，发展缓慢，为此，必须改革国有资产的管理和经营体制。在我国政府有两种职能：一是作为社会经济活动的管理者行使政权职能，二是作为全民资产的所有者代表行使所有权。目前，国家的这两种职能是一体化的，不过，这样容易导致全民资产所有者"虚置"或"缺位"。导致全民资产所有者"虚置"的根源在于政企不分。这需要进一步规范投资体制、金融体制及国有资产经营体制等方面的改革。

二要规范国家与企业的利益分配关系。应当建立国家调节市场、市场引导企业的运营机制。

应当把资产收益和税收收益分开，税收主要用于国家政权机构的正常运转，而国有资产收益主要用于积累和扩大再生产。实行"税利分流、税后还贷、税后承包"是我国企业改革不可逾越的历史阶段，实行税利分流是企业进一步改革的基础。

三要完善经济杠杆的调节职能。国家计划应把重点放到总量平衡上，并为实现总量控制目标而采取差别政策和调整措施，应缩小指令性计划范围。应制定科学的税种税率体系，这还需要同税利分流改革和实行分税制密切结合起来。

四要建立科学的固定资产折旧制度。建立科学的折旧制度是企业综合改革的重要方面，有利于规范企业的发展机制。我国要建立科学的折旧制度，首先应提高基本折旧率水平，制定差别折旧率，对重点产业、重点产品采取加速折旧措施，促进新兴产业的加速成长。

五要建立健全社会保障体系，为企业改革创造良好的社会环境。现代经济发展要求企业产权和生产要素不断重新组合，如果没有相应的社会保障体系，必然会出现企业办社会，企业包袱越来越大，社会稳定和就业也成为企业必须完成的目标，这是造成资源配置不合理和生产效率低。我国资不抵债的企业到处可见，"破产法"虽已试行几年，但几乎没有企业宣布破产，一切由国家包下来。这就要求必须建立养老、待业、失业、医疗、工伤、救济等各项社会保险保障制度。建立保险基金制度还可以引导消费，扩大资金积累。

总之，随着我国企业制度的不断完善，应当维护《企业法》的严肃性，真正实施《破产法》，及早制定和推行《公司法》，为全面推行股份制创造条件。

1995 年及"九五"河南省经济发展趋势与对策（1995 年）*

引言

1994年河南省改革开放步伐加快，经济发展环境有较大改善，经济获得快速发展，主要经济指标呈现出良好的发展势头。1995年，从有利因素分析，全球经济将加速增长，全世界贸易将进一步活跃；我国改革开放进一步深化；国内能源原材料、电力供应相对比较充足，交通运输邮电等基础产业近两年发展较快，供给条件好于往年；居民储蓄和外贸出口均大幅度增长，外汇储备增加，企业的资金供给也比较充足。从不利因素来看，我国面临很高的通货膨胀压力，而过快的经济增长速度将对遏制物价上涨产生不利影响，因此从经济增长与物价控制两方面兼顾的角度出发，物价上升幅度在人们可以接受的条件下发展经济，经济持续、快速、健康发展是基本趋势。

一、河南省经济进入高速增长阶段

河南省固定资产投资进入高速增长期。此前，河南省固定资产投资增长速度一直低于全国平均水平，制约了河南省经济的发展。但是从1994~1995年开始，河南省固定资产投资增长速度明显高于全国水平，这必将拉动河南省经济的快速发展。河南省应积极稳妥地安排好"九五"计划，优化投资结构，促进产业结构的高级化和主导产业的壮大，拓宽筹集资金的路子。

预测今后几年，河南省经济发展速度仍将会高于全国平均水平，但是与沿海先进省份的差距仍然会进一步拉大。1995年我国国民经济仍将保持较高的增长速度，国内生产总值GDP增长幅度略低于1994年，但仍然会保持在10%以上。鉴于国家改革开放政策逐步向中西部地区扩展，河南省在全国生产力布局中所处的重要位置，争取一个尽可能高的经济增长速度是完全可能的，对全国经济发展是有利的。预计1995年河南省国内生产总值增长速度约为12.5%，约比全国高1.5个百分点。

预计"九五"河南省经济增长速度将略高于全国平均水平，要实现尽可能高的增长速度就要加快改革开放的步伐。要实现"一高一低"的战略目标，控制人口增长的任务仍十分艰巨。

二、加快对外开放步伐，实施开放带动战略

此前，河南省外贸出口出现徘徊局面，影响了河南省对外开放的进程。1994年，河南省进出口总额为21.87亿美元，增长12.9%，低于全国平均水平8个百分点，低于河南省GDP增长速度0.7个百分点，不足以起到对河南省经济发展的拉动作用，这种状况长此下去必将制约河南省经济的发展。因此必须加快对外开放步伐，实施开放带动战略，大力发展对外贸易，拉动产业发展，大力吸引外资，促进产业结构调整，大力推进改革，营造优越发展环境。

三、加快非国有经济的发展，培育新经济增长点

1978年，河南省非国有工业占整个工业总产值的比重仅为21.4%，1985年为45%，发展到1994年已达65%，非国有经济成分已经成为推动河南省经济高速增长的主要力量，而且地方经济的快速增长将越来越依赖于非国有经济的发展。这就需要制定倾斜政策，营造好发展环境，促进非国有经济发展再上新台阶，使之成为新的经济增长点。

---

* 本文发表于《河南政报》1995 年 7 月 5 日。

1998年及"九五"河南省体制创新、结构调整、加快开放的思路（1997年）*

引言

河南省经济在经历了五年高速增长后，1997年进入了稳定发展期，尽管受亚洲金融危机影响，河南省进入经济周期的谷底，增长速度有所回落，但国内生产总值增速仍达到10%左右的较高水平。当前受大环境的影响，河南省微观经济领域出现了前所未有的困难局面，许多企业开工不足、亏损严重、失业增加。党的"十五大"报告指出："实施适度从紧的财政政策和货币政策，注意掌握调控力度。"这注定新一轮经济周期的特点是"高起点、低峰值、长平台、强调控"。解决当前经济中诸多矛盾问题和困难靠国家放松总量控制既不现实也不可能，唯一的出路是靠"练内功"。

"九五"期间，河南省经济发展总体思路是"三个扎扎实实"：一是扎扎实实地推进体制创新，以实现国有企业市场化；二是扎扎实实地推进经济结构调整，以实现总量高效扩张；三是扎扎实实地推进开放度的提高，以寻求更广阔的经济发展空间。河南省着重做好以下几项工作：

一、打好搞活国有企业的攻坚战

我们每年都把搞活国有企业作为重中之重，可还是不见有根本改观，很大程度上是由于改革不到位，国有经济管理运营的旧体制不适应市场经济的新发展，不适应国际竞争国内化、国内竞争国际化的大趋势造成的。"十五大"报告指出："公有制实现形式可以而且应当多样化。一切反映社会化生产规律的经营方式和组织形式都可以大胆利用。要努力寻找能够极大促进生产力发展的公有制实现形式。"邓小平理论和"十五大"报告为我们解放思想搞活国有企业提供了理论依据和政策支持。新一轮的国企改革将是带有根本性改革的大运作。一是建立产权清晰、权责明确、政企分开、管理科学的现代企业制度。要政企分离，把专业经济管理部门变为行业协会，建立多层次的国有资本控股经营公司，赋予大型企业集团国有资本控股经营权。二是尽快实现企业产权的多元化、股份化、证券化、市场化，推行股份有限公司和有限责任公司。争取三年内实现50家大型企业集团股票上市，推广内部职工持股的做法。三是建立企业家市场。劳动力市场在我国发展多年日趋成熟，但作为高级劳动力的企业家市场先天发育不足。应建立企业家信息库，实行经营者年薪制，体现责权利的统一，催生企业家市场的发展。四是强化企业内部管理。尤其是要选好法人，建好班子，树好品牌，行好机制。

二、打造产业"航空母舰"，组建企业"联合舰队"

体制创新和结构调整的重头戏和落脚点在企业组织制度的创新以及组织结构的调整上。市场就像大海，市场竞争就像海上战争，谁拥有以航空母舰为核心的联合舰队，谁就奠定了赢得战争的物质基础。应实行有限目标、重点突破、重点带动，形成如下三个重点企业梯队：第一梯队为"航空母舰"级编队，确定5~10家，是国家队的核心队员，是中央在河南的投资重点，是河南省投资的重中之重，是河南省产业发展的核心，可依据基础实、成长快、带动强三个要件来选择

* 本文发表于河南省人民政府发展研究中心《调研报告》1997年11月20日第11期（总第322期）。

入围企业，备选企业必须是高成长的龙头，宁缺毋滥。第二梯队为"巨舰"级编队，优选 50 家企业，是第一梯队的候补队员，争取成为国家队员，是河南省队的核心队员，构成河南省的产业骨干。第三梯队为"战舰"级编队，选择 200 家企业，是第二梯队的候补队员，是市地级队的核心队员。对以上三个梯队实行动态管理，推行差别政策，实行经营者年薪制，形成成员企业"能者上、庸者让、劣者下"，每两年考评审定一次的机制。如何建造河南省的"航空母舰"和"联合舰队"呢？正如美国诺贝尔经济学奖获得者施蒂格勒所说："综观世界上著名的大企业大集团，几乎没有哪一家不是在某种程度上以某种方式，通过兼并收购等资本运营手段而发展起来的，也几乎没有哪一家是完全通过内部积累发展起来的。"由此可见：一是要建立完善的公司制及其法人治理结构；二是赋予企业集团国有资本运营权，采取适度的行政手段支持企业集团的兼并收购；三是国有资本的投向坚决向龙头企业集团倾斜或集中。

三、大力发展非公有制经济和混合所有制经济

我国将长期处于社会主义初级阶段，河南省又是全国经济落后地区和欠发达省份，人均 GDP 全国排名第 26 位。这个最基本的省情要求我们更应当解放思想和实事求是，大力发展生产力。应出台鼓励私有经济、民营经济、外资经济和混合所有制经济发展的政策，鼓励不同所有制企业之间的相互参股、联合与合作，培育新的经济增长点。

四、大力推进乡镇企业和集体企业"二次创业"

近几年，河南省乡镇企业和集体企业对经济增长的贡献率最高，但普遍存在素质较低、经营管理手段落后、体制不顺等问题，导致竞争力迅速下降。要扎扎实实地搞好改革、改制、改组、改造和加强企业管理，以寻求发展新优势，应大力推广股份合作制等十几种实践中创造出来的改革形式和措施，采用先进的企业制度。

五、大力推进对外开放

为尽快扭转河南省外贸出口徘徊不前的被动局面，应改革外经贸体制，树立大经贸战略，扩大企业外经贸自营权，调整结构，提高质量档次，树立河南品牌。要适应全球经济一体化的大趋势，河南省的巨型企业集团要率先推行国际化经营战略。采用国际通行做法重点引进国际大财团和跨国公司来参与河南省基础设施建设、大型企业改造或建立独资企业。多措并举，把河南省外经贸推向更高水平。

河南省国有企业战略重组的现状、问题、对策（1998年）*

长期以来，河南省国有企业从生产酱油、食醋到汽车、吊车、数控机床制造等，几乎遍及所有的工商领域，战线长又散，总量虽大，却效率不高，包袱沉重，竞争力弱。现阶段，政府没有必要也没有能力支撑如此庞大的国有经济盘子。如果继续保持国有经济原有的行业领域和企业数量，那么我们就难以扭转国有经济的困境，国有资本流失的问题也难以遏制。如果这种情况发展下去，我们解决问题的条件将会越来越差，回旋余地也会越来越小。因此，应及早地从搞好河南省整个国有经济的战略出发，按照市场经济原则，实施国有企业战略重组。

一、紧迫性

1998年，国际经济处在一个加速调整时期，主要标志是企业战略重组。世界飞机制造业的两大巨头波音公司和麦道公司重组了，两家老牌汽车公司奔驰和克莱斯勒重组了，其目的都是为了适应日益激烈的市场竞争。中国的企业家也在营造自己的"航空母舰"，中国一汽、中国一拖、中国石化集团、中国石油集团、青岛海尔集团等等迅速崛起，迎接世界经济巨人的挑战。在这种环境条件下，河南省大量存在的大而全、小而全、规模小、效益低的国有企业显得很不适应。唯一的出路就是加速企业战略重组，在重组中加速改革和发展。

二、现状

1. 企业改制进展加快

按照中央和省委省政府关于建立现代企业制度的指示精神，全省国有企业改制工作发展很快，在产权制度、法人治理结构、总经理产生方式、管理制度、组织制度等方面的改革中已取得新的突破和经验，全省迅速形成一批机制新、效果明显、运作规范的公司制企业。也为企业重组、上市发展打下了坚实基础。①在全省建立现代企业制度101家试点企业中，全部建立完善了内部管理制度。②全省国有小企业改制工作，领导重视、措施得力、成效显著。目前国有小企业改制面已超过70%，改制的主要形式是股份制和股份合作制。③公司制改革步伐的加快，有力地促进了河南省公司上市。1997年有5家公司上市，1998年又有5家公司上市。目前，全省上市公司已发展到17家。

2. 各地市企业重组取得了突破性进展

各地市纷纷围绕本地主导产业、支柱产业推出了一批龙头企业和优势企业，抓住了河南省国有企业战略重组的核心。

3. 推进了跨地区、跨部门、跨所有制的企业优化重组，积极探索公有制的多种实现形式

由于目前我国正处在并将长期处在社会主义的初级阶段，国民经济需要多种经济成分的企业来支撑，需要多种经济成分相互融合、相互促进、共同发展。在市场经济条件下，企业为了生存和发展，必须在更大范围内、多角度地寻求自己的发展模式。所以，近年来河南省出现了许多跨地区、跨部门、跨所有制的企业并购，为企业发展注入了新的活力。河南省抓住了目前经济结构加速调整的最佳时期，掀起了企业重组的热潮，劣势企业纷纷向本地或外地的优势企业靠拢，优势企业也纷纷在本地和全国范围内搞重

---

* 本文发表于河南省人民政府发展研究中心《调研报告》1998年10月26日第42期（总第387期）。

组,既搞活了劣势企业,又壮大了优势企业。

4. "抓大"方面成效显著

一是为培育发展大企业大集团,营造了良好的氛围。二是积极稳妥地进行企业优化重组,一批企业集团通过重组实现了低成本迅速扩张。

5. "放小"方面各显神通

全省各地从实际出发,既讲原则,又讲灵活,因企施策,不拘一格地采取了股份制、股份合作制、兼并联合、划转、出售、租赁、托管、破产等多种形式,盘活了巨额国有资产,引入了先进的管理制度,调动了经营者和职工的积极性、创造性,全省涌现出一批具有产品优势、机制优势、发展势头强的国有中小企业。

三、存在问题

1998年前后,河南省国有企业重组呈加速之势,取得了显著的成效,但是仍存在着认识上、体制上、制度上、操作上等方面的障碍。首先,长期条块分割的计划体制下形成的企业组织结构大而全、小而全,低水平重复建设非常普遍,在当前通货紧缩的严峻形势下,许多企业陷入了困境,加速重组在所难免。此时的企业重组存在四个误区:一是有的人认为重组就是搞大集团,重视资产数量增加,轻视质量提高,于是把多个企业简单合并,形成新的"大而全";二是政府过多干预,不尊重企业的自主选择;三是有些大企业搞多元化生产经营时,一味追求多元化而忽视规模经济,对企业长期发展不利;四是忽视制度创新,重组企业难以融合形成合力,有的内耗加剧,重组失败。

四、对策

(一) 解放思想,探索国有企业战略重组的新思路和新模式

要坚决突破"年年想搞活国有企业、年年又搞不活"这个怪圈,就必须用邓小平理论和十五大精神统一我们的思想认识,要勇于实践、勇于探索、勇于创新。国有企业改革的方向、奋斗目标已经明确,我们要坚持解放思想,坚持"一个中心、二个基本点",坚持"三个有利于",坚持"发展才是硬道理",树立搞活国有企业的坚定信心。坚持"抓

大放小"的方针,适当收缩战线,突出重点抓好主导产业和主导企业;坚持"三改一加强"方针,要突破产权制度改革这个难点和重点。努力探索公有制的多种实现形式,要冲破"一左一旧"思想的束缚,认清本位主义、地方保护主义和个人主义的危害,促进跨地区、跨部门、跨所有制的国有企业重组。要推动国有企业和非国有企业的优化重组,鼓励中资企业与外资企业的优化重组,国有企业要打中国牌走国际化,发挥国有企业在整个国民经济结构调整中的主导作用,要把企业重组和改革有机结合起来,推动企业产权结构多元化、股份化,加快建立现代企业制度,增强综合竞争实力,提高素质,加速国有企业的优势扩张发展。

(二) 加强省政府对河南省国有企业战略重组的领导

目前,尽管国有企业改革的方向是明确的。但是,由于市场经济体制尚不完善、相关政策法规尚不配套、条条块块利益不协调、人们思想认识不统一,国有企业战略重组的困难和阻力还是很大的。为了加强领导,建议成立"河南省国有企业战略重组领导小组"。具体工作是:①国有企业战略重组要结合名牌战略、开放带动战略、大公司大集团战略等统一实施;要结合河南省主导产业、主导企业、主导产品的培育和发展;要结合河南省经济结构的调整优化;要有利于进一步提高河南省的综合经济实力,重点是要围绕"抓大放小"和"三改一加强"展开工作。②制定全省国有企业战略重组发展规划。③抓好国有企业的"创新工程",鼓励制度创新、管理创新、技术创新等,重组的过程也应当是创新的过程,两者有机结合才能赢得新的发展优势。④建立河南重点企业信息库。

(三) 政府部门要树立全局观念和发展观念

国有企业战略重组是一项涉及范围广泛且操作复杂的系统工程,必然会伴随个人、企业、地区、部门、行业、全局等利益结构的调整,应当树立个人利益服从企业利益、地方利益服从国家利益、短期利益服从长期利益的观念,树立国有企业重组全省或全国一盘棋观念。应切实转变政府职能,政府部门应当真正在国有企业重组中发挥领导、引导、指导作用,强化服务意识。

(四) 政府的主动行为要符合市场经济规律

追求效益的最大化是企业运营的最终目标,

利用资本运营来实现企业的优势扩张完全是市场行为，是企业谋求快速发展的一条捷径。政府作为国有企业的所有者代表，对国有企业重组应发挥领导、指导、引导作用，重点是给企业指明重组发展方向，应真正发挥企业在重组中的主导作用，尊重其自主选择。另外，政府作为社会经济管理者，应为国有企业重组创造良好的外部环境，综合运用政策、法律、行政等手段，来促进国有企业重组，并搞好综合服务。应切实避免不切实际的行政命令、"拉郎配""一刀切"。应按照建立现代企业制度的要求严格规范政府行为，既要主动，又不能盲动，切实发挥好企业的主导作用。

（五）实施"大公司、大集团"发展战略

国有企业重组要紧紧围绕河南省的主导产业、支柱产业、战略产业展开，并采取大公司大集团发展战略，这是国有企业重组的重点与核心。一是应结合河南省的重点产业，选出成长快、带动作用强的骨干企业作为企业重组的龙头或母体，并给予配套政策方面的倾斜扶持，促其快速实现低成本扩张；二是着力建造河南省的"航空母舰"，组建联合舰队，逐步形成国家队、省级队、市级队三个梯队；三是注重利用重组搞好企业品牌运营，我国已经进入品牌竞争新时代，品牌已成为企业经营和资本运营扩张发展的中心。应借鉴青岛海尔从一品到多品、从一业到多业，利用品牌运营实现扩张的成功经验。

（六）国有企业重组要始终坚持制度创新的原则

制度创新是实现重组的关键或前提条件。企业重组并非是企业的简单相加，而是资源的重新优化配置和系统要素的有机结合，重组目标应当是1+1>2。如果不进行制度创新，用先进的企业制度将两个企业融为一体，那么要实现重组目标就比较困难，很可能会出现1+1<2，甚至两败俱伤的结局。目前，政府和企业都在大搞重组，这是好的，但却出现了许多简单相加的情况，重组后的企业难以"磨合"，这就导致重组失败。有的企业自身制度不先进，盲目搞承债兼并，包袱越背越重，管理失控，陷入困境。河南省应力争在一两年内，全面在国有企业中建立现代企业制度，突破企业产权制度改革这个难点，推动企业产权的多元化、股份化，鼓励企业职工持股，推出一批龙头上市公司。

（七）国有企业重组应坚决贯彻规模经济原则

规模经济是企业发展的重要经济原则，是一个硬指标，企业的生产规模只有达到或者接近这个指标，才能获得最合理的生产成本，才能在激烈的市场竞争中占据主动地位。因此，企业在重组发展时，首先要考虑的就是在本行业形成规模经济、创出企业品牌优势，在本行业站稳站牢。这也是企业由一品到多品、由一业到多业发展的前提和基础。河南省轻工、化工、机电、冶金、建材等行业中存在许多远离规模经济又没有产品优势的企业，他们都应该采取多种方式、突破所有制、隶属关系、地域的制约，在本行业内进行兼并重组，发展企业规模经济。现在河南省已有许多企业在这方面做得很好。河南省也有些企业，本身实力小，无力发展规模经济，又不愿被别人兼并，一味等待观望，最后只能被市场淘汰。特别是在制定企业发展与重组战略时，应当处理好专业化与多元化的关系，实现在规模经济基础上的产品生产经营专业化是企业重组时应考虑的重要目标。绝不能脱离企业实际一味盲目地追求企业生产经营的多元化，多元化扩张一定要建立在专业化和规模经济之上。

（八）大力发展产权交易市场等多层次资本市场

企业重组一般以企业并购的方式进行，也可以被看作是企业产权交易，而交易应遵循等价有偿的原则，企业产权交易市场有别于一般商品市场，一般商品市场交易对象是产品，而企业产权市场交易对象是企业产权或企业股份，所以更为复杂，涉及的面和范围非常广泛，需要专业知识，所以企业重组需要以专家为主的中介服务组织进行运作。大力发展产权市场和多层次资本市场，鼓励发展投资银行、证券公司、会计、律师、公证、信息等中介服务组织，重点扶持几家证券公司。

试论中国企业并购大战的应对策略（1998 年）*

引言

1998 年，人们谈论最多的是股份制、股份合作制和公司制，捧了几代的铁饭碗在企业兼并与破产、转制与建制中化为乌有。中国经济体制大转型、经济结构大调整、企业改革大攻坚，汇成一个亮点。1998 年中国企业的并购大战，有的企业茫然，有的企业等待，有的企业跃跃欲试，有的企业早已捷足先登。中国的彩电大战、冰箱大战、洗衣机大战、空调大战、VCD大战等令世人大开眼界。这些"战争"的结局是企业大并购，由此产生了一代英豪，如TCL、海尔、格力等。这场"战争"的序幕才刚刚拉开，更大规模、更高水平的大战还在后面。

1998 年，国内掀起企业并购大战的热浪狂潮，并一步一步地向我们袭来。

一、并购大战的背景

中国经济正在与世界经济接轨，全球经济正走向一体化，竞争与垄断的概念早已冲破了国界，深深地融进了我们的生活。如何培育自己的"大鲸鱼"，如何建造自己的"航空母舰"，这是我们不能回避的课题。近年来，全球跨国企业并购案日益增多。从 1989 年至 1995 年，外国企业在美国的并购案由 220 起增到 483 起，并购额由 221 亿美元增到 4917 亿美元；1996 年，日本企业海外并购案及其交易额分别增长 20% 和 33%。当我们在为自己的发展兴高采烈的时候，国外大公司正利用其品牌和资本优势悄悄地向我们展开进攻。不经意间，我国的某些产业领域，如合成饮料、洗化日用品等国产品牌的领地步步萎缩，或衰落或被并购，市场已初步被国外品牌垄断。更值得我们思考和警觉的是：大批的国有企业正如饥似渴地期待着国外大公司来并购，民族工业的发展面临挑战。

改革开放以来，邓小平理论在实践中得到了充分的检验。邓小平理论的核心是"发展论"。国有企业的改革从放权让利开始，到承包制，再到今天无可争辩的现代企业制度，走过艰辛、曲折而又富有成效的道路。国有经济发展壮大了，国有企业也将走出"年年要搞活，年年又搞而不活"的怪圈。这一次的国有企业改革是带有根本性的，我们已没有退路，必须打好 1998 年国有企业改革的攻坚战。一是国有企业应尽快完成公司制改造，彻底实现国有企业的市场化；二是着眼搞好整个国有经济，对国有企业实施战略性改组，建造"航空母舰"，组建"联合舰队"，培育跨国公司；三是灵活运用市场经济手段和强有力的行政手段，全力支持中国的"巨人"企业，展开以兼并收购为核心内容的资本运营，并以"巨人"企业为主导推进中国的全球战略。

二、并购大战的理论

企业并购从广义上来讲就是企业之间的重新组合，从狭义上来讲就是企业或企业股权的合并或买卖性质的交易。这种交易显然不同于一般产品的买卖，他是一种更高层次的交易。可以毫不夸张地说，企业并购是市场经济中所有商品交易中最复杂的一种特殊交易。企业并购市场是一个网络化、系统化的无形市场，需要发达的中介机构，特别是投资银行要为并购交易双方提供高度专业化的系列服务。对企业并购的理论我们可以罗列一大堆，但是认识事物要看本质，解决问题要抓主要矛盾。生物的生存环境为自然界，遵循"物竞天择、适者生存、优胜劣汰、高级进化"的自然法则；企业生存的环境为市场经济，同样

---

* 本文发表于《决策探索》1998 年 2 月 15 日。

要遵循"物竞天择、适者生存、优胜劣汰、高级进化"的市场经济法则。因此，我们有必要上升到市场经济条件下"企业发展论"的高度来寻找企业并购的理论渊源，回答企业并购的动因和目标。企业是资本的集合体，资本与生俱来具有追逐利润或增值的本性。利润来自一定的市场份额，一定的市场份额来自较大的竞争优势，较大的竞争优势来自较强的企业发展核心能力，即对市场变化作出反应的根本能力，这最终要通过以并购为核心的资本运营来获得。正如美国诺贝尔经济学奖获得者施蒂格勒所说："纵观世界上著名的大企业、大集团，几乎没有哪一家不是在某种程度上以某种方式，通过兼并收购等资本运营手段而发展起来，也几乎没有哪一家是完全通过内部积累发展起来的。"

我们还可以从企业发展的专业化理论和多元化理论中为企业并购找到理论依据。专业化是现代工业社会化大生产的显著特点和必然要求，专业化带来了工业高度发达和劳动生产率的最大化。专业化分工早已冲破了部门、地区、所有制和国家的界限，走向全球经济一体化。专业化的直接目标是规模经济，提高劳动生产率，降低成本。企业并购是实现企业低成本专业化扩张发展的一条捷径。快速转换多元化的社会需求是当代社会文明发展的一大特点，多变的市场需求经常会带来某一产品的衰落和另一产品的兴盛。为了避免由于某一产品的衰落而导致企业衰败，企业多元化经营应运而生。企业多元化经营遵循 1+1>2 的系统原理，优势互补，降低成本，寻求新的发展潜力，提高企业综合生存发展竞争实力。常见的以无形的品牌商誉为导向，由一品一业优势转变成多品多业优势。企业并购是实现企业低成本多元化扩张发展的一条捷径。如青岛海尔在几年时间内通过并购就由电冰箱优势变为洗衣机、空调器、电视机、微波炉等多业优势。专业化与多元化是一对对立统一的矛盾，专业化是无条件的，而多元化则是有条件的，即多元化必须要建立在专业化的基础之上。多元化对许多企业来说是梦寐以求的理想，但如果多元化离开了专业化这个基础就会走进误区，掉进陷阱，最后招致竞争失败。企业并购一定要遵循"企业发展论"的要旨。

三、并购大战的实践

并购要有市场经济条件下的并购理论作指导。中国企业并购大战的直接结果是：中国企业的国际竞争实力大大增强，竞争水平大大提高，相信在不久的将来会有一批中国的跨国公司荣登世界 500 强企业之列。实践中我们已经创造了许多行之有效的企业并购方式，这些方式在 1998 年会得到更大的发展和完善。①出资整体购买式：出资整体购买目标企业，取得其全部产权。②投资控股式：通过对目标企业适度投资，取得对其控股权。③控股式收购：通过证券市场，向股权持有者支付足够的货币来购买足够的股权，取得对目标企业的控股权。④杠杆控股：母公司通过子公司、控股公司去连续间接控股目标企业。⑤商誉投入控股：把优势企业的商誉（包括商标、专利、商业秘密、品牌、管理方式和机制、营销网络等无形资产）作为资本折股投入目标企业，实现对目标企业的控股。⑥承债式收购：当前国有企业的资产负债率很高，大量存在有形资产资不抵债现象。承债收购难度大、风险大，搞不好就会背上一个大包袱。一般优势企业更看重目标企业发展潜力和较大的无形资产。⑦承包租赁：这种方式比较灵活，但要防止出现短期行为。比较适合对小型企业先承租取得经营权，待时机成熟再行并购；也适合对一次性投资大、回收期长的目标企业先承租取得经营权，待时机成熟再行并购。⑧企业托管：优势企业对目标企业的前景没有十分把握，可先行托管，待与合作各方磨合好后再行并购，可以降低并购风险。⑨联合参股：联合多个投资者采取多种方式对目标企业进行参股或控股。这种方式可以优势互补，分散风险。⑩无偿划拨：在经济转轨时期，产权交易或企业并购没有行政力量参与是无法现实的，尤其是在国有存量资产重组上，对同一所有制、同一地区或同一部门很容易运用这种方式，但绝不能乱用。要依据两个基点：一是市场预测和专家系统评估后才能决策，二是能优势互补且目标企业划拨后活力增强、发展潜力增大。⑪企业合并：这是 90 年代风靡全球的企业并购

方式。其目的和要求是能适应日益激烈的全球竞争，实现强强联合、优势互补、规模经济、降低成本，取得同业竞争优势。我国由于受地区和部门条块分割的影响，普遍存在重复建设，于是出现了许多分了合、合了又分的瞎折腾现象。其原因主要还是受旧体制和机制的刚性约束。以公司制为目标的配套改革为成功实现合并创造了有利条件。

四、并购大战的原则

我们的企业开展并购大战是有规则的。为了有效地维护企业并购有关各方的合法权益，趋利避害，提高企业并购的成功率，实现优化社会资源配置的目标，我们认为企业并购应遵循如下三点基本原则：

一是坚持平等自愿、协商一致原则。企业并购双方的法律地位是平等的，法人意志表示是平等的。在平等的基础上，企业并购双方应本着自愿和协商一致原则签订并购合同，确认双方的权利和义务。在现实体制下，行政手段与市场手段相结合有利于促进企业并购，但也出现一些过多的行政干预现象。如不顾企业的意愿搞"拉郎配"，下企业并购指标，一些应该政府承担的义务也硬推给企业，企业并购双方权利和义务不平衡等，应逐步消除这些不规范行为。

二是坚持等价有偿原则。企业并购实质上是一种以企业或企业股权为对象的特殊的市场交易行为，理所当然也要遵循"等价交换"的市场法则。等价交换的基础是确定企业资产的价格，这有赖于发达的企业资产评估中介行业来完成。但是资产评估在我国才刚刚兴起，尚不成熟，缺少法律规范，缺乏科学性。现实中普遍存在高估优势企业的市场价格而低估劣势企业的价格，或高估并购企业价格而低估被并购的目标企业价格现象。尤其是某些政府部门为了尽快甩包袱，有意低估被并购企业价格甚至忽略被并购企业的无形资产，如专利、商标、商誉、土地使用权等。这种现象特别是在外国跨国公司对我国国有企业的并购中经常发生，无形中损害了国家利益。应当

完善有关国有资产监管运营的办法，防止国有资产流失；应加强我国资产评估中介机构的发展，与国际惯例接轨，完善有关法律制度。

三是坚持保护合理竞争与防止垄断相结合的原则。市场竞争的结果是优胜劣汰，企业之间的优化重组既是竞争的结果又会促进竞争的提高，但是也可能出现某行业领域内生产要素向极少数大企业集中而形成垄断。由于垄断违背了市场公平竞争法则，所以西方国家普遍都制定了完善的反垄断和保护竞争的法律制度。我国已颁布了反不正当竞争法，还应慎重制定反垄断法。但是随着我国经济与世界经济一体化进程加快，国际竞争国内化、国内竞争国际化，也出现了竞争与垄断全球化的趋势。为了迎接新的挑战，我们既要维护充分公平的市场竞争秩序，又要促进生产要素资源的适度集中，为我国巨型跨国公司迅速扩张创造保障条件。近二十年来，美国的许多大型企业在国际化发展和参与国际竞争方面落后于日本，这也许是美国过分严厉的反垄断法削弱了巨型企业进一步向海外扩张的潜力。美国近年来已认识到了竞争全球化的趋势，进一步修改了有关法律的适用情况，以增强其国际竞争力。如为了与欧洲空中客车公司竞争，最近美国波音飞机公司与麦道飞机公司宣布合并，使之成为全球最大的飞机制造公司。波音麦道与空中客车基本上垄断了全球民航飞机制造业。这种伴随着全球经济一体化而出现的全球垄断应当引起我们的高度警觉。我们有必要重新认识和界定国内垄断与国际竞争、局部垄断与全球竞争、全球垄断与全球竞争等问题。针对当前出现的一些全球垄断的苗头，我们应当采取积极对策以应对。我国关于保护竞争和反垄断方面的立法一定要适应新的国际经济一体化形势，认真吸取西方国家在这方面的经验教训，通过企业并购促进国内某些产品生产要素的适度集中，以增强国际竞争力和保护民族产业的发展。如何防止某些国外跨国公司依仗其有形和无形资本的优势通过企业并购实现对我国市场的垄断，也是亟待解决的问题。

河南省政府扶持农业发展的投入体制改革问题研究（1998年）*

引言

从产业链上来讲农业属于基础产业，是其他产业发展的基础；从经济效益上来讲农业属于弱质产业，平均效益低下。实现农业的可持续协调稳定发展事关全局和大局，为了弥补市场失灵，必须加大政府对农业的扶持力度，建立政府扶持农业发展的体制机制。

一、政府投入扶持农业的理论依据与现实必要性

在市场经济条件下，市场在社会资源配置中发挥"基础"性作用，但是由于"市场失灵"的存在，要求政府必须加强宏观经济调控。农业是最大的弱质基础产业，始终是我国宏观经济调控的战略重点之一，党和政府一直都把加强农业放在经济工作的首位。尤其是运用财政手段对农业进行倾斜扶持投资发展，以保证农业与其他产业协调发展，获得显著的宏观效益。农业作为"母亲产业"，是整个社会经济稳定发展的基础。农业的社会效益高，但经济效益比较低，面临着自然与市场的双重经营风险，市场资金很难自动投向农业，需要政府扶持投资的引导。我国正处于工业化的中期阶段，要实现经济快速协调稳定发展，就必须调整经济发展战略，由忽视和剥夺农业向扶持和保护农业转变，强化农业在国民经济中的基础地位。

河南省是全国第一人口大省，且农业人口占全省总人口的82.7%，是全国重要的农产品生产基地，但农业基础脆弱，抗灾能力低，在一定程度上是靠天吃饭，生产波动较大，人均耕地持续减少。由于水资源匮乏，河流污染严重，农业劳动生产率仅相当于全国平均水平的70%左右，农村贫困人口多。农业的稳定对实现河南省跨世纪发展战略目标至关重要，所以省政府要加大对农业的扶持投资发展力度。

二、现状与存在问题

河南省委省政府历来都把发展农业和农村经济摆在全省国民经济和社会发展的战略高度，在政策、投入和科技等诸方面给予重点倾斜支持，全省农业生产条件不断得到改善，农业基础地位和农村经济得到进一步加强与发展。农林牧副渔业保持稳定增长，乡镇企业高速增长，为河南省连续六年实现"一高一低"的战略目标做出了贡献。1996年、1997年粮食产量创历史最高水平，为全国粮食增产做出了较大贡献。农业产业化经营平稳起步，科技对农业增产的贡献率、农民收入均有较大提高。但是由于历史欠账太多的原因，河南省农田水利基础设施仍较薄弱，政府扶持农业发展的有些政策还不到位，农业稳定发展的后劲不足。

（一）全省支农资金投入基本情况

投入总量逐年有所增长，财政支农资金的投入方式主要有：配套投入方式、财政贴息方式、财政资金保值增值使用方式等。但是支农资金比较分散，以工代赈、农业扶贫、黄淮海开发、省大型水利工程和小型农田水利建设专项基金以及农林牧渔小额基金等，分散在省有关部门管理实施。

为了强化对农业的扶持投资，省政府1991年批准成立了省级政府农业投资法人机构——"河南省农业综合开发公司"，主要负责省农业扶贫资金和省乡镇企业扶持资金的管理，并承担工业扶贫资金和黄淮海开发资金的委托管理业务。

---

* 本文发表于河南省人民政府发展研究中心《调研报告》1998年8月24日第27期（总372期）。

该公司主要围绕"八七扶贫攻坚计划"、地方财源建设和 18 个综合改革试点县，按项目管理方式投放资金，几年来共投放支农资金 19 亿元，有力地支持了河南省农业和农村经济的发展。

（二）存在问题

①财政支农投入总量相对不足，效益不高。②政府投资对其他社会投资主体诱导无力。财政支农投入管理上存在条块分割，使用上过于分散，"农业开发基金"被肢解分散到许多部门和单位，政府农业投资主体不明确，投资范围不清，以至于出现许多低水平重复建设或"拼盘"现象，对诱导社会投资主体投向农村尚没有形成集中合力优势。③政府对农业投资效益评价与监督约束机制不完善。④政府农业投资法人化改革没有到位，农业投资所有者缺位。

三、对策建议

（一）树立投入是农业发展根本的观念

总结近二十年来我国农业较快发展的经验：一靠政策，二靠投入，三靠科技。政策是基础，投入是保障，科技是手段。正是党的农村政策激发了各主体投入发展农业的积极性，加大投入是农业发展的根本。应进一步稳定和完善党的农村政策，加大政府对农业的扶持投入力度，引导并鼓励各主体投入发展农业的积极性。走"科技兴农"的可持续发展道路，加大科技投入的力度。应切实减轻农民负担，并加大扶贫开发力度。

（二）切实加大政府对农业的投入

一是运用法律手段来保证较大幅度地增加财政对农业的投入。进一步明确政府财政扶持投入的量化目标。

二是明确政府财政对农业投入的内容、结构、重点。重点支持改革开放以来农村出现的第三次革命，即农业产业化；支持"种养加、贸工农"一体化发展；支持"科技兴农"，健全农技推广体系，支持高科技农业示范园区或企业；支持"一优双高"农业发展，加强农业基地建设、区域开发、种子工程建设；大力支持农业基础设施建设、加强农田水利基本建设，改善农业生产条件，增强抵御自然灾害的能力。还应大力支持乡镇企业以反哺农业。

三是完善政府对农业投入的基金制度。建立"河南省农业发展基金"，具体包括如下两部分：①河南省农业保护基金，主要用于公益性基础建设，一般为无偿投入，实行项目法人责任制；②河南省农业开发基金，一般为有偿投入，为政策性经营投资，应采取法人运作方式。基金主要来源于政府财政预算拨款，也可以吸收社会资金和外资。

四是充分发挥政府投入的导向作用。利用政府有限的政策性投入引导社会各主体和外资投向农业。

五是进一步确立和完善河南省政府农业投资体制。明确政府农业投资法人化的方向和目标。进一步完善河南省政府农业法人化投资体制。采取多种有效形式加强对农业的投资。

（三）发挥"河南省农业综合开发公司"在省政府农业投资中的主导作用

一是明确省农业综合开发公司的性质和地位："河南省农业综合开发公司"是省政府所属的专业从事农业开发的国有独资政策性投资公司。

二是明确发挥主导作用的方式和方向：①把分散到全省各部门的支农财政周转金纳入"省农业开发基金"，委托省农业综合开发公司运作，继续发挥财政信用的积极引导作用；②要逐步转向以独资、参股、控股、合伙、合作、担保等为主的投资方式上来。主要围绕农业产业化、农业综合开发、扶贫开发、乡镇企业等展开投资业务。重点支持政府鼓励的基础性、综合性、方向性、科技先导性的农业开发项目；大力支持农业产业化，集中扶持主导产品和龙头企业，支持"一优双高"的高科技农业示范园区或企业等，培育新的农业增长点，还要支持骨干乡镇企业的二次创业。

三是稳定财政政策性支农投资来源。河南省农业开发基金（主要包括农业产业化、综合开发、扶贫开发、扶持乡镇企业等专项基金）应列入省财政预算内专项支出，并保托为项目法人，对项目的建设管理及运营负责。

四是对省农业综合开发公司进行规范化公司化改造。建立现代企业制度、完善法人治理结构。建立相应的专家决策支持系统，组织专家咨询委员会，为"公司"的科学决策服务。

关于河南省乡镇企业改革问题的调查研究报告（1999 年）*

引言　乡镇企业问题在1998年备受中央和地方的高度重视。江泽民在江浙视察时指出：发展乡镇企业是一个重大战略，是一个长期的根本的方针。十五届三中全会《决定》中指出：乡镇企业是推动国民经济新高涨的一支重要力量。一方面乡镇企业已成为实现国民经济快速发展的主要力量，是增长的中心极；另一方面乡镇企业面临着前所未有的严峻困难形势。党的十五大以来，河南省乡镇企业正处于以制度创新、管理创新、技术创新和结构调整为主要内容的"二次创业"的关键时期，尤其是以产权制度改革为中心的企业改制工作取得了较大进展。

一、加快乡镇企业改革的重要性和紧迫性

近几年来，随着市场经济体制的确立和完善，乡镇企业发展的外部环境，如宏观经济环境、政策环境、竞争环境、市场环境等都发生了深刻的变化，乡镇企业进一步发展面临严峻挑战。首先，乡镇企业的政策优势和机制优势已不存在。由于市场经济要求公平竞争，原来对乡镇企业实行的许多倾斜政策不能再执行了。乡镇企业原来适应市场的许多灵活多样的经营方式突然之间变得不那么灵了。日益强大的竞争对手使乡镇企业面临严峻的"四面夹击"之势：国有企业改革加快，其潜在的巨大的竞争实力已得到显现；外资企业以其资本、技术、管理优势快速发展，占领市场；城市高科技民营企业以其人才、技术、信息、管理优势，高起点地快速成长；各类混合所有制企业以其杂交优势而获得迅速发展。其次是严峻的宏观经济环境使乡镇企业的快速发展受挫。1999 年前后，受宏观经济形势变化和东南亚金融危机的影响，我国出现了通货紧缩和需求不足（出口萎缩、消费平淡、投资趋缓）的新情况，乡镇企业增长速度大幅回落，对经济增长的贡献率快速下降，如河南省乡镇企业增长速度由 1993 年的 67.5% 降至 1997 年的 18.5%，再降至 1998 年的 15% 左右，在 1997 年底和 1998 年初一度出现乡镇企业大面积大幅度滑坡的危急情况。另外，乡镇企业的内部矛盾和弱点彻底暴露无遗。粗放型的发展方式多年来形成了大量的低水平重复建设，起点低、规模小、设备落后，专业化技术水平低，产品结构不合理，人才短缺，参与激烈市场竞争的物质基础比较薄弱；管理方式落后，许多还处于人治和家庭作坊式管理的初级阶段，与科学管理和现代管理的要求相去甚远；缺乏新的政策扶持，如资金投入严重不足；最为重要的是乡镇企业原有的机制优势已弱化和退化，而新的机制优势尚没有确立，特别是乡村集体企业由于产权不清、政企不分、改革滞后，其面临的困难最大。

今后乡镇企业的发展应当是以改革为动力全面推进"二次创业"，培育新优势，建立创新机制（政策体制创新、制度创新、管理创新、技术创新），加快建立现代企业制度或先进适用的企业制度，特别是用现代企业制度改造乡村集体企业，对乡村集体企业进行彻底改革显得非常重要和紧迫。

---

* 本文发表于河南省人民政府发展研究中心《研究报告》1998 年 12 月 11 日；《决策探索》1999 年 2 月 20 日；《河南政报》1999 年 4 月 15 日。

二、河南省乡镇企业改革情况的基本评价

河南省是一个乡镇企业大省,乡镇企业对河南省经济增长的贡献率为40%~50%,省委省政府历来都高度重视乡镇企业的改革和发展问题。河南省乡镇企业以制度创新为主要内容的改革起步于1993年,起步时间和进展情况都略滞后于沿海地区,从1996年起河南省乡镇企业改革工作受到普遍重视并开始加快,真正取得突破性进展还是在十五大召开以后。近两年来,河南省各地坚持"三个有利于"的标准,以产权制度改革为中心,以建立富有活力的企业制度和经营机制为方向,放手让群众从实际出发探索和选择企业的经营方式和组织形式,调动投资者、经营者和劳动者的积极性,确保集体资产保值增值和金融债务落实。坚持因地因企制宜,"一厂一策",许多地方都探索出了好的典型经验。据不完全统计,截至1998年10月底,河南省乡镇企业已实现各种形式的改制企业59354个,其中乡村集体企业27342个,约占全省乡村集体企业总数的50%。在改制的集体企业中,有股份合作制企业11341个,股份制2185个,组建企业集团353个,联营1339个,兼并企业455个,租赁企业3375个,出售企业354个。集体企业的资本金为492亿元,约比改革前增加19%。有90%以上的改制企业运行良好或基本正常,只有9.5%的企业因各种原因未摆脱困境。

通过改革,河南省乡镇企业取得了如下积极显著成效:一是经受住了严峻考验,渡过了难关,从根本上扭转了增速进一步下滑的趋势,继续保持了快速增长势头。二是初步建立了先进适用的企业制度,实现了政企分开、产权清晰、权责明确,完善了法人治理结构和监督机制,企业的经营机制和方式发生了根本变化,为企业实施科学管理奠定了基础。三是通过改革促进了乡镇企业的重组和结构调整优化,提高了竞争实力。提高了资本运作效率,盘活了大量存在的死滞资产,降低了企业资产负债率,从根本上解决了企业债务负担重、不良债务大的隐患,企业债务状况明显好转,为化解长期存在并日益扩大的金融

风险做出了贡献。四是实现了集体资产的保值增值,从根本上有效地遏制了集体资产隐性流失的势头,如潢川县1996年集体资产流失了1/6,舞阳县1996年流失近20%,通过改革彻底堵住了吞食集体资产的黑洞。

三、改革的主要经验做法

河南省各地结合本地实际,大胆探索出了许多改革的典型经验,主要成功做法总结如下:一是加强宣传发动、统一思想认识,夯实改革的思想基础;二是强化组织领导和政策引导,搞好顶层设计;三是搞好试点,突破难点,以点带面;四是规范运作,科学操作,严格制度;五是政银企密切合作,让金融部门参与改制,突破债务难点。

四、主要问题

河南省乡镇企业改革中存在如下主要问题:一是一些地方对乡镇企业改革的重要性和紧迫性认识不足、领导不力、行动迟缓;二是个别地方企业改革走形式、简单化;三是有些地方企业改制缺乏规范性、科学性;四是普遍存在缺乏国家配套政策的支持,一些严重资不抵债企业的债务难点难突破。

五、几种主要改革形式

河南省各地都把适应市场、追求效益、谋求发展等作为改革的出发点和归宿,并把改革与制度创新、结构调整、引进资金技术等紧密结合,选择各种有效的企业改革形式,改革总体上是好的,但还应当进一步规范完善。①股份合作制,是目前河南省乡镇企业改革的主要形式,约占全省改制集体企业的42.3%。②股份制,是现代企业制度中的高级形式,符合社会化大生产的要求,适合实力较强的企业采用。采取股份制的企业约占河南省乡镇集体企业改制数的8.2%。尽管比例数量较小,但由于其严格按《公司法》规范运作,效果好,影响大,且对河南省乡镇企业的示范带动作用很大。如长葛的河南黄河旋风集团,多年来坚持高科技、高起点、大规模的发展思路,先后与美、日等国家开展合资合作,引进

资金和技术，并进行规范化的股份制改造，该公司的"黄河旋风"股票于1998年10月在上交所成功上市，成为河南省乡镇企业首家上市公司，标志着河南省乡镇企业"二次创业"取得了突破性进展，进入了一个崭新时代。③组建企业集团，是一种综合化的企业改制方式，又是实现乡镇企业结构调整、重组优化的重要手段。④出售，作为一种企业改制形式在河南省各地不同程度地得到运用。⑤联合，乡镇企业发展的出路在于与外部世界融为一体，联合可以有效地弥补乡镇企业的弱点，实现优势互补。⑥兼并，是乡镇企业改革的重要方式。⑦租赁、承包，也是乡镇企业改制广泛采用的一种方式，通过租赁承包实现生产经营管理权的过渡并独立经营。⑧破产，是有争议的也是最难的一种企业改制形式。一方面存在许多严重资不抵债企业，改制非常困难，另一方面又不能全部实行破产。对乡镇集体企业破产问题，由于历史遗留问题较多，国家政策尚不配套，破产法实际没有得到执行，企业破产工作基本处于停滞状态。

六、几点建议

1. 要加速推进乡镇企业改革创新"二次创业"

省委省政府应高度重视乡镇企业的改革发展工作，加快制度创新、技术创新、管理创新，以产权制度改革的突破口，建立先进适用的企业制度。把乡镇企业的改革、改组、改造与加强企业管理紧密结合起来，着力搞好抓大放小工作，把改革与结构调整优化紧密结合起来，提高河南省乡镇企业的总体实力与竞争力。

2. 加强对乡镇企业改革的领导，为改革创造宽松环境

严峻的外部环境和内部的众多缺陷或矛盾均要求加快乡镇企业的改革。各级政府，特别是县、乡（镇）政府应切实加强领导，建立有力的领导机构，明确改革的紧迫性、方向、途径、方式等，探索改革的模式。乡镇企业改革是探索性的，没有固定的模式，应加强经验交流，定期组织全省乡镇企业改革经验交流会，及时总结经验教训。政府各部门应齐心协力支持改革，切实减免各种收费，坚决禁止乱收费，减低改革成本。

3. 积极探索并完善乡镇集体企业的改革改制模式

乡镇集体企业是这次改革改制的重点。由于乡镇企业情况千差万别。所以应按照"三个有利于"的原则，解放思想，积极探索，坚持"一厂一策"。积极借鉴国有企业的改革办法，坚持抓大放小，搞好"三改一加强"。进一步完善股份制、股份合作制、联合、兼并、出售、租赁、承包、托管、破产等各种改革模式。从长期来说，股份制或股份合作制应成为骨干乡镇企业的目标模式。

4. 坚持积极推进规范运作的改革方针

坚持先试点、摸索经验，先点后面，逐步全面展开。严格按照国家的法律、政策来规范改革，按照市场经济规律办事，坚持"公开、公正、公平"的原则来规范改制程序。切实搞好清产核资、产权界定、资产评估，依法保护集体资产，保全金融债权。狠抓已改制企业的规范完善工作，搞好配套改革。

稳步推行"省管县"体制，突破县域经济发展的体制性约束（2005年）*

摘要　县域经济是河南省经济社会发展的重要基石，"强县扩权"改革有力地促进了县域经济的快速发展，"市管县"体制已不适合区域经济和市场经济发展的最新要求，以"省管县"逐步取代"市管县"是河南省县域经济实现新的跨越式发展的内在要求。推行"省管县"体制具有充分的理论依据，又是"强县扩权"改革实践的必然趋势，建议稳步推进"省管县"体制改革。

一、我国行政管理体制的历史演变及其趋势

从历史上来看，我国的地方行政区划源远流长，从秦始皇统一中国开始废除"分封制"创立"郡县制"，迄今已有两千多年的历史，最稳定的是县级建制，从创立一直延续至今，从未间断，省县之间的建制则变化较大，但"郡县制"的基本框架结构并未作根本性的变化。秦朝将地方行政机构分为郡县"两级制"，全国分为四十多个郡，一千多个县。西汉立国之初也实行郡县"二级制"，秦代和汉前期的郡县"二级制"共有200余年的历史。但随着汉代疆域的扩大和人口的增多，郡的数量越设越多，到公元前104年全国设有96个郡，中央政权直接领导如此多的一级政区难度加大了，地方行政区划由"二级制"变成了"三级制"。自此以后，虽然各级行政区划建制的通名有所不同，但三国、两晋、南北朝、唐宋明各朝均为"三级制"，总计时间在1500年以上。元朝是中国历史上疆域最大的朝代，中央政权为了有效地统治地方，实行了100余年的"四级制"。清朝是"虚四级""实三级"制，即省—道—府（州、厅）—县，道是省的派出机构。"中华民国"建立以后，实行由省辖道、道管县的"三级制"；1928年国民党政府定都南京后在省县之间设立行政督察专员公署，作为省的派出机构。中华人民共和国成立后，在省（自治区）与县中间大多设立专区，作为省政府派出机构，实行"虚三级""实二级"。市领导县的体制多由地区领导县体制演变而来，并逐渐取代地区而成为地级管理层的主体。

解放以后，我国地方行政区划共经历三次调整：

1. 改革开放前实行以"省管县"为主的体制

中华人民共和国成立之后，我国普遍建立了"省管县"体制，实行省、县、乡"三级制"地方行政区划，并在宪法中作了一般性规定，但是，由于当时的交通通信条件很差，为了加强"省管县"体制，就建立了地区行署，作为省级政府的派出机构，行使对县级政府的管理权，不作为一级政府组织，为虚级政府。同时，在中央直辖市和个别较大的城市建立了"市管县"体制，其原因是：在解放初期为了保证城市蔬菜等副食品的供应，北京、上海、天津等大城市自发地领导起周围的县，到1958年底，全国已有29个市管辖120个县级单位。1959年12月，第二届全国人大常委会通过了《关于直辖市和较大的市可以领导县、自治县的决定》，1960年全国有52个市领导243个县，约占全国县建制总数的1/8。1978年3月，五届人大一次会议通过的新《宪法》规定"直辖市和较大的市分为区、县"。

---

* 本文发表于河南省人民政府发展研究中心《调研报告》2005年7月8日第11期（总第632期）。

2. 改革开放后实行以"市管县"为主的体制

改革开放以后，"省管县"体制逐步淡出，"市管县"体制逐渐兴起。1982年全国仅有58个市领导171个县，同年，为促进城乡经济共同发展，中共中央发出了"关于改革地区体制试行市领导县体制的通知"，年末即在江苏省试点，江苏省撤销所有地区，地区所辖各县划归11个市领导，第二年开始在全国广泛推行。截至2001年底，全国共有地级行政建制332个，其中地级市265个，占地级行政建制的80%；地级市领导县的数量占全国总数的70%，人口占总人口的80%以上。改革后撤销了地区行署，地、市政府合并，变为"市管县"体制，地级市变为一级实体政府，我国实际上形成了"四级制"地方政府行政区划管理体制，即省（自治区、直辖市）—市（地区、自治州）—县（自治县、市）—乡（民族乡、镇）四级，管理层次之多为世界各国之首。全国绝大部分地区实行的是"市管县"体制，只有个别特殊的地区如民族地区或贫困地区仍沿袭了过去"专区（地区）"体制。同时，中央直辖市仍然是直管县（区），全国还有几个副省级计划单列市，1987年成立的海南省是实行"省管县"体制。

3. 进入21世纪出现了向"省管县"体制演进的大趋势

进入21世纪，城市经济获得了巨大发展，但是城乡差距和矛盾日益突出；从区域经济发展方面来说，县域经济正在成为各地竞相发展的战略重点，但是"市管县"体制却越来越制约县域经济的发展。所以，为了落实科学发展观，统筹城乡发展，培育新的经济增长点，许多省份陆续出台了"强县扩权"的政策举措，并不断推进"省管县"体制改革试点：把省、市两级的经济管理权限能下放的都下放到县里；县财省管、书记县长由省直管、审批权下放；县市分置，完全建立"省管县"体制。新的"省管县"体制与改革开放前的"省管县"体制有着本质区别。由于时代不同了，宏观的和微观的环境条件也发生了根本性的变化，所以行政管理形式也应不断创新，改革开放前的省与县之间尚有一个中间虚级——地区行署，未来新的"省管县"体制才是本来的真正意义上的"省管县"。

二、对"市管县"体制的客观评价

改革开放以后我国普遍实行"市管县"体制的目的和依据主要有：一是从改革阶段上来说，我国农村改革初步完成以后，改革的重点开始由农村向城市转移，城市成为改革的重点和发展的重点；二是从发展阶段上来说，我国处于从工业化的初期向加速工业化的中期过渡，为了加速工业化和城市化，在计划经济体制下，实行"市管县"体制可以集中区域生产要素资源，加快区域中心城市的发展；三是从城乡关系上来说，为了破除城乡二元结构，打破城乡分割的局面，促进农产品、工业品、服务以及人财物各类生产要素在城乡之间顺畅流通，农村支持城市的发展，城市带动农村的发展，进而推进城乡一体化发展；四是从理论上来说，实行"市管县"体制的理论依据是"不平衡发展战略"，即优先发展城市，优先发展工业，等城市和工业发展起来了再支持农村的发展。我们对"市管县"体制实际运行的结果应当作全面客观评价：通过实行"市管县"体制，的确达到了城市优先发展的目的，城市规模不断膨胀，人口增加，框架拉大，实力增强，功能不断完善，地级市的辐射带动作用有所增强。"市管县"体制顺应了区域经济不平衡发展规律，对培育区域经济增长极，壮大区域中心城市发挥了积极作用。在对"市管县"体制所发挥的积极的历史性作用应给予充分肯定的同时，我们必须清醒地认识到，我国"市管县"体制是在行政区划不断适应经济发展的历史演变过程中形成的，随着经济市场化的不断深化发展，这一体制的弊端日益明显地显示出来：一是行政管理层级过多，管理效率低下，行政成本过高；二是地级市职能定位不清，市级政府对县级政府的职权干涉太多，一些市将县视为"附属行政单位"，要求县域经济发展从属于市区经济发展的需要，制约了县级政府在县域经济发展中的创造作用；三是市对县的主动辐射有限，带动作用不强，协调发展、平等发展的机会不均等。时代在发展，社会在进步，体制也须创新，"市管县"体制仍然是生产力水平比较落后的计划经济体制的产

物，已不适应市场经济发展的新趋势。

三、推行"省管县"体制的理论依据

首先，应明确一个基本概念，我们要改革的"市管县"体制中的"市"特指"一般的地级市"，而不是宪法中所规定的"直辖市和较大的城市"。

1. 生产力理论（决定论）

影响行政结构的因素有人口、人文历史、自然环境等因素，现实最重要的影响因素是经济体制和生产力水平（基础设施）两大方面，其中生产力发展水平对行政结构起决定作用。马克思主义哲学和政治经济学都告诉我们：生产力决定生产关系，经济基础决定上层建筑；生产关系应与生产力水平相适应，上层建筑应与经济基础相适应。江泽民同志曾经指出："无论什么样的生产关系和上层建筑，都要随着生产力的发展而发展。如果他们不能适应生产力发展的要求，而成为生产力发展和社会进步的障碍，那就必然要发生调整和变革。"以市领导县为主体的地级管理层越来越对生产力的发展产生消极影响，从发展的趋势看，这个管理层应逐步取消，最终实行省直接领导县的体制。就代表生产力发展水平的基础设施而言，在过去由于交通、通信等基础设施条件太差，上下政令传递较慢，交通不便，邮电通信极为落后，为了实行有效的控制管理，在省与县之间设置地区行署或地级市是很有必要的。而如今，我国的综合国力大大提高，交通、通信等基础设施的状况已有了实质性的根本变化，例如我国的高速公路网已经初步形成，河南省的高速公路网的规模已经接近英国和日本的水平，名列全国前茅，公路、铁路、航空等四通八达，我国的信息高速公路网络也基本建成，我国的互联网用户规模居世界第二位，并继续呈现高速发展的态势，政府上网工程、行政信息化和无纸化办公快速发展，行政效率得到了根本性的提高。先进的、网络化的便捷交通通信基础设施，使过去的时空概念大大压缩，例如从县城到省城在过去一般需要一天到两天时间，而现在河南省80%的县城在3个小时之内就可通达省城，最边远的县城在5个小时左右也可通达省城，而且随着近年来河南省交通通信的大发展，这种时空概念仍会进一步压缩，这就为减少行政管理层级和扩大行政管理幅度奠定了物质基础。也就是说，我国的交通通信等基础设施发展水平正在快速向国际先进水平靠拢，行政管理结构也应当尽快向国际惯例和国际先进水平靠拢，逐步由"四级制"向"三级制"过渡势在必行。

2. 经济体制论（制度论）

在过去计划经济体制之下，计划管理项目涵盖国民经济和社会的方方面面，大到各产业之间的比例，各类生产物质、生活物质的层层计划调拨，原料供应、产品的销售、消费品的供给分配，小到各级各类建设项目的论证、计划、审批、建设、验收、投产等全过程，层层下达指令性计划指标分人分钱分物，几乎包含所有经济社会领域，所有这些由省直接计划管理到县的确有难度，因此不得不增加行政层级缩小管理幅度。实行"市管县"体制是计划经济的产物，仍然是计划经济体制的延续，是在计划经济体制大框架之下为了打破城乡分割、实现城乡一体化发展的过渡性制度安排。现在我国已经基本建立了市场经济体制，市场发育日趋成熟，市场对经济要素的配置、整合、优化发挥着基础性作用，过去的无限政府已变成了今天的有限政府，计划经济体制已完全不存在了，"市管县"的体制性基础已不存在了，所以"市管县"体制应该淡出。新制度经济学认为，制度的演变有两种方式，即诱致性演变和强制性演变。当前，我国地方行政管理体制和区划的诱致性演变已经达到了一定的程度，进一步变革的时机和条件都已经成熟，应由政府采取强制性的方式来推动行政管理体制的深刻改革，以适应改革开放和生产力发展的客观要求。

3. 行政管理论（效率论）

行政管理学的一般原理认为：管理层次越多，管理成本就越高，而管理效率却越低。国外大多数国家的地方行政体制实行"两级制"，即省（郡、州）—县，县以下为地方自治组织。我国为"四级制"，明显太多，由此导致的弊端是：层次多，机构臃肿，人员膨胀，人浮于事，过分干预，吃饭财政，低效运行和人财浪费。由于多了一个市级管理层次，导致市县职责不清，市级对县级过分干预，市对县的领导越来越全面具体，县级的自主权越来越少，县级主要领导整天都在陪同或应付上级的检查，或是陷入文山会海之中，有的县每年要接待上千人次的上级检查，收到成百上千的上级文件，县级主要领导穷于应付上级的检查、文件和会议，谋划全局抓工作落实的时间精力就很少了。政府竞争力是国家竞争力的重要组成部分，这就要求行政结构层次要尽可能少、行政幅度尽可能大，行政效率尽可能高。通过国际对比可知，我国多了一个"市管县"的行政管理层级，由此带来了行政上的效率低下，并造成了公共资源的浪费，同时也造成区域内公共资源分配的不公平，尤其是城乡之间严重分配不公，这不符合市场经济"效率第一、兼顾公平"的基本原则。

4. 结构优化论（系统论）

系统论认为：系统结构决定系统功能。我们要追求行政管理系统功能和效率的最大化，就必须进行结构优化。据有关专家根据统计模型运算得出的优化结论认为，我国上一级行政单位与下一级行政单位之间的数量之比，即行政幅度应为1∶50，也就是说，若实行"省管县"体制，我国应有50个左右的省（区、直辖市）、2500个左右的县（市、州）。我国省级行政单位数量可以主要靠增加直辖市的办法逐步达到50个左右，现在全国的县级行政单位数量基本适合。而现实是，全国一个省平均只管理10个左右的地级市，省市之间的管理幅度仅为10，而市县之间的管理幅度平均为5~6，以上管理幅度明显过小，与1∶50的优化管理幅度相比相差5~10倍之多。要达到优化目标，出路只有减少行政层级、增加行政管理幅度。显而易见，只要去掉"市管县"，实行"省管县"，即可基本满足以上结构优化要求。

5. 区域发展论（均衡论）

局域型的城市和广域型的县域是两种不同的空间形态，在经济形态和社会形态上也具有显著的差异性，城市是空间高度集中的经济社会形态，在产业上以二、三产业为主，绝大部分为非农人口；而县域是空间上分散的经济社会形态，在产业上以一、二产业为主，农业人口所占的比

重较大。市县垂直管理有利于城市不平衡的极化发展，但却不利于城乡均衡发展，市县平行管理有利于城乡均衡发展。"市管县"体制已不适应区域经济由不均衡发展到均衡发展的一般规律。一般而言，区域经济的发展会经历四个阶段：第一阶段为极点发展的原始阶段，即中心城市膨胀；第二阶段为点线发展的初期阶段，即中心城市膨胀发展与沿交通干线发展相结合；第三阶段为群带发展的中期阶段，即城市群和经济带大发展；第四阶段为网络式均衡发展的高级阶段。前三个阶段都体现了区域经济发展的不平衡规律，而第四阶段是区域经济发展的最高阶段，体现了区域经济由不平衡发展到均衡发展的规律。我国区域经济正在经历由不平衡发展到均衡发展的过渡阶段，计划经济时代的多层级的、条块分割的行政管理体制应逐步过渡到市场经济条件下的、区域经济网络式均衡发展的体制，"市管县"体制会导致城乡非均衡发展和城乡差距过大，应当逐步淡出，"省管县"体制比较适合网络式均衡发展的要求。

6. 科学发展观（统筹论）

"市管县"体制已不适应科学发展观的要求。由于"市管县"体制主要依靠行政性力量维持，存在着城市侵占县及农村地区利益的趋向。例如，在计划经济体制后期，"市"往往通过截留指标、资金、争项目、财政提取和各种行政审批侵占县的利益；在市场经济条件下，城乡之间的资源不是依据市场的原则来配置，而是以人为的行政力量来分配，自然会进一步侵害"县"及农村地区的利益，从而出现所谓"市压县""市卡县""市挤县""市吃县"或"市刮县"的现象。科学发展观要求统筹城乡发展、城乡协调发展、和谐发展、一体化发展，为此应在体制上保证做到城乡共同发展、平等发展。所以，"市管县"体制应逐步淡出，并以"省管县"体制取而代之，县、市在体制上实现平等，以保证在发展上实现平等。

7. 依法治国论（法治论）

"市管县"体制不适应市场经济的法治原则。从中央与地方的权力划分来看，中央管宏观，即法律和宏观经济社会政策的制定，省级

政府管中观，县级政府管微观，即法律的实施和政策的执行。《宪法》规定："中华人民共和国的行政区域划分如下：①全国分为省、自治区、直辖市；②省、自治区分为自治州、县、自治县、市；③县、自治县分为乡、民族乡、镇。直辖市和较大的市分为区、县。自治州分为县、自治县、市。"《宪法》规定地方行政区划分省、县和乡镇三级，但没有条例规定地级市可以管县。当前最主要的问题是地方政府既是政治管理机构，又是经济管理机构，审批等各项权力都限制在政区范围内，而行政层级过多直接导致了行政成本过高、办事效率过低，进而影响到整个社会经济的运行效率。随着社会主义市场经济不断完善，依法治国不断深入，我国的法制体系不断健全，各级政府按照法制依法行政，社会经济依照法制有序运行，市场经济是法制经济，其基本要求是"小政府大社会"，政府已不再是过去计划经济时代无所不管的政府，而是有限政府、法治政府，这为减少行政层级、提高行政效率、降低行政成本奠定了法制基础，中央、省、县三级分权和职能定位在法律上或是现实中都非常明晰，"市管县"被"省管县"所取代既具有法律依据又是现实需要。

8. 科学分权论（创新论）

由"市管县"过渡到"省管县"是建立科学分权行政体制的客观要求。十六届三中全会通过的"关于完善社会主义市场经济体制若干问题的决定"中，强调"要合理划分中央和地方经济社会事务的管理责权，加快形成行为规范、运转协调、公正透明、廉洁高效的行政管理体制"。关于深化行政管理体制改革的问题，我国已经历了20多年的探索，说到底就是：改革高度集权的管理体制，建立合理的分权体制，由高度集权走向合理分权，这是现代化发展的必然要求，是一条国际通行的普遍规律。中央与地方合理分权的一个重要方面，是建立地方公共行政体制，应根据"属地原则"，由市县政府更多地直接管理公共事务。所谓"地方公共行政体制"，即执行地方公共意志，行使地方公共权力，制定地方公共政策，管理地方公共事务，生产地方公共物品，提供地方公共服务，维护地方公共秩序，满足地方公共需求的地方行政组织体系和管理制度。合理划分中央和地方经济社会事务的管理责权的改革目标是：逐步取消计划单列市，或者转变为直辖市，或者变为省辖市；城市除了直辖市，均由省级政府管辖；"市管县"体制除了郊区县，要逐步取消，由"城乡合治"改为"城乡分治"。"市管县"体制改革一种比较理想的办法是，在现有条件下实行"市县分置"，即"市"只管理城市自身一块，县改由省直接管理。依据城市局域型和县级广域型行政建制的不同性质和特点，改革"市管县"体制，实行"市县分置"，这是创新地方行政管理的重要模式，有利于统筹城乡发展。

四、全国推行"省管县"体制改革的进展情况

县域经济的发展是在一定的行政管理体制下进行的，一个高效率的行政管理体制是县域经济发展的保障。许多地方县域经济活力不足，动力不够，发展滞缓，制约发展的重要根源是现行的"市管县"管理体制和运行机制。实现"市管县"体制向"省管县"体制转变既是市场经济发展的内在要求，又是县域经济加快发展的客观要求。随着市场化改革深化，市级政府基本成了上传下达的一个多余的层级，为了促进区域经济的快速均衡发展，我国实行"省管县"体制改革的条件和时机已经成熟。当前，从全国来看，"省管县"体制改革在浙江、湖北、吉林、山西、河南、湖南、安徽、辽宁、福建、广东等省份铺开，陆续推行了形式多样的、渐进式的"省管县"体制改革。

河南省县域人口占全省的80%左右，经济总量占全省的70%左右，县域经济是河南省经济发展的基石，所以历届省委省政府对县域经济的发展都高度重视。20世纪90年代初期，为了加快县域经济的发展，河南省委省政府曾作出了"十八罗汉闹中原"的决定，即对综合经济实力较强、发展快的18个县（市）实行倾斜发展的激励政策，这一政策的实施对河南省的县域经济发展的确起到了带动和促进作用。但是，当时正在大力推行"市管县"体制，经济布局的重点是优先发展地级中心城市，这就从体制上、战略上、政策

上都对县域经济的发展起到了抑制作用，也就是说，县域经济发展的外部体制和政策环境有很大的局限性，在这种宏观体制大环境下，县域经济要想有突破性的发展很难。为了加快县域经济的发展，突破制约县域经济发展的体制性障碍，2004年4月13日，中共河南省委、河南省人民政府出台了《关于发展壮大县域经济的若干意见》，重点是扩大县（市）经济社会管理权限；2004年5月22日，河南省政府又进一步出台了《扩大部分县（市）管理权限的意见》。"强县扩权"体制经过一年多的运行，取得了显著成效。适时推进具有根本性的彻底的行政管理体制改革，尽快向完全的"省管县"体制过渡。

五、积极稳妥地推行"省管县"体制

县域经济是工业和农业、城市和农村、宏观和微观的一个联结点，又是我们国家的最基本的行政区划单位，其基础地位非常重要。省委省政府已经把发展县域经济作为河南省的一个重要战略来实施，要实现河南省县域经济的跨越式发展，变"快走"为"快跑"，就要清道除障，松绑放权，解决体制和机制性的障碍，稳步推进"省管县"体制，赋予县域经济发展的活力、动力和能力。

1. 指导思想和原则

实行"省管县"有利于实现宪法所确定的省、县、乡三级地方行政区划体制，符合科学发展观的要求，符合城乡分治的国际惯例，符合世界行政区划的发展规律，有利于降低行政成本，提高办事效率，有利于城乡协调发展，逐步推行"省管县"体制势在必行。实行"省管县"体制是河南省行政管理体制的重大变革，其力度大、范围广、内容多，牵涉面宽，是一项系统工程。为此，首先应全面贯彻科学发展观，加快河南省全面建设小康社会步伐，以城乡快速发展、协调发展、和谐发展为目的，本着积极稳妥的原则，科学论证、周密部署、合理规划、因地制宜、分类指导，先试点，再推广，分步实施，逐步展开，有序推进。

2. 实施步骤

推行"省管县"体制应根据不同类型县市分期分批逐步推进。第一步是放权。县域经济发展得好，不是抓出来的、管出来的，而是"放"出来的。第二步是试点。在10个左右经济强县中推行"省管县"体制，实行"市县分置"，互不隶属；把中心城市的郊区县（市）变为区。第三步是稳步推广。试点成功之后，在全省范围内全面推行"省管县"体制，实行"市县分置"，县和地级市都直接由省管辖，互不隶属，实行宪法所确定的省、县、乡三级政府的地方行政管理体制。

供销合作社改革转型的目标模式研究（2017 年）*

引言　供销合作社曾经是我国社会主义经济的重要支柱，但是改革开放之后原有体制缺乏活力，越来越不适应市场经济竞争发展环境，加快供销社改革转型势在必行。供销社改革可以借鉴邮政系统改革转型经验，行政职能转变为政府职能部门，经济职能转变为企业，非营利组织职能转变为行业协会。本文主要描述供销社改革转型的目标模式、路径选择、重点任务。

一、供销合作社的历史贡献与新使命

河南省供销合作总社成立于 1949 年，是省政府直属事业单位。全省现有省辖市供销社 18 个，县级供销社 132 个，乡镇基层社 1876 个，社有企业 3120 个，经营服务网点 7.38 万个。省社事业单位 9 个，直属企业 23 个，加盟企业 9 个，省级行业协会 10 个。全系统干部职工 40.9 万人。全系统资产总额 500 多亿元，所有者权益 200 多亿元。其中，省社本级资产总额 120 亿元，所有者权益 50 亿元。2016 年全系统完成购销总额 6138 亿元，同比增长 31.8%；实现利税 42 亿元，同比增长 18.9%；省社直属企业完成销售收入 262 亿元，同比增长 13.9%；实现利税 9452 万元，同比增长 16.5%。在全国总社综合绩效考核中，荣获特等奖，位居第二名，实现了"十三五"良好开局。

河南省"十三五"及远景目标：一是建设"经济强省"总目标，即四个强省——先进制造业、服务业、现代农业、网络强省；二是打造"三大高地"，即创新、开放、文化；三是打好"四张牌"，即产业转型升级、创新驱动、新型城镇化、基础设施建设。未来全省供销社系统大有作为，大有可为，一是服务国家大战略：两个一百年，全面小康、中国梦；二是创新驱动；三是全面开放：一带一路、京津冀、长江经济带战略；四是服务"三农"，农业现代化；五是服务河南省"三区一群"国家区域战略。

二、邮政系统"双线"改革、信用社系统"市场化"改革经验值得借鉴

（一）我国邮政系统"分步走、双线"改革经验值得借鉴

（1）困境：改革开放之后，我国邮递市场放开，国外巨头进入，国内民企崛起，受两面夹击，邮政业系统业务面临萎缩，陷入被动困境。唯有改革才能激活。

（2）优势：业务网点遍布城乡，规模庞大，网络全覆盖。

（3）"三步走"改革路径：①依托邮政网点优势发展邮政储蓄，进而成立邮政储蓄银行，最后分立。邮政储蓄的利润部分用来补贴公共邮政。引进战略投资者，推进混合所有制，谋划上市。②依托邮政运输系统优势，发展邮政速递物流，进而成立邮政速递公司，最后分立。③邮政回归事业单位。依托农村网点优势发展邮政商业和电商。一直在探索，屡试屡败，屡败屡试，至今不了了之，探索仍在持续，但是机遇逐步丧失。原因在于缺乏顶层设计和总体谋划，缺乏体制机制创新。

目前，国家邮政局既行使邮递速递快递行业管理职能，又依托原有优势迅速占领邮政金融和速递物流两大领域。邮政储蓄银行在农村市场占有率仅次于信用社；邮政速递物流也是行业巨头。

（4）"双线展开战略"改革经验：能市场化的都市场化，不能市场化的回归公益。①一条线

---

* 本文资料来源于"河南省供销社改革发展高峰论坛"，发表于《河南经济报》、《合作经济》2017 年 8 月 18 日。

是市场化、商业化、公司化、股份化、规模化，全国统一法人。②一条线是回归公益事业。商业化盈利来补贴公益化亏损。

（二）我国信用社"分步走、市场化"改革经验

改革开放之后，四大国有银行进驻县域，其他股份制银行虎视眈眈，邮储银行崛起，村镇银行、小额贷款公司如雨后春笋，遍地开花。

（1）信用社"四面楚歌"：①包袱沉重；②法人治理结构缺失，机制不活；③规模小，人才匮乏，留不住人才，风控能力低下；④信贷责任压得不实，易受地方政府左右，信贷资产质量低下，存在系统性金融风险。

（2）优势：网点庞大，规模大，全覆盖。

（3）信用社"市场化、商业化、股份化、规模化"改革的基本思路：①信用社不是政策性银行，所以不具有公益性质，所以信用社只能定位成竞争性金融机构。②在充分竞争领域，合作制不适应激烈的市场竞争，必须用股份制来代替合作制。其实，股份制本来就是合作制的高级实现形式。③信用社改革的唯一出路是推进彻底的市场化、商业化、股份化、规模化改革。

（4）信用社"三步走"改革路径：①合作制——商业合作制。"农村信用社"改制为"农村合作银行"。试图凸显合作制性质，无奈还是无法适应激烈的市场竞争。②商业合作制——商业化公司制。"农村信用社"或"农村合作银行"改制为"农村商业银行"。县级法人制度适应了市场竞争，但是单体规模太小、体系太复杂，不适应市场竞争。③商业化公司制（三种改革模式）。终极目标：农商银行，例如中原农商银行。

（5）农商银行三种改革模式：①省级统一法人农商银行（北京、上海、天津、重庆）；②省级联合银行（河南、江苏、湖南、江西等）；③控股银行（省级控股市县）（宁夏、陕西）。

三、"供销合作总社"改革的目标模式

（一）供销社综合改革的方向与原则

1. 我国经济体制改革的大方向是非常明确的

2013 年 11 月 12 日十八届三中全会《中共中央关于全面深化改革若干重大问题的决定》指出"坚持社会主义市场经济改革方向"。改革基本原则是："经济体制改革是全面深化改革的重点，核心问题是处理好政府和市场的关系，使市场在资源配置中起决定性作用和更好发挥政府作用"。采取"两只手，三条线"改革的模式：①看不见的手——市场，在资源配置中起决定作用，其细胞主体——企业，以营利为目的的公司法人组织。②看得见的手——政府，只在市场失灵的地方发挥政府作用，主体为政府机构或承担政府职能的事业单位。③灰色模糊地带——社会组织，非政府组织，不具有普遍公共服务职能。非企业组织，不以营利为目的。社会组织包括非政府、非企业、不以营利为目的，针对特定区域、特定领域、特定行业、特定群体服务。具有自我管理、自我服务功能。

2. 我国渐进式改革模式

①"摸着石头过河+顶层设计"，最顶层设计就是"坚持社会主义市场经济改革方向"；②先易后难，渐次展开，看准的就干，看不准的就试，试点成功的就推广；③确保不犯颠覆性错误；④经济进入新常态，改革进入攻坚期，进入啃硬骨头阶段。

3. 供销社综合改革的方向与原则

2015 年 3 月 23 日《中共中央 国务院关于深化供销合作社综合改革的决定》（中发〔2015〕11 号）指出"深化供销合作社综合改革，按照政事分开、社企分开的方向"。"行政、事业、企业分开"这是市场经济体制改革的基本原则要求。

（二）中央、省、市、县四级合作社的性质——政府行政机构或具有行政职能的事业单位

"河南省供销合作总社"主要职能：河南省机构编制委员会（豫编办〔2012〕299 号）文件将"河南省供销合作总社"的职责明确如下：①负责制定全省供销合作社发展战略和发展规划，指导全省供销合作社的改革与发展。组织全省供销合作社系统资产、资金、资本、资源的整合优化和管理。②负责发展农村合作经济组织的指导、协调、监督、服务、教育培训职能，落实国家扶持农村合作经济组织的政策和措施。

从以上职能定位来看，"河南省供销合作总社"

就是政府行政机构或具有行政职能的事业单位。中央、省、市、县四级合作社均具有相同属性，即政府行政机构或具有行政职能的事业单位。

（三）"合作经济组织"（包括基层供销社）的性质——非政府组织：企业、社会组织

① "合作经济组织"，例如信用社、基层供销合作社、农民专业合作社等，都是经营性质的机构；②无论其定位盈利或不盈利在市场经济条件下，以上经营性机构均不具有"纯公益性质"，所以既不属于政府行政机构，也不属于具有行政职能的事业单位；③可以是营利性质的企业，也可以是非营利性质的群众性经济组织，或社团组织；④基层供销社属于"合作经济组织"范畴：要么为企业，要么为社会组织；⑤负责管理基层供销社的中央省市县"供销合作总社"属于政府机构或事业单位。

（四）"供销合作总社""两只手、三条线"改革的终极目标模式

（1）"第一条线"：行使政府公共管理的职能部分——改革为"政府机构"。

行使"农村合作经济组织的指导、协调、监督、服务、教育培训职能"。

供销合作总社应该为"合作经济总社"或"合作经济管理局"。

（2）"第二条线"：行使营利性经营职能部分——改革为"企业"法人（包括营利性质的合作社企业法人）。

（3）"第三条线"：行使非营利性自组织的社会组织职能部分——改革为社会化的"行业协会"，或非营利社团法人；非营利的"专业合作社"。

（五）合作社的实现形态

（1）合作社产生的渊源：千家万户农民分散的生产单元，生产具有自发性，与外部社会化大生产无法融合；单个农户生产容易受到外部大市场波动的冲击，与外部大市场交换对接时处于弱势状态。单个农民缺乏议价能力。

（2）合作社的功能：将农民从单一分散的、自发的生产状态解救出来，形成有组织的、有规模的、有标准的、有效率、有目标的的有机整体。形成"组织—组织"市场竞争发展格局。对

接外部大市场，对接社会化大生产。追求整体利益最大化。合作社自身可以是联系紧密的营利组织（即企业性质的合作社），也可以是非营利组织。特征：纽带作用。

（3）合作社的实现形式——合作社生态体系：即合作社"三位一体"生态体系，生产—供销—信用。合作社"一二三产业融合"生态体系，即种养加、科工贸、一二三产业融合发展。其基本模式是企业+合作社+农户，龙头企业+金融杠杆+合作社+基地+农户，大型批发市场+金融杠杆+合作社+基地+农户。

四、"社有企业"的改革模式

（一）《中共中央　国务院关于深化供销合作社综合改革的决定》关于社有企业改革的"四点要求"

①加快完善现代企业制度，健全法人治理结构。②推进社有企业相互参股，建立共同出资的投资平台。③推进社有企业并购重组，在农资、棉花、粮油、鲜活农产品等重要涉农领域和再生资源行业，培育一批大型企业集团。④允许上级社争取的同级财政扶持资金依法以股权形式投入下级社。

（二）理顺联合社与社有企业的关系

①社有企业要面向市场自主经营、自负盈亏。②各级供销合作社理事会是本级社属资产和所属企事业单位资产的所有权代表和管理者，理事会要落实社有资产出资人代表职责，监事会要强化监督职能。加强社有资产监管，促进社有资产保值增值。③联合社机关成立社有资产管理委员会，以管资本为主加强对社有资产的监管。采取委派法人代表管理和特殊管理股股权管理等办法，探索联合社机关对社有企业的多种管理方式。④探索组建社有资本投资公司，优化社有资本布局，重点投向为农服务领域。

（三）国有企业改革方向与社有企业改革方向

（1）《中共中央关于全面深化改革若干重大问题的决定》国有企业改革方向：①积极发展混合所有制经济。国有资本、集体资本、非公有资本等交叉持股、相互融合的混合所有制经济。

②组建若干国有资本运营公司，支持有条件的国有企业改组为国有资本投资公司。③国有资本投资运营要服务于国家的战略目标：更多投向关系国家安全、国民经济命脉的重要行业和关键领域；重点提供公共服务、发展重要前瞻性战略性产业、保护生态环境、支持科技进步、保障国家安全。

（2）社有企业改革方向：①完善现代企业制度，健全法人治理结构；②发展混合所有制；③推广股份制；④设立社有资本运营集团公司，建立"母—子—孙"三级控股参股资本运营体系，实现对社有企业的股权经营管理；⑤设立"股权投资公司""基金公司"，进军一二三产业融合发展的战略新兴产业领域。

（四）"社有企业"改革成效的检验标准之一——上市

（1）主板上市企业。截至 2016 年 12 月中国股市上市公司数量：上证有 1198 只；深证有 2139 只，合计 3337 只。供销社系统上市企业 21 家，占比 0.65%。

（2）新三板上市企业。2016 年 1 月 1 日至 2017 年 7 月 31 日，新三板新增 6473 家挂牌公司，总规模达 11284 家。新三板挂牌公司数量大幅增长，以创新创业成长型企业为主。供销社系统上市企业 12 家，占比 0.1%。

五、供销社系统的金融发展模式

（一）供销合作社与金融生态体系演变

（1）计划经济时代的"三龙治水"基本格局：①"人民公社"组织生产（公社—生产大队—生产队）；②"供销合作社"负责农产品销售、农资供给、生活日用品供给；③"农村信用合作社"负责资金的储蓄和放贷。

（2）社会主义市场经济时代的"三条线"基本格局：①"人民公社"——乡政府，行使公共服务职能；②"农村信用合作社"——农商银行，属于商业金融，同时行使农村普惠金融职能，赋予配套扶持政策引导；③"供销合作社"——营利性企业合作社法人，或非营利性农民专业合作社法人。

（3）"三位一体"合作社生态体系：生产环节—供销环节—信用杠杆。金融杠杆和合作社贯穿一二三产业融合发展的全过程。

（二）《中共中央　国务院关于深化供销合作社综合改革的决定》发展金融的要求

稳步开展农村合作金融服务。发展农村合作金融，是解决农民融资难问题的重要途径，是合作经济组织增强服务功能、提升服务实力的现实需要。①有条件的供销合作社要按照社员制、封闭性原则，在不对外吸储放贷、不支付固定回报的前提下，发展农村资金互助合作。②有条件的供销合作社可依法设立农村互助合作保险组织，开展互助保险业务。③允许符合条件的供销合作社企业依照法定程序开展发起设立中小型银行试点，增强为农服务能力。④鼓励有条件的供销合作社设立融资租赁公司、小额贷款公司、融资性担保公司，与地方财政共同出资设立担保公司。

（三）我国农村金融机构现状

（1）政策性金融公共服务稳定：中国农业发展银行；政策性农业保险公司；政策性担保公司。

（2）商业金融群龙崛起：五大国有银行、其他股份制银行、邮储银行、村镇银行；商业性保险公司、融资租赁公司、小额贷款公司、融资性担保公司。

（3）合作金融日趋萎缩：农村合作金融的支柱"农村信用社"商业银行化——农商银行；其他合作金融自生自灭，蕴含极大金融风险。农村合作金融存在系统性金融风险，体制机制风险。

（四）农村金融存在问题

①供给不足，信贷资金外流，"三农"信贷空心化；②供给与需求错位，不适应农业供给侧结构性改革；③普惠金融发展不足，农业为弱质产业；④弱势群体农户信贷需求保障水平低。

（五）供销合作社进入金融业的重点领域

（1）主要发展领域：①政策性金融、商业金融、普惠金融；②保险、证券、信托、资管等综合性金融；③网络电商平台和网络金融。

（2）主要发展机构：设立村镇银行；设立小额贷款公司、融资性担保公司、融资租赁公司、信托公司、资产管理公司、证券公司；参与地方财政共同出资设立政策性担保公司；参股农村信用社改制为"农商银行"；参与设立"中原人寿保

险公司""中原财险公司",参与"中原农业保险公司"第三轮增资扩股融资。创建"投资控股公司"、私募"基金公司"、公开市场"基金公司"。

六、构建特色专业电商网络平台

（一）《中共中央　国务院关于深化供销合作社综合改革的决定》发展商业、物流和电子商务的要求

①在集散地建设大型农产品批发市场和现代物流中心；②发展连锁商超，健全农资、农副产品、日用消费品、再生资源回收等网络，加快形成连锁化、规模化、品牌化经营服务新格局；③发展供销合作社电子商务，形成网上交易、仓储物流、终端配送一体化经营，实现线上线下融合发展。

（二）构建特色专业电商网络平台

体制创新；特色定位，特色商业模式；引入创投基金、战略投资者。例如，我省的众品公司进打造"鲜易网"电商平台，其为全国最大冷链物流企业。

洛钼集团混合所有制改革实现腾飞的典型经验及启示（2018年）*

引言

为了克服国有企业"吃大锅饭"的弊端，走出发展困境，洛钼集团先后完成两次"混合所有制"改革，由国有独资转型为"政府引导、民营主导、股份制架构"的"混合所有制企业"，激活了发展的内生动力和活力，通过实行现代企业管理制度，推进"三大改造"，完成"A+H"两地上市，实施国内布局优化、海外并购双线战略，由一家地方小型国企一跃成为位居全球前列的矿业资源跨国公司。洛钼模式证明：混改是实现不断跨越的制度根本，上市是实现不断跨越的"助推器"，海外并购是打造跨国公司的必由之路，低成本战略是实现内涵式扩张的核心优势，科技引领是实现不断跨越的不竭动力。

洛阳栾川钼业集团股份有限公司（以下简称洛钼集团）曾经是栾川县从事钼矿开采提炼的中小型国有企业，由于机制不活、市场狭小、副业较多等，导致其亏损严重、负债累累、濒临倒闭。当地政府承借国企改革攻坚的政策东风，主动作为，引入有责任有担当、有雄厚资本、有理想抱负、有市场经验的上海鸿商产业控股集团（以下简称上海鸿商）作为战略合作伙伴，经过2003年和2012年两次混合所有制改革（以下简称"两次混改"），由国有独资转型为政府引导、民营主导、股份制架构的混合所有制跨国公司。

"两次混改"激发了洛钼集团跨越发展的内生动力，实现了"市场化、国际化"战略转型。在上海鸿商的主导下，大刀阔斧推进企业内部改革，建立现代企业制度，推进"三大改造"，完成"A+H"两地上市，形成低成本核心优势，推进"国内优化、海外并购"双线战略布局，产业布局由洛阳扩展到新疆和境外的澳洲、巴西、刚果（金）等地，重点产品由钼单一产品扩展到铜、钴、钨、铌、金、磷等相互关联的多元产品，成为全球钼第五大、钨第一大、钴铌第二大生产商，中国第二大铜生产商，巴西第二大磷肥生产商，在全球同业市场处于举足轻重的主导地位，发展势头强劲，发展前景广阔。

"两次混改"为洛钼集团插上了腾飞的翅膀，实现了高速扩张、弯道超车、持续跨越。2003～2017年，主营收入增长52倍、利润增长347倍、总资产增长100倍、总净资产增长162倍、国有净资产增长39倍。2018年前三季度主营收入200.84亿元，同比增加13.43%；实现归母净利润41.37亿元，同比增长155.92%，盈利水平位居全国有色行业上市公司和河南省上市公司第一名。综合实力名列2018《财富》中国500强企业第306位，已成为位居全球前列的矿业资源跨国公司，未来战略目标是进入全球矿业公司前五位。

洛钼集团"两次混改"实现"市场化、国际化"腾飞是一个奇迹，是我省和全国混合所有制改革的典范。

---

* 本文发表于河南省人民政府发展研究中心《调研报告》2018年12月30日；《河南日报》2019年1月17日。

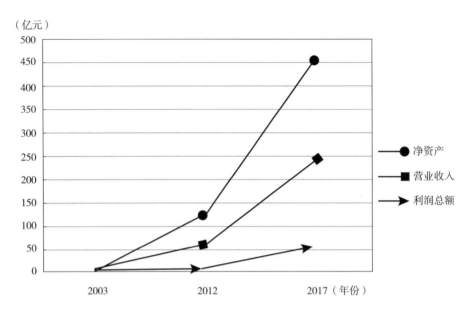

图 1　2003～2007 年洛钼集团主要指标变化

资料来源：洛钼集团年报。

一、洛钼集团两次混合所有制改革的做法及成效

为了克服洛钼集团"吃大锅饭、股权责任不清、决策迟缓、效率低下、包袱沉重、市场竞争力低、亏损严重、难以为继"的困境，当地政府解放思想，痛下决心引入市场竞争机制，积极探索混合所有制改革，杀出一条不断跨越发展的血路。

1. 2003 年启动第一次混合所有制改革："国资控股、民资参股、规模化跨越发展"

①不适应市场竞争环境而陷入困境。1996～2002 年间，受亚洲金融危机影响，国际矿业发展环境恶化，国内外钼价低迷，洛钼集团处在半停产状态，当时 6000 名职工有一半放假，拖欠养老保险金 5000 多万元，亏损严重，濒临倒闭。②引进上海鸿商推进混改。2003 年，为了摆脱发展困境，当地政府审时度势，决定通过混改促使洛钼集团走出低谷。国内钼业龙头和多家投资机构只愿意零价兼并洛钼集团，最终上海鸿商在多轮竞标中以最高出价胜出。上海鸿商注资近两亿元，持股 49%，为洛钼集团二大股东；当地政府国有股权 51%，为第一大股东。③混改促使洛钼集团走上了科学管理的轨道。混改之后立即推进

体制机制准换，打破"铁饭碗"，投入近一亿元完成约 5000 名职工身份置换，职工身份由全民所有制改为合同制，建立总经理负责制和层层承包经营责任制，初步建立了现代企业管理制度；剥离非核心产业，将 10 个辅助单位分离出去，精干了主体，轻装前进。④混改使洛钼集团实现第一次大跨越。混改之后利用上海鸿商新增资本，加快采选规模化扩建，引进新技术和新设备，至 2006 年，洛钼集团总采选矿能力达到 30000 吨/日，钼铁冶炼能力 30000 吨/年。2005 年公司实现销售收入 36.7 亿元，利润总额 14.8 亿元；2006 年销售收入 38.2 亿元，利润总额 24.5 亿元，洛钼集团迎来了新一轮的跨越发展。

2. 2012 年启动第二次混合所有制改革："国资参股、民资控股、国际化跨越发展"

①金融危机环境下的原有体制弊端再次显现。2008 年世界金融危机导致市场再次持续下行，洛钼集团经营进入低谷，业绩受市场波动的影响忽高忽低，抵御市场风险能力较低。战略不清、机构臃肿、效率不高等体制问题依然存在，公司治理结构并没有从国企中脱胎换骨。2009～2012 年，公司盈利大幅下滑，其中 2009 年利润同比下降 70%。②推进第二次混改。为了摆脱困境，增强市场竞争力，提高抵御风险能力，2012

年当地政府决定对洛钼集团实施二次混改，鉴于上海鸿商管理团队良好的政治意识、专业水平、经营操守、业绩表现、理想抱负，经过三顾茅庐请上海鸿商管理团队出任大股东，主导公司经营。2014年，上海鸿商通过市场化方式增持洛钼股份至36.01%，成为第一大股东和实际控制人，国有股权35.01%，政府退居为第二大股东，由此完成由国资控股向民资控股的机制转换。③第二次混改实现彻底"市场化"转型：国企体制转换为民企体制。在上海鸿商的主导下，公司大刀阔斧地推进"市场化"改革，建立市场化经营管理体制机制，推行低成本战略；干部管理权由上海鸿商主导，把以前的干部全部辞去国有干部序列，重新竞聘上岗，打破"官本位、终身制"，按业绩用干部，能上能下，定岗定员定责，绩效考核，精简机构，精减人员。加强党委领导和纪委监督，正风肃纪，堵死跑冒滴漏，每年减少损失上千万元。剥离了辅助不良资产和非核心无效低效资产。完善了法人治理结构，优化了资产负债结构。以低成本运营为目标，推行全面预算管理。推进"国内优化、海外并购"的双线战略推进国内布局优化和海外并购，加快战略转移，实现资产、收入、利润的多元化，提高抵御市场波动风险的能力。④混改使洛钼成长为行业龙头。第二次混改后的第一年（2013年），主要产品钼铁市场价格出现大幅下跌，全国有色金属企业效益普遍下滑50%到60%，但在如此严峻的市场形势下，洛钼集团通过狠抓管理消化了2亿多元的市场减利，"风景这边独好"，在国内同行业独占鳌头，实现归母净利润11.74亿元，上缴税金10.13亿元。洛钼集团依靠混改红利，持续逆势上扬，彰显出混改的巨大成功，也为后续实施海外并购战略扫清障碍，健全机制，夯实根基。

3. 两次混合所有制改革促进"A+H"两地上市和多元化扩张发展

①战略转型需要资本市场。为了推进"扩大规模、综合开发、做大做强"战略，必须克服资本不足的短板，洛钼集团果断决定挺进资本市场，撬开不断跨越的大门。②2007年实现H股上市。2003年第一次混改为上市奠定了制度基础，洛钼集团于2007年4月26日在香港H股主板上市，上市工作只用了短短313天的时间便取得了圆满成功，创下了香港联交所的历史新纪录，募集81亿元港币，是河南省上市企业中募集资金最多的一家。在香港上市具有划时代的意义，推动洛钼集团现代化管理上了一个新台阶，为后续国际化并购奠定了基础。③2012年实现A股上市。2012年第二次混改为回归A股上市奠定了坚实基础，经过努力2012年成功登陆上交所，正式回归A股，成为国内有色行业屈指可数的"A+H"两地上市公司。A股上市募集资金6亿元后，公司先后在国内资本市场发行可转换公司债券和非公开发行股份，A股上市至今累计在国内资本市场募集资金达235亿元，是河南省上市企业中募集资金最多的一家。④上市推动了产品多元化布局和规模化扩张。公司利用资本市场融资，快速布局白钨回收产业，建成了30000吨/日钼钨采选配套及APT仲钨酸铵的生产布局，为应对2008年金融危机后的行业寒冬做好了准备。洛钼集团在境内拥有3座大型钼矿，钼资源金属储量超过161万吨，钨资源金属储量约46万吨。

4. 两次混合所有制改革促进国际化扩张发展

"两次混改"为洛钼集团国际化扩张奠定了制度基础，两次上市为洛钼集团海外并购准备了充足的资本"弹药"。①抓住行业周期低点的历史机遇，实现并购扩张。2007年成立海外并购小组，组建全球顶尖的财务团队和法务团队，从欧美大公司高薪聘请专业人员和中介机构，制定并购战略，潜心跟踪研判市场，积累资本实力，耐心等待并寻找并购良机。2013年以来，把握住全球大宗商品价格下降的周期谷底，累计投资60多亿美元，先后成功完成澳洲铜金矿、巴西铌磷矿、刚果（金）铜钴矿并购。其中，2013年12月以8.2亿美元成功从力拓集团手中购买澳洲北帕克斯铜金矿80%的权益；2016年4月27日以15亿美元收购英美资源所属的巴西铌、磷业务；2016年5月9日以26.5亿美元收购自由港集团所属的刚果（金）TFM铜钴矿56%的权益，2017年4月获得了TFM另外的 24% 权益，最终持有 80% 的权益。被誉为有色金属行业最大海外并购项目、年度并购交易、"十大新闻"之一。②开辟金属贸易新领域，国际化水平再上新台阶。目前公司正在推进对瑞士路易达孚金属公司（现更名为 IXM 公司）100% 权益的收购。IXM 是从事基本金属和贵金属原料及精炼金属的贸易公司，是全球第三大金属贸易商，收购完成后，洛钼集团将成为一家收入过千亿、资产过千亿、市值过千亿的"三个千亿"集团。③强化海内外资产协同整合，发展成为国际行业龙头。洛钼集团从国内和国际矿业巨头聘请一流管理和技术专家，组建新的高管团队，加强海外资产管理，同时将国内低成本理念和中国元素灌输到海外板块，并将国际先进的管理经验根植到境内板块，不断加强国内外板块间技术交流和管理分享。2018 年前三季度，海外板块实现营业收入 162 亿元，占集团总营业收入的 81%，海外板块归母净利润 25.29 亿元，占集团归母净利润的 61%，海外板块已经成为集团营收和利润的重要来源，洛钼集团成长为名副其实的跨国公司。

二、洛钼集团混改实现国际化腾飞的经验

洛钼集团通过"两次混改"实现了规模化、国际化、现代化的跨越腾飞，洛钼模式是在"市场化"改革、工业城镇化、经济全球化、中国崛起加速推进的大时代背景下探索出来的，洛钼模式和经验弥足珍贵，值得总结借鉴。

1. 混合所有制改革是实现跨越发展的制度基础和根本

一是坚持政府主导混合所有制改革。洛钼集团不断跨越发展的动力来自两次混合所有制改革，混改优化了资本结构，扩张了资本实力，引入了战略投资者，注入了民营机制，效率优先，内生动力强劲，使国有背景、民营机制和市场效率等多重优势得到完美施展，国有资产保值增值的改革目标完美实现。二是坚持让有担当的战略投资引领发展。洛钼集团混改成功的关键是引入了上海鸿商战略投资伙伴，肩膀硬、做事正、敢担当、擅长资本运作和国际化

运营，带领洛钼集团占领全球矿业制高点。上海鸿商并非普通的民营投资机构，不是仅仅为了投资逐利，而是具有强烈的矿业报国情怀和理想宏图，持之以恒地致力于将洛钼集团打造成中国矿业走向国际舞台的标杆，提升中国矿业企业在国际市场上的话语权和影响力。三是坚持推进管理现代化。建立现代管理体系，强化以财务为核心的市场化运营模式，打破大锅饭，唯才是用，薪酬体系市场化全面，严格风险管控，正风肃纪，堵塞漏洞。四是坚持自主决策并高效执行。在民营机制的主导下，洛钼集团的融资或者并购直接由公司股东大会、董事会等机构作出决策，效率大大提高，屡屡赢得先机。2013 年收购澳洲铜金矿项目仅用 4 个月便完成各项审批，刚果（金）和巴西两个收购项目仅用了半年时间，创造了多项跨境并购速度最快纪录。五是坚持追求卓越发展目标。洛钼集团积极践行"五大"新发展理念，持续推进自我革命，不断提升发展战略目标，公司的愿景是"成为一家有影响力受人尊敬的国际化资源公司"，成为实现中国梦的全球资源提供者、新时代中国特色社会主义建设的积极参与者、创新发展和绿色发展的忠诚践行者。六是坚持党建引领和文化奠基。这是洛钼集团凝心聚力改革发展的关键。面对各个时期市场下行给企业带来的困境以及企业机制变化带来职工思想巨大波动，以洛钼党委为政治核心的企业管理层，在每一次转型发展中勇于担当，坚韧不拔，全体员工与社会各方形成利益共同体，形成企业跨越发展的强大合力。加强中西文化融合和理念协同，塑造"全球视野、国际一流、中国性格"的企业文化，资方有抱负，员工有信仰，企业有力量。七是坚持高标准践行社会责任。洛钼集团勇于承担社会责任，积极依法足额纳税，2003 年至 2018 年上缴税金总额 156.05 亿元，其中 2018 年在洛阳地区缴纳税收 12.78 亿元，同比增加 3.81 亿元。始终不忘初心，积极参加社会慈善活动，用实际行动回馈社会。从 2014 年以来，公司连续每年为栾川县脱贫攻坚捐款 1700 万元，2018 年追加至 4000 万元。近年来公司已累计为公益慈善事业捐款超两亿元，被评为"河南省社会扶贫

先进单位"。

2. 上市是实现跨越发展的"助推器"

一是利用上市获得强大的融资能力。获取资本市场支撑是扩张发展的基础。依托上海鸿商丰富的资本运作经验，构建强大的融资体系。截至目前，利用资本市场及债券市场融资金额累计超过400亿元，其中在2017年完成的180亿元定增，超额认购2.15倍，有效认购资金高达387亿元，这是国内资本市场近年来最大规模的融资之一，彰显出资本市场对公司的高度认可；2018年11月获得了中国银行134亿元的综合授信。完成每一次海外并购后都能及时配套完成信贷融资，资金迅速得到补充，负债率降至50%左右，资金链充足，财务状况稳健。二是利用资本优势实现国内国际扩张发展。洛钼集团紧紧抓住国家政策及市场利好的历史机遇，抓住2003年后钼市场走高的有利时机，迅速扩大产能，建成了国内一流水平的万吨选厂和5000吨/日选矿厂，完成30000吨/日钼钨采选配套及APT的生产布局，成为境内利润来源的重要支柱。在2008年金融危机钼跌破成本价后白钨板块快速崛起，贡献较强的现金流和盈利水平。抓住国家"一带一路"机遇，果断实施海外并购，刚果（金）、巴西两项被列入国家"一带一路"建设办公室重点支持项目。三是利用上市推动了资本运营和管理规范。两次上市为企业跨越发展提供了更高平台，成功实现了由生产经营企业向产融结合的资本运营型企业的转变，上市后严格按照境内外两大证券市场的要求规范自己的经营管理，提升了公司的整体素质，视野更加开阔，目标更加远大，经营更加国际化。

3. 海外并购是实现跨国公司跨越发展的必由之路

一是实施海外并购国际化战略。利用国内国际两种资源、两种市场是实现跨越发展的必然。在全球市场上对资源的争夺异常激烈，谁拥有资源，谁就拥有话语权、占领竞争制高点、获取高额利润。洛钼集团卧薪尝胆，十年前就确立了国际化发展战略，并坚持不懈地积累力量，等待时机，精准发力，通过海外并购一举成为特征鲜明、竞争力强的跨国公司。二是实施逆周期精准并购。在国际大宗金属市场下行的周期低谷果断实施海外并购，特别是2016年前后市场进入谷底，国际铜价较高位下降了近50%，铌铁下降了近20%，钴价格下降近70%，洛钼集团抓住机遇果断出手，成功战胜众多竞争者，从力拓、英美资源以及自由港等国际顶尖的矿业巨头手中"抢得"优质资源，小公司"吃掉"大资源，逆周期完成高品质收购。快速完成两笔并购后，钴铜价格便直线暴涨，2017年钴价翻了一番，铜价涨了30%。2017年公司业绩增加了两倍以上，利润扩大了近3倍。

4. 低成本战略是实现"内涵式扩张"跨越发展的核心优势

低成本是实现高收益的前提条件，洛钼集团长期坚持不懈地推进"三去一降一补"供给侧结构性改革，实施低成本战略，从"混改"管理创新、技术创新和低成本并购优质资源"三条战线"打造独特的低成本核心优势，探索出了"低成本、高盈利"的持续发展模式。一是通过"混改"加强管理降成本。企业管理是降成本的制度基础。公司通过混改建立现代企业制度，建立起一整套适应市场化发展的卓越管理制度，苦练内功，向内挖潜。二是通过技术创新降成本。技术创新是降成本的重要物质基础。公司充分挖掘伴生矿生产优势，通过技术手段，成功从钼矿伴生矿中回收白钨、铜等元素，实现资源效益最大化。通过实施自动化和智能化改造，建成了数字化矿山和智能化选矿厂，提高效率和质量降低了成本，钼精矿产品的平均品位从原来的47%提高到53%；通过实施信息化技术，建立了ERP管理信息化系统，提高经营管理和决策效率，提升标准；通过技术攻关与研发，公司栾川地区钼、钨、铜等选矿技术指标得到极大的不断提升，白钨回收率由40%提高到78%以上，铜回收率由30%提高到50%，生产所需的药剂、材料得到极大的下降幅度。三是通过并购优质资源降成本。资源禀赋决定开采冶炼的成本收益比例，持续低成本收购并购优质资源是确保低成本高收益的基础条件。公司实施确定海外并购对象的第一要求就是收购品位高的矿产资源，近年来公司完成收购并购的海外资源，均为世界级、长寿命、高品

位、低成本的最优质资源。其中，公司在澳洲拥有的北帕克斯铜金矿为澳大利亚第四大在产铜矿，拥有独特的资源禀赋和低成本的采取自然崩落开采法，该矿 E48 采矿井是世界上全球唯一实现 100% 自动化井下采矿的矿山；公司在刚果（金）拥有的 TFM 铜钴矿是全球领先的铜矿生产企业和钴生产商，截至 2017 年底，已探明的矿石资源量 831.5 百万吨，其铜矿开采品位超过 4%，是国内铜矿开采品位的近十倍，钴矿平均

品位 0.28%，位列全球前列；巴西铌矿和磷矿资源储量丰富、品质优良，已探明磷矿石资源量 459.2 百万吨，平均品位 11.29%，铌矿石资源量 559.3 百万吨，平均品位 0.4%。总之，低成本战略的实施为洛钼集团带来了收益的高速增长，在多年市场低迷、业内企业效益大幅下滑甚至亏损的背景下，公司逆势上扬，成为业内最具竞争力的矿业公司。

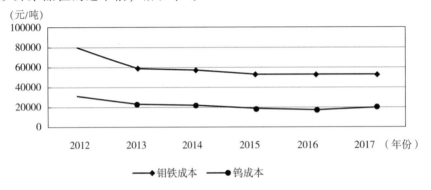

图2　2012~2017 年洛钼集团单位生产成本趋势下降
资料来源：洛钼集团年报。

5. 专注主业、科技引领是实现跨越发展的动力

一是公司深谙矿业发展逻辑，多年来坚持深耕矿业，专注主业，心无旁骛发展核心矿业，从不盲目跟风涉足没有技术、人才、市场等优势的其他产业，稳中求进，专业和专注的精神成就了洛钼集团纵横驰骋在矿业巅峰的奇迹，见证了上海鸿商主导下洛钼的商业智慧。二是强化创新驱动。创新驱动是低成本优势的重要依托。洛钼集团在打造矿业帝国的道路上，积极响应国家高质量发展政策，大力实施智能化改造、绿色化改造和企业技术改造等"三大改造"，占领创新驱动、绿色发展制高点。在环保攻坚的严峻形势下，大量业内企业因环保不达标而停产整顿，而洛钼集团由于高度重视安全环保合规达标，依旧可以稳健生产，并因此获利颇丰。先后获得了国家科技进步二等奖、中国工业大奖提名奖、中国有色金属工业协会科技进步一等奖等 10 余项省部级以上奖励，建成 1 个博士后科研工作站、1 个省级技术中心、1 个省级工程技术研究中心，正在创建国家重点实验室，是国家级高新技术企业、产

学研合作创新示范企业、创新龙头企业。在 2018《福布斯》全球 100 家最具创新能力的企业中排名第 43 位。

三、启示与建议

搞活国有企业事关巩固党的执政基础，洛钼集团"两次混改"实现腾飞的典型经验给予我们很多启迪，值得各地借鉴。

第一，混改是国企"市场化"转型发展的突破口。混合所有制经济有利于国有资本放大功能，有利于各种所有制资本取长补短、相互促进、共同发展，是国企市场化的最佳实现形式。坚定不移地、积极稳妥地加快推进国企混合所有制改革。在国资控股参股的比例上，坚持发展是硬道理的基本原则，对充分竞争的行业领域，鼓励社会资本、鼓励优质的社会资本战略投资者担当第一大股东，国资以退为进保持第二大股东地位，建立"国资引导、民资主导"的市场化体制机制，由国企体制转型为民企体制。

第二，引入战略投资者是混改成功的关键。

坚持"强强联合、优势互补"的基本原则，在全国乃至全球范围内寻找战略投资者参与混改，关键是引入具有综合实力、专业水平、职业精神、理想抱负的长期战略投资者，推动国企市场化国际化现代化转型升级。

第三，上市是混改的升级版和跨越发展的加速器。上市是企业突破资本瓶颈约束的重要工具，是国企混改的升级版和跨越发展的加速器。坚持转型升级原则，加快推进混改上市，畅通融资渠道，建立现代企业管理制度，实施创新驱动、低成本、国际化等战略，加快国企成长为跨国公司和行业龙头。

第四，政策环境是混改成功的重要孵化条件。坚持放开、放手、放活原则，全力推进供给侧结构性改革，推进放管服改革，免费降税，实施配套扶持政策，营造"清、亲"政商关系，打造市场化、法治化、国际化的一流营商环境，坚持一企一策，切实解决企业困难，建设一流型创新创业型的企业家队伍。

第七篇

开放带动主战略与创新驱动核心战略

河南自由贸易区建设的战略思路与政策建议（2015年）*

建设自由贸易区是新常态下中央做出的重大决策，是全面深化改革和全方位对外开放的国家战略，建设河南自由贸易区是履行国家使命、促进中西部地区协调发展、带动中原崛起的需要。近六十年来，世界自由贸易区快速发展，我国自由贸易区建设的使命是探索全面深化改革开放的新路径、新模式和新经验，带动区域经济转型升级。河南省自由贸易区建设应确立"国家使命与区域战略"有机结合的指导原则、"国家战略与河南特色"有机融合的功能定位、"国际一流水平与带动中原崛起"有机结合的总体目标，着力实施"一带一路"合作倡议、开放倒逼改革突破战略、"招大带小"招商战略、"双自联动"战略、重大专项带动战略等五大战略，打造具有中原特色的"中部枢纽型、内陆自由港型、产业外向型、科技创新型、增长极带动型"自贸区，实施自由贸易区带动战略，建立举省体制，积极争取中央支持，夯实基础、培育产业，坚持拿来主义和创新发展两条路径，建设"枢纽型""创新型"自由贸易区，走出一条具有河南特色的内陆自由贸易区建设之路。

引言

一、建设河南自由贸易区的战略意义

（一）建设自由贸易区是国家战略

当前我国已经进入工业化后期，面临世界经济复苏乏力、外需不足的新形势，进入经济增速下台阶、转型升级紧迫的新常态，要迈向双中高（经济增长中高速、经济结构中高端水平），跨越中等收入陷阱，实现全面小康和中国梦，就必须全面深化改革开放，以开放促改革、促发展。当前改革开放进入深水区，为了控制风险就必须试验示范，自由贸易区就承担了试验示范的国家使命。建设自由贸易区是新常态下我国改革开放的战略突破口，是中央推进改革开放的重大战略决策。十七大把自由贸易区建设上升为国家战略，提出"实施自由贸易区战略，加强双边多边经贸合作"；十八大提出"加快实施自由贸易区战略，推动同周边国家互联互通"；十八届三中全会提出"在推进现有试点基础上，选择若干具备条件地方发展自由贸易园（港）区"，"形成面向全球的高标准自由贸易区网络"。

"一带一路"是新时期统筹国内国际发展大局、深化全方位对外开放、促进转型升级、实现经济可持续发展的重大国家倡议。"一带一路"为自由贸易试验区开辟了广阔的外部市场空间，自由贸易区是"一带一路"倡议的支撑点，"一带一路"倡议与"自由贸易区"国家战略相辅相成、协同并进，成为我国未来经济发展的重要驱动力。当前，全国各地都在积极融入"一带一路"倡议，沪津粤闽四地自由贸易区已成"一带一路"的重要枢纽，河南省作为内陆省份也应积极建设自由贸易区，力争成为"一带一路"的核心区、战略腹地和支撑点。

（二）建设河南自由贸易区有利于促进中西部地区协调发展

中部崛起和西部大开发是国家重大区域发展战略，河南省地处中原，在促进东中西协调发展中居枢纽地位，河南省建设自由贸易区，有利于推动内陆地区在更高水平上扩大开放，探索内陆地区尤其是中西部地区改革开放发展的新路径、新模式和新经验。同时，河南省建设自由贸易区

---

* 本文发表于河南省人民政府发展研究中心《调研报告》2015年7月20日第2期（总第889期）；《决策探索》2015年10月28日。

有利于发挥中西部地区比较优势，形成各具特色、互补发展的自由贸易区发展格局，形成改革开放发展新高地，带动中西部地区加快发展，促进我国区域协调发展。

（三）建设河南自由贸易区有利于带动中原崛起

河南省属于内陆省份，开放水平较低，制约了经济转型升级。建设自由贸易区有利于提升河南省对外开放水平，促进对外贸易和吸引外资快速增长，加快承接国内外产业转移，进而带动区域经济发展。建设自由贸易区有利于激活发展动力，自由贸易区不但是对外开放的窗口，而且是改革的试验田，通过制度创新激发市场主体的发展活力，营造国际化市场化高效率的营商环境，促进国内外资金、技术、人才等要素集聚，加快各类特色高端产业集群成长，形成区域经济增长极。建设自由贸易区有利于带动大枢纽、大产业、大都市的形成，强化郑州国家综合交通枢纽地位，加快郑州航空港经济综合试验区的发展，加快区域金融中心和高端产业基地发展，加快郑州国际商都的发展步伐，加快郑州国家中心城市快速崛起。建设自由贸易区有利于加快中原崛起，自由贸易区战略与粮食生产核心区、中原经济区、郑州航空港经济综合试验区等国家战略是相辅相成的关系，自由贸易区是国际化的经济增长极，可以带动先进制造业大省、高成长服务业大省、现代农业大省建设，促进河南由经济大省向经济强省转变，让中原在实现中华民族伟大复兴的中国梦中更加出彩。

二、国外自由贸易区建设经验及启示

（一）世界自由贸易区发展的特点

1. 数量不断增加、空间分布广泛

据统计，截至2013年6月19日，全球已有1200多个自由贸易区，其中15个发达国家设立了425个，占35.4%；67个发展中国家共设立775个，占64.6%。最典型的是美国，从20世纪60年代以来，对外贸易区迅速发展，遍地开花。

2. 功能趋向综合

伴随国际贸易不断扩大，经济联系不断密切，全球化加速推进，自由贸易区数量持续增长，其功能也在不断由单一向多元化、综合化发展。第一阶段为原始阶段，最初为扩大对外贸易而设立"转口集散型、商业型"自由贸易区；第二阶段为快速发展阶段，20世纪五六十年代，为发展本国制造业而设立出口加工区，即"工业型"自由贸易区，同时出现了"贸工结合的综合型"自由贸易区；第三阶段为转型升级的高级阶段，为了引领本国经济转型升级，自20世纪80年代以来，许多国家自由贸易区向高技术、知识和资本密集型发展，形成"科技型"自由贸易区，有些为适应服务贸易大发展而设立"金融服务型"自由贸易区。

3. 管理不断规范

经过几十年的竞争发展，各国自由贸易区的管理已逐渐趋向规范化，形成了各自颇具特色的管理体制。世界上四个著名的自由贸易区（阿联酋迪拜港自由港区、德国汉堡港自由港区、美国纽约港自由贸易区、荷兰阿姆斯特丹港自由贸易区）的管理机构大体相近，都是港区合一。

（二）美国自由贸易区发展的特点

美国是当今全球自由贸易区数量最多的国家，其自由贸易区具有如下六个显著特点：

1. 发展快，数量多，分布广

20世纪60年代末至70年代初，美国经济陷入困境，经济滞胀，美元大幅贬值，失业率节节攀升，美国在全球经济中的地位开始下降，在此情况下，为突破内外经济难关，尽快实现经济转型，美国各州纷纷设立对外自由贸易区，自由贸易区开始蓬勃发展。到1980年，全美的自由贸易区增加到77个，到1994年底，自由贸易区已达199个，贸易分区达285个，总数为484个。截至2013年，美国已批准设立通用目的的对外贸易区256个，共吸引3200家企业入驻，吸纳就业总人数达37万人。

2. 对经济增长带动作用显著

目前，美国自由贸易区的批设成立仍以20%的速度增加，堪称是全球自由贸易区第一大国。美国自由贸易区概念下囊括8种经济特区，有自由贸易区、自由港、加工区、过境区，乃至单一工厂出口加工区等，归结起来可以划分为综合型自由贸易区和加工型自由贸易区。各类自由贸

区通过简化进出口货物程序、税收优惠乃至行政及资金支持等措施，吸引了大量外资，刺激了对外贸易，促进了经济转型升级，扩大了就业，推动了经济的快速发展，巩固了美国的经济霸主地位。

3. 接受多渠道、多层级的综合管理

目前，美国对自由贸易区的管理主要通过立法、行政和被授权组织三个渠道进行，在内部管理层面，成立一个公立机构或非营利组织作为自由贸易区的公共管理机构。

4. 采取内外贸并重的发展模式

美国的对外贸易区并不是发展中国家和新兴工业化国家和地区通常设立的出口加工区，而是一种兼顾内外贸的高级形态的自由贸易区。强调通过国际贸易和投资便利化来激发经济活力，以保持本土制造业的国际竞争力。

5. 以加工制造和仓储物流为主要功能

美国的对外贸易区兼具仓储、展示、处理、销售和制造等多种功能，其中，货物的仓储和制造是其最主要功能，制造业和以物流为主的生产性服务业是对外贸易区的两大支柱产业。

6. 通用目的区与企业子区共融发展

目前，美国对外贸易区分为通用目的区和子区两种。其中，通用目的区大多位于海港、机场和一些工业园区内，具有面积较大、能够承载大量企业入驻、利于培养产业集群等优点；为了克服通用目的区在空间布局上的局限性，便推出了企业"子区"，每个子区对应一个企业，一个企业可以拥有多个子区，如戴姆勒-克莱斯勒汽车公司在 11 个城市申请设立了共 15 个子区。目前，全美子区的数量已达 567 个，大大超过通用目的区的数量。子区的出现使美国对外贸易区在空间布局上不再只是海港、机场附近的一个孤岛，而是构成了点面结合、以点带面、星罗棋布的统筹格局。

（三）几点启示

1. 自由贸易区可以带动经济转型升级

自由贸易区通过实施自由宽松和规范的贸易和投资便利化政策，形成优越的营商环境，激活外经外贸，形成新的经济增长极，带动区域经济快速发展，引领本国经济转型升级和持续增长。

河南省正处于经济转型升级的关键时期，设立自由贸易区可以加快全方位对外开放，通过开放倒逼改革，促进创新发展。

2. 我国未来有望形成数量众多、分布广泛、功能综合集成的自由贸易区网络

我国与美国同属大国经济，循序渐进发展自由贸易区是必然趋势，将来自由贸易区的数量肯定也会比较多。河南是我国中原地区对外开放的枢纽，第一步是郑汴洛三地一体申报自由贸易区，可以设想，时机成熟后自由贸易区可能会覆盖全省 18 个省辖市，甚至包括重点县（市、区）和重点企业。

3. 自由贸易区功能趋向多元化和综合化

我国实际上已经借鉴了国外经验，目前实行的是"一区多片、一片多元"的空间布局，片区特色化，园区专业化，通过特色化和专业化来实现多种功能的集成，有利于形成产业集群，形成功能集成的经济增长极，带动区域经济发展。

三、国内自由贸易区建设经验及启示

（一）上海自由贸易区建设的实践经验总结

上海自由贸易区自挂牌以来，率先突破改革阻力，在体制机制上进行了积极探索和创新，形成了一批可复制、可推广的经验做法，发挥了改革新高地、开放新标杆的积极作用，达到了试验的阶段性目标。

制度创新是自由贸易区建设的核心，上海自由贸易区制度创新在四大重点领域取得实质性突破：①建立以负面清单为核心的投资管理制度，形成更加开放透明的投资管理体制；②实行以贸易便利化为重点的贸易监管制度，监管水平与能力不断提升；③探索以资本项目可兑换和金融开放为目标的金融制度，服务实体经济发展；④探索以政府职能转变为核心的事中事后监管制度，创新政府管理方式。

上海自贸试验区在形成开放促进改革态势、推进服务业开放、接轨国际的制度框架、形成可复制可推广的制度创新经验、营商环境不断完善等方面取得了显著成效：①以开放倒逼改革，成为全国深化改革新高地；②加快服务业扩大对外开放，成为全国对外开放新标杆；③建立与国际

接轨的制度框架，为我国加入更高标准的国际投资贸易协定积累了经验；④营造国际化、市场化、法治化、高效化的营商环境，激发企业创新发展活力。

（二）我国四大自由贸易区的功能定位分析

功能定位是自由贸易区建设的核心，整个建设工作都要围绕功能定位展开。上海、广东、福建、天津四大自由贸易区功能定位具有如下四个共同特征，值得借鉴。

1. 突出改革开放试验田的国家使命

上海自由贸易区提出：紧紧围绕国家战略，坚持先行先试，以开放促改革、促发展，率先建立符合国际化和法治化要求的跨境投资和贸易规则体系，使试验区成为我国进一步融入经济全球化的重要载体，力争建设成为具有国际水准的投资贸易便利、货币兑换自由、监管高效便捷、法制环境规范的自由贸易试验区，为我国扩大开放和深化改革探索新思路和新途径，更好地为全国服务。天津自由贸易区提出：以制度创新为核心任务，以可复制可推广为基本要求，成为全国改革开放先行区和制度创新试验田。福建自由贸易区提出：充分发挥改革先行优势，营造国际化、市场化、法治化营商环境，把自贸试验区建设成为改革创新试验田。广东自由贸易区提出：成为全国新一轮改革开放先行地。河南省自由贸易区也应突出"改革开放实验田"这一国家使命，先行先试，围绕投资贸易便利化、监管高效便捷化、法制环境规范化推进改革创新，为内陆地区全面深化改革、全面对外开放探索路径。

2. 突出在"一带一路"倡议中的核心或枢纽地位

上海自由贸易区提出：推动"一带一路"建设。福建自由贸易区提出：充分发挥对外开放前沿优势，建设21世纪海上丝绸之路核心区，打造面向21世纪海上丝绸之路沿线国家和地区开放合作新高地。广东自由贸易区提出：建成21世纪海上丝绸之路重要枢纽。河南省自由贸易区也应突出在"一带一路"倡议中的定位，强调成为"一带一路"的枢纽、核心区和战略腹地。

3. 突出区域特色和"增长极"辐射带动作用

上海自由贸易区提出：推动长江经济带发展。福建自由贸易区提出：围绕立足两岸、服务全国、面向世界的战略要求，充分发挥对台优势，率先推进与台湾地区投资贸易自由化进程，把自贸试验区建设成为深化两岸经济合作的示范区。天津自由贸易区提出：努力成为京津冀协同发展高水平对外开放平台，在京津冀协同发展和我国经济转型发展中发挥示范引领作用，建设面向世界的高水平自由贸易园区。广东自由贸易区提出：依托港澳、服务内地、面向世界，将自贸试验区建设成为粤港澳深度合作示范区。四大自由贸易区定位均注重差异化的区域特色，定位于带动区域经济乃至全国的增长极。河南省自由贸易区也应突出区域特色指向，立足中原，带动中部，辐射中西部，服务全国。

4. 突出金融等综合服务功能

金融是经济的血液和经济调控的重要手段，又是中心城市发挥辐射带动作用的核心，也是新一轮对外开放的重点和难点，四大自由贸易区均将金融列入改革开放发展的重点任务。河南省自由贸易区也应顺应大势，紧密结合中西部地区金融中心、郑东新区金融集聚核心功能区、郑州国际商都建设，为内陆地区金融改革开放发展探索新经验。

（三）我国四大自由贸易区的空间布局特点

空间布局是自由贸易区功能实现和发展的空间载体，自由贸易区的综合功能定位和发展目标的实现都要通过空间布局来承载。四大自由贸易区在空间布局上有如下几个特点，值得河南省借鉴。

1. 整体功能上表现为多元化、多目标、综合型

自由贸易区既是全面深化改革开放的试点，又是"一带一路"倡议的枢纽和支点，又是区域经济增长极，又是区域金融中心，是国家使命与区域特色的融合。所以自由贸易区建设具有多重目标，必然追求多功能融为一体的"综合型"整体功能。河南省自由贸易区也应突出区域特色，注重与中原经济区、航空港经济综合实验区、中原城市群、国家中心城市等重大发展战略相衔接，带动"大枢纽大物流大产业大都市"发展，提升国家综合交通枢纽、物流中心、高端产业的集聚集中集群功能，带动中原崛起和中部崛起。

2. 一区多片、一片多园，逐步扩展

单一片区和园区都难以达到多功能的要求，"一区多片、一片多园"是四大自由贸易区空间布局的基本模式，例如上海自由贸易区有120.72平方公里，包括七大片区：外高桥保税区和外高桥保税物流园区、洋山保税港区、浦东机场综合保税区、陆家嘴金融片区、金桥开发片区、张江高科技片区。广东自由贸易区有116.2平方公里，涵盖三大片区：广州南沙新区片区、深圳前海蛇口片区、珠海横琴新区片区。河南省自由贸易区也应采取"一区多片、一片多园"布局，第一步形成郑州、洛阳、开封三大片区，以后在时机成熟时将中原城市群的其他城市逐步纳入进来，将片区功能与城市功能提升有机结合，尤其是与郑州国家中心城市、郑汴一体化、洛阳副中心城市建设相互衔接。

3. 园区功能专业化和集群化

专业化、标准化、规模化和集群化是经济结构高级化的必然要求，单个园区都是一个特殊功能区，其经济内涵是特色产业集群。专业化园区是实现各种特殊功能的空间载体，多专业园区相互衔接，相辅相成，形成多功能的综合集成。河南省自由贸易区应注重发挥专业化园区的支撑作用，提升航空港经济综合试验区、郑东新区金融中心、经济技术开发区、高新技术开发区等集聚功能，形成强大的综合集成功能。

（四）全国各地自由贸易区建设的特色经验做法

1. 主要省份的做法

目前全国有20个左右的省份拿出了自由贸易区建设方案，纷纷打造特色品牌走差异化建设道路。①浙江杭州突出电子商务独特优势，提出打造网上自由贸易。2014年4月，杭州市借鉴上海自由贸易区改革经验，主动对接、先行先试、错位发展，突出杭州跨境贸易电子商务产业"先发优势"和"龙头地位"，打造国际电子商务中心和国际电子商务产业发展新高地，全面深化与阿里巴巴集团的战略合作，积极申报"中国（杭州）网上自由贸易试验区"。②山东青岛突出海洋经济特色，打造面向海洋的自由贸易区。③湖北重点突出科技创新、交通枢纽和长江经济

带等特色和优势，提出打造长江经济带中游核心自由贸易区。④重庆突出长江经济带西部经济中心和枢纽优势，打造西部中心自由贸易区。⑤四川突出科技密集优势，提出打造"科技型自由贸易区"。⑥陕西突出新丝绸之路经济带起点和核心区的优势，突出铁路、航空枢纽优势，陆港和空港形成互补，重点发展电子信息等高新技术产业，建设包括西安国际港务区、西咸新区空港新城和西安高新区三大板块的陕西自由贸易区。

2. 对河南省的几点启示

①建设特色自由贸易区。坚持走差异化建设之路，突出区域特色，发挥比较优势。②建设网上自由贸易区。浙江杭州"打造网上自由贸易区"的做法值得借鉴，应把郑州E贸易作为重点发展的项目之一。③建设科技型自由贸易区。湖北和四川"打造科技型自由贸易区"的做法值得借鉴，立足创新驱动和转型升级，更具有前瞻性和战略眼光。④建设枢纽型自由贸易区。打造"枢纽型"自由贸易区，发挥区域交通枢纽优势是各地自由贸易区建设的重要支撑条件，河南省最大的特色优势就是地处中原和综合交通枢纽，河南省应明确提出建设"枢纽型自由贸易区"，立足中原，辐射中西部地区，服务全国。

四、河南自由贸易区建设的总体思路

根据以上综合分析，我们就河南自由贸易区建设的总体思路建议如下：

（一）指导原则

应确立"国家使命与区域战略"有机结合的指导原则。

1. 坚持全面贯彻落实中央决策部署

全面贯彻落实党的十八大和十八届二中、三中、四中、五中全会精神，按照党中央、国务院决策部署，全面贯彻落实"一带一路"倡议和"自由贸易区"战略，自觉服从国家战略，将国家战略与河南区域战略有机结合起来，在服务国家战略中加快河南发展。

2. 坚持先行先试

进一步解放思想，坚持先行先试，以开放促改革、促发展，以创新驱动发展，以制度创新为核心，探索转变政府职能新途径，探索扩大开放

新模式。

3. 坚持与国际接轨

建立符合国际化、市场化和法治化要求的投资贸易便利化规则体系、监管体系，着力营造国际一流的营商环境

4. 坚持带动区域发展

努力发展成为"一带一路"倡议支点，打造促进中原崛起、中部崛起、中西部地区协调发展的新引擎，使试验区成为内陆地区进一步融入经济全球化的重要载体。

5. 坚持试验示范带动

为内陆地区全面深化改革和扩大开放探索新途径、积累新经验，发挥示范带动、服务全国的积极作用。

（二）功能定位

应确立"国家战略与河南特色"有机融合的功能定位。

功能定位事关自由贸易区建设的全局，建设河南自由贸易区的重要前提是赋予其强大的、适宜的功能定位。坚持"国家使命与区域特色"相结合的指导原则，在功能定位上应紧紧抓住如下几个要点：一是履行"改革开放试验田"的国家使命；二是落实"一带一路"倡议、"中部崛起"等国家重大战略，在自觉服务服从国家大局中寻求发展；三是对接"中原经济区""郑州航空港经济综合实验区"等国家区域发展战略，带动区域经济发展；四是把创新驱动放到突出位置，形成转型升级和可持续发展的不竭动力。着力发挥河南区域特色优势，走差异化道路，实现错位发展，积极构建"内陆枢纽型、创新型"自由贸易区特色发展模式。具体来讲，应突出以下四项功能定位：

1. 全国改革开放创新的先行区和试验田

我国设立自由贸易区的目的主要是为全面深化改革和全方位对外开放探索新经验、新路径和新模式。当前我国改革开放进入深水区，面临前所未有的风险挑战，为了控制风险就需要在局部试验，自由贸易区就承担了试验示范的国家使命。河南省建设自由贸易区必须旗帜鲜明地履行国家使命，以开放倒逼改革，以改革促进开放，以改革开放促进创新发展。

2. "一带一路"的内陆枢纽和战略支点

"一带一路"和自由贸易区建设是中央统筹国际国内发展的重大战略决策，自由贸易区是"一带一路"的战略支点，"一带一路"是自由贸易区对外经济联系的纽带，两者是相辅相成的关系。河南省是"一带一路"的内陆枢纽和战略腹地，应发挥优势，积极对接，顺势而为，主动作为，充分发挥自由贸易区铁路、航空、公路等国家级综合交通枢纽优势，建设国际陆港和航空港，积极打造郑欧班列和"双枢纽"，构建"买全球、卖全球"的物流和电商网络。

3. 我国区域协调发展和引领中原经济区发展的核心增长极

国内外的经验都表明，自由贸易区是带动区域经济发展的增长极，建设河南自由贸易区可以推进大枢纽、大物流、大开放、大产业、大都市发展，可以带动中原崛起乃至中部崛起，有利于促进中西部地区协调发展。河南省自由贸易区要立足中原、辐射中部、服务全国、面向世界。

4. 创新驱动发展的高地

创新驱动是新常态下转型发展的国家战略，自由贸易区作为改革开放和发展的试验示范区，也应当是创新发展的试验示范区。国内有战略眼光的自由贸易区已经把"技术型"作为自己的发展特色，河南省也应顺应大势和潮流，建设"创新型"自由贸易区。

总之，坚持差异化特色发展，构建"枢纽型"和"创新型"自由贸易区。应立足中原，服务全国尤其是中西部地区，面向世界，先行先试，以制度创新为核心任务，营造国际化、市场化、法治化营商环境，构建内陆枢纽型和创新型自由贸易区，建成为丝绸之路经济带的重要枢纽核心区和21世纪海上丝绸之路的战略腹地，成为带动中原崛起、中部崛起、中西部地区协调发展的新引擎，成为内陆地区对外开放的平台、内陆地区改革开放的先行区和制度创新试验田、创新驱动发展的示范区、面向世界的高水平自由贸易园区。

（三）战略目标

应确立"国际一流水平与带动中原崛起"有机结合的总体目标。明确以下"两大目标"：

1. 打造带动中原乃至全国的增长极

发挥比较优势，创造新的竞争优势，带动中原乃至全国。形成内陆地区参与全球化的新优势、新路径和新模式，强化枢纽型和创新型特色优势，在中原崛起、中部崛起，中西部地区协调发展、经济转型发展中发挥示范引领作用。

2. 打造世界一流自贸区

对标世界最高标准、规则、制度、环境，既要追赶又要超越。瞄准世界一流水平，提升河南省自由贸易区建设的总体目标：经过三至五年改革试验，营造国际化、市场化、法治化营商环境，构建开放型经济新体制，将自贸试验区建设成为投资贸易便利、高端产业集聚、金融创新功能完善、服务体系健全、法制环境规范、监管高效便捷、辐射带动效应明显的国际一流自由贸易园区。

（四）战略路径

探索"两条路径"：

一是走拿来主义道路。把全世界及国内自贸区建设经验借鉴过来，洋为中用，古为今用，集古今中外而大成。

二是走创新发展道路。解放思想，义无反顾地推进改革开放发展，走河南自己的特色之路。

五、河南自由贸易区建设的 2255 特色模式

河南自由贸易试验区获批是河南省的重大事件，将河南从改革开放的大后方推向了前沿阵地，面对历史新机遇新使命，应明确"两大目标"，探索"两条路径"，推进"五大战略"，打造"五大特色模式"。

一是明确"两大目标"：①打造本土特色增长极，发挥比较优势，创造新的竞争优势，带动中原乃至全国；②打造世界一流自贸区，对标世界最高标准、规则、制度、环境，既要追赶又要超越。

二是探索"两条路径"：①坚持拿来主义道路，把全世界及国内自贸区建设经验借鉴过来，洋为中用，古为今用，集古今中外而大成；②坚持创新发展道路，解放思想，义无反顾地推进改革开放发展，走河南自己的特色之路。

三是推进"五大战略"，打造"五大特色模式"：①对接"一带一路"倡议，打造"中部枢纽型"自贸区。②实施开放倒逼改革突围战略，打造"内陆自由港型"自贸区。③实施"招大带小"招商战略，打造"产业外向型"自贸区。④实施"双自联动"战略，打造"科技创新型"自贸区。⑤实施重大专项带动战略，打造"增长极带动型"自贸区。

六、加快河南自由贸易区建设的政策建议

自由贸易区建设工作是一项巨大的系统工程，应总览全局，理清思路，强化领导，上下联动，突出重点，夯实基础，协同推进。

（一）实施"自由贸易区带动"战略，明确自由贸易区建设的战略统领

自由贸易区虽然只是一个点，但其"试验示范"作用事关改革开放全局，是带动全局的国家战略。河南省也应该实施自由贸易区带动战略，即通过自由贸易区先行先试、创新驱动、外向带动、增长极培育，带动全局发展。

（二）建立"举省体制"，保障自由贸易区建设又好又快推进

自由贸易区建设工作事关河南省改革开放发展全局，为此，河南省应建立建设自由贸易区的"举省体制"，强化组织领导，保障顺利推进。这也是借鉴上海等地的经验做法。

一是建立高效领导体制。完善自由贸易区建设领导小组和办公室，建立厅级联席会议制度和处级联络员制度，协调推进自由贸易区建设工作。完善"以省为主、三级两层"的自由贸易区行政管理体制，省市两个层次成立领导小组及办公室，省市区三级政府分级负责、协同推进，自贸园区与原有区级行政机构"一个机构、两块牌子"，上下直通车，提高行政效能。

二是明确五项重点任务。第一是完善提升《总体方案》，搞好与国家战略和区域战略规划的衔接；第二是协调好与中央部委的关系，争取支持，建立战略合作关系，上下联动形成合力；第三是夯实基础，强化交通枢纽、开放平台、专业园区等三项基础设施建设，不等不靠，边申报边

建设，让一流的发展实绩来说话；第四是培育高端产业，加快承接国内外产业转移，培育高端产业集群；第五是加快推进试点经验推广，制定新的先行先试方案并实施。

三是强化各级责任分工落实。明确省、市、区三级及各有关部门的责任分工，建立以业绩为导向的考评机制，强化责任目标管理，建立正向激励机制。

（三）完善提升总体方案，做好自由贸易区建设的基础性工作

坚持"国家使命与区域特色"有机结合的总体战略思路，确立"国家战略与河南特色"有机融合的功能定位，确立"国际一流水平与带动中原崛起"有机结合的总体目标，以此为指导来完善提升总体方案。

具体从以下五个方面着手：一是要充分征求商务部等中央部委的意见，根据上层的意见来完善提升总体方案；二是坚持问题导向，针对存在问题来完善提升总体方案；三是坚持面向基层，充分征求市、区两级的意见建议，使总体方案更加切合基层实际；四是全面对接国家战略、区域规划，尤其是无缝对接"十三五"规划；五是充分吸收国内外自由贸易区规划经验，尤其是国内四大自由贸易区的经验，通过对比找差距，这是一条捷径。

（四）积极争取中央和国家部委支持，抓住自由贸易区建设的关键环节

自由贸易区是国家的试验田，大部分改革开放政策措施需要国家层面来拿方案，所以离开国家部委的支持，建设自由贸易区就会成为一句空话。可以分两个阶段争取中央部委支持：一是在申报阶段，申报方案应充分争取中央各部委的支持，争取专项改革试点落户河南，充分对接国家战略，提升河南在国家战略中的地位，力争尽早获批进入第三批国家自由贸易区改革试点；二是在建设阶段，全面对接中央机关，在政府机构、贸易投资便利化、法规体系、监管体系、金融领域等诸方面制定配套的改革开放政策措施，并在实施过程中不断完善，与此同时，还要争取在重点项目、资金、技术、人才等方面给予倾斜支持。

（五）夯实基础、培育产业，增强自由贸易区建设的立身之本

发挥"试验示范、辐射带动"功能是建设自由贸易区的重要目的，为此必须依靠完善的基础设施和高端产业集群来支撑。所以，夯实基础、培育产业是建设自由贸易区的根本任务。

一是抓好枢纽建设。完善提升郑州国家综合交通枢纽网络功能，加快推进"米"字形高铁网络建设，加快中原城市群城际铁路网络建设，加快航空港"航空、高铁、城际、地铁、公交"无缝对接的综合交通枢纽建设；充分利用新郑国际机场第二跑道和T2航站楼，建成中部地区最大的航空枢纽机场。

二是抓好开放平台建设。一要加快综保区和出口加工区建设，积极推进新郑综保区三期工程和经开综保区建设工作，尽快在各省辖市设立综保区和出口加工区，进一步拓展海关特殊监管区，形成开放的物流、储运、中转、分装、加工、贸易的平台网络。二要加快口岸网络体系建设，完善提升航空、铁路、公路口岸，与全国主要口岸实现联网。规划建设邮政、汽车、药品、肉类、粮食、水果、水产品、活牛、花卉等口岸，形成郑州内陆开放大口岸的综合平台优势。三要强化郑欧班列的品牌影响力和龙头地位，巩固领先地位，确保全年开行150班，力争每日开行一班。四要加快建设郑州国际航空运输中心和枢纽，支持"1+1"郑州和卢森堡双枢纽建设，同时积极探索"1+n"模式，以郑州为中心形成欧洲与日韩、东南亚等世界各地的航空货运中转基地。

三是抓好特色专业园区建设和产业集群发展。园区建设应体现枢纽型、科技型、创新型等理念，建设专业化的特色功能区。郑州经济技术开发区、开封经济技术开发区、洛阳高新区应重点建设出口加工区，发展高科技产业集群，郑州航空港经济综合实验区应重点建设综合交通枢纽、国际物流集疏展销中心、研发中心，重点发展临空产业、电子信息、装备制造、生物医药等产业集群，郑东新区重点建设中部地区金融中心，建设全国金融创新试验区。营造国际一流的营商环境，承接国内外高端产业链式转移，形成

特色集群和基地。

四是抓好国家自主创新示范区试点。国家自主创新示范区和高新区是区域转型升级的核心载体，将航空港自由贸易区纳入国家郑洛新自主创新示范区试点，以国家高新区、经济技术开发区、航空港经济综合试验区、郑东新区等为依托，加快建设双创基地，形成双创产业集群。在航空港自由贸易区规划建设国家科创中心。

将自由贸易区建设纳入河南省及有关省辖市有关发展规划，从战略大局上提升自由贸易区的功能定位，重大基础设施、产业集聚区、重点工程等重点项目要向自由贸易区倾斜。

（六）坚持拿来主义，走出自由贸易区建设的一条捷径

我国自由贸易区与国外自由贸易区虽然在类型上略有差异，但其本质内容都是"投资贸易便利化的特殊区域"。河南省自由贸易区建设应大胆吸收国外成熟的经验做法，在投资贸易便利化措施、营商环境、法规体系等方面积极推进与国际接轨。在区域特色上，注重借鉴国外"内陆铁公机枢纽型"尤其是航空枢纽型自由贸易区建设经验；在发展取向上，可以借鉴国外"技术型和创新型"自由贸易区建设经验；在产业上，重点借鉴高科技产业加工出口区和金融等服务贸易发展经验。

河南省自由贸易区与国内现有四大自由贸易区除了在区域特色上有所差异，在实质内容方面，如类型、综合功能、实验内容、产业体系、空间布局、管理体制等方面高度一致。河南省应大胆吸收四大自由贸易区建设成熟经验，他们有的试验试点内容我们也要争取有，除此之外还要结合河南省的实际提出新的试验试点内容。近期要扎实做好上海、广东、福建、天津自由贸易区改革试点经验复制推广工作，大胆探索新的试点内容，加快推进各片区的试验试点工作。另外，全国各地枢纽型、技术型、互联网型等自由贸易区建设特色经验也值得借鉴。总之河南省要发挥后发优势，履行国家使命，创新河南自由贸易区特色模式。

打造五大特色模式，建设世界一流的河南自由贸易区（2016年）*

中国特色自由贸易区网络正在加速形成，必将成为全球自由贸易区网络的核心，成为带动我国乃至全球贸易投资的经济增长极。河南省地处中原，处于"一带一路"的腹地核心，逐鹿中原，维系八方，战略地位举足轻重，自由贸易区既是"一带一路"大国崛起战略支点，又是引领中原崛起的龙头和增长极，自由贸易区建设将河南从改革开放的大后方推向了前沿阵地，将为河南发展提供了千载难逢的历史新机遇。

河南省自由贸易区建设应坚持履行使命、对接战略、联动互动、突出特色、强化优势、开放倒逼、改革突围、创新引领、重点突破、以点带面、跨越发展，瞄准世界一流水平，着力构建具有中原特色的"中部枢纽型、内陆自由港型、产业外向型、科技创新型、增长极带动型"自由贸易区，加快推进世界一流自贸区建设。

（一）实施对接"一带一路"国家战略，打造"中部枢纽型"自由贸易区

"一带一路"是大国崛起的国家倡议，而自由贸易区则是"一带一路"的战略支点。中央要求河南省自由贸易区主要探索建设贯通南北、连接东西的现代立体交通体系和现代物流体系、建设服务于"一带一路"建设的现代综合交通枢纽，即"一个枢纽、两个体系"。建设"中部枢纽型自由贸易区"既是辐射带动四面八方、支撑"一带一路"国家倡议的需要，同时也是河南省跨越发展的需要，是河南省自由贸易区最大的特色优势功能定位。

建设"中部枢纽型自由贸易区"，应紧密对接"一带一路"、中原经济区、航空港试验区、中原城市群、郑州中心城市国际商都等国家战略规划，构建航空、轨道、公路现代立体综合交通枢纽网络体系，构建航空港、铁路港、公路港、海港等四港联动、多式联运的枢纽网络，构建陆海空和网上"丝绸之路"。应着力打造以下"四个枢纽品牌"：

1. 打造郑州"米"字形高铁枢纽品牌

强化郑州在全国八横八纵高铁网络中的枢纽地位，加快郑万、郑合高铁建设进度，加快郑太、郑济高铁开工建设，力争2020年建成全国第一个"米"字形高铁枢纽网络。加快建设以郑州为中心的城际铁路网络，加快推进郑洛、郑许、焦洛、开港等骨干线路网络规划建设，力争2020年建成中原城市群核心区骨干网络，2025年建成中原经济区骨干网络。加快建设郑州国家中心城市地铁和轻轨网路建设，力争2020年建成10条200公里、2025年20条400公里、2030年30条600公里的地铁轻轨路骨干网络，跻身全国乃至世界先进行列。构建高铁、普铁、城际、轻轨、地铁等无缝对接零换乘的"五网一体化"现代化轨道交通网络体系。强化郑州南站集航空、轨道、高速公路等综合交通枢纽建设，完善网络、健全配套、提升功能。

2. 打造中欧班列郑州枢纽品牌

强化与交通部、国家铁路总局及中铁总公司之间的战略合作关系，提升郑州铁路集装箱编组中心站在"一带一路"中的枢纽地位，提高集疏运编组吞吐能力，完善进出口贸易综合配套服务功能。吸引全国货物在郑州集聚编组发运，建立

* 本文发表于《河南日报》2016年10月31日；河南省人民政府发展研究中心《发展研究动态》2016年10月10日第20期（总第20期）。

"1+1"双枢纽或"1+n"郑州中心铁路枢纽集疏网络，向东覆盖亚太国家或地区，向西覆盖欧洲、西亚、中东、北非等地区，实现每日一班常态化运营，合力打造中欧班列（郑州）全国第一品牌，力争在同类市场占有率达到50%以上。

3. 打造郑州航空客货运国际枢纽品牌

强化与国家民航总局等之间的战略合作关系，提升新郑国际机场在全国的枢纽地位，启动第二和第三跑道建设，尽早进入国际航空五大枢纽机场行列，打造"1+1"双枢纽集疏体系国际航空品牌，打造"1+n"郑州中心枢纽品牌，跻身国际航空大枢纽行列，力争在全国国际航空货运市场占有率达到20%以上。

4. 打造"买全球、卖全球"的"中大门"跨境电商枢纽品牌

以郑欧班列和航空枢纽为基础打造国际贸易中心、物流中心、跨境电商中心，建设郑州跨境电商产业园区，力争在全国跨境电商市场占有率20%以上，建设中部跨境贸易中心、跨境电商中心、国际物流中心。

（二）实施开放倒逼改革突围战略，打造"一带一路""内陆自由港型"自由贸易区

"自由港"是自由贸易区建设的典型模式。自由港最早出现于欧洲，13世纪法国开辟马赛港为自由贸易区，至今全球自由港已达数百个，同时自由港也从初期的货物装卸和交易等简单功能，扩展到货物贸易、服务贸易、现代物流、深度加工、投资服务、金融服务、总部基地、商务中心、研发创意、文化旅游、公共服务等综合化的高端产业集聚功能，空间布局一般包括港口区、仓储区、贸易区、加工区、金融区、配套服务区等，具有园区化、专业化、集群化、综合化等特点，表现为中心城市特殊集成核心功能区，甚至扩展为一座中心城市，如中国香港、新加坡等就是自由港型的世界城市。一般来讲，自由港应位于外贸货物吞吐量大、国际航线多、联系国家和地区多、腹地外向型经济发达的港口。自由港绝大部分位于沿海港口，也可位于内陆枢纽地区，如地处内陆的瑞士全国有20个自由港。

自由港模式比较适合我国对自由贸易区综合性多功能、多目标的要求，在我国原有的四大自由贸易区中，浙江舟山、福建平潭是海岛海港，采取的就是典型的自由港模式，上海、天津、广东地处沿海海陆空枢纽，占尽天时地利，其自由贸易区也都是采取的准自由港模式。河南省地处中部内陆枢纽地区，综合立体交通枢纽网络是独特优势，建设"一带一路""内陆自由港"是河南省自由贸易区的最优模式。

自由港模式的制度基础是具有投资贸易自由化便利化的软环境，物质基础是具有专业化、集群化、高端化的系列产业园区。河南省"内陆自由港"模式自由贸易区建设应突出打造制度环境和产业集聚双优势，着力在制度建设和特色产业园区建设两个重点取得突破：

1. 营造自由化、市场化、法治化、高效率的营商环境

自由港自由贸易区的灵魂和价值在于"自由"，其显著特征是自由便利的环境和高效的服务，突出表现在投资自由、贸易自由、金融自由、人员自由、运输自由"五大自由"。由管制到自由，关键的突破口在于改革，破除束缚发展的枷锁，释放发展活力，为此应紧扣制度创新这一核心，对接高标准国际规则体系，加快政府职能的转变和管理方式的创新，构建高效的国际化经贸投资管理体系。着力推进以下四项制度改革创新：一是建立以政府职能转变为核心的事中事后监管制度，构建高效率、低成本、法治化、可预期的行政管理体制，放开事前准入管制，规范事中事后管理，提升"放管服"公共治理能力，构建高效率的符合国际规范的商事制度体系，简化企业注册流程，推行先照后证、多证合一、单一窗口办结、一条龙限时服务。二是建立以"国民待遇+负面清单"为核心的外商投资管理制度，对外资实行负面清单管理，最大限度压缩行政审批事项，将环保、技术、标准等纳入法治化常态化管理渠道。三是建立以贸易便利化为重点的贸易监管制度，推进海关、税务、商检等环节改革创新、技术升级、信息共享、流程优化、效率提高。四是建立以资本项目可兑换和金融服务业开放为目标的金融制度，主动参与、配合并服务好国家金融管理部门制定金融服务业对内对外开放和改革创新的路线图和时间表，逐步放开资本项

目管制，发展跨境证券、债券、保险、期货、信贷、投资，建立人民币国际化结算中心，开展自由贸易账户、投融资汇兑便利等金融创新试点，建设面向国际的金融交易平台。

2. 打造六大彼此紧密关联的产业集聚园区

优化"一区多片、一片多园、联动互动、特色集群"的空间格局，着力打造六大核心功能集聚园区：①国际枢纽港口园区，建设国际一流多港联动的枢纽口岸体系。②国际物流中心和国际电商中心园区，扩充物流、仓储、加工等综合保税区，吸引国际客货运公司、代理公司、保险公司、物流公司等关联机构集聚；建设跨境电商产业园区，吸引电商平台、商家、电商物流等机构集聚。③国际金融中心、总部基地、CBD 园区，建设郑东新区 CBD 国际金融中心，在改革创新、国际化、集群化上取得突破，吸引银行、保险、期货、投资等各类金融机构集聚，必须提升郑商所品牌国际影响力，提升郑州期货交易所的全球定价中心地位，尤其是提升其资本市场功能。探索内陆资本市场放开经验，强化国际投资枢纽功能，建立各类金融要素市场，吸引国际公私募基金、战略产业创投基金、跨国公司区域总部、财务公司、财团等各类资本经营主体入驻，建设龙湖国际财富管理中心，建设人民币国际结算中心。建设金融创新科技产业园，鼓励网络金融健康发展。④战略新兴产业和高新技术产业园区，在郑汴洛经开区、高新区等专业园区，突出特色，加快承接国际国内高端产业转移和产业集聚。⑤国家自创示范区双创基地科创中心园区，规划建设国家科创中心、科技产业园、创新创业综合体、科技孵化器。⑥高端服务业园区，建设多片区多中心 CBD，建设要素交易市场和大宗商品交易市场集聚区，建设服务外包、高教、职教、医疗、养老、体育、文化旅游、休闲、娱乐、中介、咨询、商务等特色服务业集聚区。

（三）实施"招大带小"招商战略，打造"产业外向型"自由贸易区

经济是我们一切事业的物质基础，建设自由贸易区不是为了装点门面，而是为了产业发展，发展产业是自由贸易区建设的第一要务。承接高端产业转移是产业培育、升级、跨越的一条捷径。当前世界和我国经济均处于深度调整之中，承接国际国内高端产业转移既面临难得机遇，同时也面临激烈的区域竞争和严峻挑战，机遇转瞬即逝，不进则退，我们必须增强机遇意识和危机意识，充分发挥自由贸易区开放门户和窗口作用，独辟蹊径，探索更加有效的招商模式，才能在竞争中占尽先机。河南省自由贸易区建设可采取以下战略模式：

1. 实施"招大带小"的招商战略

集中有限力量重点引进世界 500 强或行业 100 强大型跨国公司，带动专业化小型企业沿产业链集聚发展。"招大带小"是河南省实践出来的一条重要经验，例如引进一家富士康，带动了数百家配套企业入驻河南省各地，形成了若干专业园区，就成了一个万亿级的大产业。深入开展"大招商、招大商"活动，把政府有限的招商力量配置到"招大商"上，不要撒胡椒面，要集中有限兵力打攻坚战，与跨国公司骨干龙头企业建立战略协作关系，确定专人跟踪联络服务，配套政策及时跟进，力争入驻自由贸易区专业园区。建立招商奖励基金，对在招商引资中有突出贡献者给予重奖。在自由贸易区为其他省辖市开辟飞地，招商项目产值、税收等对半划分成。当然还要制定配套的激励政策措施，在这方面自由贸易区应为全省探索试点经验。

2. 实施"窗口带动"的招商战略

充分发挥自由贸易区开放窗口的功能，带动全省招商引资工作。规划建设"河南省招商服务园区"，建立重点项目库和展示中心，为全省各市县区设立独立窗口，为客商提供咨询、谈判、考察、签约、注册、中介、商务等一条龙服务。建立"河南省招商服务网"，使之成为网上河南形象的展示窗口，畅通对外联系通道，与全国及世界主要窗口实现联网建立紧密联系。

3. 做特做优、做大做强主导产业

自由贸易区的主导产业选择应坚持支撑核心功能、外向带动、比较优势、有限目标重点突破等原则，应重点选择战略新兴产业、高新技术产业、高端制造业、现代服务业、新经济、航空经济等高端制造业高端服务业。①着力发展三大主导、十大支柱制造业：一是电子信息产业，重点发展移动智能终端（如智能手机、平板电脑、智能手表等）、软件两大支柱产业。二是高端装备产业，重点发展汽车产业（包括新能源汽车）、电气装备、工程装备、交通装备、机器人、航空航天装备等六大支柱。三是健康产业，重点发展生物医药、健康装备及服务等两大支柱。②着力发展三大主导、六大支柱服务业：一是金融及总部经济，依托 CBD 构建国际金融中心和国际总部基地，鼓励发展金融产业集群、总部集群两大产业集群；二是商贸物流，积极发展贸易及跨境电商、现代物流、服务外包三大产业集群；三是创意创新创业"三创"服务业，鼓励研发、创意、创新创业服务一系列产业集群的发展。

4. 实施重点倾斜扶持的产业政策

产业政策是产业发展的指挥棒，是招商引资的有力武器。应总结推广富士康经验，对主导产业和重特大项目采取特殊政策，在项目审批、用地、信贷、财政、税费、政策等各方面进行倾斜扶持，促进骨干龙头企业的集聚和加速成长，加快电子信息、高端装备、生物医药等主导产业集群的形成，针对移动智能终端等重点领域世界 500 强要一企一策，持续跟踪，紧盯不放，特事特办，急事急办，力争引进一个龙头带动一个集群或园区。

（四）实施"双自联动"战略，打造"科技创新型"自由贸易区

自由贸易区是改革开放示范区，理所当然也应成为自主创新示范区，"双自联动"是自由贸易区发展的内在要求和重要战略，自由贸易区和自主创新示范区两大国家战略叠加形成投资贸易便利与科技创新功能的深度有机融合，必然产生"1+1>2"的溢出效应。上海张江国家自主创新示范区（即上海张江高新区）包括"一区二十二园"，面积高达 531 平方公里；武汉东湖国家自主创新示范区（即东湖新技术开发区）规划面积518 平方公里。上海和武汉的实践证明："双自联动"可以形成新的竞争优势和发展优势。

1. 建立"双自联动"体制机制，建设自创示范区

河南省应将自主创新示范区的改革试验内容全部引入自由贸易区，构建高效的"双自"联动机制和工作方案，推进机构、资金、技术、人才

等四个要素制度创新，探索高新技术企业、技术先进型服务企业认定办法和配套扶持政策，大力发展国际化科技金融，引进境外风险投资基金直接投资境内创新企业，建立国际化知识产权交易平台，完善支持创新的保税监管模式。

2. 构建双创载体和双创生态体系，建设国家双创示范基地

依托产业园区、骨干企业、大学、科研院所，围绕主导产业集群的培育发展，整合力量，建设一批"大学双创科技园""特色产业集聚园区双创科技园"和"双创综合体"等特色突出的双创基地，鼓励建设技术研发中心、技术交易中心、孵化器、加速器等系列双创平台，构建技术链、资金链、产业链、服务链等完善的双创生态体系，建设高水平的国家双创示范基地。

3. 建设国家中部科技创新中心，建设中部综合性国家科学中心

打造高度集聚的重大科技基础设施群，建设有国际影响力的大学和科研机构；建设关键共性技术研发和转化平台，在信息技术、高端装备、生命科学等领域先行布局一批开放式创新平台，建设郑州国家科学城，建设郑州国家技术转移中部中心、郑州国际技术进出口促进中心等专业化、市场化技术转移机构。

（五）实施自由贸易区带动战略，打造"增长极带动型"自由贸易区

自由贸易区具有经济增长极辐射带动功能，在诸项国家区域战略中处于引领地位，应加快自由贸易区建设，以点带面，综合带动航空港实验区、郑州国家中心城市或国际商都、中原城市群、中原经济区建设。打造自由贸易区经济增长极，重点在重大专项谋划，核心在组织领导，关键在狠抓落实，应从以下三个方面创新自由贸易区建设体制机制：

1. 加强组织领导，建立举省体制

上海市在自由贸易区建立之初就及时提出"响应中央号召举全市之力建设自由贸易区"的口号，河南省应借鉴上海市的经验，建立自由贸易区建设"举省体制"，举全省之力建设自由贸易区，组建自由贸易区、航空港区、创新示范区"三合一"的国家战略领导小组，完善"两级三

层"高效管理体制，建立省市区联席会议制度。建立自由贸易区发展基金。积极与中央有关部门建立协调沟通机制和战略合作关系，争取政策、项目、资金、技术、人才等全方位倾斜支持。要利用一流智库按照国际一流标准制定自由贸易区发展规划、建设方案和实施细则，探索河南特色模式。及时总结自由贸易区改革开放创新经验并向全省推广，带动全省发展。

2. 狠抓责任落实，强化绩效导向

明确各级各部门的责任分工，细化岗位职责任务，责任到人，分工负责，协调推进。建立重点项目库，积极谋划大项目，实施项目带动，落实项目责任制，明确时间节点，强化督查和责任目标考核。

3. 着眼战略全局，着力谋划重大专项

总体上来讲，河南省高新产业与国内先进地区差距很大，甚至差距还在不断拉大，问题的关键在于缺乏带动性强的重大专项。近年来上海、武汉、西安等先进地区都在围绕高端装备、航空航天、电子信息、生命科学等重点产业领域谋划重大专项，比较而言河南省在产业重大专项的谋划上明显滞后。例如，富士康作为一个成功的重大专项确实带动了河南省航空港实验区和电子信息智能终端产业的跨越发展，但是明显缺乏后续的重大专项，高度依赖富士康代工加工，依赖单一龙头无异于走钢丝，产业基础很脆弱，一有风吹草动就会大起大落，发展瓶颈约束非常明显。要想突破被动格局，就应主动作为，实施"重大专项带动"战略，着眼未来和全局，紧紧围绕国家战略、互联互通基础设施、主导产业等谋划重大专项，将重大专项谋划纳入各级政府主要领导职责范围，与招商引资紧密结合起来，形成联动机制。谋划大产业，应抓住移动智能终端等高端产业转瞬即逝的洗牌机遇，引大扶强，大干快上，在全球范围内形成特色集群优势。加强相关智库建设，在高校建立自由贸易区研究院、航空港试验区研究院，建立重大战略专项协同创新中心，发布一批重大专项政府招标课题，建立重大专项研究基金，支持创新研究。

打造河南"双创"高地的政策建议（2016年）*

引言 　李克强总理在政府工作报告中指出构建大中小企业、高校、科研机构、创客多方协同的新型创业创新机制。建设一批"双创"示范基地，培育创业服务业，发展天使、创业、产业等投资。指明了创新创业"双创"的方向、路径、重点。河南省是人力资源大省，后发优势比较突出，但是先发优势明显不足，创新始终是制约发展的一条"短腿"，必须实施创新驱动战略，大力推动创新创业，加快实现转型发展和跨越发展两大历史任务。

一、大力发展双创新经济

"双创"（大众创新、万众创业）具有如下几个显著特性：①双创是新兴的现代服务业。双创的核心是科技企业的孵化器和加速器，双创过程划分为"种子期（思想创意）、苗圃萌芽期（技术研发中试转让）、企业孵化期（人才+技术+天使投资）和企业加速成长期（企业+创投产投）"，外部的人才、创意、技术、资本、服务等要素源源不断集聚，创意链、技术链、资本链、服务链等多业复合融为一体，形成一个环环相扣的双创链条，构成一个开放性的双创生态系统。双创属于知识技术智力密集的新经济，是从制造业中分离出来的新兴现代服务业。目前全国各类众创空间已经超过2300家，科技企业孵化器加速器2500多家，国家自主创新示范区14个，国家高新区146个，在孵企业超过10万家，双创为经济社会发展注入了新动力和新活力。②双创具有高度内生性、根植性、渗透性、引领性。双创根植于社会内部，是转型升级的内在要求，是创造价值的动力源泉，是经济社会可持续发展的重要基因，转型发展依赖双创，双创推动并引领转型发展。③双创是供不应求的服务品。过去经济高速增长主要依靠劳动力、资本、资源等多元要素推动，现在需求和供给均进入转型升级阶段，传统的增长动能已经枯竭，双创成为保持中高速增长的新动能，双创作为一种稀缺资源和稀缺产品，始终处于供不应求状态，已经成为制约经济社会发展的瓶颈。大力推进双创，增加双创有效供给，是推动转型升级发展的重要途径、手段和方式。

二、大力培育和发展双创服务业

创新既是推动经济转型发展的战略基点，又是新经济的增长点，大力培育和发展双创服务业应突出发展以下五大双创产业集群：①研发产业。随着转型升级的加快，技术进步对经济增长的贡献率越来越高，研发快速成长为一个新兴的朝阳产业。河南省应大力发展研发产业，依托重点企业、高校、科研院所建设一批国家和省级研发中心，建设一大批科技型企业。②创意产业。创意产业又称智慧产业、创造型产业、创意经济，河南省应大力发展创意产业，建设一批特色创意园区，培育一批特色创意产业集群。③双创金融产业。投资是双创的物质保障，应积极发展资本市场，鼓励双创直接融资，大力发展天使、创业、产业等风险投资；大力发展双创信贷，鼓励发展科技金融和小额贴息贷款；鼓励发展投贷联动、投保联动、投债联动等新模式，全方位支持双创企业融资；鼓励网络众筹和上市融资。各

---

* 本文发表于《河南日报》2016年10月21日。

级政府应当设立新兴产业创投引导基金，运用市场化手段引导社会力量支持双创融资。促进双创金融集聚发展，建议在郑东新区规划建设"龙湖国际创投财富管理金融中心"，打造双创金融中心。④技术和知识产权交易产业。技术交易是技术向生产力转化的关键点，同时技术交易还是企业扩张和行业升级的重要手段。2015年全国技术交易总额达到9835亿元，通过技术交易实现了现实生产力转化。应建立各类线上线下技术交易市场网络，建立专利申报和知识产权保护机制，建立技术股权期权激励机制。推动技术资产化、产权化、股权化和证券化，鼓励以技术为核心的企业兼并重组和对外扩张，优化企业和行业结构。⑤双创教育培训产业。将双创理念融入学校教育全过程，鼓励支持专业化市场化的双创教育培训。⑥双创配套中介服务业。鼓励发展企业注册、融资、商标、专利、财务、法律等代理或咨询服务。总之，河南省应大力发展研发、创意、创投、培训、技术交易、企业孵化器、加速器、配套中介服务业等全链条双创产业集群，鼓励集中布局、集群化和基地化发展，使双创服务业成长为新兴的主导产业。

三、加快建设各具特色的双创基地

双创基地是指具有研发中心、技术交易中心、种子、苗圃、孵化器、加速器、教育培训、配套服务等综合功能集成的园区载体。近年来，全国各地高度重视双创园区载体建设，依托产业园区、骨干企业、科研院所，围绕主导产业集群的培育发展，建设了一大批各具特色的双创基地。双创作为一种新经济和现代服务业，同样遵循"集群化和基地化"的产业发展一般规律。河南省应整合政府、企业、高校、科研院所和社会力量，建设一大批各具特色功能完善的双创基地。①依托大学智力密集优势建设"大学双创科技园"。在大学普及双创教育可以充分利用创新资源优势，打破封闭僵化的办学理念、模式和体制机制，拓展办学空间，提升大学"人才库、思想库、技术库"功能，解决大学生就业难问题，服务地方经济建设。应将双创纳入大学功能之中，发挥大学人才、技术、基础设施等资源优

势，建设一批"大学双创科技园"。河南省拥有普通高校约130所，包括本科院校55所、高职高专院校75所，这是亟待开发的智力资源"富矿"，应积极推广黄河科技学院双创的典型经验，建设20家国家大学双创科技园、100家省级大学双创科技园，推动高校和区域经济转型升级发展。②依托产业集聚区优势建设"特色产业集群双创科技园"。双创必须面向市场需求，服务区域产业集群升级和新兴产业培育发展，产业集聚区应配套建设"双创科技园"，成为创新创业示范区试验区。河南省应依托180多个产业集聚区、数十个CBD中央商务区，配套建设双创科技园，加快产业升级和新兴产业发展。③依托政、校、院、企协同优势，建设"双创综合体"。双创基地建设必须发挥政府的引导扶持作用和市场主体作用，强化政府与企业、高校、科研院所等多方协同，形成合力。2013年以来郑州市充分调动社会力量，首批规划建设20个集孵化器、加速器、配套公寓和服务设施为一体的"双创综合体"，目前大部分已经建成，引进高层次人才190名、人才团队249个，成立创投机构142个，引进企业和孵化项目数1401项，在全国开创了双创基地建设新模式。

四、构建完善的双创体系

实施创新驱动战略、打造"双创"高地、构建双创体系是一项系统工程，必须进行顶层设计，坚持政府引导、市场主导、机构主体、社会协同、全员参与、突出重点、协同推进，加强宏观调控和政策引导，制定中长期规划，实施年度专项行动计划。①树立双创发展理念。创新创业将是一场前所未有的深刻社会变革，然而许多地方政府仍然习惯于传统的粗放发展方式，对创新驱动不擅长、不积极、不主动，没有办法，缺乏手段，行动迟缓，因此必须转变观念，推广郑州市实施创新开放双驱动战略和双创基地建设的经验。②确立双创目标。构建双创型社会，建设双创河南、双创市县区、双创产业集聚区、双创大学、双创企业等。③打造双创平台载体。建设一大批功能完善的双创基地，建设国家科创中心、区域创新中心、国家创新示范基地，打造双创高

地。以先行先试体制创新为突破口，建设好郑洛新国家自主创新示范区试点，每个省辖市都要建设国家级高新区和经济技术开发区，并纳入国家自主创新示范区范围，以产业集聚区和商务中心区为据点建设一批国家级自主创新示范区。④建立投入保障机制。研发投入要尽快达到 GDP 的 2.5%，加大财政对双创基地建设的投入力度，发挥"四两拨千斤"的带动作用，引导全社会投入。⑤推进开放与创新融合互动。把开放与创新、后发优势与先发优势有机结合起来，相互推动，打造区域开放创新发展高地，鼓励引进人才、资金、技术、项目等高端双创要素，吸引国内外行业龙头、大型央企、知名院校、科研机构和创新型企业在豫设立研发机构和区域总部。鼓励河南省骨干企业"走出去"在国内外建立研发网络，鼓励开展技术并购，主动融入全球创新网络之中。⑥营造宽松环境。完善配套鼓励扶持政策，激发企业、高校、科研院所、创新人才等市场主体的创新活力，优化双创环境，倡导"鼓励冒险、宽容失败"的双创文化，完善双创社保体系，形成双创受尊重、失败有保障的社会环境。

"中原更加出彩"必须实施"创新驱动核心战略"（2018 年）*

引言

"中原更加出彩"是习近平总书记和党的重托、人民的新期待、历史的新使命，是加快实现中原崛起、中原复兴和中原现代化的"中原梦"，是实现中华民族伟大复兴中国梦的中流砥柱。建设经济强省是实现中原更加出彩的物质基础、经济基础、第一要务和中心工作，中原更加出彩是第一使命，建设经济强省是首要目标。进入新时代、新阶段、新常态，为了加快建设经济强省、实现中原更加出彩，为了抵御经济持续下行压力，为了化解经济总量大、结构层次低的矛盾，为了破解发展后劲明显不足的现实难题，河南省除了全面实施"三区一群"国家战略之外，还需要强力推动、全力实施"创新驱动核心战略"，开启经济高质量发展的发动机。

一、实施创新驱动核心战略，这是认识和实践上的一次飞跃

改革开放四十年以来，河南省经历了前十几年的迷茫，也经历过了二十多年的奋起直追，截至目前，河南省已经连续二十七年实现经济增速高于全国平均水平，中原不断崛起既是一个大趋势，也是河南省委省政府带领全省人民解放思想、主动作为的结果。主动作为的一个关键抉择就是寻找战略突破口和战略路径。

河南省曾经先后探索并实施了科教兴豫战略、开放带动战略、人才强省战略、可持续发展战略、产业集聚区战略、粮食生产核心区国家战略、中原经济区国家战略等，这一系列举措激发了经济发展的动力、活力，实现了经济跨越发展，后发优势开始显现。其中，解放思想"开放带动"成为推动河南省跨越发展的主战略。

最近五年河南省进入转型发展的新阶段，省委主动谋划，促进多项国家重大区域战略平台密集落地河南，如郑州航空港经济综合实验区、郑洛新自主创新示范区、河南自由贸易区、国家级中原城市群、郑州国家中心城市、"一带一路"枢纽、跨境电商试验区、大数据试验区、"中国

制造 2025"示范区等，河南成为发展的热土。其中，最具引领作用的是"三区一群"国家战略[郑州航空港经济综合实验区、中国（河南）自由贸易试验区、郑洛新国家自主创新示范区和中原城市群]，是河南省加快推进改革开放创新发展的试验田，建设经济强省的增长极。

同时我们应该看到，目前落户河南省的十多项国家战略尤其是"三区一群"国家战略，均属于平台型的空间增长极，现在我们需要思考一个问题——这些平台增长极依靠什么来驱动？在平台增长极战略框架基本确立之后，"动力类"战略就成为具有决定性和根本性的战略。"改革、开放、创新"是我们发展的三大动力，改革带来了活力，开放带动了外力，创新才是一切创造发展的不竭动力源泉。实施"三区一群"国家战略的关键、动力、路径是"创新驱动"，离开了创新驱动，所有平台型战略都会落空。所以，必须适时将"创新驱动"上升为河南省建设经济强省的"核心战略"。所谓"核心"，就像人体的心脏，就像工业母机的发动机，是动力源。广东省从 2014 年开始确立并实施"创新驱动核心战略"，每年广东省委省政府 1 号文件和第一个工作会议的主题都是"创新驱动"，全省全社会动

---

* 本文发表于《河南日报》（理论版）2018 年 8 月 21 日。

员，层层持续加压推动，两大万亿级的战略新型产业集群初步形成，转型升级发展后劲十足，2017年广东省区域创新能力跃居全国第一。广东省的经验值得借鉴，河南省就是要通过实施"创新驱动核心战略"来推动"三区一群"国家战略的深入实施，打造创新和发展高地。

二、推进改革式创新，降低创新的制度成本

改革是发展的活力源，更是创新的活力源。制度成本高是当前制约创新发展的重要瓶颈，推进创新的供给侧结构性改革必须要破除一切阻碍创新的制度性障碍，激活创新要素，打造适宜创新的"效率高、成本低、效益好"的软环境。政府是提供制度"软环境"公共服务的主体，为此必须推进政府自我革命，从根本上降低创新的制度成本。河南省要实现追赶超越目标就必须增强后发比较优势，必须营造一流发展环境，着力打造"改革创新高地"：一是构建创新驱动和新战略组织领导体系，成立创新驱动和新战略领导小组，省委省政府主要领导任组长，专司顶层设计和高端推动，每年1月召开一次总结计划安排工作会议，每年7月召开一次推进会议，制定中长期规划和年度计划，层层分解任务，将其列入各级政府责任目标考核。二是构建"1+N"鼓励创新的政策法规体系，一个总纲要、N个专项政策，要坚持以人为本和结果导向，在管理方式、经费支出、知识产权、收益分配等方面向创新人才倾斜。三是构建"零成本"商事制度环境，简化优化程序，推行"只跑一次腿"和网上办结。四是构建结果导向的创新激励机制，创新的直接结果是知识产权（特别是专利），最终结果是转化为高新技术企业的GDP。为了提供创新投入的效率，应建立以专利和高新技术企业为导向的激励政策体系，对推动产业转型升级的专利给予重奖，截至2017年底，河南省每万人拥有发明专利量3.0件，全国每万人发明专利拥有量9.8件，河南省约为全国的1/3，河南省高新技术企业仅占全国的2%左右，创新结果少、效益低是制约河南省创新可持续发展的重要短板，只有间接结果导向的激励政策体系，才能逐步改变被动

落后的不利局面。五是构建政府引导、企业主导、全社会融入的投入体系，加大政府引导资金投入力度，支持创新团队和创新平台建设，支持新型研发机构和创新型企业发展，实行以奖代补，建立结果导向的投入激励机制，建立税收减免的正向激励机制。当前河南省研发投入占GDP的比重约为1.2%，全国约为2.1%，广东省约为2.6%，深圳市约为4.1%，2017年河南省研发投入582.1亿元，约为深圳市的60%，差距非常大。投入规模小、投入积极性不高是制约河南省创新驱动发展的基础性因素，应通过营造优越环境来激发全社会研发投入的热情。

三、推进"开放式"创新，探索集聚全球全社会创新资源要素的新模式

经济全球化是大势所趋，创新是经济的先导，创新全球化也是必然趋势。应坚持开放式创新理念，探索开放式创新的路径，整合运用全球创新资源要素，不求所有，但求所用，着力营造优越环境，吸引全球创新资源要素集聚河南。河南省应加大国内外创新要素资源的招引力度，着力打造"开放创新高地"：一是强化创新型人才和团队的引进和培育，要着眼未来，不怕吃亏、敢于吃亏、大胆吃亏，"只要出成果，要啥给啥"，关键是给事业、给待遇、给平台、给职务、给权力、给环境，建设海归"双创"园区；二是强化新型研发机构的引进和培育，目前深圳拥有41家集科学发现、技术发明、产业发展"三发"于一体的省级新型研发机构，而河南省才拥有10家省级新型研发机构，仅为深圳市的1/4，河南省应借鉴深圳"一家新型研发机构孵化百家高新技术企业"的经验，制定发展新型研发机构的配套鼓励政策；三是强化跨国公司和行业龙头生产基地、研发基地、区域总部的链式引进，发挥人才资源、市场规模、交通枢纽、产业配套、政策环境等综合优势，吸引创新型企业进驻河南；四是强化全球研发网络的构建，坚持"引进来、走出去"，在国内外创新谷设立研发基地，与国内外知名研发机构构建协同创新联盟和利益共同体；五是强化虚拟空间创新网络的构建，探索集聚全球全社会创新资源要素的新模式。

四、推进"孵化式"创新，构建"科学研究—技术开发—产业孵化"创新创业体系

科技创新的目的是为了经济发展，经济发展是创新的物质基础，两者之间是正反馈的、相辅相成的关系。自主创新是一个系统工程，需要推进"科学研究—技术开发—产业发展"一体化，河南省应加快创新链、产业链、金融链、服务链、政策链等无缝对接创新创业"双创"体系，着力打造"双创高地"：一是大力打造双创载体，鼓励发展众创空间、科技孵化器、大学科技园、产业科技园等双创载体和基地，积极推广郑州市"双创综合体"经验，鼓励建设具有综合服务功能的"双创园区"，构建研发、转化、创投、金融、服务等"双创"生态体系，强化种子、苗圃、孵化器、加速器一体化"双创"功能，创建一批国家级"双创"基地，建设100家国家级"双创"空间和100家国家级"双创"孵化器，力争到2020年孵化10万家科技型小微企业；二是大力发展"双创"科技金融，大力发展天使基金、创投基金、战略新兴产业投资基金，鼓励商业银行等金融机构设立科技分支行，研发成果的产业化必须依靠金融支撑，新兴产业是金融发展的新增长点，当前河南省上市企业78家，仅占全国的2.2%，仅为浙江省的1/5，广东省的1/8，上市是集聚创新发展资本的重要桥梁，必须加速推动科技型企业在国内外挂牌上市；三是大力发展新型研发机构"孵化器"，强化研发机构、孵化器、高科技企业控股集团等复合功能，力争引进培育100家新型研发机构孵化器；四是大力培育"双创"文化，加快创新型河南建设，大力开展"大众创业、万众创新"活动，培育"双创"文化，弘扬"双创"时代精神，使"双创"精神文化成为社会主义核心价值观的有机组成部分。

五、推进"引领式"创新，把高新技术企业打造成科技创新和经济发展的第一增长极

企业既是创新的第一主体又是发展的第一主体。高新技术企业占据创新链和产业链的高端，是高端产业创新和发展的第一主体，同时高新技术企业独享国家税收减免优惠等一揽子倾斜扶持政策，是创新和发展的政策特区，具有先天创新和发展优势，既是创新的增长极又是发展的增长极。当前高新技术企业已成为创新驱动转型发展的龙头。根据深圳市转型升级发展经验，深圳作为经济特区已经没有国家政策倾斜了，但是目前深圳市拥有高新技术企业约1.2万家，约占全国的1/10，由于高新技术企业可以独享税收等倾斜政策，深圳已经变成了高新技术企业发展的特区，高新技术企业集群已经成为当地政府推进创新驱动转型发展的第一抓手。当前河南省拥有高新技术企业约2300家，全国约11万家，河南省占全国的比重约为2%，广东省有3.3万家，河南省仅为广东省的7%左右，高新技术企业数量太少已经成为制约河南省创新驱动发展的第一短板。河南省应强化创新驱动转型发展的第一抓手，培育大批高新技术企业集群，抢占创新发展制高点，着力打造"高新技术企业创新发展高地"：一是完善、鼓励高新技术企业发展的配套政策，制定河南省高新技术企业培育发展长远规划和年度计划，出台配套扶持政策，并将其列入各级政府责任目标考核，拉高目标，层层传导创新发展压力，力争2020年高新技术企业达到1万家、科技创新型小微企业达到10万家；二是鼓励创办和引进高新技术企业，鼓励大专院校和机关事业单位专业技术人才创办高新技术企业，对其原有待遇不变，提供创业资金，给予专项奖励，对于引进高新技术企业有突出贡献者给予重奖，对有突出贡献的高新技术企业家给予重奖，全社会弘扬企业家创业精神；三是鼓励高新技术企业建立研发平台，对国家、省、市级研发平台给予不同档次的奖励，力争规模以上企业研发平台全覆盖，河南省国家级研发平台数量约占全国的2.2%，导致了平台少、人才少、成果少、效益差等链条式缺陷，打造创新平台、集聚创新要素资源是河南省摆脱落后局面的重要依托；四是鼓励现有产业集聚区升级为高新技术产业开发区，再创办一批国家高新技术产业开发区，使之成为高新技术企业集群的发展高地，推动各地产

业结构转型升级。

六、推进"资本式"创新，实现金融豫军与创新发展共同繁荣

大规模的创新必须有大规模的投入做支撑，创新仅仅依靠政府和社会组织的公益投入是不够的，必须依靠创新资本化、社会化投入。一般来说，创新的产业化可以取得更大的经济效益，因此可以吸引社会资本集聚创新领域，同时创新具有风险性，所以创新资本具有风险投资的特性。为了给创新提供源源不断的"弹药"，应加快构建服务创新发展的金融体系，着力打造"创新资本发展高地"：一是大力发展多层次资本市场体系，倾斜发展"中原股权交易中心"，强化融资和股权交易功能，使之成为科技型小微企业的孵化器和加速器，制定综合配套鼓励和奖励政策，支持科技型中小微企业在区域股权市场、新三板、创业板、中小板、主板以及境外上市；二是大力发展科技金融，鼓励银行设立科技创新金融事业部和科技分支行，支持规模以上企业设立研发机构、建设研发平台，扩大对新型研发机构信贷支持，支持研发产业的跨越式发展，鼓励保险、信托、证券、资管等金融机构通过参股、控股、期权、知识产权证券化等方式，拓展科技创新产业领域，实现金融豫军与创新发展的良性循环和共同繁荣；三是大力发展风险投资基金业，加大政府财政引导资金投入力度，实行减免税费、补贴、奖励等扶持政策，设立政府风险投资种子基金，吸引社会资本进入风险投资领域，形成科技创新投资的合力，支持高新技术企业和战略新兴产业大发展；四是大力发展"创新创业"普惠金融，强化种子、苗圃、孵化器、加速器的金融支撑功能，推动实施"互联网+创新"行动计划，推进创新创业平台建设的众创、众包、众扶、众筹等"四众"新模式、新业态发展，大力发展互联网金融，加快科技金融和金融豫军转型升级、做大做强。

河南省打造中西部地区创新高地的战略与对策研究（2018 年）*

摘要 创新是推动产业革命、构建现代化经济体系、推动高质量发展、建设经济强省的总动力和核心引擎，近年来河南省着力培育创新主体、打造创新平台、瞄准重点领域、加快改革开放，创新驱动扎实推进，成效显著，转型步伐不断加快，但是河南省依然存在创新主体不强、平台不多、人才不足、机制不活、环境不优等突出问题。应坚持重点带动，着力突破创新企业、人才、平台、机构、成果（专利）五大瓶颈约束；坚持改革推动，着力夯实投入基础、体制保障、环境孵化、金融投资四大支撑；坚持开放带动，着力推进开放式创新，充分利用全球高端创新资源要素，构建完善的创新创业体系，力争早日建成中西部地区创新高地，有力推动高质量发展和经济强省建设。

一、创新是推动河南省经济高质量发展的核心引擎

我国经济已由高速增长阶段转向高质量增长阶段，建设现代化经济体系必须坚持质量第一、效益优先，以供给侧结构性改革为主线，推动经济改革质量变革、效率变革、动力变革，不断增强我国经济创新力和竞争力。学习和贯彻落实十九大精神，要深入领会习近平总书记对河南工作的重要指示精神，以科技创新推动河南经济高质量发展。高质量发展是河南省进入新时代的必然要求，是建设现代化经济体系的关键，也是贯彻五大发展理念的重要体现。

（一）创新是构建现代化经济体系、推动高质量发展总动力

以创新推动经济高质量发展是建设现代化经济体系的重要支撑。经济学理论把创新看作把科技产业化、商业化、市场化的过程，科技改变生产要素实现经济发展。现代创新理论的提出者约瑟夫·熊彼特认为，创新是经济增长和发展的动力，没有创新就没有经济发展。虽然创新是一种创造性破坏，但是创新会创造出新的价值。由此，创新是引领经济发展的核心动力，也是构建现代化经济体系的重要支撑。

（二）创新是河南省经济强省建设总动力

以创新推动经济高质量发展是河南省打好"四张牌"和建设"四个强省"的内在要求和必然选择。2014 年 5 月，习近平在河南考察时提出希望河南围绕加快转变经济发展方式和提高经济整体素质及竞争力，着力打好"四张牌"，创新驱动不但是其中重要的一张牌，而且还是其他产业升级、城镇化、基础建设等三张牌的动力之源。为了更好发挥优势打好"四张牌"，河南省十次党代会提出建设经济强省、先进制造业强省、现代服务业强省和现代农业强省，实现四个强省建设目标必须强化创新驱动。

（三）创新是河南省技术革命和产业革命总动力

以创新推动经济高质量发展是河南省结合发展实际抢抓新科技革命和产业变革历史机遇的战略举措。经济发展理论和历史经验都表明，创新是推动经济高速增长向经济高质量发展的核心引擎。当前，新一轮科技革命和产业变革孕育兴起，特别是信息技术、生物技术、新材料和新能

---

* 本文发表于《河南日报》（理论版）2018 年 4 月 4 日。

源技术等广泛渗透到所有领域，正在引发产业分工重大调整，重塑竞争格局、改变区域竞争能力。河南省既面临赶超跨越的难得历史机遇，也面临差距拉大的严峻挑战，唯有建设创新型河南，全面增强自主创新能力，力争在重要科技领域实现重大突破，才能在新一轮竞争中赢得战略主动，实现河南振兴，让中原更出彩。

二、河南省创新驱动扎实推进，成效显著

近年来，省委省政府把创新驱动摆在战略全局的高度，持续完善政策，优化环境，推进自主创新体系建设，创新支撑引领经济发展的能力显著增强，与 2012 年相比，河南省在全国区域创新能力排名中上升 3 位，在全国区域综合科技进步水平指数排名中上升 5 位。十八大以来的这一时期成为河南省科技创新实力提升最快、创新成果产出最多、对经济社会发展贡献最大的时期，中西部地区科技创新高地建设迈出坚实步伐。

（一）着力培育创新主体，转型步伐加快

一是培育创新型龙头企业及高新技术企业。实施创新型龙头企业能力提升工程，加快实施培育高新技术企业行动计划，培育创新型龙头企业 100 家、高新技术企业 2270 家、科技型中小企业 1956 家、新增科技小巨人企业 208 家，2017 年高企数量增幅创历史新高。二是支持本地研究院所及新型研发机构建设。支持郑州信大新进技术研究院、洛阳中科信息产业研究院、新乡市电池研究院等为当地产业创新发展、破解关键技术瓶颈提供有力支撑。推进中国航天郑州军民融合产业研究院、洛阳华东理工大学研究院、中国（新乡）小麦产业研究院等一批高层次新型研发机构加速落地。三是培养和引进高层次科技人才。两院院士、国家创新人才、中原学者等高端人才突破百名，杰出人才和杰出青年达到近千名，创新型科技团队超过 600 个。2017 年新设立院士工作站 41 家，引进 43 位院士及科研团队 307 人进站工作，计划开展合作项目 112 项，项目总投资 10.28 亿元。推荐 6 人新入选国家"万人计划"。

（二）着力打造创新平台，创新基础更加扎实

一是推进国家重点实验室建设。积极争取河南省优势创新团队参与国家实验室建设工作，省部共建食管癌防治国家重点实验室、地下基础设施非开挖技术国家联合研究中心和动物免疫学国际联合研究中心列入科技部计划。目前，国家级重点实验室达到 14 家。二是加速省级创新平台布局。围绕全省重点产业和领域需求，新建省级重点实验室、工程技术研究中心、临床医学研究中心、国际联合实验室等省级创新平台 296 家，新建省级产业技术创新联盟 21 家、科技成果转移转化基地 5 家。目前共有省级以上企业技术中心 1136 个，其中国家级 84 个；省级以上工程实验室（工程研究中心）616 个，其中国家级 46 个。国家级工程技术研究中心 10 个，省级工程技术研究中心 1287 个；省级重点实验室 184 个。三是推进大众创业万众创新。与科技部联合启动"创新引领中原"活动，举办五届河南省创新创业大赛和两届中国创新创业大赛先进制造行业总决策，新建省级以上科技企业孵化器、大学科技园、众创空间、专业化众创空间、星创天地等各类创新创业载体 393 家，其中国家级 116 家，孵化企业 1 万家以上，涌现了清华激光、uu 跑腿等一批科技型中小企业。

（三）着力瞄准重点领域，高新技术产业发展提速

一是实施重大科技专项。围绕高端装备制造、新一代信息技术、功能性新材料等六大关键领域启动重大科技专项 22 项，占全省 2012 年以来重大科技专项的 8.8%；突破产业关键核心技术 60 项；带动项目总投入 11.37 亿元，占 2012 年以来项目总投入的 3.7%。二是推动高新技术产业不断壮大。在新材料、新能源、高端装备制造等高新技术领域，形成了明显的技术和市场优势，其中超硬材料占全国市场的 80% 以上，高温功能材料占 30% 以上，新能源客车占 30% 左右。2017 年河南省高新技术产业增加值近 7000 亿元，占全省规模以上工业增加值的比重达到 36.1%，其中郑洛新三市高新技术产业增加值占规上工业增加值比重达 41.5%，高于全省 5.4 个百分点，有效推动了全省经济发展方式转变及产业结构调整。三是推动高新区快速发展。推动高新区建成高新企业聚集，以及高新技术产业研发、成果转

化基地的建成，大力推动高新技术成果商品化、产业化，开展高新区"二次创业"工程。新建洛阳高端装备制造、许昌电力电子装备等8家国家高新技术产业基地和国家火炬产业基地。信阳、许昌高新区创建国家级高新区。全省国家级高新区总数达到7家。

（四）着力推进改革开放，创新环境不断优化

一是深化科研体制机制改革。建立以知识价值为导向的科研人员薪酬分配政策，出台国家科技奖励省级配套标准，开展科技计划项目网络评审，推行企业研发投入后补助，开展"科技贷"、知识产权质押融资、科创风险投资基金等科技金融业务，成立中国郑州（创意产业）快速维权中心，设立重点产业知识产权运营基金。全社会研发投入突破550亿元，同比增长13.6%，高于全国平均增速3个百分点。带动银行信贷支持河南省中小企业662.81亿元。全省专利申请量和授权量达到119243件、55407件，万人有效发明专利拥有量达到3.02件，专利质押融资总额突破42亿元，培育省级知识产权强企129家。9个省辖市获批国家知识产权示范试点城市，数量居中部六省首位。二是推进自创区科技创新。着力抓好自创区生物育种、通信技术、工业CT、超级电容等四大创新突破性项目，实现自创区核心区183项事项与省直部门联通，推进自创区辐射区遴选布局工作，初步构建起"3+N"自创区空间发展布局。目前，自创区高新技术产业增加值占全省的1/3，技术合同交易额占全省90%以上，国家级创新平台数量占全省60%以上，创新龙头企业、高新技术企业、科技型中小企业数量分别占全省50%、56%、50%。三是推进开放式创新。打造"一基地一中心"对外开放窗口，举办自创区国内国外推介会，推进国家技术转移郑州中心的建设，开通技术市场工作网络综合服务平台，开展中国（郑州）国际创新创业大会暨跨国技术转移大会等。全省引进或共建研发机构及技术转移中心15家，新建国家联合实验室31家，新培育省级技术转移示范机构21家。全年技术合同交易额达到76.9亿元，同比增长29.9%。

这些成绩的取得，是在省委领导下，全省人民认真贯彻以习近平同志为核心的党中央决策部署，深入落实习近平总书记打好"四张牌"、让中原更加出彩的嘱托，团结一心、开拓奋进的结果。在充分肯定成绩的同时，我们也应清醒看到，河南省科技创新发展中还存在创新主体不强、平台不多、人才不足、机制不活、环境不优等困难和问题，我们要进一步增强忧患意识和担当意识，下更大力气解决这些问题。

三、河南省实施创新驱动的难点与瓶颈

创新能力不强已成为制约河南省实现高质量发展的最大短板，尤其是创新主体不强、平台不多、人才不足、环境不优等深层次约束愈加凸显。根据《中国区域科技创新评价报告（2016~2017）》显示，2016年河南省综合科技创新水平指数为48.21，位列全国第21位，指数增幅低于全国平均值，创新驱动能力与发达地区和全国平均水平均有差距。

（一）企业自主创新能力有待提高

一是创新型龙头企业量少个小。以高新技术企业为例，截至2017年底，全国共有高新技术企业11万余家，而河南省只有2270家，占比不足全国的2%，尚不及广东去年一年新增数的1/4，与湖北、安徽、湖南等中部省份也有很大差距；研发能力弱，缺少重大产业链关键环节攻关能力，未能形成具有核心竞争力和影响力的创新产业集群；规模小，营业收入10亿元以上的有110多家，百亿元以上仅有4家，在科技部发布的164家独角兽全名单中，河南省未有一家入选。二是企业自主创新活力不足。企业是创新的主体，是推动创新驱动体系建设的突破口，河南省企业创新意识总体不强，创新活力普标偏低。河南省开展创新活动的企业占比仅为37.6%，尚有62.4%的企业没有创新活动，仅有25.9%的企业认为创新对企业的生存发展起重要作用，企业R&D经费投入占主营收入比重与国家标准相差4倍，用于技术获取和技术改造的经费支出比重为0.15%，占比在全国跌至末位。三是企业自主创新能力薄弱。目前河南省还处以在改进技术为主的创新阶段，自主研发技术能力不足，以专利、知识产权发明数量为例，2016年河南省万人发明

专利拥有量为 1.87 件，远低于国家 5.5 件/万人的标准；有效发明专利量为 12.3 件/万人，仅为全国水平的 27.4%，与中部地区 29.1 件的平均水平相比也有较大差距；在进行产品创新的企业中，每亿元研发经费支出产生的发明专利授权数为 8.73 件，排在中部地区末位。

（二）创新型人才有待加快集聚

一是创新型人才数量严重不足。人才是创新的根基，是创新的核心要素。河南省创新型科技领军人才、创新战略人才、科技团队数量不足，全省研究与发展（R&D）人员为 61964 人，数量居全国第 9 位，企业 R&D 人员占就业人员比重仅为 2.6%，万人 R&D 人员数为 7.3，仅达全国标准的 42.5%。全国 1500 多位两院院士中河南省仅有 27 人，尚不及邻省陕西、湖北的 1/2。2013 年以来，河南省新入选两院院士、国家杰出青年、国家青年千人计划、国家优秀青年等高层次人才仅 13 人，居全国第 22 位，与周围省份的差距巨大。二是科技人力资源储备不足。创新与教育密不可分，河南省长期以来教育基础薄弱，是创新人才的"洼地"，"双一流"建设相对滞后，高水平科研院所较少，省万人高等学校在校生人数排在全国第 19 位，2016 年硕、博研究生毕业人数为 1.19 万人，仅占全国的 2.1%，高层次人才增长速度缓慢，严重制约了企业创新发展后劲及创新高度。

（三）创新创业平台建设有待提速

全省重点实验室、试验基地等高层次人才创新创业平台少，低成本、便利化、全要素、开放式众创空间等大众创新平台少，对于创新创业型人才承载、吸纳能力比较弱。目前全省国家工程技术研究中心占全国总数的 2.89%，国家重点实验室占全国总数的 2.91%，仅相当于湖北省的一半左右，而这两项相加的数字也不过 24 家，还不足山东省的 40%。全省规模以上企业中建有研发机构的工业企业的占比为 5.8%，大中型企业建有省级以上研发机构的仅为 2364 家，占比不足 20%，距离省委省政府提出全覆盖的目标还有相当大的差距。

（四）创新环境有待优化

一是科技服务不到位。河南省科技服务业发展落后，科技服务便捷度和可及性不强。作为衡量地区科技服务水平的重要指标，河南省科技服务业从业人数密度低，每十万人创新中介从业人员数仅为 0.89，在全国排名 29 位；创新创业公共服务平台、开放式创新网络平台密度不足 1%。二是金融服务滞后。产业链、创新链、资金链融合不畅，天使投资、股权投资基金数量严重不足，全省已备案私募基金 147 只，仅占全国的 0.2%，科技保、科技贷覆盖面窄，政府引导基金、风险补偿基金对社会资本撬动作用不明显，未能有效分散创新风险。三是激励机制不健全。2016 年河南省科学研究和技术服务业平均工资的比较系数检测值为 78.76，较上年度下降 3 个百分点，仅相当于国家标准的四成；企业研究和开发费用加计扣除减免税额为 12.94 亿元，占比进一步下降，表明政府以及社会对创新活动支持激励作用不明显。高校、科研机构关于促进科技成果转化的机制不完善，国有企事业单位在引进高层次人才方面还受到工资总额和绩效工资总量限制，以增加知识价值为导向的国企分配制度改革进展不大。

（五）创新投入力度有待加大

有效的创新资源投入是提高区域科技创新水平的重要保障。虽然科技投入连年增加，但政府、企业、社会多元化、常态化投入机制还未建立，资金投入总量偏低，规模投资较小的问题依然存在。①从科研物质条件投入看，河南省每名 R&D 人员研发仪器与设备支出为 3.71 万元/年，远低于国家每人每年 6 万元标准，进行科学研究与技术服务业新增固定资产占全社会新增固定资产的比例仅为 0.61%，在全国排名第 24 位。②从人力投入看，河南省每万人从事科技活动人员 34 人，仅相当于全国平均水平的 54%。③从财力投入来看，2016 年，河南省 R&D 经费投入强度仅为 1.23%，居全国第 16 位，不仅低于全国平均水平 2.11%，也低于中部的安徽（1.97%）、湖北（1.86%）、湖南（1.50%），企业和社会资本增加研发投入的积极性不高。

四、河南省创新驱动高质量发展的总体思路

今后几年是决胜全面小康社会建设关键时

期，河南省面临稳增长和促转型的双重任务，创新驱动是实现高质量发展的根本动力，必须牢固树立创新、协调、绿色、开放、共享的发展理念，坚持重点带动，着力突破创新企业、人才、平台、机构、成果（专利）五大瓶颈约束；坚持改革推动，着力夯实投入基础、体制保障、环境孵化、金融投资四大支撑；坚持开放带动，着力推进开放式创新，充分利用全球高端创新资源要素，建立政府引导、企业主体、人才支撑、产学研结合、环境孵化的自主创新体系，力争2020年基本建成中西部地区创新高地，有力推动经济强省建设。

（一）坚持重点突破，实施创新企业、人才、平台、机构、成果（专利）五大倍增引导计划

一是创新型企业求突破。企业是创新发展的主体，创新型企业少是河南省经济大而不强的直接原因，河南省实施创新驱动必须突破企业创新主体少的瓶颈约束。必须制定超常规的综合配套激励政策，大力实施"科技小巨人"企业培育工程、"小升高"培育工程、高新技术企业倍增工程，力争到2020年全省高新技术企业数量达到1万家，创新型企业数量达到1万家，实现总量翻两番，走在全国前列；同时实施龙头带动工程，培育或引进1000家创新型行业龙头企业；培育或引进100家创新型跨国公司。二是创新型人才求突破。人才是创新发展的第一要素资源，是新时代最稀缺的资源，也是河南省的战略短板，近来全国主要省市掀起了新一轮人才争夺战，河南省实施创新驱动必须突破创新人才少的瓶颈约束。必须打造人才特区政策环境，大力实施人才强省战略，积极推进"十百千万"创新型人才培养和引进工程，培育和引进10家国内国际一流高校，引进100家国内国际一流研发机构，培育和引进1000个一流创新团队；培育和引进1万名创新型领军人才、1万名创业型领军人才。三是创新平台求突破。创新平台是创新发展的依托，河南省实施创新驱动必须突破创新平台少的瓶颈约束。实施创新平台倍增计划，力争到2020年国家工程技术研究中心和国家重点实验室达到50家，实现翻番，占全国5%以上；力争全省大中型企业建设省级以上研发机构1万家，基本实

现全覆盖。加快全省180个产业集聚区升级为省级高新技术开发区，力争到2020年再创建10家国家级高新技术开发区，构建"3（郑洛新）+N"自主创新示范区，覆盖全省高新区。四是创新机构求突破。创新机构是专业化的创新主体，实施创新驱动必须突破专业化创新机构少的瓶颈约束。实施专业研发机构培育计划，鼓励本土重点高校和行业龙头企业建立100家专业化市场化独立运营的研发机构，鼓励本土科研院所实施混合所有制改革，加快转型升级做大做强。实施省院、省校、省企战略合作计划，力争引进10家中科院、中国工程院、中国农科院、国家中医研究院等国家级专业化科研院所；力争引进10家国内外一流高校建立研究生员或研发机构；力争引进100家央企建立生产基地和研发机构。五是创新成果（发明专利）求突破。发明专利是创新的主要成果，应确立成果激励的政策导向，实施知识产权强省战略，尤其是实施专利导航战略，建设国家专利导航实验区，加快知识产权强省、试点省建设，力争18个省辖市全部创建国家知识产权示范试点城市。对发明专利实行奖补，重奖经济效益显著的发明专利。力争到2020年发明专利授权量翻一番，位居中西部地区前列。创建国家知识产权孵化中心，建立知识产权运营基金，推进知识产权证券化、股份化和质押融资。

（二）坚持改革推动，夯实创新的投入、体制、环境、金融四大支撑

一是强化投入基础。投入是创新的物质基础，创新可以产生倍增效益，加大投入力度是实施创新驱动的必然要求。力争研发投入增速达到10%以上，到2020年全省研发投入占GDP的比重达到1.5%以上，投入强度尽快赶上全国平均水平。完善投入激励机制，加大财税金融奖补支持力度，对高新技术企业、创新型人才及团队、创新平台、创新机构实施一揽子优惠政策。二是强化体制保障。必须突破管得过死的体制机制瓶颈约束，着力打造自主创新的政策特区，激发动力活力，积极推广北京、上海、深圳等地改革试点经验，力争将郑洛新国家自主创新示范区升级为中原城市群国家自主创新示范区。深化科技管理体制和财政投入体制改革，扩大创新机构和领

军人才的自主权，加快科技成果转化，科技成果利益分配应向创新者倾斜，激发创新者的积极性，提高科技投入的效率和效益。三是强化环境孵化。加快创新型河南建设，积极开展创新型市、县、区创建活动。大力开展大众创业、万众创新活动，构建研发、转化、创投、金融、服务等"双创"生态体系，强化种子、苗圃、孵化器、加速器一体化"双创"功能，创建一批国家级双创基地，建设100家国家级双创空间和100家国家级双创孵化器，力争到2020年孵化1万家中小微科技型企业。四是强化金融支撑。研发成果的产业化必须依靠金融支撑，应大力发展科技金融，鼓励商业银行等金融机构设立科技分行，力争每年科技贷款增加100亿元；大力发展天使基金、创投基金、战略新兴产业投资基金，力争每年双创基金增加100亿元；鼓励科技型企业在国内外挂牌上市，力争每年主板上市10家以上，新三板上市100家以上，区域板上市1000家以上。

（三）坚持开放带动，充分利用全球高端创新资源要素

近年来，全国范围内的结构调整转型升级加速推进，区域经济群雄并起，区域竞争不断升级，各省区市之间围绕一流人才、团队、机构、高校等高端创新要素资源展开争夺，河南省在新一轮竞争中处于守势。为此，河南省应强力实施"开放带动、引进来、走出去"开放式创新战略，设立1000亿元开放创新基金，营造创新特区环境，打造后发优势。一是加大招引力度。对照全国先进优化环境，强化正向激励，完善一揽子优惠政策，吸引国内外创新型企业、人才、平台、机构进驻河南，尤其吸引国内外一流跨国公司、一流高校、一流科研院所、一流孵化器进驻河南，在豫建立研发孵化机构。二是鼓励柔性引进人才和团队。在全球范围内大力开展产学研结合，建设协同创新联盟，围绕项目展开联合攻关，不求所有但求所用，优势互补，互利互惠，实现合作共赢。三是实施军民融合创新战略。创建军民融合试验区，大力引进军事院校、军工企业、军工科研院所，建立军民融合试验区，构建军民融合产学研基地。四是鼓励骨干企业建设全球创新网络。鼓励企业在国内外主要创新中心通过联合、兼并或独资等方式建立自己的研发基地。鼓励骨干企业建设开放式的虚拟创新网络平台，利用虚拟创新网络平台汇集全社会创新要素资源，加快创新成果转化，实现共赢发展。

建设郑州综合性国家科学中心暨国家科创中心的框架思路（2018年）*

摘要　建设综合性国家科学中心和科技创新中心是国家创新体系的基础平台支撑，也是实现中原更加出彩的总动力平台。河南省应发挥农业科技特色优势，主动规划建设郑州综合性国家科学中心暨国家科技创新中心，突出"国家生物育种科学中心"重点工程，着力打造大科学装置、国家（重点）实验室、工程技术中心、"双一流"大学和学科等四大科创平台集群，构建"科学—技术—产业"无缝对接的全链条创新体系，搞好顶层设计，将"中西部地区科技创新高地"升级为"国家科技创新中心"，建设"黄河科学新城""嵩山科技新城"，打造世界一流的"郑开科创走廊"。

习近平总书记曾经强调，加快打造具有全球影响力的科技创新中心，建设若干具有强大带动力的创新型城市和区域创新中心。综合性国家科学中心是国家科技领域参与全球竞争的重要载体，是国家创新体系建设的基础平台，是国家实施创新驱动战略的基础支撑。建设综合性国家科学中心和科创中心是中央创新驱动发展的重大战略部署。

2015年以来，习近平总书记视察北京和上海时指示要建设具有全球影响力的科技创新中心，2016年中央先后批准在北京、上海、合肥建设综合性国家科学中心和科创中心。与此同时，武汉、南京、成都、西安、广州等科教资源较集中的城市也迅速启动综合性国家科学中心申建工作，并取得了积极进展。

河南地处中原，是全国人口大省、农业大省、经济大省，战略地位举足轻重，进入新时代中原要更加出彩，河南省必须将创新驱动置于核心主导战略地位，有必要尽快启动申建郑州综合性国家科学中心暨国家科技创新中心，抓住机遇，顺势而为，迎难而上，创造条件，夯实基础，积蓄力量，主动作为，服务大局，加速崛起。

为了探讨河南省建设国家科学中心的可行性，2016年底我们开始酝酿"建设郑州综合性国家科学中心暨国家科技创新中心对策研究"课题，2017年初列入省政府决策咨询研究课题计划，并列入了郑州市政府科技攻关课题计划，经过课题组一年多的联合调查研讨，初步完成了研究报告，现将主要内容汇报如下：

一、建设郑州综合性国家科学中心暨国家科技创新中心的必要性

综合性国家科学中心是国家创新驱动的奠基工程，国家科技创新中心是创新驱动的增长极。建设郑州综合性国家科学中心暨国家科技创新中心事关中原更加出彩、带动中西部地区发展的大局和全局，意义重大。

（一）中原更加出彩的迫切需要

2014年5月，习近平总书记在河南考察时指出，实现"两个一百年"奋斗目标、实现中华民族伟大复兴的中国梦，需要中原更加出彩。同时要求着力打好产业结构优化升级、创新驱动发展、基础能力建设、新型城镇化这"四张牌"。

中原更加出彩既是习总书记对河南的殷切希望，也是中国梦在河南的具体体现的"中原梦"，其核心内涵就是要奋力实现河南振兴、中原崛

---

*　本文发表于《河南科学》2019年4月第4期；嵩山智库《趋势研究》2018年7月18日第1期。

起、建设经济强省的奋斗目标，成为中西部地区的经济增长极，发挥好连南贯北、承东启西的枢纽和纽带作用，带动中西部地区发展，支持全国区域协调发展，发挥好"一带一路"杠杆支点作用，服务好国家改革开放发展大局。

"打好四张牌"则是实现中原更加出彩的战略路径，产业升级是物质基础，创新驱动是动力源泉，基础能力建设是支撑条件，新型城镇化是空间载体，其中，创新驱动这张牌是打好其他三张牌的新动力，实施创新驱动是河南省经济进入新常态和高质量发展阶段之后的重大战略转移。建设综合性国家科学中心暨国家科技创新中心是新时代中央实施创新驱动、推进高质量发展的重大战略部署，河南省应抓住机遇，主动作为，狠抓落实，持续推动，助力中原更加出彩。

（二）打造创新高地、弥补发展短板的迫切需要

省十次党代会提出打造中西部地区科技创新高地的战略目标，这既是落实习总书记打好"四张牌"指示精神的重大战略部署，也是实施创新驱动、突破发展短板、破解发展难题、实现弯道超车的突破口。

河南省户籍人口人1.09亿，约占全国的7.8%，占全世界的1.5%，是名副其实的全国第一人口大省，人口规模在全国乃至全球都有一定影响力，但是面临低层次劳动力明显过剩和高层次人才严重短缺的不利局面，呈现出人口资源过剩、人才资源短缺的结构性矛盾。由于历史的原因，河南省科技创新基础薄弱、水平不高、能力不足，在经济进入新常态、新阶段、新时代的大背景下，人才和创新已经成为制约河南省发展的重要短板。如何弥补河南省人才和创新两大短板、培育发展新优势，加快人口大省向人力资源大省和人才强省转变，加快人才和创新洼地向人才和创新高地转变，加快培养和集聚创新型人才引领未来发展，是未来河南省实现新跨越面临的一项战略任务。建设郑州综合性国家科学中心暨国家科技创新中心是弥补人才和创新两大短板的突破口，是打造中西部地区科技创新高地的重要平台载体，是加快经济大省向经济强省转变的奠基工程。

（三）实现弯道超车、顺利迈过中等收入陷阱的迫切需要

首先，从河南省与全国同步实现战略目标的要求来看，河南省人口多、包袱重、底子薄，经济在全国属于后发地区，2017年河南省人均GDP 4.2万元，全国平均为6.0万元，河南省仅为全国平均水平的70%左右，差距较大，但是必须确保河南省与全国同步实现全面小康、基本现代化和全面现代化的三步走战略目标，不能拖全国的后腿，与沿海发达地区相比河南省面临追赶发展的历史任务，这要求河南省经济必须加速发展，必须保持较高速度，增速至少高于全国1个百分点以上。其次，从发展的阶段上来说，河南省即将进入人均GDP 1万美元左右的中等收入陷阱阶段。当前河南省面临加快发展实现弯道超车与迈过中等收入陷阱双重历史任务，必须有速度，又要有质量。如何加快发展实现弯道超车，顺利迈过中等收入陷阱，进入2万美元以上的高收入水平，是河南省面临的重大考验。

根据历史的经验，一般来说一个国家或地区迈过中等收入陷阱需要具备如下五个条件：一是政治开明、社会稳定；二是市场经济体制和体系完善；三是开放型经济体系建立；四是产业结构由中低端迈向中高端水平；五是发展动力由要素驱动转向创新驱动。以上五条相辅相成，缺一不可。应该说经过近四十年的改革开放，我国逐步确立了先进高效的政治体制、市场经济体制、开放型经济体系，保证了经济持续高速增长。当前河南省迈过中等收入陷阱面临的最大任务是结构转型升级，而制约转型升级的最大短板是创新驱动的动能不足、水平不高、活力不足。由此看来创新驱动是迈过陷阱的关键和突破口。

实现弯道超车、迈过中等收入陷阱都要求持续稳定快速发展，必须遵循工业化阶段性发展规律，河南省要适应、顺应、把握速度转换、结构转换和动力转换的新常态，要保持中高速增长、推进产业结构迈向中高端水平，必须加快增长动力转换，加快增长动力从要素驱动为主迈向依靠创新驱动为主阶段，由外延发展阶段迈向高质量发展阶段。

建设郑州综合性国家科学中心暨国家科技创

新中心为河南省弥补创新驱动短板、创造创新驱动新优势、实现弯道超车提供了难得的历史机遇。由于河南省科技创新基础比较薄弱，申建郑州综合性国家科学中心暨国家科技创新中心的路肯定会艰辛而曲折，但是这是河南省实施创新驱动核心战略的重要支柱，是河南省实现弯道超车和迈过中等收入陷阱的必由之路。对此我们既要充满信心，又要做好打攻坚战、打持久战的准备。

（四）抵御经济下行、破解结构顽症、实现高质量发展的需要

2011 年以来，我国进入工业化后期，城镇化的高峰期已经过去，基建需求增速趋缓，劳动力、土地、资源、原材料等要素价格大幅攀升，环境污染达到容量极限，劳动密集型产业大规模向域外转移，战略新兴产业培育发展迟缓，经济增速由高速进入中高速阶段，近几年全国经济增速持续下滑 30% 左右，而河南省经济增速下滑 40% 左右，河南省经济下滑幅度大约比全国高出 10 个百分点，增速衰减更快、持续下行压力更大，经济增长后劲明显不足，河南省对新常态的适应能力明显不足，这种状况继续发展下去将危及同步实现全面小康和现代化的目标。

河南地处中原，拥有区位和交通枢纽优势、资源优势、劳动力优势等，要素成本低的比较优势明显，最近二十多年的赶超发展就是依靠这种比较优势的充分发挥。但是进入新常态后，河南省经济持续下行过快，究其原因是河南省长期存在的结构性矛盾没有发生根本改变，潜伏的结构性矛盾更加凸显，主要表现在三个方面：一是产业升级滞后，结构低端化，产业结构偏向中低端的资源型、原材料和重工业，战略新兴高新技术产业发育迟缓，三次产业结构中现代服务业发展滞后，产业的集中集聚集群化程度偏低；二是城镇化滞后，城镇化率低，中心城市首位度偏低，辐射带动功能不高，城市群大而不强，一体化发展水平较低；三是还停留在主要依靠要素驱动增长的阶段，创新驱动发展的动能不足，创新人才短缺，创新主体不强，国家级创新平台缺乏，新型研发机构不多，创新成果较少。以上三大矛盾能否突破将决定河南省能否实现高速度、高质量、高效益、可持续的稳健发展。

历史经验和规律告诉我们，创新驱动是摆脱外延发展模式、保持中高速增长和产业结构迈向中高端的唯一动力和路径。河南省三大结构性矛盾的核心和根源是创新驱动发展的活力不足、能力较弱、水平较低。综合性国家科学中心暨国家科技创新中心目前处于我国科技创新体系的最顶端和龙头地位，是国家双一流大学和科学研究、技术研发、产业转化的集聚载体和基地，负有抢占全球竞争制高点、引领国家未来发展的战略使命。建设郑州综合性国家科学中心暨国家科技创新中心，既是主动作为服务国家大局全局的战略需要，又是河南省强化创新驱动、突破结构性矛盾、打造创新高地、确立后发优势、加快中原崛起的迫切需要。

（五）支撑"三区一群"国家战略、带动中西部地区发展的迫切需要

"三区一群"国家战略［郑州航空港经济综合实验区、中国（河南）自由贸易试验区、郑洛新国家自主创新示范区和中原城市群］，是河南省加快推进改革开放创新发展的试验田，建设经济强省、打造带动中西部地区乃至全国发展新增长极的重要支柱。实施"三区一群"国家战略的关键、动力、路径是"创新驱动"，离开了创新驱动所有战略都会落空，而综合性国家科学中心暨国家科技创新中心是创新驱动战略和科技创新体系的支柱、核心和龙头。

建设郑州国家中心城市、打造国家级中原城市群，使之成为带动中部崛起、西部大开发及中原崛起的增长极，这是中央推进区域协调发展战略和实施"一带一路"开放发展战略的重大决策部署。郑州地处中原咽喉枢纽位置，将成为一个综合性国际化超大城市，建设国际综合交通枢纽和物流中心、经济和贸易中心、金融中心、文化中心、科创中心是其五大核心功能定位，其中建设国家科技创新中心是发挥郑州中心城市辐射带动功能的动力源泉。"国家科技创新中心"是综合性国家中心城市核心功能之一，建设郑州国家中心城市，发挥对中西部地区乃至全国全球的辐射带动功能，就需要同步建设"国家科技创新中心"。中原城市群是中西部地区最大的国家级城市群，是我国中西部地区最大的经济增长极，只有构建中西部地区最大的科技创新体系、打造科

技创新高地才能支撑增长极功能。所以，建设郑州综合性国家科学中心暨国家科技创新中心是战略需要，是使命担当。

二、建设郑州综合性国家科学中心暨国家科技创新中心的环境分析

（一）面临的机遇

1. 难得的中央政策机遇

近几年中央陆续出台一系列创新驱动的政策和规划文件，作出了加强综合性国家科学中心和科创中心建设的战略部署，如依托北京、上海、安徽等大科学装置集中的地区建设国家综合性科学中心，推动北京、上海等优势地区建成具有全球影响力的科技创新中心，推动粤港澳大湾区打造国际科技创新中心。① 2016 年 5 月中共中央、国务院《国家创新驱动发展战略纲要》提出，推动北京、上海等优势地区建成具有全球影响力的科技创新中心。② 2016 年 7 月国务院《"十三五"国家科技创新规划》提出，打造高端引领的创新增长极，依托北京、上海、安徽等大科学装置集中的地区建设国家综合性科学中心。③ 2017 年 8 月科技部等在《国家科技创新基地优化整合方案》提出，依托高校、科研院所和骨干企业，部署建设一批国家重点实验室和国家工程研究中心。④ 2018 年 1 月《国务院关于全面加强基础科学研究的若干意见》提出，支持北京、上海建设具有全球影响力的科技创新中心，推动粤港澳大湾区打造国际科技创新中心。加强北京怀柔、上海张江、安徽合肥等综合性国家科学中心建设，打造原始创新高地。

目前已经获批的国家综合性科学中心和科创中心都布局在东部地区，展望未来，将会在中西部地区展开布局，预计最终在全国布局 10 家左右，这就为河南省建设郑州综合性国家科学中心和科创中心提供了政策依据和前提条件。

2. 难得的区域发展战略机遇

近年来，伴随着中原加速崛起，十多项国家战略平台陆续落户河南，如中部崛起、粮食生产核心区、中原经济区、郑州航空港经济综合实验区、郑洛新国家自主创新示范区、河南自贸区、中原城市群、郑州国家中心城市、"一带一路"节点枢纽、跨境电商试验区、大数据试验区、中国制造 2025 示范区等，几乎所有的国家战略都少不了河南，这说明河南在全国的地位快速上升，正在从全国舞台的边缘走向舞台的中心，在全国的地位举足轻重。战略叠加为河南省加快改革开放创新发展提供了难得的机遇，国内外高端生产要素资源和创新要素资源加速向河南省集聚，发展环境日趋优化，发展动能不断增强，创新驱动更加有力，成为中西部地区的经济增长极和创新增长极。战略叠加为国家综合性科学中心和科创中心布局河南提供了基础支撑和机遇。

3. 难得的新科技革命历史机遇

过去任何一轮科技革命和产业革命，我国都是处于模仿和追赶的被动地位，经济落后与科技落后形成恶性循环。今天时代不同了，我国越来越接近最新一轮科技革命和产业革命的前沿阵地，处于跟踪、协同、引领并存的发展阶段，如我国已经在新一代信息技术、人工智能、高端装备、新能源、新材料、生物技术、节能环保等高新技术产业领域显示出后发优势。近年来，河南省围绕中原更加出彩的战略目标，积极参与新科技革命和产业革命，致力于打造创新高地，建设创新型河南和城市，加快构建基础研究、应用研究、产业孵化等创新体系和链条，创新创业生态体系日趋完善，高新技术产业加快成长，自主创新能力不断提高。应该说新一轮科技革命和产业革命为河南省下决心建设郑州综合性国家科学中心和科创中心提供了千载难逢的历史机遇。

4. 难得的"双一流"大学和学科建设新机遇

2017 年河南省郑州大学入选全国 42 所世界一流大学建设高校行列，郑州大学和河南大学入选全国 95 所世界一流学科建设高校行列。郑州大学的临床医学、材料科学与工程、化学等学科，河南大学的生物学等学科入选国家世界一流学科建设行列。"双一流"高校和学科建设，将有助于改变河南省基础科学研究和高层次人才培养落后状况，将为建设郑州国家综合性科学中心提供强大的智力技术保障和新机遇。

（二）面临的挑战

1. 全国各地申建科学中心的竞争已经展开

综合性国家科学中心被业内称作"科研皇冠

上的明珠"，是国家创新体系建设的基础平台。谁拥有国家科学中心就意味着拥有大规模的科技创新基础资源，在创新驱动发展中占据先天优势，自然而然地形成科技创新高地，因此全国各省都把申建综合性国家科学中心作为抢占科技创新制高点、打造发展高地的重大战略举措。截至目前，上海张江综合性国家科学中心、合肥综合性国家科学中心、北京怀柔综合性国家科学中心已先后获批，武汉、南京、成都、西安、广州等中心城市已经启动科学中心申建工作，这些城市在研究基础、产业基础、高校资源、人才资源等方面具有显著的比较优势。

2. 河南省紧邻的武汉市最具竞争力

2016 年湖北省就启动了武汉科学中心申建工作，2017 年初申建方案已经完成并上报国家有关部委，得到较高评价和积极回应。武汉科教优势明显，拥有武汉大学、华中科技大学等 84 所高校，拥有国家实验室 1 个、大科学装置 2 个，国家级研发平台 48 个（是河南省的 2 倍多），科教综合实力位居全国前列，光谷特色优势明显，武汉最有可能成为我国第四个综合性国家科学中心，且可能在"长江新城"布局"武汉科学城"。

（三）特色优势条件

1. 河南省科技创新水平快速提高

近年来，河南省狠抓"四个一批"建设，引进、培育、建设了一批创新平台、新型研发机构、创新型企业、创新型人才队，创新支撑引领经济发展的能力显著增强，创新主体数量快速增加，各类高端创新平台相继落地，重点领域高新技术产业发展提速，创新环境持续优化。如最近几年培育起来的郑州信大先进技术研究院、郑州大学产业技术研究院有限公司、郑州新世纪材料基因组工程研究院有限公司、郑州中科新兴产业技术研究院（中国科学院过程工程所郑州分所）等十大新型研发机构在全国居领先水平。

2. 河南省农业科技创新水平居全国前列

河南省是全国农业大省、第二产粮大省，对全国粮食安全做出了巨大贡献，同时河南省也是全国重要的农业科研基地，农业科研机构、科研人员、科研平台、科研成果、推广应用等均居全国前列，形成了以河南农科院为龙头的省、市、县三级农业

科研体系，拥有两院院士、众多领军科学家和团队，在主要农作物、植物、动物等研究领域居世界和国内领先水平，七次获得国家科技进步一等奖或国家技术发明奖，获奖数量和等次居全国前列，有力地支撑国家粮食安全和现代农业发展。

3. 河南省高等教育规模居全国前列

2017 年河南省拥有普通高等学校 134 所，其中，本科院校 55 所，高职（高专）院校 79 所，在校生 200.47 万人，占全国的比重约 8.5%，河南省大专院校总数多规模大，数量规模在全国具有比较优势，且拥有郑大和河大两所"双一流"大学，在全国地位稳步提高。

中国科学评价研究中心、武汉大学中国教育质量评价中心发布 2018～2019 年大学教育地区（31 省市区）竞争力排行榜，河南省大学教育竞争力在全国 31 省市区中位列全国第 11 位，处于中上等水平，且在全国的位次逐年提高。

4. 郑州市创新驱动优势明显

郑州是国家中心城市，是中原城市群的龙头，是带动中西部地区发展的重要增长极，经济总量占全省 20%，集聚了全省 50% 以上的创新要素资源，国家战略平台叠加优势明显，主导产业优势明显，开放式创新优势明显。

（四）劣势及问题

1. 河南省科技创新水平整体有待提高

河南省科技创新水平在全国处于中等水平，整体优势不明显，与经济大省向经济强省转变的要求不相适应，亟待提升。一是国家级创新平台不多，河南省国家级创新平台数量仅占全国的 2.4%，前沿科学研究平台较少，大科学装置和国家实验室还是空白，原创成果不多；二是高层次创新型人才短缺，人才外流严重，科学领军人才和一流团队短缺；三是创新型企业主体不足，河南省高新技术企业数量占全国的比重不足 2%；四是研发投入不足，河南省研发投入占 GDP 的比重仅为 1.2%，仅为全国的一半左右，投入严重不足；五是创新生态体系有待优化，对人才的吸引力不大，政策环境有待完善。根据科技部中国科技发展战略研究院《中国区域科技创新评价报告（2016～2017）》，河南省综合科技进步水平指数位居全国第 21 位，处于较为落后状态。

2. 郑州市科技创新能力整体有待提高

当前建设郑州综合性国家科学中心面临很多亟待解决的问题，如总体科技基础水平偏低；高等教育层次偏低；高端人才流失严重，科技资源不足；产业层次偏低，高新技术企业偏少；体制机制不活，环境不优，动能不足，对外部创新资源的吸引力有待提升。

3. 河南省国家实验室和大科学装置都是空白

这是目前河南省申建综合性国家科学中心的最大短板。

（五）综合评价

综合分析如下：

1. 机遇与挑战同在

河南省申建郑州综合性国家科学中心暨国家科技创新中心既面临难得的政策机遇、战略叠加机遇、双一流大学和学科建设机遇、科技革命历史机遇，同时也面临严峻挑战，特别是郑州在与武汉、南京、成都、西安、广州等科教实力位居全国前列的中心城市相比处于相对劣势。这注定申建郑州综合性国家科学中心暨国家科技创新中心将会遇到很多强有力的竞争者，申建之路将会艰难而曲折。申建科学中心还有很长的路要走，需要持续加压驱动，不断积累力量，创造条件。

2. 优势与劣势并存

河南省及郑州市科技创新水平、能力和实力在全国大致处于中游地位，整体上并无优势可言。但是河南省科技创新在局部有比较优势，特别是在农业科技方面比较优势明显，综合实力居全国前列，科技水平居全国领先地位。

3. 优化申建策略，创造特色申建模式

全国各地科学中心建设各有特色优势，如北京怀柔科学中心主要集中在物质科学、空间科学、地球科学等三大基础科学领域，上海张江主要聚焦生命、材料、环境、能源、物质等五大基础科学领域，合肥主要聚焦信息、能源、健康、环境等四大领域。武汉集中光电、强磁场、存储基地等领域，成都集中核科学、航空航天、网络安全等领域。很明显各地申建综合性国家科学中心的侧重点有所不同，都在扬长避短，发挥各自优势，谋求错位发展，走差异化道路。因此，只要河南省坚持走特色的申建之路，突出农业大省、粮食大省、畜牧业大省和农业科技比较优势，就能独辟蹊径，形成科学中心特色建设模式。

三、国家级研究机构建设基本情况及对比分析

大科学装置、国家实验室、国家重点实验室、国家工程技术研究中心是科学中心建设的四大支撑平台，所以有必要对这四大支撑平台的发展情况及其区域分布进行对比分析，从中可以看出河南省及郑州市与其他省市的差距。

（一）国家实验室建设情况及区域分布

国家实验室是开展基础研究、竞争前高技术研究和社会公益研究，承担国家重大科研任务的国家级科研机构。目前我国的国家实验室共20个，主要分布在10个城市，河南省为空白（见图1）。

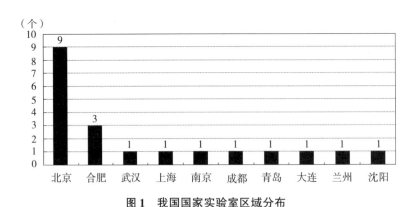

图1　我国国家实验室区域分布

（二）国家大科学装置建设情况及区域分布

大科学装置是国家重大科技基础设施，面向科学技术前沿，为国家经济建设、国家安全和社会发展做出战略性、基础性和前瞻性贡献。是国家创新体系建设的重要基础支撑。其特点是：①建设规模和耗资大，建设时间长；②技术综合复杂；③其产出是科学知识和技术成果，影响长远；④具有开放性、国际化的特色。目前我国大科学装置 38 个，主要分布在 14 个省市，河南省为空白（见图 2）。

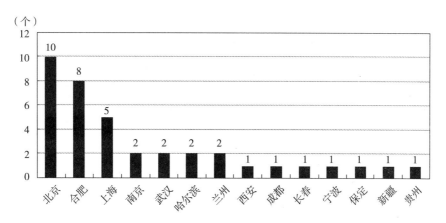

图 2 我国大科学装置区域分布

（三）国家重点实验室建设情况及区域分布

国家重点实验室是各学科领域的国内研究中心，是国家组织高水平基础研究和应用基础研究、聚集和培养优秀科技人才、开展高水平学术交流、科研装备先进的重要基地，是国家科技创新体系的重要组成部分。

根据科技部 2017 年 2 月公布的《2016 国家重点实验室年度报告》：截至 2016 年底，正在运行的国家重点实验室共 254 个、省部共建国家重点实验室共 21 个、企业国家重点实验室 177 个，总计 452 个。河南省拥有各类国家重点实验室 11 个，居全国第 11 位，在全国处于中上等水平（见表 1）。

表 1 我国国家重点实验室分布情况

	北京	上海	江苏	广东	湖北	山东	陕西	辽宁	湖南	四川	河南	吉林	天津	浙江	福建		
国家	79	32	20	11	18	3	13	8	5	9	1	10	6	9	4		
省部	0	1	0	2	1	0	0	0	1	0	1	0	1		3		
企业	37	11	13	13	7	17	6	8	8	3	9	1	4	2	3		
总计	116	44	33	26	26	20	19	16	14	12	11	11	11	11	10		
	甘肃	河北	重庆	安徽	黑龙江	云南	山西	贵州	江西	广西	内蒙古	宁夏	青海	海南	新疆	西藏	加总
国家	7	1	5	1	4	2	2	2	0	1	0	0	0	0	1	0	254
省部	1	0	0	1	0	2	0	1	1	0	2	1	1	1	1	1	21
企业	2	7	3	5	2	2	3	2	2	1	2	2	1	1	0	0	177
总计	10	8	8	7	6	6	5	5	3	3	2	2	2	2	2	1	452

（四）国家工程技术研究中心建设情况及区域分布

根据《2016 国家工程技术研究中心年度报告》：国家工程技术研究中心（以下简称"国家工程中心"）以促进科技成果转化的宗旨，围绕国家经济社会发展的重大科技问题和战略需求，着力提升关键共性技术研发能力和科技成果转移转化能力，推动传统产业优化升级，促进新兴产业发展，引领行业技术进步。截至 2016 年底，共建成国家工程中心 347 个和分中心 13 个，合计 360 个，分布在 30 个省市，河南省拥有 10 家，居全国第 12 位（见表 2）。

表 2　国家工程中心地域分布

北京	山东	江苏	广东	上海	湖北	四川	浙江	湖南	辽宁	天津	河南	重庆	安徽	江西	黑龙江	福建	陕西	新疆	河北	吉林	贵州	甘肃	云南	广西	宁夏	内蒙古	海南	江西	青海
64	36	29	23	22	19	16	14	14	12	11	10	10	9	8	7	7	7	6	5	5	5	5	4	3	3	2	2	1	1

（五）河南省郑州市与全国主要城市科研平台数量对比

北京、上海、合肥已经成功申建科学中心，南京、武汉、成都、西安是下一批申建最有力的竞争者，所以郑州市要与以上七个城市进行对标分析，从中找出短板。

1. 从大科学装置和国家实验室的数量来看，河南省及郑州市尚为空白

其排列顺序为北京 19、上海 9、合肥 8、南京 3、武汉 3、成都 2、西安 1、郑州 0。大科学装置和国家实验室是国家布局科学中心的最重要考量，北京、上海、合肥的大科学装置和国家实验室数量位居全国前三，理所当然首先要在北京、上海、合肥布局国家科学中心。南京、武汉、成都、西安都拥有国家大科学装置和国家实验室，是我国传统的科研重地，将成为下一批国家科学中心最有力的竞争者。郑州的大科学装置和国家实验室尚为空白，如何实现零的突破将是下一步申建郑州综合性国家科学中心的重要条件。

2. 从国家级研发平台总量统计来看，河南省及郑州市处于劣势

排序为北京、上海、南京、武汉、成都、西安、合肥、郑州。河南省及郑州市的国家级研发平台总量较少，仅占全国的 2.4%（见表 3），在国家级研发平台总量上处于劣势，下一步如何寻求突破是关键。

表 3　国家级科技研究平台数量对比

	北京	上海	合肥	南京	武汉	成都	西安	郑州	全国总计	河南占全国的比重
大科学装置	10	8	5	2	2	1	1	0	38	0
国家实验室	9	1	3	1	1	1	0	0	20	0
国家重点实验室	116	44	7	33	26	12	19	11	452	2.4%
国家工程（技术）中心	64	22	9	29	19	16	7	10	360	2.7%
国家级研发平台（合计）	199	75	24	65	48	30	27	21	870	2.4%

四、合肥、北京、上海建设国家科学中心的经验与启示

（一）发挥独特优势，长期积累，积极申建

2016 年 2 月 1 日，国家发展和改革委、科技部正式批复了《上海张江综合性国家科学中心建设方案》，张江地区成为国内首个综合性国家科学中心，2016 年 4 月 12 日国务院出台《上海系统推进全面创新改革试验加快建设具有全球影响力的科技创新中心方案》。2016 年 9 月 11 日国务院出台《北京加强全国科技创新中心建设总体方案》，决定建设"北京怀柔综合性国家科学中心"，

2017 年 5 月国家发展改革委、科技部联合批复了《北京怀柔综合性国家科学中心建设方案》。

2014 年中国科学院启动"中科院大科学中心"建设，"中科院合肥大科学中心"由中国科学院合肥物质科学研究院和中国科学技术大学联合申请获批。2016 年 3 月 18 日，合肥综合性国家科学中心建设方案论证会召开。2017 年 1 月 10 日，国家发展改革委和科技部联合批复了合肥综合性国家科学中心建设方案。《合肥综合性国家科学中心实施方案（2017~2020 年）》明确：到 2020 年，合肥综合性国家科学中心框架体系将基本建成，到 2030 年将建成国际一流、面向国内外开放的综合性国家科学中心。中国科学院是建设国家科学中心的一个重要依托，合肥是中国科学院的研究基地，拥有中国科学院研究院和中国科学技术大学，与中科院具有紧密的一体同盟关系，这是全国其他地方所不具备的，再加上安徽省政府战略重视、超前谋划、精心组织、持续加力，合肥能够成为三大国家科学中心之一也是浑然天成、水到渠成的事。

（二）突出重点，构建创新体系

《合肥综合性国家科学中心实施方案（2017~2020 年）》明确了主要任务：构建"2+8+N+3"的多层次创新体系。着力建设"2+2"国家实验室集群。争创两个国家实验室，即争创量子信息科学国家实验室，谋划争创新能源国家实验室。加上原有国家同步辐射实验室、磁约束核聚变国家实验室，共 4 个国家实验室。着力建设八大国家大科学装置集群。建设 8 个世界一流的重大科技基础设施集群，即新建量子信息国家实验室设施、聚变堆主机关键系统综合研究设施、合肥先进光源、大气环境立体探测实验研究设施、超导质子医学加速器 5 个大科学装置，提升同步辐射、全超导托卡马克、稳态强磁场 3 个现有大科学装置性能。着力建设七大科技成果产业化转化平台集群。建设"N"个交叉前沿研究平台和产业创新转化平台，即着力打造"七大平台"：量子信息国家实验室、超导核聚变中心、天地一体化信息网络合肥中心、联合微电子中心（集成电路）、离子医学中心、人工智能中心、大基因中心等。着力建设三大"双一流"大学和学科集

群。即建设中国科学技术大学、合肥工业大学、安徽大学 3 个"双一流"大学和学科。

上海张江综合性国家科学中心建设突出四大重点：打造高度集聚的重大科技基础设施群；建设有国际影响力的创新型和研究型大学；汇聚培育全球顶尖科研机构和一流研究团队；组织开展多学科交叉前沿研究。

北京市怀柔综合性国家科学中心建设突出五项重点：一是要加强顶层设计、制定好发展战略，谋划好发展蓝图；二是要建设好已开工项目，抓紧论证一批新的大科学装置和交叉研究平台；三是要加强体制机制改革创新，积极争取筹建国家实验室；四是要着力吸引一批国际一流人才，打造高端人才聚集高地；五是要加快配套设施建设，把怀柔科学城建设成为创新之城、宜居之城。

（三）建设国家科学中心与产业创新中心一体化推进

坚持综合性国家科学中心和产业创新中心相结合，确立"双轮驱动"战略定位，同步建设有重要影响力的综合性国家科学中心和产业创新中心。

安徽"十三五"期间实施《创新驱动发展工程》，系统推进全面创新改革试验，建设有重要影响力的综合性国家科学中心和产业创新中心，建设一批国家（重点）实验室和国家级工程（技术）中心。积极培育一批重大新兴产业专项，扎实推进一批重大新兴产业工程，加快建设 24 个战略性新兴产业集聚发展基地。合肥建设综合性国家科学中心和产业创新中心，目的在于带动本地新兴战略产业的发展，着力构建全链条科技产业创新体系，重点建设人工智能平台等一批具有国际水平的交叉前沿创新平台，提升我国在这些细分领域的源头创新能力和科技综合实力，同时将加快国家科学中心科技成果转化应用，形成具有全球影响力的科技成果和产业成果，构建"源头创新—技术开发—成果转化—新兴产业"的全链条创新体系。

此外，京、沪、深分别提出全国科技创新中心、全球影响力的科技创新中心、世界一流科技创新中心的定位目标。《国务院关于全面加强基础科学研究的若干意见》（国发〔2018〕4 号）

指出：支持北京、上海建设具有全球影响力的科技创新中心，推动粤港澳大湾区打造国际科技创新中心。加强北京怀柔、上海张江、安徽合肥等综合性国家科学中心建设。

（四）建设国家科学中心与建设城市新区一体化推进

坚持综合性国家科学中心和城市新区建设相结合，规划建设"科学新城"。

1. 合肥"滨湖科学城"，打造"大湖名城、创新高地"

安徽省努力建设国际一流水平、面向国内外开放的综合性国家科学中心，推动合肥长三角世界级城市群副中心建设、打造"大湖名城、创新高地"。在建设合肥综合性国家科学中心之初，就同步规划了"滨湖科学城"，规划总面积491平方公里。在空间布局上规划建设"滨湖科学城"，建设国家实验室核心区、大科学装置集中区、教育科研区和成果转化区等四大功能区，打造国家实验室和科学中心的重要载体和集中展示窗口。按照"尖端引领、集中布局"的原则，借鉴国际先进理念，邀请国际一流设计单位和专家，从空间结构、社会结构、产业结构等各个方面，高起点建设滨湖科学城，将滨湖科学城规划建设成为科研要素更集聚、创新创业更活跃、生活服务更完善、生态环境更优美的世界一流科学城。启动建设环巢湖科技创新走廊。

2. 北京怀柔科学城，打造"百年科学城"

北京市围绕打造世界知名科学中心，强化"三城一区"载体建设，积极推进中关村科学城加快建成具有全球影响力的科技创新策源地，推进怀柔科学城建设世界级原始创新承载区，推进未来科学城打造全球领先技术创新高地，并推进北京经济技术开发区（亦庄）升级为高精尖产业主阵地以及创新型产业集群与"2025"示范区建设。北京市立足于打造"百年科学城"目标，怀柔科学城空间规划范围由41.2平方公里进一步扩展至100.9平方公里，并将从怀柔延伸到密云区，其中将密云区32.5平方公里纳入到怀柔科学城规划范围。

3. 上海张江科学城，打造世界一流科学城

张江科学城规划总面积约94平方公里。总体格局：张江科学城建设规划形成"一心一核、多圈多点、森林绕城"的布局结构。"一心"即依托川杨河两岸地区和国家实验室，形成以科创为特色的市级城市副中心；"一核"即结合南部国际医学园区，形成南部城市公共活动核心区；"多圈"即依托以轨道交通为主的公共交通站点，强调多中心组团式集约紧凑发展；"多点"即结合办公、厂房改造设置分散、嵌入式众创空间；"森林绕城"即连接北侧张家浜和西侧北蔡楔形绿地、东部外环绿带和生态间隔带、南侧生态保育区形成科学城绕城林带。

（五）强化组织，完善机制

安徽省在工作机制上，联合国家发展改革委、科技部、教育部、工业和信息化部、财政部、人力资源社会保障部、国家外国专家局、中国科学院、中国工程院、国家自然科学基金委等10个国家部委和单位成立合肥综合性国家科学中心理事会，作为省部层面的领导决策机制。成立由33位国内外专家组成的专家咨询委员会，建立重大问题咨询决策机制。成立安徽省政府、中科院合作建设领导小组，协调中国科学院力量共同参与国家科学中心建设。成立由安徽省省长李国英担任主任的合肥综合性国家科学中心建设专项办公室，作为省内组织协调机构。安徽省委组织部、省发展改革委、合肥市均设立专门工作推进机构，中国科学院也成立综合性国家科学中心建设（合肥）专项办公室。在政策方面，先后出台了《关于进一步扶持高层次人才创新创业的若干意见》《合肥综合性国家科学中心建设人才工作的意见》《支持科技创新若干政策》，形成一揽子政策体系。

（六）对河南省的几点启示

1. 要有战略思维，长期坚持

从合肥、上海、北京三家综合性国家科学中心来看，三地本身的创新资源优势是其获批的重要基础。北京是全国最大的科教资源的集聚地，在基础研究领域全国无与匹敌，占尽了"天时"；上海是全国航运、经济、贸易、金融、科创中心，是长江三角洲和长江经济带的龙头，已被国家定位为全球科技创新中心，占尽了"地利"；合肥与北京、上海相比，既无"天时"又无"地利"，合肥的优势在于长期的战略积累，依托中科院物理研究所、中国科技大学科技资源优势，早在20世纪90年代就已经布局建设大科学装置，经过30多年几代人慢慢集聚科技创新实力。建设综合性国家科学中心是未来国家全球竞争战略的重要基石，是一项长期的战略任务，并非一朝一夕。科技创新是创新要素长期积累的过程，需要综合环境、人才、资源、平台、机构等诸多要素逐步集聚，而且可能还会经历暂时的失败。所以，建设综合性国家科学中心必须从战略层面上综合谋划，要做好"打持久战"的准备。

2. 要错位竞争，选准创新方向

差异化、发挥比较优势、形成特色是竞争发展的重要原则。各地的优势特色不同，科技创新的方向和重点也不同。北京怀柔主要集中在基础研究领域，在物质科学、空间科学、地球科学等领域集聚形成竞争优势；上海张江主要聚焦生命、材料、环境、能源、物质等基础科学领域，发起设立多学科交叉前沿研究计划，已建成上海光源、蛋白质设施、超级计算机，同时实施一批重大科技基础设施项目；安徽合肥主要依托大科学装置集群优势，聚焦信息、能源、健康、环境等四大领域。因此，谋划综合性国家科学中心建设，要在认清自身创新资源优势及全国创新布局情况后进行综合研判，选准创新方向和战略定位，然后再谋划创新体系。

3. 要抓龙头平台建设，争取大科学装置和国家实验室落户

大科学装置是现代科学技术诸多领域取得突破的必要条件，科技原创对于科技装置依赖度越来越高。大科学装置落户本身就能带来一系列科技创新资源，比如创新人才、资金、大学、机构等，形成区域创新的资源优势。在合肥设立综合性国家科学中心，这是因为合肥拥有的国家大科学装置数量全国第一，拥有同步辐射、全超导托卡马克、稳态强磁场、会聚变工程实验堆、先进X射线自由电子激光装置、大气环境综合探测与实验模拟设施、超导质子医学加速器等大科学装置。大科学装置代表了科技创新的前沿，并且是集聚科技创新资源的最重要载体，建设综合性国家科学中心必须争取大科学装置落户。北京、上海、合肥能够获批综合性国家科学中心，重要原因是它们的大

科学装置和国家实验室数量位居全国前三位。

4. 要筑巢引凤，营造良好的创新生态

"栽得梧桐树，引得凤凰来"，创新生态决定着该地区对于创新要素的吸引力。北京怀柔、上海张江、安徽合肥三地在建设时都把制度创新作为重要保障。比如安徽合肥在协同创新上构建以合芜蚌为示范引领、创新型城市为载体，皖江、皖北、皖南、大别山区等区域协调发展的新格局；在科研管理体制机制、高端创新人才引进、科研人员激励、科研机构评价等重点难点领域先行先试。在平台载体建设上，北京、上海、安徽三地分别建立依托怀柔科学城、张江科学城、合肥滨湖科学城，推进创新要素资源集聚，建立科技创新产业体系，提升综合服务功能，满足高层次人才的需求。自创区更是三地推动科技创新的有效载体，上海张江推进自主创新示范区和自贸区"双自联动"，合肥以合芜蚌为示范引领推动区域协同创新。因此，综合性国家科学中心建设需要在机构、平台、人才、制度等多方面着力构建良好的创新生态。

五、建设郑州综合性国家科学中心暨国家科技创新中心的总体框架

（一）总体思路

1. 明确建设目标

深入贯彻中央创新驱动发展战略，牢牢抓住全球新一轮科技革命和产业变革重大机遇，争当改革开放排头兵、创新发展先行者、转型发展的探路者，打造世界一流的特色综合性国家科学中心和国家科技产业创新中心。

2. 优化建设路径

以实现创新驱动转型发展为目标，以推动科技创新为核心，以破除体制机制障碍为切入点，强力实施开放和创新双驱动核心战略，立足郑州，辐射全国，影响世界。

3. 突出特色领域

以农业为特色，聚焦农业、大健康、新一代信息技术、高端装备、新材料、新能源等六大领域，开展多学科交叉和变革性技术研究。

4. 构建框架体系

以国家实验室为基石，依托世界一流重大科技基础设施集群，布局一大批交叉前沿科技创新

平台和产业创新转化平台，建设一批"双一流"大学和学科，整合国际和国内创新资源、创新链和产业链，打造多类型和多层次的创新体系，构建中国特色、世界一流的综合性国家科学中心及国家科技创新中心，成为代表国家水平、体现国家意志、承载国家使命的国家创新平台，成为国家创新体系的基础平台。

5. 推进科技、产业、城建联动互动

以建设郑州综合性国家科学中心为突破口，打造郑开科创走廊，建设黄河科学新城和嵩山科技新城，以创新驱动供给侧结构性改革，发展新经济、培育新动能、形成新优势，为加快郑州国家中心城市建设、加快经济强省（先进制造业、现代服务业、现代农业、网络等四个强省）建设、支撑"三区一群"国家战略提供坚实支撑。

（二）基本原则

建设郑州综合性国家科学中心和国家科技创新中心应坚持如下"六大原则"：

1. 坚持特色突破，带动全局

差异化是区域竞争的基本策略。中央已经明确：推动中西部地区走差异化和跨越式发展道路，构建各具特色的区域基础研究发展格局，加强综合性国家科学中心建设。河南省最大的特色优势是农业及农业科技创新，只有突出这个特色优势才可能申建成功。

2. 坚持规划引导，长期积累

做好总体规划和顶层设计，突出重点，持续发力，坚持不懈，边申报，边规划，边建设，不断积累特色优势，不断提高综合竞争实力。

3. 坚持高端引领，产业支撑

建设科学中心的目的是提高科技创新能力，最终还是为了推动产业转型升级和高质量发展，同时长期来看，科学研究大规模投入必须依靠产业支撑。所以一定要坚持建设科学中心与建设国家科技产业创新中心一体化推进，相辅相成，相得益彰，良性循环。

4. 坚持开放创新，集聚要素

随着经济的全球化，创新的全球化趋势愈加明显。必须构筑特色、打造优势、营造优越环境，聚集全球创新要素资源，既要构建自身完善的创新生态体系，又要构建全球创新网络体系，

既要"引进来"又要"走出去"，才能建设世界一流的科学中心和科创中心。

5. 坚持体制突破，人才优先

人才是创新发展的第一要素资源，必须通过体制机制创新，打造创新创业的优越环境，才能聚集国内外高端创新人才。

6. 坚持上下联动，协同推进

建设科学中心是国家重大战略，既要举全省之力又要举全国之力。国家、省、市三级必须协同联动，建立高效运行的组织和机制。

（三）战略目标

1. 到2020年，推进有特色的郑州综合性国家科学中心和国家科技产业创新中心的申建工作

举全省之力加快申建步伐，规划建设"国家生物育种科学中心"，规划建设一批大科学装置、国家（重点）实验室和国家工程（技术）研究中心。初步形成适应创新驱动发展要求的体制、机制、制度、政策体系，带动中西部地区创新发展。郑州市研发经费（R&D）占GDP比例达到2.5%以上，规模以上高新技术产业增加值占规模以上工业增加值的比重达到45%以上，高新技术企业达到2500家以上，规模以上工业企业研发机构覆盖率达50%，大中型企业研发机构全覆盖。

2. 到2025年，基本建成特色鲜明的郑州综合性国家科学中心和国家科技产业创新中心，成为国家创新体系的基础平台、科学研究的制高点、经济发展的原动力、创新驱动发展先行区

建成"国家生物育种科学中心"，建成一批大科学装置、国家（重点）实验室和国家工程（技术）研究中心。完全形成适应创新驱动发展要求的体制、机制、制度、政策体系，带动中西部地区乃至全国创新发展。郑州市研发经费（R&D）占GDP比例达到3%以上，规上高新技术产业增加值占规上工业增加值的比重达到50%以上，高新技术企业达到7000家以上，规模以上工业企业研发机构覆盖率达60%。

3. 到2035年，建成特色优势显著的世界一流水平、面向国内外开放的综合性国家科学中心和国家科技产业创新中心，为我国科技长远发展和创新型国家建设提供坚实支撑

"国家生物育种科学中心"居世界领先水平，

一批大科学装置、国家（重点）实验室和国家工程（技术）研究中心居世界领先水平。郑州市研发经费（R&D）占GDP比例达到5%以上，规模以上高新技术产业增加值占规上工业增加值的比重达到60%以上，高新技术企业达到15000家以上。

（四）框架体系

1. 郑州综合性国家科学中心的总体布局就是"1+4+1"科创框架体系

第一个"1"是指沿黄河北岸建设"国家生物育种科学中心（基地集群）"；"4"是指沿黄河南岸布局四大核心功能区，打造大科学装置、国家（重点）实验室、"双一流"大学、学科和科技产业化等四大科创平台集群；最后一个"1"是指建设综合性国家科学中心与打造"国家科技创新中心"一体化推进，构建科创与产业无缝对接的全链条创新体系。

2. 建设郑州综合性国家科学中心的重点任务就是构建"1+4+1"科创框架体

即打造一个国家育种中心（基地集群），建设一批国家实验室、一批重大科技基础装置、一批工程技术中心产业创新转化平台，建设一批"双一流"大学和学科等"四个一批"国家级科创平台集群。打造一流载体，建设郑开科创走廊，建设"黄河科学新城"和"嵩山科技新城"。

3. 突出农业特色，聚焦六大领域

突出农业特色优势，聚焦农业、大健康、新一代信息技术、高端装备、新材料、新能源等六大领域。河南省在这六大领域具有比较优势，同时也是未来产业发展的主导方向。

六、空间布局及建设重点

（一）规划建设"黄河科学新城"及"嵩山科技新城"

北京主要集中布局在北京怀柔科学城，拟打造"百年科学城"；上海主要集中布局在张江高科技园区，致力于打造世界一流科学城；合肥主要集中布局在三大片区，致力于建设四大集群、打造湖滨科学城。北京、上海，特别是合肥的布局经验值得河南省借鉴。根据国内外的经验，"综合性国家科学中心"建设一般遵循"相对集

中、功能分区、多点布局、集群链接、互联互通、一体发展"的空间布局基本原则。

1. "郑州综合性国家科学中心"空间布局划分为"2+4+1南北两城、四大片区、郑开走廊"

2. 在北部规划建设"黄河科学新城"或"郑北新区"，包括"黄河北岸农业科学新区"和"黄河南岸综合科学新区"两大片区

沿黄河两岸布局，主攻基础科学研究，兼顾技术开发和产业孵化。"黄河科学新城"，集中承载郑州综合性国家科学中心暨国家创新中心，南北两岸形成黄河大湾区科学新城格局。

"黄河科学新城"布局的战略意图就是要充分开发利用黄河大湾区宝贵的、稀缺的生态资源，在基础设施和生态环境最优良的区域布局科学中心。目前三大科学中心分别布局在北京怀柔雁西湖畔、上海黄浦江畔、合肥巢湖湖畔，均布局在生态环境最优美的滨水区域。

借鉴广深科技创新走廊"1廊10核"、安徽环巢湖科技创新走廊"1廊8核"的规划建设经验，沿黄规划建设郑开科创走廊"1廊10核"。

3. 在南部规划建设"嵩山科技新城"或"郑南新区"，打造"嵩山国家高新技术产业开发区"

包括"新密国家高新技术产业园区"和"新郑和航空港国家高新技术产业园区"两大片区。沿郑洛城际铁路及南五环布局，主攻高科技成果产业化。

"郑南新区"这一空间布局的战略意图，是为了打造郑州南部创新增长极和经济增长极，彻底改变郑州周边所属市县产业结构低端化现状，加快迈向创新驱动的高端化发展阶段。

总之，形成"北部黄河、南部嵩山、北部科学、南部产业"的布局，南北遥相呼应，一体化连接。推进科学基地与产业基地一体化布局，形成"知识发现—技术创新—中试基地—新兴产业"、从科学到产业的完整孵化链条和生态圈体系。

（二）沿黄河北岸规划建设"黄河农业科学新区"或"黄河农业科学新城"

抓住政策机遇。2016年7月28日国务院出台《"十三五"国家科技创新规划》指出：布局一批农业高新技术产业示范区和现代农业产业科

技创新中心，培育壮大农业高新技术企业，促进农业高新技术产业发展。2018 年 1 月 16 日国务院办公厅《关于推进农业高新技术产业示范区建设发展的指导意见》要求：到 2025 年，布局建设一批国家农业高新技术产业示范区，打造具有国际影响力的现代农业创新高地、人才高地、产业高地，探索农业创新驱动发展路径。这是河南省建设农业高新技术产业示范区和现代农业产业科技创新中心的重要政策依据。

借鉴外地经验。1997 年和 2015 年，国务院分别批准建立杨凌农业高新技术产业示范区（总面积 135 平方公里、城市规划区 35 平方公里）、黄河三角洲农业高新技术产业示范区（辖区面积 350 平方公里），取得明显成效，在抢占现代农业科技制高点、引领带动现代农业发展发挥了重要作用。

规划建设"黄河农业高新技术产业示范区""黄河北岸农业科学新区"或"黄河农业科学新城"。河南省是全国重要的农业大省，事关全国粮食安全和食品安全，地位举足轻重，应借鉴杨凌、黄河三角洲示范区的宝贵经验，积极申建"黄河农业高新技术产业示范区"，力争建成中国第三个农业高新技术产业示范区。同时，以农业为特色，以"黄河农业高新技术产业示范区"建设为突破口，沿黄河北岸同步规划建设"黄河北岸农业科学新区"或"黄河农业科学新城"，使之成为"郑州综合性国家科学中心"的特色核心区。规划面积 500 平方公里，横跨武陟县、平原新区、原阳县等，容纳人口 150 万。

重点构建"1+4+5"农业科创框架体系，即打造 1 大"国家生物育种科学中心"，规划建设 4 大研发集群、5 大特色功能区。

1. 规划建设以下四大国家研发集群

①生物育种国家实验室。承担"十三五"国家科技重大工程"种业自主创新"专项：以农业植物、动物、林木、微生物四大种业领域为重点，重点突破杂种优势利用、分子设计育种等现代种业关键技术，为国家粮食安全战略提供支撑。在十大关键领域建设十大种业专项实验室（或工程中心）。②转基因国家实验室（国家转基因中心）。承担"十三五"国家科技重大专项

"转基因生物新品种培育"，建设"转基因生物新品种培育"国家实验室和大科学装置。使我国农业转基因生物研究整体水平跃居世界前列，为保障国家粮食安全提供品种和技术储备。③国家农业技术工程中心。开发高效安全生态的现代农业技术，带动高新农业发展。根据《"十三五"国家科技创新规划》，重点开发十大现代农业技术。构建示范区农业科技成果孵化器，打造农业高新技术全产业链孵化基地。④农业高等院校研发集群。汇聚国内外、省内外农业院校进驻，设立分校或分支机构。以改革为突破口，优化重组省内外科研院所大专院校资源，形成集群基地优势。

2. 规划建设以下五大功能区

①科教园区。集聚省级农业科研院所，拓展河南农科院园区。引进国内外农业科研院所和大专院校进驻，建议引进中国农科院设立河南分院园区，引进中国农大设立河南分校园区，引进中国科学院、荷兰、以色列等国内外科教资源。②生物科技产业园区。规划建设生物科技、农产品加工、食品工业、保健品工业、农业装备产业园等专业园区，同时规划建设农产品和农资批发市场以及仓储物流园区。③农业育种基地试验示范园区。建设小麦、玉米、水稻、大豆、花生、芝麻、油菜、动物、林木、微生物等十大农业育种基地（园区）。④农业商务中心区。引进国内外知名涉农企业入驻，建设世界农业企业总部基地，引进国内知名外涉农企业进驻。建设农业会展中心、普惠金融园区、电商园区。举办中国农业科技创新创业大赛、中国农业高新技术成果博览会等系列品牌活动，设立以职业农民和科技人才为主要引进对象的人力资源洽谈展会。⑤农科展示、科普、体验特色文旅功能区。规划建设黄河现代农业创新园、黄河农林博览园、黄河农业生态文化旅游园、黄河民俗村等。

（三）沿黄河南岸规划建设"黄河综合科学新区"或"黄河综合科学新城"

沿黄河南岸规划建设"黄河综合科学新区"或"沿黄郑开科创走廊"，为"郑州综合性国家科学中心"的主体区，规划面积 600 平方公里，横跨荥阳、高新区、惠济区、金水区、郑东新区、中牟县、汴西新区，容纳人口 300 万。

"黄河南岸综合科学新区"空间布局为"一廊、四组团、十核、二十镇、四群"：

"一廊"是指沿黄郑开科创走廊。

"四组团"是指西部、中部、东部及汴西等四大组团。

"十核"是指荥阳北、高新区、惠济北、金水北部杨金科教园区、龙湖CBD、龙子湖大学园区、白沙、雁鸣湖、运粮河CBD、汴西湖河大等10大核心区。

"二十镇"是指沿郑开科创走廊规划建设20个左右的特色小镇。

"四群"是重点发展"大科学装置"和"国家实验室"集群、技术开发"国家重点实验室集群"、产业孵化"国家工程（技术）中心集群"、高教科研"双一流"大学和学科等四大研发集群。

1. 西部组团

主要包括荥阳北、高新区、惠济北三大核心功能区，位于荥阳、高新区、惠济的北部黄河沿岸，主要布局"大科学装置"和"国家实验室"集群，主要功能是科学原创、技术孵化。力争引进中国科学院设立分院，规划建设一批国家大科学装置。

2. 中部组团

主要包括金水北部杨金科教园区、龙湖CBD、龙子湖大学园区三大核心功能区，位于金水、郑东新区的北部黄河沿岸，主要布局"国家重点实验室集群"，主要功能是应用技术研发、创业孵化。力争引进一批国内外国家级科研院所，规划建设一批国家级研发平台。依托郑州大学和中科院，建设"郑州国家超算中心"，布局在龙子湖湖心岛大数据试验园区。

3. 东部组团和汴西新区组团

包括白沙、雁鸣湖、运粮河CBD、汴西湖河大四大核心区，位于中牟郑开大道以北和汴西新区黄河沿岸区域，打造科技创新成果转化区"双创基地"，主要布局"国家工程（技术）中心集群"、职教集群和创意产业集群。主要功能是"双创孵化"、产业孵化。力争引进一批国内外领先的新型研发机构及孵化器。

4. 高教科研"双一流"大学和学科集群

在西大学城、北大学城、东大学城和汴西大学城等区域主要布局"双一流"大学和学科集群。依托郑州大学、河南大学、河南工业大学、郑州轻工业大学、华北水院、河南农业大学等重点大学建设教育科研区。力争引进中国科学院大学等10所国内国际一流大学进驻"黄河科学城"和教育科研区。

（四）在南部规划建设"郑南新区""嵩山科技新城""嵩山国家高新技术产业开发区"

在郑州南部规划建设"郑南新区""嵩山科技新城""嵩山国家高新技术产业开发区"。实行"一区两园"或"一区多园"布局模式。沿郑洛城际铁路及南五环布局，横跨新密、新郑、航空港等三大区域。

在新密市北部，在做大做实"新密嵩山教育科创园区"的基础上，规划建设"新密国家高新技术产业园区"，规划面积约100平方公里，划分为科教园区、科技孵化园区、产业园区等。引进全国全球一流高等院校、科研院所、新型研发机构等进驻。聚焦人工智能、机器人、新材料、新能源、节能环保、生物科技等产业领域。

在新郑北部，规划建设"新郑国家高新技术产业园区"，规划面积约50平方公里，聚焦生物科技、高端装备、大健康等产业领域。

在航空港南部，规划建设"航空港国家高新技术产业园区"，规划面积约50平方公里，聚焦新一代信息技术、移动智能终端、高端装备等产业领域。

在登封，还可以考虑规划建设"登封国家高新技术产业园区"，规划面积约50平方公里。

七、若干政策建议

（一）强化组织领导，搞好顶层设计

一是建设郑州综合性国家科学中心和国家科技产业创新中心事关国家创新驱动发展大局和中原更加出彩的全局，必须在战略上高度重视，在策略上灵活应变，在组织上坚强高效，在体制机制和政策环境上勇于突破，打造创新发展新优势、新高地、新中心。

二是建设具有农业特色的综合性国家科学中心和国家科技创新中心。要学习借鉴美国、日本、中国台湾、北京、上海、合肥等先进经验，

搞差异化申建,以农业为特色带动申建全局,将农业大省和农业科技大省优势升级为具有农业特色的"综合性国家科学中心和科创中心",将"中西部地区科创高地"升级为"国家科技创新中心",着力建设"黄河科学新城""嵩山科技新城",打造"郑开科创走廊"。

三是建立务实高效的申建体制机制。建议省主要领导牵头成立申建"郑州综合性国家科学中心和国家科技创新中心"领导小组,下设办公室。加强与中央部委及中国科学院、中国农业科学院等国家级机构的沟通衔接,组建国家有关部委、省市政府,以及高校、科研院所和央企等组成的协调理事会。组织国内外权威专家成立顾问委员会。建立和完善重大科技基础设施建设,协调推进机制和运行保障机制。建立符合科学规律、自由开放的科学研究制度环境。建议设立100亿元的科创基金。

四是按照一流标准做好总体规划。尽快完成申建方案,并向中央揭出建设申请。突出特色,确保可操作、可实施、可落地。明确目标任务、时间表和路线图。针对具体重点项目,明确责任主体,制定年度工作目标、建设内容、进度安排,倒排建设工期,严控节点,挂图作战。

(二)突出特色重点,狠抓平台载体项目建设

瞄准国家、河南和郑州转型升级重大需求,重点建设一批关键共性技术研发和转化平台,攻克关键共性技术,支撑战略性新兴产业实现跨越式发展。

在科技产业领域上,以农业为特色,聚焦农业、大健康、新一代信息技术、高端装备、新材料、新能源等六大领域。通过政府支持、院校主导、企业主体、社会协同、市场运作,先行布局一批开放式创新平台。

在研发平台建设上,重点打造"1中心"和"4集群"。即一大"国家生物育种科学中心",科学研究"大科学装置"和"国家实验室"集群、技术开发"国家重点实验室集群"、产业孵化"国家工程(技术)中心集群"、高教科研"双一流"大学和学科四大集群。

在空间载体上,重点打造"2+4+1南北两城、四大片区、郑开走廊"。在北部规划建设"黄河科学新城"或"郑北新区",包括"黄河农业科学新区"和"黄河综合科学新区"两大片区。在南部规划建设"嵩山科技新城"或"郑南新区",打造国家"嵩山高新技术产业开发区",加快"新密高新技术产业园区"和"新郑、航空港高新技术产业园区"规划建设。按照世界一流标准高起点规划建设"郑开科创走廊"。

在重点项目上,实施引领产业发展的重大战略项目和基础工程。以项目为抓手实施项目带动,在国家战略布局的领域、河南有基础优势领域、有望突破的领域超前谋划,成熟一项,启动一项,充分发挥政府、科研院所、高校和企业协同作用,实施一批重大战略项目和基础工程。

(三)打造制度特区,激发市场活力

一是打造体制特区。坚持先行先试,以体制机制改革为突破口,坚决突破制度障碍。建立科学中心与自创区、自贸、高新区的联动机制。积极推广北京、上海、合肥、深圳等地创新改革试点经验,力争将国家自主创新示范区政策全覆盖。推广自贸区改革试点建设经验,复制自贸区的体制机制和政策创新。鼓励在运行机制和管理机制方面进行创新,探索首席科学家负责制,统筹国内外创新资源开展科技攻关。发挥省农业科学院、科学院等的杠杆支点作用,借鉴外省经验,实行"一院两制或多制",以改革为突破口激发内在动力活力,将省农科院、科学院等打造成为整合国内外高端创新资源的主平台。

二是打造科创政策特区。着力打造自主创新的政策特区,激发动力活力,制定"1+N"政策体系,激发主体创新活力,重点在政府创新管理、科技成果转移转化、收益分配和股权激励、市场化投入、人才引进、开放合作等方面作出新的制度安排。省市政府应在依法合规的情况下,最大限度地为国家科学中心建设提供资金、土地、政策等保障。

(四)强化要素保障,优化创新创业生态

一是强化投入支撑。加大投入力度是建设科学中心的基础保障,建议省市政府每年投入10亿元专项建设资金。力争研发投入增速达到10%以上,到2020年郑州市研发投入占GDP的比重达到2.5%以上,投入强度尽快赶上全国先进水平。完善投入激励机制，加大财税金融奖补支持力度，对创新平台、创新机构、创新型人才及团队、高新技术企业实施一揽子优惠政策。

二是强化金融支撑。鼓励商业银行等金融机构设立科技分支行，大力发展天使基金、创投基金、战略新兴产业投资基金，力争每年双创基金增加100亿元，鼓励科技型企业在国内外挂牌上市，力争每年国内外上市10家以上。

三是强化人才支撑。打造人才政策特区，完善人才激励政策，积极推进"十百千万"创新型人才培养和引进工程，培育引进10家国内国际一流高校、100家国内国际一流研发机构、1000个一流创新团队；培育和引进1万名"双创"领军人才。

四是强化双创体系支撑。建设创新型河南，创建10个国家级创新创业科技园，打造研发、转化、创投、金融、服务等一体化的"双创"基地，构建创新链、资金链、政策链、产业链等无缝对接的"双创"生态体系，强化种子、苗圃、孵化器、加速器一体化"双创"功能，力争到2020年孵化1万家中小微科技型企业。

（五）打造开放特区，聚集全球创新要素资源

一是加大筑巢引凤力度。①实施开放创新战略，筑巢引凤，完善一揽子优惠政策，营造创新创业特区环境，集聚全球高端创新资源要素。设立开放创新基金，建立全球创新人才库和项目库。②加大招引力度，拓宽招引渠道，创新招引方式，吸引国内外创新型企业、人才、平台、机构进驻，尤其吸引国内外一流跨国公司、一流高校、一流科研院所、一流新型研发机构、一流孵化器进驻。鼓励柔性引进人才和团队。建设全球创新网络，在全球范围内大力开展产学研结合，建设协同创新联盟。③推进军民融合创新，创建军民融合创新发展试验区或示范区，大力引进军事院校、军工科研院所、军工企业，建立军品民企产业园区，构建军民融合产学研基地。

二是以改革促重点引进。在引进大院大所名校名人上，要坚持"一院一策"，"引进来"才是硬道理。①重点引进中国科学院、中国农业科学院等国家级研究院在河南省建立分院或研发基地。重点引进诺奖团队、院士团队、杰出创新人才团队。②引进中国农业大学等知名高校在河南省建立分校，吸引北大、清华、浙大等知名高校来豫建立分校或研究院。③引进新型研发机构，兼具一流研发机构、孵化器、高科技企业控股集团等复合功能，引进一家新型研发机构可能孵化出数百家高科技企业，所以要制定特殊配套政策，力争培育招引100家新型研发机构。④加快省科学院重组改制，打造高科技孵化器集团，借鉴外省经验，实行"一院两制"，既是事业单位又是高科技控股机构集团，以此为平台整合国内外高端创新资源要素。引进来的一流新型研发机构可以挂靠省科学院，比照执行事业单位待遇。

广东省实施创新驱动核心战略的经验及启示（2018 年）[*]

摘要 广东省确立了创新驱动核心战略：一是战略定位高，顶层设计不断升级，明确核心战略和总抓手，目标定位高；二是决策动作早，领导小组规格高；三是政策体系全面，含金量高；四是重点突出、抓得实；五是法治保障有力；六是规划引导先行。广东省经验对河南省实施"创新驱动核心战略"的启示：一是实施创新驱动核心战略，这是认识和实践上的一次飞跃；二是推进改革式创新，降低创新的制度成本；三是推进"开放式"创新，探索集聚全球全社会创新资源要素的新模式；四是推进"孵化式"创新，构建"科学研究—技术开发—产业孵化"创新创业体系；五是推进"引领式"创新，把高新技术企业打造科技创新和经济发展的第一增长极。

一、广东省实施创新驱动核心战略的经验做法

党的十八大从发展全局和战略高度出发，提出了实施创新驱动发展战略。习近平总书记寄望殷殷，要求广东等地不仅地区生产总值要支撑全国，结构调整也要支撑全国，做创新驱动排头兵。

2016 年，广东省科技综合实力和自主创新能力稳步提升，区域创新能力综合排名连续 9 年位居全国第二，稳居第一梯队，跻身创新型省份。2014 年广东省开始实施创新驱动核心战略，继 2015 年研发投入强度首次超过 2.5%，越过"拐点"指标迈进创新型地区行列后，2017 年广东研发投入强度达 2.65%，技术自给率达 72.5%，国家高新技术企业数量"蹿"到 3.3 万家，区域创新能力首次超过江苏，跃居全国首位，创新驱动核心战略的实施有力地推动了广东省经济的转型升级。

1. 战略定位高，顶层设计不断升级

明确核心战略和总抓手，目标定位高。党的十八大从发展全局和战略高度出发，提出了实施创新驱动发展战略。习近平总书记要求广东不仅地区生产总值要支撑全国，结构调整也要支撑全国，做创新驱动排头兵。广东经济发展进入新常态，要主动适应新常态实现经济可持续健康发展，关键是要推动经济结构调整和产业转型升级，根本途径是走创新驱动发展的路子。在 2015 年召开的"全省科技创新大会"上，原省委书记胡春华在会上首次指出"要全省动员，集中资源和力量，把创新驱动发展作为推动经济结构调整的总抓手和核心战略大力实施"。随后即推出最具普惠性、引导性的"粤 12 条"。

十八大之后，广东坚持把创新驱动发展战略作为经济社会发展的核心战略和经济结构调整的总抓手，以建设国家科技产业创新中心为目标，以珠三角国家自主创新示范区和全面创新改革试验区建设为两大创新发展引领性工程，加快完善开放型区域创新体系，着力构建创新型经济新格局，把创新驱动落到发展上。举全省之力推进，迎来自主创新的拐点。"东南西北中，创新到广东"，新的时代口号预示着广东正迈向转调 4.0 版本。

建设国家科技产业创新中心，这是国家赋予广东创新发展的总定位。就是要推动创新资源集聚，强化转化能力优势，把更多科技成果转化为

---

* 本文发表于河南省人民政府发展研究中心《调研报告》2018 年 6 月 20 日第 10 期（总第 957 期）；第九届"中原智库论坛"（2018 年 9 月 16 日）相关资料。

先进生产力，把创新落到发展上。

推进珠三角国家自主创新示范区建设，是广东创新发展最重要的平台载体。2014 年 6 月深圳市获批国家自主创新示范区，2015 年 9 月珠三角 8 个国家高新技术产业开发区获批建设国家自主创新示范区，广东形成了以深圳、广州和珠三角 7 个地级市国家级高新区为核心的"1+1+7"自主创新示范区的城市分工格局，成为带动区域发展重要的"创新极"。珠三角国家自主创新示范区的目标是把珠三角建设成为我国开放创新先行区、转型升级引领区、协同创新示范区、创新创业生态区，打造成为国际一流的创新创业中心。构建以深圳、广州为龙头，珠三角各市分工互补的创新发展格局，打造广深科技创新走廊，形成全国领先、带动力强的创新发展极。

2017 年广东制定《广深科技创新走廊规划》，推动重大科技平台和基础设施共享，促进人才、技术、资金等创新要素自由流动、深度融合，打造"中国硅谷"。世界发展经验表明，创新活跃地区的创新资源总是呈现高度集中的状态。

深入实施创新驱动发展核心战略，加快形成以创新为主要引领和支撑的经济体系和发展模式。创新是引领发展的第一动力。破解广东发展深层次的结构性问题，最根本的是要转换发展动力，实现从要素驱动向创新驱动，从跟随式发展向引领型发展的转变。持续深入推进高新技术企业培育等八项重大举措，紧紧围绕建设国家科技产业创新中心、推进珠三角国家自主创新示范区建设等重点任务，抓紧研究制定实施创新驱动发展战略支撑行动方案，制定约束性指标的时间表和路线图，把工作落到实处，取得实效，努力实现"两个翻番、两个全覆盖、两个占比"，为国家实施创新驱动发展战略提供有力支撑。

2. 决策动作早，领导小组规格高

2014 年 6 月中共广东省委、广东省人民政府出台《关于全面深化科技体制改革加快创新驱动发展的决定》（粤发〔2014〕12 号）正式颁布。该《决定》是十八届三中全会之后，全国第一个颁布实施的关于深化科技体制改革、实施创新驱动发展战略的顶层设计和纲领性文件。《决定》

明确指出广东省到 2020 年开放型区域创新体系和创新型经济形态基本建成，努力实现从要素驱动向创新驱动全面转变，主要创新指标达到或超过中等创新型国家和地区水平。

领导小组规格最高。构建创新驱动"举省体制"，举全省之力推进创新发展。2015 年 7 月，广东成立"省全面深化改革加快实施创新驱动发展战略领导小组"，各省辖市也分别成立相应机构，由党政"一把手"担任领导小组正副组长。从 2015 年开始连续 4 年首个全省性工作会议、全省一号文件，都以创新驱动发展为主题。

3. 政策体系全面，含金量高

"粤 12 条"鼓励政策最管用。2015 年 2 月广东省人民政府出台《关于加快科技创新的若干政策意见》（粤府〔2015〕1 号）。广东在全国率先出台加快科技创新"粤 12 条"高含金量的政策文件。①建立企业研发准备金制度；②开展创新券补助政策试点；③试行创新产品与服务远期约定政府购买制度；④完善科技企业孵化器建设用地政策；⑤建立科技企业孵化器财政资金补助制度；⑥建立科技企业孵化器风险补偿制度；⑦赋予高等学校、科研机构科技成果自主处置权；⑧完善高等学校、科研机构科技成果转化所获收益激励机制；⑨完善高等学校、科研机构科技成果转换个人奖励约定政策；⑩完善科技人员职称评审政策；⑪扶持新型研发机构发展政策；⑫完善高层次人才居住保障政策。在全国率先实施企业研发准备金制度、经营性领域技术入股改革等重大改革举措，精准发力打好政策"组合拳"，为创新驱动发展提供有力的政策保障。

4. 重点突出、抓得实

"八大抓手"重点最突出，目标考核最严格。2016 年广东省部署实施创新驱动"八大举措"或"八大抓手"。部署实施高新技术企业培育、新型研发机构建设、企业技术改造、孵化育成体系建设、高水平大学建设、自主核心技术攻关、创新人才队伍建设、科技金融融合"八大举措"。针对"八大抓手"制定了详细的考核指标，对珠三角各市设定严格的评估考核体系。

2016 年 1 月广东省人民政府出台《广东省创新驱动发展工作考核实施办法》，为充分发挥考

核对实施创新驱动发展战略的推动和激励作用，考核工作在广东省全面深化改革加快实施创新驱动发展战略领导小组（以下简称省领导小组）统一领导下进行，由省领导小组办公室会同省科技厅、省统计局组织实施，每年考核一次。考核共设科技进步贡献率、战略性新兴产业增加值占地区生产总值比重、高新技术产品产值占规模以上工业总产值比重、技术自给率、全社会研发经费占地区生产总值比重、每万从业人员研发人员数量、每万人发明专利申请量和授权量、高新技术企业数量、科技自主研发平台建设水平、科技企业孵化器建设水平10个指标。

2015年全省科技创新大会提出要建立一套可操作、可量化、可监测的指标体系：一是创新投入类指标，二是创新产出类指标，三是创新载体类指标，四是创新绩效类指标。

2016年5月广东省人民政府出台《广东省工业企业创新驱动发展工作方案（2016～2018年）》；2017年9月省委书记胡春华主持召开"广东省建设国家科技产业创新中心暨企业研发机构工作会议"，指出：要始终坚持国家科技产业创新中心定位不动摇，牵住高新技术企业培育这个"牛鼻子"，聚焦创新发展八大举措，实现主营业务收入5亿元以上工业企业研发机构全覆盖。

5. 法治保障有力

为了让有关政策有法可依，在全国率先将自主创新上升到法律层面，出台并修订全国第一部鼓励创新的地方性法规《广东省自主创新促进条例》，全面优化创新创业环境，这体现了抓创新的意志和决心。1998年12月颁布《广东省技术秘密保护条例》；2000年9月广东省人民政府出台《广东省科学技术奖励办法》；2000年5月颁布《广东省技术市场条例》；2011年11月颁布《广东省自主创新促进条例》；2016年3月修改并重新颁布《广东省自主创新促进条例》，鼓励研发、成果转化与产业化、创新型人才建设及创新环境优化等自主创新活动；2016年12月颁布《广东省促进科技成果转化条例》。

6. 规划引导先行

经过改革开放多年的高速发展，广东经济体量连续多年保持全国第一，但珠三角面临着土地开发已近极限、资源环境约束趋紧、传统优势逐渐丧失等挑战，广东要在新一轮国内国际竞争中赢得主动权，就必须把自己的核心竞争优势建立在强大的创新能力上。2008年国际金融危机以后，广东就以"腾笼换鸟"为主要抓手，在全国较早提出产业转型升级，以科技创新争取推动广东经济取得"乘法"式发展。广东省委省政府在全国第一个明确提出了建设创新型省份的量化指标和时间表，闯出多条创新的"广东路径"。

2008年9月广东省人民政府出台《广东省建设创新型广东行动纲要》，首次提出"把自主创新作为广东省经济社会发展的战略核心"，"使广东成为亚太地区重要的创新中心"，并提出九大行动计划：实施高新技术产业重点突破行动计划；实施提升企业技术创新能力行动计划；实施深化产学研合作行动计划；实施创新资源集聚行动计划；实施深化科技体制改革行动计划；实施创新载体建设行动计划；实施民生科技行动计划；实施创新人才队伍建设行动计划；实施知识产权与技术标准战略行动计划。

2015年10月出台了《中共广东省委广东省人民政府关于加快建设创新驱动发展先行省的意见》（粤发〔2015〕10号）。2016年4月广东省人民政府出台《珠三角国家自主创新示范区规划纲要（2016～2025年）》及《珠三角国家自主创新示范区建设实施方案（2016～2020年）》，构建以深圳、广州为龙头，珠三角各市分工互补的创新发展格局，打造广深科技创新走廊，完善区域协同创新体制机制，加速人才、技术、孵化器、风险投资、重大科技工程项目等创新要素集聚，形成全国领先、带动力强的创新发展极。

2017年广东制定《广深科技创新走廊规划》，推动重大科技平台和基础设施共享，促进人才、技术、资金等创新要素自由流动、深度融合，打造"中国硅谷"。世界发展经验表明，创新活跃地区的创新资源总是呈现高度集中状态。

二、对河南省实施"创新驱动核心战略"的启示

"中原更加出彩"是习近平总书记和党的重

托、人民的新期待、历史的新使命，是加快实现中原崛起、中原复兴和中原现代化的"中原梦"，是实现中华民族伟大复兴中国梦的中流砥柱。建设经济强省是实现中原更加出彩的物质基础、经济基础、第一要务和中心工作，"中原更加出彩"是第一使命，建设经济强省是首要目标。进入新时代、新阶段、新常态，为了加快建设经济强省、实现中原更加出彩，为了抵御经济持续下行压力，为了化解经济总量大、结构层次低的矛盾，为了破解发展后劲明显不足的现实难题，河南省除了全面实施"三区一群"国家战略之外，还需要强力推动、全力实施"创新驱动核心战略"，开启经济高质量发展的发动机。

河南省应借鉴广东省经验，坚定不移把创新驱动发展战略作为经济社会发展的核心战略和经济结构调整的总抓手，持续深入推进高新技术企业培育等重大举措，进一步聚焦产业发展，突出科技支撑，强化技术转化，使新动力尽快超过旧动力，加快形成以创新为主要引领和支撑的经济体系和发展模式。要推动科技与产业、市场、资本高效对接，强化企业创新主体地位，全面深化产学研协同创新，积极建设新型研发机构、科技企业孵化器等转化平台，形成转化应用的快速通道。加大力度培育高新技术企业，坚持数量扩张与质量提升并举、壮大规模与提高创新能力并重，力争三年内实现高新技术企业数量翻番、高技术制造业增加值占规模以上工业增加值比重超过35%。以创新引领产业转型升级，推动科技创新、产品创新、管理创新，催生更多新产业、新业态，推动产业向中高端跃升。实施创新驱动核心战略，这是认识和实践上的一次飞跃；推进改革式创新，降低创新的制度成本；推进"开放式"创新，探索集聚全球全社会创新资源要素的新模式；推进"孵化式"创新，构建"科学研究—技术开发—产业孵化"创新创业体系；推进"引领式"创新，把高新技术企业打造科技创新和经济发展的第一增长极；推进"资本式"创新，实现金融豫军与创新发展共同繁荣。

第八篇

金融改革与发展

河南省金融机构体系发展问题研究（1997年）[*]

引言　　完善的金融机构体系是做大做强金融产业、提升金融服务实体经济功能的基础，推进河南省跨越发展必须加快金融业的改革开放，加快形成系统完整、功能完善、主体多元、管理科学、富于创新、充满活力、竞争有序、开放型、高效率的金融机构体系。

改革开放以来，我国金融体制发生了根本性变化。1979年开始的金融体制改革首先从金融机构的组织创新入手，打破了单一金融机构（中国人民银行）一统天下的局面，形成了一个包括四大国有银行、股份制银行、区域性银行、外资银行以及政策性银行在内的、各银行独立运营的银行体系，各类非银行金融机构如信托投资公司、证券公司、财务公司、保险公司、租赁公司、信用社等迅速发展，已形成一定规模。我国已初步形成了系统完整、功能各异、主体多元化的金融机构体系。

一、现状与问题

改革开放以来，河南省经济迅速发展，带来了金融业发展的黄金时期，金融日益成为社会经济生活的"神经中枢"，成为调节国民经济运行的主要枢纽，国民经济增长对金融的依赖程度进一步增强，经济与金融一体化增强是一个显著特点。金融机构是金融业的基础。截至1995年底，河南省拥有国家银行分支机构：中国人民银行156家，占全国的6.6%；中国工商银行3441家，占全国的8.9%；中国农业银行4735家，占全国的7.1%；中国银行907家，占全国的6.7%；中国建设银行2711家，占全国的7.5%；投资银行3家，占全国的3.4%；交通银行76家，占全国的3%。还拥有农村信用社2611家，占全国的5.2%；城市信用社476家，占全国的9.1%。河南省金融机构各项存款为2131.69亿元，各项贷款为2170.17亿元。河南省金融业的总体规模基本上保持了与全国同步发展。

尽管如此，河南省金融业尚不能满足经济快速发展的需要，金融机构体系尚不完整，功能还不齐备，主体比较单一，开放度低，经营粗放。具体表现在：一是处于主导地位的四大国有银行商业化步伐缓慢，管理体制落后，在机构设置、劳动人事制度和分配制度上尚没有摆脱计划经济体制的约束，过分注重规模扩张，忽视内涵发展，金融信贷资产质量不高，金融服务和创新不适应同业竞争的需要；二是尚未实现对外资金融机构开放，制约了河南省"开放带动"的深入发展；三是新生的股份制商业银行发展薄弱；四是缺乏省属地方性商业银行；五是非银行金融机构发展不平衡，存在经营活动不规范、违规经营严重、资产结构不合理、内部约束机制不健全、风险控制能力低等问题。

二、发展方向和主要内容

应进一步加快河南省金融业的改革开放步伐，逐步形成系统完整、功能完善、主体多元、管理科学、富于创新、充满活力、竞争有序、开放型、高效率的金融机构体系。具体讲，河南省金融机构体系应包括如下主要内容。一是监管机构：人民银行、证券监督管理委员会、财政部门等。二是商业性银行与企业金融机构：①商业银行，是整个金融业的主体，以国有商业银行为主导，包括全国性、地方性、股份制、外资、

---

* 本文发表于《商业银行发展论坛》1997年第3期（总第13期）。

合资等多元化商业银行；②非银行金融机构，应以国有非银行金融机构为骨干，呈现多元化和开放型，包括保险公司、信托投资公司、投资基金、保险基金、证券公司、财务公司、租赁公司等。三是民间金融机构：①城市合作银行、农村合作银行，具有合作性、商业性和地方性；②信用合作社、合作基金，充分体现一定社区内经济互助合作的基本性质和特点。四是政府金融机构：政策性银行、政策性保险公司、邮政储蓄等。

三、完善农村金融体制

河南省是农业大省，乡镇企业快速发展，在全省经济中处于重要地位，这离不开农村金融强有力的支持。中国农业银行应加快向商业银行转轨，发挥骨干作用。中国农业发展银行应当完善组织体系和资金封闭运营机制，以及资金来源机制。加强农村合作金融，把农村信用社办成真正的合作金融组织，在进一步改革和发展农村信用社及其联社的基础上组建股份合作制的农村合作银行。农村基金会应按照中国人民银行和农业部提出的《清理整顿农村合作基金会的意见》和《农村合作基金会管理规定》，加强管理，规范经营，真正办成社区内的资金互助组织。应建立新型的农业保险体系，进一步分离政策性保险和商业性保险，组建农业专业保险公司，鼓励各保险公司开拓农村市场。

四、加快引入外资金融机构

近年来，随着我国改革开放的不断深化和市场经济的发展，我国金融业对外开放加快，引进外资金融机构的数量和种类以及外资金融机构在华业务保持高速增长势头，且金融开放地域从沿海向内陆扩展。到1995年底，已有38个国家和地区的317家外资金融机构在我国24个城市设立了各类金融机构661家，其中代表处519家，营业性机构142家。外国银行分行120家，外资独资银行5家，中外合资银行5家，外资保险公司分公司6家，中外合资投资银行1家。外资银行总资产191.4亿美元，放款余额127.5亿美元，联行往来资金净调入91.87亿美元。这充分说明

外资银行是我国外资的重要来源，同时外资银行的进入还带动了大批客户来华投资。外资银行进入我国市场，有利于我国引进新的金融工具、经营技术和管理手段，强化竞争机制，加快了我国金融业的国际化进程，提高了国际竞争能力。目前，我国金融开放的地域正从沿海逐步向内地渗透，仅1995年国务院就批准了北京、石家庄、武汉、西安、成都、重庆、杭州、合肥、沈阳、昆明和苏州可以设立外资金融机构。河南省的外资金融机构当前还是空白，处于全国金融开放的谷底，这种状况不适应河南省经济快速发展的需要，影响了改革开放的进一步深入。河南省的郑州、洛阳应尽快争取引入外资金融机构，推动河南省引进外资工作向更高层次发展，把河南省金融服务和同业竞争提高到一个新水平。

五、加快地方金融机构的发展

河南省是全国第一人口大省，中部地区的经济大省，应当发展省属金融机构，以支持河南省经济的快速成长。一是积极筹建省属股份制商业银行——中原发展银行，可以将河南省部分财政信用资产和业务纳入其中，并广泛吸收各类社会基金和大中型企业入股，引入战略投资者。二是加快城市信用社向城市合作银行体制转换并增强其实力。近年来，河南省城市信用社发展迅速，1995年存款达186亿元，比上年增长55%，贷款115亿元，比上年增长42%，有力地支持了地方经济的发展，但存在着机构散乱、运作不规范、人员素质低、体制不顺、信贷资产质量低等问题。河南省的郑州等城市已完成了城市信用社向城市合作银行的转换，经验应向全省推开。按照《商业银行法》，推行严格科学管理，规范发展，提高人员素质，加快金融创新，提高服务水平。

六、加快股份制商业金融发展，促进市场化、多元化

从20世纪80年代中期开始，国家有意识地恢复和新建了一批商业银行，这些银行是按照股份制原则建立发展起来的，适应了市场经济的发展，具有非常强的生机与活力，建立了先进的

现代企业制度，富于金融创新，创造了高效益。例如，交通银行郑州分行从 1988 年组建以来获得了迅速发展，截止到 1996 年底实现存款 87.1 亿元、贷款 53.8 亿元，1995 年升格为直属二级分行，1997 年升格为管辖行，规模和效益居全国交通银行系统前列。笔者认为，应当积极支持交通银行郑州分行在省内有条件的市地开设分支机构。1995 年引入的广发银行郑州分行，实现经济效益居郑州市前列。河南省还应当积极创造条件，吸引国内其他商业银行，如深圳发展银行、中信实业银行、招商银行、华夏银行、浦东发展银行，光大银行、福建兴业银行、民生银行等来豫设立分支机构，以支持河南省经济发展。

七、加快郑州金融中心建设

郑州是河南省的政治经济文化中心，具有交通流通双优势，要把郑州建成我国中部地区多元化、全功能、开放型的金融中心。

密切银企关系、促进经济发展的对策研究（1999年）*

引言

1997年亚洲金融危机之后，经济景气度急剧下降，许多企业陷入困境，以银行为主体的金融是经济的中枢，要稳增长、促改革、调结构、控风险，就必须密切政府、银行、企业三者之间的关系，政府应创造良好的外部环境，国有企业应加快股份制改造，建立现代企业制度，强化自我约束，银行应支持企业发展，合力破解中小微企业贷款难问题，支持产业结构、企业组织结构、产业结构调整升级，培育新的经济增长点，促进河南省经济持续快速健康发展。本文主要描述了密切银企关系、支持结构调整、促进经济发展的对策思路。

一、建立新型银企关系，是保持国民经济健康发展的重要条件

1999年左右，经济生活中存在一些十分突出的问题：一是受东南亚金融危机及经济周期影响，有效需求不足。二是工业企业有效开工不足，经济效益不理想，结构矛盾十分突出。三是银行不良资产比例持续攀升，银企关系趋紧，信贷投放更加谨慎。面上企业生产经营困难，客观上对银行的资产质量造成了一定的影响，少数企业信用观念淡薄，不及时归还银行本息，进一步影响了银行的放贷信心。当前，河南省正处于工业结构调整、国有企业改革的攻坚阶段，我们要更新观念，大胆改革创新，按照市场经济规律重塑新型银企关系，增强企业活力，增强银行信贷实力，银企联手克服困难，促使河南省经济尽快走出低谷，保持河南省经济持续、快速、稳定、健康发展。

二、政府应为银行改革发展创造宽松的外部环境，银行应为企业改革发展提供有力的支持

从某种意义上来说，市场经济是信用经济，因此在社会主义市场经济条件下，银企关系的本质和经济基础是信用关系。银行与企业都是独立自主的经营主体，银行与企业都按市场经济规律追求自身利益最大化。企业讲求效益，银行也讲求效益，企业是生产经营活动的主体，银行是生产经营活动的神经中枢，都是河南省经济不可分割的有机组成部分。两者的关系是唇齿相依、荣辱与共的关系，是平等合作、互惠互利、诚实信用的关系。但是在长期的计划经济体制下，政企不分，政银不分，银行和企业同吃"大锅饭"，企业借债还钱的观念淡薄，金融制度不健全，银行存款硬约束、贷款软约束，一头硬、一头软造成潜在的信用危机不断加重。不少企业经营困难、债务负担过重，少数企业信用观念淡薄，长期大量拖欠银行本息；有些企业盲目上项目，形成了"项目上马拍脑袋、项目贷款拍胸脯、项目失败拍屁股"的恶性循环；还有些企业借改制之机逃废银行债务，严重影响银行的资产质量和正常运行，也降低了银行对企业的信心。当然也有一些金融机构，组织制度不健全，内部管理混乱，信贷投放盲目性和随意性很大，严重违规违纪操作，造成大量不良资产。这些现象时至今日仍有很强惯性，扭曲了经济发展的运行机制。

防范化解金融风险，事关经济发展和社会稳定大局，不能仅仅将之看作是银行的任务，而是银行、企业、政府、社会共同的责任。政府要积极创造条件，使银企信用关系走向良性循环轨道，切实维护银行的合法权益。要消除地方保护主义，采取有力措施帮助银行收贷收息，严肃处

---

* 本文来源于"河南省银企关系研讨会"（1999年8月10日）相关资料。

理有还贷能力而故意拖欠银行本息的行为，切实在企业改制中维护银行债权。企业要增强信用意识，正确决策，强化管理，认真管好用好银行贷款，按时返还银行贷款本息，以实际行动争取银行的信任、支持。同时，银行金融机构要加大金融创新力度，搞好机制创新，强化内部管理，提高服务水平，提高对项目评估的能力，积极探索多渠道、多方面、多手段支持河南省经济发展的新路子。银行要积极支持河南省的国有大中型企业建立现代企业制度，并以名牌为核心进行优势扩张。银行要全面参与企业改制工作，参与企业改制的方案制定、论证和实施。在改制过程中，一方面，地方政府要采取行政、经济、法律等手段切实保护银行债权；另一方面，银行要为企业的制度创新、兼并联合、优化重组提供金融支持，积极配合河南省的"抓大放小"，"三改一加强"和国企战略重组工作，在提供全方位金融服务的同时调整优化信贷结构。这样，既能提高银行信贷资产质量又能提升企业发展能力。

三、政府与银企联手打好工业经济结构调整攻坚战

近几年来，随着我国经济与国际接轨，在全国形成了新一轮的以结构优化、产业升级为主要特征的竞争发展态势。谁在结构调整上实现率先突破，谁就能在全国生产力布局和区域经济发展中赢得竞争优势，掌握发展的主动权。"八五"以来，河南省经济实现了快速发展，总的来说是好的，但是1998年以来，全国经济处于周期谷底，河南省受需求不足的影响更大，河南省工业发展指标落后于全国平均水平，产量大而效益差，销售和利税大幅下降，充分说明了只强调数量的粗放型经济结构在日趋激烈的市场竞争中将越来越失去竞争力。从投入来说，1998年以来河南省更新改造投资持续大幅度下滑，1999年上半年金融机构对河南省的贷款净投放增加额大大低于储蓄存款增加额，这种状况持续下去将对河南省经济发展带来极大的影响。河南省工业进一步发展的出路在结构调整，政府在结构调整中起引导作用，企业是结构调整的主体，银行是为这次结构调整提供资金支持的主力。政府、企业、银

行三者的目标是完全一致的。省政府要重点支持那些银行信誉高、产品市场广、企业管理好的优势企业做大做强。通过优势产品和优势企业的发展来促进全省产品结构、产业结构和企业组织结构的调整升级。银行在支持河南省工业结构调整的过程中，可以进行信贷结构的调整优化，这有利于提高信贷质量，防范和化解金融风险。银行应主动与政府联手，并与社会资金形成合力，支持河南省的优势产业、龙头企业、名牌产品、高科技重大项目、新经济增长点。利用银团贷款、主办银行制度、资信评估授信额度等金融创新手段，着力扶持拥有名牌产品或独特优势产品、资本实力较强、经济效益较高、经营机制好的重点企业和大型企业集团，要大力支持河南省的高新技术企业以及重大技术开发项目、火炬计划、星火计划等项目，支持优势企业建立技术创新体系，提高自主发展能力。

四、银行应支持中小企业和私营经济发展，培育新经济增长点

中小企业是经济发展的活力源泉，也是吸纳人员就业的重要渠道，大力扶持中小企业的发展，对保持经济增长的活力，保持较高的就业率，维护社会稳定，具有十分重要的意义。

各商业银行要建立并积极发挥中小企业信贷部的作用，加大对中小企业的信贷支持力度，精心培育一批产品市场前景好、经营机制好、企业管理好，在产品和技术结构上小而优、小而特、小而专的"小巨人"企业，通过鼓励有竞争优势和发展潜力的中小企业，进一步调整和优化银行的信贷结构，提高银行资产质量，逐步建立银企双方相互促进、共同发展的良性互动关系。各地应积极探索中小企业贷款担保制度，设立担保机构，筹集担保基金，完善担保体系，简化担保程序，减免各种收费，降低中小企业贷款的成本，为中小企业的发展创造良好的外部条件。

党的十五大报告和新修定的宪法都明确了个体私营经济的地位、作用："公用制为主体，多种所有制经济共同发展，是我国社会主义初级阶段的一项基本经济制度。""非公有制经济是我国社会主义市场经济的重要组成部分。对个体私营等

非公有制经济要继续鼓励、引导，使之健康发展。"大力发展个体私营经济已成"强省富民"的重要战略举措。全省各地都对个体私营企业发展非常重视，纷纷为其发展创造宽松环境条件。个体私营经济已成为河南省重要的经济增长点，银行金融部门应以发展的眼光给予大力支持，对待个体私营企业要与国有、集体企业一视同仁，要摒弃过去"唯成分论""唯规模论"的做法，不论成分论发展，不论规模论效益，加大信贷投入，强化金融服务，搞好金融创新，改进服务方式，切实帮助解决个体私营企业资金紧缺问题。同时，个体私营企业要守法经营，提高素质，提高水平，强化管理，增强信用观念，树立良好形象，以良好的信誉和骄人的业绩来获取银行的信任和支持。银行在支持个体、私营企业发展的同时，自己也能开拓出新的市场空间，获得新发展。

农村信用社改革的唯一出路：重组股份制"农村商业银行"（2005 年）*

摘要 我国农村信用社改革的方向是规模化、股份化、市场化和商业化。从金融业的发展历史，从适应生产力发展水平的标准，从金融业发展的一般规律和现实来分析，农村信用社改革的目标模式是股份制而不是合作制，即重组为农村商业银行。农村商业银行应采取"省—县"两级法人体制架构。农村信用社改革的前提条件就是建立促进公平竞争的政策环境，核心是减免税收并增加财政补贴。

近年来，我国加快了金融业的发展和改革，金融体系日趋完善，国内市场竞争日益激烈，特别是在加入 WTO 之后的 5 年过渡期过后，国内市场与国际市场加快接轨，金融市场的开放度大幅度提高，外资金融机构快速进入我国市场，金融服务贸易越来越开放，国内竞争国际化的趋势明显，金融同业竞争的水平和层次大大提高。然而，我国农村信用社的发展状况令人担忧：亏损严重，资不抵债；规模小，法人分散，效率低下，市场竞争力弱；产权不清晰，制度不完善；相互分割，信用体系不健全；单项信贷额度小，违约率高，运作成本高；职能定位和发展方向不明。农村信用社的改革事关"三农"问题的解决和新农村建设，加快农村信用社改革既势在必行又当务之急。农村信用社的改革必须符合国内国际金融业发展的大趋势，必须遵循金融业发展的一般规律，必须与我国市场经济发展的阶段和水平相适应。

一、农村信用社改革的方向

农村信用社改革和发展须首先满足以下"四化"要求。

（一）规模化

从国内国外金融业发展的规律和经验来看，金融业是一个规模化的产业，没有一定的规模就没有规模效益，就形不成业务网络，就缺乏竞争实力。近十年来，国际金融机构为了扩张综合实力，提升市场占有率和竞争力，加快了兼并重组步伐，国际化的巨型金融机构之间的兼并重组尤为频繁。单个信用社相互独立不具外部竞争力，只有用现代企业制度将他们联合起来，才能应对市场竞争。

（二）股份化

现代金融业的发展有两个基础：其一是物质基础（体现生产力发展水平），即工业化、城市化、信息化；其二是制度基础（体现生产关系的演变升级），发达的经济孕育了发达的金融业，同时发达的金融业又支撑了发达的经济。现代金融企业规模巨大，高效率的体制架构至关重要，而股份制是与较发达的生产力水平相适应的最佳金融企业制度，推行具有现代产权结构的股份制，已成为国内国际商业银行共同的制度框架。只要承认信用社具有商业性，就必须用股份制来规范信用社的改革和发展。

（三）市场化

市场经济条件下的金融体系包括政策性金融和商业性金融。其中，商业金融以营利为目的，以市场化的经营运作为手段；政策性金融不以营利为目的，而以政策为导向，是国家进行宏观调控的重要手段。长期以来，农村信用社承担了太

---

* 本文发表于河南省人民政府发展研究中心《研究报告》2006 年 6 月 25 日。

多的政策职能，既被要求盈利，又被要求支持"三农"，受行政干预的影响最大，成为准行政机构和准国有银行，职能边界被无限扩大，然而在金融业的行业优惠政策上又总是被边缘化，在金融业的同业竞争中始终处于劣势地位。当下，我国市场经济的金融体系框架已基本形成，已有中国农业发展银行作为服务"三农"的政策性银行，农村信用社只能定位于商业金融，信用社所承担的政策性金融功能没有凸显。

（四）商业化

过去，农村信用社既不像政策性金融又不像商业性金融，由于职能定位不清，丧失了很多改革发展的机遇，最后陷入困境。这次改革如果再犹豫不决，再搞"摸着石头过河"式地改革，人为拖延改革时间，必将付出更大的改革成本，只有商业化才是唯一出路。信用社的商业化必须遵循商业化的原则，应建立现代企业制度、现代企业产权制度、现代企业法人治理结构。合作制是生产力发展水平落后条件下的产物，股份合作制是市场经济不发达条件下的一种企业制度，以上两种企业制度均不适应我国正在走向发达的市场经济的现实情况，规范化的股份制成为必然选择。农村信用社只有实行规范化的股份制改革，才能实现商业化发展的目标。

二、农村信用社改革的目标模式是股份制而不是合作制

（一）推行股份制是历史演变的必然

19 世纪中叶，合作社运动发源于西欧，迄今已有 150 年历史。在工业化初期阶段，以私有制为基础的市场经济条件下，为了发展生产，个体的私有资本便以合作制的形式联合起来。后来，为适应工业化大生产的需要，合作制逐步被规范化的股份制所代替。

中华人民共和国成立初期，我国农村的生产力水平低下，个体经济和公有制经济并存，为了发展生产力，农村合作社应运而生，遵循"社员自愿入股、主要为社员服务、一人一票制、非营利性"的合作制原则，迅速在全国农村实现了普及。

在社会主义改造时期，合作制成为个体经济向公有制过渡的一种手段和形式。在传统计划经济体制下，与"工商业统购统销、财政统收统支"相适应，信用合作社演变为国家银行的附属机构，实行"统存统贷"，农村信用社实际上丧失了合作制的基本原则，合作制已经名存实亡了。

改革开放之后，农村信用社在规模上得到了快速发展，但是却潜伏着巨大的金融风险。由于国家提供信誉担保，这种金融风险被隐性化，农村信用社表现为越来越不适应市场经济的发展，加快改革势在必行，但是农村信用社的改革应向哪个方向走，采取什么模式，在理论上存在争议，在实践上也走过一条曲折的路。1996 年，中国农村信用社的改革目标被确定为"恢复合作金融组织"，遵循"社员入股，民主管理，主要为社员服务"的合作制原则。可到 2002 年，经过 6 年的改革实践，合作制改革并没有达到预期目标。一是社员自愿入股难以实现，农村信用社大部分背负着沉重的历史包袱，历年积累的产权归属不明确，社员感到入股权益没有保障；二是社员民主管理没有保证，农村信用社经营规模小、效益差，社员的专业素质低，实行民主管理的成本太高；三是把业务限定为"主要为社员服务"，作茧自缚，人为地限制了信用社竞争力的提升，在实践中更难以操作。由上分析不难得出结论：农村信用社朝合作制方向改革是行不通的。

我国农村信用合作社不符合合作制原则的历史已经表明，这些原则在我国农村金融领域是行不通的，因此，农村金融改革和发展的重点应转向组建和发展股份制商业银行。

（二）推行股份制是生产力发展水平所决定的

辩证唯物主义告诉我们，生产关系必须与生产力相适应。合作制是市场经济不发达条件下的金融组织形式。随着市场经济的发展，生产力水平不断提高，社会专业化分工越来越细，法律制度越来越健全，生产组织形式也应不断升级，与现代发达的市场经济相适应的企业制度是股份制。当前和今后二十年是我国工业化和城市化快速推进的时期，经济快速增长，人民生活水平快速提高，城乡趋于协调发展，同时市场经济体制日趋完善，这就为农村信用社过渡为股份制商业

银行奠定了物质基础和体制基础。

根据以上规律可以把我国农村信用社的发展划分为四个阶段：第一个阶段是中华人民共和国成立初期，生产力水平低，私有制占主体，适合合作制发展；第二个阶段为计划经济时期，公有制成为唯一的所有制，合作制变为准公有制；第三个阶段为计划经济向市场经济转变阶段，适应市场经济的发展和生产力水平的提高，信用社的体制可以界定为股份合作制；第四个阶段就是我国进入较发达的市场经济时期，既是发展的战略机遇期，又是经济社会转型期，农村信用社的发展模式面临升级，由股份合作制转化为规范化的股份制成为必然选择。

（三）推行商业化的股份制是农村信用社改革发展的现实选择

1. 信用社在我国金融体系中属于商业金融

在现代市场经济条件下，发达国家的金融业一般可划分为商业金融和政策金融，有关国计民生的无利或微利金融业务由政策性金融来解决，市场化的业务由商业金融来解决，社区居民的个人生活困难或问题由社会保障体系来解决。近年来，我国的金融改革取得了实质性进展，初步确立了政策性金融与商业性金融相互配合的金融体系，国有四大独资银行的商业化和股份化改造步伐加快，其他各类股份制商业银行快速崛起，城市信用社大部分改制为城市商业银行，外资金融机构全方位进入中国市场。农村信用社面临很大的竞争压力，农村信用社的改革已成为中国金融业改革的最后一座堡垒。农村信用社可以肯定地说不属于政策性金融，只能属于商业性金融。

2. 合作制的性质与商业金融的性质不相符

合作制要求不以营利为目的，然而不营利会使信用社难以生存和发展，合作制与信用社生存和发展的现实相矛盾。在市场经济条件下，社员出资入股有两个主要目的：一是追求利润最大化，二是获得贷款优先权和便利条件。可事实上，追求利润最大化的商业金融原则就与合作制相矛盾，另外从现实来看，信用社对所有贷款者的条件都是一样的，社员的优先权和便利化条件并不存在。在较为发达的市场经济条件下，任何资本的原始动力都是追求利润，所以单纯的合作

制是难以生存和发展的，单纯的合作制并不是农村金融发展的主流方向。

3. 股份制是制度变迁和升级的结果

"一段时期中，国家也把农村信用合作社看作准国有金融机构。凡是出现兑付风险，国家都像救助国有金融机构一样救助它们，未准许一个信用社出现挤兑破产，挤兑之后也都会保支付，存款者都能得到全额的本息补偿。"这说明农村信用社已经演化成"准公有制"性质的特殊金融企业。实质上，农村信用社的原始资本来自集体经济组织、社员和其他经济组织，所以信用社是混合所有制，属于不规范的股份制，可以称为股份合作制。在较为发达的市场经济条件下，把合作制性质的信用社改革成原始的合作制既没有必要，也不可行，选择这种改革路径在理论上和实践上都是一种倒退。农村信用社未来只能升级为规范化的股份制，不可能回到其原始的合作制。

4. 股份制是商业性金融发展的最佳模式

从发展的现实和趋势来看，商业性金融业具有如下四大特点：一是高风险，金融业具有风险集中并延期爆发的行业特征，金融风险的控制难，金融风险发生后的社会影响大；二是大规模，规模效益明显，行业内的兼并重组频繁；三是网络化，高度发达的金融网络是提升金融服务功能的客观需要；四是智能化，金融业对从业人员的专业化素质要求高，属于智力密集的服务业。可数以千万计的信用社，单体规模小，又相互割据，难以形成网络，从业人员素质偏低，运行成本高，经营风险高，竞争力低。信用社在以上四个方面均处于劣势地位，要在激烈的市场竞争中生存和发展，就必须建立现代金融制度，构建现代金融体制，形成现代化的金融体系。农村信用社的改革必须明确商业性原则和股份制模式。农村信用社改革的唯一出路，就是推进规范化的商业化的股份制改革。所以，只有股份制才是农村金融改革和发展的正确选择。

三、城市信用社的制度变迁值得借鉴

20 世纪 90 年代初期，我国市场化金融改革的取向确立，金融管制开始松动，我国对城市信用社的发展有所放开，民有资金借助政府部门的

名义开办了大量的城市信用社，几年后便出现了挤兑风潮，城市信用社资不抵债，濒临破产，金融风险显现。原因：体制上的先天不伦不类；管理混乱，管理水平低，人员素质低，放贷行为不规范，信贷质量差，呆坏账比例大；金融监管不到位，监管失控；竞争力差，单体规模小，实力弱，规模效益最低，不具备市场竞争力。这种状况最后导致金融风险在全国全面爆发，政府不得不全面接管城市信用社，中央把接管城市信用社和化解金融风险的责任交给了地方政府。地方政府接管后，为了强调信用社的合作性质，纷纷将单体信用社重组为城市合作银行，可后来的实践发现，城市合作银行并不具备合作性，合作制不适应激烈的市场竞争，单纯的合作制在实践中难以推行，同时单纯的合作制并不能使城市信用社走出困境。为了适应市场竞争，城市信用社最后不得不转变为城市商业银行。城市信用社转变为城市商业银行的制度变迁过程，是在政府行政强制和主导下完成的，属于强制性制度变迁。由于农村信用社在布局上高度分散，属于金融高风险区，内部产权不清晰，法人治理结构不健全，外部发展的政策环境不优化，完全依靠内力或外力推动都难以完成农村信用社的制度变迁，当时也是因为有政府的强力介入和推动，才有效地化解了金融风险。强制性制度变迁成功与否的关键在于目标和路径的设定。农村信用社制度变迁成功与否的关键在于：目标模式是采取合作制还是股份制，改革路径是采取政策化还是商业化。

城市合作银行的改革经验证明了，农村信用社的唯一出路在于商业化和股份制，这是市场经济规律使然。农村信用社的改革必须遵循市场经济条件下的金融业发展规律，再搞过渡性质的改革只会贻误改革时机，影响信用社的长久发展，导致发展不具备可持续性，还要推倒重来，最后所有的金融风险还是要由政府来承担，改革的成本加大，所以一次性改革无论从哪个方面来讲都是一个共赢的选择。搞终极改革势在必行，关键是体制框架和配套政策框架的设计。

四、中央关于农村信用社改革的基本定位——商业化

2003年6月27日，国务院发布了《深化农村信用社改革试点方案》（国发〔2003〕15号），这是指导农村信用社改革的纲领性文件。文件明确指出，农村信用社改革的目标为"按照市场经济规则，明晰产权关系，促进信用社法人治理结构的完善和经营机制转换，使信用社真正成为自主经营、自我约束、自我发展、自担风险的市场主体"。很明显，农村信用社改革的终极目标定位是"市场化"和"公司化"。改革的组织模式为"按照因地制宜、分类指导原则，积极探索和分类实施股份制、股份合作制、合作制等各种产权制度，建立与各地经济发展、管理水平相适应的组织形式和运行机制"。就股份制、股份合作制、合作制这三种形式来说，最终符合法律规范的公司制度是"股份制"，所以"股份化"是农村信用社改革的终极组织模式。

由以上分析可知，农村信用社改革的目标模式为"股份制商业银行"。其特殊性表现在：服务对象主要为"三农"，服务区域主要在"县域农村"，服务的产业主要是农业。

五、农村信用社改革的体制架构

农村信用社改革应遵循以上原则：一是管理层级优化，管理层级要尽量少，以保证精简高效运行，尽量与行政区域和行政体制相适应或吻合，同时还应超前反映行政体制的改革趋势；二是追求规模化经营，提高抵御市场风险的能力；三是遵循商业银行组织架构的一般规律。

依据以上原则，将农村信用社重组为农村商业银行之后，建议设立"省—县（市、区）"两级法人结构。现有的组织结构大多数为县—乡（镇）两级法人，撤销乡（镇）一级法人有利于精简机构，扩大单体规模，提高效率。地级市不成立法人机构，是因为在城市的市区没有经营网点，从业务上来讲没有成立地市级机构的必要。另外，未来行政体制改革的方向是逐步推行省管县体制，取消地级市管理层级在技术上是可行的，符合效率最大化原则。县级行政体制当下已成为我国对农村进行区域宏观调控的最基本、最完整的单元，在县级设立一级法人机构，与我国大力发展县域经济，大力推进社会主义新农村建设的大政方针相一致。成立省级法人机构是规模

化发展的必然要求，省级信用联社应改组为省级农村商业银行。我国商业银行的一般组织架构为"总行—省级分行—地级市分行—县（区）支行"，省级农村商业银行为总行，县级农村商业银行为分行。

六、农村信用社商业化的政策前提

农村信用社的主要服务对象为农村、农业、农民，而农业为弱质产业、弱势产业，产业的平均利润率低于社会平均利润率，产业的成长性较差，这就注定了农村信用社的外部不经济性，为农业服务的金融业在同业竞争中处于不利地位。由于农业是关系国计民生的基础产业，为保证农业及其相关产业的稳定发展，世界各国普遍对农业及其相关产业推行财政转移支付，具体办法就是免税和补贴，我国也正在大力推行这一政策。根据公平竞争原则，要使农村金融业达到社会的平均利润率，最有效的政策选择就是减免税收和补贴。首先考虑减免税，如果减免税仍不能达到目标，才考虑进一步财政补贴。我国已经全面推行了减免农业税，减免其他与农业关联的税收，有效地保护了农民的利益，促进了农业的稳定发展，下一步要使农村信用社市场化、商业化和股份化的改革取得成功，其重要前提条件就是营造促进公平竞争的政策环境，政策的核心是减免税收并增加财政补贴。

加快农村信用社改制为农村商业银行的
对策建议（2008年）*

一、我国农村金融和信用社改革的政策走向

2003年6月27日，国务院《深化农村信用社改革试点方案》（国发〔2003〕15号）指出："有条件的地区可以进行股份制改造；暂不具备条件的地区，可以比照股份制的原则和做法，实行股份合作制；股份制改造有困难而又适合搞合作制的，也可以进一步完善合作制。""在经济比较发达、城乡一体化程度较高、信用社资产规模较大且已商业化经营的少数地区，可以组建股份制银行机构。"

2004年8月17日，国务院办公厅《关于进一步深化农村信用社改革试点的意见》（国办发〔2004〕66号）指出："在制度选择上，可以实行股份制、股份合作制，也可以继续完善合作制；在组织形式上，有条件地区的农村信用社可以改制组建农村商业银行、农村合作银行等银行类机构或实行以县（市）为单位统一法人。"

2008年10月12日，中央十七届三中全会通过了《关于推进农村改革发展若干重大问题的决定》，指出："创新农村金融体制，放宽农村金融准入政策，加快建立商业性金融、合作性金融、政策性金融相结合，资本充足、功能健全、服务完善、运行安全的农村金融体系。"

可见，中央关于农村金融以及农村信用社改革的政策非常明确：鉴于我国区域经济发展水平不平衡，多种经济成分和多种所有制形式并存，农村信用社内部也存在着巨大差异性，农村信用社的改革发展模式应是多样化的。信用社作为目前农村金融的主体，其改革事关建立现代农村金融体系。信用社的改革发展必须与当地实际相结合，与工业化、城市化和农业现代化水平相适应，与当地经济社会发展的实际相适应。经济比较发达的县（市）可以采取股份制，一般地区可以采取股份合作制，落后地区可以采取合作制。发达地区的农村信用社向商业银行方向发展符合市场经济规律，有其历史必然性。

我国农村金融改革发展的目标是"建立现代农村金融制度"。在经济比较发达的地区，即主要以现代化大工业为主，农业所占GDP的比重较小，工业化、城市化和农业现代化程度高，经济的组织化和市场化程度高，农业生产也已实现规模化、产业化和公司化经营，信用社实力较强，具有进行规模化、市场化经营经济基础的地方，信用社经营模式运作方式要采取现代银行制度，可见，建立农村商业银行是必然选择。

二、农村商业银行改革发展基本情况和趋势

1. 基本情况

2000年7月经国务院领导批准同意，中国人民银行和江苏省政府在江苏全省进行了信用社改革试点，启动农村信用社商业化、市场化、股份化改革，陆续组建了多家农村商业银行。截至目前，全国已经按照股份制原则组建成立了19家农村商业银行，改革发展成效显著，已基本步入良性发展轨道，初步具备向现代农村金融企业过渡的条件。张家港农村商业银行是我国第一家农村商业银行，近年来，它立足"三农"、服务县域，各项业务快速发展，各项经营指标在全国农村商业银行中名列前茅，部分核心经营指标位居

* 本文发表于河南省人民政府研究中心《调研报告》2008年12月15日第30期（总第734期）。

商业银行前列，实现了社会经济效益与自身经营效益的"双赢"，成功探索出在经济发达地区农村金融机构改革发展的有效模式。

2. 发展趋势

当前，全国信用社改革和发展正在由"深化改革试点"转入全面"深入实施和攻坚"阶段。2008年，全国农村中小金融机构监管工作会议提出：要坚持股份制方向，稳步推进产权改革进程，加快统一法人组建进度，鼓励条件成熟的农村商业银行择机上市，支持引进境内外战略投资者。要加大法人机构重组力度，稳步推进跨区域战略投资和兼并重组，适度放宽投资入股比例、资本地域限制和风险融资渠道。力争到2010年末实现以下目标：现代金融企业制度初步建立，管理体制顺畅有效，公司治理明显进步，竞争能力大幅提升，支农作用全面发挥，主要监管指标基本达到审慎监管要求，资本充足率总体达到8%，不良贷款率总体下降到10%以下，拨备充足率总体达到70%以上，历史亏损挂账下降70%，涉农贷款投放年均增长15%以上。

开始跨区域战略重组。许多地方出现了跨区域跨省设立分支机构、引入战略投资者。2007年，由北京农村商业银行独资设立的"湖北仙桃北农商村镇银行"正式挂牌；2008年，由北京农村商业银行控股组建的青岛首家跨省村镇银行——青岛即墨北农商村镇银行正式挂牌营业。常熟农村商业银行战略入股江苏省启东农村信用合作联社；交通银行战略入股江苏常熟农村商业银行，成为常熟农村商业银行第一大股东；常熟农村商业银行作为第一大股东发起设立湖北省恩施州咸丰县咸丰村镇银行。江阴农村商业银行在达州市宣汉县控股设立"宣汉诚民村镇银行"。天津滨海农村商业银行确立了"立足滨海、面向市区、辐射中西部、发展东部"战略规划，2008年，在新疆设立喀什市支行，下一步将设立更多的分支机构。香港上海汇丰银行获得银监会批准，在湖北独家发起筹建"湖北随州曾都汇丰村镇银行有限责任公司"，这也是第一家获准进入农村地区的外资银行。农村合作金融体系内部的跨区域战略入股，可以加强内部的竞争与合作，优化农村合作金融股权结构，从整体上推动农村合作金融

机构向现代金融企业的转变。

开始跨区域扩张发展。张家港农村商业银行是全国首家由农村信用社改制组建的地方性股份制商业银行。改制六年多来，由过去的一家地方性商业银行，朝着立足张家港、逐步向长三角及沿海等地区辐射、以中小企业银行和零售银行为特色的区域性现代农村金融企业迈进，2007年战略入股海门市农村信用联社，2008年获得银监部门批准战略入股江苏兴化农村合作银行，拟组建安徽休宁农村合作银行，成为两家机构的最大股东，并作为主发起人，按71%的持股比例，筹建股本总额为1亿元的寿光张农商村镇银行。

开始积极准备上市，实现向现代金融机构飞跃。2007年，江苏省内四家农村商业银行进入上市辅导期，分别是张家港、常熟、江阴和吴江农村商业银行。其中，张家港农村商业银行的上市申请已经得到监管层的批准。上海、重庆等地的农村商业银行，也在不断引进战略投资者入股，提高资本充足率，积极准备上市。

开始挺进城市市区。北京、上海、天津、重庆、深圳等地农村商业银行开始向市区挺进，在市区最繁华的商业区CBD设立分支机构和营业网点。

三、加快河南省农村商业银行发展的建议

河南省2008年的任务是力争五年内把全省具备条件的农村信用社县级联社改组为农村商业银行或农村合作银行。为使河南省农信社改革健康稳步推进，特提出如下建议：

1. 坚持区别对待，分类改革

构建新的产权关系，完善法人治理结构，按照股权结构多样化、投资主体多元化原则，根据不同地区的情况，分别进行不同产权形式的改革。按照因地制宜、分类指导原则，积极探索和分类实施股份制、股份合作制、合作制等各种产权制度，建立与各地经济发展、管理水平相适应的组织形式和运行机制。经济发达地区和落后地区可以采取不同的改革模式。各地应积极吸取其他省市改革试点的经验，慎重选择最符合自身实际的改革模式。

2. 实施"两步走改革"

第一步改革：全省 18 个地级市市区（含近郊）的农村信用联社全部改制为农村商业银行。工业化、城市化程度高，以工业为主导，且进入全省综合实力前 50 强的市（县）的信用联社改制为农村商业银行。其他经济实力较弱的农业县（市）的农村信用联社可以先改制为农村合作银行，条件成熟时再改制为农村商业银行。

第二步改革：引入战略投资者，做大做强中原城市群内主要城市的农村商业银行，重组郑州农村商业银行等省辖市农商银行，条件成熟时组建中原农商银行。

3. 积极引进战略投资者

本次改革以产权制度改革为突破口，力争建立股份制现代银行制度，引入最佳战略投资者是改革成功的关键。重点引进国内外龙头金融机构，优先吸引省内国内实力强大的金融机构、投资基金、大型企业集团入股，一般本地区的股份不低于 30%。

4. 制定配套扶持政策

本次改革是信用社迈向现代银行制度的关键一步，要使改革取得成功，必须制定配套的扶持政策。积极争取国家政策支持，帮助消化信用社历史包袱，妥善处理历史积累和包袱。实行优惠税费政策，对改革试点地区信用社，一律免征所得税和营业税，全部减免各地信用社上交的各类管理费。对改革后的农村商业银行和农村合作银行的支农贷款实行一定补贴。探索建立政府支持、企业、金融机构和农村合作组织多方参与的农村信贷担保机制。

河南省内黄县开展小额贴息贷款破解就业创业难题的调查分析（2011年）[*]

摘要

小额贴息贷款是政府政策性贴息与商业性金融相结合的集成创新，河南省内黄县的实践经验证明小额贴息贷款具有很强的生命活力，在解决县域内下岗失业人员再就业、返乡农民工创业、特色农业发展、破解"三农"融资难题等方面发挥了引导和支撑作用。发展小额贴息贷款需要政府、银行、专业合作社及个人形成合力，政府搞好综合协调，银行搞好金融创新服务，选准扶持人员和项目，建立科学发展长效机制。

小额贴息贷款是一种以低收入阶层为服务对象的小额度、持续性、制度化的信贷服务方式，旨在通过金融服务让服务对象获得生存与自我发展的机会。内黄县的实践证明：小额贴息贷款已经远远超出了过去扶贫的范畴，是新时期以创业带动就业的有效途径，是一种政策性公共服务与商业性金融服务相结合的集成创新，在破解"三农"融资难题、促进农民工返乡创业和城镇下岗职工自主创业等方面发挥了导向作用，有力支持了县域特色经济的快速发展。

一、内黄县小额贴息贷款发展快、效果好

内黄县从2005年开始在全县开展小额贴息贷款工作，主要承贷机构是县农村信用联社和县邮政储蓄银行，六年来共发放小额贴息贷款1.1亿元，扶持2664人成功创业，带动8000余人实现就业。

呈现如下四个特点：①小额贴息贷款业务范围和限额不断扩大。2005年小额贴息贷款仅限于城镇下岗失业人员，主要目的是扶持下岗失业人员通过自主创业实现再就业，但从2009年开始国家进一步调整了相关政策，将小额贴息贷款范围由原来"下岗失业人员"扩大到"返乡农民工、大中专毕业生、转业退役军人、残疾人、被征地农民等"，贷款限额也进一步提高，自谋职业和自主创业的由原来每笔最高2万元增加到每笔最高5万元；合伙经营和组织起来就业的由每人不超过1.5万元增加到人均不超过5万元、总额不超过50万元；符合条件的小企业最高不超过200万元。②小额贴息贷款规模迅速扩大。2005～2008年小额贴息贷款规模由405.5万元增加到808.5万元，增长近一倍，实现了稳定增长，达到了促进就业的预期目的。2008年之后小额贴息贷款规模迅速扩大，2010年贷款规模达到6307.9万元，比2007年增长近12倍。③小额贴息贷款运行质量不断提高。政府小额贴息贷款的发放优先选择有特色、有市场、前景好、生产技术易掌握的产业项目，并采取灵活多变的贴息方式和先贷后贴的运行机制，有效地规避了贷款风险，提高了借款人还款积极性，也降低了金融机构贷款成本和政府担保基金的风险，贷款质量明显上升。2010年，内黄县小额贴息贷款的到期回收率达到99.96%，形成了贷与还的良性循环。④政府贴息政策的杠杆放大效应非常明显。政府贴息金额与银行放贷总额的比例约为1:23，也就是说政府投入1元贴息资金，可以带动银行20元贷款。同时，银行放贷总额与农民自有资金投入比例约为1:3，也就是说银行放贷1元又可以带动农民自有资金投入3元。六年来，内黄县政

---

* 本文发表于《经济研究导刊》2011年6月25日。

府财政共投入贴息资金 478.42 万元，引导金融机构共办理小额贴息贷款 2664 笔 1.1 亿元，带动农民投入约 3.3 亿元。

成效显著：①有效解决了农民工返乡创业融资难问题。六年来，内黄县共为返乡农民工提供小额贴息贷款 8184 万元，扶持 1678 人成功创业，极大地缓解了农民工返乡创业资金短缺问题。农民工返乡创业已成为一种必然潮流，但是返乡创业人员在外出打工时的原始积累对于自主创业来说是远远不够的，小额贴息贷款为农民工返乡创业下起了"及时雨"。②有效促进了下岗失业人员自主创业。内黄县共为下岗失业人员提供小额贴息贷款 2455.6 万元，扶持 973 人成功创业，约占全县下岗失业人数的 1/3，创造发展了一批私营企业、微型企业、个体经济组织和社区服务项目，培植了一批新的就业增长点，广开了社会化、市场化、开发式再就业渠道，对于稳定社会、发展经济、促进再就业等发挥了较大的作用。③有效破解了"三农"融资难问题。内黄县小额贴息贷款总额的 97% 用在了"三农"的发展上，有力支持了温棚瓜菜、畜牧养殖、农产品加工业等特色高效农业的快速发展，目前内黄县的温棚瓜菜面积达到 11.5 万亩、23 万栋；规模养殖场（区）达到 110 个，农民人均纯收入达到 4995 元，年均增长 11.9%。由于农业属于弱质产业，来自农业的资金积累大部分通过银行储蓄流到了城市，内黄县金融机构存贷比大约为 2∶1，农村资金大概一半外流，对"三农"信贷投入严重不足是导致农业和农村发展长期滞后的根本原因，小额贴息贷款对引导信贷资金和社会资金投向"三农"发挥了良好的示范带动作用。

二、内黄县开展小额贴息贷款的主要经验做法

1. 选准扶持对象，加强创业培训指导

内黄县小额贴息贷款的扶持对象涵盖失业人员、返乡农民工、大中专毕业生、转业退役军人、残疾人、被征地农民等人群，这部分人群大多数属于社会弱势群体，扶持他们通过创业实现就业是政府公共服务的职责。内黄县充分发挥各乡镇（街道办事处）劳动保障所的作用，广泛宣传发动，建立扶持对象和项目信息库，做好指导服务和初审工作，摸清基本情况，为贷款发放提供了依据，提高了小额贴息贷款的针对性和有效性。依托县"创业服务指导中心"，对返乡农民工、下岗失业人员等进行创业培训，并建立创业跟踪服务档案，在信息、技术、用工等方面搞好服务，大大提高了他们的创业成功率，同时带动了更多的人员就业，实现了创业带动就业的倍增效应。

2. 扶持特色产业发展壮大，与县域经济共同繁荣

温棚瓜菜、畜牧养殖和农产品加工是内黄县的特色优势产业，经济效益好，市场前景广阔，投资风险小。如建设一座占地 2.5 亩的温棚投资约 5 万元，一年就可收回全部投资。内黄县通过贴息贷款"引导"扶持对象将生产资金投入到政府重点扶持的特色产业中，不但增强了特色产业的发展后劲，同时也使扶持对象在较短时间内走上了致富之路。

3. 扶持专业合作社，推动农业发展方式转变

专业合作社是推进农业规模化、标准化、专业化的组织创新，内黄县鼓励农民以专业合作社形式扩大生产规模，形成产供销产业链，提高产业创新能力和抵抗风险能力。对加入专业合作社的会员，按合伙经营认定，提供人均不超过 5 万元、总额不超过 50 万元的小额贴息贷款，并享受全额贴息政策。"内黄县鼎盛花生合作社"便是这一惠民政策的受益者，贷款资金的注入使其生产经营规模不断壮大，社员收益颇丰。

4. 创新担保模式，丰富信贷品种

小额贴息贷款开办初期，所有贷款全部由县下岗失业人员小额贷款担保中心提供担保，随着此项业务的不断扩大，担保中心的担保能力明显受到限制，金融机构不断创新工作方法，先后推出了"存单质押""农户联保""公务员正式工担保""公司+农户""公司+农户+合作组织"、下岗失业小额担保贷款、巾帼致富贷款等一系列金融贷款模式和产品，拓宽了下岗失业人员和农民贷款渠道。内黄县设立了政府担保基金，成立了小额贷款担保中心，建立了反担保制度，不断完善担保体系建设。加强农村信用体系建设，县

农村信用联社和邮政储蓄银行分别对辖内贷款客户根据不同行业，分类建立信用档案，进行评级授信，对信用较好的客户实行利率优惠。

5. 加强资金监管，发挥"专项"功能

为确保贷款贴息资金专款专用、安全运行、发挥效益，内黄县采取有力措施，加强了对贴息资金的监管。一是严格审核。经办银行负责贷款贴息的审核、申报；担保机构负责对贷款项目、贷款金额、发放时间、期限、利率等进行核对和确认；财政部门负责审核贴息申请，及时拨付贴息资金。二是设置专账。经办银行单独设置贴息贷款业务台账，妥善保管贷款合同及相关业务凭证，配合有关部门检查。三是强化有效监督。经办银行负责对贴息贷款的使用方向进行监督，确保贴息贷款用于扶持项目；财政部门定期或不定期检查贴息资金使用情况，确保贴息政策落到实处。

三、制约小额贴息贷款发展的因素分析

1. 经办金融机构缺乏信贷积极性

在小额贴息贷款政策性要求和金融机构商业化经营的制度设计下，如果处理不好政策性与商业性之间的矛盾，以及不同责任主体之间的利益矛盾，就会影响小额贴息贷款政策的顺利实施。目前，内黄县农户贷款的主要用途仍是发展种、养殖业，该用途花费的贷款约占全部农户贷款的70%。农业经济本身具有分散、缺乏产业规模效应且生产效率低的属性，加之生产周期长，对自然灾害的风险抵御能力弱，农产品不仅利润较低，而且还面临很大的市场风险，所以该产业不具有充足的盈利水平和偿还能力。失业人员自主创业主要是在社区、街道等从事餐饮和修理等微利经营项目，科技含量较低，不确定因素较多，而对其发放贷款的笔数多、金额小，管理难度大，银行经营成本和管理成本高、收益低。以上原因使得金融机构对发放小额贴息贷款的积极性不高，目前内黄县小额贴息贷款承办银行仅有县农村信用联社和邮政储蓄银行两家。

2. 担保补偿机制不健全

一是担保机构担保能力不足。按规定发放小额贴息贷款，需要地方财政提供配套资金给予担保。但由于内黄县地方财政相对困难，目前担保基金共有242万元，即使按照规定将担保额度放大5倍，与有贷款需求并且符合贷款条件人员的贷款需求量相比仍有太大差距，担保基金的不足，将直接影响小额贴息贷款的发放力度。二是农业保险业务发展缓慢，险种少，业务量小，覆盖率低。由于高风险、高理赔率、保险责任难确定等原因，保险公司缺乏拓展农业保险市场的积极性，农业保险市场发展缓慢，目前仅有小麦保险、玉米保险、能繁母猪保险等3个险种。

3. 小额贴息贷款自身设计上存在问题

一是贷款办理周期过长、程序较复杂。调查显示，扶持对象对快捷的贷款办理有着强烈的要求，大多希望在一周内办完一笔贷款。但是，金融机构出于对风险控制的考虑，贷款程序趋于复杂，放慢了贷款发放速度，致使扶持对象的信贷需求不能及时得到满足。二是贷款使用期限较短。从实际调查中发现，小额贴息贷款多为短期贷款。但是许多用户从事的生产项目需要更长的生产周期，贷款期限与项目生产周期的资金需求存在不符的情况。三是信贷产品简单。当前贷款的需求较之以前更趋多样化，但金融机构现有贷款产品仍以传统品种为主，贷款产品的创新力度不够。

四、推进小额贴息贷款科学发展的政策建议

目前，小额贴息贷款处于严重供不应求状态。例如，内黄县是一个农业大县，温棚瓜菜特色农业比较发达，农户对信贷需求旺盛。全县总户数约19万户，其中农业总户数达到17万户，如果要满足1/5的农户贷款需求，那么贷款总额应达到17亿元，而目前小额贴息贷款总额才0.6亿元，供求比例约为1∶27。要解决小额贴息贷款供求之间的巨大矛盾，使这项惠民工程又好又快发展，应完善相关制度，消除制约因素，制定综合鼓励政策措施，形成发展合力。

1. 创造适宜的政策环境

小额贴息贷款具有一定程度的公共产品的性质，所以应制定配套的鼓励政策措施，不让参与

小额贴息贷款的金融机构吃亏，如在一定期限内，政府可通过税收优惠、利率上限管理等积极政策吸引商业银行介入小额贴息贷款业务，力求在政策性和盈利性之间寻求平衡，促进小额贴息贷款业务的健康、规范、可持续发展。

2. 积极发展农村社区"超市"金融机构

要从根本上解决供求矛盾，还必须发展多层次的小额信贷载体，利用多样化的资金供给满足多层次的金融需求。在利用原有农村正规金融机构的基础上，大力发展各类新型农村金融机构，利用非政府的小额信贷机构弥补正规金融机构的不足，整合本区域的民间资本，增大小额信贷的资金供给，如发展村镇银行、贷款公司、农村资金互助社等新型农村金融机构。

3. 加强对小额贴息贷款的风险控制

建立风险保障机制，扩大政府小额贴息贷款风险基金规模，大力推进农业保险，鼓励民间担保机构发展，不断创新社会化担保的方式，确保贷得出收得回。优化信用环境，继续推进信用村镇建设和农户信用评级制度，定期向社会公布，形成社会和道德激励约束农户的机制，增强农户还款的自觉性和信用意识。

4. 协调有关部门建立健全长效工作机制

建立定期协调会商制度，加强财政、人力资源、中国人民银行、担保中心等部门之间的沟通和协调，形成合力，保证渠道畅通、运转灵活、落实高效。财政部门应做好财政贴息资金、奖补资金和担保基金管理工作，确保资金及时到位和专款专用；人力资源部门应做好小额贴息贷款审核管理工作，提供相关的技术培训和信息服务，从而减少小额贴息贷款项目的风险，提高贷款人的还款能力和理财能力；中国人民银行应协调指导经办金融机构落实小额贴息贷款政策，做好小额贴息贷款发放管理工作。

企业债券违约现状分析及风险防控化解的政策思路（2016 年）*

一、我国债券市场违约现状、趋势及原因分析

我国债券市场的发展可以划分为两个阶段，2014 年前为政府主导的刚性兑付阶段，2014 年后进入政府引导的市场化、法治化、风险处置阶段。

1. 初期由政府主导担保解决债券违约，呈现刚性兑付

截至 2013 年，中国债券市场共发行人民币债券 9 万亿元，其中银行间市场累计发行人民币债券 8.2 万亿元，市场规模已排名世界第三位，亚洲第二位。中国债券市场背后一直存在隐性"刚性兑付"条件，2014 年之前未出现过无法正常兑付本金或利息的违约情况，通过政府斡旋实现刚性兑付是我国债券市场解决违约的一条老路。

总结我国债市违约现状，第一，私募债违约风险明显高于其他债券，这是由私募债的性质和特征决定的。中小企业私募债自 2012 年下半年集中问世以来，目前迎来了集中兑付高峰期。第二，违约大部分集中在民营企业。民企背后缺乏国资背景的大型企业作为保障，还款主要依赖企业经营活动产生的现金流，常常是出了风险之后才由某级政府牵头斡旋解决问题，以保障市场形象。第三，违约风险在产能过剩行业内相对集中。建设建造等传统制造业受经济周期影响较大，库存导致流动性紧张，容易发生违约。

2. 新常态下经济持续下行导致系统性的债务违约矛盾凸显，市场化、法治化化解债券违约风险是必然趋势

随着经济持续下行，我国企业债券违约来得比人们预想得要快、要多。自 2014 年 3 月发生超日债违约以来，目前在银行间和交易所发行的已违约信用债共有 27 只，涉及主体 21 家，其中有 8 只债券完成兑付，还有 19 家悬而未决。

总体而言，我国违约信用债正在从周期性和产能过剩行业向一般行业扩散。光伏、运输、采掘、钢铁等周期性行业违约较多，在已经违约的 21 个发行主体中，产能过剩行业的发行主体占比 70% 以上。现在，违约已经扩展到食品饮料、运输等非周期性行业，随着经济的下行或者在一个时期保持 L 型增长态势，非产能过剩的发债主体也会面临事件冲击导致流动性收紧而出现违约的风险。

过去一段时间，我国信用债市场违约呈现快速增加和全面扩散的趋势。从民企到央企再到地方国企，从无法支付当期利息到本息皆无力偿还，投资者潜在损失越来越大，从公司债到中票 PPN 再到短融，期限"由长及短"，违约风险有逐步向评级高、股东背景较强的方向演化的趋势。

中国当下的债券违约是在全球经济复苏乏力的背景下展开的，是全球信用债违约上升的一个组成部分，其中，能源行业违约最多，金属、矿产和钢铁行业违约数量位居第二，周期性行业违约成为全球信用债券违约的共同特征。

全球经济不振的外因，再加上国内经济增速换挡的内因，共同构成了国内信用债违约的大环境，违约由点到面的铺陈进而呈现系统性的特征。过去数年里，中国经济增长率呈现逐级下滑之势，需求不振，投资缩减，对中间投入品的需求大幅减少导致 PPI 长达 4 年多的负增长，企业

* 本文发表于河南省人民政府发展研究中心《研究报告》2016 年 7 月 12 日。

债务融资的实际利率高企，构成了中国企业债券信用状况的大气候与大环境。

周期性需求不振导致强周期性行业（如钢铁、煤炭和水泥等）出现了严重的过剩产能，设备利用率严重不足，大量的设备闲置意味着，通过举债融资而形成的产能无法转化为有效的产出和持续经营现金流，大举借债而造成产能过剩的行业持续大面积亏损是一个普遍现象。

总之，企业过高的杠杆率、治理机制不完善、持续亏损、经营活动与投融资活动现金流较低，是信用债违约最主要的微观原因。无论是宏观环境，还是发债企业自身的微观因素，都使信用债券市场面临极大的风险挑战，债券市场正在以让人意想不到的速度挥别一直被人诟病的"刚兑"，迎来"违约"的常态趋势，这是我国债券市场走向成熟不得不经历的磨难，但愿在经历违约潮之后，加快改革步伐，树立起信用契约精神，夯实债券市场稳健发展的基础。

3. 央企债券显性违约率低、隐性违约率高，风险防范和化解亟待加强

近期，国务院国有资产监督管理委员会（以下简称图资委）组织对 106 家中央企业发行的各类债券进行全面摸底，对即将到期的债券逐笔进行风险排查。据统计，截至 2016 年 3 月末，共有 82 家中央企业发行债券余额 4.05 万亿元，其中，中期票据占 37.4%，超短期融资券占 20%，企业债占 14.2%，公司债占 12.2%，短期融资券占 5.7%。虽然经过前些年的大力改革，国企在数量上已经没有优势可言，但是，在规模和地位上，仍然是其他所有制企业无法相比的。特别是垄断行业，仍然是国企一统天下，国企控制着产品的生产、经营和销售，控制着资源分配，甚至控制着执法、监管等应当由政府行使的权力。随着经济改革的不断深入，市场化步伐的不断加快，国企适应市场的能力也在逐步减弱，隐藏在国企身上的体制问题、固有矛盾，也在市场的逐步开放中不断暴露。债券违约，就是比较突出的一个方面。2014 年以来，有 1 家中央企业（中国中钢集团公司）及 3 户中央企业所属子企业〔中国兵器装备集团公司所属保定天威集团有限公司、中国机械工业集团有限公司所属中国第二重

型机械集团公司（以下简称中国二重）、中国中煤能源集团有限公司所属山西华昱能源有限公司〕先后发生债券违约，涉及债券金额 84 亿元。而在近期举行的央企风险排查中，中国铁物及 2 户中央企业所属子企业也存在债务风险问题。其中，中国铁路物资股份有限公司（以下简称中国铁物）已由国资委交由资产管理平台公司〔中国诚通控股集团有限公司（以下简称中国诚通）〕实施托管，并通过资产出售等方式筹措资金，避免再度发生央企债券违约风险。

目前，央企债券违约仅占债券融资总额的 0.25%，仅占企业债公司债总额的 1% 左右，完全在可控的范围之内。但是，应该看到在经济下行的大环境之下央企债券违约快速增加，隐形的债券违约问题也比较突出，可能集中爆发，必须防患于未然。央企债券违约对市场的影响已经相当大，对投资者心理的冲击也相当严重，化解国企的债券违约风险十分重要而紧迫。

4. 民企债券违约呈现多发频发群发趋势

截至 2016 年 3 月底，国内债券市场发生违约的事件已超过 50 起，其中民营企业违约事件达 42 起，占比高达 80.77%。应深入分析民营企业债券违约的特征及其背后的原因，促进新常态下债券市场的健康发展。

民企债券违约的四大特征：①债券违约范围逐步扩大。从债券类型看，违约风险从私募债券蔓延到公募债券领域，从中小企业集合票据、企业债、公司债扩散到短融、超短融、中期票据，从利息违约到本金违约，各券种都有实质性违约事件发生。从企业类型看，已从中小民营企业扩大到新三板公司和主板上市公司。②风险暴露速度加快。从风险暴露速度看，民营企业 2014 年债券违约 13 起，2015 年增至 20 起，2016 年一季度已超过 9 起，债券违约风险暴露速度加快。金额方面，违约债券单笔金额少则数千万元，最高达几十亿元。③行业分布相对集中。民营企业债券违约主要集中在钢铁、化工、纺织、光伏、造船、煤炭、建材等产能过剩行业（占 71.43%）以及建筑、房地产、餐饮等顺经济周期行业（占 21.43%）。在经济下行周期，产能过剩及顺经济周期行业不景气，其经营能力和赢利水平下降，

甚至出现巨额亏损，现金流持续紧张，偿债风险升高。④违约后续处理方式多样。不少违约债券采取担保方代偿、母公司接盘、地方政府资金支持、重组、自筹资金等方式进行兑付，也存在担保方拒绝代偿、债券投资者让步接受降低利息或延期支付等方式，但这仍然存在兑付风险。此外，未来还有可能采用债转股的处理方式。

民企债券背后的五大风险：民营企业债券违约的直接原因是流动性枯竭。而民企债券背后的风险，除了传统信用风险，还包括行业风险、实际控制人风险、法律风险、多元化风险、政策风险等。①行业风险。民营企业大多处于煤炭、钢铁、机械、化工、建材、批发零售等高度竞争的行业，近年来受宏观经济下行影响，行业景气度低迷，产能利用率较低，企业盈利恶化甚至出现巨额亏损，杠杆率上升，现金流紧张。比如，受光伏行业产能过剩和欧美"双反"政策的影响，"11超日债"成为国内首例违约公募债券；受钢铁行业整体不景气的影响，"15宏达CP001"最终违约。②实际控制人风险。实际控制人是民营企业的灵魂和核心。民营企业与实际控制人密切相关，较易受到股权结构或实际控制人自身状况变动的影响。比如，受控股股东股权纷争影响，山东山水水泥集团融资渠道受到限制，导致其资金链紧张，陷入多起债务诉讼，造成"15山水SCP001"等多只债券接连违约；受控股权转让触发银团贷款限制性条款的影响，珠海中富集团的外部融资环境恶化，流动性紧张造成"12中富01"债券违约。③法律风险。许多民营企业在原始积累和高速扩张时期，通过行贿官员、违法经营或偷税漏税，建立了不正常的政商关系，一旦涉及违法违规，民营企业将面临较大的法律风险。比如，亚邦集团董事长协助调查后，银行压贷缩贷导致其融资渠道受阻，致使"15亚邦CP001"超短融违约。④多元化风险。民营企业发展到一定规模后往往存在多元化经营和盲目扩张的冲动。部分企业跨界从事多个行业，多元化投资扩张过快、负债过重、经营亏损，导致资金链紧张。比如，雨润集团横跨食品、房地产、商业等多个板块，其中地产板块在60多个城市跑马圈地、激进扩张，成为吸金黑洞，拖累了食品

等其他板块的发展，加上实际控制人祝义财被监视居住引发外部融资环境恶化，现金流弱化严重，最终造成"15雨润CP001"违约，未来仍有"中票"等一系列债券面临兑付风险。⑤政策风险。国际贸易壁垒、国内产业政策和环保政策等政策的变动，将可能对部分民营企业的经营造成不利影响。比如，由于国家环保标准的提高，宿迁市致富皮业有限公司停产改造，导致其"12致富债"违约；受中央"三公"消费严控政策的影响，高端餐饮业务板块几近停滞，中科云网转型失败并连年亏损，从而导致"12湘鄂债"实质违约。

二、国外成熟债券市场违约处理经验借鉴

相比较而言，在境外发达国家较成熟的债券市场，发行人违约并非特例，市场也不会参与调控。以美国为例，其债市违约主体主要集中在高收益率债券，亦即垃圾债券。根据标普的统计，在2007至2011年五年间，美国共发生债券违约400起，日本发生8起。惠誉评级预计2014年美国高收益债券违约率将维持在1.5%~2.0%的范围内。

美国债券市场"违约风险"的含义要广于我们通常认为的"兑付风险"。美国债券市场的"违约"是指对发债人与投资者达成的协议上的任何条款的违背，对债券本金和利息的拒付是其中一种。美国处理债券违约行为一般有两种方式：

1. 破产清算

用清算所得资金偿还债权人。根据《美国破产法》第7章，破产清算可以由发债主体自愿提出，也可以由债务人提出。在破产程序中，法庭对公司的资产实施保护，并委派人员管理公司以防止公司资产流失。破产法庭在破产程序中将扮演保障债权人权利的重要角色。由法庭对公司进行清算，发债主体停止所有的经营活动，由法院指定管理人对破产公司进行清算，并将所得资金按照一定的清偿顺序偿还给债权人。一般的顺序是先清偿拥有抵押品的债权人，然后是没有抵押品的债权人，最后才是公司的股东。

2. 债务重组

这是相对更普遍的一种方式。由法庭对公司进行重组，在重组中，公司的债权人同意将原有的索偿权替换成一套新的债权，重组后的公司在破产期间和破产后继续经营。常见的债务重组方案有以下四种：①银行债务重组。一般是指银行通过延长支付本金或利息的期限等方式放松对公司的财务限制。拥有抵押品的银行一般更愿意放松对债务人的限制，因为他们在破产的情况下可以得到很好的保护。也有一些银行在公司陷入财务危机时会选择通过加速本金和利息的偿还、减少信用额度、增加抵押品的方式加紧对公司的财务限制。②公众债务重组。一般是指发债主体公司对债权人提供一个交换要约，用现金或者公司股票交换债权人手中的债券。在实际的操作中，公众债务重组这种方式得到了最广泛的应用。根据 Paul Asquith，Robert Gertner 和 David Scarfstein 的统计，在接受调查的 76 家选择债务重组的公司中，选择公众债务重组的有 35 家，而没有选择重组的公共债务公司最后都走向了破产。进行公共债务重组不但可以减轻发行人的债务负担，同时也可以最大限度地降低高收益债券持有人的损失。③资产处置。资产处置也是陷入财务危机的公司提高流动性、避免破产的一个好选择。包括用企业货币资金、存货、金融资产、固定资产、长期股权投资、无形资产等清偿债务。④缩减资本开支。大多数陷入破产危机的公司会大量缩减资本性开支来缓解财务上的压力。

此外，美国市场在投资者保护机制上，通过多项强制性的契约和条款约束发债主体行为，提高损害债权人利益的成本，增加了债券发行人的违约成本。投资人可以要求债券发行主体及其控股子公司遵守严格的偿债比率、执行保守的投资策略，以及禁止出现资产划转和过多的关联交易等损害投资者利益的行为。投资人还可以要求债券发行人主动将投资者保护措施形成约束性条款，一旦发行人出现损害投资者利益的行为，将通过召开债券持有人大会进行商议或直接启动债券的加速清偿程序。

三、企业债券违约的分类及处置办法

1. 企业债券违约大致分三类

第一类是由外部环境导致的违约，受经济周期和行业景气度低迷的影响。该类型的违约路径可以作如下刻画。经济下行，下游产业需求低迷，使得处于上中游的强周期产业（如煤炭、钢铁、有色、新能源、化工等多个行业）产能过剩，行业产品价格持续下降，企业盈利能力下降，经营亏损导致资产大幅缩水；同时由于工资刚性和各类税费使得营业成本没能随产品价格下行而成比例地下降，大幅侵蚀企业利润；而且由于在上一景气行情中进行了大规模投资，债务规模大幅攀升，短期债务集中到期引起流动性风险快速积聚，最终导致发债主体自身偿债能力下降甚至资不抵债。此种类型的违约主要集中于产能过剩行业，如煤炭、钢铁、光伏、化工等，发行人性质包括民企、央企、地方国企，但以央企及地方国企为主。总体而言，这类违约的企业资产负债率普遍较高，经营创造现金流难以有效偿还存量债务，可以说，此类违约是由债券发行人的财务状况持续恶化引起的。

第二类是由内因导致的违约，受企业法人治理结构变动、投资决策失误、经营不善或突发性风险事件冲击影响。不完善的公司治理机制与不断恶化的财务状况相结合，正成为一些企业违约的直接推动因素。这在民营企业更为普遍，民营企业的实际控制人对企业经营往往具有决定性的影响，一旦其出现意外，企业资信就会迅速恶化，再也得不到银行信贷支持，导致资金紧张甚至资金链断裂，最终导致债券违约，尤其是当实际控制人意外与企业持续亏损碰撞在一起，企业的信用会迅速瓦解。债务的流动资金保障非常脆弱，一旦因公司治理或股权问题等产生突发性的事件冲击，就很容易引发流动性紧张进而导致违约。这类违约以民营企业为主，股东背景较弱，发行人自身的经营能力一旦受制于核心资产，而核心资产一旦被剥离，债券信用就只能依赖于内部及外部担保。但遗憾的是，此类企业普遍受到股权事件、公司管理等的冲击，内部担保形同虚设，发生违约后，外部偿债担保也难以发挥信用缓冲的作用，无法通过有效的融资活动提供偿债资金。一旦爆发违约风险，投资者对于债务偿还的保障性就大大降低。

第三类是由关联因素导致的违约，即由外部关联信用支持风险而导致的违约。此类违约，主要是因子公司与母公司之间的关联关系而爆发违约风险。根据母子公司之间的相对强弱，可将其分为母强子弱型和母弱子强型。前者以国企较多，侧重实质性担保。常由于子公司对集团的重要性下降而遭母公司"弃子"，使得母公司不愿意为子公司的债务履行担保责任。母弱子强型主要是集团中的优质子公司属于上市公司，但由母公司发债。此类以民企较多，质押上市公司股权是其重要的融资方式。

2. 债券违约的几种具体情况及处置建议

企业债券违约时，是破产清算还是债务重组，应根据企业债券违约的不同类型灵活使用，破产清算虽然简单易行，但对债权人造成的损失可能较大，它是企业债券持有人在采用其他救济手段不能维护自身合法权益时，所使用的最后一种手段。而债务重组的方式方法较多，可以选择将债务延期、减免债、转股合并等多种方式结合进行。

在处理债券信用违约的时候，应当区分不同类型的违约状况，采取不同的处理手段，以尽可能减少债券违约损失，保证投资人利益。就企业债券违约的风险类型来说，大致包括以下几类：①企业遭受流动性风险。表现为企业运行正常，经营性现金流平稳，财务情况无明显恶化。②企业遭受过度扩张风险。表现为企业过度扩张，投资失败，导致债务规模迅速扩张，但企业主要产品和所投项目仍有竞争力。③企业遭受管理层风险。表现为企业受法定代表人影响巨大，法定代表人遇突发事件无法继续经营管理企业。④企业遭受行业性风险。表现为行业整体供过于求，行业平均毛利润为负，企业运行困难，存货大幅度增加，利润大幅度下降，经营性现金流大幅度下降。⑤企业遭受系统性风险。表现为经济下行，绝大部分行业不景气。

以上五类情况均可采取破产清算的方式，但破产清算显然只有对第四类和第五类违约情况处置是较优的，对其他几类不一定是最优的处置方式，而重组的方式较为灵活。针对第一类风险导致的债券违约，企业整体经营财务情况良好，所处的行业亦有发展前景，目前正经历阶段性的经营困难，可对其未来的现金流进行测算，若最终可偿付全部本息，应尽量争取债券持有人进行债券展期或是债转股等处置方案；针对第二类风险导致的债券违约，可以考虑债转股或债务减免的重组方式，帮助企业瘦身，出售不良资产，收缩战线恢复竞争力；针对第三类风险导致的债券违约，可寻求信用增级或追加抵押物，帮助企业渡过难关，恢复正常经营，这是对债券持有人利益的最好保护；针对第四类风险导致的债券违约，可寻求政府支持，由控股股东地方政府或其他利益相关方协调第三方接收整体债权，进行并购重组，从而完成本息兑付；针对第五类风险导致的债券违约，可引入保险公司发展债券违约保险，或进一步完善信用风险缓释工具。

另外，在重组过程中，建立一个处置违约债券的二级市场是非常有必要的，这也是一种积极和高效的处置方式。当债券发生违约时，该笔债券即成为不良资产，可参考不良资产处置的方法，由政府牵头成立专业资产管理公司，专业收购发生违约的资产包，鼓励各类资产管理公司参与债券违约资产的处置和交易。

3. 债务违约的资产剥离打包处理模式

结合我国国情与银行间债券市场的特色和现状，我们初步设想了一套将债券资产打包处理的模型。由当地政府牵头成立专业资产管理公司，专项收购发生不良或违约的债券资产包。

操作模式拟分为买断型和非买断型两种。买断型即由政府主导成立专业资产管理公司，由该资产管理公司出资或通过向社会募资等方式打包收购违约债券资产，所投资金即用于清偿债权人。收购完成后，资产管理公司持有资产包并对其选择进行破产清算或重组出售等后续处理，实现获利。步骤大致如下：①主承销商根据债券披露规则召开债权持有人会议，形成资产处置决议；②成立资产清查小组（破产清算小组），进行资产清查；③资产挂牌拍卖；④资产管理公司受让资产包；⑤资产管理公司后续处理资产包。

非买断型即债权不发生实际转移，债权人授权资产管理公司全权处理债券资产，资产管理公司提供资产处置劳务，以顾问费形式按一定比例收取佣金。

基于资产剥离的债券违约处理机制具有以下几个优点：①政府在其中扮演积极的引导角色，引入政府资金，发挥政府优势及提高财政资金的使用效益。②破产清算及重组程序较为冗长，将资产剥离后由专门资产管理公司全权处理可加速债权人的受偿，时效性较强。同时，资产剥离可稳定甚至大大增加投资人的投资信心。③引入市场资金，多方投入，可共同解决可发生的违约。④引入专门资产管理公司、有限合伙企业及 SPV 公司等概念，以及实际控制人、主承销商等相关机构认购劣后资金的机制，不仅能迫使实际控制人、主承销机构等增强尽调的责任心和专业性，更增强了解决方案的灵活性和可操作性。⑤发行人关联企业及实际控制人需认购劣后级资金，可避免相关责任人在违约后的不作为，增加违约成本。

综上所述，在我国现行政策法规之下，采用债券资产打包剥离处置的方式能够在一定程度上应对债券违约情况的发生，并且在较短时间内形成有针对性的解决方案，兼备时效性和可操作性，具有一定的现实意义。

四、防控和化解国企债券违约风险的对策建议

必须采取强有力的措施，对国企债务特别是债券违约的风险情况进行一次全面调查，在此基础上提出化解风险的办法与措施。

1. 全面摸底

要对国企的整个债务情况进行全面摸底，摸清底数，才能提出可行的解决办法与措施。

2. 分类管理

在弄清家底的情况下，根据行业和市场情况，对债务的安全性特别是债券的安全性进行分类，在此基础上，提出有针对性的解决办法与措施。

3. 风险化解

对已经存在风险爆发危险、企业又无力化解

的债务，可通过重组或划转等方式，解决可能出现的风险。如将中国铁物交由中国诚通托管，就是可以选择的一种方式。如果能够通过引进战略投资者，实施全面改革，也是可以选择的方式。只是需要国资委出面，给予战略投资者一定的政策和资金扶持。

4. 规范行为

出现目前这样的现象，与过往企业的不规范行为是密切相关的。在调查摸底过程中，应该弄清情况，分清责任，对确实是因为自身原因造成巨大损失的，追究责任；如果只是工作失误，则重点以教育和纪律追究为主。总之，对国企出现的债券违约问题，必须看到其可能带来的影响和危害，采取有效措施，化解风险。

五、促进债券市场健康发展的政策建议

扩大债券融资是中国金融改革的重要方向，这并不会因为近期的债券违约增加而改变。但不断增加的债券违约提醒我们需要创造更好的条件，促进债券市场稳健发展。

1. 实施稳健的宏观经济政策，为债券市场健康发展提供稳定的外部宏观环境

事实证明，过度刺激的宏观经济政策虽在短期内达到了 GDP 增长之效，却加剧了经济周期波动和长期风险。宏观刺激措施往往纵容企业过度举债，尤其是政府不当的产业政策往往导致某一行业的债务急剧扩张。中国的光伏产业、钢铁产业的债务违约，均与宏观刺激下的债务扩张所形成的债务积压脱不了干系。所以，应实施稳健的宏观经济政策，使外部宏观环境保持稳定。

2. 苦练内功，严格树立信用契约精神，夯实防控债券违约风险的内在基础

企业的谨慎举债是防止信用风险、促进债券市场稳健发展的第一道防线。发债企业应对自身负债能力和未来的前景有谨慎的评估，包括宏观经济、行业周期等。如今的违约大多数是由发债企业过去在扩张周期对未来过于乐观的预期造成的。同时，完善的公司治理机制有助于降低举债风险，也有助于防止将偿债能力寄托于实际控制人身上。

3. 规范债券市场，强化中介机构和担保者责任，健全债券违约风险防控体制机制

中介应尽心尽职地履行其不可回避的义务，对提供中介服务时可能存在的"利益冲突"要保持克制之心。在金融市场的运行中，中介机构是投融资活动的桥梁和组织核心。在债券市场上，主要的中介机构包括主承销商、评级公司和担保公司，其中最为核心的是债券主承销商，应在尽职调查、信息披露、持续督导方面尽责。但国内部分承销机构在业务架构、内控机制、激励机制上存在弊端，重发行而轻后续督导，忽视项目质量，尽职调查流于形式。一旦出现违约，主承销机构的信誉其实也难免受到牵连。为了提供承销机构的服务水平，监管部门应从监管规则、违规惩罚等规则上入手，提高主承销商违规成本；主承机构应着眼于长远发展，注重品牌形象的建设，从激励机制、组织架构、内控机制入手，促进业务团队切实关注发行人的后续发展与投资者的权益维护，增强业务发展的可持续性。信用评级是债券资信的基础衡量标准，但中国的评级虚高现象不胜枚举，评级结果缺乏指导性，不能准确地反映发行的资信状况。而且，评级具有严重的滞后性，往往是发行人出现了某种不利冲击之后，评级机构才相应地调整其评级。作为信息的第三方生产者，评级机构当客观和公正，同样需要克服利益冲突，不能仅着眼于发债企业当时的状态，应根据其所处行业、企业自身的管理和产品特征做出前瞻性的评级。完善担保人约束对债券市场的稳健发展同样重要。第三方担保是债券信用增级的重要手段。当债券违约时，担保人对违约风险具有缓释作用。但是，在部分债券违约中，担保机构存在"担而不保"，使投资者的利益受到了严重损害。

4. 完善债权人司法救济制度，破产和解、破产重整和破产清算都应当成为保护投资者的最后机制

破产是保障债权人权益万不得已采取的措施，也是对过度举债而又无法有效率地使用资本的企业实施的必要惩戒措施。但中国尚未有效地实践破产，结果债权人承担的风险比普通股的风险还要大，导致很多时候债券的风险溢价比普通股还要高，这扭曲了股票与债券的市场定价机制，也助长了股票市场的投机。

5. 加强投资者保护工作，健全投资者保护体制机制和法规条款

中介机构的尽职尽责、破产制度都是债券投资者的保护机制，但这里主要强调完善信息披露和投资者保护条款。虽然现行信息披露制度形式完备，但存在突出问题：信息披露缺乏具体要求，执行力度严重不足，披露质量不佳，重大信息披露不及时或不披露也时有所见，财务数据的定期披露频率过低或滞后时间过长。这些弊病使得债券投资者不能及时地获取债务人的信息，不能对潜在的信用风险作出及时的评估和反应。鉴于此，我们建议强制要求债券发行人提高信息披露的及时性和频率，按月公告主要财务数据；实行违约可能的预披露等。

完善投资者保护条款。应借鉴国外债券市场的经验，引入交叉违约、加速清偿、限制性条款等偿债保障条款。作为事前防范规则，限制条款、交叉违约、加速清偿等偿债保障条款的主要目的，在于维持发行人的风险水平并保障投资者在发行人信用状况发生重大改变时享有退出选择权。在处理违约时，预期违约与现实违约应该享有同等的保护权利。

积极稳妥推进债券市场创新。债券市场的创新应在不放大风险、减少风险传染的前提下进行。过去，我们曾把中小企业集合债当作债券市场重要的金融创新，但事实证明，这种创新固然在一段时期降低了债券发行的难度，但导致了一些企业在信用方面"搭便车"的行为，乃至潜在的违约风险很高。针对当下违约上升的趋势，开始兴起不良资产证券化倾向。这样的金融创新只是转移了信用市场的风险，信用风险并没有因此而消失，相应地，它加剧了违约风险爆发后的传染性，加大了对长期金融稳定的不利影响，应当引起高度警惕。

实施龙头带动战略，打造"金融豫军"十大集群（2017 年）[*]

摘要　金融是撬动区域经济发展的杠杆,近年来"金融豫军"呈现群体性崛起的大趋势,有力地支撑了经济强省建设,但是金融依然是制约河南省发展的重要短板。做大做强"金融豫军"的关键在于弥补短板、培育龙头、打造集群。着力实施龙头带动和集群化发展战略,打造"金融豫军"城市商业银行、农村商业银行、证券、期货、保险、信托、资管、投资与基金、融资担保、互联网新兴金融等十大集群,打造十大金控集团,带动行业集群化发展,建设开放型、创新型、专业化、综合化、网络化、国际化、现代化的"两型五化"金融豫军。

河南省十次党代会提出"引金入豫"与做大做强"金融豫军"双轮驱动战略,河南省委省政府连年将"金融豫军"发展列入工作重点,陆续出台一系列配套政策措施,有力推动了"金融豫军"的培育、形成和发展壮大。随着"金融豫军"快速发展,出现了"井喷式"群体性崛起现象,本土金融机构体系不断完善,创新能力不断提高,新金融业态不断涌现,"金融豫军"集群化发展的态势初步呈现,开放型布局逐步展开,有力地支撑了河南省区域经济的跨越式发展,为"四个强省"建设提供了充足动力。2016 年,河南省金融业增加值占 GDP 的比重为 5.6%,比全国平均水平 8.3% 低 2.7 个百分点,在全国 31 个省市区中居第 26 位,这说明河南省金融业发展明显滞后。当前,金融仍是制约河南省经济转型发展的重要短板,尤其是资本市场发育不足,金融机构体系不健全,龙头金融机构实力较弱,集群化发展格局尚未形成。

"金融豫军"是经济强省建设的重要支撑,必须加快做大做强,关键在于弥补短板、培育龙头、打造集群。要着力实施龙头带动和集群化发展战略,打造城市商业银行（以下简称城商行）、农村商业银行（以下简称农商行）、证券、期货、保险、信托、资管、投资与基金、融资担保、互联网新兴金融"金融豫军"十大集群,打造十大型金控集团,带动行业集群化发展,建设开放型、创新型、专业化、综合化、网络化、国际化、现代化的"两型五化"金融豫军。

一、打造全国一流的证券集群

资本市场是河南省金融业发展的最大短板。全国共有券商机构约 129 家,河南省只有 1 家券商,占全国的 0.8%,与经济大省地位明显不相称。无论是做大金融业、做强金融豫军还是服务实体经济,都须加快本土资本市场跨越式发展。①重点支持中原证券进入全国第一方阵。打造大型金融控股集团既是省政府对中原证券提出的战略要求,又是适应混业经营趋势的客观需要。加快申领新业务牌照,加快全国化和国际化布局,推进混业经营和综合发展,发挥"A+H"上市优势,引进国内外一流的战略投资者,鼓励关联行业兼并重组,创建或控股银行、保险、信托、租赁、投资担保、消费金融、小贷公司、互联网金融等高成长金融机构,实现综合实力的快速提升及跨越式发展。鼓励中原证券参与中原农商银行改制,重组郑州农商银行。构建"1+N"上市格

---

[*] 本文发表于《决策探索》2018 年 1 月 28 日;河南省人民政府发展研究中心《调研报告》2017 年 11 月 10 日第 15 期（总第 935 期）。

局，加快打造现代化、国际化大型金融控股集团战略。力争五年内，综合实力进入全国同行业前10位，进入全国第一方阵。②倾斜支持中原股权交易中心成为中西部地区最大的区域资本市场。区域股权市场是资本市场的基础，应实施一揽子配套扶持政策，建立地方政府、股权市场、企业三方联动机制，建立省市县三级股权市场网络体系，建立奖补激励机制，完善税费减免制度，鼓励企业股权挂牌融资和交易融资；加快业务创新，完善股权托管融资功能；加快提升投资中心功能，集聚1000家基金等投资机构，力争五年内10000家企业挂牌展示、5000家企业挂牌交易，位居中西部地区乃至全国前列，挂牌企业数和交易额进入全国同业前5位。③积极申请券商牌照，加快形成本土券商集群。充分利用自贸区先行先试政策，支持本土金融机构或龙头企业申领证券牌照，积极引进国际知名投行设立中外合资的证券经营机构，力争再创立3~5家本土券商。

二、打造全国一流的城商行集群

城商行是金融豫军的优势之一，拥有五大银行牌照，两家已经上市，另外三家具备上市潜力，本土网点优势明显。我国城商行在各类金融机构中增长最快，是我国银行体系中最具活力和成长性的机构，河南省城商行有5家，占全国133家总量的3.8%；中原银行总资产居全国第14位、郑州银行居第20位，在全国处于中游位置。应进一步提升本土优势，深耕本土区域市场，立足中原，走向全国，走向"一带一路"，推进上网下乡、全国化和国际化发展；提升主业特色优势，推进专业化和综合化发展，不断拓展发展新领域新空间。①重点打造中原银行大型金控集团。实施"传统业务做特色、创新业务找突破、未来银行求领先""上网下乡"等战略，坚持"贴近市民、贴近三农、无缝对接大中小微、服务区域实体经济、支撑重大国家战略和经济强省建设"的市场定位，积极发展市民银行、农民银行、社区银行、普惠银行、智慧银行、O2O银行。加快A股上市，引进国内外一流的战略投资者，推进综合化转型升级，积极拓展保险、证券、

信托、租赁、投资、资产管理、消费金融等全牌照、多元化、综合化业务领域；鼓励对中小金融机构进行兼并重组，参与农商行改制；推进全国化和国际化发展。力争三年内，中原银行综合实力进入全国城商行系统前5位，五年内进入前3位，发展成为全国知名的大型金控集团。②重点支持郑州银行综合金控集团开疆拓土。支持郑州银行充分发挥全国城商行"领头羊"的示范带动作用，加快A股上市步伐，尽早实现"A+H"上市；支持郑州银行围绕"三大特色定位"做文章，商贸物流金融2018年出形象、2019年树全国标杆，小微金融创河南典范，市民金融塑郑州品牌，带动"金融豫军"发展；加快A股上市，打造拥有N个金融牌照、N家控股公司的金融控股集团，综合竞争力保持在全国城商行第一梯队，力争五年内进入全国前列，为中原崛起提供动力。③倾力打造洛阳银行、焦作银行、平顶山银行三大特色精品银行。加大战略重组力度，引入战略投资者，扩充资本实力；鼓励攀大附强，借船出海，敢于与国内国际一流金融机构或互联网巨头展开股权或业务合作，优势互补，共同发展，力争三至五年进入全国一流城商行之列。④鼓励创办民营银行。支持首家民营银行"河南华贸银行"挂牌营业，带动本土民营金融机构快速崛起。⑤支持本土银行综合发展。加快申领证券、保险、期货、信托、消费金融、小贷公司、资产管理、直投、基金、互联网金融等新业务牌照，加快金融创新，不断开发新业务、新领域、新模式、新空间。

三、打造全国一流的农商行集群

农商行是金融豫军最大优势，是农村金融的支柱，规模庞大，市场占有率高，网点全覆盖，但是历史包袱沉重、机制不活、系统网络功能缺失、效率效益较低、留不住人才，农村金融竞争日趋激烈，面临生存危机和发展困境，唯一出路在于市场化改革改制。2017年，河南省县级农信联社全部改制完成，达到近120家农商银行，总数全国第一。但是，全国平均每家农商行资产规模为191.45亿元，河南省农商银行平均资产规模约111亿元，仅为全国的58%，约为江苏省的

31%，单体综合实力太弱。应加快农信社改制和农商行改革开放步伐，优化顶层设计，强化系统功能，建立现代商业银行制度和体制机制。①倾力打造服务三农的"中原农商银行"金融超市。支持"省农信联社"改制为具有全部银行牌照功能的"中原农商银行"。建议设立100亿元农信社改革发展基金，省财政出资20亿元，其余80亿元采取市场化融资渠道解决，基金全部注入中原农商银行，由中原农商银行控股县（市）农商银行，形成两级法人的农商银行体系，适时过渡为一级法人的农商银行，形成具有信贷、证券、保险、信托、投资、理财、租赁、消费金融、小贷公司、互联网金融等全功能的以服务三农为主体的金融超市，力争3~5年中原农商银行进入全国农信社系统综合实力前5位。②试点组建郑州农商银行和洛阳农商银行。借鉴城商行改制经验和北京农商行、上海农商行、重庆农商行、成都农商银行、广州农商银行等的经验，由中原银行、中原证券、中原资产等骨干机构控股参股组建郑州、洛阳农商银行，为农商行多元化改制发展探路。③鼓励发展村镇银行、小贷公司等，完善服务三农的普惠金融体系。

四、打造国内国际一流的期货集群

期货市场是资本市场的重要支柱之一，是金融豫军的最大优势领域。全国共有4家期货交易所，其中郑州、大连、上海3家为商品期货交易所，呈三足鼎立之势。郑州商品交易所是成立于1990年的我国第一家商品期货交易所，是金融豫军最靓的一张名片。目前，全国有约150家期货公司或持有期货经营牌照的金融机构。应进一步加强战略规划，实施一揽子配套扶持政策，扩张优势，龙头带动，集群发展。①重点支持郑州商品交易所进入世界前列。深度开发大宗农产品期货品种，不断将优势向矿产资源、能源、冶金、有色、化工、建材等工业品，运力等服务产品，指数等金融衍生品等新型期货品种领域扩展，突出特色，系列开发，力争五年内上市期货品种突破20个，主要期货品种实现期权工具上市。支持郑商所开发建设综合业务平台，持续开发场外市场，推进郑商所综合化、国际化、集团化发展，适时构建期货交易集团，力争成交量达到全国商品期货市场的1/3，跻身全球期货及衍生品交易所前10位，把郑商所打造成为"领先行业的风险管理平台、享誉世界的商品定价中心"。②积极打造本土期货公司集群。大力扶持中原、万达等本土期货公司做大做强，利用自贸区优势，积极吸引国际国内期货经营机构设立总部，吸引100家期货公司或区域总部集聚郑州，集聚1万家机构客户。鼓励龙头期货公司综合性发展，积极拓展银行、保险、证券、理财、资管、租赁等创新业务，构建若干期货金控集团。③构建期货产业链生态体系。充分发挥郑商所的综合金融产业集聚功能，利用郑州国际综合交通枢纽优势，鼓励大宗商品贸易商、期货交易产业客户、仓储物流企业、供应链公司集群化发展，带动区域实体经济发展。

五、打造全国一流的保险集群

保险是金融业和资本市场的重要支柱，是重要的金融增长点，同时也是金融豫军的最大短板之一。全国有保险公司194家，财险与寿险约各占一半，河南省只有1家农险公司，占全国保险机构总数的0.5%，寿险法人机构空白。加快补短板、构建本土保险机构体系、实现跨越发展势在必行。目前，我国保险密度与深度尚不及保险发达国家的一半，保费收入与美国相比仍有5~7倍的差距，未来保险业仍有巨大的增长空间。①重点支持中原农险集团做大做强。坚持高起点、全国顶端、国际一流，加快创新发展步伐，加快省内全覆盖网点布局，适时走向全国，实行农业保险与商业保险双轮驱动，坚持业务多元化、经营专业化、发展综合化，拓展寿险牌照业务，拓展发展新领域新空间，形成"1+N"组织架构，加快上市步伐，构建大型保险金控集团，力争三年内进入全国同行前5位。②倾斜支持创立"中原寿险"。寿险中的"万能险"具有保险和投资理财双重功能，其"杠杆功能"可以撬动千万亿的社会财富，对区域经济发展具有显著拉动作用。应积极引进国内外一流战略投资者，以本土龙头金融机构和龙头企业为主导，加快组建"中原人寿"，加快进入全国同行第一梯队。③加快形成保险豫军集群化发展格

局。积极申请保险牌照，支持众德人寿、中州财险、中原财险等保险机构的组建，发挥自贸区先行先试政策优势，鼓励设立中外合资的保险公司，力争再创立5~10家本土险企。

六、打造全国一流的信托集群

信托或资管是金融业的重要支柱之一，是金融豫军的新增长点。全国68家信托公司综合实力排名，河南省的百瑞信托排名第28位，中原信托排名第30位，属于中等水平。应顺应资产管理和财富管理快速发展的大趋势，大力推进专业化创新发展，形成核心竞争力；大力推进综合化发展，增强综合实力；大力推进全国化和国际化发展，拓展发展新空间。制定促进信托业发展的一揽子扶持政策，培育新的增长点，形成建设"经济强省"的重要支撑。①重点支持百瑞信托集团做大做强。支持百瑞信托加快上市步伐，引进战略投资者，增强资本实力，展开多元化综合经营，积极发展基础设施、房地产、私募股权、证券、并购、资产证券化、养老、家族等信托投资产品；构建"1+N"（专业子公司）集团化经营组织架构，通过控股、参股、业务合作等方式与银行、财务公司、证券、保险、基金、租赁、期货等金融机构建立战略合作关系，成为具有国际化综合金融解决方案供应商；大力发展实业投行，实现金融和实业的有机结合，更好地服务河南实体经济，力争五年内，百瑞信托在资本实力、业务多样性、财富管理能力和综合竞争力等方面进入全国前5位，为信托支持区域经济发展树立新标杆。②重点支持中原信托集团转型发展。加快中原信托改革、改制、重组步伐，引入战略投资者，构建现代企业制度和先进的发展模式，步入良性、健康、快速发展轨道，尽快实现做大做强。③加快构建信托或资管产业集群。支持实力强的金融机构或龙头企业申领信托或资管业务牌照，争取再创办5~10家信托资管公司，发挥自贸区优势，鼓励创办中外合资信托资管机构。

七、打造全国一流的资产管理集群

随着我国经济进入转型升级的新常态，资产管理和财富管理进入发展黄金期，正在快速成为金融业的支柱及金融豫军的新增长点。泛资管行业包括银行理财、信托理财、证券期货保险资管、基金公司、私募基金公司、专业资管公司（不良资产经营专业公司），狭义的资管行业主要包括银行、证券、期货、保险、信托之外的专业资管公司。我国有长城、信达、华融和东方等4家国家级专业资产管理公司，大都拥有金融全牌照。2014年以来，全国各省市区陆续各成立了1家专业资产管理公司。中原资产管理公司2015年成立，注册资本30亿元，两年时间资产总额约发展到687亿元，成立晚但发展快，发展速度在全国居前列，资产规模在全国居中上游水平，但是，亟待增加资本金，促进新跨越。①重点支持中原资产管理公司进入全国前列。支持中原资产管理公司作为省政府资本运作的主平台，委托中原资产管理公司运营"金融豫军发展引导基金"，支撑河南省重大国家战略和经济强省建设。申请银行、保险、证券、信托等多元化金融牌照，完善独具特色的多元金融业务体系，形成不良资产经营、投资与资产管理、综合金融服务三大核心业务板块，构建"总部战略管控+功能性子公司协同运营"的"1+N"发展架构，加快构建"一体两翼"（以不良资产经营为主体，以股权投资与综合金融服务为两翼）的多元化金融控股集团。推进强强联合和"招大引强"战略，围绕河南省重大项目招商和承接产业转移，以资本为纽带引进上汽集团、中国国航、中铁工业、中国电建、顺风控股等国际国内一流企业集团，支持河南省先进制造、高端装备、现代服务、航空物流等战略新兴产业基地建设。积极参与信用社改制、地方投融资平台改造、基础设施PPP项目和国企改革。加大政府注资力度，引进战略投资者，扩充资本实力，力争三至五年综合实力进入全国同业前5位，逐步发展成为世界知名的大型金控集团。②加快构建资产管理和财富管理产业集群。鼓励有实力的本土金融机构和龙头企业申领资产管理牌照，鼓励创办中外合资机构，力争再创办10家资产管理公司。

八、打造全国一流的融资担保集群

融资担保是一个新兴行业，其作为政府发展

普惠金融的重要手段，可沟通资金供需双方，提供准公共产品，是金融豫军的重要组成部分。但是由于准入把关不严，监管缺位，运营不规范，涉嫌违规集资或违规放贷，无序发展，导致区域性和系统性金融风险多发频发，融资担保成为最大的金融风险源，影响社会稳定，河南省是融资担保机构挤兑风险的重灾区。应坚持规范、重组、优化、创新、综合发展，促进投资担保行业转型升级；对政策性普惠性融资担保机构加大财政奖补支持力度，促进行业健康发展；加强顶层设计，研究制定行业发展规划。①重点支持"河南省担保集团"龙头做强做优做大。进一步明确省级再担保机构的政策性定位，按照政府主导、专业管理、市场运作的原则，将"省中小企业担保集团"更名为"中原再担保集团"，发展壮大"中原豫军"体系；充分发挥行业龙头带动作用，突出再担保增信、分险和规范引导功能，提高融资担保机构的信用水平、服务能力和风险防控水平，不断提升全省融资担保体系整体效能；整合市、县级财政出资的融资担保机构资源，增强资本实力，实施集团化经营，聚焦政策支持，支撑中小微企业和实体经济发展，力争三年内中原再担保集团实现对全省政府性融资担保机构再担保全覆盖，公司注册资本金达到 100 亿元以上，主体信用等级 AAA，融资担保服务能力达到 1000 亿元以上。②支持河南省农业信贷担保公司发展，争取中央财政支持，扶持农业大县，支撑三农和精准脱贫。③引导行业优化重组，健全行业制度和监管体系，加强行业监管，规范发展商业性融资担保机构，按照"减量增质，做强做精"的要求，推动融资担保行业兼并重组，组建若干竞争实力强的融资担保集团。④鼓励投资担保公司综合化发展，鼓励行业金融创新，申领新的金融业务牌照，开展多元化金融业务，不断拓展发展新领域新空间。⑤完善财税支持政策，研究设立政府性担保基金，建立和完善融资担保机构资本金补充、风险补偿和风险共担等机制，引导融资担保机构依法合规经营，聚焦主业，服务小微企业和"三农"发展。

九、打造全国一流的专业投资和基金管理集群

投融资平台公司、基金管理和投资基金机构

是资本市场最活跃的投资主体，是金融豫军的重要支柱。河南省基金管理业明显滞后，已登记私募基金管理人 94 名，占全国的 0.4%，已备案私募基金 147 只，占全国的 0.2%，管理基金规模 335 亿元，占全国的 0.3%；我国基金管理公司约 113 家，河南省公募基金管理公司尚为空白，加快发展势在必行。①重点打造建投、航投、交投、水投、城投、土投、文投、创投等省级投融资平台公司。加快政府投融资公司市场化改革改制，建立现代企业制度，吸引社会资本和战略投资者，优化股权结构，完善法人治理结构，逐步改制为股权多元的控股投资公司。试点国有资本和股权择优委托管理运营，积极开展市场化资本运营。②组建一批大型国有资本控股公司。借鉴新加坡淡马锡集团经验，打造一批现代产融集团，积极探索产业、科技、金融协同发展和融合发展模式，整合区域金融要素资源，鼓励"1+N"控股模式，进军战略新兴产业，带动区域经济跨越发展。③扶持发展私募基金和公募基金管理行业。鼓励私募基金和公募基金发展，做大做强区域股权投资市场，力争三年发展 1000 家私募基金管理人，发展 3~5 家基金管理公司。④扶持发展一批本土产业投资基金、创业投资基金、战略投资基金。建立若干政府投资引导基金，带动基金业蓬勃发展，助力产业转型升级，支持经济强省建设。

十、打造全国一流的互联网金融等新金融集群

互联网金融代表未来金融发展趋势，应鼓励发展互联网金融、供应链金融和产业链金融等新兴金融行业。全国 P2P 网贷平台公司约 2448 家，河南省约 40 家，约占全国的 1.6%，发展明显滞后。①培育一批本土互联网金融机构。鼓励互联网公司创办互联网金融机构，鼓励中外合资创办互联网金融机构，鼓励各大金融机构创办互联网金融机构，开展互联网金融业务。支持城商行、农商行创办 5~10 家网络直销银行。支持实体经济龙头企业创办 5~10 家供应链金融，支持鲜易网、世界工厂网等互联网平台公司开展互联网金融业务。力争五年内，河南省 5 家网贷公司进入

全国百强。②支持金融机构或骨干企业创办一批金融租赁公司。争取再创办 5~10 家金融租赁公司。③支持骨干企业集团创办一批财务公司等金融机构。开展综合金融业务，拓展增值服务。争取再创办 5~10 家金融租赁公司。支持金融机构创办消费金融公司。④充分利用互联网和大数据，抢占规模巨大的消费金融市场，鼓励消费金融创新，争取创办 5~10 家消费金融公司，规范发展各类小贷公司等新兴金融服务，满足实体经济发展需要。

河南省防范化解金融风险的对策思路（2018年）[*]

中共十九大报告提出，要坚决打好防范化解重大风险、精准脱贫、污染防治的攻坚战；健全金融监管体系，守住不发生系统性金融风险的底线。中央经济工作会议指出，必须打赢全面决胜小康社会的三大攻坚战，并把防范化解重大风险作为三大攻坚战之首。中央的决策既是基于目前我国金融风险积累的严峻形势，也是我国经济转型升级必须要跨越的关口。防范化解金融风险事关国民经济长期可持续健康发展，事关全面建成小康社会目标，是河南实现高质量发展、建设经济强省的基础保障。

河南省应提高风险忧患意识，切实把防风险置于三大攻坚战之首，根据不同风险的特征、成因和形势，设立防范化解金融风险的短期和长期目标任务，分阶段稳步推进，既要治标又要治本，重点要强化统筹协调、金融监管，完善预警和应急机制；整顿金融秩序，营造安全的金融环境；深化金融改革，提高防控金融风险的基础能力；大力推进供结侧结构性改革，加快经济转型升级，提升发展质量和效益，从根上防范化解金融风险。

一、我国防控金融风险形势严峻

近年来，我国大力推进"三去一降一补"供给侧结构性改革，加快实体经济转型升级，化解金融风险，推动高质量发展；"刮骨疗伤"重典治乱，不断扎紧制度的笼子，重拳打击违规违法金融乱象，规范政府债务，完善金融监管体系，理顺金融秩序。当前，金融风险积累、扩大、发散态势得到初步遏制，但由于金融风险的结构性原因根深蒂固，系统复杂性和外部风险不确定性增加，伴随经济阶段性持续下行压力，金融风险集聚的形势依然严峻。

（一）宏观杠杆率高企

杠杆率居高不下是金融风险的总源头，2017年我国宏观杠杆率增速虽然明显放缓，但依旧保持在250%以上，高于2008年美国金融危机爆发前210%~230%的杠杆率区间，与美国249.5%和欧元区262.8%水平相当，远超过印度、巴西等发展中国家。

（二）债务风险持续暴露

政府债务方面，地方政府隐性债务过高，据测算，隐性债务规模为23万亿元，已达到显性债务的1.4倍，政府负债率上升至65%~78%，风险隐患大幅提高。企业债务方面，2017年非金融企业部分杠杆率为151.8%，在主要经济体中位列第一，国内企业贷款付息成本高达5.9万亿元，接近2017年新增GDP总量的八成，债务负担沉重。居民债务方面，受房价上涨影响，居民债务规模快速攀升，2018年一季度末，居民部门杠杆率已达60.8%，在主要经济体中仅低于美国和英国，考虑到国内居民收入占GDP比重较低，居民债务风险凸显。

（三）主要金融市场震荡低迷

信贷市场方面，实体经济实际融资成本一路走高，中小企业经营越发困难，企业债务风险加快释放并向商业银行传导，商业银行不良贷款率持续攀升。债券市场方面，企业债券违约率明显上升，企业债券发行成本和难度显著提高。国际资本市场动荡，高负债的新兴市场国家资本持续流出，国内股票市场和外汇市场承压较大、持续低迷，稳增长压力不断加大。

（四）房地产泡沫越发凸显

2017年以来，在棚户区改造等政策影响下，城市房价又经历了一波上涨。从信贷数据看，银行新增贷款向房地产领域集中的局面未有明显改

---

* 河南省人民政府发展研究中心《调研报告》2018年9月7日第23期（总第970期）。

善，房地产泡沫持续膨胀加剧了金融风险。

（五）防控金融风险难度增加

化解金融风险与稳增长之间面临两难选择，在金融去杠杆等因素影响下，国内投资需求下滑较快、居民失业率上升、消费支出明显下滑，经济下行压力加大，防控风险的基础并不稳固；而美国挑起的全球贸易战导致全球金融市场动荡加剧，外部风险的不确定性对我国的金融体系稳定带来持续的外部冲击，加大了防控金融风险的难度。

二、河南省主要金融风险综合评估

目前，国内严峻的金融风险形势和不断加大的外部金融风险压力，对河南省的经济运行、金融风险防范化解产生较大影响，个别领域风险还在不断积聚，局部风险集中释放的概率进一步增加。

（一）政府债务率超过警戒线

2017 年河南省各级政府债务余额为 5549.1 亿元，显性债务绝对数并不高，政府负债率（债务余额/GDP）为 12.3%，低于全国 36.2% 的平均水平，风险总体可控，但是隐形债务数量庞大，需重点防范。①隐性债务存量庞大。从隐性债务构成看，地方政府隐性债务主要是抵押补充贷款（PSL）、政府付费 PPP 和融资平台存量债券、贷款等有息债务。据估计，2016 年河南省政府隐性债务约为 6500 亿元，2017 年同比增长 20%，约为 7800 亿元，算上显性债务规模，2017 年河南省政府债务率（债务/综合财力）已超过 100% 的警戒线，排在全国前列。②部分融资平台经营困难。政府隐性债务主要集中在融资平台有息债务。前期，市县两级政府融资平台在并无实际产出或产出效率较低的情况下依赖土地红利，变相扩大债务杠杆；过多运用信托产品、基金产品等非标金融工具举债，非标类债务普遍占比超过 50%，期限错配严重，放大了金融系统风险。与此同时，85% 的河南省政府融资平台为 AA 级以下，市场化程度低，运营不规范且效率低，在金融紧缩的大环境下，平台融资成本明显提高，经营压力增大。③债务集中到期、兑付压力增加。2015 年以来开展的债务置换虽然降低了

短期流动性风险，但并未真正消除债务风险隐患，近年来棚户区改造、水利等专项建设基金的大规模投放又成为政府债务新的隐患。现阶段，河南省融资平台流动性普遍紧张，尤其是市县融资平台发生信用风险的概率较大。从债券数据看，融资平台债券未来五年集中到期压力很大，再加上债务结构性问题突出，债务资金集中在回报率很低的基础设施建设上，项目收益无法覆盖债务本息，偿债压力大。随着土地出让价格出现下滑趋势，融资平台抵押资产的数量和质量均随之下降，其还款能力和融资能力也将逐步恶化。

（二）企业债务杠杆率明显偏高

河南省传统产业企业居多，杠杆率水平较高，抗风险能力弱。从信贷数据看，2018 年上半年全省企业短期贷款明显上升，大量企业只能依靠"借新还旧"甚至"借新还息"维持经营，而"僵尸企业"不能有序实现市场退出，使新增融资周转效率低下。在经济下行压力加大、信用紧缩的金融环境下，企业信用风险将会持续上升。①国有工业企业债务依然严峻。河南省国有企业行业主要集中于煤炭、有色、建材、化工等传统工业领域，周期性特点很明显，虽然在去产能因素的支持下，经营状况有所改善，但是债务风险隐患并没有消除。企业转型发展相对滞后，混改成效不明显，行业盈利基础不稳固；依靠高杠杆经营方式未明显改观，资金过度依赖银行授信，而银行债转股落地效率低，风险化解渠道不畅，一旦不能"借新还旧"，发生流动性风险是大概率事件。②企业债券到期、兑付困难。在市场萎靡、需求不足背景下，部分企业债券违约风险逐步显现，近两年先后出现安阳钢铁集团、郑煤集团、河南能源化工集团等企业债券到期后出现兑付困难。以河南省 2018~2021 年到期的公司债券看，共计兑付金额为 709 亿元，每年需兑付债务分别为 60 亿元、102 亿元、165 亿元、382 亿元，兑付压力逐年增大；在债券市场较为低迷的情况下，流动性风险在短期和局部可能加剧，进而引发连环债务违约、互保圈和跨市场的风险传递，可能引发区域性债务风险。需要注意的是，2018 年河南省部分上市公司由于负债高、亏损大、质押率高，一旦违约，会严重影响区域金

融生态，恶化融资环境。③中小企业担保圈风险持续集聚。由于融资环境趋紧，中小企业融资渠道收缩，信用风险不断暴露，2017年全省小微企业关注类贷款大幅增长91.4%，问题贷款达9.6%，并加快向担保圈释放。2017年5月末，全省银行业涉及担保圈的3478户企业贷款余额合计为3241.16亿元，不良贷款率为4.22%。担保代偿机构流动性大大降低，2017年12月末，全省有65%的融资担保机构代偿金额占注册资本的比例达60%以上，担保责任拨备率从2013年的357.01%下降至2017年三季度的38.75%，代偿能力急剧下降。

（三）金融机构风险持续增加

银行等金融机构是金融风险集聚和传导的重要环节，在金融去杠杆影响下，实体经济风险加速释放并传导至金融机构，但受河南省金融体系结构性矛盾突出、中小机构居多等因素影响，金融机构流动性风险、信用风险防控难度上升。①银行业信用风险持续上升。在实体经济效益未明显改善情况下，银行承接、缓释各部门债务风险的压力不断增大，资产质量持续降低，截至2017年12月末，河南省省银行业金融机构不良贷款率为2.30%（2018年一季度反弹至2.45%）；关注类贷款率为4.2%，较2017年初上升1.29个百分点，考虑到大量的表外不良资产没有纳入监管，真实不良贷款可能更高。同时，由于信贷投放集中在传统行业，在经济下行、产业结构调整形势下，信用风险可能继续增加，势必影响河南省金融系统的稳定和正常运转。②区域性银行经营风险压力上升。河南省区域性金融机构以城市商业银行、农信机构、村镇银行等中小银行为主，相比于国有商业银行和大型股份制商业银行，过度依赖同业资金等不稳定、成本高的批发性融资，经营成本高，加上资产端直接面向中小企业，缺乏专业人才、核心技术，应急管理能力较低，经营风险明显上升，不良率反弹，利润率下降，资本充足率明显不足，股东监管缺位、经营不规范等问题更加突出。③部分非银行金融机构违规经营。部分小额贷款公司、投资担保公司存在违规经营活动，涉嫌变相吸储活动；部分违法投资担保公司违规开展黄

金、白银、贵金属等融资业务，且手段隐蔽、方式繁多。基金、信托、金融租赁等作为银行资金的通道，设立大量的理财、资产管理产品，资金运用不透明，期限错配程度高，部分产品出现无法及时收回资金、足额兑付，潜在风险隐患不容忽视。

（四）房地产市场泡沫风险上升

房地产市场关联度高，牵一发而动全身，已成为政府、居民、企业和金融机构风险相互传递的主要通道。2016年以来，在去库存、棚户区改造等政策推动下，房地产市场已成为新的风险集聚地。①资金集中度升高。2018年一季度，全省房地产贷款余额为14404.6亿元，同比增长26.5%，占全省各项新增贷款的58.6%，比2017年同期高16.9个百分点，房地产领域资金集中度提高，加大了银行等金融机构的风险。②企业违约风险提高。河南省本土房企以中小企业为主，企业负债率和融资成本较高，随着房地产市场调控加强、融资趋紧，部分房地产企业资金紧张，采取私募基金等多种非常规、高成本方式融资，高杠杆的操作方式容易导致资金链断裂风险，引发大面积信用违约。③居民违约风险上升。房价持续上升之后，房价明显偏高，房价收入比明显高于合理水平；河南省家庭杠杆率持续攀升，一旦就业、收入和房贷市场利率发生波动，居民违约风险将快速上升。

（五）非法集资等违法犯罪风险依然严峻

由于河南省金融发展不足，金融职能不完善，在正规金融体系之外，存在大量的非正规金融活动，甚至是非法金融活动，突出表现为民间借贷乱象、金融诈骗和非法集资，一定程度上对实体经济获得融资产生了挤出效应，不仅扰乱金融市场秩序，损害群众财产安全，而且严重危害社会稳定。一是非法集资滋生的土壤依然存在，新发案件扩散蔓延的趋势没有得到根本遏制，2017年12月末，全省存量案件2116起，非法集资案件参与人数保守估计为115万人，有761家高风险企业有待化解处置。二是金融诈骗、非法集资等活动出现变异，主要是借助互联网、区块链等技术逐步变异成结构复杂、监控难度大、形式多样化的风险隐患，例如现金贷、校园贷、

P2P、虚拟货币等。三是社会风险传播压力加大，随着P2P、私募基金等资金流动性收紧，出现违约"跑路"事件，会波及大量投资者。

三、河南省防范化解金融风险的政策建议

综上所述，河南省防范化解金融风险的形势不容乐观，企业风险、金融机构风险、政府债务风险、房地产风险等各类风险隐患，相互交织，相互关联，形成复杂的网络系统，并通过期限错配、资本错配形成风险传递、转移路径。而河南省防范化解风险的经济基础并不牢固，经济增长模式、产业结构、融资结构相对落后，市场较为封闭，风险释放渠道主要集中于辖域内；同时，政府财政、居民收入底子还比较薄，吸收、化解、后推债务风险的能力和空间受限，一旦某个环节出现问题，极易引发区域性系统性风险。河南省应加大防范化解金融风险的力度，处理好稳增长、调结构和防风险之间的关系，明确防范化解金融风险的短期和长期目标任务，分阶段稳步推进，分清轻重缓急，既要治标又要治本，大力推进供给侧结构性改革，强化金融监管，优化金融生态，加快经济转型升级，促进全省经济持续快速健康发展。

（一）提高风险忧患意识

当前金融风险的复杂性远超以往，未来一段时间，在国内经济高质量发展还不足、中高速增长未完全企稳的形势下，经济下行压力可能继续增大，叠加外部风险的不确定性，将会对金融稳定构成重大挑战。河南省部分市县党委政府在防范金融风险方面，认识不足、重视不够，经验不足，缺少系统性、针对性较强的应对措施。应该从战略全局高度认识金融风险防控的重大意义，必须守住不发生区域性、系统性金融风险的底线。

（二）完善预警和应急处置机制

一是强化组织领导，加强党对金融工作的领导，完善省内金融稳定领导组织体系，统筹各方力量，建立完善预警、应急、隔离、监管、协调等常态化机制。二是强化监管协调，完善全省金融工作议事协调机制，统筹协调中央金融管理部门派出机构及地方金融监管部门职能，加强对市县政府及地方金融监管部门的监督问责。加强金融信息综合统计，制定完善突发性金融风险应急处置预案，按照属地管理职责分工，做好金融风险事件处置工作。三是强化监测预警，加强对金融机构和金融活动的全流程、全链条动态监测预警，综合运用压力测试等手段，及时有效识别重大风险隐患。加快推进金融业综合统计平台建设，搭建全链条、穿透式统计监测平台，全方位采集银行、证券、保险等金融机构表内外业务信息。完善监管制度，建立有效的市场信用和公开透明的信息披露机制，出台严格的信用风险识别机制和程序，使金融监管能跟得上创新步伐。

（三）突出重点领域风险防控

①将防范化解政府债务作为重中之重。一是严格限定地方政府举债程序和资金用途；二是加强隐性债务的风险防控和预警机制，强化监督问责；三是规范使用置换债券资金，严禁用于其他用途；四是推动政府融资平台市场化改制，兼并重组壮大规模；五是重视探索公共产品投资的长效机制。比如PPP项目市场化交易、不动产信托、长期国债等，适合公共产品投资的特点，适应市场机制的要求，从而为公共产品领域高质量发展提供有效持续稳定的资金支持。②严密防范和处置各类金融机构风险。一是严密防范流动性风险，逐一排查流动性高风险机构；二是有效防范化解银行信用风险，引导金融机构加大不良贷款清收、呆账核销、债务重组及责任追究力度，推动"僵尸企业"退出，鼓励金融机构主动释放信用违约风险，多渠道补充资本，增强风险抵补能力；三是着力防范影子银行业务风险，加强对理财、信托、资管穿透监管，严格资金投向，及时终止过度增加金融体系脆弱性的产品，限制投融资杠杆比例、多层嵌套、重复加杠杆等行为。③防范国有企业和过剩行业债务风险。一是加快处置企业债务和"僵尸企业"退出；二是有序处置债券违约风险；三是深入推进国有企业改革，激发活力；四是从传统产业调整优化和新兴产业加快发展双向发力，推动产业转型升级。④有效防范房地产泡沫。一是强化房地产领域融资规范和治理；二是加强住房信贷管理；三是要建立房

地产健康发展的长效机制，同时完善土地供应制度，防止房价大起大落。

（四）深化金融改革、完善金融体系

一是推进省内地方金融机构改革。要引导地方法人机构加快构建市场化体制和机制，城市商业银行等国有资本金融机构要推进股份制的混合所有制改革，建立先进的企业法人治理结构和现代金融企业制度；加大力度推进上市工程，实现规范化跨越发展。特别是农村信用社改革，要加快农村商业银行改制步伐，通过引进行业龙头战略投资者，组建国内一流的郑州市农村商业银行，为全省农信机构多元化改制发展探路。加快其他国有金融机构兼并重组，推进专业化、综合化、网络化、科技化发展，培育行业龙头和知名品牌。二是强化金融机构风险防范主体责任。推动金融机构真实披露和及时处理风险资产，完善风险管理框架，强化风险内控机制建设，强化资本管理和偿付能力管理，增强对业务条线、关键岗位和重点人员的风险管控，防范操作风险；依托大数据提升风险防控的能力。三是完善金融体系，夯实防控风险的微观基础。丰富金融体系，大力引进外资金融机构，做大做强资本类金融机构，做优全省融资担保体系，做强地方资产管理公司，提升区域股权市场功能。四是提升金融供给侧质量和效率。创新金融产品，专注主业，注重发展普惠金融、科技金融和绿色金融，把更多金融资源配置到经济社会发展的重点领域和薄弱环节。

（五）整顿金融秩序、优化金融生态环境

一是打击非法金融活动和正面宣传相统一。坚决取缔非法金融机构，坚决打击规避监管的乱"创新"，从源头管控新兴金融风险点，严厉打击恶意逃废金融债权行为。二是持续保持对非法集资活动的高压态势。强化行业监管和风险排查，充分发挥非法集资网络监测预警综合平台的作用，坚持打早打小。三是规范非银行金融机构经营。防控互联网金融风险，坚持执牌经营，清理整顿互联网金融。

（六）扎实推进供给侧结构性改革、实现高质量发展

长期看，防范金融风险的根本途径是转变经济增长方式，提高劳动生产率和资本回报率。扎实推进"三去一降一补"供给侧结构性改革，限制地方政府隐性债务增长和加快"僵尸企业"、过剩产能退出，遏制过度依靠债务驱动的增长方式，加快转型升级、结构调整、动力转换，依靠创新驱动、提升全要素成产率，积极改善投资环境和营商环境，着力降低要素成本、改善微观主体经营效益，增强实体经济投资回报率，培育新的增长动能，推动高质量发展，从根源上防范化解金融风险。

第九篇

高等教育与和谐社会

21世纪河南实施"高教强省"战略的
对策思路（2001年）*

引言

　　大学是人才库、技术库、思想库，人类已经进入知识经济时代，大学是知识经济发展的重要基础支撑，要建设经济强省必须优先建设高教强省，河南省高等教育存在总量规模偏小、结构层次偏低、缺乏一流大学、体制机制不活等问题，未来要建设高教强省必须确立高等教育优先发展战略，加大改革和投入力度，提高毛入学率，建设一流大学，鼓励多级办学，支持民办高校大发展，建立多元投入机制。

一、大力发展高等教育势在必行

1. 知识经济时代已经到来

　　我们同时面对巨大的机遇和挑战，只有在知识经济时代才可能实现跨越式甚至超越式的发展。教育，尤其高等教育是知识经济的中心，知识经济时代的国家或地区之间的最根本的竞争将是教育竞争，尤其是高等教育竞争。世界首富比尔·盖茨在《资本主义的未来》一书中曾预言："21世纪重要竞争方式的改变中，高等教育扮演的角色是最具决定意义的。"大学，作为嗣承、传播、发展、创新和物化知识的根据地，作为从事基础理论研究、前沿尖端科学探索、推广新技术、孵化新兴知识产业的基地，作为培养和输出高层次创造型人才的摇篮，作为国家、民族和区域经济社会发展最重要的知识、思想、人才的辐射源，作为精神文明建设的重要阵地，贯穿了知识经济的每个环节，必将成为我国知识经济形成与发展的基础、思想库和动力源。大学乃知识经济之根。没有现代大学教育，知识经济也就无从谈起，大学孕育了知识经济。知识经济的发展状况取决于大学的规模、结构、质量和水平，知识经济时代的到来向大学发展提出了前所未有的更高标准和要求，两者是相辅相成的。大学作为知识和人才创造、生产、交易、分配的重要阵地，必将成为未来经济发展中最重要的一大产业。大学将从经济社会的边缘走向整个经济社会的中心，成为现代经济社会发展的动力源。未来的大学将凭借自己拥有的雄厚的科技、人才、知识、信息等优势，成为高新科技的辐射源、知识创新的策源地和培育新经济增长点的重要依托。

2. 大力发展高等教育，是河南省经济社会快速发展的内在必然要求

　　在全球经济一体化的大背景下，河南省加速调整经济结构和产业结构，加速推进工业化、城市化、信息化进程，参与全球竞争的关键是人才和科技，毫无疑问，大学必将成为河南省未来经济社会发展的中心和动力源。

3. 人民群众对教育特别是高等教育的需求空前高涨

　　据有关调查显示，教育支出已经在居民消费支出结构中处于第一位，占居民消费支出的比例还在不断上升。从福利性教育到花大钱接受教育，居民的教育消费观念也在发生着根本性转变，在知识化、全球化的社会里，受教育程度直接关系到个人的能力素质、竞争力、职业、收入、地位等。居民对教育的需求趋向终身化和经常化，对教育需求的广度、深度、强度大大地扩

---

　　* 本文发表于河南省人民政府发展研究中心《调研报告》2001年1月15日第1期（总第502期）；中共河南省委办公厅《综合与交流》第4期（2001年2月22日）；《河南日报》2001年3月15日；《河南工人报》2010年2月5日。

大和提高了。目前，河南省高等教育的发展还远远满足不了居民的需求，居民对教育的需求层次大大提高了，要求接受高质量、高水平的高等教育，真正提高个人的创新能力和实践能力，这就对高等教育的发展提出了更高的标准和要求。从市场经济的角度来分析，我们的经济形态已经从过去的"供给不足"转变成现在的"需求不足"，而高等教育明显地呈现出"供不应求"的状态。大力发展高等教育需要大规模展开高校基本建设和扩招，这是一个巨大的基建市场和消费市场，必然拉动现实经济增长。河南省高校连续两年的大规模扩招已起到扩大需求、刺激消费，进而拉动经济增长的作用。河南省高校进一步巨量扩张，会进一步强化对经济的直接拉动作用。

4. 实现高等教育与经济协调发展是客观现实要求

近年来，省委、省政府高度重视高等教育的发展，及时调整思路，制定并实施了超前发展的政策措施，使河南省高等教育以惊人的速度向前发展。1999 年、2000 年，河南省高校连续两年进行了大规模扩招：1999 年河南省普通高校招生 9.1 万人，扩招幅度为 56%，比全国高 8.6 个百分点；2000 年河南省招生 13.7 万人，扩招幅度为 51%。河南省目前普通高校在校生达 25.8 万人，较 1998 年增加了 10 万人，增长 70%，逐步缩小了河南省高校规模与全国的差距。在财政比较困难的情况下，省委、省政府作出战略性的决定，从 1999 年起，省级财政支出中教育经费所占比例连续五年每年提高 1.5 个百分点，主要用于发展高等教育。河南省正在形成多元化的投入办学体制，加快了现有高校的结构调整和优化重组，民办高等教育发展较快，逐步成为一支新生力量。河南省的重点大学、重点学科、重点实验室等重点建设取得了突破性进展，河南省高等院校的综合实力显著提高。河南省高等教育的发展呈现出勃勃生机。但是，我们还应当清醒地认识到，河南省高等教育基础和实力尚较薄弱，离现实和未来需求相去甚远，发展任务非常艰巨。

二、河南省高等教育存在的主要问题

1. 高等教育供给严重短缺

河南省每万人中，普通高校在校生全国平均为 27.57 人，河南省为 15.84 人，居全国第 28 位。1999 年，河南省共有普通本科院校 18 所，占全国的 3%；在校生约 11 万人，占全国的 3.3%；在校研究生 2392 人，占全国的 1%。2000 年，河南省高等教育的毛入学率约为 8%，远低于全国平均 11% 的水平。河南省高等教育的落后是历史造成的，这是在计划经济时代，长期忽视甚至排斥高等教育的必然结果。河南省对教育尤其是高等教育投入严重不足，河南省教育投入约占 GDP 的 2%，全国平均为 2.8%，河南省比全国低 30%。

2. 缺乏具有广泛影响力的一流大学

改革开放以前，河南省由于经济较落后，经济基础差，指导思想上和决策上忽视高等教育的发展，丧失了许多发展机遇，导致河南省高等教育发展水平低，结构层次低，特别是严重缺乏研究型重点大学。恢复高考后，全国有近 100 所重点大学，河南省竟没有一所，这种状况至今仍没有发生根本变化。河南省大批量第一流的学生被录取到外省市一流高校（国家重点大学），毕业后能返回河南参加工作的仅为 1/4 左右，从而导致河南省第一流的人才在这最初始的关口大批量流失。进入 90 年代，河南省决策层强烈地意识到缺乏一流大学（国家重点大学）已经对河南省的经济社会发展造成了现实和深远的负面影响，越来越重视河南省的高等教育，采取了很多得力的政策措施，使河南省高等教育进入到发展最快的阶段，但是，一流大学的建设绝非一日之功。全国高校科技产业年销售收入超亿元的有 29 所，河南省没有一所；全国高校校办产业销售前 50 名、高校科研经费前 50 名，河南省均无一所入围。由此可见，河南省高校的实力与国内一流高校相比差距还非常大。河南省的郑州大学，经过不懈努力和积极争取勉强进入到国家 211 工程，但是各种投入仍要依靠省级财政，尤其缺乏大师级的教授群体。2000 年，河南省虽然组建了新的郑州大学和新的河南大学，旨在尽快建成真正意义上的研究型重点大学，但是在大学理念、大学文化、大学管理、办学方式、投入方式、软硬环境建设、学科结构、师资结构等方面还很不成熟和完善。看来，建设河南省一流大学任重而道远。另外，即使建成了两所重点大学，但离形成真正

意义上的重点大学群体优势仍有较大距离。

河南省的四周，如北京、武汉、西安、济南等市都有国内一流大学，且有国家重点大学群体优势，在我们近1亿人口的中部大省建设一两所国内外知名的一流大学，并形成国内重点大学群体优势，是河南省高等教育中长期发展的战略重点、当务之急。

3. 高等教育的结构层次明显偏低

首先，河南省高等教育本科层次的发展明显滞后，据1999年统计数据显示，当年河南省高等教育（含成人高等教育）在校大学生的本、专科之比为34.6∶65.4，这一比值明显低于全国平均比值44.6∶55.4，仅高于新疆、贵州、广西三省区。其次，河南省高等教育研究生层次的发展也明显滞后，1999年全国普通高校在校大学生中，在学研究生总数占5.72%，同期河南省普通高校在学研究生比例仅为1.29%，河南省在学研究生总数仅占全国的1%。另据有关资料显示，"十五"期间，全国研究生的招生人数将继续保持较高的增幅，高等教育正在快速向"大众化"阶段迈进，在学研究生所占在学大学生的比例仍将保持在5.8%~6.0%，而河南省高等教育的这一比例本来就非常低，又存在着急剧下滑的趋势，差距将进一步扩大。全省没有国家重点高等院校，没有一所研究生院，没有自己独立培养的两院院士，硕士、博士授予点数量少，博士后流动站少，国家重点实验室、工程中心、重点学科少。从学校科类结构看，以2000年数据为例，在20所本科院校中，师范类就占7所。瞄准经济建设主战场的高校数量少，比例小，实力弱，科类结构失衡。

4. 缺乏一流的教师队伍

首先，从职称结构上看。按照高等教育传播新知识，发展新科学，创造新思想的基本属性，高校教师队伍的理想构成应是以教授、副教授等高级职称结构为主体的队伍结构，但河南省高等教育的教师队伍构成与之存在较大差距。仅从教授构成看，1997年，全国普通高校正高级教师占教师总数的平均比例为8.88%，河南省仅为3.21%，仅此，河南省就差了近600名正高级职称的教师，这势必影响普通高校本职工作的顺利履行，尤其会对科技创新和研究生教育的发展产生较大的负面影响。其次，从学历结构上看。河南省高等教育教师队伍中博士学位获得者仅占1.9%，硕士学位获得者占18.3%。教师学历结构层次偏低，将是制约河南省高等教育提高办学水平的重要因素。另外，教师队伍"流失暗流"不容忽视。1999年普通高等教育扩招后，全国范围内，特别是沿海发达地区出于经济发展的急需纷纷推进高等教育的跨越式发展，经济上的诱惑，政策上的优惠和灵活，使得河南省普通高校的教师队伍开始涌起新的"流失暗流"。2000年仅河南师范大学，就流失了4名有正高级职称的教师，其中3名还属于"三无"。河南农业大学流失了一名专门研究灰色系统理论的国内知名教授，在全省引起不小的震动。沿海发达地区从现实和未来发展的战略考虑，采取了更加灵活和优惠的政策吸引人才，如不采取对策，河南省高校人才流失状况有进一步加剧的危险。通过调查，我们发现，人才流失固然有经济发展水平差异的影响，但是内部环境，尤其是内部软环境在河南省部分高校"欠佳"，是造成优秀人才大量流失的直接或主要的原因。近年来，河南省在高层次的教师队伍的培养和引进上投入了巨大的财力，可高层次的教师仍大量外流，这很值得我们深思。多渠道加大对高校的投入，深化高校内部改革，建立人才脱颖而出的激励机制，才是建设高层次教师队伍的根本出路。

5. 条块分割的管理体制不适应发展需要

我国的高等教育管理体制是在高度集中的计划经济体制下建立起来的满足计划经济要求的一种管理体制。其显著特征是政府对高等教育实行严格的计划管理和行政干预，学校与政府主管部门有严格的行政隶属关系，政校不分，学校缺乏自主权，学校没有自我发展能力。我国现在已经基本建立了社会主义市场经济体制，而高等教育管理体制仍没有多大变化，有人将此喻为："教育特别是高等教育是我国计划经济的最后一个顽固堡垒"，发展缓慢是自然而然的必然结果。管理体制僵化是我国河南省高等教育发展缓慢的一个根本性原因，如果不尽快突破体制制约，就难以实现河南省高等教育快速健康发展，难以实现高等教育发展方式的根本转变。按照过去的体制和分工，国家中央部委所属高等院校主要承担培养高层次、高水平专门人才和创业所需人才的任务，对全国各省（市）和各行业所需人才具有很强的调控作用。从层次上看，研究生教育主要由中央部委所属高等院校来承担；从量上看，全国40%以上高校毕业生由中央部委所属高等院校培养。河南省的地方院校实力弱、层次低、发展慢，同时，河南省的高等教育同样也是条块分割。虽然下放到河南省的中央部委所属院校数量不算少，但综合实力不强，均属一般性高校，没有一所国家重点院校，这也是河南省高等教育落后的重要原因。国家部委和省（市）条块分割的办学体制，导致办学力量分散、重复布局和重复建设，形不成合力和拳头，造成有限的教育资源浪费，教育模式落后，教育质量和层次不适应社会需求。

6. 高校尚没有建立起适应市场经济发展要求的自主发展体制机制

河南省高校不同程度地存在如下问题：一是高校主体地位不明，政校不分，采用校级领导任命制，责任不清，有些领导班子的权威和凝聚力不够；二是发展缺乏战略眼光，中长期发展目标不明，缺乏权威的长期发展规划；三是封闭式的"计划经济"发展思想仍处于主导地位，"等靠要"的思想还比较普遍，给多少钱就干多少事，不给钱就不干事，有畏难情绪，缺乏改革开放、开拓创新的意识和气魄；四是高校内部软环境不优，突出的问题是留不住人，高层次人才流失严重；五是规模扩张与质量提高不同步，个别高校教育环境条件和质量提高缓慢，学生意见较大，交费上学而得不到相应的满意的回报。

三、河南省高等教育发展的战略任务

进入知识经济时代，全球一体化，人们的思维方式、行为方式、生活方式、生产方式等都将发生重要变化，大学的地位和作用也将发生根本性变化。河南省的高等教育必须适应新的变化，不仅要协调发展，而且要超前发展。正如江泽民同志所说的：切实把教育作为先导性、全局性、基础性的知识产业，摆到优先发展的战略重点地位。

我们所面对的现实是：穷省办大教育，经济基础尚较薄弱，高等教育明显滞后，与河南的大省地位极不相称，与河南省在全国整体战略中所承担的重任极不相称，已严重制约河南省经济社会高质量、高效益、高水平地可持续发展。河南省高等教育的规模小、层次低、水平低、结构不合理、条块分割、政校不分、重复建设、资源浪费、效益低下。我们现有的基础较差，面临的挑战非常大，只有抓住机遇、迎难而上，发挥后发优势，实现跨越式发展，才是我们的正确选择。

未来河南省高等教育发展的战略任务必须尽快实现"三个适应"：一是要适应河南省知识经济的快速发展，推动产业结构的快速升级，加快河南省的工业化、城市化进程；二是要适应全球经济一体化、经济竞争国际化不断加剧的大趋势，提高河南省的国际竞争实力；三是要与河南的大省地位相适应，为实现"一高一低"战略目标提供保障，为变人口优势为人才优势、变资源优势为经济优势、变经济大省为经济强省提供支撑。

四、河南省高等教育发展的战略目标

要完成以上战略任务，河南省必须确立"高教强省"的发展战略目标：一是河南省是全国高等教育的大省和强省，高等教育的规模、结构、层次、水平、质量、效益在全国应当位居前列，处于一流水平，具有重要地位；二是我们"经济强省"的整体战略目标要靠"高教强省"来实现，切实将"高等教育"放到经济社会发展的战略位置，倾全力发展，超前发展，真正发挥其"思想库""人才库""动力源"的作用，实现"高教强省"与"经济强省"的良性互动、相互促进。

具体来分析，"高教强省"战略目标包括质的规定性目标和量的规定性目标两个方面：一是必须有一批进入全国先进行列的一流名牌大学，有一个实力雄厚的全国重点大学群体，创办一批在国内处于领先地位的重点学科专业、重点实验室、工程技术中心，在科学研究、科技开发、知识创新、高新技术产业化等方面居于国内领先位置。二是高等教育总规模，高等教育毛入学率，高中毕业生升学率，专科、本科、研究生教育的规模质量，高等职业教育和成人教育的规模质量等指标必须进入全国先进行列。

我们应当认识到，"高教强省"是一个中长

期发展战略目标，确立这么高的一个目标是河南省未来经济社会发展的客观必然要求，坚持推进，就可逐步实现教育与经济的良性循环，不然高等教育落后将会导致经济更落后。河南省高等教育的规模、结构、层次、水平等方面远够不上高等教育大省，更够不上高等教育强省，与周边省份，如湖北、陕西、山东、江苏等相比仍存在很大差距，如果我们不认清大势，从长远谋划，奋起直追，及时提出并按照建设"高教强省"的目标去搞好规划，制定政策措施，抓建设，加大改革创新力度，那么就会错失良机，再过五年、十年，河南省高等教育的落后局面不但不会改变，反而会在其他市省大跨步发展情况下更加落后，会更加制约河南省经济社会的发展。努力实现"高教强省"的战略目标是我们唯一的正确选择。

2000~2010 年河南省的目标是建成"高教强省"。河南省高等教育发展规模目标的确定主要依据三大指标：河南省总人口占全国总人口的比重、国内生产总值占全国的比重、人均国内生产总值与全国人均 GDP 的比例。1999 年河南省总人口约占全国总人口的 7.5%，居全国第 1 位；国内生产总值占全国的 5.6%，居全国第 5 位；人均 GDP 为全国的 74.6%，居全国第 24 位左右。

未来 10 年河南省高等教育适宜规模应占全国总量的 6% 左右，按照"高教强省"的要求应达到 6% 以上，全国高等教育毛入学率将由 2000 年的 11% 提高到 2005 年的 15%，进入高等教育"大众化"发展阶段，到 2010 年提高到 20%；河南省高等教育毛入学率应力争由 2000 年的 8% 提高到 2005 年的 13%，至 2010 年达到或超过全国平均水平 20%。河南省 2005 年研究生应为 1.5 万~2 万人，占全国总量由 2000 年的 1% 增长为 2.5%~3%，占河南省普通高等教育在校生的比例为 2.5%~3%（这一比例约为全国的一半）。至 2010 年，力争河南省研究生规模达到全国总量的 5%~6%，达到全省普通高等教育在校生总量的 5%~6%。

这就是说，今后 5~10 年河南省高等教育无论是在量的扩张还是在质的提高速度上都将大大高于全国平均水平，这一双重目标任务非常艰巨。有两个硬指标必须达到：一是投入大幅度增加；二是建设高层次较大规模的教授队伍。要实现以上超常规、跨越式发展，就必须做到：一是要解放思想，更新观念，明确方向，摆正位置，确立大学发展的新理念；二是要坚持发展是硬道理，坚持"三个有利于"标准，坚持改革创新，实现高等教育发展方式的根本转变；三是改革高等教育管理体制，确立多级办学、多元化办学的体制，明确高校的法律主体地位；四是调整高等教育结构，优化高教资源配置；五是加大投入力度，财政投入要大幅度提高，要引入适合市场化、产业化的运作机制，实现高等教育投入社会化和多元化，强化高校自我滚动发展能力；六是创造宽松适宜的政策环境，制定系列配套改革政策、措施和法规。

五、河南省高等教育新的办学理念

1. "创新"应当成为大学的主题教育理念

这是对未来大学功能地位的客观要求，知识创新和创新人才构成大学发展的永恒主体，大学既应是新思想、新科技、新观念的辐射源，又应是具有创新意识、创新精神、创新能力的人才输出基地，真正成为经济社会发展的动力源。河南省未来大学发展的创新理念应当是："以思维创新为导向，以体制创新和机制创新为保障，以培养创新人才和推进技术创新为中心，以管理创新为基础，以高素质教师队伍建设为根本。"

2. "三个面向"的落脚点是"面向河南"的理念

我们要利用一切可以利用的力量、资源、方式来发展河南省的高等教育，但是主要的还是依靠河南省自身的办学力量。"面向河南"办高等教育，首要的是"面向河南"经济建设主战场，就现实而言，一方面要积极为河南省经济结构调整、产业升级提供技术支持，另一方面要积极为河南省各条战线输送大批具有创新精神和实践能力的高级人才，促进河南省经济快速发展和综合实力的快速提高，只有这样，才能有效聚集更多更大的财力来发展高等教育，实现高等教育与本地经济的良性循环。

3. 确立"面向市场"的办学理念

大学有两大"主导产品"，一个为"知识"，另一个为"人才"。如果我们的"知识"不能转化成生产力，就失去了使用价值；如果我们的"人才"不能就业，就无用武之地，那还叫什么人才。要使知识转化成生产力，人才资源转化为社会财富，就必须确立"面向市场"或以"市场为导向"的办学理念。因为我们已经习惯了计划经济的办学理念，所以，确立这一全新办学理念本身就是困难的，要实践这一理念就更困难了。的确，高等教育由面向计划转向面向市场，由福利事业转向新兴产业，是根本性的重大变革，这要求我们一定要彻底解放思想、更新观念、加快改革。在市场经济条件下，大学的两大主导产品既具有"公共产品"的属性，同时又具备"非公共产品"的基本属性，也就是说大学具备产业化、市场化、企业化的现实基础，但是"化"到什么程度要视发展需要和社会接受程度而定。大学的两大主导产品只有被市场承认、认同和接受，我们的大学功能作用才能发挥出来，大学才能真正成为经济社会发展的中心和动力源。从长远来说，大学只有面向市场、适应市场、依靠市场，才能实现自身的快速、良性、健康发展。即市场需要什么知识和技术就开发什么知识和技术，市场需要什么人才就设置什么专业。要以市场为导向，改革高等教育管理体制，优化教育资源，探索新的发展模式和发展道路，应积极推进高等教育适度产业化，实行产业化经营，加速推进高等教育发展方式的根本转变。同时，要大力推进职业教育的充分产业化和市场化，可以探索实行企业化经营。产业化和市场化，绝对不是甩开政府，而是要求政府要改革、加强和完善对高等教育的管理，进一步加大财政投入力度。"面向市场"既能更好地发挥高等教育的功能作用，同时也可以实现高等教育更快更好地发展。每个高校都应面向市场办出自己的特色和优势，要选准发展方向，搞好市场定位，立足本地，立足河南，辐射全国，走向世界；要树立质量效益观，提高质量永无止境，用自己的特色优势去开拓市场，以质量求生存、求发展。树立服务观念，用"满意服务"来赢得市场。

六、加快高等教育管理体制改革

近年来，在改革试点的基础之上，中央按照"共建、调整、合作、合并"等多种形式，加快了高等教育管理体制改革的步伐。高等教育朝中央和省（市）两级办学两级管理、以省（市）为主的新体制过渡。经过两年多的时间，多数中央部委所属高校通过共建、联合、划转等方式转由地方省（市）来办，我国高等教育地方化、区域化的格局和管理体制逐步形成，即高等教育主要由地方办、地方管，服务主要是面向本地经济社会发展。

由此可见，省级政府对高等教育的统筹权和决策权大大地加强了，任务也更重大了。我们的省委、省政府应当进一步加强对高等教育的领导，加强决策研究，统筹规划，加紧制定近期的"追赶计划"及中长期的"超越计划"，出台系列实现"高教强省"的配套政策措施。一是扩大高校自主权，实行校长负责制。加大高等教育管理体制的改革力度，明确高校的法律地位，使高校成为面向社会依法自主办学的法人实体。精简学校内部机构，压缩非一线教学科研人员比例，形成比较合理的师生比例，积极推进全员聘任制和岗位责任制，实行竞争上岗。二是鼓励社会力量办学、联合办学、一校多制，进行股份制办学探索。大力推进高校的人事制度改革，让至少50%的高校面向社会公开选拔，择优聘用校长，试行校长年薪制。三是建立鼓励人才脱颖而出的新机制。新进高校教师应具备硕士学位以上学历。鼓励从校外聘用兼职教师或教授。实行结构工资制，工资应当与岗位、责任、业绩、贡献、效益等要素挂钩，真正做到按劳分配，多劳多得，坚决打破"大锅饭"，拉开工资档次差别，真正起到鞭策落后，激励先进的作用。加大投入力度，提高教师待遇，既要讲业绩，还要讲待遇，要用一流的待遇带动一流的业绩，要用一流的待遇和一流的软硬环境条件来吸引高层次的教师，形成一流的教师队伍。四是推进高校后勤服务社会化、产业化、企业化。应在两年之内，实现高校后勤服务社会化、产业化、企业化，分离相关机构和人员。五是兴建大学园区和大学科技产业园区。引入省内外、国内外名校在河南兴建新的分校区、教育基地、科技产业开发基地，实行集中布局建设，达到集约发展的目的。

七、把郑州大学和河南大学建成国内国际一流大学

河南省是全国第一人口大省，从人口上来说具有国内国际影响力，若没有一流高校，那么未来发展是不可想象的。建设一流大学，对于带动全省高等教育的快速发展和提高，提高河南省的综合实力和竞争力，推动经济社会可持续发展，具有重大而深远的战略意义。江泽民曾指出："为了实现现代化，我们要有若干具有世界先进水平的世界一流大学。"积极创建一流大学，标志着河南省高等教育发展跃上一个新台阶，发展方式正在发生根本性转变。

力争经过 5 年左右的时间，使郑州大学发展成为国内一流大学，经过 10 年左右时间成为国际一流大学或接近国际一流大学水平。一是要以体制创新和机制创新为突破口来搞好新郑州大学的重组和发展工作；二是抓住郑州大学进入国家"211 工程"的机遇，加大投入力度，保证建成一流的硬件设施，这是河南省高等教育的重中之重；三是探索和发展"综合性、研究型、开放式"的办学模式，要将郑州大学发展成为理工医学科优势突出、学科门类齐全的综合型大学，到 2005 年，普通在校生要达到 5 万人。国内一流大学均属研究型大学，研究生教育所占的比例较大，一般研究生占在校生的比例在 10%～50%，至少比全国的平均水平高出一倍以上，如北大、清华达到 60%～70%。到 2005 年，郑州大学研究生占在校生的比例至少应达到 10%，即 5000 人，2010 年的目标是 10000 人。研究生的培养可以采取跨学校跨学科联合等多种灵活方式，充分利用有限的资源，优势互补。应尽快建成研究生院，建成 5 个国家重点实验室、3 个国家工程（研究）中心、设立 20～50 个博士点，在规模上和质量上都达到国内一流高校水平。

河南大学也要建成国内国际一流大学和全国重点大学。河南省必须站到"高教强省"的战略全局高度，以河南大学为龙头加快整合全省高教资源，重组新的综合性河南大学。河南大学的重组必须突破开封市地域限制，首先要积极向郑州扩张，将来郑州基地校区的规模要超过开封本部

的规模，学科上以文、理等优势专业为基础，要迅速将优势扩张到工、农、医、管理等主导专业，最终要形成与郑州大学并驾齐驱之势，两校既竞争又联合，既各有特色又优势互补，形成河南省高等教育的"双引擎"或"双头龙"。从长远来看，可以考虑将郑州牧业工程高等专科学校、河南财税高等专科学校、河南教育学院等专业院校并入河南大学，实现优势互补，增强规模实力，首先在规模上进入全国前列。

八、优化重组高教资源，形成河南省高校的群体优势

近两年来，高校扩招的规模巨大，如果不及时调整优化高教资源，仍然在旧的体制、格局、框架、模式下发展，那么这种发展只能是外延、粗放型、低效率的扩张，河南省高等教育的优势就很难形成，实力和水平也很难提高。要切实转变河南省高等教育的发展方式，就必须对高教资源进行调整、优化、重组，形成一批龙头优势高校，并形成高校群体优势。河南省高等教育规模扩张必须建立在结构优化、优势扩张、质量效率提高的基础之上，实现集约发展。

河南省高等教育优化重组应依据以下原则：一是要紧紧围绕河南省高等教育发展的战略任务、战略目标、办学理念进行；二是要符合国内国际高等教育发展的方向，遵循高等教育发展规律，要结合河南省实际，打破条块分割和部门界限，打破所有制界限，打破军民界限，打破地域界限，优势互补并形成新优势；三是要推行具有无限发展力和活力的新的管理体制和机制，这是重组成败的关键条件或者说是带有根本性和决定性的条件；四是要遵循市场经济基本规律，通过重组，要使办学效率和效益大大提高。

根据以上重组的目标和原则，我们提出如下初步设想：一是要确立郑州大学的龙头地位，将其中长期发展目标确定为建成国内国际一流大学。二是河南大学也要建成国内国际一流大学和国内重点大学，在全省范围内优化重组综合性的河南大学，形成郑州大学、河南大学"双头龙"。三是郑州粮食学院、郑州轻工业学院、华北水利水电学院、郑州纺织工学院、郑州工业高等专科

学校等院校加快发展为综合性大学，或重组为新的综合性大学。四是加快河南师范大学、新乡医学院、河南科技学院等院校的重组发展。五是将洛阳工业大学、洛阳工业高等专科学校等洛阳市的高校重组为新的"河南科技大学"，经过重组使洛阳市成为河南省重要的高等教育基地。六是将河南财经学院、河南财税高等专科学校、河南省政法管理干部学院、河南商业高等专科学校等重组为"河南财经政法大学"。七是以焦作工学院为龙头，重组焦作市高教资源，建成"河南理工大学"。八是打破军民界限，以中国人民解放军信息工程大学为龙头，建成军民结合，军民两用，面向河南的高技术大学——"中国信息工程大学"。九是以黄河科技学院为龙头，打破民办、公办界限，重组成为"黄河科技大学"。十是其他各级各类学校都应根据具体情况进行调整优化重组。

九、确立河南省高等教育多级办学体制，调动中心城市的办学积极性

要形成以中央、省、市多级办学或联合办学，以省为主的办学体制。要想尽一切办法争取中央支持，确立省级办学的主导地位，充分发挥省内各中心城市的骨干作用。

各中心城市至少要办一所本科院校或多所专科院校，中心城市办学的方向和重点要与地方经济社会发展紧密地结合起来。县级办学的重点是发展中等职业教育。实行分级办学、分级决策管理。

各中心城市要积极走开放式的联合办学发展道路：一是与国内、省内的著名院校联合，联合的方式非常多，可以灵活多样，追求实效，如可以办成名校的分校或二级学院；二是与社会联合，如与企业厂矿、农村联合，也可以与个人联合，也可以办成股份制学校，这种联合既可以为办学筹集资金，又可以为毕业生就业找到渠道。

各中心城市要坚持产业化、市场化的办学模式与思路：一是要面向市场多渠道筹集办学资金，可以运用多种灵活开放的市场化筹资手段和方式，摆脱办学资金匮乏的束缚；二是要面向市场调整学科专业结构，真正培养出市场急需的人才；三是面向市场搞技术创新、技术服务；四是要搞好市场定位，走特色优势办学的竞争发展之路。

十、鼓励民办高等教育的发展，形成多元化办学体制

民办高等教育具有如下特点：一是不靠政府靠社会；二是以市场为导向，自我发展；三是管理方式灵活高效，办学成本低、效益高。目前，河南省的民办高等教育规模小，层次低，不规范，后劲不足。一方面，河南省公办高等教育要积极引入民办高等教育的高效运作管理机制；另一方面，河南省民办高等教育要进一步上规模、上水平、规范化，鼓励民办高等教育与公办高等教育以多种形式融合联合。力争经过 5～10 年，河南省民办高等教育规模达到整个高等教育的 20%～30%。省教委应加强针对民办高校创办者的专业培训工作，端正其办学思想，培养一批职业民办高等教育家。省政府要尽快制定加快民办高等教育发展的政策、法规，创造宽松政策环境，政府要给予相应的财政支持。如为民办高校向银行贷款筹措建校经费提供担保或贴息。要打破民办与公办的界限，全面推进河南省高等教育的优化重组，下决心将一批不适应市场变化、发展缓慢、招不来生源的高等或中等公办学校转制成民办学校或直接划归龙头民办高校，可以采取兼并、联合、承包、托管等方式进行跨所有制优化重组。鼓励公办学校转制后与民办学校相融合，组成股份制学校，实行董事会领导下的校长负责制。鼓励实力较强的公办普通高校整合民间教育资源，创办"国有民办"或股份制的二级学院，实行"一校两制"或"一校多制"。在这一点上要大胆改革、解放思想，以发展为目标大胆探索出一条发展之路。大力发展民办高等教育集团，以产业化、市场化和企业化运作的方式来推进河南省高等教育资源的优化重组。如黄河科技学院是全国唯一的一所民办本科院校，政府要从长计议支持黄河科技学院的发展，力争 5 年内将黄河科技学院发展成为综合性的"黄河科技大学"，在校生达到 2 万人以上，到 2010 年在校生达到 3 万~5 万人的规模。要以黄河科技学院为

龙头参与河南省高等教育资源的优化重组，扩张民办高校的优势，将民办高校的优势与公办高校的优势融合起来创造新优势。

十一、加大对高等教育的投入力度，建立多元化投入机制

力争经过 5～10 年，河南省教育经费投入占 GDP 的比重由现在的 2% 提高到全国 3% 的平均水平，进而提高到 4% 的国际水平。只有加大投入力度，才能为高校发展奠定坚实基础。要改革和完善投入体制和机制。首先，教育占省级财政支出的比例在"十五"期间要保证每年增加 1.5 个百分点，"十一五"期间每年增加 1 个百分点以上。其次，应充分运用财政、金融等手段，加大对高等教育的调控力度，提高大学的综合融资能力，国债资金应倾斜投向高校重点建设项目，高校应成为银行资金投向的重点，以政府贴息的方法来引导和支持高校贷款搞建设。政府对高等院校的财政支持应当与其办学效率、办学效益、办学规模、办学优势特色、功能发挥等紧密结合起来。对那些办学效益差、效率低下、招生困难的学校要减少直至取消财政投入，迫使其进行优化重组，重点支持那些规模大、实力强、效率高、效益好、功能强的龙头高校。提高高校的自我发展能力，规范和完善高等教育的成本分担制度，拉动教育消费。进行高校科技产业开发，提高高校综合发展实力。培育高校教育产业集团，使其直接进入资本市场筹资，增强自我扩张发展的实力。鼓励社会力量办学，探索国有民办、国有民助、民办公助等多种联合办学模式，可以"一校两制"或"一校多制"，利用多样化的灵活手段吸引民间资金和外资投向高等教育。鼓励财团、企业集团、基金等参与高校的发展，鼓励发展股份制高等院校。

试论构建和谐社会必须理顺的十大关系（2005年）*

引言　构建和谐社会必须树立系统思想，正确运用系统论的原理进行系统分析，抓住广大人民群众普遍关心的热点、难点问题，重点突破，以点带面，整体推进。构建和谐社会必须理顺十大关系。

党的十六届四中全会指出："坚持最广泛最充分地调动一切积极因素，不断提高构建社会主义和谐社会的能力。形成全体人民各尽其能、各得其所而又和谐相处的社会，是巩固党执政的社会基础、实现党执政的历史任务的必然要求。"2005年2月，胡锦涛在中央党校省部级专题研讨班上，系统阐述了构建社会主义和谐社会的意义、目标、任务，这在党的历史上是第一次把构建和谐社会置于十分重要的战略地位。这一重大决策在理论上是一次升华，在实践上是一次飞跃，具有重大的现实意义和深远的历史意义，标志着我们党"以人为本"的发展理念、执政理念、发展方式和执政方式正在全面走向成熟。

一、准确把握内涵，全面推进和谐社会建设

社会是由多元化或多样化的要素组成的，社会系统的结构具有多样性，社会要素之间是相互关联的，相互关联的基本形式有对立统一、相互影响、相辅相成、相互促进、相互制约等。构建和谐社会必须树立系统思想，正确运用系统论的原理进行系统分析，统筹规划，抓住事关全局的主要矛盾，抓住广大人民群众普遍关心的热点、难点问题，重点突破，以点带面，整体推进，全面构建。

1. 和谐社会的基本内涵

"和"是中华民族传统文化的精华，无论是"打天下、干事创业"，还是"稳天下、治国安邦"，都讲究"天时不如地利，地利不如人和"。这说明，在古代和近代的中国，"人和"不仅是人

生哲学的最高境界，同时又是治国安邦和治国兴邦的最高境界。"人和"就是今天我们所说的"和谐社会"，这对于我们构建社会主义和谐社会具有十分重要的借鉴意义。和谐社会是一种理想的社会运行状态，其基本内涵是"和而不同""社会关系和谐稳定"。我们所要建设的社会主义和谐社会，应该是民主法治、公平正义、诚信友爱、充满活力、安定有序、人与自然和谐相处的社会。我国和谐社会的本质就是坚持"以人为本"，这是由中国共产党的性质和社会主义国家的性质所决定的。中国共产党的宗旨是全心全意为人民服务，社会主义的本质是共同富裕。"以人为本"就是以人的全面发展和文明发展为本，以最广大人民群众的利益为根本出发点和归宿。

2. 和谐社会具有三大基本特点

一是功能强大，多元化的社会要素组织结构关系优化，和谐统一，协调一致，整体功能最大化、最优化；二是制度完善，改革发展稳定的制度体制机制健全，具有良性循环、可持续发展、自我升级的内在运行机制；三是适应环境，能够根据外部环境变化及时进行内部调整优化，趋利避害，抓住机遇，扩大开放，深化改革，促进发展，保持稳定。

3. 和谐社会具有三大功能

一是效能性，具有强大的高效运转功能，从横向对比来看具有较强的国际竞争力，在国际竞争中处于主动地位或优势地位；二是发展性，具有自我优化、良性演化、升级进化的内在机制，从动态历史角度来看，和谐社会的内涵始终都经

＊　本文发表于《学习论坛》2005年9月30日。

历着由量变到质变，由低级到高级的发展过程；三是稳定性，从静态角度来看，和谐社会具有较高的稳定性，广大人民群众的利益得到较好维护，社会主体的诉求得到满意反馈，各类矛盾得到有效化解，社会公平得到较好实现，社会正义得到大力弘扬，社会关系融洽和谐，与人为善、平等友爱、团结互助、扶贫济困、解难救危的良好风尚得到发扬光大，社会安定和谐，人民安居乐业。狭义上，和谐社会的功能主要是指"稳定性"，"稳定性"是和谐社会的第一要义。

4. 构建和谐社会的十大基本要求

一是公平与效率之间的关系和谐；二是民主与法治之间的关系和谐；三是依法治国与以德治国之间的关系和谐；四是民生关系与社会管理关系和谐；五是城乡之间、区域之间关系和谐；六是经济与社会之间关系和谐；七是人与自然之间的关系和谐；八是国内发展与对外开放之间的关系和谐；九是物质文明、政治文明、精神文明三者之间的关系和谐；十是改革、发展、稳定三者之间的关系和谐。

5. 构建和谐社会的三大基本途径

构建和谐社会的三大基本途径是"改革、发展、稳定"。"改革、发展、稳定"完美地体现了构建和谐社会的基本内涵、基本功能和基本目标，是我国改革开放和社会主义现代化建设经验的高度总结和浓缩。

二、构建和谐社会必须理顺十大关系

1. 处理好一元与多元的关系，坚持正确的政治方向

发展市场经济必然造成社会阶层的多样化、多元化，进而导致社会价值取向的多样化和多元化，这种趋势在现实生活中日益明显。多样化带来了发展活力，同时也带来了许多社会问题。我们必须用党的一元化的指导思想来统一多元化的价值取向，形成先进的、优良的、和谐的、积极向上的、具有生机活力的主流社会价值观。我们必须适应新形势的变化，与时俱进，毫不动摇地坚持马克思列宁主义、毛泽东思想、邓小平理论和"三个代表"重要思想。我们必须坚持中国特色社会主义道路，坚定不移地用一元化的指导思想来统领社会发展与和谐社会建设，始终如一地用一元化的指导思想来占领政治思想和舆论宣传的阵地，正确引导社会舆论导向。

2. 加强党的建设，提高构建和谐社会的执政能力

应着重从思想、作风、组织三个方面加强党的建设：一是端正思想，正本清源。当前要紧密结合开展党员先进性教育活动，提高认识并带动各项工作，把先进性落到实处。二是端正党风，带动民风。切实改变少数党员干部作风中的"浮""虚""空""松""软"等不良现象，深入实际、深入基层、深入到群众中去，脚踏实地做实事、解难事、办好事。三是完善组织，领导有力。干部人事制度改革应当体现科学化、规范化、民主化，逐步引入公开竞争的选人用人机制，建立一支高素质的富有活力、创造力、凝聚力的干部队伍。

3. 坚持科学发展观是构建和谐社会的根本要求

科学发展观是关于发展的科学理念，其本质就是坚持以人为本。以人为本是发展的目的，强调以人的全面发展和以人民群众的根本利益为出发点与归宿，个人价值和社会价值得到自由发挥、全面实现。科学发展观的实质就是为了实现经济社会更快更好地发展，也就是为了和谐的发展。发展是科学发展观的第一要义，是我们党执政兴国的第一要务，"五个统筹"是落实科学发展观的根本要求。构建和谐社会与科学发展观的本质和实质是一致的。构建和谐社会是坚持科学发展观的社会基础，科学发展观侧重解决发展的和谐问题，构建和谐社会侧重解决社会的和谐问题，在发展中和谐，在和谐中发展。

4. 改革发展稳定是构建和谐社会的基本途径

改革、发展、稳定三者之间是紧密联系、相辅相成的。改革是动力，发展是目的，稳定是前提。只有在社会稳定中才能推进改革发展，也只有在改革发展中才能促进稳定。要把改革的力度、发展的速度和社会可承受的程度有机地统一起来。发展是构建和谐社会的中心点，稳定是立足点，改革是着力点。发展是硬道理，发展是党执政兴国的第一要务，是解决中国一切矛盾的关

键，当然也是构建和谐社会的关键，必须毫不动摇地坚持以经济建设为中心的方针。稳定是改革和发展的前提，也是构建和谐社会的前提，必须坚持稳定压倒一切的方针。稳定是和谐社会的外在表现，同时又是构建和谐社会的必要条件。

5. 效率与公平问题是构建和谐社会的根本问题

效率与公平问题是构建和谐社会中的一对主要矛盾，两者的地位同等重要，都是和谐社会所追求的目标，构建和谐社会要求我们必须处理好效率与公平之间的矛盾关系。为此，我们在充分发挥市场优化配置资源的基础作用之外，还必须协调好城乡之间、区域之间、人与人之间、各社会阶层之间的利益关系，具体到分配领域中，应坚持"效率优先、兼顾公平"的原则。既要充分激发人们的创造活力，又要建立维护社会平衡与稳定的机制。首先分配注重效率，发挥市场的主导调节作用，主要通过创造机会均等、公平竞争的环境来实现；其次分配注重公平，发挥政府的主导调节作用，主要通过加强宏观调控、完善税制和公共财政再分配机制、健全社会保障制度等方式来完成。

6. 民生问题是构建和谐社会的核心内容

民生问题，顾名思义就是指人民群众的日常基本生活保障问题，主要包括工作、生活、学习三个方面，其理想状态是安居乐业。民生问题可以具体分解为就业、社会保障、社会安全环境、教育科技人才环境、公平与正义等。民生问题事关人民群众的切身利益，事关社会的公平正义问题，常常也是社会普遍关注的热点、难点问题，所以，只有解决好民生问题，才能保持社会的和谐稳定。

7. 民主政治是构建和谐社会的政治保障

民主是社会主义的本质要求和内在属性，民主政治是社会主义现代化建设的重要目标任务。民主就是人民群众当家做主，只有人民当家做主，和谐社会才有群众基础，只有发展民主政治，构建和谐社会才有政治保障。发展社会主义民主政治，最根本的是要把坚持党的领导、人民当家做主和依法治国有机地统一起来。要加强党的执政能力建设，巩固党的领导核心地位，发展社会主义民主政治、依法治国，共同为构建和谐社会提供政治保障。

8. 依法治国是构建和谐社会的法律保障

社会主义社会是法治社会，依法治国是坚持党的领导、坚持中国特色社会主义道路、建设社会主义民主政治、实现人民当家做主的基本保证；市场经济是法治经济，只有依法治国才能保证市场经济正常运转和健康发展，才能用法律手段来维护社会的公平与正义，公正处理各类社会矛盾，打击犯罪，保护人民群众的合法权益，维护社会稳定和国家长治久安。

9. 以德治国是构建和谐社会的精神支撑

依法治国与以德治国紧密结合形成了我国社会主义的治国方略。法律和道德都是上层建筑的重要组成部分，都是规范人们行为、治理国家的重要手段。法治是以强制手段来规范行为的，属于政治建设和政治文明，而德治是通过思想觉悟的提高促使人们自觉遵守行为规范，以思想道德来自我规范行为，属于思想建设和精神文明。法治与德治是相辅相成、相互促进的有机整体。社会主义道德建设以集体主义为原则，以爱祖国、爱人民、爱劳动、爱科学、爱社会主义为基本要求，以社会公德、职业道德、家庭美德为基本内容，目的是要在全社会形成团结互助、平等友爱、与人为善、扶贫济困、诚实守信、共同进步、和谐融洽的人际关系和社会美德。因此，社会主义思想道德建设是构建和谐社会的重要内容，只有加强以思想道德和科技教育文化为主的精神文明建设，才能为构建和谐社会提供坚实的精神支撑和智力支撑。

10. 社会管理是构建和谐社会的重要基础

要推进社会管理理念、管理体制、管理机制、管理方式的创新，应调动各方面的积极性和创造性，整合优化社会管理资源，逐步建立健全党委领导、政府负责、社会协同、公众参与的社会管理格局。发挥各自优势，搞好分工协作，各司其职，各负其责，不断提高社会管理的专业化、规范化、制度化、民主化、科学化水平，不断提高党的科学执政、民主执政、依法执政的能力，不断提高党和政府驾驭市场经济、应对复杂局面、构建和谐社会的能力。要发挥好党和政府管理社会的领导和主导作用，应加强政府部门的专业化建设，理顺管理体系，健全管理机制。

民生问题是构建和谐社会的支柱（2005 年）*

摘要 "民生问题"关系到老百姓的基本生活和切身利益，事关社会的公平、正义与和谐，是构建和谐社会的核心内容。只有解决好民生问题，才能为构建和谐社会奠定坚实的基础。

民生问题是构建和谐社会的核心内容。民生问题事关老百姓的基本生活和切身利益，事关社会的公平、正义与和谐，又是社会热点、难点、焦点问题，解决好民生问题是构建和谐社会的基本。解决民生问题的重点是"重民生、保民生、安民生、强民生、和民生"。

一、实现社会充分就业是民生之本

"民以食为天"，只有人民安居乐业，各尽所能、各得其所，才能实现社会安定和谐。就业与经济增长之间呈现出高度正相关关系，在很大程度上就业既是发展的代名词，又是提高人民群众生活水平、实现社会公平的重要途径，是实现社会和谐安定的重要基础。经济增长和充分就业历来都是世界各国政府执政期间所追求的主要目标和任务。就业既是一个重大的经济问题，又是一个重大的社会问题和政治问题。因此，我们必须从构建和谐社会战略高度来把握就业问题。各级政府应把就业与经济增长放到同等重要的位置，抓好抓实抓出成效，让人民群众满意。

我国是人力资源大国，人力资源优势只有通过就业这个"总开关"才能转化为经济优势，目前全国大约有近 2.5 亿农村劳动力亟待转移，城市职工失业、下岗、转岗、再就业问题也比较突出，未来的就业压力比较大，就业形势比较严峻，应着重从以下五个方面做好就业工作：一是应建立健全与社会主义市场经济体制相配套的促进就业的法律法规体系和政策支撑体系。二是应建立促进就业的调控体系，完善就业评价指标体系，并进行分解量化，将其纳入国民经济和社会发展的统计核算体系中，纳入政府任期责任目标考核指标体系中，纳入当前宏观调控体系中，重点监控，也就是将就业在宏观上纳入国民经济和社会发展的规划、计划、实施、监控、反馈、调整、优化、调控的全过程中，在微观上从产业、行业、企业、城乡社区等方面扎扎实实地做好就业的组织和服务工作。三是建立健全促进就业服务体系。由政府资助建立就业信息网，充分利用互联网来宣传就业政策、传播就业信息。办好各级各类劳务市场、人才市场，引导劳动力和人才的合理流动、优化配置。鼓励民间社会开办各类就业中介信息服务机构。建立健全职业教育和职业培训体系，鼓励各类职业资格证书培训机构的发展，政府要倾斜支持失业、下岗、转岗和再就业的实用技能培训工作，做好企业改革和调整中的下岗分流和再就业工作。四是广开就业渠道，优化就业结构。经济结构、产业结构的优化调整要与扩大就业紧密结合起来，充分发挥劳动力资源优势。要大力发展劳动密集型产业，把劳动密集、资本密集、技术密集有机地结合好；要大力发展第三产业即服务业，服务业投入小、见效快，且就业容量大，是扩大就业的重要方面，应继续巩固提升传统的服务业，同时注重发展新兴的智力密集的服务业；要大力发展民营经济，对民营企业要"放心、放手、放开"发展，创造宽松的公平竞争环境，与其他所有制企业一视同仁，给予公平待遇，在财政、税收、金融等政策方面给予倾斜扶持，扶优扶强，做大做强，真正

---

* 本文发表于《中州学刊》2005 年 1 月 20 日。

发挥其扩大就业的主渠道作用。五是大力发展劳务输出，加快农村富余劳动力转移，是解决"三农"问题、增加农民收入、缩小城乡差别的重要选择。应营造鼓励农民进城务工的政策环境，完全给予农民工"市民待遇"，切实解决其社会劳动保障、子女入学等问题，彻底消除人为的不合时宜的城乡壁垒，这是社会公平和进步的必然要求。

二、建立健全社会保障体系是民生"稳定器"

社会保障制度被称为社会的"稳定器"，做好新时期的社会保障工作，对构建和谐社会意义重大。"国家建立健全同经济发展水平相适应的社会保障制度"已被写入宪法，是建立健全社会保障制度的指导方针。一是优先做好社会统筹养老保险，这是社会保障的基石；二是做好医疗保险、劳动安全保险、失业保险等；三是要健全和完善针对社会弱势群体的救济、援助、扶持、保护体系，整合政府和社会资源，将扶贫济困、解难救危工作制度化、经常化、社会化。进一步巩固、提高、规范和完善城市困难职工群众的"两条保障线"和低保工作，切实帮助解决城乡困难群众的子女入学和就医问题，积极探索农村养老、医保的新途径，切实解决困难农民家庭看不起病的问题，以及因病返贫问题。调动国家、企业、集体、社会、个人的积极性共同做好社会保障工作，以加大政府财政倾斜投入力度和划转国有资产股份等形式，进一步扩充社保基金的规模和实力，完善社保基金的保值增值和投资功能，同时扩大社会保障的覆盖面，积极创造条件向民营企业覆盖、向进城的农民工覆盖、向广大农村覆盖。

三、保持社会大局稳定是民生的"保护伞"

一是着力营造安定有序的社会环境。"安全、有序、稳定"是和谐社会的重要标志，营造安全、有序、稳定的社会环境是各级人民政府管理社会的重要职能，也是社会治安综合治理的目标任务。现代社会的一个重要特点就是开放性，区域之间的人流、物流、信息流规模大，交换频率

高、速度快。我国经济社会当前正处在快速调整发展的转型期和关键期，又是矛盾的凸显期、刑事案件的高发期、对敌斗争的复杂期，社会治安面临着复杂多变的态势。社会治安综合治理工作应以创建"平安城乡、和谐社会"为总目标，以建立健全防控体系为重点，在"基础建设、组织建设、法制建设"等方面取得突破性进展。要坚持"打防结合、预防为主、专群结合、依靠群众"的工作方针，从组织上健全社会治安综合治理"四大责任制"，即建立层层目标管理责任制、领导负责制、一票否决制、重大治安案件查究制；要建立和完善"三大网络工作机制"，即快捷的网络预警机制、严密的网络防控机制、高压的网络严打机制；本着"化解矛盾要细、消除隐患要准、预防犯罪要早、打击犯罪要狠"的工作要求，最大限度地化消极因素为积极因素，下大力气解决好影响社会稳定的突出问题，坚决遏制重大群体性事件、重大刑事案件、重大安全生产事故的发生；积极开展社会治安综合治理创建活动，保护战略机遇期治安大局平稳、社会大局安定。

二是牢固树立安全生产、文明生产的科学生产观。安全生产"责任重于泰山"。坚持以人为本的科学发展观和构建和谐社会，都要求我们必须摆正生产与安全之间的关系。群众利益大于天，安全责任重于山。安全生产必须警钟长鸣，常抓不懈，必须"两手抓，两手都要硬"：①抓法治，对违反安全生产法规造成重特大事故者一律绳之以法，对长期存在安全隐患又拒不整改的单位一律依法关闭并追究单位法人的责任；②抓监管，安全不合格不达标者一律停工停产进行整改，直到合格为止；③抓责任制，实行层层负责制，责任到人，量化到人，一票否决，奖惩分明；④抓基础，搞好安全基础教育和基本技能培训，搞好安全基础设施建设，搞好安全规章制度建设；⑤抓领导，对领导不力、监管不力、带病生产造成严重后果者，应负经济的、行政的、法律的责任。

三是建立突发性公共灾害事件的预防处置应急机制。随着经济的发展和生态环境的变化，各种灾害发生的频率越来越高、范围越来越广、影

响越来越大，对人民群众生命财产所造成的危害越来越深。研究发现，灾害影响最大的往往是社会的弱势群体，因灾致贫、因灾返贫的现象比较普遍。为此，应健全和完善"防灾、减灾、抗灾、控灾、救灾"的体系，建立突发性灾害事件的应急处置机制。重点应对四种灾害：第一类是自然灾害，如洪涝灾害、迁徙性的病虫害等；第二类是事故灾害，如火灾、重大安全生产事故、重大环境污染事故等；第三类是公共卫生事件，如非典、禽流感、艾滋病等重大传染性疾病暴发性流行；第四类是社会安全事件，如重大社会治安案件、重大社会群体性事件等。应采取各种有力的措施，遏制住灾害频繁发生的势头，同时把灾害造成的损失降低到最低，特别要切实解决好受灾害的社会弱势群体的生产生活问题，把人民群众的利益维护好。

河南省"十一五"高等教育发展战略研究（2006 年）*

引言　本文采取跟踪调查、对比研究、系统分析等研究方法，在近两个月内对几所高等学校进行了典型调研，走访了教育主管部门的部分领导，紧紧围绕河南省"十一五"高等教育发展中的若干重大问题展开研究。

一、"十五"期间河南省高等教育发展的主要成就和基本经验

1. 主要成就

"十五"期间，河南省大力推进"低中心运行，高层次突破"的教育发展战略，基础教育得到进一步巩固和加强，高等教育获得突破性和跨越式发展。

第一，高等教育进入大众化发展新阶段。"十一五"是河南省高等教育发展最快的时期，高等教育由"精英教育"阶段迈入"大众化"阶段，高等教育毛入学率达到 17.02%，比 2000 年提高 8.32 个百分点，五年内高等教育毛入学率提高了近一倍，跨入高等教育大众化阶段。

第二，高等教育规模快速扩张。2005 年，全省高等教育在校生规模达到 145.52 万人，比 2000 年增加 79.75 万人，其中，普通高等教育在校生达到 85.19 万人，比 2000 年增加了 58.95 万人，增长 224.66%。在校研究生达到 1.58 万人，比 2000 年增长 393.75%。

第三，高等教育结构不断优化。全省普通高校发展到 83 所，比 2000 年增加了 31 所。校均规模明显扩大，办学效益稳步提高。加快了高校重组步伐，高等教育资源得到了优化。

第四，高等教育的层次明显提高。全省教育的层次结构重心逐步上移，使其总体结构发生了根本性的转变。郑州大学"211 工程"建设进展顺利，郑州大学成为全国第一所教育部与省级政府共建的高校。按照"211 工程"标准加快了河南大学建设。郑州大学、河南大学分别筹建了研究生院。全省高校博士学位点由 15 个增加到 107 个，硕士学位授权点由 257 个增加到 824 个。

第五，重点学科和重点实验室建设取得新的突破。全省高校拥有 3 个国家级重点学科、2 个国家级工程技术中心和 5 个国家级、部级重点实验室，全国普通高校人文社科重点研究基地实现零的突破。河南省国家大学科技园通过教育部、科技部评估认定。基础研究和应用研究取得积极进展，自主创新能力不断增强，高校已成为基础研究和应用研究的主力军。

第六，高等学校办学条件得到显著改善。"十五"期间，全省先后有 51 所普通高校征地建设了新校区或对原有校区进行了扩建。2005 年，全省普通高校占地面积达到 10.15 万亩，比 2000 年增加 7.21 万亩；校舍建筑面积达到 2714.92 万平方米，比 2000 年增加 1804.4 万平方米；仪器设备总值达到 46.26 亿元，比 2000 年增加 33.6 亿元；图书馆藏书达到 5995.33 万册，比 2000 年增加 3347.46 万册；专任教师达到 4.63 万人，比 2000 年增加了 2.61 万人。全省普通高校专任教师中研究生以上学历所占比例由 2000 年的 22.30% 提高到 2005 年的 30.92%。在高校工作的博士生由 2000 年的 494 人增加到 2005 年的 2406

*　本文发表于河南省人民政府发展研究中心《调研报告》2006 年 3 月 15 日第 4 期（总第 658 期）。

人。全省已有51位两院院士在高校工作并实现了河南省本土培养院士"零"的突破。面向海内外引进51名特聘教授。

第七，高等教育多元化投入的力度加大。为适应高等教育快速发展的需要，"十五"期间，省政府加大了对高等教育的投入，教育事业经费有了较大增长。2005年，教育厅直供高校预算内事业性教育经费拨款达到23.2亿元，是2000年的2.05倍。五年中，省本级对高校基建投入达到3.4亿元，贴息达到2.44亿元。为了减轻政府对高等教育的投入压力，缓解高等教育基建投入不足的矛盾，各高校利用银行信贷资金（主要是用于征地和基本建设）来筹措基建经费，"十五"期间，全省高校累计贷款132亿元，现有贷款余额75亿元。

第八，民办高等教育获得了巨大发展。全省民办普通高校已达10所，独立学院已达9所，普通本专科在校生为9.92万人，比2000年增加了7.75倍，仅民办高校校园占地和校舍建设就增加高等教育投入27.4亿元。全省高校吸收社会资金累计20多亿元，共建学生公寓、食堂等后勤设施约260多万平方米。

2. 八条基本经验

第一，坚持高等教育与社会经济协调发展的方针。抓住机遇，果断决策，适时适度超前发展。

第二，坚持高层次突破的发展方针。倾斜发展重点大学、重点学科、重点试验基地，以点带面，全面发展。

第三，坚持优化结构的发展方针。对高等学校的设置进行优化重组，优化资源配置，优化本专科结构，大力发展高等职业教育，大力发展民办高等教育，提升高等教育的整体实力和竞争力。

第四，坚持高等教育数量扩张与质量提高并重的方针。

第五，坚持以教师为本发展高等教育的方针。努力建设一支层次高、结构优、实力强、数量足的教师队伍。

第六，坚持以学生为本、以人才培养为中心的高等教育发展方针。以提高学生的学习能力、实践能力、创新能力和创业能力为目标，以提高学生的就业能力和就业率为导向，努力改善教学条件，改革教育模式、教学形式和内容。

第七，坚持以市场为导向大力发展高等职业教育的方针。调动社会各方面的积极性促进快速发展，密切与地方经济发展的联系。

第八，坚持高等教育社会事业社会办、大力发展民办高等教育的方针。调动政府和社会的积极性，促进高等教育快速发展。

以上八条经验在河南省今后高等教育的发展中仍然应当继续坚持并发扬光大。

二、河南省高等教育的主要问题

1. 上学难、就业难

河南省高等教育在全国仍处于弱势地位。河南省的九年制义务教育发展水平虽高于全国平均水平，高等教育与全国的差距正在缩小，但是弱势地位尚没有根本改变。2005年，河南省高等教育毛入学率仅为17%，比全国平均水平约低4个百分点，与2000年相比差距又扩大了0.2个百分点。河南省本专科在校生人数仅占全国的5.7%，而河南省人口约占全国的7.5%，两者相差1.8个百分点。河南省高等学校的数量仅占全国的4.6%，尤其是河南省重点大学占全国的比例更低，在全国近100所"211工程"大学中河南省只有一所，这与河南省全国第一人口大省的地位不相称。河南省的高考录取分数线甚至比有的省市高上百分，上重点大学千军万马过独木桥的状况并没有从根本上改变，上大学难，上名牌大学更难，在河南省表现得尤为突出，已经成为许多学生家长的心病。

高等教育仍是稀缺资源。在市场经济条件之下，供不应求的"物品"越来越少了。高等教育不是一般的"公共物品"，这种特殊的公共物品的发展不但可以拉动社会需求，还可以推动社会经济的进步；反之，如果高等教育长期滞后于社会需求，就会延缓社会的发展。近八年来，为了扩大高等教育的供给，河南省想了很多办法，政府加大投入力度、学生家庭分担办学成本、引入民间资金等，促进了高等教育的大发展，但是与社会长期存在的、不断增长的社会需求仍然存在巨大差距，这说明在发展高等教育的问题上我们仍然面临很大的挑战，出路只有一条，那就是解放思想、开拓创新、加快发展。

就业难凸显高等教育模式亟待改革、质量亟待提高。就业问题在河南省高等教育的发展中表现得越来越突出，有些学校个别专业的就业率在50%以下，越来越多的学生毕业就等于失业。许多农村学生家长东凑西借筹集学费，供应学生毕业了却又发愁就业问题，不少农村家庭因此而陷入困境，还有一些学生是靠助学贷款上的大学，就不了业就无法归还贷款，据统计，目前20%~30%的贷款学生毕业后不按时归还贷款本息，由此看来，就业问题解决不好将会造成不良的社会连锁反应。这说明，目前高等教育的发展不能完全适应社会需求的发展变化，与社会需求尚有一定的差距，教育模式、教育思想、教育理念等需要创新，专业设置和教学内容需要调整，教学形式和手段需要更新和充实，以适应市场需求的变化，同时，就业观念、就业环境、就业政策也需要调整。

2. 部分省属高校潜伏债务危机，基建资金紧缺

高校负债运行，成为新的金融风险区。由于高校全部实行交学费上学，银行也全面放开了对高校的基建贷款，所以高校的经济实力明显增强，带动了招生规模和基建规模的扩大。但是到2003年，随着贷款规模的不断扩大，许多学校将学费收入用来归还贷款利息出现了一定的困难，贷款本金的偿还更是遥遥无期，高校偿债能力急剧下降，出现了一定程度的偿还危机。在没有任何资产作抵押的情况下，银行会判定高校为高金融风险区，立即停止对高校的贷款，许多高校的基建就此停顿下来，省属高校也由此陷入财务困境。

部分省属高校财务危机的形成有三个主要原因：一是基建规模太大。摊子铺得过大，超标准建设的现象比较普遍。个别学校一味地盲目贷款搞基建，不进行可行性分析，基建几乎全部靠贷款，可90%的贷款是1~2年期的短期贷款，贷款期过于集中，而还款期没有有效分散，导致资金循环链条断裂，甚至出现教职工发工资困难的情

况。由此看来，学校的建设发展也要遵循经济规律。二是学费标准太低。学费不足以补偿教育成本的增长。大部分学校所收学费仅仅够偿还银行贷款利息，政府拨款仅仅够维持学校的日常运转，基建完全靠贷款，可贷款的本金却无力归还。三是收入来源太单一。学校收入的一部分来自财政拨款，另一部分来自学费，而财政的支撑能力有限，学费收入又受国家的严格控制。学校其他来源的收入几乎没有，如来源于校办产业、企业、非政府组织、民间等。许多国内外名牌大学发展建设的资金来源不是政府拨款和学费，而是自筹，靠的是对外合作，靠创办企业的收益，靠与大企业大财团的合作或融合，靠与各类非政府基金组织的合作或融合等。

避免财务危机的唯一出路是"开源节流"。由于高校贷款的金融风险在不断加大，而高校在法律上属于事业法人，其资产不能抵押，所以在短期内高校已成为金融高风险区，又受到国家宏观调控的影响，银行果断采取了"急刹车"，全面收紧了对高校的贷款，只对国家重点支持的高校和具有较强可持续发展能力的高校贷款，一般高校贷款全面受困，河南省高等教育发展资金紧张的状况还会加剧。要解决资金紧缺问题，就必须开源节流、多策并举，增强高校自身的可持续发展能力。

3. 大学城建设过于分散值得反思

大学城建设是实现高等教育集聚发展、集约发展、集群化发展的有效途径，其主要目的是实现基础设施资源共享，如图书馆、实验室、体育场、餐厅等硬件资源共享，实现师资等软件资源的共享，有效地避免重复投资，促进学科交流与融合。但是，河南省的大学城却是各自为政，相互割据，互不往来，互不合作，每一所大学都是一座围城，每一所大学都有一套自成体系的基础设施，每一所大学又成了一个封闭的小社会，从而导致基础设施重复投资建设，债务负担沉重。最典型的就是在郑州市的西部、北部、南部和东部分布四个大学城，这四个大学城都缺乏整体科学规划，没有实现资源共享和优势互补，极为紧缺和稀缺的高等教育资源被分割得七零八落。

4. 尚处在粗放型的发展阶段

近年来，虽然河南省的高等教育获得了突飞

猛进的发展，但是仍处在发展的初级阶段，发展比较粗放，具体表现在以下三个方面：一是高等教育的发展规律尚在探索之中。可持续发展的办学体制、机制和模式没有完全建立起来，尚没有走上良性发展的道路，还没有形成成熟的发展模式。应积极总结河南省高等教育发展中的典型经验，积极借鉴国内外高等教育发展的经验，为我所用，积极探索有中国特色、有河南特色的高等教育发展模式。河南省高等教育缺乏在国内外有较高知名度和影响力的名校，高等职业教育还处于发展的初始阶段，民办高等教育的潜力还没有真正发挥出来，高等教育的结构不尽合理。二是基建投资管理粗放。出现了只管投入，不管产出，只管贷款，不管还款，重数量而忽视质量，重外延扩张而忽视内涵发展，脱离实际，追求超标准建设的情况，计划经济体制的痕迹较浓。三是公办高校的运行效率较低，运行成本较高。人多、机构多、效率低，管理粗放，浪费现象严重，运行成本过高。例如，河南省有一所合作办学的外资高校，在校生人数约为16000人，行政后勤管理人员约200人；河南省有一所民办大学，在校生人数约为20000人，行政后勤管理人员约250人；河南省有一所省属重点大学，在校生16000人，行政后勤管理人员800多人；河南省某市的一所职业技术学院，在校生12000人，行政后勤管理人员约300人。通过以上对比可以看出：省属公办高校的行政后勤人员数量是民办高校的4倍，是市属公办高校的2倍。

为什么公办高校与民办高校之间的差距如此巨大？其根本原因在于体制，民办高校采取的是"企业化管理、市场化运作"的模式，这种模式具有健全的约束机制，适应了"效率优先"的市场经济原则，完全靠自筹资金滚动发展；而公办高校仍然沿用"计划经济下的事业管理"模式，这种模式的最大缺陷是约束机制不健全，管理粗放，运作成本高，效率较低，主要靠国家财政拨款维持运转，普遍存在"等、靠、要"的思想。由此看来，体制改革是公办高校走出困境，实现健康发展的根本所在。

5. 高等教育与地方经济发展的结合不紧密

地方经济是高等教育发展的重要依托和根本，离开了地方经济的发展去空谈高等教育的发展是不现实的，只有地方经济发展好了才能为高等教育的发展提供更多的支持。面向经济建设主战场是发展高等教育的重要方针，但是长期以来河南省的高等教育与地方经济的发展相互脱节，相互分离，难以形成良性循环。一是高等学校的办学思路有偏差，主动为地方经济建设服务的意识淡薄，大多数学校仅局限在一般性人才的培养上，人才培养与地方产业发展需要不相适应；二是大学的功能单一，大多数高校还停留在教书育人的初级阶段，忽视了产学研相结合，科研人才少、科研项目少、科研能力低，与外界的市场和企业不相往来，大学作为科研基地的功能基本上没有发挥出来；三是人才培养的模式落后，当前就业率较低的主要原因是学非所用，缺乏创新能力，高分低能，眼高手低，动手能力差。以上这种状况若不改变，将会直接影响河南省高等教育的可持续发展。

三、"十一五"河南省高等教育发展战略目标

1. 抓住高等教育发展的战略机遇期

"十一五"期间，河南省的工业化和城市化进程将进入快速发展时期，该时期是河南省经济社会发展的战略机遇期和黄金期，高等教育作为事关全局的先导产业，优先发展和加快发展是战略选择。这是实施"科教兴豫"和"人才强省"战略的要求，是实现中原崛起并在中部崛起中走在前列的要求，是建设"新兴工业大省"的要求，是建设"创新型河南"的要求，是把河南省的人口资源转化为人才资源的要求。"十一五"期间进一步加快河南省高等教育发展势在必行。

中央"十一五"建议指出："坚持教育优先发展""提高高等教育质量"。我国高等教育"十一五"将继续贯彻"巩固、深化、提高、发展"的方针，即在保证质量提高的前提下，把握好发展节奏，适时加快发展。省委"十一五"建议指出："深入实施科教兴豫和人才强省战略""优先发展教育事业""加快发展高等教育，坚持扩大规模和提高质量并重"。

对河南省来讲，"十一五"期间，高等教育

面临"提高毛入学率和提高质量"双重发展任务，目的是尽快缩小与全国平均水平的差距。

2. 确立"两个提高"的战略目标

"十一五"期间，河南省高等教育总体发展战略目标为"两个提高"：一是提高毛入学率，扩大规模，以适应高等教育大众化发展的需求，将毛入学率提高为23%~25%，接近全国平均水平，普通高校在校生总数达到145万人，5年约增加60万人；二是提高层次和质量，增强核心竞争力，适应人才市场竞争加剧的需要，适应经济社会快速发展的需要，"重点大学、重点学科、重点实验室"建设取得新跨越和新突破，教育理念、教育模式、办学体制先进，就业率稳步提高，河南省高等教育特色鲜明、结构优化、层次合理、规模适度、质量较高、效益较好，达到并超过全国平均水平。

四、"十一五"河南省高等教育发展战略思路

为了实现以上"两个提高"的战略目标，河南省高等教育应大力实施"规模扩张""质量立校""产学研一体化""高层突破""两轮驱动""分层突破"等战略。

1. 实施"规模扩张"战略，提升毛入学率水平

（1）规模扩张符合河南省实际。一是与全国对比需要调高河南省高等教育发展速度。2004年，省委、省政府在《关于加快高等教育改革与发展的意见》（豫发〔2004〕5号）中明确要求：到2010年，全省高等教育毛入学率接近全国平均水平。2000年河南省高等教育毛入学率为8.7%，约比全国低3.8个百分点；2005年河南省高等教育的毛入学率为17%，约比全国低4个百分点。2010年全国高等教育毛入学率规划目标为25%，河南省要达到接近全国平均发展水平的战略目标，毛入学率应为23%~25%，五年之内将与全国的差距由4个百分点缩小到2个百分点以内。"十五"河南省高等教育毛入学率提高了8.32个百分点，"十一五"经过努力再提高6~8个百分点是完全可以达到的。按毛入学率23%计算，2010年全省普通本专科在校生人数应达到

136万人，5年增加50.8万人，每年增加10.16万人，每年应扩招2.5万人以上；按毛入学率25%计算，普通高等教育在校生应达到147万人，5年增加62万人，每年增加12.4万人，每年应扩招3.1万人以上。二是与兄弟省份对比需要调高河南省高等教育的发展速度。"十一五"期间，高等教育毛入学率较低的省份一般继续采取扩招的发展战略：山西省2004年高等教育毛入学率达到20%，其"十一五"发展目标为28%，提高8个百分点；湖南省高等教育"十一五"毛入学率发展目标为27%左右；山东省教育"十一五"规划明确提出，"十一五"期间普通高校将继续扩招，将高等教育的毛入学率由2005年的17.8%提高到2010年的26%；江西省"十五"期间高等教育超常规发展，毛入学率由2000年的9.13%提高到2005年的20.43%，比河南省的发展速度还快，"十一五"期间仍要继续大力发展。所以与兄弟省份对比，河南省需要调高高等教育的发展速度。三是应对就学适龄人口高峰需要调高河南省高等教育的发展速度。根据人口预测模型，"十一五"期间，河南省大学阶段适龄人口始终运行在高峰期，且在2007~2009年处于最高峰，2008年峰值比2005年约增加10%，如果不扩大高教规模，毛入学率就会不升反降。四是提高高考录取率需要调高河南省高等教育的发展速度。2005年河南省高中阶段规模达到314.48万人，高中阶段教育的毛入学率达到48.30%，比2000年提高9.1个百分点，高中阶段教育规模的增长速度要超过高等教育，也就是说河南省在九年义务教育普及之后，发展的重点转向了高中阶段教育的普及，城市市区基本普及了高中，农村的普及速度也在加快，由此导致了河南省近年来的高考录取率不升反降。在这种情况下，要提高河南省高考录取率就必须加快高等教育的发展。

（2）规模扩张应以校均规模扩大为主，以增加高校数量为辅。2005年河南省高等学校的在校生校均规模达到10263人，是2000年的3.3倍，高等学校由2000年的52所增加到83所，学校规模的扩大是"十五"高等教育发展的一个重要特点。那么在"十一五"期间学校规模能否继续扩

大呢？扩大的限度有多大呢？随着我国管理方式和管理技术的革新，科学管理和现代管理广泛推行，确立了"校—院"两级管理体制，使高等学校的经济规模不断提高，校均规模五年就增长了2.3倍。从现在高校运行的状况来看，教育资源得到充分利用，办学效益较好的学校规模在2万人左右，由此可以认为目前普通高校的经济规模是2万人左右。河南省当前高校在校生平均约为1万人，在校生校均规模再增加1倍才能达到经济规模。按25%的毛入学率计算，"十一五"全省高等教育规模约增长0.7倍，只要校均规模增加到15000人，再增加10所普通高等院校即可完成规划目标。所以，"十一五"期间，河南省高等教育规模扩张应采取"以校均规模扩大为主，以增加高校数量为辅"的策略。应当优化河南省高等学校的规模结构，建议龙头高校（一流高校）的规模定位在5万人左右，特色名校定位在2.5万人左右，一般高校定位在1万人左右。

（3）规模扩张应多策并举。挖潜一批：这一条路投入小，见效快，但是经过近八年的扩招，原有学校继续扩招受到了较大限制，尽管如此，靠挖潜扩大招生规模仍然是最佳选择。在考核高校时，应结合河南省实际，适当下调生均占地面积等指标要求，对建筑面积等指标允许分年度逐步达到要求。扩建一批：优先支持优质学校的扩建，坚持扶优扶强。联合一批：积极推进高等教育资源的优化重组，使有限的高等教育稀缺资源发挥出最大的效益，积极引入战略投资者，鼓励联合办学，鼓励以强势高校为龙头在省内利用划拨合并、成立分校、开办独立学院等多种方式重组高等教育资源。升级一批：原有的普通大专尽快创造条件升格为本科，所有的大专全部办为高等职业教育。改革一批：大力发展民办高等教育，对承担规模扩张任务的民办高等学校，在资金、政策、土地等各方面给予倾斜支持。

2. 实施"质量立校"战略，提升高等学校的核心竞争力

规模扩张必须建立在质量提高的基础之上，没有质量做保证的数量毫无疑义，就是不负责任的极大浪费。河南省高等教育既要扩大规模，又要提高质量，这就是一个很大的挑战。

（1）走"人才强校"的发展之路，建设一支高素质的教师队伍。人才是强校之本，没有一流的师资队伍，就建不成一流的大学。积极实施"人才强校"战略，坚持引进与培养并重，构筑人才高地，建立规模适度、结构优化、层次较高的师资队伍。一是应面向国内国际，重点引进学术带头人和大师级专家；二是通过设立特聘教授岗位，汇集一批学术大师；三是通过设立科研基金，重点支持中青年骨干教师，鼓励脱颖而出，培养自己的学科带头人；四是制定河南省高等学校的院士引进和培养计划，大力培养本土院士，以此带动特色专业和拳头学科建设；五是建立人才管理的竞争机制、激励机制和约束机制，对特别优秀的人才应破格提拔重用；六是改革工资制度，拉大收入差距，体现劳动价值。

（2）走"特色强校"的发展之路，以重点学科建设为核心。一是抓好重点学科选择，适应国内外发展的大趋势，适应地方社会经济发展的需要，结合高校的实际，重点发展具有一定比较优势的学科；二是抓好学科队伍建设，大力引进和培养学科带头人和学术骨干，形成"学科带头人+学科骨干+创新团队"的组织模式，优化学科队伍的年龄结构、学历结构、职称结构、专业结构，实现优势互补；三是抓好重点学科基地建设，广开资金来源渠道，倾斜投入建设一批重点实验室和工程研究中心，狠抓学科、实验室和工程研究中心的达标升级工作，重点建设一批国家级和部省级的学科、实验室和工程研究中心，特别是要创造条件，加大力度增加部省级研发基地数量，鼓励与企业联合建立研发中心；四是抓好博士点和硕士点的设置，积极创造条件，继续大力度增加一级学科点和一级博士点的设置，促进学科建设。在学科建设方面，郑州大学、河南大学、河南师范大学厚积薄发的经验值得推广。

3. 实施"产学研一体化"发展战略，提升高等学校的功能

高等学校具有"两个基地"的基本功能：一是人才培养基地，"生产人才"，培养各类高级创新型人才和实用型人才；二是科研基地，"生产科研成果"，是新思想、新理论和新科技的创新

基地，是建设创新型社会的重要支撑。不断强化高等学校"两个基地"功能，对河南省社会经济的快速、健康、可持续发展，建设"创新型河南"至关重要。要发挥好高等学校的"两个基地"功能，把"两个基地"建设有机地结合起来，走产学研一体化发展道路。当前，实施产学研一体化发展战略，应重点搞好以下"三个对接"：

（1）对接地方经济，形成良性互动。高等学校要面向经济建设主战场，服务于经济建设和社会发展，立足地方，面向全国，放眼世界，这是在社会主义市场经济条件下，对高等学校的一次新的准确的定位。主动投入经济建设主战场，介入国家重要建设领域，与国家及地方的经济社会发展融为一体。特别是在"以省为主，中央与地方共建"体制的运行下，高等学校更应自觉地树立起服务于区域经济建设的指导思想，增强为区域经济和社会发展服务的功能，为区域经济发展做出自身特有的贡献。当前，各个地方的政府对高等教育都非常重视，给予全方位的支持，可支持历来都是双向的，发展也应当追求双赢目标，所以服务地方社会经济的发展是高等学校义不容辞的责任。高等学校通过服务社会不仅能为自身发展找到方向、目标和市场，不断开拓高等学校的生存和发展空间，在辐射带动地方经济发展的同时，自身的可持续发展能力也能得到提高。当前，河南省是全国重要的种植业基地和畜牧业基地，又是新兴的工业大省，全国的交通枢纽和商贸中心，为了在中部崛起中走在前列，正在建设"创新型河南"，所有这些为高等学校提供了广阔的用武之地，带来了巨大的发展机遇。高等学校应当找准坐标，积极主动地投身到河南省社会经济的发展中去，在服务中不断发展壮大自己，与地方相互支持，形成良性互动。

（2）对接市场，寻求发展突破。高等教育不能产业化和市场化，但是需要引入市场机制，主动与外部大市场进行对接，因为高等学校培养出的人才和完成的科研成果都要回归市场并接受市场的检验。一是应以就业为导向压缩长线专业，扩大短线专业。应及时捕捉市场信息，对市场的中长期变化进行预测，及时调整专业设置和课程设置、招生计划和培养计划。二是应以就业为导

向，注重学生适应能力和创新能力培养。在培养计划中应加大实践环节的分量，把实践与理论学习有机地结合起来，提高学生的动手能力，使学生一出校门就能了解市场、适应市场，及时找到适合自己的职业。三是应以市场为导向选准研究课题。通过对市场发展变化的洞察，了解市场发展的方向，调整研究方向，适应并引导市场的发展。四是应以市场为导向狠抓科研成果转化。加大专利申请力度，保护自主知识产权，同时利用网上发布、成果展览、定向联系等多种形式加大科研成果推广力度，促进科研成果尽快转化为现实生产力。

（3）对接企业，促进共同繁荣。企业是国民经济的细胞，是市场经济的主体，是社会财富的创造者，高等学校服务于地方经济、服务于市场，主要是服务于企业。应从三个方面推进对接企业：一是选择合适的企业建立学生实习、试验、实践基地，聘请企业的高级管理人员和高级技术人员担任指导老师；二是选择合适的企业联合建立科研基地，由企业出资，联合研发；三是把最新的科研成果推广应用于企业，加速科研成果转化为现实生产力，为企业培养高层次的人才。郑州大学的经验值得推广，其以产学研协调发展为主线，坚持"以服务求生存，以贡献求发展"的办学理念，专门成立了"校市校企合作委员会"，先后与安阳市、商丘市、神马集团、神火集团、许继电气、安彩高科、莲花味精集团、郑州卷烟厂等数百个政府部门和企业签订了合作协议，确定了一批联合攻关和科技合作项目，合作资金达数千万元，联合建立了一批研发基地或研发中心，企业在学校设立了奖励基金和科研基金。

4.实施"高层突破"战略，做大做强第一团队

（1）打造高等教育的第一团队，发挥龙头带动作用。河南省高等教育宜采取"雁阵结构"，这种结构的关键在于"领头雁"能否真正发挥领导、导向和带动作用，要求必须由国际国内一流大学来引领。同时，河南省的高等教育在全国是否有地位，关键也是看有没有国际国内一流大学。"雁阵结构"的"领头雁"到底选择一所学

校还是选择两所学校呢？这当然不会有固定的模式，但是却有一定的规律可循，笔者认为选择两所学校更为有利，因为两所学校可以形成竞争之势，通过竞争共同提高，同时两所学校还可以形成互补之势，通过互补来提高区域高等教育的综合竞争力。国内许多省市都拥有两所很著名的大学，如北京有北京大学和清华大学，天津有南开大学和天津大学，上海有上海交通大学和复旦大学，武汉有武汉大学和华中科技大学，西安有西安交大和西北工大，南京有南京大学和东南大学，广州有华南理工大学和中山大学，以上几个城市是国内高等教育实力最强的地方，不可否认他们有一个共同的特点，即"双龙头"。对河南省这个人口和经济大省而言，适时实施"双龙头带动"战略比较合适，而且郑州大学与河南大学实力相当，各有千秋，选择郑州大学和河南大学作为河南省高等教育的"领头雁"或"双龙头"是可行的。力争在5年内，河南省有5所高校进入全国大学排行榜前100强，形成以郑州大学和河南大学为龙头，以河南师范大学、河南科技大学、河南农业大学、黄河科技学院等为支撑的第一团队。力争在10年内有8~10所高校进入全国100强，以此来提高和优化河南省高等教育的层次结构，并带动河南省高等教育的全面振兴。

（2）打造国际一流大学，促使郑州大学进入国家"985工程"。1998年5月4日，江泽民同志在庆祝北大建校100周年大会上向全社会宣告："为了实现现代化，我国要有若干所具有世界先进水平的一流大学。"由此，教育部决定在实施"面向21世纪教育振兴行动计划"中，重点支持部分高校创建世界一流大学和高水平大学，简称"985工程"。"985工程"重点建设的学校有34所，经过几年的建设，这些获得重点支持的各高校在学科建设、师资队伍建设和科研成果等诸多方面都取得了可喜的成果。"十五"期间，郑州大学实现了跨越式发展，其重新组建后进入了国家"211工程"，成为国内第一所省部共建的高校，在2006年中国大学100强排名中居39位，应该说，郑州大学已经进入我国大学的第一方阵，正在成为国内一流的大学。郑州大学的中长期发展战略是：10~15年发展成为世界一流大学。"十一五"期间，郑州大学的目标是进入全国前20强，进入国家"985工程"。到2015年郑州大学力争进入全国前15强，到2020年力争进入全国前10强。

（3）打造国内一流大学，促使河南大学进入国家"211工程"。"211工程"是中国政府面向21世纪，重点建设100所左右的高等学校和一批重点学科的工程。其是国家重点建设项目，是新中国成立以来高等教育领域规模最大的重点建设工程，自1995年正式列入国民经济和社会发展第九个五年计划后开始实施。河南省是全国第一人口大省，人口约占全国的1/13，高层次的人才短缺，仅有郑州大学一所"211工程"大学显然满足不了要求；河南省是全国重要的农业大省和新兴的工业大省，与经济大省地位相适应至少需要建2~5所"211工程"类的大学，河南省不断增长的经济实力完全可以支撑起几所国内一流大学。河南大学在2006年中国大学100强排名中居87位，已经具备进入"211工程"的条件及发展成国内一流大学的潜力，应尽快将其建设为"211工程"大学。"十一五"应力争河南大学的综合实力进入全国百强的前50位。据悉，2005年又有5所大学进入国家"211工程"，河南大学论基础和实力都应进入国家"211工程"，关键是要加强与国家有关部门的对接。

5. 实施"两轮驱动"战略，做大做强民办高等教育

（1）切实提升战略地位。河南省是全国第一人口大省，也是全国第一生源大省，高等教育的供需矛盾特别突出，同时河南省的财政实力有限，对高等教育发展的支持不够，要缓解供求矛盾，满足社会快速增长的需求，就必须坚持"两轮驱动"的发展战略，大力发展民办高等教育。民办高等教育不需要政府投资，非常符合河南省的省情，所以大力发展民办高等教育应当被作为河南省高等教育发展的一个重要战略。目前，民办普通高等教育在校生9.92万人，约占全省总量的11.64%，到2010年在校生人数应约为40万人，占全省的比重应约为30%，每年在校生人数须增加6万，要实现这一战略目标，任务是非常艰巨的。

（2）切实解决实际问题。河南省的民办高等教育从总体上来说，起步早、发展快，黄河科技学院是全国第一所经国家教育部批准的民办普通本科高等学校。但是近几年与其他先进地区及后起的地区相比，河南省的民办高等教育表现出一定的差距：学校的品牌知名度不高，竞争力较弱，形不成集群优势。产生以上差距的原因主要有：一是对发展民办高等教育的战略地位认识不够，没有纳入区域经济社会发展的规划中；二是对民办高校的支持力度不够，在学校晋级、资金投入、征地等影响学校发展的重要方面扶持不够；三是民办高等学校的办学环境不优，政策环境不够宽松，国办学校与民办学校的地位不平等；四是民办高校大多数尚没有摆脱家族式管理的方式，办学思路狭窄，办学理念有待提高。河南省应当虚心学习陕西省和江西省发展民办高等教育的典型经验，实实在在解决好以上几个问题，做大做强民办高等教育，走出一条具有河南特色的民办高等教育的发展道路，走在全国的前列。

（3）切实制定配套扶持政策。一是应将民办高等教育纳入河南省经济社会发展战略，提升民办高等学校的社会地位；二是应当专门制定加快民办高等学校发展的配套政策，对民办高校在资金投入、征地、晋级等各方面给予政策倾斜；三是公平对待公办高校和民办高校，一视同仁，公办高校享有的优惠倾斜政策，民办高校也应当享有，激发民办高校发展的积极性。

（4）切实做大做强。优化河南省民办高等教育的结构，推行激励政策，促进上档升级：一是支持黄河科技学院发展成为河南省乃至全国民办高校的龙头，尽快升级为黄河科技大学，发展成为国内一流民办高校，在校生规模达到3万～5万人；二是发展五大重点，形成集群优势，对黄河科技学院、郑州升达经贸管理学院、郑州大学西亚斯国际学院、郑州科技学院、郑州华信学院等，实行"一校一策"，加大扶持力度，尽快形成各具特色的品牌优势；三是发展20所左右的民办高等学校；四是重点发展10～20所独立学院，充分发挥公办高校的资源优势和品牌优势，培育新的发展优势。

6. 实施"分层突破"战略，做大做强职业技术教育

国家为了大力发展高等职业教育，提出了到2010年高职教育在校生人数要达到整个高等教育50%的目标。按照这一要求，2010年河南省普通高职教育在校生人数须达到70万人，现在在校生人数约为35万人，每年应增加7万人，这是一个巨大的挑战。当前，规模较小、实力较弱、竞争力较低、特色不突出、品牌知名度不高，是河南省高等职业技术院校存在的"五大缺陷"，要突破以上"五大缺陷"并实现跨越式发展，必须落实好以下"六个确立"的发展思路：

（1）确立高等职业技术教育的战略地位。高等职业技术教育的主要功能是培养高级技术工人和高级技师。当前，我国和河南省均处于工业化加速推进的中期阶段，创新型的研发人才和高级技工为最短缺的两种人才。近年来，在深圳出现了高级技工与硕士研究生待遇相同的情况，可见高级技工的短缺程度。有人在对比分析中国制造的产品与日本和德国的差别时得出结论，同样的原材料、同样的设备，不同的工人去操作或组装，制造出的产品的质量却存在巨大差距，质量上的差距表现在价格和效益上的巨大差距，究其根源在于工人技术素质上的差距。因此，加快培养高素质的职业技术人才对加速工业化和城市化将起到支撑作用。

（2）确立以市场为导向发展高等职业技术教育的方针。要面向河南省市场和经济建设主战场，为河南省的主导产业和骨干企业大发展服务，密切学校与地方政府的关系，密切学校与地方骨干企业的关系，建立校企战略协作关系，同时面向广大的城市，面向新农村建设。要面向国内市场和国际市场，尽快转变粗放型的劳务经济，大力发展技术型劳务经济，真正把河南省的劳动力资源优势转变为技术人才优势。高职院校必须确立市场导向的发展战略，只有占领了市场，才能保证源源不断的生源，才能达到规模经济，才能取得较好的经济效益和社会效益，才能进入可持续的良性发展轨道。应确立职业技术资格等级制度，引导高等职业教育的发展方向，严格实行就业准入制度，建立完善我国的就业资格

证书制度，建立各行业的技术等级制度，要求学生在校期间必须获得一个以上的职业资格证书，保证学生毕业即就业。

（3）确立"工学结合""校企结合""订单教育"等人才培养新模式。逐步建立和完善半工半读制度、顶岗学习制度、弹性学习制度等。建立一支精干的"双师"型教师队伍，鼓励教师在企业和学校双向任职。河南省应当大力推广漯河职业技术学院的特色发展经验。漯河职业技术学院大胆改革，勇于探索，"十年磨一剑"，走出了一条特色发展之路，在学校建设上不等不靠，完全依靠自我积累，实现了滚动发展，共积累固定资产4亿多元，只有2400万元的银行贷款，完全进入了良性循环。该校高职在校生规模在12000人以上，就业率高达96.12%，均名列全省榜首。该校的"订单培养"模式闻名全国，学校先后与双汇集团、银鸽集团等省内外40多家企业开展了订单培养，探索出了"校企结合、工学结合"的人才培养模式，带动了学校的全面振兴，受到了国家领导人的盛赞，在2005年首届全国高职高专院校实力评估活动中，被评为"中国十大特色高职院校"。

（4）确立高等职业技术学校新的办学体制。高等职业技术学校的办学主体应以省辖市政府、行业部门和民间主体为主。河南省提出高等职业技术教育应占高等教育总量的50%，要达到这一发展目标就必须调动全社会的办学积极性，并制定倾斜配套扶持政策。一是要充分调动省辖市政府办学积极性，省政府应下放高职教育管理权限，确立"省市共建，以市为主"的体制，省市政府应加大对职业技术教育的投入力度，为学校的发展创造优越的政策环境条件；二是充分发挥行业的特色优势办好特色高等职业技术学校；三是大力发展民办高等职业技术学校，逐步把民办的比重提高到40%～50%，关键是要加大政策引导和扶持力度；四是鼓励公办高等职业技术学校采取国有民办、公办民助、股份制等多种灵活有效的办学形式，解决公办学校建设资金短缺的问题和运行效率低的问题。

（5）确立"品牌化、特色化、基地化、规模化、集团化"的发展道路。高等职业技术教育是

离市场最近的高等教育，其市场竞争的程度将会日趋激烈，要适应这一发展的大趋势，就必须实行企业化的发展和管理模式，不然在未来竞争中就会停滞不前甚至落败。一是应大力实施"品牌战略"，强化特色和比较优势；二是加强人才培养基地建设，建设一流设施，进行规模化经营；三是鼓励实行企业化管理模式，改革学校管理体制，提高行政效率，建立竞争性的人事制度和分配制度，打造人才高地，提升学校的综合竞争力；四是以开放求发展，以放开促发展，加大国际国内合作办学力度，加强对外交流，达到多元发展、提高层次、共同繁荣。

（6）确立重点和特色高职院校的优先发展地位，发挥其龙头带动作用。国家计划"十一五"重点发展100所示范性高职院校，实施"国家技能型人才培养培训工程"，河南省应牢牢抓住这一难得的机遇，力争5所以上高职院校进入全国100所示范，以争取到更多的国家投资，全面提升河南省高职院校的发展水平。应抓紧对河南省高职院校的评估工作，进行摸底调查，按照综合实力和综合竞争力进行排序，以评估促发展。应坚持扶优扶强的方针，重点支持前10强的发展，尤其是应倾斜扶持漯河职业技术学院、黄河职业技术学院、郑州职业技术学院、河南职业技术学院、河南交通职业技术学院等，积极创造条件，力争使它们首批进入国家100所示范高职院校。

五、若干政策建议

要实现河南省"十一五""扩大高等教育规模和提高质量"双重发展目标任务，就必须创造充分的保障条件，如思想保障、组织保障、投入保障、体制保障、政策保障等。

1.坚持解放思想，创新高等教育发展理念

（1）应树立效率的理念。高等教育要不要讲究效率，这个问题是没有疑问的。高效率有利于学校的发展，有益于整个社会，所以要追求高效率。现在的问题不是要不要高效率，而是如何实现高效率。如何实现高效率从理论上讲是一个非常简单的问题，只要引入企业管理的思想和方法就可以了，但其难点在于如何把企业管理的理念与高等学校的实际结合起来。

（2）应树立效益的理念。高等教育要不要讲究效益，这个问题有一定的争议。高等教育在经济学意义上具有"公共物品"的属性，所以高等教育首先应追求社会效益最大化，但是，"公共物品"有一个特点是"资源稀缺，供不应求"，要使有限的资源发挥出最大的作用就应采用经济手段，进行投入产出核算，讲究一定的经济效益。河南省高等教育发展的最大瓶颈是资金不足问题，解决这个问题主要靠贷款和引入民间资金，贷款中的一大部分将来要由学校自己来偿还，试想，如果不讲究经济效益怎么还贷。大多数民间资金介入高等教育的初衷是追求利润回报，这就使得民办高等学校既具有"公共物品"的属性，又具有"私人物品"的属性。"私人物品"最大的特点就是追求利润最大化或经济效益最大化，社会效益最大化与经济效益最大化有一致的地方，又有矛盾的地方，当两者发生矛盾时，经济效益应服从社会效益，所以无论是公办高等教育还是民办高等教育都不能片面追求利润最大化或经济效益最大化，但是应讲究经济效益。高等教育是一个特殊产业，不能产业化，其"产业属性"要求讲究效益，但其"公共产品属性"要求不能产业化和市场化，不能片面追求利润最大化和经济效益最大化。因此，为了高等教育的可持续健康发展、又快又好地发展，在保证社会效益最大化的前提条件之下，可以而且应该追求经济效益。

（3）应树立经营的理念。发展粗放和管理粗放是当前高等教育存在的突出矛盾，要实现高等教育由粗放型向集约型的转变，就必须树立经营的思想和理念。经营是实现高效率和高效益的唯一途径、手段、方式和方法。经营高等教育主要有两层含义：一是从宏观上保持高等教育优先发展与和谐发展，优化高等教育结构，在投入上保障高等教育的优先发展地位，保持高等教育与社会经济协调发展，实现速度与质量的统一、结构与效益的统一；二是从微观上提高高等学校的发展活力和竞争力，引入竞争的思想，借鉴现代企业管理的方法，结合高等学校的特殊性，实施科学管理和现代管理，实施人才强校、质量强校、特色强校、科技强校的品牌战略，全面提升高等学校的综合实力和竞争力。

（4）应树立创新发展的理念。一是积极发展创新型高等教育，不断突破传统模式的约束，创新教育理念和教育模式，创新思维方式，推进产学研结合，培养创新型人才；二是发展精品高等教育，百年大计，教育为本，教育大计，教师为本，质量第一，以学生为本，提高生存和发展的本领，提高就业率；三是发展名牌高校和特色高校，实行错位发展，发展拳头专业和比较优势学科，提升竞争力、知名度、美誉度。

2. 坚持扶优扶强，扩张优质教育资源

河南省高等教育最大的缺陷是缺乏名牌优质教育资源，使得河南省80%以上的顶尖考生不得不报考外省的名牌大学，导致河南省高级人才的流失。所以，在"十一五"期间，大力扩张优质教育资源应当成为河南省高等教育发展的一个重要任务。

（1）优先扩张优势教育资源。①郑州大学：郑州大学原有的三个老校区完全可以被利用起来，大胆引入战略投资者，采取合作办学的方式，办成特色独立学院，五年内增加4万人的在校生规模。郑州大学新区重点发展研究生教育，力争本科生由2005年的3.2万人扩大到4万人，研究生由2005年的0.9万人扩大到2万人。力争到2010年，郑州大学的本科生在校生达到8万人，研究生在校生达到2万人，在校生总人数达到10万人，成为全国在校生人数最多的大学。②河南大学：河南大学2005年有在校生2.9万人，研究生在校生为3000人。力争到2010年本科生在校生达到5.5万人（老校区2万人，新校区3.5万人），研究生在校生达到8000人。③河南师范大学：河南师范大学2005年有在校本科生约15000人，在校研究生1223人。力争到2010年，本科生发展到3.5万人，研究生发展为3000～5000人，在校生总人数接近4万人。河南师范大学应力争在5年内进入全国大学100强。④河南科技大学：应力争在5～10年内进入全国大学100强。⑤黄河科技学院：黄河科技学院是经教育部批准的全国首家民办普通本科高校，省政府应优先支持黄河科技学院的发展，力争使其5～10年进入全国大学100强，以此带动河南省民办高等教育大发展。

⑥特色高校：河南中医学院、河南工业大学、中原工学院、郑州航空工业管理学院等高校，在新校区建成之后，可以引入战略投资者，把老校园建成独立学院，独立学院的部分收益可用于归还新校区建设贷款。

（2）以优势名牌高校为龙头加大高等教育资源优化重组力度。一是鼓励"攀龙附凤"，弱势高校可以与国内外的名牌高校联姻，成为名牌高校的独立学院；二是鼓励龙头带动，名校重组弱校，强校带动弱校的发展；三是鼓励自由结合，优势互补，资源共享。随着郑汴一体化，应鼓励河南大学在郑州办分校或独立学院，可以把郑州牧业高等专科学校办成河南大学畜牧学院，使畜牧学院的本科生在校生在五年内扩大到 2 万人，畜牧学院的新校区可以搬迁到中牟县境内，以适应把河南省建成全国畜牧业强省的需要。随着郑州新乡一体化，应鼓励河南师范大学在郑州建立分校或独立学院，可以把河南教育学院办成河南师范大学郑州分校，或办成独立学院——河南师范大学教育学院，使教育学院的在校本科生人数五年之内增加到 2.5 万。河南中医学院应更名为"河南中西医科大学"，以适应中西医融合发展的大趋势，同时可以把漯河高等医学专科学校办成"河南中西医科大学"的分校。应以河南财经学院为龙头重组河南政法学院和河南财税高等专科学校，命名为"河南财经政法大学"。

3. 坚持加大投入力度，强化资金支撑

（1）加大政府财政的支持力度，确保实现战略目标。政府财政支持高等教育发展的主要依据为：一是实施"科教兴豫"和"人才强省"战略需要高等教育作支撑；二是建设创新型社会，发展知识经济和循环经济需要高等教育作支撑；三是发展高等教育有利于扩大内需，拉动地方经济增长。高等教育属于社会公共事业，具有战略性、全局性和先导性重要作用，适度超前发展势在必行，适度加大对高等教育的财政支持力度势在必行。2005 年，省教育厅直供高校预算内事业经费拨款为 23.2 亿元，"十一五"期间年均增长率应达到 12%~15%，高于在校生规模扩张速度。"十五"期间，省本级财政对高校基建投入达到 3.4 亿元，贴息 2.44 亿元，目前省属高校贷款年

利息发生额约为 4.3 亿元。要加大对高校扩招的支持力度，建议"十一五"省级财政改革对高校的支持方式，全部改为贴息支持，每年投入贴息资金 2 亿元，坚持扶优扶强的原则，对重点高校、特色优势明显的高校、就业率高的高校、带动作用强的高校给予优先支持。

（2）建立银校战略合作关系，稳定扩大信贷规模。为了缩小城乡差别，建设社会主义新农村，国家已经决定未来五年新增教育经费主要用于农村义务教育，在这种情况之下，大幅度提高财政对高等教育的投入已不太现实。过去，高校基础设施建设资金 80%~90%要靠银行信贷，未来"十一五"要实现河南省高等教育的发展目标，扩大基础设施建设是重要保障条件，而基础设施建设的投资资金仍然主要靠信贷。一是坚持"扶优扶强"，打造高校金融安全区。由政府牵头，政府、高等学校、银行三方共同成立合作同盟，打造河南省高校金融安全区，对各高校进行信用等级评比，对信用等级高、发展快、实力强、特色明显的高校优先给予信贷支持。要求因建设新校区而陷入债务危机的学校，一律暂停贷款并进行财务整顿，对老校园进行土地置换，置换出的资金用于归还银行贷款或用于建设新校区，整顿合格后才允许贷款。二是应积极组织银团贷款，实现贷款来源多元化。以省政府的名义举办银校合作洽谈会，与国内的主要商业银行签订战略合作协议，同时与国家开发银行建立战略合作关系，积极发挥政策性银行的导向作用，此外，还可以积极争取世界银行等国际金融组织及外国政府的优惠贷款。三是延长贷款期限，促进良性循环。新增基建贷款应以中长期贷款为主，贷款期限以 8~10 年比较合适，这样可以避免"十一五"基建高峰期成为偿贷高峰期，把偿贷的高峰期延长到"十二五"。四是扩大信贷规模。"十五"期间，全省高校累计贷款 132 亿元，现有贷款余额 75 亿元，增加普通在校生 58.92 万人，按照过去的经验推算，"十一五"普通在校生可增加 62 万人，新增贷款总额 139 亿元，新增贷款余额 79 亿元。

4. 坚持适度成本补偿原则，完善学费制度

河南省高校学费存在的主要问题：一是学费

518

标准过低，河南省公办高校的学费标准在全国 32 个省、市、自治区中属于最低，与民办高校相比有成倍的差距；二是学费标准简单化一，例如，郑州大学属于"211 工程"重点建设学校，综合排名全国第 37 位，学校建设投入大，办学成本高，但是其学费标准与其他公办普通高校完全一样，没有任何差别，这不符合优质优价和成本补偿性原则。

无论是与东部沿海地区相比，还是与中西部地区相比，河南省高校的学费标准都明显偏低。河南省公办高校本科学费每年约为 3700 元/生，沿海地区平均约为 5500 元/生，中西部省份平均约为 4500 元/生，河南省比沿海地区低 30% 左右，比中西部地区低 20% 左右。河南省公办高校与民办高校的学费标准差距更大，全国民办高校的学费平均约为 10000 元/生，民办高校的学费标准比河南省公办高校高出近 6000 元/生。虽然公办高校拥有生均 1000 元左右的财政预算内公用经费拨款，但是学费标准的巨大差距仍然使河南省公办高校处于非常被动的地位，造成河南省公办高校可持续发展能力不足。未来五年，财政对公办高校的建设投入每年约为 2 亿元，但是基建贷款规模须达到 150 亿元左右，每年发生的贷款利息约 8 亿元，用财政投入来归还贷款已不可能，所以就目前而言最现实的还是要靠学费收入。根据成本适度分担和补偿原则及优质优价的原则，应实行有差别的学费标准，这样可以激励学校提高教育质量。

5. 坚持开源节流，化解高校因扩建而潜伏的债务危机

就目前而言，完全依靠政府财政来偿还银行贷款显然不现实，因为中央已经明确在"十一五"期间乃至更长时期，新增教育经费主要用于农村教育。要化解可能出现的债务危机，最终还是要靠学校自强自立，尽快培育高校的自主发展机制，开辟多元化的收入来源增强学校经济实力，是唯一出路。目前，河南省高校的收入有"五种来源"：一是财政事业费拨款和财政专项资金，主要是保证教师工资和学校的日常运营，财政专项资金主要用于学科建设、实验室建设、人才梯队建设；二是学费收入，主要用于教师福

利、学科建设和归还贷款利息，用于基建的部分十分有限；三是校办企业收入，国内一些名牌高校这一块的收入非常可观，但河南省高校这一块收入非常薄弱；四是产学研结合、转让技术、合作开发、委托研究的收入，河南省大多数高校这部分收入目前也十分有限，主要用于研究；五是国内外企业及非政府组织、基金资助，这部分收入目前也非常小，资助通常是有条件的专项资助。在以上五种收入来源中，目前可用于归还高校基建贷款本息的，比较现实的只有学费收入，其他收入来源渠道还需要大力开发。

为什么民办高校可以实现滚动发展，而公办高校滚动发展遇到了困难，其中的一个最重要原因在于学费标准差距太大。所以要化解公办高校因扩建而潜伏的债务危机，应适度提高学费标准，也可以引入民办高校的发展模式兴办独立学院。由于独立学院的学费标准与民办高校一样，所以兴办独立学院是公办高校摆脱目前的财务困境的一条有效途径。

学校的建设和发展应遵循经济规律，应与国家财力支持能力相适应，与学校的经济承受能力相适应，不能盲目追求不切实际的高标准。高校要想贷款就必须进行可行性研究，必须有还款保障，绝不能把最后的包袱全部推给国家。走出困难的唯一办法是"开源节流"。例如，郑州大学现有贷款约 15 亿元，现在的学费收入用于归还贷款利息尚没有问题，但是"十一五"三期工程完成后贷款总规模达到近 20 亿元，这么多的贷款全部依靠省级财政来偿还是不现实的，出路是既要积极争取财政支持，又要自力更生，立足点是靠自己。如果郑州大学将三个老校区全部办成独立学院，每年约有 1 亿元净收益盈余，可以用于归还贷款。

6. 坚持体制创新，切实转变高等教育的发展方式

（1）建立"以独立法人为基础的现代高校制度"。高等教育虽属于公共事业，但是市场经济条件下的公共事业同样也要树立效率、效益、经营的理念，综合运用"经营高等教育"的现代管理方式，促进高等教育快速、健康、可持续发展。高校体制改革的目标模式是"以独立法人为

基础的现代学校制度"：一是实行"独立社会事业法人，准企业化管理"，完善学校法人制度，落实法人自主权，形成"自主管理、自主发展、自我约束、社会监督"的良性机制；二是完善党委领导下的校长负责制，依法行使独立法人的权利并承担相应的责任，推行"校—院"或"院—系"两级管理体制；三是建立严格的约束和充分的激励机制，建立健全各项规章制度，实行科学管理，推行责任目标管理，奖惩分明，严格制度管理，加强监督，推进依法治校，违者必究；四是精简机构和人员，压缩行政后勤管理人员，达到人人都满负荷工作，不养闲人，实行定编、定岗、定员的"三定"方案，对行政后勤管理人员的编制实行总量控制；五是大力推进人事工资制度改革，推行全员聘任制，实行岗位工资、补助、津贴、奖励等多种形式相结合的分配方式，体现劳动价值和贡献，推行职称的评聘分开，建立和完善公开公正公平的考核制度，充分调动各方面的积极性和创造性。

（2）实施"一把手工程"。加强高校的领导班子建设是河南省高等教育发展的一条重要经验。凡是发展又快又好的学校都有一个强有力的领导班子。学校的党委书记应具有政治家的品格，具有政治敏锐性，能够把握方向、开拓创新和驾驭全局，为学校的发展创造良好的外部环境；校长应具有教育家和科学家的品格，遵循教育发展的内在规律，确保内行办精品教育。未来，河南省高等教育处于规模扩张和质量提高的关键时期，为高校选配高水平的党委书记和校长至关重要，这也是实现河南省高等教育又快又好发展的重要保障。应加紧培养河南省的高校党委书记和校长梯队。在这方面眼界应更宽一些，思想更开放一些，可以试行从北京大学、清华大学等国内外名牌高校引进若干校长和副校长，也可以面向国际国内公开选拔招聘若干所高校的校长，进一步贯彻落实并强化"科学家和教育家办高等教育"的理念。同时，应建立一套科学的评价体系，加强对高校校长的考核，建立"能者上，庸者下，平者让"的良性竞争机制。

（3）对高校的评估应结合河南省实际。河南省是一个人口大省，财政实力有限，要办大办好高等教育就必须结合河南省实际，对影响教育质量的指标紧抓不放，从严把握；对教育质量影响不大的指标适度放宽，从宽把握。对学校的占地指标，一定要灵活掌握，不能"一刀切"，要有一定的浮动幅度；对学校的建筑面积也要灵活掌握，以满足需要为标准，允许学校一次规划，分期建设，滚动发展，逐步达标。北京大学等知名高校的占地面积都不大，可这并没有影响它们成为全国最好的大学。有的学校注重硬件建设忽视软件建设，可大多数学校在硬件上的差别不大，而在软件上的差别却有天壤之别。梅贻琦是清华大学历史上掌校时间最长、功绩最为卓著的校长，他在1931年就职演说中提出"所谓大学者，非谓有大楼也，有大师之谓也"。1918年11月10日蔡元培就任北大校长后，在《北京大学月刊》发刊词中，就表达了他"囊括大典，网络众家"的大学理念。以上这些经典的大学理念对我们今天仍然颇具裨益。我们必须明确，高素质教师队伍建设才是高校发展的根本所在，特色学科建设才是高校发展的重中之重。

河南省加强和创新社会管理的总体思路及财政政策（2012年）*

摘要　河南省正处于工业化城镇化快速推进的中期阶段，已跨入中上等收入行列，为避免步入"中等收入陷阱"，必须加强社会管理。应做好总体规划和顶层设计，创新社会管理体制机制；坚持分类指导，实施重点领域专项行动计划；坚持项目带动，实施一批重点建设项目；坚持夯实基层社会管理基础，加强城乡社区标准化建设。社会管理和公共服务是政府的基本职能，应提升公共财政对社会管理和公共服务的保障功能，构建多元主体多元投入的新格局，创新社会管理方式，引入市场化、企业化、社会化的手段及信息技术，提高社会管理效率。

当前，河南省正处在快速工业化和城镇化的中期阶段，同时河南省已达到中等收入国家水平，要避免重踏入"中等收入陷阱"，关键在于统筹经济与社会协调发展，加强社会建设，创新社会管理，构建和谐社会。

一、社会管理面临新形势

1. 流动人口服务管理工作亟待加强

河南省农村劳动力转移就业总量达到2465万人，约占全国的11%，出省人数约1190万，省内转移就业人数首次超过省外，进城农民工难以享受到城市平等的公共服务，得不到公平对待。河南省流动人口1960万，流动人口违法犯罪比率一直居高不下。创新流动人口管理已成为一项刻不容缓的政治任务。

2. 特殊人群服务管理工作亟待加强

服刑在教人员、刑满释放解除劳教人员、吸毒人员、容易肇事肇祸的精神病人、艾滋病患者等特殊人群对社会管理构成巨大压力。目前河南省服刑在教人员约11万人，符合安置帮扶条件的刑释解教人员16万人，2010年安置刑释解教人员1.9万人。河南省对特殊人群的帮教、安置、救治、管理服务明显滞后，刑释解教人员衔接机制不严密，脱管漏管现象依然存在，就业渠道不畅，安置工作难度大，社区矫正相关部门分工不明、责任不清。

3. "两新组织"服务管理相对滞后

"两新"组织包括新经济组织和新社会组织。2012年，河南省非公有制经济组织40万户，约占全国的10%，占全部就业人口的70%、新增就业人口的90%，对GDP的贡献超过60%；各级民政部门已登记的社会组织约2万家，估计未登记的达到数十万家。"两新组织"是经济社会发展的新生力量，是最活跃的社会细胞，河南省对"两新组织"的管理服务比较缺失，在河南省159个县区中，有76个县区未设社会组织管理机构，有70个县区民政部门没配社会组织管理专职人员。

4. 信息网络建设管理任务异常艰巨

我国互联网网民规模达到5.13亿，移动互联网用户规模达到3.96亿人，微博用户数量超过3亿，规模全球第一。截至2012年6月底，河南省互联网用户总数达到4281.5万户，其中手机上网用户更是高达3283.7万户。网络安全形势较为严峻，2012年2月河南省有3.5万个IP地址所对应的主机被境内外木马和僵尸网络秘密控制，排名

＊　本文发表于《郑州航空工业管理学院学报》2012年10月15日；河南省人民政府发展研究中心《调研报告》2012年10月23日第6期（总第822期）。

全国第7位。互联网络的快速普及对思想道德、传统政务、舆情管理、社会治安、网络安全、国家安全等都产生了巨大影响，虚拟社会管理亟待加强。河南省信息网络管理方面比较薄弱，缺乏地方性管理法规，疏导控制能力不足，管理部门普遍存在编制、人员、经费不足等问题。

5. 公共安全事故时有发生

河南省食品加工企业有4.16万家，其中八成以上是10人以下的小作坊，产业基础依然薄弱，企业主体意识不强，相对于点多面广的食品企业，监管力量明显不足，食品安全面临的形势依然严峻。此外，近年来，河南省发生多起重特大煤矿事故，大多数属于责任事故，损失惨重，教训深刻，安全生产的制度建设和监管仍需持续加强。

二、以规划为先导、以项目为龙头，全面加强社会管理

（一）坚持整体谋划，做好顶层设计

1. 提升社会管理综合治理工作目标

紧紧围绕"和谐中原"建设总目标，按照最大限度激发社会活力、最大限度增加和谐因素、最大限度减少不和谐因素的总要求，以解决社会领域突出问题为重点，以实现好、维护好、发展好最广大人民根本利益为宗旨，加强和创新社会管理。

2. 进一步加强组织领导

应加强社会管理机构、编制、岗位"三定方案"，明确职责任务和经费保障。明确各有关单位的责任分工，形成齐抓共管的局面。抓紧制定"河南省社会管理和公共服务'十二五'规划纲要"。加强理论研究、试点研究、系统研究和整体规划，以规划引领持续发展。

3. 建立健全社会管理体制机制

加强党的领导，强化政府社会管理与公共服务职能，加大财政投入力度；培育新社会组织，推动多元共治，形成共建共享的社会管理格局；完善社会矛盾调处化解体系、社会治安防控体系，加强安全生产、食品药品安全、生态环境安全、信息网络安全等重点领域的监管体系建设；加强和改进互联网管理，维护虚拟社会秩序；加

强流动人口和特殊人群服务管理；加强城乡社区和乡镇（街道）基层基础建设；着力改善民生，提高公共服务水平，打好社会管理的基础；加强思想道德教育，弘扬社会主流价值观。

（二）坚持分类指导，实施"十大专项行动计划"

要突出重点抓落实，实施重点带动，在社会管理的十个重要方面制定并实施专项行动计划。①统筹城乡保障民生行动计划。破除城乡二元结构，加快推进城乡一体化进程，提高基本公共服务均等化水平，切实减轻群众在上学、就医、住房、养老等方面的负担，健全农村留守儿童、留守妇女、留守老人关爱服务体系，加大脱贫攻坚力度，完善困难群众救助机制。②加强基层社会服务管理强基固本行动计划。加强基层社会服务管理综合平台建设，实现"一体化"管理、"一站式、一条龙"服务。强化乡镇（街道）社会服务管理职责，建立集群众诉求服务中心、治安防控中心、行政便民服务中心为一体的社会服务管理中心；做实做强城市社区，构建社区综合服务管理平台，推行社区党组织、社区居委会、社区综合管理服务中心"三位一体"的社区管理服务模式，构建社区网格化社会服务管理体系。③健全调解体系行动计划。健全县、乡、村、组多层次调解工作网络，建立健全人民调解、行政调解、司法调解有效对接的大调解体系。④流动人口服务管理行动计划。健全完善实有人口信息采集动态管理体系，形成全面覆盖、功能齐全的人口管理和服务大平台。加快户籍管理制度改革，放开中小城市和小城镇落户条件。实施流动人口居住证制度，把公共服务由户籍人口逐步向常住人口扩展。⑤特殊人群服务管理行动计划。加大特殊人群动态管理服务力度，县（市、区）、乡镇（街道）建立由党委政府主导、综治和司法部门牵头、相关部门共同参与，集教育、管控、救助、矫治、就业于一体的特殊人群综合管理服务平台。⑥非公有制组织、社会组织服务管理行动计划。推动非公有制经济组织健全党组织和工青妇等群众组织，更好地维护职工权益。建立社会组织党工委，推进政府与社会组织在机构、职能、经费、人员等方面分开，设立社会组织发展

专项资金，完善政府购买公共服务政策。⑦公共安全体系建设行动计划。建立健全集中领导、统一指挥、结构完整、功能齐全、反应灵敏、运转高效的突发事件应急体系。健全公共安全监管机制，建立健全安全事故责任追究制，加大公共安全投入，深化专项治理，严格落实责任。⑧社会治安防控体系建设行动计划。以社会化、网络化、信息化为重点，健全点线面结合、网上网下结合、人防物防技防结合、打防管控结合的立体化治安防控体系。⑨信息网络综合管理体系建设行动计划。形成党委统一领导、政府严格管理、企业依法运营、行业加强自律、全社会共同监督的综合管理格局。⑩社会诚信体系建设行动计划。建立完善社会信用管理体系，积极推进政务诚信、商务诚信、社会诚信和司法公信建设，建立健全覆盖全社会的征信系统。建立公民个人和企事业单位信用管理制度，探索建立统一的信用记录平台。

（三）坚持项目带动，推进"十大类重点工程建设项目"

抓项目建设是加强和创新社会管理的有效手段和方式，应以项目为抓手，加大财政支持力度，要量力而行、积极而为，分清轻重缓急，分步实施、重点突破、整体推进，要把人力、财力、物力更多地投到基层，强化基础工作。依据专项行动计划，应优先支持"十大类工程建设项目"。①民生保障工程建设项目。完善就业、养老、医疗、教育、住房等社会保障和社会救助体系，建设就业网络公共信息平台、城乡各项社会保险转移续接信息网络平台、保障性住房等项目。按照"十二五"专项规划要求，各级政府分工负责，力争2015年完成项目建设。②城乡社区管理服务中心（站）建设项目。强化城乡社区服务体系和信息化建设，构建社区综合管理服务平台。按照和谐社区的一般标准建设，要覆盖城市所有社区和新农村建设试点，区（县）负总责，街道（乡镇）具体负责，省辖市统筹安排，省级财政建立专项引导扶持资金对社区建设给予奖补。力争2015年基本完成项目建设。③乡镇（街道）社会管理综治服务中心。强化矛盾排查调处、综治维稳、公共服务等功能，构建乡镇（街道）综

合管理服务平台。要因地制宜制定建设标准，区（县）负总责，街道（乡镇）具体负责，省辖市统筹安排，省级财政对项目建设给予奖补。力争2015年完成项目建设。④县（市、区）社会矛盾排查调处中心。加强和改进信访工作，畅通群众诉求渠道，解决群众反映强烈的问题，维护群众合法权益，调处化解社会矛盾纠纷。要因地制宜制定建设标准，县（市、区）负总责，省辖市统筹安排，省级财政对项目建设给予奖补。力争2015年基本完成项目建设。⑤流动人口服务管理平台。建立"五级"服务管理网络，构建流动人口信息综合管理平台，实行居住证"一证通"制度。各级政府分工负责，力争2015年完成项目建设。⑥特殊人群服务管理平台。加强对刑释解教人员、不良青少年、精神病人、孤残流浪青少年、艾滋病人的帮扶管控，建立健全帮扶体系。建设刑释解教人员过渡性安置基地、工读学校、肇事肇祸精神病人收治中心、流浪乞讨少年儿童保护中心、违法犯罪艾滋病人收治关押中心。各级政府分工负责，力争2015年基本完成项目建设。⑦社会组织监管平台建设项目。建立对社会组织的服务监管体系，促进社会组织的健康发展。各级政府分工负责，力争2015年完成项目建设。⑧社会治安防控项目建设。建立城乡"五级"视频监控技防网络系统，实现无缝覆盖，重点关注城乡接合部、"城中村"、学校和幼儿园、社区等治安问题突出的区域。各级政府分工负责，力争2015年完成项目建设。⑨公共安全体系及应急管理系统项目。建立应对自然灾害、事故灾难、公共卫生事件、社会安全事件的预警防控及应急处置体系，建设食品药品安全信息网络、安全生产信息网络、政法综治维稳信息网络等。各级政府分工负责，力争2015年完成项目建设。⑩互联网安全综合管理平台。建设全网覆盖、功能完备、安全可靠的综合管理平台，构建虚拟社会综合治理防控体系。各级政府分工负责，力争2015年完成项目建设。

（四）坚持夯实基层基础，抓好社区标准化建设

1. 社会管理的基点必须放在基层社区

社会管理的重点必须放在基层，要探索河南

特色模式就必须走基层路线。社区是社会的基本单元，是人们社会生活的共同体和人居的基本平台，社区和谐是社会和谐的基础。加强和创新社会管理的重点在基础，关键在基层，要夯实基础、加强基层就必须优先搞好社区建设。社区建设是实施项目化带动的一个重要着力点。加强社区建设是中央一贯的指导方针，河南省要借鉴湖北省加强社区建设的经验，湖北省委、省政府要求"十二五"期间省级财政每年投资1.02亿元用于社区建设，每个社区建设资金不低于20万元，突出抓好社区管理服务平台建设。

2. 建议省级财政设立社区建设"以奖代补"专项资金

建议省委省政府尽快出台"加强城乡社区建设的指导意见"，明确未来几年的目标、任务和措施。建议设立省财政社区建设"以奖代补"专项资金，省财政每年安排2亿元以上的社区建设专项资金，力争每年建成1000个城市达标社区、1000个新农村达标社区。新农村社区建设是河南省探索新型城镇化和三化协调发展的战略基点，应按照公共财政公共服务均等化的原则要求，加大对新农村社区建设的投入支持力度。力争经过3至5年的努力，把社区打造成为河南省社会管理创新与和谐社会建设的前沿阵地，打造成河南省新型城镇化的一张名片。

三、实施积极的财政保障政策，形成多元投入新格局

（一）拓宽资金来源渠道，建立多元主体的多元投入格局

社会管理是多元社会主体以多样化形式进行的社会活动以及这些活动的过程，社会管理主体的多元化必然带来投入主体的多元化。

1. 构建政府主导、社会协同的多元投入格局

社会管理是各级政府的共同职责，各级政府对社会管理都负有投入的义务，同时，社会组织自我管理的投入主要依靠社会力量来解决。加快构建"党委领导、政府负责、社会协同、公众参与"的社会管理格局，充分发挥财政政策的调控、引导和优化功能，实现政府、企事业单位、非政府组织的合理分工与协调配合，走出政府包揽一

切的误区，形成多元主体多元投入的良性循环，为促进社会管理良性发展提供更为有效的途径。

2. 建立以财政投入为主导、多渠道、多元化的投入体制机制

坚持共建共享原则，加快建立政府主导、社会参与、公办民办并举的基本公共服务供给模式。在坚持政府负责的前提下，充分发挥市场机制作用，鼓励社会力量参与，推动基本公共服务提供主体和提供方式多元化。各级政府投入和社会投入要形成合力，积极发行地方性政府债券，拓宽民生投入和社会管理投入的融资渠道，发挥好省级财政投入的引导带动作用，重点投向带动作用强的项目，带动各级地方财政投入和民间投入，激发民间投入积极性，形成共建共享的投入格局。

3. 积极培育社会组织

建立社会组织党工委，强化党的领导基础，扩大社会组织党的工作覆盖面。大力推进政府与社会组织在机构、职能、经费、人员等方面分开，充分发挥工青妇等枢纽型群众组织的网络优势，积极发展行业组织、中介组织、志愿者组织，完善基层村民自治和居民自治制度。设立社会组织发展专项资金，完善政府购买公共服务政策，提高社会组织承接政府转移职能、开展公益服务和中介服务的能力。

（二）优化资金的投向，突出重点带动和项目带动

坚持保基本与保重点相结合的原则，落实公共服务均等化，调整财政支出结构与比重，突出重点领域和薄弱环节，加强基础项目建设。

1. 向保障基本民生倾斜

坚持"基本公共服务均等化、广覆盖、保基本、多层次、可持续"的目标取向，加大民生工程投入力度，进一步把政府管理的资源向就业、教育、社保、医疗、保障性住房等公共服务领域倾斜。

2. 向化解突出矛盾倾斜

以解决影响社会和谐稳定突出问题为突破口，加大对矛盾排查化解的投入力度，加强基础设施建设，强化日常经费保障，建立矛盾排查化解专项资金，完善体制机制和法规制度，加大社会矛盾源头治理。

3. 向建设基层基础倾斜

完善基层社会管理服务体系，把人力、财力、物力更多投到基层，构建以社区为基础的城乡基层社会管理和公共服务平台，实施社区服务体系建设工程，加大共建共享力度，强化城乡社区管理的基础设施建设，提升自治和服务功能，健全新型社区管理服务体制。加快建设社会工作专业人才队伍，并建立专业人员引领志愿者服务的机制。

（三）遵循公平与效率相统一的原则，创新社会管理方式

讲究效益是财政支出的基本原则，为此应引入现代化管理方法和技术。

1. 引入市场化、企业化、社会化的手段及信息技术

为了解决政府财政投入不足和投入效率不高的问题，西方国家最先进行了社会管理市场化改革，其经验值得借鉴。我们同样面临投入不足和效率不高的难题，为此，也应把市场机制引入社会管理及公共服务领域，采用更多的商业手段来改造执行机构，以提高效率、效能和效益。在政府与市场之间选择更多的市场、更少的政府，凡是能让社会干的事情就不要政府来干。[①]

2. 鼓励民营资本参与社会管理和公共服务

破除公共服务供给的垄断性，扩大面向社会资本开放的领域，鼓励和引导社会资本参与基本公共服务设施建设和运营管理，积极推行政府购买、特许经营、合同委托、服务外包、土地出让协议配建等提供基本公共服务的方式，积极利用信息技术提高公共服务机构管理效率，创新服务模式和服务业态。逐步有序扩大对外开放的基本公共服务领域，鼓励民营资本采用合资、合作等多种形式开展高水平的合作。

---

① 毛寿花. 西方政府的治道变革［M］. 北京：中国人民大学出版社，1998：69.

加强对口援疆及豫疆合作的政策思路（2013年）*

摘要

河南省新一轮对口援疆在项目建设、民生改善、智力援疆、文化旅游援疆、产业援疆等方面都得了显著成效，总结得出：做好对口援疆工作必须做到统筹兼顾。新阶段做好对口援疆工作，必须着力重点突破，提升造血功能，推动双向互动合作共赢；必须继续做好民生项目援疆，优先做好智力援疆和教育援疆，将工作重点逐步向产业援疆转移。充分利用豫疆资源和经济互补性，加强豫疆经济合作，建立豫疆产业链合作机制，力争合作在重点领域取得突破。

一、新一轮对口援疆取得了阶段性成效

2010年以来，河南省委、省政府站在政治、全局和战略的高度，按照中央要求全面部署对口援疆（哈密）工作，严密组织，明确目标，规划先行，突出重点，持续加强，经过近三年的奋战取得了阶段性胜利，创造了许多典型经验，为全国所瞩目，得到了中央、自治区、兵团、当地政府和民众的高度赞誉。①注重民生改善，项目援疆成效显著。实施城乡住房、社会事业、基础设施等"十大援疆工程"，截至2013年河南省共安排援疆资金14.2亿元，占五年任务的80%，51个项目基本建成投用，54个项目90%以上完成主体施工，2013年23个项目全部开工。在此基础上，河南省提出"五年任务、四年完成"的目标要求。②注重人才培养和技术支持，智力援疆成果丰硕。先后组织3185名各级各类人才到河南省接受培训或挂职锻炼；选派了155名援疆干部、230名优秀骨干教师、125名医务人员、800多名技术人员进疆开展帮扶工作，有关省直机关、省辖市、学校、医院等开展了对口帮扶。③注重经济发展，产业援疆加速推进。2012年以来，河南省及时将工作重点转移到产业援疆上，成立了"河南省援疆协调领导小组"，筛选了一批重点援疆产业项目，建立了项目跟踪机制。目前，河南煤业化工集团、洛阳钼业集团、郑州煤矿机械集团、河南豫联能源集团等上百家知名企业与当地建立了合作关系，促成了产业援疆项目62个，协议金额578亿元，争取中国银行授信100亿元。④注重交流互动，文化旅游援疆成为亮点。河南卫视《梨园春》《华豫之门》等品牌栏目走进新疆基层慰问演出，拍摄《血色军垦》纪录片，文化援疆成为一张名片，增进了民族认同感。成功举办了"2012河南万人游哈密"系列活动，旅游援疆为全国首创。⑤注重加强组织领导，援疆干部队伍作风过硬。河南省援疆干部队伍组织严密，主动融入，思想到位、工作到位、管理到位、监督到位，树立了"爱疆敬业、拼搏奉献、务实重干"的良好形象，铸就了"舍小家、顾大家"的援疆精神，先后220人（次）被授予荣誉称号，8人经过选拔晋升职务。

二、对口援疆取得成功的启示

总结河南省对口援疆经验得出重要启示：做好对口援疆工作必须做到统筹兼顾。统筹硬件与软件、资金与智力投入，把项目援疆与人才、技术、教育援疆结合起来，智力援疆投入小、见效快、广受欢迎，应更加重视智力投入；统筹民生改善与经济发展、近期任务与远期目标，把民生援疆与产业援疆结合起来，近期应立足于民生改善，让老百姓看到希望、得到实惠，远期应着眼

---

* 本文发表于《决策探索》2013年7月28日；河南省人民政府发展研究中心《调研报告》2013年6月15日第6期（总第822期）。

于经济发展，推进产业援疆和教育援疆，从根本上缩小新疆与内地的差距；统筹援疆投入与当地投入，把援疆投入与当地各级政府、社会、居民投入结合起来，解决民生问题单靠援疆资金可谓杯水车薪，应充分发挥援疆资金的"杠杆带动"作用，调动各方面的积极性，形成发展合力；统筹对口援疆与豫疆合作，把对口援疆与豫疆合作结合起来，以对口援疆为平台积极开展豫疆合作，以豫疆合作为契机推动对口援疆，实现共赢发展。

三、对口援疆的新思路

当前，新疆已经进入"大建设、大开放、大发展、大跨越"的新阶段，对口援疆已经进入攻坚阶段，应重点考虑如何尽快缩小差距、加快发展，如何破除人才短缺、教育落后瓶颈，如何发挥援疆投入的带动作用、提升援疆效果，如何破解河南企业准入新疆（哈密）资源开发领域难题，如何利用对口援疆平台开展豫疆合作、推进产业援疆、实现共赢发展。要完成好以上艰巨任务，必须转变援疆思路：①加快由"面面俱到"式援疆向"重点带动"式援疆转变。面对量大面广的援疆领域，在人财物投向上不能撒胡椒面，必须坚持集中有限力量，突出重点，抓住关键，突破瓶颈、补足短板，带动全局，放大关联效应，提升最终效果。②加快由"输血"型援疆向"造血"型援疆转变。持续"输血"是治标之策，增强"造血"功能才是治本之策，关键在于加强产业援疆和教育援疆，从根本上增强当地的自我发展能力。③加快由"单向"援疆向"双向互动、合作共赢"转变。新疆不仅是我国向西开放的桥头堡，还是我国重要的能源原材料基地，河南省是新兴工业大省和全国重要的制造业基地，豫疆合作潜力巨大，合作共赢将成为最有效的援疆方式。

四、对口援疆的重点任务

对口援疆工作千头万绪，在统筹兼顾的同时，必须实施重点带动：①继续做好民生项目援疆。改善民生是对口援疆的基本任务，应优先解决群众最关心的住房、就业、文化、教育、医疗、水利等基本民生问题，加快教科文卫等社会

事业发展，加强博物馆、文化艺术馆、图书馆、科技馆、体育馆等标志性文化工程建设。②优先做好智力援疆和教育援疆。调研中发现，哈密新建企业的技术工人、工程师、管理人员90%以上需要从内地调入，人才短缺成为制约当地发展的重要瓶颈。在援疆人财物的投入组合上，应更加注重智力援疆投入，扩大教师、医生、专业技术人员、各类专家的输送和培养规模。应把教育和人才培养摆到对口援疆的优先位置上来，全力推进教育援疆。全面巩固提高基础教育，加快提升职业技术教育，积极创办高等教育，力争到2020年使哈密地区教育达到河南省平均水平。力争3年内使哈密职业技术学校升格为高职院校，5~8年升格为一所普通本科院校，实现中职、高职、本科一体化发展，在校园建设、师资队伍建设、学科建设、实训基地建设等方面给予重点支持。援疆资金应向教育倾斜，与中央、自治区、哈密地区等各级政府形成合力，加大投入强度；建立省直、直辖市、学校对口支援机制；扩大教师交流和培训规模，加快建设高素质教师队伍。③工作重点逐步向产业援疆转移。从长远来看，缩小差距、改善民生的根本在于经济发展，所以，在做好民生项目援疆的基础上，应及时将援疆工作重点转向经济建设主战场，加快推进产业援疆。完善产业专项规划，支持能源原材料基地、特色产业集聚区、重大基础设施建设，建立招商引资项目库，优化投资环境，开展大招商活动，积极承接产业转移。

五、加强豫疆合作的重点和机制保障

豫疆合作潜力巨大。豫疆同在欧亚大陆桥之上，资源和经济互补性强、关联度高，开展豫疆经济合作潜力巨大。新疆矿产资源丰富，据测算，油气资源总量357亿吨，占全国的27%；煤资源总量2.19万亿吨，占全国的40.6%。仅哈密地区煤炭预测资源量5708亿吨，占全国的12.5%，占新疆的31.7%。哈密地区提出重点发展煤化、石化、光电、风电、装备、物流等产业，规划到2015年煤炭生产能力达到1.5亿吨，目前正在建设全国最大的火电输出基地，截至目前，有13家火电企业、涉及24个火电项目，总规

模达到 4000 万千瓦。2013 年哈密—郑州正负 800 千伏输电线路即将投产，满负荷运营将输送 1000 万千瓦电力，约相当于河南省发电装机的 1/5。

力争重点领域的合作取得突破：加快河南省比较优势弱化的产业向新疆等西部地区转移。能源原材料曾经是河南省最大的优势产业，近年来受资源枯竭、过度扩张、国家政策调整等因素影响，出现了严重的产能过剩和亏损。消极坐等是死路一条，主动向外转移、拓展、扩张才是出路。新疆资源储量巨大，国家能源原材料基地西移，河南省应推动能源原材料产业向新疆有序转移，实现双赢。①充分利用新疆等西部地区的资源优势加快发展河南省战略新兴产业。加快河南省能源原材料产业升级，大力发展新能源、新材料等战略新兴产业，抢占总部经济、资本运营、品牌扩张、技术研发、网络营销等产业链水平分工的高端领域；大力发展电子信息、汽车、装备制造等高成长性产业。②加快开拓新疆等西部市场，进而开拓西亚、中东、欧洲市场。实施"走出去"战略，构筑河南省全方位开放新格局，鼓

励河南省有关企业跨区域扩张发展，积极参与东天山经济区、哈密副中心城市重大基础设施建设项目，支持航空网、铁路网、高速公路网、电网、通信网、水网和生态系统建设，把哈密机场建设成为内地通向新疆和西亚的枢纽，解决交通滞后、水资源匮乏、生态脆弱等难题。

建立豫疆产业链合作机制。新疆正处于"重化"发展阶段，河南省正在进入"高加工度"发展阶段，政府应发挥"有形的手"的引导作用，加强产业链专业化分工协作。豫疆各级政府可签订各类专项战略合作协议，出台支持产业转移合作的优惠政策。

重提"东引西进"战略。"东引西进"战略是 20 世纪 90 年代末时任河南省省长李克强提出的。在中原经济区建设和新疆大开发的大背景下，继续实施"东引西进"战略仍具有重大现实意义，要在持续加强"东引"的同时大力推动"西进"，"西进"就是要发挥各自优势、推进豫疆合作、实现共赢发展。

做大做强做优特色产业是脱贫攻坚的治本之策（2017年）*

引言　产业发展是脱贫攻坚的治本之策，谁抓住了产业发展，谁就能掌握脱贫攻坚的主动权。

共同富裕是社会主义的本质特征，也是我们党的宗旨和使命。一切为了人民，一切依靠人民，一切改革发展成果为人民所共享。共享发展、共建共享是中国特色社会主义建设的不竭动力、有效途径和根本目的。这就要求我们必须从根本上扭转两极分化的趋势，致力于构建"哑铃型"社会。

"2020年实现全面小康一个都不能少"，这是我们党立下的誓言，于是脱贫攻坚就成为"十三五"必须完成的硬任务。其实，脱贫攻坚不仅仅是一项政治任务，也是经济转型升级和可持续发展的内在需要，两极分化必然导致需求不足和经济增长的动力衰竭，所以要跨越"中等收入陷阱"就必须消除两极分化。

由于贫困人口分布范围广，各地、各户、各人情况千差万别，这要求我们必须采取精准识别、精准扶贫、精准脱贫的战略。河南省创造性地探索了产业发展、转移就业、异地搬迁、完善基础、社会兜底"五策并举"的精准扶贫精准脱贫方式，全省上下将脱贫攻坚作为重要的政治任务，层层传导压力，责任分明，综合施策，重点突破，初步取得了明显成效。未来几年扶贫脱贫的任务依然艰巨，实现共同富裕的目标依然任重道远。

无论哪一种扶贫方式，最终还是要依靠产业发展来支撑。没有产业就没有就业，没有就业就没有收入，所以没有产业经济做支撑的脱贫是无源之水、无本之木，是不牢靠的。输血式扶贫只能是短期措施，是不可持续的，必须走开发式脱贫之路，所以从根本上来讲，扶贫脱贫要依靠产业的发展，产业发展是脱贫攻坚的治本之策。内黄县在分类指导、综合施策的基础上，特别强调重点突破、带动全局，即重点突破产业发展，以产业发展带动扶贫脱贫，以扶贫脱贫促进产业发展，形成良性互动、良性循环的新模式，开创了脱贫攻坚与经济繁荣的"双赢"局面。

做大做强特色优势产业集群才能从根本上摆脱贫困，并走向共同富裕。让广大困难群众脱贫只是共享发展的最低标准要求，共同富裕才是我们追求的理想状态，产业经济发展是脱贫和共同富裕的物质基础。然而，区域经济和产业的发展是有规律的，心血来潮和一阵风都不能解决经济问题，必须遵循规律和趋势。区域经济就是特色经济，特色就是竞争力，必须坚持有限目标、重点突破的产业发展策略，大力培育发展壮大特色优势产业，引导产业集聚集中集群化发展，推进产业的园区化、基地化、信息化发展，适应经济全球化竞争的大趋势，加快推进产业转型升级，加快推进一二三产业全产业链融合发展，加快推进产业高科技化、高端化和服务化，在全国市场全球市场抢占特色产业链和价值链的高端。有人认为县域经济一定就是传统的、落后的、分散的、低端的、低技术的产业，这是一种误区，县域经济的特色化发展可以打破这种思维定式。西峡县等脱贫攻坚与特色产业互动发展的模式为我们打开了一扇窗户，证明发展特色产业经济，建设特色经济强县，是一条走向共同富裕的康庄大道。

---

*　本文发表于《农村·农业·农民》2017年1月10日。

河南省诚信建设制度化的经验与对策研究（2018 年）[*]

摘要　　加强诚信建设制度化对于完善社会主义市场经济，培育和践行社会主义核心价值观，推进国家治理体系和治理能力现代化，具有奠基作用。近年来，河南省以习近平新时代中国特色社会主义思想为指导，主动作为，积极探索，建立了以平台体系建设为主体、以宣教传育和实践养成为两翼、以失信惩戒和守信激励为双轮的"一体两翼、双轮驱动"的工作模式，有力地推动了诚信建设制度化工作，为全省经济社会发展提供了坚强保障。面对新时代、新形势、新要求，河南省诚信建设制度化工作仍存在一些短板。为此，要着力加强和完善"五大体系、一个机制"建设，即加强组织体系、诚信教育宣传示范体系、诚信法治体系、信用信息平台体系、信用服务市场体系建设，完善守信联合激励和失信联合惩戒机制，进一步推进诚信体系建设制度化，为谱写"中原更加出彩"的新篇章营造良好的社会诚信环境。

党的十八大以来，在以习近平同志为核心的党中央坚强领导下，河南省深入学习宣传贯彻习近平新时代中国特色社会主义思想，积极探索，开拓创新，勇于实践，初步形成了以平台体系建设为主体、以宣教传育和实践养成为两翼、以失信惩戒和守信激励为双轮的"一体两翼、双轮驱动"的工作模式，有力推动了诚信建设制度化工作在探索中加强，在创新中发展，为全省经济社会快速发展提供了坚强保障。

一、做法和成效

（一）着力搭建平台体系"全覆盖"，夯实诚信建设制度化的基础

信用平台体系建设是诚信建设的基石。如果将诚信建设比作一座"大飞机"，那么信用平台体系建设就是飞机的机身和主干。我们始终坚持有效整合资源，建好全省平台体系的同时，着力打通各部门行业平台之间的"关节"，使平台之间一环连一环，一环套一环，实现"网网通""路路畅"。

1. 平台建设突出"全覆盖"

河南省已基本形成上联国家信用信息共享交换平台、横向连接省直部门信用信息系统、向下覆盖省、市、县三级的公共信用信息平台体系。一是在覆盖范围方面，全省 18 个省辖市中有 16 个已建成信用信息平台。省发改委等 15 个省直部门已建成信用信息系统。河南省公共信用信息平台共归集法人、自然人及其他社会组织的各类信用信息 3 亿条，向国家信用信息共享平台推送数据 1.6 亿条，向各级各部门共享失信被执行人、重大税务违法案件、行政许可、行政处罚等各类信用信息 1050 万条。二是在平台功能方面，平台已经实现信用查询、共享目录、守信激励和失信惩戒四项核心功能，完善提升了信用大数据、信用综合管理、廉政诚信短信等功能，采用雷达自动抓取和人工发布相结合的方式实现栏目信息的即时更新，并在全国信用信息共享平台观摩会上获得全国第五名的好成绩，被授予"全国信用信息共享平台和信用门户网站一体化建设标准化平台网站"。沁阳市建立了"一网三平台"（诚信沁阳 365 网站，企业信用信息数据查询平台、农村信用信息数据查询平台、普惠金融扶贫平台），对来自 50 家职能部门和金融机构的 100 余项信用指标数据进行采集加工，自动生成信用等级，信用服务质量和效益大大提高。三是在信用代码方面，统一社会信用代码在全国率先实现

---

*　本文发表于河南省人民政府发展研究中心《调研报告》2018 年 12 月 24 日第 47 期（总第 994 期）。

全转换，涵盖 87.3 万家企业、28.6 万家个体工商户和 2648 家社会组织，转换率达 100%，且增量主体实现即时赋码。河南省通过"信用河南"网站向"信用中国"网站推送行政许可信息 225 万条，行政处罚信息 43 万条。河南省"双公示"和统一社会信用代码转换工作位居全国前列。

2. 组织保障和监督机制突出"责任制"

坚持行政、行业、社会监督相结合，市场、人才、组织保障相统一。一是诚信监督方面，成立由各级人大代表、政协委员、媒体记者等组成的专（兼）职社会监督组织，对文明单位、执法部门、窗口单位存在的失信失范、行政不作为等情况进行明察暗访。鼓励群众举报失信违规行为，对举报问题及时查处，对影响面广、行为恶劣的失信违规行为及时惩戒、定期曝光。二是在市场保障方面，成功引进中诚信国际信用评级有限公司、上海卫诚企业征信有限公司等知名信用服务机构，省信用中心与中原银行、新华三公司等 8 家市场机构合作共享信用信息，创新信用产品服务。三是在人才保障方面，推动高校开设社会信用领域相关课程。支持河南财经政法大学、中原工学院等高校开设信用管理相关专业，培养信用管理相关人员。四是在组织保障方面，各级党委政府把诚信建设制度化摆上重要议事日程，切实加强组织领导和工作指导。省文明委发挥统筹协调职能，组织法院、发改、税务、工商、环保、食药等部门签署备忘录，建立统分结合、齐抓共管的工作机制。

3. 制度建设突出"建顶层"

立足省情、科学谋划，先后制定印发《关于加快推进失信被执行人信用监督警示和惩戒机制建设的实施意见》《河南省进一步健全相关领域实名登记制度工作方案》《关于加强个人诚信体系建设的实施意见》《关于加快推进社会信用体系建设的指导意见》《河南省公共信用信息管理暂行办法》《河南省企业失信惩戒暂行办法》《河南省加强政务诚信建设实施方案》《全面推进电子商务领域诚信建设实施方案》《河南省"十三五"社会信用体系建设规划》等系列文件。《河南建设社会信用体系与大数据融合发展试点省实施方案》获得正式批复，国家发改委、中国

人民银行积极支持河南试点省建设。郑州、南阳全面开展国家社会信用体系建设示范城市创建，对信用联合奖惩清单制度、"信用南阳"APP 及微信公众号一站式查询服务等进行探索创新。

（二）着力构建宣传教育"立体化"，营造诚信建设制度化的氛围

诚信精神的树立、诚信风尚的培育，离不开广泛深入的宣传教育和被广大人民群众接受的诚信文化建设。河南省坚持把诚信教育贯彻于公民道德建设全过程，大力宣传普及诚信道德规范，积极培育讲诚信、重诚信、守诚信的文化，引导社会成员诚信自律，使诚实守信成为全社会的价值追求和自觉行动。

1. 诚信宣传注重"把合力聚起"

坚持全媒体联动、线上线下互动，统筹理论舆论、文明文化，广泛运用新闻宣传报道、基层百姓宣讲、网上议题互动、公益广告刊播、文艺作品创作等多种形式开展宣传教育，着力在统一思想、凝聚人心、营造氛围上下功夫，为推进诚信建设制度化工作提供强大的精神动力和浓厚的舆论氛围。一是开展媒体宣传。利用各级各类传播平台，以开设专题专栏、言论评论、深度访谈、动态报道等形式对诚信价值准则进行广泛解读和阐释。适应"微时代"的信息传播特点，积极运用微博、微信、微视、微电影等方式，形成诚实守信的网上舆论强势。二是用好网络宣传。建好用好信用门户网站群。目前，"信用河南"网站已公开公示各类信息 1.2 亿条，日均访问量达 60 万人次，郑州市等 15 个省辖市建成地方信用网站并实现与"信用河南"链接，及时公示行政许可、行政处罚等信用信息，集中披露严重失信信息、失信"黑名单"，向社会提供"一站式"信用信息查询服务，形成具有河南省特色的信用门户网站群，社会影响力、关注度快速提升。三是组织社会宣传。组织开展公益广告宣传，加强诚信选题规划，精心设计制作，广泛刊发播放，推出一批导向鲜明、品位高雅、创意新颖的作品，生动形象地诠释诚信理念，使人们在耳濡目染中受到教育和熏陶。持续开展质量月、安全生产月、诚信兴商月、知识产权宣传周、国际消费者权益日、全国信用记录关爱日、国家宪

法日暨全国法制宣传日、诚信公约阳光行、信用市县周等活动，集中宣传诚信建设政策法规、有关知识和典型案例等，在全社会形成"守信光荣、失信可耻"的良好氛围。

2. 诚信教育注重"从娃娃抓起"

以青少年为重点，普及诚信教育，增强诚信意识。一是纳入教育体系。将诚信教育作为中小学和高校学生思想品德教育的重要内容，推动诚信理念进教材、进课堂、进学生头脑。开展学生演讲、图文展、主题班会等多种诚信教育活动。建立健全18岁以上成年学生诚信档案，将学生个人诚信情况作为升学、毕业、鉴定推荐、评先评优、奖学金发放等环节的重要参考因素。针对考试舞弊、学术造假、不履行助学贷款还款承诺、伪造就业材料等不诚信行为开展教育，并依法依规将相关信息记入个人信用档案。二是抓住重点人群。在干部教育、任职培训等各类教育培训中增加诚信教育课程，在公务员考录、各类职业资格考试、专业评价和职称评定中增加诚信相关内容。在全省大学生中，持续广泛开展"诚信校园行"主题活动，累计举办各项赛事活动9000余场，覆盖全省各高等学校，参赛师生和观众人数达747.3万，主题活动已成为河南省提升大学生诚信水平、贯彻资助育人工作理念最直接、最有效的工作载体。主题活动有力提升了大学生诚信意识，保持了良好的国家助学贷款回收势头，实现了贷款工作的良性运行。至2017年底，全省到期贷款本金已达33.07亿元，本金回收率为98.66%，本金违约率稳定在2%以下，远低于14%的风险补偿金比例。河南省涌现了王一硕等一批在全国有广泛影响的诚信自强、报效祖国的优秀学生。三是注重日常教育。贯彻落实《关于进一步把社会主义核心价值观融入法治建设的实施意见》，把诚信的要求融入市民公约、乡规民约、学生守则、行业规范中，与社会生活紧密联系起来，增强全省人民的诚信意识和诚信观念。

3. 诚信文化注重"让传统活起"

诚信文化是中华民族优秀传统文化的核心理念之一。河南省充分挖掘整理中华优秀传统文化中诚实守信的道德资源，大力继承和弘扬诚信传统美德，使之与当代文化相适应、与现代社会相

协调，以人们喜闻乐见、具有广泛参与性的方式推广开来，引导人们在传统美德熏陶中增强诚信意识、提升精神境界。一是引领文艺创作。坚持以文化人、以文育人，把诚实守信的理念贯穿到文艺作品的创作生产中，推出《老汤》《老街》《大河儿女》等优秀作品，潜移默化地教育引导群众，收到春风化雨、润物无声的效果。二是开展文化惠民。广泛开展"中原文化大舞台""文明河南·欢乐中原""教你一招""暖暖新年""三下乡"等活动，将诚信理念送到千家万户、植入百姓心田、化为群众行动。三是挖掘诚信内涵。积极推进诚信文化建设的社会联动，利用各种文化资源，举办诚信文化节、诚信文化论坛等活动，增强诚信文化的吸引力和传播面，促进诚信风尚形成。许昌市深入挖掘以"关公弘义"为代表的许昌诚信文化，培育形成了"诚信、包容、开放、创新"的许昌城市精神，推动诚信理念在许昌政治、经济和社会发展中不断焕发异彩。

(三) 着力提升创建实践"实效性"，激发诚信建设制度化的活力

诚实守信重在养成、贵在践行。坚持用创建的理念、创建的办法推动各行各业广泛开展信用至上、诚信兴业、履约守信的主题实践活动，引导人们从自己做起，从身边做起，在实践中感知诚信、领悟诚信，做到重承诺、讲信誉。

1. 注重用"创建"推动

组织召开全省文明诚信经营推进会，以提高经营主体道德素质和社会文明程度为目标，以开办文明工商户学校为阵地，以创建文明诚信市场、文明诚信企业、文明诚信商户为主要内容，开展诚信企业示范创建"百千万"工程活动（万家企业综合诚信承诺、千家企业诚信示范创建、百家企业诚信典型示范），全省共推出526个文明诚信市场、企业，493个文明诚信商户，推动全社会形成和彰显文明道德新风尚。印发《关于组织开展创建文明诚信示范街活动的通知》，以评选文明诚信经营示范店、星级文明诚信商户和定期发布文明诚信示范街"红黑榜""两评一发布"为依托，完善评比机制，推进文明诚信经营示范店占全部店面的60%以上，三星级以上文明

诚信商户占全部商户的80%以上,引导人们诚实劳动、诚信经营。

2. 注重用"精神"激励

洛阳市在全国首创"11·22诚信日"活动,发扬"一是一,二是二"的诚信精神,成为国内商业诚信一道靓丽的风景线。针对"舌尖上的安全"等问题,切实加强食品药品行业的诚信建设,广泛开展"诚信做食品"主题实践活动,引导从业人员以诚为本、做放心产品。

3. 注重用"品牌"带动

许昌市大力开展"诚信做产品、重合同守信用"活动,涌现出一批"视诚信为生命"的森源集团、豪丰农机等诚信企业。大力开展"诚信经营、文明服务"活动,涌现出"不满意就退货"的胖东来商贸集团和全省"百佳诚信经营示范单位"保元堂药业公司等,诚信文化理念在许昌企业落地生根,助推着许昌企业稳健发展。

4. 注重用"星级"评定

偃师农村商业银行探索推出"星光大道"信贷产品,运用定性与定量指标相结合的办法,对企业、农户等进行星级评定,对不同的星级核定不同的授信额度,额度内可随用随贷,无需担保、抵押,做到快速办理、方便快捷。

(四)着力提高失信惩戒"执行力",强化诚信建设制度化的约束

失信行为和现象具有强烈的传染性,不遏制就会持续污染扩散,重拳才能止退,重典才能治乱,必须采取有力治理措施,强化对行为恶劣、后果严重失信问题的惩处,让失信者望而却步、知错就改。

1. 注重牵住"牛鼻子"

牢固树立问题意识,以当前道德领域和诚信环节突出问题为重点,法院系统开展"百日执行风暴""春雷行动",对失信"老赖"进行专项惩治。食品药品监管部门严厉打击制售假冒伪劣行为,查处黑窝点、黑作坊,严惩食品药品违法犯罪。质监部门扎实推进"质检利剑"行动,严厉打击产品质量违法行为。公安部门深入推进整治网络谣言专项行动。不断加大对反面典型的曝光力度,揭露一批失信败德的典型案例,警示人们守住诚信"底线",形成强大震慑效应。

2. 注重念好"紧箍咒"

建立了诚信建设制度化工作联席会议制度和诚信"红黑榜"发布制度,坚持每半年联合举行一次河南省诚信建设"红黑榜"新闻发布会,形成了有效激励和有力震慑。2017年以来已现场发布法院、税务、食药监、旅游等重点领域诚信建设"红名单"企业43家、"黑名单"企业33家及10名自然人。6户企业慑于"黑名单"及联合惩戒的威力,主动补缴4亿元税款。一名"老赖"被列入"黑名单"后,困在南极买不了机票无法返程,立即还清欠款。登封市以对"老赖"手机定制编辑彩铃的方式施以惩戒,收效明显。

3. 注重筑牢"防火墙"

全省各有关职能部门联合会签转发国家各部委在失信被执行人、失信企业等领域出台的联合惩戒合作备忘录,在司法、税收、工商、金融、交通、质监、海关、出入境等重点领域推动建立健全失信联合惩戒机制。2018年以来,全省已公开失信被执行人23万人,总量位居全国第三;限制高消费8113人次,限制出入境40人次;司法拘留"老赖"13650人,罚款740.3万元。已列入经营异常名录市场主体66.8万户,限制法定代表人资格7694人次。公开发布税收"黑名单"案件202起,并对失信主体采取限制乘坐飞机、限制银行贷款等多项惩戒措施,慑于联合惩戒威力,企业主动补交查补税款近4亿元。

(五)着力强化守信激励"带动力",放大诚信建设制度化的辐射

先进典型是社会主义核心价值观的具体化,是无声的教科书,人们可以从典型身上感知社会倡导的行为,唤起情感共鸣,激发信心热情。

1. 注重强化典型带动

大力开展道德模范、劳动模范、诚信之星、青年五四奖章、青年岗位能手、好网民等先进典型评选活动。河南省共12人荣获全国诚实守信类道德模范及提名奖,每季度在主要媒体公开发布3~5名河南"诚信之星",营造了讲诚信、重诺言的社会氛围。诚信企业示范创建"百千万"工程活动取得新进展,全省已有3321家企业加入《河南省企业综合诚信承诺公约》,130家企业申报参加诚信示范企业创建,"双汇"信用进

岗、三全食品"制度+诚信"等先进典型经验不断涌现。

2. 注重强化守信激励

国地税部门提供纳税人信用信息，并推动各商业银行为 1498 户小微企业发放贷款 36 亿元。省环保厅对环境信用好的企业给予专项补助资金、办理行政许可、评优评先等激励措施。省交通厅对诚实守信、履约良好的施工企业在招投标中给予增加一个中标机会、降低履约担保等激励。

二、问题和不足

河南省诚信建设制度化在省市（地区）各级领导的高度重视下，取得了显著成效，但在诚信建设具体实施中，仍存在一些问题和不足，有的甚至是致使诚信建设难以深化拓展的制度瓶颈，需要我们高度关注。

（一）诚信法治体系有待健全

法治是实现诚信最可靠的保障。目前，从国家和河南省层面上来说，诚信法治体系还不完善：第一，缺乏针对诚信建设的专门立法，尤其是社会公共信用信息采集和使用及管理等相关工作缺乏法律依据，诚信建设和信用管理在整体上呈现出无法可依的局面；第二，缺乏统一的诚信建设服务指导和考核标准，省级层面有 2014 年 5 月印发的《河南省公共信用信息管理暂行办法》（豫政办〔2014〕55 号），除此之外尚无正式相关服务和管理条例出台，缺乏统一的诚信建设和信用信息工作制度化和标准化依据；第三，信用信息系统存在重复建设现象，目前除省发改委建立的统一的社会信用信息平台、中国人民银行内部统一构建的"中国人民银行征信中心"和工商系统建立的"国家企业信用信息公示系统"外，相关部门各自又建有符合本领域特点和需要的专门的信用体系标准和信用信息平台，造成信息使用不便和资源浪费；第四，信用信息主体权益保护机制缺失，信用主体与授信者的信息不对称可能会造成逆向选择和道德风险。

（二）信用信息系统"孤岛"现象有待突破

建筑信用信息平台（系统）的目的就是更好地发挥"大数据"互联互通的优势，但是目前河南省信用信息平台（系统）建设中"信息孤岛"现象突出，信用信息平台（系统）体系建设有待进一步加强。第一，信用信息资源共享不顺畅。目前，负责"双牵头"的国家发改委和中国人民银行各自有一套社会信用体系和金融征信系统，工商系统有全国统一的企业信用信息公示系统，其他各职能部门根据行业需要也建立了各自的信用信息系统，淘宝信用、芝麻信用等组织、机构也有独立的信用信息资源，由于缺乏法律和制度的支持以及统一的信用信息标准规范，信用记录和信用信息归集尚未实现互联互通。第二，信用信息平台（系统）建设进展不平衡。省直各部门信用信息平台（系统）建设推进完善的工作进度较迟缓，各地市信息平台建设程度差距较大，信息平台体系建设标准化、规范化、一体化水平较低。第三，社会信用信息征集体系技术支持不足。目前，各级有关组织和部门向公共信用信息系统平台报送本单位公共信用信息主要依靠人工二次报送，降低了更新效率。第四，社会成员信用信息更新不及时。由于缺乏法律和制度的有力支持，信用信息后续更新完善工作遭遇困境，农村地区问题尤为突出。

（三）信用市场、信用产品、信用品牌有待深度开发

信用市场体系建设存在以下问题，直接影响河南省诚信建设工作的快速推进。第一，信用市场培育发展基础未夯实。省、市、县（市、区）三级公共信用信息平台和部门行业信用信息系统作为信用服务业发展基础不够完善，市场主体信用档案，法人、其他组织和自然人公共信用信息数据库未建立健全。第二，信用服务业诚信建设制度和信用标准体系不完善。信用服务业从业机构培育政策、规范监管、准入退出机制等诚信建设制度未完善。信用服务业从业人员管理和评价体系、专业技能和职业素养等诚信建设制度未完善。信用服务行业自律规范公约未建立。各行业信用标准未建立，信用标准体系不完善。第三，信用信息记录和信用产品未能广泛使用。信用信息记录和信用产品目前在政府采购、招标投标领域已经使用，未能在更广泛的领域推广使用。第四，信用品牌打造力度不够。征信业整体水平不

高,有实力提供符合市场需求,尤其是充分满足具有地方特色需求的高端信用产品的品牌和机构较少。第五,"信用+大数据"体系尚未形成规模。"信用+大数据"的支撑平台、分析系统、应用系统不健全。

(四)诚信宣传教育示范体系建设有待加强

目前,河南省诚信教育体系尚未形成。社会教育、职业教育、学校教育和家庭教育不能形成系统、有效、连贯的诚信道德教育体系,无法形成诚信教育"合力"。此外,河南省在信用示范创建及其经验总结和推介方面用力不足。社会信用体系建设示范城市创建成效不显著,对"制度+诚信"先进典型企业经验总结和推广力度不足。

(五)诚信建设制度化组织体系有待优化

各个职能部门之间的组织协调不顺畅,尤其是不同领域的工作对接有难度,一些制度文件仅停留在部门层面,执行落实力度不够,第三方监管机制和体系尚未建立健全,诚信制度化组织体系建设有待加强和优化。

(六)守信激励和失信惩戒机制有待完善

联合奖惩系统尚不完善,守信激励和失信惩戒发起、响应和反馈机制不健全,守信激励不足,失信成本偏低。一些部门和领域信用奖惩措施尚未完全落实,存在联合奖惩机制运行不顺畅、守信激励机制不健全、失信惩戒不及时、社会监督不完善等问题,联合奖惩案例数量少。

三、对策和建议

进一步加快河南省推进诚信建设制度化,必须坚持以习近平新时代中国特色社会主义思想为指导,以培育和践行社会主义核心价值观为根本,以加强和完善"五大体系、一个机制"建设为重点,即加强组织体系建设、加强诚信教育宣传示范体系建设、加强诚信法治体系建设、加强信用信息平台体系建设、加强信用服务市场体系建设以及完善守信联合激励和失信联合惩戒机制,积极开展国家社会信用体系与大数据融合发展点建设工作,为促进河南省政治、经济、社会、文化、生态等全面协调发展创造良好的诚信建设制度化环境。

(一)加强组织体系建设

加强诚信制度化建设,首先应在总体布局和组织体系建设上做好顶层设计。建议由中央和国务院主要领导直接牵头"挂帅",加强组织领导,进一步提高对诚信建设工作的重视程度,加强诚信工作组织体系建设,健全诚信建设工作机制,大力推进全国诚信建设制度化工作。

就河南省而言,加强诚信工作组织体系建设,积极落实中共中央的政策和精神,继续落实社会信用体系建设部际联席会议制度,完善诚信工作组织体系建设,进一步加强和完善以省发改委和中国人民银行郑州中心支行为牵头单位,由社会信用体系建设领导小组办公室、公共信用信息中心、行业协会商会和信用服务机构等共同构成的诚信工作组织体系建设;健全诚信建设和信用信息工作机制,制定完善的诚信建设工作制度,加强各联席会议成员单位之间的顺畅沟通与有效协作,建立工作通报机制,破除组织协调不畅问题,提高诚信工作组织体系建设水平;充分发挥社会信用体系建设部门的作用,借政府机构改革的契机,更好地发挥信用河南省社会信用体系建设领导小组办公室、河南省信用建设促进会在支持和推动诚信建设组织协调工作方面的积极作用。

(二)加强诚信教育宣传示范体系建设

诚信建设需要深厚的精神资源,河南省在诚信教育宣传示范方面积累了一些成功经验,下一步可以在如下几个方面着力,进一步加强诚信教育宣传示范体系建设。第一,加强信用体系建设示范试点创建。加快推进信用体系建设与大数据融合发展试点省建设,重点围绕拓展信用信息归集领域、重点领域信用体系建设、信用服务业发展等方面,开展运用大数据支撑社会信用体系建设先行先试,探索形成可推广的经验。第二,形成诚信宣传常态化机制。建议在继续开展和推广现有系列诚信宣传活动的同时,推广设立诚信活动月、周、日,不断丰富活动内容和形式,使之制度化、常态化。第三,制定重点人群诚信教育制度。特别要做好党政部门及事业单位、医疗、教育、工商业及服务行业等重点行业从业者的诚信教育和培训工作,尤其要着力提高各级领导、公务员、医生、教师、军人等特殊身份及职业群体的重点人群的诚信意识和信用管理能力,健全

倡导诚信的工作机制。第四，加强专门人才培养制度建设。建立系统完善的诚信和信用专门人才培养制度，进一步加强和拓展与已经建立信用管理专业的河南财经政法大学、中原工学院等高校的合作，推进诚信和信用高等教育发展；建立诚信人才专家库，培养信用经营管理专业人才，建立完善河南省诚信和信用专家智囊团；推动信用服务机构从业人员开展职业技能和职业素养培训；推动企事业单位开展信用管理岗位培训和认证机制。

（三）加强诚信法治体系建设

诚信法治体系建设亟须完善顶层设计。即在国家层面，构筑并完善诚信建设的立法体系，加快《社会信用法》立法，尽快完成《公共信用信息管理条例》《统一社会信用代码管理办法》制定程序，健全诚信法治体系建设，使诚信建设和信用信息管理等工作有法可依。具体到河南省，应根据国家诚信法治体系建设要求，制定系列配套制度和政策。加快出台《河南省社会信用条例》《河南省公共信用信息修复管理办法》等系列法规，进一步制定完善的信用信息征集原则、信用记录、信用产品应用、信用联合奖惩、信息反馈机制、异议投诉、信用服务机构监管和信用体系建设工作考核办法等系列规章制度，使信用征集、信用调查、信用评估、信用保证等信用活动中的工具采纳、机构设置、法律责任、监督管理等活动具有明确的操作标准和统一规范，寻求保护个人信用信息主体权益及各级政府、职能部门和征信业与个人权益保护等各方之间的最佳平衡点，确保信用活动的正常进行。

（四）加强信用信息平台体系建设

加强信用信息平台体系建设是河南省下一步诚信制度化建设工作的着力点。第一，健全信用信息流通机制。持续加强与国家共享平台对接和信息共享，规范、组织省公共信用信息中心常态化向国家共享平台报送"双公示"信息、统一社会代码信息及河南省共享信息。通过信用体系建设部际联席会议明确部门系统必须与各级平台信息共享，通过制度化合作机制协调解决公安、法院、商务等部委尤其是中国人民银行、证监、银监等中央单位与各省市平台信用信息的互联互通

问题，有利于联合奖惩的快速、有效实行，形成对诚信建设工作及时有效、齐抓共管的良好局面。完善公共信用信息平台的技术支持系统，从技术手段上提升时效性和准确性，设置信息监控系统，实现信用信息平台系统自动筛选抓取信息，实现与相关部门同类信息同步更新。第二，着力加强重点领域诚信建设。在政府诚信方面，继续贯彻落实《政府信息公开条例》，建立健全政务失信记录、信用档案制度，推动政务诚信评价结果在改革试点、项目投资、社会管理等政策领域和绩效考核中应用，加大对各级政府部门和公务员失信行为的惩戒和曝光力度，依托"信用河南"及各地信用网站，依法依规逐步公开各级政府和公务员政务失信记录。商务诚信方面，开展对金融、电子商务、工程建设等领域失信问题的专项治理，推动环境保护、食品药品安全等领域的信用评价与联合奖惩，优化营商环境，深入推进信用交通省建设。社会诚信方面，完善落实个人实名登记制度，突出自然人信用建设在社会信用体系建设中的基础作用，以信用记录为基础建立个人信用档案，加强重点职业和人群信用建设。第三，建立健全诚信监督长效机制。制定专门的信用监督机制，建立第三方监管机制，形成由第三方信用服务机构、新闻媒体和社会公众共同构成的公共信用监督体系。具体可参照推广郑州等地市经验，邀请并委托第三方信用服务机构参与建立"双公示"工作第三方评估长效机制，引入第三方信用服务机构定期开展实地评估，开发在线监测系统，及时发现问题，并建立随机抽取评估对象、选派第三方信用服务机构的抽查评估制度。

（五）加强信用服务市场体系建设

加强信用服务市场体系建设是下一阶段河南省诚信建设工作的难点，可从以下几个方面着手：第一，建立"双层互促"信用建设制度体系，夯实信用服务市场培育发展基础。坚持政府主导，建立以行业协会商会自身信用建设和行业信用建设"双层互促"的信用建设制度体系，加快建设完善省、市、县（市、区）公共信用信息平台和行业信用信息系统，实现互联互通，建立健全市场主体信用档案，建成法人、其他组织和

自然人公共信用信息数据库。第二，建立健全信用服务机构监管制度。出台河南省信用服务机构管理办法及实施细则，建立信用服务机构市场准入和退出机制，实现从业资格认定公开透明；建立信用服务机构及其从业人员信用记录档案，构建以信用为核心的信用服务市场监管机制，促进信用服务业健康发展；引导信用服务机构完善法人治理结构，加强规范管理，完善内部控制和约束机制，提升信用服务质量；引导信用服务行业自律，推动河南省信用服务行业自律组织发展，在组织内建立信用服务机构和从业人员基本行为准则和业务规范；推行信用服务行业诚信服务承诺公开制度，建立信用服务机构投诉举报业务平台，全面提升信用服务机构诚信水平。第三，建立河南省社会信用标准化技术委员会，贯彻落实国家社会信用标准，建立健全包括信用通用标准、信用信息技术标准、信用服务标准、信用管理标准和信用产品标准在内的河南省地方社会信用标准体系。第四，建立信用产品和服务的应用和创新机制。以政府主导、社会广泛参与为基本指导思想，要求政府率先使用信用产品，加大信用产品和服务在行政管理、社会生活和公共服务、市场交易中的应用力度。明确公共信用信息开放分类和基本目录，有序扩大公共信用信息对社会的开放范围，优化信用服务业的发展环境。建立健全信用产品和服务创新机制，开展信用调查、信用评价、信用保险、信用担保、商业保理、履约担保、信用管理咨询及培训等多样化信用服务业务。鼓励征信服务机构开展大数据征信工作，整合利用政府、金融和社会信用信息资源，提供小微企业、农户需要的信用产品和服务。

（六）完善守信联合激励和失信联合惩戒机制

建立完善守信联合激励和失信联合惩戒制度是加快推进诚信建设工作的有效手段，主要从如下三个方面进一步开展联合奖惩制度化建设：第一，建立健全守信联合激励和失信联合惩戒协同机制。深入贯彻落实有关部门共同签署守信联合激励备忘录和失信联合惩戒备忘录，推动重点行业、重要领域联合惩戒实现全覆盖，在34个重点领域组织有关部门继续签署联合激励和联合惩戒合作备忘录。建设完善统一的守信联合激励和失信联合惩戒系统，建立常态化触发反馈机制，实施省地市全面协同和跨区域联动，建立健全信用信息公示和归集共享机制，规范信用红黑名单制度，建立激励和惩戒措施清单制度，建立健全信用修复机制、信用主体权益保护机制、跟踪问效机制等，尤其是要推动重点行业、重要领域联合惩戒实现全覆盖，建设完善统一的守信联合激励和失信联合惩戒系统，进一步推动守信联合激励和失信联合惩戒措施渗透到政府各部门和社会各领域，形成"守信一路畅通、失信处处受限"的基本格局。第二，完善约束和惩戒失信行为机制。对严重危害人民群众身体健康和生命安全，严重破坏市场公平竞争秩序和社会正常秩序，拒不履行法定义务、严重影响司法和行政机关公信力，拒不履行国防义务、危害国防利益等严重失信行为，要依法依规实施行政性、市场性、行业性、社会性约束和惩戒措施，加强落实失信行为发布制度，大幅提高失信成本。同时，进一步加强以失信问题专项治理为重点强化联合惩戒，围绕金融、电子商务等重点领域，着力联合司法机关、政府部门、专业机构和社会组织对违法失信事件或行为开展联合惩戒，并结合持续完善个人信用记录工作，不断推动联合惩戒措施落实到人，持续营造"不敢失信""不能失信""不想失信"的良好氛围。此外，努力将信用信息系统嵌入到各个厅局办公系统，在办理具体业务时，把信用查询作为一项基本程序，如果行政相对人是失信者（受惩戒对象），由嵌入的信用信息系统直接发起失信惩戒提示，进入失信惩戒程序。第三，完善褒扬和激励诚信行为机制。在现有经验基础上，进一步加大对诚实守信的市场主体和社会成员的激励和褒奖力度，继续探索和推广建立行政审批"绿色通道"，推广洛阳农村商业银行等单位"信贷+信用"系列产品和服务方面的成功经验，不断创新和丰富信用激励形式和内容，建立长效机制，进一步提高守信收益。

创办"中原航空航天科技大学"的建议（2018年）[*]

引言 高等教育资源直接关系城市未来发展的核心竞争力。近年来，深圳、青岛、合肥等城市都在大力引进著名高校，掀起了新一轮的"高校争夺战"。创办"中原航空航天科技大学"，紧紧抓住了国家、省、市重大战略机遇，并与我市区域产业支撑和城市未来发展高度契合，时机已经成熟。为此，本文结合郑州市产业发展"十三五"规划对人才、科技的需求，对建设国际一流大学、加快破解"中原航空航天科技大学"落地难题进行探索并提出建议。

郑州市建设航空大枢纽和物流中心，迫切需要国际一流的综合性航空航天大学作为智力支撑。创办一流的"中原航空航天科技大学"既可弥补省市高等教育层次较低的短板，又可弥补发展短板，为郑州市建设"一枢纽一门户一基地四中心"提供动力支撑。

一、杭州"中法航空大学"创办典型案例

为带动杭州临空经济示范区发展，弥补浙江航空高等教育短板，浙江省、杭州市、萧山区等三级政府密切协同，全力支持，在不到半年的时间内使项目成功落地。2017年8月11日，长龙航空、浙江旅游职业学院、法国国立民航大学萧山区政府签署合作协议，合作建设四年制本科大学——"中法航空大学"，长龙航空负责项目引进和投资管理等，法国国立民航大学负责提供优质教育资源，萧山区给予政策等要素保障。为了进一步提高"中法航空大学"的办学层次，浙江省政府主动对接北京航空航天大学，积极运作。2018年1月9日，在习近平主席和法国总统马克龙两国元首的共同见证下，北京航空航天大学、法国国立民航大学等多方机构共同签署了"中法航空大学"合作办学协议。总结我国重点大学中外合作项目的成功经验，无不是采取"政府主导、市场运作"的模式。浙江省"中法航空大学"的成功经验值得我们学习借鉴。

二、创办"中原航空航天科技大学"的有利条件

1. 国家政策机遇

国家先后出台了一系列鼓励中外合作办学的政策措施，有力地促进了中外合作办学的大发展。①国家鼓励中外合作办学。截至2018年1月，全国中外合作办学机构和项目已有2626家，高等教育中外合作办学约占90%，在校生约50万人。独立法人中外合作办学机构有广东以色列理工学院等10所，河南省为空白；非独立法人中外合作办学机构有浙江大学爱丁堡大学联合学院等约70所，河南省有郑州大学西亚斯国际学院等4所，约占全国的6%。②国家鼓励民办高等教育发展。据《2017年全国教育事业发展统计公报》：2017年全国有民办高校747所，占全部普通高等学校2631所的28%。③国家实施"中西部高等教育振兴计划"。2017年初，国家发改委发布《关于支持郑州建设国家中心城市的指导意见》，为创办"中原航空航天科技大学"提供了顶层设计。

2. 河南省弥补高教短板的机遇

为了突破高等教育短板，河南省鼓励中外合作大学和民办高校发展。《河南省教育事业发展"十三五"规划》强调：全面提升中外合作办学水平，积极推进高水平中外合作大学建设，建设一批示范性中外合作办学机构和项目。支持经济实力雄厚的企业投资兴建高起点、高水平的民办

---

* 本文发表于河南省人民政府发展研究中心《调研报告》2018年12月12日第42期（总第990期）。

学校。《郑州航空港经济综合实验区"十三五"发展规划》提出要"打造国家级引智试验区，引进国内外高水平大学"。

3. 郑州市引进高校的政策机遇

郑州市鼓励引进优质高等教育机构。郑州市人民政府出台了《关于加快引进优质高等教育资源的意见》（郑政〔2017〕38 号），决定："设立 100 亿元专项资金，利用 5 年左右的时间，引进 5~7 个优质高等教育机构（含国内外优质应用型技术大学）。"

4. 创办主体办学条件具备

①创办者具有十年航空专业办学经验。"东方领航教育集团"成立于 2007 年，专注于航空专业教育事业，与省内十余所大中专院校签订了联合办学合作协议，目前在校生 4300 多人，在飞行驾驶、航空服务、民航安检、航电设备、航空机务、航空物流、民航反恐等专业领域，为全国各大机场和航空公司提供了大批高端服务人员和紧缺技术人才。②创办者已经签订多项中外合作办学协议。已经签订合作办学协议的三所大学均属于优质高等教育资源。2018 年南澳大学世界排名第 279 名。在 2015 年的"泰晤士世界大学"专业排名中，南澳大学工程科技专业在世界范围内排名第 69 名，在澳大利亚排名前 6 位。俄罗斯远东国立交通大学、马来西亚航空管理学院的航空专业优势明显。③创办者办学投资的资金已经到位。"中原航空航天科技大学"的投资法人主体为河南东方领航教育集团，大学基建总投资 22.5 亿元，自筹资金 12.5 亿元，引入战略投资者 10 亿元。

5. 郑州航空港高速发展机遇

2017 年，郑州航空港实验区地区生产总值完成 700.1 亿元，是 2012 年的 3.4 倍，年均增长 19.4%。2017 年，郑州市新郑机场旅客吞吐量为 2430 万人次，位居全国民航机场第 13 名，是 2012 年的 2.1 倍，年均增长 15.8%，约比全国高出 5 个百分点；航空货邮吞吐量为 50.3 万吨，位居全国第 7 名，是 2012 年的 3.3 倍，年均增长 27.2%，约比全国高出 20 个百分点。郑州市新郑机场首次夺得中部六省货运和客运"双第一"，跻身全球货运机场 50 强。郑州航空港经济的高速成长对创办"中原航空航天科技大学"形成了强力支撑。

三、建设"中原航空航天科技大学"的总体框架

1. 建设一流校园

建设环境、设施一流的特色现代化校园，规划建设用地约 2000 亩，总投资约 22.5 亿元，建筑面积约 150 万平方米。

2. 建设一流生源和一流教师队伍

面向全国招生，本专科在校学生规模 5 万人，在校生规模居全国同类高校首位。面向国内国外招聘高素质专业教师队伍，教师队伍规模 3000 人，包括双一流大学博士、教授、副教授、高级工程师、CEO 等。

3. 建设一流学科专业

重点创建飞行器工程、交通运输、飞行技术、机器人、电子信息工程、软件技术、工商管理（航空运输）、艺术（空乘类）等 10 个国家级特色专业。重点创建航空航天、信息技术、管理服务等优势学科群，构建空天信融合、理工文交叉的一流学科体系。围绕特色优势学科，积极申报硕士博士学位授权学科点、博士后科研流动站、院士工作站。

4. 建立一流管理团队

由航空航天学界、政界、商界领袖组成"学术顾问委员会"，校长、副校长、学院院长、副院长等主要管理职位在全球范围内公开竞聘，董事会 80% 以上成员具有博士或教授（研究员）资格。

5. 建设"航空航天特色小镇"或"航空航天新城"

依托"中原航空航天科技大学"构建由教育、科技、产业、商务、文化旅游构成的生态体系，重点建设大学校园、大学科技园、基础教育园、主题公园、航空航天产业园五大园区。

四、当前亟待解决的问题

1. 建设航空大都市，缺乏综合性航空航天高校的支撑

总结国内外世界级的大枢纽、大产业和大都市的发展壮大经验，都离不开世界一流大学的支

撑。截至目前，郑州市建设"航空大枢纽、航空大产业、航空大都市"已经初见雏形，但是却没有引入一家"名牌大学"，更没有"航空航天大学"。

2. 打造航空经济全产业链，缺乏综合性航空航天高校的支撑

据粗略统计，全国拥有航空航天本科高校12所，河南省拥有1所"郑州航空工业管理学院"，但是郑州航空工业管理学院的学科专业主要是工商管理类，太过单一；全国拥有航空航天高职高专20所，河南省为空白。河南省缺乏综合性航空高校，无法满足航空经济全产业链发展的要求。

3. 缺乏政府主导运作，导致落地困难

当前"中原航空航天科技大学"筹备工作四处受限，有关政府部门虽然也表示支持，但多停留在文件和口头上重视，尚缺乏统揽全局的实际行动，缺乏统筹各方责任担当，导致落地困难。浙江省"中法航空大学"成功经验值得河南省学习借鉴。

4. 缺乏建设用地指标，导致无法落地

"筹建小组"与郑州航空港区及各市（县、区）多次对接，都无法提供教育建设用地指标，建设用地指标无法落实成为了建校的拦路虎。

五、政策建议

1. 从战略全局上提高认识，列入重点民生工程项目

"中原航空航天科技大学"对"三区一群"国家战略和郑州建设航空大枢纽、航空大产业、航空大都市和国家中心城市，发展航空航天战略

新兴产业、加快产业转型升级具有重要战略意义。我们必须从"中原更加出彩"、建设经济强市、打造创新高地等战略全局的高度来认识建设"中原航空航天科技大学"的重要性，将其列入郑州市重点项目计划，强力推动，力争早日落地。

2. 发挥政府主导作用，搞好顶层设计

建议市政府成立"中原航空航天科技大学"筹备领导小组，下设办公室，明确各方责任，分工协作，形成合力。一是按照世界一流标准做好总体规划；二是明确时间表、路线图及责任单位；三是落实投资来源，采取市场化运作方式，明确主要投资主体，吸引战略投资者进入；四是由省市政府出面联系，从世界大学前200强、航空航天前20强中优选中外合作办学机构；五是落实建设用地指标，纳入郑州市重点项目用地保障，按照世界一流标准一次规划、分期建设、分批供地，简化审批程序，开辟绿色通道，落实"一揽子"配套扶持政策。

3. 校园选址应与"三大一中"密切衔接，形成相互带动格局

"中原航空航天科技大学"校园选址必须与航空大枢纽、航空大产业、航空大都市和郑州国家中心城市战略布局相协同，与航空航天产业园区、航空航天产业新城或航空航天特色小镇一体化同步规划建设。首选郑州航空港经济综合试验区中外合作办学园区；其次，选择郑东新区、郑开科创走廊，靠近龙子湖高校园区；再次，选择郑西新区，靠近郑州大学；最后，选择郑南新区，与航空港形成掎角之势。

第十篇

市县典型经验

长垣县经济集群化发展模式的调查报告（2005 年）*

引言

为了探究河南省"十一五"县域经济发展的战略思路，本文笔者对长垣县域经济和产业集群化发展模式进行了专题调研，全面总结了长垣县域经济发展模式的"五大法宝"，同时归纳出了"长垣模式"的"八点启示"。笔者认为，"长垣模式"对河南省县域经济"十一五"实现新的跨越式发展具有普遍的指导意义和推广价值。

一、"长垣奇迹""长垣模式"或"长垣现象"

长垣县位于河南省东北部的豫鲁交界地区，紧临黄河，居开封、新乡、鹤壁、安阳、濮阳、菏泽等城市群的中心，与上述城市的距离均不超百公里，全县面积 1051 平方公里，耕地面积 86 万亩，人口 81.9 万。长垣县历史上一直是个典型的农业大县、工业小县、财政穷县、防汛重点县。改革开放之前，长垣县面对的是"四个条件差"：一是自然条件差，紧临黄河，地处黄河故道，在历史上是黄泛区，十年九淹；二是资源条件差，地上无资源、地下没矿藏，只有贫困的人口、贫瘠的土地和滔滔黄河；三是区位条件差，地处周边几个中心城市的边缘地带，处在豫鲁两省的交界，向东被黄河隔断，交通闭塞，几乎没有任何区位优势可言；四是经济条件差，基础设施非常落后，经济基础非常薄弱。由于长垣县地理位置偏僻，交通不便，对外联络不畅，再加上行政区划多次变更，所以中华人民共和国成立以来，国家、省、地（市）都没有在长垣"建厂布点"，工业投资几乎为零，在经济发展和产业布局上是"被遗忘的角落"。当地老百姓用"穿不上棉衣裳，喝不上糊涂汤，娶不上孩子娘"形容当时不及温饱的生活状况。

长垣经济奇迹：过去的长垣是有名的贫困县，令人称奇的是，在这个没有自然优势、没有资源优势、没有区位优势、没有经济优势的地方，居然通过改革开放，打造出了闻名全国的"起重机械、医用卫材、防腐建筑、营销、烹饪、绿色产业"六大支柱产业，成为领跑长垣县域经济的"六驾马车"，带动长垣县域经济不断超越自我，进而实现跨越式发展。综合经济实力在全省 109 个县（市）排序中，从 1990 年第 92 位跃升到 2003 年的第 37 位，前移了 55 位，其中近十年前移了 52 位。

"长垣模式"或"长垣现象"：过去，长垣县与周边的几个县一样都是国家级或省级贫困县，这几个县的自然和经济条件在改革开放之初是一样的，而长垣县却在 20 世纪 90 年代初率先甩掉了贫困县的帽子，并且走出了一条经济集群化发展的路子，一跃成为河南省县域经济发展的"排头兵"，被誉为北方小温州，北方不夜城。今日长垣，拥有全国"起重之乡、防腐之乡、烹饪之乡、卫材之乡"的美名，民营企业红红火火，昔日的贫困县因之而成为新富之地，其独特的发展模式更是被媒体和理论界誉为"长垣现象"。温州所属的县、市、镇的发展模式与长垣县有惊人的相似，唯一不同的是温州所属的及其周边的县、市、镇大都呈现出经济集群化发展的态势，而长垣县的发展模式在本地区和周边地区中却独树一帜。也就是说，长垣县的经济集群化发展模式并没有在周边的其他地区出现，这就是令人深思的"长垣现象"。

---

* 本文发表于《郑州航空工业管理学院学报》2006 年 8 月 30 日；河南省人民政府发展研究中心《调研报告》2005 年 6 月 25 日第 10 期（总第 631 期）。

二、创造"长垣模式"的五大"法宝"

长垣县经济共经历了三个发展阶段或出现了三次大的飞跃：第一次是 20 世纪 80 年代不甘贫困的农民纷纷走出去打工，发展"劳务经济"；第二次是 20 世纪 90 年代不失时机地实施"回归工程"，把"劳务经济"迅速提升到"民营经济"的层次，把劳务经济转化为本土化的实体经济和特色产业；第三次是进入 21 世纪，通过建立特色民营科技工业园区，把"民营经济"迅速提升到"集群化发展"的更高层次，把六大特色支柱产业迅速提升到国际化竞争的水平。特别是近几年来，建立了"河南省起重机械工业园区"和"河南省卫材工业园区"，建立了包括农业产业化和黄河生态游的绿色产业园区，并推进防腐建筑、烹饪、营销产业在县域之外的地区实现集群化发展。"有人的地方就有市场，有市场的地方就有长垣人，就有长垣的营销员、厨师、防腐建筑工程队、特色产品"。为什么长垣经济能够一次又一次地实现飞跃？究其原因，创造"长垣模式"或"长垣奇迹"有如下"五大法宝"：

1. 大力发展劳务经济或"打工经济"

劳务经济就是"富民经济"。在改革开放之初，长垣人再也不甘忍受一贫如洗苦日子的折磨，开始了"一个提包闯天下"的打工生涯，一个人出去带出一百个，一百个带出一千个，一千个带出一万个，就这样相互带动，成千上万的劳务大军走出了穷乡僻壤。最初的劳务输出是自发的，到了 20 世纪 80 年代中后期，开始向规模化、专业化的方向发展，后来，一些学到技术挣到钱的能人开始返乡开办手工作坊或办厂，沿街发展，前店后厂，集群共生，相互竞争，形成专业市场，带动了当地经济的发展。正是"打工经济"为长垣县经济发展开辟了新天地：①打工队伍规模化；②打工的职业选择逐步趋向于"技术化、智能化、专业化、市场化"；③"打工经济"国际化、实用化、组织化、多元化；④"打工经济"本土化，"打工之路就是创业之路"，外出务工积累了资金，学到了技术，开阔了眼界，增长了才干，掌握了市场动态，为此后自主创业、返乡办厂奠定了一定的智力和财力基础。逐步由最

初的给外地人或企业打工，转变为自己创办企业，给自己或本地企业打工。

长垣县劳务经济不但形成了较大规模，而且形成了自己的特色优势，长垣县被誉为"防腐之乡、烹饪之乡、营销员的摇篮"，并由此形成了全国知名的"三大劳务品牌"，或"三大支柱产业"，或劳务经济的"三驾马车"：①"第一驾马车"为"防腐建筑"，长垣县被中国化工防腐蚀技术协会命名为"中国防腐之乡"。②"第二驾马车"是"长垣烹饪"，厨师在长垣县的发展历史悠久，被中国烹饪协会命名为"中国烹饪之乡"。③"第三驾马车"是"农民营销员队伍"，如今，长垣县共造就了一支 8 万余人的农民营销员队伍。劳务经济是长垣县民营经济的源头、出发点和重要支撑点。

2. 大力发展民营经济

民营经济就是"强民经济"。①明确发展方向，首先是解放思想、突破观念约束。②理清发展思路，不断突破自我，不断上新台阶，先后确立了"突出特色、壮大个体、优化重组、股份膨胀、龙头带动、集群发展"的战略思路。③营造环境优势，为了营造民营企业留得住、快发展的氛围，县委、县政府出台了一系列优化经营环境、保护民营企业的政策措施。长期以来，县委、县政府大力发展民营经济的决心和信念从来没有动摇过，真正做到了换届不换政策，人变事不变，一张蓝图绘到底，一届接着一届干，届届都有大发展。10 年来，历届政府一直围绕这个思路发展，上一任制定和执行的政策，下一任继续执行和完善，使得这个政策有持续性和稳定性，促进了民营经济稳定健康快速持续发展。

3. 大力实施"回归工程"

"回归工程"就是吸引外出务工人员返乡创业，充分利用劳务经济积累的生产要素发展本土经济。20 世纪 90 年代中期，根据外出务工经商人员多、富裕大户多、经济能人多的特点，县委、县政府通过感情联络、政策引导等措施，实施了旨在吸引他们回乡办厂，吸引在外存款和社会闲置资金、技术、项目、人才、信息还乡的"回归工程"，号召他们回乡办厂，催生了一大批民营企业，这是长垣民营经济集群化发展的开

端。目前，全县共创办"回归企业"708家。

4. 大力推进产业集群化

"产业集群化"就是"创新工程"或"国际化工程"，就是把特色优势产业迅速提升到国际化竞争的层次和水准，依靠创新来实现新的跨越式发展。产业集群化是世界各国区域经济发展的一条普遍规律，可以提升区域经济发展的阶段、层次、水平，形成区域经济或产业竞争的比较优势，提升区域经济或产业的国际竞争力，是吸引国内国际产业转移，建设世界工厂的有效途径。产业集群化是长垣民营经济的第二次创业或飞跃。①发展特色产业，培育块状经济。②壮大支柱产业，形成产业集群，扶持龙头企业，培育名牌产品。特色产业从无到有，从小到大，由弱到强，从分散到集中，培育壮大了"起重机械、医用卫生材料、防腐建筑、营销、烹饪、绿色产业"六大特色支柱产业，初步形成了"北卫材，南起重，东部防（腐）建（筑），西部农，第三产业在县城"的县域经济格局。③优先发展起重机和卫材两大主导产业，带动并加速长垣县的新型工业化。起重机械现拥有整机生产企业48家，配件生产企业和经营企业820家，从业人员3.6万人，在全国各地设有2000多个销售网点，50吨以下起重机销量占全国市场份额的50%以上。医用卫生材料拥有卫材生产企业38家，从业人员3万人，产品达30多个系列、600多个品种，产品覆盖面占全国市场的80%以上。两大主导产业已形成了主业企业众多、配件生产成群、销售门店成网的发展格局。④建立工业园区，加速集群化发展。目前，起重、卫材两大工业园区都正在加紧建设，其中"河南省起重机械工业园区"被省科委授予"民营科技工业园区"。

5. 大力营造发展环境

"环境工程"就是"奠基工程"或"孵化工程"。长垣县的经济大厦是建立在优越的发展环境之上的，正是这一独创的环境才孕育出了长垣县的"六大支柱产业"和数以千计的充满活力的民营企业。长垣县的发展环境与温州地区有着惊人的相似，在改革开放和发展的初期，由于地理位置偏僻，基本没有国有或集体企业支撑，发展只有靠私营经济或民营经济，传统的计划经济体制

的影响力、约束力非常微小，经济发展的驱动力是完全市场化。"不加约束、自由发展"，是长垣县委县政府为私有经济的发展所创造的软环境，即通常所说的"无为而治"，这在改革开放初期是非常难能可贵的。20世纪80年代后期，开始大力发展民营经济；90年代开始全面实施"回归工程"，制定了一整套鼓励民营经济发展的政策措施；进入21世纪，又制定得力政策，全面推动民营经济的二次创业，大力推进产业集群化。

抓发展必须抓环境，抓环境就是抓发展。良好的环境既是生产力，也是竞争力。县委、县政府从实际出发，坚持把环境作为第一资源、第一竞争力，软硬兼施，不断优化环境，努力营造"环境洼地"，构建"发展温棚"，促进了县域经济的可持续发展。

毫无疑问，长垣县域经济高速成长和发展，首先应归功于长垣农民自强不息的精神与不断创造的精神，同时这还与政府的开明分不开，长期坚持不懈地优化经济环境，将政府职能定位在为企业和农民服务上。这就好比内因和外因在事物发展变化中的作用一样，长垣人民是长垣经济腾飞的原动力和根本依据，长垣县委县政府是经济腾飞的助推力、"孵化器"、环境依托。与周边城市进行横向比较，为什么长垣县能在同样的自然条件、区位条件、资源条件、经济条件之下脱颖而出？其中一个非常重要的原因是"发展环境"，即长垣县委县政府营造了更加开明的政治环境、宽松的社会环境、自由的经济环境，从而孕育了长垣经济的积累、集聚、集中和集群化发展。可以毫不夸张地说，独特的优越的政策软环境对长垣县的经济腾飞在相当大的程度上起着决定性作用。

三、长垣县实现新的跨越式发展的六大战略思路

经过20多年的艰苦创业，长垣县已成功探索出了"长垣模式"，打造出了具有区域特色的"起重机械、医用卫材、防腐建筑、营销、烹饪、绿色产业"六大支柱产业。特别是医用卫材、起重机械在全国同行业中具有明显的竞争优势。相当多的企业已经完成了资本原始积累，呈现出规模扩张的强烈愿望和由相对散乱向联片集聚演进的特征。

长垣县发展要实现新的飞跃，就必须正视自身存在的一些突出问题，即"六个结构性矛盾"：①产业结构低端，主导产业集群化发展尚处于初始阶段，不能盲目乐观，服务业配套发展的水平有待提高，农业产业化的发展水平和层次有待提高，产业结构布局和城镇结构布局有待进一步优化，城镇化水平有待进一步提升。②企业组织结构低端，缺乏终端产品、高端名牌产品及带动能力强的巨型企业，民营企业的数量较多但质量有待提高，特别是缺乏具有领军能力的大企业或大企业集团。③产品结构低端，存在低水平重复建设，低水平无序竞争的问题，缺乏技术含量高的大项目对跨越式发展的支持。④技术结构低端，企业研发能力较弱，低端产品过度竞争，技术含量高的高端产品无力开发。⑤人才结构低端，特别是缺乏高级技术人才、高级管理人才及高级技工等。⑥融资结构单一，企业融资渠道不畅，融资方式单一，融资规模偏小，融资效率较低，满足不了企业急剧扩张发展的需要。可以肯定的是：如果长垣县在发展上不能突破以上结构瓶颈，加速结构升级，原有的优势就会逐渐丧失，甚至还会丧失未来的发展机遇。对此，必须有清醒的认识。

"十一五"乃至今后5~15年，长垣县要实现新的跨越式发展或超常规飞跃，就必须牢固树立科学发展观，及时调整发展战略思路，突破结构短板，提升发展理念，创新发展环境，牢牢抓住战略机遇期，实现经济快速扩张与和谐发展。建议长垣县"十一五"期间实施"经济翻番、再造长垣"计划，采取如下超常规的六大发展战略：实施"创新优势"发展战略；实施"开放带动"战略；实施"产业集群化"发展战略；实施龙头带动战略；实施人才强县战略；实施"双色"发展战略，即"特色+绿色"发展战略。

四、"长垣模式"对河南省"十一五"县域经济发展的八点启示

截止到2004年底，县域经济占河南省生产总值的67.7%，已成为河南省经济社会发展的重要支撑，是实现中原崛起的重要基础。在"十一五"期间，加快河南省县域经济的发展是贯彻落实科学发展观，统筹城乡发展，解决"三农"问题，全面实现小康的重要基础和客观要求。长垣县经过近二十年的艰苦创业，从一个贫困县发展成为河南省县域经济的排头兵，"长垣模式"对河南省县域经济的发展具有重要启示。

1. 发展特色经济，推进产业集群化发展

特色经济是县域经济的精髓，产业集群化是区域经济发展的高级阶段。特色就是比较优势，就是竞争力。没有特色就会出现散乱无序，区域产业结构趋同化，就没有比较优势，就缺乏竞争力，可持续发展的能力和潜力就会受到限制。特色就是差异化，要在差异化中寻求自己的发展战略定位，错位发展，优势互补。在产业上要有自己的特色，特色产业要形成集群优势、规模优势、技术优势和品牌优势，形成独具特色的比较优势和竞争优势。

2. 发展劳务经济，化人口负担为经济优势

劳务经济既是脱贫经济、富民经济，又是创业经济。富余劳动力多是河南省大多数县的共同特点，开发劳动力资源，把人口负担变为人力资源优势的转换器是"劳务经济"，其对于经济落后的"老少边穷"地区，不仅可以"爆发式"地增加农民收入，使农民摆脱贫困并走向富裕，还可以提高农民的职业素质，开阔眼界，增长才干，学到技术，积累资金。实践已经反复证明，发展劳务经济是河南省贫困县和贫困地区快速脱贫致富的有效途径。未来5~15年是我国工业化、城市化的高峰时期，是劳务经济发展的重大机遇期，我们应当抓住机遇，加快发展，形成品牌，形成规模，形成产业，形成自己的特色优势。同时，大力实施"回归工程"，吸引成功人士返乡创办企业，建立加工生产基地，及时引导劳务经济的本土化发展。当前，做好劳务经济发展的重点工作是：千方百计加强职业技术培训，使人们掌握专业技能，做到人人有绝技、个个有本领；加强劳务信息咨询服务，提高劳务输出的组织化程度；在劳务输出和输入集中地建立党组织和工会，加强党的领导，依法维护农民工的正当权益。

3. 发展民营经济，形成富民强县的主体支撑

县域经济就是民营经济。应确立民营经济在县域经济中的战略主体地位，营造好环境，引导好发展方向，做好服务保障工作。大力实施"回

归工程"是发展民营经济的一条有效途径。

4. 发展绿色经济,实现绿色发展

县域经济应该是绿色经济。县域经济是城市与乡村、工业与农业的有机结合,城镇和工业的发展不能以牺牲农村和农业为代价,农业仍然是县域经济的重要基础,破坏生态环境就会动摇农业这个基础,所以发展绿色经济和绿色产业对县域经济具有特别重要的意义。一是发展无污染的特色产业,要以自己的特色、优势和环境来吸引外资,绝不能急功近利地接受高污染项目,所有项目都应实现达标排放;二是发展高效绿色农业集群,鼓励发展特色农业产业集群和高科技特色农业产业园区,如发展园林花卉产业、林果业、速生林产业,积极发展观光农业、旅游农业、休闲农业,可以采取公司加农户、公司加基地等产业化运作方式;三是发展生态林业,开发"四荒"造林,利用河边、路边、沟边、田边、宅边造林,鼓励发展经济林,形成茂密的农村林网,改善农业农村生态环境,建设美丽乡村。

5. 发展环境经济,营造优越发展环境,创新发展优势

县域经济在某种程度上就是环境经济,因为环境决定县域经济的活力和发展力。民营企业是县域经济的细胞、市场竞争的主体,民营企业和县域经济发展壮大的必要条件是优越的发展环境。政府部门的任务就是营造优越的发展环境,包括软环境和硬环境,软环境又包括政治环境、经济政策环境和社会环境等。软环境的营造要靠创新,只有创新才有特色,才会形成比较优势,进而转化成企业的竞争优势。优化环境不能单纯地比拼优惠政策,应解放思想,更新观念,大胆创新,破除体制、机制和政策绑架,做到改革过硬、政策过硬、行动过硬、落实过硬。环境就是生产力,环境的优越程度决定发展的速度,营造环境与发展是密不可分的,两者皆是政府的第一要务。

6. 发展开放型经济,实施开放带动,拓展发展空间

县域经济应该是开放型的国际化现代化经济。在经济全球化的今天,封闭起来搞发展是注定要落后的,以开放促发展是唯一的出路,所以县域经济的发展应当大力推进"开放带动战略"。开放

的世界就是我们生存和发展的空间舞台,外部的世界有两种资源几乎是无限的,其一是资本,其二是市场。市场是共享的,而资本的流动却是有条件的,资本流动的目的是追求利润和增值,其条件是比较优势和环境。当前,争夺生产要素资源已成为各地发展县域经济的一大焦点,要胜出就要看谁的观念新、政策好、环境优、基础好、优势大,这场竞争既是企业之间实力的较量,也是政府之间"拼发展环境"的竞技场。发展县域经济既要两眼向内又要两眼向外,向外就是招商引资和开拓市场,招商引资应突破观念约束,要有特招、高招、绝招;向内就是要创新比较优势、营造发展环境,以自己独特的比较优势来吸引国内外的产业转移和集聚,逐步建立起来有自己特色和优势的现代工业、现代农业、现代服务业。

7. 发展知识密集型经济,实施科教兴县、人才强县战略

科教决定兴衰,人才决定成败。对县域经济来说,人才强县战略和科教兴县战略是其实现可持续发展的重要基础。经济全球化、竞争国际化是当今世界经济发展的大趋势,人才是竞争成败的第一决定性因素,是最稀缺的战略资源。教育是科教兴县和人才强县的基础,应进一步加强九年义务教育,同时把职业教育作为一个产业来发展,特别是应制定优惠政策引导民间资本投向职业教育,把职业教育做活、做强、做大,全面提升劳动力素质。

8. 发展园区经济,走新型城镇化道路

应把城镇建成县域经济的特色产业园,建成适宜人居的美丽家园,形成特色鲜明、功能完善、集群发展的城镇体系。把县城建设成为中小城市,进一步强化县城在县域经济中的中心地位和龙头地位,优先发展,倾斜发展,加快产业集聚,增强辐射带动功能,同时要大力发展特色小城镇,搞好功能优化和产业分工。小城镇的规划建设应突出特色,与经济规模和产业规模相配套,应有特色产业支撑,积极引导农村工业向小城镇集聚、特色产业集群化发展,切不可脱离实际、贪大求洋,不能"唱空城计";进一步强化小城镇服务"三农"的职能,发展绿色小城镇和生态小城镇。

漯河市世界食品产业基地建设对策研究（2008年）[*]

引言

近年来，河南省委、省政府立足河南省情实际，从实现中原崛起的战略和全局高度，将食品工业列入主导产业之中，把河南省从"中国的粮仓"变成"中国的厨房"，对做大做强河南省食品工业作出了战略部署，为河南省食品工业再上新台阶指明了方向。在此背景下，本文对漯河市食品工业发展进行了专题研究，总结了典型经验，并就如何用好发展战略机遇期，加快漯河市从中国食品名城向世界级食品产业基地跨越，提出了一些有针对性的建议，以期对全省食品工业又好又快发展提供借鉴。

一、漯河市支撑了全省食品工业的跨越式发展

河南省食品工业在全国的位次一直处于上升状态，综合实力居于前列。河南省食品工业1994年在全国排名第七，1999年跃升至第四位，2005年超过江苏省至第三位，2006年规模以上企业实现销售收入1970.1亿元，超过广东省升至第二位，仅次于山东省。河南省食品工业17家企业的21个产品荣获"中国名牌"，名牌数量占全国总数的60%。食品工业是河南省六大支柱产业之一，对全省工业经济增长的贡献率约为12%。

漯河市在全省食品工业中处于举足轻重的主导地位，基本上是三分天下有其一，已经成为全省食品工业的生产、流通和研发中心。漯河市2005年被命名为我国唯一的"中国食品名城"，已经成为"全省最大、全国知名的食品产业基地"，目前正在向世界级的食品工业基地跨越。

二、漯河市食品工业跨越发展的经验和模式

改革开放以来，特别是近年来，漯河市的食品工业快速发展，逐步发展成为了漯河市的第一大支柱产业，创造出了特色鲜明的"漯河模式"，在全省乃至全国都拥有较高的知名度，对全国食品工业的发展进程有着重要影响。漯河市的经验和模式主要体现在以下六个方面：

1. 实施改革开放先行战略，着力培育内生的自主发展机制

漯河市几乎没有国家重点投资的企业和项目，靠国家投资来驱动发展是不现实的，所以从建市之初就破除了"等、靠、要"的思想，靠市场化改革，靠对外开放，闯出了一条独特的发展之路。漯河市作为我国中部地区唯一的内陆经济特区，是河南省改革开放的窗口和示范区。漯河市虽然并没有享受到真正意义上的特区政策，但是却大胆地推进市场化改革开放，依靠改革开放取得了发展新优势。率先推进国有企业改革，从根本上改革产权制度，推动国有企业战略重组，为企业的扩张发展奠定了体制基础。同时为民营经济创造优越的发展环境，使一批民营企业脱颖而出，发展壮大，逐步成为支撑经济发展的重要支柱。现有20多个国家和地区的客商投资漯河市，美国杜邦公司、美国泰森集团、日本火腿株式会社等6家世界500强企业，日本吴羽、韩国九鑫牧业、韩国乐天、香港华懋、台湾旺旺和康师傅等一批国际知名企业，南京雨润、上海小帅才、北京奇能、辽宁希瑞、湖北宜化、河北中旺、福建亲亲等一批国内知名企业，都在漯河市有较大的投资项目，形成了一批重要的经济增长点。多年来，漯河市整体工业经济呈现市场主导型增长态势，绝大多数工业企业主要依靠市场机制的驱动，实现自我

---

* 本文发表于河南省人民政府发展研究中心《调研报告》2008年2月25日第3期（总第707期）。

积累、滚动发展，由小到大，由弱变强。全市工业经济发展活力足、波动小，自主发展的体制、机制和模式日趋成熟。漯河市的食品工业就是在这种宽松的市场环境中成长壮大的。

2. 实施食品工业主导战略，着力培育和发展

漯河市在升格为地级市的初期（20 世纪 80 年代中期），就根据经济基础比较薄弱的基本市情，充分发挥比较优势，确立了以农副产品深加工为主导的产业发展战略，一届政府接一届政府，狠抓落实，发展食品工业的主导战略 20 多年都没有动摇过，逐步走出了漯河市独特的发展道路。如今，漯河市食品工业已经形成了明显的产业集群优势和规模优势。漯河市已成为外地农副产品大量调入、食品大量输出的地区，相继被确定为全省食品工业基地市、全省无公害食品基地示范市、中国食品名城、全国食品安全信用体系和保证体系建设试点市。

3. 实施龙头带动战略，着力培育龙头企业和名牌产品

坚持扶优扶强，培育龙头，扶持骨干，努力实现从量的扩张向质的提高转变，推动企业上规模、上水平，在资金、用地、技改等方面实行政策倾斜，促使行业龙头快速成长。漯河市培育出了全国最大的肉类加工企业——双汇集团、全国最大的方便面生产企业之一——南街村集团、全国第一家葡萄糖饮料生产企业——澳的利集团等一批知名食品加工企业，培育出了 4 家国家级、10 家省级、61 家市级农业产业化重点龙头企业，龙头企业数量居全省前列，有 4 家进入全国食品工业百强、8 家进入全省食品工业 50 强。漯河市知名品牌众多，群体优势初现，现有中国驰名商标 2 个、中国名牌产品 3 种、行业标志品牌 2 个、河南省著名商标 19 个、河南省名牌产品 18 种、河南省优质产品 25 种，名优产品总量居全省前列。漯河市是全国农业产业化先进集体，充分发挥优势加工龙头企业的带动作用，通过"大公司+小公司""公司+农业合作组织""公司+农户"等多种方式，带动了中西部地区一大批种植和养殖基地建设。

4. 实施集群化发展战略，着力推动特色工业园区建设

积极引导中小企业向产业集群发展，形成中

小企业密切配合、分工协作的网络体系，打造优势群体，以群体力量形成规模优势，与行业龙头企业相互补充，逐步形成了几个具有明显优势的产业集聚区。例如，以双汇工业园为基础建设高新技术产业开发区，引进国内外知名品牌建立生产基地，实现了园区的滚动发展。

5. 实施技术引领战略，着力打造一流的技术创新平台

从产品开发和技术创新入手，着力培育核心竞争力，以科技水平的提升促进食品工业的升级。目前，全市食品行业拥有博士后科研工作站 2 个、国家级企业技术中心 1 个，省级企业技术中心 6 个，食品企业与国内外科研院所建立了紧密的合作关系，高新技术和先进适用技术在食品工业中得到广泛应用和推广。"双汇"商标是国家商标总局确认的"中国驰名商标"，品牌价值达 106.36 亿元。

6. 实施食品安全优先战略，着力构建全程质量监管保证体系

建立了以技术标准为基础，以法律法规为保障，以质量检验检测、基地认定和产品认证为手段的标准化监管体系。大力推进无公害食品基地示范市建设，为食品工业提供优质原料。全市有 139 个农畜产品生产基地通过省级认定，25 个农畜产品通过国家无公害农产品认证，4 个农产品通过绿色食品认证，产地认定和产品认证数量居河南省首位。

三、未来漯河市食品工业跨越式发展的"2345"战略思路

全面推进"两大跨越"：在发展目标上由中国食品名城向世界最具竞争力（或最大最强）的食品产业基地的目标跨越；在发展路径上应由孤立地发展食品工业向全面发展大食品产业或食品经济跨越。

打响"三张牌子"："中国食品名城"牌，"漯河内陆经济特区"牌，企业品牌。

打开"四大战略突破口"：实施开放招商和项目带动战略、龙头企业和品牌带动战略、产业集群化战略、园区化发展战略。

落实"五项保障措施"：狠抓观念更新和投资环境优化、重点项目招商引资工作、王牌企业家队伍建设、科技创新与人才培养、行政管理改革与服务。调动一切积极因素，形成发展合力，

坚持走特色发展的道路，以食品产业为主导带动漯河市经济社会全面实现跨越式发展。

四、促进漯河市食品产业跨越式发展的政策建议

漯河市建设世界食品产业基地，可以促进河南省食品工业做大做强，确立河南省食品工业在全国的龙头地位，必将对河南省乃至全国产业布局优化、产业结构升级产生重要的示范效应和支撑作用。所以，河南省和国家在政策上对漯河市食品产业基地建设给予倾斜支持是非常必要的。

1. 把漯河市辟为"全国综合改革试验区"

从全国综合改革试点上海浦东和滨海新区来看，改革试点虽然没有给钱、项目和优惠政策，但获得的最大特权是"先行先试"，由此创造优良的市场环境，吸引大批的国内外投资者。国家的重大改革在试验区内先行先试，进行突破性、原创性的改革，将有利于激发发展的活力。

建议进一步明确漯河市的特区地位，赋予新的特区政策，积极争取国家有关部门的支持，比照上海浦东新区和滨海新区的做法，将漯河市辟为"食品产业综合改革发展试验区"。漯河市综合配套改革应走在全省乃至全国前列。应在国有资产重组、税制改革、金融体制等方面实行先行先试的政策及上海浦东和滨海新区的政策，及老工业基地振兴的政策。进一步放宽市场准入，加强非公有经济改革试点；加快行政管理体制改革，推行小政府大社会改革；政策上扶持，在产业投资基金、创业风险投资、金融创新等方面进行改革试验；开展农村集体建设用地流转及土地收益分配、增强政府供应调控土地能力等方面的改革试验；对高新技术企业征收企业所得税的税率减免、内资企业计税工资标准的提高，对企业固定资产和无形资产加速折旧等予以优惠。建议上级财政对漯河市食品工业园区的开发建设予以专项补助等。

建议把临颍县作为全省和全国城乡一体化发展的试点，在政策、资金、项目、人才等方面给予倾斜支持。在临颍县与漯河市之间建设城际快速通道，把临颍县作为漯河市的城市副中心，提升临颍县的城市建设和管理水平，推进临颍县与漯河市的一体化发展。为了与经济发展水平相适应，建议尽快将临颍县的行政区划变为"临颍区"或"临颍市"，建设国际休闲食品产业基地。

建议把舞阳县作为全省和全国新农村建设的试点，大力推进各具特色的农业产业化基地建设，建设一批高科技农业示范园区，为漯河市食品产业发展提供充足的优质原料，建设国际绿色食品产业基地。

2. 把漯河市世界食品产业基地列入河南省产业政策支持的重点

将漯河市食品产业基地纳入河南省中长期战略规划与发展重点。应从中部崛起、中原崛起和中原城市群率先崛起的战略高度来认识漯河市食品产业集群发展的标本意义。将漯河市食品工业基地建设纳入全省"十一五"及中长期发展战略规划中，纳入中原城市群长远规划和产业分工体系中，并制定综合配套扶持政策。在河南省产业发展中，把漯河市食品基地作为全省重点产业集群，专门针对漯河市食品工业基地制定综合配套的倾斜扶持政策，包括基础设施建设、产业布局，重点项目开发、银行信贷、上市融资、利用外资（包括世界银行贷款）、国资重组、技术研发、科技创新、技术推广、人才引进与培养、农业产业化基地建设、交通枢纽建设、物流园区建设、工业园区建设、建设用地指标确定等各个方面。倾斜支持食品工业结构调整和产业升级，倾斜支持农业产业化基地建设，倾斜支持融资体制改革，倾斜支持现代企业制度改革。

3. 在漯河市建立河南省食品产业人才培养基地和技术研发基地

区域经济的振兴需要有人才和科技，只有创新型的产业才具有竞争力，这都需要高等教育作支撑。鉴于漯河市食品工业在全省和全国的重要地位，要进一步发展成为世界级的食品工业基地，就需要有高层次的高等教育作支撑。为此，应把漯河市的高等教育列为全省高等教育发展重点。尽快将漯河职业技术学院整合提升为"中原食品科技学院"，同时引进外资建立"中原厨师美食职业技术学院"，纳入全省高等教育的发展规划，在经费、师资、基础设施建设、重点实验室建设、重点学科建设等方面给予重点支持，在促进职业技术教育与地方经济互动发展上创造新的经验。

内黄县建筑陶瓷产业集群快速崛起的启示（2009 年）*

引言　河南省内黄县是典型的农业大县、工业小县、财政穷县，但其陶瓷产业在全球金融危机的大背景下逆势而上，大规模承接沿海地区陶瓷产业转移，短短几个月就实现了集群化发展态势，初步形成了我国中西部地区最大的建筑陶瓷生产基地。内黄县既没有明显的区位优势，也没有生产陶瓷所需要的原材料，陶瓷产业集群化发展的"内黄现象"是个奇迹。本文笔者经过几个月的跟踪调研得出结论："内黄现象"是内因和外因共同作用的必然结果，特色产业集群化发展是区域经济实现新跨越的最佳模式。

一、建筑陶瓷产业集群化发展的"内黄现象"

1. 探索阶段——星星之火

内黄县地处豫北地区黄河故道，沙荒盐碱地多，高效农业特色明显，是全国林业生态县，但是综合经济实力在全省 108 个县（市）排序中倒数第 10 位，属于经济弱县。为了寻求新的发展出路，内黄县委县政府提出"农业固县工业强县三产富县"战略，积极发挥沙荒盐碱地多的优势发展陶瓷产业。

2. 跨越阶段——快速集群化

目前，内黄县已成功引进陶瓷生产线 30 条，计划总投资 30 亿元。预计 2009 年年底前建成陶瓷生产线 12 条，2010 年年底前建成陶瓷生产线 30 条以上。

3. 成熟阶段——打造"中原瓷都"

为了牢牢抓住全国陶瓷产业转移的历史机遇，继续保持陶瓷产业集群化发展的强劲势头，内黄县委县政府审时度势，超前谋划，及时提出了打造"中原瓷都"的战略构想，规划建设陶瓷产业园区，加大产业招商力度，加快产业集聚，强化产业集群优势。内黄县将由一个农业大县转变为工业强县，一举摘掉财政穷县的帽子，昂首跨进全省县域经济强县和发展快县行列。

二、"内黄现象"的经验和启示

1. 抓住产业转移和经济复苏两大机遇，承接产业大规模转移

2009 年，随着中央"保增长、扩内需、调结构"宏观调控政策的贯彻落实，我国经济复苏步伐逐步加快，基础设施建设规模扩大，房地产市场逐步升温，建筑陶瓷市场需求转旺，这正是陶瓷企业积聚力量、扩大生产、布局市场的大好时机。内黄县抓住经济复苏和陶瓷产业调整布局的机遇，周密部署陶瓷产业，招商引资，全面展开，重点突破，吸引众多陶瓷企业集聚内黄，形成了双赢的良好局面。

2. 发展特色产业集群，选准区域经济发展的战略突破口

区域经济就是特色经济，特色经济的最佳实现形式是发展特色产业集群。要想实现县域经济的跨越式发展，就必须培育主导产业，打造支柱产业，繁荣相关产业，形成特色产业集群。内黄县委县政府果断决策，及时调整招商思路，大力实施产业招商，重点突破陶瓷产业，目的就是要抓住一个产业，培育产业集群，形成产业基地，打造产业优势，拉动全县经济超常规跨越式发展。

3. 苦练内功，把营造环境优势作为政府的第一要务

内黄县并没有陶瓷生产所需要的原材料资

＊　本文发表于《决策探索》2009 年 2 月 20 日。

源，如黏土、石英、砂岩、重油、煤炭等，这些原材料需要从新乡、鹤壁、濮阳、邯郸和林州等周边地区购进，那么为什么内黄县能像磁铁一样吸引全国的陶瓷企业纷纷在这里安家落户，陶瓷产业集群能在内黄县出现呢？在多次签约仪式上，投资商给出了一个共同的答案：吸引他们最终选择内黄县的根本原因在于内黄独一无二的投资环境。内黄县把营造环境优势作为政府的第一要务：一是实行"零接触"制度；二是实行差别优惠政策；三是净化社会环境；四是强化组织领导。以商招商，现身说法带动集群发展。

三、政策建议

1. 未来经济跨越应实施"产业集群化"发展战略

目前，河南省正处于加速工业化的中期阶段，处于跨越式发展的战略转型期，同时面临激烈的国内国际竞争，我们必须顺应产业集群化发展规律，把产业集群化作为经济跨越和产业振兴的重大战略。政府在产业集群形成发展中的主要职能是创造环境条件：一是规划引导，制定区域经济发展战略和产业振兴规划的重中之重是规划一大批特色产业集群；二是政策引导，对特色产业集群的发展实行特别优惠政策，产业政策的核心是扶持一大批产业集群的发展；三是服务引导，公共服务资源应向特色产业集群倾斜；四是打造平台，筑巢引凤，产业集聚区应成为特色产业集群发展的战略据点。

2. 产业集聚区应走特色产业集群化发展道路

2003年国家发改委核定备案省级开发区，河南省县域大约只有4家，在中部六省中倒数第一。2008年省委省政府果断决策打造一批产业集聚区，这一重大决策是河南省加速经济转型和跨越式发展的重要标志。2008年10月，省政府确认了175个省级产业集聚区。产业集聚区的最大特点是：企业在空间布局上集中在一起，可以节约土地资源公用基础设施，共享资源，节约社会成本。

但是我们必须看到，河南省的大部分产业集聚区还处于初始发展阶段，所有的产业和企业都可以进入集聚区，是典型的"大烩菜"和"大拼盘"，缺乏专业特色，集聚效益有限，更谈不上产业集群化效益。这种产业集聚区具有明显缺陷，发展后劲不足，缺乏竞争优势，在与外省强势产业集群竞争中处于劣势。

产业集群就是相互关联的产业或存在上下游产业链条的产业集中在一个区域内，产业集聚区和产业集群的共性是"集中发展"，差异在于产业集群必须是产业的"关联发展"，产业集群既具有集中效益又具有关联效益。中外区域经济发展的成功经验已经反复证明：产业集群具有"独一无二、无可比拟"的竞争优势。

综上所述，未来河南省产业集聚区的综合竞争力将取决于特色产业集群的发展状况。河南省产业集聚区必须突出特色，加快转型，坚定不移地走特色产业集群化发展的模式和道路。应将特色产业集群的发展水平作为考核产业集聚区的核心指标，在审批省级产业集聚区时，应当把特色产业集群的规模和水平作为重要标准，具有特色产业集群的产业园区应当被优先审批为省级产业集聚区。

3. 制定扶持特色产业集群发展的一揽子配套政策

实行差别政策培育特色产业集群：建设用地指标应向特色产业集群倾斜，并实行计划单列，特事特办，允许边审边建，以免错过承接产业转移的最佳时机。省市县各级财政应设立扶持产业集群专项基金，支持特色产业集群集聚区基础设施建设，省农业产业化资金、高新技术产业化资金、企业自主创新资金等专项资金优先扶持重点产业集群的龙头企业，对重点产业集群集聚区建设融资提供财政贴息，对成就突出的特色产业集群集聚区给予重奖，在税收分成比例上，向重点产业集群集聚区倾斜，对企业实行优惠税率，在人才、科技、水电气等各方面倾斜支持特色产业集群的发展。河南省专项产业振兴规划应突出规划一批特色产业集群，各市县也应结合实际扶持培育一批有特色、成长快、有竞争力的优势产业集群。

西峡县产业脱贫模式及启示（2017年）*

西峡县立足深山区基本县情创新脱贫攻坚思路，始终坚持将脱贫攻坚与产业经济发展融为一体，相互带动，把脱贫攻坚的过程变成培育经济增长极的过程，培育"菌、药、果"三大特色主导产业集群比较优势，大力推进"百企帮百村"行动计划，探索"产业做大、企业做强、基地做优、脱贫做实"四位一体的产业脱贫循环模式；大力推进"五联互动"，探索"党建引领、政府引导、企业运作、合作社纽带、贫困户融入、社会参与"六位一体的产业脱贫组织模式；大力推进"四策到户"，探索"公司+金融杠杆+基地+合作社+贫困户"五位一体的产业脱贫收益分享模式，取得了"一举见多效、一招定乾坤、多元共振、合作共赢"的显著成效，初步走出了一条深山区县域产业精准脱贫的特色之路。

西峡县地处伏牛山腹地，豫西南边陲，豫鄂陕三省结合部，总面积3454平方公里，是全省面积第二大县、国家重点生态功能区和南水北调中线工程核心水源涵养区、秦巴山区6省17市80个县（市、区）中唯一的非贫困县，但西峡县仍有贫困村59个、有贫困户的村287个、贫困户6385个、贫困人口12945人，贫困人口发生率约3.3%。近年来，西峡县从基本县情出发，顺应市场经济和区域经济发展规律，依据比较优势原则，重点打造了"菌、药、果"三大特色主导产业集群，培育了一批龙头企业和全国知名品牌，形成了"公司+基地+农户"的农业产业化集群化发展模式，同时大力推进产业扶贫，实现了县域经济发展与脱贫攻坚双丰收，2014~2016年均GDP增速9.5%，比全省平均水平高出1.1个百分点。

西峡县委县政府坚决贯彻落实中央和省委精准脱贫战略部署，发挥区域特色优势，大力推进"百企帮百村"，探索"产业做大、企业做强、基地做优、脱贫攻坚"四位一体的产业脱贫循环模式；大力推进"五联互动"，探索"党建引领、政府引导、企业运作、合作社纽带、贫困户融入、社会参与"六位一体的产业脱贫组织模式；大力推进"四策到户"，探索"公司+金融杠杆+基地+合作社+贫困户"五位一体的产业脱贫收益分享模式，初步走出了一条深山区县域产业精准脱贫的特色之路。

一、推进"百企帮百村"行动计划，探索产业脱贫的治本之策

西峡县始终坚持将脱贫攻坚与经济发展有机融合，相互带动，大胆探索"产业做大、企业做强、基地做优、脱贫做实"四位一体的产业脱贫循环模式，取得了"一举见多效、一招定乾坤、多元共振、合作共赢"的显著成效。

1. 做大特色优势主导产业，为脱贫攻坚奠定强大的经济基础

产业做大是办一切事业的根基，离开了产业，脱贫致富就成了无源之水、无本之木，产业做特做大做强了，脱贫攻坚就会迎刃而解。县域经济须走差异化发展道路，坚持有限目标、重点突破，打造特色、培育优势，创新驱动、转型升级，只有做大做强特色产业、龙头企业和知名品牌，才能永立不败之地。①持之以恒发展壮大三大特色优势主导产业集群。多年来，为了摆脱贫困落后面貌，西峡县立足伏牛山腹地、生态涵养区、兼具南北方气候特征、"八山一水一分田"、

---

* 本文发表于中共河南省委政研室《内部参阅》2017年8月15日第20期（总第1202期）；河南省人民政府发展研究中心《调研报告》2017年8月15日第5期（总第925期）；《河南日报》2017年9月8日。

河南第一林业大县、菌药果资源丰富、中国香菇之乡、山茱萸之乡、猕猴桃之乡等基本县情，竭力发展"菌、药、果"三大特色优势产业，形成种植、加工、服务等全国最完整的产业链和最大的产业集群基地。一是香菇种植规模、产量、产值和出口量稳居全国第一，西峡县香菇年产量和出口量占全国1/10，有"西峡香菇甲天下"的美誉；二是山茱萸种植面积和产量约占全国一半以上，质量居全国第一，宛西制药公司居全国同行业前列；三是猕猴桃种植面积、产量均居全国第二，是国际猕猴桃的基因库。这三大特色优势主导产业集群的年综合产值200亿元以上，西峡县70%的农民收入的60%以上来源于这三大产业。②强力推进产业做大做强与脱贫攻坚打包捆绑、协同发展。西峡县三大特色优势产业集群为精准脱贫提供了坚实的基础支撑，提供了源头活水，同时脱贫攻坚系列配套政策的实施也有力地助推了产业的转型发展，形成了产业与脱贫之间的良性循环。目前，西峡县已将3377户10846名贫困群众全部嵌入"种植、加工、服务"特色优势产业链中，产业扶贫人口占一般贫困人口的比重达到83.8%，已有676户2084名贫困群众通过发展产业实现稳定增收、稳步脱贫。

2. 做强行业优势龙头企业，为脱贫攻坚注入强大动力

企业是产业的主体，企业做大做强了，产业自然就做大做强了，脱贫攻坚也有了底气。行业龙头企业一头连着千家万户，一头连着大市场，是精准脱贫攻坚的主力军。①持之以恒做大做强行业龙头企业。西峡县尤其注重倾斜发展行业龙头企业，实施"抓大带小"的企业发展战略，推动特色产业延链补链强链，推广"公司+基地+农户"模式，培育壮大了宛西制药公司、仲景大厨房公司、华邦公司和果然风情公司等一大批农业产业化龙头企业。其中，宛西制药公司跻身中国品牌500强、全国农业产业化重点龙头企业、中国中药行业20强、河南省百强工业企业行列，主导产品"六味地黄丸"全国销量第一；仲景大厨房公司是国家高新技术企业、全国农产品加工示范企业、河南省农业产业化重点龙头企业，主导产品"香菇酱"获得国家发明专利，全国市场占有率第一；华邦公司和果然风情公司是以猕猴桃鲜果销售、饮品加工、果粉生产为主的出口企业，在全国同行业内处于领先地位。②将脱贫攻坚与做大做强企业融为一体，相互带动。西峡县坚持政府引导、企业运作、社会协同，从全县1042家企业中筛选确定了104家与特色产业关联度高、经营状况优、发展潜力好、带动能力大、社会责任感强的"农字头"企业，包联帮扶59个贫困村和45个扶贫任务较重的非贫困村，推行"百企帮百村"战略，把脱贫攻坚的立柱牢牢地夯到产业上、托在企业上，把贫困群众一户一户、一人一人深度嵌入项目中、融入企业中，通过产业做大和企业做强实现永久脱贫。

3. 做优生产基地（第一车间），为脱贫攻坚搭建强大产业集聚平台

西峡县始终把做实特色产业基地作为产业和企业做大做强的集聚平台，作为推进产业精准扶贫的载体平台，围绕"打造全国最大的香菇生产加工出口基地、全国领先的猕猴桃生产加工基地、全国知名的中药材生产加工基地"定位，坚持"一张蓝图绘到底，一任接着一任干"，锲而不舍地抓，持续不断地推，共打造香菇标准化生产基地176处，山茱萸基地20万亩，猕猴桃人工基地11万亩、野生基地40万亩，初步建成了百公里香菇长廊、百公里山茱萸长廊和百公里猕猴桃长廊三大产业集群基地，夯实产业扶贫的基础平台。大力推广"公司+基地+农户"模式，注重发挥行业龙头企业的带动作用，将生产基地建设成为龙头企业的第一车间，通过政策引导和资金扶持，将企业生产基地建设成为贫困户脱贫致富的载体平台，依托龙头企业基地平台有效开展产业精准脱贫。

二、推进"五联互动"，凝聚产业脱贫的强大合力

西峡县产业脱贫攻坚中，积极构建"党建引领、政府引导、企业运作、合作社纽带、贫困户融入、社会参与"六位一体的产业脱贫组织模式，大力推进"五联互动"，形成产业精准脱贫的强大合力。

1. 党建联心，形成脱贫攻坚命运共同体

脱贫攻坚事关全面小康目标的如期实现，事关两个百年战略大局，是党向广大人民群众做出的庄严承诺，是重大政治任务、政治担当、政治责任。①坚持党建引领统领，压实责任，确保不落一户、不漏一人。西峡县坚持把加强党建作为脱贫攻坚的灵魂工程、政治思想和组织保障，将"两学一做"学习教育活动与扶贫攻坚紧密结合起来，深度嵌入融合，强化政治担当和责任落实，压实各级干部责任。②坚持走群众路线，群策群力，形成脱贫合力。从讲政治的高度相信群众、依靠群众、发动群众、引导群众、帮扶群众，扶贫队员与困难群众吃住在一起、想在一起、干在一起，干群一心，形成脱贫攻坚的强大合力。③坚持扶贫先扶志，与贫困群众心连心，激发内生动力。把帮扶工作当事业干，沉下身心，与贫困群众促膝谈心，拉近心理距离，同吃同住同劳动，以实际行动增进感情，用真情实感打动贫困群众，发挥贫困群众的主观能动性，激发其内生发展动力，恢复其自力更生、艰苦创业、自立自强、脱贫致富的自信心，心往一处想，劲往一处使，找准致贫病根，共谋脱贫之策。④坚持产业扶贫不动摇，实行一户一策，精准施策，务求实效。习总书记明确指出："要提高扶贫措施有效性，核心是因地制宜、因人因户因村施策，突出产业扶贫，提高组织化程度，培育带动贫困人口脱贫的经济实体。"所有包联人员及时做好民情日记、家访、夜访等工作，通过责任到人、精准识别、建档立卡，深度剖析致贫根源，深度嵌入"公司+基地+合作社+农户"产业链条，分门别类采取不同脱贫对策。

2. 责任联担，形成责任共同体

西峡县注重建立产业脱贫攻坚的高效体制机制，建立了"三项机制"：①优化专班推进机制。组建了产业扶贫、金融帮扶、易地搬迁、转移就业、智力扶贫、基础设施建设扶贫等17个脱贫攻坚专项工作组、27个工作专班，专题专班专项推进脱贫攻坚工作，以产业扶贫为核心，各种扶贫方式互动联动，形成合力。②严格督查巡查机制。由县主要领导挂帅，组建6个脱贫攻坚督查巡查组，分片包乡，督查暗访，实行周报告、旬通报、月排队制度。③落实责任追究机制。对脱贫攻坚工作出现重大失误、造成不良影响的责任人，严肃责任追究。截至目前，已约谈乡镇党政正职16名，诫勉谈话党员干部9名，给予党内严重警告处分1名。

全面实行目标责任制，不脱贫不撤兵。①实行"总队长"负责制。成立16个驻乡镇脱贫工作队，由县处级领导担任总队长，乡镇党政主要负责人、县直驻村单位"一把手"担任副总队长。②实行全员包联责任制。全县42名县处级领导干部包乡联村到组、120个县直部门负责人联村包组到户、51个县直单位驻村扶贫、58个县直单位派驻第一书记、104家企业对口帮扶。所有县处级、乡科级党员干部对帮扶贫困户实现了全参与、全覆盖，全县参与帮扶的人员近3000人。③实行"三会两进一顿饭"制度。包乡镇、片区总队长每月开三次推进会，包户责任人每月进户两次，包户责任人每季度与贫困户一起吃一顿饭，伙食费由帮扶责任人承担。到分包贫困户家嘘寒问暖，吃家常饭，拉家常话，算收入账，找增收路，解决难题，增进贫困户脱贫的信心。

3. 政企联动，形成合作共赢共同体

西峡县注重建立"党、政、企、社会、村、户"联动互动、合力推进的扶贫工作机制，其核心是依托龙头企业，建立政企联动帮扶机制。①坚持党政主导。县委政府成立了"百企帮百村"产业扶贫工作领导小组，组成工作专班，成立了督导组，出台了实施方案，推行企业参与精准扶贫联席会议制度，实行绩效考核。②坚持企业运作。全县104家骨干企业成立了扶贫工作机构，明确帮扶责任人，明晰帮扶项目和措施，细化实施步骤和时限，使帮扶企业与贫困村、贫困户一对一或多对一精准挂钩。开通了村企帮扶微信群，增强帮扶的责任和效果。帮扶企业与贫困村和贫困户签约结对，履行联村联户帮扶责任，一帮到底，条件不改善，帮扶企业不撤离，群众不脱贫，帮扶企业不脱钩。县委县政府对企业帮扶情况定期进行考核评定，排队通报，对帮扶成效显著的企业，在项目、资金、金融、政策等方面予以倾斜支持。③坚持夯实村级组织基础。发挥村级组织的战斗堡垒和桥梁纽带作用，建立联系人责任制度，专职对接配合服务企业的帮扶工作，搭建帮扶企业与贫困户的直通车，使帮扶企业进得来、扶得准、见实效。

4. 产业联创，形成生产基地建设的利益共同体

西峡县注重打造生产基地集聚平台，使之成为企业发展和贫困户创业脱贫的载体。围绕企业发展方向和主导产业，通过车间下乡、送岗上门等，把原料基地、第一车间前移，建在贫困村，建到贫困户家门口，贫困户主动对标企业发展方向，把企业和贫困户利益捆绑一体，实现"你创业（就业）、我发展，你脱贫、我壮大，你致富、我发达"，实现企业发展与脱贫攻坚联动"双赢"。

龙头企业主动对焦帮扶村优势，因村因户施策，采取建基地、送车间下乡、送岗上门、兴办企业等方式，把原料基地、第一车间建在贫困村，建到贫困户家门口。目前，帮扶企业通过"产业+公司+基地+农户"模式，在 15 个乡镇建立了 120 多个标准化香菇基地，在 10 个乡镇建立了 23 个山茱萸基地，在 9 个乡镇建立了 80 多个猕猴桃标准化基地，这些基地都优先为贫困户服务，实现了企业发展与贫困户脱贫"双赢"，形成了紧密的利益结合体。

5. 设施联建，形成基础设施建设城乡一体化共同体

西峡县坚持把产业精准扶贫与新型城镇化、城乡一体化发展紧密结合起来，相互促进。围绕撤县设市目标，以创建全国文明城市为统领，以首批全省新型城镇化试点县和百城建设提质工程为引领，协调推进新农村、美丽乡村、特色小镇、扶贫搬迁、城镇化建设，打造产业基地和产业集聚区平台载体，为产业集群发展和持续脱贫夯实基础。县财政陆续投入近 5 亿元，加强美丽乡村、特色小镇交通等基础设施建设，参与帮扶的 104 家企业累计投入资金近 1 亿元，改善包联村的基础设施条件。新入选省级美丽乡村试点村 4 个，在建 2 个，基本建成 3 个，建成 3 个，累计达到 12 个，成功创建全国文明村镇 3 个、全国美丽宜居村庄 2 个、国家级特色景观旅游名镇 2 个、国家级重点镇 1 个、全国首批特色小镇 1 个（全省 4 个）、全国美丽宜居小镇 1 个，先后荣获全国文明县城、国家卫生城市、国家园林城

市，荣获全省改善农村人居环境先进县。

坚持将易地搬迁扶贫与产业脱贫有机衔接起来，相互促进。依托县城产业集聚区、特色产业小镇、特色产业基地的产业发展，推进易地搬迁扶贫，使贫困户就业有保障，搬得出，稳得住，实现安居乐业。2016 年以来，投资 1.4 亿元，易地搬迁 818 户 2207 人，实现稳定就业脱贫。

2016 年，西峡县城镇化率达 59%，城镇化率比全省高出 10.5 个百分点，城乡一体化发展、一二三产业融合发展、产城融合发展的格局基本形成。

三、推进"四策到户"，探索产业脱贫的有效路径

西峡县坚持精准识别、分类指导、一类一策、精准发力、各个击破的策略，整合项目、资金、土地、技术、人才、政策等要素资源，依托农业产业化行业龙头企业，探索"公司+金融杠杆+基地+合作社+贫困户"五位一体的产业脱贫收益分享模式，分类推进创业扶持、项目托管、投资分红、转移就业等"四策到户"，实现所有贫困户持续脱贫。

1. 创业扶持到户，强化科技创新的引领支撑作用

对有劳动和经营能力、有土地，但缺资金、缺技术的 1316 户贫困对象，依托农业产业化龙头企业采用"公司+扶持资金+基地+合作社+贫困户嵌入创业"模式，实现产业脱贫。这一模式使全县 20% 以上贫困户受益并脱贫。

将贫困户嵌入"菌、药、果"三大特色主导产业"公司+合作社+基地"发展链条，推进政企合作，在项目、资金、土地流转、生产资料供应、技术服务、产品收购等方面予以扶持，降低贫困户创业风险，提高贫困户创业收益，实现贫困户稳定脱贫。由企业、贫困户、乡镇政府签订三方协议，贫困户依托农业产业化龙头企业的生产基地和技术发展脱贫项目，企业负责指导生产、销售，实现贫困户自主创业脱贫。目前，共有 55 家龙头企业带动 1260 户贫困户自主创业，发展特色产业，人均增收约 4000 元。其中，宛药公司对其 5 个乡镇 23 个山茱萸基地村所涉及

的贫困户，给予"四免一高"优惠政策（免费提供山茱萸专用有机肥、无害化农药、种子、技术服务，高于市场价收购贫困户的山茱萸），每户每年节约投资1000元以上，人均增收约5000元。仲景大厨房公司投入120万元提升寨根香菇基地水平，又投入80万元新建1个占地10亩、100棚的标准化香菇种植扶贫基地，让15户贫困户无偿使用发展香菇，并对寨根全乡和帮扶的米坪镇子母村所有种植香菇的91户贫困户给予每户每年1200元的扶持，人均增收约5000元。

将创业与创新、电商、教育培育有机结合起来，合力支撑创业脱贫攻坚。①积极推进创新创业。积极开展双创活动，打造双创示范基地，为产业升级和脱贫攻坚提供新动力。推进省农科院整合西峡县食用菌、中药材、猕猴桃等特色研究所，重组"河南省农科院西峡分院"，推进"县、校（院）、企"战略合作，与全国知名高校和研究院所建立产学研技术联盟，积极构建完善的公共技术研发、推广、服务体系，为创业脱贫致富提供技术和人才保障。②积极推进电商扶贫。积极发展农村电商，2016年以来，完成电商培训950人，自主开设网店创业559人。围绕主导产业基地和集群建立了一批电商特色村，既拉动了特色产品的市场拓展，也带动了脱贫致富。③积极推进智力扶贫。教育和科技是脱贫致富的重要基础，西峡县不断加大基础教育和技术培训力度，着力培养复合型技术管理人才，强化技术培训的基础支撑功能。基础教育方面，2016年以来，筹集资金1636万元，资助3万多学生。2016年，完成室内专业技术培训1750人次，基地技术培训7万人次。2016年以来，培训新型职业农民（新型农业经营主体、专业技能型人才、专业服务类人才）1564人。

2. 项目托管到户，强化骨干企业的龙头带动作用

对无劳动能力或无经营能力、无技术的412户贫困户，依托农业产业化龙头企业采用"公司+扶持资金+项目基地+合作社+贫困户保底收益"模式，实现产业脱贫。这一模式使全县20%以上贫困户受益并脱贫。

将财政补贴资金和到户增收项目资金作为发展基金，委托农业产业化龙头企业全权经营，由

龙头企业对贫困户提供保底收益。目前，有12家企业先后为455户贫困户托管项目。比如：河南伏牛山百菌园生态农业科技有限公司、珍茸菌果公司、盛煌公司3家香菇工厂化生产企业，对6个乡镇73个村263户贫困户以香菇菌棒投资托管或合作经营的形式进行帮扶，年人均净增收不低于1250元，加上到户增收补贴人均2500元，年终人均净增收达到3750元。其中，河南伏牛山百菌园生态农业科技有限公司对全县3个乡镇29个村150户贫困户的香菇进行托管种植，贫困户按照每人5000元（自筹2500元、到户增收资金2500元）、1250棒香菇菌棒（每棒4元）的规模进行托管种植，企业按照每袋香菇净收益不低于1元的标准支付贫困户，确保人均年收入不低于3750元（含到户增收资金2500元），保证托管户脱贫。

3. 投资分红到户，强化普惠金融的杠杆支点作用

对缺少发展资金的贫困户，依托农业产业化龙头企业采用"公司+小额贷款+基地+合作社+贫困户保底分红"模式，实现产业脱贫。这一模式使全县近20%贫困户受益并脱贫。

充分利用国家小额贷款扶持政策，由贫困户申请，银行放贷，财政贴息，资金由专业合作社统一管理，交由龙头公司统一使用并保底分红到贫困户。西峡县财政与西峡县农村商业银行合作设立1000万元"扶贫贷款风险补偿基金"，小额贷款由担保公司担保，生产环节由保险公司投保，探索出了"政、银、担、保"四位一体贷款投资分红模式。目前，两家大型龙头企业带动764户贫困户参与投资分红。其中，我国中药龙头企业宛西制药公司在5个乡镇23个山茱萸基地村和4个帮扶贫困村，与369户1241名贫困人口签订投资分红协议，每人小额贷款投资5万元，企业负责还本、付息、分红，贫困户每人每年保底分红3300元以上。

目前，这种投资分红模式在全省各地得到普遍推广，但是这种放大金融杠杆的扶贫模式是有潜在金融风险的。西峡县通过金融杠杆既解决了企业做大的资金困难，推动了特色优势产业做强，又解决了贫困户脱贫难题，实现了良性循

环，可谓一举多得。西峡模式成功的秘诀在于将企业做大、产业做强、贫困户脱贫融为一体，将金融杠杆嫁接在全国全省有地位有竞争力的龙头企业上，将金融风险发生的概率降到最低限度，确保持续发展和永久脱贫。

4. 转移就业到户，强化生产基地的平台集聚作用

对有劳动力、但经营能力较差的 461 户贫困户，依托"公司+扶持资金+基地+合作社+贫困户转移就业"模式，实现转移就业脱贫。这一模式使全县近 10% 贫困户受益并脱贫。

农业产业化龙头企业有偿运用贫困户的扶持资金兴建生产基地，扩大生产规模，进而吸引贫困人口转移就业脱贫。对愿意进城的，龙头企业优先招工，实现进城转移就业脱贫；对家庭和自身条件不许可进城务工的贫困人口，龙头企业优先将其安排在贫困村生产基地就地转移就业。目前，35 家龙头企业共吸纳和就近安置 520 名贫困人口实现转移就业，人均年增收 8000 元以上。例如：宛西制药公司把全县 7 个山茱萸服务基地的保卫、清洁及 2 个苗圃基地的管理工作安排给当地的贫困人员；华邦公司将香菇初级加工车间建在重阳镇上街村，安排 150 余名贫困人员在家门口实现转移就业。通过转移就业把贫困人口推向市场，让他们靠勤劳致富，达到持续脱贫和永久脱贫。

四、产业扶贫"西峡模式"的启示

西峡县"百企帮百村、五联互动、四策到户"的做法，充分发挥了党的核心作用、政府的主导作用、特色优势产业的支撑作用、龙头企业的带动作用、金融等扶持政策的杠杆撬动作用，贫困人口脱贫效果稳固，取得了双赢多赢共赢的实际效果。产业扶贫"西峡模式"，对全省各地推进精准脱贫攻坚具有借鉴意义。

1. "抓好党建、压实责任"是脱贫攻坚的根本政治保障

习总书记强调指出："越是进行脱贫攻坚战，越是要加强和改善党的领导。"西峡县坚持以党建引领统领脱贫攻坚，将党建贯穿于脱贫攻坚的全过程，取得了显著成效，值得借鉴。脱贫攻坚是

政治任务和一号民生工程，脱贫实效是检验党建实效的试金石。①提高"四个意识"，将常态化"两学一做"学习教育活动与脱贫攻坚挂钩。党员干部应首先在政治上、思想上和作风上脱贫，与贫困群众荣辱与共，心连心，细化责任主体和责任分工，激发内在动力活力，形成攻坚合力，充分发挥基层的创造性，发扬愚公移山精神，艰苦奋斗，不畏艰险，不怕困难，勇于探索，务求实效。②充分发挥党组织的领导核心作用，省市县三级党组织应统揽全局，做好总体谋划和顶层设计。坚持脱贫攻坚与区域经济社会发展融为一体，将脱贫攻坚列入区域经济社会发展规划的重点目标任务，创新体制机制和方式方法，出台配套政策措施，加大扶持力度，找准杠杆支点和突破口，分类施策，多措并举，强化政府引导、企业运作，建立永久脱贫的长效机制，实现双赢多赢共赢，推动"产业做大、企业做强、精准脱贫"相互带动，良性循环，确保永久脱贫致富。③充分发挥基层支部的战斗堡垒作用，坚持压实责任，层层传导，形成合力，不落一户、不漏一人。完善县乡村三级党组织抓党建促脱贫攻坚的主体责任体系，明确责任目标任务，选优配强村党组织带头人，发挥"第一书记"和驻村工作队作用，使基层党组织成为脱贫攻坚的坚强堡垒。④树立鲜明的用人导向，坚持将脱贫攻坚一线作为锻炼干部的主战场。把脱贫攻坚作为磨砺和选拔干部的主阵地，对那些工作有激情、干事有办法、实绩突出的干部大胆选拔重用，培养一支能征善战、敢打硬仗、能打胜仗的干部队伍，激励广大党员干部在脱贫攻坚战中冲锋陷阵，争创佳绩。

2. "做大产业、做强企业"是永久脱贫的根本经济基础

离开了经济，什么事业都会成为泡影，离开了产业，脱贫就成了无源之水、无本之木，因此只有发展产业经济才能实现永久脱贫致富。①大力推广"产业做大、企业做强、基地做优、脱贫做实"四位一体的产业脱贫循环模式。将贫困户嵌入"公司+基地+农户"农业产业化模式之中，将贫困户脱贫致富的过程变成做大产业、做强企业的过程，培育区域特色优势主导产业集群，打造全国一流全产业链、一流企业和一流品牌。

②优化"公司+金融杠杆+基地+合作社+贫困户"五位一体的产业脱贫收益分享模式。建立"产业做大、企业做强、脱贫致富"的长效机制。③科学运用金融杠杆，撬动脱贫攻坚。金融杠杆是一把"双刃剑"，用得好会取得事半功倍的效果，用不好就会适得其反，出现多米诺骨牌效应。所以必须慎用金融杠杆，不能急于求成盲目决策，应经过科学论证和科学决策，建立风险评估和控制体系，选准主导产业和龙头企业，从源头控制金融风险，同时完善担保和再担保体系、保险和再保险体系，带上"保险锁"。

3. "分类施策、多措并举、产业为本"是脱贫攻坚的有效路径

由于致贫原因千差万别，脱贫攻坚应坚持分类指导，因地制宜，一户一策，分类施策，综合施策，多措并举，多方联动。应将易地搬迁扶贫、转移就业扶贫、教育培训智力扶贫、基础设施建设扶贫与产业创业扶贫紧密结合起来，相互带动，相互支撑，形成联动效应，促进产业做大、企业做强、精准脱贫，实现区域经济社会的跨越式发展，夯实永久脱贫致富的经济基础。

精准脱贫要坚持产业为本，充分发挥产业脱贫的杠杆支点作用，找准龙头企业和创业项目抓手，因地制宜，分类施策，创新实践，强化优势，打造特色，创新体制机制，探索行之有效的特色方式、方法、路径和模式。

4. "创新驱动、双创激励"是产业脱贫攻坚的不竭动力源泉

创新驱动既是产业和企业做大做强的动力，也是脱贫攻坚的动力，因此产业脱贫攻坚必须实施创新驱动战略。县域经济并不等于传统的落后经济，只要建立"特色产业+创新驱动"的体系，就能够培育出一流的产业、一流的企业和一流的品牌。应积极破解县域留不住人才的难题，创新柔性人才利用体制机制。制定配套扶持政策，激励县域构建创新体系、打造创新平台、建设双创示范基地，建立特色主导产业公共技术研发、推广、服务体系，建立"县、校（院）、企"产学研合作机制，建立创新联盟，依托龙头企业建立协同创新中心，建立院士工作站和博士后流动工作站。将产业扶贫建立在技术进步的基础之上，产业成长性就高、安全性就高、综合效益就好，企业发展后劲就足，脱贫效果就更坚实、更持久、更彻底。

5. "城乡一体化、特色小镇、美丽乡村"是产业脱贫攻坚的空间集聚载体

应放大脱贫攻坚的综合效应，优化空间布局环境，将脱贫攻坚与城乡一体化紧密结合起来，推进新型城镇化、特色小镇、美丽乡村建设，强化县城区域中心城市的辐射带动功能，协同推进产城融合发展，积极构建产业集聚区、产业园区、生产基地、现代农业产业园区、农业综合体等产业集聚发展平台，打造产业集聚发展和脱贫攻坚的统一载体。

应重视省域边界城市发展，加快西峡县等边界区域撤县建市步伐，建设区域经济新增长极，辐射带动区域经济转型升级，夯实持久脱贫的根基。

内黄县构建全产业链全价值链的新型农业体系探索（2017年）*

引言

当前，农业供给侧结构性改革已成为我国农业整体发展战略的核心举措，从中央到地方，从理论层面到农业实践，都始终围绕着这一主线稳步推进。地处中原腹地的产粮大县内黄县三产融合发展，建立全产业链，利用产业链上每个点促进经济增长，多点发力增效，打造出农业供给侧结构改革升级版，构建出全产业链全价值链的新型农业模式。

不过，随着农业新科技新模式的推广普及、市场需求的不断变化等，传统种植模式、技术水平已经不适应新的市场需求，农民增收空间有限，渠道单一，已成为制约内黄县现代农业健康发展的瓶颈。针对这些新问题，内黄县把稳定粮食生产当作保障粮食安全的首要任务；按照中央经济工作会议指出的"要把增加绿色优质农产品供给放在突出位置"的要求，狠抓农产品标准化生产、品牌创建、质量安全监管；积极推进"三平台一基地"建设；主动发挥政府和市场"两只手"作用；坚持用工业化理念发展农业，引进一二三产业相融合的现代农业项目等。这些举措，为切实深入推进农业供给侧改革健康顺利实施，为内黄县农业现代化发展继续提质增效，打牢了坚实基础，提供了良好机遇。

一、强化粮食安全保障，夯实农业基础

①守稳夏粮底线。以全省小麦供给侧结构性改革为契机，实施总投资600万元的小麦绿色高产创建项目，扩大优质强筋小麦面积，增加高端优质产品的有效供给。目前，全县小麦面积稳定在89万亩，总产38万吨，其中优质强筋小麦面积达到16.2万亩，占小麦总面积的18.2%。②适度调减玉米种植。2016年爆发的玉米价格大跳水问题，说明玉米出现结构性过剩。该县大力推进农业种植结构调整，主动调减秋粮面积，大力发展瓜果蔬菜、尖椒、花生等经济作物。在农业种植结构调整中突出发展经济作物，经济作物中突出发展蔬菜，蔬菜中突出发展设施蔬菜，设施蔬菜突出引入具有科技元素的优质蔬菜，构建起"金字塔形"的果蔬产品结构。2016年减少玉米种植面积3万亩，今年预计再调减5万亩，全部发展特色高效农业。③改善生态环境。扎实推进化肥、农药使用量零增长行动，大力推广测土配方施肥、机械深施和秸秆还田，推广精准施药、绿色防控和统防统治，实现减量增效、节本增效。大力推广农业机械化作业，全县农机总动力达到120万千瓦，农机具保有量16万台（件），农业生产综合机械化作业水平达到85%。

二、建设"三平台一基地"，补齐农业产业链短板

①打造果蔬交易平台。以总投资20亿元的果蔬城为依托，构建农产品大流通格局，实行"买全国、卖全国"的经营模式、"一卡通"的电子商务交易模式、"市场+基地+农户"的产业模式，打通农户与市场的直接通道，完善了产业链，有效增加了农民收入。②打造技术推广平台。以总投资5亿元的基祥农业科技博览园为依托，着力建设全国最具科技含量的蔬菜育苗中心、培训中心和营销中心，采用荷兰、以色列先进种植模式，培育新品种，提供新技术，推广新

---

* 本文根据"全国农业供给侧结构性改革研讨会"（2017年5月）学术报告整理。

模式，进一步提升全县农业科技水平，夯实农业结构调整基础。③建设农产品质量检测追溯平台。以全省唯一一家省级蔬菜质量检测中心为依托，投入资金3000万元，建立农产品质量安全监管追溯管理系统，对农产品从田间检测、产品包装、贮藏运输、加工销售等环节实行全程管控，形成了"县有中心、乡有站所、村有信息员"的农产品质量安全监管网络，提高农产品质量，保障舌尖上的安全。④建设特色农产品生产基地。该县研究制定了《农业重点工作奖补意见》，县财政拿出奖补资金2000余万元，对新增高标准温棚每亩奖补3万元，对新增无公害产品、绿色食品、有机食品分别奖补3万元、5万元和10万元。2016年新发展温棚1.2万亩，总面积达到18.7万亩，进一步巩固了河南省第一蔬菜大县的称号。2017年，内黄县计划投资7亿元，规划建设1万亩的新型智能温棚产业基地，目前已建成2000亩。基地实行统一规划、统一模式、统一供种、统一技术指导、统一包装、统一销售"六统一"模式，亩均效益可达10万元，是传统温棚的5倍以上。目前，全县温棚瓜菜已发展到18.7万亩，总产量173万吨，产值31亿元，农民人均纯收入的60%来自蔬菜产业。通过"三平台一基地"建设，构建了完整的产业链条，补齐了农业发展短板，提高了农业综合效益，推进了农业产业化发展。

三、强化全程监管，打造绿色农产品知名品牌

①监管产前投入。建立农资联查联办机制，对假劣农资始终保持严打高压态势，强化产前投入监管。②监管生产过程。落实生产技术规程，建立生产档案，实行基地自检和上市前监督抽检，通过互联网平台适时上报生产记录，监控农产品生产情况。③监管市场安全。加大农产品交易市场抽检力度，扩大例行监测的品种和范围，做到抽样检测全覆盖，防止不合格农产品流入市场。通过实行标准化生产，铸造内黄县特色农产品品牌。目前，全县共认证无公害农产品基地27个、172万亩（复种），"三品一标"农产品57个，省名牌农产品2个，创建农业标准化示范基地110处、标准化种养殖场区240个。内黄县先后被命名为全国农产品质量安全县、全国绿色食品原料（花生）标准化生产基地、国家级出口食品农产品（尖椒、花生）质量安全示范区，荣获中国花生之乡、中国尖椒之乡、中国蔬菜之乡、中国十大品牌生产基地县、品牌农业示范县，2015年、2016年连续两年代表全省参加国务院"双创"工作现场会，花生、尖椒每年出口量达5000余吨，占全省80%以上。

四、推进三产融合发展，构建农业全产业链全价值链体系

①大力发展观光农业。规划建设了占地3万亩的都市农业生态示范园区，大力发展精品农业和观光农业，打造集观光、旅游、休闲、娱乐为一体的都市生态农业示范园区，建设安阳市的"东花园"。目前，已引进果蔬城、农业科技博览园、昊诚光伏、花卉博览园、台湾樱花园等11个项目，总投资达38.5亿元。②着力发展会展经济。依托果蔬城和农业科技博览园举办开园仪式，展示、展览、展销内黄县的优质农产品，通过举办专家论坛、推广应用、完善网络、签订协议，使内黄县成为优质农产品特别是蔬菜的集散地、推广地，形成后发优势。③做大做强农产品精深加工业。依托内黄县丰富的农产品资源优势，规划建设5000亩的农产品精深加工园区，设立粮食、尖椒、蔬菜、红枣和腐竹"五大加工园区"。强力招商引资，累计引进了乐比乐、安良面业、老倔厨、星河油脂等农产品精深加工项目，实现了一产二产的深度融合。④积极发展农村电商。以成功创建河南省电子商务农村示范县为契机，投入378万元，新建电商服务点63个，营业额突破3000万元，村民不出村就能买到全国各地的农资和生活用品，当地丰富的农产品也被包装销售到全国各地，进一步拓宽了农产品流通渠道，促进了农民增收致富。

五、深化农村改革，激发农业发展新动能

内黄县聚焦群众关心的难点、热点问题，全面加快农村综合改革工作，增强农业发展新活

力。①深化农村产权制度改革。针对广大农民群众普遍存在的缺乏资本问题，该县着力深化农村产权制度改革，扎实推进农村土地承包经营权、农村集体建设用地使用权和宅基地使用权确权登记颁证等工作，赋予农民更多财产权利。目前，累计发放农村宅基地使用证 17 万宗，办理暖冬式蔬菜大棚所有权证 1600 份，解决农民进入市场的资格条件问题。②加快土地三权分置制度改革。土地三权分置政策，是实施家庭联产承包责任制后农民的"第二次革命"。在坚持农村土地集体所有的前提下，内黄县推进所有权、承包权、经营权"三权分置"改革，加快农村土地经营权流转，真正让农村土地"活"起来，为现代农业规模化、产业化发展提供不竭动力。目前，该县已完成 518 个村的权属调整任务，完善土地承包合同 12.9 万份，实测家庭承包耕地面积 98.5 万亩，确权到户面积 94 万亩，为农村土地资本进入市场奠定了坚实基础。③推动金融与农业深度融合。该县充分发挥金融的渗透作用、杠杆作用和助推作用，创新融资渠道，建立政府、

信用联社、中原农险、农业专业合作社"四位一体扶贫贷"模式，融资 2 亿元资金用于产业发展，为龙头企业、农业合作社提供了充足的资金支持，促进了农业产业结构调整。④创新农业生产经营方式。鼓励农民以土地、资金、劳动、技术、产品为纽带，开展多种形式的合作与联合，积极发展家庭农场、专业大户、农民合作社、农业企业和各类农业服务组织，带动更多农户增收。目前，全县共有各类专业合作社 1060 家，流转土地 24.4 万亩，促进了农业产业化、规模化发展。全县从事高效农业生产的达 12 万人，其中外出务工返乡创业的达 1.8 万人，高效农业逐步成为农民增收的主渠道之一。

启示：农业供给侧改革是一个渐进的、动态的、长期的过程，不可能一蹴而就。内黄县以供给侧改革引领现代农业发展，通过夯实基础、延长链条、补齐短板、增进活力，不断提高农业的综合效益和市场竞争力，构建出农业全产业链、全价值链，多点发力增效，真正实现了农村稳定、农业发展、农民增收。

淅川县"短中长"生态经济可持续脱贫攻坚模式及启示（2018年）*

作为南水北调中线工程源头和深度贫困县，淅川县积极践行"两山理论"，坚守生态底线，不等不靠，先行先试，主动作为，努力探索生态经济可持续发展的脱贫攻坚模式，着力发展食用菌和中药材等产业集群，确保短期可脱贫；着力发展特色林果产业集群，确保中期可致富；着力发展生态旅游等产业集群，确保长远可持续小康。淅川模式的启示是：以高质量党建推动高质量脱贫攻坚和乡村振兴，统筹推进"三大攻坚"，兼顾当前和长远，做大做强特色产业集群；兼顾绿水青山和金山银山，做大做强绿色经济；兼顾发展与风险防范，做大做强龙头企业。

淅川县地处豫鄂陕三省结合部，辖17个乡镇（街道）、67万人，面积2820平方公里，是国家重点生态功能区（限制开发区域）、南水北调中线工程源头（国家一级水源保护区）。为了保证丹江口水库蓄水至170米，淅川县41.6万亩河谷良田被淹没，约40万人移民搬迁；为了保证水源水质，先后关停工矿企业380多家，取缔养鱼网箱5万多个、畜禽养殖场600多家。淅川县为了南水北调作出了巨大牺牲，是全省最大深度贫困县。

近年来，淅川县积极践行习近平总书记著名的"两山理论"（绿水青山就是金山银山，既要绿水青山又要金山银山），严格履行保护水源的国家使命，全面实施生态立县、工业强县、旅游兴县、创新活县"四大战略"，坚守一级水源地"生态底线、生态红线、生态高压线"，变生态压力为转型动力，以生态经济为主线，因地制宜，发挥优势，培育特色，形成集群，致力于打造"水源""林海""果乡""药库""胜地"等特色生态品牌，初步探索出"短中长"生态经济可持续发展的脱贫攻坚模式，建立了阻断返贫"防火墙"，实现了脱贫攻坚与经济发展双赢目标。淅川县贫困发生率由2015年底的10.66%降至

7.22%，连续两年位居全省脱贫攻坚综合评估前列，预计2019年可摘掉贫困县帽子。丹江口水库水质常年稳定保持在Ⅱ类以上标准，陶岔取水口水质达到Ⅰ类标准。既保证了国家生态水源安全，又打造了群众脱贫致富奔小康，收到了良好的生态效益、经济效益、社会效益。

全国易地扶贫搬迁现场会参会人员来淅川观摩，全省"千企帮千村"精准扶贫推进会、产业扶贫观摩现场会等相继在淅川召开，淅川县产业扶贫特色做法被作为典型案例编入焦裕禄干部学院培训教材。

一、淅川县"短中长"生态经济可持续脱贫攻坚模式的具体做法

淅川县将脱贫攻坚与做大做强主导产业融为一体，全力推进产业脱贫攻坚，积极探索"短中长"生态经济可持续发展的脱贫攻坚模式，即"短线"发展食用菌和中药材等特色种植产业集群，确保当年初见成效和当年脱贫；"中线"发展软籽石榴和薄壳核桃等特色林果产业集群，确保三年大见成效和中期致富；"长线"发展生态旅游等产业集群，确保五年持久见效和长期小康。经过几年的努力已经初步实现了乡乡有特色

---

* 本文发表于河南省人民政府发展研究中心《调研报告》2018年12月17日第46期（总第993期）；《河南日报》2019年1月3日。

产业、村村有生产基地、户户有增收项目的目标。"短中长"产业集群年综合产值达138亿元以上，培育市级以上龙头企业31家，扶持农民合作社1152个，创建家庭农场916家，1/3贫困户实现稳定脱贫。

1. 着力发展食用菌和中药材等产业集群，确保贫困户短期（当年）可脱贫

淅川县发挥生态、资源、气候和特色产业等比较优势，大力发展"产业有基础、市场有销路、当期效益高"的特色优势产业，重点打造特种种植、特种养殖、光伏、劳务经济等"短平快"产业集群，确保贫困户有2个以上短线增收项目覆盖，户均可增收1万元左右，实现当年稳定脱贫。食用菌和中药材是淅川县的传统优势产业，西北部山区乡镇适宜种植香菇和中药材。一是建设食用菌产业基地。依托龙头企业——绿地公司、益瑞农业公司、丹江情公司等，采取"公司+合作社+基地+农户（贫困户）"等模式，建设香菇产业扶贫示范区，2年内对当地所有贫困户全覆盖，现已发展食用菌4000多万袋，带动6500余户，户均年增收5000元左右。二是建设中药产业基地。依托河南福森药业、九州通药业及南阳艾尔康生物科技公司等，采取"公司+合作社+基地+农户（贫困户）"等模式，持续发展金银花、艾草、连翘、丹参、迷迭香等中药材，全县中药材已达5万余亩，贫困户户均1亩药，户均年增收5000元左右。2018年在香港主板上市的"河南福森药业公司"，是全国最大的双黄连类感冒药生产企业，金银花和连翘原材料基地带动4乡镇23个村350多户2000余人长期就近务工，用工高峰期日均6000人以上，户均年增收1.8万元以上。淅川县食用菌和中药材已经实现了"种植基地+加工基地+国内外市场"全链条发展壮大。三是建设小龙虾和白玉蜗牛等特色养殖基地。小龙虾和白玉蜗牛成熟期较短、养殖门槛低、比较效益高，淅川县依托水资源优势布局小龙虾等养殖基地，采取"村支部+合作社（协会）+贫困户"等模式，打造中原地区最大的小龙虾、白玉蜗牛养殖基地和交易集散地。目前，全县已发展小龙虾2万余亩，户均1亩虾，户均年增收4000元左右；白玉蜗牛产业已

覆盖5个乡镇40个村，养殖总量达5000多万只，户均年增收6000元左右。四是建设光伏产业基地，对兜底户和贫困村全覆盖。大力实施"农光互补"产业，按照"政府主导、市场运作、抢抓机遇、盘活资源"的要求，将光伏扶贫作为贫困群众脱贫增收的重要举措，全县光伏总装机容量56兆瓦，共建分布式光伏电站553个，带动低保和五保等兜底贫困户1.5万户年均增收3000元；贫困村村集体经济每村年增收2.1万元，连续受益20年。五是劳务经济对有劳动能力贫困户全覆盖。主要做到"三个一批"：吸纳一批，即依托扶贫车间和扶贫产业基地，重点吸纳"4050"贫困劳力就业，带贫率达到30%以上，人均月工资1800元以上；安排一批，开发护林员、护水员、保洁员等"六员"公益岗位1万多个，一半以上用于安置贫困弱劳力，人均年工资3600元以上；输出一批，即对青壮年贫困劳力开展免费技能培训，鼓励外出务工，共组织劳务输出5000余人，月工资3000元以上。全县已打造县级扶贫产业示范园4个、扶贫产业示范基地125个、扶贫就业车间71个。

2. 着力发展特色林果产业集群，确保贫困户中期（三年）可致富

脱贫攻坚，在满足当期脱贫的同时，还要巩固短期脱贫成果、统筹考虑致富奔小康问题。淅川县立足全县70%以上耕地为岗坡薄地、国土面积80%以上处在生态红线以里等县情实际，按照区域化布局、规模化发展、产业化经营的思路，全方位打造软籽石榴、杏李、薄壳核桃、大樱桃等生态高效林果产业集群。全县已发展经济林果30多万亩，林下套种面积约达50%，户均1亩以上果园，基本实现了贫困户全覆盖，其中16万亩果树已经挂果，2年内将进入盛果期，户均年可增收6000元以上，初步实现了大地增绿、农民致富、产业振兴。因地制宜在三个片区发展三大特色林果产业集群。一是打造平原丘陵区软籽石榴产业集群。创新土地所有权、承包权、经营权"三权分置"机制，促进软籽石榴产业规模化。依托河南仁和康源公司、丹圣源公司、豫淅红公司等龙头企业，在九重镇、香花镇、厚坡镇等平原丘陵区，优先发展软籽石榴产业，建设10

万亩软籽石榴产业扶贫示范区，亩效益 1.5 万元左右，致力于打造"中国软籽石榴之乡"。河南仁和康源公司投资 13.2 亿元，在渠首区域建设万亩林果生态农业观光园。二是打造山区薄壳核桃产业集群。创新"返租倒包"机制，促进薄壳核桃产业规模化。依托南阳果然出色公司等龙头企业，在荆紫关镇、寺湾镇、西簧乡、毛堂乡等山区，优先发展薄壳核桃，巩固发展湖桑产业，适度发展大樱桃等产业，建设 10 万亩薄壳核桃和万亩湖桑产业扶贫示范。已建成百亩以上的核桃产业基地 37 个，亩效益 5000 元左右。三是打造南水北调库区杏李产业集群。创新"保底分红"机制，促进杏李产业规模化。依托中线水源杏李林果有限公司等龙头企业，在老城镇、大石桥乡、滔河乡、盛湾镇、金河镇等库区，优先发展杏李、大樱桃等产业，巩固发展薄壳核桃、软籽石榴等产业，打造高效产业示范园、田园综合体，形成特色鲜明的林果产业带、观光带。已建成老城镇冢子坪等千亩以上杏李产业基地 12 个 6.2 万亩，亩效益 6000 元左右，盛果期亩产超万元。

3. 着力发展生态旅游产业集群，确保贫困户长远（五年以上）小康可持续

脱贫攻坚既需要短中期产业支撑又需要长期产业可持续支撑，不能今天脱贫、明天返贫。淅川县持续推进"旅游兴县"战略，把生态旅游这个朝阳产业作为脱贫攻坚长线产业倾力打造，为群众长远致富开辟广阔空间。通过景区拉动、典型带动、融合联动，提升全域旅游水平，让群众在生态旅游产业链上增收致富。目前，全县旅游从业人员达到 3 万多人，年接待游客 500 多万人次，2018 年旅游业综合效益预计可达 32 亿元，旅游产业已成为脱贫攻坚可持续的重要支柱。一是积极创建 5A 景区，拉动贫困户就业脱贫。淅川县是伏牛山和大丹江旅游圈的核心区，水是淅川旅游的最大亮点，丹江水库的总面积达 1050 平方公里，淅川境内接近一半。淅川县以创建丹江湖国家 5A 级景区为龙头，提档升级南水北调渠首、丹江大观苑、坐禅谷、香严寺、八仙洞等景区景点。高标准建设环库路，加快建设西十高速，着力构建环丹江湖旅游圈。目前到景区从事

旅游服务的贫困户达 500 多户，户均年收入超过 2 万元。二是大力发展乡村旅游，带动贫困户经营脱贫。积极实施旅游扶贫工程，以沿湖沿路和旅游资源丰富的贫困村为重点，编制乡村旅游扶贫规划，出台乡村旅游扶贫实施方案，设立旅游发展基金，制定农家乐宾馆奖励扶持办法。全县共建成旅游重点乡镇 10 个，旅游重点村 36 个，乡村旅游产业园 40 个，农家乐和特色民宿 500 多家，将贫困户嵌入旅游链条精准受益，辐射带动全县 500 多户贫困户 2300 多名贫困人口走上了乡村旅游发展之路。三是拓展全域旅游空间，深度融合联动扶贫。积极推动农旅、林旅、体旅深度融合发展。借助山水林田湖草和荒山荒坡治理项目，高标准打造扶贫产业万亩"哈尼梯田"。围绕全县 30 多万亩生态林果产业，拓展植物园、采摘园、养殖园的旅游功能。实施生态造林工程，造林面积连续 10 年居河南省县级前列。探索"旅游+体育+扶贫"模式，先后成功举办了中国丹江公开水域游泳挑战赛、中国丹江徒步越野挑战赛、2018 环中原自行车赛、"龙行中原"全民龙舟赛（淅川站）、河南省第十三届运动会铁人赛（社会组）、Mountain Hard China 2018 中国淅川·丹江湖国际越野赛等多项重大赛事，带动 1000 余名贫困群众人均增收 3000 余元。

二、淅川县"短中长"生态经济可持续脱贫攻坚模式的经验总结

脱贫攻坚是一项艰巨的政治任务，也是一个世界性难题，淅川县"短中长"生态经济可持续脱贫攻坚模式，对全省各地脱贫攻坚工作具有借鉴意义。淅川经验总结如下：

1. 以党的建设高质量推动脱贫攻坚高质量可持续，强化脱贫攻坚的组织保障

脱贫攻坚是为了实现"共享发展"的政治大局，是一项复杂的系统工程。淅川县敢于政治担当，把加强党的建设高质量与脱贫攻坚高质量有机结合，重点发挥县四大班子领导的示范表率作用、乡镇党委政府的组织领导作用、村级组织的战斗堡垒作用、驻村第一书记和驻村工作队的先锋模范作用，打造"永不撤退的扶贫铁军"。一是狠抓责任落实，责任到人，严格督导，定期考

评排序，先进优先提拔，末位约谈甚至淘汰。二是狠抓作风建设，持续开展"两弘扬一争做""三亮三比三评"和"三清理一公开"活动，净化了政治生态，凝聚了广大党员干部的力量，收到了良好效果。三是狠抓顶层设计，构建高效率的领导组织体系，科学规划主导产业体系，将脱贫攻坚与产业发展、生态保护统筹推进。

2. 遵循"特色+绿色"集群化区域经济发展规律，做大做强主导产业，夯实脱贫攻坚的经济基础

县域经济发展的竞争力来自产业集群，做大做强"特色+绿色"双色产业集群既是县域经济发展的支柱，又是脱贫攻坚的经济基础。淅川县深入实践"两山理论"，持续推进供给侧结构性改革，把脱贫攻坚与做大做强特色主导产业紧密结合起来，把贫困户短期脱贫与中长期致富奔小康结合起来，把经济发展与生态保护结合起来，着力打造"菌、药、果、水产"等四大绿色农业产业集群，打造"农特产、中医药"等两大生态工业产业集群，打造"生态旅游、农村电商"等两大现代服务业产业集群，持续建设环丹江湖生态旅游胜地，大力发展劳务经济，支持返乡创业，促进三次产业融合发展，以短养长、以长促短、长短互补，既破解了水质保护、水源涵养难题，又形成了竞争优势、发展优势。一是打响渠首水源地品牌，做强有机认证。积极创建国家有机农产品示范区和国家出口农产品安全示范县，"三品一标"生态产业基地认定面积达到98.7万亩，其中绿色食品基地3.7万亩、有机农产品基地65.8万亩，认定绿色食品32个、有机食品53个。"淅川软籽石榴"申报中国地理标志产品，注册"渠首"优质农产品36个。"淅有山川"农产品区域公用品牌正式向全国发布。在2017年"中国第二届石榴博览会"和2018年"第三届园艺学会石榴分会"上，淅川选送的软籽石榴和衍生品在两次专家匿名评审中获得了4个金奖2个银奖。二是大力推进"百企帮百村"。从全县820余家企业中筛选139家企业帮扶140个贫困村，发展项目120个，已完成投资1.5亿元以上。福森集团投资开发"福森源"凉茶、金银花茶饮料、果汁饮品等系列产品十余个，实现年销

售收入60亿元，利税8亿元，打造国内国际知名食品饮料品牌。三是充分发挥京淅对口协作平台的纽带作用。在京举办中国·淅川丹江核心水源区优质扶贫农产品推介发布会，推动绿色农副产品"随水进京"，成功实现10余家企业78种农产品进京销售，销售量达1.7万吨，销售金额4亿多元。四是推进电商示范带动。创建电子商务示范县，积极探索"互联网+"销售模式，建成了南阳规模最大的县级电商产业园，先后与阿里、京东、苏宁、顺丰等多家电商、物流企业达成战略合作，淅川扶贫生态产品纷纷成了网络热搜产品，畅销国内外市场。

3. 创新多方共赢机制，形成脱贫攻坚合力

脱贫攻坚是一项系统工程，需要调动各方积极性，探索一套行之有效的共赢机制。淅川县充分发挥政府引导作用，发挥龙头企业的带动作用，发挥合作社的纽带作用，发挥贫困户的主体作用，创新"三权分置""保底分红""返租倒包"等利益联结机制，兼顾企业、银行、村集体、农户等各方利益。实践证明，这些模式不仅解决了政府扶贫贷款发放难、产业落地难、土地产出低问题，还解决了村集体经济空壳化、贫困户缺资金技术、涉农企业融资难、发展慢等问题，尤其是实现了贫困户收入最大化、稳固化，实现了多方共赢，形成了脱贫攻坚合力。

4. 加大配套政策扶持力度，激发脱贫攻坚的动力和活力

高质量的脱贫攻坚，需要高质量的政策和服务来保障。为加快"短中长"生态产业集群发展，淅川县先后出台了《关于推进产业扶贫的实施意见》《支持生态产业发展促进农民增收实施方案》《林果产业补贴办法》等一系列文件，明确了种养、加工、销售等一条龙奖励办法，调动了龙头企业、合作社、村集体和贫困户等社会各方的积极性，激发了脱贫攻坚的动力和活力。

5. 坚守风险防控底线，确保当期可脱贫、中期可致富、长远可持续

在当前经济下行压力较大的形势下，能否有效防控产业脱贫中的风险，直接关系贫困群众能否稳定脱贫、扶贫产业能否健康发展。淅川县抓住"风险防控"这个事关产业成败的牛鼻子，不

仅在政策支持、人才引进、跟踪服务等方面，给予全方位保障，坚持不懈做大做强产业集群和龙头企业，而且综合施策，多点用力，通过引入农业保险、研究灵活的融资机制，打造多层次增收措施。树立"互联网+""体育+""旅游+"等跨界新思维，线下线上互动、业内业外互通，用广阔的市场空间和现代化的营销理念，为"短中长"绿色产业的发展插上腾飞的翅膀，把产业发展风险控制到最低，为实现当期能脱贫、中期可致富、长远可持续目标提供了坚实支撑。

三、几点启示

脱贫攻坚是系统工程，应统筹推进"三大攻坚"，将脱贫攻坚与做大做强绿色经济、特色产业、龙头企业紧密结合，协调推进，相互带动，放大脱贫攻坚的多重功效，促进县域经济转型升级和乡村振兴。

1. 脱贫攻坚必须兼顾当前和长远，做大做强特色产业集群

脱贫攻坚重在高质量，重在可持续，重在同步致富奔小康。在脱贫攻坚工作中，既不能只顾眼前重短轻长，也不能光谋长远舍短求长，必须兼顾当前和长远，确保"短中长"产业对贫困户多重覆盖，做大做强区域特色产业集群，真正发挥产业在脱贫攻坚中的支柱作用，实现贫困户稳定增收、持续增收、短线脱贫、中线致富、长线小康现代化，持续巩固脱贫成果，有效防止返贫问题，提高脱贫攻坚质量。

2. 脱贫攻坚必须兼顾绿水青山和金山银山，做大做强绿色经济

贫困地区大多数是偏远山区，均属于水源流域的生态功能区，保护绿水青山生态环境是脱贫攻坚发展的前提条件，两者统一的结合点是发展绿色经济。坚决践行"两山理论"，因地制宜，精准施策，走生态建设产业化、产业发展生态化的路子。一是做大做强生态经济，鼓励发展绿色经济、生态经济、循环经济，大力发展生态文化旅游业，促进一二三产业融合发展、链条发展和集群发展。二是打造生态经济发展载体，鼓励发展田园综合体、农业科技园区、特色小镇、特色村；鼓励创建森林城市、绿色城市、绿色经济示范区。三是构建生态经济发展制度体系，建立严格的生态环境保护政策、法治、经济、行政和执行体系，严控环境容量，严格项目准入，推动产业园区化集群化发展。

3. 脱贫攻坚必须兼顾发展与风险防范，做大做强龙头企业

发展经济离不开金融杠杆，产业脱贫同样离不开金融杠杆，但是由于贫困地区和贫困群众经济实力较弱，承担金融杠杆风险的能力较低，所以应审慎运用金融杠杆。近年来，部分地区急于求成，对龙头企业把关不严，盲目上马科技含量低的大路货项目，导致层次低出卖难，大面积亏损，龙头企业和贫困户双双陷入困境，所以产业脱贫攻坚必须遵循规律，做大做强优势龙头企业，真正带动贫困群众脱贫致富。一是要筛选优势龙头企业，龙头企业的实力和信誉决定贷款融资风险程度，在"百企帮百村"的产业脱贫中，必须选择信誉度高有实力的创新型龙头企业，严格筛选，不能临时拼凑，不然后患无穷；二是引进优势龙头企业和战略投资者，贫困地区的企业大多实力较弱，下大功夫引进龙头企业是一条捷径；三是引入担保和保险机制，完善政府主导的贷款担保体系，同时引入保险公司对投资项目进行保险，构建"投资+贷款+担保+保险"链条，构建产业做大、企业做强、群众脱贫、各方受益的互利共赢格局。

许昌市民营经济"4+4"高质量发展模式的调查报告（2018年）*

摘要

许昌市着力实施思想牵动、改革推动、创新驱动、开放带动"四轮驱动"战略，重点打造产业集群、企业集群、企业家集群、人才集群"四大集群"，持之以恒，实现了民营经济持续崛起，走在了全省前列。许昌市民营经济"4+4"特色模式和经验做法具有普遍借鉴意义，环境好是许昌模式的"孵化器"，动力强是许昌模式的源泉，集群化是许昌模式的支柱。

近年来，许昌市坚持把民营经济作为稳增长的"主力军"、促转型的"主战场"、稳就业的"主渠道"，着力实施思想牵动、改革推动、创新驱动、开放带动"四轮驱动"战略，重点打造产业集群、企业集群、企业家集群、人才集群"四大集群"，坚持一届接着一届干、一张蓝图绘到底，久久为功，持之以恒，实现了民营经济快速发展、快速升级、快速崛起。2011~2017年许昌市 GDP 年均增长 10.5%，高于全省 1.3 个百分点，在全省 18 个省辖市中位列第 1 名，成为全省经济新的增长极。中国社会科学院《2017 年中国城市竞争力报告》发布，"许昌综合经济竞争力在全国 294 个城市中排名第 66 位，在河南省仅次于郑州市，居全省第 2 位"。

许昌市民营经济"4+4"特色模式和经验做法具有普遍借鉴意义，2015 年 9 月李克强总理称赞："你们这里就像当年的温州，到处迸发着活力。"2017 年 12 月李克强总理作出重要批示，要求宣传推广许昌经验。为了贯彻中央和省委的战略部署，省政府发展研究中心连续两年将"许昌市民营经济高质量发展模式"列为重点研究课题，经过一年多的深入调查，现总结汇报如下：

一、着力实施"四轮驱动"发展战略，激发动力活力

1. 坚持思想牵动，对标一流拉高发展标杆

思想是区域经济发展的总开关，是决定民营经济发展高度的关键性因素。党的十八大以来，许昌市坚持思想解放先行，着力"更新观念、拉高标杆、激发活力、加快转型、做强集群、永争一流"，持续掀起民营经济跨越发展的热潮。

（1）破除思想障碍，编织民营经济发展摇篮。许昌市民营经济占 GDP 总量的 80% 以上，税收占 75% 以上，民间投资和就业占 90% 以上，是许昌市经济社会发展的顶梁柱。为了坚定民营经济发展信心，许昌市牢固树立"民营经济也是主力军、顶梁柱"的观念，树立"希望在民间、活力在民营、发展靠民力、振兴靠民心"的理念，破除"抓国有保险、抓民营危险"等糊涂认识，坚持"政治上放心、政策上放开、发展上放手"，真正把民营经济摆到关系发展全局的战略高度来认识、谋划和推进，拆除政策执行中的"玻璃门、弹簧门、旋转门"，搬掉"政策雪山、市场冰山、融资高山、转型火山"，创造性地激发政策红利、改革红利、创新红利，全力打造政

---

* 本文发表于中共河南省委办公厅《综合与摘报》2018 年 4 月 17 日第 3 期；河南省人民政府发展研究中心《调研报告》2018 年 3 月 22 日第 2 期（总第 949 期）。

策洼地、生态洼地、环境洼地和发展高地，为许昌市注入开放创新发展的基因，使许昌市成为民营经济集群化发展的摇篮，被誉为"河南的温州"，"许昌模式"和"长葛现象"备受推崇。

（2）对标一流，拉高发展标杆。为了克服"小富即安""小进即满"的自满情绪，许昌市对标国内外一流水平，持续开展"树标杆、学先进，外学常州、内学长葛"活动，持续加压奋进，不断超越自我，不断赶超先进。连年由市委书记市长带队赴标杆地区考察学习，考察之后召开高规格民营经济发展座谈会，对照常州、湖州、苏州等沿海先进"模板"找差距，按照"差什么补什么、差多少补多少"的要求，认真查找在工作理念、工作思路、工作方法、机制体制等方面的差距，围绕产业转型、科技创新、人才引进、优化环境、政策支持等，修订目标，完善方案，掀起了民营经济二次创业浪潮。

（3）综合施策，激活民间投资。为了应对经济下行压力坚定民间投资信心，制定了《关于促进民营企业健康发展的若干意见》《关于进一步加快民营经济发展的意见》等政策措施，出台了支持开拓市场、搞好金融服务、推动创新发展、做强人才支撑、优化服务环境等38项"真金白银"扶持政策措施，激活了民间投资热情。2017年以来，许昌市一批重大产业转型升级项目陆续开工，河南黄河旋风集团投资310亿元建设黄河科技园和黄河工业园，森源集团投资100亿元建设新能源汽车产业园，众品集团投资60亿元建设智慧生鲜供应链生态圈，瑞贝卡集团投资120亿元建设超级电容项目。2017年，全市民间投资增长7.4%，高于全国1.4个百分点。

（4）以党建为抓手，带动民营经济新跨越。加强"两新"组织党建工作，提升民营企业政治待遇，在全市大力营造支持民营经济发展的浓厚社会氛围。

（5）营造干事创业的政治氛围。许昌市历届领导班子传承敢于担当、敢拼会赢的优良传统，坚持一张蓝图绘到底，一任接着一任干，干事创业氛围非常浓厚；全市党员干部坚持干字当头，发扬拼劲、韧劲和狠劲，干出了群众的好口碑和发展的新局面；全市企业家队伍敢想敢干、勇于

创新，干出了实打实的新业绩。通过全市上下的团结奋斗、埋头苦干，有力推动了全市经济的快速发展。

2. 坚持改革推动，对标一流构建优越营商环境

环境是区域经济竞争发展的条件，是民营经济孵化发展的决定性因素。许昌市坚持用改革的办法推动发展，主动对标"自由贸易试验区和自由港"，对标国内外先进典型，主张"企业办好围墙内的事，政府办好围墙外的事"，用政府权力的"减法"换取市场活力的"加法"，致力构建效率最高、成本最低、竞争力最强的营商环境，构建民营经济的"孵化器"，打造供给侧结构性改革的示范区。

（1）全面推行"三个一"+"三个零"的"放管服"改革。坚持一步到位推进"放管服"改革，2017年出台了《关于进一步深化简政放权放管结合优化服务改革的实施意见》（许政〔2017〕31号），强力推进"只进一个门、只找一个人、只跑一次腿"改革，实施投资项目模拟审批、网上审批、限时审批，全面推开工商登记全程电子化，实现工商登记"零见面、零跑腿、零成本"，持续优化营商环境。建立"投资项目在线审批监管平台"，实现"网上受理、并联办理、限时办结、依责监管、全程监察"，让信息多跑路，让企业少跑腿。2016年以来已在线办理投资事项1553件，行政审批事项精简至90项，是全省行政审批事项最少、审批效率最高的省辖市之一。

（2）构建"亲""清"新型政商关系。许昌市委市政府始终坚持民营经济"搭台者""守夜人"和"清障手"的角色定位，坚持"政府就是服务、公务员就是服务员、服务企业就是推动发展"的理念，变被动服务为主动服务，政府围着企业转，打造重商、亲商、安商、富商的良好企业发展生态环境。出台《关于推动构建新型政商关系的意见》，构建"亲"不逾矩、"清"不远疏的新型政商关系。在"亲"的方面，重点对落实政策、优化环境、支持交往提出了要求，实施20项具体措施，例如继续放宽市场准入条件，持续完善联审联批、模拟审批、网上审批，实施

企业家队伍培养"十百千"行动计划，实行市级领导联系企业、首席服务员和重点项目服务特派员、市级领导分包重点项目制度，提出了把非公经济发展情况纳入政府绩效和干部考核等具有许昌特色的举措。在"清"的方面，对党员干部和非公有制经济人士交往进行规范，明确提出政商交往要严格执行"五严禁、五严查、五个不"。各级干部认真负责、坚守原则，真心付出，赢得了广大企业家的信任，党委、政府与企业之间建立了非常融洽的关系，获得全省年度企业服务综合考核第1名。2017年《河南社会治理发展报告》显示，许昌市经济发展、行政、法治、宜业宜居4项环境指数均位居全省第1位，居民获得感、安全感、信心感指数均居全省第1位；《新华每日电讯》2016年10月27日在头版头条位置对许昌市构建"亲""清"政商关系进行解读、给予高度评价："许昌在服务民企、探索新型政商关系方面创造了经验，在全国树立了典型。"

（3）打响"信用许昌"品牌。积极创建全国社会信用体系建设示范城市，形成守信联合激励和失信联合惩戒的信用体系制度，建成了"一网五库一系统"的许昌市公共信用信息平台，数据归集覆盖137个市、区级部门，归集数据702万条、位居全省第3位。树立文明诚信典型492家，形成了"诚信、包容、开放、创新"的许昌城市精神，"信用许昌"品牌效应持续显现。

（4）切实减轻企业负担。在全省率先制定实施供给侧结构性改革降成本专项行动计划，通过降低制度性交易成本、企业税费负担、社会保险费、企业财务成本、电力价格和物流成本，年减少企业生产经营成本约21亿元，其中，为小微企业减免税收2亿元以上，为高新技术企业减免所得税1.4亿元，减少企业财务成本2亿元以上，使企业轻装上阵。

3. 坚持创新驱动，对标一流引领行业发展潮流

创新是区域经济发展的第一内在动力，是民营经济转型升级的先导。许昌市坚持以培育高新技术企业和创新型企业为核心，积极构建"政府搭台、企业主体、市场导向、产学研相结合"的现代创新体系，激发民营企业创新活力，加快转

型升级和跨越发展。目前，全市国家级高新技术企业突破100家，有省级创新型（试点）企业48家，居全省前列。

（1）强化财政投入，引导企业加大投入。设立15亿元英才基金，强力推进人才强市战略和"许昌英才计划"，招才引凤，打造一流创新团队。设立奖励基金，连续5年召开科技创新大会，重奖科技功臣和优秀创新型企业，2017年奖励资金达到4953万元，惠及200多个创新型企业和人才（团队），极大地激发了民营企业的创新创业热情。黄河集团、森源集团等民营企业研发投入占主营业务收入的比重提高到5%以上。

（2）着力构建研发平台和创新创业基地。加大配套政策支持力度，激发企业进行创新平台建设的积极性。全市省级以上工程技术研究中心76家、省级以上创新研发平台146家，市级创新研发平台174家，建成了许昌科技大市场。许昌市高新技术创业服务中心被认定为国家级科技企业孵化器，市城乡一体化示范区被评为全国大众创业万众创新示范基地。禹州市每年拿出2000万元专项资金，设立科技创新基金，通过加大投入，培育发展新动力、塑造发展新优势，构建"企业苗圃（众创空间）+孵化器+产业园"体系，入孵民营企业近百家。

（3）支持企业构建开放创新网络。整合国内外创新资源要素，积极开展联合创新和协同创新，在国内外一流水平上推进创新。不求所有，但求所用，弥补自身创新要素资源短板，主动与中科院、清华大学等一流大专院校科研院所建立创新战略合作关系。森源集团在北京中关村清华科技园设立了"两部两院"（国际业务发展部、战略投资部，微电网与核电力装备研究院、电动汽车技术研究院）。众品集团、黄河旋风集团、瑞贝卡发制品有限公司集团、森源电气股份有限公司、中天电气装备集团、万里路桥集团、远东传动轴股份有限公司等9家企业设立博士后科研工作站。

（4）实施专利导航战略，积极建设国家知识产权试点城市，强化专利导航发展，推动一批科技型民营企业快速成长，成为引领行业发展的排头兵。专利申请量、授权量连续9年排名全省前

3 位，2017 年专利申请量、授权量分别达到 12472 件和 4594 件，分居全省第 2 位和第 3 位，其中有效发明专利申请量 1136 件，万人有效发明专利拥有量 2.62 件，同比增长 49%。规上高新技术企业增加值占规上工业增加值的 44%，科技进步对经济增长的贡献率达 60%。万里路桥集团在全球首创了振动搅拌技术，振动搅拌技术业务连续 2 年爆发式增长 300% 以上。加强知识产权保护和应用，鼓励知识产权融资，比如，许昌美特桥架股份有限公司通过对 28 项专利进行质押成功融资 2000 万元。

4. 坚持开放带动，对标一流汇聚全球高端要素

开放是区域经济发展的外部动力，是民营经济发展的源头活水。

（1）建设许港产业带，打造民营经济开放发展新平台。许昌市抓住"三区一群"国家战略机遇，积极推进郑许一体化战略，并将其升级为全省战略和国家战略，全面融入郑州国家中心城市、郑州航空港实验区、自贸区和自创区，为民营经济高质量发展开辟新空间、打造新载体。按照"依托郑州、对接空港、发挥优势、错位发展"的思路，制定实施《关于加快推进郑许融合发展在郑州大都市区建设中走在前列的实施意见》，编制实施郑许一体化发展战略规划、许港产业带发展规划和空间规划，发挥毗邻港区的优势，对接港区，服务港区，支撑港区，优化空间布局，加快推进郑许功能、交通、产业、生态、平台"五个对接"，让交通先行，构建同城化便捷交通体系，规划建设机场至许昌市域铁路，突出高端制造业和现代服务业，建设临空经济基地，许港产业带快速崛起，成为带动全省发展的重要增长极。

（2）搭建中德产业园等园区招商平台。抢抓国家"一带一路"机遇，工信部批准设立以许港产业带为主体的"中德（许昌）中小企业合作区"，进入国家战略，高标准规划建设中德产业园，特别是中德再生金属生态城和中德高端装备制造产业园，搭建起许昌与包括德国在内的欧洲多个国家的合作平台。创新"中德合作机制"，瞄准德国优势企业和先进技术，把它们"引进来"，与德国鲁道夫·沙尔平投资咨询公司对接，

建立常态化双向洽谈合作机制，目前已经组织 6 次赴德招商对接活动，共签订合作项目 37 个，12 个项目相继落地，其中瑞士迅达集团对西继迅达公司追加投资 6100 万元，并委托西继迅达每年配套电梯控制系统近万套，曳引机采购量达 9300 台，增加 130%。同时，把全市 10 个产业集聚区打造为有效承接产业梯度转移的开放平台。

（3）建设开放招商公共平台。积极对标自贸区、融入自贸区，大力构建对外开放的公共平台，设立出入境检验检疫局和海关，创建保税物流中心，打造物流、交易、研发等外经外贸服务平台，大通关发展格局初步形成。

（4）加大产业链集群招商力度。围绕做大做强做优产业链集群，市委市政府出台了《对外开放和招商引资行动计划》，采用"政府主导、企业主体"的专业招商模式，推行"二分之一"工作法，实施精准招商、驻地招商和产业链招商，一大批龙头项目开工建设，配套企业也陆续集群进驻，已培育超千亿产业集群 1 个、超 500 亿产业集群 2 个、超百亿产业集群 6 个。2017 年，招商引资签约项目 268 个，实际到位资金 582 亿元，其中引进省外资金 478 亿元，增速 8.4%，居全省第 2 位。

（5）引导企业国际化发展。积极鼓励引导民营企业走开放合作发展的道路，组织广大企业家到国外开阔视野、发现商机、开展合作。坚持"引进来"和"走出去"两条腿走路，积极开辟国际市场。众品集团、黄河集团、森源集团等许昌知名公司，积极开拓"一带一路"全球市场，形成了开放型"许昌军团"。连续 3 年组团参加东盟（曼谷）中国进出口商品博览会，2017 年参会企业 21 家，达成合作协议和产品销售意向 11 个，总金额 2.3 亿元。2017 年，全市实现进出口总额 141.9 亿元，同比增长 15.4%，其中完成出口 124.96 亿元，增长 9.7%，出口总量居全省第 2 位。

二、重点打造"四大集群"，做大做强做优发展主体

1. 打造独特型产业集群，建设世界工厂或全球生产基地

区域经济就是特色经济，没有特色就没有竞

争力。"无中生有、打造特色、培育集群、世界一流"是许昌民营经济群体性崛起的重要秘诀。

（1）重点打造11大特色产业集群。积极构建许昌市特色的现代产业新体系，优先发展电力装备1大龙头产业链，优化提升汽车及零部件、电梯、食品及冷链、超硬材料及制品、再生金属及制品、发制品6大优势产业链，培育壮大工业机器人、新能源汽车、生物医药、电子信息4大新兴产业链。实施"百千"亿产业集群培育工程，着力培育电力装备、新能源汽车、再生金属及制品3个千亿元产业集群，壮大提升汽车及零部件、金刚石及制品等10个超百亿元特色产业集群，新培育电梯、中医药等10个百亿元特色产业集群。2017年，战略性新兴产业增加值占规模以上工业增加值比重近30%，成为全省战略性新兴产业3个核心集聚区之一。

（2）着力打造产业集中集聚集群化发展新载体。许昌市积极对接"三区一群"国家战略，服务大局，支撑大局，主动作为，提出了"一极两区四基地"的发展战略定位，"一极"即中原城市群重要增长极；"两区"即全国生态文明先行示范区、全国创业创新示范区；"四基地"即先进制造业基地、临空经济基地、现代物流基地、生态健康养生基地。加快构建"一带十区四组团"的发展战略布局，"一带"即许港（郑州航空港经济综合实验区）产业带，"十区"即十个省级产业集聚区，"四组团"即禹州市、长葛市、鄢陵县、襄城县四个城市组团。全市十个产业集聚区全部晋星，禹州、长葛产业集聚区连续进入全省"十强"。2017年，全市产业集聚区规模以上工业实现销售收入居全省第3位，利润总额跃居全省第1位。

（3）加强产业政策引导。坚持"今天的投资结构就是明天的产业结构"的理念，全面落实中国制造2025许昌行动纲要、"互联网+"行动计划、战略性新兴产业培育发展计划、大企业集团培育计划、高新技术企业培育发展计划、企业家队伍培养"十百千"行动计划和英才计划7个行动计划，制定清晰的产业发展、创新支持、人才引进政策，打出政策组合拳，最大限度地发挥政策的引导和激励作用，促进民营企业加快转型发展。

（4）加快推进转型升级。以产业高端化、绿色化、智能化、融合化为方向，大力推进传统优势产业实施大规模技术改造、培育引进战略性新兴产业；引导"八小两乱"企业升级入园，大力发展循环经济产业园，积极构建绿色制造体系；通过实施"设备换芯""生产换线""机器换人"等智能化改造，引导企业建设智能工厂（车间）；大力推进制造业与互联网融合发展、大中小企业融通发展、军民融合深度发展等，促进企业由生产制造型向生产服务型转变。推动传统优势产业向产业链、价值链高端攀升。全市3家企业入选全国"两化"融合管理体系贯标试点企业，2家企业入选全省"互联网+"工业创新示范企业，3家企业成为全省智能制造工厂试点。智能制造占工业的比重达到40%以上，先进制造业增加值占工业增加值的比重达到40%以上。森源集团广泛采用信息技术、管理技术和创造技术相结合的智能制造技术，实现了智能电网中低压配电设备从订货、设计、加工、配送、检测、运送至发货完整的数字化制造过程，为全市制造企业向工业4.0迈进树立了样板。众品集团实现了由食品加工企业到电商平台运营商的华丽转身，鲜易控股借助物联网、车联网，整合冷藏车4万辆、冷库2000多万立方米，成为行业规模最大、最具影响力的智慧冷链物流平台。河南黄河旋风集团加速转型为超硬材料、锂电池、智能设备三足鼎立的大型集团。

（5）强化项目带动转型。实施"18925"投资促进计划，180个重点项目完成投资1050亿元，带动固定资产投资突破2500亿元，有力地促进了全市经济稳定发展。许昌市在全省重点项目暨转型发展攻坚观摩活动中，连续5年获得小组第一名，2017年成为全省转型发展唯一集中观摩的省辖市。

（6）积极发展产业基金。市级先后设立了赛伯乐产业投资基金、中鼎开源产业基金、浦银基金、新能源汽车产业投资基金等6只产业类投资基金，资金规模达到75亿元，引导民间资本投向战略性新兴产业和先进制造业，河南力旋科技股份有限公司锂电子、动力电池等项目获得基金支持，该类基金培育发展壮大了一批中小型高成长性民营企业。

2. 打造雁阵型企业集群，构建大中小微联合舰队或航母战斗群

企业是经济的细胞，是区域经济的主体和支柱。一花独放不是春，百花齐放春满园。只有培育企业集群，才能构建区域经济大厦。许昌市树立企业至上的发展理念，实施"十百千万"企业集群发展规划，推进大企业集团、高新技术企业及中小微企业培育发展计划，重点培育10家主营收入超百亿的国内国际行业龙头企业、100家主营收入超十亿的高新技术企业、1000家主营收入超亿的"小巨人"创新型企业、10000家活力型小微企业，着力打造以龙头企业为主导的"大中小微雁阵结构"特色企业集群。

（1）推进大企业集团培育发展计划。大企业是民营经济发展的"火车头"，通过实施一揽子专项扶持政策，大型民企年均投资增速近20%，一批行业龙头企业快速崛起，4家企业入围"中国民营企业500强"，数量居全省第1位；森源集团主营业务收入突破400亿元，入选"中国企业500强"，黄河、众品、金汇、首山化工4家企业突破200亿元，鲜易控股成为行业规模最大最具影响力的智慧冷链物流电商平台，河南黄河旋风集团是亚洲最大人造金刚石生产企业，瑞贝卡公司是全球生产规模最大的发制品企业，西继迅达是我国中西部地区最大的电梯制造企业，金汇集团是长江以北地区最大的再生金属加工企业，远东传动轴是全国传动轴行业的龙头企业。

（2）推进高新技术企业培育发展计划。出台了《许昌市高新技术企业培育发展计划（2016—2020）》，着力培育科技型企业，强化自主创新，打造"专精特新"品牌，许继集团、森源电气、远东传动轴、黄河旋风4家企业被命名为全省首批创新龙头企业，高新技术企业和创新型企业总量居全省前列。2017年，新增省级以上创新平台37家，高新技术企业突破100家，荣获国家科技进步奖2项、省科技进步奖16项。

（3）推进中小微企业培育发展计划。积极推进"大众创业、万众创新"，大力培育市场主体，目前全市民营市场主体达23.14万户，其中民营企业达到5.6万家，同比增长9.8%，形成了"大企业顶天立地、小巨人企业铺天盖地、高新技术企业抢占发展高地"的良好局面。全力推进"个转企、小升规、规改股、股上市"行动计划，加快企业上市培育，全市主板上市企业5家，其中4家为民营企业。

近年来，在宏观经济持续下行、市场预期持续走低的形势下，许昌市民营企业家投资信心充足，民间投资持续快速增长，尤其是行业龙头企业继续高歌猛进，大型企业集团龙头带动效应不断显现，带动了一大批配套企业集群雨后春笋般快速崛起。

3. 打造创业型企业家集群，带领企业集群抢占发展前沿高地

企业家是企业发展的灵魂，是区域经济发展的"领航员"。许昌民营经济能有今天的良好局面，其重要秘诀是培养了一批敢想敢闯敢干敢拼、足智多谋、创新创业型的高素质企业家队伍，正是高素质企业家集群打造了企业集群或产业集群。

（1）倾力构建"十百千"企业家队伍。实施《许昌市企业家队伍培养"十百千"行动计划》，将企业家培养工作纳入常态化、科学化、制度化的轨道，重点培养10名以上杰出企业家、100名以上优秀企业家、1000名以上成长型企业家，着力构建素质高、结构优的企业家队伍。

（2）加强学习培训"充电"。市财政每年安排300万元企业家专项培训经费，组织优秀企业家赴国内著名高校参加专题培训，聘请知名专家教授来许昌市举办专题讲座，开拓、更新提高企业家的全球视野、战略思维、管理水平和综合素质，提升其发现机会、科学决策、创造价值的能力。一年多来先后组织了4期重点企业高级经营管理人员培训班和清华大学许昌市企业领军人才研修班、新三板挂牌后备企业专题培训班等培训活动，组织全市优秀企业家和高成长性企业负责人到德国和法国开展学习考察和项目对接洽谈，累计培训企业家近千人次。其中，长葛市实施了"企业家能力再造工程"，支持企业家赴知名大学攻读MBA，与清华大学、新加坡南洋理工大学合作创办了企业高管人才培训班，"政府买单"每月举办一次专题培训；禹州市组织 100 余家重点企业，举办了多期"清华大学管理创新研修班"，组织 400 余家规上企业举办了"清华大学互联网+研修班"。

（3）加强互动交流。构建民营企业家互相交流借鉴的平台，举办企业家学习论坛、许都企业家创新营销论坛、企业家沙龙、企业家座谈会等活动，加强域内外企业家、科技专家、青年创业者之间的交流合作，促进老中青企业家之间"传帮带"，构建企业家成长的生态圈，造就一支杰出企业家、优秀企业家、成长型企业家队伍集群。

（4）引导企业家履行社会责任。许昌市注重引导企业家履行社会责任，积极开展"千企帮千村"精准扶贫活动。森源集团建设"扶贫工厂"，设立扶贫基金，帮助 8 个贫困村脱贫致富；世纪香公司投资 2200 余万元建立 20 个食用菌产业扶贫基地，实现脱贫攻坚与企业发展良性互动。鼓励民营企业慈善募捐，为水利生态环境建设捐赠资金 4000 多万元。

（5）弘扬企业家创业精神。提高企业家的荣誉感、责任感、使命感，市委市政府每年召开表彰大会，对年度杰出企业家、优秀企业家、成长型企业家进行表彰奖励。提高企业家政治待遇，鼓励通过人大、政协参政议政，邀请重点企业家参加每季度一次的全市领导干部会议，定期召开企业家座谈会，在重大政策制定、重大规划编制、重要文件出台等方面，认真听取企业家的意见建议，及时解决企业发展难题。弘扬企业家精神，在《许昌日报》开辟专版宣传民营企业家的创业精神和成功经验，树立典型标杆，确立创新创业价值导向。

4. 打造创新型人才集群，支撑产业集群和企业集群转型升级

创新是发展的第一动力，人才是发展的第一要素。打造创新高地和发展高地必须同步打造人才高地，许昌市民营经济持续崛起就得益于大规模引进和培育了一大批创新型人才。

（1）强力推进"许昌英才计划"。大力实施人才强市战略，着力构建各类创新创业型人才梯队，制定配套政策，设立 15 亿元英才基金，强化人才引进和培养，全力筑巢引凤，建成许昌英才港，打造"人才洼地"，为民营经济转型发展备足后劲。

（2）建立奖励机制。连年召开高规格的科技创新大会，财政奖励科技创新单位、个人资金 8700 多万元。2017 年首批 16 个创新创业人才（团队）项目和 59 名高层次人才获得 3299 万元"英才基金"支持，奖励支持科技创新和"许昌英才计划"引进人才团队资金达到 4953 万元，惠及 200 多家单位和个人（团队）。

（3）强化高端人才引进。制定配套政策，大力推进人才引进计划，全市累计引进"两院"院士 10 人、长江学者 2 人、中科院"百人计划"人选 1 人、国家"千人计划"人选 3 人、博士 166 人，全市各类人才总数达 38.9 万人，实现了人才总量和质量"双提升"。长葛市制定了《引进创新创业人才及高层次人才实施细则》，每年评出 20 名外聘专家、20 名葛天工匠，予以奖励。

（4）强化创新型人才培养。建安区分类分批实施民企经理层、技术人员、高技能人员、技术工人等人才培训计划，不断提升民营企业队伍整体素质。禹州市与北京大学合作，成立"互联网+与新经济研究实践基地"，重点培养新经济与电子商务人才，为网络经济发展提供人才支撑。长葛市森源集团提升森源大学办学层次，与西安交大联合创建研究生培养基地。

三、许昌市民营经济发展的经验介绍

许昌市民营经济起步早、特色明、发展稳、转型快、领域广、总量大、机制活、环境优、地位高。许昌市民营经济"4+4"特色模式和经验做法具有普遍指导意义，值得全省推广借鉴。

第一，环境好是许昌模式的"孵化器"。政治生态清明、政策环境宽松、社会环境宽容、人文环境厚德、投资环境优良、发展环境优越，为民营经济集中集聚集群化发展提供了"孵化土壤"。政治生态风清气正是许昌模式的显著特点之一，也是许昌模式形成的政治前提。民营经济是环境经济，哪里的环境好，民营经济就向哪里聚集。优越的环境使许昌市成为最适宜创业的沃土。

第二，动力强是许昌模式的源泉。坚持思想牵动、改革推动、创新驱动、开放带动"四轮驱动"战略，为民营经济快速转型升级提供了不竭动力。环境优越、活力充足、动力强劲是许昌模式的显著特点之一，也是许昌模式长盛不衰的源泉或引擎。思想解放是最难的第一步，是解放生产力、牵动发展的总开关。改革是破除一切障碍、推动发展的有力武器，只有改革先行，推进政府的自我革命，打造廉洁高效的服务型法治型政府，积极推进"三去一降一补"供给侧结构性改革，才能营造民营经济高效率低成本的孵化环境；创新是发展的第一动力，是企业领先行业的

法宝；开放可以不断为发展注入新鲜血液，在全球配置高端生产要素，是抢占产业链顶端的必由之路。

第三，集群化是许昌模式的支柱。重点打造产业集群、企业集群、企业家集群、人才集群"四大集群"，为民营经济新跨越提供了坚实支撑。产业集群和企业集群是许昌模式的显著特点之一。特色产业集群在许昌的市、县、区乃至乡村遍地开花，而且大多数都是"无中生有"，它们到底从何而来呢？来自"四轮驱动"，来自优越环境的孵化，来自创业型企业家的引领，来自创新型人才队伍的支撑。

附件：

附表1　2011~2017年河南省18个省辖市GDP指数对比

省辖市	2017年	2016年	2015年	2014年	2013年	2012年	2011年	平均值（排序）
许昌市	108.7（第一）	108.9（第一）	109.0（第四）	109.3（第六）	110.6（第六）	112.2（第一）	115.2（第一）	110.56
濮阳市	108.1	108.7	109.4	110.0	112.0	112.1	112.4	110.39
郑州市	108.2	108.5	110.0	109.4	110.0	112.2	113.8	110.30
鹤壁市	108.3	107.9	108.0	110.1	112.5	110.9	112.9	110.09
开封市	108.2	108.5	109.4	109.6	110.8	111.1	112.9	110.07
济源市	108.3	108.0	106.0	109.8	112.0	111.5	114.7	110.04
漯河市	108.2	108.1	109.0	109.1	109.4	112.1	113.2	109.87
焦作市	107.4	108.3	108.7	108.8	110.7	111.2	113.4	109.79
商丘市	108.7	108.7	108.8	109.2	110.5	110.8	110.7	109.63
新乡市	108.1	108.3	106.1	109.3	109.5	111.4	114.7	109.62
周口市	107.9	108.5	109.0	109.1	109.3	110.6	111.2	109.37
驻马店市	108.3	108.5	108.9	108.5	109.5	110.4	111.3	109.34
洛阳市	108.7	108.6	109.1	109.0	107.2	110.0	112.5	109.30
信阳市	106.7	108.3	108.9	108.9	109.1	110.5	111.1	109.07
三门峡市	108.5	107.5	103.3	109.0	109.1	112.0	113.1	108.93
南阳市	106.5	108.4	109.0	108.5	108.7	110.1	111.2	108.91
安阳市	107.0	108.0	107.3	108.7	108.5	107.4	112.2	108.44
平顶山市	108.1	107.7	106.5	107.3	106.6	106.8	111.1	107.73

资料来源：根据河南省统计年鉴整理。

后 记

《中原崛起战略研究》为河南省政府发展研究中心重点课题，出版本专著有两个意图：一是为改革开放四十周年献礼，为开启改革开放和创新发展新征程提供借鉴；二是再现改革开放和创新发展的战略研究探索历程，更好地为省委省政府决策提供支撑，为中原崛起提供智库产品。

《中原崛起战略研究》收录了刘战国研究员 1992~2018 年主笔完成的 100 篇研究报告，划分为十个专题，分别为：中原崛起战略，郑州国家中心城市增长极，国家级中原城市群一体化，工业化阶段、经济周期与结构升级，现代产业体系，改革与市场化转型，开放带动主战略与创新驱动核心战略，金融改革与发展，高等教育与和谐社会，市县典型经验十个专项。时间跨度约 27 年，从研究者的视角描述了河南省改革开放和创新发展波澜壮阔的理论探索历程，以及中原崛起的大趋势、大战略、大格局。本书所收录的研究报告大多是河南省政府重点课题，每一个重点课题都成立了课题组，从某种意义上来讲，所有研究成果都是集体智慧的结晶。感谢全体同事和兄弟单位同仁的大力无私帮助，没有他们就没有每一篇调研报告或论文。感谢奋战在基层一线的同仁，他们鲜活的创新实践，为每一篇研究报告注入了新动力。

感谢经济管理出版社杨雪、张玉珠、丁凤珠、杜奕彤、黄章平、张晓燕、陈颖等同志的指导、帮助和辛勤付出，她们耐心细致的工作态度和精益求精的专业精神令人钦佩。

由于笔者水平有限，难免孤陋寡闻、挂一漏万。敬请大家批评指正！

刘战国

2019 年 2 月 22 日